중등학교교사 임용후보자 선정경쟁시험 대비

개정증보

내용의 정석

史師 세계사

이종길 편저

현행 교육과정 | 최신 출제경향 | 중요 학설과 이론

머리말

안녕하십니까? 스누팀에서 세계사 강의를 하는 이종길입니다.

임용 역사 시험에서 빠르게 고득점을 받아서 합격하는 비결은 무엇일까요? 임용 시험과 관련된 모든 개론서와 참고 도서를 다 읽고 암기할 수도 없고, 그렇게 하더라도 엄청난 시간이 걸립니다. 모든 시험공부가 그렇듯이, 합격으로 가는 쉽고 빠른 길은 없습니다. 대신 그 기간과 노력을 줄이는 것은 가능합니다. 그것은 올바른 공부 방법으로 열심히 공부하는 것입니다. 올해 스누팀 수업을 들은 선생님이 1차 시험치고 와서 카톡에 남긴 말이 생각납니다.

이번 1년 동안, 첫 강의 같다는 생각이 들지 않을 정도로 깊고, 재밌는 유익한 강의였습니다. 특히, 선생님의 모의고사 스타일(조건을 많이 달고, 제약하는 유형)은 타 학원에서는 거의 안 해왔었고, 이번 임고에서 스타일에서부터 적중하는 첫 사례라고 생각합니다. 훈련이 되어 와서, 그래도 접근하는 데 많이 용이했습니다.

그렇습니다. 단기간에 고득점을 받아 합격하는 비결은
첫째, 깊이 있고 재밌고, 그리고 유익한 강의를 듣는 것입니다. 혼자서 1시간 동안 정리하고 이해해야 할 내용을 10분 만에 깔끔하게 쉽고 재밌게 정리해주는 강의가 있다면, 당연히 그 강의를 들어야 합니다. 그것이 쉽고 빠르게 합격하는 길입니다.
둘째, 주체적이고 적극적인 공부를 해야 합니다. 모든 강의식 수업은 기본적으로 수동적일 수 밖에 없습니다. 그래서 역사교육론에서도 그 수동적인 수업 공간속에서 어떻게 하면 학생들의 참여를 이끌어낼 것인가에 대한 고민을 많이하고 다양한 학습 방법을 제안합니다. 선생님들이 임용시험에 합격하기 전까지는 사실상 학생일 수밖에 없습니다. 어떤 학생이 공부를 잘 합니까? 학습 내용을 정확하게 이해하고 암기하며, 그것을 자신의 언어로 말하고 표현할 수 있는 학생이 공부를 잘 합니다. 시험을 준비하는 선생님들께서도 이런 학생이 되어야 합니다.
셋째, 아프지 않아야 합니다. 육체적으로도 정신적으로도. 그러나 수험생은 항상 아플 수밖에 없습니다. 그건 수험생들의 숙명입니다. 규칙적인 일상과 운동(매일 꾸준히 걷는 것도 아주 좋습니다.)을 통해 몸과 마음을 최대한 수험 생활에 맞춰서 생활해야 합니다. 그래야 덜 아프고 덜 힘들게 공부할 수 있습니다.
넷째, 기본적인 역사적 내용과 역사 상식을 키우는 공부를 해야 하고, 주어진 자료와 사료를 정확하게 읽고 분석하는 실력을 키워야 합니다. 이번에 동양사에서 출제되었던 고대사의 융적 관련 문제나 근대사의 양행과 관련된 문제는 주어진 사료를 정확하게 독해하는 것과 기본적인 역사적 상식과 내용을 알고 있으면 생각보다 어렵지 않게 풀 수 있었던 문제들입니다. 이것은 너무 지엽적인 부분에 치중하여 전체적인 흐름과 맥락을 놓치지 말아야 한다는 말이기도 합니다.

마지막으로 좋은 모의고사 문제로 최대한 실전 연습을 꾸준히 반복해야 합니다. 올해 처음 임용 수업을 준비하면서도 기출 문제와 가장 유사한 형식과 내용으로 출제하려고 노력했습니다. 그리고 그 결과 많은 선생님들이 시험장에서 어려워진 시험에도 불구하고 덜 당황하고 무사히 시험을 잘 칠 수 있다는 말을 들었을 때, 너무나 기뻤습니다. 모든 공부가 그렇듯이 처음과 끝이 제일 중요합니다. 처음엔 좋은 강의와 적극적 노력을 통해 내용을 자신의 것으로 만들고, 마지막엔 그동안 쌓은 실력을 실전 모의고사를 통해 최대한 밖으로 끄집어내야 합니다.

이제 교재 얘기를 해야겠습니다. 이번 교재는 작년 교재의 전면 개정판입니다. 작년 이맘때 임용 첫 교재를 쓰면서 고생했던 기억이 떠오릅니다. 나름대로 올바른 방향성을 갖고 교재를 집필했다고 생각했지만, 작년 한해 수업을 하면서 부족한 부분도 많다는 것을 깨달았습니다. 그래서 작년 3월부터 5월까지 개론서 수업에 사용했던 내용들을 대폭 보강하여 교재를 만들었습니다. 최근 출제에서 중요성이 더욱 더 증가하고 있는 핵심적 사료들도 대폭 수록하였습니다. 교재에 있는 사료만으로도 충분히 사료 공부가 될 수 있도록 하였습니다. 하지만 교재의 양이 너무 많아져 불필요한 공부를 하지 않도록 주의했습니다. 너무 지엽적이거나 출제 가능성이 매우 낮은 내용은 빼고 전체적인 흐름과 내용을 중심으로 서술하였습니다. 그리고 교재에 여유 공간과 메모할 수 있는 곳을 많이 두어 선생님들이 공부하시다가 추가할 내용이나 스스로 정리해서 필기할 수 있도록 하였습니다.
서양사는 서양사개론과 서양사강좌를 중심으로 구성하였습니다. 동양사의 전근대 부분은 동양사 개론을 중심으로 서술하였고, 근현대 부분은 한국인을 위한 중국사와 삼천리의 중국근현대사를 함께 고려하여 서술하였습니다. 각국사는 작년 교재와 큰 차이가 없습니다. 각국사는 고등학교 교과서를 중심으로 서술하였습니다.

최근에 읽은 『다산의 마지막 질문』이라는 책에 이런 구절이 있었습니다. "말에는 그 사람이 거쳐 온 삶이 담겨 있다. 그래서 말을 한다는 것은 인생을 건다는 것이도 하다." 이 글을 읽고 많은 생각을 하였습니다. 교사와 강사로서 오랜 세월을 살아온 저는 인생을 걸고 강의를 해왔던가라는 자문을 하게 되었습니다. 저에게 작년 임용 강의는 정말 인생을 걸고 강의를 했습니다. 지금 임용을 준비하는 선생님들도 부디 인생을 건 공부를 하셔서 합격하길 바랍니다. 교실에서 아이들과 함께하는 선생님들의 모습을 기원하며~

2024년 1월 4일
스누팀 이종길 드림.

출제 경향 분석

서양사 편

PART 1 고대 지중해 세계

CHAPTER01 그리스의 성립과 발전

연도	주제	배점
2024	아테네 민주정치의 발전 과정	4
2023	펠로폰네소스 전쟁 이후 그리스 역사	4
2021	다리우스 1세와 페르시아 전쟁	2
2020	크레타 문명	2
2019	카이로네이아 전투와 코린트 동맹	2
2018	페리오이코이와 레욱트라 전투의 결과	2
2016	그리스 민주정치 발전 과정	4
2015	페르시아 전쟁과 투키디데스의 역사 서술 특징	2

CHAPTER02 로마의 성립과 발전

연도	주제	배점
2025	켄투리아회와 카눌레이아법	4
2024	아우구스투스와 원수정	4
2022	리키니우스-섹스티우스 법과 그라쿠스형제의 개혁	4
2020	크리스트교 공인 과정과 콘스탄티누스 대제	4
2018	아우구스투스의 원수정 특징	4
2017	트리부스 평민회와 마리우스의 군제 개혁	4
2014	켄투리아회와 그 구성	2

PART 2 중세 유럽

CHAPTER01 게르만 족의 이동과 유럽 세계의 형성

연도	주제	배점
2023	잉글로-색슨 왕국과 데인로	4
2019	게르만족의 이동	2
2015	카를로스 대제의 영토 확장과 롤랑의 노래	2

CHAPTER02 봉건 사회의 형성과 봉건 제도의 구조
CHAPTER03 중세 유럽 사회의 변화

연도	주제	배점
2018	플랑드르 지역의 교역	2
2017	4차 십자군 전쟁과 라테란 공의회	4

CHAPTER04 중세 교회의 발전과 변화

연도	주제	배점
2019	우남 상크탐과 콘스탄츠 공의회 소집 배경	4
2015	알비파의 주장	2
2014	클뤼니 수도원의 영향과 서임권 투쟁	5

CHAPTER05 중세의 문화

연도	주제	배점
2025	단테	2
2020	아리스토텔레스 철학의 도입과 스콜라 철학의 발달	4

CHAPTER06 비잔티움 제국

연도	주제	배점
2022	레오 3세의 성상숭배 금지령 반포와 아바스 왕조	4
2016	군관구제의 시행과 내용	2

출제 경향 분석

CHAPTER07 중세 봉건 왕정의 발전과 중앙 집권 국가의 출현

연도	주제	배점
2023	아라스 조약과 샤를 7세의 상비군의 설치	2
2021	부빈 전투, 멜피 헌장, 마그나카르타	4

PART 3 유럽 세계의 변화

CHAPTER01 르네상스

연도	주제	배점
2024	피렌체의 정치 상황, 마키아벨리의 군주론	4

CHAPTER02 종교 개혁과 종교 전쟁

연도	주제	배점
2025	제세례파와 성바르톨로메오 축일의 학살	4
2023	트리엔트 공의회와 가톨릭의 개혁	4
2022	베스트팔렌 조약과 그로티우스의 국제법	4

CHAPTER03 신항로의 개척과 유럽 교역망의 확장

연도	주제	배점
2018	에스파냐의 식민지 경영과 은 중심의 세계 교역망	4

CHAPTER04 재정·군사 국가

연도	주제	배점
2021	7년 전쟁과 프리드리히 대제	4
2019	에스파냐 왕위 계승 전쟁	4
2017	7년 전쟁과 파리조약	2
2016	왕권신수설과 절대왕정	2

PART 4 시민혁명과 산업혁명

CHAPTER01 영국 혁명

CHAPTER02 미국 혁명

CHAPTER03 프랑스 혁명

연도	주제	배점
2024	로베스피에르와 공포정치	2
2022	1791년 헌법의 특징	4
2015	아이티 혁명	2

CHAPTER04 산업 혁명의 전개

CHAPTER05 국민국가의 형성

연도	주제	배점
2022	빈 체제와 카를수바드 법령	4
2015	독일 제국의 헌법과 통일 방안	2
2015	2월혁명 후 임시정부의 국립작업장 폐쇄	2

CHAPTER06 민족주의와 각국의 발전 과정

연도	주제	배점
2025	이탈리아 통일	2
2024	빈 체제와 독일 통일과정	4
2021	남북전쟁과 홈스테드법	4
2020	노예무역과 백과전서파	4
2018	크림 전쟁과 농노해방령	4
2016	먼로 선언과 문호개방정책	5

출제경향분석

PART5 제국주의와 두 차례의 세계대전

CHAPTER01 제국주의와 세계 분할

연도	주제	배점
2017	제국주의 열강의 아프리카 분할	2
2014	영국과 프랑스의 통상 정책 차이과 영프 협상의 의의	4

CHAPTER02 제1차 세계 대전

CHAPTER03 러시아 혁명

연도	주제	배점
2018	농노해방령과 스톨리핀의 개혁	5

CHAPTER04 베르사유 체제와 2차 세계대전

연도	주제	배점
2025	윌슨의 14개조와 국제 연맹	4
2019	뉘르베르크법과 전범 재판	4
2016	전간기 무솔리니의 침략 정책	2
2014	2차 세계대전 당시 독일의 정책	2

PART 6 현대 사회의 변화

CHAPTER01 냉전과 탈냉전

연도	주제	배점
2023	브레즈네프 독트린과 고르바초프의 개혁정책	4
2017	유럽 연합의 형성과정	4
2015	냉전과 전개와 빌리브란트의 동방 정책	5

CHAPTER02 20세기의 사회와 문화

연도	주제	배점
2025	브레튼우즈 체제의 붕괴와 신자유주의의 대두	4
2022	체르노빌 원전사고와 리우데자네이루 회의	2
2020	여성 운동의 변화 과정	4

출제 경향 분석

동양사 편

PART 1 중국사

CHAPTER 01 선사시대 ~ 춘추전국시대

CHAPTER 02 진·한 제국과 흉노

연도	주제	배점
2023	가의의 과진론과 춘추공양전	4
2022	환관의 폐해 – 후한 말 당고의 금과 명대 직용의 변	4
2021	진의 통일 정책	4
2020	왕망의 주례와 왕전제	2
2019	흉노 정벌과 비단길	4
2018	오초칠국의 난과 납속수작제	2
2015	한무제의 제후 통제책	2
2014	왕망의 대토지 소유에 대한 개혁책	2

CHAPTER 03 위진남북조 시대 ~ 수·당

연도	주제	배점
2025	후경의 난과 문벌귀족 사회의 붕괴	4
2024	사융론과 유목민족의 이동	4
2024	삼장제와 측천무후(강독)	4
2023	병호제와 부병제	4
2022	경교와 오경정의	2
2021	9품 중정제(강독)	2
2020	소금 전매제	4
2020	영가의 난	2
2019	하음의 변	2
2017	격의 불교와 폐불 사건	4
2017	부병제와 모병제	2
2016	번진의 순지화 추진	5
2015	6진의 난	2

CHAPTER 04 송

연도	주제	배점
2025	송과 요, 서하의 대외 관계	4
2022	전연의 맹과 서하(강독)	4
2019	참파벼와 농전수리법	2
2018	정초의 통지	2
2014	전시의 목적	2

CHAPTER 05 북방 민족의 대두

연도	주제	배점
2024	요의 이중 통치	4
2021	시박사와 교초, 동서 교역로	4
2016	시박사와 역참	2
2015	원나라 세제의 특징(강독)	2

CHAPTER 06 명~청

연도	주제	배점
2025	일조편법과 지정은제	4
2023	과거제와 이갑제	4
2023	정성공과 천계령(강독)	4
2022	베이징 천도, 이자성의 난과 도르곤	4
2022	장학성의 문사통의	2
2017	명대 중앙 통치 제도	4
2015	황태자밀건법	2

출제 경향 분석

CHAPTER 07 아편전쟁~신해혁명

연도	주제	배점
2025	광동 무역 체제와 아편전쟁의 배경	4
2024	쿨리무역과 베이징 조약	4
2024	공행 무역과 매판 무역	4
2023	청일전쟁이후 청의 권리를 침해하는 조약들	4
2022	양무운동과 양무운동의 실패 원인	4
2021	상하이 조계	4
2021	의화단 운동과 신축조약	4
2020	포츠머스 조약과 동청철도	4
2019	시모노세키 조약과 변법 자강 운동	4
2018	양무운동의 전개	5
2016	신축조약과 광서신정	4
2014	양무운동의 한계	4

CHAPTER 08 중화민국의 수립과 중국 사회의 변화

연도	주제	배점
2022	중국국민당의 안내양외 정책과 그 영향	4
2019	신문화 운동내의 논쟁	4
2015	손·요페선언과 1차 국공합작	5

CHAPTER 09 중화인민공화국의 수립과 변화

연도	주제	배점
2025	2차 국공 내전과 문화 대혁명	4
2020	남순 강화 – 하나의 중심과 두 개의 기본점	4
2018	문화대혁명	4
2017	중국인민정치협상회의 공동강령	4

PART 2 여러 나라의 역사

CHAPTER1 서아시아와 이슬람의 역사

연도	주제	배점
2022	아바스 왕조	1
2019	아케나톤의 종교개혁	2

CHAPTER2 일본사

연도	주제	배점
2017	미일 수호 통상 조약	2
2015	헤이안 시대 국풍 문화	2
2014	동방회의	2

CHAPTER3 인도사

연도	주제	배점
2021	7년 전쟁(플라시 전투)	2
2016	아크바르 대제의 종교 정책	2
2014	아소카왕의 다르마 정책	2

목차

서양사 편

PART 1 고대 지중해 세계
CHAPTER01	그리스의 성립과 발전	18
CHAPTER02	로마의 발전과 문화	40

PART 2 중세 유럽
CHAPTER01	게르만 족의 이동과 유럽 세계의 형성	62
CHAPTER02	봉건 사회의 형성과 봉건 제도의 구조	72
CHAPTER03	중세 유럽 사회의 변화	74
CHAPTER04	중세 교회의 발전과 변화	84
CHAPTER05	중세의 문화	88
CHAPTER06	비잔티움 제국	91
CHAPTER07	중세 봉건 왕정의 발전과 중앙 집권 국가의 출현	97

PART 3 유럽 세계의 변화
CHAPTER01	르네상스	110
CHAPTER02	종교 개혁과 종교 전쟁	114
CHAPTER03	신항로의 개척과 유럽 교역망의 확장	128
CHAPTER04	재정·군사 국가	131

PART 4 시민혁명과 산업혁명
CHAPTER01	영국 혁명	144
CHAPTER02	미국 독립 혁명	147
CHAPTER03	프랑스 혁명	149
CHAPTER04	산업 혁명의 전개	171
CHAPTER05	국민국가의 형성	179
CHAPTER06	민족주의와 각국의 발전	195

PART 5 제국주의와 두 차례의 세계대전

CHAPTER01	제국주의와 세계 분할	212
CHAPTER02	제1차 세계 대전	215
CHAPTER03	러시아 혁명	218
CHAPTER04	베르사유 체제와 2차 세계대전	222

PART 6 현대 사회의 변화

| CHAPTER01 | 냉전과 탈냉전 | 246 |
| CHAPTER02 | 20세기의 사회와 문화 | 253 |

동양사 편

PART 1 중국사

CHAPTER01	선사시대 ~ 춘추전국시대	270
CHAPTER02	진·한 제국과 흉노	282
CHAPTER03	위진남북조 시대 ~수·당	306
CHAPTER04	송	344
CHAPTER05	북방 민족의 대두	365
CHAPTER06	명~청	383
CHAPTER07	아편전쟁~신해혁명	416
CHAPTER08	중화민국의 수립과 중국 사회의 변화	444
CHAPTER09	중화인민공화국의 수립과 변화	460

PART 2 여러 나라의 역사

CHAPTER01	서아시아와 이슬람의 역사	484
CHAPTER02	일본사	504
CHAPTER03	인도사	528
CHAPTER04	동남아시아의 역사와 아프리카	536

I.

고대 지중해 세계

CHAPTER 01
그리스의 성립과 발전

CHAPTER 02
로마의 발전과 문화

CHAPTER 01 그리스의 성립과 발전

1 에게문명

(1) 크레타 문명(미노아 문명)
  ① 시기 : B.C. 2500년경~1400년경
  ② 발견 : 아더 에반스가 '크노소스 궁전'을 발견(1900~1905)하여 세상에 알려짐
  ③ 특징 : 에게 해의 크레타 섬을 중심으로 한 해상 문명으로 청동기 문화를 바탕으로 함
  ④ 번영 : 비교적 강력한 왕권과 해상 교역과 수공업 발달로 번영
  ⑤ 유물
    • 크노소스와 페스토스의 궁전
    • 프레스코 벽화 : 파리의 연인
    • 선상 A문자(선형 A문자)
  ⑥ 멸망 : 미케네 문명 하의 그리스인의 침략이나 자연재해로 멸망한 것으로 추정

(2) 미케네 문명
  ① 시기 : B.C. 2000년경~1100년경
  ② 발견 : 1876년 하인리히 슐리만 → 분묘와 황금 마스크등 발견
  ③ 특징 : 평화적인 크레타 문명과 달리 호전적이고 상무적인 성격
  ④ 트로이 전쟁 : 그리스의 폴리스들과 트로이간의 전쟁
  ⑤ 유물 : 성채, 궁전, 무덤, 인원 및 물품 명부, 선상 B문자
  ⑥ 멸망 : B.C. 1100년경 철기를 사용하고 발칸 반도로부터 남하하는 도리아인이나 동부 지중해 일대의 민족이동으로 멸망한 것으로 추정 → 암흑기

(3) 에게 문명의 의의 : 오리엔트 문명을 계승, 발전시켜 그리스 문명의 토대를 형성

◇ **선형문자**
아더 에반스에 의해 처음 발견되었다. B.C. 1400경~1150년경에 그리스어를 표기하는 데 사용된 음절 문자로 추정된다. 현재 선형 B문자는 해독되었으나, 선형 A문자는 해독되지 못했다.

◇ **트로이 전쟁(B.C.1240년경)**
전설상의 도시로 알려졌던 트로이는 독일의 고고학자인 하인리히 슐리만에 의해서 발견되었다. 슐리만은 이후 미케네 문명도 발굴하였다. 트로이 전쟁은 트로이의 왕자 파리스가 스파르타왕 메넬라오스의 아내 헬레네를 데리고 달아나자 메넬라오스의 형인 아가멤논이 트로이를 치기 위해 그리스 원정대를 이끌고 가서 10년 동안 전쟁이 지속되었다. 호메로스의 서사시 『일리아스』의 주요내용이다.

파리의 여인

아가멤논의 황금가면

[그리스 고대 문명]

2 폴리스의 성립과 발전

(1) 폴리스의 성립

① **성립** : B.C. 8세기 이후 도시 국가로 발전

② **자연 환경** : 산이 많고 평야가 적음 → 골짜기나 작은 평지에 촌락 형성 → 폴리스

③ **구성** : 하나의 도시와 주변의 농촌, 폴리스 중심부에 아크로폴리스와 아고라 광장 → 대부분의 폴리스는 시민 수가 5,000명을 넘지 못함.

④ **확산** : B.C. 8세기 이후 식민 활동을 통해 흑해 연안과 이탈리아, 시칠리아 등지로 확대 → 500여 개 이상

⑤ **분포** : 주로 그리스 본토의 남부와 중부 지역, 소아시아 해안지역에 분포

⑥ **변화** : 자유 시민들의 공동체 국가 → 기원전 7세기 후반 이후 참주 등장

⑦ **특징**
- 폐쇄적 공동체
- 시민 사회 : 여자·노예·외국인은 시민에서 제외
- 공동의 동족 의식 : 헬레니스, 올림픽 제전, 인보동맹 (델포이의 아폴론 신전)

(2) 에트노스(ethnos)

① **특징** : 중심도시가 없는 부족연합체 → 부족들의 개별적 독립성과 부족연합체의 통합적인 유대가 공존

② **분포** : 그리스 본토의 북부 지역에 분포

◇ **폴리스 유형**

폴리스는 아티카형과 라코니아형으로 나뉘어진다. 아티카형은 이오니아인들이 중심이 되어 건설되었으며, 상공업이 발달하였고 민주적인 사회 구조를 이루었다. 반면 라코니아형은 도리아인들이 중심이 되어 건설되었으며, 농업이 발달하였고 과두제적인 왕정의 구조였다.

◇ **인보동맹**

인보 동맹은 고대 그리스에서 같은 신을 믿는 도시들끼리 신전(神殿)과 그 제의(祭儀)를 지키고 유지하기 위하여 결성한 동맹을 말한다. 델포이와 올림피아의 인보동맹이 대표적이다.

◇ **도리아 인(도리스 인)**
그리스 민족의 일파로, 도리스 방언을 사용하는 종족으로 알려져 있다. 기원전 1200년경 철기문명을 가지고 그리스 북부 지역에서 남하하여 펠로폰네소스 반도를 중심으로 한 지역에 정착하였다.

◇ **리쿠르고스 입법**
리쿠르고스는 스파르타의 정치적 혼란을 해결하기 위해서 국가체계를 전면적으로 개편하였다. 그는 두 명의 왕, 28명의 원로원, 시민으로 나누어 정치권력을 분산시켰다. 이를 통해 권력의 견제와 조화를 꾀하였다. 또한 부자들의 토지를 평민에게 분배하였으며, 화폐개혁을 실시하여 금화·은화를 없애고 철제 화폐로 바꿨다. 사치와 재물에 대한 욕심을 갖지 않고 생활 속의 검약을 실천하도록 한 곳에 모여 식사하는 공동식사제도를 시행했다.

(3) 스파르타

① 형성과정
- 도리아 인들이 남하하여 펠로폰네소스 반도에 정착 → 4개의 촌락이 합쳐져 폴리스 형성
- B.C. 8세기 전후 라코니아 평원지역 장악 → 메세니아 정복하고 주민들을 노예(헤일로타이)로 삼음

② 리쿠르고스 입법 : 기원전 7세기 리쿠르고스가 제정 → 스파르타 체제 형성의 기원

- 정치

민회	· 스파르타의 최고 주권 기구 → 입법 및 국가의 주요 정책을 논의하는 최종적인 의결 기구 · 30세 이상 남자들의 총회 · 감찰관과 원로회 의원 선출 · 독자적인 의안 제안권이 없고 감찰관과 원로회가 제안한 안건에 대해 찬반 투표만 수행 → 표결은 개인적인 투표가 아니라 집단적인 함성에 의해 결정
원로회 (gerusia)	· 2명의 왕과 60세 이상의 원로시민들을 합해 30명으로 구성 · 종신직 → 법안을 제안하고 재판을 담당
감찰관 (ephoros)	· 60세 이상의 귀족 중에서 민회가 선출한 5인으로 구성 → 왕 견제 · 최고 행정관 → 국가 행정 관장 · 임기 1년 → 민회와 원로회를 주재하며 재판권 행사

- 경제·사회 : 각종 규제를 통해 빈부 격차 축소 → 일체감 강화

경제	· 토지를 클레로스(분할지)로 나누고, 추첨하여 균등하게 분배 · 사치스러운 행위를 금지하고 내외국인의 출입 금지 · 화폐제도를 개혁하여 금화·은화 대신에 철제 화폐를 사용
사회	공동식사 제도와 아고게 실시 → 폐쇄적이고 집단주의적 전사 국가 형성

③ 사회 구조

자유시민 (spartiatai)	· 스파르타 시민단 구성 → 생업에 종사하지 않고 정치 활동과 군사 활동에 전념 · 국가의 공교육과 집단생활을 통해 스파르타의 핵심적인 전사 집단 구성 · 7세 이후에 아고게에서 교육과 훈련 · 20세 이후 군대에서 공동 기숙 생활 · 30세 이후 개인 생활과 공동식사, 군사훈련 병행 · 60세 이상 군복무에서 면제
페리오이코이 (perioikoi)	· '주변의 주민들'이란 뜻 → 평야지대의 변경에 사는 반예속민 · 참정권X → 납세와 군사적 의무 · 토지를 경작하기도 했지만, 주로 상업이나 수공업에 종사 · 어느 정도 자치권 누림
헤일로타이 (heilotai)	· 피정복민인 선주민과 메세니아인들로 구성 → 국가 노예 · 주로 농업에 종사하며 스파르타에 생활 기반 제공 · 스파르타의 철저한 통제를 받음

④ 아테네와 스파르타 비교

	스파르타	아테네
주민	도리아인	이오니아인
산업	농업	상업(무역)
군대	육군	해군
정치	과두정	민주정
사회	아고게	철학, 예술 발달
동맹	펠로폰네소스 동맹	델로스 동맹

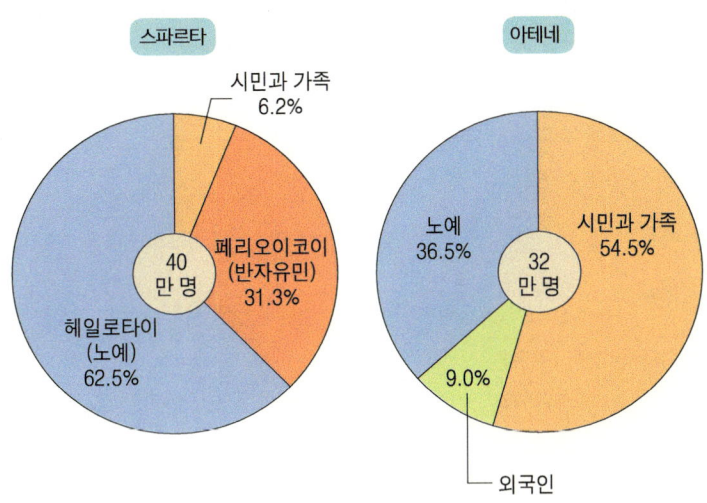

(4) 아테네의 정치 구조와 변화
① 초기 정치구조 : 귀족정

아르콘	· 역할 : 아테네의 정치·군사·종교를 주관 · 구성 : 초기 3명 → 기원전 7세기 초 9명으로 증원 · 임기 : 초기 종신 → 1년 · 임기 끝나면 자동으로 아레오파고스 회의의 의원이 됨
아레오파고스회의 (areopagos)	· 구성 : 부유한 명문 귀족 출신 · 역할 : 귀족정의 핵심 기구
민회 (ecclesia)	· 구성 : 만 20세 이상의 일반시민 · 역할 : 아르콘 선출 → 실권X

② 평민권의 신장◇ : 드라콘 법 제정과 솔론의 개혁의 배경
- 배경 : B.C. 7세기경부터 그리스의 식민 활동◇↑ + 상공업과 무역의 발달 → 부유한 평민↑ → 중장보병이 되어 군대의 주력 형성
- 드라콘 법(B.C. 621)

배경	B.C. 632년 킬론의 쿠데타 실패 후 사회 분란·분열 심화 → 귀족 드라콘이 법 제정 주도
내용	· 채무로 인한 자유 상실 규정 · 중벌주의 → 사소한 잘못도 너무 가혹하게 처벌(사형) → '잉크가 아니라 피로 쓰여졌다'
의의	최초의 성문법
한계	귀족들의 권력을 제한하기 위해 제정되었으나 귀족과 평민의 갈등 해결 못함

③ 솔론의 개혁(B.C. 594)
- 배경 : 빈부 격차의 확대와 폴리스의 분열 심화
- 정치

금권정치	· 토지 수확량을 근거로 4등급으로 분류 → 정치 참여 권리를 차등 규제 · 펜타코시오메딤노이, 기사들(Hippeis) : 고위 관직 · 제우기타이 ; 하급 관직 · 테테스 : 관직× → 민회와 시민법정 참석
민회 (에클레시아)	아르콘 선거권 부여
400인회	4개의 부족에서 100명씩 선발하여 구성
시민법정 설치	· 매년 6,000명의 배심원단이 시민 중에서 추첨으로 선출 · 아레오파고스의 결정에 불만을 품은 시민들이 법정에 항소 가능

- 경제 : 헥테모로이◇의 부채를 말소하고 채무노예 금지
- 한계◇ : 법률과 제도 정비를 통해 귀족층의 부당한 지배를 방지하려는 소극적 해결 방안 → 귀족과 평민 모두가 반발

◇ **그리스 식민 활동과 평민권의 성장**

B.C. 8세기 이후 그리스 사회가 안정되면서 인구가 늘어나고 소농과 빈농들은 토지 부족으로 고통받았다. 또한 귀족층 내부의 갈등과 분쟁이 심화되었고, 해상 무역을 통해 부를 축적하려는 욕망들이 결합되어 지중해 연안과 흑해 연안, 소아시아 등에 식민 도시들을 건설하였다. 이러한 식민 활동의 결과 그리스 본토에서는 상공업이 발달하고 올리브와 같은 상품 작물의 재배가 늘어났다. 대규모 농장 경영이 발달하였고, 부를 축적하는 시민들과 귀족들이 늘어났다. 군대에서도 평민이 중심이 된 중장보병은 청동제 헬멧과 갑옷, 정강이받이를 입고, 방패와 창을 들고 밀집대를 이루어 전투에 참가하였다. 무장의 비용은 각자가 부담해야 했으므로 유산 시민만이 참가할 수 있었으며, 상공업의 발달로 부유해진 평민들이 국방의 주력이 되면서 자신들의 발언권을 증대시킬 수 있었다.

◇ **헥테모로이**

헥테모로이는 6분의 1을 의미하는 '헥테'와 몫을 의미하는 '모로이'가 합성된 말이다. 헥테모로이는 소작의 6분의 1을 바치는 소작인의 의미로도, 소작의 6분의 1을 받는 농업 노동자의 의미로도 해석이 가능한데, 일반적으로 전자로 해석한다.

◇ **솔론 개혁의 한계**

솔론의 개혁은 당시 사회적 모순을 해결하는 것보다 귀족과 평민들의 이해 관계를 조정하는 데 그쳤다. 귀족들은 채무노예 금지 등이 자신들의 재산권을 침해한다고 보아 반발하였으며, 하층민들은 토지 분배와 같은 근본적 개혁이 이루어지지 않았다고 불만이었다.

④ 페이시스트라토스◇의 참주정
- 메가라와 전투 : 아테네 최초의 대외 전쟁, 모든 시민 참여 → 살라미스 획득
- 메가라와의 전투에서 큰 활약

집권	기원전 546년 무력을 사용해 참주로 집권
정책	· 귀족세력을 견제하고 추방된 귀족의 토지를 몰수 → 농민들에게 분배 · 빈농들에게 영농자금 지원 · 상업을 장려하고 대규모 공공 토목사업 실시 · 시민들의 정치 참여를 억제하고 자신의 권력 강화 · 트라키아로 진출 → 흑해로부터의 식량 공급로에 해당하는 섬들을 확보 · 판아테나이아, 디오니소스 제전을 통해 시민들 일체감 진작
붕괴	기원전 510년 시민들에 의해 페이시스트라토스 일가가 추방되면서 참주정 붕괴

⑤ 클레이스테네스의 개혁(B.C. 508)

500인회	· 기존 혈연 중심의 4부족제 폐지 → 10개의 행정적 성격의 부족(phyle) 창설 · 170여 개의 행정구(demos) → 해안, 중심, 내륙 3개의 지역·집단으로 구분 → 10개의 중간 행정구(trittys) 조직 → 10개의 행정부족(phyle) 구성 · 새로운 부족제 개편에 맞춰 기존 400인회를 시민들의 추첨에 의해 선출된 500인회로 개편 · 500인회는 법안 제출, 최고 통제권 확보 → 임기 1년, 중임 가능 · 민회 활동 강화: 500인회 법안에 대한 심의·결정, 전쟁선포권·예산편성권
도편추방제 (Ostracism)	· 참주가 될 위험이 있다고 판단되어 6000표 이상을 받은 인물을 10년간 국외 추방 · 재산권과 시민권을 몰수하지 않음 → 참주의 출현을 방지하려는 목적
스트라테고스◇ (Strategos)	· 민회에서 10명의 장군 선출 · 아르콘이 추첨직으로 바뀌면서 스트라테고스의 중요성 증가

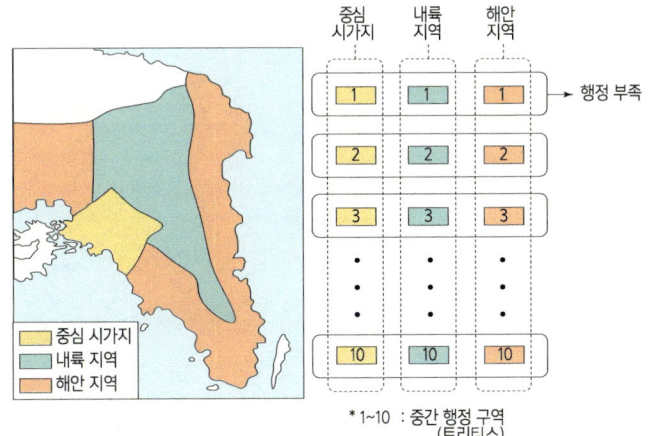

◇ 페이시스트라토스
페이시스트라토스는 솔론과 6촌 간의 친척이었다. 그는 솔론의 개혁 이후 귀족들과 평민들의 반목이 깊은 상태에서 하층민들의 지지를 바탕으로 참주가 되었다. 그는 농업 중심의 안정적인 정책을 폈으며 아테네 번영의 기반을 닦아 도시국가로서 아테네의 위상을 높였다.

◇ 아테네 민주정치

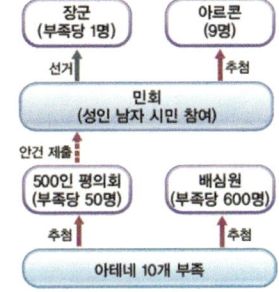

◇ 스트라테고스
그리스어로 장군이란 뜻으로 B.C. 500년 이후 각 종족에서 1명씩 모두 10명의 스트라테고스가 민회의 선거를 통해 선출되었는데, 임기는 1년이었고 중임이 허용되었다. 아르콘직이 추첨제로 바뀌자 스트라테고스의 권위는 높아졌고 군사적 지휘뿐만이 아니라 정치적 지도자의 역할도 담당하게 되었다.

3 페르시아 전쟁과 페리클레스 시대

(1) 페르시아 전쟁(B.C. 492~479)

① 배경
- 페르시아가 리디아를 정복하여 에게 해 동쪽으로 진출 → 이오니아 지방의 그리스 식민 도시들을 지배
- B.C. 499년 밀레토스의 참주 아리스타고라스가 페르시아의 지배에 반발하여 반란 → 그리스에 도움 요청 → 아테네를 중심으로 소규모 부대 파견
- 페르시아는 밀레토스의 반란을 진압하고 차후 그리스와 연결되는 것을 차단하기 위해 그리스 원정 시작

② 경과

1차	B.C. 492년 다리우스 1세 침략 → 실패
2차	B.C. 490년 마라톤 전투에서 아테네 승리 → 페르시아의 재침을 대비하기 위해 테미스토클레스의 주장에 따라 200여 척의 대함대 건설
3차	· B.C. 480년 크세르크세스 1세 침략 → 테르모필레 전투에서 스파르타 패배 → 아테네 파괴 · 그리스 연합군이 플라타이아 전투와 살라미스 해전에서 승리

③ 결과
- 아테네 중심의 델로스 동맹 결성과 아테네의 제국화
- 수군의 노병(櫓兵) 세력 강화 → 페리클레스 시대 민주정 발전
- 노예제 보급↑ → 아테네의 해군력이 에게 해와 흑해 주변에 미치면서 그 지역의 주민들이 노예가 됨
- 그리스 고전기(또는 황금시대)의 도래

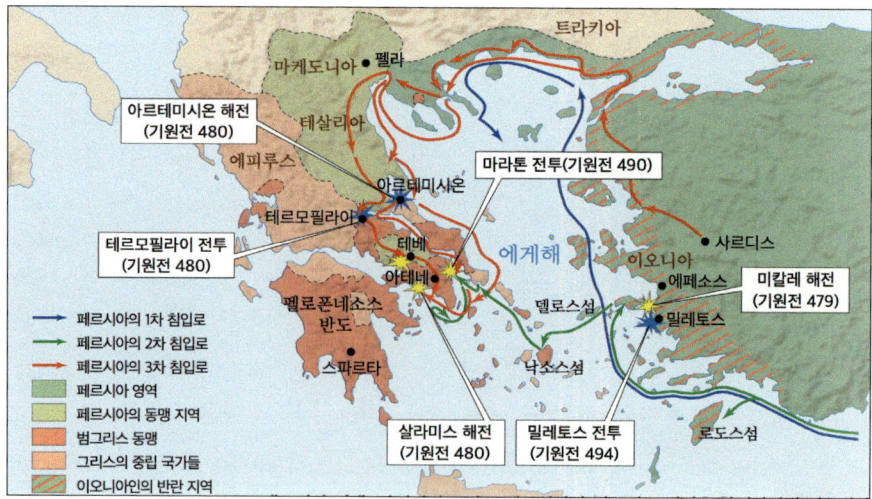

[페르시아전쟁]

(2) 페리클레스 시대와 민주정치의 전성기

① 아테네의 제국화

델로스 동맹	• 아테네를 중심으로 한 해상동맹으로 페르시아의 재침을 막기 위해 결성 (B.C. 478~477) • 동맹에 참여한 폴리스는 일정한 병력과 함선 혹은 자금 제공 → 금고를 델로스 섬에서 아테네로 이동시킴
에피알테스의 국제	• 스파르타에서 지진으로 인한 혼란 발생 → 헤일로타이의 반란 발생 → 귀족정을 대표하는 키몬이 민회를 설득하여 스파르타를 지원하기 위해 출정 • 에피알테스와 페리클레스의 민주파는 키몬의 출정 중 아레오파고스회의 권한 축소 → 살인사건의 재판권과 종교의식 주재권을 제외한 권한이 민회로 이관

② 페리클레스 시대(B.C. 457~429)의 개혁

관직 추첨제·수당제	• 스트라테고스(장군)직을 제외한 주요 관직을 추첨에 의해 선출 • 처음엔 배심원, 500인회 참석자에게 수당 지급 → 민회 참석자에게도 지급
하층민(테테스)의 권력 강화 → 민회의 권한 강화	• 법률의 발의·수정 권한까지 행사 • 외교, 전쟁, 식량 공급 결정 권한 행사 • 500인회 권한 약화 → 민회 결정사항을 집행하는 정도로 축소
시민권 제한법	• 배경 : 각종 수당 증가로 국고의 부담이 증가 • 내용 : 양친이 모두 아테네 시민이며, 정식 결혼에 의해 출생한 자에게만 시민권 부여
스트라테고스의 권한 확대	• 임기가 1년이있으나 징기간 집권이 가능 → 페리클레스는 스트라테고스직에 매년 선출되어 권력 장악함 • 10명의 스트라테고스 권한이 확대되어 최고 정무위원회의 기능 수행 → 아레오파고스 회의 보다 권력 ↑
도시 미화	파르테논 신전 건립 등으로 아테네 미화
한계	외국인·노예·여성에게 참정권이 없음.

◇ 아레오파고스언덕

◇ 페리클레스 시대 민주정의 발전 원인

페르시아 전쟁을 거치면서 하층민들이 해군 전력에 큰 기여를 하였다. 이들은 비무장한 상태로 주로 노를 젓는 병사로 활동하였다. 또한 델로스 동맹 이후 노를 젓는 병사들을 주로 아테인들로 구성하였다. 이들은 해군 복무 수당으로 생계 부담에서 벗어나 정치 활동을 할 수 있게 되었다. 이로써 하층민에게까지 실질적으로 참정권이 확대되어 보다 완성된 민주정이 가능하게 되었다.

4 펠로폰네소스 전쟁과 그리스의 쇠퇴

(1) 펠로폰네소스 전쟁(B.C. 431~404)

① 배경
- 페르시아 전쟁 이후 아테네의 세력 신장에 대한 스파르타의 경계심
- 아테네가 코린트 및 메가라를 위협하면서 코린트지협을 장악하고 서부 지중해로 진출 시도 → 스파르타와의 전쟁(B.C. 459~447) → 30년 간의 평화조약 체결(B.C. 446)

② 계기 : 코린토스와 코린토스의 식민시인 코르키라 사이에 분쟁 발생 → 아테네가 코르키라와 동맹을 맺고 코린토스 압박 → 코린토스가 펠로폰네소스 동맹 도시에게 도움 요청

③ 전개
- 스파르타의 아테네 침공으로 전쟁 시작 → 아테네에서 페스트 유행으로 페리클레스 사망(B.C. 429) → 10년 동안 소모전을 치뤘으나 별다른 성과 없이 끝남
- 주전파인 아테네의 지도자 클레온 전사 → 쌍방이 자신들의 점령지를 반환하기로 약속한 '니키아스 평화조약(B.C. 421)' 체결
- 아테네의 알키비아데스의 지휘 하에 시칠리아 원정 시도(B.C. 415) → 정적들이 알키비아데스 탄핵 → 알키비아데스는 스파르타로 도망가서 원정 내용 알림 → 패배
- 스파르타가 페르시아의 도움을 받아 함대를 강화 → 헬레스폰트 연안의 아이고스포타모이 해전에서 아테네 패배 → 아테네 항복

④ 결과
- 코린토스와 메가라는 아테네의 완전 파괴 주장
- 스파르타 : 아테네 독립 허용 → 장성 철거, 함대 12척으로 제한, 모든 해외 재산 포기
- 아테네는 스파르타의 영향력 아래에 있는 30인 참주의 과두정 실시
- 스파르타의 불안정한 패권은 B.C. 371년 테바이(테베)에 의해 종식

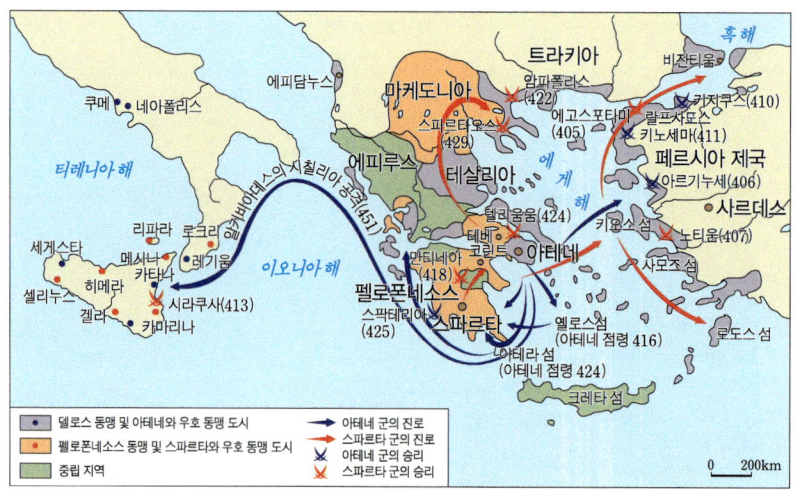

[펠로폰네소스 전쟁]

◇ 니키아스 평화조약

페리클레스가 죽은 후 아테네의 주전파였던 클레온이 암피폴리스 전투(B.C.422)에서 패배하고 전사하였다. 이에 아테네의 주화파였던 니키아스가 스파르타와의 평화 조약 체결을 주도하였다. B.C.421년 아테네와 스파르타는 쌍방의 점령지를 반환하는 니키아스 평화 조약을 체결하여 펠로폰네소스 전쟁의 전반기가 끝났다.

◇ 30인 참주의 과두정

펠로폰네소스전쟁에서 승리를 거둔 스파르타는 아테네에 친스파르타 인사와 반민주주의자 30명으로 구성된 과두정을 세워 공포정치를 실시했다. 그러나 기원전 403년 권력을 장악한 민주주의자의 지도자 중 한 사람인 아니토스가 '불경죄'로 소크라테스를 기소하였다. 그는 소크라테스가 '젊은이들을 타락시키고', '그리스가 숭배하는 신들을 무시하고 새로운 종교를 끌어들였다'는 명목으로 기소하였다. 그러나 사실은 소크라테스를 맹신하는 젊은이들이 늘어나는 것이 싫었기 때문이다. 결국 소크라테스는 보수적 민주정에 의해 사형되었다. 소크라테스의 대표적인 제자들로는 플라톤과 알키비아데스, 크세노폰, 디오게네스 등이 있었다.

(2) 그리스의 쇠퇴

① 코린토스 전쟁(B.C. 395~389)
- 페르시아가 테바이(테베)◇·코린토스를 지원해 스파르타와 전쟁 유도
- 안탈키다스 평화 조약(스파르타 - 페르시아) 체결 : 페르시아가 소아시아 지역의 폴리스에 대한 지배권을 장악하고 다른 그리스 국가들에 대한 독립 보장 → 평화를 준수하지 않는 국가들에 대해 페르시아 왕이 직접 전쟁 선포
- 이소크라테스 : 범그리스주의 주장 → 그리스인들 간의 대립을 멈추고 페르시아에 대한 공동 원정 실시 주장 → 필리포스 2세와 알렉산드로스에게 영향을 줌

② 보이오티아 전쟁
- 아테네가 2차 해상 동맹을 결성(B.C. 377)하고, 테베와 동맹 → 테베가 보이오티아 동맹을 결성하여 강성해지면서 아테네와 동맹 결렬
- 아테네는 낙소스 해전에서 페르시아군 격파 → 해상권 장악
- 테베의 보이오티아 동맹군이 스파르타를 레욱트라 전투◇(B.C. 371)에서 격파 → 테베가 그리스 주도권 장악, 메세니아 해방(B.C. 369) → 테베가 그리스 세계의 주도권 장악

(3) 마케도니아의 발전

① 필리포스 2세(B.C. 382~336)
- 정치적·군사적 개혁을 통하여 씨족을 기반으로 한 봉건적인 왕국을 견고한 통일 왕국으로 건설
- 막강한 상비군 보유 → 상비군의 핵심은 자유로운 소농 출신의 보병 밀집 부대, 대귀족 지주들은 중무장 기병대 형성
- 테베에 머물렀을 당시 에파미논다스로부터 정치와 전술에 관한 것을 많이 배움
- 그리스를 통합하여 페르시아를 정복할 계획을 세우고 그리스 본토로 남하

② 카이로네이아 전투(B.C. 338)
- 아테네의 데모스테네스는 아테네와 테베를 화해시켜 반마케도니아 전선 형성 → 카이로네이아 전투
- 마케도니아의 필리포스 2세가 테바이와 아테네의 연합군을 격파 → 마케도니아가 그리스 지배
- 필리포스 2세는 페르시아 원정을 준비하다 암살당함

◇ **테베**
그리스 중부에 있는 도시로 테바이라고도 한다. 테베는 스파르타와 가깝게 지내고 아테네와 적대적인 관계였다. 페르시아 전쟁 중에는 페르시아 편을 들었고, 펠로폰네소스전쟁 뒤에는 아테네 편에 서서 스파르타와 대립하였다. 레욱트라 전투에서 스파르타를 무찌르고 한동안 그리스의 패권을 잡았으나, 알렉산드로스 대왕에게 패하여 완전히 파괴되었다.

◇ **레욱트라 전투**
테베의 에파미논다스는 장갑보병 앞에 기병대를 배치하고 지휘관을 우측에 두는 일반적인 전투대형 대신에, 좌측에 50명 단위로 장갑보병을 밀집시킨 뒤 그들을 중앙부대와 우측부대보다 앞세워 내보냈다(사선전술). 우세한 테베의 기병부대가 스파르타 기병부대를 그들의 장갑보병 쪽으로 몰아붙였을 때 테베 좌측 군대가 스파르타군의 우측을 쳐서 승리하였다.

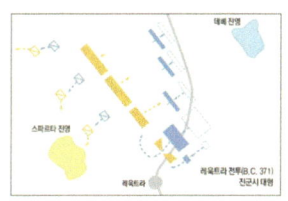

◇ **크세노폰**
크세노폰은 아테네의 군인, 사상가, 역사가였다. 크세노폰은 펠로폰네소스 전쟁 시기에 성장하였다. 평소 소크라테스를 존경하였는데, 소크라테스가 참주들에 의해 죽은 후 크세노폰도 추방되었다. 추방된 뒤 페르시아 왕자 키루스에게 고용된 그리스 용병대에 들어가서 전투에 참여하였는데, 이 때 경험이 「아나바시스」 즉 페르시아 원정기를 쓰게 되었다. 또한 그가 쓴 헬레니카는 펠로폰네소스 전쟁 이후의 그리스 역사를 다룬 역사서이다.

◇ **파르테논 신전**

파르테논 신전은 페리클레스가 델로스 동맹기금을 사용해서 도리아 양식으로 건축하였다. 파르테논이라는 이름은 이 신전과 관련이 있는 아테나 파르테노스 의식에서 비롯되었다. 1687년 투르크인과 싸우던 베네치아인들이 아크로폴리스를 포격하던 중 파르테논 신전 안에 있던 화약고가 폭발해 건물 중심부가 파괴되었다. 1801~03년에는 그때까지 남아 있던 조각품 대부분이 영국 귀족 토머스 엘진 경에 의해 반출되어 1816년 런던의 대영박물관에 팔렸다.

◇ **도리아양식, 이오니아양식, 코린트 양식**

5 그리스 문화

(1) **특징** : 자유로운 시민 문화, 인간 중심적 문화, 합리적·독창적 문화 → 서양 문화의 출발

(2) **종교** : 현세적 종교, 다신교 → 올림푸스 12신

(3) **철학**
  ① **자연 철학** : B.C. 6세기 경 출현하여 만물의 근원 탐구 → 탈레스(물), 피타고라스(수), 데모크리토스(원자), 헤라클레이토스(불)
  ② **소피스트**
    • B.C. 5세기 경 자연에서 인간으로 관심 전환
    • 수사와 웅변술, 절대적 진리 부정 → 상대주의·회의주의
    • 프로타고라스 : '인간은 만물의 척도' → 절대적 진리 부정
  ③ **소크라테스**
    • 보편적·절대적 진리 강조, 지덕합일설
    • 펠로폰네소스 전쟁 이후 30명 참주 시기 사형당함
  ④ **플라톤** : 교부 철학에 영향
    • 이데아의 세계에 입각한 이상 국가론
    • 「국가론」에서 중우정치를 비판하며 철인 정치 주장
    • 아카데미아 설치
  ⑤ **아리스토텔레스** : 스콜라 철학에 영향
    • 플라톤의 이데아론 비판 → 개개의 사물에 실재가 존재한다고 주장
    • 인문·사회·자연의 모든 분야에 걸친 학문 체계 정립
    • 리케이온 설치

(4) **문학**
  ① 호메로스의 서사시 : 『일리아스』, 『오디세이아』
  ② 헤시오도스 : 「노동과 나날」
  ③ 사포 : 연애시
  ④ 연극 : 비극 작가(아이스킬로스, 소포클레스, 에우리피데스), 희극 작가(아리스토파네스)

(5) **역사**
  ① 헤로도토스 : 『페르시아 전쟁사』
  ② 투키디데스 : 『펠로폰네소스 전쟁사』
  ③ 크세노폰 : 『헬레니카(그리스사)』, 『아나바시스(키로스의 페르시아 원정기)』

(6) **미술**
  ① 특징 : 조화와 균형 강조 → 파르테논 신전, 페이디아스의 아테네 여신상
  ② 건축 양식 : 도리아 양식 → 이오니아 양식 → 코린트 양식

6 알렉산드로스 제국과 헬레니즘 문화

(1) 알렉산드로스 제국의 성립
① 알렉산드로스의 동방 원정으로 유럽·아시아·아프리카에 걸친 대제국 건설
② 이소스 전투(B.C. 333)에서 승리 → 가우가멜라 전투(B.C. 331)에서 승리 → 다리우스 3세 황제는 부하에게 살해됨

(2) 동서 융합 정책
① 피정복민의 전통·관습 존중
② 알렉산드리아를 세워 그리스인 이주
③ 페르시아 인과 국제결혼 권장

[알렉산드로스 제국]

(3) 제국의 분열
① 알렉산더 대왕 사후 분열 → 마케도니아의 안티고노스 왕조, 이집트의 프톨레마이오스 왕조, 시리아의 셀레우코스 왕조

셀레우코스 왕조	· 지배계급 : 마케도니아인과 그리스인 · 기원전 245년 동쪽의 박트리아가 반란을 일으키고, 몇 년 후 파르티아인이 등장하여 페르시아 동북부 지배
마케도니아 왕조	· 안티고노스 왕가 지배 · 그리스 중부의 아이톨리아 연맹, 펠로폰네소스의 아카이아 연맹과 대립 · 로마에 정복당함
프톨레마이오스 왕조	· 통치자들은 파라오의 계승자로서 통치 → 기존의 중앙집권적 지배 유지 · 셀레우코스 왕조와 지속적으로 대립 · 이집트인의 봉기로 사실상 내전 상태 지속

② 주요 전투

입소스 전투	카산드로스 + 리시마코스 + 셀레우코스의 연합군이 안티고노스의 군대 격파
1차 마케도니아 전투 (기원전 214~220)	한니발 전쟁 중 발생 → 로마 + 아이톨리아 연맹(그리스 중부) ↔ 마케도니아
2차 마케도니아 전투 (기원전 200~197)	2차 포에니 전쟁 후 발생 → 마케도니아의 필리포스 5세 침략 → 그리스의 아이톨리아 연맹과 연합하여 격퇴
마그네시아 전투 (기원전 190)	로마가 셀레우코스 군대 격파(기원전 189) → 파르티아가 메소포타미아를 점령하여 셀레우코스 왕조는 시리아 북부만 지배
3차 마케도니아 전투 (기원전 171~168)	• 로마군이 마케도니아군 격파(기원전 168) → 그리스 정치인들이 인질로 로마로 끌려갔고, 마케도니아에 가세한 아이톨리아 연맹 지도자들은 살해당함 • 아카이아 연맹도 로마군에 격파당함(기원전164) → 코린토스 완전히 파괴하고 주민을 노예로 삼음.
미트리다테스 전투	그리스가 로마의 지배에 저항하여 흑해 연안의 폰토스 왕국 국왕인 미트리다테스를 중심으로 로마에 대항 → 술라가 출정하여 승리(기원전 84)하고 그리스 본토, 아나톨리아, 셀레우코스의 남은 지역이 모두 로마의 속주로 재편

(4) 헬레니즘 문화

① **특징**: 그리스와 동방 문화의 융합

② **철학**: 세계시민주의와 개인주의 사상 발달
- 스토아 학파: 자연법, 금욕주의
- 에피쿠로스학파: 정신적 쾌락주의

③ **자연 과학**: 유클리드(기하학), 아르키메데스(수학, 물리학)

④ **미술**
- 사실적인 미 추구: 라오콘 군상
- 육체미의 관능적 묘사: 밀로의 비너스상

⑤ **영향**: 인도의 간다라 미술, 중국과 우리나라 미술에 영향

◇ **라오콘 군상**

◇ **밀로의 비너스**

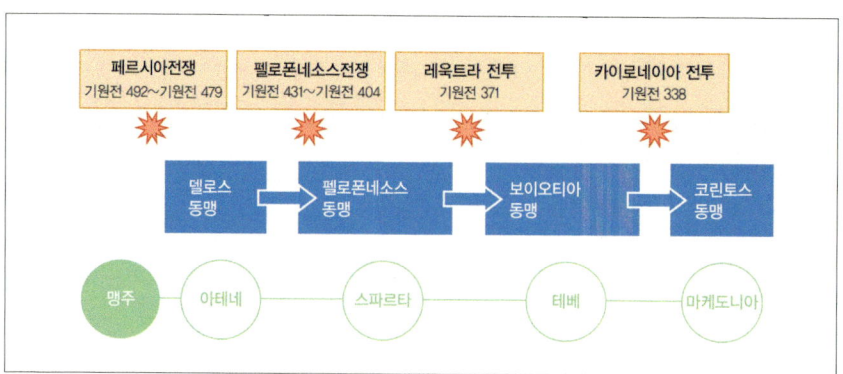

[기원전 4세기 무렵 그리스 패권의 변화] - 유필하, 전투의 역사

자료탐구

01. 드라콘법의 실시 배경과 내용

(가) 올림픽에서 우승한 킬론이라는 한 아테네인이 있었다. 이 사람은 참주가 되고자 하는 대담한 생각을 가졌다. 킬론은 동년배들을 모아 성채를 점령하고자 시도했으나 성공하지 못하자, 여신상 옆에 있는 성소를 점령했다. 당시 아테네를 지배하고 있었고 사형을 제외한 권한을 지니고 있었던 나우크라로이(책임관)로서 임무를 담당하던 자들이 이 자들을 몰아내었다. 그러나 그들은 살해됐으며, 이것은 알크마이온 가문의 문 앞에서 이루어졌다. 이 모든 것은 페이시스트라토스의 생애 이전에 해당한다.

— 헤로도토스, 『역사』 —

(나) 오로지 하나의 처벌인 사형만이 거의 모든 범죄자들에게 가해졌다. 그 결과 나태한 혐의를 받은 사람도 채소나 과일을 훔친 자도 신성 모독이나 살인을 벌인 자와 마찬가지로 처벌했다. 그 때문에 나중에 데마데스는 드라콘이 법을 기록하면서 먹을 사용하지 않고 피를 사용했다는 말을 하여 유명해졌다.

— 플루타르코스, 『비교 영웅전』 —

자료 해석

킬론은 제35회 올림픽에서 우승한 적이 있었고, 이웃 나라 메가라의 참주 테아게네스의 사위였다. (가)는 킬론 일파가 당시 아테네에서 정권을 잡고 있던 알크마이온 가문 사람들을 무참히 학살하여 권력을 잡으려는 쿠데타를 시도한 것을 보여준다. 그런데 이 쿠데타에 메가라의 군인들이 참여한 것을 본 아테네인들이 분노하여 알크마이온 가문에 합류하여 킬론 일파를 축출하였다. 이 사건이 있고 몇 년 후인 B.C. 621년 드라콘법이 제정되었고, 이는 사적인 복수를 줄이기 위해 국가 권력이 동원될 필요성을 느꼈기 때문이라고 본다. (나)는 드라콘 법은 기존의 관습법을 수정하거나 개폐하여 만든 최초의 성문법이었다. 매우 엄격한 법이라는 것을 강조하기 위해 법을 기록할 때 피를 사용했다고 알려져 있다. 드라콘 법은 중범죄뿐만 아니라 경범죄에도 사형을 내렸다. 이후 솔론은 살인죄를 제외한 드라콘 법을 모두 폐지했다.

02. 솔론의 개혁 배경

킬론의 반란이 끝나고 사람들이 질서를 잡아가려 할 때, 이번에는 오랜 전부터 계속되던 각 파벌의 정권 싸움이 일어나기 시작했다. 각 지역마다 파벌이 만들어져 산간 지방에 사는 사람들은 민주 정치를, 평지에서는 과두정치를, 해안에 사는 사람들은 혼합 정치를 주장하면서 제각기 세력을 다투게 되었다. 게다가 빈부의 차이가 너무 심해져서 아테네는 아주 위험한 상태에 빠지게 되었다. 이같은 혼란을 구하는 길은 절대 권력 이외에는 다른 수단이 없었다. 대부분의 사람들은 부자들에게 진 빚 때문에 경작한 수확량의 6분의 1을 바치고 있었는데(헥테모로이), 자기 몸을 저당잡힌 사람들은 노예가 되거나 팔려가기도 하였다. …… 일부 용감한 자들은 노예가 된 사람들을 해방시키고 토지 분배를 다시 해야 한다고 주장하며 이러한 자신들의 요구를 실행해 줄 사람들을 찾기 시작했다. 한마디로 그들은 정치 구조를 완전히 개혁할 정치가를 원했던 것이다. 이처럼 나라가 혼란스러울 때 어느 파벌에도 물들지 않고 있었던 사람은 솔론뿐이었다.

— 『플루타르쿠스 영웅전』 —

자료 해석

솔론이 개혁자로 나서게 된 배경을 설명한 것이다. 기원전 7세기부터 상공업과 무역이 발달함에 따라 아테네의 빈부 격차가 심화되었다. 이 과정에서 채무로 인해 노예가 되는 사람들이 증가하였다. 또한 아테네는 산악지역, 평지지역, 해안지역으로 나뉘어진 권력 싸움으로 정치적 혼란도 격심하였다. 이러한 경제적, 정치적 혼란을 해결할 인물을 아테인들은 원하고 있었고, 아테네인들은 아무런 파벌에도 속하지 않으면서 공정한 사람이라는 평판이 있었던 솔론이 이 역할의 적임자라 생각하였다.

03. 솔론의 금권정치

솔론은 정치의 전권을 장악하자 신체를 저당잡아 빚놀이하는 것을 금하여, 대중을 현재뿐 아니라 미래까지도 자유롭게 하였다. 또 공적·사적인 빚을 무효로 하였는데, 사람들의 무거운 짐을 내려주었다는 의미에서 이를

'무거운 짐 내려주기'라고 부르고 있다. 또 그는 다음과 같이 국가의 제도를 정하였다. 즉 사람들을 재산 평가에 의해 펜타코시오메딤노이, 히페이스, 제우기타이, 테테스로 나누었다. 그리고 그는 국가 관리직, 즉 아홉 명의 아르콘, 국고 관리관, 매각관, 11인의 의원, 재정관을 펜타코시오메딤노이, 히페이스, 제우기타이에게 할당하였다. …… 그 밖의 사람들은 테테스에 소속되었는데, 이들은 관리직 지분이 없었다. 이들은 민회·재판에 참여할 수만 있게 하였다.

- 아리스토텔레스, 『아테네인의 국가 제도』 -

자료 해석
솔론의 금권정치를 설명한 것이다. 솔론은 부채를 말소하고, 부채로 인한 인신의 예속화를 금지하는 동시에 상공업을 장려하였다. 정치적으로는 시민을 재산 소유에 따라 펜타코시오메딤노이(대토지 귀족), 히페이스(기사, 중소 귀족), 제우기타이(농민), 테테스(노동자) 4계층으로 구분하고 정치 참여의 비중을 다르게 규정하였다. 펜타코시오메딤노이는 500메딤노이(메딤노이는 약 52리터에 해당하는 곡식의 양) 이상의 수확량을 얻는 사람을 말하며, 말 1필을 기르는 힘 있는 사람 혹은 300메딤노이 이상을 수확하는 사람은 히페이스, 150메딤노이 이상의 수확을 가진 자는 제우기타이, 나머지 사람들은 테테스라고 불렀다. 펜타코시오메딤노이에게는 국고 관리직 자격을 부여하였으며, 히페이스는 아르콘에 피선될 자격이 있었다. 제우기타이는 군복무가 허용되었다. 테테스는 민회나 법정에 참여하여 권리를 행사할 수 있었다.

04. 페이시스트라토스

이미 기술했던 것처럼 페이시스트라토스는 참주적이라기보다는 오히려 입헌적으로 온건하게 국정을 이끌었다. 왜냐하면 일반적으로 그는 자애롭고 온화하게, 과실을 범했던 자에게는 관용으로, 더욱이 빈곤자에게는 일할 수 있도록 미리 자금을 대여함으로써 농업으로 생활을 유지하게 하려고 했다. 이것은 두 가지 목적을 가지고 있었다. 하나는 그들이 시 구역에 머무르는 것을 막고 시골에 분산하고자 하는 목적으로, 적절하게 살림살이가 나아지도록 자신의 일에 힘쓰게 함으로써 공공의 일을 고려하는 욕구와 시간을 갖지 못하게 하려는 것이었다. 동시에 토지가 충분히 경작된다면, 페이시스트라토스의 수입도 증가하는 결과를 가져왔다. 페이시스트라토스는 수확량의 1/10를 징수했기 때문이다. 그래서 촌락(데모스)마다 재판관을 두고, 자신도 자주 시골로 순회 시찰을 하고, 분쟁을 화해시켰다. 이것은 그들이 시의 구역에 와서 일을 등한시하지 않도록 하려는 것이었다. …… 페이시스트라토스는 자신의 통치뿐만 아니라 그 밖의 점에서도 대중에게 결코 고통을 주지 않고, 항상 평화를 촉진하고 평온을 유지하는 데 신경을 썼다. 그래서 자주 페이시스트라토스의 참주정치는 크로노스의 황금시대의 생활이라고 평가되었다. 왜냐하면 그 후 그의 자식들이 대를 이으면서부터 정치가 이전보다 훨씬 난폭해졌기 때문이다. 모든 평판 중에서 가장 뛰어난 것은 그의 성격이 민주적이고 박애적이었다는 것이다. 평소 그는 모든 것을 법에 기초해서 통치하고자 했고, 결코 자신에게 이익이 돌아가게 하는 경우가 없었다. 그리고 그는 한때 살인죄로 아레오파고스에 소환되자 자신을 변호하고자 직접 출두했고, 이에 놀란 고발자는 나타나지 않았다. 이와 같은 이유로 그는 오랫동안 권력의 자리에 머무르고, 추방되었던 때에도 쉽게 자신의 지위에 복귀할 수 있었다.

- 아리스토텔레스, 『아테네인의 국가 제도』 -

자료 해석
기원전 7세기 후반부터 기원전 5세기 전반을 전기(前期) 참주정 시대라고 부른다. 참주의 지배는 전제적이었지만, 일반적으로 참주정은 민중의 지지를 기반으로 하고, 귀족층을 약화시키고 평민층을 정치·경제적으로 강화시키며, 폴리스 민주정으로 가는 길을 열었다. 페이시스트라토스는 자신에게 반대하는 귀족들을 추방하고, 그 토지를 빈농에게 분배하는 한편, 상공업을 장려하고 은광을 개발하여 시민의 세금 부담을 줄였다.

05. 클레이스테네스의 개혁

이제는 대중의 영도자가 된 그(클레이스테네스)는 참주가 타도되고 나서 4년째 되는 해, 즉 이사고라스가 장관이 된 해에 우선 전 인민을 4부족 대신 10부족으로 나누었다. 다음에 종래의 400인 대신 500인 평의회를 두고 각 부족에서 대표로 50명씩 보내도록 하였다. 종래에는(부족마다) 100명씩 보냈다. 또 전 국토를 각각 몇 개의 지구로 이루어진 30개 부분으로 나누어, 중심도시와 그 주변에서 10개, 해안에서 10개, 내륙 지방에 10개가 되게 하고 이것을 트리티스라 불렀다. 그리고 각 부족이 모두 3개의 지역으로 나누어질 수 있도록 각 부족에 3개의 트리티스를 만들어 두었다. 그리고 각 지구에 살고 있는 사람들을 각 지구민으로 하였는데, 이것은 새로 시민으로 된 사람들을 아버지 이름으로 구별하지 않고 소속된 지구에 맞추어 공적인 호칭으로 부를 수 있게 하기 위해서였다.

- 아리스토텔레스, 『아테네인의 국가 제도』 -

자료 해석
페이시스트라토스 이후에 등장한 클레이스테네스는 민주적인 개혁을 추진하였다. 그는 귀족들의 세력 기반이었던 전통적인 촌락을 해체시키고, 도편추방법을 만들어 참주의 출현을 방지하였다. 민회에서 선출된 대표들이 정무를 맡는 아테네 특유의 직접 민주 정치를 확립하였다. 클레이스테네스는 아테네를 시내, 해안, 내지의 세 구역으로 나누고, 이를 다시 열 조각으로 분할하여, 아테네를 총 30개의 조각으로 만들어 이를 트리티스라고 불렀다. 클레이스테네스는 이를 바탕으로 각 부족별로 50명을 선발해 500인 평의회를 만들었다. 500인 평의회는 근대 국가의 행정부의 역할을 맡았다.

06. 에피알테스의 국제

페르시아 전쟁 이후 대략 17년간은 점점 변형되었다고 하지만 아레오파고스 회원을 지도자로 하는 국제는 존속했다. 그런데 대중의 규모가 커져 갔을 때, 청렴하고 정치에 공정하다는 평판을 가졌던 소포니데스의 아들 에피알테스가 민중의 지도자가 되어 아레오파고스를 공격했다. 그래서 그는 먼저 아레오파고스의 정책 행위에 소송을 제기하고, 아레오파고스 회원 다수를 제명했다. 그 다음 코논이 아르콘으로 있었던 해(기원전 462/1년)에 아레오파고스에서 국제(國制)를 유지하게 만들었던 부가적 기능을 모두 박탈해서, 그것의 일부는 500인 협의회에, 다른 일부는 민회와 시민법정에 부여했다. …… 그리고 에피알테스도 얼마 후 타나그라의 아들 아리스토디쿠스에게 암살당했다.

- 아리스토텔레스, 『아테네인의 국가 제도』 -

자료 해석
기원전 487년 아르콘 선출 방법이 개정되어 직접 선출 대신 추첨제가 도입되었다. 즉 데모스에서 예선으로 뽑힌 100명 가운데 각 부족에서 1명씩(10명 중 1명은 서기)을 추첨으로 선출하게 된 것이다. 이 제도가 실시된 동기는 분명치 않으나 이 제도로 말미암아 국정을 펼치는 아르콘의 지위가 가벼워지고 나아가서 아레오파고스 회의의 권력도 약화되었다고 할 수 있다. 대신 행정 실권이 1년 임기의 아르콘에서 연임이 가능한 선출직 장군(스트라테고스)으로 넘어가게 되었으며, 경험이 풍부한 장군-정치가가 계속 국정에 영향력을 행사함으로써 국정 중에서도 특히 대외정책 분야에서 효율성과 지속성을 강화할 수 있게 되었다. 이후 페르시아 전쟁을 거치면서 아레오파고스 회의의 지위가 상승하자, 민주파의 영수인 에피알테스는 젊은 페리클레스의 도움을 받아 아레오파고스 회원의 부정을 고발하여 다수를 제명했고, 기원전 462년에는 이 회의가 갖는 부가적인 권한을 모두 박탈하여 일부는 500인 회의로, 일부는 민회와 재판소로 이관했다고 한다.

- 김진경, 『고대그리스의 영광과 몰락』 -

07. 델로스 동맹

(가) 아테네인은 이와 같이 파우사니아스에 대해 혐오 때문에 동맹국들이 아테네 측에 요청했으므로 지휘권을 획득한다. 제1단계로 페르시아인을 뒤쫓아 무찌르기 위해 어떤 가맹국은 군자금을, 어떤 가맹국은 군선을 제공해야 하는가를 결정했다. 그렇게 공언한 이유는 페르시아 왕의 영토를 파괴해서 보복하기 위해서였다. 이를 위해 처음으로 그리스 동맹 재무관이라는 아테네인을 위한 관직이 신설되고, 이 관직에 임명된 자들이 동맹이 매년 내는 기부금을 수납하게 되었다. 매년 내는 기부금이라는 것은 동맹 수입 중에 화폐로 납입되는 부분을 일컫는다. 최초 연도(年度)에 조사해서 결정된 기부금은 460탤런트가 되었다. 동맹 재무국은 델로스 섬에 설치되고, 가맹국 대표회의는 델로스 섬의 신전에서 개최되었다.

- 투키디데스, 『역사』 -

(나) 이반(離販)에 이르게 했던 원인은 여러 가지가 있을 수 있지만, 그 중에서도 매년 납부하는 기부금과 군선의 체납, 게다가 때로는 전면적인 참전 거부 등이 주된 계기가 되었다. 왜냐하면 아테네인은 모든 동맹국

이 의무를 수행하는 것을 융통성 없는 방식으로 요구하고, 이러한 무거운 짐을 부담했던 것도 아니고 게다가 부담할 의지도 없는 자들에게는 가혹한 강제를 부과함으로써 모든 동맹국을 고통스럽게 했기 때문이다. 또한 아테네인은 아무렇지 않게도 예전과는 달리 맹주로서 평판이 현저하게 나쁘게 될 수 있었다. 아테네인은 동맹군을 인솔하고 원정할 때에도 특권을 행사하게 되었으므로, 더욱더 쉽게 동맹에서 이반한 나라에게 강압적인 힘을 가할 수 있게 되었다. 하지만 사태를 여기까지 이르게 했던 책임을 동맹국 자신에게 돌린다. 왜냐하면 고국에서 떠나는 것을 싫어했던 많은 동맹국 시민들은 원정군에 참가하는 것을 주저하고, 부과된 군선을 공급하는 대신에 이에 상응해서 매년 납부하도록 결정된 비용을 분담했다. 그래서 그들이 제공하는 자금을 바탕으로 아테네인은 더욱더 해군을 증강했지만, 동맹국 측은 정작 아테네로부터 이반하려고 해도 준비가 부족하고 전투 훈련도 해 본 적 없는 상태에 빠져들었기 때문이다.

– 투키디데스, 『역사』 –

자료 해석
델로스 동맹은 아테네의 아리스티데스가 제창하여 결성된 그리스 도시국가들의 군사 동맹으로 아테네를 중심으로 주로 소아시아 연안의 그리스 도시와 에게 해의 섬들로 구성되었다. 페르시아의 침략에 대비하기 위해 설립되었으나 이후 아테네의 제국주의적인 지배도구가 되었다. 아테네는 동맹시에 대한 지배를 강화하는 한편 동맹시가 제공하는 자금을 강제적인 공납금으로 변질시키고, 델로스 섬에 있던 공동금고마저 기원전 454년에 아테네로 옮겼다.

08. 아테네 민주 정치의 전성기

우리는 이웃 여러 나라의 제도를 부러워할 필요가 없는 정치 체제 아래 살고 있다. 다른 나라를 모방하는 게 아니라 우리가 다른 나라의 모범이 되고 있는 것이다. 그리고 소수가 아니라 다수에 의한 지배이기 때문에 이 정치체제는 민주 정치라는 이름으로 불린다. 법률 면에서 사적인 분쟁에 대해서도 만인에게 평등한 권리가 주어진다. 인물을 평가할 때는 명성과 덕망에 따른다. 즉 신분이 아니라 능력으로 공공 업무에 참여할 수 있는 영예가 주어진다. 가난한 자라 하더라도 국가에 조금이라도 이익을 줄 수 있다면 신분이 미천하다는 이유로 공직에서 배제되는 일은 없다. 공공 업무에 관해서는 그 시기의 관리나 법률에 대한 복종심에서 나오는 경외감이 특히 강해 위법 행위를 하는 일이 없다. 그 중에서도 특히 부당하게 피해를 본 자들의 이익을 위해 제정된 것이나, 성문법은 아니더라도 그것을 위반한 자에게 세상 사람들의 지탄이 돌아가는 것을 우리는 두려워한다.

– 투키디데스, 『역사』 중 페리클레스의 전몰자 추도 연설 –

자료 해석
아테네의 모든 성년 남자 시민은 누구나 폴리스 최고 기구인 민회에 참여할 수 있었고, 장군과 같은 특수직을 제외한 모든 관직은 추첨으로 선임되었으며, 재판을 맡은 배심원도 추첨으로 뽑았다. 이것은 시민 간의 무한한 신뢰감을 바탕으로 한 것이었다.

09. 공직자에게 보수 지급

게다가 페리클레스는 법정에서 행하는 봉사에 보수를 도입한 최초의 인물이었다. 이 조치로 그는 인민에게 호의를 얻었고 키몬의 관대함을 상쇄시켰다. 키몬은 참주처럼 부유하여, 공공봉사를 후하게 베풀었을 뿐 아니라, 자신의 동료 데모스 성원을 다수 부양하였던 것이다. 리키아다이 출신자들은, 원한다면 매일 그에게 가서 자신의 필요를 충족시킬 만한 것을 얻을 수 있었다. 게다가 키몬은 지신의 토지에 담을 두르지 않았기에, 원하는 사람은 누구든지 그 생산물을 먹을 수 있었다. 페리클레스에겐 이런 유의 지출을 할 재원이 없었다. 그리고 오이의 다모니데스에게 들은 충고도 있었다(이 사람은 헤라클레스가 만든 많은 죄들을 입안한 자였는데, 그가 훗날 도편추방된 것은 그 점 때문이다). 그 충고는, 페리클레스는 물려받은 사유재산이 별로 없으니, 그가 인민에게 인민의 것을 돌려주어야 한다는 내용이었다. 그래서 페리클레스는 심판원들에게 보수를 지급하는 제도를 도입하였다. 어떤 사람들은 법정이 더 나빠진 것이 이 제도 탓이라고 주장한다. 선발되고 자원하는 사람들은 주로 잘사는 사람들이 아니라 일반인들이었기 때문이다.

– 아리스토텔레스, 『아테네인의 국가 제도』 –

자료 해석
아테네는 수군을 유지해, 테테스들이 수병으로 활약할 수 있는 길을 열어놓았다. 빈민은 대략 2만 명 정도 되었는데, 이 중에 절반이 혜택을 누렸고, 정치 참여도 가능해졌다. 또한 아테네는 공무에 참여하는 이들에게 보수를 지급하는 제도를 마련했는데, 이를 처음 시행한 사람이 페리클레스였다. 이를 통해 아테네의 하층민들이 직접 정치에 참여할 수 있는 길이 확대되어 민주주의가 발전하였다.

10. 아테네의 제국화

동맹이 제국으로 전환하는 데 가장 결정적인 조치가 기원전 445년~453년에 취해졌다. 이때 델로스 동맹의 금고를 델로스에서 아테네의 아크로폴리스로 이전했다. 페르시아인들이 에게해로 함대를 보낼 우려가 있다는 것이 이유였다. 이 해부터 펠로폰네소스 전쟁 후반까지 아테네인들은 동맹국들이 납부하는 공물의 1/6을 도시의 수호신인 여신 아테나 아테나 포리아스(도시의 수호신 역할을 하는 아테나라는 뜻)를 위한 첫 번째 수확물로, 그리고 나머지는 새롭게 결성된 동맹, 즉 제국의 몫으로 가져갔다. 아테네인들은 여신 아테나의 몫을 꼭 동맹의 목적을 위해서는 아니더라도 자기들 마음대로 사용할 수 있었다. 그리고 페리클레스는, 앞으로 보겠지만, 이것이 어떻게 사용되어야 하는지에 대해 아주 분명한 생각이 있었다.

― 도널드 케이건, 『페리클레스』 ―

자료 해석
페리클레스가 델로스 동맹 기금 금고를 아테네로 이전하고, 동맹 기금을 이용해서 파르테논 신전을 건축하거나 아테네 민회 참석자에게 수당을 주는 등 아테네인들 위주로 동맹을 운영하면서 동맹국들로부터 아테네 제국이라는 비난을 받았다. 이러한 아테네의 제국화는 펠로폰네소스 전쟁이 발생하는 원인이 되었다.

11. 아테네의 시민권

현재 국법 규정은 다음과 같다. 양친이 시민인 자는 시민이 될 권리를 가진다. 그리고 18세에 데모스 성원으로 등재된다. 새로 성원으로 등재되면 기존 데모스 성원은 등재된 자들에 관해서 맹세하고 투표로 결정한다. 우선 그들이 합법적인 나이에 이르렀는가를 결정하는데, 만약 그렇지 않다고 하면 다시 소년 상태로 되돌려 보낸다. 두 번째로 심사 후보자가 자유인이고 법에 따라서 출생했는지를 결정한다. 만약 어떤 사람이 자유인이 아니라고 결정되면 그 사람은 법정에 상소한다. 그리고 데모스 성원은 자신들 중에서 고소자들로서 5명을 선발한다. 그 사람이 등재될 권리가 없으면 국가는 그 사람을 노예로 판다. 그러나 그 사람이 승소하면, 데모스 성원들은 그 사람을 등재해야 한다. 이후에 협의회는 등재된 사람들을 조사한다. 어떤 사람이 18세보다 적게 보인다면, 그 사람을 등재한 데모스 성원에게 벌금을 부과한다. 소년들(ephebes)을 검사할 때는 자기 부친이 부족별로 모여 맹세하고, 40세 이상 부족 성원 가운데 청년들을 감독하기에 가장 좋고 적절한 사람이라고 생각하는 자를 3명 선출한다. 그리고 이들 중에서 시민들은 각 부족에 보호자를 한 사람씩 투표로 선출하고, 다른 아테네인들중에서 이들 모두에 대한 총감독을 선출한다.

― 아리스토텔레스, 『아테네인의 국가 제도』 ―

자료 해석
아테네의 시민 자격은 양친 중 한 명이 시민인 자는 시민이 될 수 있었다. 그러나 페리클레스 시대에 이르러 공직자에 대한 수당 지급과 각종 수당이 증가하면서 시민의 자격을 제한할 필요가 생겼다. 이에 양친이 모두 아테네 시민인 사람만이 아테네 시민이 될 수 있었다.

12. 리쿠르고스의 개혁

리쿠르고스가 행한 개혁 중에서 가장 중요한 것은 원로원을 구성한 것이다. 원로원은 중요한 국가의 일에 대해 왕과 동등한 권한을 가지는 것으로, 플라톤은 원로원이란 왕정을 제한하며 국가를 안전하고 공고히 하는 것이라 하였다. …… 28명의 원로원 의원들은 한편으로는 왕을 도와 민중의 힘을 누르고, 또 한편으로는 독재 정치를 견제하여 민중의 힘을 강하게 하였다. …… 리쿠르고스가 시도한 두 번째 개혁은 토지를 다시 분배하는 일이었다. 당시의 토지 분배는 매우 불평등한 상태로 이루어져 있었다. 토지를 전혀 가지지 못한 사람들이 있었는가 하면, 얼마 안되는 사람들의 손에 많은 토지가 집중되어 있어서 교만과 시기와 사치와 범죄 등 온갖 악폐가 생겨나고 있었다. …… 그는 라코니아 지방의 토지를 3만 필지로 등분하여 스파르타 시민들에게 나누어주고, 스파르파 시에 인접해 있는 지역을 9만 필지로 나누어 지방에 사는 사람들에게 분배했다. …… 또한 그는 금화와 은화를 모두 거두어들이고 쇠돈만 쓰게 했다. 이 쇠돈은 부피가 크고 무거웠지만 가치는 얼마되지 않았다. 그래서 20~30 파운드의 돈을 저장하려면 커다란 방이 필요했고, 이것을 운반하기 위해서는 여러 마리의 소가 끄는 마차가 있어야 했다. 이러한 정책을 시행하자 나라 안에 여러 가지 범죄가 없어지기 시작했다. 부피가 많은 돈을 숨겨 놓을 수도 없었고, 많이 가졌다고 남들이 부러워하지도 않았다.

- 플루타르코스, 『영웅전』 -

자료 해석
리쿠르고스는 28명으로 구성된 원로원을 창설한 다음 국가의 중요한 결정을 내리는 데 있어 왕과 원로원이 동등한 권한을 갖도록 했는데, 원로원이 할 일은 왕을 돕고 민중의 힘을 강화하는 것이었다. 그는 왕정과 민주정을 결합한 정치체제를 구축했다. 또한 그는 빈부의 격차를 해결하기 위해 토지 개혁을 실시하였고, 이후 사치스러운 행위를 금지하였다. 금화와 은화를 없애고 쇠돈을 쓰게 한 것이 대표적이다. 이외에도 그는 장사꾼, 점장이, 조각가, 금·은·보석 세공사를 없앴으며, 식사는 공동 식사장에서 모여 함께 하도록 했다. 모든 사람들이 같은 수준의 빵을 먹도록 했고, 식사장에 늦게 도착하는 것을 허용하지 않았다.

13. 스파르타의 교육
20세부터 60세까지 남자들은 병역의 의무를 졌다. 30세까지는 결혼을 했어도 병영에서 공동 생활을 했다. 소녀들도 국가의 감독 하에 격렬한 육체 운동과 정신 교육을 받았는데, 건강한 어머니만이 훌륭한 전사를 낳을 수 있다는 취지에서였다. ……(7세부터 시작된) 훈련은 어른이 될 때까지 지속되었으며, 누구도 자신이 원하는 대로 살지 못했다. 그들은 도시 내에서 생활할 때에도 마치 군대 막사에 있는 것처럼 엄격한 생활을 계속했고 공적인 일에 모든 관심을 집중했다. 그들은 스스로를 개인이라기보다는 국가의 일부로 생각하여 특정한 직무를 맡고 있지 않아도 언제나 아이들을 관찰하고 유용한 가르침을 주었다.

- 플루타르코스, 『영웅전』 -

자료 해석
스파르타는 지배층의 수가 피지배층에 비해 훨씬 적었기 때문에 시민들을 중심으로 강력한 군사력을 유지하고자 하였다. 이를 위해 공교육 제도인 아고게가 있었다. 위 제시문은 아고게에 대한 설명으로, 아고게는 덕을 겸비한 용감한 전사를 양성하는 것이 주요 목적이었다.

14. 스파르타의 공동식사제도(피디티온)
리쿠르고스는 스파르타의 연령 집단을 섞어놓았기 때문에 젊은이들은 경험이 많은 연장자들에게 많은 것을 배웠다. 공동 식사를 할 때는 시내에서 행한 고귀한 행동들을 거론하는 것이 보통이었다. 따라서 무례함이나 폭음, 사악함이나 음담패설 같은 것은 거의 있을 수가 없었다. 여러 사람이 식사하는 관습은 더 유익한 결과를 가져왔으나, 30세가 넘은 사람들은 집으로 걸어갈 때 술 취해 비틀거리거나 밤길을 헤매지 않도록 조심해야 했다. 30세가 넘는 사람들은 밤중에도 낮처럼 걸어야 하며, 60세 이하로 병역 의무가 있는 자는 횃불조차 밝힐 수 없었다.

- 크세노폰, 『라케다이몬인(스파르타인)의 국가 제도』 -

자료 해석
7세부터 20세까지 14년간 아고게에서 공동 교육을 받은 청년들은 다시 30세가 될 때까지 10년간 공동생활을 했다. 또한 이들은 60세까지 피디티온이라는 회식 단체에서 생활해야 했다. 15명 단위로 구성된 성원들은 모두 함께 식사하고, 함께 훈련하고, 함께 전투에 참여했으므로 사회 단체이자 군사 단체의 성격을 지녔다. 크세노폰은 소크라테스의 제자로 헬레니카, 페르시아 원정기 등의 다양한 책을 저술하였다.

15. 펠로폰네소스 전쟁
(가) 우리 아테네 세력이 시칠리아로 원정한 목적은 우선 시칠리아의 모든 그리스 국가를 공격해서 진압하고, 그것에 뒤이어 이탈리아의 모든 나라를 정복하고, 마지막으로는 카르타고인과 그들의 지배권에 도전하는

것이었다. 그리고 이 모든 지역의 전부 또는 대부분이 우리 수중에 들어오면, 그 후에 펠로폰네소스를 공격하려고 계획하고 있다. 결국 새롭게 정복한 지방으로부터 그리스인 병력 전체를 아군 방향에 뒤따라 이쪽으로 옮기고, 또한 이베리아인을 시작으로 현재 그 지방의 이민족 중, 세상에서 가장 호전적으로 간주되고 있는 다른 민족들까지도 용병으로서 뒤따른다. 이탈리아에 많이 있는 목재를 사용해서 여러 척의 갤리선을 건조해 우리가 현재 소유하고 있는 함대에 추가한다. 이 대규모 함대로 펠로폰네소스 둘레의 전체 지역을 해상으로부터 포위함과 동시에 육상 부대를 사용해 여러 도시들을 육상 연안으로 습격해서 일부는 전투로 중도에서 빼앗고 일부는 그 영내에 성재를 축조해서 항복시킨다. 그렇게 하면 펠로폰네소스도 아주 쉽게 전투로 파괴할 수 있다. 그리고 그때에는 얼마 안 있어 그리스 전체를 호령하는 지배권까지도 구축할 수 있을 것으로 기대하고 있다. 따라서 필요한 군자금도 식량도 새롭게 정복했던 서방 국가들이 그 토지로부터 수요를 많이 충족시키고. 본국으로부터 수송을 필요로 하지 않을 예정이었으므로 이런 대규모 계획 하나하나가 더욱더 쉽게 실현될 수 있다고 생각되었다.

– 투키디데스, 『역사』 –

(나) 아테네인은 땅과 바다로 공격을 받자 어찌할 줄을 모르고 당황했다. 아테네인들에게는 전함도 동맹국도 식량도 없었다. …… 그러자 에포로이는 그들을 불러오라고 명했다. 사절들이 도착하자 그들은 총회를 소집했다. 여기에서 다른 많은 그리스 국가들은 물론이고 특히 코린토스인과 테베인이 아테네인과 강화하는 것에 반대하고, 아테네를 멸망시키는 것을 지지하는 발언을 했다. 그러나 스파르타인은 그리스가 최대 위기에 처했을 때 큰 기여를 한 그리스 국가를 노예화하는 것을 거부했다. 그리고 강화 조건을 다음과 같이 제시했다. 장벽을 허물고 12척을 제외한 모든 배를 스파르타로 넘기며, 추방된 자들을 받아들이고 스파르타와 동맹을 체결하는 조건이었다. …… 다음날 사절들은 스파르타인과 맺은 강화 조건을 공표했다. 테메네스는 사절들을 대변하여 스파르타인에게 굴복하고 성벽을 허무는 것은 어쩔 수 없다고 말했다. 비록 몇 사람이 반대했으나, 압도적인 다수가 찬성했고 강화 조건을 받아들여야 한다고 결의했다.

– 크세노폰, 『헬레니카』 –

자료 해석
(가)는 알키비아데스가 시칠리아 원정의 목적을 설명하는 글이다. 알키비아데스는 그리스 본토에서 스파르타를 꺾기가 힘들다고 판단하고, 펠로폰네소스동맹의 생명선인 이탈리아와 시칠리아를 공격하여 지배할 생각이었다. 알키비아데스는 시칠리아를 점령한 다음 스파르타를 공격하기 위해 200척의 대함대를 이끌고 시칠리아 원정에 나섰다. 그러나 알키비아데스가 원정을 나간 사이 반대파들이 헤르메스 상 훼손 사건 및 엘레우시스비의 모독 사건과 관련해서 공격하자, 그는 스파르타로 도망갔다. 알키비아데스는 스파르타를 도와 시라쿠사에서 아테네 함대를 공격하여 180척 중에서 9척만 도피할 수 있었다. 사실상 펠로폰네소스 전쟁이 끝난 것이었다. 이후 스파르타를 비롯한 펠로폰네소스 동맹은 아테네와 강화조약을 체결하였다. 아테네는 장벽을 허물고 12척을 제외한 모든 함선을 스파르타에 넘기고, 스파르타와 동맹을 체결하였다.

16. 레욱트라 전투

테바이인들은 클레옴브로토스가 포키스로부터 쳐들어올 것이라고 예상되는 협곡을 지키고 있었으나, 예상과 달리 그는 티스바이로 난 산길을 지나 크레우시스로 가서 요새를 장악하고 테바이인의 삼단노선을 열두 척이나 노획했다. 그다음 해안을 출발해서 테스피케의 레욱트라로 올라가 진을 쳤다. 테바이인은 그리 멀지 않은 맞은편 언덕에 보이오티아인을 제외하고는 다른 동맹국 사람도 없이 진을 치고 있었다. …… 그 때문에 보이오티아인의 군대는 그 전보다 규모가 더 커지고 그 대형도 더 촘촘하게 되었다. 양측 군대 사이는 평지였으므로, 라케다이몬인들은 자신의 사각진영 앞으로 기병을 배치했고, 테바이인들도 자신의 기병을 배치했다. …… 양측 기병의 전투력은 각기 이와 같았다. 보병에서 라케다이몬인은 군단(enomotia)을 세 단위(stoichos)로 편성했다고 한다. 그래서 그 사각진은 종대 열두 명을 넘어갈 수 없었다. 반면 테바이인은 보병 종대를 50명 정도로 편성했다. 만일 (스파르타) 왕 주변의 병사들만 제압하면 그 나머지는 쉽게 꺾을 수 있으리라 예상했다. 클레옴브로토스가 적을 향해 나아갈 즈음, 그 휘하의 아군은 진격한다는 것을 깨닫기도 전에 이미 교전을 벌이자마자 수세에 몰린 라케다이몬 기병이 후퇴하면서 자신들의 중무장 보병과 충돌하게 되었다. 거기에다 테바이의 중대(lochos)까지 그들을 공격해왔다. 한편 클레옴브로토스와 그의 병사들이 처음에는 우세했다는 사실은 다음에서 분명한 증거를 찾을 수 있겠다. 만일 그의 앞에서 싸운 병사들이 당시 우세하지 않았더라면 겨우 숨이 붙어 있는 그를 옮겨오지 못했을 것이기 때문이다. 그러나 국방 장군(polemarchos) 데이논이 죽고, 또 왕과 같은 막사를 쓰는 스포드리아스와 그의 아들 클레오니모스가 죽자, 말들과 국방 장군의 수행원이라 불리는 이들,

그리고 그 밖의 사람들이 적의 무리에 밀려 후퇴했다. 한편 라케다이몬의 편대 좌익에 있던 병사들이 우익이 밀리는 것을 보고 같이 후퇴해버렸다. …… 모든 사람들이 협정을 통해 시신을 수습하고자 했으므로, 그것을 위한 전령을 보냈다. 그 후 테바이 인들은 전승비를 세우고 휴전한 후에 시신을 돌려주었다.

- 크세노폰, 『헬레니카』 -

자료 해석
기원전 404년에서 338년 사이의 기간 동안 스파르타와, 상당한 힘을 축적하고 보이오티아(Boiotia) 도시 동맹을 이끌었던 테바이, 기원전 404년의 통렬한 패배에서 놀랄 정도로 빠르게 회복한 아테나이(Athenai)는 서로 상대를 바꾸어가며 제휴하여 전쟁을 치렀다. 아테나이는 해군력을 모두 잃지는 않았고, 아직 가장 중요한 시장이며, 가장 인구가 많은 도시이고, 선도적인 그리스의 문화적 중심지였던 것이다. 스파르타는 우선 기원전 401년에는 페르시아의 왕위 계승 전쟁에 끼어들었다가 소아시아에서 전쟁에 휘말려 들어야 했다. 또 기원전 395년에서 387년 사이에 스파르타는 아테나이를 비롯한 연합군과의 전쟁(코린토스 전쟁)을 치렀다. 그리고 스파르타와 페르시아는 공통의 적이라 할 수 있는 아테나이의 회복을 두려워하여 다시 손을 잡았다. 기원전 387년에 있었던 강화조약은 페르시아가 만들어 보낸 문안을 기초로 하여 체결되었다. 이를 '왕의 강화조약(King's Peace)'이라고 부르거니와, 이 조약은 그 후로도 그리스 국제정치의 기본적인 틀이 되었다. 이 조약으로 아테나이의 재건축 사업은 저지되었고, 스파르타는 계속하여 그리스에서 가장 강력한 지위를 유지했으며, 페르시아는 소아시아 서해안의 그리스 도시들에 대한 종주권을 다시 갖게 되었다. 기원전 387년에 스파르타는 회원국들의 자유와 자치를 지켜준다는 명분을 내세워 보이오티아 동맹의 해체를 주장했다. 그러나 스파르타의 우월적 지위는 다시 도전을 받게 되었다. 기원전 377년이 되면 보이오티아 도시동맹의 주역인 테바이도 상당한 군사력을 갖게 되었고, 아테나이는 반 스파르타 동맹국들을 모아 제2차 아테나이 동맹을 만들었기 때문이다. 그러나 이 동맹은 오래 가지 않았다. 기원전 362년 이후, 아테나이가 제국주의적인 성향을 다시 나타내기 시작하고, 동맹의 영토 내에 아테나이 시민들을 식민시키기 시작하자, 주요한 동맹국들이 반란(기원전 357~355년)을 일으켰고, 동맹은 붕괴되었다. 제2차 아테나이 동맹의 해체는 이제 구성원들이 스파르타의 침공에 대한 우려를 떨쳐버렸기 때문이라고 파악할 수도 있다. 이 시기에 있었던 모든 전쟁을 묘사할 필요는 없을 것이지만, 특기할 것은 이 전쟁들에서 나타난 새로운 변화이다. 이는 용병 사용의 증가로서, 그들은 그리스 어느 지역에서도 나타났다. …… 양군의 배치는 대체로 분명히 기록되어 있는 편이다. 크세노폰에 따르면, 클레옴브로토스와 근위대는 스파르타군의 우익에 위치했고, 따라서 스파르타의 4개 모라이는 우익에 위치했을 것이다. 좌익은 당연히 용병들과 동맹군들로 구성되었다고 보아야 할 것이다. 크세노폰에 따르면 종대의 깊이가 12열을 넘지 않았다. 보이오티아군의 경우에는 테바이군이 좌익을 형성했고, 다른 보이오티아 연방에서 온 부대들이 우익에 자리잡고 있었다. 크세노폰의 기록을 그대로 받아들인다면, 테바이군의 종대는 50열을 이루고 있었다. …… 양측의 전술, 특히 스파르타의 전술에 대해서는 기록이 매우 불확실하다. 크세노폰은 전술에 대해서는 거의 기록하지 않았지만, 적어도 테바이군은 스파르타의 우익을 공격했다는 점은 분명히 기록하였다. 하지만 이 점에 대해서는 디오도로스와 플루타르코스는 다르게 기술하고 있다. 디오도로스에 따르면, 에파메이논다스가 전군에서 정예를 선발하여 한 쪽 날개에 배치하고, 그곳에서 버티며 싸우게 한 반면 다른 쪽 날개는 싸우지 않고 적의 공격에 따라 천천히 후퇴하도록 하였다. 그 결과 테바이 군은 기울어진 진형 즉, '사선진'(loxen)이 되었다. …… 이제까지 그리스의 전술은 모두 전면전으로 적과 대치하면서 적군의 우측(방패로 가려지지 않아 약한 부분)을 공격하는 것이었다. 여기서 처음으로 적의 좌우익을 떼어놓고 한 쪽 날개를 저지하고 있는 사이에 극단적인 종심 진형과 사선진으로 적의 주력을 격파하는 '전력의 집중' 전술이 그리스에 나타났고, 이 전술은 후에 그라니코스(Granikos)강 전투 등 알렉산드로스의 주요 전술의 핵심이 되었다. 이 전투로 스파르타의 주력은 궤멸되었고, 스파르타는 해외의 작전에 충당할 병력을 상실하게 되었다. 에파메이논다스는 그 여세를 몰아 펠로폰네소스로 침입하였다. 그리고 결국 기원전 369년 메세니아(Messenia)를 해방시키고, 오랫동안 스파르타의 헤일로타이로 억압되었던 메세니아인들만의 국가를 건설하게 해 주었다.

- 윤진, 기원전 371년 레욱트라(Leuktra) 전투와 스파르타의 몰락 -

17. 카이로네이아 전투

새벽에(카이로네이아에) 군대가 진을 펼쳤는데, 왕은 자신의 아들 알렉산드로스를 한쪽 날개에 배치하였다. 알렉산드로스는 아직은 어렸으나 매우 용감하고 전투에서 뛰어나게 신속했다. …… 그 때 알렉산드로스는 자신의 용맹을 아버지에게 보여주고 싶어했다. 과도한 열정 면에서 누구에게도 뒤지지 않은 데다가 자기 편에 훌륭한 전사들이 많았기에, 그는 처음으로 적의 강력한 전열을 깨뜨리는 데 성공하였으며, 여러 명을 타격한 후 자신에게 맞선 자들을 땅에 쓰러뜨렸다. 그의 동료들도 성공을 거두자, 강력한 전선에 구멍이 뚫렸다. …… 아테네인들은 1000명 이상 전사하고 2000명 정도는 포로가 되었다. 마찬가지로 많은 보이오티아인들이 죽었고 적지 않은 자들이 포로로 잡혔다.

– 디오도로스 시쿨루스, 『역사서제』 –

자료 해석
아테네는 기원전 346년 마케도니아와 평화조약을 맺었지만, 데모스테네스는 마케도니아 반대 정책을 주장하였다. 이에 아테네는 테베(테바이)가 이끄는 보이오티아 연맹과 동맹을 맺고 적의 침공에 대비했다. 마케도니아의 필리포스는 기원전 339년 전쟁을 개시하여 보이오티아 근처의 카이로네이아에서 아테네와 보이오티아 연합군을 격파하였다. 이 전투로 마케도니아가 그리스를 지배하게 되었고, 이후 알렉산드로스가 아시아를 정복하는 기반이 되었다.

18. 이소크라테스의 범그리스주의

(가) 이런 까닭에 우리가 이 평화협정을 두고 외교 사절에 대해 정당하게 비판을 가할 수 있습니다. 그들은 헬라스 사람에 의해 파견되었으면서도 이방인을 위한 협정을 체결했기 때문입니다. 실제로 그들은 모든 도시가 각각 자신들의 원래 영토를 차지해야 한다든가, 창으로 얻은 것을 지배해야 한다든가, 평화조약에 의해 그들이 차지하게 된 것에 대해서는 힘을 행사해야 한다든가, 그 어떤 것을 자기 의견으로 삼든지 간에, 이것 가운데 어떤 것이든 하나를 정하고 올바름을 공동의 원칙으로 삼은 다음 그런 방식으로 그것에 관해 협정문을 작성해야만 했던 것입니다. 그런데 지금 그들은 우리의 도시와 라케다이몬 사람들의 도시에 그 어떤 명예도 부여하지 않았으며, 반대로 그 이방인을 아시아 전체의 주인으로 세웠습니다. 마치 우리가 그를 위해 전쟁을 했던 것인 양, 또는 페르시아 사람들의 패권은 아주 오래 전에 확립된 반면 우리의 도시들은 최근에야 정착이 이루어진 양 말입니다. 그러나 실제로 보면 그들이 그와 같은 명예를 얻은 것은 최근의 일인 반면, 우리들은 헬라스인들 사이에서 언제나 권력을 누려 왔습니다.

– 이소크라테스, 『시민대축전에 부쳐』 –

(나) 저는 믿습니다. 다른 헬라스인들이 만약 모든 사람들 가운데서 말로써 그 누구보다도 멋지게 헬라스 사람들을 설득하여 이방인들을 겨냥한 군사적 원정으로 불러 모을 수 있는 사람을 선택하고, 원정을 성공적으로 이끌 수 있을 것으로 보이는 행위들을 가장 신속하게 실행할 수 있는 인물을 선택해야만 한다면, 그들은 우리를 대신해서 다른 사람을 선택하지는 않을 것이라고 말입니다.

– 「아르키다모스에게 보내는 편지」 17 –

자료 해석
펠로폰네소스 전쟁 이후 페르시아가 그리스 국내정치에 간여하고 큰 영향력을 행사함에 따라 그리스에서는 페르시아에 대한 부정적인 인식이 표출되었다. 특히 아테네의 연설가 이소크라테스는 페르시아를 그리스인들의 타고난 적(敵)이라고 주장하며, 그리스인들에게 내분을 멈추고 서로 단합해 페르시아에 대한 공동원정을 실시하자고 제안했다. (나)는 이런 공동 원정을 요청하는 이소크라테스의 편지의 일부이며, (가)는 안탈키다스 평화조약을 비판하고 있다. 이소크라테스의 주장은 마케도니아 왕국의 필리포스와 알렉산드로스의 페르시아 원정에 영향을 주었다.

CHAPTER 02 로마의 발전과 문화

1 로마의 건국과 왕정의 변화

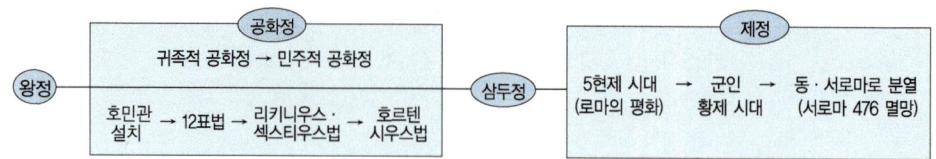

◇ 로마 공화정의 운영체제

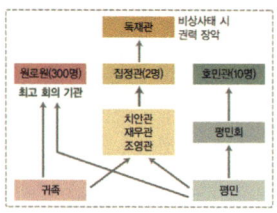

(1) 건국 : B.C. 753년경 아이네아스의 후손인 로물루스가 티베르 강변의 탈레티움 언덕에서 건국

(2) 왕정
  ① 정치 : 에트루리아 출신의 왕들이 지배하였고, 지배층은 혈통 귀족
  ② 세르비우스의 개혁
   • 기존의 혈연관계로 이루어진 3개의 트리부스 체제 → 지역과 부락에 따라 20개의 신트리부스 체제로 개편
   • 호구 조사를 통해 재산에 따라 시민들을 5개의 계급으로 구분하여 193개의 켄투리아(백인대)로 나누는 군제 개혁 실시 → 계급별로 차등된 켄투리아 설치

2 로마의 발전과 공화정의 변천

(1) 공화정의 수립과 구조
  ① 공화정 수립 : 귀족들이 7대 왕 타르퀴니우스를 축출하고 공화정 수립(B.C. 509)
  ② 원로원과 민회

원로원		• 1년 임기를 마친 정무관 역임자로 구성되었으며 종신직 → 공화정 최고 권력 기관으로 국정 전반에 대해 논의 • 원로원 결의는 정무관들의 국정 운영에 큰 영향을 줌
민회	쿠리아회 (comitia curiata)	• 로마는 30개의 쿠리아로 구성 → 로마군의 중추적 역할 • 쿠리아회는 로마 최초의 민회로서 국왕 선출권 지님 • 귀족에 의해 지배
	켄투리아회◇ (comitia centuriata)	• 세르비우스의 군제 개혁에 의해 성립 → 집정관을 포함한 고위 정무관 선출, 전쟁이나 화친, 국왕 선출 등의 안건에 투표 • 단위 투표, 집단 투표 방식 • 켄투리아회(병사회)가 새로운 민회로 자리 잡음 → 쿠리아회는 역할이 축소되고 켄투리아회가 역할 주도
	트리부스 평민회 (comitia plebis)	• 1차 성산사건◇(B.C. 기원전 494) 이후에 성립 • 호민관 선출 • 평민만으로 구성 • 초기 : 켄투리아회와 원로원에서 인준된 법안의 가부만 결정
	트리부스 인민회 (comitia tributa)	• 푸블릴리우스법에 의해 성립하고 트리부스 평민회를 대체 • 평민과 귀족 참여 • 공화정 후기에 권력 강화

◇ 켄투리아회

켄투리아는 세르비우스 왕이 로마 시민을 재산에 따라 5개의 계급으로 나누고 그 계급별로 세세하게 구분하여 총 193개의 '켄투리아(백인대)'로 나눈 것에서 기원한다. 켄투리아를 기반으로 하는 민회를 켄투리아회라고 불렀으며, 켄투리아회의 권력이 강화되면서 쿠리아회의 힘은 약화되었다. 켄투리아회는 전쟁이나 화친, 국왕 선출 등의 안건에 투표하였으며, 집정관을 포함한 고위 정무관을 선출하였다. 또한 평민에 대한 사형선고는 켄투리아회의 동의를 얻어야 했다.

◇ 성산사건

1차 성산 사건은 B.C. 494년에 발생하였다. 로마의 평민들이 귀족에 대항하여 로마에서 5km 정도 떨어진 몬스사케르(신성한 산)에 진을 치고 새로운 도시 건설을 선언하였다. 이 사건을 계기로 호민관 제도가 새로 도입되었다. 2차 성산사건은 B.C. 449년에 발생하였고, 이를 계기로 카눌레이아법이 제정되었다.

③ 콘술과 호민관

콘술 (집정관)	• 선출된 2인의 콘술은 켄투리아회에서 귀족들 중 선출 • 임기 1년 → 협의하여 통치 → 행정·군사권 장악, 민회 소집 권한 • 국가 비상시 한 사람을 6개월의 독재관에 임명 가능
정무관	• 법무관 : 사법 관장 → 법무관을 거쳐야 집정관이 됨. • 조영관(에딜레) : 공공건물 관장하고 경기 및 축제 관장 • 재무관 : 국고 수입 담당 • 감찰관 : 징병을 위한 인구 조사와 재산 조사, 풍기 단속, 불미한 자를 원로원이나 정무관에서 추방 가능 • 정무관의 임기는 1년(감찰관은 5년), 보수X, 민회에서 선출
호민관	• 1차 트리부스 평민회에서 선출 → 트리부스 평민회(인민회)를 주재하고 평민의 이익을 침해하는 정무관이나 원로원의 결정을 거부할 권한 • 임기는 1년이었고 평민권의 신장으로 권력이 강화됨

(2) 평민권의 신장
 ① 배경 : 상공업의 발달로 부유해진 평민들이 중장보병으로 이탈리아 반도 정복 활동에 참여 → 자신들의 군사적 역할이 커지자 정치적 권리 요구 → 신분투쟁 시작
 ② 신분투쟁 진행 과정

발레리우스법(B.C. 500)	시민에게 사형을 내릴 경우 켄투리아회에 상소 가능
1차 성산사건(B.C. 494)	• 호민관직 설치 • 트리부스 평민회 설치
푸블릴리우스법(B.C. 471)	트리부스 인민회 설치
12표법(B.C. 451)	• 기존 관습법의 성문화 → 최초의 성문법 • 중요한 재판은 켄투리아 민회에서 결정, 자유민에 대한 고문 금지, 귀족과 평민간의 통혼 금지 • 귀족의 자의적인 억압을 차단하고 평민을 보호할 수 있게 되었다는 관점과 귀족의 결속을 강화시키는 의도였다는 관점 공존
카눌레이아법 (카눌레이우스법, B.C. 445)	2차 성산 사건 → 귀족과 평민간의 통혼 인정
리키니우스-섹스티우스법 (B.C. 367)	• 콘술직을 최고 관직으로 복직시키고 집정관 2명 중 1명을 평민에서 선출 → 1년 임기의 법무관과 관리관 2명을 귀족에서 선발 • 500 유게라 이상의 토지 소유 금지 • 부채 상환의 이자는 원금에서 공제하고, 잔액은 3년 분할 상환 • 독재관, 감찰관, 법무관 등의 고위정무관직이 평민에게 차례로 개방 → 정무관직이 무보수였기에 부유한 상층민만이 고위관직에 흡수 → 부유층만이 새로운 통치계급에 흡수되는 상황
호르텐시우스법 (B.C. 287)	• 트리부스 인민회의 의결이 인준 없이 법률로서 효력을 갖게 됨 → 형식적으로 귀족과 평민이 평등해짐 • '명사귀족(nobilitas)◇'라는 새로운 지배층 형성

◇ **명사귀족(nobilitas)**
리키니우스-섹스티우스 법으로 평민이 콘술에 선출되는 길이 열렸으며, 호르텐시우스법으로 평민이 의결한 결의사항이 원로원의 인준 없이도 법률로서 효력을 가지게 되었다. 이러한 평민권의 신장 과정에서 시민이 자기 능력에 따라서 최고 관직인 콘술직을 맡으면 귀족의 새로운 성원이 되었다. 이러한 이들을 명사귀족이라고 불렀다.

3 이탈리아 반도 통일과 포에니 전쟁, 마케도니아 전쟁

◇ 라틴 동맹
로마는 30여 개의 라틴족 마을들과 카시아누스 조약을 맺어 라틴 동맹을 결성하였다. 라틴 동맹은 라틴족들이 중시하였던 라티움 영토를 보호하기 위해 결성되었다. 그러나 로마의 지배권이 강화되면서 로마와 라틴족끼리 전쟁이 발생하였고, 로마가 승리하면서 라틴 동맹은 해체(B.C. 338)되고 로마를 중심으로 한 로마 연합으로 발전하였다.

◇ 삼니움 전쟁
삼니움 전쟁은 B.C.4~B.C.3세기경 이탈리아에 패권을 확대해가던 로마와 삼니움족 사이에 3차에 걸쳐 일어난 전쟁이다. 제1차 전쟁에서 로마는 라티움 남쪽에 있는 캄파니아로 진출하여 승리하였다. 이후 제2, 3차 전쟁에서 삼니움족은 갈리아인, 에트루리아인과 연합하여 로마와 싸웠으나 패배하였다.

통일 전쟁	전개	• 로마 주도로 카시아누스 조약(B.C. 493)을 맺어 라틴 동맹◇ 결성 → 정복 활동↑ • 3차에 걸친 삼니움 전쟁◇(B.C. 343~290)의 센티눔 전투(B.C. 295)에서 로마가 승리 → 이탈리아 남부로 진출 • 타렌툼 전쟁(B.C. 272)에서 승리 → 이탈리아 반도 통일
	의의	• 정복지에 빈민과 무산자를 이주시켜 자영농↑ • 로마시 확대 과정에서 참정권의 차등 분배 • 로마는 동맹시에 자치 허용 → 국방·외교는 로마 장악
포에니 전쟁	전개	• 1차 포에니 전쟁(B.C. 264~241) : 시칠리아의 시라쿠사가 메시나를 공격하자 메시나가 로마에 구원 요청 → 로마의 승리로 시칠리아가 로마의 속주가 됨 • 2차 포에니 전쟁(B.C. 218~202) : 한니발의 로마 공격 → 트레비아강 전투(B.C. 218)와 칸나에 전투(B.C. 216)에서 한니발 승리 → 한니발이 자마 전투(B.C. 202)에서 로마의 대스키피오에게 패배 • 3차 포에니 전쟁(B.C. 149~146) : 카르타고의 발전에 위기를 느낀 로마가 카르타고 정복
	의의	• 로마가 지중해 장악 • 속주 체제 형성 : 징세 청부제 도입 → 1/10 공납 징수 • 라티푼디움의 대농장 경영 시작
마케도니아 전쟁 (B.C. 215~148)		• 1차 마케도니아 전쟁 : 2차 포에니 전쟁 중 발생 • 2차 마케도니아 전쟁 : 2차 포에니 전쟁 후 발생 → 마케도니아의 필리포스 5세 침략 → 그리스의 아이톨리아 연맹과 연합하여 격퇴 • 3차 마케도니아 전쟁 : 마케도니아 해체하고 로마의 속주
셀레우코스 왕국과의 전쟁		셀레우코스 왕조의 안티오코스 3세가 아이톨리아 연맹의 요청으로 그리스 반도 침략 → 마그네시아 전투에서 로마 승리(B.C. 189)
동맹시 전쟁 (B.C. 91~84)		동맹시들이 로마 시민권을 요구하며 반란 → 로마 시민권 확대

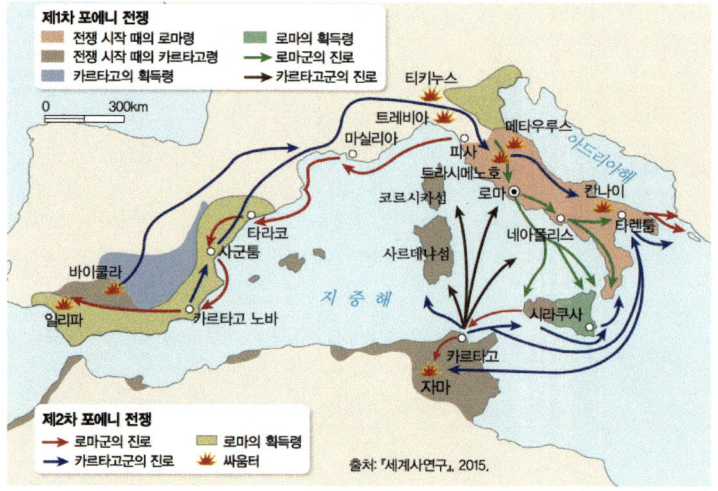

[포에니 전쟁]

4 로마 공화정 말기의 상황

구분	내용
사회변화	• 자영 농민의 몰락 : 오랜 전쟁으로 자영농 몰락 → 시민군↓ → 도시로 이동해서 빈민↑ → 빵과 서커스 제공 • 라티푼디움 발생 : 귀족들이 노예 노동에 입각한 대농장 경영 • 신흥 지배층 등장(에퀴테스◇) : 원로원 의원들이 무역, 공공 토목 공사 청부, 금융업 등을 금지하는 법령 제정(B.C. 281) → 새로운 부유한 평민 등장 • 곡물 수입 증가 : 로마는 올리브와 같은 상품 작물 재배 → 시칠리아, 아프리카와 같은 해외 속주로부터 곡물 수입 증가
티베리우스 그라쿠스의 개혁◇ (B.C. 133)	B.C. 133년 농지법을 제정하여 기존 리키니우스-섹스티우스법의 범위를 벗어나는 공유지 500 유게라를 빈민에게 분배하여 자영농 육성 시도 → 귀족들에 의해 살해됨
가이우스 그라쿠스의 개혁◇ (B.C. 123)	• 곡물법 제정(B.C. 123) : 빈민들에게 저렴하게 곡물 판매 • 카르타고의 옛 영토에 식민시를 건설하여 무산 시민 이주 시도 • 에퀴테스에게 속주 아시아의 징세권, 법정 배심원 자격 부여 → 노빌레스와 에퀴테스 분리 시도 • 동맹시에 로마 시민권 부여 → 지지 세력 분열 → 반대파의 반대로 계획이 실패하고 자살
마리우스의 군제 개혁 (B.C. 107)	• 무산 시민에게도 군 복무 기회를 주고, 월급을 주는 모병제 실시 • 16년 이상 복무한 군인이 제대하면 100 유게라의 토지 지급 • 마리우스의 군제 개혁으로 공화국의 군대가 장군의 사병이 되는 경향↑
1차 삼두정치 (B.C. 60)	• 스파르타쿠스의 난(B. C. 73~71) → 크라수스와 폼페이우스에 의해 진압됨 • 카이사르, 폼페이우스, 크라수스 → 카이사르가 파르살로스 전투(B.C. 48)에서 폼페이우스를 격파하고 승리 → 종신 독재관, 갈리아·시칠리아에 라틴 시민권(로마 시민권의 중간 단계 성격) 부여
2차 삼두정치 (B.C. 43)	옥타비아누스, 안토니우스, 레피두스 → 옥타비아누스가 악티움 해전(B.C. 31)에서 승리 → 제정 시작

◇ **에퀴테스**
로마의 원로원 의원 다음가는 신분으로 라틴어로는 기사(騎士)를 뜻한다. 로마 공화정 말기에 원로원 의원들의 상업·무역 등의 사업을 금지하자 성장한 계층이다. 이들은 상업·무역, 징세(徵稅)를 청부업을 담당하며 막대한 부를 축적하였고, 새로운 정치 세력으로 등장하였다.

◇ **그라쿠스 형제의 개혁**
로마 주변 지역에서는 라티푼디움이 발달하였고, 수지가 맞지 않아서 곡물 경작을 하지 않았다. 그리하여 로마는 필요 곡물을 대부분 시칠리아에 의존해야 했다. 그런데 시칠리아에서 노예 반란이 일어나 곡물 수입이 중단되자 로마시는 곡물 가격의 상승으로 고통을 받게 되었다. 이에 그라쿠스 형제는 로마 주변의 토지를 몰수하여 빈민에게 분배하여 곡물 경작을 하게 해 식량의 자급과 자영농을 육성하려는 개혁 구상을 품게 되었다.

◇ **마리우스와 술라의 대립**
마리우스는 민중파를 대변하였고, 아프리카 누미디아왕 유구르타와의 전쟁을 승리로 이끌었다. 벌족파의 대표인 술라와 투쟁하였으나 패하여 로마를 떠났다. 이후 로마에 귀환하여 로마시에서 술라파를 대학살하였다. 술라는 동맹시 전쟁에서 승리하였고, 이후 집정관이 되었다. 술라는 로마 동맹시의 시민들에게 투표권을 부여하는 것을 반대하다가 민중파들의 공격을 받아 로마에서 쫓겨났다. 이후 술라는 병사들을 소집하여 로마로 진군하여 마리우스파(평민파)들을 학살하였다.

◇ **옥타비아누스**
옥타비아누스는 악티움 해전에서 승리한 후 군대와 재정을 장악하고 사실상 황제로 군림하였다. 옥타비아누스는 스스로가 '프린켑스(제1시민)' 칭호를 사용하였고, 원로원은 옥타비아누스에게 '아우구스투스(존엄한 자)' 칭호를 부여하였다.

5 로마 제국의 발전

(1) 로마 제국 초기

① 제정 시작 : 옥타비아누스 때부터 사실상 제정 시작(B.C. 27)

② 아우구스투스의 통치 : 형식적으로 공화정을 유지 → 실제로는 군사·재정을 장악한 황제

군대	· 70여 개의 군단을 25개로 축소 → 직업 군인 제도 도입 · 직업군인 : 초기에는 16년 복무 → 20년으로 연장 · 이탈리아에 군대 주둔 금지 · 군단장은 임기 1년, 아우구스투스가 원로원 신분 중에서 직접 임명 · 친위대 창설 → 9000명의 친위대를 창설하여 로마에 상주하면서 황제의 신변 보호, 친위대장은 에퀴테스(기사) 신분 중에서 선출 · 수도의 치안을 위해 전투경찰대와 소방대 설치 · 해상의 경비와 해적에 대비하여 상설해군 창설 · 군장병에 대한 봉급과 신설한 연금제를 위해 따로 마련된 군사금고에 아우구스투스가 많은 사재 투입 → 실질적으로 군 장악
재정	· 이집트가 황제의 개인 재산 · 황제가 속주의 재정을 직접 통제 → 황제가 직할하는 속주 금고(fiscus)와 원로원이 관할하는 국고(aerarium)를 황제가 통제 · 징세청부업자에 대한 감독 강화 · 정확한 인구조사와 재산평가 실시

(2) 5현제 시대

① 로마의 평화(96~180) : 로마의 전성기 → 영토의 최대 확장, 무역과 상공업 발달

② 능력있는 인물에게 황제를 양위하는 제도 정착 → 전성기를 이끎

네르바 (96~98)	· 플라비우스 가문이 단절된 이후 원로원 추대로 황제가 됨 · 트라야누스를 양자로 삼아 후계자로 지명 → 양자상속제 시작
트라야누스 (98~117)	· 경제 부흥에 노력 · 영토 확장 : 다키아(루마니아)를 속주화시키고, 아프리카의 누미디아에 타무가디 건설, 아르메니아·메소포타미아·아시리아를 로마의 속주로 삼음 · 크리스트교 탄압 : 고발된 크리스트교 신자 처벌
하드리아누스 (117~138)	· 평민에 대한 관리 등용 확대 · 법무관의 결정을 통일하여 법전 편찬 · 원형극장에서의 흥행으로 시민을 즐겁게 함 · 트라야누스 황제의 대외 팽창정책을 포기하고 방위 위주로 정책 전환 → 브리타니아에 '하드리아누스의 장성'을 축조하고, 게르마니아의 장성 강화 · 파르티아와 평화조약 체결
안토니우스 피우스 (138~161)	· '경건한 자'라는 칭호 받음 · 내치 치중 : 국가 재정 절약하고 재판의 공정을 확대
마르쿠스 아우렐리우스 (161~180)	· 스토아 학파의 철인 황제 : 『명상록』 저술 · 파르티아·게르만족과 대외 정책 지속

6 로마 제국의 쇠퇴

(1) 군인 황제 시대

① 안토니우스 칙령 발표(212)
- 카라칼라 황제가 제국의 모든 자유민들에게 시민권 부여한 칙령 → 로마 재정을 안정시키고 로마사회를 통합하기 위해 추진 → 로마시민의 특권적 지위 소멸
- 속주세의 폐지로 줄어든 국고 수입을 보충하기 위해 세금을 인상하고 질 낮은 화폐를 주조하여 인플레이션 발생

② 군인 황제 시대(235~285)
- 국정 문란 : 5현제 시대 이후 50년 동안 25명의 황제가 난립
- 이민족의 침입 : 사산조 페르시아와 게르만족의 침략 → 발레리우스 황제가 사산조 페르시아 군에 포로가 됨
- 상공업의 쇠퇴와 중산 시민층의 몰락
- 콜로나투스 제도◇ 등장 : 오랜 전쟁으로 농촌 피폐 → 부자유 소작인(콜로누스)이 토지 경작

[로마제국의 발전]

◇ **콜로나투스 제도**

농민의 몰락과 노예의 지위 향상으로 대토지 소유자는 노예 노동에 의한 라티푼디움 대신 콜로누스라 불린 부자유 소작인에게 토지를 경작하게 하는 콜로나투스 제도를 택하였다. 이러한 콜로누스는 중세 농노의 시초가 되었다.

◇ **4제 통치**

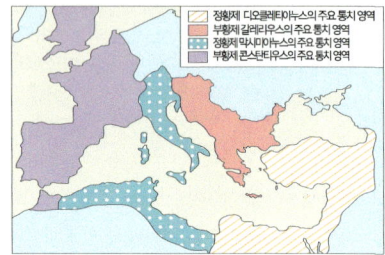

◇ **밀비우스 다리 전투**

밀비우스 다리 전투는 312년 콘스탄티누스 황제와 막센티우스가 로마 근교의 밀비우스 다리에서 벌인 전투를 말한다. 이 전투에서 콘스탄티누스가 승리하여 4제 통치 체제를 끝냈다. 밀비우스 다리 전투의 전날 밤 콘스탄티누스의 꿈에 예수 그리스도가 나타나 내일의 전투에서 이긴다고 하였다는 얘기가 전해지고 있으며, 이듬해에 콘스탄티누스가 밀라노 칙령을 발표해 크리스트교를 공인하였다.

◇ **니케아 공의회**

콘스탄티누스 황제는 소아시아의 니케아에서 크리스트교의 주교들과 회의를 개최했다. 알렉산드리아의 사제 아리우스는 예수는 창조된 피조물이며 성부인 하나님에게 종속된 존재라고 주장했다. 반면 알렉산드리아의 주교 아타나시우스는 성부와 성자, 성령의 삼위일체를 주장하였다. 콘스탄티누스 황제는 아리우스파를 이단으로 규정하고, 삼위일체의 교의를 정당화했다. 아리우스는 일리리아로 유배되었으나, 리우스파는 이집트, 시리아, 게르만 지역에서 널리 확산되었다.

(2) 제국의 중흥 노력

① 디오클레티아누스 황제와 콘스탄티누스 황제

디오클레티아누스 (284~305)	• 4제 통치◇: 100개의 속주를 12개의 관구와 4개의 대관구로 개편하여 제국을 4분할 → 4제 통치 체제 마련 → 전제정 도입 • 수도 인근에는 기병대를 중심으로 기동부대격인 야전군을 설치, 국경에는 변경 주둔군 상주 • 군부의 정치 개입을 방지 : 문·무 직책 구분, 속주 총독의 행정권과 사법권 분리, 원로원 약화 • 세금 제도 개편 ① 관리와 군인의 증가로 증세 실시 → 예산 총액제와 할당제 실시 ㄱ. 도시 : 증세 책임은 시참사회가 지고 부족한 액수는 참사회원이 보충 → 참사회원직을 회피하려 하자 참사회원직을 고정시키고 세습화 → 상인과 수공업자들도 세금을 회피하려 하자 직업을 고정·세습화 ㄴ. 농촌 : 실질적으로 세금을 부담해야 하는 소작인과 소농들이 토지를 토지하려 하자 이들을 토지에 결박하게 하였으며, 중세에 허덕인 끝에 스스로 자유를 포기하고 유력한 대지주의 보호를 구하려는 소농과 소작인이 생김 → 콜로누스 출현 ② 현물세 징수 : 화폐 가치의 저하로 인플레이션이 발생하여 세금을 현물세로 징수
콘스탄티누스 (306~337)	• 밀비우스 다리 전투◇에서 막센티우스에게 승리 • 밀라노 칙령으로 크리스트교 공인(313) • 니케아 공의회(325)◇ : 아타나시우스파가 정통파 • 콘스탄티노폴리스로 천도 • 전제 군주제 확립 • 솔리두스(solidus) 주조 • 직업동결령(332) : 모든 직업의 고정화, 계층화 시도

② **제국의 분열** : 테오도시우스 황제 사후 → 동·서 로마로 분열(395)

③ **멸망** : 서로마는 게르만의 용병 대장 오토아케르에게 멸망(476), 동로마는 오스만 튀르크에게 멸망(1453)

7 로마의 문화

(1) 성격

① 실용적 문화 : 법률, 토목 분야

② 보편적 문화 : 오리엔트 + 그리스 + 헬레니즘 문화

(2) 법률

① 로마 문화 최대의 유산

② 관습법 → 12표법 → 만민법 → 로마법 대전(유스티니아누스 법전)

(3) 토목·건축

① 도로(아피아 도로), 교량, 수도교, 콜로세움, 목욕탕, 개선문

② 코린트식 열주 양식 도입, 에트루리아식 아치 도입, 독자적인 돔형 지붕

③ 판테온◇ → 피렌체 대성당의 돔에 영향

◇판테온

(4) 문학

① 퀸투스 에니우스 : 『연대기(Annals)』

② 베르길리우스 : 『에네아스(Aeneid)』

③ 루카누스 : 『내란기』

④ 키케로
- 『국가론』, 『법률론』 : 자연법 사상을 제시하고 법의 근원을 정의에서 구함.
- 「우정론」

(5) 철학

① 스토아 철학
- 키케로 : 『의무론』
- 마르쿠스 아우렐리우스 : 『명상록』

② 에피쿠로스 학파
- 루크레티우스 : 「사물의 본질에 관하여」
- 로마 상류층에서 유행

(6) 역사

① 플루타르코스 : 『비교 영웅전』

② 카이사르 : 『갈리아 전기』

③ 리비우스 : 『로마사』

④ 폴리비우스 : 『로마 발전사』 → 로마의 흥기를 세계사적 관점에서 서술

⑤ 타키투스 : 『게르마니아』, 『역사』, 『연대기(Annals)』

⑥ 플리니우스 : 『자연사(自然史)』

(7) 여행, 지리지

① 스트라본 : 『지지(地誌)』

② 파사니아스 : 『그리스 주유기(周遊記)』

(8) 과학 : 프톨레마이오스의 천동설

8 크리스트교의 성장

(1) 성립과 발전

① **성립** : 유대교의 배타적인 선민사상과 형식적인 율법주의 배격 → 제자들이 로마 각지에 전파

② **초기 교회** : 파벌 → '예루살렘 사도회'에서 타협

히브리파	· 아람어 사용 · 율법을 준수하고 성전 예배 정기적으로 참석
헬라파	· 헬라어 사용 · 율법을 유연하게 해석했고 성전 의례의 중요성을 인정하지 않음 · 히브리파에게 박해받음 → 시리아 지역의 안티오크에 교회 건설

◇ 크리스트교의 성장

✝ 5대 교구

③ **바울**
- 안티오크 교회에서 독립 → 에페소스, 코린트 등에 독자적인 교회를 수립
- 유대인 출신의 신자와 이방인 출신의 신자 사이에 차별×
- 바울 교회의 설립은 기독교가 유대교에서 독립을 의미

④ **기독교 박해**
- 도미티아누스 황제 : 기독교인들이 자신들은 유대인들이 아니라며 '유대세' 납부 거부 → 박해
- 트라야누스 황제 : 기독교인들이 고발당하지 않으면 박해× → 데키우스 황제의 박해 때까지 기본원칙으로 지켜짐
- 데키우스 황제 : 희생 제사를 거부한 기독교인 박해
- 디오클레티아누스 황제, 갈레리우스 황제 : 기독교 신자에게 배교 강요

⑤ **공인과 국교화**
- 공인 : 콘스탄티누스황제 → 밀라노 칙령(313)
- 국교화 : 테오도시우스 황제(392)
- 5대 교구 성립 : 로마, 콘스탄티노폴리스, 안티오크, 알렉산드리아, 예루살렘

(2) 교리의 확립과 발전

① **니케아 공의회(325)**
- 아리우스 : 성부를 홀로 피조 되지 않으신 유일한 최고의 신으로, 성자를 피조물로 규정지음으로써 성부와 성자를 엄격하게 구별
- 삼위일체에 기초한 니케아 신조 발표

② **콘스탄티노폴리스 공의회(381)** : 니케아 공의회의 아타나시우스파의 정통 확인

③ **에페소스 공의회(431)** : 네스토리우스 추방

④ **칼케돈 공의회(451)** : 단성론, 네스토리우스파 모두 이단으로 규정

⑤ **크리스트교적 세계관 확립**
- 아우구스티누스의 『신국론』 저술 → 중세 신학의 토대 마련
- 원죄, 성악설, 예정설, 의지의 예속성 주장
- '지상의 나라'에 대한 '신의 나라'의 승리로 역사 종결된다고 주장

자료탐구

01. 세르비우스의 군제 개혁

세르비우스는 지위와 재산의 정도에 따라 사회를 조직함으로써 정치적 명성을 얻게 되었다. 그는 인구조사를 처음 실시했는데, 로마처럼 장래에 찬란한 대국으로 성장할 국가에 아주 유용한 조치였다. 인구조사를 통하여 평시에나 전시에나 공공 서비스가 재산의 정도에 따라서 일정하게 조직될 수 있었다. 모든 시민은 그 자신의 수입에 따라서 국가 재정에 기여하게 되었다. 로마의 인구는 인구조사를 바탕으로 한 기준에 의거하여 계급과 "켄투리아"로 나뉘었다. 그 기준은 다음과 같다.

1. 재산가치가 10만 아스 이상으로 평가되는 사람들로 80개 켄투리아를 구성하였는데 제1계급이라 하였다. …… 이 계급의 사람들은 전원 투구, 둥근 방패, 정강이 받이, 흉갑 등을 자비로 마련해야 했다. 방어용 갑옷은 청동으로 된 것이었다. 공격용 무기는 칼과 창이었다. 이 계급에 2개의 토목기술자 켄투리아가 배속되었고, 이들은 전투에서 공성기계를 건설하고 운영하였다.
2. 제2계급은 재산이 10만 아스에서 7만 5천 아스 사이의 사람들로 구성되었다. 여기에 20개 켄투리아가 배정되었는데 제1계급과 똑같은 무구를 준비해야 했으나 흉갑은 제외되었고 둥근 방패 대신 기다란 방패를 준비했다.
3. 제3계급은 재산이 5만 아스 이상인 사람들로 구성된다. 20개 켄투리아가 구성되고, 똑같은 무구를 준비해야 한다. 단 정강이 받이는 제외되었다.
4. 제4계급은 재산이 2만 5천 아스 이하. 20개 켄투리아, 준비해야 하는 무구는 창과 긴 창뿐이다.
5. 제5계급은 재산이 1만 1천 아스 이상. 이 계급은 20개가 아니라 30개 켄투리아로 구성되었다. 무구는 새총과 돌. 이 계급에 나팔수와 트럼펫수로 구성된 2개 켄투리아가 배정되었다.
6. 1만 1천 이하의 사람들 −나머지 사람들− 은 단 하나의 켄투리아로 구성되고 군 복무에서 면제되었다.

1~5계급은 재산의 상태에 따라서 차등으로 보병들의 무구를 제공했다. 보병 이외에, 기병 혹은 "기사들"의 재조직이 있었다. 세르비우스는 총 12개 기병 켄투리아를 창설했는데 아주 저명하고 부유한 시민들로 구성되었다. …… 각 기병 켄투리아는 국고에서 1만 아스를 지원받아서 말을 구입하는 데 사용했고, 또 말의 사료와 유지비로 부유한 과부들로부터 갹출한 연간 2천 아스를 지원받았다. 가난한 사들은 재정적 기여 의무에서 면제되었고 그리하여 모든 재정적 부담은 부자들의 어깨에 돌아갔다. 그렇지만 부자들은 정치적 특권으로 보상을 받았다. …… 투표가 필요할 때, 그 절차는 먼저 기사 계급을 소환하고 이어 제1계급의 80개 켄투리아를 소환했다. 의견이 불일치되는 아주 희귀한 경우에, 제2계급도 투표에 소환되었다. 일반적으로 그 정도까지 가면 투표 절차는 충분히 마감이 되었고 그 이하 계급으로 투표가 내려가는 경우는 별로 없었다. 최하위인 제5계급으로 내려가는 일은 아예 없었다.

− 리비우스, 『로마사』 −

자료 해석

로마 제6대 왕인 세르비우스 툴리우스(재위 기원전 578~535)는 로마의 발전에 큰 기여를 하였다. 시민을 재산에 따라 5계급으로 나누고, 193개의 켄투리아로 구분하였다. 시민들은 자신들이 속한 계급과 켄투리아에 따라 군사적 무장과 의무를 달리 하였다. 193개의 켄투리아는 군사적인 문제를 결정하기 위해 모임을 가졌는데, 이것이 이후 켄투리아회로 발전하였다. 세르비우스는 이러한 개혁을 실시하기 위해 인구 조사를 철저히 하였고, 이를 숨기거나 거부하는 자는 구금 혹은 사형으로 처벌하였다.

02. 로마의 공화정

로마 공화정에는 세 가지 요소가 있는데, 이 셋은 각기 독자적인 권력을 지닌다. 이들 사이의 권력 분산은 대단히 신중하게 조정되어 있어서 로마의 본토박이라 할지라도 그것이 전체적으로 볼 때 귀족제인지 민주제인지 군주제인지 확실하게 말할 수 없다. …… 집정관은 군대를 이끌고, 출정하지 않고 로마에 머물러 있을 때는 모든 정무를 장악한다. 호민관을 제외한 모든 장관은 그에게 소속되어 그의 지휘를 받는다. 그는 심사숙고할 필요가 있는 사건을 원로원에 제출하고 법령의 실시를 관리한다. 싸움터에 병사를 이끌고 나가는 경우에는 거의 무제한의 권력을 갖는다. 하지만 시민과 원로원 모두를 필요로 하며 그것 없이는 성공적인 결과를 전혀 얻을 수 없다. …… 원로원은 한 해의 마지막에 다른 집정관을 보내 그를 교체하든지 아니면 계속해서 지위를 맡길 것인지를 결정하는 권한을 지니고 있기 때문이다. …… 원로원은 우선 첫째로 국고를 관리하며 수입과 지출을 통제한다. …… 기타 개인이나 동맹국들 사이에 일어난 분쟁을 해결하고 형벌을 부과한다. …… 공공의 사건에 우선하여 민중을 고려하고 시민의 뜻을 존중해야 한다. …… 그러나 무엇보다도 중요한 것은 만약 호민관이 간섭하여 거부권을 행사하면 원로원은 판결을 통과시킬 수 없을 뿐만 아니라 공식적이건 비공식적이건 의회를 열 수도 없다. …… 시민은 실로 생사에 관련된 사건을 결정하는 유일한 법정이다. …… 시민은 법률을 통과시키거나 폐지할 수 있는 절대적인 권력을 지닌다. …… 그러나 시민은 결코 원로원에서 독립되어 있지 않으며, 전체로나 개인으로나 원로원의 의사를 존중해야 한다. …… 이러한 상호 보조와 견제를 목표로 여러 계급의 권력이 서로 돕거나 견제하도록 짜인 결과. 어떠한 위기 상황에 처해도 유연하게 대처할 수 있는 것이어서 이보다 더 좋은 제도를 찾을 수 없다.

– 폴리비오스, 『역사』 –

자료 해석
사료에서 로마시대 집정관의 업무, 원로원의 역할, 시민들의 활동들을 잘 설명하고 있다. 로마 공화정의 운영의 핵심은 집정관, 원로원, 시민들이 상호 견제하고 협력하는 과정에서 이루어지고 있음을 잘 보여준다.

03. 로마의 민회

(가) 원로원이 제안한 결정 사항들은 공화정 체제의 세 번째 요소라 할 수 있는 민회가 확인해야 했다. 민회는 법률을 승인하고 1년 임기의 모든 행정관을 선출했다. 로마에는 몇 가지 서로 다른 형태의 민회가 있었지만, 그중 가장 중요한 두 가지는 켄투리아회와 트리부스 인민회였다. 켄투리아회는 집정관과 법무관을 선출했고, 전쟁을 선포했다. 트리부스 인민회는 호민관들을 선출했고, 호민관들이 제안한 의결 사항을 통과시켰다. 이러한 민회들은 이론상으로는 최고 권력을 가지고 있었지만, 실제로는 원로원의 지도를 따랐다. 민회를 소집한 행정관은 이미 원로원에서 토의된 문제들만을 민회에 제안했으며, 민회는 거의 항상 원로원의 결정을 승인했다. 이것은 통치에 있어 모든 시민의 발언권은 인정해주었지만, 실제 통제권은 귀족이 장악한 고도로 세련된 체제였다. 원로원과 로마 인민이 공화정(senatus populusque Romanus, SPQR)을 통치했으나, 확실히 우위에 있던 쪽은 원로원이었다.

– 데이비드. 퀸, 『로마공화정』 –

(나) 12표법에서 전해지는 가장 훌륭한 법 두 가지는 불공정한 특권을 금지한 것, 그리고 켄투리아회를 통하지 않고서는 사형을 선고하지 못하도록 한 것이다.

– 키케로, 『법률론』 –

(다) 이 일을 수행하기 위해 4년이나 5년마다 …… 켄투리아회에서 선출된 …… 감찰관의 임무는 과거에 집정관이 수행했던 의무들, 특히 선거, 조세, 그리고 병무 목적으로 작성하는 로마 시민들의 공식 명부, 인구조사 자료 편찬이었다.

– 하이켈하임, 『로마사』 –

자료 해석
로마의 민회는 4개로 구성되었다. 쿠리아회, 켄투리아회, 트리부스 평민회, 트리부스 인민회였다. 이러한 민회는 평민권의 신장 과정에 따라 새로 생겨나고 기존의 민회의 힘이 약화되는 부침을 겪었다. 쿠리아회(comitia curiata)는 30개의 쿠리아로 구성되었다. 쿠리아회는 로마 왕정 시대부터 시작되었으며, 한때 로마 전체의 유일한 의회였다. 공화정 말기에 이르러 그 역할이 줄어들었고, 주요 기능은 공직자들에게 임페리움(최고 행정권)을 수여하고 공직자들의 취임식을 목격하는 것이었다. 기원전 450년경 군사 회의로 조직된 켄투리아회(comitia centuriata)는 전쟁과 평화 문제를 결정하고, 법률을 제정하고, 집정관, 감찰관 등을 선출했으며, 로마에서 범죄로 유죄 판결을 받은 로마 시민들의 호소를 받아들였다. 쿠리아회와 달리, 켄투리아회는 귀족 뿐만 아니라 평민도 포함되었다. 하지만 부자들이 더 큰 영향력을 행사했다. 켄투리아 민회는 각 켄투리아 단위별로 투표가 진행되었는데, 기병과 보병으로 복무한 제1계급이 98 켄투리아였고, 2등급도 20 켄투리아였다. 그러므로 가난한 3~5등급이 70 켄투리아를 모두 합쳐도 투표에서 이기는 것은 사실상 불가능하였다. 기원전 471년에 푸블릴리우스법에 의해 트리부스 인민회(comitia tributa)가 설립되었다. 트리부스 인민회는 호민관만이 주재할 수 있었고, 원래 작고 비공식적인 자문 회의였지만, 기원전 287년 호르텐시우스법이 통과된 후, 그 결의는 법의 힘을 가지고 모든 로마 시민들에게 구속력이 있었다. 트리부스 인민회는 원래 평민들만 모였던 플레비스 평민회(comitia plebis)가 발전하여서 만들어졌으며, 귀족들도 참여하였다.

04. 성산 사건과 호민관

- 시키니우스라는 병사의 제안에 따라 두 집정관의 명령도 없이, 그들은 떼를 지어 성스러운 산으로 몰려갔다. 그 산은 아니오강 건너, 도시에서 5km정도 떨어진 곳에 있었다. 그 장소는 성스러운 산이라는 주장이 더 널리 받아들여지고 있다. 그 곳 성산에서 그들을 지휘할 장교도 없이 병사들은 진지를 구축하고 평소와 마찬가지로 적절히 축성을 하고서 며칠간 조용히 지냈다. 로마 시내 사람들은 공황에 빠졌다. 귀족 계급은 물론이고 평민들도 그런 사태 발전에 경악했고 모든 일이 정지되었다. 군대에 들어간 동지들에게서 버림을 받은 평민들은 원로원 의원들의 손에 폭력을 당하지 않을까 두려워했고, 의원들은 도시 안에 남아 있는 평민들을 두려워했다.

–리비우스『로마사』

- 호민관은 원로원 의사당에 들어가서는 안 된다. 그렇지만 문 앞에 앉아서 원로원 결정을 꼼꼼히 검토했고, 자기들이 승인하지 않는 것에 대해서는 비토권을 행사했다. 그러므로 옛날에는 'C'라는 문자를 원로원 포고문에 부기하는 것이 관습이었다. 이는 호민관들이 포고문을 확인했다는 것을 뜻한다. 그리고 호민관이 평민을 위해서 계속 감시하고 정무관들을 억제하는 데에 전념했을지라도, 정무관으로 하여금 은장식과 금 귀걸이를 달고서 공공장소에 나오는 것을 허용했는데, 그런 복장으로 정무관들의 권위가 더욱 위엄 있게 하기 위해서였다.

– 발레리우스 막시무스,『업적과 명언』-

- 이 점에서 우리 선조들의 지혜를 생각해 보도록 하자. 원로원이 이 권한을 평민들에게 허용했을 때 분쟁은 끝나고 수요는 수습됐으며, 이제야 귀족 신분과 평등하게 될 수 있다고 하층민으로 하여금 생각할 수 있는 타협안이 고안됐다. 그리고 이런 타협안이 유일한 국가 구제책이었다. …… 그렇기는 하지만 호민관이 있는 덕택으로 원로원 의원 신분은 선망 대상이 되지 않으며, 평민은 자기들의 모든 권리를 쟁취하려는 위험한 투쟁을 하지 않고 지낼 수 있는 것이다.

– 키케로,『법률론』-

자료 해석

호민관이라는 직책은 기원전 494년 성산 사건을 계기로 만들어졌다. 성산 사건은 로마의 평민이 귀족에 반발하여 로마 동북쪽에 있던, 성산(聖山)이라는 뜻의 문스사케르(Mons Sacer)에 진을 치고 새로운 도시의 건설을 선언한 것이었다. 기원전 5세기 중엽에는 호민관의 수가 10명이 되었다. 호민관은 트리부스 평민회에서 선출되며, 이를 사회하며 평민의 이익을 옹호하였다. 또 한 정무관이나 원로원의 결정을 거부할 권한을 가졌다. 호민관의 임기는 1년이었으며, 호민관의 권한과 기능은 평민세력의 신장과 더불어 확대·강화되었다.

05. 12표법

제1표
　제1조 만약(어떤 사람이 어떤 사람을) 법정으로 부른다면,(후자는) 법정에 가야 한다. 만약 가지 않으면(전자는) 증인을 세워야 한다. 이리하여 그 자를 체포할 수 있다.
　제2조 만약(피고가) 속이거나 도망을 하면(원고는) 스스로 조치를 취해야 한다.
　제4조(소송에 계류된) 부유한 자를 위해서는 보증물도 값비싼 것이어야 한다. 가난한 자를 위해서는 누구든지 제공하는 것이 보증물이 될 수 있다.
　제7조 만약(당사자가) 화해하지 않으면 민회장이나 중앙 광장에서 오전 중에(다툼의) 원인을 설명해야 한다.(당사자) 모두 출두하여 진술해야 한다.
제3표
　제1조 스스로 인정하거나 법에 따른 판결에 의해 채무가 있다고 결정된 사건에는(채권자가 권리를 행사할 때까지) 30일(의 유예 기간)을 주어야 한다.
　제2조 위 기간이 지난 뒤에 체포하여 법정으로 데려와야 한다.
　제3조 판정을 이행하지 않거나 누구도 그를 위해 법정에서 신분 보증을 서주지 않으면(원고는 피고를) 집으로 끌고 가서 쇠사슬을 그의 손이나 발에 채울 수 있다. 단 그 쇠사슬의 무게는 15파운드를 넘지 못한다.
제4표
　제2조 아버지는 아들을 감금하거나 때리거나 자물쇠를 채워 밭일을 시키거나 팔거나 죽일 수 있는 권리를 평

생토록 가진다.
　제3조 만약 아버지가 아들을 세 번 팔게 되면, 그 아들은 아버지로부터 자유의 몸이 된다.
제5표
　제4조 유언 없이 사망하든가 상속자가 없이 사망하는 경우에는 가장 가까운 동족(同族)이 가산(家産)을 이어받는다.
　제7조 어떤 사람이 정신 착란에 걸리면 그의 재산과 가계의 권한은 동족이나 종족(宗族)에 인계된다.
제7표
　제9조 이웃 토지의 나무가 바람에 의해 내 토지로 기운 경우 그것의 제거를 정당하게 요구할 수 있다.
제8표
　제3조 다른 사람의 뼈를 부러뜨린 자는 자유민에게 한 경우에는 300아스, 노예에게 한 경우에는 150아스의 벌금을 문다.
　제9조 (남이) 수확한 농작물을 가축에게 먹이거나 훔친 자는 성인일 경우 극형에 처하고, 미성년자는 법무관의 재량으로 태형이나 1배 또는 2배로 배상한다.
　제12조 만약 야간에 도둑질을 하면 그를 죽여도 위법이 아니다.
제11표
　제1조 평민은 귀족과 혼인할 수 없다.
제12표
　제3조 재산에 대한 부당한 요구를 제기할 경우에는 세 사람의 중재관이 지명되고 재판에 의해서 …… 두 배의 손해가 보상되어야 한다.

자료 해석

12표법은 사적 권리를 보호하고 이를 이행하기 위한 규정으로 이루어져 있다. 이는 인구가 늘고 경제가 발달하면서 경계나 소유관계를 분명히 할 필요가 있었기 때문이다. 중요한 재판은 민회에서 결정하도록 했으며, 귀족과 평민이 법 앞에서 평등하다는 원칙을 수립함으로써 그동안 귀족들이 자의적으로 평민에게 가하던 억압을 차단하여 평민을 보호할 수 있게 되었다. 그러나 평민과 귀족의 혼인을 금지한 것은 귀족들간의 결속을 강화하려는 목적에서 실시되었다고 볼 수도 있다.

06. 리키니우스-섹스티우스법

과중한 부채 부담으로 혁신의 좋은 기회가 생겼다. 평민들로서는 자신들의 대표자를 최고의 관직에 앉히지 않고서는 부채를 가볍게 만들 희망을 품을수 없었다. …… 가이우스 리키니우스와 루키우스 섹스티우스가 호민관으로 선출되어야 한다고 결의되었다(기원전 376년의 일이다). 이 직책을 통해 그들은 다른 관직에도 나갈 수 있는 길을 열었을 것이다. 선출되고 나자, 그들은 귀족의 영향력을 떨어뜨리는 반면에 평민의 이익을 드높이는 조치들만 제안하였다. 이 조치들 가운데 하나는 부채 문제와 관련이 있었는데, 이자로 지불된 금액이 원금에서 공제되어야 하며 차액은 3회 분납으로 청산하는 방법을 제시하였다. 두 번째 조치는 [공유] 토지에 제한을 가하여, 어떤 사람도 500유게라가 넘게 보유하는 것을 금지하였다. 세 번째는 콘술 권한을 가진 천부장 선거를 없애고, 콘술 중에 한 사람은 어떻게든 평민 중에서 선출되게 한 규정이었다. 이런 규정들은 매우 예민한 문제였기에 엄청난 투쟁 없이 통과시키기는 불가능했을 것이다.

- 리비우스, 『로마사』 -

자료 해석

신분투쟁이 진행되는 과정에서 리키니우스-섹스티우스법이 제정되었다. 이 법의 가장 중요한 특징은 콘술(집정관) 중 1명은 평민으로 선출하는 것이며, 공유지 점유를 500유게라로 제한한 것이다. 귀족들의 권리를 제한하고 평민의 권리를 강화시킨 것이 리키니우스-섹스티우스법이다.

07. 라티푼디움의 발달

로마인은 전쟁으로 이탈리아의 여러 민족을 정복하였다. …… 전리품으로 얻은 토지 가운데 경작지는 곧바로 이주자들에게 나누어 주기도 하고, 팔기도 하고, 빌려주기도 하였다. 하지만 당시 전쟁으로 황폐화된 토지를 분배할 여유는 없었기 때문에, 포고문을 발표하여 희망자에게 경작을 맡기고 해마다 곡물세를 받기로 하였다. 그들이 이렇게 한 것은, 가장 근면하다고 하는 이탈리아 여러 민족의 인구를 늘려 그 가운데 많은 동맹자를 얻기 위함이었다. 그러나 결과는 정반대였다. 왜냐하면 부유한 사람들이 그 땅의 대부분을 차지하고 나서, 세월이 흐름에 따라 그것을 잃게 되는 일은 없을 거라고 믿고 그 주변의 땅이나 가난한 자의 땅을 좋은 말을 해서 사들이거나 폭력으로 빼앗아 그 넓이가 마치 대평원과도 같게 되었다. 그들은 노예를 사들여 노동자로 쓰고 있었다. 자유인은 군대에 불려나갈 염려가 있기 때문이었다. 노예는 병역도 면제되고 자식을 낳아 기를 수 있었기 때문에 노예 소유자에게 큰 이익을 줬다. 이렇게 해서 힘 있는 자는 더욱 부유하게 되고 그들의 노예도 나라 곳곳에서 늘어나는 데 반해 이탈리안들은 빈곤과 과세 및 군역에 시달려 인구가 줄어들었다. 이러한 괴로움에서 벗어난다 해도 그들은 게으름에 빠질 수밖에 없었다. 왜냐하면 토지는 부자들이 차지하고, 그것을 경작하는 데에는 자유인이 아니라 노예를 썼기 때문이다.

– 아피아노스의 『로마사』 –

자료 해석
포에니 전쟁 이후 사회의 중추적 계층인 자영 농민이 오랜 전쟁으로 몰락한 반면, 유력자들은 몰락한 농민들의 토지를 사들여서 토지 소유를 확대하였다. 이들은 전쟁 포로를 노예로 사용하여 라티푼디움이라는 대농장을 경영하였다. 이러한 대농장의 확대가 그라쿠스 형제 개혁의 원인이 되었다.

08. 동맹시 전쟁(이탈리아 전쟁)

루키우스 카이사르와 푸블리우스 루틸리우스가 콘술로 재직하던 해에, 전체 이탈리아가 로마에 대항하여 무기를 들었다. 반란은 아우스쿨룸인들로부터 시작되었다. 그들은 법무관인 세르빌리우스와 그의 사절인 폰데이우스를 살해했다. 그런 후에 마르시인들이 전쟁을 일으켰고, 다음으로는 전체 이탈리아로 확산되었다. …… 이탈리아인들은 보병과 기병을 합쳐서 2배나 많은 병력을 제공하였으나 아직 시민권을 받지 못하였다. 로마는 그들의 노력으로 매우 높은 위치에 올라서, 같은 기원과 혈통을 지니는 사람들을 외국이요 동맹국으로서 깔볼 수 있게 되었던 것이다. 전쟁은 이탈리아 청년 30만 이상을 쓸어버렸다. …… 놀라에 남아있던 반란의 잔당을 제외하고, 이탈리아 전쟁은 대체적으로 종식되었다. 그리고 로마인들은, 스스로도 지쳤으므로, 그들의 힘이 손상되지 않았던 때에 한꺼번에 주기보다는 정복되고 굴복한 자들에게 시민권을 주는 데 동의하였다.

– 벨레이우스 파테르쿨루스, 『로마사』 –

자료 해석
로마의 동맹시들이 로마에 시민권을 요구하였다. 이에 기원전 91년 호민관 드루수스가 로마 시민권을 모든 이탈리아인에게 부여하는 법률을 제정하려 하였으나 실패하였다. 이에 로마의 동맹시들이 반란을 일으켰다. 로마는 동맹시의 반란을 진압하고 대신 모든 동맹시에 로마 시민권을 부여하여 문제를 해결하였다.

09. 그라쿠스의 개혁과 반대

(가) 티베리우스는 연단에서 군중에 둘러싸여 빈민을 위해 다음과 같이 부르짖고 있을 때조차 …… 어느 누구의 주장에도 굴복하지 않았다. "이탈리아를 배회하는 야수조차도 은거할 동굴과 보금자리를 가지고 있다. 그런데 이탈리아를 위해서 싸우고, 이탈리아를 위해서 죽어가고 있는 사람들은 공기와 햇빛 이외에는 아무 것도 누리지 못하고, 집도 안식처도 없이 처자를 이끌고 거리를 방황하고 있다. 만약 그들의 장군이 병사들을 싸움터에 내몰고, 그들이 싸우는 것은 적으로부터 묘소와 사당을 지키기 위한 것이라고 외친다면, 그것은 거짓말을 하는 것이다. 그들 중 어느 한사람도 집집마다 대대로 내려오는 제단을 가진 자 없으며, 로마인 중의 한 사람이라고 해도 조상이 고이 잠자는 묘소를 가진 자가 없기 때문이다. 그들은 다른 사람의 부와 사치를 위해서 싸우다 죽는 것이다. 그들이 세계의 정복자라 불려진다 해도 그들은 한 뼘의 땅도 갖지 못하고 있는 것이다."

– 플루타르코스, 『영웅전』 –

(나) 스스로 포풀라레스가 되기를 원하고, 또 바로 그러한 이유 때문에 토지 선점자들을 그들 거처에서 내쫓으려고 농지법을 통과시키고자 하거나 채무자들에게 부채를 말소해주어야 한다고 생각하는 자들은 공화국의 주춧돌을 흔들고 있다. 우선 첫째, 그들은 화합을 깨뜨리고 있으니 일부 사람에게서 빼앗은 돈을 다른 사람에게 선물로 줄 때는 화합이란 있을 수 없다. 둘째, 그들은 형평을 깨뜨리고 있으니, 만약 각자가 자기 것을 소유하는 것을 허용하지 않는다면 형평은 완전히 사라질 것이다. 왜냐하면 내가 앞서 말했듯이 각자가 방해받지

않고 자기 재산을 안전하게 보호하도록 하는 것이 시민 공동체인 국가와 도시의 고유 기능이기 때문이다.

- 키케로, 「의무론」 -

자료 해석
(가)는 그라쿠스 형제가 개혁을 시도할 수밖에 없는 상황이 잘 나타나 있다. 그라쿠스 형제의 개혁 당시 로마 주변의 농토는 수익이 높은 목초지나 포도밭 등으로 변해 있었다. 그 결과 로마는 필요한 곡물을 해외 속주, 주로 시칠리아로부터의 수입에 의존하였다. 그런데 시칠리아에서 노예 반란이 일어나자 곡물 수입이 중단되었고, 로마에는 곡물 가격 폭등이 일어났던 것이다. 이에 그라쿠스 형제는 로마 주변의 토지를 몰수하여 농민에게 재분배하고 곡물만을 경작하게 하는 개혁 구상을 품게 되었다. (나)는 그라쿠스 형제의 개혁에 반대하는 대토지 소유자의 관점이 잘 드러나 있다.

10. 옥타비아누스의 개선식 광경

이후에 카이사르는 관례가 그러하듯이 그의 장군들의 공을 치하하고 명예를 그들에게 돌렸다. …… 병사들에게는 선물을 주었고, 로마 인민들에게는 각각에게 400세스테르티우스씩, 처음에는 성인에게만, 나중에는 아이들에게까지도 분배했다. 이 모든 것 때문에 …… 게다가 옥타비아누스가 다른 사람들에게 자신이 진 빚을 모두 갚았을 뿐 아니라 다른 사람들이 자기 자신에게 지불해야 할 빚을 요구하지 않았기 때문에, 로마인들은 모든 그들의 불쾌했던 경험을 다 잊고 …… 그의 개선식을 지켜보았다. 사실상 엄청난 양의 돈이 로마시 전체에 풀려서 물가가 올랐으며, 채무자가 12퍼센트의 이자를 내면서도 기꺼이 빌리곤 했던 돈을 그 당시에는 그것의 3분의 1 이자만 주어도 쉽게 빌릴 수 있었다.

- 디오 카이수스, 『로마사』 -

자료 해석
제시문은 악티움 해전에서 안토니우스와 클레오파트라를 격파한 옥타비아누스가 로마에서 개선식을 한 장면을 묘사한 것이다. 옥타비아누스가 로마 시민들에게 엄청난 돈을 분배함으로 인해 시민들의 부채가 줄어들었고, 돈을 쉽게 구할 수 있어서 이자율이 낮아졌음을 알 수 있다.

11. 아우구스투스의 군제 개혁

로마 군대의 개혁은 아우구스투스의 지위와 앞으로 올 황제들의 시대를 확고하게 굳히는 열쇠였다. …… (아우구스투스는) 하나의 군단은 법률에 따르면 28개의 정규 부대를 중심으로 구성되었다. 이런 군단이 제국의 변경 전역에 배치되었고, 이탈리아와 로마에는 최소한 9000명 이상의 인원으로 새로 구성된 엘리트 부대인 근위대에 배치되었다. 이들은 일반 병사보다 세 배나 많은 봉급을 받았다. …… 내전이 가르친 첫 교훈이 로마 군대에서 야심적인 장군을 제거해야 한다는 것이었다면, 두 번째 교훈은 첫 번째 교훈에서 도출된다. 황제가 국가의 새 직업 군대에게 봉급을 줄 능력을 계속 유지하려면 세금 수입을 안정적으로 유지해야 한다는 것이다. 황제는 속주의 부가 그곳을 다스리는 장군들의 손에 넘어가서 그들의 호주머니를 채우는 상황이 벌어지도록 내버려 두면 안 된다. 세금이 속주에서 중앙으로, 아우구스투스의 황실 금고로 원활하게 흘러들어오도록 하는 일이 가장 중요했다. 이 점을 이해하는 것이 아우구스투스뿐만 아니라 미래 황제들의 통치가 성공하기 위한 열쇠였다.

- 샤이먼 베이커, 『처음 읽는 로마의 역사』 -

자료 해석
아우구스투스는 권력을 장악한 뒤 군제 개혁을 실시하였다. 기존의 70여 개 군단을 15개로 축소하고 직업 군인 제도를 정착시켰다. 그리고 군단장은 아우구스투스가 원로원 신분 중에서 직접 임명하여 통제권을 유지하였다. 그리고 제시된 자료에서 보듯이 25개의 군단을 운영하기 위한 재정을 장악하는 것이 굉장히 중요하였고, 이에 아우구스투스는 속주의 재정을 직접 통제하였다.

12. 정무관

파스티에 기록된 기원전 443년에는 초대 칸슐러 트리뷴 직이 설치된 직후에 또 다른 중요한 정무관 직인 켄소르직이 등장한다. 이 직위는 비록 원수정 때까지는 아닐지라도 술라 시대까지 점차 권한을 확대해 가며 존속했다. 이 새로운 직위의 목적은 과거에 콘술들이 수행했던 의무들, 특히 선거와 조세와 병무의 목적상 작성한 로마 시민들의 공식 명부인 인구조사 자료 편찬 업무를 맡는 것이었다. 이 의무를 수행하기 위해 4년이나 5년마다 켄투리아회에 의해 두 명의 켄소르들이 선출되었다. 그러나 파스티에 기록된, 기원전 434년에 통과된 법에 의해 그들은 18개월만 근무할 수 있었다.

…… 세금 자료, 병무 자료, 투표인 명부를 작성하는 업무 외에도, 켄소르들은 기원전 312/10년 이후에는 원로원 의원을 지명하는 권한과 품행이 로마 도덕법의 표준에 미달하는 위원들을 원로원에서 제명하는 권한을 획득했다. 켄소르들은 시미 명부의 이름 맞은 편에 검정 표시를 함으로써 시민을 트리부스에서 축출하고, 농촌 트리부스에서 도시 트리부스로 전출시키고, 혹은 적어도 5년간 시민권 자체를 박탈할 수 있었다.

– 하이켈하임, 『로마사』 –

자료 해석

행정관은 매년 선출되는 관리로서, 정부의 일상 업무를 수행했다. 무엇보다 중요한 행정관은 2명의 집정관(콘술)이었는데, 이들은 과거 왕이 행사하던 명령권(imprium)을 보유했다. 2명의 현직 집정관은 국가의 정치적·군사적 수장이었다. 그들은 원로원을 주재하고, 필요한 경우 법안을 발의했으며, 전장에서 군대를 지휘했다. 집정관 직은 대개 로마 귀족 경력의 정점이었다. …… 2명의 집정관이 선출된 이유는, 한 사람이 너무 강한 권력을 갖는 사태를 방지하기 위해서였으며, 집정관의 임기는 단 1년으로 제한되었다.

집정관 아래에 여타 행정관들이 있었는데, 이들 또한 매년 새로 선출되었다. 중요 관직으로는 법무관(praetor), 조영관(aedilis), 재무관(quaestor), 그리고 호민관이었다. 집정관을 제외한다, 법무관은 명령권을 보유하고, 전장에서 군대를 지휘하며, 또 원로원을 주재할 권리를 가진 유일한 행정관이었다. 법무관의 권위는 집정관에 비해 약했다. 법무관의 주요 역할은 시민을, 또 후일에는 속주만을 재판하는 것이었다. 법무관 아래에는 조영관이 있었는데, 이들은 도로, 상수도, 식량, 그리고 경기 개최를 포함하여 로마 시의 유지를 책임지고 있었다. 가장 젊은 행정관은 재정과 사법에 관한 의무를 졌던 재무관이었다. 이들 세 행정관의 정확한 역할과 인원은 시간이 지남에 따라 늘어났다.

호민관은 다른 행정관과 다소 달랐다. 호민관이라는 직책은 기원전 494년 첫 번째 '평민들의 철수' 이후에 생겨났으며, 본래의 보유한 평민에게 개방된 유일한 관직이었다. 해마다 10명의 호민관이 선출되었으며, 이들은 혈통 귀족 출신 행정관들의 부당한 행위를 막아 평민들을 보호해야 했다. 이러한 이류로 호민관은 막강한 힘을 지니고 있었는데, 예컨대 호민관의 권리에는 행정관에게 체포된 시민을 돕기 위해 개입할 권리, 다른 행정관의 결정에 거부권을 행사할 권리, 그리고 평민회에서 법안을 제안할 권리가 포함되었다. 이론상 호민관은 신성불가침의 존재였지만, 이러한 권리가 급진 정책을 수행하는 모든 호민관을 보호하지는 못했다.

다소 색다른 직책은 감찰관(censor) 직이었다. 2명의 감찰관은 대략 5년마다 선출되었다. 그러나 임무를 수행할 때만 직책을 보유했고, 기한은 결코 18개월을 넘지 않았다. 그들의 주요 임무는 시민의 명부를 재작성하고, 그들의 재산을 평가하고 도덕성을 감찰하는 것이었다. 여기에는 원로원을 심사하는 임무도 포함되었는데, 원로원에 새로운 구성원을 등록시킬 수 있었고, 부적절한 행위를 한 혐의가 발견되면 기존 구성원을 제명할 수도 있었다. 그러므로 감찰관은 영예로운 관직이었으며, 거의 언제나 전직 집정관이 담당했다. ……

이러한 관직들은 '관직의 사다리'를 형성했다. 이는 지도적인 로마의 귀족이 거치게 될 관직의 단계를 말한다. 보통의 경력을 쌓을 경우, 남자는 재무관으로 첫 번째 행정관 직을 맡게 되는데, 이는 대개 최저 제한 연령인 28세 무렵이다. 그 다음에는 조영관이나 호민관이 되고, 이어 법무관으로 선출되기 위해 노력한다. 충분한 명성을 쌓으면, 다음으로 집정관 직을 갈망하게 되고, 그 후에는 감찰관이 될 수 있다. 한 관직을 마치고 다른 관직을 맡으려면 2년의 간격이 필요했다. ……

또 다른 예외는 독재관(dictator)의 지위였다. 공화정 치하 로마인들은 전제 권력에 적개심을 품었으나, 단일한 지도자가 필요한 경우도 있음을 인정했다. 그에 따라 그러한 비상시기에 국가가 감독할 더 우월한 명령권을 지닌 독재관이 임명되었다. 독재관의 임기는 6개월을 넘을 수 없었으며, 위기가 해소되면 6개월 이전에도 종료되었다.

– 데이비드 M. 귄, 『로마공화정』 –

13. 아우구스투스의 업적록

- 19세에 나는 스스로의 결의에 기초해서 자기 부담으로 군비(軍備)를 정비하고, 그럼으로써 당파의 전횡에 압박받고 있는 국가에 자유를 회복했다. 이 때문에 원로원은 가이우스 판사와 아울루스 비르티우스가 콘술이던 해(기원전 43년)에 표창 결의로 나를 원로원 의원 신분에 서임했다. 동시에 의견 표명의 경우 콘술 단계의 지위를 인정하고 최고 지휘권도 부여했다. 게다가 국가가 어떤 손상도 입지 않도록 내가 법무관 대행으로서 콘술 두 명과 함께 배려해야 할 일을 명령했다. 하지만 같은 해 콘술 두 명이 전사하면서 국가는 나를 콘술로,

또한 국가재건 3인 위원 중 한 명으로 선정했다.
- 마르쿠스 마르켈루스와 루키우스 아룬티우스가 콘술이던 해(기원전 22년)에 나는 로마를 떠나 있을 때에도 로마에 있을 때에도 국가와 원로원에 의해 주어졌던 독재관직을 받아들이지 않았다. 나는 곡물이 극도로 모자랐을 때에도 곡물 공급의 배려를 꺼리려 했던 것은 아니다. 즉 며칠 이내에 나는 눈앞에 들이닥친 위협과 위험으로부터 모든 자유 시민을 나의 지출과 배려로 구제했다. 그때 매년 갱신되는 경우도 종신에 걸친 콘술직도 나에게 제의되었지만 나는 받아들이지 않았다.
- 6번째(기원전 28년), 그리고 7번째(기원전 27년)의 콘술 때에 나는 이미 내란을 종결시키고 모두의 합의에 기초해 전권을 장악했지만, 국가를 나의 권한으로부터 원로원 및 로마 국민의 결정에 맡겼다. 이와 같은 나의 공적에 대해서 나는 원로원 결의에 의해 아우구스투스라는 칭호를 받고, 내 집의 문기둥은 월계수로 꾸며지는 것이 공인되고, 시민의 영예로운 관(冠)이 내 집의 출입구 위에 부설되고, 게다가 황금 방패가 율리우스 의사당에 안치되었다. 원로원 및 로마 국민이 이것을 나에게 주었던 것은 나의 용기, 자애, 정의, 경건함을 칭송하기 위한 것이다. 이는 방패에 새겨진 글에 의해 분명해진다. 이후 나는 권위(auctoritas)가 누구보다 우월했어도 권력(potestas)에 관해서는 나와 함께 공직에 있는 동료들보다 탁월하지는 않았다.

– Res Gestae Divi Augusti –

자료 해석
아우구스투스의 업적록은 자신의 업적을 아우구스투스가 직접 써서 청동 기둥 2개에 새긴 것이다. 자료에는 자신의 공적에 대해 원로원의 결의에 의해 아우구스투스라는 칭호를 받았다는 내용이 나타나있다.

14. 아우구스투스에 대한 평가

반대 의견은 이랬다. 자식의 도리와 국가의 위기는 핑계거리에 불과했다. 실제로 옥타비아누스의 동기는 권력에 대한 탐욕이었다. 탐욕에 사로잡힌 그는 금품으로 제대 군인을 움직여 군대를 일으키고[이때 그는 아무런 공직도 없는 성장기 소년에 지나지 않았다], 뇌물로 집정관의 군대를 끌어모아 섹스투스 폼페이우스(폼페이우스의 아들)를 지원한다는 구실을 내걸었고, 원로원 포고령으로 법무관의 지위와 신분을 찬탈했다. …… 곧이어 집정관 2명은 …… 정적에 의해 죽임을 당했다. 한 명은 상처에 고의적으로 독을 넣음으로써, 다른 한 명은 옥타비아누스의 사주를 받은 자기 부하 손에 죽었다. 어쨌든 두 집정관의 군대를 넘겨받은 것은 옥타비아누스였다. 그런 다음 그는 반항하는 원로원을 압박해 자신을 집정관으로 추대하도록 만들었다. 그러나 안토니우스를 처치하라고 그에게 맡겨진 군대를 그는 국가에 대항하는 용도로 써먹었다. 그의 사법 살인과 토지 배분은 그것을 실행한 사람들에게도 역겨운 일이었다. 사실 카시우스와 브루투스는 옥타비아누스가 그들의 반대파를 승계했기에 죽임을 당한 것이다. 하지만 개인적 원한이 공공의 이익에 우선해서는 안 된다. 다음으로 그는 그럴듯한 평화조약을 앞세워 섹스투스 폼페이우스를 기만했고 레피두스를 거짓 우정으로 속였다. 그러자 일련의 조약 및 옥타비아누스 여동생과의 결혼이란 미끼에 넘어간 안토니우스는, 기만적인 관계에 대한 형벌로 자신의 목숨을 내주었다. 하지만 그것은 피투성이 평화였다. …… 그의 사생활에서도 잡음이 끊이지 않았다. 그는 티베리우스 클라우디우스 네로의 아내(리비아)를 탈취했고, 터무니없게도 사제들에게 임신 중인 여자와 결혼하는 것이 그녀를 위한 것인지 여부를 질문했다. 그런 다음 그의 친구 푸블리우스 베디우스 폴리오의 방탕이 있었다. 그러나 정녕 리비아는 어머니로서는 국가의 재앙이었고, 계모로서는 카이사르 가문의 재앙이었다.

– 타키투스, 『연대기』 –

자료 해석
타키투스는 아우구스투스의 죽음을 계기로 "연대기"를 기록하기 시작했다. 그는 아우구스투스의 시대 사람들의 말을 인용해 아우구스투스에 대한 칭찬과 반대를 각각 보여주고 있다. 제시문은 아우구스투스에 대한 비판에 관한 것이다.

15. 군인금고와 피스쿠스(Fiscus)

(가) 이어서 마르쿠스 아이밀리우스 레피두스와 루키우스 아룬티우스가 콘술일 때, …… 아우구스투스는 자신과 티베리우스를 위해 군인금고라고 불리는 것에 돈을 제공했고 그 관할을 법무관에게 맡겼는데, 명단에서 추첨하여 뽑힌 자에게 3년간 위임했다. 이들은 두 명의 수행원lictor들과 기타 하인들을 부리기 편한 사람들 중에 골라서 불렀다.

– Cassius Dio, Historia Romae, 55. 25

(나) 군사적인 것은 무엇이든 봉급과 보상의 정해진 형태로 고정했으며 각자의 등급에 따라서 복무기간이나 소집해제에 따른 보상을 정하고 나서 나이나 가난으로 인해서 해제 후에는 새로운 것들을 위해서 동요될 수

없도록 하였다. 게다가 영구적으로 또 어려움 없이 그들을 유지하고 뒷받침하는 데 쓸 비용을 조달하기 위해서 새로운 세금들로써(nobis vectigalibus) 군인금고(aerarium militare)를 만들었던 것이다.
– Suetonius, Augustus, 49

(다) 피스쿠스, 피스쿠나, 피스켈라는 더 많은 액수의 돈을 담기 위해서 나래새 풀(esparto)로 만들어진 용기들이다. 여기에서는 개인의 것보다는 공공의 돈이 더 큰 액수이므로, 개인의 재산에 대해서 우리가 금고, 장롱, 반다지라고 부르는 것보다 더 크므로 공공의 금고에 대해서 피스쿠스라고 명명된다.
– Asconius Pedianus, 'Fisci, fiscinae, fiscellae'

자료 해석
로마에서 직업군대의 뿌리는 마리우스의 병제개혁을 들고 있으나 소집해제 후 보상에 관해서 일관성이 없었던 것이 공화정기의 문제점이기도 했다. 그것을 제도화하여 일관성 있게 보상하겠다는 것이 아우구스투스의 생각이었다. 이것을 우리는 '군인금고(aerarium militare)'라고 칭하나 실제로는 피스쿠스(Fiscus)라는 말로 통용되었다. 피스쿠스는 광주리라는 뜻이며, 돈을 담기 위해서 크게 만든 것이다. 여기에는 정확히 어떤 내용이 포함될 것인가? 루도비코 과리니에 따르면 피스쿠스는 황제관할 속주의 세입으로서 군인금고를 의미하지, 일반적으로 생각하듯이 황제 개인의 사금고는 아니다. 그렇지만 아우구스투스는 자신의 관할 하에 있는 군인금고를 국고(aerarium)보다 우선시하는 것으로 보이지 않도록 피스쿠스라고 불리기를 원하였다. 이후 황제 관할 속주에서 나오는 세입을 축적하는 금고는 언제나 피스쿠스라고 불리고 군인금고라는 말은 폐지되기에 이른다.
– 김창성, 로마 공화정 후기의 재정의식과 아우구스투스의 재정운영

16. 카라칼라 황제 칙령(안토니누스 칙령)

(가) 그(카라칼라 황제)는 자신의 지배 하에 있는 모든 사람들을 로마인이라고 선언했다. 이것은 명예를 준다는 구실 하에 실제로 외국인이 이런 세금[상속세와 노예해방세]의 대부분을 납부할 의무가 없었으므로 이러한 수단으로 수입을 증가하기 위한 것이었다.
– Cassius Dio –

(나) 황제 카이사르 마르쿠스 세베루스 안토니누스 아우구스투스는 선언한다. 이번 승리를 거둔 내가 오히려 비난과 애원을 없애기를 바랄 수밖에 없는 것은 이런 승리에 신의 뜻을 나타내고 나를 평안하고 무사하게 지켜주었던 것에 대해서 불사의 신들에게 감사드리고 싶기 때문이다. 따라서 만약 외국인이 나의 국민 속으로 들어올 때마다 신들에게 감사하도록 이끈다면, 이처럼 관대하면서도 경건하게 신들의 권위에 충분히 상응하는 일을 했다고 나는 믿는다. 그러므로 나는, 세상의 모든 외국인에게 로마 시민권을 부여하는 것이고, 다만 항복한 자를 예외로 하고 모든 종족민들이 시민단 안에 머무르게 된다. 왜냐하면 민중은 책임을 모두 분담할 뿐만 아니라 이제는 승리에 참여하는 것도 어울리기 때문이다. 게다가 덧붙여 이 칙령은 모든 종족이 동등한 지위를 갖게 되므로 로마 국민의 권위를 [증대시킬] 것이다.

자료 해석
카라칼라 황제는 212년 로마 제국 내의 모든 주민에게 로마 시민권을 부여하는 칙령을 공포하였다. 이 칙령으로 로마시민에게만 부과하던 상속세나 노예 해방세 등을 새로 징수할 수 있는 동시에, 로마 및 이탈리아의 특권적인 지위가 사라지고 속주와의 구별이 없어지게 되었다.

17. 3세기 통화 위기

평의회 및 민회에서의 결의
만약 어떤 일이라도 자유민이건 노예이건 환전 업무의 차입계약자 및 은행업자 이외의 어떤 사람이 통화를 교환하거나 구입했을 경우에, [그 사람은] 시민 중에 희망자가 평의회에 통보했다면, 그 환전상 앞으로 끌려가야 한다. 정무관 회의 및 평의회에서 유죄가 선고된 경우에 만약 차액 없이 이루어졌다면, 환전상과 승소했던 통보자가 화폐를 회수해야 한다. [그 경우에] 환전상은 보증되었던 곳에 따라서 자기 자산이라도 거두어들일 권리가 있다. 만약 차액이 있었다면, 자유민은 우리의 지고하신 황제의 더없이 성스러운 국고에 500 데나리우스, 도시에 250 데나리우스, 그리고 승소했던 통보자에게 100 데나리우스를 지불해야 한다. 또한 화폐를 강요하는 것이 발각되었던 경우에는 환전상에게 몰수되어야 한다. 노예가 규정된 것과 같이 유죄로 선고된 경우에 [그 노예는] 주인으로부터 평의회 앞 정무관에게 넘겨지고, 50번의 태형(쯤刑)에 처해지고 징세관 관사에 끌려가 6개월간 투옥되어야 한다.

자료 해석

3세기 로마 사회는 이민족의 침략, 군인황제 시대의 시작 등으로 혼란한 상황이었다. 여기에 은화인 데나리우스화의 장기적 가치 저하 경향까지 겹쳐서 경제적 위기가 심화되었다. 이러한 통화 위기는 콘스탄티누스 황제 시기 제작된 솔리두스 금화에 의해 안정화가 이루어졌다. 제시문은 3세기 초 소아시아 시장에서 통화 관련 암시장을 규제했던 비문의 내용이다.

18. 기독교 박해

(가) 폐하, 저는 의심스러운 모든 일을 폐하에게 문의하는 것을 신성한 규칙으로 삼고 있습니다. 저의 우유부단함을 씻어 내고 무지를 깨우쳐 줄 분이 폐하 말고 달리 누가 있겠습니까? 그리스도교 신앙을 고백하는 자들의 재판에 참석해 본 적이 없기에 저는 그들 범죄의 성격이나 그들에 대한 처벌 수위뿐만 아니라 그들에 대한 조사를 얼마나 깊이 파고들어야 하는지에 대해서도 아는 바가 없습니다. …… 그리스도교라고 고발되어 제 앞에 불려 온 사람들을 관찰하는 방법은 다음과 같습니다. 저는 그들에게 그리스도교인지 여부를 물었습니다. 그들이 그렇다고 자백하면 저는 같은 질문을 반복하면서 동시에 위협을 가했습니다. 그래도 그들이 같은 자백을 하면 저는 즉각 그들에 대한 처벌을 명했습니다. 그들의 견해가 무엇이든 간에 반항적이고 완고한 고집은 교정되어 마땅하다는 것이 저의 믿음이기 때문입니다. …… 그러나 이 범죄는 [항상 그렇듯이] 박해를 받는 동안에도 확산되었습니다. 같은 성격의 사건이 여럿 발생한 것입니다. 한번은 제게 익명의 제보가 들어왔습니다. 심문 과정에서 그리스도교임을 거부하거나 거부한 적이 있는 수많은 사람들에 대한 고발이었습니다. 그들은 저를 따라 신들에 대한 기도를 반복했고, 술과 유향으로 폐하의 조각상 [이런 목적을 위해 다른 선상들과 함께 가져다 놓도록 제가 명령을 내렸습니다] 앞에서 종교의식을 바쳤습니다. 그들은 그리스도의 이름을 욕하기도 했습니다. …… 그러므로 저는 그들을 방면하는 것이 타당하다고 생각했습니다. ……

(나) 친애하는 폴리니우스여, 귀하에게 소환된 그리스도교에 대한 귀하의 조치는 대단히 적절했다. 이런 성격을 지닌 모든 사건에 대해 획일적인 계획을 수립한다는 것은 불가능하다. 그리스도교를 찾아내려고 애쓰지 말라. 그러나 그들이 귀하에게 소환되어 유죄가 입증된다면 그들은 단죄되어야만 한다. 하지만 여기에는 단서가 따른다. 당사자가 그리스도교임을 부인하고 우리의 신들에 대한 기도를 올림으로써 그가 그리스도교가 아님을 입증할 경우 [설령 그가 전에 그럴 만한 의심을 샀더라도] 그가 잘못을 뉘우치기만 하면 용서하도록 하라. 익명의 밀고는 어떤 형태의 기소 절차에서도 받아들여져서는 안 된다. 그것은 매우 위험한 선례를 세우는 결과가 되며, 짐의 통치가 표방하는 형평성에도 결코 부합되지 않는다.

– Plinius Minor, Epistulae –

(다) 신성한 희생제를 감독하도록 선택된 위원회에게
테아테피아 마을의 주민, 세레누스의 아들, 아우렐리우스 아세시스로부터.
저는 항상, 중단 없이 신들에게 희생 제사를 드려왔고, 이제 황제 폐하의 칙령에 따라 신들 앞에서 신들에게 술을 따르고, 희생을 드리며, 희생 고기의 일부를 맛보았습니다. 저를 위해 이 사실을 확인해주시기 바랍니다. 안녕히 계십시오. 저 아세시스는 서른 두 살이고, 몸에 상처가 있습니다.
우리, 아우렐리우스 세레누스와 아우렐리우스 헤르마스가 네가 희생 제사를 드리는 것을 보았다.
나 아우렐리우스 헤르마스가 이 사실을 확인한다.
데키우스 황제 1년 6월 12일

자료 해석

(가),(나)는 기독교를 박해하는 과정에서 지방관인 폴리니우스가 트라야누스 황제에게 그리스도교도에 대한 처리 과정을 묻고 답하는 자료이다. 이 시기 이전까지 로마 제국 정부는 그리스도교를 박해하지 않았다. (다)는 데키우스 황제의 그리스교도 박해에 관한 것이다. 국가 종교의 부흥과 통합을 위해 제국 전역의 주민에게 신에 대한 희생제를 명하였고, 이를 거부하는 그리스도교에 대해 탄압하였다.

19. 디오클레티아누스의 4제 정치

그들 이후 수호신들이 우리에게 디오클레티아누스와 막시미아누스를 지도자로 내려주었다. 이 위대한 인물들에 더해 갈레리우스와 콘스탄티우스까지 내려주었다. 디오클레티아누스와 막시미아누스는 치욕적인 발레리아누스의 기억을 지워주기 위해 이 세상에 왔다. 갈레리우스와 콘스탄티우스는 갈리아 속주에서 로마법의 권위를 바로 세우기 위해 이 세상에 왔다. 세상을 이끄는 이 4인의 지도자는 모두 강인하고, 현명하고, 온전하며, 너그러웠다.

– 작자 미상, 『아우구스투스 시대의 역사(4세기)』 –

자료 해석
디오클레티아누스는 2~3개월 정도 단독 통치를 하다 자신의 동료였고 장군이었던 막시미아누스를 부통치자로 임명했다. 부통치자는 황제와 동등한 권한을 부여받았고, 이어 부통치자 2인이 추가로 임명되었다. 이로써 이는 2명의 정황제(아우구스투스)와 2명의 부황제(카이사르)로 운영되는 4제 통치 체제가 확립되었다. 그러나 이 4제 체제는 디오클레티아누스가 퇴임하면서 곧 흔들리기 시작하였고, 결국 또다시 치열한 내전을 거쳐 콘스탄티누스가 단독으로 권력을 장악하면서 붕괴되었다.

20. 최고가격제

임페라토르 카이사르 가이우스 아우렐리우스 발레리우스 티오클레티아누스 경건한 자는 …… 다음과 같이 포고하노라. …… 공공의 안녕을 지키기 위하여 우리 군대의 파견이 필요한 모든 곳에서, 거리나 마을뿐 아니라 모든 도로에서 부당하게 이익을 도모하는 자들이 탐욕스럽게 공공의 유익을 해치고 있고, 모든 판매 상품의 가격을 네 배나 여덟 배 정도가 아니라 더 지나치게 매겨서, 화폐로 평가된 액수와 실제 액수를 합리적인 방식으로는 설명할 수 없을 정도로 강매하고 있음을 모르는 자, 누구인가? 결국 병사들이 한 번의 물품 구입으로 급료와 기부금을 전부 강탈당하고 있다.
– 로마 문명 : 사료집 –

자료 해석
디오클레티아누스 황제는 투기꾼과 부당 이익을 취하는 것을 막고 유통 질서를 바로 잡기 위해 최고가격령을 반포하였다. 이는 디오클레티아누스 황제가 실시한 화폐 개혁과 연관된 것이었다. 그러나 최고가격제의 실시로 생산이 위축되고, 암시장에서 상품이 유통되는 결과를 초래해서 얼마 못 가서 본인에 의해 폐지되었다. 이후 프랑스 혁명 당시 국민공회가 최고가격제를 또 실시하였으나 성과를 거두지는 못했다.

21. 밀라노 칙령

짐 콘스탄티누스 아우구스투스와 짐 리키니우스 아우구스투스가 길조에 따라서 밀라노에서 회동하고 공익과 안전에 관한 모든 현안을 토의하였다. …… 이를테면 기독교인과 모든 사람에게 각자가 바라는 숭배 형태를 따르는 권리를 무제한으로 부여하는 것이다. …… 그래서 유익하고도 가장 올바른 생각을 품고서 우리는 이 정책을 채용하기로 결심했다. 즉, 어떤 사람이든 기독교인의 예배 또는 자신에게 가장 적합해 보이는 종교에 헌신할 수 있는 자유를 부인해서는 안 된다고 생각하지 않을 수 없었다. 그래서 우리가 자유로운 의사를 가지고 충성을 바치는 최고 신성이 모인 일에는 여느 때와 같은 호의와 은총을 우리에게 베풀어주실 것이다.
– 락탄티우스, 『박해자들의 죽음에 관하여』 –

자료 해석
크리스트교는 황제 숭배를 거부한다는 이유로 탄압을 받았으나, 4세기 초 콘스탄티누스 대제 때 밀라노 칙령을 통해 승인을 받았다. 이후 크리스트교는 교세를 계속 확장하였고, 325년 니케아 공의회에서 아타나시우스파의 삼위일체설을 받아들여 교리를 확립하였고, 테오도시우스 황제에 의해 국교화되었다.

22. 그리스도교의 국교화

우리의 자애 깊은 중용의 지배를 받는 많은 사람들이 성스러운 사도 베드로가 로마인에게 전해서 베드로 이래로 지금에 이르기까지 침투했던 바로 그 종교가 선언되고 동시에 교황 다마수스와 …… 알렉산드리아 주교 페트루스가 분명하게 신봉하고 있는 종교에 귀의하기를 우리는 바란다. 즉 우리는 사도의 가르침과 복음의 교리에 따르고 아버지와 아들과 성령이 하나가 된 신을 동등한 존엄과 신성한 삼위일체의 바탕으로 믿는다. 우리는 이 법에 따르는 자가 가톨릭=기독교도의 이름을 띠도록 명령한다. 다른 한편 이 밖에 이성을 잃은 광기 어린 자는 이단의 오명을 받고, 그들의 집회는 교회의 이름을 얻을 수 없다. 이런 자들은 먼저 신의 벌로 그 다음에는 …… 우리의 열정적인 보복으로 얻어맞아야 한다고 생각한다.
– Codex Theodosianus –

자료 해석
제시문은 380년 테오도시우스 황제는 그리스도교를 국가 종교로 발표하는 칙령이다. 이로써 탄압을 받았던 그리스도교는 국가 종교로 인정을 받았고, 이후 테오도시우스 황제는 이교 신전의 폐쇄를 명령하고, 이교를 전면적으로 금지시켰다.

Ⅱ.

중세 유럽

CHAPTER 01
게르만 족의 이동과 유럽 세계의 형성

CHAPTER 02
봉건 사회의 형성과 봉건 제도의 구조

CHAPTER 03
중세 유럽 사회의 변화

CHAPTER 04
중세 교회의 발전과 변화

CHAPTER 05
중세의 문화

CHAPTER 06
비잔티움 제국(395~1453)

CHAPTER 07
중세 봉건 왕정의 발전과 중앙 집권 국가의 출현

CHAPTER 01 게르만 족의 이동과 유럽 세계의 형성

1 게르만족의 이동

(1) 게르만족

① 원주지 : 발트해 연안

② 게르만 사회 : 부족 국가(왕·수장의 지배), 민회, 종사제(군사적 주종 관계)

③ 이동 원인 : 인구 증가, 농지 부족, 훈족의 압박 → 로마 제정기에 로마의 용병·콜로누스로 이동

④ 이동 과정 : 훈족의 서진(375) → 동고트 압박 → 서고트의 이동 → 게르만 국가 건국

⑤ 결과 : 게르만 용병 대장 오도아케르에 의해 서로마 제국 멸망(476) → 중세 시작

서고트 (비시고트족)	• 다뉴브강을 건너 불가리아로 이동 → 아드리아노플에서 동로마군 격파(378) → 콘스탄티노플 공략을 포기하고 발칸 반도로 이동 • 알라릭(알라리쿠스 1세)의 지휘 하에 그리스 도시들 약탈 → 이탈리아로 들어가 로마 약탈(410) • 클로비스에게 패해 갈리아에서 에스파냐로 이동 → 아리우스파 믿음 → 이슬람의 공격으로 멸망(711)
동고트 (오스트로고트)	• 테오도릭(테오도리쿠스)은 콘스탄티노플에서 교육 받음 → 그리스문화와 로마의 제도 존중 • 라벤나를 수도로 동고트 왕국 건설(493) : 30년간 군사만 지배하고 행정은 로마 관리들에게 맡김 → 이탈리아에 질서와 안정을 가져옴 • 보에티우스 : 『철학의 위안』 → 스토아적인 입장에서 자신의 내부에 스스로의 행복을 찾을 것을 권고 • 테오도릭 사후 유스티니아누스 황제와 20년간의 전투로 동고트족은 사라지고 이탈리아 황폐화 • 롬바르드족이 북부이탈리아에 침입하여 파비아를 수도로 삼아 왕국 건설
반달	• 5세기 초 남부 에스파냐 지역에 정착 → 북아프리카 로마 총독의 지원 요청을 받고 아프리카로 건너가서 카르타고를 수도로 하여 왕국 건설 • 455년 로마 약탈 → 아리우스파 탄압 → 유스티니아누스 황제에 의해 멸망(534)
앵글로- 색슨 왕국	• 브리타니아에서 로마 군단 철수 → 5세기 초 북부 독일과 덴마크로부터 이동하여 7개의 앵글로-색슨 왕국 건설 • 스코틀랜드, 웨일즈, 아일랜드는 켈트족의 지역으로 남음. • 아일랜드는 성패트릭의 전도로 가톨릭으로 개종 → 대륙에 대한 전도 사업 전개
훈족	• 루마니아, 헝가리, 유고슬라비아 일부, 폴란드 및 체코 정복 → 갈리아 침입 → 샬롱(카탈라우눔, 451)에서 패배 • 이탈리아 침략(452) → 로마인 + 비시고트족 + 기타 게르만 연합군에 패배 → 동쪽으로 물러남 • 아시아 민족인 아바르족, 불리아족, 마자르족 등이 중앙유럽에 정착
롬바르드족 (랑고바르드족)	유스티니아누스 황제 사후에 이탈리아 북부 파비아를 수도로 건국(568) → 비잔티움 제국이 지배하고 있던 라벤나 점령(751)
교황의 활약	• 레오 1세 : 모든 서방 가톨릭 교회에 대한 수위권 선언, 아틸라의 로마 약탈 방지 • 그레고리 1세 : 로마를 요새화 + 행정 능력 → 교회의 재산과 토지 관리에 힘씀

◇ 훈족

4세기경 유라시아에 거주하던 훈족이 유럽으로 이동하여, 375년 흑해 북쪽의 동고트족을 정복하고 이후 서고트족을 압박하였다. 서고트족의 일부가 로마지역을 이동하면서 게르만족의 대이동이 시작되었다. 훈족의 아틸라가 유럽 내륙으로 침략해왔으나, 교황 레오 1세는 아틸라를 설득하여 로마 약탈을 방지하였다. 453년 아틸라가 갑작스럽게 죽으면서 훈족의 세력은 급속하게 약화되었다.

2 프랑크 왕국의 성립과 발전

(1) 프랑크 왕국의 발전 원인
 ① 본거지를 유지한 채 가까운 갈리아 지방에 정착하여 현지 적응이 쉬움
 ② 로마 가톨릭(아타나시우스 파)으로 개종하여 로마 주민과의 문화적 갈등↓

(2) 메로베우스 왕조(481~751)

클로비스	· 메로베우스 왕조 개창
	· 수아송 전투(486)에서 시아그리우스에게 승리
	· 톨비악 전투(496)에서 알라만니족에 승리 → 아타나시우스파로 개종(496)
	· 아퀴텐의 성직자와 원주민의 지지를 받아 아리우스파인 서고트족을 에스파냐로 몰아냄
	  → 프랑스의 대부분 차지
	· 클로비스 사후 분할상속의 전통 + 후손들의 권력 투쟁으로 왕권 약화
	  → 궁재가 실권 장악

카를로스 마르텔	· 메로베우스 왕조의 궁재로 실권 장악 · 투르·푸아티에 전투(732) → 이슬람(우마이야 왕조)의 침입 격퇴 · 군제 개혁 : 이슬람의 침략에 대항하여 기병 중심으로 개편 → 기병에게 은대지(토지) 수여

◇ 세례를 받는 클로비스

[게르만족의 이동]

◇ **성상 숭배 금지령(726)**
동로마 황제 레오 3세가 성상 숭배 금지령을 내리자 게르만족 전도의 필요성 때문에 성상을 인정한 로마 교회가 이를 반대하여 양자의 대립이 날카로워졌다. 이에 로마 교황은 프랑크 왕국의 카롤루스 대제와 제휴하여 동로마 황제에 대항하였다.

(3) 카롤루스 왕조(751~987)

① 피핀 3세
- 교황 자카리아스의 지지 → 카롤루스 왕조 개창
- 교황령 기증 : 롬바르드족이 라벤나를 점령하고 로마(교황) 위협 → 교황 스테판 2세는 피핀에게 도유식 거행 → 라벤나 지역을 포함하여 중부 이탈리아를 교황령으로 기증
- 당시 교황은 롬바르드족의 침략과 비잔티움 황제 레오 3세가 발표한 성상숭배금지령(726)으로 군사적·종교적으로 위기인 상황 → 이를 해결할 세속 권력의 도움이 필요

② 카롤루스 대제(768~814)

영토 확장	· 롬바르드족을 완전히 평정 · 색슨족, 보헤미아, 오스트리아, 헝가리와 유고 일부 정복하여 동부 경계선을 엘베강까지 확장 · 에스파냐와 브르타뉴를 제외한 대부분 정복 → 옛 서로마 제국의 영토 대부분을 통합 · 서로마 황제 대관(800)
제도 정비	· 전국을 300개의 주로 나누고 주백(counts) 또는 변경백을 두어 치안·사법·군사 통제 → 중앙집권화↑ · 왕의 명령(capitularies)과 순찰사를 통해 주교나 지방의 유력자 통제 · 국경 근처에는 변경주(mark)를 설치 : 에스파냐 지역의 이슬람을 공격한 뒤 철수하다가 이슬람의 기습을 받음 → '롤랑의 노래', 에스파냐 변경주 설치
카롤루스 르네상스	· 수도인 아헨(엑스–라 샤펠)에 궁정 학교 설립 → 앨퀸 등의 학자를 초빙하여 고전을 연구하고 라틴어 문법, 논리학 등을 가르침 · 앨퀸의 주도로 성경의 오류를 교정하여 올바른 성경 판본 결정 → 새로운 글자체를 개발(카롤루스 소문자)하여 오늘날 소문자체의 기원이 됨 · 라틴어 문법을 정비하여 중세 라틴어 확립 · 수도원에서 고전 필사

◇ **프랑크 왕국의 분열**
카롤루스 대제의 아들 경건왕 루트비히 1세가 죽은 후에 프랑크 왕국이 분열되었다. 분할상속제의 전통으로 세력이 약해진 메로비우스 왕조와 같은 일이 발생하였다. 843년 베르됭 조약에 따라 장남 로타르는 로트링겐·부르군트·북이탈리아를 차지하였고, 차남 샤를 2세는 서프랑크 왕국, 막내 루트비히는 동프랑크 왕국을 세웠다. 855년 로타르가 사망하자 샤를 3세와 루트비히가 중프랑크를 점령하기 위해 대립하다가 870년 메르센 조약을 맺어 분할점령하였다.

(4) 프랑크 왕국의 분열

① 베르됭 조약(843) : 경건왕 루트비히의 세 왕자에 의해 왕국이 3분됨 → 동프랑크·서프랑크·중프랑크 왕국 성립
② 메르센 조약(870) : 동·서 프랑크가 내륙의 중프랑크 지역을 점령 → 프랑스, 독일, 이탈리아의 기원

[프랑크 왕국의 발전]

[프랑크 왕국의 분열]

3 각국의 정세

(1) 동프랑크

① 성립 : 카롤루스 왕조 단절 후 제후들이 왕을 선출

② 작센 왕조(919~1024)

하인리히 1세 (919~936)	· 프랑켄의 콘라드(910~918)를 국왕으로 선출하였으나 왕권이 너무 약해 하인리히 1세를 국왕으로 선출 → 작센 왕조 개창 · 지방 자치 허용
오토 1세 (936~973)	· 롬바르디아를 정복하고 프랑켄 병합 · 레히펠트 전투(955) → 마자르족을 격퇴하고 신성로마 제국 황제(962) 대관 · 프랑켄 직접 통치 → 독일 왕권을 강화하고 부유하게 함 · 왕권 강화에 교회 이용 : 유력한 주교나 수도원장을 선택하여 그들에게 부와 권력을 부여하는 한편 국왕에 대한 충성과 지원을 약속하게 함 → 독일에서 종교 제후 세력이 강해진 원인 · 부르군트 왕국을 보호 하에 두고, 롬바르디아 지방 정복(951) · 이탈리아 경영(이탈리아 정책)으로 교황과 대립

③ 잘리어 왕조(1024~1137)

콘라트 2세 (1024~1039)	· 건국 → 부르군드 왕국 병합(1033) · 미니스테리알렌◇(가신 계층) 육성 : 왕령에서 선발된 농민으로 행정 관리 훈련을 받음
하인리히 3세 (1039~1056)	· 남부작센과 튀링겐에 성채 축조 → 미니스테리알렌이 방어 담당 · 신흥 대귀족(퓌르스텐◇)과 교회의 지지로 독일 평정
하인리히 4세 (1057~1106)	교황 그레고리 7세와 대립 → 카노사의 굴욕(1077)
하인리히 5세 (1111~1125)	교황 칼릭스투스 2세와 보름스 협약 체결(1122)

◇ **미니스테리알렌(Ministerialen)**
잘리어 왕조에서 콘라트 2세를 비롯한 국왕들이 봉건제후 세력에 대항하는 과정에서 미니스테리알렌을 중용하였다. 이들은 왕령 관리, 지방관, 군 지휘관 또는 왕의 고문관으로 근무하는 가신그룹이 되었으며, 근무에 대한 보상으로 토지를 지급받아 봉건제후와 비슷한 지위를 누렸다.

◇ **퓌르스텐(fürsten)**
원래 독일어로 '작위를 주다'라는 뜻이다. 국왕이 독일 각 공국의 지배층에 대항하기 위해 새로운 지배층(제후) 육성 것이 퓌르스텐이다. 이들은 넓은 영지를 소유한 세속 제후였으며, 신흥 대귀족이 되었다.

◇ **데인로(Danelaw)**

알프레드 대왕이 데인족의 침략을 격퇴하고 웨드모어 조약에 의해 데인인들의 거주를 허용한 지역이 데인로이다. 데인로 지역은 데인인 고유의 풍습을 유지하고 데인족의 법으로 통치되는 지역이다. 앵글로-색슨족의 거주지가 점차 장원으로 변화된 반면에 데인로 지역에서는 자영농이 우세하였다.

A.D 9세기 경 영국

◇ **위테나게모트(Witenagemot)**

앵글로-색슨 왕조 시기 고위 성직자, 귀족, 고위 관리들로 구성되어 행정과 사법에 대한 조언을 하거나 국왕을 선출하는 일종의 의회(자문기구)였다. 윌리엄 1세에 의해 노르만 왕조가 수립되면서 폐지되었다.

◇ **덴겔트(데인겔트)**

원래는 데인족이 침략을 하지 않는 대신에 이들에게 줄 회유 자금을 마련하기 위해 징수하는 것이었다. 덴겔트는 하이드 단위(120에이커)로 토지에 과세하였다. 1012~1051년 사이에 징수된 덴겔트는 상비군을 유지하기 위한 것이기는 하였지만 매년 왕들에 의해 징수되었다. 이러한 목적으로 발전된 복잡한 조세제도는 후에 둠즈데이 북의 기초가 되었다.

(2) 서프랑크 : 카페 왕조의 성립

① 카페왕조 이전의 서프랑크 : 왕권 미약

- 주백(count) : 정치 구조의 핵심적인 존재 → 국왕의 대리인으로서 신하의 기사적 의무를 지휘 → 세습화하여 유력한 봉건제후가 됨 → 왕권 약화
- 직할령 축소 : 국왕이 제후들의 지지를 얻기 위해 직할령을 나누어 봉토로 지급
- 왕위 계승을 둘러싼 내분 지속 → 봉건제후 세력 증가
- 노르만족의 침략

② 카페 왕조(987~1328)

- 위그 카페(Hugues Capet) : 카롤링거 왕조의 마지막 왕인 루이 5세를 이어 새로운 국왕에 선출 → 일-드-프랑스 공령으로 부나 권력이 미약
- 초기 카페왕조는 대제후들의 느슨한 연합체 성격이 강함 → 지방분권적 봉건 국가

③ 카페 왕조의 장기 존속 이유

- 교회의 확고한 지지 : 교회 재산을 지키기 위해 정치적 안정이 필요
- 대제후의 상위 주군으로서 국왕이 필요했음
- 왕위를 계승할 후손의 단절이 없었음

(3) 영국

① 앵글로-색슨 왕국(829~1066)

알프레드 대왕 (871~899)	• 데인족의 침략을 격퇴하고 웨드모어 조약을 통해 데인로◇를 설치하고 잉글랜드 통일 • 국왕은 선출제였으나 알프레드 국왕의 후계자로 한정 • 왕권↑ → 징병제 실시, 지방 법정의 벌금 일부 징수, 주 장관(sheriff)의 임명과 교체 권한, 주교와 수도원장 임명, 왕명을 작성하는 비서실 설치 • 주 법정(shire, count) 설치 : 주는 원래 앵글로-색슨 왕국의 지방 행정 단위 → 자유민들이 관습에 따라 재판 • 위테나게모트(Witenagemot)◇ : 고위 관직자, 대지주, 고위 성직자로 구성 → 국왕의 자문 기능과 국왕 선출 기능
엑셀로드 2세 (996~1016)	덴겔트(Danegeld)◇ 징수 시작
카누트 왕 (1016~1035)	• 덴마크 국왕으로 영국을 침입하여 국왕이 됨(1016) • 덴겔트만 징수하고, 영국의 법과 관습 존중

② 노르만 왕조(1066~1154) : 윌리엄 1세(1066~1087) → 중앙집권과 지방 분권이 결합된 통치 체제

왕조 개창	헤이스팅스 전투(1066)에서 승리 → 노르만 왕조 개창
왕권강화	• 영국의 관습과 앵글로-색슨 법 인정 → 주 법정도 관습법에 따라 재판, 주 장관을 노르만인으로 교체 • 덴겔트와 같은 임시세를 전국적으로 징수할 권리 보유 • 국왕이 임명하는 주장관 → 지방의 행정과 사법 통제 • 솔즈베리 서약(1086)◇ : 국왕에 대한 충성 서약을 배신들이 자신들의 주군에 대한 서약보다 우선하게 함 • 위테나게모트(Witenagemot) 폐지 → 왕실 자문회의(curia) 설치 • 왕령위원(王令委員)들을 각 주법정에 파견 → 자원에 대한 상세한 보고 → 토지 대장 (둠스데이 북) 작성(1086) → 조세 징수를 통해 왕권 강화
대륙식 봉건제도	• 대륙식에 따라 교회재판권 분리 • 주교, 수도원장이 소유한 불입권이 세속군주들에게 확대 • 노르만 영주에게 경찰권 부여, 유력한 영주는 교수형 권한 부여 → 자유로운 소농들이 농노로 전락

◇ **솔즈베리 서약**
솔즈베리 서약은 봉토를 하사받은 영주는 물론 그의 가신들과 종복들까지 국왕의 신하로 복종한다는 충성서약으로, 윌리엄 1세가 솔즈베리에서 받아냈다. 이로 인해 영국은 왕권이 강한 봉건제가 정착되었다.

4 노르만족의 활동(9~12세기)과 국가의 건설

(1) **원주지** : 스칸디나비아 반도, 덴마크를 원주지로 하는 게르만족의 일파

(2) **이동 배경** : 경작지의 확보, 강한 모험심, 항해술·조선술 발달(바이킹)

(3) **각지의 노르만 왕국**◇
  ① 프랑스 서북 지방에 진출 : 노르망디 공국 건설
  ② 잉글랜드 점령 : 정복왕 윌리엄이 헤이스팅스 전투(1066)에서 앵글로 색슨 왕조를 격파하고 노르만 왕조 개창
  ③ 지중해 진출 : 시칠리아와 남이탈리아에 시칠리아·나폴리 왕국 건설(1130)
  ④ 러시아 진출 : 노브고로트 공국과 키예프 공국 건설
  ⑤ 원거주지의 노르만족 : 노르웨이, 스웨덴, 덴마크 건국

(4) **이동의 결과** : 유럽 사회의 안정을 파괴하고 혼란을 가중시킴 → 봉건체제 확립에 영향

[노르만 족이 세운 국가들]

자료탐구

01. 게르만 사회의 모습

작은 일은 수장들이 협의하고 큰 일은 인민 전원이 협의한다. 그러나 그 결정권이 인민에게 있는 문제라도 수장들이 먼저 상의하도록 되어있다. 뜻하지 않은 일이 갑자기 일어나지 않는 한 그들은 일정한 시기, 즉 초승달이나 보름달이 뜰 무렵에 집회를 가진다. 그 때가 일을 시작하는 데 가장 좋은 때라고 믿고 있기 때문이다. …… 만약 그 의견이 마음에 들지 않으면 그들은 소리를 질러 거절의 뜻을 밝힌다. 반대로 만약 마음에 들면 서로 창을 마주친다. …… 경지는 경작자의 수에 따라 주민 전체가 점유하고, 그 다음에 그들 자신들 속에서는 신분에 따라 분배된다. 그들은 매년 경지를 바꾸어 경작하지만 그래도 경작지는 남는다. 즉, 그들은 과수를 재배하고 초원에 울타리를 두르고 채소밭에 물을 끌어대는 등 토지를 비옥하게 하거나 면적을 넓히려고 경쟁하지 않는다.

- 타키투스, 『게르마니아』 -

자료 해석
게르만족은 원래 발트 해 연안에서 토지를 공유하며 경작하고 수렵과 어로, 목축에 종사하면서 공동체 사회를 이루었다. 여성과 노약자들은 농사일을 담당하였고, 성인 남자는 무장 종사단을 조직하여 약탈적 전투를 행하였다. 인구가 증가하고 농경이 주가 되면서 점차 남쪽으로 이동하였고, 이에 따라 점차 게르만족의 공동체 사회가 해체되고 자연 경제 상태를 벗어나 사회·경제적으로 분화되어 갔다.

02. 클로비스의 개종

이제 왕비는 계속 왕에게 참된 신을 고백하고 우상을 버리도록 간청하였다. 그러나 그는 알레마니족과의 전쟁이 벌어질 때까지는 전혀 믿음을 가질 수 없었다. …… 두 군대는 전투 중이었으며 엄청난 살육이 벌어졌다. 클로비스의 군대는 거의 궤멸에 이르렀다. 그는 위험을 목도하고는 …… 하늘로 눈을 돌렸다. 그리고 기도하길 "예수 그리스도여 …… 나는 당신의 도움을 간절히 구합니다. 만약 당신이 나에게 이 적들에 대해 승리를 주시면 …… 나는 당신을 믿겠고 당신의 이름으로 세례를 받을 것이오. …… 이제 당신에게 부르짖고 당신을 믿기 원하니, …… " 그가 이것들을 말하자, 알레마니족은 등을 돌리고 도망하기 시작했다. 자신들의 왕이 죽는 것을 보자, 그들은 클로비스의 지배에 복종하여 말하길 "이제 우리는 당신의 것입니다." 하였다.

- 존 비티, 『서양문명의 유산』 -

자료 해석
클로비스는 왕비의 설득에도 가톨릭으로 개종하지 않았으나 알레마니족과의 전쟁에서 기도를 통해 승리한 이후 가톨릭으로 개종하였다. 당시 대부분의 게르만족들은 가톨릭 교리보다 아리우스파 교리를 믿었다. 클로비스가 가톨릭으로 개종함으로써 라틴 문화와 게르만 문화의 융합이 이루어지면서 중세 문명의 형성에 큰 영향을 주었다.

03. 카롤루스 왕조 개창

프랑크족 사이에서는 메로베우스 가문에서 국왕을 선출하는 것이 관습이었다. 메로베우스 왕조의 마지막 왕으로 알려진 힐데리히는 로마 교황 스테파누스의 명으로 폐위되고 머리를 빡빡 깎인 채 한 수도원에 유폐되었다. 그의 퇴위와 더불어 가문이 실제로 끊긴 것은 아니었다고 하더라도, 메로베우스 왕조는 이미 오래 전부터 모든 권력을 잃은 상태였고 단지 국왕이라는 이름만의 칭호로써 그 명맥을 유지할 뿐이었다. 실제적인 부와 공권력은 흔히 재상 격인 궁재에게 넘어갔다. …… 힐데리히가 폐위당했을 때, 이미 세습되다시피 한 권리를 발판으로 그 직책에 앉아 있던 사람은 카롤루스의 아버지 피핀이었다. 사실 이 직책은 다른 카롤(카롤루스 마르텔)이 일찍이 훌륭하게 수행한 바 있었다. 그리고 …… 피핀은 로마 교황의 권위에 힘입어 궁재에서 국왕으로 등극하였다.

- 『카롤루스 생애』 -

자료 해석

메로베우스 왕조에서 궁재로 지내며 사실상 실권을 장악하였던 피핀 3세는 메로베우스 왕조를 무너뜨리고 카롤루스 왕조를 열었다. 당시 로마 교황은 롬바르드족의 침략으로 고통을 받고 있었는데, 피핀이 이들을 격파하고 라벤나 지역을 교황에게 바쳤다. 이후 교황이었던 자카리아스의 도움으로 힐데리히를 폐위시키고 국왕에 즉위하였다.

04. 서로마황제 대관

(가) 로마 주민들이 교황 레오를 폭행하자, 교황은 왕에게로 도망가서 도움을 청하였다. 카롤루스는 추락한 교회의 위상을 바로 세우기 위해 로마에 왔다가 결국 그곳에서 겨울을 났다. 이때 그는 교황으로부터 황제와 아우구스투스 칭호를 받았다. 처음에 그는 이 칭호를 전혀 원하지 않았다. 그날이 비록 교회의 가장 큰 축일이었을지라도, 만일 교황의 그 계획을 미리 알았더라면, 그는 결코 교회당 안으로 들어가지 않았을 것이라고 불평하였다.

– 『카롤루스 생애』 –

(나) 교황 레오와 로마 공회의에 참석하였던 모든 사람들은 고대 황제들의 유적이 남아 있는 로마를 포함하여 그들이 지배하였던 다른 지역들을 장악하고 있는 프랑크인들의 왕을 황제로 추대해야 마땅하다고 생각하였다. 카롤루스 대제는 기뻐하며 그들의 요청을 수락하였다.

– 『로르슈 연대기』 –

(다) 그가 마지막으로 로마에 온 것은 성당에 대한 봉헌 약속을 이행하는 것들 때문만이 아니라 로마인들에 의해 많은 부당한 일을 당한, 즉 귀가 뽑히고 혀가 잘린 교황 레오 3세가 왕의 도움을 간청하지 않을 수 없었기 때문이다. 이 때문에 그는 로마에 와서는 아주 혼란에 빠진 교회의 지위를 회복하기 위해 겨울 내내 여기에서 체류를 연장했다. 이때에 그는 황제요, 아우구스투스라는 호칭을 받아들였다. 애초 그는 그런 것에 관해 거부감이 있으므로 그 축제일(800년 크리스마스)이 아무리 특별하다고 해도 사세들이 가진 계획을 미리 알 수 있다면 교회에는 들어가지 않을 것이 확실했다.

– 아인하르트, 카롤루스 마그누스의 전기 –

자료 해석

(가)는 799년 5월, 교황 레오 3세가 반대파들의 습격을 받아 카롤루스의 궁정으로 피신해 지원을 요청한 것이며 이후 카롤루스는 800년 11월 교황과 함께 로마로 가서 반대파를 제거했다. (나)와 (다)는 이로 인해 그는 교황에서 황제의 예우로 영접을 받았다. 성베드로 성당에서 열린 성탄절 미사 때 로마인들이 그를 황제라고 찬양하자, 교황은 성유식을 집전하여 카롤루스에게 왕관을 씌워주고 샤를 아우구스투스라는 이름으로 서로마의 황제로 임명하였다. 황제 즉위식이 비록 형식적인 것이라고 할지라도 이는 서로마 제국의 명목상 부활을 의미한다. 또한 카롤루스가 비잔티움 황제를 대신하여 교회의 새로운 보호자가 되었음을 의미한다.

05. 카롤루스 대제의 통치

카롤루스의 왕국과 제국은 끊임없이 영지를 여행하는 순회 법정과 네우스트리아, 아키텐, 롬바르디아에 설치된 하급 법정, 그리고 황제의 대리인 '백작'이 다스리는 300여 개의 주(county)에 의해 다스려졌다. 황제의 궁정 업무는 초기에 대주교 폴라드가, 그리고 나중에는 황제가 총애하는 노섬브리아의 수도승 엘퀸이 맡았다. 지방의 주교들은 종종 백작의 감찰을 맡는 경우가 많았고 미시 도미니카, 즉 '왕의 특사'가 정해진 순회로를 따라 왕국을 감찰했다. 법률, 명령, 관직 임명 등은 모두 왕의 이름으로 시행되었다. 240데나리가 1파운드에 해당하는 은화제도를 중심으로 한 화폐제도가 자리 잡았다. 왕의 총애와 결혼으로 이루어진 이국 출신의 행정가 계층이 생겨났다. 교회와 국가의 통일적인 지배를 촉진하기 위해서 일련의 법령집 혹은 칙령집이 만들어졌다. 10분의 1세는 강제적 의무가 되었으며 성직자를 살해하면 사형에 처했다. 성직자는 백작의 주교가 공동으로 주관하는 법정에서만 재판을 받았다.

– 『노먼데이비스의 유럽사』, 중세 –

자료 해석
카롤루스 대제는 지방에 순회 법정과 하급 법정을 설정하여 국왕의 사법권이 지방에 미치도록 하였고, 전국을 약 300개의 주로 나누고 주백 또는 변경백을 두어 치안·사법 및 군사를 관장하게 하였다. 또한 이들을 감찰하기 위한 순찰사를 파견하였으나, 지방의 주교나 권력자들은 상당한 권력을 유지하였다. 카롤로스 대제는 은본위의 화폐 제도를 만들었으며, 성직자에 대한 재판 규정도 마련하였다.

06. 앵글로-색슨 왕조와 위테나게모트

앵글로색슨 사회에서 비록 데인로를 차지하고 있었지만, 영국왕은 대륙의 왕보다 그 위상이 분명하게 정립되어 있었다. 새 국왕은 전임자에 의해 지명되거나 때로는 선출되었다. 그러면 귀족회의는 그를 새로운 왕으로 추인하고 교회는 새 국왕을 축성해주었다. 카롤루스 왕조 시대에 비롯된 축성 의식은 새 국왕이 공공의 평화를 유지하고 공평무사하게 왕국을 통치하겠다는 서약을 하는 장면이 핵심이었다. 그 이후에는 모든 신하가 왕을 존경하고 의무를 다할 것을 서약했다. …… 왕의 주변에는 다양한 계층의 참모, 혹은 자문위원들이 있었고 그들은 왕령을 문서로 작성했다. 그들은 왕과 인척에 있거나 왕의 호위병 또는 고위성직자들이었는데 그중에서 켄터베리 대주교는 수상직을 수행하고 있었다. 이 모임은 왕이 소집했는데 이후 왕국의 현자들이 모이는 '현인회' 형태로 발전했다. 현인회의 뿌리는 고대 게르만 사회에서 유래했는데, 그 구성원들은 부자, 고위성직자, 고위관리 등이었다. 현인회에서 상정되는 의제는 토론을 거쳐 입법되었다. 현인회는 얼마되지 않은 경험의 한계와 법령 및 규범의 부재에도 불구하고 군주제의 독단을 효과적으로 완화시켜주었다. 어떤 경우에는 현인회가 폭군을 퇴위시킨 적도 있었다.

– 폴 죔토르, 『정복왕 윌리엄』 –

자료 해석
앵글로-색슨 왕조 시기 왕권이 상대적으로 약한 것을 보여주는 자료이다. 고위 귀족, 성직자, 고위 관리로 구성된 위테나게모트는 국왕의 자문기구 역할 뿐 아니라 국왕의 선출과 폐위에도 관여한 것을 알 수 있다. 노르만 왕조를 세우는 윌리엄은 위테나게모트를 없애고 왕권을 강화시킨 왕실 자문회의를 설치하였다.

07. 둠즈데이북

울프 페니스크는 열여덟 개의 성읍을 가졌으며, 현재 젠트의 길버트는 왕의 지세만을 제외하고서, 영주 재판권과 아울러 그것들을 가지고 있다. 일레의 수도원장은 왕의 지세를 제외하고서, 영주 재판권과 가옥 및 택지 하나를 가지고 있다. 링컨의 주교는 성터에 영주 재판권과 아울러 그것들을 가지고 있었는데, 지금은 없어졌다. 백작 시워드는 영주 재판권과 아울러 창고가 딸린 가옥을 하나 가졌는데, 모든 사용료에서 면제된 것이다. 현재는 여백작 주디스가 가지고 있다. 성 자리에는 20개의 가옥이 있는데 모든 사용료를 지불하도록 지정되었으며, 1년에 16실링과 8펜스를 왕의 청부 구역에 지불하였다. 현재 이것은 없다. 이에 더하여 이들 구역 안에는 60채의 폐가옥이 있었고, 지금도 있다. 이것들도 자체의 사용료를 지불하였으며, 지금도 그러하다. …… 다른 두 구역에는 140개의 성읍이 있었고, 현재도 있다. …… 헌팅턴셔 자치 도시는 헌팅턴 헌드리드(촌락)의 4분의 1로서 50하이드에 대한 왕의 지세에 대해 자신을 비호하는 관습이 있었으나, 이제 왕이 그 성읍에 대한 지세를 화폐로 정한 뒤에 그 헌드리드에서는 그 지세를 바치지 않고 있다.

– 중세사 사료 선집 –

자료 해석
윌리엄이 영국을 정복한 지 20년째 되는 1085년 참모들과 장시간 상의한 뒤 영국 전역의 토지와 가축의 수를 파악하기로 결정하였다. 이를 통해 『둠즈데이 북』이 만들어졌다. 1086년에 작성된 둠즈데이북은 토지의 보유자 이름, 장원의 이름과 규모, 농민의 수, 방앗간, 양어장, 문화 시설의 수, 삼림, 방목지, 공유지 면적, 쟁기 수, 자유민과 농노, 토지별 평가액과 신분별 토지 보유가 상세하게 적혀 있다.

08. 오토 왕조의 교회 지배

독일 교회에 대하여 오토 왕조가 취한 통제의 기초는 세 가지로 지적할 수 있다. 가장 중요한 것은 11세기 말 비평자들에 의해 '속인 서임'이라고 불리게 된 제도이다. …… 왕은 주교와 수도원장에게 그들 직책의 상징물을 가지고 주교와 수도원장을 임명할 권한을 주장하였다. 이 주장의 이론적인 지지를 도유식을 치른 왕으로서 자신의 신성한 자격에서 찾았던 것이다. 왕의 서임이 없으면 주교 및 수도원장 피선자는 직책을 가질 수 없었다. 그 결과 고위직 성직자의 선출에 대해 왕에게 통제권을 주게 되었다. 교회의 지명에 대한 왕의 통제를 더 확고히 하기 위해서 교회의 신서는 속인 서임과 연관되었다. 그리하여 주교나 수도원장은 왕의 봉신이 된 뒤에야 자신의 직무에 속하는 재산권을 소유할 수 있었다.

– 노먼 F. 캔터, 『중세 문명』

자료 해석
오토 1세는 왕권강화에 있어 교회에 크게 의존하였다. 그는 유력한 주교나 수도원장을 선택하여 그들에게 부와 권력을 부여하는 한편 국왕에 대한 충성과 지원을 약속하게 하였다. 프랑스나 영국의 국왕도 성직자의 조언에 의존하는 바 컸으나, 특히 독일에서는 다른 어느 곳에서보다도 교회는 왕권의 주된 보루가 되었다. 주교와 수도원장은 그들의 광대한 토지재산을 관리하고, 주변 지역에 대하여 주백의 권한을 행사하는 한편, 필요한 경우 오토 1세에게 병사를 제공하였다. 그리하여 오토 1세는 작센과 교회로부터 병사를 얻어 막강한 군사력을 유지할 수 있었다. 독일에서 종교 제후의 세력이 다른 곳에서보다 더 강대해진 원인의 하나였다.

09. 게르만족에 아리우스파가 포교된 이유

비시고트족은 훈족의 침입에 대해 로마와 오래 숙의한 후, 공동의 동의에 따라 마침내 로마의 발렌스 황제에게 사절을 파견하였다. 비시고트족은 로마 황제에게 만약 자신들에게 트리키아나 모이시아의 부분을 지키도록 해준다면, 자신들은 황제의 법과 명령에 복종할 것이라고 말하였다. 더불어 황제가 자신들을 더 신뢰하도록 만약 자신들의 언어를 말하는 교사를 보내준다면 그리스도교도가 될 것을 약속했다. 발렌스 황제는 이를 듣고 기쁘게 그리고 기꺼이 그들이 요구한 것을 주었다. …… 당시 발렌스 황제는 아리우스의 불신에 감염되었으므로 우리 편의 교회를 폐쇄하였고, 자신의 교파를 선호하는 설교자들을 고트족에게 보냈다. 설교자들은 고트족에게 가서 그들 투박하고 무지한 인민을 이단의 독으로 가득채웠다. 그리하여 발렌스 황제는 비시고트족을 그리스도교도가 아니라 아리우스교 신자로 만들었다.

– 찰스 크리스토퍼 미로, 『요르다네스의 고트족의 역사』(1302)

자료 해석
제시문은 서고트족(비시고트족)이 아타나시우스파가 아닌 아리우스파를 믿게 된 과정을 보여준다. 서고트족을 중심으로 퍼진 아리우스파는 프랑크족을 제외한 대다수 게르만족에게 전파되었다.

CHAPTER 02 봉건 사회의 형성과 봉건 제도의 구조

1 봉건 제도

(1) 배경

① 프랑크 왕국의 분열 + 계속된 이민족의 침략 → 지방 세력가의 자치 방어 → 지방 분권적 봉건 사회 형성

② **카롤루스 마르텔**
- 이슬람의 침략을 격퇴하기 위해 대규모 기병 → 기병으로 종군하는 보상으로 은대지 수여
- 왕령지만으로는 토지가 부족하여 교회의 토지로 은대지 충당(용익권만 허용)
- 주종제도와 은대지 제도가 결합

③ **상품화폐 경제의 쇠퇴**
- 자급자족의 농촌 경제로 회귀, 도시 소멸
- 토지가 유일한 자산
- 전사 및 토지 소유자가 사회의 지배층으로 군림 → 일반인이나 무력한 자는 전사계층의 보호 밑에 그들의 토지를 경작하는 예속적 존재가 됨

(2) 기원

① 클리엔테이지 제도(로마적 요소), 종사 제도(게르만적 요소) → 주종 관계(군사적)

② 프레카리움 제도(로마적 요소), 은대지 제도(게르만적 요소) → 장원 제도(경제적)

(3) 특징 : 봉건적 주종 관계와 쌍무적 계약 관계, 지방 분권, 교회도 영주화

2 봉건 제도의 구조

(1) 주종 관계 : 정치적 관계

① 주군과 봉신 간에 봉토를 매개로 "계약"에 의해 성립

② 어느 한쪽이 의무 불이행시 주종 관계 해소 가능

③ 여러 겹으로 맺어진 피라미드식 계층 구조

④ 주종 관계의 세습
- 주군 : 봉토 수여, 봉신 보호와 부양의 의무
- 봉신 : 충성의 맹세, 군역 봉사, 중요한 사항에 관한 조언, 경제적 지원 의무(주군의 몸값, 장자의 성년식, 장녀의 혼인식 비용 등)

⑤ **지방 분권제** : 불입권 → 영주가 자기 토지의 실질적 지배자로서 독자적인 통치권 행사

◇ **불입권(不入權, immunity)**
영주가 자신의 영지 내에서 국왕이나 주군으로부터 재판이나 조세 부과 등에 관하여 간섭을 받지 않는 자치적 통치권을 의미한다.

(2) **장원 제도** : 봉건제의 경제적 기초 → 장원 단위의 자급자족적인 농업 중심의 사회

① **기원** : 로마 제정 말기의 콜로누스제, 게르만 사회의 대토지 소유제

② **장원의 구조** : 영주 직영지, 농민 보유지, 농민 공유지(목초지·임야) → 3포제 농업, 개방 경작제, 혼재지

③ **농노의 생활**
- 기원 : 로마 말기의 콜로누스 → 고대 노예와 근대 농민의 중간적 존재
- 노예적 요소 : 거주 이전의 자유가 없고 영주에게 예속된 신분
- 자유민적 요소 : 독립된 가정과 재산을 소유
- 관습법의 보호 : 촌락 공동체의 관습에 의해 보호받음 → 이삭을 주울 권리, 방목권, 삼림 이용권 → 영주권 제약
- 의무 : 부역과 공납, 인두세·사망세·혼인세 등 부담

④ **영주권(領主權)**
- 영주재판권 : 영주권의 핵심 → 농노를 부자유로운 신분에 예속시키고, 장원의 노동력으로서 토지에 결박시킴
- 시설 독점 및 강제사용권 : 제분, 제빵, 포도압축 등의 시설을 독점하며 농민들에게 이를 강제로 이용하게 하여 요금 징수
- 대영주 : 관세·시장세·상품세 등 각종 세금 징수권, 광산개발권, 화폐주조권 등을 소유

◇ **혼재지 제도와 개방 경작제**
영주 직영지와 농노 보유지는 울타리가 없이 골이나 두둑으로 구분되어 여러 곳에 흩어져 있었다.

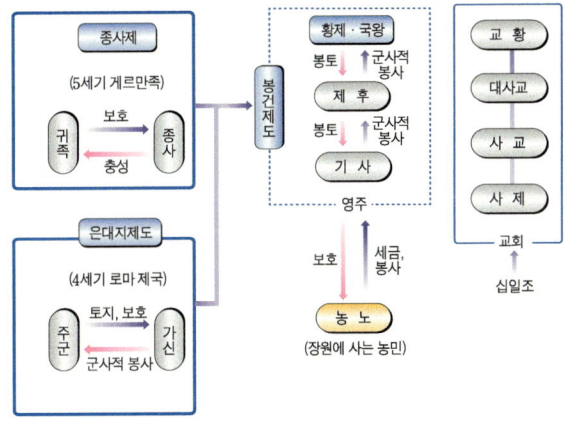

[봉건 제도의 구조]

CHAPTER 03 중세 유럽 사회의 변화

1 십자군 전쟁(1096~1291)

(1) 배경
 ① 대내적 안정 : 11세기 이후 인구와 농업 생산력의 증가 → 서유럽 세계의 팽창 욕구↑
 ② 대외적 팽창

독일	독일 기사단이 엘베 강 동쪽 지역에 대한 식민 운동 전개 → 프로이센 탄생(13C)
이베리아 반도	· 크리스트 교도들의 재정복 운동(레콩키스타) 전개 → 이슬람 세력 축출 · 포르투갈 건국 · 에스파냐의 톨레도 탈환 → 이슬람의 선진 문물이 유럽에 전파

(2) 원인
 ① 셀주크 튀르크의 성지 순례자 박해
 ② 셀주크 튀르크가 만지케르트 전투(1071)에서 비잔티움 제국 격파
 ③ 비잔티움 제국 황제 알렉시우스 1세가 로마 교황 우르바누스 2세에게 구원 요청 → 클레르몽 공의회(1095)◇에서 성지 탈환 전쟁 결의
 ④ 이탈리아 상인과 봉건 제후의 세속적 욕망

(3) 경과

1차 십자군	예루살렘 회복 : 예루살렘 왕국(1099~1187)을 비롯한 4개의 라틴 왕국 수립 → 에데사 백령, 안티오크 공령, 예루살렘 왕국, 트리폴리 백령
2차 십자군	알레포의 이슬람 태수인 장기가 에데사 백령 점령 → 프랑스의 루이 7세, 독일 콘라트 3세 등이 참전하였으나 실패
3차 십자군	· 1187년 이슬람의 살라딘이 하틴 전투에서 승리해 예루살렘 탈환 → 영국의 사자왕 리처드 1세, 프랑스의 존엄왕 필리프 2세 등 참전 · 리처드-살라딘 협상(1192) : 예루살렘에 대한 이슬람의 지배권 인정하고 비무장 크리스트교도의 예루살렘 통행권 인정
4차 십자군	· 교황 인노켄티우스 3세 주도로 결성 · 베네치아 상인과 연합하여 콘스탄티노폴리스 점령 → '라틴제국(1204~1261)'◇ 수립
5차 십자군	이집트 공격해 초기에 다미에타 점령 → 탈환당함
6차 십자군	프리드리히 2세 지휘 → 협상을 통해 예루살렘 잠시 회복(1229)
7차 십자군	루이 9세 주도 → 다미에타 점령 → 포로가 되어 보석금을 내고 석방됨
8차 십자군	루이 9세 주도 → 튀니스에 상륙(1270)하였으나 병사함
종결	1291년 라틴 왕국의 최후 거점이었던 아크레가 함락되면서 종결

◇ 클레르몽 공의회
교황 우르바누스 2세가 소집한 공의회다. 성직 매매·성직자 결혼 금지, 동방정교회 지원 등을 결의한 뒤 교황 자신이 청중들에게 예루살렘 해방을 호소했다. 십자군은 옷에 십자군의 표지를 붙일 것과 십자군 병사에게 죄를 사하여 주고 그 재산은 3년 동안 평화로운 상태로 두어 교회가 이것을 보호할 것 등을 결정하였다. 클레르몽 공의회로 1차 십자군이 결성되었다.

◇ 라틴제국
제4차 십자군이 콘스탄티노플을 점령한 후 플랑드르백작 보두앵 1세가 황제에 오르면서 건국되었다. 한편 비잔티움 제국의 황제 알렉시우스 3세의 사위 테오도루스 1세가 소아시아 지역으로 도망가서 니케아 제국을 세웠다. 1261년 니케아 제국이 라틴제국을 멸망시켰다.

(4) 기사단
① **신전 기사단(사원기사단)** : 예루살렘 순례자들을 보호할 목적으로 설치 → 14세기 초 프랑스왕 필리프 4세에 의해 해체
② **병원기사단(성 요한 기사단)** : 11세기 초 순례자를 위해 세인트 존 병원에 부설 → 키프로스로 이동 → 14세기 초 로도스 섬 → 오스만제국에게 쫓겨 몰타섬으로 이동(몰타 기사단) → 1789년 나폴레옹이 몰타섬 점령할 때까지 존재
③ **독일 기사단(튜턴 기사단)** : 3차 십자군 때 뤼베크·브레멘 시민들을 중심으로 독일인만으로 결성 → 발트해 동부 해안의 이교도와의 투쟁에 집중했고, 16세기 초 해체 → 영지는 프로이센으로 계승

(5) **영향** : 중세 봉건 사회에서 근대 사회로의 전환점 마련

정치	봉건 제후와 기사의 몰락 → 중앙 집권과 왕권 강화에 기여
경제	지중해 무역의 발달 → 화폐 경제와 도시 발달을 촉진
문화	비잔틴·이슬람 문화의 접촉 → 르네상스에 자극
종교	교황과 교회의 권위 실추

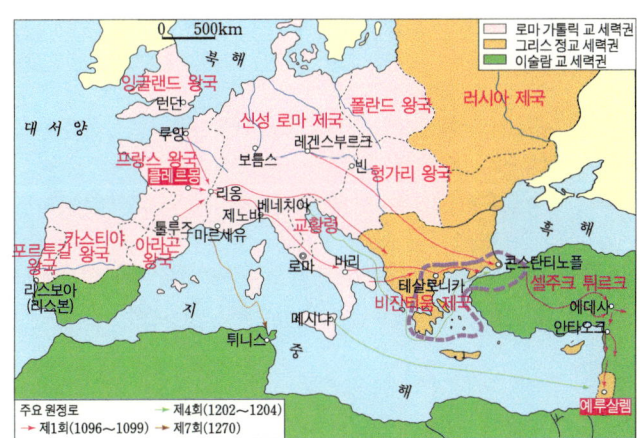

[십자군 전쟁]

◇ **라틴 왕국**

◇ **기사단**

기사단은 제1차 십자군 전쟁 이후에 처음 결성되었다. 제1차 십자군 전쟁 이후 건설된 라틴 국가에서 성지를 순례하는 크리스트교도의 안전을 지키기 위해 시작되었다. 기사단은 종교적 요소와 군사적 요소가 결합된 일종의 교회 조직으로 대표적인 기사단으로서 신전 기사단, 성 요한 기사단(몰타 기사단), 독일 기사단 등이 있다. 몰타 기사단은 16세기 오스만 제국의 공격을 막아내기도 하였으며, 독일 기사단은 발트해 연안에 정착해 세력을 확대하여 프로이센으로 발전하였다.

2 농업·상공업의 발달과 도시의 발달

(1) 농업 경제의 발전

① 10세기 이후 이민족의 침략 중단 → 서유럽 봉건 사회의 안정 + 장원 경제 내부의 생산성↑

② **농업 혁명** : 온난한 기후 + 농기계·농업기술의 발달 → 농업 생산량↑
- 서유럽 문명의 중심 이동 : 지중해 → 북대서양 연안지대 → 농업 환경 개선 → 매우 비옥한 충적토 + 무거운 쟁기(바퀴달린 쟁기) → 개간지 확대와 노동력 절감
- 3포제 도입 : 3포제로 전환 → 콩을 통해 단백질 섭취
- 숲과 황무지 개간 → 경작지 확대

③ 시토 교단의 적극적 개간 사업
- 영국의 요크셔가 대규모 목양지로 변모 → 양모 산업의 중심지로 성장
- 영국 북부, 웨일즈, 스코틀랜드, 프랑스 북부, 폴랑드르 → 간척지에 신읍이 형성되고 신읍의 농민은 기존의 농노보다 신분적으로 자유로움

(2) 상업의 부활과 도시의 발전

① 상업의 부활
- 농업의 발달로 잉여 생산물↑ → 시장↑
- 10세기 이후 원거리 무역↑ → 상업 발달 자극

지중해 무역	· 십자군 전쟁으로 무역권 확대 · 이탈리아 도시들이 향신료, 견직물, 명반 등을 중심으로 한 동방 무역을 통해 번창 → 베네치아, 피사, 제노바 등
내륙 무역	· 상파뉴를 중심으로 지중해 무역과 북방 무역을 연결하면서 성장 → 트루아, 쉬르, 오브 등을 연결하는 정기시 열림 · 상파뉴 백작은 안전한 상거래를 위해 편의 시설·재판관 제공하고 임대료·수수료·판매세 징수 · 백년전쟁의 여파와 프랑스 왕령으로 편입된 이후 중과세, 이탈리아 상인들이 14세기 이후 갤리선을 이용해 북유럽과 직접 교역 → 쇠퇴
북방 무역	· 플랑드르 지역의 모직물 공업 · 한자 동맹 도시(함부르크, 뤼베크, 브레멘)를 중심으로 발트해와 북해 연안의 무역 독점 → 함대와 요새를 갖추고, 대도시에 상관 설치 · 생선, 목재, 곡물, 모피, 금속, 호박 등을 공급하고 모직물, 포도주, 향신료 구입

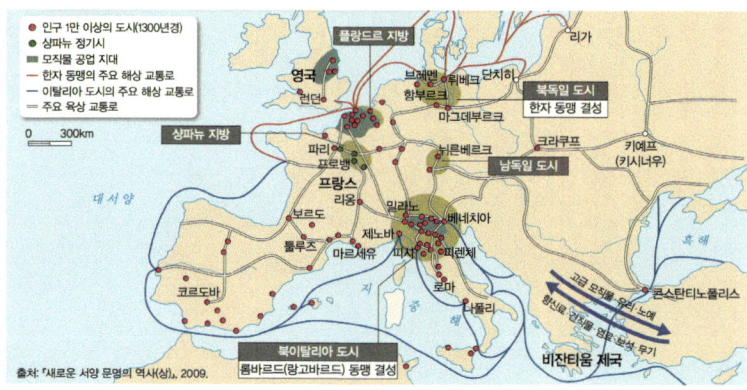

[중세 유럽의 무역권]

② **도시 발달** : 근대적 도시 보다는 여전히 농촌에 가까운 도시
- 기존 중심지에 상인과 수공업자들이 자리 잡으면서 성장
- 교통 요지의 성곽이나 수도원 주변을 중심으로 시장 발생 → 도시로 발전
- 새롭게 형성된 거주지는 주로 성 밖에 형성

③ **변천** : 성직자 봉건 영주와 속인 봉건 영주들이 도시 지배 → 특허장◇ 부여
- 도시민은 정치적·경제적 자유 허용하고 도시 운영을 자치적으로 운영
- 농민들도 일정 기간 도시에 거주하면 자유민이 될 수 있음
- 영주의 자의적인 수탈로부터 도시민의 재산 보호

④ **꼬뮌 운동(자치권 획득)**
- 봉건귀족을 배제한 북유럽형과 봉건귀족과 상공인이 공존하는 남유럽형 존재
- 11세기 말부터 길드를 중심으로 영주로부터 특허장을 사거나 무력을 행사하여 자치권 획득
- 독자적인 행정권과 사법권 구성하고 도시법 제정
- 도시 지배자였던 봉건 영주들을 축출하는 과정에서 왕권과 연합 → 왕권 강화에 기여

이탈리아	· 가장 먼저 발생 · 도시민들이 봉건귀족과 연합해서 코뮌 선포하고 도시 지배자인 주교 축출 → 부유한 상인 + 봉건귀족 → 도시 지배 · 특징: 봉건귀족들이 상업 활동에 적극 참여 → 도시국가(제노바, 베네치아, 피렌체)로 발전	
프랑스	· 11세기 말 시작 · 도시민들이 단독으로 봉건 영주 축출 → 자체 관리를 선출하여 고등 사법권을 보유하고 완전한 통치권 행사 · 일정액의 연공과 군사적 봉사로 영주에 대한 의무 제한	왕권에 통합되어 도시 국가로 발전 X
영국	존 왕의 강압적 통치에 맞서 봉건 제후 편에 가담	

⑤ **계층 분화** : 상공업의 발달로 도시민들이 상층부르주아, 쁘띠부르주아, 도시프롤레타리아로 분화

⑥ **도시 반란**

배경	· 상층 부르주아의 귀족화 경향과 장인이 되는 길이 어려워진 직인들의 불만↑ · 대상인들에 대한 장인들의 불발↑
이탈리아	치옴피의 난◇ → 치옴피들이 자신들의 길드 조직 결성과 도시 행정 참여를 주장하며 반란을 일으킴
프랑스	에티엔 마르셀의 난◇ → 소상공인 길드를 대변 → 조세제도 개혁, 삼부회의 정기적 소집 요구

(3) 길드 결성
① **결성** : 상인 조합은 11세기경 결성, 수공업 조합은 12세기 결성
② **목적** : 도시에서 사업 독점권 확보 → 상인조합은 도시 자치권 획득 → 도시의 행정권 독점
③ **수공업 조합**
- 노동 시간과 임금, 제품의 양과 질, 매매 가격 규제
- 장인이 직인과 도제를 고용하여 제품 생산 → 직인은 조합의 심사를 통과하면 장인이 됨
- 중세 말 : 수공업조합의 회원 자격 더욱 엄격히 제한 → 도시 하층민들의 반란으로 이어짐 → 치옴피의 난(1378)

◇ **특허장**
특허장은 국왕이나 영주가 도시·길드·대학·종교단체 등에 발급하였다. 도시에 발급된 특허장은 도시의 자치에 관한 권한들을 승인한 것이다. 이러한 특허장은 무력을 행사해서 획득하거나 매입하였다. 특허장은 도시민들이 시민 자치의 법적 근거를 마련한 것으로, 이후 도시법의 원형이 되었다.

◇ **치옴피의 난**
14세기 피렌체는 경제 위기가 심화되고 있었고, 하층 노동자로서 모직 산업에 종사하고 있었던 치옴피들은 더욱 더 곤궁한 생활을 하고 있었다. 이에 치옴피들은 1378년에 자신들의 동업 조합 결성, 세금 감면, 완전고용, 도시 정부에서 정치적 대의권 등을 요구하여 반란을 일으켜 피렌체를 장악하였다. 그러나 상층 시민층의 반격으로 얼마 후 정권이 붕괴되었다.

◇ **에티엔 마르셀의 난**
백년전쟁 중이었던 1357년 푸아티에 전투에서 프랑스 왕 장2세와 넷째아들 필리프가 포로가 되었다. 이에 왕태자 샤를이 국왕의 몸값을 마련하고 전쟁 비용을 충당하기 위해 세금을 징수하였다. 이에 파리 시장인 에티엔 마르셀은 3신분을 대표하여 세금 징수 개혁, 삼부회의 정기적 소집 등 개혁을 요구하며 반란을 일으켰으며, 자크리의 난과 연합을 시도하였다.

3 농촌의 변화와 장원의 해체

(1) 농촌의 변화
① **화폐 경제의 발달** : 도시와 상업 발달 → 화폐 경제 발달 → 자급 자족적 장원 경제 붕괴

② **경제적 위축(14세기 이후)**
- 개간지의 고갈+기후 변화 → 식량 생산↓ → 인구 감소
- 원거리 무역의 정체, 독일 동부 식민활동 중단, 플랑드르 모직물 공업 쇠퇴, 이탈리아 은행 파산, 샹파뉴 정기시의 몰락

(2) 장원제의 붕괴
① **지대의 금납화** : 화폐 경제의 확대 → 노동 지대가 현물지대나 화폐지대로 변화 → 농민들이 부역 노동에서 벗어남 → 농노의 지위 향상

② 영주가 직영지를 임대하는 분할 임대 방식으로 전환 → 농노의 필요성↓

③ 농산물 가격 상승과 화폐 가치의 하락으로 농노의 경제적 지위 향상

④ 흑사병의 확산으로 인구 격감˚ → 노동력 확보를 위해 영주는 농노의 처우 개선·임금노동자 고용 → 농노 해방 → 자영 농민 성장

⑤ **각국의 상황**

영국	순조롭게 장원이 해제되고 농노 해방
프랑스	순조롭게 농노 해방 진행, 봉건적 공납 잔존
독일·러시아	농노제 강화(재판농노제) → 독일에서 대농장(Gutsherrschaft) 발달 → 19세기 후반에 농노제 폐지

⑥ **봉건적 반동** : 영주의 지대 인상이나 부역 강화 → 농민 반란↑

⑦ **농민 반란** : 16세기 초 서유럽 국가에서 농노제(장원제) 소멸하는 배경

플랑드르 농민 반란 (1323~1328)	• 프랑스의 가혹한 세금과 탄압에 반발해 플랑드르 지역의 주민들이 반란(1323) • 플랑드르 백작이 가혹하게 세금을 징수하자 플랑드르 주민들이 다시 반발(1328) → 필리프 6세가 직접 대규모 원정군을 이끌고 카셀 전투에서 플랑드르 농민군 진압
프랑스의 자크리의 난 (1358)	• 백년전쟁과 흑사병으로 인한 농촌의 피폐 • 국왕과 귀족의 중과세 : 콩피에뉴 칙령 → 에티엔 마르셀의 난을 진압하기 위해 귀족들에게 징발권 남용을 허용 → 에티엔 마르셀의 난과 연합 → 실패
영국의 와트 테일러의 난 (1381)	• 영주의 봉건적 반동과 백년전쟁 비용 마련을 위해 인두세 부담 가중 • 노동자 조례(1349)와 노동자법(1351)을 통해 노동자의 임금 인상 요구 제한과 거주지 이주 금지 • 롤라드파˚의 존볼과 연결 → 반봉건·반교회 운동이며 원시 기독교의 평등사상 주장

◇ **흑사병과 농민의 지위 상승**

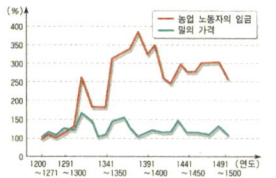

14세기 흑사병의 유행으로 유럽의 인구가 1/3 이상 줄어들었고, 그 결과 노동력이 부족해지자 임금이 상승하였다. 이로 인해 농민의 지위가 상승하였으며, 토지 귀족의 경제적인 힘은 약화되었다.

◇ **롤라드파**

존 위클리프의 가르침을 열정적으로 따랐던 사람들을 일컫는 말이다. 이들은 중얼거리며 기도를 했는데, 이것을 폄하하는 뜻에서 롤라드(Lollaards)라고 불렀다. 이들은 라틴어 성경이 아닌 영어로 번역된 성경을 읽으면서 세력을 확장해나갔다.

자료탐구

01. 주종관계

- 타인의 권력 아래 몸을 의탁한 자로서, …… 나는 당신의 자비를 간청했고, 당신은 큰 호의로써 자비를 베풀어 당신의 보호 아래 나를 맡길 수 있게 해 주었다. 내가 이처럼 처신했으니, 나의 봉사와 나의 공로에 따라 당신은 음식과 의복에 관한 한 나를 돕고 부양해야 한다. 또한 내가 살아 있는 한 나는 당신에게 자유인 신분으로서 할 수 있는 봉사와 복종을 다할 것이다. 나는 당신의 권력과 보호에서 빠져나가지 않을 것이며, 평생 동안 단 하루도 빠짐없이 당신의 권력과 보호 아래 남아 있을 것이다.

― 메로비우스와 카롤루스 왕조 시대의 계약서 ―

- 왕의 귀족과 모든 봉신은 왕이 소집하는 경우 왕 앞에 출두해야 하며, 자신의 비용으로 40낮과 40밤 동안 각자가 의무를 지고 있는 숫자의 기사들을 데리고 군역을 수행해야 한다. 왕은 원할 경우 그리고 필요한 경우 이 군역들을 징발할 수 있다. 그리고 만약 왕이 그들로 하여금 그들의 비용으로 40일을 더 복무하게 하고자 붙잡아두기를 원하더라도, 그들이 원하지 않으면 남아 있을 의무가 없다. 그러나 만약 왕이 왕의 비용을 들여 왕국을 방어하기 위해 그들을 머물게 하기를 원하면, 그들은 반드시 남아 있어야 한다. 그리고 만약 왕이 왕국을 벗어나서 그들을 데리고 원정하기를 원하는 경우, 그들이 원하지 않으면 갈 필요가 없다. 왜냐하면 이미 40낮과 40밤 동안 복무하였기 때문이다.

― 루이 9세, 중세기사 복무에 대한 규정 ―

자료 해석
봉신이 주군에게 충성을 맹세하는 서약과 주군이 봉신에 행하는 서임의 의식으로 주종관계가 성립되었다. 이때 봉신은 군사적 복무, 공납의 부담, 주군이 포로가 되었을 때 몸값 준비, 주군의 장남 결혼 비용 일정 부담, 주군의 궁정에 출사할 의무 등을 가지고 있었다. 이에 대해 주군은 봉신에게 봉토를 수여하고 봉신을 보호해 줄 의무가 있었다. 이 관계는 어느 한 쪽이 의무를 이행하지 않을 경우 계약 관계가 해소될 수 있는 쌍무적인 것이었다.

02. 고전장원제의 특징

고전장원제는 장원이라는 대토지가 영주직영지와 농민보유지로 이분되고, 영주직영지는 농민보유지 보유자들이 수행하는 노동으로 경작된다는 것이 구조적 기본 특징이지만, 이런 기본적인 틀 속에서 세부적으로는 자유인의 토지가 영주직영지와 농민보유지로 구분되는 공간구조를 가진다는 것, 농민보유지의 경작과 그 보유자의 가족생활 영위를 통해 영주직영지를 경작하는 노동력이 영속적으로 재생산된다는 것, 농민 보유지든 영주 직영지든 장원 토지의 실질적 경영은 농민 보유지를 보유한 소농들의 자율성을 바탕으로 소규모로 경영된다는 것, 영주직영지 경작노동은 곧 농민 보유지 보유자들의 잉여노동이고 부역노동 형태를 띤다는 것 등의 특징을 지닌다고 할 수 있다. 이들 세부적 특성들은 구조적으로 서로 긴밀하게 결합되어 있으며, 결합된 전체 모습은 고전장원제를 역사상 여타의 대토지 경영방식들과 확연히 구분해 준다. 토지 경영 구조면에서 이런 세부적 특징들을 고려한 고전장원제란 소작농의 부역노동에 의한 영주 직영지 경작체제라고 요약될 수 있을 것이다.

― 이기영, 『고전장원제와 봉건적 부역노동제도의 형성』 ―

자료 해석
중세 장원은 대개는 여러 지역에 걸쳐서 흩어져 있는 경우가 대부분이었다. 그리고 그 장원은 크게 영주 직영지와 농민 보유지, 그리고 목초지, 임야와 같은 공유지로 구성되었다. 그리고 그 토지들은 여러 작물을 함께 재배하였으며, 개방경작지 형태를 띠었다. 장원은 넓은 대토지 소유 형태였지만 역사적으로 존재했던 다른 대토지 소유와 달랐다.

03. 중세 농노의 생활과 부역 노동

• 카롤루스 대제 시대의 어느 봄날, 보도는 아침 일찍 일어났다. 오늘은 수도원 직영지에 가서 일을 해야 하는 날이기 때문이다. 잔소리가 심한 직영지 관리인이 두려워서 늑장을 부릴 수가 없었다. 그래서 그는 큰 숫소를 모는 첫째 아들 위드를 데리고 집을 나섰다. 가는 길에 다른 동료들과 만나 함께 직영지로 향했다. 그들 중에는 말이나 소를 끌고 온 사람, 곡괭이, 호미, 도끼, 큰 낫 등을 가지고 온 사람 등 가지각색이었다. 그들은 모두 관리인의 명령대로 직영지나 목초지, 숲에서 일을 하기 위해 무리를 지어 갔다. 그는 점심 먹을 때를 빼고는 하루 종일 쟁기질을 해야만 했다. 그의 아내 에멘트 루드 역시 바빴다. 오늘은 살찐 닭 한 마리와 달걀 다섯 개를 바치는 날이다. 그녀는 9살 난 둘째 아들에게 갓난아이를 맡겨 놓고 영주관으로 향했다. 그녀는 관리인을 만나 공손히 인사하고 닭과 달걀을 건네주고는 서둘러 집으로 돌아왔다. 집으로 돌아오자 곧 작은 포도밭을 돌보았으며, 저녁에는 양털로 천을 짜야만 했다.

- 아일린 파워, 『중세 사람들』-

• 다음은 영지관리인의 사정에 따른 지대이며, 영지관리인은 그(콜로누스)가 가진 것에 비례해서 그가 지불하도록 감독해야 한다. 즉, 그(콜로누스)는 30md(대략 1md는 50리터에서 68리터 사이)중 3md를 납부하며, 지방의 관습이 정하는 바에 따라 방목세를 지불해야 한다. 그는 법정 크기, 즉 폭 4장대(대략 40피트), 길이 40장대의 정적 부역지를 갈이질하고, 파종하고, 울타리 치고, 수확하고, 운반하고, 저장해야 한다. 토지보유자는 각각 2md의 하곡 씨앗을 선별하고, 파종하고, 수확하고, 저장해야 한다. 그리고 포도밭에서 포도 나무를 심고, 파 일구고, 접붙이고, 가지치기를 하며, 포도 따기를 해야 한다. 그들은 [1/10] 다발의 아마와 10개의 벌통, 4마리의 닭과 15개의 계란을 바쳐야 한다. 그들은 파발마를 제공하거나 아니면 명령받는 곳으로 그들 자신이 직접 심부름을 가야 한다. 그들은 수레로 50리까지 수송 부역을 수행해야 하며 그 이상 가서는 안 된다. 그들은 영주의 건축물들을 유지하기 위한 건초 창고나 곡식 창고 또는 울타리의 보수작업에서 응분의 부역노동을 담당해야 하며, 필요한 때에는 완전히 새로 지어야 한다. 가까운 곳에 있는 석회가마에는 50명이 땔나무나 돌을 제공해야 하고, 먼 곳에 있는 석회가마에는 100명이 이런 작업을 수행해야 하며, 필요한 경우에는 석회를 도시나 장원으로 운반해야 한다.

- 이기영, 『고전장원제와 봉건적 부역노동제도의 형성』 -

자료 해석
중세 농노는 토지에 결박되어 이동의 자유가 없었다. 그는 영주 직영지에서 일주일에 3일 정도 일해야 했으며, 인두세를 납부해야 했다. 프랑스의 경우는 4드니에를 납부하였다. 농노는 이외에도 각종 잡역에 동원되었고, 여러 가지 명목으로 공납을 바쳐야 했다. 제시문에 나타난 것처럼 농노는 영주 저택의 보수와 건축 작업, 포도밭 가꾸기, 건초작업 등의 많은 부역 노동을 해야만 했다. 또한 농노는 영주의 법정에서 재판을 받아야 했으며, 영주의 시설들을 강제로 사용하고 사용료를 납부해야만 했다. 그러나 농노들은 가축을 방목할 권리, 삼림을 벌목하거나 땔감을 구할 수 있는 권리, 추수 후 이삭을 주울 권리 등 공동체적 관습에 의해 보호받는 권리도 있었다.

04. 구츠헤어샤프트(Gutsherrschaft)

서유럽에서 토지가 해방되어서 토지 매매가 자유롭게 되었고, 곡물 시장이 형성되면서 계층 분화는 더욱 심화되는 경향을 보였다. 이러한 서구의 변화에 비해 동구권은 도시 발달이 미약했고 상대적으로 지주 귀족이 강화되었다. 그래서 동구권에서는 농민들이 자유로워지기보다는 오히려 농노의 상태로 돌아가게 되었다. 이 현상을 제2의 농노제, 재판 농노제라고 한다. 즉, 농노제가 한 번 더 나왔다는 뜻이다. 독일어로는 구츠헤어샤프트라고 하는데, 영주 농장제로 번역한다. 과거의 봉건 영주가 경영했던 농장이 출현했다는 뜻으로 해석된다.

자료 해석
15세기 이후 서유럽에서는 농노제가 폐지되거나 소멸하기 시작하였다. 그러나 동유럽 지역은 오히려 농노제가 강화되었는데, 이를 농노제의 강화 혹은 재판농노제라고 부른다. 동유럽에서 농노제가 강화된 것에 대해서는 많은 논쟁들이 있었고, 아직도 정확한 결론에 이르지는 못했다. 일반적으로 14세기 이후 농노제의 위기 속에서 서유럽은 농노들이 단결하여 농노제를 폐지해 나갔으나, 동유럽은 그렇게 하지 못했다고 설명한다.

05. 1370년 아브빌시 특허장

짐은 아브빌 시민들에게 특히 다음과 같은 일정한 특권을 주고 승인했노라. 즉, 짐은 결코 어떤 이유나 경우에도 앞에서 말한 짐의 도시 아브빌이나 퐁티외 지방의 다른 도시들에서 그 도시들에게 이익이 되거나 그 도시들이 요청한 경우가 아니라면 부과금이나 부조금 등 어떤 종류의 특별세도 시행하거나 강요하거나 물리거나 부과하지 않을 것이며, 또한 시행되거나 강요되거나 물리거나 부과되는 것을 용납하지 않을 것이다. …… 그런 이유로 짐은 앞에서 말한 탄원인들이 짐에게 보여준 진정한 사랑과 복종을 고려하여 너희와 너희 모두에게 엄명하노니, 너희는 앞에서 말한 도시의 모든 시민들, 모든 주민들이 앞에서 말한 지방의 모든 도시와 시골과 경계를 다니면서 소금 등 모든 종류의 상품을 거래하고 사고팔고 가져오고 가져갈 수 있도록 허용해야 하며, 소금세, 보상금, 징수금, 부과금 등 어떤 종류의 특별세도 짐과 짐의 신하나 관리들에게 내도록 강요해서는 안된다.

자료 해석
중세 도시의 자유는 영주들과 싸워서 이기거나 거래를 통해서 만들어졌다. 아브빌시 특허장에서는 프랑스 왕이 상인들에게 과세를 면제해주었음을 보여주는데, 그것이야말로 많은 도시가 영주와 싸워 쟁취하려 한 가장 중요한 내용이었다.

06. 길드 회칙

1. 만약 조합원 중 어떤 사람이 나이가 들거나 다른 이유로 일을 할 수 없어서 가난해진다면 …… 그가 평판이 좋은 사람이면 생계를 위해 매주 7페니의 돈을 받는다.
2. 도제나 이 시의 시민권이 있는 사람이 아닌 한, 외지인은 이 직업을 가질 수 없다.
3. 그리고 누구도 장인의 허락 없이 함께 일하기 위해 다른 사람의 조수를 계약기간 중에 데려가서는 안 된다. 그리고 만일 이 직업을 가진 누군가가 자기가 완성할 수 없는 일거리를 집에 가지고 있다면 …… 이 직업을 가진 다른 사람들이 그를 도와 그 일거리가 쓸모없는 것이 되지 않도록 해야 한다.
4. 만약 어느 조수가 장인에게 불손한 짓을 하거나 거역할 경우 …… 그 조수가 시장과 시의회 의원들 앞에서 행실을 교정하기 전까지는 이 직업을 가진 어느 누구도 그에게 일을 시켜서는 안 된다.
5. 또 이 직업에 종사하는 사람들은 …… 그 해의 작업과, 직업과 관련된 그 밖의 모든 일을 감독할 두 사람을 1년에 한 번 선출해야 하고, 선출된 사람들은 시장과 시의회 의원들 앞에 출석해 …… 부지런히 문의하고 조사할 것과 우정이나 증오에 좌우되지 않고 이 직업에 관해 그들이 발견하는 불이행 사항을 시장과 시의회 의원들에게 충실히 진술할 것을 선서해야 한다. 또 모든 불량제품, 가짜 제품은 몰수한다.
6. 정규 도제 과정을 마치지 못한 자는 이 직업에 종사할 권리가 없다.

자료 해석
제시문은 1346년 런던 무두장 길드의 회칙이다. 제시문에 따르면 길드가 상호부조에서 출발한 조직이라는 점, 그래서 경쟁보다는 우애의 정신이 중시되었고, 상인길드와 마찬가지로 도시의 수공업을 독점하였음을 보여준다. 독점의 대가로, 이들은 훌륭한 서비스를 제공하려 애썼고, 이를 위해서 작업과정을 통제하였음을 알 수 있다.

07. 한자동맹

최초의 '상업 단체 한자'는 1161년 고틀란드섬의 비스뷔(스웨덴)에서 결성되었다. …… 한자 동맹은 14세기에 전성기를 맞았다. 한자 동맹에는 공식적인 규약 및 중앙 집권적인 운영 기구가 없었다. 그러나 일련의 규정이나 관례가 쌓인 결과, 1373부터 제국의 자유 도시 뤼베크가 정식 재판이 열리는 장소로 인정되었다. 뤼베크는 3년 주기의 '한자 총회'가 가장 많이 열린 도시이기도 했다. …… 초기부터 한자 동맹은 정박, 보관, 거주 외지에서의 면책 등 법적 권리를 강화해나갔다. 이 권리들은 가맹 도시의 상업 활동에 필수적인 조건이었다. 동맹은 통화의 안정과 원활한 지불 방식의 유지에 힘썼다. 영국 파운드의 유통 지역을 뜻하는 영어의 스털링(sterling)은 동방인 혹은 발트해 상인을 뜻하는 이스털링(easterling)에서 유래했다. 이것은 한자 상인들을 가리키던 명칭이었다. 상인의 이익 추구는 곧 정치 문제와 이어졌다. 동맹의 최대 무기는 반대자에 대한 '거래 금지'였다. 그러나 점차 세금 부과나 해군 부대의 편성이 늘어났다. 원래 해적을 막기 위해 조직했던 해군이 나중에는 기존의 왕국, 특히 덴마크의 정책에 저항하는 수단이 되었다. …… 30년 전쟁 동안 가맹 도시 가운데 그나마 적극적인 활동을 펼친 도시는 뤼베크, 함부르크, 브레멘의 세 도시로 줄었다. 1669년의 총회가 최후의 만남이 되었다. 세 도시는 1889년까지 독일 관세 동맹에 가입하지 않았다.

– 『노먼 데이비스의 유럽사』, 중세 –

자료 해석
'한자'란 본래 길드와 같은 뜻으로, 발트해 연안 도시인 뤼베크를 맹주로 하였다. 90여 개의 북독일 도시들이 가담하여 북유럽 무역을 독점하였고, 스스로 해군력을 보유하여 강력한 군사력도 갖추었다. 13세기부터 16세기까지 번성하였으나 신항로의 발견과 30년 전쟁을 거치면서 쇠퇴하였다.

08. 와트 테일러의 난

존 볼은 미사가 끝나고 모두가 교회 밖으로 나와 수도원이나 묘지로 갈 때면 주변에 사람들을 모아놓고 이렇게 설교했다. "선량한 백성이여, 재물을 공동으로 소유하고 농노도 귀족도 없는 세상이 올 때까지는 잉글랜드가 제대로 돌아갈 리 없고 그렇게 될 가망도 없다. 우리는 모두 다 같은 사람이다. 그런데 어찌하여 우리는 영주를 주인이라고 부르는가? 그들에게 어떻게 그런 자격이 있는가? 왜 그들은 우리에게 굴레를 씌우는가? 만일 우리 모두가 아담과 이브 한 부모의 후손이라면, 그들이 소비하는 재산을 우리가 생산하고 기르는 것 말고, 무슨 근거로 그들이 우리의 주인이라고 주장할 수 있는가? …… 왕에게로 가자. 그래서 우리가 억압을 당하고 있으며, 우리가 상황의 변화를 원하고 있음을 그에게 알리자. 그게 안되면 우리 스스로 세상을 바꾸자. ……" 존 볼이 일요일에 마을에서 행한 설교는 이런 식이었다.

– 장 프루아사르가 본 잉글랜드의 농민반란 –

자료 해석
1381년 농민, 기술공, 도시 거주자들이 잉글랜드의 런던에서 대대적인 반란을 일으켰다. 그들은 농노제 폐지, 고정 지대, 백년전쟁에 대한 책임 추궁 등을 요구하였다. 이 반란을 주도한 인물 중 하나가 존 볼이었고, 그는 원시 기독교의 평등사상을 주장하였다.

09. 교황 우르바누스 2세와 십자군 전쟁

1095년 10월 중순, 교황은 클뤼니 대수도원에 도착했다. 한때 그 수도원의 원장이기도 했던 우르바누스는 일주일 동안 그곳에 머물면서 당시 건설 중이던 새로운 수도원 교회의 대제단을 축성했다. 그 무렵 이미 십자군에 대한 소문이 널리 퍼져서 예루살렘 원정에 대한 흥분과 열기가 고조되고 있었다. 교황은 클뤼니 수도원에서 열릴 클레르몽 공의회에서 신자들에게 중요한 메시지를 전할 것이라고 선언했다. …… 클레르몽 종교회의는 1095년 11월에 개최되었고 소아시아의 참혹한 상황을 상세히 전하는 우르바누스의 연설로 막을 내렸다. 교황의 연설은 아주 끔찍한 것이면서 고통스러울 정도로 정확한 것이었다. 청중은 동방으로부터 흘러들어온 다른 소식들을 이미 들었기에 그런 상황을 알고 있었을 것이다. 그리스 제국이 해체되고 있다고 교황은 정확하게 말했다. …… 교황은 이 무장 순례에 나설 의향이 있다면 비단, 황금, 수수한 천 등으로 만든 십자가를 옷에 달아 그들이 하나님의 뜻을 행하는 하나님의 병사임을 나타내 보이라고 요구했다. 교황이 연설을 마치자마자 고귀한 가문 출신인 르퓌 주교 아데마르는 얼굴에 미소를 띠고서 우르바누스에게 다가가, 무릎을 꿇으며 그 여행에 나서고자 하는데 허락과 축복을 내려달라고 요청했다. …… 우르바누스가 연설한 다음 날, 툴루즈 백작의 사절이 찾아와 레몽도 원정에 참여할 의사가 있음을 알려왔다. …… 우르바누스의 클레르몽 연설은 유럽 전역에 충격을 안겨주었다. 곧 예루살렘으로 무장 순례를 떠나야 한다는 소식이 아주 빠르게 퍼져나갔기 때문이다. 순례에 대한 관심은 루아르강 계곡에서 설교하는 아르브뤼셀의 로베로와 같은 활동적인 사제에 의하여 더욱 증폭되었다. …… 원정에 참여하면 그에 대한 보상으로 죄를 사면받을 것이라는 아이디어는 십자군 운동의 호소력을 더욱 넓히기 위한 것이었다. …… 우르바누스는 "여러분은 또한 다음과 같은 사실도 알아야 합니다. 만약 여러분 중 아무나 세속적 목적이 아니라 영혼의 구제와 교회의 해방을 위해 그 원정을 떠나기로 결심했다면, 그는 자신의 모든 죄악에 대해 참회하는 일에서 면제됩니다. 왜냐하면 그 원정에 참여했다는 사실 자체로 모든 필요한 회개를 완벽하게 수행한 것으로 판단되기 때문입니다."

– 피터 프랭코판, 『동방의 부름』 –

자료 해석
십자군 전쟁은 셀주크튀르크의 공격으로 위험에 빠진 비잔티움 제국의 황제 알렉시우스 1세가 도움을 요청하면서 시작되었다. 이에 교황 우르바누스 2세는 클레르몽 공의회에서 십자군 원정을 본격적으로 제기하였고, 이로 인해 제1차 십자군 전쟁이 시작되었다. 이 과정에서 교황 우르바누스 2세는 십자군 전쟁에 참여하는 것만으로도 영혼이 구제받을 수 있다고 주장하여 십자군 전쟁의 참여를 독려하였다.

CHAPTER 04 중세 교회의 발전과 변화

1 로마 교회의 성장과 분열

(1) **로마 교황** : 5대 교구의 주교 중 하나였던 로마 대주교가 베드로의 후계자로 인정받아 교황으로 군림

(2) **동·서 교회의 분열** : 비잔티움 제국 황제 레오 3세의 성상 숭배 금지령(726) → 동서 교회 대립↑ → 서유럽의 로마 가톨릭과 비잔티움 제국의 그리스 정교(1054)로 분리

◇ **동·서 교회의 비교**

구분	로마 가톨릭교	그리스 정교
차이점	·정교 분리 ·성상 사용 ·서유럽 문화의바탕	·황제 교황주의 ·성상 금지 ·동유럽 문화의바탕
공통점	·아리우스파 배격 ·삼위일체의 정통 교리 수용	

2 교회의 세속화와 수도원 운동

(1) **교회의 세속화**
 ① 교회의 대토지 소유
 ② 성직 계서제 성립 : 교황-대주교-주교의 구조 확립
 ③ 성직자들은 국왕이나 대제후들의 봉신이 됨 → 국왕이 성직 임명권을 지님
 ④ 성직 매매가 국왕의 권력 장악·강화 수단으로 사용됨

(2) **수도원 운동**

배경	교회의 세속화에 따른 부정과 타락 심화 → 초기 교회의 이상과 신앙의 회복 주장
시작	·4세기 북부 나일강에서 성 파코미우스가 수도회 공동 생활 ·동방 수도원은 성 바실리우스가 시작
확립	·6세기 초 성 베네딕투스의 "규칙" → 세상으로부터의 분리, 정주 및 공동생활, 가난·정결·순명의 서원, 하루 일곱 번의 공동 예배와 기도, 육체노동과 정신노동(독서와 필사) ·카롤링거 제국에서 모든 수도원들은 베네딕투스의 계율 채택을 법제화
확산	**클뤼니 수도원** : ·아키텐 공작 윌리엄의 승인 하에 설립(910) → 교회 개혁 운동 전개 ·외부의 간섭을 배제하고 오로지 교황에 직속하고 계율에 따라 자율적으로 수도원장 선출 ·11세기 후반 철저한 세상과의 단절, 금욕과 은둔 추구하는 새로운 수도원 운동 전개
	시토 수도원 : ·클뤼니 수도원의 화려함 비판 → 단순 소박 강조, 수도사들의 노동에 의한 자급자족 추구 → 중세 말 개혁정신↓ ·황무지 개간사업에 적극
	탁발 교단 : ·프란체스코 교단 : 성프란체스코의 설교는 도시로부터의 도피가 아니라 도시민에게 단순하고 자연스러운 복음 전파 ·도미니쿠스교단 : 도미니쿠스 교단은 이단 개종을 주요 목적으로 하였으며, 종교 재판에 주로 관여 ·13~14세기 대학 발전에 주요한 역할을 함
실패	·중세 교회는 거대 영지를 경영하는 경제 주체로 교회 자체가 중세 최대의 영주 → 개혁 수도회들조차 영주제의 틀을 벗어나지 못함으로 인해 애초의 이상과 멀어짐
영향	·교회 개혁 운동의 배경 ·노동의 신성시, 자급 자족 → 농업·수공업 발전에 공헌 ·고전의 연구와 필사, 부속 학교의 운영 → 중세 학문의 발전에 기여 ·수도원들이 많은 경우 넓은 영지를 직접 경영 → 농업 기술의 개량과 합리화에 이바지

◇ **클뤼니 수도원**

클뤼니 수도원은 910년 아키텐 공작 윌리엄이 베네딕트 회 수도원을 위해 자신의 영지 일부를 기증하면서 건립되었다. 클뤼니 수도원은 다른 수도원과 달리 세속 영주들의 성직 임명 간섭을 받지 않았으며, 교황에 직속됨으로써 주교의 감독과 간섭에서도 벗어났다. 이러한 관행은 이후 클뤼니 수도원이 독자적인 개혁을 수행할 수 있게 하였다.

(3) 교회 개혁 운동의 확산
① 교황 레오 9세(1049~1054)
- 성직자 정화작업 : 종교회의를 개최하여 성직자의 결혼과 성직 매매를 금지하는 입법 추진
- 개혁적 성직자를 추기경으로 임명 → 협력사와 행정가로 등용
- 유럽 순회 → 고위 성직자회의를 소집하여 개혁 운동 실천을 독려
- 교황의 입법권과 사법권을 강화하고 알프스 이북으로 확산

② 교황 니콜라오 2세 : 라테란에서 종교회의(1059) 주도 → 성직자, 로마 귀족, 황제들이 지녔던 교황 선출권을 폐지하고 추기경단에 의해 로마 교황 선출하게 함 → 콘클라베◇의 기원

3 교황권의 전성

(1) 서임권 투쟁◇
① 발단 : 교황 그레고리 7세의 교황 훈령 발표(1075)
- 성직 매매 금지와 교황의 서임권 주장
- 교황이 황제를 퇴위시킬 수 있음을 주장

② 전개
- 교황 그레고리 7세가 신성 로마 제국 황제 하인리히 4세 파문 → 카노사의 굴욕(1077)
- 카노사의 굴욕 이후 하인리히 4세가 신성로마제국의 반대파 제거 → 이탈리아에서 새로운 교황 세움 → 그레고리 7세는 피신하였다가 사망

③ 결과

영국	· 성 안셀무와 헨리 1세 타협 → 베크 협약(1107) · 교회가 주교를 선출하되, 주교는 왕에게 봉신으로 신서하여 국왕으로부터 봉토를 수여 받음 · 국왕은 신서를 거부할 수 있고, 주교 선출에 영향력 행사 가능
독일	· 교황 칼릭스투스 2세와 하인리히 5세의 보름스 협약(1122) · 황제의 주교 임명권 포기하고 대신 황제가 서임식에 참여하고 봉토를 수여하는 것 인정 · 황제가 주교 선출에 참석할 권리는 보유
프랑스	영국, 독일과 유사한 방식으로 타협

④ 서임권 투쟁의 성격
- 교회와 국가 간의 지속적인 대립과 긴장이라는 중세정치의 한 특성인 2원성을 강하게 부각
- 교회 내에서나 국가 내에서도 지배자에 대한 반항권을 내세우는 경향↑

⑤ 영향
- 독일의 하인리히 4세는 지방제후를 누르고 강력한 왕권을 수립할 가능성이 높은 시기에 서임권 투쟁으로 강력한 왕권 확립안 됨
- 하인리히 5세가 아들 없이 사망하자 지방제후들이 무력한 작센 공을 왕으로 선출하여 왕권↓ + 지방할거주의↑ → 독일 대부분의 지역에서 영주제가 확고해지는 계기가 됨

(2) 교황권의 전성기 : 인노켄티우스 3세(1198~1216)
① 독일, 프랑스, 영국의 내정과 종교 문제에 간섭
② 제4차 라테란 공의회(1215) 개최
- 목적 : 가톨릭 기본 교리를 재확인하고 교회의 도덕적·행정적 개혁 표방
- 내용 : 화체설 인정, 1년에 한 번 고해 성사와 부활절 성체 성사를 의무화, 알비파 이단 규정
③ 알비 십자군◇ 파견 : 프랑스 남부의 알비파를 이단으로 규정하고 학살

◇ 콘클라베
콘클라베는 로마 교황을 추기경들의 선거에 의해 뽑는 방식을 말한다. 니콜라오 2세는 기존 황제가 교황 선거를 주재하는 관행을 폐지하고 추기경단에 의해서만 로마 교황이 선출되도록 개혁하였다. 1179년 3차 라테란 공의회에서는 투표수의 3분의 2가 지지해야 교황에 선출되도록 하였다. 1274년 2차 리옹 공의회에서는 추기경들이 폐쇄된 선거회에서 엄격한 규율에 따라 교황을 선출하도록 하였다.

◇ 서임권 투쟁
성직자 임명권을 둘러싼 교황과 황제의 대립을 말한다. 교황 그레고리 7세가 교회의 세속화를 막기 위해 황제가 가지고 있던 성직자 임명권을 빼앗으려 하자, 하인리히 4세가 이에 반발하였으나 교황으로부터 파문을 당하고 카노사에서 교황에게 사죄하였다.

◇ 알비파와 알비십자군
알비파는 12~13세기에 유행한 크리스트교 이단으로 알려진 카타리파의 한 일파로 프랑스 남부지역에서 유행하였다. 이들은 마니교의 영향으로 물질적인 것은 악하다고 보았고, 일부는 구약성경을 부정하기도 하였다. 또한 이들은 기존 교회의 세속성과 부패를 비판하여 가톨릭 교회와 대립하였다. 교황 인노켄티우스 3세는 카타리파를 이단으로 규정하고 이를 척결하기 위한 십자군 결성을 촉구하였다. 이에 필리프 2세와 루이 9세가 알비 십자군을 파병하여 알비파를 제거하였다. 이로써 프랑스 왕실은 남부 지방에 대한 지배권을 강화하였다.

4 교황권의 쇠퇴 교체

(1) 십자군 전쟁 실패로 교황권 약화

(2) 아비뇽의 유수(1309~1376)

◇ **유일한 거룩(Unam Sanctam)**
라틴어 Unam은 하나, Sanctam은 거룩한 이라는 뜻으로 교황권의 우위를 주장하는 것이다. 프랑스 왕 필리프 4세가 교회에 대한 영향력을 확대해 나가자 1302년 교황 보니파키우스 8세가 왕권에 대한 교황권의 우위를 강조하며 내린 교서다.

◇ **아비뇽의 유수**
14세기 초 프랑스 필리프 4세는 교회와 성직자에 대한 과세 문제로 교황 보니파키우스 8세와 대립하자, 신분제 의회를 소집하여 교황을 굴복시켰다. 후임의 교황 클레멘스 5세는 필리프 4세의 지원으로 교황의 자리에 올랐고, 이에 대한 보답으로 교황청을 로마에서 아비뇽으로 옮겼는데, 이를 아비뇽의 유수라 한다.

원인	• 프랑스 왕 필리프 4세가 가스코뉴 공령의 쟁탈전에 필요한 전비를 마련하기 위해 국내 성직자에게 과세 • 교황 보니파키우스 8세는 '제속사제에 고함'(Clericus laicos, 1296)을 발표하여 성직자들에게 교회의 동의 없이는 군주에게 세금을 내지 못하게 함 • 필리프 4세는 교황청으로의 금전 유출 금지 → 교황 보니파키우스 8세는 교황의 승인하에 성직자 과세를 인정하는 교서 발표
삼부회 소집 (1302)	• 프랑스 왕권에 적대적인 주교 제거 문제로 교황과 대립 → 필리프 4세는 국민의 지지를 얻기 위해 삼부회 소집(1302.4) • 교황 보니파키우스 8세는 우남 상크탐(유일한 거룩, 1302.11)◇ 발표 : 만일 세속권이 과오를 범하면 영적 권력에 의해 심판을 받아야 하며, 영적 권력은 세속권보다 우월하다고 주장
아나니 사건 (1303)	• 필리프 4세는 아나니에 머물고 있던 교황 습격 • 교황은 충격과 굴욕감으로 곧 사망
아비뇽 유수 (1305)◇	1305년 선출된 교황 클레멘스 5세는 교황청을 로마에서 아비뇽으로 옮기고 추기경의 상당수를 프랑스인으로 교체

(3) 교회의 대분열(1378~1417) : 아비뇽과 로마에 각각 교황이 존재

① 교황청이 로마로 귀환(1377) → 이탈리아 출신의 교황 우르바누스 6세가 프랑스 추기경들과 대립 → 프랑스 추기경들이 클레멘스 7세를 다시 선출하고 교황청을 아비뇽으로 다시 옮김

② **피사 공의회(1409)** : 새로운 교황 알렉산데르 5세를 선출 → 3명의 교황이 존재

③ 콘스탄츠 공의회에서 마르티누스 5세를 교황으로 선출 → 분열 종식

(4) 교회 개혁 운동
① 교회 개혁 주장

윌리엄 오컴 (1285~1349)	· 유명론을 주장하여 스콜라 철학의 핵심인 이성과 신앙의 조화를 비판 → 개별 사실들의 관찰에 대한 관심을 증가시켜 과학 발전의 토대 마련 · 교권 정치와 제도가 신앙의 전부는 아니라고 주장
존 위클리프 (1330~1384)	· 교회의 부패 공격하고 성사와 화체설◇ 비판 · 성서 지상주의 표방 · 농촌을 중심으로 추종자 형성 → '롤라드'파 형성
얀 후스 (1370~1415)	· 위클리프의 사상에 영향 받음 · 면벌부 판매 비판 · 후스 운동 출현 → 보헤미아 민족 의식과 결합

② 신비주의와 공동생활의 형제단
- 신비주의는 그리스도교의 중요한 요소이며 이단으로 흐를 가능성↑
- 에크하르트, 타울러 : 신플라톤 학파의 영향을 받아 범신론적 경향이 강함 → 타울러는 일반인과 성직자로 구성된 '신의 벗'이라는 모임을 조직하여 교회를 내부로부터 개혁 시도
- 게르트 흐로테 : 네덜란드에서 '공동생활의 형제단' 결성하여 소집단으로 생활하며, 자선을 베풀고 기도를 위해 공동집회 → 중세말 가장 고전적인 경건주의 문헌인 토마스 아 켐피스의 "그리스도의 모방" → 에라스무스와 루터에 영향

③ 콘스탄츠 공의회(1414~1417)
- 신앙문제에서 공의회의 정당성과 권위 규정 → 교황도 이에 복종해야 한다는 결정(Haec Sancta) 채택
- 마르티누스 5세를 선출 → 교회 대분열 종식
- 위클리프와 후스를 이단으로 규정 → 후스 처형

④ 추가 공의회
파비아 공의회(1423), 바젤 공의회(1431) 개최하였으나 성과X → 페라라 공의회(1437)◇에서 전기독교 교회의 영도자로서 교황권 다시 확인

⑤ 국가 교회의 성장

프랑스	부르즈 결의◇(1438) → 프랑스 교회세의 로마 납부 금지, 프랑스 국왕이 프랑스 교회 지배 → 프랑스 교회의 독립
독일	마인츠 결의(1439) : 교황의 독일 교회에 대한 영향력 감소

◇ **화체설**
성찬식때 먹는 빵(떡)과 포도주가 그리스도의 몸과 피로 변한다는 주장이다. 이는 예수가 최후의 만찬 때 제자들에게 빵을 주면서 너희를 위해 주는 내 몸이라고 하고, 포도주를 주면서 이 잔은 내 피로 세우는 언약이라고 한 데서 기인한다. 화체설은 트렌트 공의회(1551년)에서 교의로 선포되었다.

◇ **페라라 공의회**
페라라 공의회는 오스만 제국의 위협에 대한 방위를 요청해 온 그리스정교회와의 일치를 모색하기 위해 교황 에우게니우스 4세가 소집한 제17차 가톨릭 공의회이다. 이 공의회는 라틴교회와 그리스교회의 교리적 차이에 대한 합일을 봄으로써 분열을 종식시켰다. 페라라에 전염병이 돌자, 1439년에 장소를 피렌체로 옮겼고, 1443년 9월 공의회는 로마로 옮겨가서 폐막되었다. 이 3공의회(페라라·피렌체·로마)에서 연옥론과 교황수위권, 성찬식에 관한 가톨릭의 교의(敎義)가 공식화되었고, 더불어 동서 교회의 접근이 이루어졌다.

◇ **부르즈 결의(Pragmatic Sanction of Bourge)**
프랑스 국왕 샤를 7세가 바젤 공의회의 법령을 검토한 후 내린 조치이다. 부르즈 결의는 교황에 대한 공의회의 우월성을 주장한 공의회의 법령을 승인하였다. 또한 프랑스 교회의 자유를 확립하고 교황의 권리를 제한하고, 프랑스 국왕이 프랑스 교회를 지배할 것을 규정했다.

CHAPTER 05 중세의 문화

◇ **스콜라 철학**
'스콜라'란 원래 교회나 수도원의 부속 학교를 지칭한 용어이다. 그런데 이곳에서 신학의 철학적 체계가 발달하였으므로 스콜라 철학이라 부른다.

◇ **톨레도**

톨레도는 서고트 왕국의 수도였으며, 아랍인들이 이베리아 반도를 정복한 이후 수도 역할을 하였다. 1085년 카스티야의 알폰소 6세가 톨레도를 장악했으며, 이는 카스티야-레온 왕국의 통합을 위한 중요한 기초가 되었다. 펠리페 2세가 수도를 톨레도에서 마드리드로 옮긴 이후 침체하였다.

◇ **아벨라르(1079~1142)**
중세 프랑스의 철학자이자 신학자였다. 당시 실재론과 유명론을 둘러싼 '보편 논쟁'이 치열하게 전개되고 있었는데, 그는 유명론적인 입장에서 실재론과 유명론을 정리하였다. 그는 "보편적인 것은 실재하지만 그것에 내재하는 개별적인 것을 떠나 따로 존재하지 않으며, 개별적인 것과 별개로 파악된 보편적인 개념은 인간 지성의 추상의 산물이다."라고 주장하였다. 그의 이러한 주장은 이후 신학 연구에 큰 영향을 주었다.

1 중세 문화의 성격

(1) 구성 : 로마 문화 + 게르만 문화 + 크리스트교

(2) 성격 : 크리스트교 중심 문화, 봉건 귀족 문화, 보편적·통일적 문화

2 철학 : 신학이 중심 → '철학은 신학의 시녀'

(1) 교부 철학
① 플라톤 철학을 바탕으로 아우구스티누스에 의해 체계화 → 「신국론」(427)
② 정통 교리 확립

(2) 스콜라 철학◇
① 배경
- 아리스토텔레스 철학을 중동의 무슬림 학자들이 아랍어로 번역 → 무슬림 지배하의 에스파냐 톨레도에서 유대인 학자들에 의해 다시 라틴어로 번역
- 이븐 시나와 같은 이슬람 학자들의 저서 소개 → 스콜라 철학 형성

② 보편 논쟁 전개
- 실재론 : 보편적 개념의 실재를 주장 → 성 안셀무스
- 유명론 : 보편적인 것은 이름뿐이고, 실재하는 것은 개별적인 것이라고 주장 → 로스켈리누스, 스코터스, 오컴
- 아벨라르 : 보편개념은 실재하되 그것을 내포하고 있는 개체들을 떠나서 별개로 존재하는 것이 아니라는 절충적 견해

③ 스콜라 철학의 전개

초기	안셀무스는 신앙 우위 주장
중기	· 아우구스티누스 사상에 아리스토텔레스 철학 도입 · 온건한 실재론자인 토마스 아퀴나스는 아리스토텔레스 철학에 의해 가톨릭 교리를 체계화 → 「신학 대전」(1274)에서 신앙과 이성의 조화 주장
말기	· 이상과 신앙의 분리 → 스코터스, 오컴 · 스코터스, 오컴 : 기독교의 초자연적인 신비를 인간의 이성으로 증명하기란 불가능하다고 스콜라 철학 비판 → 인간의 이성이 인식할 수 있는 대상을 자연세계로 한정 → 베이컨 사상과 연결되고 신의 자유와 권능을 강조한 것은 16세기 프로테스탄티즘과 연결

(3) 대학
① 12세기 이후 대학 설립
② 길드적 성격
- 이탈리아에서는 학생들의 조합 → 법학 중심의 볼로냐 대학
- 프랑스에서는 교수들의 조합 → 신학 중심의 파리 대학
- 영국에서는 교수들의 조합 → 신학 중심의 옥스퍼드 대학

③ 발전
- 13세기 이후 각국에서 대학이 설립되고 자치권 획득
- 도미니크 수도회와 프란체스코 수도회가 대학 발전에 기여
- 칼리지(college) 탄생 : 가난한 학생들을 위해 기숙사 설립 → 교사들이 학생들의 학업과 생활을 지도하면서 발생
- 학문의 중심이 종교기관에서 세속적인 대학으로 이동 → 성직자들이 독점하던 지적 활동의 저변이 확산
- 중세 말에는 대학과 스콜라보다 군주의 궁정이 새로운 지식 문화의 중심지로 부상

④ 교육
- 라틴어로 강의
- 신학·법학·의학의 주요 학과
- 7개의 자유 교과 수업

(4) 건축
① 바실리카 양식(4~8세기) : 장방형으로 된 로마 시대 공회당(바실리카) 모방
② 로마네스크 양식(10세기 이후)
- 특징 : 십자형 평면, 교차 궁륭, 두꺼운 벽과 돔과 아치 사용 → 어둡고 장중한 공간
- 건축물 : 피사의 성당, 피렌체 성당
③ 고딕 양식(12세기 이후)
- 특징 : 늑골 궁륭, 첨두 아치, 높은 첨탑과 스테인드글라스 → 천국을 향한 중세인의 소망
- 프랑스 북부에서 시작되어 전 유럽으로 전파
- 건축물 : 쾰른 성당, 노트르담 성당, 웨스트민스터 대성당

◇ **카르미나 부라나**

카르미나는 라틴어로 노래라는 뜻이며 부라나는 독일 남부의 바이에른 지방의 라틴어 표기다. 그러므로 카르미나 부라나는 '부라나의 노래'란 뜻이다. 1230년경에 쓰여진 것으로 알려져 있으며, 대부분의 내용은 지극히 세속적인 내용으로 사랑에 관한 것이나 술 마시는 내용, 풍자적인 것들로 구성되어 있다.

◇ **로마네스크 양식**

(5) 문학

① **라틴어 문학** : 수도사·학생들을 중심 → 카르미나 부라나(시집)

② **속어 문학**

- 중세 문학의 주류 : 영웅서사시와 기사문학이 대표적인 문학
- 속어문학을 주도한 것은 프랑스였고, 이탈리아에서 속어 문학은 프랑스보다 늦음

영웅 서사시	· 영국 : 베오울프 · 독일 : 니벨룽겐의 노래 · 사가(바이킹의 모험)
기사문학	· 12세기 이후 유행 아키텐 공작의 상속녀 엘레오노르가 루이 7세의 왕비가 되면서 북부로 전파 → 궁정 후원을 받은 음유시인들이 전파 · 롤랑의 노래 : 샤를마뉴의 에스파냐 원정을 배경 · 엘시드의 노래 : 에스파냐의 재정복 운동 시대의 영웅 엘시드의 행적 · 아서왕과 원탁의 기사 · 사랑에 관하여 : 르샤플랭 → 세기말 궁정식 사랑의 안내서 · 트리스탄과 이졸데 : 고트프리트 → 중세 기사 문학의 수작
단테	· 신생 : 베아트리체에 대한 사랑의 서정시 · 향연 : 아리스토텔레스의 윤리학을 이탈리아어로 해석 · 황제파에 속하여 피렌체에서 추방당한 → 제정론 저술 · 신곡 : 로마의 시인 베르길리우스의 안내로 지옥과 연옥, 그리고 다시 다시 베아트리체의 안내로 천국에 이르는 구조로 서술 → 중세문화의 주제가 그리스도교와 관련된 신앙임을 확인시켜줌

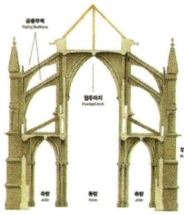

[고딕 양식의 구조]

[노트르담 성당]

비잔티움 제국(395~1453)

(1) 수도 : 콘스탄티노폴리스 → 상업과 교역의 중심지

(2) 전성기 : 유스티니아누스 대제(527~565)
  ① 니카의 반란◇ 진압 → 왕권↑
  ② 영토 확장 : 벨리사리우스 → 반달왕국 정복, 시칠리아 정복, 동고트 정복 → 지중해 연안의 옛 로마 영토 회복
  ③ 「로마법 대전」 편찬 : 로마법 집대성
  ④ 성 소피아 성당 건립
  ⑤ 산업 발달 : 양잠 보급, 동서 교역의 중심지

(3) 유스티니아누스 황제 이후

영토 상실	아바르족과 슬라브족의 침략, 사산조 페르시아의 공격으로 이집트 상실
헤라클리우스 황제	• 시리아와 이집트 회복 → 이슬람의 공격으로 소아시아를 포함한 수도 주변으로 축소됨 → 군관구제 실시 • 그리스와 동방적인 요소에 입각한 비잔티움 제국의 독특한 성격 형성
군관구제	• 배경 : 외부로부터의 위협에 대처하기 위해 소아시아와 발칸 반도에 군관구제 실시 • 특징 : 자유농민에게 군역에 대한 보상으로 일정한 토지를 수여하고, 그 토지는 아들이 군역에 종사한다는 조건으로 상속하게 함 • 사회 변화 : 대토지소유제와 예농 중심의 사회구조 → 소토지 소유자 농민 침 이러한 농민으로 구성된 자유촌락이 우세한 사회로 변화 • 군관구 사령관 : 군사 + 행정 → 반란이 빈번하고 제위를 위협하기도 함 → 8세기말 30개로 증가
레오 3세	• 이슬람이 콘스탄티노플을 포위하였으나 이를 격퇴 → 이슬람과의 전투는 소아시아의 국경선을 따라 안정세 유지 • 롬바르디아족의 침략 → 라벤나 상실
마케도니아 왕조 (867~1057)	• 부흥기 : 영토 확장 → 크레타, 키프로스, 안티오크, 시리아 북부 회복 • 아르메니아 병합 → 중앙아시아의 투르크족과 직접 대결하는 형세 • 9세기 중엽부터 대토지 소유 경향이 다시 나타나고 자유로운 소농층이 쇠퇴 → 농민병이 감소하고 용병이 다시 출현 • 권력 투쟁으로 내부 혼란 심화 → 노르만족이 시칠리아와 남이탈리아 점령, 셀주크 투르크족에게 만지케르트 전투에서 패배하여 소아시아 지역 상실

(4) 멸망
  ① 라틴제국(1204~1261) : 4차 십자군이 콘스탄티노플을 침공하여 수립 → 재탈환
  ② 멸망 : 오스만 튀르크의 메흐메트 2세에게 멸망(1453)

◇ 니카의 반란

비잔티움 제국에서는 전차 경주가 가장 인기있는 스포츠였다. 532년 1월 콘스탄티노플의 경기장인 히포드롬을 채운 관중들이 순식간에 반란을 일으켰는데 이를 니카의 반란이라고 부른다. 니카는 전차 경기장에서 외치던 구호인 '이기자'라는 뜻이다. 니카의 반란에는 여러 가지 이유가 있었지만 가장 큰 이유는 527년에 즉위한 유스티니아누스 황제가 과도하게 세금을 징수하고 측근들의 부정부패가 심하였기 때문이다. 유스티니아누스는 퇴위 압박속에 테오도라 황후의 도움으로 사태를 진압할 수 있었다. 이 과정에서 성 소피아 성당이 불타 새로 지어졌고, 그것이 현재의 성소피아 성당이다. 한편, 전차 경기장인 히포드롬은 이후 오스만 제국시기 술탄 아흐메드에 의해 블루 모스크로 변하였다.

◇ 군관구제와 둔전병제

군관구제는 전국을 31개의 군관구로 나누어 그 사령관에게 군사권뿐 아니라 행정권까지도 부여한 제도이다. 둔전병제는 농민에게 일정량의 토지를 지급하고 그 대신 군역을 부과하는 제도이다.

◇ **황제 교황주의**
비잔티움 제국의 황제가 그리스 정교회의 우두머리까지 겸하였기 때문에 이를 황제 교황주의라고 부른다. 비잔티움의 황제는 콘스탄티노플의 대주교 임명권과 종교 회의 소집권까지 행사하여 교회를 지배하였다.

◇ **성 소피아 성당**
성 소피아 성당의 네 개의 미나레트(첨탑)는 오스만 제국 시대에 추가 건축된 것이다. 하지만 성당 내부 모자이크는 비잔티움 문화의 특색을 나타낸다. 모자이크 벽화는 건축의 내부에 유리나 돌 조각을 붙여 성인들의 모습 등을 아름답게 장식하였다.

(5) 비잔티움 제국의 정치·경제·종교
   ① **정치** : 중앙 집권적 전제 군주 정치
   ② **경제** : 화폐 경제 발달, 도시의 번영 지속
   ③ **종교** : 그리스 정교 → 황제 교황주의◇

(6) 비잔틴 문화
   ① **특색** : 그리스·헬레니즘 문화 + 동방 문화 + 그리스 정교 → 종합 문화
   ② **학문** : 그리스 고전의 보전·연구 → 르네상스에 영향
   ③ **건축**
      • 비잔티움 양식 : 웅장한 돔과 내부의 화려한 모자이크 벽화
      • 성소피아 성당◇, 성비탈레 성당, 성 마르코 성당(베네치아)
   ④ **영향** : 서유럽의 르네상스와 슬라브 문화 형성에 영향

(7) 비잔티움 제국의 의의
   ① 사산조 페르시아와 이슬람의 침략으로부터 유럽 보호
   ② 그리스 고전을 보전하여 유럽의 르네상스에 영향
   ③ 동유럽에 키릴 문자, 그리스 정교, 비잔티움 양식 전파

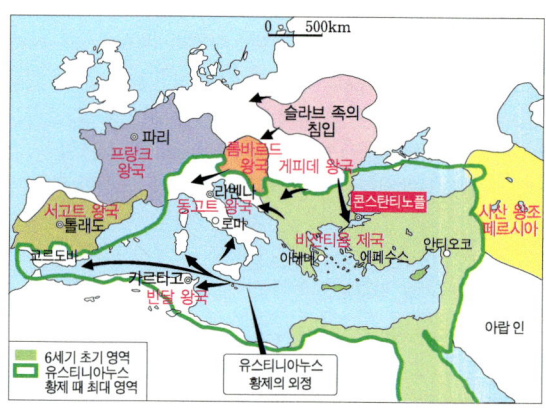
[비잔티움 제국의 발전]

[성 소피아 성당]

[술탄 아흐메드 사원(블루 모스크)]

[비탈레 성당의 모자이크 벽화]

[성 마르코 대성당]

● **자료탐구** ●

01. 클뤼니 수도원 헌장 초록

하느님의 가호로써 공작과 백작의 칭호를 가지게 된 나 기욤(아키텐 공작)은 심사숙고 끝에 나의 구원을 갈구하면서 내 소유인 클뤼니의 영지를 모두 사도 성 베드로와 성 바울의 완전한 지배 아래 바치는 바이다. …… 이 기증은 다음과 같은 특별한 조처를 따를 것이다. 클뤼니에 사도 성 베드로와 성 바울에게 봉헌하는 계율 수도원을 건축할 것이며, 여기에서 수도사들은 성 베네딕투스의 계율에 따라 공동으로 생활할 것이며, 그들이 수도원 재산을 영원토록 점유하고 보유하며 관리하고 경영할 것이다. 한편 그들은 예배와 기도로써 이 거룩한 기도의 집에 성심성의껏 생명을 불어넣으며 또 온 정열과 열의를 다해 탐구하는 일을 게을리하지 않을 것이다. …… 또한 원컨대 가난하고 곤궁한 자, 이방인과 순례자에게 바로 이 곳에서 매일 자선을 베풀어야 할 것이다.

자료 해석
클뤼니 수도원은 903년 아키텐 공 윌리엄의 승인 하에 설립되었다. 클뤼니 수도원은 봉건적 토지 소유를 하지 않으며, 봉건적 의무를 지지 않았다. 또한 수도원장의 선거권은 수도사가 가지며, 교황에 직속하고 고위성직자의 간섭을 받지 않았다. 클뤼니 수도원은 이후 교회 개혁운동에서 중요한 역할을 하였으며, 교황 그레고리 7세도 클뤼니 수도원 출신이었다.

02. 서임권 투쟁

(가) 01. 그레고리 7세의 교황의 지상권과 하인리히 4세 파문한다.
02. 로마 교황만이 '가톨릭' 혹은 '만인의'라는 호칭을 가진다.
03. 교황만이 사제를 해임하고 또한 그 죄를 사할 수 있다.
12. 교황은 황제를 폐위시킬 수 있다.
16. 교황만이 공의회를 소집할 수 있다.
20. 누구도 교황청의 결정에 이의를 제기하는 것은 불가능하다.
22. 로마 교회는 과거에 한 번도 오류를 범한 적이 없으며 성서에 증거가 있는 것처럼 이후에도 결코 오류를 범하지 않을 것이다.
23. 로마 교회에 반대하는 자는 누구도 가톨릭교도라고 할 수 없다.
27. 교황은 부당한 주군에게 봉사하는 가신의 충성 서약을 해제할 수 있다.

(나) 내 권위와 온전함을 확신하니 이에 짐은 전능한 신, 성부, 성자, 성령의 이름으로 황제 하인리히의 아들, 하인리히가 독일과 이탈리아에 있는 그의 왕국을 상실하였음을 선언하노라. 짐은 당신의 권위에 따라서 그리고 당신의 교회의 명예를 지키기 위해서 하였노라. 그가 반역을 하였기 때문에 …… 그는 그리스도교인으로 해야 할 복종을 거부하였고, 그는 신에게로 돌아오지 않고 방황하였으며, 파문된 자들과 거래하였고 많은 불의를 행하였으며, 당신이 나의 증인이신데, 짐이 그를 구원하기 위해 보낸 경고를 무시하였으며, 그는 교회로부터 스스로를 잘라내었으며 교회를 조각내고자 하였도다. 그러므로 당신의 권위에 따라서 그를 저주 하에 놓노라.

– 중세사 원전 –

자료 해석
(가)는 교황 그레고리 7세가 1075년에 발표한 '교황의 지상권'이다. '교황의 지상권'은 가톨릭 세계의 입법·사법의 지상권, 더욱이 성직자이든 속인이든 모든 군주를 폐위할 수 있는 권리를 주장하였다. 이는 결국 신성로마 제국 황제와의 대립을 가져왔다. 하인리히 4세 황제는 이에 저항해 공석인 밀라노 주교를 임명하는 등 제국 내에서 주교와 수도원장에 대한 서임권을 행사하며 교황과 충돌했다. 이에 교황 그레고리 7세는 황제 하인리히 4세를 파문하였는데, (나) 사료가 이를 보여준다.

03. 보름스 협약

하느님의 종인 나, 교황 칼릭스투스 2세는 신성 로마 황제인 하인리히 5세에게 다음을 허용한다. …… 독일 왕국에 속하는 주교와 수도원장의 선출은 독일왕(또는 대리인)이 직접 참석한 자리에서 성직 매매 없이, 또 교회

법을 위반하지 않는 범위에서 실시한다. …… 신성 로마 황제인 나, 하인리히 5세는 신의 은총으로 로마인의 존엄한 황제이므로 신과 거룩한 로마교회와 주군이신 교황 칼릭스투스에 대한 사랑으로, 그리고 짐의 영혼을 치료하기 위해, 반지와 지팡이를 통한 모든 서임권을 신에게, 신의 거룩한 사도들인 베드로와 바울로에게, 그리고 거룩한 로마교회에 바친다. 그리고 짐의 왕국과 제국 내 모든 교회에 교회법에 따른 선출과 자유로운 성직 수임이 있을 것에 동의하는 바이다. 짐은 동일한 로마교회에 현재까지 짐의 부왕의 생시나 짐의 생시에 빼앗아서 내가 가지고 있는 모든 점유와 모든 세속권을 회복시킨다.

- 교회와 국가 관계 : 사료 선집 -

자료 해석
1122년 독일의 보름스에서 교황 칼릭스투스 2세와 신성로마제국 황제인 하인리히 5세가 보름스 협약을 체결했다. 이로써 오랜 서임권 투쟁은 교황이 서임권을 차지하는 것으로 일단 타결되었다. 보름스 협약으로 황제가 성직자 임명에 참석하는 것은 허용이 되었으나, 성직자는 교회법에 따라 선출되었다. 황제는 새로 임명된 주교에게 그들의 세속 권력을 상징하는 홀만을 줄 수 있을 뿐, 종교적인 상징물인 반지와 지팡이(주교나 수도원장의 직위 표시)는 부여할 수 없게 되었다. 이를 계기로 교황권이 황제권보다 우위에 서게 되었다.

04. 라테란 공의회

악습을 뿌리 뽑고 덕행을 심기 위해, 오류를 교정하고 풍토를 개혁하기 위해, 이단을 척결하고 신앙을 강화하기 위해, 불화를 가라앉히고 평화를 구축하기 위해, 억압을 제거하고 자유를 증진하기 위해, 군주들과 그리스도 백성들이 성지에 가서 도움을 주도록 설득하기 위해 라테란 공의회를 개최하노라.
제1조 보편교회는 오직 하나뿐이며, 그 교회 밖에서는 결코 아무도 구원받을 수 없다.
제3조 이단들은 단죄되며 이단자들에 대한 형벌은 세속 관리들이 적절하게 집행한다. 이단 혐의를 받은 이들은 자신의 결백을 입증해야 하며 입증하지 못하면 파문된다. 파문 후 1년 이내에 회개하지 않으면 이단으로 단죄받는다.
제13조 성직자들은 음행에 빠져서는 안 된다.
제15조 성직자들은 폭음과 주취를 해서도 안 된다.
제16조 성직자들은 검소한 복장을 해야 하며 붉은 색이나 녹색 옷을 입으면 안 되고 지나치게 화려한 장식도 피해야 한다.
제21조 고해 사제들은 비밀을 지켜야 하며, 이를 어기면 면직될 뿐 아니라 평생 엄격한 수도원에서 복속하며 지내야 한다.
제46조 성직자들에게는 세금을 징수하지 못한다.
제54조 십일조는 세금 내기 전에 바쳐야 한다.

자료 해석
제시문은 교황 인노켄티우스 3세가 1215년에 소집한 라테란 공의회이다. 라테란 공의회에서 신자는 1년에 적어도 한번은 고해성사를 해야 하며, 화체설을 인정하였다. 또한 성지회복을 위한 십자군 원정을 결정하고, 프랑스 남부에서 활동하던 알비파 등의 이단 처단을 명령했다.

05. 우남 상크탐과 평화의 수호자

(가) 단 하나의 교회에는 괴물처럼 하나의 몸에 두 개의 머리가 있는 것이 아니라 하나의 머리만이 있을 뿐이다. 이 하나의 머리는 그리스도이고, 그 대리인은 베드로와 그의 후계자들이다. …… 복음서에 따르면 교회의 권력은 영적인 검과 세속의 검이라는 두 개의 검으로 구분된다. 그 두 개의 검은 모두 교회의 권력 아래에 있다. 전자는 교회를 위해 사용되며 후자는 교회에 의해 사용된다. 전자는 사제의 손에 쥐어지고, 후자는 왕과 기사의 손에 쥐어지지만 사제의 의지에 따른다. 따라서 세속 권력이라는 검은 영적인 권력이라는 또 다른 검에 종속되어야 한다. 그러므로 영적인 것이 세속적인 것을 뛰어넘듯이 영적인 권력은 어떠한 세속 권력보다도 우월하고 고귀하다. …… 그러므로 모든 인간은 구원을 위해 로마 교황에게 종속되어야 한다는 사실을 천명한다.

- 보니파키우스 8세, 『하나의 성스러운 교회(Unam Sanctam)』(1302) -

(나) 만약 로마의 주교나 다른 사제들이 면책권을 가지고 통치자의 강제적 판단에 복속하지 않으면 …… 이것은 불가피하게 세속 통치자의 사법권을 무효화시키는 결과를 초래할 것이다. 나는 이것이 모든 통치자의 공동체들에게 매우 중대하고 심각한 해악이라고 믿는다. …… 인민의 동의 및 공익을 위한 법률이라는 두 요소가 병든 정부와 건강한 정부를 구별해 내는 근거이다. 그러나 이들 가운데 절대적 혹은 보다 중요한 판별의 기준은 인민의 동의이다.

– 평화의 수호자 –

자료 해석

(가)는 교황 보니파키우스 8세가 프랑스 왕 필리프 4세에 대항하여 발표한 글로서 교황의 권력이 국왕의 권력보다 우위에 있다고 주장한 것이다. 교황 보니파키우스 8세(1294~1303)는 모든 권위가 신으로부터 파생되며, 그리스도의 대리인으로서 교황이 지구상에서 그리스도의 의지의 가장 높은 구현이라고 믿었다. 따라서 그는 교황의 권위가 세속 통치자들의 권위보다 우월하다고 믿었다. 1302년 4월 필리프 4세는 성직자들, 귀족들, 그리고 가장 부유한 도시들의 대표들을 파리로 초대함으로써 교황직에 대한 저항을 강화하기 위해 삼신분회를 소집했고, 삼신분회는 왕에 대한 지지를 표명했다. 11월에 보니파키우스 8세는 교황의 권위가 왕의 권위보다 우월하다는 것을 선언하고 이를 정당화한 우남 상크탐을 발표하였다.

(나)는 이탈리아의 철학자인 마르실리우스가 발표한 글이다. 마르실리우스는 파리대학에서 오컴에게 배우기도 하였다. 그는 1324년 저술한 『평화의 수호자』에서 교회도 국가의 일부이기 때문에 교황 권력도 세속 권력의 아래에 있어야 한다고 주장하였다. 이러한 주장은 15세기에 전개된 공의회주의의 이론적 토대가 되었다. 공의회주의는 공의회의 권력이 교황권보다 우위에 있다는 것이다. 콘스탄츠공의회가 교황을 폐위시키고 새로운 교황을 세워 교회의 대분열을 종식시킨 것이 공의회주의의 대표적인 예이다.

06. 교회의 대분열

현재 성스러운 교회가 분열되어 있는 것은 여러 교황들(실제로 세 사람이 교황을 자처하고 있다)이 존재하기 때문이다. 그중 로마에 있는 교황은 스스로 마르티누스 5세라고 칭하며 모든 기독교 왕들이 그를 따르고 있다. 발렌시아 왕국(프랑스 동남부, 론 강 연안)에 …… 기거하는 두 번째 교황은 스스로 클레멘스 7세라고 칭한다. 추기경 생테티엔을 빼고는 어디에 기거하는지 아는 이가 거의 없는 세 번째 교황은 베네딕투스 14세라고 칭한다. 교황 마르티누스 5세를 자처하는 자는 모든 기독교 국가들의 동의에 의해서 콘스탄츠 공의회에서 선출되었다. 클레멘스 7세를 자처하는 자는 그의 추기경 세 명에 의해서 …… 선출되었다. 스스로 교황 베네딕투스 14세라고 일컫는 자는 …… 추기경 생테티엔에 의해서 …… 은밀히 선출되었다. 우리 주 예수 그리스도께 비옵나니, 무한한 자비를 베푸시어, 위의 세 명 가운데 누가 진정한 교황인지, 앞으로 누구를 따라야 할지 …… 그리고 누구를 믿어야 할지 우리에게 알려주소서.

자료 탐구

제시문은 중세 말 교회의 대분열을 보여주는 자료이다. 1378년부터 1417년까지 두 명의 교황이 선출되어 자신이 진정한 교황이라 주장하면서 대립하였다. 유럽 여러 나라의 교회는 두 교황 가운데 하나를 정통으로 인정함으로써 서유럽 교회가 분열되었고, 교회의 권위가 크게 떨어졌다. 1417년에는 새로운 교황을 추대함으로써 교회 분열의 시도를 막으려 하였는데, 그래서 일시적으로 세 명의 교황이 존재한 적이 있었다.

07. 위클리프와 후스의 교회 개혁 주장

- 악마가 흉계를 꾸며 두 명의 교황이 선출되면, 교회에 헤아릴 수 없을 정도로 많은 재앙이 일어날지 모른다. 현재 교황은 예수 그리스도의 바른 길을 밟아가지 않고 사탄의 잘못된 길을 걸어가고 있다. 예수께서 교황청이나 추기경 회의를 설립하셨다는 말은 어디에도 기록되어 있지 않다. 예수께서는 교황이 반드시 있어야 한다고 말씀하시지 않았다. 오히려 교황권과는 서로 양립할 수 없는 가르침이다. 따라서 이로부터 결론을 내리건대, 계속 싸움만 하고 있는 지상의 교회에는 오히려 교황이 없는 쪽이 좋다는 것이 분명하다. 설령 백 명의 교황이 있고 모든 탁발 수도사들이 추기경이 된다고 해도, 신앙의 면에서 그들이 성서와 일치하는 한에서만 그들에게 찬성해야 한다.

– 위클리프 –

- 성경만이 크리스트교 신앙의 유일한 원천이며 법규이므로, 교황의 권위란 인위적으로 꾸며낸 것이며 교황권은 크리스트교 신앙에 백해무익한 거짓된 것이다.

- 후스 -

자료 해석
교회의 대분열로 교황의 권위가 실추되면서 교회 개혁의 움직임이 일어났다. 14세기 후반 영국의 위클리프와 보헤미아의 후스는 교회의 세속화와 성직자의 타락을 비판하며 성서에 기초한 신앙을 강조하였다. 이러한 주장은 이후 루터의 종교 개혁에 영향을 주었다.

08. 콘스탄츠 공의회

(가) 교황은 한 개인일 뿐이며 실패할 수도 있습니다. …… 자신들의 목적을 위해 교황직을 놓고 다투며 대죄를 범하는 세 명의 교황들에게는 순종을 거부하는 것이 최상입니다. …… 공의회 총회의 소집 권한은 교황에게 속하지 않습니다. 이 권한은 일차적으로 주교, 추기경, 대주교, 세속 군주, 공동체, 다른 신자들에게 속합니다. …… 공의회는 권위, 위엄, 기능 면에서 교황보다 우위에 있습니다. 교황은 모든 점에서 공의회에 순종해야 합니다. 공의회가 보편 교회를 대표하기 때문에 묶고 푸는 열쇠들은 공의회에 주어진 것입니다. 그리고 공의회가 교황의 권한을 박탈할 수 있습니다. 공의회의 결정에 대해서는 누구도 항의할 수 없습니다. 공의회는 교황을 선출할 수도 있고 폐위할 수도 있습니다. 공의회의 규정, 명령, 규례 등은 변경할 수 없으며 공의회 아래 놓인 자가 무효화할 수도 없습니다.

- 디트리히 폰 니하임, 『교회 일치와 개혁 방안들』(1410) -

(나) 거룩한 콘스탄츠 공의회는 선언하노라. 첫째, 이 모임은 성령 안에서 합법적으로 이루어졌으므로 공의회를 구성하여 가톨릭교회를 대표한다. 따라서 그리스도로부터 직접 그 권위를 받으며 교황 자신을 포함하여 어떤 계급과 조건에 속한 사람이라도 신앙, 대분열의 종식, 신의 교회를 머리에서 지체까지 개혁하는 것과 관련된 문제에서 공의회에 복종해야만 한다. 둘째, 공의회에 의해서 만들어진 또는 만들어질, 아니면 다른 합법적으로 소집될 공의회에 의해서 만들어지거나 만들어질 명령, 포고, 법령, 지침에 반항하여 복종하길 거부하는 자는 바른 마음 자세로 돌아오지 않으면 적절한 형벌을 받아야 하며 온전히 처벌될 것이다.

- 크리스트교회 문헌 -

자료 해석
(가)는 14세기 교회의 대분열을 비판하면서 공의회가 교황보다 우위에 있다는 주장을 하고 있다. 이러한 주장이 받아들여져 아비뇽의 유수 이후 교회의 대분열로 혼란해진 크리스트교의 상황을 종식시키기 위해 콘스탄츠 공의회가 개최(1414)되었다. 교회의 대분열로 로마의 그레고리 12세와 아비뇽의 베네딕투스 13세가 선출되었다. 이러한 분열을 해결하기 위해 소집된 피사 공의회(1409)가 요한네스 23세를 새 교황을 선출하였으나 기존 교황들이 사임을 거부해 교황이 3명이나 되었다. 이에 1417년 콘스탄츠 공의회는 마르티누스 5세를 새로운 교황으로 선출하고 기존의 교황들을 폐위되거나 사임시켜 대분열을 종식시켰다. 또한 콘스탄츠 공의회는 위클리프를 이단으로 선언하고 후스를 소환하여 이단으로 처형하였다.

CHAPTER 07 중세 봉건 왕정의 발전과 중앙 집권 국가의 출현

1 중세 봉건 왕정

(1) 영국

① 헨리 1세(1100~1135) : 왕권 강화

사법	· 순회재판제 시작 : 국왕의 재판관을 전국에 파견 · 자유헌장 발표 : 왕을 법으로 통제하는 문서 → 효력×
재정	· 왕실 재무 관리를 위해 재무관 설치 → 파이프 롤(재정문서) 작성 · 주장관 세리프(sheriff)가 일 년에 2번씩 왕실의 수입과 지출 보고
베크협약 (1107)	· 교회에서 주교 선출 · 주교는 국왕에게 봉신으로서 신서하고 국왕으로부터 봉토와 제반 권리를 수여 받음
헨리 1세 이후 왕위 계승	· 헨리 1세의 누이동생의 아들인 스테판이 왕위 계승 · 헨리 1세의 딸과 남편 앙주백작과 왕위 쟁탈전 전개 → 두 파의 협상으로 앙주백작의 아들 헨리 2세가 왕위 계승

② 헨리 2세(1154~1189) : 플랜태저넷 왕조 개창

지위	앙주 백, 노르망디 공, 아키텐 공을 겸하고 프랑스 내 광대한 영토 소유 → 앙주 제국
클라렌든 헌장◇ (규약, 1164)	· 교회 사법권 통제 → 성직자의 범법 행위 시 국왕 법정에서 재판받음 · 베케트의 암살사건으로 헨리 2세는 영국의 교회법정이 교황청에 소청하는 권리를 인정하는 등 양보하게 됨
용병 조직	봉건 제후의 군역대납금으로 용병 조직 → 프랑스 내의 영토의 보전과 확대에 이용
사법개혁	· 순회 재판제 확대 · 배심제 확립 · 유력자들의 범죄를 배심원들이 왕립 법정에 고발 가능 · 토지 소유권에 관한 소송에서 결투 대신에 기사 배심원으로 판결 · 봉건제후 법정에서의 판결에 불만인 경우 왕립법정에 상소 가능
보통법 확립	지역법정과 봉건 법정이 관습법보다 보통법에 의거하여 재판하려는 경향↑

③ 존 왕(1199~1216)의 대헌장 제정(1215)
- 존 왕의 실정으로 귀족들이 권리 선언 → 귀족의 봉건적 특권 확인 문서
- 영국의 국민권 보장으로 인식 확대 → 입헌 정치의 시발점

④ 헨리 3세(1216~1272) : 시몽 드 몽포르의 봉기 → 최초의 의회인 시몽 드 몽포르 의회(1265) 설치

◇ **클라렌던 규약**
(Constitutions of Clarendon)

클라렌던 규약은 1164년 헨리 2세가 잉글랜드의 교회와 국가의 관계를 정의한 16개의 조항을 말한다. 핵심적인 내용은 교회의 특권을 제한하고 교회 법정의 권력을 제한하는 것이었다. 즉, 주교는 축성전에 왕에게 먼저 신서를 해야 하며, 왕의 허락 없이 교회는 교황에게 상소할 수 없었다. 또한 범법 행위를 한 사제는 성직에서 추방되고, 왕의 법정에서 일반 백성과 똑같이 처벌을 받아야 한다는 것이었다. 그러나 헨리 2세의 절친이자 캔터베리 대주교였던 토머스 베케트는 이에 반발하였다. 이후 헨리 2세의 부하들이 토머스 베케트를 살해함으로 인해 잉글랜드 교회들의 왕에 대한 반감이 심화되었다.

◇ **부빈 전투**

부빈 전투는 프랑스 왕 필리프 2세가 1214년 프랑스 북부의 부빈에서 영국의 존 왕, 신성 로마 제국 황제 오토 4세, 플랑드르 백작 등의 연합군을 격파한 전투다. 이 전투의 승리로 프랑스 국왕의 권력이 강화되었고, 영국의 존왕은 이 전쟁의 패배로 귀족들이 요구한 대헌장(1215)을 수용할 수 밖에 없었다.

⑤ 에드워드 1세(1272~1307)
- 시몽 드 몽포르의 봉기를 격파하고 즉위
- 국왕의 행정을 분화하고 전문화
- 왕실 재정 업무 전문화
- 봉건 신하들로 구성되었던 왕실회의를 국왕 직속의 재무관 내지 법관으로 강화
- 민소 재판소(신하들의 민사 소송 처리)와 왕좌재판소(국왕과 관련된 소송 처리) 설치
- 웨일즈 지방 정복
- 모범의회(1295) 소집 : 프랑스와의 전쟁 자금을 마련하기 위해 소집 → 고위성직자, 각 주에서 2명씩의 기사, 자치도시에서 2명씩의 시민대표 참여 → 하급 귀족인 기사와 도시 중산계급의 대표가 참여함으로써 하원의 출현을 가능하게 함

⑥ 에드워드 3세(1327~1377)
- 상·하 양원제의 기틀 마련(1341) → 하원이 과세에 관한 결정권을 지님
- 치안판사 설치

(2) 프랑스 : 카페 왕조

① 루이 6세(1108~1137) : 아키텐 공작과 폴랑드르 백작의 신종 획득 → 왕국 발전의 기초 마련

② 루이 7세(1137~1180)
- 아키텐 공의 상속녀인 엘레오노르와 결혼 → 엘레오노르는 루이 7세와 이혼하고 헨리 2세와 재혼
- 셋째 왕비를 통해 상파뉴 백 및 블로아 백과 남매 관계를 맺음 → 왕실의 울타리 확보

③ 필리프 2세(1180~1223) : 존엄왕 필리프
- 부빈 전투(1214) : 영국의 존 왕과 신성로마제국의 오토 4세에게 승리 → 존 왕으로부터 프랑스 내의 노르망디, 메인, 앙주 및 투레인 획득 → 왕실 수입 증가와 왕권 강화
- 늘어난 영토 수입과 관리를 위해 '바이이'와 '세네샬' 창설 → 시민계급 출신으로 새롭게 임명된 지방행정관, 세네샬은 국경지대 근처여서 전투 수행 능력 필요 → 국왕의 관료 조직 형성
- 남부 프랑스 알비시의 이단 운동을 진압(알비즈와 십자군)하고 톨루즈 확보

④ 루이 9세(1226~1270) : 성왕 루이
- 알비즈와 십자군을 파견하여 이단을 진압하고 랑그독과 프로방스 등 왕령으로 편입
- 감찰관 파견하여 바이이와 세네샬 감독
- 고등법원 설치
- 8차 십자군 때 튀니스에서 사망

⑤ 필리프 4세(1285~1314)
- 고등 법원의 기능과 조직 강화
- 바이이와 세네샬 증원 → 관료제 강화
- 왕실 재정을 관장하는 회계원 창설 + 국왕의 자문기구인 왕실평의회 설치 → 왕권↑
- 교황 보니파키우스 8세와 대립 → 삼신분제 소집(1302) → 교황의 아비뇽 유수(1309)

(3) 신성로마제국 : 호엔슈타우펜 왕조(1152~1254)

① 프리드리히 1세(1152~1190) : 호엔슈타우펜 왕조 개창
- 대제후의 자유 재량권 인정 → 독일을 봉건국가로 조직
- 결혼을 통해 부르군트 왕국 접수
- 이탈리아 경영 : 롬바르디아 도시동맹과 대립 → 레냐노 전투(1176)에서 프리드리히 1세 패배 → 롬바르디아 도시들과 화평을 맺고, 토스카나, 스폴레토 장악 → 이탈리아 경영으로 독일과 이탈리아에서의 집권적인 통일국가로 발전X
- 3차 십자군 원정 중 사망

② 하인리히 6세(1190~1197)
- 시칠리아왕이 후계자 없이 사망하자 왕비의 이름으로 왕위 요구 → 시칠리아 왕국의 주요 직책에 독일인 관리 배치
- 독일, 부르군트, 이탈리아, 시칠리아의 지배자가 되었으나 일찍 사망
- 하인리히 6세 사망 후 어린 아들인 프리드리히가 왕위계승을 못하고 벨펜가의 오토가 리처드 왕의 후원을 얻어 왕위 계승 → 교황 인노켄티우스 3세가 오토 4세 지지 → 오토 4세가 시칠리아 반환 약속을 지키지 않자 오토 4세를 파문하고 프리드리히 2세 지지

③ 프리드리히 2세(1215~1250)
- 중부 이탈리아를 침략한 교황을 격파하고 멜피 헌장 선포
- 멜피 헌장(1231)◇ : 중부 이탈리아와 시칠리아를 중앙집권적 통일 국가로 재편
- 독일 제후의 이익을 위한 헌장(1231) : 독일 제후의 독립과 주권 인정
- 교황 인노켄티우스 4세는 프리드리히 2세 파문하고 롬바르디아 도시 동맹 지원
- 6차 십자군 : 이집트 술탄과 협의 → 예루살렘, 베들레헴 일시 회복

④ 대공위 시대(1254~1273)◇ : 프리드리히 2세의 아들 콘라트 사망(1254) → 황제가 없는 시기

⑤ 황금문서(1356)◇ : 7명의 선제후가 황제 선출하고 선제후의 특권 규정 → 제후와 자치 도시 등 300여 개의 지방 분권으로 분열된 영방국가

◇ **멜피 헌장**

멜피 헌장은 1231년 프리드리히 2세가 공포한 시칠리아 왕국의 새로운 법전이다. 이 헌장의 목적은 왕의 권력을 강화하고 봉건 세력을 약화시키려는 것이었다. 즉, 왕의 권한 강조하고 귀족과 도시민의 특권 축소하였으며, 민·형사 사건을 왕의 법정에 회부하도록 하였다. 또한 시칠리아를 11개의 주로 구분하여 감찰관 및 지사가 통치하도록 함으로써 황제의 통치권을 강화시키려 하였다.

◇ **대공위 시대**

대공위 시대는 1254년 황제 콘라트 4세가 사망한 후 다음 황제인 루돌프 1세가 1273년 즉위할 때까지 황제의 자리가 비어 있었던 시기를 말한다.

◇ **황금문서**

황금문서는 1356년 황제 카를 4세가 발표한 제국법으로, 황금으로 만든 도장을 사용한 것에서 비롯되었다. 카를 4세는 황금문서를 통해 대제후의 기득권을 인정하고 신성로마제국의 황제 선출 방식을 규정하였다. 이후 제후의 권력은 더욱 강해져 신성 로마 제국의 분열을 초래하였다

◇ **아라스 조약**

1435년 프랑스 왕 샤를 7세와 부르고뉴 공작 필리프 사이에 체결된 조약이다. 백년전쟁 동안 프랑스 왕은 부르고뉴 공작의 영국과의 동맹 때문에 큰 곤란을 겪었다. 이에 잔다르크의 도움으로 정식 국왕이 된 샤를 7세가 부르고뉴 공작에게 마콩 백작령, 폰티우 백작령, 오세르 백작령 등을 양도하고, 부르고뉴 공작은 영국과의 동맹관계를 파기하기로 합의하였다. 아라스 조약으로 프랑스가 백년전쟁에서 결정적 우위를 점하게 되었다.

(4) 백년전쟁

원인	• 1328년 샤를 4세의 사망으로 카페 왕조 단절 → 에드워드 3세와 발루아 백작 필리프 대립 → 발루아 왕조 출현 • 프랑스 국왕의 플랑드르 지방에 대한 간섭 강화 • 프랑스 내 영국 왕령지를 둘러싼 대립 심화
시작	• 1328년 필리프 6세가 영국 왕에게 봉신으로 충성의 맹세 요구 → 영국 왕은 문서상의 서약만 함 → 군사적 봉사를 포함하는 충성 맹세가 아니라는 이유로 가스코뉴 공작령 몰수 → 에드워드 3세가 1337년 가스코뉴 항구도시인 보르도에 상륙함으로써 시작
초기	• 크레시 전투(1346)에서 흑태자와 장궁 보병의 활약으로 영국군 승리 → 1348년 흑사병의 유행으로 소강상태 • 영국군이 푸아티에 전투(1356)에서 승리 → 프랑스 국왕 장 2세가 영국군의 포로가 됨 → 브레티니 조약 체결
브레티니 조약 (1360)	• 프랑스는 장 2세의 석방보상금으로 300만 크라운을 지불 • 칼레시 등의 영토를 영국에 할양
중기	• 영국 왕 헨리 5세가 노르망디에 상륙 → 아쟁쿠르 전투(1415)에서 영국군 승리 • 프랑스는 샤를 6세의 정신 이상으로 부르고뉴 공작이 실권을 장악하였으며, 부르고뉴파와 아르마냐크파 간의 대립↑
트루아 조약 (1420)	• 세자(도팽) 샤를은 프랑스 왕위 계승권을 박탈당하고 헨리 5세가 프랑스 왕 샤를 6세의 딸 카트린과 결혼 • 헨리 5세와 헨리 5세와 카트린 사이에서 태어난 아들이 잉글랜드와 프랑스의 왕위를 계승할 것을 명시
말기	• 트루아 조약에도 불구하고 세자 샤를은 프랑스 기사들의 지지를 받음 • 잔 다르크가 이끄는 프랑스군이 오를레앙 전투(1429)에서 승리 → 세자 샤를이 랭스 성당에서 샤를 7세로 즉위 → 잔 다르크는 콩피에뉴에서 포로가 되어 화형 당함(1427)
아라스 조약◇ (1435)	• 샤를 7세와 부르고뉴 공작 필리프 사이에 체결 → 샤를 7세는 부르고뉴 공작에게 마콩 백작령 양도, 폰티우 백작령을 주고, 부르고뉴 공작은 아르마냐크파간의 대립 종결 • 아라스 조약으로 영국왕은 동맹자를 잃었기 때문에 프랑스 내에서의 군사 작전이 불가능하여 프랑스가 유리해짐
종결	• 1450년 노르망디의 포르미니 전투(대포 사용)와 보르도 전투에서 프랑스군 승리 • 영국은 칼레만을 소유

[백년전쟁]

(5) 장미 전쟁(1455~1485)

배경	· 중세 말 영국에서 젠트리와 부유한 상인층, 자영농민층(요먼)가 성장하여 사회의 중추 세력 형성 → 사회 안정과 법적 질서에 대한 요구↑ · 세습 귀족들은 왕위를 둘러싼 당파 싸움에 몰입 · 랭커스터가(붉은 장미)와 요크가(흰 장미)의 대립
시작	헨리 6세의 정신이상으로 요크가의 리처드가 섭정 → 헨리 6세의 왕비 마가레트가 리처드를 추방 → 리처드가 귀국하여 왕위 쟁탈전 시작
전개	· 랭커스터가의 왕군이 요크군 격파 → 리처드 전사 · 리처드의 아들 에드워드가 승리 후 에드워드 4세로 즉위 · 에드워드 4세가 죽은 후 섭정 리처드가 리처드 3세로 즉위 · 랭커스터가의 왕위계승자인 헨리 튜더가 프랑스 루이 11세의 지원으로 리처드 3세 격파 → 헨리 7세로 즉위
결과	· 튜더 왕조 개창 → 왕권↑ · 상당수의 귀족 세력 몰락

(6) 에스파냐와 포르투갈

① 에스파냐 : 카스티야와 아라곤의 합병(1469)으로 탄생 → 그라나다를 함락하고 통일 국가 완성(1492)

② 포르투갈 : 카스티야로부터 독립(1139) → 중앙 집권 국가로 성장, 해외 진출

[재정복활동]

◇ **에스파냐 왕국의 성립**
8세기 초 이슬람 교도에게 정복된 이베리아 반도는 11세기 이후 재정복 운동(레콩키스타)으로 곳곳에 크리스트교 국가가 수립되었다. 15세기 말 아라곤의 페르디난드 왕과 카스티야의 이사벨라 여왕이 결혼함으로써 에스파냐 왕국이 탄생하였다(1479).

(7) 러시아와 폴란드, 북유럽

① 러시아
- 키예프 공국 : 그리스 정교를 국교, 키릴 문자로 성서 번역 → 슬라브족 전도, 키예프의 성 소피아 성당 → 주치 울루스에 멸망당함
- 모스크바 공국 성립 → 몽골의 지배(주치 울루스)
- 이반 3세(1462~1505) : 몽골의 지배로부터 독립 → 비잔티움 제국의 황제 계승자로 자처 → 모스크바를 제3의 로마로 부름

② 폴란드
- 폴란드 왕국 형성하며 전성기(15~16세기)
- 로마 가톨릭 수용 → 17세기 이후 쇠퇴 → 18세기 후반 프로이센·오스트리아·러시아 3국에 의해 분할·점령됨

③ 북유럽
- 10세기 후반~ 11세기 초 : 그리스도교를 공식적으로 수용 → 덴마크, 노르웨이, 스웨덴이 통일 왕국 수립
- 12세기 이후 : 봉건제도가 덴마크, 노르웨이, 스웨덴에 확산 → 귀족들은 귀족회의를 구성하여 왕권 제약
- 칼마르 동맹(1397) : 덴마크, 노르웨이, 스웨덴 통합 → 1523년 구스타브 1세가 스웨덴 국왕으로 선출됨으로써 해체

◇ **칼마르 동맹**
칼마르 동맹은 1397년 마르가리타 1세가 주도하여 스웨덴의 칼마르에서 노르웨이, 스웨덴, 덴마크의 왕국들을 한 명의 왕 아래에 통합시킨 것이다. 칼마르 동맹은 스웨덴이 반란을 일으켜 1523년 구스타브 1세가 독립할 때까지 지속되었으며, 노르웨이는 1536년 덴마크의 속주로 전락했다.

자료탐구

01. 필리프 2세와 관료제

존엄왕 필리프 2세의 통치 기간에 다수의 바이이(대관)들은 이미 정무관이었으며, 이들은 대학 졸업자로서 프랑스 왕령지로 새로 흡수된 새 지역을 관리하고 이 지역들을 왕의 관할권 속으로 편입시키기 위해 파견되었다. 같은 제도가 13세기 랑그도크로 전파되었는데, 이 때는 남부의 제후들이 프랑스의 지배 하에 들어왔다. 남프랑스에서 바이이는 세네샬(지사)이라고 불리었다. 이는 봉건 주군의 대리자를 지칭하는 오래된 일반 명칭이었는데, 이제 프랑스 왕정의 지방 대표자로서 봉급을 받는 자들이라는 새로운 의미가 부여된 것이다. 13세기 중엽에 바이이와 세네샬은 자활적인 결사체가 되었으며, 어떻게 보면 왕 자신보다 더 열렬하게 왕권의 확대를 지지하는 자들이었다. 지방의 관습과 제도를 억누르고 분산된 프랑스 지역들을 공통의 정부 아래에 두게 한 이들이 바로 그들이었다. 프랑스가 존엄왕 필리프의 통치 초기, 아니 좀 더 일찍 그 특징적인 형태를 갖추기 시작한 관료제의 산물이라고 말하는 것은 과장이 아니다.

– 노먼 F. 켄터, 중세문명 –

자료 해석
필리프 2세는 부빈 전투 승리 후 노르망디, 메인, 앙주, 투렌 지방을 정복하여 재정 수입을 증가시켰다. 필리프 2세는 넓어진 영토의 행정을 재조직하기 위해 새로운 행정 관리인 바이이와 세네샬을 창설하였다. 노르망디를 5개의 대관구로 나누었으며, 각 바이이(대관)는 각 대관구에서 재판을 하고 왕의 세입을 거두었고, 그 대가로 정기 급료를 받았다. 그들은 또한 왕과 왕령지 봉신들 사이의 관계를 조정하는 왕의 대리인 역할을 하였다. 대관들은 중산계급에서 충원되었다. 세네샬은 적과 대치하고 있는 지역의 대관구를 다스렸기에 강력한 군사력이 필요했다. 그래서 세네샬은 제후나 기사 중에서 임명되었다. 바이이와 세네샬은 하급 관리를 거느렸고, 이들의 수가 증가하면서 프랑스의 관료 체제가 정비되어갔다.

02. 대헌장(마그나 카르타)

1. 본 헌장으로 과인은 잉글랜드 교회가 영원히 자유롭고 그 권리와 자유는 훼손될 수 없다는 점을 신의 뜻으로 인정한다. 과인과 대귀족들 사이에 벌어진 작금의 논쟁이 발발하기 이전에, 이미 과인의 의지로 교회의 자유로운 선출권을 윤허했으며 교황 인노켄티우스 3세의 승인을 받았다는 점에서 이 사실은 필히 준수될 것이다.
12. 과인의 몸값, 장자의 기사 서임식, 장녀의 결혼식을 제외한다면, 왕국 내 일반적 동의(general consent) 없이는 어떠한 병역 면제세나 보조금이 부과될 수 없다.
13. 런던시는 육로에서나 수로에서나 기존의 특권과 관습법을 자유롭게 누릴 것이다. 다른 모든 도시들 또한 각자의 특권과 관습법을 자유롭게 누릴 것이다.
21. 대귀족들은 그가 저지른 죄의 경중에 따라 오직 그와 신분이 동등한 자들에 의해서만 구속될 수 있다.
39. 어떠한 자유민도, 그와 동등한 자들이 왕국의 법으로 집행한 적법한 재판에 의해서가 아니라면, 체포·구금되거나 소유권을 박탈당할 수 없으며 추방당할 수 없다.

자료 해석
대헌장은 중세의 특허장 형식으로 되어 있었으며 종래 관습적으로 인정되어 오던 봉건 제후들의 특정한 권리들을 확인한 것이다. 그러나 후대에는 제 12조와 제 39조의 내용을 확대 해석하여 모든 국민의 권리를 보장하였다. '모든 과세는 동의에 의해야 한다.' 또는 '모든 사람들은 동료에 의한 재판을 받을 권리가 있다.'는 등의 주장으로 발전한 것이다. 원래 봉건적 특권을 확인한 문서에 불과했던 대헌장이 영국 헌정사상 중요한 의의를 갖게 되는 까닭이 여기에 있다.

03. 영국 사법제도의 발전

헨리 2세 때부터 국왕의 재판관들은 지방 법정을 자주 열기 시작하였다. 그리하여 잉글랜드 전역에 글렌빌과 '브락턴'의 저술에서 국왕 법정의 관습으로 묘사된 공통적인 관습법 즉 '보통법(common law)'을 적용시킬 수 있게 되었다. 이전의 제도에서는 일반적으로 말해서 지방 법정이 그 지방의 관습을 적용시키는 그러한 제도였다. …… 그러나 중앙집권적인 사법제도가 확립될 때까지는 이같은 형사소송을 그리 자주 다룰 수 있었던 것이 아니다. 그들은 영향력 있는 자들이 연루되었을 때 관여하였고, 절도, 특히 가축의 절도 사건에 대해서도 가끔 관여하였다. 이 점에서 앵글로 색슨의 사법제도는 노르만 정복 이후에도 계속 존속하였다. 1166년 클라렌든 법령에 의해 변화가 일어났으며, 이 변화는 1176년 노샘프턴 법령으로 더욱 촉진되었다. 이 법령들은 중죄를 지은 혐의자를 정기적으로 왕의 재판관이 재판할 수 있는 길을 열어놓았다. …… 이들에게 있어서 법정을 자주 개정한다는 것은 왕을 대신하여 수행하는 행정적, 외교적, 군사적인 일과 같은 많은 임무들 중의 하나에 지나지 않았다. 그러나 잦은 순회재판의 도입은 사법부의 업무가 증가하는 것을 말하고 있으며, 12세기 말까지는 법률적인 문제에 정통한 일군의 사람들(대부분 세속인이었다), 즉 전문적인 재판관이 생겨나게 되었다. …… 왕실 법정은 형사사건뿐 아니라 재산에 관한 분쟁도 다루었기 때문에 그 기능이 아주 유용한 것으로 생각되었다.

– 옥스퍼드 영국사 –

자료 해석
영국은 헨리 1세 때부터 전국에 순회재판관을 파견하기 시작하였다. 순회재판관의 파견을 통해 영주의 사법권을 제한하고 왕권을 강화시키기 위한 것이었다. 헨리 2세 때는 클라렌든 규약(법령)을 통해 교회의 특권과 교회 법정을 제한하였다. 또한 헨리 2세는 순회재판제를 확대하고 배심제를 확립하였으며, 영국의 보통법을 확립하였다.

04. 프리드리히 2세, 교황을 탄핵하다.

황제 프리드리히는 이 과정들에 관해서 완전히 알게 되자, 자신을 억제할 수 없어서 격렬한 분노를 표출하였으며, 주변에 앉은 사람들에게 찡그린 시선을 던지면서 호통쳤다. "공의회에서 교황이 짐의 관을 박탈함으로써 짐을 불명예스럽게 했다. 어찌 그런 대담함이 나왔는가? 어디에서 그런 성급한 주제넘은 것이 나왔는가? 짐의 보물을 간직할 내 창고들은 어디 있는가?" 그리고 명령을 내려 그것들을 가지고 와서 왕 앞에서 열게 하고 말했다. "보라, 짐의 왕관이 이제 분실했는지." 그런 후 하나를 발견하고서는 그것을 자신의 머리에 쓰고, 이렇게 관이 올라가자, 그는 우뚝 섰다. 그리고 위협적인 눈과 무서운 목소리로, 격정으로 억제할 수 없는 상태에서 크게 말했다. "짐은 아직 관을 잃지 않았으며, 교황이나 어떤 공의회의 공격에 의해서도 피 흘리는 싸움 없이 그것을 뺏기지 않겠노라. 그자의 세속적인 자만심이 아주 높이 그를 올려놓아서, 그로 하여금 황제의 위엄에서 짐, 세상의 최고 군주, 아무도 더 위대할 수 없는 자–그렇다. 짐이야말로 필적할 자가 없는데–를 던져 버리는가? 어떤 일들에서도 그러하다." 따라서 그때부터 프리드리히는 교황에 대해 더욱 효과적으로 해를 가하고자 …… 교황 성하에 대하여 온갖 위해를 가하였으니, 그의 친구들과 친척들만이 아니라 그의 돈에 대해서도 그러했다.

– 중세사 사료집 –

자료 해석
프리드리히 2세는 라벤나 회의에서 롬바르디아 지역의 도시에 대해 중앙집권적 통치를 하겠다고 선언했다. 프리드리히 2세는 이탈리아는 고도로 중앙집권화된 왕국으로 만들고, 독일은 제국의 변방에 있는 중요하지 않는 지역으로 방치하고자 했다. 이러한 정책에 교황 인노켄티우스 4세는 리옹 공의회를 소집하여 프리드리히 2세의 폐위를 선언했다. 하지만 황제는 이에 굴하지 않은 채 롬바르디아 지역을 진압하고자 했지만 성공하지 못했고, 곧 전사함으로써 호엔슈타우펜 왕조는 종말을 고하게 되었다.

05. 황금 문서

…… 로마인의 왕 선출에 관하여

더욱이 그들 혹은 그들의 다수가 그 자리에서 선발하게 되면, 그 선출은 장래에 마치 반대하는 이 없이 만장일치로 그들 모두에 의해 통과된 것처럼 간주될 것이고 여겨질 것이다. …… 앞서 말한 식으로 로마인들의 왕으로 선출된 자는 선거가 이루어진 직후에, 그리고 그가 그의 황제직에 따라서 어떤 다른 소송이나 문제에 참여하기 전에 반박이 없이 그의 서장이나 인장을 통해서, 교회의 그리고 세속의, 신성한 제국의 더 가까운 성원으로 알려져 있는 선제후 각자와 모두에게 그들의 특권, 허가장, 권리, 자유, 고대 관습, 그리고 또한 그들의 위엄과 선거일 전 제국에서 얻고 소유할 무엇이든 확인하고 승인할 것이다.

– 중세사 사료 선집 –

자료 해석

황금문서는 1356년에 신성 로마 황제인 카를 4세가 뉘른베르크 및 메츠의 제국의회에서 발표한 제국법이다. 황제 선거권을 7명의 선제후(選帝侯)에게로 한정하고 선제후령의 지위와 권력을 공인해 법령을 반포했다. 라틴어로 쓰였으며, 황금의 인새(印璽, 인장)를 사용했으므로 황금문서·금인헌장(金印憲章)이라고도 한다. 황금문서는 대공위 시대(大空位時代) 이후 독일의 정치적 혼란을 해결하고, 특히 국왕 선거의 절차와 선제후(選帝侯)의 권리를 확정하려는 의도에서 이루어졌다. 선제후는 7명으로 하되 마인츠, 쾰른, 트리에르 등의 3대 주교와 보헤미아왕, 작센공, 브란덴부르크 변경백, 팔츠백 등 4명의 제후로 국한하여 구성하였다.

7명의 선제후는 제후들 중에서도 최상위를 차지하는 한편, 최고 재판권·광산채굴·화폐 주조·관세 징수 등의 특권을 가지며, 그 영지는 장자에게 일괄 상속하고 영지 지배권은 완전한 국가주권으로, 그들에 대한 공격은 대역죄임을 규정하고 있다. 그밖에 사적 결투의 금지, 봉토 보유자 간의 동맹 금지, 도시의 확장 금지 등도 들어 있다. 선제후만을 대상으로 한 이 규정은 점차 여타의 제후에게도 확대되어 독일 특유의 영방(領邦)의 분립화가 형성되어 많은 영방 국가가 출현하게 되었다.

06. 클라렌든 헌장

1. 평신도들 사이에, 또는 평신도들과 성직자들 사이에, 또는 성직자들 사이에 교회의 후원과 발표에 관한 논쟁이 발생하면, 그것은 국왕의 법정에서 중재하거나 결론을 내릴 것이다.
3. 어떤 일로 기소되거나 고발된 성직자는 왕의 재판에 소환되어 왕의 법정에서 대답해야 할 것 같으면 왕의 법정에 와서 거기서 대답하고, 교회 법정에서 대답해야 할 것 같으면 교회 법정에서 대답하되, 왕의 재판은 거룩한 교회 법정에 보내어 거기서 그 일을 어떻게 처리할 것인가를 볼 목적으로 한다. 그리고 성직자가 유죄 판결을 받거나 자백하면 교회는 그를 더 이상 보호하지 말아야 한다.
4. 왕국의 대주교, 주교, 사제들은 국왕의 허락 없이 왕국을 떠나는 것이 허용되지 않는다. 그리고 그들이 떠날 경우, 국왕이 허락한다면, 그들이 갈 때나 머물 때나 돌아올 때 왕이나 왕국에 악을 행하거나 해를 끼치지 않을 것이라는 보증을 주어야 한다.

자료 해석

헨리 2세는 왕권을 강화시키기 위해 왕의 재판권을 강화하였으며, 이를 전국적으로 확대하였다. 이러한 노력은 1164년에 제정된 클라렌든 헌장으로 나타났다. 클라렌든 헌장을 통해 교회에 대한 국왕의 통제권을 강화하였고, 이를 위해 신뢰하던 토마스 베케트를 캔터베리 대주교에 임명하였다. 그러나 대주교가 된 베게트는 매사에 헨리 2세에게 대항하였고 급기야 국왕의 기사에 의하여 살해되었다. 교황으로부터 준엄한 문책을 받은 헨리 2세는 영국의 교회 법정이 교황청에 소청하는 권리를 인정하는 등 양보하는 수밖에 없었다.

07. 트루아 조약

- 우리가 죽은 후 그리고 그때부터 프랑스의 왕권과 왕국의 모든 권리와 [특권]을 우리의 사위인 [영국] 헨리 왕과 그의 상속인에게 영구히 귀속될 것을 합의한다. …… 프랑스와 영국 왕국 사이의 모든 불화, 증오, 원한, 적대감 및 전쟁을 조용히 진정시키고 모든 면에서 지금, 그리고 영원히 종식시키기 위해서.
- 도팽(세자)이라고 불리는 샤를이 프랑스 왕국에 저지른 위대하고 충격적인 범죄와 악행을 고려하여 ……우리 자신과 …… 우리의 아들 헨리 왕과 또한 우리의 매우 사랑하는 아들 필립, 부르고뉴 공작이 평화나 어떤 종류의 협정을 위해 어떤 방식으로도 샤를과 협상하지 않기로 동의합니다.

자료 해석

트루아조약은 아쟁쿠르 전투에서 영국이 승리한 후 1420년 체결된 조약이다. 이 조약에서 영국 왕 헨리 5세와 그의 후손이 프랑스의 왕위 계승자임을 이 조약에서 확인받고 샤를 6세의 딸 캐서린과 결혼하였다. 또한 후에 샤를 7세가 되는 세자 샤를의 프랑스 왕위 계승권을 부정하고 브루고뉴 공작이 샤를과 협력하지 않도록 합의하였다.

[12~15세기 유럽 주요 국왕들]

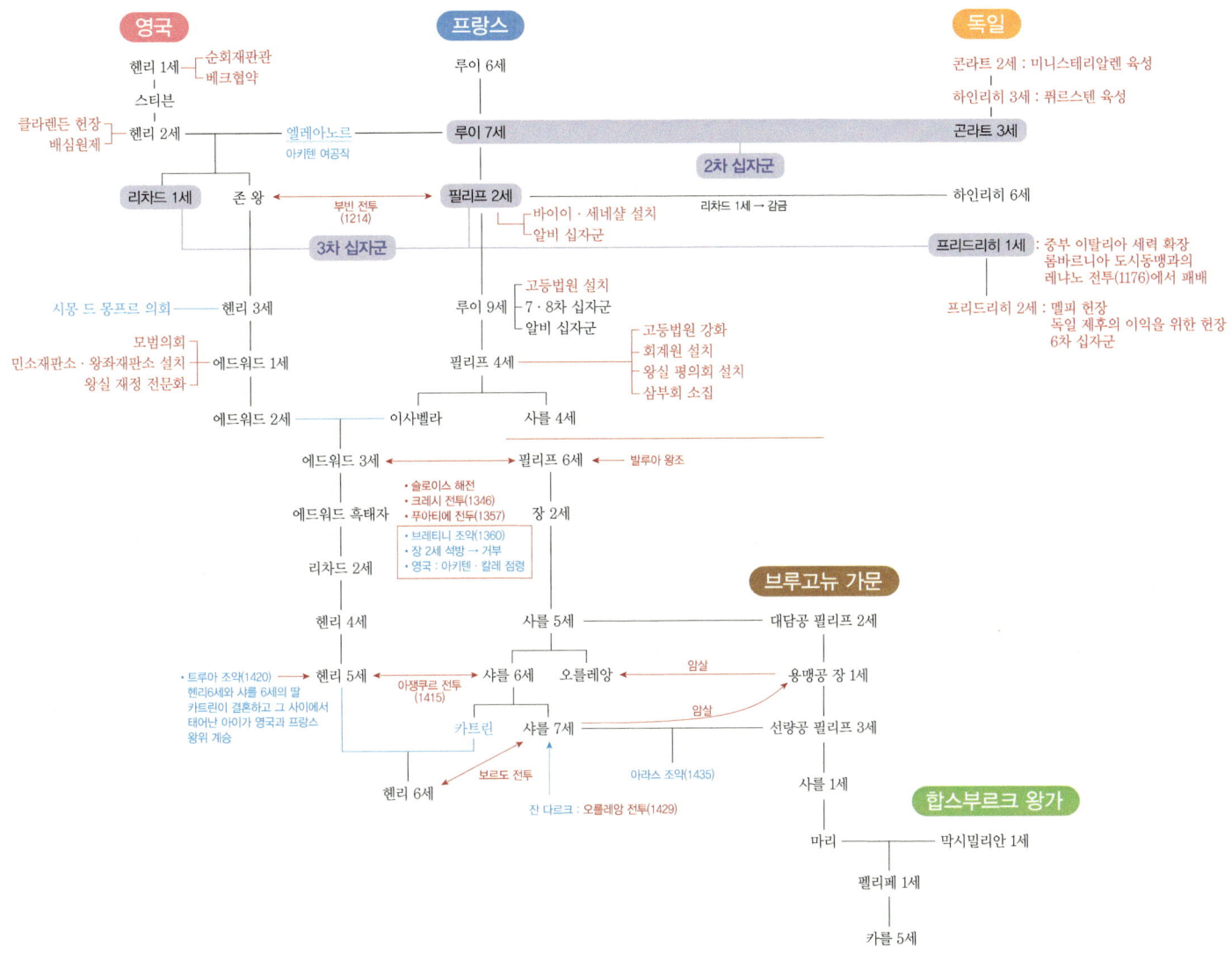

영국			
앵글로-색슨 왕국 (829~1066)	알프레드 대왕(871~899)	· 데인로(Danelaw) 설치 · 주 법정 설치 · 징병제 실시 · 위테나게모트(Witenagemot)에서 국왕 선출	
	엑셀로드 2세(996~1016)	덴겔트(Danegeld) 징수 시작	
	카누트 왕 (1016~1035)	덴마크 국왕으로 잉글랜드 침입하여 국왕	
노르만 왕조 (1066~1154)	윌리엄 1세 (1066~1087)	· 헤이스팅스 전투 승리 · 둠즈데이 북 · 솔즈베리 서약	
	헨리 1세 (1100~1135)	· 순회재판관을 전국에 파견 · 재무관 설치 · 베크 협약(1107)	
플랜태저넷 왕조 (1154~1485)	헨리 2세 (1154~1189)	· 클라렌든 규약(1164) · 순회재판제 확대, 배심제 확립	
	존 왕 (1199~1216)	· 프랑스내 영토 상실 · 대헌장(1215)	
	헨리 3세 (1216~1272)	시몽 드 몽포르 의회(1265) 설치	
	에드워드 1세 (1272~1307)	· 모범 의회(1295) 소집 · 왕실 재정 업무 전문화 · 민소 재판소와 왕좌 재판소 · 웨일즈 지방 정복	
	에드워드 3세 (1327~1377)	· 상·하 양원제 기틀 마련 · 치안 판사 설치	
	헨리 5세 (1413~1422)	· 부르고뉴의 후계자 장과 연합하여 아쟁쿠르 전투(1415)에서 승리 · 트루아 조약 체결 → 샤를 6세의 딸과 결혼+프랑스 왕위 계승권 확보 → 헨리 6세	
	헨리 6세 (1422~1471)	· 1살 때 즉위 → 정국 혼란 → 장미전쟁이 발생한 뒤 살해됨 · 샤를 7세에게 보르도 전투에서 패배하여 백년전쟁 종결	

	프랑스			독일	
카페왕조 (967~1326)	루이 6세 (1108~1137)	· 왕권 강화 · 아키텐 편입	작센 왕조 (919~1024)	하인리히 1세 (919~936)	작센 왕조 개창 → 지방 자치 허용
	루이 7세 (1137~1180)	엘레오노르와 결혼		오토 1세 (936~973)	· 롬바르디아 정복 · 레히펠트 전투(955) 승리 · 신성로마 제국 황제(962) 대관
	필리프 2세 (1180~1223)	· 부빈 전투에서 승리 · 지방 행정관 설치 · 바이이와 세네샬 창설			
	루이 9세 (1226~1270)	· 알비 십자군 파견 → 남부 프랑스 획득 · 감찰관 파견 → 바이이와 세네샬 감독 · 고등법원 설치	잘리어 왕조 (1024~1137)	콘라드 2세 (1024~1039)	· 건국 → 부르군트 왕국 병합(1033) · 미니스테리알렌(가신 계층) 육성
				하인리히 3세 (1039~1056)	신흥 대귀족(퓌르스텐)과 교회의 지지로 독일 평정
	필리프 4세 (1285~1314)	· 고등 법원 강화 · 바이이와 세네샬 증원 · 왕실 재정을 관장하는 회계원 창설, 국왕의 자문기구인 왕실평의회 설치 · 삼신분제 소집(1302) → 교황의 아비뇽 유수 (1309)		하인리히 4세 (1057~1106)	교황 그레고리 7세와 대립 → 카노사의 굴욕(1077)
				하인리히 5세 (1111~1125)	교황 칼릭스투스 2세와 보름스 협약 체결(1122)
발루아 왕조 (1328~1589)	필리프 6세 (1328~1350)	· 백년전쟁 시작 · 크레시 전투에서 패배	호엔슈타우펜 왕조 (1152~1254)	프리드리히 1세 (1152~1190)	· 대제후의 재량권 인정 · 중부 이탈리아로 세력 확장 · 3차 십자군 원정 중 사망
	샤를 7세 (1422~1461)	· 잔다르크의 활약으로 오를레앙 전투에서 승리 · 아라스 조약(1435)으로 부르고뉴 공작 필립과 연합		프리드리히 2세 (1215~1250)	· 멜피 헌장(1231) · 독일 제후의 이익을 위한 헌장(1231) · 독일 기사단에게 동프로이센 수여 · 교황 인노켄티우스 4세와 대립 · 6차 십자군 참전

Ⅲ.

유럽 세계의 변화

CHAPTER 01
르네상스

CHAPTER 02
종교 개혁과 종교 전쟁

CHAPTER 03
신항로의 개척과 유럽 교역망의 확장

CHAPTER 04
절대 왕정

CHAPTER 01 르네상스

1 르네상스

(1) 르네상스에 관한 시각
   ① 근대적 성격 강조 : 부르크하르트 → 개인주의적·세속주의적 성격이 강한 근대 문화로 봄
   ② 중세적 연속성 강조 : 호이징가 → 알프스 이북의 북서유럽 지역에 주목하며 중세와 르네상스 사이에 명확한 경계선이 없다고 봄.

(2) 르네상의 의미
   ① 의미 : 재생·부활 → 그리스·로마 고전 문화의 부흥 → 인간과 자연의 재발견
   ② 발생 : 14세기에 이탈리아에서 시작 → 16세기까지 유럽 일대로 확산
   ③ 특징 : 합리주의적·인간 중심적·세속적·개인주의적 성격

2 이탈리아 르네상스

(1) 배경
   ① 그리스·로마의 고전 문화 전통이 남아 있음
   ② 지중해 무역의 중심지로 경제↑ → 부유한 상인과 군주·교황들이 문예 진흥
   ③ 비잔티움 제국이 멸망한 뒤 학자들의 망명 → 동방 문화의 유입
   ④ 13세기까지 봉건제·농노제가 폐지 → 유럽에서 가장 빨리 시민적인 사회가 형성

(2) 인문주의

개념	고전 연구에 입각한 교육·문화 운동
특징	· 인문주의자들이 공통적으로 추구했던 목표는 원전으로의 복귀 → 중세 스콜라철학을 비롯한 기존의 전통적 가치들을 비판할 수 있는 역량을 키움 → 비판적 역사 인식 형성 · 고전적 작품을 역사적 시각에서 바라보기 시작 · 엘리트적 속성이 강함 → 라틴어를 구사할 수 있는 소수의 교양 엘리트 중심 · 전반적으로 기독교 자체에 대해 근본적으로 회의적인 태도를 취하지 않음 → 북서유럽의 '기독교 인문주의'
인물	· 페트라르카 : 최초의 인문주의자 → 이탈리아어로 된 최초의 서정시인 '칸초니에레' 지음 · 보카치오 : 데카메론 → 당시 사회상과 인간의 위선을 비판·풍자 · 로렌초 발라 : "콘스탄티누스 대제의 기진장"◇이 위조임을 밝혀냄 · 크리솔로라스 : 비잔티움 출신으로 그리스에 대한 강의 시작 · 플레톤 : 피렌체에서 플라톤 철학의 부활과 유행에 영향 → 코시모 드 메디치는 "플라톤 학회" 창설 · 피치노 : 플라톤의 라틴어 번역 출간
확산	· 강의와 학회 활동을 통해 확산 · 구텐베르크의 활판 인쇄술 : 베네치아, 파리, 안트베르펜 등에서 근대 출판업자 등장 → 인문주의 확산에 크게 기여 · 인간과 자연에 대한 새로운 인식이 싹트고 인간의 내면적인 모습에도 관심을 가짐 · 카스틸리오네 : 『궁정인』 → 귀족이 교양을 갖추는 것이 용맹만큼이나 중요하다고 강조

◇ **르네상스에 대한 시각**
르네상스의 근대적 해석을 강조하는 입장은 19세기 부르크하르트가 대표적이다. 그는 "이탈리아의 르네상스 문화"에서 르네상스가 개인주의적이고 세속주의적 성격이 강한 근대 문화를 꽃피우게 되었다고 주장하였다. 그에게 르네상스는 근대 사회에 입각한 근대 문화이자 근대의 출발점이었고, 이러한 시각은 이후 역사가들에게 큰 영향을 주었다. 한편, 호이징가는 『중세의 가을』에서 14~15세기 르네상스 시기를 근대의 시작이 아니라 중세의 대미를 장식하는 시기로 보았다. 그는 르네상스와 중세와의 연결성을 더 중시하였다.

◇ **콘스탄티누스 기진장**
콘스탄티누스 황제가 321년에 로마제국의 서쪽 반을 교황에게 기증한다고 한 문서가 기진장이다. 이는 로마 교황이 서유럽의 왕들에게 영향력을 행사하는 근거로 삼았다. 1440년 인문학자 로렌초 발라가 이 기진장이 가짜임을 밝혀냈다. 기진장에 쓰인 라틴어가 4세기 라틴어가 아닌 11세기 이후 라틴어로 쓰여진 것이므로 콘스탄티누스 황제 사후 7백여 년 후에 교황청의 누군가에 의해 허위로 작성된 문서임을 밝혀냈다.

(3) 미술과 건축
① 미술
- 미술에서 원근법이나 명암법이 도입 + 인간의 육체미를 표현
- 시민계층과 궁정을 중심으로 예술 작품에 대한 수요가 증가 → 미술계의 거장이 독작적인 창작 활동이 가능 → 르네상스 후기에 피렌체 대신에 로마(교황청)가 새로운 예술의 중심지로 부상
- 미켈란젤로(천지창조), 레오나르도 다빈치(최후의 만찬), 라파엘로(성모상), 보티첼리(비너스의 탄생)

② 건축 : 르네상스 양식(로마의 돔 + 아치 형식 + 그리스 열주) → 성 베드로 성당(브라만테), 피렌체 대성당(브루넬리스키)

(4) 이탈리아 도시국가들의 발전

피렌체	• 르네상스의 중심 • 12세기에 모직물 제조와 판매로 성장 • 13세기 대상인과 금융업자를 중심으로 상층 부르주아지가 중심이 되어 공화정 수립 • 1289년 농노제 폐지 • 14세기 중엽부터 소시민(장인, 직인) 등 시정에 참여 • 1378년 치옴피의 난 발생 • 15세기 메디치가의 코시모, 로렌초 등이 집권하여 실질적인 전제정치 실시 → 사보나롤라의 반르네상스적인 종교개혁운동으로 메디치가가 추방되었다가 다시 집권 → 피렌체 쇠퇴 • 로렌초 데 메디치는 보티첼리·미켈란젤로 같은 당대 거장 후원, 미술 아카데미아 설립
베네치아	• 15세기 제국으로 성장 • 과두제적인 공화국 → 대상인이 실권 장악, 실무는 '십인위원회'가 주도
밀라노	• 롬바르디아 평야의 중심에 위치 → 전략적으로 중요, 알프스 이북과의 무역로의 종점으로 경제적으로 중요한 위치 • 직물업과 금속 공업 발달 • 12세기 롬바르디아 동맹을 거느리고 프리드리히 2세에게 대항 • 12세기에는 시민회의와 귀족이 지배 → 13세기 후반에 비스코티 가문이 정권을 장악하고 전제정치 실시 → 15세기 중엽 프란체스코 스포르차, 루도비코 일 모로가 정권 장악 • 루도비코 일 모로 : 문예 진흥 → 레오나르도 다빈치와 같은 예술가와 학자 지원 • 쟝갈레아초 : 통일된 이탈리아의 왕좌를 기대하고 밀라노 대성당과 파비아 궁전 축조

(5) 이탈리아 르네상스의 쇠퇴
① 정치적 혼란으로 알프스 이북 국가의 침략
② 신항로 개척으로 인한 지중해 무역의 쇠퇴
③ 마키아벨리의 『군주론』(1513)
- 분열된 이탈리아 현실 반영 → 강력한 지도자의 통치학을 옹호하며 분열된 이탈리아의 통일 주장
- 정치를 종교와 도덕의 영역으로부터 분리

◇ **북유럽의 르네상스**
북유럽의 르네상스를 크리스트교적 르네상스라고도 한다. 이탈리아의 인문주의자들이 고전 연구에 치중하였던 데 반하여, 북유럽의 인문주의자들은 당시의 종교문제를 비판하며 이를 개혁하려는 경향이 강하였기 때문이다.

◇ **국민 문학**
르네상스 시대 각국에서는 그 동안 지식인 사회에서 공용어로 사용되어 왔던 중세의 라틴어를 대신해 모국어를 사용하는 국민 문학이 발달하였다. 14세기 영국의 초서는 『캔터베리 이야기』를 써서 국민 문학의 선구자가 되었다.

◇ **르네상스의 중심지 이동**

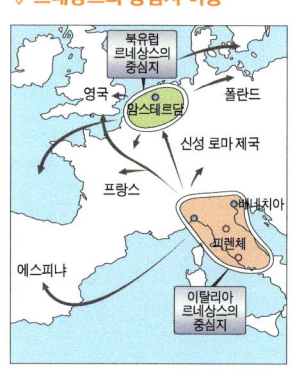

3 북유럽 르네상스◇

(1) 성격
  ① 현실 사회 모순과 교회 부패에 대한 비판
  ② 고전으로 돌아가자는 인문주의자들의 주장을 북서유럽의 인문주의자들은 성경 연구에 적용 → 순수했던 초기 기독교 정신으로 복귀를 촉구하며 당대 종교와 사회를 비판하는 '기독교 인문주의' 또는 '성경적 인문주의' 등장 → 종교개혁에 영향

(2) 인문주의자
  ① **에라스무스** : 기독교 인문주의 → 『우신예찬』(1514)에서 돈과 권력만을 추구하는 부패한 교회와 성직자를 통렬하게 비판, 그리스어판 신약성경 출간(1516)
  ② **토마스 모어** : 『유토피아』 → 빈부 격차의 심화를 비롯한 영국 사회의 여러 문제점 지적 → 공상적 사회주의 이념 제시

(3) 국민 문학◇
  ① 특징 : 모국어를 사용한 세속적 민족 문학 등장
  ② 프랑스 : 라블레의 『가르강튀아의 모험담』, 몽테뉴의 『수상록』
  ③ 영국 : 초서의 『캔터베리 이야기』, 셰익스피어의 『햄릿』
  ④ 에스파냐 : 세르반테스의 『돈키호테』

(4) 회화
  ① 서민과 농민 생활 묘사 : 브뤼겔의 농민의 결혼식
  ② 얀 반 에이크의 자화상

4 자연과학의 발달

(1) 배경 : 인간과 자연에 대한 관심과 관찰 바탕 → 근대 과학 발달

(2) 화약, 나침반, 활판인쇄술
  ① 화약 : 봉건기사의 몰락과 성곽의 개량 초래
  ② 나침반 : 원양 항해술 가능 → 유럽의 팽창
  ③ 활판인쇄술 : 지식과 정보의 빠른 전달과 보급에 기여

(3) 자연과학의 발달
  ① 베살리우스 : 해부학 발달
  ② 코페르니쿠스 : 『천체의 회전에 관하여』(1543) → 프톨레마이오스의 천동설에 의문을 제기하고 지동설 주장

[고대 로마의 여인]

[중세 성경 그림]

[보티첼리의 봄]

[피렌체 대성당]

[마사초의 성 삼위일체]

[브뢰겔의 농민의 결혼식]

[얀 반 에이크 자화상]

CHAPTER 02 종교 개혁과 종교 전쟁

1 종교 개혁

(1) 배경
① 교황권의 쇠퇴 : 아비뇽의 유수와 교회의 대분열 → 왕권↑ → 교황권에 도전
② 왕과 제후의 교회 재산에 대한 욕구
③ 교회 개혁 운동 확산 : 교회의 부패와 일부 성직자의 타락 → 교회 개혁 요구↑
④ 기독교 인문주의의 영향
⑤ '공동생활 형제회' : 평신도를 중심 → 세속재산을 포기하고 종교적으로 헌신하는 공동체 생활
⑥ 활판 인쇄술 : 종교개혁가들의 새로운 교리가 신속하고 광범위하게 확산 → 모국어에 기초한 광범위한 대중적 여론 창출

(2) 성격
① 중세 가톨릭 교리를 비판하고 초기의 크리스트교로 복귀 주장
② 성경에 명시되지 않은 교리와 의식 반대하고 성직자의 권능 부정

(3) 루터(1483~1546)의 종교 개혁
① 독일 상황
- 정치적 분열 심화 : 다른 나라에 비해 종교 제후들의 권력↑ + 왕권↓
- 로마 교회의 경제적 수탈↑ : 교황청은 자격 미달의 성직자를 독일의 고위 성직자에 임명 → 교황청에 첫해 수입 헌납 → 일반 신도들에게 부담 전가
- 교황, 황제, 특권적 대상인, 금융업자에 대한 독일 민중의 반감 확산

② 발단
- 교황 레오 10세가 성 베드로 성당 건립 자금을 위해 면벌부 판매 → 마인츠 대주교 알브레히트에 의해 독일에서 대대적으로 판매 → 도미니크 수도회의 수사 테첼이 면벌부를 판매하면서 면벌부의 효력을 과장해서 설명
- 비텐베르크 대학의 신학 교수였던 루터가 95개조 반박문을 라틴어로 발표 → 독일어로 번역되어 독일과 유럽 전역에 유통

③ 전개
- 라이프치히 공개 토론(1519) : 잉골슈타트 대학 교수인 에크와 토론 → 루터로 하여금 교황과 교회를 떠나야 한다는 인식을 갖게 함
- 라이프치히 공개 토론 이후 루터는 각종 논문 발표 → 자신의 주장을 체계화

기독교의 개선을 위하여 독일의 기독교 귀족에게 고함	・성직의 신성성 부정(만인 사제주의) ・독일 교회의 독립 주장 → 교회의 토지와 재산을 접수 주장
교회의 바빌론의 유수	교황과 성사 제도 비판
그리스도인의 자유	・성서지상주의 주장 ・이신칭의(以信稱義) 주장 → 신앙으로써만 의롭게 된다고 봄

◇ 면벌부 판매
면벌부는 크리스트교 교회에서 신자들이 고해성사 이후에도 남아있는 벌의 일부 혹은 전체를 면하게 해줄 수 있다는 증서였다. 당시 가톨릭은 성경에 없는 연옥의 개념을 중시하였다. 당시 가톨릭에서는 사람이 죽으면 일단 연옥에 갔다가 거기서 자기 죄의 분량만큼 연단을 받고 정화된 다음에 천국으로 올라 갈 수 있다고 주장하였다. 테첼과 같은 수도사들은 면벌부를 사면 자신의 죄뿐만 아니라 죽은 부모와 친척들도 연옥에서 구제 할 수 있다고 주장하였다.

- 루터는 보름스 국회(1521)에서 황제 카를 5세가 내린 칙령으로 유죄 판결 → 작센 선제후가 바르트부르크 성에서 보호 → 루터는 독일어로 신약성경 번역 → 독일 문어체 발전에 영향

④ 확산
- 루터의 종교개혁은 급진적인 변혁운동으로 발전 → '만인사제주의'와 '기독교인의 자유'의 주장은 독일 농민들에게 일종의 사회 혁명의 메시지로 받아들여짐 → 독일농민전쟁 발생
- 토마스 뮌처 : 재세례파 운동에 참여 → 천년왕국설 주장 → 독일 농민 전쟁 주도
- 독일 농민 전쟁(1524~1525)◇ : 농노제 폐지, 십일조 폐지 등 요구 → 루터는 농민들의 주장에 반대하고 제후들을 지지
- 루터파 제후들은 슈말칼덴 동맹 결성(1531) → 슈말칼덴 전쟁 → 아우크스부르크 화의

⑤ 아우크스부르크 화의(1555)
- 루터파를 공인하고 칼뱅파와 재세례파는 부정 → 30년 전쟁의 원인 제공
- 교회와 자유도시 지배자의 종교 선택권 인정 → 제후의 통치권 강화 → 독일 분열↑
- 1522년까지 프로테스탄트들이 점거한 교회 재산은 프로테스탄트의 것으로 인정

⑥ 루터파의 확산
- 북부 독일, 덴마크, 노르웨이, 스웨덴 등으로 확산
- 독일 농민전쟁의 영향으로 독일 남부는 가톨릭으로 남음

(4) 츠빙글리와 칼뱅의 종교개혁

츠빙글리 (1484~1531)	· 취리히를 중심으로 종교개혁 추진 → 성서지상주의 주장 · 성찬식과 성상파괴 등의 문제에서 급진적으로 중세 교회의 전통과 단절
재세례파	· 재세례파는 츠빙글리의 제자들을 중심으로 결성(1521) → 루터보다 훨씬 급진적이고 사회개혁까지 주장 · 재세례파는 유아 세례가 무의식 중에 받은 것이기 때문에 성년에 달하여 확고한 신앙을 가졌을 때 다시 세례를 받아야 한다고 주장 → 츠빙글리의 제자들은 서로에게 세례를 주면서 재세례파 출현 → 취리히 시의회는 재세례파를 탄압(1525) · 재세례파는 기존질서에 반감을 갖고, 기존의 법이나 도덕률이 아니라 각자의 양심이 바로 법과 도덕의 원칙이라고 주장 → 모든 교파로부터 심한 박해를 받았으며, 오늘날 케이커교도, 침례교, 매노파 등에 영향을 줌
칼뱅 (1509~1564)	· 제네바에서 종교개혁 추진 → 『기독교 강요』(1536) 출간 → 구원예정설 강조, 직업 소명설 주장 → 상공업자의 지지 → 자본주의 발전에 기여◇ · 제네바에서 신정 체제 구축 → 무도회와 도박 금지, 선술집과 극장 폐쇄 → 유럽 개신교 이민자들이 모여드는 중심지 · 장로제 도입 · 화체설을 부정하고 성찬식 폐지 · 신학교인 제네바 아카데미 → 칼뱅의 교리를 서유럽에 전파 → 프랑스(위그노), 스코틀랜드(장로교), 영국(청교도), 네덜란드(고이센)

◇ 독일 농민 전쟁
루터의 종교 개혁에 영향을 받은 남부 독일의 농민들은 토머스 뮌처의 지도 아래 농노제와 교회세의 폐지, 재산의 공유, 신 앞에서의 평등을 주장하며 난을 일으켰다. 그러나 루터는 농민을 비판하고 자신의 후원 세력인 제후들에게 반란을 가차 없이 피로써 진압하라고 촉구하였다.

◇ 칼뱅의 근대적 직업관 확립
칼뱅은 정당한 노력에 의한 부의 축적을 신의 뜻을 실현하는 행위라고 주장함으로써 상공업 활동을 바탕으로 한 부의 축적을 정당화하여 근대적 직업관을 확립하였으며, 유럽 여러 나라 시민 계층의 지지를 얻을 수 있었다.

◇ 통일법
엘리자베스 1세가 즉위 한 다음해인 1559년 의회는, 새로운 '통일법'을 통과시켰다. 이 통일법은 예배와 기타 모든 의식은 에드워드 1세가 공포한 기도서에 따를 것을 결정함으로써 국교회가 확립되는 계기가 되었다.

◇ 만인사제주의
루터는 「기독교의 개선을 위하여 독일의 기독교 귀족에게 고함」에서 교황의 독점적 성서 해석권, 교황의 공의회 소집 독점권, 교황권의 비대함 등을 비판하면서 만인사제주의를 주장하였다. 그는 평신도와 성직자 모두 오직 믿음을 통해 하나님에게 직접 나아갈 수 있는 존재이기 때문에 영적으로 평등하다고 보았고, 이것이 만인사제주의로 이어졌다. 만인사제주의는 이후 근대 유럽의 개인주의 발달에 영향을 주었다.

◇ 7성사
7성사는 하나님의 은총을 얻을 수 있게 해주는 표지 7개로 즉, 세례성사, 견진성사, 성체성사, 고해성사, 병자성사, 혼인성사, 성품성사를 말한다. 루터는 7성사 중에서 세례성사와 성체성사, 고해성사만을 인정하였다. 트리엔트 공의회에서 만인사제주의는 부정되고, 7성사는 유효하다고 인정받았다.

(5) 영국의 종교 개혁
① 계기 : 헨리 8세의 이혼 문제로 인한 헨리 8세와 로마 교황의 대립
② 과정

헨리 8세	· 수장법 선포(1534) → 영국 국왕이 영국 국교회의 수장 · 수도원의 해산과 교회 재산의 몰수 → 왕권 강화
에드워드 6세	프로테스탄트 요소를 받아들인 『일반기도서』를 영국 교회의 기도서로 확정
엘리자베스 1세	· 통일법 발표(1559) → 영국 국교회 성립 · 39개조 제정(1563) : 프로테스탄트적인 교리에 관한 내용 → 삼위일체, 구원, 교회, 성사에 관한 교리들을 39개로 정리

③ 특징 : 가톨릭의 특징이 강하게 잔존 → 청교도의 불만 초래

(6) 가톨릭의 종교 개혁

트리엔트 공의회 (1545~63)	· 면벌부 판매 중단 · 교황의 수위권 재확립 → 만인 사제주의◇ 부정 · 구원은 믿음과 함께 선행도 수반해야 됨 → 성서 지상주의 부정 · 연옥의 존재와 성인공경의 가치를 재확인 · 7성사◇와 불가타 성경의 효력 인정 · 성직매매와 성직겸임 금지 · 성직자의 독신제도 강화 · 성직자 교육을 위해 교구마다 신학교 설치 · 종교 재판소 설치(1547) → 금서 목록 작성, 가톨릭 교리 수호
예수회	· 에스파냐의 로욜라가 교황의 인가를 받아 창설 → 선교와 교육 사업↑ · 군대식 규율과 교황에 대한 절대 복종 · 교세 회복 : 이탈리아, 에스파냐에서 신교 확산 저지, 남부 독일과 폴란드는 가톨릭으로 복귀 · 해외 선교 → 아시아·아메리카 등지에 포교

(7) 종교 개혁의 의의
① 종교개혁은 근대 국가 출현에 기여
② 국왕들이 통치권을 강화하고 가족·교육제도·빈민구호와 같은 교회가 담당했던 역할을 세속 국가가 담당하여 국가 역할↑

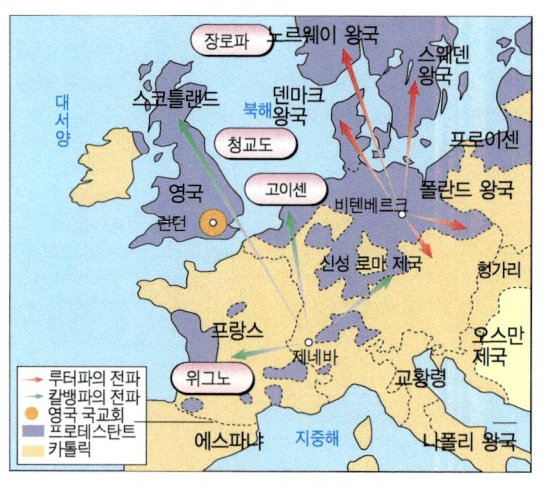

[유럽의 종교 분포(16세기)]

2 종교 전쟁(16~17세기)

(1) 네덜란드 독립 전쟁(1568~1581)

① 중세
- 북해 및 발트해 무역의 중심지 → 상업 발달
- 13세기 경부터 모직물 공업 발달 → 도시 발달, 시민계급 성장
- 도시와 지방들은 자치적인 특권 누림
- 칼뱅 계통의 신교도 수용 주민 증가

② 독립전쟁

배경	· 펠리페 2세가 자치적인 특권을 무시 · 예수회와 종교 재판소를 통해 칼뱅파 탄압 → 가톨릭 강요 · 주교구를 세분화해서 귀족이 아닌 성직자를 주교로 발탁
전개	· 네덜란드의 귀족들과 신교들이 봉기하여 네덜란드 독립전쟁 시작(1565) → 알바 공을 총독으로 임명하고 군대 파견해 탄압 · 오렌지 공 윌리엄의 지도 하에 시민계급을 중심으로 전개 · 신교도가 많은 북부 7주는 위트레흐트 동맹 결성 → '네덜란드 공화국 연방' 선포(1581) → 평화협정 체결(1620~1621) · 구교도가 많은 남부 10개 주는 중도 탈락
결과	· 30년 전쟁이 발발하면서 다시 전쟁 시작 · 베스트팔렌 조약의 체결로 독립 승인

③ 경제
- 16세기 경제 중심지였던 안트베르펜이 에스파냐에게 점령(1585) → 상공업자들이 대거 암스테르담으로 이동
- 17세기 암스테르담이 유럽 상업과 금융의 중심
- 네덜란드 경제는 모직물 공업, 조선업, 중개상업이 중심
- 동인도회사 설립(1602) → 포르투갈로부터 믈라카 지배권 확보, 자바의 바타비아(자카르타) 확보(1619), 말루쿠 제도를 중심으로 한 향신료 무역 독점
- 영국의 모직물 공업 도전으로 쇠퇴하고 영국의 항해법으로 인해 중개상업도 타격, 식민지 경쟁에서 영국과 프랑스에 밀리면서 17세기 후반 쇠퇴

[베스트팔렌조약으로 인한 영토 변화]

◇ **위그노 전쟁(1562~1598)**
프랑스에서는 칼뱅 계통의 신교도인 위그노와 가톨릭 교도 사이에 대립이 심해져서 위그노 전쟁이 일어났다. 이 전쟁은 왕위 계승 문제와 겹쳐 성 바르톨로메오 학살과 국왕의 암살 등 유혈 참사가 일어났지만, 왕위에 오른 부르봉 왕가의 앙리 1세가 1598년에 낭트 칙령으로 개인에게 신앙의 자유를 허용함으로써 막을 내렸다.

◇ **보헤미아**
보헤미아는 현재 체코의 서부를 말한다. 보헤미아란 말은 원래 이 지역에 살았던 켈트족인 보이에서 기원하였다.

◇ **포메른**
현재 포메른은 발트해 연안 지역으로 독일과 폴란드의 국경 지대에 걸쳐있다. 스웨덴은 베스트팔렌 조약으로 스칸디나비아 반도가 아닌 유럽 본토에 자신의 영토를 소유하게 되었다.

◇ **연방국가와 영방국가**
연방국가는 국가의 권력을 중앙정부와 지방정부(주정부)가 나누어지는 형태이지만 중앙정부가 외교와 국방 등의 주요 사항을 결정하는 구조이다. 현재 미국이 대표적이다. 영방국가는 중세 때 독일(신성로마제국)이 대표적인데, 300여 개의 지방 제후들이 하나의 독립된 권력(주권)을 가진 형태를 말한다.

◇ **그로티우스(1583~1645)**
그로티우스는 네덜란드의 변호사이며, 법학자로서 국제법의 아버지라 불리운다. 그의 『전쟁과 평화의 법』은 근대 국제법에 큰 영향을 끼쳤다. 그는 이 책에서 주로 전쟁과 관련된 법을 설명하는데, 전쟁과 법의 개념, 전쟁의 권리와 종류, 정당방위로서의 전쟁, 교전 법규를 다루고 있다. 그는 기존의 자연법 사상을 바탕으로 이를 전쟁과 관련된 국제법으로 체계화하였다

(2) 프랑스 위그노 전쟁(1562~1598)◇

① 배경 : 위그노와 가톨릭의 대립

② 전개
- 가톨릭이 바시에서 위그노를 학살(1562)하면서 전쟁 시작 → 생제르맹 조약(1570)으로 휴전
- 성 바르톨로메오 축일의 대학살(1572)로 다시 전쟁 격화
- 신구교의 대립 속에서 현실적으로 문제를 해결하고, 왕권의 강화를 통해 질서를 회복하려는 세력을 정치파라고 부름 → 앙리 4세의 즉위는 정치파의 승리
- 나바르 왕 앙리가 앙리 4세로 즉위하여 가톨릭으로 개종 → 부르봉 왕조 시작
- 낭트 칙령(1598) 발표 : 위그노에게 신앙의 자유 인정, 남서부 요새도시를 관리할 권리 인정
- 베르뱅 평화 조약(1598) : 에스파냐와 평화 조약 체결 → 에스파냐의 간섭이 중단되고 에스파냐에게 점령당했던 영토 회복

(3) 30년 전쟁

원인	· 페르디난트 2세가 보헤미아의 행정관직에서 신교도 귀족들을 축출 · 보헤미아◇의 신교도 귀족들은 팔츠 선제후 프리드리히 5세를 국왕으로 옹립
시작	페르디난트는 보헤미아의 반란을 진압하고 신교도 귀족들의 재산 몰수(1619) → 신교도를 지원한 덴마크 왕 패배
전개	· 스웨덴의 구스타프 아돌푸스 국왕이 신교도 편에 개입(1630) → 독일 루터파를 지원하여 발트해 연안을 확보하고자 함. · 루이 13세는 스웨덴에 대한 재정 지원 승인 → 스웨덴의 구스타프 국왕이 전사한 후 독일 북부지역으로 철수하자 프랑스 개입 · 평화협정(1635)으로 페르디난트 2세와 독일의 신교도 군주들은 전쟁이 전의 영토 회복에 합의 · 프랑스의 개입으로 프랑스는 알자스 지방 점령 → 합스부르크 왕가의 보급로 차단 → 스웨덴의 재개입으로 베스트팔렌 조약 체결
베스트팔렌조약 (1648)	· 칼뱅파 인정과 개인의 종교 선택권 인정 · 프랑스 : 알자스 획득 · 스웨덴 : 서포메른◇을 비롯하여 발트해 남부 연안 획득 · 에스파냐 : 플랑드르 일부와 북동부 에스파냐 상실 · 브란덴부르크 선제후 : 동포메른과 약간의 주교구 획득 · 독일 : 영방국가◇의 완전한 주권과 독립 승인 → 독일 분열↑ → 사실상 신성로마제국 붕괴
결과	· 독일 국토의 황폐화 · 프랑스가 유럽의 패권 국가로 부상 · 근대적 국제 외교 관계 형성으로 국제법의 필요성 대두 → 그로티우스◇는 자연법적 국제법을 체계화한 『전쟁과 평화의 법』 저술

자료탐구

01. 마키아벨리의 정치사상

나는 사물을 이상적 형태보다 있는 그대로 나타냄이 더 중요하고 올바르다고 믿는다. 모두들 결코 존재하지 않았던 공화국과 제후국 체제를 꿈꿀 뿐이다. 인간이 이상적으로 어떻게 살아야 되는가와 현실적으로 어떻게 사는가의 차이는 매우 크다. 따라서 이상적인 삶을 위하여 현실적인 삶을 등한시한다면 파멸을 면할 수 없을 것이다.

모든 점에서 도덕적인 사람은 비도덕적인 사람에 의하여 고통을 받게 된다. 따라서 군주가 외적인 간섭을 받지 않고 계속하여 지배하기 위하여서는 반드시 비도덕적인 것을 배워야 하며, 필요에 따라서 비도덕적인 교활함을 이용해야 한다. 군주는 덕이 있다는 평판을 얻기 위하여 애쓸 필요는 있으나, 실제로 덕을 행하기 위하여 노력할 필요는 없다.

군주가 훌륭한 신앙을 갖고 교활하지도 않고 성실하게 사는 것은 얼마나 칭찬할 만한 일인가. 그럼에도 불구하고, 우리 시대의 경험으로 보면, 훌륭한 신의에 관하여는 별로 관심을 갖지 않고 교활하게 사람들의 두뇌를 혼란시킬 수 있었던 군주들이 위대한 업적을 남겼으며 자기들 쪽에 신의를 다 바친 군주들을 압도하고 말았다. …… 그러므로 군주가 국가를 정복하고 유지하는 일을 목적으로 삼게 되면, 수단은 항상 명예로운 것으로 판단되며, 모든 사람들에게 칭찬을 받게 될 것이다.

– 마키아벨리, 『군주론』 –

자료 해석

마키아벨리는 피렌체에서 법률가의 아들로 태어났다. 그가 청년 시절을 보낸 피렌체는 로렌초 데 메디치의 죽음과 프랑스 왕 샤를 8세(Charles VIII)의 침입에 따른 메디치 정권 붕괴, 사보나롤라의 신정정치와 그 붕괴가 이어지는 격동의 시대였다. 사보나롤라가 화형당한 직후에 서기관이 된 마키아벨리는 그 때부터 약 14년 동안 피렌체 공화정에서 외교 업무를 담당했으며 말년에 『군주론』, 『로마사론』, 『정략론』, 『피렌체사』 등을 저술했다. 정치의 적절한 토대로 국가적 이익을 주장한 마키아벨리의 사고는 17세기에 들어와 자연법 및 자연권 원리의 지원을 받으면서 정치행위의 원동력이 되어갔다.

로렌초 데 메디치(1449-1492)는 메디치가의 장남으로 태어나 할아버지 코시모, 아버지 피에로의 후계자로서 메디치가와 피렌체 공화국의 전성시대를 열었다. 메디치가는 금융업으로 번성했고 많은 문인과 예술가들을 후원하였다. 피렌체 공화정은 실질적으로 메디치가의 독재정권으로 변질되었지만 메디치가의 후원 아래 르네상스 문예활동의 전성기가 전개되었다.

당시 이탈리아는 여러 도시 공화국과 교황령, 나폴리 왕국 등으로 분열되어 있었다. 마키아벨리는 군주론에서 이탈리아의 통일을 위해서는 권모술수에 능한 군주가 필요하다고 보았던 것이다. 즉 정치로부터 종교와 윤리를 분리해야 한다고 한 마키아벨리의 주장은 근대 정치학의 발달에 크게 기여하였다.

02. 피렌체의 역사

- 앞서 말했듯 이탈리아는 크게 두 진영으로 나누어 있었다. 한 쪽에는 교황 식스토 4세와 나폴리 왕 페르디난도 1세가 있었고, 다른 한 쪽에는 피렌체와 베네치아가 밀라노 공작 갈레아초 스포르차와 함께 했다. 비록 아직 전쟁의 불길이 타오르지는 않았지만, 매일 전쟁의 불길을 일으킬 새로운 불씨들이 자라고 있었다. 특히 교황은 무슨 일을 하든 피렌체에 해를 가하려고 애썼다. 그래서 피사의 대주교인 필리포 데 메디치가 죽자 1474년 10월, 피렌체 정부의 뜻과는 반대로, 메디치 가문에 적대적이라고 알려진 프란체스코 살비아티를 그 자리에 임명했다. 그렇지만 그 때 피렌체 시뇨리아는 그에게 주교 관구의 소유권을 주는 것을 거부했기 때문에 이 일의 처리와 관련해 교황과 피렌체 정부 사이에 새로운 다툼이 생겼다.

- 이 모든 사건은 코시모가 추방당해 있을 때 일어났다. 코시모가 돌아온 후, 그를 돌아오게 만든 시민들과 적당의 침해를 받았던 수많은 이들은 무슨 수를 써서라도 정부를 독차지하기로 했다. 그러므로 1434년 11월과 12월의 시뇨리아로 선출된 이들은 전임자들이 자기 당을 위해 했던 일에 만족하지 않고, 이미 추방당한 이들의 기간을 연장하고 그 지역을 변경했으며, 또 새로이 다른 많은 이를 추방했다. 이런 해악들에 더해, 많은 시민이 적당(敵黨)에 속하기 때문이 아니라 그들이 지닌 재산이나 가족 관계, 혹은 사적인 원한 때문에 더 큰 해를 당했다.

- 그 뒤에 그(로렌초 데 메디치)는 피렌체를 더욱 웅장하고 화려하게 만들기 위해 애썼다. 도로를 놓고, 방치되어 있던 빈터에 건물을 세웠다. 도시는 확장되고 더욱 아름다운 모습을 갖추게 되었다. …… 그는 또 한 가지 예술적 재주가 뛰어난 인물은 누구를 막론하고 사랑했고, 학자를 좋아하였다. 아뇰로 다 몬테불루치아노씨, 크리스토파노 란디니씨, 그리스 사람 드메트리오씨가 그 확실한 예이다. 또한 정말 신의 경지에 도달했던 조반니 델라 미란돌라 백작이 유럽 각지를 떠돌아다니던 것을 그만두고 피렌체에 머무를 곳을 정한 것도, 로렌초라는 인간의 위대함에 감동을 받았기 때문이다. 로렌초는 건축, 음악, 시에도 매우 조예가 깊었다. 많은 시를 지었을 뿐만 아니라, 그에 대한 주석을 달기도 했다. 젊은이들이 힘써 공부할 수 있도록 피사라는 도시에 대학을 세워, 이탈리아의 일류 학자들을 여기에 초청하였다.

-마키아벨리, 『피렌체사』-

자료 해석
『피렌체사』는 마키아벨리가 13~15세기 피렌체와 이탈리아를 중심으로 유럽 정치와 역사를 총망라한 책이다. 공직에서 쫓겨나 생계유지에 어려움을 겪던 마키아벨리는 메디치 가문의 수장이자 교황인 클레멘스 7세의 요청에 의해 『피렌체사』를 집필하게 된다. 마키아벨리의 입장에서는 교황과 메디치 가문의 눈치를 보지 않을 수 없었을 것이다. 하지만 그는 이 책에서 냉철하고 신중한 통찰력을 발휘하는 것은 물론, 때로는 간접적인 비판 등을 통해 재치있게 정확한 사실을 기술하기 위해 노력했다.

03. 레오나르도 다빈치가 밀라노 공 루도비코 스포르차에게 보낸 편지

(1) 저는 아주 가벼우면서도 견고하며 휴대가 편리해서 공격, 후퇴, 어느 경우에도 매우 편리한 교량을 만들 수 있습니다. 이 교량이 있으면 적을 추격할 수도 있고, 때에 따라서는 물리칠 수도 있습니다. 그 외에도 견고하고 불에도 끄떡없는, 쉽게 조립하고 해체할 수 있는 교량을 생각해 냈습니다. 또한 적의 다리를 불태우고 파괴할 방법도 알아냈습니다.

(4) 조종이 편리할 뿐 아니라 운반도 간단한 대포, 회오리처럼 총알을 수없이 날리는 소총도 제작할 수 있습니다.

(7) 적의 어떤 공격에도 끄떡없는, 덮개가 있는 견고한 전차도 제작할 수 있습니다. 이 전차는 포병을 태우고 적진을 뚫고 들어가 어떤 대군도 순식간에 물리칩니다. 보병의 대부대는 그 뒤를 따라 아무런 저항도 받지 않고 안전하게 진군할 수 있습니다.

(9) 대포를 사용할 수 없는 곳에서는 투석기(投石器), 잇따라 여러 개의 화살을 쏘는 쇠뇌, 바윗돌을 날리는 탄석포, 그 밖에 효력이 놀라운 공격용·방어용 병기를 만들 수 있습니다.

(10) 평화시에는 공공건물뿐 아니라 개인의 건물에서도, 또 수리 사업에서도, 누구에게도 뒤지지 않고 만족감을 드릴 수 있다고 확신합니다. 대리석, 청동, 점토에 조각도 할 수 있고, 그림도 누구에게도 뒤지지 않습니다. 그뿐 아니라, 청동 마상(馬像) 제작도 익히 들어 알고 있습니다. 이 마상은 각하의 부군(父君)과 빛나는 스포르차가의 명성에 불멸의 영광과 영원한 명예를 부여할 것입니다. …… 엎드려 각하께 자천(自薦)할 따름입니다.

자료 해석
제시문은 레오나르도 다빈치(1452-1519)가 대대로 밀라노의 실권을 잡은 스포르차가의 루도비코 스포르차(1451-1508)에게 취직을 의뢰하며 쓴 자신의 추천장이다. 이 편지에서 다빈치는 모두 10개 조로 나누어 "저는 다리, 공성기, 대포, 배, 전차, 수도 시설 등을 잘 만들 수 있습니다"라는 내용을 서술했고, 마지막에는 조각과 그림에 대한 재능도 언급했다. 밀라노 공의 마음에 든 다빈치는 이후 군사기술가, 기계고안가, 연출가로서 활약했고 각종 방면에 관심이 많았기 때문에 해부, 수학, 물리, 유체역학 등도 연구했다.

04. 토마스 모어의 『유토피아』

그렇게 온순하고 먹이를 조금씩만 먹던 양들이 요즘에는 너무 지나치게 많이 먹고 또 사납게 되어서, 과장해 말한다면 인간들까지 다 먹어 치우고 있습니다. …… 그것은 비싼 양털을 얻을 수 있는 곳이면 어디든 …… 귀족과 신사, 성직자인 수도원장까지도 백성들의 경작지를 빼앗아 온통 목장 울타리로 둘러싸 버렸기 때문입니다.

자료 해석
토마스 모어는 『유토피아』에서 16세기 영국에서 진행된 인클로저 운동을 비판하였다. 인클로저 운동이란 경작지를 목장으로 변경하는 작업으로, 이는 당시 영국에서 모직물 산업이 발달하여 목장이 더 많은 수익을 올릴 수 있었기 때문이었다. 이러한 인클로저 운동의 결과 젠트리가 부를 축적한 반면, 다수의 농민들이 경작권을 박탈당하고 도시의 임금 노동자로 전락함으로써 자본주의 발전이 촉진되었다.

05. 에라스무스의 『우신예찬』

성스러운 신부나 교황으로 하여금 모든 인간 가운데 가장 음탕한 생활을 하게 하고, 불안과 슬픔을 조금도 갖지 않게 하는 자가 바로 나인 것이다. …… 만일에 교황들에게 어쩌다가 지혜를 갖고 싶은 마음이 생긴다면 그들은 많은 쾌락과 위안을 갑자기 잃을 것이다.……

요즈음의 교황은 가장 어려운 일들은 베드로와 바울에게 맡기고 호화로운 의식과 즐거운 일만 찾는다. 교황은 바로 나, 우신(愚神) 덕분에 누구보다도 우아한 생활을 하고 있는 것이다. 왜냐하면 연극이나 다름없는 화려한 교회 의식을 통해 축복이나 저주의 말을 하고 감시의 눈만 번쩍이면, 그것으로 충분히 그리스도에게 충성했다고 생각하기 때문이다.

기적을 행한다는 것은 이미 시대에 뒤떨어진 낡아빠진 관습이다. 민중을 교화하는 것은 피로한 일이다. 성서를 설명하는 건 학교에서나 할 일이다.

자료 해석
에라스무스(1469-1536)는 신약성서를 그리스어로 인쇄하고자 노력한 최초의 인물이다. 그의 신약성서 주석서의 영향력은 심대했다. 에라스무스 같은 성서주의적 휴머니스트들은 학자들이 가톨릭 교회의 관행들을 초기 교회에 비추어 고찰할 수 있도록 그리스어, 라틴어, 헤브라이어를 부활시킬 필요성을 강조했다. 그 결과 로마 가톨릭교도 사이에서도 상당한 불일치가 발생했다. 종교개혁의 원인 중 하나를 여기에서도 찾을 수 있다.

06. 「95개조의 반박문」

- 비텐베르크 대학 정교수 마르틴 루터의 감독 아래 다음의 여러 조문에 대한 토론이 있었다. 주 예수 그리스도의 이름으로 아멘.

제6조 교황은 신의 용서를 확증하는 이외에 어떠한 죄도 용서할 수 없다.
제8조 오늘날 최고의 부자보다도 더 부유한 교황은 어째서 성 베드로 성당을 짓는 데 자신의 돈을 사용하지 않고 가난한 신자의 돈에 의지하려 하는가?
제21조 설교자가 교황의 면벌부에 의해 모든 형벌에서 벗어날 수 있다고 하는 것은 잘못이다.
제27조 그들은 돈궤 속에 금화가 딸랑 소리를 내며 떨어지자마자 죽은 자의 영혼이 연옥에서 뛰쳐나온다고 한다.
제36조 진실로 회개한 크리스트교도는 면벌부 없이도 벌이나 죄에서 완전히 해방될 수 있다.
제89조 교황의 마음이 정말 돈에 있지 않고 여러 사람들을 죄에서 건져내는 데 있다면 어째서 그 전에 면벌부를 산 사람에게 아무런 효험이 없었는지?

자료 해석
비텐베르크 대학의 신학교수였던 마르틴 루터(1483-1546)는 로마 교황 레오 10세가 성 베드로 성당 보수 공사를 위해 면벌부를 판매하는 행위를 비판한 95개조를 1517년 10월31일에 발표하였다. 루터의 95개조 반박문으로 종교 개혁이 시작되었다. 루터는 인간의 구원은 오직 신앙과 신의 은총에 의해서만 가능한 것이며, 신앙의 근거는 성서라고 주장하였다. 결국 아우크스부르크 화의에서 루터파가 승인됨으로써 교황의 지배에서 벗어나는 신교가 출현하였다.

07. 「기독교의 개선을 위하여 독일의 기독교 귀족에게 고함」

교황 지상주의자들이 만든 세 개의 장벽
교황 지상주의자들은 자신들을 둘러싸는 세 개의 장벽을 교묘하게 세웠습니다. 지금까지 그들은 이 장벽들에 의해 그 누구도 자신들을 개혁할 수 없는 방법으로 자신들을 보호해왔습니다. 그 결과, 전 세계의 그리스도교 나라들은 매우 끔찍하게 몰락해왔습니다.

무엇보다 먼저, 세속 권력에 의해 압력을 받았을 때, 그들은 칙령을 만들어 선포하기를, 세속 권력은 교황청에 대해 관할권을 행사할 수 없고 오히려 영적 권한이 세속 권력 위에 있다고 했습니다. 두 번째로, 성경을 통해 그들을 비난하는 시도가 생길 때, 그들은 오직 교황만이 성경을 해석할 수 있다고 반론을 제기합니다. 세 번째로, 공의회를 열라는 위협을 받으면 그들은 교황 외에는 그 누구도 공의회를 소집할 수 없다고 꾸며댑니다.

이런 방식으로 그들은 우리로부터 우리가 가진 세 개의 권위 있는 지팡이를 교활하게 훔쳤고, 그럼으로써 그들이 처벌받지 않을 수 있도록 했습니다. 그들은 이 세 개의 장벽으로 둘러싸인 안전한 요새에 안락하게 자리를 잡고서는, 오늘날 우리가 알고 있는 모든 부정행위와 사악함을 저지를 수 있었습니다. ……

이 논의로부터, 평신도와 사제, 제후와 주교, 종교적인 인물과 세속적인 인물 사이에, 지위와 일이라는 이유를 제외하면 신분의 이유에 있어서는 진정한, 근본적인 차이는 없다는 것이 성립됩니다. 그들은 모두 영적인 신분이 있고, 모두가 진정으로 사제이고 주교이며 교황입니다. 그러나 그들이 모두 같은 직무를 수행하지는 않습니다. …… 즉, 우리는 모두 머리이신 그리스도의 한 몸으로서 서로 지체가 된다는 것입니다. 그리스도께서 하나는 세속적인 몸, 다른 하나는 영적인 몸, 두 개의 다른 몸을 지니시는 것이 아닙니다.

그러므로 오늘날 "영적인" 분류로 일컬어지는 사람들, 곧 사제들, 주교들, 교황들은 다른 그리스도인과 다르지도 않고, 그들보다 우월하지도 않습니다. 다만 그들은 그들의 직무와 일로서 하나님의 말씀과 성사에 관한 일에 책임이 지워져 있을 뿐입니다.

자료 해석
루터는 「기독교의 개선을 위하여 독일의 기독교 귀족에게 고함」에서 교회 내부의 타락, 교회 권위의 남용, 부패한 관행들을 로마교회가 개혁할 능력이 없다는 것을 지적하고 이제 독일의 귀족과 군주들이 나서줄 것을 요청하고 있다. 루터는 이 논문에서 성직의 신성성을 비판하고 만인사제주의를 주장하였다.

08. 「그리스도인의 자유」

…… 우리가 그런 그리스도를 믿으면, 이 신앙을 통해서 모든 죄가 용서되고 오직 그리스도의 공로에 의해서 의롭다고 여김을 받으며, 새로운 사람이 됩니다.

그러므로, 로마서 10장에서, "사람이 마음으로 믿어 의에 이른다"고 되어 있듯이, 이 신앙은 속사람만을 다스릴 수 있고, 신앙만이 그를 의롭게 하기 때문에, 속사람이 어떤 외적인 일, 즉 행위에 의해서 의롭다고 여김을 받고 자유롭게 되며 구원을 받을 수 없다는 것, 그리고 이 행위들이 그것이 어떤 것이든지 그 속사람과는 아무 관계가 없다는 것은 분명합니다. 반면, 외적인 행위가 아닌, 오직 마음의 불경전과 불신앙만이 사람을 유죄로 만들고 비난받는 죄의 종이 되게 합니다.

…… 그러므로 그리스도에 대한 참된 믿음은 비할 데가 없는 보물이며, 그런 믿음과 함께 완전한 구원이 자라고 모든 악으로부터 그 자신이 구원됩니다. 그리스도께서도 마가복음의 마지막 장에서 이렇게 말씀하십니다. "믿고 세례를 받는 사람은 구원을 얻을 것이요 믿지 않는 사람은 정죄를 받으리라"

…… 이로부터 모든 사람이 명백하게 볼 수 있는 것은, 그리스도인이 모든 것들로부터 그리고 모든 것들 위에서 얼마나 자유로우며, 그리하여 그가 의롭게 되고 구원받는 존재가 되기 위하여 어떤 행위도 요구되지 않는가 하는 것입니다. 왜냐하면 오직 믿음이 그 모든 것들을 충분하게 부여하기 때문입니다.

자료 해석
루터는 「그리스도인의 자유」에서 성서지상주의와 이신칭의를 주장하였다. 그리스도인은 행위나 공덕이 아니라 신앙에 의해서만 의로워지고, 이렇게 얻은 신앙이 사람을 자유롭게 만든다고 보았다.

09. 「교회의 바빌론의 유수」

우선 저는 성사에 일곱 개가 있는 것을 부인하고, 대신 세 가지 성사를 고수해야 합니다. 즉 세례성사와 참회의 성사, 그리고 성체성사가 그것이지요. 이 세 가지는 로마 교황청에 의해 비참하게 억류된 채로 존재해왔고, 교회는 모든 자유를 박탈당해 왔지요. 그러나 제가 성경의 용법에 따라 말한다면, 오직 하나의 성사, 그리고 세 가지의 성사적 암시들이 있다고 해야 할 것입니다.

…… 따라서 그리스도에 관하여 참인 것은 또한 성체 성사에 관해서도 참입니다. 신적 본성이 그분 안에 몸적으로 머물기 위해서, 인간 본성이 실체변화되고 또 신적 본성이 인간 본성이라는 형상(우연) 안에 포함되는 것은 필요하지 않습니다. 두 본성 모두가 통째로 다 그분에게 있으니, 진실로 이렇게 말할 수 있습니다. "이 사람은 하나님이고 또 이 하나님은 사람입니다." 철학은 이런 것을 이해할 수 없을지라도, 신앙은 그것을 이해합니다. 또한 하나님 말씀의 위력은 우리 지성의 능력보다 더 위대합니다. 마찬가지로, 성찬례에서 참된 그분의 몸과 피가 현존할 수 있도록, 빵과 포도주가 실체변화되고 또 그리스도께서 그 형상들에 포함될 필요는 없습니다. 그러나 그 둘은 함께 거기에 남아 있으니, 진실로 이렇게 말할 수 있습니다. "이 빵은 나의 몸이며, 이 포도주는 나의 피라."

자료 해석
「교회의 바빌론의 유수」에서 루터는 주로 가톨릭 교리의 7성사를 다루고 있다. 루터는 7성사 중에 세례성사, 참회성사(고해성사), 성체성사만을 인정하였다. 이후 루터는 참회성사를 제외하였다. 루터는 7성사의 축소보다 중요한 것은 세례를 받고 성체성사에 수동적이고 기계적으로 참여하는 대신, 이 과정에서 참여자의 믿음의 역할이 중요하다고 강조했다.

10. 독일 농민 전쟁

- 부끄러움도 모르고 믿음이 없는 이 세계가 피를 흘린 시간이 왔다고 여러분에게 말하노라. …… 여러분 자신이 완전히 통제받도록 계속해서 내버려 두는 이유가 무엇인가? 우리는 지금 이들이 스스로 보여주고 있듯이, 영주들과 제후들이 크리스트교도가 아니라는 사실을 잘 알고 있고 성서와 더불어 이를 입증할 수 있다. 그대의 성직자와 수도사들은 악마의 먹이가 되어 있으며, 진정한 크리스트교도를 거의 찾아볼 수 없다. 그대의 모든 설교자들은 위선자이자 인간을 예배하는 자이다. 그대들은 왜 계속해서 이들에게 희망을 가지는가?
  - 토마스 뮌처 -

- 처음부터 나는 두 가지 두려움을 가지고 있었다. 만약 농민이 영주가 된다면, 악마가 수도원장이 된다면, 그리고 이들 폭군이 영주가 되고, 악마의 어미가 수녀원장이 된다는 두려움이었다. 그러므로 나는 두 가지 일을 하고자 한다. 즉 농민을 잠잠하게 하고 영주를 가르치는 것이 그것이다. 농민은 내 말을 알았고, 그리고 이제 이들은 그 보상을 받았다. 영주 역시 말을 들을 것이며, 이들 역시 보상받을 것이다.
  - 루터 -

자료 해석
루터의 가톨릭교회 비판이 도화선이 되어 독일에서 농민 전쟁이 발생하였다. 독일의 농민전쟁을 주도한 이는 토마스 뮌처였다. 그는 초기 크리스트교의 모습을 이상으로 삼아 당시 영주와 교회 성직자들을 비판하며 농민군을 이끌었다. 한편, 루터는 독일 농민군에 의해 형성된 무질서보다 기존 세력의 폭정을 옹호하였다. 그는 독일 농민군을 격렬하게 비난하였으며, 제후 편에 섰다.

11. 영국 국교회의 확립

국왕 폐하는 마땅히 법에 따라 실제로 또 법적으로도 영국 교회의 수장(首長)이시다. …… 뿐만 아니라, 영국 교회 수장의 권위에 딸려 있는 모든 영예, 존엄, 지위, 재판권, 특권, 면제권, 수익, 재화를 소유하며 향유한다
  - 수장법 -

자료 해석
수장법은 1534년 국왕 헨리 8세가 왕비 캐더린과의 이혼 문제로 로마 교회로부터 벗어날 것을 결의하고 의회를 통과시켜 발표하였다. 수장법은 국왕이 영국 교회의 유일한 최고의 수장임을 규정한 법률이다.

12. 칼뱅의 종교 개혁

진실로 우리 또한 예지(豫知)와 예정 모두가 신에게 있음을 주장한다. 모든 사람은 동일한 상태로 창조된 것이 아니며, 어떤 사람에게는 영원한 삶이, 또 어떤 사람에게는 영원한 벌이 예정되어 있는 것이다. 그러므로 성서가 명백히 밝히고 있는 바에 따라, 우리는 주님이 그 영원의 섭리로서 누구를 구제하려고 원하시고 또한 누구를 멸망에 이르게 하려고 하시는가를 그 영원불변의 섭리 속에 미리 정해 놓으셨다고 말하는 것이다.

- 칼뱅, 『기독교 강요』(1536년) -

자료 해석

제시된 글은 칼뱅의 구원예정설에 관한 것이다. 칼뱅의 구원 예정설은 칼뱅을 따르는 무리에게 자기 영혼구제의 확신을 심어 주어 탄압에 대항하는 굳은 의지를 갖게 함으로써 칼뱅파의 확산에 기여하였다. 또한 그의 직업 소명설은 상공업자 의 지지를 얻으면서 자본주의 발전에 기여하였다.

13. 예수회 설립

[우리는] 자신의 모든 의지를 포기하고, 우리 자신이 현 교황과 그 계승자에게 행한 특별한 서약에 의해 구속된 다고 생각하며, 이들 교황이 우리를 파견하는 여하한 나라, 그것이 투르크족의 지역이든 다른 이교도들의 지역이든, 인도나 그 밖의 지역에서, 어떠한 이단이나 분열주의자는 물론 신도 집단에게로 기꺼이 가며, 오직 교황과 교단의 총원장의 의지에만 복속하기로 [서약한다]

- 이그나티우스 로욜라 -

자료 해석

예수회는 에스파냐 출신의 이그나티우스 로욜라가 1540년에 조직하였다. 군대식 규율과 교황에 대한 절대 복종을 맹세하며 프로테스탄트교의 확산을 막기 위해 노력하였다. 특히 마테오리치, 아담 샬을 비롯한 예수회 선교사들은 아시아에 파견되어 많은 활동을 하였다.

14. 트리엔트 공의회

제2 교령 라틴어 불가타본 성경의 수용과 성서 해석 방식에 대한 규정들
이제 한 걸음 더 나아가서, 본 거룩한 공의회는 유포되어 있는 모든 라틴어 성서본 중에 어떤 것이 공신력이 있는지를 아는 것이 하느님의 교회를 위해 매우 유익하다고 생각한다. 그래서 본 공의회는 여러 세기 동안 사용됨으로써 교회 내에서 인정받고 잘 알려진 고전 불가타본 성경이 공개 강의와 토론, 설교와 해설을 하는 데에 공신력 있는 것으로 간주하고, 그 누구도 어떤 이유에서라도 불가타본을 함부로 혹은 교만하게 거부해서는 안 된다는 것을 결정하고 공포하는 바이다.

주교들과 여타 성직자들의 상주(常住)에 관한 교령
…… 만일 누가 어떤 지위로, 무슨 이유에서, 무슨 명칭으로, 어떤 권리를 가지고 그곳에 소임을 받았든 간에 합법적인 장애 없이 혹은 정당하고 타당한 이유 없이 자기 교구 밖에 머물면서 지속적으로 6개월 동안 총대주교좌, 수석 주교좌, 대주교좌, 혹은 주교좌 성당을 비우면, 그가 향유하고 있는 품위, 직급 그리고 그의 탁월성과 상관없이, 법 자체로 즉시 한 해 소득의 4분의 1이 몰수 된다.

지극히 거룩한 성체성사에 관한 교령
제1장 지극히 거룩한 성체성사 안에 우리 주 예수 그리스도께서 실제로 현존하심
우선 본 거룩한 공의회는 신적이고 거룩한 성체성사 안에서 참하느님이시며 참인간이신 우리 주 예수 그리스도 께서 빵과 포도주가 축성된 후 그 감지할 수 있는 물질들의 형상하에 참으로, 실제로 그리고 실제적으로 계시다는 것을 공개적이고 단순하게 가르치고 고백하는 바이다.

금서목록, 교리서, 성무일도, 미사경본
우리의 교황이신 비오 4세 성하의 치하에서 거행된 두 번째 회기에서 본 공의회는 몇 명의 교부들을 선발하여 그들에게 각종 검열과 금지된 서적과 위험한 서적들에 관한 제안을 작성하여 본 거룩한 공의회에 보고하도록 맡겼다.

- 크리스트교 문헌 -

자료 해석

트리엔트 공의회는 1545년부터 1563년까지 18년 동안 이탈리아 북부의 트리엔트에서 개최된 종교회의로서 종교개혁에 맞서 가톨릭의 교리와 체계를 재정비하였다. 트리엔트 공의회는 성서만이 신앙의 유일한 원천이라는 루터의 주장을 배격하고 그가 번역한 성경도 받아들이지 않았다. 라틴어 성서인 불가타를 공식적인 성서로 선포했으며, 성서와 성행 모두를 신앙의 원천으로 확인했다. 아울러 성서의 해석은 교회만이 권위를 가짐을 명백히 하여 만인사제주의를 부정하고 교황의 권위와 성직 계서제를 재확인했다. 또한 개신교들이 부정하였던 화체설을 인정하였으며, 개신교의 확산을 막기 위해 금서목록을 작성하도록 하였다.

15. 성바르톨로메오 축일의 학살과 낭트칙령

(가) 새벽 3시경 나는 사람들이 울부짖는 소리 그리고 도처에서 들려오는 종소리에 눈을 떴다. …… 대피하기로 결정한 나는 학자들이 입는 가운을 걸치고 손에는 책을 든 채 집 밖으로 나섰다. 거리로 나온 후 세 무리의 경비대와 마주쳤는데, 그 가운데 첫 번째 무리가 나를 거칠게 대하며 책을 빼앗으려했다. 천만다행으로 그 책이 가톨릭의 기도서였던 까닭에 나는 계속해서 길을 갈 수 있었다. 그리고 나머지 두 무리와 마주쳤을 때 이 책은 마치 통행증과도 같았다. 계속 길을 가다보니 약탈당하고 무너진 가옥의 모습들, 학살당한 남성과 여성 그리고 아이들의 모습이 눈에 들어왔다. - ⟪쉴리 공작의 회고록⟫ -

(나) 제8조 내 백성들 사이에 소란과 분쟁의 동기를 하나도 남기지 않기 위해서 나는 개혁파 신도가 나의 지배 아래 있는 왕국의 모든 도시에서 어떠한 심문이나 박해도 받지 않고 또 재산을 빼앗김 없이 거주할 것을 인정한다. 그들은 적어도 종교에 관해서 자신의 신앙에 반대되는 행위를 강요당하지 않으며, 본 칙령의 규정에 따르는 한, 자기들이 살고자 하는 거주지에서 신앙 때문에 쫓겨나지 않는다.

자료 해석

(가)는 성바르톨로메오 축일의 학살에 관한 것이고, (나)는 낭트 칙령이다. 쉴리(술리)는 앙리 4세의 측근으로 프랑스의 재정개혁과 행정개혁에 큰 역할을 하였다. 앙리 4세는 위그노 전쟁을 종결짓기 위해 1598년 낭트 칙령을 선포하여 위그노에게 신앙의 자유를 허용하였다. 이에 종교 탄압을 피해 외국으로 나갔던 위그노들이 귀국함에 따라 프랑스의 상공업이 발달하였고, 이에 힘입어 프랑스의 절대 왕정이 발달할 수 있는 물질적 기초가 마련되었다.

16. 베스트팔렌 조약

1627년 이전에 다른 신앙을 갖기 시작한 사람은 설령 거주 지역의 통치자와 신앙이 다르더라도 자신의 신앙을 유지할 수 있으며, 자녀에게 자신의 신앙을 전도할 수 있다. 그의 신앙 활동은 집 안에서나 밖에서나 방해받지 않는다. 거주민으로서 공직 불이익을 당하지 않으며, 자신의 신앙에 따른 절차로 장례를 치를 수 있다. 또한 자신과 다른 신앙의 통치자가 다스리는 지역으로 이주하고 싶다면 자유롭게 할 수 있다. 네덜란드는 스페인에서 독립한다. 수십 년 동안 실질적인 독립 국가였던 스위스가 신성로마제국에서 공식 독립한다. 프랑스는 스트라스부르를 제외한 알자스-로렌을 차지한다.

자료 해석

우리가 흔히 말하는 베스트팔렌 조약은 오스나뷔르크 조약과 뮌스터 조약을 합쳐서 부르는 말이다. 이 두 지역이 독일 북서부의 베스트팔렌 지역이었기 때문에 베스트팔렌 조약으로 불려졌다. 베스트팔렌 조약은 최초의 국제조약이자 근대 국제법의 시초라 불리기도 한다. 베스트팔렌 조약으로 신성로마제국은 사실상 와해됐고, 합스부르크 왕가의 영향력은 축소되었으며, 스페인은 몰락해갔다. 실질적 전장이던 독일 지역은 인구의 1/2~1/3을 잃고, 결속력 없는 수많은 분권 제후국들로 분열했다. 대신 큰 전쟁 피해 없이 알자스-로렌 지방을 획득한 중부 유럽의 프랑스와 영토를 확장한 북유럽의 스웨덴이 강성해졌고, 스위스와 네덜란드가 독립했다.

17. 재세례파

(가) (1525년 1월) 세례와 관련하여 오류로 가득한 주장들이 떠돌고 있다. …… 이러한 주장을 추종하는 이들은 누구든 그의 아내, 아이들 그리고 재산과 함께 마을을 떠나야할 것이다. 그렇지 않다면 박해만이 그들을 기다리고 있을 것이다.

(나) (1562년 3월) 의회는 재세례파를 오류로부터 구하기 위해 오랫동안 노력해 왔다. 그러나 그들은 맹세와 서약을 거부했을 뿐더러 법률에 도전함으로써 그리고 공공의 권위를 거부함으로써 크리스트교 공동체에 해를 끼쳤다. 그들 가운데 많은 이들이 이미 투옥되었다. 의회는 마을과 인근 지역에서 사제가 아닌 신도들이 서로가 서로에게 세례를 베풀지 못하게 하였다. 이를 어기는 자는 누구든 자비 없이 사형에 처해질 것이다.

- 「취리히 의회의 법령」 -

자료 해석

(가), (나) 자료는 재세례파를 탄압하는 것을 결정한 취리히 의회의 법령이다. 제3차 공개토론회는 1525년 1월 17일에 개최되었는데 그 주제는 유아세례 문제였다. 그레벨과 만츠 등은 신약성경의 구절들을 인용하면서, 신앙고백을 하는 신자들에게만 세례를 베풀어야 하며, 자발적으로 신앙고백을 할 수도 없고 하지도 못하는 유아들에게 세례를 베푸는 것은 성경적이지 않다고 역설하였다. 이에 대해 츠빙글리는 유아세례의 정당성을 옹호하며 이미 유아세례를 받은 자들에게 다시 세례를 받아야 한다고 주장하는 자들을 향해 "소나기같은 웅변"(torrent of words)을 쏟아 놓으며 자신들의 제자들이었던 자들을 비난하였고 그들에게 "Wiedertäufer"(Rebaptizers, Anabaptists, 다시 세례를 베푸는 자)라고 비난하며 조롱 섞인 별명을 붙여주었다. 토론회는 츠빙글리의 승리로 끝났고 이 3차 공개토론회는 결과적으로 츠빙글리와 그의 제자들인 스위스 형제단이 적대하며 분열하는 결정적인 계기가 되었다.

토론회 후 취리히 시 의회는 8일 안에 아이들에게 세례를 주라고 강제하면서 그렇지 않으면 추방하겠다고 하였다. 하지만 며칠이 지난 1525년 1월 21일 밤 펠릭스 만츠의 집에서 10여 명이 모여 제이콥 가문의 게오르게 블라우록(1491~1529)이 그레벨에게 재세례를 요구하였고 그레벨은 블루우록에게, 블라우록은 다른 15명에게 재세례를 베풀었다. 드디어 취리히 시에 재세례파가 등장하게 된 것이다. 개혁자들과 이들 재세례파들 간의 만남 혹은 토론이 3월과 11월에 있었지만 별다른 합의나 진전을 보지는 못하였다. 1526년 3월 7일 취리히 시 의회는 재세례를 행하는 자는 누구든지 익사당하게 될 것이라고 선언했고 1527년 1월 5일 최초의 희생자로 펠릭스 만츠가 죽임을 당하였다.

- 박찬호, 츠빙글리와 재세례파의 관계, pp.64~65

◎ 주요 공의회

공의회	주도	내용
니케아 (323)	콘스탄티누스 대제	아타나시우스의 삼위일체 채택
콘스탄티노플 (381)	테오도시우스 황제	· 니케아 신조에 따라 삼위일체설이 정통임을 확인 · 에페수스(431)·칼케돈(451) 공의회 : 네스트리우스파가 그리스도의 인간성을 강조한 것을 부정하고, 그리스도의 신성과 인간성은 별개이면서 하나임을 확인
라테란 (1095)	니콜라오 2세	· 추기경단에 의해 교황 선출 규정 · 성직 매매를 금지하고, 사제들에게 독신 생활 요구 · 이후 교황 알렉산데르 2세가 선출되어 교회 개혁 진행
클레르몽 (1095)	우르바누스 2세	비잔티움 황제 알렉시우스 2세의 도움 요청으로 개최 → 십자군 전쟁의 계기
4차 라테란 (1215)	인노켄티우스 3세	· 목적 : 가톨릭 기본 교리 재확인, 교회의 도덕적 개혁 노력 향상 · 화체설을 공식적으로 인정 · 1년에 한 번 고해성사와 부활절 성체 성사를 의무화 · 알비파와 왈도파를 이단으로 규정
리옹 (1245)	인노켄티우스 4세	· 몽골에 관한 구체적인 정책을 논의 → 몽골 군대가 서진하는 것을 막고 가능하다면 몽골과 이슬람을 협공하자는 군사적 협력을 협상하고, 더 나아가서는 몽골을 기독교로 개종시키는 것 · 프리드리히 2세 파문
피사 (1409)	추기경들	· 로마의 그레고리오 12세와 아비뇽의 베네딕토 13세 모두 파면 · 알렉산데르 5세를 교황으로 선출
콘스탄츠 (1414~18)	요한 23세	· 마르티누스 5세를 교황으로 선출하여 교회대분열 종식 · 위클리프·후스를 이단으로 규정 → 후스 처형 · 교황도 공의회의 결정에 복종해야 함 결정
피렌체 (1438)	에우게니우스 4세	· 목적 : 오스만 제국의 공동으로 대처하고 동서 교회의 통합 모색 · 영향 : 메디치 가문은 피렌체에 플라톤 아카데미아를 설립해 고전 그리스 문화에 대한 연구를 증진
트리엔트 (1545~63)	교황 바오르 3세, 황제 카를 5세	· 목적 : 프로테스탄트의 주장을 반박하고 가톨릭 교리 재확인 · 선행에 의한 구제 인정과 만인사제주의 부정 · 7성사 인정 · 부재 성직자 폐지 · 신학교 설립 · 종교 재판소 설치와 금서목록 작성
바티칸 (1869)	피오 9세	· 교황 교의의 무오류설 주장 · 교황권의 세속국가에 대한 우월성 강조 · 독일의 중앙당에 영향

CHAPTER 03 신항로의 개척과 유럽 교역망의 확장

1 신항로 개척의 배경과 전개

(1) 신항로 개척의 배경

① **부의 축적**
- 후추를 비롯한 향신료를 구하기 위해 아시아 항로 개척
- 중세 말 금 품귀 현상으로 금의 가치가 중국에 비해 2배 → 금 생산지를 찾아 아프리카-유럽간 무역로 확보

② **동방에 대한 호기심** : 마르코 폴로의 '동방견문록'으로 동방에 대한 호기심 고조

③ **원양 항해술의 발달** : 지리·천문 지식의 확대, 조선술 발달, 나침반 사용

④ 오스만튀르크의 등장으로 지중해 동부를 통한 아시아 항로의 위험성↑

⑤ **크리스트교의 전파** : 프레스터 존(요한 사제)의 전설, 이슬람교도 공격 표방

⑥ 중세 말 유럽국가의 회복과 중앙집권화↑

> ◇ **동방견문록**
> 중국의 원나라에서 17년 동안 살다가 이탈리아로 돌아온 마르코폴로가 남긴 기행문이다. 중국의 동쪽에 있다는 황금의 나라 등에 관한 기록은 동양 세계에 대한 유럽인들의 관심을 고조시켰다. 콜럼버스도 이 책을 탐독하였다고 한다.

> ◇ **프레스터 존 전설**
> 페르시아·아르메니아 동쪽에 대영토를 가지고 있는 네스토리우스파의 크리스트교도 국왕에 대한 전설이다.

(2) 포르투갈의 신항로 개척

① **신항로 개척**

마데이라 제도	포르투갈의 식민지 → 아프리카 노예노동을 바탕으로 설탕 생산 → 브라질 식민지화에 그대로 적용
카나리아 제도	카스티야의 식민지 → 아메리카에 이식하게 될 제도의 시험장
항해왕 엔리케	지리와 항해술 연구를 위한 학교 설립 → 원정대 정기적 파견
신항로 개척	• 바르톨로뮤 디아스 → 희망봉 발견(1488) • 바스코 다 가마 → 인도의 캘리컷에 상륙(1498)
알폰소 데 알부케르케 (1505~1515)	• 우세한 해군력을 이용해 포르투갈의 해상 제국 건설 • 아시아 해안의 전진기지 → 인도 서해안의 고아, 말레이 해협의 믈라카, 페르시아만의 호르무즈, 캘리컷을 연결하여 바다를 지배

② **식민 활동**
- 경로 : 유럽 → 홍해·페르시아 만 → 캘리컷·고아 → 믈라카 → 동인도 제도
- 호르무즈, 고아, 믈라카(1511), 마카오 등 무역 거점을 지배하는 방식
- 초기 향신료 무역 독점 → 포르투갈의 우위는 1570년대 일본과 중국까지 이어지면서 유지 → 17세기 네덜란드와 영국의 우위로 바뀜

(3) 에스파냐의 신항로 개척

① **신항로 개척**
- 콜럼버스 : 서인도 제도에 도착(1492)
- 아메리고 베스푸치 : 탐험기(1503)에서 아메리카가 인도가 아닌 신대륙임을 확인
- 마젤란 : 마젤란 일행은 지구 구형설 입증(1519~1522)
- 수지맞는 교역망 없음 + 원주민을 크리스트교로 개종 → 해상 무역 제국이 아닌 영토 정복과 정주, 식민화의 방향

② 에스파냐의 식민활동
- 코르테스 : 아즈테카의 테노치티틀란 점령
- 피사로 : 잉카 제국 점령
- 광산을 채굴하는 과정에서 레파르티미엔토(미타) 제도와 같은 노예제와 유사한 제도를 통해 원주민을 지배하고 착취
- 엔코미엔다 : 엔코미엔다는 '위탁', '위임'이라는 뜻으로 영지 내의 노동력을 수탈할 수 있는 제도 → 인디오들을 보호하고 그들을 교육시켜 문명세계와 기독교 사회로 인도할 책임을 떠맡는 대신 인디오들로부터 부역이나 공납을 제공받은 것
- 광산을 채굴하는 과정에서는 레파르티미엔토(미타) 제도를 실시하여 원주민의 노동력을 수탈
- 아시엔다(hacienda) : 에스파냐 국왕이 귀족들에게 대규모 토지 수여 → 채무노예들을 이용해 대규모 농장 경영
- 아시엔토 : 에스파냐 왕실이 발급하는 흑인노예공급권
- 부왕령과 아우디엔시아(고등법원)를 중심으로 국왕에 의해 지배되는 행정 체계 정비
- 주요 교역품 : 가축과 수지, 설탕, 코치닐, 목재, 은 → 볼리비아의 포토시, 멕시코의 사카테카스의 은광
- 갈레온 무역 : 멕시코의 아카폴코와 필리핀의 마닐라 간의 무역
- 인디오 인구 급감 → 노예무역↑

(4) 포르투갈과 에스파냐의 갈등 조절

토르데시야스 조약(1494)	· 교황 알렉산드르 6세 중재 → 카보베르데 제도 서방 400km을 경계로 서쪽은 에스파냐, 동쪽은 포르투갈 · 포르투갈이 경계선을 서쪽으로 1,300km 이동 요구 → 브라질이 포르투갈령이 된 계기
사라고사 조약 (1529)	말루쿠 제도 동방 17도 선을 경계로 서쪽은 포르투갈령, 동쪽은 에스파냐령 → 포르투갈이 에스파냐에게 보상금을 지급하고 말루쿠 제도를 소유

◇ 레파르티미엔토 제도

에스파냐가 아메리카에서 식민지 개척자들에게 인디언을 강제 노동에 동원할 수 있도록 허용한 제도이다. 흔히 페루에서는 '미타', 멕시코에서는 '쿠아테퀼'이라고 불렸다. 지정된 한 지역의 인디언 가운데 약 5%는 광산노동을 위한 동원 대상이었고 약 10% 이상은 계절에 따라 농사일을 위해 동원할 수 있었다.

◇ 토르데시야스 조약

콜럼버스의 신항로 발견 이후 탐험가들이 발견한 땅의 소유권을 둘러싸고 에스파냐와 포르투갈이 대립하였다. 이에 1493년 교황 알렉산데르 6세는 카보베르데 제도의 서쪽 400km 지점을 경계선으로 삼아 에스파냐는 이 경계선 서쪽 지역을, 포르투갈은 경계선 동쪽을 차지할 수 있다고 발표하였다. 그러나 포르투갈이 이에 불만을 제기하자 에스파냐 북서부에 있는 토르데시야스에서 만나 경계선을 카보베르데 제도에서 서쪽으로 약 1,780km로 변경하였다

◇ **상업혁명**

상업혁명은 신항로 개척 이후 유럽 상업자본의 활동 영역이 확대됨으로써 일어난 상업활동의 변혁과 이에 따른 사회적·경제적 변화를 말한다. 유럽은 새로운 큰 시장의 수요를 충족시키기 위해 중세의 길드적 소규모 생산을 지양하고 선대제·매뉴팩처 등의 대규모 생산 형태로 발달하였으며, 무역면에서는 무역회사가 많이 설립되었다. 상업혁명으로 유럽은 자본을 축적할 수 있었고, 이것이 이후 산업혁명의 선행 조건이 되어 근대 자본주의가 출현하게 되었다.

(5) 신항로 개척의 결과

① 새로운 산물의 반입
- 중국으로부터 차와 면직물이 전래
- 아메리카로부터 담배, 감자, 고구마, 옥수수 전래

② 가격 혁명◦ 발생
- 신대륙으로부터 금과 은의 유입으로 물가 상승
- 봉건지주나 봉급생활자는 타격, 상공업자와 농노들은 유리

③ 상업 혁명◦
- 상공 시민의 성장과 신항로의 개척으로 상업의 비약적 발전
- '주식회사' 등장, 길드 해체, 시민 계급 성장, 금융업 발달

④ 무역 중심지 이동 : 지중해 무역 쇠퇴하고 대서양 무역 발달

⑤ 세계사 성립 : 유럽이 주도하는 세계사 형성

⑥ 아메리카 문명 파괴 : 잉카 문명과 아스테크 문명 파괴

⑦ 은을 바탕으로 한 세계적 교역망 형성
- 인도의 면직물, 중국의 차·비단·도자기가 유럽으로 수출
- 아메리카의 은이 중국으로 유입되어 중국에 일조편법과 지정은제가 시행되는 배경

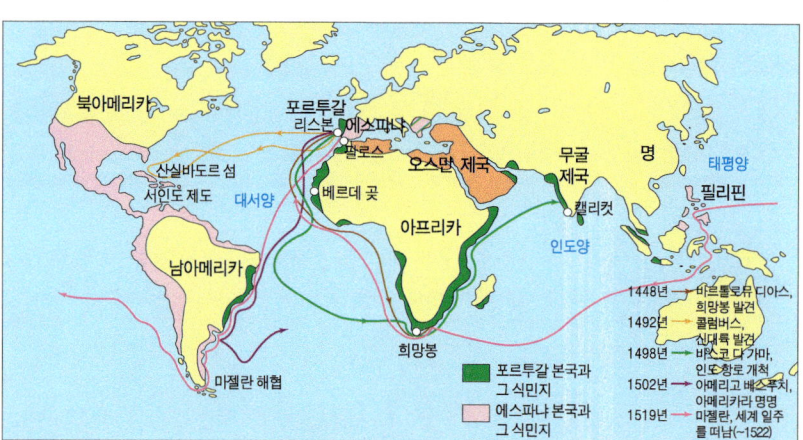

[인도 항로와 신대륙 발견]

CHAPTER 04 재정·군사 국가

1 재정·군사 국가의 등장

(1) 형성 과정

① 중무장한 봉건 기병에서 화약무기로 무장한 직업 보병으로 이행 → 재정·군사국가 출현 주도

② 왕들은 국가권력을 중앙집권화하고 대규모의 군대를 유지하기 위해 높은 세금을 부과 → 귀족과 도시, 다른 지방 세력(제도)들 억제

③ 1450~1550년 사이 군사 경쟁 → 통일된 재정·군사 국가 출현

④ 유형

프랑스·프로이센	강압적이며 중앙집권적인 재정·군사 국가
네덜란드·영국	자본집중적인 재정·군사 국가

◇ 재정·군사 국가

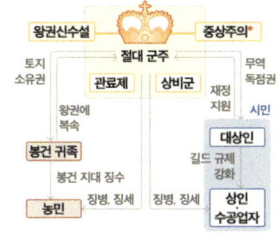

(2) 유럽 국가들의 군사적 경쟁 : 에스파냐가 주도

① 군사 혁명 : 고도의 전쟁 수행 능력을 갖춘 재정·군사 국가 출현 → 군사 경쟁에서 뒤처진 국가는 도태

② 장기간 지속된 전쟁 → 군사혁명 → 고도의 전쟁 수행 능력을 갖춘 국가로 탈바꿈

③ 유럽 각국

부르고뉴 공국	프랑스와의 전쟁(1477)에서 패배 → 독립 왕국 건설 실패
프랑스	1499~1501년 밀라노와 나폴리 정복하면서 시작된 프랑스의 영토 확장은 에스파냐에 의해 좌절
프로이센	폴란드·리투아니아 왕국은 한자동맹 도시들에 대한 통제권 장악 → 프로이센 공작령이 된 튜튼 기사단의 영지를 통합(1525) → 브란덴부르크와 통합된 프로이센은 폴란드로부터 독립(1618) → 군사·재정 국가의 기틀 마련
스웨덴	1526년 덴마크의 스톡홀름 침공 → 재정·군사 국가의 야심을 선포
러시아	이반 4세가 1547년 황제 차르를 칭하면서 일련의 정복 착수

◇ 이탈리아식 성채

네덜란드의 바우르탕어 요새

(3) 군사혁명과 정치적 발전

① 16세기 : 용병대를 상비군으로 전환 + 이탈리아식 성채 건설

② 17세기 : 유럽 국가들의 군대가 표준·균일화 + 병력 수 증가

스웨덴	화승총 부대의 전열보병제 도입
프랑스	병사들의 복장 통일 + 총검이 장착된 화승총 도입

③ 재정 확보 노력

- 봉건 국가에서 군사·재정 국가로 이행 → 국가는 폭력 수단과 과세권 독점
- 재정 확보를 위해 돈을 빌리거나 관직을 매매
- 영국과 네덜란드는 상업을 통한 수입으로 재정 부족 충당
- 효율적인 징세와 전문적인 군사력 유지를 위해 강력한 중앙집권적 재정·군사 국가 출현 → 전통적인 지배계급과 중앙권력의 협력 관계 형성

◇ **왕권신수설**

영국 왕 제임스 1세는 '왕권은 신이 부여한 신성한 것'이라 하여 절대 불가침을 주장하였는데, 이 사상은 각국 국왕에게 채용되었으며, 많은 학자들도 왕권의 절대성을 옹호하는 이론을 내놓았다. 보댕(Bodin)은 국왕을 가부장에 비교하여 왕권의 절대성을 옹호하였다.

◇ **중상주의와 중농주의**

중상주의는 프랑스의 재무 장관 콜베르의 이름을 따서 콜베르주의라고도 한다. 금·은의 소유를 추구하는 중금주의, 보호 관세, 국내 공업의 보호 육성, 그리고 식민지 획득 등을 주요 정책으로 하였다. 중농주의는 국부의 원천을 토지와 농업으로 파악하였으며, 농산물의 자유로운 판매와 수입을 옹호하였다. 이러한 자유방임주의적 사고는 이후 애덤 스미스 등에 영향을 주어 고전 경제학 성립에 영향을 주었다.

◇ **에스파냐의 포르투갈 병합**

포르투갈의 세바스티앙 1세가 모로코의 내분에 개입하여 아프리카 원정 중에 전사(1578)하는 바람에 포르투갈 왕위가 공석이 되었다. 에스파냐는 이 기회를 놓치지 않고 포르투갈을 병합하였다. 이후 에스파냐의 수탈이 심화되자 포르투갈의 귀족들을 중심으로 저항운동이 발생하여 1688년 에스파냐로부터 독립하였다.

(4) 재정·군사 국가의 구조

① 개념 : 16~18세기 봉건 귀족과 시민 계급의 대립 위에 성립된 전제적인 정치 형태

② 특징
- 사상 : 왕권신수설◇ → 왕권의 절대화
- 정치 : 관료제와 상비군 양성 → 중앙 집권화 추구
- 경제 : 조세제도와 중상주의◇ 실시

③ 성격
- 근대적 요소 : 중앙 집권 체제 확립, 자본주의의 발달
- 봉건적 요소 : 귀족의 특권, 봉건적 신분제 존속

④ 의의 : 봉건 사회에서 시민 사회로 넘어가는 과도기 → 시민 혁명으로 붕괴

2 서유럽 각국의 재정·군사 국가

(1) 합스부르크 제국

① 주요 국왕

막시밀리안 1세 (1493~1519)	· 부르고뉴 공령의 상속녀와 혼인 → 네덜란드 획득 · 은광으로 유명한 티롤을 비롯하여 오스트리아 주변 영역 통합 · 보헤미아·헝가리 왕가와 인척관계 맺음
카를 5세 (1519~1556)	· 오스트리아를 중심으로 남부 독일, 에스파냐와 그 해외 식민지, 보헤미아, 헝가리, 네덜란드, 나폴리, 밀라노 등 지배 · 카를 5세 시기 오스만 투르크가 보헤미아와 헝가리를 침략하고 빈 포위(1529), 프랑수아 1세는 오스만 투르크와 동맹 · 신대륙과의 무역은 세비야의 상무원을 통한 국가독점사업
펠리페 2세 (1556~1598)	· 레판토 해전(1571)에서 오스만 튀르크 격파 · 식민지 대륙으로부터 막대한 부 축적 · 톨레도에서 마드리드로 천도 · 포르투갈 합병(1580)◇ · 무적 함대의 패배(1588) · 파산 선고 → 푸거 가문 몰락 · 카토-캄브레지 조약(1559) : 합스부르크 제국과 프랑스 간 이탈리아에 대한 지배권을 둘러싼 싸움 종식 → 합스부르크는 이탈리아에 대한 지배권 확보, 프랑스는 메스·투르·베르됭 확보

② 쇠퇴
- 국내 산업 취약
- 강압적 종교 정책으로 네덜란드 독립
- 신항로 발견 이후 부를 축적한 부르주아지는 토지를 구입하고 귀족의 지위를 사들여 비생산적인 계층으로 변신하여 에스파냐 경제 발달에 악영향
- 재정복 활동에 의한 국가 건설로 인해 봉건제나 장원제 성립 안됨 → 토지는 귀족과 교회에 집중, 세금과 귀족에 대한 공납으로 농민들은 궁핍, 메스타의 특권과 횡포
- 17세기 초 펠리페 3세 → 이슬람계 원주민인 모리스코 추방 → 농업에 타격

(2) 네덜란드
    ① 에스파냐로부터 독립하여 네덜란드 공화국 성립(1581)
    ② 동인도 회사 설립(1602)◇ → 1619년 바티비아(자카르타) 거점 확보 → 아시아 진출로 향료 무역 독점
    ③ 모직물 공업과 중개 무역 발달
    ④ 네덜란드 공화국이 17세기 유럽의 주도권을 확보한 배경
        • 종교적 관용 : 네덜란드 칼뱅파 교회는 다른 교파의 교리적 차이 인정
        • 정치적 통합 능력 : 국내의 다양한 이해관계를 통합하는 정치적 능력↑
        • 정치·행정 시스템의 우월성 : 진보적인 전술·전략 사용과 효율적인 군사 행정 → 고도의 국내 자원 추출 기구 수립 + 재정을 충분히 확보한 상태에서 전쟁 시작 → 상시적으로 육군과 해군력을 이용할 수 있는 구조 확보
        • 경제적 성공 : 국가가 해상 교역로의 접근과 해상 교역에서 수익을 창출하는 자들의 이해관계를 보장 → 엘리트들에게 세금은 경제적 부담이 아니라 유용한 투자처
        • 낮은 이자율로 대규모 융자 → 전쟁 비용↓
        • 사회적 갈등↓ : 높은 조세율에도 불구하고 폭동↓

◇ 동인도 회사

영국은 1600년, 네덜란드는 1602년, 프랑스는 1604년에 설립되었다. 각국의 동인도 회사는 동인도의 특산품인 후추·커피·사탕·면직물 등의 무역 독점권을 둘러싸고 경쟁하였다. 동인도회사는 무역뿐만 아니라 무력을 사용해 식민지를 개척하거나 유지하였다.

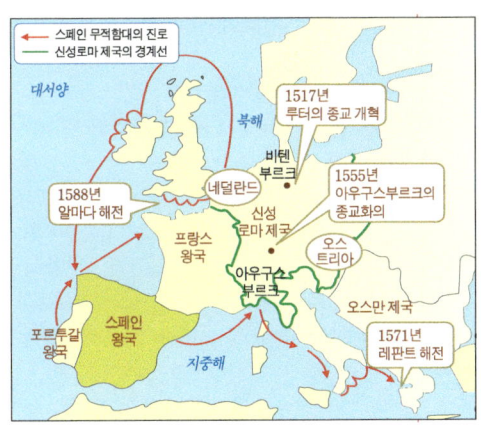

[16세기 유럽]

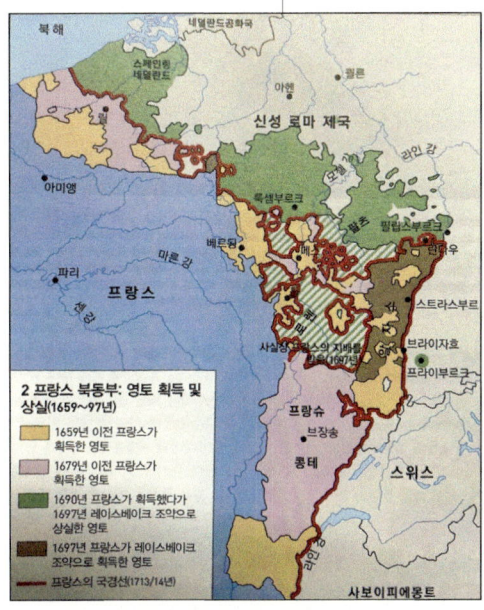

[17후반 프랑스의 영토 확장]

◇ **프롱드의 난**
루이 13세가 사망하고 5살의 어린 루이 14세가 즉위하자 권력은 루이 14세의 모후였던 오스트리아의 안과 그녀가 임명한 이탈리아 출신 총리 마자랭 추기경이 장악하였다. 당시 파리 시민들은 외국인이 프랑스를 통치한다고 싫어하였다. 이후 마자랭이 과도한 징세를 통해 재정부족을 해결하려고 하자 귀족들과 시민들이 반란을 일으켰다. 이 반란이 진압됨으로써 프랑스 봉건귀족의 세력은 약화되고 왕권이 강화되어 루이 14세의 절대왕정이 열리게 되었다. 프롱드란 말은 당시 파리의 어린이들이 관헌에 반항하여 돌을 던지는 놀이에서 사용한 '투석기'에서 유래되었다.

◇ **아우크스부르크 동맹 전쟁**
팔츠 계승 전쟁이라고도 한다. 알사스 북부의 지배가인 팔츠가에 대가 끊기자, 루이 14세는 자신의 동생의 부인이 팔츠 가문 출신임을 내세워 영토를 장악하려 하였다. 이에 신성로마제국, 에스파냐, 네덜란드, 영국 등이 아우크스부르크 동맹을 맺어(1686) 반대하였다. 프랑스가 전쟁을 시작하였고, 스웨덴의 중재로 현상 유지를 조건으로 하는 라이스바이크 조약이 체결되어 종결되었다.

(3) 프랑스

앙리 4세		• 부르봉 왕조 개창 • 베르뱅 조약 : 앙리 4세가 에스파냐의 펠리페 2세와 평화 조약 체결 • 파리 재건 : 사치품 공업과 견직물 공업 육성 • 쉴리 등용 → 농업 장려, 도로와 교량 개축·신설
루이 13세와 리슐리외	초기	리슐리외가 재상으로 국정 담당하여 왕권은 확고한 기반 구축
	리슐리외 목표	왕권의 강화와 국력의 증진, 모든 것을 국가의 존립과 팽창이 필요로 하는 욕구에 종속시키는 국가이성 중시
	리슐리외 업적	• 위그노의 근거지인 라 로셀항을 점령하고 남서부 지방의 요새 도시를 관리하던 위그노의 특권 폐지 • 대귀족의 궁정 음모와 지방 귀족의 반항, 그리고 중과세에 허덕이던 농민들의 반란 진압 • 지방장관을 새로이 전국에 파견하여 사법·치안유지·재무 등 지방행정 관장 • 중앙의 국무회의를 강화하여 전문화시킴 • 30년 전쟁에 개입하여 신교도 지원
루이 14세		• 마자랭 : 국가이성 추종자 → 국무회의 권한 강화와 지방장관의 임명으로 권한이 축소된 파리의 고등법원과 귀족들이 '프롱드의 난◇' 일으킴(1648~1653) → 신흥시민계급의 지지를 얻지 못해 실패 → 마자랭의 권력과 관료제적인 절대왕정 강화 • 콜베르 : 중상주의 추구 → 동인도회사 설립 • 베르사유 궁전 건설 → 귀족세력 통제 • 대귀족들의 사적인 군대X → 상비군 정착 • 삼부회의 도움 없이 조세 징수 → 1630년 이후 10년간 세금 수입 4배 증가 • 중앙은행 설립하여 근대적인 신용제도 도입 시도 → 실패 • 낡은 징수 관행으로 인해 재정가들 이익↑ + 귀족들의 특권과 이익 보장 → 농민에게 부담 전가 • 관직 매매의 성행 → 국가 권력을 부패한 관직 보유자들과 공유 • 부르봉 왕가에 의한 절대왕정은 공적 권력과 사적 이해관계의 경계를 불분명하게 함 → 국가기구의 근대화를 제약 • 퐁텐블로 칙령(1685) : 낭트 칙령 폐지 → 상공업자의 유출로 상공업↓ • 네덜란드 전쟁(1672~1678) : 네이메헨 조약으로 프랑슈콩테 확보하고 전쟁 종결 • 아우크스부르크동맹 전쟁(1688~1697)◇ : 라인강변 서부의 독일 영토 확보하기 위해 전쟁 시작 → 라이스바이크 조약(1687)에서 알자스 일부 보유하고 현상 유지에 합의 • 에스파냐 왕위 계승 전쟁(1701~1713) : 위트레흐트 조약 체결

3 동유럽 각국의 재정·군사 국가

(1) 성립 : 서유럽보다 늦은 17세기 중엽 이후

(2) 특징
① 도시와 상공업 발달 미약
② 재판 농노제로 시민 계급의 성장 미약
③ 계몽 절대 군주 등장

(3) 프로이센

프리드리히 빌헬름 (1640~1688)	• 30년 전쟁 피해 복구하고 산재한 영토 통합 • 상비군 설치 → 중앙집권화 추구 • 프로이센 귀족의 특권 인정 → 행정의 요직과 군대의 장교 등용 → 융커와 절대왕정 협력 • 낭트 칙령 폐지로 이주해온 위그노 수용 → 상공업 발전
프리드리히 1세 (1701~1713)	위트레흐트 조약 → '프로이센 국왕' 칭호 획득
프리드리히 빌헬름 1세 (1713~1740)	유럽 강대국으로 발전할 토대 마련 → 국가기구에 대한 통제권 강화, 관료 조직 합리화와 상비군 증강
프리드리히 2세 (1740~1786)	• 오스트리아 왕위 계승 전쟁에 개입 → 드레스덴 조약(1745)으로 확보한 슐레지엔을 아헨조약(1748)을 통해 재확인 • 7년 전쟁 : 로스바하 전투에서 프랑스군 격파, 초른도르프 전투에서 러시아군 격파, 쿠네르스도르프 전투에서 참패 → 후베르투스부르크 조약으로 슐레지엔 영유 확인 • 관방학◊이라고도 부르는 중상주의 정책 실시 • 사법 개혁 실시 : 고문 폐지 • 폴란드 1차 분할로 서프로이센 획득 • 계몽전제군주 자처 : 『반마키아벨리론』 저술 • 융커 계급에 대한 우대 • 상수시 궁전 : 로코코 양식(18C) → 섬세·세련

◊ **관방학**
서유럽에 비해 후진적이었던 프로이센에서 일부 학자들이 서유럽을 따라잡기 위해 절대주의와 중상주의의 도입을 주장하면서 발달한 학문이 관방학이다. 관방학은 관리들에게 통치에 필요한 행정 기술과 지식을 제공하기 위해 형성된 학문 체계다. 그러나 실제로는 정치적으로 절대군주 체제를 유지하기 위한 것이었으며, 경제적으로는 중상주의의 도입이었다.

(4) 오스트리아

마리아 테레지아	• 군사 개혁, 산업 육성 등을 위해 노력 • 오스트리아 왕위 계승 전쟁과 7년 전쟁에서 패배하여 슐레지엔 상실
요제프 2세 (1765~1790)	• 계몽 전제 군주를 자처 → 내정개혁 추구 • 농노제 폐지 • 사형과 고문 폐지 • 신앙의 자유 선포

[프로이센 왕국의 발전]

(5) 러시아

이반 4세	· 근대 러시아 사회와 국가의 기본 구조 틀이 잡힘 → 농노제를 기반으로 한 차르 중심의 강력한 중앙집권적 전제국가 형성 · 비밀경찰 창설 → 황제에 반하는 귀족 탄압 · 신흥귀족층 양성 · 농노제 강화 · 이반 4세 이후 혼란기를 겪었으나 로마노프 왕조(1613)가 들어서면서 다시 안정 회복
표트르 대제 (1682~1725)	· 흑해 연안의 아조프 항을 오스만제국으로부터 한때 획득 · 스트렐치(친위대) 해산 · 서구화 추진 : 복식과 생활풍습의 서유럽화, 학술원 설립하고 각종 학교를 세워 유럽식 교육 보급 · 수석대주교를 폐지 → 황제가 지배할 수 있는 종교회의로 대체 · 북방전쟁(1700~1721)◇ : 러시아 + 폴란드 ↔ 스웨덴 → 나르바 전투에서 러시아군 패배 → 폴타바 전투에서 러시아군 승리 → 니스타드 조약 체결 · 니스타드 조약 : 카렐리아, 잉그리아, 에스토니아, 리보니아 획득 · 성 페트로그라드 건설하고 수도로 삼음 · 9명으로 구성된 원로원을 창설하고, 9개의 부서를 마련하여 국무 관장 · 병사구가 전국에 설치 → 지방행정구역 마련 · 징병제도 실시하고 각군 사관학교 설립 · 새로운 세원을 확보하기 위해 종래의 호구세 대신 인두세 신설 · 중상주의 정책 실시 · 청과 네르친스크 조약 체결
예카테리나 2세 (1762~1796)	· 알래스카 확보 · 폴란드 분할 · 오스만 제국과의 전쟁에서 승리(1768~1774)하여 쿠츄크 카이나르지 조약 체결 → 흑해 연안 일대와 크리미아 일부 획득, 흑해의 자유항해권과 보스포루스 및 다르다넬스 해협의 통과권 획득 · 법률을 정비하고 법전화하기 위한 위원회 소집 · 병원과 고아원 설립 · 푸가초프의 반란◇ 진압 → 지방을 50개의 행정구역으로 구분하여 지방 행정 기구 정비 · 계몽사상가인 디드로 후원, 볼테르·달랑베르 등과 서신 교환하고 프랑스의 사상과 자유 허용 → 프랑스 혁명 이후 금지

(6) 폴란드 분할

① 발전 : 14세기에 리투아니아 합병하여 영토 확장 → 16세기 전성기 → 17세기 이후 쇠퇴

② 폴란드 몰락의 원인
- 지리적 조건 : 외적을 방어할 자연적인 장벽이나 장애물X
- 폴란드의 국제 : 선거를 통해 군주 선출 → 왕은 무력하고 실권은 귀족들로 구성된 국회에 있었고, 귀족들은 거부권을 행사

③ 폴란드 분할 과정
- 1차 분할(1772) : 예카테리나 여제 + 프리드리히 대왕 + 마리아 테레지아
- 2차 분할(1793) : 러시아와 프로이센의 2차 분할
- 3차 분할(1795) : 코슈추슈코를 중심으로 저항하였으나 러시아, 프로이센, 오스트리아에 의해 분할됨

◇ **북방전쟁**

북방전쟁은 발트해와 연안지역의 지배권을 놓고 러시아와 스웨덴이 벌인 전쟁이다. 스웨덴의 발트해 연안지역의 점령을 못마땅하게 생각한 작센 제후 겸 폴란드 왕 아우구스트 2세가 러시아의 표트르 대제와 연합하여 스웨덴을 공격하였다. 초기에는 스웨덴군이 우세하였으나 러시아가 폴타바전투(1709)에서 승리를 거두며 전세가 역전되었고, 1721년 니스타드조약이 체결되어 종전되었다. 북방전쟁으로 러시아는 유럽 강국으로 성장하였다.

[귀족의 수염을 자르는 이발사]

◇ **푸가초프 반란**

예카테리나 여제는 근대적 법전을 만들기 위해 입법위원회를 소집하였고, 각 지역과 신분을 대표한 입법의원들이 선출되어 입법위원회가 열렸다. 그러나 입법위원회는 각 계급간의 상충한 이해 관계로 실패하였다. 이러한 입법위원회의 실패는 푸가초프의 반란으로 이어졌다. 푸가초프는 코사크 출신의 병사였는데, 그는 자신이 표트르 3세라고 말하면서 세력을 모았다. 당시 많은 농민들은 표트르 3세가 농노해방을 시도하다가 예카테리나 여제에게 암살되었다고 믿었기 때문이다. 그는 관리들과 지주들을 없애고 국민들을 농노제도, 징세, 군역에서 해방시킬 것을 주장하였다.

4 왕조전쟁

(1) 에스파냐 왕위 계승 전쟁(1701~1713)

① **원인** : 에스파냐 국왕 카롤루스 2세가 후사 없이 죽으면서 루이 14세 손자 필리프를 왕위 계승자로 지명

② **전개** : 에스파냐와 프랑스의 합병을 두려워한 오스트리아, 영국 등이 참전

③ **결과** : 위트레흐트 조약(1713)
- 루이 14세의 손자가 에스파냐 왕위 계승
- 프랑스와 에스파냐 합병하지 않음
- 영토 조정

프랑스	뉴펀들랜드, 노바스코샤 및 허드슨만 지역을 영국에 양도
영국	에스파냐로부터 지브롤터와 아시엔토(노예 공급권) 확보
오스트리아	에스파냐령 네덜란드 획득(벨기에)
사보이	시칠리아 획득 → 1720년 사르디니아(사르데냐)와 교환 → 이탈리아 통일의 기반 마련
프로이센	국왕 칭호 획득

(2) 오스트리아 왕위 계승 전쟁(1740~1748)

원인	오스트리아의 카를 6세가 딸인 마리아 테레지아에게 왕위 세습하기 위해 국사조칙 마련 → 카를 6세 사망 후 국사조칙 무력화됨	
전개	프로이센의 슐레지엔 점령으로 전쟁 시작 → 영국과 네덜란드는 오스트리아 지원, 프랑스와 에스파냐는 프로이센 지원	
결과	드레스덴 조약(1745)	프로이센이 슐레지엔 획득
종전	엑스라샤펠 조약(1748)	• 마리아 테레지아 왕위 계승 확인 • 드레스덴 조약 재확인 • 영국과 프랑스의 해외 식민지 유지

◇ **에스파냐 왕위 계승 전쟁**
1700년 에스파냐 카를로스 2세가 루이 14세 손자 펠리페 5세에게 제위를 물려주어 프랑스와 에스파냐가 통합된 대제국이 되자, 오스트리아·영국·네덜란드·프로이센 등이 동맹을 맺고 프랑스와 전쟁을 시작하였다. 유럽 동맹군이 프랑스를 패배시켜 위트레흐트 조약으로 전쟁이 끝났다.

◇ **사보이(사보이아)**
사보이 공국은 신성로마제국 황제 지기스문트가 1416년에 아마데오 8세 백작에게 공작 작위를 수여하면서 세워졌다. 사보이는 에스파냐 왕위 계승 전쟁의 결과 시칠리아를 확보하였다. 그러나 1718년 시칠리아를 오스트리아에게 넘겨주고 대신 프랑스로부터 샤르데냐를 받았다. 이후 사보이아 공국은 샤르데냐 왕국으로 발전하였고, 19세기 이탈리아 통일을 주도하였다.

(3) 7년 전쟁(1756~1763)

원인	· 오스트리아 마리아 테레지아의 슐레지엔 탈환 목적 · 외교 혁명 발생 : 영국은 하노버를 프랑스로부터 지키기 위해 프로이센과 웨스트민스트 협약(1756) 체결 → 프랑스가 오스트리아와의 오랜 적대 관계를 청산하고 동맹 결성
전개	· 프랑스·러시아는 오스트리아 지원, 영국은 프로이센 지원 · 초기에는 프로이센이 우세 → 쿠네르스도르프 전투(1759)에서 프로이센이 러시아 군에 패배 → 베를린 함락 위기 · 러시아의 엘리자베타 여제가 사망 → 표트르 3세◇가 러시아군 철수 → 프로이센 위기 탈출 · 영국과 프랑스가 해외 식민지에서 전쟁 진행 → 플라시 전투(1757)와 아메리카 전투에서 영국 승리
결과	**후베르투스부르크 조약(1763)** : 프로이센의 슐레지엔 확보 인정 **파리 조약(1763)** : · 영국은 프랑스로부터 캐나다와 미시시피강 동부 획득, 에스파냐로부터 플로리다 확보 · 에스파냐는 프랑스로부터 루이지애나 획득 · 7년 전쟁 과정에서 발생한 재정 손실을 만회하기 위해 식민지에 중과세 → 미국 독립 전쟁의 배경 · 프로이센은 유럽 강대국의 지위 확보

◇ **표트르 3세**

표트르 3세는 엘리자베타의 뒤를 이어 제위에 오른 뒤 과거의 정책을 뒤엎었다. 그는 프로이센과 우호 관계를 맺으며, 7년 전쟁에서 손을 떼고 프로이센과 동맹을 맺었다. 황후 예카테리나는 자신의 정부(情夫)와 공모해 근위대와 힘을 합쳐 표트르를 제위에서 몰아내고 살해하였다. 예카테리나는 근위대와 귀족회의, 그리고 교회의 승인을 받아 예카테리나 2세로 황제의 자리에 올랐다.

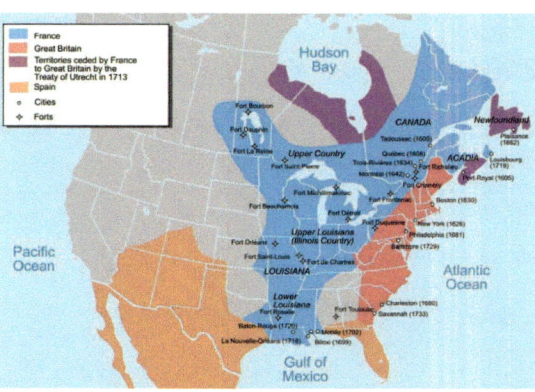

[1750년대 북아메리카 상황]

● 자료탐구

01. 왕권 신수설

신은 국왕을 그의 사자(使者)로 만드셔서, 국왕을 통해 백성을 지배한다. 이미 보아 왔듯이, 모든 권력은 신으로부터 나온다. …… 따라서 우리가 이미 보았듯이 국왕이 앉는 자리는 어느 한 사람의 자리가 아니라 신 자신의 자리라고 생각하는 것도 이 때문이다. 국왕은 절대적인 권위를 갖지 않고는 선을 이룰 수도, 악을 막을 수도 없다. 국왕의 권력은, 어느 누구도 그것으로부터 도망치려고 마음먹을 수 없는 권력이어야 한다. 일단 국왕이 결정을 내린 다음에는 바꿀 수 없다. 그러므로 정의 그 자체에 복종하는 것처럼 국왕에게 복종하라. 그렇지 않으면 질서도 세워지지 않으며, 제대로 끝맺음이 되는 일이 하나도 없다.

- 보쉬에의 「성서의 말씀에서 인용한 정치(1709년)」 -

자료 해석
보쉬에는 왕권신수설을 주장하였다. 그는 왕권은 신으로부터 주어졌기 때문에 신성불가침이며, 따라서 그 어떤 권력도 왕권에 도전해서는 안된다고 주장하며, 루이 14세의 절대 왕정을 사상적으로 옹호하였다.

02. 중상주의

- 모든 공업을, 심지어 사치품 공업도 다시 살리거나 새로 세워야 합니다. 관세와 관련해서는 보호 무역 제도를 확립해야 합니다. 생산자와 상인을 수공업 길드에 편입시켜야 합니다. 백성에게 해를 끼치고 있는 국가 재정 적자를 줄여야 합니다. 국산품의 해상 운송을 프랑스가 다시 맡도록 해야 합니다. 식민지를 발전시켜 무역에서 프랑스에 종속시켜야 합니다.

- 은을 가져다주는 위대한 성과를 올리는 것은 오직 상업과 그것에 의존하는 것 뿐입니다. 은을 프랑스로 들여와야 합니다. 프랑스에서는 지금까지 나라 전체는 물론 개개인도 은을 획득하는 데 결코 정성을 기울이지 않았습니다. …… 한 국가가 얼마나 위대하고 강한가 하는 것은 그 나라 안에 은이 얼마나 풍부한가에 달려 있습니다. 다른 여러 나라의 소비에 필요한 국산품이 해마다 1,200~1,800 리브르씩 수출되고 있습니다. 이것이야말로 우리나라의 광산이라 할 수 있으며, 그것을 유지하기 위해 열심히 일해야 합니다.

- 콜베르 -

자료 해석
프랑스의 재상 콜베르의 경제 정책은 절대주의 시대에 가장 전형적인 중상주의 정책이었다. 콜베르는 보호 무역 제도, 프랑스 선박에 의한 국산품의 해상 운송, 식민지의 확대 등을 통해 은을 모아야 한다고 주장하였다. 콜베르는 중상주의 정책을 통해 국가 재정을 충당하여 절대 왕정 발달에 필요한 재원을 확보하고자 하였다.

03. 프리드리히 대제

- 국민의 행복은 군주의 어떤 이익보다 중요하다. 생각건대, 군주는 결코 자기가 지배하고 있는 백성의 절대적인 주인이 아니라, 국가 제일의 공복에 지나지 않기 때문이다. …… 인간은 자기의 안전 및 생존을 유지하기 위하여 …… 우두머리를 내세워, 자신들의 서로 다른 이해 관계를 하나의 공동 이해로 합칠 필요를 느낀 것이다.

- 프리드리히 대왕, 『반(反)마키아벨리론』-

- 사람들은 대개 군주들의 위엄을 선호하는 것 같다. 그러나 개인의 자유와 주권자의 자유는 별개이다. 군주는 국가 제일의 공복이며 제일의 관리이다. 군주는 그가 부과한 세금의 사용에 관해 결산할 의무가 있다. 그가 세금을 징수하는 것은 상비군을 통해 국가를 방어하기 위함이며, 군주가 지녀야 할 위엄을 뒷받침하기 위함이며, 복무와 공로를 보상하기 위함이며, 부자와 채무자 사이에서 일종의 균형을 맞추기 위함이며, 모든 부류의 사람과 모든 불행한 자들을 구제하기 위함이니, 국가에 관련된 모든 것을 장엄하게 만들기 위한 것이다. 만약 주권자가 투명한 정신과 바른 마음을 가지고 있다면, 그는 모든 비용을 공익을 위해서 그 인민들이 가장 큰 이익을 누리도록 쓸 것이다.

- 프리드리히, 『브란덴부르크 가문의 역사를 위한 비망록』-

자료 해석
프리드리히 대제는 프로이센의 발전에서 가장 중요한 인물 중 한명이다. 그는 『반(反)마키아벨리론』을 저술하여 계몽 전제 군주를 자처하였으며, 오스트리아와의 두 번에 걸친 전쟁을 승리로 이끌었다.

04. 외교혁명과 7년 전쟁

오스트리아 왕위 계승 전쟁에서 프로이센이 거둔 성공과 그것이 초래한 유럽의 세력 균형의 변화는 다음 10년간 오스트리아 재상 카우니츠가 프로이센에 맞서기 위해 조직한 연합전선의 엄청난 규모를 설명해준다. 복수는 세력변화의 엄청난 정도에 대응하는 규모로 전개되었다. 1757년에 이르면 카우니츠의 '외교혁명'은 프로이센과 맞서 싸울 연합전선에 오스트리아, 러시아, 프랑스, 스웨덴, 작센 그리고 덴마크를 끌어들였다. 이들 국가의 합산 인구 수는 적국의 인구에 비해 적어도 20배는 되었다. 연합의 목표는 유럽의 지도에서 프로이센을 지워버리는 것이었다. 사방에서 포위당한 프리드리히는 2세는 절망 속에서 선제공격을 감행했다. 그는 작센을 공격함으로써 7년 전쟁을 시작했다. 이후의 격렬한 싸움은 러시아로부터 영국, 스페인으로부터 스웨덴에 이르기까지 유럽 강대국 모두가 동시에 참전했던 참된 의미의 최초의 전 유럽 전쟁이었다. 대륙 분쟁이 영국과 프랑스 사이의 해상 및 식민지 분쟁과 맞물려 있었기 때문이다. …… 1763년 평화조약에서 영토상의 변화는 없었다. 슐레지엔은 호엔촐레른가의 영토로 남게 되었고 빈은 베를린보다 한층 더 위태로운 재정 상황에서 종전을 맞이했다. …… 프로이센은 비록 영토획득이나 결정적인 승리를 달성하지는 못했지만 독일의 세력 균형 속에서 7년 전쟁 이전에 비해 훨씬 전략적으로 강한 나라가 되었다.

- 페리 앤더슨, 『절대주의 국가의 계보』 -

자료 해석
오스트리아 왕위 계승 전쟁에서 패한 오스트리아는 프로이센을 고립시키기 위해 외교혁명을 추진하였다. 지난 200년간 프랑스는 오스트리아를 견제하여 왔고, 이로 인해 오스트리아와 프랑스의 관계는 적대적이었다. 그러나 프랑스 내에서도 중부 유럽에서 오스트리아를 밀어내고 강국으로 성장하는 프로이센에 대한 경계심이 강해졌다. 이에 프랑스, 오스트리아 그리고 러시아까지 연합을 하는 상황이 벌어졌다. 이를 흔히 '외교혁명'이라고 부른다. 그러나 7년 전쟁은 베를린 함락을 목전에 둔 러시아군이 철수하면서 전세가 역전되어 프로이센의 승리로 끝났다. 이는 당시 엘리자베타 여제가 갑자기 사망하고 평소 프리드리히 2세를 흠모하였던 표트르 3세가 즉위하면서 러시아군을 철수시켰기 때문이다.

memo

IV.

시민혁명과 산업혁명

CHAPTER 01
영국 혁명

CHAPTER 02
미국 독립 혁명

CHAPTER 03
프랑스 혁명

CHAPTER 04
산업 혁명의 전개

CHAPTER 05
국민국가의 형성

CHAPTER 06
민족주의와 각국의 발전

CHAPTER 01 영국 혁명

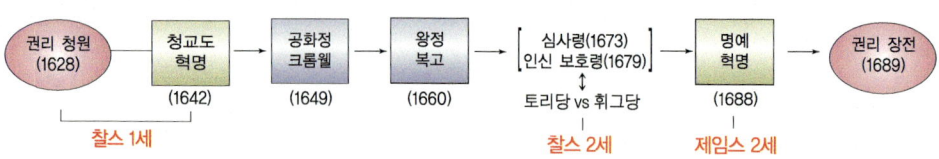

[영국혁명의 진행과정]

1 청교도 혁명(1642~1649)

(1) 배경

① 입헌주의 전통 : 대헌장(1215) 이후 의회 정치 발전

② 신흥 계층의 대두 : 인클로저 운동 확산 → 젠트리◇의 성장 → 사회 지도층 형성

③ 도시 상공 시민 계급의 성장 : 청교도가 다수 → 젠트리와 함께 의회 다수를 차지 → 의회 중심의 입헌주의 전통을 중시

④ 17세기 국교회의 성직자 계서제 폐지와 독립적인 교회질서를 주장한 청교도들의 주장↑

(2) 제임스 1세와 찰스 1세

① 제임스 1세(1603~1625)

- 전제 왕권 강화 : 왕권신수설 주장 → 『자유왕국의 진정한 법』 저술
- 국교회를 강조하고 청교도 탄압 → 청교도들이 미국으로 최초 이주(1620)
- 개인에게 세금을 부과하는 덕세(Benevolence)◇ 징수
- 국왕이 에스파냐 왕실에서 왕세자빈을 구함 → 의회는 「대항의서」(1621)를 제출하여 의회 권한 강조

② 찰스 1세

- 전제 정치 강화 → 에스파냐, 프랑스와의 전쟁으로 인한 재정 부족을 해결하기 위해 의회 소집 → 의회의 권리 청원 제출(1628) → 국왕의 승인 후 의회 해산(1629)
- 권리청원◇ : 의회의 동의 없이 과세 불가, 개인집에 군인 숙박 금지, 자의적 신체 구속 불가 → 국왕에 대한 의회 우위 확인
- 의회 해산 후 11년간 자의적 전제 정치 실시 → 평화시 내륙에 선박세 징수, 수공업에 길드 강요
- 로드 대주교가 스코틀랜드에 국교회 강요 → 스코틀랜드 장로파의 반란(1640) → 전쟁비용 마련을 위한 의회 소집(단기의회) → 스코틀랜드와의 전투에서 패배하여 다시 의회 소집(장기의회)
- 장기의회의 개혁 조치 : 선박세와 같은 부당한 과세 폐지, 성실청과 같은 왕권의 특별법정 해체, 강압적인 국교회 정책 철회, 3년 회기법 결의
- 아일랜드에서 대규모 반란 발생 → 장기의회는 군대 지휘권을 의회가 장악하는 법안 통과하고 찰스 1세에게 「대간주」◇(1641)를 제시하면서 대립 → 내전 발발(1642)

◇ 젠트리

작위를 가진 귀족보다 그 지위가 낮으나, 요먼(자영농)보다는 상위에 있는 지주층을 말한다. 16세기~17세기 동안 영국 사회의 가장 주목할 만한 사실은 이들 젠트리의 지위와 경제력의 현저한 상승이다. 그들은 하원에서 다수를 차지하고, 지방에서는 치안 판사를 맡아 지방 행정을 장악하는 등 가장 유력한 사회층이 되었다.

◇ 덕세

덕세는 영어로 loving contribution이다. 왕이 의회의 동의없이 기부를 가장하여 신하들과 백성들로부터 자의적으로 걷어들이는 세금을 말한다. 1473년 에드워드 1세에 의해 처음 징수되었고, 헨리 7세도 광범위하게 확대하였다. 이후 제임스 1세가 다시 징수하였는데, 의회의 강력한 반발로 완전히 폐지되었다.

◇ 권리 청원(1628)

의회의 승인 없이 과세할 수 없고, 개인집에 병사를 숙박시킬 수 없으며, 자의적인 인신 구속을 할 수 없다는 것이 주된 내용으로, 영국 헌정 사상 중요한 문헌 중의 하나이다.

◇ 대간주 (Grand Remonstrance)

아일랜드 반란 이후 장기의회가 찰스 1세의 실정(失政)과 불법 행위를 나열한 목록을 찰스 1세에게 제출한 것이다.

(3) 전개 과정
  ① 초기 : 왕당파 우세
  ② 전세 전환
     • 의회파의 군사지도자인 크롬웰이 신형군을 중심으로 전세를 역전시킴
     • 크롬웰의 '신형군'이 네이즈비 전투에서 승리(1645)
  ③ 의회파의 분열◇
     • 장로파와 독립파로 분열
     • 독립파 내에서 급진적인 사병들이 '수평파' 결성
  ④ 찰스 1세 처형
     • 찰스 1세가 스코틀랜드로 피신했으나 크롬웰에 패하여 포로가 됨
     • 크롬웰은 장로파 의원들을 숙청하고 찰스 1세 처형(1649)

(4) 크롬웰의 독재정치
  ① 공화정 수립
  ② 급진파 의원만 남은 잔부의회가 존재하였으나 실권은 크롬웰의 군대가 장악
  ③ 통치헌장 제정 : 잔부의회 해산(1653) → 통치헌장 제정 → 호국경에 취임
  ④ 새롭게 의회를 구성했으나 대부분 의회의 동의 없이 통치
  ⑤ 스코틀랜드의 장로파와 아일랜드 가톨릭 진압
  ⑥ 네덜란드와 에스파냐 해군 격파 → 해군력↑
  ⑦ 항해법(1651)◇ 제정
  ⑧ 풍기단속법(1655) 실시를 명분으로 전국에 소장을 배치하여 실질적인 군정 실시

2 명예혁명

(1) 왕정복고
  ① 찰스 2세(1660~1685)
     • 크롬웰 사후 몽크 장군에 의해 찰스 2세가 왕위에 올라 왕정 복고(1660) → 전제 정치
     • 클라렌든법(1661~1665) : 비국교도에게 신분상 제약을 가함
     • 도버 밀약(1670)으로 루이 14세와 연합하여 네덜란드와의 전쟁 비용을 충당하고 관용선언 발표
     • 관용 선언(1672) : 비국교도와 가톨릭교도에게 신앙의 자유 허용
     • 의회 대응 : 심사법(1673)을 제정하여 비국교도의 공직 취임 금지
     • 찰스 2세의 동생 요크공에 대한 왕위배제법(1679)을 놓고 의회 내에 토리당과 휘그당◇의 등장과 대립 → 의회는 인신보호법 제정(1679)
  ② 제임스 2세(1685~1688) : 전제 정치의 강화와 가톨릭 부활 시도
     • 전제 정치 강화 → 심사법과 인신보호법◇ 폐지
     • 가톨릭교도를 고위 관리나 장교로 임용
     • 관용 선언(1687) : 비국교도에게 신앙의 자유 인정
     • 상비군을 런던 근교에 주둔

◇ **의회파 분열**
왕당파가 패배한 이후 의회파는 장로파, 독립파, 수평파로 분화되었다. 가장 보수적인 장로파에 대항하여 독립파를 이끌던 크롬웰이 다시 보수화되었다고 믿는 이들을 중심으로 수평파가 결성되었다. 수평파는 "인민협정(1648)"에서 대의제 의회제도 확립, 인구비례에 의한 매년 선거, 신앙과 양심의 자유, 법의 평등 등을 주장하였다. 수평파는 주로 하급장교와 병사, 농민, 수공업자들의 지지를 받았으며, 1649년 아일랜드 파병에 반대하여 반란을 일으켰으나 크롬웰에 의해 진압되었다.

◇ **항해법**
영국과 그 식민지에 상품을 운반하는 선박에 대해 통제를 한 것으로, 네덜란드의 중계 무역에 타격을 가하기 위해서 제정되었다. 이로 인해 네덜란드와 영국 사이에 전쟁이 발생하였고, 영국이 승리하였다. 이후 네덜란드의 무역 독점이 약화되었다.

◇ **토리당과 휘그당의 형성**
찰스 2세에게 적자가 없자 동생인 요크 공(제임스 2세)의 왕위 계승을 둘러싸고 대립이 발생하였다. 1679년 가톨릭 신자인 요크 공을 왕위승계에서 배제하는 왕위배제법안이 상정되었을 때 이를 반대한 이들을 토리(아일랜드 말로 도적)라고 불렀고, 이를 찬성한 이들을 휘그(스코틀랜드 폭도)라고 부르면서 토리당과 휘그당이 결성되었다. 이후 토리당은 보수당, 휘그당은 자유당으로 계승되었다.

◇ **심사법과 인신 보호법**
심사법은 국교도만이 공직에 취임할 수 있도록 제한한 규정(1673)이고, 인신보호법은 법에 의하지 않고는 함부로 체포·구금하지 못하게 하는 규정(1679)이다.

(2) 명예혁명(1688)
  ① 제임스 2세의 둘째 왕비가 왕자를 출산 → 가톨릭 전제 정치의 지속에 대한 우려↑
  ② 의회가 제임스 2세 축출 → 메리와 윌리엄을 공동 왕으로 추대 → 권리 장전 승인(1689)
  ③ 권리장전
    • 의회 승인 없이 법의 제정·과세·상비군 유지 불가
    • 자유로운 의원 선거와 의회 내에서의 자유로운 토론
  ④ 추가 입법과 조치
    • 반란법(1689) : 의회가 군대 통수권 장악
    • 관용법(1689) : 신교도에게 예배의 자유 허용
    • 3년 회기법(1694) : 3년마다 정기적 의회 소집 규정
    • 검열법 폐지(1694)
    • 왕위계승법(1701) : 국교도만이 영국 왕위 계승권이 있음을 명시
  ⑤ 명예혁명의 의의 : 영국 입헌 군주제의 토대 마련
(3) 입헌 정치의 발전
  ① 통합법 : 앤 여왕 때 스코틀랜드 병합(1707) → 대영 제국 수립
  ② 앤 여왕 사후 조지 1세 즉위로 하노버 왕조◇ 개창
  ③ 내각 책임제 수립
    • 하노버 왕조의 출현 이후 왕이 내각을 조직하고 정국을 운영
    • '국왕은 군림하되 통치하지 않는다'는 내각 책임제의 전통 수립

◇ 하노버 왕조
의회는 독일의 하노버 공을 조지 1세로 추대하여 이 때부터 '왕은 군림하나 통치하지 않는다'는 전통이 확립되었다. 현재의 영국 왕실은 하노버 왕조의 후손이며, 제1차 세계 대전 중에 왕조 이름을 윈저로 개명하였다.

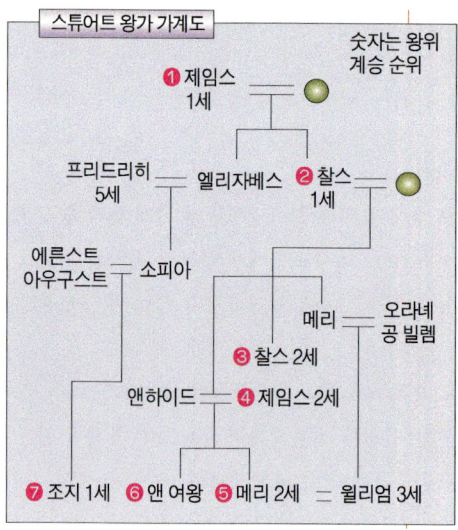

CHAPTER 02 미국 독립 혁명

1 배경

(1) 초기 식민지의 상황
① 신앙의 자유를 찾아 온 청교도들을 중심으로 식민지 개척
② 식민지 의회 설립 → 상당한 자치와 자유 누림
③ 북부는 자영농이 다수이며 상공업이 발전하였고, 남부는 대농장이 발달

(2) 식민지 정책 변화
① 조지 3세가 왕권을 강화하고 식민지 정책에도 개입
② 식민지 방위비의 증가를 막기 위해 앨러게니 산맥 서부 이주 금지(1763)
③ 7년 전쟁 이후 식민지에 세금을 부과하여 제국의 군사비와 행정비용 충당 시도 → 설탕법(1764), 인지세법(1765)을 재정하여 중과세
④ 식민지인의 반항
   • 식민지 대표들은 인지세법 제정에 대항하여 영국 상품 불매 운동을 조직하고 인지세법 회의를 소집
   • "식민지인의 대표를 포함하지 않은 영국 의회는 식민지에 과세할 수 없다"라고 선포
⑤ 영국의 대응
   • 선언법 제정(1767) : 영국 정부가 식민지를 통제할 법을 제정할 권리를 보유한다는 입법
   • 타운센드법(1767) : 차, 종이, 도료, 유리, 납 등에 과세 → 식민지의 반발로 차세만 남기고 나머지는 폐지
⑥ 프랑스 계몽사상의 영향

◇ **인지세법(1765)**
신문, 책자, 법적 문서 등을 비롯하여 상업상의 증서나 증권, 달력, 카드와 학위 증서에 이르기까지 모든 문서에 인지를 붙이도록 규정하였으며, 그 대금은 세금으로 거두어들였다.

◇ **보스턴 차 사건 이후 영국의 보복**
영국은 보스턴 차 사건 이후 "참을 수 없는 법(Intolerable Acts)을 제정하여 식민지의 도전 행위에 보복을 하였다. 파손된 차에 대한 보상이 이루어질 때까지 보스턴 항구를 봉쇄하고, 식민지 건설 특허장을 폐기하였다. 또한 범죄를 일으킨 영국 관리가 영국 본국이나 다른 식민지에서 재판받을 수 있도록 하였으며, 영국 군대의 민가숙박을 허용하였다.

2 독립 전쟁

(1) 전개
① 보스턴 차 사건(1773)
   • 보스턴 차 사건 발생 → 영국은 '강제법' 또는 '참을 수 없는 법'으로 알려진 일련의 법을 제정 → 식민지 저항을 주도한 매사추세츠의 자치권을 부정
   • 매사추세츠 주민들은 민병대를 조직해 관리들을 추방하고 법원과 행정기관 폐쇄
② 1차 대륙 회의(1774)
   • 필라델피아에서 개최 → 본국의 입법권 부정, 식민지인의 권리와 자유 회복, 본국과의 통상 단절
   • 보스턴 인근의 렉싱턴과 콩코드에서 영국군과 식민지 민병대 사이에 첫 무력 충돌 발생(1775.4) → 독립 전쟁 시작

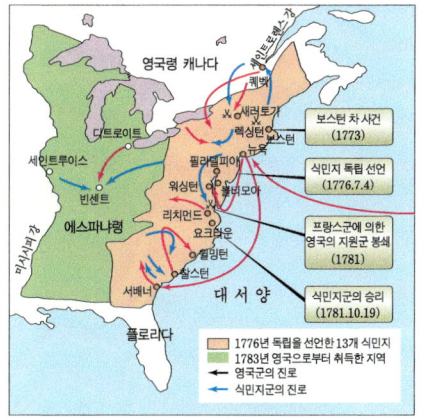

[미국 독립 전쟁의 전개]

◇ **새러토가 전투**
현재 뉴욕주 북부에서 벌어진 2번의 전투에서 미국 독립군이 영국에게 대승을 거두었다. 이 전투의 승리로 미국 독립군의 사기가 올라가고 전세가 전환되었으며, 프랑스가 참전을 결의하였다.

③ 2차 대륙 회의(1775.5)
- 1776년 1월 토머스 페인은 미국 독립의 정당성과 공화정 수립을 주장하는 『상식』 발표
- 민병대를 정규군으로 승인 → 워싱턴을 총사령관으로 선출
- 독립 선언서 발표(1776.7.4.) : 천부 인권, 주권 재민, 저항권을 바탕으로 한 근대 민주주의 원리 천명

④ 식민지의 승리
- 새러토가 전투(1777.10)◇에서 첫 승리 → 프랑스는 식민지의 독립을 정식으로 인정하고 군사 원조 확대
- 워싱턴의 대륙군 활약 + 프랑스·에스파냐·네덜란드의 참전 + 무장중립 선언(러시아, 스웨덴, 프로이센)으로 전세 역전 → 요크타운 전투(1781)에서 승리
- 파리 조약으로 독립 승인(1783)

(2) 미합중국의 탄생
① 연방 헌법 제정(1787)
- 미합중국은 주권을 가진 주들의 동맹 → 사실상의 중앙정부인 연합회의는 외교와 국방에 대한 권리를 행사했지만 군 징집과 과세에 대해서는 주 정부에 요청해야 했고, 주 정부는 거부권 행사 가능
- 과중한 채무와 세금에 절망한 농민들이 '셰이즈의 반란(1786~1787)' 일으킴 → 강력한 중앙정부의 필요성↑→ 필라델피아에서 제헌의회 소집되어 연방헌법 제정(1787) → 3권 분립에 바탕을 둔 공화제 헌법
- 연방정부는 전쟁을 선포하고 군대를 조직하고 조약을 체결하고 화폐를 발행하고 외국과의 통상 및 주 사이의 통상을 규제 가능
- 상원과 하원, 대통령, 연방 법원은 상호 견제하고 경쟁
- 하원은 주민이 직접 선출하고 상원은 주에서 선출된 선거인단이 연방 수도에 모여 선출 → 대의 민주주의를 통해 다수 대중의 힘을 제한하려 함
- 최고 법정으로 대법원 설치
- 기본권을 보장하는 10개조의 수정 조항 추가(1791)

② 민주 공화국 탄생(1789) : 워싱턴이 초대 대통령으로 선출
③ 미국 혁명의 영향 : 프랑스 혁명과 라틴 아메리카 독립

◇ **미국의 상원과 하원**
원래 미국 독립 이전부터 각 주들 간의 이해관계가 상충되는 경우가 많았는데, 독립이 된 이후에는 더 갈등이 심해질 요소가 있었다. 특히 인구와 땅이 넓은 주와 아닌 주 사이에서 누가, 얼마나 대표성을 띨 것인지에 대해 논쟁이 벌어졌다. 결국 연방 헌법을 제정하는 과정에서 하원은 인구비례에 의해 선출하기로 하고, 상원은 각 주에서 2명씩 선출(처음에는 지명)하여 구성하기로 하였다. 상원은 아메리카 연방(미국)이 동등한 주권을 가진 주들 간의 연합에 의해 성립된 국가라는 것을 보여준다.

CHAPTER 03 프랑스 혁명

1 혁명의 원인

(1) 구제도의 모순°
  ① 1신분과 2신분은 면세 특권을 누리고, 3신분인 평민만이 모든 재정적 부담을 짐
  ② 타이유와 같은 세금을 부활시키고 귀족들은 면세 특권 누림

(2) 제3신분의 성장
  ① 시민계급은 경제 성장에 기여하였으나 정권으로부터 배제되고, 경제활동에서도 길드의 규제를 받음
  ② 농민의 봉건적 부과조 존재 : 현금(상스)이나 현물(샹파르) → 생산물의 1/20 ~ 1/15 영주에게 납부하고 타이유(직접세), 도로 부역 등의 부담↑

(3) 재정 파탄°
  ① 사치스러운 궁정 생활 7년 전쟁과 미국 독립 전쟁 참여로 재정 파탄
  ② 재무장관인 튀르고, 네케르, 칼론 등이 재정 개혁을 시도하였으나 실패 → 프랑스 혁명의 직접적 원인

(4) 계몽주의 확산 : 미국 혁명과 계몽사상의 영향 → 시민 계급의 정치적 각성

  ① 사회계약설

홉스 : 리바이던(1651)	• 인간의 자연 상태를 '만인에 대한 만인의 투쟁'으로 파악 • 개인들이 평화와 안전을 위해 사회 계약을 맺어 국가가 등장 • 사회 질서의 유지를 위해 강력한 정부 수립 주장 → 절대 군주제 옹호
로크 : 통치론 (시민정부론, 1690)	• 인간의 자연 상태를 자연법이 지배하는 자유롭고 평등한 상태로 규정 • 인간은 지배자에게 일부 권리를 위탁하여 국가를 형성했다고 주장 • 인간의 기본권을 보장하지 못하는 정부에 대한 혁명권·저항권 인정 • 대의제에 의한 간접 민주정치와 다수결의 원칙 표방 • 명예혁명을 옹호, 미국과 프랑스 혁명에 영향을 끼침
루소: 사회계약론(1762)	• 인간의 자연 상태를 자연법이 존재하는 상태로 규정 • 일반의지° : 개인 의지를 집약하고 공동 이익을 추구하는 선한 의지 → 일반의지의 표현이 법이고, 일반의지의 행사가 주권이라고 규정 → 주권재민 • 직접 민주정치 옹호하고 간접 민주정치 비판 • 프랑스 혁명의 이념적 토대 → 프랑스 인권 선언문과 프랑스 법전에 영향

  ② 계몽사상

성립	근대 과학과 합리주의 철학, 로크의 정치 이론을 배경 → 18세기 프랑스에서 발전
의미	인간의 이성의 힘을 믿고 비이성적인 제도나 관습을 타파함으로써 사회가 끊임없이 진보한다고 믿는 사상
특징	잘못된 국가 권력에 대한 저항권 행사 강조 + 주권 재민 사상 + 권력 분립론 → 시민 계급의 지지
영향	• 절대 왕정 비판 → 미국 독립 혁명과 프랑스 혁명에 영향 • 이신론°에 영향

◇ 구제도의 모순

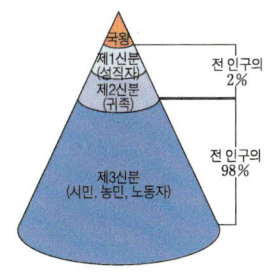

◇ 프랑스의 재정 파탄

프랑스는 루이 14세 때부터 궁정 사치와 계속된 전쟁으로 재정이 어려워지기 시작하였으며, 루이 16세 때에 미국 독립 전쟁에 참가하면서 파탄의 지경에 이르게 되었다. 이에 루이 16세가 성직자와 귀족에게 과세하는 재정 개혁을 시도하였으나 면세 특권을 주장하는 귀족들의 반대로 실패하였다.

◇ 일반의지

루소는 모든 사람이 공동선을 추구하는 도덕적 관점을 가질 수 있으며, 그럴 경우 사람들은 만장일치의 결정에 도달할 수 있다고 생각했다. 일반의지는 이러한 공공의 이익을 전제로 국가가 갖는 보편적 의지이며, 공동선을 목표로 하는 도덕적 의지이다. 일반의지의 표현이 곧 주권으로 보았으며, 직접 민주정치를 주장하는 배경이 되었다.

◇ 이신론(理神論)

간단히 말하면 이성적인 신을 믿는 이론이란 뜻이다. 18세기 계몽주의시대의 대표적인 그리스도교 사상이다. 이신론자들은 사랑과 은총을 베풀거나, 기적을 행하는 종래의 인격적인 신 대신에 기계와도 같은 우주의 창조자인 동시에, 이 우주 기계를 영원히 법칙에 의해 맞게 움직이도록 한 건축자로서의 신을 설정하였다.

◇ **테니스코트의 선언**
프랑스 정부의 재정 문제를 해결하기 위해 삼신분회가 소집되었다. 제3신분들은 기존의 신분별 투표를 반대하고 머릿수 투표를 주장하며 국민의회의 설립을 선포하였다. 그러나 국민의회의 소집 장소가 폐쇄되자, 테니스코트에 모여 새로운 헌법이 제정될 때까지 해산하지 않을 것을 서약하는 테니스코트의 선언을 발표하였다.

2 혁명의 시작

(1) 혁명의 시작

① 삼신분회 소집(1789. 5)

- 특권층에게 과세를 시도한 정부 개혁안에 대해 특권층의 격렬한 반대 → 고등법원이 새로운 세금의 부과는 삼신분회만의 권한이라고 주장하며 삼신분회 소집 요구(1788.9)
- 루이 16세가 재정난 타개를 위해 소집 → 표결 방식을 둘러싼 대립 → 3신분은 머릿수 표결을 요구 → 제3신분 회의인 '평민부'를 '국민의회'로 선언(1789.6.17.)
- 테니스 코트의 선언(1789.6.20.)◇ → 헌법 제정 의지 천명 → 루이 16세가 국민의회를 인정하고 특권층이 참여 → 국민의회

(2) 국민의회 시대

바스티유 감옥의 습격 (1789. 7. 14.)	• 루이 16세가 네케르를 해임하고 베르사유에 군대 소집 → 바스티유 감옥 습격으로 혁명 시작 → 혁명의 열기가 전국으로 확산 • 농민들이 귀족의 성과 영주의 저택을 공격하고 봉건 문서 소각(대공포)
봉건제 폐지 선언 (1789.8.4.)	• 인신적 부과조의 무상 폐지 : 부역, 농노의 상속세, 기타 인신적 예속 등 이미 거의 사라진 것들을 법으로 폐지 • 경제적 부과조의 유상 폐지 : 농민들이 폐지를 요구한 봉건적 부과조는 유지 → 국민의회는 부과조를 영주의 정당한 재산으로 간주하여 부과조의 20~25배에 달하는 값을 영주에게 일시불로 치르게 함
인간과 시민의 권리 선언 (인권 선언, 1789. 8. 26.)	• 혁명의 기본 정신 천명 : 자유, 소유권, 안전 그리고 압제에 대한 저항을 자연권으로 규정, 언론·출판·신앙의 자유와 법적 평등, 무죄 추정의 원칙, 법 앞의 평등, 재산권을 자연권이자 신성불가침의 권리 • 권리의 평등 인정 : 권리를 향유하기 위해서는 특정 자격(소유권)이 필요하고 시민은 그 자격을 갖춘 사람 → 시민을 능동시민과 수동시민으로 나누어 능동시민에게만 선거권 부여 • 한계 : 권리 향유의 전제 조건이라 할 생존권, 노동권, 교육권은 언급하지 않았고, 식민지 노예 해방 선언도 없음
베르사유 행진(1789.10.)	• 루이 16세와 마리 앙투아네트가 파리 튈리르 궁으로 거처 옮김 • 온건 애국파 세력은 약화되고 자코뱅파 형성

⑤ 각종 개혁 단행

행정구역	· 83개의 도로 구획 → 도를 군·면·코뮌으로 나눔 · 도, 군, 코뮌은 선거로 선출되는 의회와 행정부 보유 → 지방분권제 실시
교회	· 수도원 폐지 + 교회재산 국유화 → 교회 재산을 담보로 채권인 아시냐◇ 발행 · 성직자 기본법 제정 : 성직자를 일반 공무원과 마찬가지로 선거로 선출하고 봉급 지급
경제	· 알라르드법(1791.6) : 동업 조합 폐지 → 생산과 판매의 자유 인정 · 르 샤플리에법(1791.6)◇ : 노동자의 결사·파업 금지 → 동맹파업권 인정(1864), 노동조합 결성권 인정(1884) · 내륙 관세·통행세 폐지
법원	고등법원 폐지

⑥ 1791년 헌법 제정(1791. 9)
- 입헌 군주제, 단원제, 간접선거
- 제한 선거 : 능동적 시민에게만 참정권 부여

(3) 입법의회 시대(1791. 10~1792. 9)

① 바렌 사건(1791. 6)
- 국왕 일행이 해외 도피 시도 중 바렌에서 발각되어 파리로 연행 → 민중의 급진화
- 국왕의 퇴위를 요구하는 시위와 청원 운동 발생 → 샹 드 마르스의 학살(1791.7. 17.) 발생
- 샹 드 마르스의 학살 : 국민방위군 사령관 라파예트가 민중들에게 발포
- 자코뱅 클럽이 공화파와 입헌군주제파로 분화 → 공화파는 지롱드파와 자코뱅파로 분화되고 지롱드파가 주도, 입헌군주제파는 푀양 클럽 조직

② 입법의회 구성
- 로베스피에르의 제안으로 국민의회 의원 제외하고 재선거 실시 주장 → 입법의회 구성
- 지롱드파가 평원파(중간파)를 포섭하여 주도권 장악

③ 혁명전쟁 시작(1792.4)
- 필니츠 선언(1791.8) : 오스트리아와 프로이센이 프랑스 혁명을 저지하겠다고 선언 → 입법의회가 프로이센·오스트리아 연합군에 선전 포고
- 브라운슈바이크 선언(1792.7) : 프로이센 사령관인 브라운슈바이크가 프랑스 왕실이 피해를 입지 않는다면 연합군은 프랑스 민간인들을 해치거나 약탈하지 않을 것이라고 약속하고 만약 프랑스 왕실을 모욕하거나 폭력을 행사하면 연합군은 파리를 불태우겠다고 위협 → 프랑스 민중들의 급진화↑
- 의용군 창시 → 군가로 '라 마르세이즈'가 불림
- 프랑스군의 연속적 패배로 국왕과 반혁명 세력에 대한 민중의 불만과 불신↑ → 민중과 의용군이 봉기(1792. 8)하여 튈르리궁 습격(1792.8.10.) → 왕권 정지하고 왕족 구금
- 발미 전투 승리(1792. 9.20.) → 입법의회 해산되고 국민공회 소집 → 공화정 선언(1792. 9. 22)

◇ 르 샤플리에법
제안자 르 샤플리에의 이름에서 유래하였다. 이 법은 노동자 단체와 고용주 단체 모두를 불법으로 규정하였지만 실질적으로는 노동자들의 단결권만 금지되었다. 원래 이 법은 프랑스 혁명의 이념인 개인의 자유를 강조하기 위해 제정되었으나 실제로는 노동자의 파업을 금지하게 되었고, 1884년에 폐지되었다.

◇ 아시냐

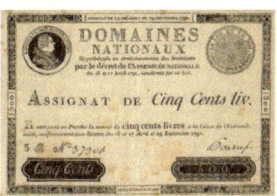

혁명이 발생한 이후 부족한 재정 문제를 해결하고 과잉 통화량을 흡수하기 위해 국민의회는 국유화된 교회재산을 담보로 아시냐라고 불리는 지폐를 발행하였다. 1789년 10월, 4억 리브르의 아시냐 지폐를 발행하여 일시적으로 재정 부족 등의 문제를 해결했으나, 혁명이 진행되는 과정에서 아시냐 지폐의 가치는 계속 하락하였다. 1795년 연초에 아시냐가 은화 22%의 가치를 가지고 있었으나 연말에는 겨우 은화 0.125%의 가치만을 갖게 되었다. 결국 1795년 12월 아시냐 신규발행을 금지하는 법령이 통과되었다.

④ 상퀼로트

의미	프랑스 혁명기 민중을 지칭 → 직인, 도제 점원, 사무실 급사, 임노동자, 일용 인부 등 다양
경제적 요구	• 독립적인 소생산자 사회를 이상으로 여김 • 영주제와 길드제를 반대하면서 생산과 교역의 완전한 자유는 재산과 생산수단의 집중을 가져온다고 반대 → 공정한 가격제와 통제 경제, 누진세, 개인의 자산 규모와 상속권에 대한 법적 제한 요구
정치적 요구	• 민중의 직접 주권 행사 옹호 → 국민회의 활동을 토대로 민주주의 실천 • 선출된 대표에 대한 심사와 통제, 신임을 잃은 의원의 소환과 위임 철회, 행정부와 관리에 대한 감사 주장 → 의회만이 주권을 행사할 수 있다고 본 제헌의회 의원들과 의견 충돌 • 민중의 주권을 수호하기 위한 최후의 수단으로 무장권과 반란권 주장 → 1793년 5월 31일과 6월 2일의 봉기를 정당화

(4) 국민공회 시대(1792. 9~1795. 10)

① 공화정 선언(1792. 9. 22) : 왕정 폐지 → 제1공화정 수립 → 루이 16세 처형(1793. 1)

② 자코뱅파와 지롱드파의 대립 격화 : 자코뱅파 주도권 장악

자코뱅파	소시민층·민중과 연결, 급진적 공화주의, 통제 경제 정책 지지
지롱드파	상층부르주아지 대변, 온건파 공화주의, 자유주의 경제 정책 지지

③ 1차 대프랑스 동맹 결성 : 오스트리아, 프로이센, 영국 → 프랑스 공격 → 프로이센이 바젤조약(1795)으로 라인강 서쪽을 프랑스에 양도하고 강화조약을 체결

④ 1793년 헌법 제정(1793. 6. 24) : 실시 유보
- 민중의 봉기로 집권한 산악파 → 1793년 헌법 제정 → 민중들의 권리 인정
- 평등하게 권리를 누리는 것이 정부 설립의 목적
- 사회적 권리 강조, 공공 구제 강조 → 일자리 제공, 교육받을 권리, 주권의 주체는 민중, 헌법을 제기하고 개정할 권리, 압제에 맞선 봉기, 소유권은 자연권이지만 신성불가침X

⑤ 자코뱅파의 급진적 개혁

경제	• 상퀼로트의 요구를 수용하여 민중의 생계를 위해 소유권 제한 • '생필품에 대한 최고가 격제'와 통제 경제 실시(1793)
사회	• 의무교육과 국민 구호제 도입 • 노예제 폐지 : 파리에서 '흑인의 벗' 협회 조직(1788) → 노예무역과 노예제 폐지 주장 → 생도맹그 전역에 노예제 폐지 선언(1793)
여성	• 여성 클럽 창설하고 청원서 작성하여 의회에 제출 → '혁명공화파 여성시민협회' 결성(1793) • 매점자 처벌, 반혁명 혐의자 색출, 혁명재판소와 혁명군대 창설 요구 → 산악파 집권에 기여 • 국민공회는 여성의 회합과 청원권 금지(1793.10)

◇ 바젤조약(1795)
바젤조약은 프랑스가 제1차 대프랑스 동맹군의 일부인 프로이센과 에스파냐에 승리하여 체결하였다. 프로이센은 프랑스의 라인란트 합병을 인정하고, 그 대가로 라인강 이동의 프랑스군 점령 지역은 프로이센에 반환되었다. 이후 에스파냐도 프랑스가 점령한 지역의 반환을 대가로 혁명 정부의 승인과 산토 도밍고의 할양을 인정했다.

⑥ 공포 정치

과정	• 1793년 2월 1차 대프랑스 동맹(영국, 네덜란드, 에스파냐)에 선전포고 → 패배 • 1793년 3월 징집령에 반대하여 방데에서 반란 발생◇ + 여름에는 연방주의 반란(리옹, 보르도, 마르세유, 툴롱 등이 지롱드파 몰락에 분노하여 봉기) • 1793년 9월 프랑스 남부 항구 도시 툴롱이 왕당파와 영국군에게 함락 → 상퀼로트는 국민공회에 침입하여 반혁명 혐의자 체포, 혁명 재판소 재조직, 혁명군대 창설을 포함하는 공포 정치 요구
실시	국민공회는 '반혁명 혐의자 체포법(프레리알법)◇'을 채택 : 혁명위원회와 국민공회 파견의원들이 주민을 감독하고 반혁명 혐의자 체포 → 잔인하게 진압
경제 조치	• 곡물과 밀가루에 대한 공정가격제를 다른 물품에 확대 → 고기, 포도주, 술, 설탕, 연료의 최고가격을 1790년 가격보다 3분의 1 인상된 가격으로 실시 • 노동자의 임금은 1790년에 비해 2분의 1 인상 • 농민들로부터 곡식 징발 • 방토즈법 제정(1794.2)◇ : 공화국의 적들의 재산몰수를 결정하고 그 재산을 분배하기 위한 애국자의 리스트 작성함
개혁	• 혁명력 제정 • 미터법 제정 • 최고 존재를 위한 제전 거행
결과	• 1793년 말 반란들을 진압하고 프로이센·오스트리아·에스파냐 군을 국경에서 격퇴 • 산악파의 분열 : 로베스피에르, 생쥐스트, 쿠통을 중심으로 한 12인 공안위원회 → 1794년 봄 급진파인 에베르파와 온건파인 당통파를 제거 → 사법 절차 간소화와 혁명재판소 권한 확대

◇ **방데의 반란(1793~1795)**
1793년 3월 프랑스 서부 솔레 지역에서 국민공회가 내린 교회 폐쇄 명령과 징집령에 반발하여 반란이 일어났다. 이후 반란은 방데(Vandee) 전역으로 확산되었다. 방데의 반란은 가톨릭 세력이 강한 이 지방 농민을 왕당파가 선동한 것이었다. 한편, 1793년 4월 지롱드파에 속한 뒤무르에 장군이 전투에서 패배한 후 대프랑스 동맹군에 투항을 하였다. 이 두 사건이 맞물리면서 지롱드파는 탄핵을 당하고 자코뱅파가 권력을 장악하였다. 1795년까지 지속된 반란으로 농민 수만 명이 학살되었다.

◇ **방토즈법과 프레리알법**
방토즈법은 국민공회 시기 '혁명의 적'의 재산을 몰수해 가난한 애국자에게 나누어 주도록 한 법이다. 프레리알법은 변호인의 입회와 증인 신문이 폐지되고, 선고는 사형과 무죄 두 가지 판결만 해서 공포정치를 강화하는 데 이용되었다.

◇ **테르미도르파**
테르미도르파는 로베스피에르를 숙청한 테르미도르의 반동을 주도한 세력을 말한다. 이들은 주로 평원파, 반로베스피에르의 산악파, 공안파 일부 등이 주축이었으며, 국민공회의 다수파가 되었다.

⑦ 테르미도르 반동(1794.7.27.)
- 로베스피에르가 관용파인 당통파와 과격파인 에베르파를 숙청하고 공포정치 강화
- '최고 존재' 숭배 제전
- 미덕(덕성)과 공포 강조 → 공포정치 옹호
- 공포정치의 실시과정에서 산악파의 권력이 강화되고 강력한 중앙집권화가 등장 → 산악파의 분열과 당통의 숙청은 산악파에 대한 민중의 불신 초래
- 테르미도르의 반동 : 과도한 폭력 행위로 소환된 파견의원들 + 살아남은 관용파와 에베르파 등 다양한 정파가 연합하여 쿠데타를 일으켜 로베스피에르 타도 → 상퀼로트의 봉기하지 않음
- 테르미도르의 반동 이후 공정가격제와 통제 경제가 폐지되면서 식료품 가격이 급등하고 식량위기 발생 + 군납과 투기로 부를 쌓은 이들의 사치와 사교계의 활력↑→ 1795년 봄 기근 악화로 파리 민중들이 봉기하였으나 진압됨.

(5) 총재정부 수립
① 1795년 헌법(혁명력 3년 헌법)
- 1793년 헌법(혁명력 1년 헌법)의 사회적 권리와 저항권은 무시하고 소유권을 토대로 한 경제적 자유를 최대한 인정
- 의회를 원로원과 500인회로 나눔
- 행정권은 5명의 총재에게 부여
- 제한선거제 재도입

② 정치적 혼란 지속
- 총재정부 출범 직전 왕당파의 폭동 발생
- 바뵈프가 주도한 '평등주의자 음모' 발각(1796.5)
- 1797년 선거에서 왕당파가 의회에 대거 진출하자 총재정부는 군대를 불러 선거를 무효화하고 왕당파 축출(1797년 9월 4일)
- 1798년 다수의 자코뱅파가 의회 진출 → 의회에서 제명하고 총재정부가 지명한 인물들로 대체

3 나폴레옹 시대

(1) 통령 정부 수립

① 나폴레옹의 등장
- 국민공회 시기 공안위원회가 전쟁의 지휘 체계 조직 → 군 지휘권은 민간 권력에 종속
- 테르미도르의 반동 이후 군수품 제조와 조달업은 개인 사업으로 전환 → 정부의 재정적 무능과 조달상인의 착복 등으로 군대 상황↓
- 군대가 직업 군인화되면서 병사들의 혁명적 열정은 약화되고 국민에 대한 헌신은 장군에 대한 충성심과 모험심, 약탈 정신으로 바뀜
- 27세의 나이로 이탈리아 원정군 총사령관에 임명(1796) → 이탈리아에서 오스트리아군을 몰아내고 오스트리아와 캄포 포르미오 조약 체결(1797) → 오스트리아는 벨기에와 롬바르디아를 프랑스에 양도
- 나폴레옹의 이집트 원정으로 위기를 느낀 러시아가 영국에 접근하여 1799년 제2차 대프랑스 동맹이 형성 → 프랑스의 연속 패배

② 총재정부 붕괴
- 국내에서 자코뱅파가 다시 선거에서 승리
- 온건파는 시에예스를 중심으로 쿠데타를 모의하여 나폴레옹을 끌어들임 → 총재정부 붕괴(1799)

(2) 통령정부 시기 나폴레옹의 정책

① 국민 교육 제도 시행
② 프랑스 은행 설립(1800)
③ 『나폴레옹』 법전 편찬(1804) : 법 앞의 평등, 종교 선택과 양심의 자유, 사유재산제 중시 → 근대 시민법의 원리
④ 가톨릭과 화해(1801) : 교황 비오 7세와 종교협약 체결
- 가톨릭이 프랑스 국민 대다수의 신앙임을 인정하고, 성직자를 선출하는 대신, 주교는 정부가 지명하고 교황이 서임하며, 교구 신부는 주교가 임명
- 교회는 1/10세와 혁명 중 몰수된 재산을 포기, 국가가 성직자의 봉급 지급
⑤ 뤼네빌 조약(1801)으로 캄포 포르미오 조약을 재확인시키고 영국과 아미앵 조약(1802) 체결 → 제2차 대프랑스동맹 와해

[나폴레옹 전쟁]

◇ **캄포 포르미오 조약**
캄포 포르미오 조약은 나폴레옹이 이탈리아원정에서 승리한 뒤 체결되었다. 이 조약으로 오스트리아는 베네치아를 얻고 롬바르디아를 포기하였으며, 프랑스는 이오니아제도와 네덜란드를 획득하였다. 또 비밀조항에 의하여 오스트리아는 라인강 좌안을 프랑스령으로 하는 데 동의하였다.

◇ **나폴레옹 법전**
소유권의 신성불가침을 기본 원리로 하고, 개인의 자유와 책임, 자유로운 계약 등 프랑스 혁명의 성과를 성문화하여 시민 사회의 기초를 확립하였다.

◇ **아미앵 조약**
1802년 영국과 프랑스가 맺은 평화조약으로 제2차 대프랑스동맹이 붕괴되었다. 아미앵 조약에 따라 영국은 스리랑카·트리니다드를 제외한 모든 점령지를 반환하였고, 몰타섬에서 철수했다. 프랑스는 포르투갈과 오스만 제국에 점령지를 반환하는 동시에 나폴리와 교황령을 포기했다.

◇ **틸지트 조약**
나폴레옹은 예나 전투에서 프로이센과 이를 구원하러 온 러시아를 패배시킨 뒤 각각 체결했다. 이 조약으로 프로이센의 옛 영토에 나폴레옹의 동맹자인 작센 왕을 위한 바르샤바 대공국이 건설되었고, 북부 독일에 베스트팔렌 왕국이 세워졌다. 러시아는 나폴레옹의 대륙봉쇄를 지지하는 대가로 스웨덴에서 핀란드를 빼앗았다.

◇ **나폴레옹과 프랑스 혁명**
나폴레옹은 결코 프랑스 혁명의 정통적인 계승자나 결산자는 아니었다. 그는 오히려 야망에 불타는 군국주의자요, 전제적 지배자였다. 그러나 그는 혁명의 혼란을 수습하여, 그 성과를 부르주아지와 토지 소유자 농민에게 유리하게 확정짓고, 프랑스 국민에게 '위대한 국민'의 영광을 맛보게 하였다. 뿐만 아니라 그의 정복과 군사적 승리는 결과적으로 프랑스 혁명의 이념을 전 유럽에 전파시켜 자유주의와 민주주의, 그리고 민족주의를 확산시켰다.

(3) 제 1제정
① 제 1제정 : 국민 투표로 나폴레옹 1세로 즉위(1804) → 제3차 대프랑스 동맹 결성(1805)
② 나폴레옹의 유럽 제패

아우스터리츠 전투 (1805)	· 러시아와 오스트리아 연합군에 대승 · 프레스부르크 조약 체결 : 오스트리아로부터 베네치아, 달마티아, 그리고 서부 국경지역 확보 → 라인연방(1806) 결성
예나-아우에르슈타트 전투(1806)	틸지트 조약(1807)◇ : 엘베 서쪽 영토와 폴란드를 분할해서 얻은 영토 상실, 상비군은 42,000명 이하로 제한 → 프로이센과 러시아에서 근대적 개혁 추진

③ 대륙 봉쇄령(1806) : 트라팔가르 해전(1805)에서 패배 → 영국을 고립시키기 위해 영국과 유럽 대륙 간의 무역을 금지 → 러시아의 불복 → 나폴레옹의 러시아 원정(1812)
④ 프로이센 개혁

슈타인	· 10월 칙령(1807) : 농노제 폐지 · 도시 조령(1808) : 길드 중심의 중세적인 도시 자치제를 폐지 → 중산계층을 중심으로 한 새로운 근대적 도시 자치제
하르덴베르크	조정령(1811)으로 슈타인의 농업 개혁 보완 → 농민은 인신의 자유와 보유지 처분의 자유를 얻었으나, 오히려 보유지를 상실할 위험이 수반되고, 대영지는 그대로 남고 영주재판권도 유지
샤른호르스트	프랑스식의 징병제도 도입, 장교는 여전히 융커가 독점
기타	· 그림형제의 동화집(1812) : 독일의 민족 정신 각성 · 철학자 피히테의 『독일국민에게 고함』 · 베를린대학 설립(1810)

(4) 나폴레옹의 몰락
① 에스파냐의 반란 진압 실패
② 러시아 원정 실패 : 라이프치히 전투(1813) 패배 → 러시아 원정 실패
③ 제 1제정 몰락 → 엘바섬 유배 → 100일 천하 → 워털루 전투 패배(1815. 6) → 세인트헬레나섬 유배
④ 나폴레옹 전쟁의 의의 : 유럽에 자유주의와 민족주의 전파◇

(5) 프랑스 혁명의 의의
① 의의 : 근대 시민사회의 성립과 자본주의 발달에 기여
  • 절대왕정 타파 → 시민계급이 권력을 장악한 시민혁명
  • 봉건적 잔재를 제거하고 자본주의 발전을 촉진
  • 신분제를 타파하고 법 앞의 평등을 추구
  • 계몽주의 사상의 확립과 확산
② 한계
  • 민중의 이익보다 부르주아의 이익을 중시
  • 정치·경제적으로 실질적 평등을 이루지 못함

자료탐구

01. 권리 청원

제1조(기존 과세의 자유)
…… 에드워드 1세의 왕조 때 제정된 …… 법령에 의하여, 이 나라의 대승정·승정·백작·제후·기사·시민 기타의 자유민의 호의와 동의가 없이는 어떠한 세금도 이 나라에서 국왕 또는 그 양자에 의하여 부과되거나 징수되어서는 안 된다고 공시되고 규정되었다. 또 에드워드 3세 제25년에 개설된 의회의 권한에 의하여 앞으로 누구든지, 자기 의사에 반하여 국왕에 대하여 금전을 대여하는 것이 강제되어서는 안 될 것이라고 공시되고 규정되었다. 이와 같은 대여는 도리와 이 왕국의 자유권에 반하기 때문이다. 또, 이 나라의 다른 법률에 의하여 누구나 상납세라 칭하는 과세금, 부과금, 기타 이와 유사한 과세금은 부과되어서는 안 된다고 규정되었다. 전술한 법령과 이 나라의 선한 법률에 의하여 폐하의 신민은 의회에서 만장일치로 부과되는 것이 아니면 어떠한 조세·공세·어용금 기타의 이와 유사한 부과금을 갹출할 것을 강제당하지 아니할 자유를 향유한다.

제2조(최근 과세의 실상)
그러나 최근 전국의 여러 관리에게 지령을 발하고, 그 지령에 기초하여 폐하의 인민은 각지에 집합하여 폐하에게 일정 금액을 바칠 것을 요구받고 있다. …… 폐하의 추밀원과 기타의 장소에 출두하여 진술할 것을 강요받으며 혹자는 이로 인하여 구류·감금되고 또한 갖가지의 박해를 받을 위험에 처하게 되었다. 또 전국에서 …… 관리들이 폐하 및 폐하의 추밀원의 지령에 의하여 이 나라의 법률이나 기타의 방과 자유로운 관습에 반하여 다른 부과금을 폐하의 인민에게 부과하고 또한 징수하고 있다.

제3조(대헌장의 규정)
또한, 대헌장이라 칭하는 법령에 의하여 어떤 자유민도 …… 적법한 판결 또는 그 국법에 의하지 아니하고는 체포·구금되거나 또는 자기의 소유권·특권 및 자기의 자유를 보장하는 관습을 침탈당하거나, 법의 보호 외에 방치되고 추방되는 …… 일이 없다고 공시되고 규정되었다.

제4조(적법절차)
또한, 에드워드 3세 제28년에 의회는 그 권한에 의하여 어떠한 신분·지위를 불문하고 누구나 법의 정당한 절차에 따라 답변할 기회가 주어지지 아니하면 자기의 자유 보유지 및 기타의 자유 보유의 제 권리를 빼앗기거나 체포·감금되거나 상속권이 탈취되거나 또는 사형당하는 일이 없다고 선언하고 규정하였다.

제6조(육해군인의 숙박 할당)
또한, 최근 육해군 부대가 전국에 분산 배치되어 그 곳의 주민들은 자기 의사에 반하여 이들을 자택에 들이고 머무르게 하는 것이 강제되고 있다. 그러나 이러한 것은 왕국의 법 및 관습에 반하는 것이며 또한 인민의 커다란 고뇌의 원인이 되고 있다.

제7조(군 관계 재판에 관한 국왕의 불법적 수권장 발급)
또한, 국왕 에드워드 3세 제25년에 국회는 그 권한에 의하여 누구에 대하여도 대헌장 및 국법이 정하는 정당한 절차에 반하여 사형의 판결 또는 신체의 일부 절단의 판결을 할 수 없다고 선언하고 규정하였다. 또 대헌장과 이 폐하의 왕국의 기타의 법 및 법률에 의하여 폐하의 왕국에서 관습 및 국회제정법에 의하여 확립된 법에 기초하지 않고는 누구에 대하여도 사형의 판결을 하여서는 안 된다. …… 그럼에도 불구하고 최근 폐하의 도장이 찍힌 여러 가지 수권장이 발급되고 그에 의하여 일부가 관리에 지명·임명되고 이들 관리들에게는 …… 전시에 군인에게 적용되는 것 같은 즉결 절차에 의하여 범죄인의 심리와 유죄결정을 행하고 군법에 따라 그들을 처형하고 사형할 수 있다는 권능과 권한이 부여되기에 이르렀다.

제8조(불법적 수권장에 의한 신민의 불법 처형)
이러한 수권장을 구실로 …… 폐하의 신민 가운데 일부는 사형당했다. …… 그러나 이 왕국의 법 외 어떤 법률에 의해서도 사형의 판결과 처형이 행하여 질 수는 없다.

제9조(불법적 수권장에 의한 군 관계 범죄인의 불법적 처리)
또한, 중형에 상당하는 범죄인이 수권장을 구실로 특별면제를 요구하고 …… 폐하의 왕국의 법 및 법률에 의하여 당연히 받아야 할 형벌이 면제되었다. …… 그러나 수권장 및 기타 이와 유사한 모든 것은 폐하의 이 왕국에서 전술한 법과 법률에 완전히 직접적으로 위반되는 것이다.

제10조(위에 열거한 권리 침해 행위의 중지 및 구제 청원)
이상의 이유에 기초하여 …… 이제 국회의 만장일치 동의가 없이는 누구도 어떠한 증여, 대부, 상납금, 세금, 기타 이와 유사한 부담을 강제적으로 부과당하거나 승낙해야 하는 일이 없어야 한다. 또 누구든지 이 일에 관하여 또는 이를 거부한 데 대해 답변서약을 하거나 출두할 것을 요구받거나 또는 구류되거나 기타의 방해를 받는 일이 없어야 한다. 또 자유민은 전술한 바와 같은 어떤 방법으로도 억류, 구금되는 일이 없어야 한다. 또 폐하가 자진하여 육해군인을 다른 장소로 철거하여 장래 폐하의 인민이 앞서 말한 곤란한 일을 당하지 않아야 한다. ……

제11조(인민의 권리 및 특권 존중에 관한 선언 요청)
귀족 및 평민은 이상의 모든 것을 이 왕국의 법 및 법률에 기초한 자기들의 권리 및 특권으로써 삼가 폐하에게 간원한다. 또 앞선 내용의 어느 것도 …… 결코 선례로 삼지 아니할 것을 폐하가 선언하기 바란다. 또 폐하의 인민들이 더한층 안락하고 안전하기 위해 원컨대 폐하가 인자를 베풀어 다음 사항을 선언하기 바란다. ……

자료 해석
권리 청원(Petition of Right)이란 1628년 영국 하원에서 기초하여 그 해 6월 7일 찰스 1세의 승인을 얻은 국민의 인권에 관한 선언을 말한다. 1628년 에스파냐 등과의 대외전쟁 비용으로 궁색해진 찰스 1세가 의회를 소집하자 의회는 강제 공채와 불법 투옥 문제를 둘러싸고 왕과 대립을 하게 되었고 하원은 국왕에게 청원이라는 형식으로 권리 선언을 한 것이 권리 청원이다. 주요 내용은 의회의 동의 없이는 어떠한 과세나 공채도 강제되지 않는다는 것, 법에 의하지 않고는 누구도 체포·구금되지 않는다는 것, 육군 및 해군은 인민의 의사에 반하여 민가에 숙박할 수 없다는 것, 민간인의 군법에 의한 재판은 금지한다는 것, 각종의 자유권을 보장한다는 것 등이었다.

02. 항해법
우리나라의 해운업은 신의 고마우신 섭리와 보살핌에 의해 우리나라에 평안과 복지를 가져다주는 중대한 수단이 되고 있다. 그러므로 그것을 확장시키고 장려하기 위하여, 지금의 의회는 그 권위를 바탕으로 아래와 같은 사항을 제정한다.
1651년 12월 1일 이후에는, 영국의 식민지이건 다른 나라의 식민지이건, 아시아·아프리카·아메리카의 각 지역이나 또는 그 각각에 딸린 섬에서 자라고, 생산되고, 제조되는 물자들이 우리나라에, 혹은 우리나라가 차지하고 있는 다른 지역이나 식민지에 수입되는 경우에, 그것을 운송하는 선박은 그 정식 선주가 반드시 우리나라 사람이거나 그 식민지의 백성이어야 한다. 또 그 선박의 선장 및 선원의 대부분은 우리나라의 백성이어야 한다.
이 조항을 위반하고 수입되는 물자 및 그것을 운송한 선박은 그 선박에 딸린 장비들과 함께 모두 몰수될 것이다. 몰수된 재산의 반은 국가가 사용하며, 나머지 반은 그것을 압수해 이 국가의 등록 재판소에 기소한 사람이 사용하게 한다.

자료 해석
항해법은 영국의 상업과 해운업을 보호하기 위해 크롬웰이 내린 조치로, 경쟁국인 네덜란드의 중개 무역에 큰 타격을 주었다. 이로 인해 네덜란드와 전쟁이 일어났으나 영국이 승리하였다. 항해법은 영국의 무역 활동 확대에 크게 기여하였다.

03. 권리 장전
제1조 의회의 동의 없이 왕권에 의해 법률이나 법률 집행을 정지시키는 사이비 권한은 불법이다.
제2조 최근에 권한을 독점하고 행사했던 바처럼, 왕권에 의해 법률이나 법률 집행을 무기력하게 만드는 사이비 권한은 불법이다.
제3조 최근에 종무 위원회 재판소를 설립하기 위해 발행된 위임장을 포함하여 그와 유사한 성격을 띤 모든 위임장과 재판소는 불법이며 유해하다.
제4조 의회의 승인 없이 대권을 빙자하여 의회가 이미 승인했거나 향후에 승인할 내용과 달리 기간을 연장

	하거나 편법을 써서 왕권을 행사하기 위한 돈을 거두어들이는 행위는 불법이다.
제5조	모든 신민은 국왕에게 청원할 권리가 있으며, 그러한 청원 사실을 구실로 삼아 수감하고 기소하는 조치는 불법이다.
제6조	의회의 동의 없이 평화 시에 국내에서 상비군을 징집하고 유지하는 조치는 불법이다.
제7조	신교를 믿는 신민은 상황에 따라 법률이 허용하는 범위 내에서 자기 방어를 위해 무장할 수 있다.
제8조	의회의 의원을 뽑는 선거는 자유롭게 실시되어야 한다.
제9조	의회에서 진행된 발언과 토론이나 절차는 재판소나 의회를 벗어난 곳에서 책임을 묻거나 문제를 삼아서는 안 된다.
제10조	지나친 보석금이 요구되어서는 안 될 뿐만 아니라, 지나친 벌금이 부과되어서도 안 되고, 잔혹하고 상식에서 벗어난 형벌이 가해져서도 안 된다.
제11조	배심원은 정당한 방법으로 선출되어야 하고, 대역죄로 기소된 자를 심리하는 배심원은 토지의 자유 보유권자이어야 한다.
제12조	유죄 판결 이전에 특정인에게 부과되는 벌금과 몰수를 인정하고 보장하는 조치는 불법이며 무효이다.
제13조	모든 요구 사항을 처리하고 법률을 수정·보강·유지하기 위해, 의회는 자주 소집되어야 한다.

자료 해석
권리 장전은 제임스 2세의 불법 행위를 열거하고 의회의 동의 없이 왕권에 의하여 이루어진 법률이나 그 집행 및 과세의 위법, 의회의 동의 없이 평화시에 상비군의 징집 및 유지의 금지, 국민의 자유로운 청원권의 보장, 의원선거의 자유 보장, 의회에서의 언론 자유의 보장, 지나친 보석금이나 벌금 및 형벌의 금지 등의 내용을 담고 있다. 이러한 권리장전은 영국의 의회 정치를 확립시키는 기반이 마련되고, 영국의 절대주의를 종식시켰다는 점에 영국 헌정상 큰 의의가 있다.

04. 미국 독립 전쟁의 배경

현 정부의 정책과 최근 의회에서 만든 법률이 우리의 기본적 권리와 자유를 박탈하는 경향을 띠고 있다는 것은 정말 견딜 수 없는 일이다. 우선 의회에서 제정한 인지세법에 대해 생각해 보자. 이 법으로 극히 파괴적으로 위헌적인 세금이 우리에게 부과된 것이다. …… 우리는 이것을 파괴적 세금이라고 부른다. 왜냐하면 세금이 너무 무거워 이 어리고 아직 인구도 작은 나라의 경제를 극히 곤란하게 하기 때문이다. 우리는 또한 이 세금을 헌법에 위배되는 것이라고 생각한다. 우리가 자유민인 이상, 스스로 또는 위임자를 통해서 찬성한 것이 아니면 어떤 세금도 부과할 수 없다고 늘 생각해 왔다. …… 따라서 우리가 영국 의회가 부과하는 세금에 복종하는 것은 분명히 보편적인 법의 정신이나 영국 헌법의 기본 원리에 모순되는 일이라고 생각하는 바이다.

– 존 애덤스, 매사추세츠 주의 '인지세법에 관한 포고(1765)' –

자료 해석
제시문은 영국이 제정한 인지세법을 부정하는 내용이다. 인지세법은 1765년 11월에 시행되었으며, 신문, 팜플렛 등의 출판물, 법적 유효한 모든 증명서, 허가증, 플레잉 카드 등에 인지를 붙이는 것을 의무화해서 세금을 징수하려는 것이었다. 식민지인들의 반발이 심해서 1766년 3월에 폐지되었다. 미국 독립 혁명은 인지 조례 등 영국 정부의 중상주의 정책의 강화에 대한 반발로 비롯되었다. 미국 식민지인들은 '대표 없이 과세없다'는 논리를 내세워 영국 정부의 인지 조례와 관세 부과 등에 대항하여 독립 혁명을 추진하게 되었다.

05. 토머스 페인, 『상식』

…… 우리가 영국과의 관계로 인해 받는 손해나 불이익은 헤아릴 수 없이 많다. 우리 자신을 위해서 그리고 인류를 위해서도 그러한 연계를 포기해야 한다. 왜냐하면 대영제국에 대한 종속이나 의존은 아메리카 대륙을 유럽인들이 벌이는 전쟁과 싸움에 휘말리게 할 경향이 있기 때문이다. …… 유럽인들이 다시 그런 분쟁을 벌이지 않으리라고 말하는 것은 안일한 환상이다. 우리는 인지조례 폐지 때 그렇게 생각했지만 한두 해만에 진실을 깨달았다. …… 내가 분리와 독립을 주장하게 된 것은 자만이나 당파심, 원한 때문이 아니다. 나는 그렇게 되는 것이야말로 이 아메리카 대륙의 진정한 이익이라는 점을 분명히, 적극적이고 양심적으로 확신하고 있다. …… 따라서 나는 다음의 제안을 제시한다. …… 주의 하원은 매년 개최하며 각 주에 한 명의 의장만을 두도록 한다. 대표권은 더 평등하게 나누고, 하원의 임무는 오로지 주의 내부 문제에 국한하며 대륙의회의 권위에 복종하게 한

다. …… 아메리카 정부가 영국의 손아귀에 다시 들어간다면 …… 우리들은 [윌리엄] 정복왕의 억압을 받았던 비참한 영국 사람들처럼 고생하게 될 것이다.

- 토머스 페인, 『상식』 -

자료 해석
본래 영국 출신인 토머스 페인은 1776년 『상식』이라는 책자를 통해 미국 독립의 필요성을 역설하였다. 당시 식민지 국민들은 영국에 대한 저항의 의식은 있었으나 적극적 독립의 의지는 약한 상태였다. 따라서 이 책자는 독립의 열기를 고조시켰다는 점에서 의의가 있다.

06. 버지니아 권리장전

모든 인간은 날 때부터 똑같이 자유롭고 독립적이며 일정한 천부의 권리를 갖고 있다. 인간이 한 사회의 성원이 될 때 재산을 취득하고 소유하면서, 그리고 행복과 안전을 추구하고 획득하면서 생명과 자유를 향유할 권리를 박탈당할 수 없다.
모든 권력은 국민에게 귀속되며, 따라서 국민으로부터 나온다. 따라서 관직을 맡은 사람들은 국민의 수탁자이자 종복이며 국민에게 순종할 의무가 있다.
정부는 국민, 국가 또는 공동체의 공동 이익과 보호, 안전을 위해 존재하며 또 마땅히 그러해야 한다. 또 정부의 여러 유형과 방식 중에서 최대의 행복과 안전을 제공하는 …… 정부가 최선의 정부이다. ……
5. 국가의 입법권과 행정권 그리고 사법권은 분립되어야 하고 구별되어야 한다.
16. 종교, 즉 창조주에 대한 우리의 의무와 실행 방식은 이성과 확신을 따를 것이며 결코 강제나 폭력으로 해서는 안 된다. 따라서 모든 인간은 양심의 지시에 따라 자유로운 종교 생활을 누릴 평등한 권리가 있으며, ……

자료 해석
독립전쟁을 갓 시작한 1776년 6월 12일, 미국 버지니아 의회가 '버지니아 권리장전'을 만장일치로 채택했다. 한 달 뒤 필라델피아에 모인 식민지 13개 주 대표들이 채택한 '미국 독립선언문'과 프랑스혁명의 '인간과 시민의 권리 선언'이 버지니아 권리장전을 토대로 만들어졌다.

07. 미국 독립 선언서

우리는 다음과 같은 사항을 분명한 진리로 믿는다. 모든 사람은 평등하게 창조되었으며, 생명과 자유 및 행복을 추구할 권리를 포함하여 누구도 침범할 수 없는 권리를 신으로부터 부여받았다. 인간은 이러한 권리를 확보하기 위해 정부를 조직하였다. 따라서 정부의 정당한 권력은 통치를 받는 사람들의 동의에서 생겨났다. 어떤 형태의 정부이든 만일 이러한 목적을 침해하게 된다면, 그 정부를 개혁하거나 폐지하고 민중의 안녕과 복지를 가져올 수 있다고 생각되는 새로운 정부를 수립하는 것이 진정한 국민의 권리이다.

자료 해석
제퍼슨이 기초한 미국의 '독립 선언서'는 계몽사상과 자연법 사상의 영향을 받아 인간의 천부적 권리와 주권 재민을 밝히고 있다. 즉 사람은 평등하게 태어나서 자유와 생명, 그리고 행복을 추구하는 존재이며, 정부는 이를 보호하기 위하여 피지배자의 동의에 의해 수립되었다는 원칙을 천명하였다. 특히 명예혁명을 옹호한 로크의 정치사상의 영향을 받아 정부가 국민의 권리를 파괴할 때에는 국민은 그 정부를 폐지하고 새로운 정부를 수립할 수 있는 혁명권을 가지고 있음을 천명하였다.

08. 미국 연방 헌법 제정

제1조 1절 이 헌법에 따라 부여되는 모든 입법권은 미국 연방 의회에 속하며, 연방 의회는 상원과 하원으로 구성한다.
제2조 1절 행정권은 미국 대통령에게 속한다.
제3조 1절 미국의 사법권은 연방 대법원 한 곳과 연방 의회가 수시로 만들어 설치하는 하급법원에 속한다.

- 미국 연방 헌법(1787) -

자료 해석

독립을 달성한 뒤 13개 주가 모여 연방 헌법을 제정하고, 연방 정부를 수립하였다. 연방헌법으로 미국은 연방주의와 삼권 분립에 기초한 국가로 출발하였다.

09. 노예제도 폐지 요구

우리 종족이 오랫동안 세상의 학대와 책망을 받으면서 일해 왔다는 점, 오랫동안 경멸의 눈초리를 받아 왔다는 점, 오랫동안 인간이라기보다는 짐승으로서 거의 정신적 능력을 갖지 못한 존재로 살아왔다는 점은 당신에게도 너무나 잘 입증된 사실이므로 더 이상 여기서 증명할 필요가 없는 진실이라고 생각합니다. …… 나는 당신이 우리에 관해 극히 널리 퍼져 있는 그런 일련의 터무니없고 그릇된 사고와 의견을 일소할 수 있는 모든 기회를 포착하고, 또한 하나의 전능하신 하나님 아버지가 우리 모두를 창조했으며, 하나님은 하나의 육신으로 우리 모두를 만들었을 뿐만 아니라 조금의 치우침도 없이 우리 모두에게 똑같은 재능을 부여했다는 데 저와 의견을 같이 하시리라고 생각합니다.

– 흑인 벤저민 배니커가 토머스 제퍼슨에게 쓴 편지 –

자료 해석

일부 흑인들은 독립 선언서를 가리키면서 대륙회의와 각 주 의회에 노예제를 폐지하고 흑인들에게도 동등한 권리를 달라고 청원했다. 예를 들면, 자녀 교육을 위한 시 보조금을 흑인에게도 달라거나, 흑인도 법정에서 증언할 수 있도록 허용하라는 요구들이 있었다. 1780년 매사추세츠의 다트머스에서는 일곱 명의 흑인이 과세와 대표권을 결부시키면서 의회에 투표권을 청원했다. 토머스 제퍼슨에게 편지를 쓴 벤저민 배니커는 독학으로 수학과 천문학을 공부하고 일식을 정확히 예측해 새 도시 워싱턴의 설계자로 임명됐던 사람이었다.

10. 시에예스, 제3신분이란 무엇인가

- 우리가 스스로에게 제시할 질문은 세 가지이다.
  1. 제3신분은 무엇인가? – 전체이다.
  2. 현재까지 정치 위계 속에서 무엇이었나? – 아무것도 아니었다.
  3. 무엇을 요구하는가? – 무엇인가 되는 것이다.
  …… 제3신분이 전체에서 20분의 19를 이루고 있으며, 이들은 참으로 힘든 일들 즉 특권 계층이 이행하려 하지 않는 의무를 도맡아 하고 …… 명예롭고 영리적인 자리들은 오직 특권 신분만이 장악하고 있다. ……. 그러므로 제3신분은 무엇인가? 전체이다. 그러나 족쇄가 채워지고 억압받고 있는 전체일 뿐이다. 특권 신분이 없다면 무엇이 될까? 전체, 그러나 자유롭고 건강한 전체가 될 것이다. 이들이 없다면 되는 일은 아무것도 없을 것이다. …… 특권을 받은 자들이 국민에게 유익하기는커녕 오로지 국민을 약화시키고 파멸시킬 뿐이라는 것을 지적한 것으로는 충분치 한다. ……

- 이 상황에서 제3신분이 국민에게 유익한 방향으로 정치적 권리를 소유하고자 할 때, 앞으로 무엇을 해야 할 것인가? 성공할 수 있는 길은 두 가지이다. 첫 번째 길은, 제3신분이 따로 의회를 여는 것이다. 귀족, 성직자와 협력하지 않고, 신분과 사람 수에 따라 의석을 달리한다. 제3신분의 의회와 두 특권 신분의 의회는 서로 크게 다르다는 것을 알아주었으면 한다. 앞의 것은 2,500만을 대표하며 국민의 이익에 관해 토의하는 데 반해, 뒤의 것 둘은 소집될 필요가 있기는 해도, 기껏해야 약 2만의 권한을 갖는 데 불과하며, 자기의 특권밖에 생각하지 않는다. 제3신분이 단독으로는 삼부회를 구성할 수 없다고 말할 것이다. 아아! 그래서 결국 제3신분은 국민 의회를 구성할 것이다.

자료 해석

프랑스 혁명 시기 활동한 시에예스가 쓴 위의 글에는 제3신분이 단독으로 회의를 여는 것을 정당화하는 논리가 담겨 있다. 루이 16세 시기 프랑스는 심각한 재정 위기에 처해 있었고, 이를 해결하기 위해 삼신분제를 소집하였다. 소집된 삼신분회는 투표 방식을 둘러싸고 특권계급인 1신분·2신분과 비특권 계급인 3신분이 대립하였다. 3신분은 머릿수 투표를 주장하였고, 이후 루이 16세가 회의장을 봉쇄하자 3신분들은 자신들만으로 국민의회를 결성하고 '테니스코트의 선언'을 발표하였다. '국민의회'라는 명칭도 시에예스의 견해에 따라 채용된 것이라 한다. 시에예스는 루이 16세 처형에 찬성표를 던졌으며, 자코뱅파의 공포정치가 심해지자 정치 일선에서 물러났고, 이후 총재정부 시기 나폴레옹을 끌어들여 통령 정부을 수립하였다.

11. 테니스코트의 선언

국민의회는 왕국의 헌법을 확립하기 위해, 공공질서를 쇄신하기 위해, 군주정의 참다운 원리를 유지하기 위해 소집되었다는 점을 고려할 때, 어느 장소에서 모이도록 강요된다 하더라도 어떤 것도 국민의회가 그 논의를 지속하는 것을 막을 수 없다. 그리고 그 구성원이 어디에서 모이든 국민의회는 존재한다.

이 의회의 모든 구성원은 왕국의 헌법이 수립되고 확고한 토대 위에서 굳건해질 때까지 해산하지 않을 것이며, 어떤 환경에서도 다시 모이기로 즉각 맹세할 것을 선언한다. 그리고 이 맹세는 모든 구성원 한 사람, 한 사람이 개인적으로 서명하여 이 확고부동한 결의를 재가할 것임을 선포한다.

자료 해석

루이 16세는 1789년 5월 5일에 소집한 전국 삼신분회에서 귀족의 면세 특권을 폐지하려 했지만, 파리 고등법원이 새 과세안을 부결시켰다. 그러자 제3신분은 신분별 투표가 아닌 개인별 표결을 주장하며 독자적인 '국민의회' 성립을 선언했다. 그리고 같은 해 6월에 이루어진 국민의회의 제헌권을 선언한 '테니스코트의 선언'은 프랑스혁명의 출발점이 되었다.

12. 봉건적 부과조

영주를 위한 부역의 착취는 거의 모든 지역에서 반 이상 사라졌으며, 통관세는 비록 몇몇 주에서 조금씩 남아 있긴 했지만 대개 경감되거나 소멸되었다. 영주들은 정기 시장이나 상설 시장에 세금을 징수했으며, 영주들만이 프랑스 전역에서 수렵권을 누렸다. 일반적으로 영주들만이 비둘기장을 소유하고 비둘기를 길렀으며, 거의 모든 지역에서 농민들로 하여금 영주 소유의 제분기와 포도 압착기를 사용하도록 강제할 수 있었다. 그러나 가장 가혹하고 보편화된 부과조는 영지 내 토지를 팔 때마다 영주에게 바치는 '토지 매각세'였다. 그러가 하면 영지 내 모든 토지에는 지대, 화폐나 현물 형태의 납부금 따위가 부과되었는데, 이것들은 토지소유농이 영주에게 지불해야 하는 것으로서 어떠한 대가를 치르고도 되살 수 없었다. 이러한 온갖 형태들 속에서 한 가지 공통된 특징이 나타나는데, 그것은 모든 부과조들이 토지와 그 생산물에 다소간 관련되어 있었으며 그 토지를 경작하는 자들을 무겁게 짓눌렀다는 점이다.

– 알렉시 드 토크빌, 『앙시앵 레짐과 프랑스 혁명』 –

자료 해석

프랑스 혁명의 원인 중 하나가 농민들을 짓눌렀던 봉건적인 부과조였다. 토크빌은 농민들이 가장 고통스러워한 것은 '토지 매각세'였다고 보았다. 다른 나라에서도 봉건적 부과조가 있었고, 프랑스는 상대적으로 봉건적 부과조가 약했음에도 왜 프랑스 농민들이 이를 가장 고통스럽게 여겼는지 이 글의 뒤에 설명한다. 토크빌은 이는 프랑스 농민들이 토지를 소유한 농민들이었고, 이에 부과되는 각종 부담을 다른 지역의 농민들보다 더 크게 느꼈기 때문이라고 보았다.

13. 봉건제 폐지 선언

제1조 국민의회는 봉건제를 완전히 폐지한다. 봉건적이며 연공과 관련된 부과조와 의무 중에서 인신적, 물적 양도 불능에 관련된 것들, 인신적 예속에 관한 것들, 그리고 그러한 권리와 의무를 대변하는 것들은 보상 없이 폐지될 것이다.
제3조 사냥과 개방 방목지에 대한 독점권도 폐지된다.
제4조 모든 영주 법정은 보상 없이 폐지된다.
제5조 모든 종류의 십일조와 그 대체 부과조들은 폐지된다.

자료 해석

봉건제 폐지 선언은 1789년 8월 4일에 발표되었다. 바스티유 감옥 습격 사건 이후 농민들은 영주의 저택을 약탈하고, 봉건적 권리 문서를 불태우고, 수도원과 주교의 거주지도 파괴했다. 이에 국민의회는 봉건제 폐지를 선언함으로써 십일조와 강제 노역, 농노제를 폐지하고 귀족의 면세 특권도 없앴다. 그런데 여기서 조심해야 할 부분이 있다. 사료에서 보면 '보상 없이', '완전히 폐지한다'라는 말로 인해 국민공회가 발표한 봉건제 무상 폐지와 혼동하는 경우가 많다. 봉건제 폐지 선언은 봉건제 유상 폐지를 발표한 것이다. 즉 사람에게 부과되는 인신적 부과조는 보상 없이 폐지되지만, 토지 부과조는 돈을 주고 되사야 한다는 의미로서 봉건제 유상 폐지로 본다.

14. 인간과 시민의 권리 선언

국민의회를 구성하고 있는 프랑스 인민의 대표들은 인간의 여러 권리들에 대한 무지, 망각 또는 멸시가 공공의 불행과 정부의 부패에 대한 유일한 원인들이라고 간주하여 엄숙한 선언을 통해 자연적이고 양도할 수 없으며 신성한 인간의 권리들을 제시하기로 결의하였다. 그리하여 이 선언이 사회의 모든 구성원들에게 항시적으로 제시되어 그들이 자신들의 권리들과 의무들을 끊임없이 상기하도록 하고, 입법권과 행정권의 행위들이 매 순간마다 모든 정치제도의 목적과 비교됨으로써 더욱 존중받도록 하고, 이제 단순명백한 원리들에 입각한 시민들의 여러 요구들이 언제나 헌법의 유지와 만인의 행복에 이바지할 수 있도록 하고자 한다. 따라서 국민의회는 최고 존재 앞에서 그리고 그 비호 아래 다음과 같은 인간과 시민의 권리들을 승인하고 선포한다.

제1조 사람들은 자유롭게 그리고 권리에서 평등하게 태어나며 또 그렇게 존속한다. 사회적 차별은 오직 공동의 유용성에 입각할 때에만 가능하다.

제2조 모든 정치적 결사의 목적은 그 무엇도 침해할 수 없는 인간의 자연권을 보전하는 데 있다. 그 권리는 자유, 재산, 안전, 그리고 압제에 대한 저항이다.

제3조 모든 주권의 원천은 국민에게 있다. 어떤 단체나 개인도 국민으로부터 유래하지 않은 권리를 행사할 수 없다.

제6조 법은 일반의지의 표현이다. 모든 시민들은 직접, 또는 그들의 대표를 통하여 그것의 형성에 협력할 권리를 갖는다. 법은 보호해주는 경우에도, 처벌을 가하는 경우에도 만인에게 동일하여야 한다. 모든 시민들은 법 앞에 평등하므로, 그들의 능력에 따라서 또 그들의 덕성과 재능 이외에는 어떠한 차별도 없이 평등하게 모든 공적인 위계, 지위, 직무에 오를 수 있다.

제7조 누구도 법이 정한 경우가 아니라면 또 법이 규정한 형식에 의하지 않고서는 고소, 체포 또는 구금될 수 없다. 자의적인 명령들을 간청, 발령, 집행하거나 또는 집행시키는 자들은 처벌받아야 한다. 그러나 법에 의해 소환되거나 체포된 시민은 모두 즉시 복종해야 한다. 그것에 저항하는 자는 유죄가 된다.

제9조 모든 사람은 유죄로 선고되기까지는 무죄로 추정되므로, 그를 체포하는 것이 불가결하다고 판단되더라도 그의 신체를 확보하는 데 필요하지 않은 모든 가혹행위는 법에 의해 엄격하게 억제되어야 한다.

제11조 사상 및 언론의 자유로운 교환은 가장 소중한 인권 중 하나이다. 따라서 모든 시민은 자유롭게 말하고, 쓰고, 출판할 수 있다. 다만, 법률에 정해져 있는 이 자유의 남용에 대해서는 스스로 책임을 져야 한다.

제17조 소유권은 그 무엇도 침해할 수 없는 신성한 것이므로, 공적인 필요성이 명백히 존재하여 그것이 합법적으로 인정되고, 또 미리 정당한 보상 조건이 제시된 경우가 아니고는 어느 누구도 그것을 빼앗을 수 없다.

자료 해석

'구제도의 사망 증명서'라고 일컬어지는 프랑스 인권 선언은 라파예트 등이 기초하였으며, 계몽 사상, 특히 루소의 영향이 컸다. 17개 조항으로 된 이 선언은 자유, 평등, 우애의 혁명 정신을 제시하였다. 국민 의회는 이후 성직자의 재산을 몰수했고, 행정 구역을 재편해 자치를 실시하고 길드를 폐지하는 등 개혁을 실시했다.

15. 1791년 헌법

국민의회는 자신이 승인하고 선포했던 원리들에 입각하여 프랑스 헌법이 수립되기를 원하는 바, 자유와 권리들의 평등을 해치는 제도들을 최종적으로 폐지한다.

귀족의 신분, 중신제(重臣制), 세습적 차별, 신분의 차별, 봉건제, 세습재판권, 작위와 이로부터 파생하는 명칭과 특권, 기사단, 귀족의 증거를 요구하거나 출생의 차별을 전제하는 법인체나 훈장, 공무원이 직무의 행사에서 갖는 것 이외의 다른 우월권 등은 더 이상 존재하지 않는다. 관직매매나 공직의 세습은 더 이상 존재하지 않는다. 국민의 어떠한 부분이나 어떠한 개인에게도 특권이나 모든 프랑스인들의 보통법에 대한 어떠한 예외도 더 이상 존재하지 않는다. 동업조합이나 직종 및 기예의 법인체는 더 이상 존재하지 않는다. 법은 종교적 서원이나 자연법 또는 헌법에 어긋나는 어떤 다른 맹세도 더 이상 인정하지 않는다.

제1장 헌법이 보장하는 기본 조항들

헌법은 다음의 사항들을 자연권 및 시민적 권리로서 보장한다.

1. 모든 시민들은 덕성과 재능 이외에는 어떠한 차별도 없이 지위와 직무에 오를 수 있다.
2. 모든 기여는 모든 시민들에게 그들의 능력에 따라 평등하게 배분될 것이다.
3. 동일한 범법 행위는 누구도 차별하지 않고 동일한 형벌로 처벌받을 것이다. 헌법은 마찬가지로 다음의 사항들을 자연권 및 시민적 권리로서 보장한다.

- 모든 사람은 가고 머물고 떠날 자유를 갖는다. 그는 헌법이 규정한 형식에 의하지 않고서는 체포 또는 구금될 수 없다.
- 모든 사람은 자신의 사상을 말하고 쓰고 인쇄하고 출판할 자유와 그가 애착을 갖는 종교적 예배를 드릴 자유를 갖는다. 쓰여진 것은 출판될 때까지 어떠한 검열이나 조사를 받지 아니한다.
- 시민들은 치안관계법을 지킨다면 무기를 소지하지 않고 평화롭게 회합할 자유를 갖는다.
- 시민들은 헌법기관에 개별적으로 서명한 청원을 제출할 자유를 갖는다. 입법부는 이 장에서 언급하고 헌법이 보장하는 자연권 및 시민적 권리들의 행사에 타격을 가하고 그것을 방해하는 어떠한 법도 제정할 수 없다.
- …… 헌법은 소유권의 불가침성을 보장하며, 아니면 합법적으로 확인된 공공의 필요성이 희생을 요구하는 소유권에 대해서는 정당한 사전 보상을 보장한다.
- …… 모든 사람들에게 필수적인 교육을 제공하는, 모든 시민들에게 공통되는 무상의 '공공교육'을 창설하고 조직한다. 이 교육기관은 왕국의 행정구획을 고려하여 점차적으로 설치될 것이다.

자료 해석
1791년 9월에는 제한 선거와 입헌 군주제를 골자로 한 새로운 헌법이 제정되었다. 일정한 세금을 낸 능동시민은 투표권을 행사할 수 있었다. 10월이 되어 첫 선거가 실시되고 새 의회인 입법의회가 구성되었다. 입법의회는 상층 시민들의 지지를 받은 지롱드파가 주도권을 장악했다.

16. 1793년 헌법

프랑스 인민은 인간의 자연적 권리들에 대한 망각과 멸시가 세계의 불행에 대한 유일한 원인이라고 확신하여 엄숙한 선언을 통해 양도할 수 없으며 신성한 이 권리들을 제시하기로 결의하였다. 그리하여 모든 시민들이 정부의 행위들을 모든 사회제도의 목적과 끊임없이 비교할 수 있어 결코 폭정에 의해 억압받고 타락하도록 스스로를 내버려두지 않도록 하고, 인민이 자신의 자유와 행복의 기초에, 행정관이 자신의 의무의 규칙에, 입법부가 자신의 사명의 목표에 언제나 유의하도록 하고자 한다. 따라서 프랑스 인민은 최고 존재의 앞에서 인간과 시민의 권리에 대한 다음과 같은 선언을 공포한다.

제1조 사회의 목적은 공동의 행복에 있다. 정부는 인간에게 그의 자연적이고 소멸할 수 없는 권리들의 향유를 보장하기 위하여 설립된다.
제2조 이 권리들은 평등, 자유, 안전, 소유권이다.
제3조 모든 사람들은 자연에 의해 법 앞에서 평등하다.
제4조 법은 일반의지의 자유롭고 엄숙한 표현이다. 그것은 보호해주는 경우에도, 처벌을 가하는 경우에도 만인에게 동일하다.
제7조 자신의 사상과 의견들을 언론을 통해서나 다른 모든 방식에 의해서나 표명하는 권리, 평화롭게 모이는 권리, 예배의 자유로운 집전은 금지될 수 없다.
제8조 안전은 사회가 그 구성원들에게 그의 신체, 권리, 소유권의 보존을 위해 제공하는 보호에 있다.
제9조 법은 통치자의 압제에 대항하여 공적이고 개인적인 자유를 보호하여야 한다.
제10조 누구도 법이 정한 경우가 아니라면 또 법이 규정한 형식에 의하지 않고서는 고소, 체포, 또는 구금되어서는 안 된다.
제13조 모든 사람은 유죄로 선고되기까지는 무죄로 추정되므로, 그를 체포하는 것이 불가결하다고 판단되더라도 그의 신체를 확보하는 데 필요하지 않은 모든 가혹행위는 법에 의해 엄격하게 억제되어야 한다.
제16조 소유권은 자신의 재산, 수입, 노동과 근면의 산물을 마음대로 향유하고 처분하는, 모든 시민에게 속하는 권리이다.
제21조 공공의 구제는 신성한 책무이다. 사회는 불행한 시민들에게 노동을 제공해 주거나 노동할 수 있는 상태가 아닌 자들에게는 생존수단을 보장해줌으로써 생계의 의무를 지닌다.
제22조 교육은 만인에게 필요한 것이다. 사회는 공공이성의 진보를 온 힘을 다하여 촉진하고 모든 시민들이 교육받을 수 있게 해야 한다.
제25조 주권은 인민에게 있다. 그것은 단일하고 불가분하며, 소멸하거나 양도할 수 없다.
제35조 정부가 인민의 권리들을 침해할 때, 봉기는 인민과 인민의 각 부분에게 가장 신성한 권리이자 가장 불가결한 의무이다.

자료 해석
1793년 6월, 국민공회는 1793년 헌법을 제정하였다. 자코뱅파가 지롱드파를 숙청하고 주도권을 장악해 만든 헌법이라 자코뱅 헌법이라고도 불린다. 1793년 헌법은 사회가 공동의 행복을 달성하기 위해 만들어졌다고 주장하며, 국민주권, 남성 보통선거, 봉건적 공납 무상 폐지, 토지 분배, 의무 교육 등의 내용을 담고 있다. 특히 공공의 구제를 신성한 책무라고 보았다.

17. 여성과 여성 시민의 권리 선언(1791)

어머니들, 딸들, 자매들, 그리고 프랑스 인민의 대표들은 국민의회로 구성될 것을 요구한다. …… 여성의 입법권과 행정권의 행위들과 남성의 입법권과 행정권의 행위들이 매 순간마다 모든 정치제도의 목적과 비교됨으로써 존중받도록 하고, 이제 단순명백한 원리들에 입각한 시민들의 요구들이 언제나 헌법, 유익한 도덕, 만인의 행복에 이바지할 수 있도록 하고자 한다. ……

제1조   여성은 자유롭게 그리고 권리에서 남성과 평등하게 태어나며 그렇게 존속한다. 사회적 차별은 오직 공동의 유용성에 입각할 때만 가능하다.

제2조   모든 정치적 결사의 목적은 여성과 남성의 자연적이고 소멸할 수 없는 권리들을 보존하는 데 있다. 이 권리들은 자유, 소유권, 안전, 그리고 특히 압제에 대한 저항이다.

제3조   모든 주권의 원리는 본질적으로 국민에게 있으며, 이 국민은 여성과 남성의 결합에 다름 아니다. 명백하게 국민으로부터 유래하지 않은 권위는 어떠한 단체나 개인도 행사할 수 없다.

제6조   법은 일반의지의 표현이어야만 한다. 모든 여성과 남성 시민은 직접, 또는 그 대표를 통하여 그것의 형성에 기여해야 한다. 법은 모든 사람에게 똑같아야 한다. 남성과 여성 시민은 법 앞에 평등하므로, 그들의 능력에 따라서 또 그들의 덕성과 재능 이외에는 어떠한 차별도 없이 평등하게 모든 공적인 위계, 지위, 직무에 오를 수 있다.

제17조 재산은 함께 있거나 헤어졌거나 남성과 여성 둘 다에 속한다. 남성과 여성 각각에게 그것은 불가침의 신성한 권리이므로, 누구도 합법적으로 확인된 공공의 필요성이 명백히 요구하는 경우가 아니고서는, 그리고 정당한 사전 보상의 조건이 이루어지지 않고서는, 그것을 빼앗길 수 없다.

자료 해석
올랭프 드 구주는 프랑스 혁명 동안 부르주아 여성해방론을 가장 포괄적으로 표현한 여성이다. 구주가 이 선언을 쓴 1791년은 프랑스에서 최초의 헌법이 제정된 해였다. 1791년 헌법은 시민을 능동시민과 수동시민으로 나누어 능동시민에게만 투표권을 주는 제한 선거를 규정하였으며, 여성들은 아예 투표권의 고려 대상이 아니었다. 이에 구주를 비롯한 여성운동가들이 여성 인권 선언문을 발표하였다. 그러나 프랑스 혁명은 노예에 대한 해방은 선언하였으나 여성의 권리는 인정하지 않았다. 결국 구주는 1793년 단두대에서 처형되었다.

18. 혁명파의 분화

국민공회에 조직된 정당은 없었으나, 지롱드파와 산악파라는 두 참모부를 따르는 경계가 불명확한 정파가 존재했다. 근본적으로 양자를 대립시켰던 것은 계급적 이해관계였다. 우파이자 합법주의를 내세우는 지롱드파는 산악파와 각 구의 투사들로 충원된 파리 코뮌이 앞장서서 채택한 혁명적 조치들을 싫어했다. …… 권력의 중앙 집중과 행정 기구의 긴밀한 종속에 반대한 지롱드파는 온건한 부르주아지가 지배하는 지방 당국에 지지를 호소했다. 상공업 부르주아지와 결속되어 민중을 불신한 지롱드파는 경제 분야에서 경제적 자유, 기업 활동의 자유, 이윤 추구의 자유를 열렬히 지지했으나, 상퀼로트가 요구한 규제, 공정 가격제, 징발, 아시냐의 강제 유통에는 반대했다. …… 좌파인 산악파는 전쟁과 그 후유증, 생계비의 앙등, 실업, 저임금으로 고통 받고 있는 중간 부르주아지와 민중계급, 즉 장인, 소상점주, 소비자의 이익을 대변했다. 산악파 인사들은 비록 부르주아지 출신이기는 했지만, 프랑스 위기 상황이 민중의 지지가 있어야만 효력이 있는 비상 해결책을 요구하고 있음을 깨달았다. 또한 이들은 왕권을 전복하고 반란을 통해 정치 무대에 등장한 상퀼로트들과 관련이 있다. 민중과 그들의 요구에 매우 밀착해 있었다는 점에서 현실주의자였던 산악파는, 이론에 별로 구애받지 않았고 공익이 사익에 우선해야 한다는 점을 알고 있었다.

– 알베르 소불, 『프랑스 혁명사』 –

자료 해석
프랑스 혁명 초기에 파리에서 혁명 단체들이 등장하였다. 그 중 가장 큰 세력은 자코뱅파와 코르들리에파였다. 코르들리에파는 파리의 코르들리에 지구에서 회합을 하였기 때문에 그렇게 불렸는데, 급진 민주파였다. 자코뱅파는 옛 도미니크 수도원에서 회합을 자주 하였는데, 그 도미니크 수도원이 생 자크 거리에 있었기 때문에 자코뱅파로 불렸다. 자코뱅파는 규모가 커지면서 라파예트를 중심으로 하는 입헌군주파, 지롱드의 보르도 지역을 중심으로 하는 지롱드파, 로베스피에르를 중심으로 하는 민주파 등으로 다양하게 분화되었다. 바렌 사건 이후 왕의 폐위 문제를 둘러싸고 국왕의 폐위를 반대했던 라파예트는 자코뱅파에서 나와 푀양파를 결성했다.
입법의원 선출을 위한 선거는 능동 시민들만을 대상으로 하였기에 상층 부르주아지의 지지를 받는 지롱드파가 평원파와 연합하여 주도권을 장악하였다. 평원파는 급진파인 산악파와 지롱드파의 중간에 위치하는 정파였고, 산악파는 자코뱅파가 중심이 된 급진파였다. 그러나 지롱드파는 방데의 반란을 해결하는 과정에서 무능력함을 보였고, 뒤무르에 장군의 망명 등으로 탄핵을 받아 1793년 6월 국민공회에서 축출되었다. 1793년 경 자코뱅파는 당통, 생쥐스트, 로베스피에르, 마라, 에베르 등이 중심이 되어 이끌었다. 지롱드파를 축출한 뒤 자코뱅파의 분화가 생겼다. 당통을 중심으로 한 온건파(관용파)와 자크 르네 에베르를 중심으로 한 가장 급진적인 성향의 에베르파, 그리고 로베스피에르가 이끄는 중간파가 있었다. 로베스피에르는 에베르를 탄핵하여 처형하였다(1794.3). 1794년 4월에는 당통 또한 탄핵을 받아 처형되었다. 이러한 로베스피에르의 독주는 반대파를 형성하게 하여 테르미도르파가 형성되었다. 1794년 7월 테르미도르파의 주도로 로베스피에르가 처형되는 테르미도르의 반동이 발생하였다.

19. 라 마르세이즈

나가자 조국의 형제여!
영광스런 날이 왔다!
폭군에 결연히 맞서서
피 묻은 전쟁의 깃발을 내려라
우리 강토에 울려 퍼지는
포악한 적군의 함성이 들리는가?
적들은 우리의 아내와 선량한
시민들의 목을 조르려 하네!
무기를 들어라, 시민이여!
모두 앞장서라!
나가자! 나가자!
피 묻은 행진이여
목마른 밭고랑에서!

자료 해석
입법의회 시대에 혁명이 전파되는 것을 두려워했던 오스트리아와 프로이센의 간섭에 맞서 프랑스는 전쟁을 시작하였다. 혁명이 진행되면서 벌어진 전쟁이 수세에 몰리자 전국에서 파리의 의용군이 모여들었다. 라 마르세이즈는 마르세유로부터 온 일단의 의용군이 부른 노래이다. 현재 프랑스의 국가이다.

20. 혁명의 토대는 덕성과 공포입니다.

…… 인민의 정부 혹은 민주정부의 근본원리는 무엇입니까? 그리고 그것을 작동하게 하는 주요 동인은 무엇입니까? 그것은 덕성(미덕)입니다. ……이 덕성은 조국과 그 법을 사랑하는 공공 덕성입니다. 그러나 공화국 또는 민주정의 본질은 평등이므로 조국에 대한 사랑은 필연석으로 평등에 대한 사랑을 포함합니다. …… 프랑스인은 모든 사람에게 평등과 시민의 완전한 권리를 부여하면서 진정한 민주정을 수립한 최초의 인민입니다. ……
공화국의 영혼은 덕성과 평등이고 여러분의 목적은 공화국의 수립과 강화입니다. …… 우리는 공화국 프랑스를 스파르타식으로 만들고자 하지 않습니다. ……
평화 시 인민 정부의 원동력이 덕성이라면, 혁명 시 인민정부의 원동력은 덕성인 동시에 공포입니다. 덕성이 결여된 공포는 흉악하지만, 공포가 결여된 덕성은 무력합니다. 공포는 신속, 준엄하고 확고부동한 정의 외에는 아무것도 아닙니다. 따라서 공포는 덕성으로부터 도출된 것입니다. 그것은 특수한 원리라기보다 조국의 더 긴박한 요구에 적용된 민주주의 일반 원리의 소산인 것입니다.
— 로베스피에르, 「국민공회가 마땅히 따라야 할 정치 도덕의 원리에 관하여」 -

자료 해석
혁명정부를 이끌던 '구국위원회(공안위원회)'는 감찰관을 지방으로 파견하여 왕당파와 지롱드파 등 공화국을 위협하는 세력을 탄압하였다. 공포정치 기간 동안 2만 명 이상이 처형당했다. 로베스피에르는 공포정치를 정당화하는 논리로 혁명의 토대가 덕성, 즉 미덕을 갖추어야 할 뿐만 아니라 공포를 지녀야 한다고 주장하였다.

21. 나폴레옹과 교황의 화해

프랑스공화국 정부는 로마가톨릭 종교가 프랑스 시민 대다수의 종교라는 것을 공언한다.
로마교 교황께서도 이 종교의 최고의 유익과 위엄이 프랑스의 가톨릭 신앙과 공화국 통령들의 개인 신앙 선서에서 비롯되었다는 것을 인정한다. ……
이러한 상호 공인의 결과에 따라, 그리고 국내 평화 유지와 종교의 유익을 위해, 그들은 다음과 같이 합의했다.
로마 가톨릭교회는 프랑스에서 자유롭게 허용될 것이다. 교회 의식은 공개적으로 정부가 공공의 안정을 위해 필요하다고 판단한 규정에 따라 허용될 것이다. ……
4. 공화국의 제1통령은 교황 칙령 공포 후 3개월 이내에 새 구역의 주교와 대주교들을 임명할 것이다. 교황은 프랑스 정부에 변화가 생기기 이전에 수립된 양식에 따라 교회법에 의한 성직 임명을 수여할 것이다.
6. 직무가 시작하기에 앞서 주교들은 제1통령의 뜻에 따라 충성을 맹세할 것이다.

자료 해석
1799년 쿠데타를 감행한 나폴레옹은 제1통령으로서 실권을 장악하고 1790년대의 개혁 성과들을 유지하는 한편, 권력 분립의 원칙을 포기하고 행정조직을 중앙집권화했다. 농촌의 봉건적 부과조 폐지, 국유 재산의 매각 보장, 교회 재산의 몰수와 재분배, 귀족과 성직자의 면세 특권 폐지와 같은 조치를 단행하는 한편, 언론 검열과 통제를 강화했다. 또 국책 은행을 세워 상공업에 융자와 수출을 대폭 확대해주고, 고등학교와 군사·기술학교를 세우고, 망명 귀족의 귀환을 장려하며 반대파를 사면하는 유화조치로 정치적 화해와 결속을 추진했다. 또한 제시된 자료처럼 교황과 정교협약(콩코르다트)을 체결하여 가톨릭계와도 화해했으며, 추방당한 성직자의 귀국과 구금되었던 성직자의 석방을 허락했다.

22. 대륙 봉쇄령(베를린 칙령)

1. 영국의 여러 섬을 대륙으로부터 봉쇄할 것을 선언한다.
2. 영국의 여러 섬과의 일체의 통상 및 교통을 금지한다.
3. 영국인은 계급, 위치 여하를 막론하고 짐의 군대와 짐의 동맹군에 의해 점령된 영토에서 발견될 때는 포로로 한다.
4. 영국 인민에 속하는 모든 창고의 상품 및 재산은 종류 여하를 불문하고 타당한 전리품으로 간주한다.
5. 영국의 상품 매매를 일체 금지한다.

자료 해석
나폴레옹은 영국에 경제적 타격을 주고 대륙의 시장을 확보할 목적으로 1806년 베를린에서 대륙 봉쇄령을 내렸다. 그러나 영국과의 무역에 의존하고 있던 대륙의 여러 나라들이 큰 고통은 겪은 데 비하여 영국에 대한 제재 효과는 미미하였으며, 오히려 러시아 등의 밀무역만을 부추기는 결과를 낳았다.

23. 나폴레옹 법전

제156조 민적관이 …… 부모, 조부모 또는 친족회의 동의 없이 이루어지는 만 18세 미만이 혼인식을 실행하거나 이들의 혼인증서를 작성할 때에는 …… 정하는 벌금을 부과한다.
제544조 소유권은 법률 또는 명령에 의해 금지되지 않는 한, 물건을 사용해 이익을 처분할 수 있는 절대적인 권리이다.
제545조 공익상의 이유이거나 사전에 보상이 주어지지 않으면, 강제로 그 소유권을 양도하게 할 수 없다.
제1123조 법률에 의해 무능력으로 선언되지 않는 한 누구든지 계약을 체결할 수 있다.

자료 해석
나폴레옹은 1804년 나폴레옹 법전을 편찬했다. 프랑스 혁명의 이념적 성과를 반영했으며, 나폴레옹 전쟁과 함께 전 유럽으로 전파되었는데, 다른 나라의 민법전 형성에 큰 영향을 끼쳤다.

24. 틸지트 조약

프랑스와 러시아의 평화조약
이탈리아의 왕이자 프랑스의 황제인 나폴레옹과 러시아의 황제는 …… 서로 간의 완전한 평화와 우호를 약속한다.
5. 과거 프로이센 영토인 서폴란드를 분할하여 바르샤바 대공국을 세운다.
6. 단치히는 …… 다시 독립자유시로 만든다. ……
14. 러시아는 …… 조지프 나폴레옹을 나폴리 왕으로, 루이 보나파르트 나폴레옹을 홀란드의 왕으로 인정한다.
20. 러시아는 …… 프로이센 왕의 양보로 프랑스가 얻게 될 영토를 인정할 것을 약속한다.

프랑스와 프로이센의 평화조약
프로이센과 프랑스는 …… 완전한 평화와 우호를 약속한다.
10. 프로이센은 …… 라인강과 엘베강 사이의 영토를 영구히 포기한다.
14. 프로이센은 단치히를 영구히 포기한다.
27. 프로이센은 …… 영국과의 항해와 무역을 중단할 것이며, 영국과 영국 식민지에서 프로이센으로 오가는 상선의 선적을 금지할 것이다.

자료 해석
틸지트 조약은 나폴레옹이 예나 전투에서 프로이센을, 프리틀란트에서 러시아를 패배시킨 뒤 각기 체결했다. 이 조약으로 프랑스와 러시아는 동맹국이 되어 유럽을 분할하고 오스트리아와 프로이센을 고립시켰다. 틸지트 조약으로 프로이센의 옛 영토에 나폴레옹의 동맹자인 작센 왕을 위한 바르샤바 대공국이 건설되었고 북부 독일에 베스트팔렌 왕국이 세워졌다. 나폴레옹은 조약의 비밀 조항을 통해 오스만제국과 러시아와의 분쟁에서 프랑스의 중재를 받아들이지 않을 경우 러시아가 유럽 쪽 오스만제국의 영토 대부분을 해방시키도록 돕겠다고 동의했다. 마찬가지로 알렉산드르도 영국이 프랑스와의 싸움에서 러시아의 중재를 받아들이지 않을 경우 영국 무역에 대한 대륙봉쇄에 가담할 것을 약속했다.

25. 프로이센의 10월 칙령

나, 프로이센 왕, 프리드리히 빌헬름 3세는 다음과 같이 선언한다. 평화가 정착된 이래 우리는 충실한 신민의 침체된 상태를 염려하면서 가장 빠른 재활과 상황 개선을 위해 최우선으로 주력했다. 만연한 궁핍에 직면하여 우리는 …… 모든 장애를 제거해야 한다. 토지 재산의 소유와 향유에 가해진 제한, 노동가치 감소에 따른 농업 노동자의 열악한 상황은 …… 농업 부흥을 일으킬 힘을 무력화했다. …… 그러므로 우리는 이러한 문제를 줄이기 위해 다음 사항을 제정키로 한다.
1. 모든 국민은 어떤 종류의 토지 재산을 소유하거나 양도하더라도 국가의 어떠한 제재도 없이 경쟁한다. 그러므로 귀족은 …… 시민과 농민의 어떠한 토지든지 소유할 수 있고, 시민과 농민 역시 …… 취득을 위한 특별한 허가 없이 귀족의 토지를 소유할 수 있다. ……
2. 귀족은 신분상의 훼손 없이 시민의 직업에 종사하는 것이 허락되고, 시민이나 농부는 시민 계층에서 농부 계층으로, 또는 농부 계층에서 시민 계층으로 이동하는 것이 허용된다.
10. 이 법령일로부터 출생에 의해서든 결혼에 의해서든 …… 새로운 농노관계는 창출될 수 없다.
11. 이 법령의 공포로 상속이나 권리 또는 영구적인 차용 계약에 따른 …… 현존하는 농노제는 상호 간의 권리 및 의무와 더불어 완전히 중단될 것이다.
12. 1810년 성 마르틴의 축일 이후 모든 농노제는 전국에 걸쳐 중단될 것이다. …… 자유민은 여전히 그들을 구속하고 있는 모든 의무에 복종해야 한다.
이 결정에 따라 관련된 모든 사람, 특히 지방공공기관과 관료들은 정확하게 의무를 수행해야 한다.

자료 해석
나폴레옹과의 전쟁에서 패배한 프로이센은 여러 가지 근대화 개혁 조치를 발표하였고, 10월 칙령도 이 중 하나였다. 1807년 발표된 10월 칙령은 토지의 매매·양도·저당에 관하여 일체의 제한을 폐지하고, 토지소유 및 직업 선택에 관하여 귀족·시민·농민의 세 신분 사이에 존재하던 벽을 허물고, 세습적 토지 보유 농민의 보유지 병합을 금지하여 농노제 폐지를 선언한 것이다.

26. 홉스의 리바이어던

정치 권력이 존재하지 않는 자연 상태에서 인간은 외롭고 가난하며 동물적이다. 또한, 단명한 존재에 불과하며, 서로 싸우는 전쟁 상태에 있다. 이러한 무정부와 공포, 죽음의 상태에서 벗어나기 위해 강력한 정부가 요구되므로, 인간은 개인 행동의 자유를 지배자의 손에 맡기기 위한 일종의 합의나 계약을 하게 된다. 그러나 이 경우 지배자에게 무제한의 절대적 권력이 주어져야 한다. 그렇지 않으면 질서를 유지할 수 없으며, 사회는 또다시 '만인의 만인에 대한 투쟁'인 자연 상태로 돌아가기 때문이다. 인간은 자연적 무정부 상태에서 벗어나 자연권을 안전하게 보장하기 위하여 계약을 맺어 국가를 성립시킨다. 그리고 이 계약을 영속시키기 위한 공권력은 군주가 행사하는 것이 가장 자연적이며 윤리적이다. 자연 상태에서 사람들은 '만인에 대한 만인의 투쟁'과 같은 전쟁 상태에 놓이게 된다. 혼란과 무질서를 해결하기 위한 유일한 방법은, 사람들이 그들 모두의 권력과 힘을 한 사람 또는 하나의 합의체에 넘겨줘서 단일한 의사를 만드는 것이다. 이것은 사람들 사이의 동의나 합의 이상의 계약에 의해 전체가 참된 통합을 이루는 것을 의미하는데, 이것이 저 위대한 "리바이어던"의 탄생을 말한다.

– 홉스, 『리바이던』 –

자료 해석
왕권신수설이 대립하는 사회 계약설이 17세기 후반에 등장했다. 홉스는 1651년에 "리바이어던"이라는 책을 냈다. 리바이던이라는 이름은 성경의 "욥기"에서 딴 것으로, "욥기"에 보면 거대한 괴물인 리바이어던이 '교만한 자들에 대한 임금'이라고 불린다. 홉스는 리바이어던에게 비길 만한 것이 이 지상에는 아무것도 없다고 표현하며, 리바이어던을 국민을 통치하는 국가 또는 군주에 비유했다. 홉스는 인간 본성이 이기적이므로 사람들은 자연권을 제한하고 사회 계약을 맺어 자연권을 군주에게 양도한 것이라고 설명했으나, 결국 그의 주장은 절대 왕권을 옹호한 것이었다.

27. 로크의 시민정부론

인간이 이 세상에 날 때부터 가진 자유를 포기하고 시민적 사회의 구속을 당하는 유일한 길은, 다른 사람과 서로 뭉쳐 하나의 사회를 만드는 데 스스로 동의하는 것이다. 그런데 그렇게 하는 목적은 개인들의 재산을 안전하게 보호하고 그 공동 사회에 속하지 않은 누군가의 침해로부터 더욱 튼튼한 안전을 보장받음으로써 더 안정되고 평화로운 생활을 누리려는 데 있다.
인간은 자연 상태에서 누릴 자유와 평등을 더욱 확고하게 누리기 위해, 계약을 맺어 국가를 형성하고 자연권의 일부를 정부에게 맡긴다. …… 만약 정부가 이러한 인민의 믿음을 배반하고 자연권을 침해하게 되면 인민은 정부를 교체할 수 있다.
자연 상태는 살기에 불편하므로 사람들은 공동 관심사인 사회와 정부를 세우기 위해 계약을 맺게 된다. 그런데 인간은 자연권인 생명, 자유, 재산의 권리를 가지고 있다. 인간은 이러한 모든 권리가 잘 보장되도록 정부를 세우는 데 합의(계약)하는 것이다. …… 만일 정부가 기본권인 생명, 자유, 재산의 권리를 보장하지 않고 방자해진다면 물러나야 하며, 극단의 경우 혁명에 의해 타도할 수 있다.

– 로크, 『시민정부론』 –

자료 해석
로크의 『시민정부론』(통치론)은 1681년 경 집필을 시작하여 1690년에 출간됐다. 로크는 홉스와 달리 자연 상태는 자연법이 지배하는 평화로운 상태로, 중재자가 없고 재산을 보호받지 못하므로 정부를 세운 것이라고 설명했다. 자연권은 어떤 경우에도 절대 양도될 수 없고, 정부에는 통치권을 위탁한 것일 뿐이므로, 자연권이 침해당하면 시민은 계약을 파기할 수 있다고 주장했다.

28. 루소의 사회계약론

인간은 자연 상태에서 자유롭고 평등하지만 오직 본능에 따르기 때문에 개인의 자유와 재산을 보장할 수 없으므로 사회계약을 맺는다. 인간은 계약을 맺음으로써 자연적 자유 대신 정의와 도덕에 의거하는 법적 자유를 얻는다. 계약을 통해 구성된 국가의 주권은 전체로서의 인민에 있으며, 전체 인민이 통치자라야 한다. 주권은 공공의 복리를 지향하는 초개인적 의사인 일반 의지의 작용이다. …… 사람들은 자기 자신을 다른 사람에게 내어 줌에 있어 사실상 누구에게도 자유를 주지 않는다. 그리고 그가 타인에게 양도한 것과 동일한 권리를 어떠한 구성원에게도 요구할 수 있으므로, 그는 그가 잃은 모든 것과 동등한 것을 얻고 그가 소유한 것을 보존할 수 있는 힘을 증가시킨다. 그때, 우리들이 사회계약으로부터 그의 본질이 아닌 것을 빼어버린다면, 우리는 사회계약이 다음과 같은 말로 요약됨을 알 수 있을 것이다. "우리들은 모두 각자의 인격과 모든 능력을 공통적으로 일반의지의 최고 지도 아래 두고, 또한 우리들은 법인의 자격으로는 각 구성원을 전체에 대한 불가분의 한 부분으로 받아들인다."…… 모든 사람은 자유롭게 태어나고 그 스스로의 주인이며, 누구도 어떠한 것을 빙자해서든, 어느 사람을 그의 동의 없이 종속시킬 수 없다. 노예의 자식을 태어나면서부터 노예로 결정함은 그가 인간으로서 태어나지 않는다는 것과 마찬가지이다. 사회계약이 이루어질 때, 반대자들이 있었을지라도, 그들의 반대는 계약을 무효로 하는 것이 아니라 다만 그들을 계약 안에 포함시키지 않는다. 그들은 시민들 사이에 국외자인 것이다. 국가가 형성될 때, 주거는 동의의 구성요소가 된다. 국가의 영역 안에 거주하는 것은 국가에 복종하는 것이다.…… 이것은, 실제로 일반의지의 모든 특성이 여전히 다수 대중에 존재한다는 것을 전제로 한다. 그렇지 않게 될 때, 사람들이 어느 편을 택하건, 자유는 이미 가능하지 않다.

– 루소, 『사회계약론』 –

자료 해석
이 글은 루소의 『사회계약론』의 일부이다. 루소에 이르러 사회계약설은 더 정교해졌는데, 인간의 선의지에 바탕한 공공의 일반 의지와 인민 주권 개념을 내세워 평등과 자유 민권 사상을 발전시켰고, 직접 민주제를 옹호하였다. 그의 사상은 프랑스 혁명의 이념적 토대가 됐고, 프랑스 인권 선언문과 프랑스 법전에 인용되었다.

CHAPTER 04 산업 혁명의 전개

1 산업혁명의 의미

(1) 개념

① 의미

일반적 의미	18세기 후반부터 1세기 동안 영국에서 일어난 사회경제적 변화
좁은 의미	증기기관과 같은 기술혁신과 기계와 임금노동에 바탕을 둔 공장제의 도입
넓은 의미	농업 사회에서 산업사회로의 이행 → 상품의 대량생산으로 지속적인 경제성장과 인구증가 발생

② 최근 견해
- 산업혁명을 급격한 단절로 이해하지 않고 장기적인 경제성장의 한 국면으로 봄
- 영국은 17세기부터 중요한 사회경제적 변화 발생

농업	• 새로운 윤작체계, 작물, 농업 기술의 도입으로 농업 생산성↑ • 토지 소유에서도 자본주의적 계약관계 확산 → 농업의 지역적 특화와 상업화가 빠르게 진행
상공업	• 국내 교역 활성화 + 농촌에서 공업 생산 증가 + 해외무역 급증 • 설탕, 담배, 차 등의 상품 유입으로 영국인의 삶↑ • 비유럽 시장의 공산품 수요는 모직물 위주였던 영국 공업의 다변화에 기여 • 잉글랜드 은행의 설비, 국채 발행, 소비세와 관세 중심의 조세 구조 확립 → 금융시장↑ → 자본 공급↑

③ 최근 견해의 문제점
- 산업혁명으로 일어난 변화가 그 후에도 지속되었다는 사실 간과
- 영국과 같은 농업 생산성의 향상, 상공업 발전, 도시화와 같은 변화들은 이탈리아 도시국가, 17세기 네덜란드, 인도·중국·일본에서도 확인
- 영국이나 19세기 후발 산업국에서 기술 발전, 생산성 향상, 도시화가 지속적으로 진행되어 인구증가와 경제성장이 지속됨 → 서양과 세계 역사의 분수령

2 영국의 산업혁명

(1) 영국에서 산업 혁명이 제일 먼저 발생한 원인
① **자본 축적** : 모직물 공업의 발달로 상당한 자본 축적
② **해외 식민 시장의 확보** : 식민지 전쟁에서 승리하여 광대한 해외 시장 확보
③ **지하자원 풍부** : 공업 발전에 필요한 석탄과 철 등이 풍부
④ **사회 안정** : 명예혁명 이후 사회 안정 → 경제 발전을 저해하는 요소 제거
⑤ **노동력 확보** : 제2차 인클로저 운동으로 농민들이 토지로부터 유리되어 풍부한 노동력 확보

◇ **산업혁명에 대한 시각의 변화**

산업혁명은 일반적으로 18세기 후반부터 약 100년 동안 영국에서 발생한 사회 경제적 변화를 말한다. 산업혁명은 증기기관의 혁신으로 발생하여 공장제 기계 공업의 도입으로 인해 농업사회가 산업사회로 급격히 변화한 것을 말한다. 그러나 최근에는 '혁명'이라는 단어가 가지는 과거와의 급격한 단절보다는 장기적인 경제성장의 한 국면일 뿐이라는 주장이 확산되고 있다.

(2) 산업 혁명의 전개

① **면방직 공업** : 방직기와 방적기의 발명 → 면직업 발달 → 산업 혁명 주도

- 면직공업은 인도산 면제품을 대체하는 과정에서 시작 → 영국의 직물업계의 요구로 인도산 면제품의 수입과 소비를 금지 → 면사와 리넨을 혼합한 퍼스티언 같은 대체 상품 개발↑
- 18세기 아일랜드와 스코틀랜드에서 리넨 제조업이 발전 → 랭커셔 등 잉글랜드에서 면제품 생산에 관심↑
- 면방직의 기술혁신은 방적 공정에서 시작 : 존 케이가 발명한 '나르는 북' → 하그리브스가 개발한 제니 방적기(1764) → 아크라이트의 수력 방적기(1768) → 증기기관을 사용한 크럼프턴의 뮬 방적기(1779)로 생산성 혁신
- 직조 분야 : 카트라이트가 역직기를 발명(1785)하였으나 문제점이 있어 1820년대 초까지 직조분야는 수공업 생산이 주류, 미국의 휘트니는 조면기(1793)를 발명하여 생산성 향상

▶ 영국의 산업 혁명

② **증기 기관**

- 석탄 광산에서 배수시설에 먼저 도입 → 18세기 초 뉴커먼의 증기기관(1712)
- 제임스 와트의 증기기관(1769)으로 열효율과 연료 소비 줄이고 피스톤의 왕복운동을 회전운동으로 전환시킴

③ **제철 공업**

- 증기기관의 발전 → 제철 공업 발전에 기여
- 18세기 다비의 코크스 선철 제조법 : 철광석을 용해하는 데 사용된 목탄을 코크스로 대체 → 여전히 선철(순철)을 다시 연철로 가공하는 데는 숯이 필요
- 1780년대 교반법과 압연법 : 헨리 코트(Henry Cort)

교반법	코크스를 사용해 철을 녹인 다음, 이를 휘저어 불순물을 제거하는 공법(펄스법)
압연법	녹인 철을 롤러 사이로 통과시켜 불순물을 짜내는 공법

- 스웨덴과 러시아의 철 수입을 금지하는 보호무역 조치 + 기술 향상 → 18세기 후반 제철업이 비약적으로 성장하여 1850년대 말 세계 철 생산의 50% 차지
- 강철 : 베세머의 전로법과 지멘스의 평로법 발명 → 대량 생산

④ **석탄업**

- 영국의 풍부한 석탄 자원이 산업혁명의 가장 중요한 요인
- 1750년대 이후 석탄 생산은 매년 2%씩 증가
- 석탄 생산이 증가하면 그만큼 토지를 자유롭게 사용할 수 있다는 의미 → 과거에는 생산활동에 필요한 에너지를 토지에 의존하였으나 석탄의 사용으로 에너지 공급원을 더 이상 토지에 의존하지 않아 공업 생산에 활력↑→ '유기 경제'로부터 '무기 광물 경제'로 이행
- 석탄 생산↑ → 증기기관과 기계 사용↑ → 경제성장 속도↑

⑤ 교통 기관의 발달
- 석탄, 철광석과 같은 주요 원료 생산지와 공업 중심지를 연결하고, 자본과 상품의 효율적 배분을 가능하게 하는 국내 시장의 발전 선행이 필수 → 철도 부설↑
- 최초의 상업용 철도(1825) : 영국 스톡턴과 달링턴
- 최초의 여객용 철도(1830) : 영국 맨체스터와 리버풀
- 1830년대 중반 이후 유럽과 미국에서도 출현

벨기에, 독일	1835년 철도 개통
미국	1840년대 영국보다 더 긴 철도망 보유
독일, 프랑스	1870년대 영국에 버금가는 철도망 보유

- 미국의 풀턴 : 증기선 고안(1807) → 허드슨 강 항해 성공

⑥ 통신 발달
- 미국의 모스 : 전신 발명(1844) → 볼티모어와 워싱턴 간에 처음으로 타전
- 미국의 벨 : 전화 발명(1876)

3 산업혁명의 확산

(1) 산업혁명과 노동자의 삶
① 산업혁명으로 경제적 불평등이 심화되고 노동자의 삶이 크게 나아지지 않음.
② 1740년대부터 18세기 말까지 노동자들의 실질임금은 정체되어 있었고, 그 후에도 크게 늘지 않음 → 이는 노동자의 평균 신장의 변동이 없었음을 통해서 확인 가능
③ 노동자의 노동시간은 길어지고 작업 규율↑
④ 식료품을 제외한 상품의 판매는 1801년부터 1841년까지 무려 20배 이상 증가 → 노동자는 가계 수입의 대부분을 여전히 생필품을 구입하는 데 사용
⑤ 공장제 기계공업의 확산에 대한 사회적 저항이 폭동에서부터 노동조합의 결성에 이르기까지 다양한 방식으로 발생 → 노동과 자본의 이해관계가 근본적으로 다르다는 인식↑

(2) 영국의 경제 주도권 장악
① 산업혁명 덕분에 영국은 프랑스혁명·나폴레옹 전쟁을 치르면서 유럽의 패권 장악
② 산업혁명 시대에 나타나기 시작한 영국의 경제적 우위는 전쟁 이후 더욱 확고해짐.

(3) 유럽 각국의 산업화 노력
① 벨기에
- 석탄이 풍부한 벨기에에서 가장 먼저 시작
- 1810년대부터 면직 공업, 제철 공업, 모직물 공업 등이 발전하기 시작
- 1830년 후에는 유럽에서 가장 앞선 공업국이 됨

② 독일
- 자원 배분의 효율 개선 + 연관 산업과 금융업의 발전 촉진 → 독일의 경우 가장 잘 드러남
- 독일의 철도망 건설은 독일 기술과 독일 국내에서 생산된 원자재에 의존 → 제철업과 기계공업이 빠르게 발전
- 1840년대부터 투자은행 설립 → 1870년대 이후 투자은행을 통해 형성된 자본이 중화학공업에 집중 투자 → 2차 산업혁명에서 독일은 중화학공업 중심으로 진행

③ 프랑스
- 프랑스는 제철·석탄·기계공업의 발전이 상대적으로 늦게 시작 → 석탄 매장량의 부족 + 농업노동력의 비중↑ + 낮은 인구 증가율 + 점진적 도시화 → 소비재 공업 발전 늦음
- 프랑스는 중소도시나 농촌의 중소 규모 기업을 중심으로 식품가공, 의류, 가구, 제지, 직물 같은 소비재 공업 위주로 진행
- 사치품 시장에서 큰 성공

④ 미국
- 미국도 영국처럼 유료 도로와 운하 건설에 활발한 투자 진행 → 뉴잉글랜드 지역을 중심으로 직물업, 제화업을 비롯한 소비재 시장 시작
- 1830년대부터 철도에 대한 투자 시작 → 산업화 속도↑
- 소비재 공업과 해외무역의 중심지였던 북부의 주요 도시 연결, 북부와 중부의 농업지대 연결 → 국내 시장↑ + 남북전쟁 이후 유럽 국가의 투자↑

(4) 산업 혁명의 영향
① **공장제의 발달** : 자본주의 발달에 결정적인 영향, 대량 생산으로 풍부해진 물질 생활
② **산업 자본가 성장** : 농업 사회에서 산업 사회로 변화
③ **도시화** : 도시화로 주택 부족, 빈민굴 형성, 각종 범죄, 전염병, 상·하수도 시설 미비
④ **노동 운동의 발달** : 위생과 안전 문제 → 기계 파괴 운동(러다이트 운동), 노동 조합 결성
⑤ **사회주의 사상의 출현**
⑥ **정부의 대응** : 영국의 공장법˚ 제정, 노동조합의 합법화

◇ **공장법**
공장법은 여러번의 제정과 개정을 거쳤다. 1833년 공장법은 9세 이하 아동 노동 전면 금지, 9~13세 아동 노동 하루 9시간 이내 제한, 13~18세 아동 노동 하루 12시간 이내 제한, 아동의 야간 노동 금지 등을 규정하였다. 1844년에는 18세 미만과 여성 노동자의 고용을 제한하였고, 1847년 공장법은 10시간 노동제를 확립하였다.

4 노동운동과 사회주의 사상의 등장과 확산

(1) 사회주의 사상의 등장

① 사회주의 사상

- 초기 사회주의와 마르크스주의 → 자본주의의 문제점과 모순을 분석하고 나름의 해법 제시 → 노동운동 발전에 영향을 끼침

초기 사회주의 : 오언, 생시몽, 푸리에	• 자본주의 사회 문제의 본질을 이기주의와 개인주의, 경쟁으로 보고 사회적 협력을 통해 해결 • 부르주아 사회를 비판함으로써 노동자에 대한 계몽과 교육의 중요성 강조 • 산업자본주의의 모순에 대한 해결책을 개인주의가 아닌 공동체, 즉 협동에서 찾으려 함 → 실패 • 연합과 상호부조, 협동의 이상, 부르주아 사회에 대한 합리적이고 인본주의적 비판, 인간 사회의 문제를 이성적으로 해결할 수 있다는 확신 등의 유산을 후대에 남김 → 사회주의 운동과 노동운동에서 중요한 사회주의적 상상력의 원천 제공 • 오언 : 협동촌 뉴래너크(직물 공장), 뉴 하모니(이상적 공동체)
마르크스주의 : 마르크스, 엥겔스	• 자본주의에 대한 근본적 비판 → 사회주의 혁명이라는 이상 제시 • 마르크스주의는 인간의 선의나 종교적 열정에 기반한 노력으로는 자본주의 체제의 문제를 해결하지 못함 • 객관적 역사발전 법칙에 의해 자본주의가 필연적으로 붕괴하고 계급 없는 사회주의로 발전할 것이라는 낙관적인 전망을 유럽의 노동 계급에게 제시 • 마르크스주의는 1860년대 제1인터내셔널을 통해 유럽 각국의 초기 노동운동과 연관을 맺음 → 사회주의 운동에 영향력 행사 • 제2인터내셔널의 창설(1889)과 더불어 사회주의정당에 대한 마르크스주의의 영향력↑

- 자본주의에 대한 다양한 비판과 대응

루이 블랑	『노동의 조직』(1839)에서 자본주의의 자유경쟁의 폐단과 노동자의 가중되는 빈곤과 비참함을 지적하고, 공업과 농업 분야에서 '사회작업장'(국립 작업장의 모태)의 설치를 제안 → 생산수단과 생산이윤도 공유
프루동	『재산이란 무엇인가』 : 무정부주의 이론적 기초 마련 → 파리 코뮌 성립에 영향
바쿠닌	• 프루동의 개별적인 소유 대신 대규모의 자발적 공유 협동체 구상 • 제1인터내셔널에서 마르크스와 대립
크로포트킨	공산주의적인 무정부주의 주장 → 『빵의 정복』(1892), 『상호부조』(1902) → 협동과 상호부조 강조
그리스도교	• 킹즐리 : 사회소설을 통해 노동자의 비참한 생활을 묘사, 런던에 노동자대학을 설립하는 데 협력 • 교황 레오 13세 : 『새로운 사물에 관하여』(1891) → 자본과 노동은 서로 필요한 존재이므로 그리스도교 정신에 입각하여 문제 해결 권고

◇ **인터내셔널**

인터내셔널은 1864년 마르크스가 중심이 되어 결성한 국제노동자협회다. 이를 1차 인터내셔널이라고 부른다. 1차 인터내셔널은 마르크스와 무정부주의자인 바쿠닌의 대립과 각국의 탄압으로 1876년에 해체되었다. 2차 인터내셔널은 독일 사민당 주도로 결성되었으며, 곧 일어날 전쟁(1차 세계대전)은 자본가 계급들끼리의 전쟁이므로 노동자 계급과 사회주의 정당들은 이 전쟁을 반대한다고 결의하였다. 그러나 막상 전쟁이 발생하자 각국의 사회주의 정당들은 자국을 지지하면서 전쟁에 적극 참여하였고, 이로 인해 2차 인터내셔널은 붕괴되었다. 3차 인터내셔널은 러시아 혁명 이후 볼셰비키가 주도하였고, 이를 흔히 코민테른이라고 부른다.

② 노동조합운동의 발전

초기	숙련공을 중심으로 상호부조금고, 직인조합, 협동조합 등의 자조 조직을 통해 시작
1860년대	전기, 화학, 금속 등의 중공업 분야를 중심으로 고도의 산업화가 진행 → 숙련공이 아닌 노동자들이 노동조합 운동에서 중요한 위치를 차지함
1870~ 1880년대	• 1873~1896년까지의 장기 불황으로 각국의 무역정책이 자유무역에서 1870년대를 기점으로 보호 무역주의로 전환 → 중공업과 화학, 전기분야에서 기업 집중과 카르텔 등을 통한 시장조정, 정부의 경제 개입 등을 야기함 • 노동조합 운동도 이에 대항하여 산업별 조직과 중앙집중적인 조직 지향 → 전국적인 중앙집중적 노동조합연합체 조직 탄생
1890년대 이후	• 노동조합의 대규모 성장과 중앙집중화 경향은 노동조합의 관료주의화 문제 초래 → 젊고 전투적인 미숙련 노동자들은 급진적 개혁을 요구하며 중앙의 지도부가 온건노선과 조직 우선주의만을 추구한다고 비판 • 제1차 세계대전과 전기기 유럽 대부분의 국가에서 생산수단의 사회화, 시간 노동제의 즉각적인 도입, 공장위원회의 수립 등 급진적인 개혁을 요구하는 전투적 파업과 봉기↑

③ 사회주의 정당의 발전

1860년대	• 의회 영역에 초점을 맞추면서 전국적 노동자 정당 건설의 방향으로 진전 • 유럽 대륙 전반에 걸쳐 일어난 자유주의적 개혁의 바람은 새로운 노동계급정치의 가능성을 열어줌 → 제1인터내셔널의 창설(1854) 주도 → 각국 사회주의 정당들의 길잡이 역할을 하면서 사회민주주의 정당운동에 영향↑
독일	• 최초의 노동자정당 수립 → 라살레의 독일노동자총연맹 결성(1863) • 베벨의 사회민주당(1869) → 고타에서 독일사회민주당 창당(1875) → 카우츠키가 작성한 에르푸르트 강령은 마르크스주의에 영향 받음
영국	노동조합회의, 독립노동당, 사회민주연맹, 페비언협회 등이 연합(1900)하여 노동대표위원회가 노동자의 이해관계 대표 → 노동당 결성(1906)
성과	1914년까지 사회주의 정당은 유럽에서 의회 내 의석수↑ → 각국의 정치 체제 내의 중요한 하나의 축으로 뿌리내림
한계	• 1914년 이전 사회주의 운동은 젠더 문제에 둔감 → 여성 문제를 계급 문제에 종속시켰고 주변화시킴 • 혁명과 개혁 사이를 오가며 일관된 모습 보이지 못함

자료탐구

01. 영국 산업 혁명의 배경

농민들로부터 그들의 토지를 빼앗는 마지막 과정은 이른바 토지 청소라는 것으로, 그것은 사실상 토지로부터 사람들을 쓸어내는 것이었다. …… 18세기에는 토지에서 쫓겨난 스코틀랜드 원주민은 아무 곳이나 이주할 수 없게 했는데, 이는 그들을 강제로 글래스고나 그 밖의 공업 도시로 떠밀기 위해서였다. 19세기에 널리 유행한 방법 중 하나를 예로 들자면, 서덜랜드 공작 부인의 '청소'로 충분할 것이다. …… 경제에 관해 많은 것을 알고 있었던 그 여자는, 이미 그와 같은 과정에 의해 그 지역 전체를 목양장(牧羊場)으로 만들기로 결심하였다. 1814년에서 1820년까지 이들 1만 5천 명의 주민, 약 3천 가구가 조직적으로 내쫓겨 한 명도 남지 않게 되었다. …… 1825년에는 이미 1만 5천 명의 스코틀랜드 주민이 13만 1천 마리의 양으로 바뀌어 있었다.

– 칼 마르크스, 『자본론』 –

자료 해석
16세기 영국에서는 제1차 인클로저 운동이 진행되었다. 제1차 인클로저 운동은에는 절대 왕정 하에서 모직물공업의 발전을 위해 양을 기르기 위한 목초지를 확대하기 위한 것이었다. 18세기에 제 2차 인클로저 운동이 다시 전개되었는데, 이는 개방 경지로 운영되던 농지에 울타리를 쳐서 토지 생성성을 높이기 위한 것이었다. 그 결과 농민들은 토지에 대한 여러 권리를 빼앗기게 되었으며, 토지에서 밀려나는 농민이 증가하였다. 영국에서는 2차 인클로저 운동으로 풍부한 노동력을 얻게 되어 산업 혁명이 전개될 수 있었다.

02. 영국이 산업화에 성공한 이유

제조업의 성공에는 세 가지 중요한 요인이 있는데, 바로 수력, 연료, 철이다. 이것들이 풍부하고 값싼 곳은 어디라도 저렴한 비용으로 기계가 만들어지고 작동된다. 그리고 수력과 화력에 주로 의존하는 방직과정에도 유리하게 작용한다. …… 많은 강줄기들은 수백 개의 공장을 가동시킬 수 있는 수력을 제공한다. …… 또한 제조업에 중요한 것이 풍부한 석탄이다. 이 광물은 증기기관을 작동시키고 가장 강력한 에너지를 제공한다. 면직물 제조업의 중심지언 랭커셔가 지닌 이점은 가까운 곳에 리버풀 항구가 있다는 점이다. 이 항구를 통해 아일랜드에서 식량을 대거 수입하고, 목재를 비롯한 원료를 들여오고, 직물도 세계 곳곳으로 보급할 수 있었다. …… 또한 운하망을 통해 다른 내륙 제조업 도시들과 연결되고 랭커셔에 부족한 물품을 적은 비용으로 공급받을 수 있었다. ……운하는 국가가 아니라 개인 기업이 건설한 것으로 …… 최근에 도입된 철도는 무역을 크게 활성화하고 노동분화를 완성하는 데 크게 기여할 것이다. …… 영국 제조업의 이점을 다른 국가들의 조건과 비교해보면 영국은 북유럽과 남유럽 사이의 매개자로서 매우 탁월한 상업적 요충지라는 점을 알 수 있다. …… 영국 배들은 독일해, 발트해, 지중해를 주기적으로 항해하며, 영국의 서부 항구들은 대서양과 전세계로 나가는 항로를 갖고 있다.
영국의 정치적·도덕적 이점 …… 즉, 자유와 평화도 제조업 발흥에 기여했다. 다른 어떤 나라도 영국만큼 자유와 평화가 오랫동안 잘 유지된 곳이 없다. 공정한 법의 통치 하에서 개인의 자유와 재산이 보장되었고, 상업은 그 이윤을 보장받았으며, 자본이 안전하게 축적되었다. …… 영국은 다른 나라에서 일어난 재난과 다른 나라 정부가 보인 불관용 때문에 반사이익을 보기도 했다. 플랑드르와 프랑스에서 추방된 개신교도들이 영국으로 피신했고 그들이 영국의 산업 발전에 기여한 것이다. …… 전쟁과 혁명으로 유럽 대륙이 제조업 발전을 이루지 못하는 사이에 영국은 오랫동안 경쟁 없이 진전을 이루었고 …… 동시에 영국 해군이 바다를 장악하고 해상 운송을 보호해 주었다.

– 마빈 페리 외, 『서양역사 사료2 : 과학혁명에서 현재까지』 –

자료 해석
제시문은 영국이 산업혁명에 성공한 다양한 이유를 제시하고 있다. 무엇보다 수력, 연료, 철 등이 풍부했던 것을 중요한 요인으로 꼽고 있다. 또한 운하망으로 도시와 도시가 연결되고, 지정학적 위치상의 이점으로 북유럽과 남유럽을 매개할 수 있었던 것도 산업화 성공의 중요한 원인으로 보고 있다. 이 외에도 정치적 안정과 종교적 관용, 사회적 시스템의 완성, 그리고 영군 해군의 해상 장악력 등도 산업화 성공의 원인으로 보고 있다.

03. 산업 혁명의 결과

5047. 호황 시에는 소녀들이 아침 몇 시에 공장에 갔는가?
- 호황 시기는 6주간인데, 소녀들은 아침 3시에 공장에 가서, 일을 끝내는 것은 밤 10시에서 10시 반 사이였습니다.

5049. 19시간이나 일하는 사이에 휴식 시간은 얼마나 주어졌는가?
- 아침 식사에 15분, 점심에 30분, 음료수를 마시는 시간으로 15분입니다.

5051. 그 휴식 시간 중에 기계 청소는 얼마 동안 했는가?
- 때로는 그 일을 하는 데 아침 식사 시간, 음료수 마시는 시간을 전부 써 버렸습니다.

5054. 이렇게 극단적인 노동을 하는 아이들을 아침에 깨우는 데 무척 힘들지 않았는가?
- 그렇습니다. 아침 일찍 나올 때는, 그 애들을 일터로 보내기 전에 몸단장을 시키기 위해 침대에서 내려오게 하려면 잠자고 있는 것을 안고 흔들어야 했습니다.

5056. 만약 그 애들이 조금 지각하면, 그렇게 오랜 시간을 일하는 기간에 그 영향은 어땠는가?
- 그 애들은 노동 시간이 가장 긴 때에도, 가장 짧은 때와 마찬가지로 쿼터를 당했습니다.

5057. 쿼터란 무엇인가?
- 임금을 4분의 1을 깎는 것입니다.

5058. 얼마나 지각하면 쿼터를 당했는가?
- 5분입니다.

5059. 이렇게 많은 시간 동안 일하는 기간에 그녀들이 잠자리에 들어가 있는 시간은 얼마나 되었는가?
- 변변치 않은 식사를 하고 나서 11시 가까이 되어서야 겨우 그 애들은 잠자리에 들 수 있었습니다.

5069. 임금은 반날치 받았는가?
- 임금은 4분의 1일치 받았습니다. 4시경부터 임금이 정지되었습니다.

― 영국 하원에 설치된 아동 노동의 실태 조사를 위한 위원회 보고서의 일부, 「사무엘 쿨슨의 증언」 ―

자료 해석
위 내용은 1830년 영국 하원에서 사무엘 쿨슨이라는 노동자가 증언한 내용이다. 산업 혁명이 진행되면서 특히 섬유 공장에서의 아동 노동 문제는 영국의 중대한 사회 관심사가 되었다. 이와 같은 실태 파악을 근거로 1833년에 9세 이하의 아동 고용 금지 등을 내용으로 하는 공장법이 제정되기에 이르렀다.

04. 공장법

영국의 방직 공장 및 여타 공장에서 아동 및 어린 노동자들의 노동을 규제하는 법 …… 면방직 공장에 고용된 소년소녀와 젊은이의 노동시간이 제한될 필요가있다. 다수의 어린이와 젊은이가 현재 그런 공장에 고용되고 있고, 그들의 노동시간이 너무 길므로 그들의 건강과 교육 수단에 적절히 관심을 기울일 필요가 있다.

그러므로 18세 이하의 어느 누구도 면 공장, 모직 공장, 소모사 공장, 대마 공장, 아마 공장, 리넨 혹은 견직물 공장에서 밤에 일하는 것을 금한다.

그리고 18세 이하의 미성년 노동차가 위에서 언급한 종류의 공장에서 하루에 열두 시간 이상, 일주일에 69시간 이상 노동하는 것을 금한다. …… 매일 최소한 한 시간 삼십분의 식사 시간을 허용해야 한다.

자료 해석
영국은 산업혁명의 급속한 발전과 이로 인한 공장의 급증으로 여러 가지 사회 문제가 발생하였고, 그 중 대표적인 것이 아동 노동과 장시간 노동이 성행하는 것이었다. 이를 막기 위한 노력의 하나로 여러 차례에 걸쳐 공장법이 제정되고 개정되었다. 1833년에 제정된 공장법은 9세 이하 아동의 노동을 금지하고 18세 이하 노동자의 노동시간을 하루 열두 시간으로 제한했다. 1847년에는 일부 직종의 작업 시간을 열 시간으로 제한하는 공장법이 제정되었다.

CHAPTER 05 국민국가의 형성

1 빈 체제(1814~1848)의 성립

(1) 빈체제와 보수주의 : "구체제" 복원 시도

① 빈회의 개최(1814.9~1815.6)
- 원칙 : 정통주의, 복고주의, 보수주의, 세력 균형
- 주도 : 오스트리아의 수상 메테르니히
- 복고주의 : 현상 유지와 '정통주의' 논리에 따라 프랑스 혁명 이전의 질서 회복 시도
- 보수주의 : 왕정이 복원되고 보수주의자들이 재기 → 프랑스 혁명으로 태동된 유럽의 자유주의 운동과 민족주의 운동 탄압
- 신성 동맹(1815.9) : 알렉산드르 1세의 주도로 러시아, 오스트리아, 프로이센
- 4국 동맹(1815.11) : 영국, 러시아, 오스트리아, 프로이센 → 빈체제 유지를 위해 무력 사용에 합의 → 프랑스의 참여로 5국 동맹(1818) 성립

② 빈회의 결정 사항

러시아	폴란드의 상당 부분을 획득하고 러시아 황제가 겸임
영국	몰타 섬, 케이프 식민지 획득
오스트리아	벨기에 대신 롬바르디아 회복, 베네치아 획득
프로이센	바르샤바대공국의 일부와 작센·라인 지방의 영토 획득
독일	오스트리아와 프로이센을 중심으로 39개국으로 구성된 독일 연방 형성
네덜란드	오스트리아령 벨기에를 얻어 네덜란드 왕국
스웨덴	덴마크로부터 노르웨이 획득
스위스	영세 중립국

◇ 빈회의

빈회의를 풍자한 그림이다. 회의는 나가지 않고 춤을 추고 있을 뿐이라는 당시의 유명한 표현을 빗대어 풍자한 그림이다. 왼쪽부터 탈레랑(프랑스), 캐슬레이 남작(영국), 프란츠 1세(오스트리아), 알렉산드르 1세(러시아), 프리드리히 빌헬름 3세(프로이센), 프리드리히 아우구스트 1세(바르샤바 공국·작센 왕국), 의인화된 제노아 공화국을 표현했다.

◇ **카르보나리당 운동**

1806년경 남이탈리아에서 조직된 비밀 결사다. 카르보나리는 이탈리아 방언으로 '숯을 굽는 사람'이라는 뜻이다. 19세기 다른 결사들과 마찬가지로 비밀스러운 조직 체계를 갖췄고, 특별한 입회 의식, 복잡하고 비밀스런 상징을 가지고 있었다. 비밀 단원은 주로 귀족, 공직자, 소지주층 출신들로 급진적인 운동을 벌였다. 1831년 주세페 마치니가 '청년 이탈리아당'을 기치로 새로운 운동을 펼치면서 영향력이 줄어들었다.

◇ **에스파냐와 이탈리아의 혁명 진압**

이탈리아의 양시칠리아 왕국에서 자유주의 헌법을 요구하는 혁명이 발생하였고, 당시 국왕인 페르디난드 1세가 이를 승인하였다. 이에 1820년에 영국·프랑스·오스트리아·프로이센·러시아가 트로파우 회의를 개최하였다. 이 회의에서 "유럽의 질서를 교란할 경우 동맹국의 간섭할 권리가 인정된다."는 선언을 담은 트로파우 의정서가 채택되었으나 영국과 프랑스는 의정서에 대한 서명을 거부하였다. 페르디난드 1세가 유럽 각국에 지원 요청을 보내자 이 이탈리아 문제를 해결하기 위해 1821년 라이바흐에서 회의가 개최되었다. 오스트리아가 양시칠리아 왕국의 혁명에 단독으로 개입하기로 결정하였고 나폴리로 쳐들어가 혁명을 진압하였다. 에스파냐의 혁명 또한 장기화되자 5개국은 에스파냐 문제를 해결하기 위해 베로나에서 회의를 가졌다. 베로나 회의에서 프랑스가 단독 개입을 결정하였다.

◇ **데카브리스트의 난(1825)**

나폴레옹 전쟁에 참가하여 프랑스 혁명의 영향을 받은 러시아의 귀족 장교들은 러시아의 후진성을 극복하기 위해 헌법 제정을 목표로 반란을 일으켰으나 실패하였다.

(2) 자유주의 운동과 민족주의 운동 탄압

① **독일** : 부르셴샤프트 운동

부르셴샤프트 결성	· 예나 대학에서 결성(1815) · 자유주의와 민족주의 운동 주도
바르트부르크 축제	· 부르셴샤프트 총회가 바르트부르크에서 개최(1817.10) · 외형적으로는 종교개혁 300주년과 라이프치히 전승 4주년 기념 · 실제 목적은 부르셴샤프트 사이의 단결 및 현재의 독일 상황에 대한 대처 방안 논의 → 보수적이라고 생각한 서적과 프로이센 병사의 군복 소각
카를스바트 법령	· 예나 대학생 잔트가 알렉산드르 1세의 스파이로 알려진 코체부 암살 · 메테르니히 주도로 제정(1819) → 부르셴샤프트 해산, 대학에 감독관 파견하여 교수와 학생 동태 감독

② **에스파냐** : 민주적인 헌법 채택(1812) : 보통선거와 제한군주제 규정

③ **포르투갈** : 에스파냐와 유사한 헌법 작성

④ **나폴리** : 카르보나리당이 중심이 되어 활동 → 이탈리아의 자유와 통일을 목표한 비밀 결사 → 실패

⑤ **트로파우 회의(1820.11)**

- 메테르니히는 프로이센과 러시아의 지도자와 함께 에스파냐의 자유주의 봉기와 나폴리의 반란에 개입 결정
- 어떤 국가가 위협에 처할 때 동맹국들은 "평화적으로든 무력이든 약속을 어긴 국가를 위대한 동맹의 품으로 돌려주고자 결속"하기로 결의

⑥ **데카브리스트의 난(1825)** : 러시아 차르의 전제 정치에 대한 자유주의자의 반란 → 실패

[빈 체제 대항 운동]

(3) 그리스 독립 투쟁(1821~1829) : 빈 체제에 대한 도전과 로맨티시즘의 부상

① 그리스 민족주의 파벌
- 파나리오트파 : 콘스탄티노플을 중심으로 그리스 정교회의 관리를 맡은 세력
- 도서파 : 에게해의 항구와 섬 출신의 상인 중심 → 순수한 고전적 그리스어로 돌아가려는 문화적인 민족주의 고취

② 전개
- 파나리오트파의 입실란티가 몰타비아에서 오스만에 대한 반란 시도 → 실패 → 모레아의 농민 봉기로 독립 전쟁 시작
- 이집트의 무함마드 알리의 간섭으로 패색↑
- 신성 동맹 체제의 균열 → 러시아는 지중해 진출에 유리할 것이라고 판단 아래 정교회 국가인 그리스 독립 운동을 지원 → 영국도 지원
- 바이런·셸리·들라크루아 등 서유럽 지식인들도 직간접적으로 이 독립투쟁에 참여하며 '친그리스위원회' 조직 → '우리 모두 그리스인'이라고 주장하면서 고대 그리스인의 자유를 위한 투쟁을 유럽인이 공유하는 핵심적 정체로 부각시킴
- 오스트리아의 메테르니히의 반대 → 영국·프랑스·러시아의 연합 함대가 나바리노에서 오스만과 이집트 함대 격파 → 오스만 튀르크로부터 독립(1829.3) 쟁취

③ 결과 : 아드리아노폴리스 조약과 콘스탄티노폴리스 조약으로 독립(1829)

④ 영향 : 빈체제 동요

⑤ 로맨티시즘(낭만주의) 부상
- 그리스 독립 투쟁은 로맨티시즘의 부상을 위한 무대가 됨
- 로맨티시즘은 개인의 상상력과 감정, 독창적 표현을 중시하는 사조이자 문화적 성향 → 인간의 이성을 신뢰하는 합리주의나 계몽주의의 대칭적 보완물로 인식
- 로맨티시즘은 목가적인 과거, 즉 고대 그리스와 로마를 이상화하는 비현실적 도피 성향 → 보수주의의 동요
- 그랜드투어 인기↑ : 고대 그리스와 로마의 유적지를 답사하는 영국 청년들의 투어
- 로맨티시즘은 유럽 공통의 기원으로서 그리스와 로마의 문화 전통 강조 → 민족 공동체의 과거에 대한 관심↑ → 독일을 중심으로 역사학 발전과 민족주의 열망 고조에 기여

◇ **그리스 독립**
1829년 9월 러시아가 오스만 제국과 단독으로 아드리아노폴리스 조약을 체결하였다. 이 조약으로 러시아가 흑해에 대한 자유 항해권을 확보하고, 그리스를 비롯한 세르비아, 왈라키아, 몰다비아가 자치권을 인정받는 내용이었다. 한편, 영국과 프랑스는 1830년 런던 의정서를 통해 그리스를 독립국으로 인정하였으며, 1832년 오스만 제국은 콘스탄티노폴리스 조약을 통해 그리스 독립을 인정하였다.

(4) 라틴아메리카의 독립 투쟁
① 나폴레옹의 이베리아 반도 침략
- 프랑스 군대가 에스파냐 침략(1808) → 페르난도 7세 축출 → 나폴레옹의 형 조지프가 국왕이 됨
- 프랑스의 미점령 지역 지도자들은 협의회 구성 → 군주가 없을 경우 각 지역에 주권이 귀속된다고 선언
- 나폴레옹에 맞선 애국파(자유로운 자) : 최초의 헌법 기초 마련 → 남부 카디스에서 왕권 제한, 종교재판소, 영주재판권, 귀족의 특권, 장자상속제, 원주민 공납, 강제노역 등을 폐지한 자유주의 헌법 공포(1812)

② 왕정 복귀
- 페르난도 7세가 복귀(1814) → 왕당파와 공화파 사이에 격렬한 대립 발생
- 이베리아 반도의 자유주의 개혁은 아메리카 식민지 독립 운동 세력과 동조 → 대서양 양안 사이에 자유주의 확산과 상호 교류 형성
- 라틴아메리카에 대한 에스파냐의 위상↓→ 영국의 영향력↑+ 미국의 역할↑(먼로선언, 1823) → 1820년대 말 쿠바와 푸에르토리코를 제외한 라틴 아메리카 모든 지역이 독립 쟁취

③ 아이티 독립
- 나폴레옹의 마드리드 점령과 페르난도 7세 폐위 → 아메리카의 독립 투쟁 촉진
- 이베리아반도 출신의 백인인 페닌술라르의 지배에 맞선 크리오요(아메리카 태생의 백인) 민족주의 표출
- 프랑스 식민지 생도맹그에서 투생 루베르튀르가 독립 투쟁 시작(1791)→ 독립 쟁취 (1804)

④ 누에바에스파냐의 사례 : 멕시코
- 초창기 원주민의 참여↑ → 실패 → 식민당국의 반혁명 진행 → 보수적인 크리오요의 주도로 독립 쟁취
- 멕시코 사례가 일반적임.

⑤ 누에바그라나다 사례 : 베네수엘라, 콜롬비아
- 독립 운동을 주도한 볼리바르를 비롯한 크리오요 엘리트층 → 독립투쟁이 과격한 사회적 소요로 발전할지를 우려하면서 파르도(유색인)의 적극적인 가담 견제
- 볼리바르는 미국과 같은 남아메리카 연방을 꿈꾸었으나 실패 → 식민지 권력의 해체로 각 지역에 근거를 둔 카우디요(군벌)의 전성시대가 전개됨

[남아메리카의 독립]

2 7월 혁명과 2월 혁명

(1) 자유주의 확산과 7월 혁명

① 자유주의자
- 자유주의자들은 국가와 정부의 권력이 절대적이 아니라 제한적이라고 강조
- 주권자인 인민의 동의를 바탕으로 한 정부의 구성, 헌법에 근거한 정부 권력의 제한, 정교 분리, 대의정부 수립 옹호

② 신성동맹 와해 : 에스파냐와 에스파냐령 아메리카의 변화로 촉발된 신성 동맹 와해

③ 샤를 10세 보수반동 정치
- 교육에 대한 성직자의 권한 확대
- 망명귀족이 혁명 중에 상실한 재산에 대한 보상으로 연금 지급 → 연금 지급 재원으로 국채 이자를 5%에서 3%로 낮춤 → 금융 부르주아지와 국채 소유자인 시민계급 반감↑
- 1827년 총선에서 자유주의자들이 과반수 확보
- 과격한 극우파인 폴리냑 공을 총리로 임명(1829) → 민심을 달래기 위해 아프리카의 알제리 공격(1830)
- 7월 칙령◇ 발표 : 막 선출된 의회 해산과 새로운 선거, 제한선거제, 언론 탄압

④ 봉기
- 자유주의자인 티에르와 기조 등의 자유주의자들이 7월 칙령 비판 → 파리 시민과 민중 봉기
- 샤를 10세 망명 → 루이 필리프를 국왕으로 하는 7월 왕정 수립

⑤ 7월 왕정 : 입헌군주제, 선거권 소폭 확대

⑥ 영향 : 유럽 각국의 자유주의와 민족주의 운동 자극 → 빈 체제의 동요↑

벨기에 독립	• 영국으로부터 독립과 중립을 보장받음 • 네덜란드의 무력 탄압 시도는 영국과 프랑스의 군사적 개입으로 실패 • 독립 정식 승인(1839)
영국	제1차 선거법 개정(1832) → 부패 선거구 폐지, 중산층에게 선거권 부여
폴란드 혁명	• 보수적인 백색파와 중소지주를 중심으로 하는 진보적인 적색파로 분열되고, 두 파 모두 국민의 대다수를 점하는 농민의 지지 획득 실패 → 폴란드의 혁명 실패(1833) • 러시아의 니콜라이 1세는 폴란드를 직할 영토화하고 계엄령 체제 강요, 바르샤바 대학과 리투아니아의 빌라 대학 폐쇄 • 수만 명의 폴란드 지식인과 민족주의자들은 파리로 망명
이탈리아	• 카르보나리당을 중심으로 파르마, 모데나, 교황령에서 혁명 시도 → 실패 • 마치니는 청년 이탈리아당 결성(1831)

◇ 7월 칙령
샤를 10세는 열렬한 군주정 지지자로 자유주의와 혁명의 유산을 무너뜨리려 했다. 의회는 토지가 몰수되었던 망명 귀족들에게 국가가 배상하게 했고, 교회가 학교 교육에 대해 독점적 권리를 다시 주장할 수 있도록 허용했다. 또한 자유주의자가 다수인 의회를 해산한 뒤에 실시한 선거에서 다시 패배하자, 선거권의 대폭 축소, 언론 통제, 출판의 자유 철폐, 의회 해산과 재선거 등을 골자로 한 '7월 칙령'을 1830년에 발표했다.

◇ 영화 '레미제라블'의 한 장면

(2) 2월 혁명

배경	· 7월 왕정의 보수화 · 산업 혁명으로 중소 시민과 노동자 세력↑ → 사회주의 사상↑ · 부르주아와 노동자의 선거권 확대 요구
주도	부르주아 + 중하층 시민 + 노동자
전개	· 기조 내각이 부르주아와 노동자들의 선거권 확대 요구 탄압 · 바리케이드 시가전으로 7월 왕정과 기조 내각 붕괴
임시정부	· 노동자의 노동권·결사의 자유 인정 · 성년 남자의 보통 선거권 실시 · 식민지 노예제 폐지 · 정치클럽 활동과 정치문건 유포에 대한 제한 철폐 · 국립작업장 설치 : 노동자들의 요구로 설치 → 실업자 구제 목적
노동자 봉기 (1848.6)	· 노동자와 사회주의자들은 의사당 침입(18418.5) → 의회 해산과 새로운 임시정부 수립 요구 · 노동자와 급진세력에 대한 시민계급의 두려움↑ → 국립작업장 폐쇄 · 노동자 봉기 → 카베냑 장군의 군대에 의해 진압됨
헌법제정	· 보통선거 · 임기 4년의 대통령
제2공화정	공화주의자들의 분열과 이에 대한 환멸 때문에 대통령 선거(1848.12)에서 루이 나폴레옹 보나파르트가 승리 → 2공화정 수립
특징	· 자유주의 혁명 · 노동자와 사회주의자들의 적극 참여 → 급진적인 사회주의 정책 채택

(3) 2월 혁명의 영향
① 이탈리아

온건파	사르데냐 왕국과 교황을 중심으로 한 온건한 자유주의 세력
급진파	· 마치니를 중심으로 한 급진적 자유주의 세력은 민주적 공화국으로 통일되어야 한다고 주장 · 마치니의 '청년 이탈리아당'을 중심으로 활동 → 독일과 폴란드의 '청년유럽당' 결성 지원
나폴리 혁명 (1848.1)	· 온건한 자유주의 헌법 채택 · 2월 혁명 직후 사르데냐 왕국과 교황 피우스 9세가 나폴리의 예를 따름
오스트리아 3월 혁명의 영향	· 밀라노에서 혁명 발생 · 베네치아 공화국 수립
오스트리아 세력 제거 시도	· 이탈리아 내의 오스트리아 세력을 몰아내기 위해 샤르데냐, 나폴리, 교황 연합 · 샤르데냐의 세력 팽창을 우려한 교황과 나폴리가 지원군 철수 · 샤르데냐는 코스토차에서 오스트리아군에 격파당함(1848.7)
로마공화국 수립	· 로마에서 혁명(1848.11)이 발생하여 마치니를 수반으로 하는 로마 공화국 수립 · 샤르데냐 왕은 오스트리아에 다시 도전하였으나 노바라 전투에서 패배 · 오스트리아군은 베네치아를 점령하고, 프랑스군은 로마 공화국을 붕괴시킴

② 독일

3월 혁명 발생	프리드리히 빌헬름 4세의 새로운 헌법 제정 약속
프랑크푸르트 국민의회 소집 (1848.5)	· 통일된 독일 영역에서 비독일인 지역 제외 · 프로이센 중심의 소독일주의 채택 · 자유주의적 통일 헌법 마련 · 프리드리히 빌헬름 4세를 황제로 선출 → 프리드리히 빌헬름 4세의 거부
자유주의적 헌법 제정(1849.3)	· 미국의 연방제도와 영국 의회 관례 참작 · 입헌군주제 · 양원제
실패	· 보수파의 반격 속에 프랑크푸르트 의회가 해산됨으로써 자유주의적 개혁 실패 · 프로이센을 중심으로 의회에 적대적이었던 보수적 권위주의자들이 득세 → '외관상의 입헌 주의'

③ 오스트리아
- 3월 혁명의 발생으로 메테르니히가 영국으로 망명
- 제헌의회(1848.7)는 개혁안을 마련하고 농민의 부역 의무 폐지

④ 헝가리
- 마자르족의 급진적 민족주의 지도자인 코수트를 중심으로 정치적 자치권 획득, 귀족의 면세 특권과 농노제 폐지
- 의원자격으로 마자르어를 필수로 규정 → 다른 소수민족의 반감↑

⑤ 보헤미아
- 프라하에서 체코의 민족주의자들이 헝가리와 같은 권리를 요구
- 범슬라브 회의를 소집(1848.6)하여 슬라브족의 단결 촉진
- 시위 도중 오스트리아의 사령관 반디슈그레츠의 부인이 살해됨 → 오스트리아군이 보헤미아 점령
- 오스트리아는 헝가리의 차별대우에 불만을 가진 크로아티아인으로 하여금 마자르를 공격(1848.9)하게 함 → 이에 빈의 혁명파는 마자르족에 대한 지지를 성명하고 오스트리아가 민주공화국임을 선포 → 오스트리아의 반디슈그레츠가 빈을 공격하여 점령하고 혁명파 처형
- 페르디난드 대신 프란츠 요제프가 황제에 즉위 → 전 황제의 모든 약속은 무효라고 선언 → 헝가리는 독립공화국을 선포(1849.4)하고 코수트를 행정수반으로 추대
- 폴란드로의 확산을 우려한 러시아가 오스트리아군을 지원하여 헝가리 공화국의 저항 분쇄(1849.8)
- 오스트리아-헝가리 이중제국 성립(1867) : 오스트리아의 프란츠 요제프 황제가 헝가리왕을 겸하고 국방, 재정 및 외교를 공동으로 하는 것 외에는 각자가 독자적인 정부와 의회를 소유함

3 영국의 자유주의 개혁

(1) **종교자유의 확대** : 심사법의 폐지(1828), 가톨릭 교도 해방법(1829) → 비국교도에게 자유와 권리 부여

(2) **경제자유의 확대** : 산업자본의 승리와 자유방임주의의 확립
  ① 동인도회사의 무역 독점권 폐지(1813, 인도)
  ② 곡물법 폐지(1846)
  ③ 원료와 공업제품에 대한 보호관세 폐지(1848)
  ④ 항해법 폐지(1849)

(3) **선거법 개정**

1차(1832)	• 배경 : 7월 혁명의 영향과 산업화로 인한 인구 이동 으로 개정 + 피털루 학살(1819) • 내용 : 부패 선거구 폐지와 신흥 상공 계층의 선거권 확대 • 결과 : 정당정치 발전 → 휘그당을 계승한 자유당과 토리당을 계승한 보수당의 성립
차티스트 운동 (1838~1848)	• 1차 선거법 개정에서 빠진 노동자들의 불만 고조 → '런던노동자협회'가 작성한 인민헌장을 중심으로 차티즘 운동 전개 • 정부의 탄압으로 실패
2차(1867)	• 보수당의 디즈레일리 내각에서 실시 • 도시 노동자 선거권 확보
3차(1884)	• 자유당의 글래드스턴 내각에서 실시 • 농촌·광산 노동자 선거권 확보
서프러제트	• 여성운동 지도자 에멀린 팽크허스트가는 1903년 '여성사회정치연맹(WSPU)' 조직 • 격렬한 시위를 통해 여성 참정권 획득 운동 전개
4차(1918)	• 1차 세계대전 중 여성들의 요구 수용 • 30세 이상의 여성
5차(1928)	남녀 보통선거

(4) **대중 정당 출현** : 선거권 확대 과정에서 대중 정당 출현

보수당	• 토리당 계승 → 보수적 • 농촌, 국교회 기반, 보수 세력 포함
자유당	• 휘그당 계승 → 진보적 • 산업자본가를 비롯한 진보적 중산계급

(5) **노예제 폐지(1833)**
  ① 프랑스 혁명 과정에서 국민공회가 노예제 폐지(1794) → 나폴레옹에 의해 부활 → 전면 폐지(1848)
  ② 프랑스 혁명의 급진화 → 영국 노예제 폐지 운동 세력 분열 → 보수적·온건한 방식으로 노예무역 폐지(1807)
  ③ 노예제 폐지(1833)는 신구빈법(1834)과 같이 빈민들을 구제 대상에서 벗어나 노동하게 만들고 자유주의적 경쟁 원리에 어긋나는 관행을 제거하려는 법적 조치와 함께 시행

◇ **곡물법**

나폴레옹 전쟁 직후 곡물 가격이 폭락하자 외국산 곡물의 수입을 제한하기 위해 제정한 법(1815)으로 1846년에 폐지되었다. 지주 계급의 이익을 지키기 위한 이 법 때문에 영국 민중들은 곡물을 비싼 가격에 사야만 하였다.

◇ **디즈레일리와 글래드스턴**

디즈레일리와 글래드스턴은 각각 19세기 영국 보수당과 자유당을 대표하는 인물들이며, 19세기 영국 정당정치를 발전시켰다. 디즈레일리는 보수적 성향이었으나 1967년 2차 선거법 개정을 주도하여 보수주의적 개혁성을 보였다. 그는 이후에도 공중위생 개선과 노동조건 개선에 노력하였다. 글래드스턴은 영국의 각종 자유주의 개혁을 이끌었다. 1840년 아편전쟁 당시 의회에서 아편전쟁을 반대한 연설이 매우 유명하다.

◇ **서프러제트(Suffragette)**

3차 선거법 개정으로 남성 노동자의 대부분이 선거권을 획득했음에도 불구하고 여성들은 투표권을 얻지 못했다. 이에 여성 참정권 운동(서프러제트)이 확산되었다. 여성운동 지도자 에멀린 팽크허스트는 1903년 '여성사회정치연맹(WSPU)'을 조직하여 격렬한 시위를 통한 여성 참정권 획득 운동을 전개하였다. 1913년 옥스퍼드 대에서 영문학을 공부한 에밀리 데이비슨은 외투에 'Votes For Women'이라는 문구가 새기고 더비 경마대회에 출전한 국왕 조지5세의 경주마가 결승점으로 질주하던 순간 몸을 던져 경주마와 부딪히며 숨졌다. 그녀의 장례식은 격렬한 항의 시위로 번졌고, 체포와 구금, 투옥과 단식투쟁이 뒤따랐다.

◇ **신구빈법**

신구빈법은 엘리자베스 여왕 시기에 만들어진 구빈법의 인도주의를 포기하고 '억압 속의 구제'라는 원칙으로 돌아가 노동 능력이 있는 빈민의 구호를 폐지하고 배급제를 중단하였다. 빈민 구제 수준이 노동자의 최저 생활 수준을 넘지 못하게 했고, 스스로를 부양할 수 없는 사람은 구빈원에 감금하여 노동과 통제로 다루었다. 그러나 이러한 조치로 인해 빈민들이 노동시장에 쏟아져 나오고 신구빈법은 실패하여 배급제가 다시 실시되었다.

● 자료탐구

01. 빈 체제

1. 러시아는 폴란드 바르샤바 대공국 대부분을 차지하며 핀란드도 계속 보유한다. 그리고 오스만제국 베사라비아의 영유권도 갖는다.
2. 프로이센은(나폴레옹을 지지했던) 작센의 영토 58퍼센트를 갖고, 바르샤바 대공국의 일부인 포젠 공국과 단치히, 라인란트, 베스트팔렌을 차지한다.
3. 옛 신성로마제국의 제후국들을 정리하여 38개의 영방국가를 모아 독일연방을 창설한다. 연방의 의장은 오스트리아 황제가 맡는다.
4. 네덜란드는 …… 오스트리아령 네덜란드와 리에주 주교령을 흡수하여 네덜란드연합왕국을 구성한다.
5. 스웨덴은 포메라니아를 프로이센에 양여한다(대신 덴마크로부터 노르웨이를 얻는다).
6. 스위스의 중립은 8국 위원회(영국, 프로이센, 오스트리아, 러시아, 프랑스, 스웨덴, 포르투갈, 스페인)에 의해 보장된다.
9. 오스트리아는 폴란드의 일부와 네덜란드 및 남독일의 영토를 포기하는 대신 이탈리아에 영토를 확장한다.
12. 사르데냐 왕국은 피에몬테와 니스, 사부아의 영지를 회복하며, 추가로 제노바 공화국을 왕국의 영토로 흡수한다.

– 빈 회의의 주요 결정 내용 –

자료 해석
1814년 메테르니히의 주도로 성립된 빈 체제는 유럽을 프랑스 혁명과 나폴레옹 전쟁 이전의 상태로 환원하고 각국의 자유주의 세력을 억압하였다. 빈 체제에 저항하여 각국에서 자유주의 운동이 일어났다.

02. 신성동맹

…… 정의와 박애와 평화라는 신성한 종교의 가르침만이 유일한 지침으로 받아들일 것을 엄숙하게 선언한다.
제1조 모든 인간을 서로 형제로 여기라고 명령한 성경 말씀에 순종하여, 조약을 체결한 세 군주는 확고한 형제애의 참다운 유대로 항상 단결할 것이다. 그리고. …… 그들은 모든 경우에 …… 서로에게 도움과 원조를 제공할 것이다. 그들이 신민과 군대를 대할 때는 가부장으로서 종교와 평화와 정의를 보호하는 …… 형제애의 정신으로 그들을 이끌 것이다.
제2조 …… 세 동맹 군주는 한 그리스도교 가족의 구성원인 오스트리아와 프로이센과 러시아를 통치할 것을 신에게서 위임받았다고 여기고, 우리의 구세주 예수 그리스도안에서만 사랑과 지식과 무한한 지혜의 보배가 발견되므로 …… 그리스도 외에 어떤 다른 주권자도 없다는 것을 고백한다. ……
제3조 어느 군주라도 이 결의를 만들어낸 신성한 원칙들을 경건하게 공언하기로 선택한다면, 그리고 …… 이 진리를 위해 모든 힘을 행사해야 한다는것을 인지한다.
세 통으로 작성되고 파리에서 서명됨, 1815년 9월 14/26일.

자료 해석
빈 체제를 유지하기 위해 오스트리아·프로이센·러시아의 군주들은 1815년 그리스도교 형제국의 우의를 강조하는 '신성동맹'을 결성했다. 그리고 이 동맹을 통해 혁명 이념의 확산을 저지하고 특히 주권재민론 및 입헌주의 이념을 방지하여 군주정을 다시 확립하고자 했다. 신성동맹은 영국에 이어 프랑스가 가입하면서 5국 동맹으로 확대되었고 이들은 정부를 타도하려 하거나 국경선을 무너뜨리는 일과 같은 소요사태가 일어나면 서로 협력하여 진입하기로 약속했다. 이 동맹은 자유주의 혁명에 공동으로 대응하고 유럽의 질서를 유지하기 위한 열강들의 군사적·외교적 협의 기구이자 협조 체제였다.

03. 아이티 독립 선언문

1. 생도맹그라고 불리던 섬의 거주자들은 이 지상의 다른 어떤 나라로부터도 독립된 자유로운 국가를 아이티 제국이라는 이름으로 세우는 데 동의한다.
2. 노예제는 영원히 폐지된다.
3. 아이티 국민은 국내에서는 모두 형제. 즉, 법 앞의 평등이 분명히 보장되고, 지유와 독립에 필요한 경우가 아니라면 어떤 직함이나 이득이나 특권도 인정되지 않는다.
4. 법은 보호하거나 처벌할 때 모두에게 평등하다.
6. 재산권은 신성하며 그 침해는 엄중한 처벌을 받는다. [그러나 백인 프랑스인이 과거에 소유한 재산은 모두 국가 소유로 몰수된다.]
12. 어느 나라에서 온 백인이라도 주인 혹은 지주의 이름으로 이 땅에 발을 디딜수 없으며 향후 어떤 재산도 취득할 수 없다.
13. 위 조항은 정부에 의해 아이티인으로 귀화한 백인 여자에게는 전혀 영향을 미치지 않으며 그 여자의 아이들에게도 적용되지 않는다
50. 법은 어떤 종교도 국교로 인정하지 않는다.
51. 신앙의 자유를 허용한다.

자료 해석

프랑스 혁명의 이념인 '자유, 평등, 우애'는 프랑스의 식민지였던 산토도밍고(오늘날 아이티)에 전파되었다. 프랑스 혁명에 영향을 받은 투생 루베르튀르가 노예 반란을 주도하였고, 1804년 1월 1일에 독립을 선포하여 신생 국가인 아이티가 탄생하였다. 1807년 나폴레옹이 이베리아 반도를 침략해 포르투갈 국왕과 에스파냐 국왕을 추방하거나 교체하였다. 남아메리카인들은 에스파냐 군주제의 혼란을 틈타 그 지배를 벗어날 수 있었다. 에스파냐보다 출생지에 대한 충성이 더 큰 여러 '크리오요' 지도자들이 독립 전쟁을 주도하였다. 그들은 라틴 아메리카의 독립을 주도하여 '해방자'로 찬양되었다. 시몬 볼리바르는 루소의 사회 계약설과 인민 주권설에 깊은 영향을 받았으며, 미국의 워싱턴의 예를 본떠 1811년에 독립 운동을 시작하였다. 그는 안데스 산맥 일대의 군대를 이끌고 1819년 콜롬비아를 해방시켰으며, 1822년에는 에콰도르의 해방에 큰 역할을 하였다. 이후 볼리바르는 호세 데 산마르틴, 오이긴스와 같은 독립 운동가들의 지원을 받으며 1824년에 남아메리카 전역에서 스페인 군대를 몰아냈다. 그는 미국과 같은 대연방국가를 꿈꾸었으나 정치적 분파주의와 적대감, 지역주의 등으로 인해 대연방국가는 실패하였다.

04. 먼로 선언

미국의 권익과 관련된 원칙으로 자유와 독립을 확보하고 유지해 온 아메리카 대륙은 향후 유럽 열강에 의해 식민의 대상으로 간주될 수 없음을 선언한다. ……

…… 미국 국민은 대서양 맞은편에 사는 동료들의 자유와 행복을 우호적으로 지지한다. 유럽 대륙 내부의 문제로 유럽 열강이 전쟁을 벌일 때 우리는 어느 쪽도 편들지 않았거니와, 그렇게 편든다는 것은 우리의 정책에 맞지도 않다. 우리는 오로지 우리의 권리가 침해당하거나 심각하게 위협받을 때에만 모욕에 분개하고 방어 태세를 갖춘다. …… 따라서 우리는 동맹 열강이 자신들의 체제를 이 반구의 어디로든 확장하려는 여하한 시도도 우리의 평화와 안전에 대한 위협으로 간주한다는 것을 선언한다. 어떤 유럽 강국의 기존 식민지나 혹은 속령에 관해서도 우리는 간섭한 적이 없거니와 또한 앞으로도 없을 것이다. 그러나 이미 독립을 선언한 정부 …… 그리고 우리가 독립을 승인한 정부에 대해, 유럽 국가가 그들 정부를 억압하거나 그들의 운명을 통제하려는 간섭을 할 경우 미국에 대한 비우호적 의도를 드러낸 것으로 볼 것이다. 아메리카의 새 정부들이 스페인과의 전쟁 끝에 국제적 승인을 얻을 때 우리는 중립을 선언했고 그것을 견지해 왔다. …… 우리는 앞으로도 그 원칙에 충실할 것이다.

자료 해석

먼로 선언은 1823년 12월 미국의 제5대 대통령 제임스 먼로가 의회에 제출한 연두교서에서 밝힌 외교 방침이다. 러시아의 태평양 진출과 독립 직후의 라틴아메리카 여러 나라에 대한 유럽으로부터의 간섭에 대처하기 위해 발표되었다. 먼로주의의 근원은 고립주의에 의한 것이지만 그것을 더욱 명확하게 하여 미국의 유럽에 대한 불간섭의 원칙, 유럽의 미국 대륙에 대한 불간섭의 원칙, 유럽 제국에 의한 식민지 건설 배격의 원칙 등 3개 원칙을 분명히 하였다.

05. 그리스 독립

국민의회가 그리스 국민에게.
혹독한 오스만의 압제에 짓눌려온 그리스 국민은 어떠한 희생을 치르고서라도 그 명예를 깨부수기로 결의하고 국민의회에 모인 합법적 대표기구의 이름으로 신과 인류 앞에서 독립을 선언한다. …… 4세기 동안 투르크인들은 이성과 정의를 짓밟았고 …… 유럽 그리스도교들과 동등한 존재로서 문명의 길로 나아가기를 희망하면서, 우리는 오랫동안 오스만제국에 맞서 벌여왔던 국지적이고 은밀한 투쟁들을 하나의 전쟁으로 결집했다. 우리는 승리하여 조국이 정의로운 법에 의해 지배되는 모습을 볼 것이다. ……
그리스 대륙, 펠로폰네소스와 도서 지역들이 …… 혁명의 진전을 이끄는 데 필수적인 헌법 체제를 위한 길을 준비했다. …… 정의에 기초하고 만인의 동의에 의해 세워진 이 정부는 이제 유일하게 합법적인 국민의 정부다. 그러므로 그리스 국민은 곧 이 정부를 승인할 것이다.

-사료로 보는 그리스 혁명사 -

자료 해석
제시문은 그리스 독립 선언문이다. 그리스는 오스만 제국의 지배에서 벗어나기 위한 독립 운동을 전개하였다. 러시아는 그리스 독립을 지원하여 흑해를 통해 지중해로 진출하기를 기대하였다. 러시아의 영향력이 확대되는 것을 막기 위해 영국과 프랑스도 그리스 독립 전쟁을 지원하였다. 바이런을 비롯한 낭만주의 작가들이 그리스 독립 운동 지원을 호소하였다. 1829년 그리스는 오스만 제국으로부터 독립하였고, 이는 빈 체제가 동요하는 계기가 되었다.

06. 청년 이탈리아당의 목표와 수단

'청년 이탈리아'는 '진보'와 '사명'을 믿는 이탈리아인의 형제단으로서 이탈리아가 하나의 국민이 될 운명에 있다고 확신한다. 그들은 이탈리아를 자유롭고 평등한 사람들의 자주적인 국민으로 재구성하는 위대한 목표에 사상과 행동 모두를 헌신하려는 굳건한 의지로 이 결사에 참여하고 있다. 결사의 목표는 혁명이다. 청년이탈리아는 공화주의적이고 통일적이다. 나는 이탈리아를 하나의 자유롭고 독립적이며 공화주의적인 국민으로 구성하는 노력에 전력을 다해 영원토록 헌신할 것을 맹세한다.

– 주세페 마치니, 청년 이탈리아(1831) –

자료 해석
카르보나리당의 일원이었던 주세페 마치니는 이탈리아 민족 해방 운동의 지도자로서 1831년 이탈리아 반도 통일을 목표로 청년 이탈리아당을 결성했으나, 공화정이 아니라 입헌 군주정으로 통합하기를 희망하는 자유주의자들의 반대에 부딪혔다.

07. 7월 칙령과 7월 혁명

- 신의 은혜로 프랑스 왕인 샤를이 아래의 여러 조항을 너희 백성들에게 명하노니 공손하게 받아들일지어다. 정기간행물의 자유는 정지된다. …… 어떠한 신문, 정기간행물, 준정기간행물도 …… 저작자와 인쇄자가 각각 별도로 당국의 허가를 받지 않고는 발행될 수 없다. 이 허가는 3개월마다 갱신하지 않으면 안된다. 허가는 취소될 수 있다.
하원은 해산한다. …… 향후 의회에서 하원 의원의 수를 줄인다. …… 하원의 헌법 수정 권한을 철회한다. 선거 자격과 피선거 자격은 오로지 소정의 납세액에 의해 결정된다. …… 올해 9월에 새로운 선거인단을 소집한다. ……

– 필립 맨슬, 『파리의 제국들, 1814~1852년 군주정과 혁명』 –

- 만일 이 군중을 동요케 한 원인을 찾는다면 의심할 나위 없이 7월 칙령이 거대한 봉기의 신호탄이 되었다고 보아야 한다. 그러나 진정한 동기는 …… 두려움에 떨고 있던 왕정과 부르주아에 대한 깊은 경멸감이다. 이것이 위기를 낳았다. …… 여기에 통상과 산업의 위기가 겹쳤다. 위기는 파리의 큰 사업체 서너 개를 절망에 빠뜨렸으며, 이들 기업은 …… 종업원과 노동자들을 봉기로 몰아넣었다. 또한 민중은 제1 제정의 파탄과 시대의 불행으로 인해 프랑스가 말려들었던 유럽 침략에 막연히 분노를 느끼고 있었다. …… 그런데 언론이 해로운 비방 책동을 벌여, 그 자체로서는 숭고하고 애국적인 민중의 감정을 타락시켰고 마침내 이들에게 복고왕정

과 외국이 서로 공모한다는 생각을 심어주었다. 복고왕정이 …… 침입을 초래하기는커녕 침략으로 인한 피해를 줄이고 그 결과가 나라에 덜 해롭도록 만들었는데도 말이다. …… 7월 혁명과 그에 따른 불행의 책임은 당시 몰락해가던 프랑스 왕정으로부터 전리품을 얻을 심산으로 그저 당국을 공격해댈 생각에만 골몰했던 극단적 반대파에게 있다. 이처럼 7월혁명을 낳은 원인은 왕정과 부르주아에 대한 이중의 경멸감, …… 왕정에 적대적인 자들의 악의, 대신들의 실책, 엄청난 통상 위기, 인민의 편견 등이다.

- 알프레드 네트망, 『복고왕정의 역사』 -

자료 해석
루이 16세의 동생으로 국왕이 된 샤를 10세는 보수적인 반동정치를 실시하였다. 1830년 5월 총선에서 샤를 10세의 반대파들이 의회의 다수파를 형성하였다. 이에 샤를 10세는 의회를 해산하고 7월에 다시 선거를 실시하였다. 그러나 이번에도 반대파가 다수를 차지하자 하원을 해산시키는 7월 칙령을 발표하였다. 7월 칙령은 출판물의 사전 검열, 의회 해산, 선거권의 제한 등을 주 내용으로 하였고, 이에 분노한 자유주의자들과 학생, 민중들이 7월 혁명을 일으켜 7월 왕정을 수립하였다.

08. 1830년 유럽의 혁명들
이탈리아는 오스트리아의 지배 아래서 신음했다. …… 이탈리아인은 …… 자유를 침해당했으며 …… 작은 소요에도 로마에서 토리노, 나폴리까지 오스트리아 군대와 맞닥뜨려야 했다. …… 이탈리아의 독립에 열정을 가진 …… 이들은 통일을 성취함으로써만 독립을 얻을 수 있다고 생각했다. …… 프랑스가 이탈리아를 원조해주고 오스트리아인들이 알프스 산맥을 넘어오지 못하도록 막아주기만 한다면 이탈리아는 해방되리라. …… 교황은 자신의 세속 권력을 잃겠지만 정신적 권위는 온전히 보전할 수 있을 것이다. …… '통일'이 바로 이탈리아 애국자들의 청사진이었다. ……

벨기에는 어려운 상황이었지만 이탈리아만큼 동요하지는 않았다. 물질적인 면에서 벨기에는 네덜란드에 병합된 이후 더욱 풍족해졌다. 네덜란드의 식민지들은 벨기에 생산품의 중요한 수출구를 제공했다. …… 그러나 1815년에 네덜란드에 병합된 벨기에를 다스린 군주 빌럼 1세는 철두철미한 네덜란드인이었다. 그는 …… 차별대우 및 공직 배분에서의 편파성을 초래했다. …… 더구나 두 민족은 언어와 종교, 풍속이 달랐다. 400만 벨기에인이 200만 네덜란드인보다 의회에서 대표자 수가 더 적었다. 자유주의자들과 가톨릭교도 사이에 형성된 동맹은 1830년에 가장 견고했으며 날이 갈수록 네덜란드에 위협이 되었다. ……

폴란드의 상황은 벨기에의 경우와 마찬가지로 혁명의 씨앗들을 품고 있었다. 폴란드 귀족은 1815년 조약을 치를 떨며 받아들였으며, 여러 차례 그 조약을 파기하려 했다. …… 바르샤바에서 니콜라이 황제의 즉위식 때 꾸며진 음모는 실패로 돌아갔다. …… 농노제에 길들여진 폴란드 농민들은 그다지 독립의 열의를 보이지 않았다 …… 귀족들은 이름뿐인 특권을 얻은 채 궁핍하게 살았고 …… 무질서에 따른 공포에 시달리기보다는 차라리 외국의 지배를 감내하려 했으며 …… 러시아로부터 작위를 받기도 했다. 하지만 폴란드에서 혁명이 일어나리라는 것은 쉽게 예상할 수 있었으며, 1830년 7월에 프랑스에서 발생한 것과 유사한 사건들이 혁명을 필연적인 일로 만들었다.

요약하자면 …… 오스트리아는 독일의 자유 정신과 이탈리아의 독립 정신에 의해 위협받았다. …… 포르투갈과 스페인은 왕위계승전쟁을 눈앞에 두고 있었다. 이탈리아, 벨기에, 폴란드는 1815년 조약을 증오했으며 신호만 주어지면 봉기할 태세였다. 바로 이것이 1930년 혁명이 유럽을 깜짝 놀라게 했을 때의 유럽 정세였다.

- 루이 블랑, 『1830년에서 1840년까지 10년의 역사』 -

자료 해석
프랑스 7월 혁명의 영향으로 유럽 곳곳에서 혁명이 발생하였다. 벨기에의 브뤼셀에서 독립을 위한 자유주의 혁명이 일어났다. 벨기에는 영국으로부터 독립과 중립을 보장받고, 영국과 프랑스의 군사적 개입으로 벨기에는 네덜란드로부터 독립하였다. 폴란드에서는 1830년 11월 바르샤바의 사관후보생의 봉기로 혁명이 시작되었으나, 혁명 세력의 분열과 농민들의 무관심으로 실패하였다. 이탈리아에서는 카르보나리를 중심으로 민족주의자와 자유주의자들이 혁명을 일으켰으나 실패하였다.

09. 1848년 2월 혁명

- 이리하여 7월 왕정이 무너졌다. …… 나는 2월 혁명 직후부터 기조와 몰레, 티에르가 이 사건은 뜻밖의 일이며, 그저 단순한 우연일 뿐이라고 말하는 것을 여러 차례 들었다. …… 이 세 사람은 루이 필리프 아래에서 18년 동안 프랑스의 여러 업무를 이끌어왔다. …… 지난 30년 동안 산업혁명은 파리를 프랑스 제1의 제조업 도시로 만들었으며 완전히 새로운 노동자 집단을 파리 성벽 안으로 끌어들였다. …… 2월 혁명의 원인은 여러 가지다. 은밀하게 군중에게 스며든 …… 민주주의라는 질병, …… 지배계급에 대한 전면적이고 뿌리 깊은 경멸감, …… 새 내각 각료들의 실책과 무능력, …… 특히 루이 필리프의 믿기 어려운 우둔함과 나약함, 이것들이 2월 혁명을 가져온 우연한 요인이다. …… 입헌왕정이 구체제를, 공화정이 왕정을, 제정이 공화정을, 그리고 복고 왕정이 제정을 뒤따랐다. 그리고 이제 7월 왕정이 등장했다. 이 연이은 격변을 겪으면서 사람들은 프랑스 대혁명이 그 사명을 완수하고 마침내 끝을 맺었다고 말했다. …… 그런데 프랑스 대혁명이 다시 시작되고 있지 않은가.

  – 알렉시 드 토크빌, 『회고록』 –

- 시작된 혁명은 1830년의 혁명과는 전혀 달랐습니다. 무엇보다도 피를 덜 흘렸는데, 죽거나 다친 사람이 겨우 1,200명에 불과했기 때문입니다. 그리고 전혀 이론의 여지가 없었는데, 자기 뒤에 마치 왕정복고 시에 볼 수 있던 것과 같은 거의 종교적인 애착과 열정을 바치는 대규모 당파를 거느리지 못했기 때문입니다. 사람들은 별다른 반대 없이 차분히 공화국을 선호하였습니다. 나폴레옹, 루이 18세, 루이 필립의 밑에서 세 번씩이나 시도했던 왕정이 세 번 모두 무능력을 보여 주었기 때문에 모든 사람이 공화국을 인정하였습니다. 모든 사람은 새로운 형태의 정부를 가지려고 결정하였고, 그것을 혐오할 정도로 분노를 느끼지 않았기 때문에 그것을 수립하는 데에도 분노를 느끼지 않았습니다. 우리는 정당, 선거, 국회에 대해 너무 겁을 내지 말아야 할 것입니다. 93년의 공포정을 재연할 위험은 없습니다. 우리는 역사에서 아무 것도 다시 시작하지 않았습니다. 그리고 우리가 싫증을 내는 정치 제도들은 더 이상 사람들이 자기 명예를 위하여 서로 목을 베도록 들뜨게 만들지 않습니다.
  이것은 아무런 위험이 없음을 의미합니까? 아니, 그 반대로, 과거의 위험보다 훨씬 더 위험이 있습니다. 정치적 혁명 뒤에 사회적 혁명이 있습니다. 그것을 위해 인민은 무장을 합니다. 그것은 노동, 휴식, 급료의 조직에 관한 문제입니다. 우리가 이런 문제들을 피할 수 있으리라고 믿어서는 안 됩니다. 만일 인민에게 초급 의회, 입법권, 새로운 법관, 집정관, 대통령을 주어서 그들을 만족시킬 수 있다고 생각한다면 오산입니다. 그렇다면 지금으로부터 10년 이내, 아니 그보다 일찍 다시 한 번 혁명을 해야 할지도 모릅니다.
  다른 편에서 볼 때, 모든 재정적인 신용, 모든 상업, 모든 산업을 흔들지 않고 이 문제를 건드릴 수는 없습니다. 만일 국가가 급료를 정하는 데 사장과 노동자 사이에 개입한다면 지금까지 상업이 누렸던 자유는 소멸할 것이며, 새로운 법률 아래서 국가가 재구축되기를 기다리면서 우리는 하염없이 수많은 난관과 고난을 겪어야 할 것입니다! 불행이 있다면, 그것은 17년 전인 1831년, 리용의 노동자들이 총칼을 들고 이러한 문제를 제기했을 때 정부는 관심을 두지 않으려 했던 것입니다. 그때 사람들이 그 문제들을 틈틈이 검토하고, 여러 가지 해결책을 실험해 보았다면 미망에서 깨어났을 것입니다. 오늘날, 아무런 연구 검토나 준비도 없이, 국가와 사유 재산, 그리고 신뢰가 사라지자마자 곧 줄어드는 노동을 모두 망칠 위험이 따를지 모르지만 운을 따라야 합니다.
  그러나 한 가지 내가 확신하는 일은 자기 앞날을 가꾸는 이 민중은 자기가 계승한 부르주아 계층보다 더욱 개화되고, 더욱 도덕적이며, 덜 비종교적으로 보인다는 것입니다.

  – 프레데릭 오자남, 1848년 3월 6일자 편지 –

자료 해석
2월 혁명은 산업혁명으로 증가한 노동자들이 선거권 확대를 요구하였으나 루이 필리프의 7월 왕정이 거부하면서 시작되었다. 그러나 제시문에서 토크빌이 이야기하듯이, 우발적인 사건이지만 동시에 여러 가지 복합적인 요인들이 연계되어 발생하였다. 2월 혁명으로 제2공화정이 수립되었고, 루이 나폴레옹이 당선되었다.

10. 국립작업장 폐지

공화국의 재무 장관에게
당신이 진실로 공화국 최초의 재무 장관인가요? 노동자들의 용기 덕택에 그들의 피의 대가로 성취한 공화국이 …… 모든 아이들에게 매일 빵을 보급하겠다는 것을 첫 번째 약속으로 서약한 이 공화국이 …… 국가가 일거리를 주지 않으면 누가 우리에게 일을 주겠습니까? 노동자들은 공화국의 순교자들로서 바리케이드를 막고 국가 경비대의 병사로서 국가를 지켰으나 국가는 이들에게 무언가를 빚지고 있다고 생각합니다. ……
국립작업장이 왜 그렇게 당신의 비난을 불러일으켰나요? 당신은 작업장의 개선을 요구하지 않고 완전한 폐지를 요구했습니다. 그러나 초라한 임금을 받으려고, 자신과 가족의 생존 수단을 매일 기다리는 11만 노동자들을 어떻게 할 건가요? 그들이 절망 후에 따라오는 기아와 난폭함이 유해한 영향에 휩쓸리도록 내버려둬야 하나요?

자료 해석
2월 혁명 직후 임시정부가 수립되었다. 임시정부는 국립작업장을 설치했고, 정치 클럽 결성과 정치적 문건 유포에 가해졌던 모든 제한 조치를 철폐했으며, 성인 남자에게 보통선거권을 부여하여 그해 5월에 총선을 실시했다. 총선에 의해 구성된 새 의회는 보수주의 성향을 보였다. 임시정부는 국립작업장이 폭동의 온상이라고 파악하였다. 국립작업장들이 폐쇄되고 신규 채용이 이루어지지 않자, 수천 명의 노동자들이 그에 반발하여 6월 23일부터 파리 전역에 다시 바리케이드를 쌓고 정부군과 싸웠다. 카베냑 장군의 정부군에 의해 3000여 명이 살해되고 1만 2000명 이상이 체포되었는데, 그중 다수가 알제리의 강제 노동 수용소로 추방되었다.

11. 피털루 학살 사건과 1차 선거법 개정

(가) 우리가 도착한지 30분쯤 지나자 음악 소리와 메아리치는 함성에 헌트 씨와 그의 지지자 무리가 가까이 왔음을 알았다 …… 아마도 8만 인파가 지르는 하나의 외침은 환영하는 것일 게다. …… 헌트씨는 연단 앞으로 와서는 흰 모자를 벗고 사람들에게 연설했다. …… 나는 발돋움 하며 웅성거리는 소리가 나는 쪽을 보았다. 그러자 청색과 백색으로 꾸민 제복을 입고, 손에는 칼을 든 한 무리의 기병이 속도를 높이며 오는 것이 보였다. …… "군인들이 여기에 온 것은 집회에 어떤 소란이 있으면 대비하려는 거야" 그러나 군인들은 고함을 쳤으며, 사브르[칼]를 머리 위로 휘둘렀다. 그 후에 고삐를 늦추었다가 군마에 박치를 가하여, 세차게 달려들어 사람들을 베기 시작했다. 우리가 있는 구역에서 모든 사람들이 "굳게 지켜!" 라고 외쳤다. 기병들은 혼란에 처했다 …… 신음과 비명이 저 참혹한 혼란 소리에 뒤섞였다. "아! 아!" "부끄럽다! 부끄러워!"라고 소리쳤다. …… 여자들, 흰 옷을 입은 아가씨들, 유약한 어린이들이 무차별적으로 사브르에 찔리고 짓밟혔다.

(나) 하원 의원을 선출할 때 오랫동안 행해졌던 다양한 폐단을 고칠 수 있는 효과적인 조치를 취하는 것, 즉 수많은 소규모 지역의 의원 선출권을 박탈하고 그 특권을 규모가 크고 인구가 많으며 부유한 도시에 부여하고, 주 선출 대의원의 수를 늘리고, 지금까지 선거권을 누리지 못했던 수많은 인민에게 그 권리를 확대하고, 선거 비용을 줄이는 것이 합당하므로 다음과 같이 법으로 정한다.
…… 연수입이 10파운드 이상이고, …… 토지 소유권을 지닌 자로서 법적 하자가 없는 모든 성인 남자는 해당 토지가 속한 주를 대표하는 주 선출 대의원 선거에서 투표권을 부여받는다.
…… 그리고 향후 의회에서 일할 의원이나 의원들을 선출하는 모든 도시 혹은 선거구에서, 도시나 선거구 내에 연 수입 10파운드 이상의 주택, 창고, 사무실, 점포 혹은 다른 건물 등을 소유하거나 임차인으로 점유한 자로서 법률상 하자가 없는 모든 성인 남자는 아래 제시된 조항에 따라 등록했다면, 그 도시나 선거구를 대표하여 향후 의회에서 일할 의원들의 선거에서 투표권을 갖는다. 이와 같은 사람이 …… 세금과 구빈세를 납부하지 않으면 그 사람은 등록하지 못한다.

자료 해석
(가)는 피털루 학살 사건에 관한 것이고, (나)는 1차 선거법 개정에 관한 것이다. 1819년 8월 영국 맨체스터의 세인트 피터 광장에서 의회 개혁을 요구하는 군중집회가, 보통선거권을 주창한 정치개혁가 헨리 헌트의 사회로 열렸다. 그러나 맨체스터 기마대와 의용대 등에 의해 해산 당했는데, 이 과정에서 500명 가량이 다치고 열한 명이 죽었다. 이는 선거법 개정에 관한 요구를 더욱더 확대시켰고, 1차 선거법 개정의 원인이 되었다.
또한 산업혁명의 결과로 영국에서는 인구의 이동이 극심하였다. 그 때문에 어떤 도시에는 주민이 없어져 버렸는데도 그 도시에서 선출권을 가진 자가 있어서 그 권리를 행사하기도 하였, 18세기 말에는 유권자가 50명 이하로 줄어든 선거구가 51개나 생겼다. 그렇게 선거 인구가 적었기 때문에 그런 곳에서는 유력자가 마음대로 그들 투표자를 매수하여 선거를 좌우하는 것이 통례가 되어 부패선거구라고 일컬어졌다. 1832년 6월 선거법을 개정하여 50개 이상의 부패선거구를 폐지하고 이를 신흥공업도시에 배정하는 한편, 선거 자격을 완화하여 토지소유이외에 동산 소유까지 자격에 포함시켰다.

12. 차티스트 운동

보다 많은 사람이 행복해지는 것만이 유일한 목적이므로, 정부는 그것만을 향해 노력해야 합니다. …… 우리는 자유인의 의무를 수행하고 있고, 우리는 자유인의 특권을 가져야 합니다. 그러므로 우리는 보통 선거권을 요구합니다. 부유한 자의 매수나 힘 있는 자의 폭력에서 벗어나기 위해, 투표는 비밀로 치러져야 합니다. 우리가 권리를 주장할 때에는, 그 권리를 어떤 제약도 없이 행사할 권리를 필연적으로 포함하고 있는 것입니다. 우리는 현실의 행복과 이익을 추구하는 것이지, 그 겉모양을 추구하는 것은 아니므로 무기명 투표를 요구합니다. …… 공공의 안전과 대중의 신뢰를 잃지 않기 위해서는 선거가 자주 실시될 필요가 있습니다. 그러므로 우리는 의회 선거를 매년 실시할 것을 요구합니다. …… 우리는, 앞으로 실시되는 의원 선거에는 유권자로부터 인정받는 것 말고 다른 어떤 자격 제한도 두지 말고, 또 이렇게 선출된 의원에게는 그가 공중을 위해 봉사하는 기간에 대해서 그에 맞는 보수를 세금에서 지불할 것을 요구하는 바입니다.

자료 해석
1836년 런던 노동자 협회는 여섯 가지 요구 사항을 정리하여 '인민 헌장'의 이름으로 의회에 제출하기 위한 서명 운동을 전개하였다. 이를 차티스트 운동이라 한다. 1832년 제1차 선거법 개정이 부유한 시민에게만 선거권을 인정하자 영국의 노동자들은 차티스트 운동을 벌여 노동자의 선거권을 요구하였다. 차티스트 운동의 결과, 도시 노동자에게도 선거권을 인정하는 제2차 선거법 개정이 이루어졌고, 이후 농촌 노동자와 농민, 그리고 제1차 세계대전 이후 마지막으로 여성에게까지 선거권을 인정하는 선거법 개정이 잇달아 이루어지면서 영국의 보통 선거제가 확립되었다.

13. 3차 선거법 개정

저는 능력 있는 시민에게 선거권을 부여하는 것은 그 수가 많든 적든 국가의 힘을 강화해준다는 원칙을 견지하고 있습니다. 근대국가의 힘은 의회 제도에 있습니다. …… 특히 우리나라에서 국가의 힘은 의회 제도에 있습니다. 존경하는 의원 여러분, …… 문제는 누가 능력 있는 시민인가 하는 것입니다. …… 선거권을 향유해야 하는 능력이 있는 시민이란 누구입니까? …… 바로 농촌의 소상인이고, 모든 직업의 숙련 노동자와 기술자이고, 특히 그 중에서도 대규모 광산업에 종사하는 사람들입니다. 이들이 능력 있는 시민이라는 사실에 의문이 있습니까? 농촌 마을에 흩어져 있는 농민에게도 관심을 기울여야 합니다. 농촌의 농민이 유권자로서 자격을 갖추고 있고 유권자의 힘을 잘 이용할 만한 능력 있는 시민이라는 데 의문이 있습니까? 이 문제는 1차와 2차 선거법 개혁안에서 이미 해결을 본 사항입니다. …… 저는 농민을 위한 싸움을 치를 각오가 되어 있습니다. …… 확실히 이 일은 할 만한 가치가 있는 일이고 꼭 관철시켜야 할 일입니다. …… 이 법안은 모든 계급을 결집시켜 강력한 국가를 더욱 강하게 만들 것입니다.

- 글래드스턴의 선거법 개정 법안 연설 -

자료 해석
1867년 2차 선거법 개정으로 도시의 소시민들에게 선거권이 확대되었으나, 농촌과 광산 노동자들에게는 선거권이 확대되지 못했다. 1884년에 3차 선거법 개정이 이루어져 농업 노동자와 광산 노동자에게도 선거권을 부여함으로써 성인 남자의 보통선거제를 수립했다. 3차 선거법 개정은 자유당의 글래드스턴 내각에서 실시되었다.

14. 곡물법 폐지

그렇게 많은 사람들이 현재 갖가지 업무에 종사하면서 굶주림에 시달리고 있는데, 그들이 아무것도 얻지 못하는 것은, 단지 그들의 노동의 산물을 다른 나라의 식료품과 교환하는 것을 막는 잘못된 법률 때문일 뿐이다. 브리튼 의회의 여러 법령에 의해 생활필수품의 풍부한 공급이 국민 대다수에 대해 거부되고 있는 한, 우리나라 정부 및 우리의 국토는 그 정당한 대가로서 민중의 불만에서 생겨나는 온갖 악행과 부딪치게 될 것이다.

- '반곡물법 동맹'의 창립 결의, 1838 -

자료 해석
제시문은 곡물의 자유로운 수입을 제한하였던 곡물법의 폐지를 요구한 결의문이다. 이러한 요구를 반영하여 곡물법이 폐지되었으며, 곡물법의 폐지는 항해 조례의 폐지와 더불어 영국에서 중상주의 정책이 퇴조하고 자유주의 경제가 발전하고 있었음을 보여 준다.

CHAPTER 06 민족주의와 각국의 발전

1 프랑스의 제2 제정과 제3 공화정

(1) 제2 제정(1852~1870)

① 루이 나폴레옹의 쿠데타(1851.12)
- 의회 해산 : 루이 나폴레옹의 의회 해산(1849.1) → 선거 실시(1849.5) → 의회에 왕당파를 중심으로 한 질서당이 다수파 형성
- 선거법 개정 : 의회는 선거법을 개정하여 가난한 하층민의 선거권 박탈
- 루이 나폴레옹 : 대통령의 재선을 금지하고 있는 헌법 개정 요구 → 의회 반대 → 의회 해산(1851.12) → 보통 선거제를 부활시키고 신헌법 제정
- 신헌법(1852.1) : 루이 나폴레옹에게 독재적인 통치권 부여 → 국가 원수는 의회가 아니라 오직 국민에게만 책임을 지며, 상원에 해당하는 원로원 의원, 국무장관과 지방의 도지사를 비롯한 요직에 대한 임명권 장악
- 국민투표로 제정 수립을 확정하고 나폴레옹 3세로 제정 선포(1852.12)

② 나폴레옹 3세의 정책

경제 발전	· 중공업의 발전 추구 · 투자 은행의 신설을 비롯한 금융제도 개선 · 정부 보증에 의한 철도 부설, 항만 시설 개량, 운하의 개설 등 대규모 토목공사 → 새로운 일자리 창출 · 파리 박람회(1855)에서 프랑스의 기술 발달과 경제 발전 과시 · 영불통상조약(1860) : 프랑스의 기술발전을 자극하고 프랑스의 산업화 촉진 → 일부 산업부르주아와 수공업자들의 불만↑
언론 탄압	언론을 탄압하고 공직자에게 충성 서약을 요구 → 많은 지식인들 망명
대외 원정	· 크림 전쟁, 2차 아편전쟁, 이탈리아 통일 전쟁에 참여 · 멕시코 원정◇ → 막시밀리안 대공을 황제로 옹립(1863) → 멕시코인의 저항과 미국의 압력으로 프랑스 군대 철수하고 막시밀리안은 총살당함
기타	· 오스만은 도시 정비 사업 → 근대적 도시 정비 · 노동자를 위한 주택 건설

③ 붕괴
- 프로이센과의 전쟁 → 세당(스당)에서 프랑스군과 황제가 프로이센에 항복 → 제정 붕괴 → 임시정부 수립
- 임시정부는 프랑크푸르트 조약(1873.3)으로 독일에게 알자스와 로렌의 일부 양도, 50억 프랑의 배상금을 지급하고 강화 조약 체결

◇ **멕시코 원정**

아메리카 대륙에 가톨릭 제국을 건설하려는 야심을 가지고 있던 나폴레옹 3세는 당시 멕시코에서 혁명으로 인한 혼란을 틈타서 출병하였다. 나폴레옹 3세는 오스트리아의 막시밀리안 대공을 황제로 삼아 멕시코 제국을 수립하였으나, 멕시코인의 저항과 미국 등의 반대로 실패하였다. 막시밀리안 황제는 멕시코 저항군에 사살되었다.

◇ **드레퓌스 사건**
프랑스 참모본부 소속의 유대인 대위 드레퓌스가 독일 대사관에 군사 정보를 팔았다는 혐의로 체포되었다. 그는 비공개 군법회의에서 뚜렷한 증거도 없이 유죄가 확정되어 종신유형에 처해졌다. 이후 드레퓌스가 아닌 다른 인물이 범인임을 알았으나 군 수뇌부는 사건의 진실을 은폐하려 하였다. 에밀졸라를 비롯한 지식인들과 좌파들이 사건의 진실을 파헤치면서 3공화국의 정통성에 큰 위기가 발생하였다.

◇ **빌라프랑카 조약**
사르데냐와 프랑스의 연합군이 솔페리노 전투에서 오스트리아군을 격파하였다. 그러나 나폴레옹 3세가 약속을 어기고 오스트리아와 강화조약을 체결하였다. 조약에 의하면 오스트리아는 롬바르디아를 프랑스에 넘겨주고, 프랑스는 이를 사르데냐 왕국에게 할양할 수 있다. 또한 베네치아는 오스트리아가 계속 지배하고, 파르마, 모데나, 토스카나의 왕위를 복귀시키며, 이탈리아는 교황을 명예장으로 하는 연방을 구성한다는 내용이었다. 이에 카보우르는 프랑스가 사르데냐를 배신했다고 격분하여 수상직을 사임하였다.

(2) 제3공화정(1875~1940)
① 파리 코뮌(1871.3~1871.5)
  • 사회주의자와 노동자에 의해 수립된 자치 정부
  • 노동조건 개선, 소유자가 포기한 공장의 접수, 협동적 생산과 급진적인 교육개혁 실시
② 제3공화국 헌법 제정(1875)
  • 상하 양원의 합동회의에서 7년 임기의 대통령 선출 → 하원이 실권 장악
  • 의무·무상·세속의 3원칙에 입각한 초등교육제도 확립 → 공화주의 이데올로기의 확산으로 공화정의 안정에 기여
③ 드레퓌스 사건(1894)◇의 결과
  • 군부를 공화주의로 개편, 결사법(1901)으로 교육과 사회사업에 대한 교회 세력 제거, 정교분리법(1905)으로 1801년 종교화약 폐기 → 왕당파와 군부, 가톨릭교회가 큰 타격을 받음
  • 공화주의자들을 지원하였던 사회주의자들은 10시간 노동, 미성년자의 노동 금지, 퇴직연금법, 재해보상법 제정 → 노동자의 지위와 생활 향상

2 이탈리아 통일

(1) 샤르데냐 왕국의 통일 운동
① 카보우르(1810~1861)가 주도
  • 1850년 재상에 취임 → 국내 산업 육성과 군대 개편을 통한 국력 강화
  • 크림 전쟁에서 영국과 프랑스에 가담하여 양국의 호의 획득
② 통일 전쟁
  • 프랑스의 나폴레옹 3세와 밀약(1859) 체결 → 니스·사보이 프랑스에 할양 약속 → 오스트리아와 전쟁 시작 → 마젠타와 솔페리노에서 오스트리아군 격파
  • 프랑스와 오스트리아의 단독 강화 조약 체결(빌라프랑카 조약, 1859) → 이탈리아의 애국자들을 샤르데냐 편으로 규합시킴 → 샤르데냐가 토스카나, 파르마, 모데나 공국 등 북부와 중부 이탈리아 통합

(2) 가리발디(1807~1882)의 활약과 통일 완성
① 가리발디의 활약
  • 샤르데냐 출신의 가리발디가 의용대(붉은 셔츠단)를 이끌고 나폴리·시칠리아 점령(1860)
  • 공화정을 포기하고 샤르데냐 왕에게 시칠리아·나폴리를 바침
② 통일 완성
  • 1861년 에마누엘레 2세가 이탈리아 국왕으로 즉위
  • 1866년 프로이센·오스트리아 전쟁 : 프로이센을 지원 → 베네치아 병합
  • 1870년 프로이센·프랑스 전쟁 : 교황령 병합 → 로마가 이탈리아 수도가 됨(1871)
  • 트리에스테, 트렌티노 등 오스트리아 수중에 있는 영토 존재 → '미회복의 이탈리아'로 남겨짐
③ 통일 헌법 제정
  • 입헌군주제 : 국왕은 상징적 존재, 내각이 하원에 책임을 짐
  • 제한선거제 : 1881년 이후 직접세 납입 자격을 19리라로 완화

3 독일 통일

(1) 비스마르크 이전의 통일 운동

① **관세 동맹(1834)**: 프로이센을 중심으로 관세 동맹이 결성되어 경제적 통일

② **프랑크푸르트 회의(1848)**: 통일 방안 논의 → 대독일주의와 소독일주의의 대립 → 소독일주의로 귀결

③ **프리드리히 빌헬름 4세**
- 군주 동맹(1849): 프리드리히 빌헬름 4세가 작센 왕, 하노버 왕과 동맹을 맺어 프로이센을 중심으로 하는 독일 통일 계획
- 올뮈츠 협약(1850): 오스트리아와 러시아의 압력 → 군주 동맹을 해산하고 독일연방 부활에 동의

(2) 비스마르크 주도의 통일 운동

① **프로이센의 비스마르크(1815~1898)가 통일 주도**

재상 임명	빌헬름 1세가 1862년 융커 출신의 보수주의자인 비스마르크를 재상에 임명
철혈 정책	의회 반대를 무릅쓰고 추진한 군비 확장 정책
슐레스비히·홀슈타인 문제	· 덴마크가 두 공국의 자치권을 무시하고 합병 선언 · 프로이센과 오스트리아 연합 → 프로이센은 슐레스비히, 오스트리아는 홀슈타인을 분할 합병(1864) → 프로이센이 홀슈타인 점령(1866.6) · 오스트리아의 선전 포고(1866.6)로 전쟁 시작

② **프로이센·오스트리아 전쟁(1866)**
- 프로이센이 보헤미아의 쾨니히그레츠(사도와) 전투에서 대승 → 프라하 조약(1866.8)을 체결하여 슐레스비히·홀슈타인에 대한 권리 양도와 약간의 배상금 요구
- 기존의 독일연방을 해체하고 프로이센 중심의 북독일 연방 결성(1867)

③ **프로이센·프랑스 전쟁(1870~1871)**
- 엠스 전보 사건을 계기로 프랑스가 프로이센에 선전포고
- 세당(스당) 전투에서 나폴레옹 3세는 포로가 되고 프로이센 승리 → 알자스·로렌 확보

◇ **관세동맹(Zollverein, 1834)**
프로이센 주도 하에 18개의 연방 간에 체결되었다. 동맹국은 서로 관세를 폐지하고 자유 통상을 추진, 또 동맹 외의 제국(諸國)과의 통상에는 공통으로 협정한 세액(稅額)을 지킬 것을 약속하였다.

◇ **슐레스비히와 홀슈타인 문제**
슐레스비히와 홀슈타인은 덴마크 왕국의 지배를 받았다. 1848년 2월 혁명의 영향과 프로이센의 지원으로 슐레스비히와 홀슈타인의 독일인들이 독일로의 통합을 주장하며 봉기하였다. 이 봉기는 결국 유럽 열강이 개입하여 해결되었는데(1852년 런던 의정서), 슐레스비히와 홀슈타인은 덴마크 왕국에 남지만 상당한 자치권을 허용하는 것으로 귀결되었다. 그러나 1864년 프로이센과 오스트리아의 연합군이 덴마크와의 전쟁에서 승리하여 슐레스비히는 프로이센이, 홀슈타인은 오스트리아가 점령하였다. 1866년 프로이센의 비스마르크는 오스트리아를 공격하여 승리한 후 두 지역을 모두 합병하고, 북독일연방을 결성하였다.

[테아노 다리에서 만난 가리발디와 에마누엘레 2세(1860.10)]

[이탈리아와 독일의 통일]

(3) 독일 제국의 성립(1871)
① 독일제국
- 황제 : 프로이센 왕 빌헬름 1세 → 의회 해산권을 지님
- 수상 : 비스마르크 → 의회가 아니라 황제에게만 책임을 짐
- 25개의 지방국가로 구성된 연방국가
- 상원(연방의회) : 연방구성국가의 대표와 황제가 임명한 대표로 구성
- 하원(제국의회) : 25세 이상 남자의 보통선거로 구성 → 실질 권한X

② 비스마르크의 문화 투쟁

목적		통일 독일 내 가톨릭 세력을 통제하여 신교도의 독일 제국을 강화시키려함
가톨릭 대응	교황 비오 9세	・교황 비오 9세는 1864년 회칙에서 자유주의 사상을 공격하고 국가의 교회에 대한 간섭 비판 ・1869년 바티칸 공의회에서 교황 무오류의 교리를 선언하고 교황권의 세속국가에 대한 우월성 강조
	중앙당	가톨릭 세력은 중앙당을 중심으로 집결하여 바티칸공의회 선언을 수용하고 중앙집권화 정책에 저항 → 중앙당 의석 증가
정책		・자유당과 연합하여 가톨릭 탄압 ・예수회원을 독일에서 추방, 성직자의 정치적 설교 금지, 교회의 교육기관 폐쇄 등에 관한 법률 통과, 프로이센에서는 종교의식과 관련없이 민법상의 혼인 인정, 장차 신부가 될 사람은 일반대학에 적을 두어야 한다고 규정
실패		・불황으로 인해 자유무역정책에서 보호무역정책으로 전환 → 자유당의 지지 상실 ・사회민주당에 대항하기 위해 중앙당과 협력 → 반가톨릭법안 폐기

③ 경제 성장과 사회보장제도 확대
- 1873년 금융공황 이후 보호무역주의 주장 확산 → 모든 수입품에 대한 보호관세법 제정(1879) → 중공업의 급속한 발전
- 사회 보장 제도 확대 : 사회민주당 세력을 약화시키기 위해 건강보험, 산업재해보험, 노령연금보험제도 실시

4 미국의 발전

(1) 영토 팽창과 노예제 타협

① **미·영 전쟁(1812~1814)**
- 원인 : 독립전쟁 당시 프랑스와의 유대, 영국 해군의 통상 방해, 캐나다를 얻으려는 욕망
- 결과 : 켄트 조약(1814)으로 종결 → 국경 분쟁 종결
- 영향 : 미국 국민의 통합과 국내 공업 발전 촉진

② **영토 팽창**
- 제퍼슨 대통령 : 나폴레옹으로부터 루이지애나 매입(1803)을 통해 미시시피강에서 로키 산맥에 이르는 미국 중부의 광활한 지역을 매입 → 태평양 연안까지 팽창할 가능성이 열림
- 텍사스 병합 : 1836년 멕시코와의 전쟁으로 독립했으나 1845년까지 '외로운 별 공화국'으로 남아있던 텍사스의 병합 여부 논쟁 → 노예제를 둘러싼 연방 내 균형 유지 문제와 연결 → 1845년 하원에서 병합안이 통과되어 28번째 주로 승인
- 텍사스 서남쪽 경계를 둘러싸고 멕시코와 두 번째 전쟁 : 멕시코 시 점령(1847.9)으로 미국 승리 → 서부의 넓은 영토 획득 → 1849년 금광 발견으로 인구가 증가한 캘리포니아주가 31번째 주로 가입(1850)

③ **미주리 타협(1820)**
- 당시 미국은 11개의 노예허용 주와 11개의 노예금지 주로 나뉘어져 있음 → 1819년 미주리 준주의 인구가 6만 명을 넘어 연방 가입 신청 → 미주리주를 노예허용 주로 할 것인지 노예금지주로 할 것인지 논쟁↑
- 동북부의 메사추세츠주를 분할해 메인주를 창설(1821))하고 노예금지 주로 편입하고 미주리주를 1821년 노예허용 주로 연방에 편입 → 미주리 남북 경계의 북부에서 연방 가입을 원하는 준주는 자동적으로 노예금지 주, 그 외 남부 지역은 노예허용 주

◇ **미주리 타협**

1819년 당시 미국의 22주 중에는 노예제를 반대하는 북부 11주와 찬성하는 남부 11주가 있었다. 그런데 노예제를 찬성하는 미주리주가 연방에 가입하려 하면서 문제가 발생하였다. 결국 노예제를 반대하는 메사추세츠 북부를 새로운 메인주로 만들어서 해결하였다. 또한 위도 36도 30분을 기준으로 노예제를 찬성하는 주와 반대하는 주로 나누는 미주리 타협(1820)이 이루어졌다. 1857년 연방 대법원이 미주리 타협이 위헌이라고 판결을 내린 것이 남북 전쟁의 원인이 되었다.

(2) '잭슨 민주주의'와 지역적 긴장의 고조
 ① '잭슨 민주주의'(1829~1837)
  - 1824년 선거에서 앤드류 잭슨이 주민투표에서는 최다득표 했지만 선거인단 확보에서 패배 → 제퍼슨을 잇는 반중상주의적 자유방임과 지방 분권론의 기수
  - 19세기 전반기 자유주의자 : 정부의 간섭과 개입은 공채, 관세, 세금, 은행, 장려금 등을 통해 부유층을 돕는 불공평한 수단으로 여겨짐 → 경기침체 속에서 채무 부담이 늘어난 이들을 대변하면서 특권에 반대하는 '평민의 시대' 표방
  - 1828년 선거에 승리한 잭슨은 최초의 '서부(오하이오강 서쪽) 출신 대통령' → 잭슨 재임 기간(1828~1837)에 민선 관리의 수가 늘고 주민들이 대통령 선거인을 직접 선출할 수 있게 됨 → 재산 자격의 폐지와 엽관제의 도입으로 예전보다 많은 이들이 관직에 진출 → 평민을 기반으로 한 양당제가 전개
  - 토크빌이 『미국의 민주주의』 출판(1835) → 미국 정치의 가장 두드러진 특징은 민주주의와 절대적인 인민주권이었고, 분권화와 독립적인 언론 역시 중요한 요소
 ② 대립·갈등 심화
  - 잭슨이 관세 특혜와 연방 은행의 독점에 반대하는 주권론자(州權論者)를 대변 → 연방정부의 통합적이고 적극적인 정책에서 후퇴하면서 분권적이고 반중상주의적인 태도 견지
  - 연방 은행이 1832년에 특허장 연장 신청 → 잭슨은 이를 거부하고 23개의 주 은행 설립으로 대항 → 1835년에는 주권론자로 알려진 로저 테니를 대법원장에 임명

(3) 타협의 붕괴와 내전 발발
 ① 미주리 타협의 붕괴
  - 19세기 전기 노예무역 종식과 노예제 폐지 주장하는 운동↑ → 제퍼슨은 새로운 노예의 유입을 중단하는 법안 서명(1808)
  - 캔자스-네브라스카 법(1854) : 캔자스와 네브라스카의 노예제 실시 여부를 미주리 타협안이 아닌 주민의 결정에 위임
  - 캔자스-네브라스카 법을 둘러싸고 미주리 대타협이 붕괴될 무렵 링컨의 주도로 공화당이 창당(1854) → 노예제 폐지 협회를 규합하고 관세와 같은 보호주의 정책을 강력히 지지
  - 드레드 스콧 판결(1857) : 흑인 노예 출신으로 노예금지 주에 거주했던 드레드 스콧의 권리에 관한 재판 → 흑인 노예는 시민이 아니기 때문에 연방 법원에 자유 획득을 위한 소송을 제기할 권리가 없다고 판결

② 내전 발발
- 링컨의 대통령 취임 직후 남부 7개 주가 연방에서 탈퇴(1861) → '새로운 연합(아메리카 연합)'을 구성하고 이듬해 4개 주가 탈퇴 행렬에 합류 → 노예제·대농장경영·자유무역·지방분권을 지지한 남부와 노동·공업진흥·보호무역·연방주의를 견지한 북부의 대결 시작
- 초기에는 남부 유리 → 링컨은 노예제 폐지보다 연방 통합을 최우선 과제로 인식하면서도 노예폐지론자와 인도주의적 동조자를 의식해 노예해방령 공포(1863.1) → 게티스버그 전투(1863. 7)에서 북군 승리 → 국제 여론이 북부에 유리하게 전개 → 북부 승리
- 홈스테드법(1862)◇ : 5년 이상 거주하며 개간에 종사한 사람에게 160에이커의 토지를 무상 분배 → 북부가 서부를 끌어들이기 위해 제정 → 서부 개척 촉진

③ 남북 전쟁 이후 발전
- 대륙 횡단 철도 완성(1869)
- 자본주의의 급속한 발전 → '호경기의 시대(Gilded Age)'
- 노동문제 등장 → 주 단위로 최저임금법, 위생관리, 노동시간 규제, 노동자보상 등 마련

[미국의 영토확장]

◇ 홈스테드법

남북전쟁이 한창이던 1862년에 제정되었는데, 일명 자영농지법이라고 불리기도 한다. 이 법안에는 5년간 거주한 농민에게 160에이커의 토지를 분배한다는 것과 6개월 이상 경과한 자는 1에이커에 1달러 25센트에 구매할 수 있다는 내용이 포함되었다. 이는 서부 개척을 신속하게 하기 위한 것이었다. 그러나 많은 토지가 방목업자나 철도회사의 손에 넘어갔다.

◇ **크림전쟁**
나폴레옹 3세가 예루살렘에서의 가톨릭교도의 특권을 오스만 제국에 요구하자, 러시아의 니콜라이 1세가 반발하면서 프랑스와 러시아의 대립이 격화되었다. 1853년 7월 러시아군이 몰다비아·왈라키아 등에 침입하면서 전쟁이 시작되었다. 러시아의 흑해 진출에 반대하였던 영국과 프랑스가 오스만 제국을 지원하면서 전쟁은 국제전으로 확대되었다. 크림반도의 중요한 항구인 세바스토폴이 함락되면서(1855. 8.) 러시아가 패배하였다. 1856년 파리강화조약에서 러시아는 흑해 연안의 영토를 상실하고 흑해 함대를 주둔시킬 수 없게 되었다.

◇ **브나로드 운동**
1860년대 후반 농촌 공동체의 전통이 강하게 남아 있는 러시아에서는 자본주의를 거치지 않고 바로 사회주의로 나갈 수 있다는 신념이 퍼지면서 농민 계몽을 통해 혁명을 추진하려는 움직임이 일어났다. 이 운동을 '브 나로드 운동', 여기에 참여한 지식인들을 '나로드니키(인민주의자)'라고 하였다.

5 러시아의 발전

(1) 니콜라이 1세(1825~1855)의 전제 정치

① **데카브리스트의 난(1825)** : 차르의 전제 정치에 반발한 자유주의자의 반란 → 실패 → 반동 정치 강화

② **전제 정치 강화** : 출판물 검열, 대학에 감독·비밀경찰제 운영

③ **크림 전쟁 발발(1853~1856)**

배경	남진을 모색하는 러시아와 중동 지역에서 경제적 이해관계를 수호하려는 영국과 프랑스
계기	팔레스타인 성지 관할권이 프랑스로 넘어감 → 러시아는 오스만제국에게 러시아정교회의 보호와 해협지대에서의 러시아의 특권적 지위 요구 → 오스만 제국 거부
과정	러시아가 오스만제국에 선전 포고(1853) → 영국과 프랑스의 해군이 흑해에 진입(1854.1) → 영국, 프랑스, 오스만제국의 동맹(1854.3) 체결 → 영국과 프랑스의 원정군이 러시아에 선전포고(1854.9) → 크림반도에 상륙해 러시아 흑해 함대의 거점인 세바스토폴을 공격하면서 크림 전쟁 시작 → 러시아 패배
파리조약	· 흑해지역에서 군항 설치와 군함의 항해가 금지 · 흑해의 중립화와 다뉴브강의 자유 항행, 핀란드 만 아랜드 섬의 비무장화 → 필요한 경우 영국과 프랑스가 이 섬을 발판으로 러시아 공격을 가능하게 함 · 러시아는 몰다비아와 왈라키아 포기 · 오스만튀르크의 영토 보전과 독립 보장 명시
영향	· 크림반도, 카프카스, 발칸반도 지역, 오스만튀르크 등은 강력한 민족주의의 열기↑ · 러시아의 알렉산드르 2세는 1861년 농노해방령을 공포하고, 지방행정, 사법제도, 군제 개혁 추진 · 플로렌스 나이팅게일의 간호 활동

(2) 알렉산드르 2세의 통치(1855~1881)

① **농노 해방령(1861)**

- 농노가 해방되고 일정한 토지 분배받음
- 종전의 보유지를 지주에게 많이 빼앗기고, 할당된 토지에 대한 장기간에 걸친 상환금 부담
- 분배받은 토지는 '미르'라는 농민공동체에 소속되고, '미르'는 이 토지를 주기적으로 재분배할 권리 소유

② **지방 제도 정비** : 지방 의회(젬스트보) 창설, 도시에 시의회 설치

③ **각종 개혁** : 사법제도 개선하여 배심원제 도입, 대학에 대한 감독 완화, 21세에 달한 장정을 계급 구별 없이 징집하는 군제 개혁 실시

④ **브나로드 운동**

- 1870년대 나로드니키(인민주의자)들을 중심으로 전개된 농민 계몽 운동
- 브나로드 운동 실패 후 니힐리즘(허무주의)으로 변질되거나 과격파 등장
- 과격파인 '인민의 의지' 단체가 알렉산드르 2세 암살

⑤ 러시아-튀르크 전쟁(1877~1878)에서 승리 → 산스테파노 조약(1878) 체결 → 베를린 회의(1878)

산스테파노 조약 (1878)	• 세르비아·몬테네그로·루마니아 독립, 불가리아 자치권 승인, 러시아 발칸 반도 진출 • 오스트리아의 반발 → 베를린 회의 개최
베를린 회의 (1878)	• 새로 독립한 국가들의 영토 축소 • 오스트리아가 보스니아·헤르체코비나 지배 • 영국은 키프러스 섬 획득

(3) 알렉산드르 3세의 통치(1881~1894)

① 농민은행 설립으로 농민의 상환금 지불이 쉬워짐

② 여성 노동자의 노동 시간 단축

③ 위테가 1891년 시베리아 횡단 철도 부설 시작하고 산업 발전의 주도적 역할 담당

6 오스트리아-헝가리 제국

(1) 오스트리아-헝가리 제국 성립 배경

① **영토 상실** : 1859년 이탈리아 통일 전쟁에서 밀라노를 포함한 롬바르디아 상실, 1866년 프로이센에게 패하여 베네치아 상실

② 마자르족의 꾸준한 자치 요구 수용

③ 슬라브족을 비롯한 소수 민족 문제에 대해 오스트리아와 헝가리의 공동 전선의 필요성

(2) 성립(1867)

① 오스트리아의 황제 프란츠 요제프가 헝가리 왕을 겸하고 국방, 재정 및 외교를 공동으로 처리

② 국방, 재정, 외교를 제외한 일은 각각의 정부와 의회가 처리

(3) 헝가리의 소수민족 문제

① **이탈리아인** : 트리에스테의 이탈리아인은 이탈리아와 합병 원함

② **세르비아인** : 남부 슬라브 국가와 합병 원함

③ **크로아티아인** : 완전한 자치 요구

④ **보스니아-헤르체고비나 문제**

 • 오스트리아에서는 달마치아, 크로아티아, 보스니아-헤르체비나를 통합하여 남부 슬라브 왕국을 건설하는 삼중왕국방안을 고려

 • 헝가리의 반대로 무산 → 보스니아-헤르체고비나 문제는 제1차 세계대전의 원인이 됨

⑤ **마자르족의 대처** : 소수민족에 대한 마자르화 강행

자료탐구

01. 파리 코뮌 선언

3월 18일의 혁명과 국민방위대의 즉각적이고 용기있는 행동으로 파리는 자치를 회복했다. …… 프랑스가 피비린내 나는 참혹한 패배를 겪기 이전, 프랑스는 …… 군주제, 교권주의, …… 타협적인 반동을 겪어야 했다. 우리나라는 다시 일어서고, 부흥하고, 새로운 삶을 시작하고 …… 프랑스 혁명의 코뮌 전통을 다시 회복하고 있다. …… 이 전통은 앞으로 여러 나라에 독립과 부, 평화로운 영광과 형제애를 가져다 줄 것이다. …… 우리 조상이 시작하고 우리가 마침표를 찍은 혁명은 …… 피를 흘리지 않고 인민의 의지가 가진 힘으로 진행되고 있다. …… 코뮌은 …… 모든 정치 체제의 토대다. 코뮌은 자치를 보유해야 한다. 즉, 코뮌의 독특한 특성과 전통과 필요를 인정하는 자치 행정, 자치 정부를 가져야 한다. 코뮌의 모든 집단은 …… 마치 자유도시의 시민처럼, 그 집단의 완전한 자유와 주권을 보호해야 한다. ……1871년 3월 18일에 승리한 것은 …… 코뮌의 이념이었다. 그 이념은 자유와 인민 통치에 부합하는 유일한 정치 형태인 공화국을 의미한다.

자료 해석

나폴레옹 3세 체제가 붕괴한 후에 세워진 과도정부는 공화정을 선포했다. 그리고 프로이센에 알자스와 로렌의 일부를 양도하고 배상금으로 50억 프랑을 지불하는 프랑크푸르트 조약을 맺었다. 하지만 1871년 프로이센에 마지막까지 저항했던 파리에서 과도정부에 저항하는 폭동이 일어났다. 프로이센에 당한 패배로 상처 입은 파리 시민들이 굴욕적인 강화조약에 불만을 품고 프로이센과의 전쟁에서 사용한 무기를 들고 정부를 향해 분노를 폭발시킨 것이다. 과도정부는 자발적 시민군인 '파리 국민방위대'를 무장 해제하려 했으나, 국민방위대는 항복하기를 거부하고 파리시의 자치를 선언했다. 그리고 혁명위원회, 이른바 파리 코뮌을 수립하였다.

02. 마치니, 조국에 대한 의무(1858)

오! 나의 형제들이여, 여러분의 조국을 사랑하십시오! 우리나라는 우리의 가정이요, 우리를 사랑하고 우리가 사랑하는 많은 가족을 살게 하면서 신이 우리에게 준 집입니다. …… 정당한 원칙 위에서 우리들 자신의 나라를 위해 일하는 가운데, 우리는 인류를 위하여 일합니다. 우리나라는 우리가 공동의 선을 위해 사용해야만 하는 지렛점입니다. 만일 우리가 그 지렛점을 포기한다면, 우리는 우리 자신을 인류뿐 아니라 우리나라 자체도 무용하게 만들어버리는 위험을 범하게 됩니다. 사람들은 인류를 구성하고 있는 여러 국가들과 협동할 수 있기 이전에 먼저 한 민족인 실존을 가져야 합니다. 평등 속에서가 아니라면 진실한 협동도 없습니다. 우리가 하나의 인정된 집단적 실존을 가질 수 있다는 것은 오직 우리나라를 통해서입니다. …… 나라는 단순한 영토지대가 아닙니다. 진정한 나라는 그 나라가 생을 부여하는 이념입니다. 그것은 사랑의 사상이요, 그 영역의 모든 자손을 하나로 통일하는 공동체적 의식입니다.

— 마치니, 『인간 의무론』 —

자료 해석

마치니는 카르보나리당에 입당하여 활동하였으며 1830년 7월 혁명의 영향을 받아 청년 이탈리아당을 창당(1831)하였다. 이후 추방되어 런던에서 살다가 2월 혁명 후 귀국하여 가리발디군에 참여하였다. 마치니는 인류의 평화를 위해서 먼저 이탈리아의 통일이 필수적이며, 이탈리아의 통일은 평등을 기반으로 하여 달성되어야 한다고 주장하였다.

03. 독일의 경제적 통일

교양이 풍부한 사람들은 다음과 같은 것을 확신하기에 이르렀다. 그것은 통상권의 통일, 즉 물질적인 면에서 국민적 이해관계의 통일이 이루어지면, 시간이 흘러감에 따라 그것을 바탕으로 독일 여러 민족의 한층 긴밀한 정치적 통일이 필연적으로 뒤따를 수밖에 없다는 것이다. …… 국산품을 사서 쓰는 쪽이 외국에 주문해 쓰는 것보다 비싸게 먹힐 것이라고 그들을 향해 강력하게 이야기하면 그들은 이렇게 생각해 보자고 한다. 독일 국내의 경쟁은 다른 나라와의 경쟁과 같은 효과를 낳지 않겠는가. 자기 나라의 공업이 발달해 앞으로 그 혜택을 보려면 과도기의 희생을 대가로 치러야 하지 않겠는가. 특히 이번 일로 독일의 농업 지대는 늘 뒤바뀌는 불안정한 대외 판로 대신에 국내의 보다 확실한 판로를 획득하지 않겠느냐고.

— 리스트, 『독일인의 정치적·경제적 민족 통일』 —

자료 해석
제시된 자료는 독일의 정치적 통일의 기반을 마련하기 위해 우선 독일 내 영방 국가 간의 관세를 철폐하여 독일 시장의 통일, 즉 경제적 통일을 달성할 것을 촉구하고 있다. 이러한 여론이 반영되어 관세 동맹이 체결되었다.

04. 프랑크푸르트 제국헌법

독일헌법에 기초한 국민의회는 다음과 같이 결정하여 제국헌법으로 공포한다.

- 제1조   독일 제국은 현재까지의 독일 연방의 영역으로 구성된다. ……
- 제5조   독일 영방국가는 제국헌법에 의해 제한되지 않는 한 독립을 유지한다. 이들은 제국정부에 의해 제한을 받지 않는 한 저마다 한 국가로서 주권과 권한을 갖는다.
- 제6조   외국에 대해서는 제국정부만이 독일 및 모든 독일 영방국가를 국제법상으로 대표한다.
- 제33조 독일 제국은 내부의 모든 관세를 없애고 공동 관세 구역을 갖는 하나의 통일된 관세 및 무역권을 형성한다. ……
- 제70조 제국 최고권자의 명칭은 독일 황제다. ……
- 제88조 상원의 구성원은 각 영방정부가 절반을, 그 해당 영방국가가 아닌 대표[의회]가 그 나머지 절반을 임명한다. ……
- 제93조 하원은 독일 국민의 대표자들로 구성된다.
- 제137조 법 앞에 계급적 차별은 없다. 귀족 계급을 폐지한다. 모든 특권 계급을 폐지한다. 모든 독일인은 법 앞에 평등하다. …… 공직은 능력에 따라 만인에게 개방된다. 모든 시민은 평등하게 군복무를 해야 한다.
- 제143조 모든 독일인은 언론, 저술, 출판, 서화를 통해 자신의 의견을 자유롭게 표현할 권리를 가진다.

자료 해석
프랑크푸르트 의회는 합스부르크 왕조와 나머지 독일과의 문제를 해결하기 위해 분투하고 있었다. 1848년 10월 말경, 의원들은 통일 문제를 해결하기 위한 표결에 들어가 '대독일주의'를 채택했다. 즉 합스부르크가 다스리는 독일 지역을 새 독일제국에 포함(체코까지)시킨다는 것이었다. 합스부르크의 비독일 영토는 별도의 헌법으로 규정하고 빈의 동군연합체제(한 명의 군주 아래 각기 주권을 가진 2국가 체제)로 다스린다는 생각이었다. 문제는 오스트리아에서 이런 방안을 받아들일 의사가 없다는 것이었다. 그 무렵 오스트리아는 혁명의 충격으로부터 회복하는 중이었다. 2천 명의 목숨을 앗아간 유혈 작전으로, 정부군은 10월 말 빈을 재탈환했다. 오스트리아는 대독일안을 단호히 배격했다. 그러자 프랑크푸르트의 기류는 자유주의 프로테스탄트의 민족주의 온건파 의원들이 선호하는 '소독일안' 방향으로 바뀌었다. 소독일안의 틀 안에서 오스트리아는 새로운 국가 체제에서 배제되었고, 새 체제의 지도적인 역할은 프로이센 왕국으로 넘어가게 되었다. …… 프랑크푸르트 의회는 새 독립을 위한 투표를 하고 근소한 차이로 군주제 헌법을 승인했다. 이튿날 대다수 의원은 투표를 통해 프리드리히 빌헬름 4세를 독일 황제로 추대했다.
– 크리스토퍼 클라크, 『강철왕국 프로이센』 –

05. 국민의회 황제 추대를 거부한 빌헬름 4세의 편지

우리 조국의 적들은 반란의 깃발을 올려 작센과 남부 독일의 몇몇 지역을 합병했다. …… 참으로 슬프게도 독일인 중에도 이 깃발을 따라 나서서 합법적인 정부에 노골적으로 반발하고 신과 인간의 재가로 세워진 질서를 뒤집으려는 자들이 있다. 이렇게 심각하고도 위험한 위기 속에서 나는 백성들에게 공개적으로 말하고자 한다.
나는 독일국민의회-프랑크푸르트의회-쪽에서 황제의 자리를 제안한 일에 대해 긍정적인 답변을 할 수가 없다. 왜냐하면 그 의회는 독일정부의 동의 없이는 나에게 제안한 황제 자리를 수여할 수 없으며, 더구나 그들은 독일 영방국가들의 권리 및 안전과 양립할 수 없는 헌법을 받아들이는 조건으로 그 자리를 제안했기 때문이다.
나는 독일 국민의회를 이해하기 위해 모든 방법을 다 써보았다. 이제 의회와 프로이센의 관계는 깨졌다. 독일은 그 의원들 대다수에게 더는 긍지와 신뢰를 느끼지 못한다. 많은 의원들이 그 의회가 망가지는 모습을 보고 제 발로 떠났다. 이제 나는 아직 철수하지 않은 프로이센 대표들에게 모두 돌아오라고 명했다. …… 현재 의회를 지배하고 있는 당파는 …… 독일 통일을 주장하고 있지만 사실은 …… 군주제와의 싸움에 불을 붙이고 있다. 그러나 군주제가 무너진다면 법과 자유와 소유권은 깡그리 사라질 것이다.

자료 해석

프랑크푸르트 국민의회가 프리드리히 빌헬름 4세를 황제로 선출하였으나, 프리드리히 빌헬름 4세는 이를 거부하였다. 이후 국민의회도 해산되면서 독일의 3월 혁명은 사실상 실패하였다. 빌헬름 4세는 입헌주의에 반대했으며, 하원의 입법 및 예산권 요구도 거부하고 의회를 해체했다.

06. 비스마르크의 철혈 정책

혁명을 마음에 품은 뻔뻔스런 무리가 너무도 많습니다. …… 비록 빈약한 우리 몸에 군비가 너무 무겁다 해도 그것이 우리에게 이롭다면 우리는 그것에 익숙해지려는 정열을 가져야 합니다. 독일이 현재의 과제를 수행하기 위해 눈여겨보아야 할 것은 프로이센의 자유주의가 아니라 군인인 것입니다. 빈 회의 이래 우리의 국경은 정상적인 국가에 어울리는 것이 아닙니다. 오늘날 중요한 문제들은 연설과 다수결로 결정되는 것이 아닙니다. 그렇게 생각했던 것이 1848년과 1849년의 중대한 오류였습니다. 문제는 피와 무기로만 해결될 수 있습니다.

– 비스마르크의 의회 연설, 1862 –

자료 해석

자유주의자에 의한 통일 노력(프랑크푸르트 회의)이 실패로 끝난 이후 보수주의 세력을 대표하는 비스마르크가 독일의 통일을 주도하였다. 그의 통일 정책은 군비를 확장하여 프랑스 및 오스트리아와의 전쟁을 통해 통일을 달성하는 것이었다.

07. 독일제국 헌법

북독일연방의 이름으로 프로이센 왕, 바이에른 왕, 뷔르템베르크 왕, 바덴 대공 …… 헤센 및 라인 대공은 연방 영토를 수호하고 …… 독일 민족의 복리 증진을 위해 영원한 연방을 결성키로 한다. 이 연방은 독일제국의 이름으로 다음의 헌법을 갖는다.

제2조 연방 영토 내에서는 …… 제국법이 각 영방국가의 법보다 우선하여 행사된다. ……
제3조 전 독일에는 하나의 단일 국적이 존재하므로 각 영방국가의 신민은 다른 영방국가에서도 …… 동일한 시민권을 행사하고 …… 법적 보호를 받는다. ……
제5조 제국법 제정은 연방의회[상원]와 제국의회[하원]를 통해서 이루어진다. 양 의회에서 제국법은 다수결에 따라 통과된다. ……
제11조 연방정부는 프로이센 왕에 소속되어 있고 그는 연방정부를 독일 황제의 이름으로 통솔한다.
제15조 연방의회의 의장직과 업무 감독은 제국 수상의 소관 사항이고 제국 수상은 황제가 임명한다. ……
제20조 제국의회는 비밀, 보통 및 일반 선거권을 통해 구성된다. ……
제24조 제국의회의 임기는 3년이다. 임기 중에 제국의회를 해산하려면 연방의회가 결의하고 황제의 동의가 있어야 한다. ……

자료 해석

프랑스와의 전쟁에서 승리한 빌헬름 1세는 1871년 베르사유 궁전에서 독일제국을 선포하고 카이저(황제)로 즉위했다. 1867년에 제정된 북부연방헌법의 연장이라고 할 수 있는 제국헌법에 의하면, 상원에 해당하는 연방의회는 주로 연방구성국가의 대표와 황제가 임명하는 대표로써 구성되었으며, 하원에 해당하는 제국의회는 25세 이상의 성년남자의 보통선거로 구성되었으나, 실질적인 권한이 없었고 연방의회에 의해 해산도 가능하였다. 국정을 좌우하는 것은 프로이센 총리로 임명되는 재상과 황제이며, 재상은 의회가 아니라 황제에게 책임을 졌다.

08. 알렉산드르 2세의 농노 해방령

- 러시아의 황제이자 군주, 폴란드의 왕, 핀란드의 대공인 짐 알렉산드르 2세는 믿음직한 신민들에게 선언한다. …… 농노들은 낡은 법령들 혹은 관습으로 지주들의 권력 아래에 세습적으로 결박되어 있었다. …… 지주들은 농민의 복지를 해하고 전횡을 일삼고 농민들은 자신의 삶을 개선하기 위해 아무것도 하지 않았다.
 …… 새로운 법령에 따라 농노는 적절한 시기에 자유로운 농민으로서의 모든 권리를 갖는 것으로 한다. 지주가 허락한다면, 영구 사용권이 주어진 경지나 그 밖의 쓸모 있는 땅도 자기 소유로 할 수 있다. 농노는 토지

를 지주로부터 되사는 것으로써, 지주에 대한 의무에서 벗어나 진정 자유로운 농민의 신분으로 된다. 농노가 지주로부터 토지를 사들이는 가격은 지대의 15~20배로, 그 대금의 80%는 정부가 대신 지불하고, 농민은 이자를 붙여 49년간 나누어 갚도록 한다.

- …… 황제 폐하의 자비로운 선언은 축복받은 러시아 백성의 노예화를 억제했습니다. 그러나 농민의 생활을 개선하는 것이 아니라 그들을 억압하고 파멸시키기를 원하는 일부 농노 소유주들은 법과는 반대로 전체 토지 중에서 가장 좋은 것을 자신들이 선택하고 …… 가장 나쁜 토지를 …… 불쌍한 농민들에게 배분하고 있습니다. …… 이 지주 집단에게 우리의 것을 인정받아야 합니다. …… 우리 공동체는 황폐한 할당 농지를 거부하고 법령과 일치하는 할당 토지를 줄 것을 요청했습니다. …… 그러자 주지사는 …… 군인 1200명을 우리 마을에 파견했습니다. …… 그리고 자작나무 회초리를 가져와 잔인하고 무자비하게 자행된 처벌을 개시할 것을 명령했습니다. 그들은 200명에 달하는 남자와 여자를 처벌했습니다. …… 우리는 …… 이 공동체의 청원을 들어주시기를 애원합니다. …… 공명정대하게 우리 공동체의 토지가 분배되도록 명령을 내려주옵소서.

자료 해석
1861년에 발표된 농노 해방령은 4000만 명 이상의 농노를 해방시킨 엄청난 개혁이었다. 이 칙령으로 농노는 자유민이 되었으며, 생계유지에 필요한 토지, 가옥, 농기구를 그대로 소유할 수 있게 되었고, 귀족들은 토지와 농노에 대한 보상을 받았다. 그러나 농민들은 무거운 상환금을 49년 동안이나 갚아야 했으며, 토지 또한 '미르'라는 공동체에 속한 것으로 대개가 불모지였기 때문에 불만을 가지게 되었다. 그러나 이로 인해 자영 농민이 출현하고 지주의 합리적인 경영을 유발하여 러시아 자본주의 발전의 출발점이 되었다.

09. 네브래스카 및 캔자스법

아래와 같은 경계선 내에 포함된 미국 영토의 전 지역. 즉 북위 40도선이 미주리강을 통과하는 그 강의 한 지점에서 시작해, 상기 위도선을 따라 서쪽으로 로키산맥의 정상에 있는 유타준주의 동쪽 경계선까지, 상기 정상을 따라 북쪽으로 북위 49도선까지, 동쪽으로 미네소타 준주의 서쪽 경계선까지, 남쪽으로 상기 경계선을 따라 미주리강까지. 그 강의 본류를 따라 내려가 출발 지점에 이르는 지역에 네브래스카 준주라는 이름으로 임시 정부를 창설한다. 그리고 상기 준주나 그 주주의 어떤 일부 지역이 하나의 주나 몇 개의 주로 승인될 경우에는 승인 당시 그들의 헌법이 규정하는 법에 따라서 노예제도의 유무에 관계없이 연방에 가입한다. ……

제14항 …… 1820년 3월 6일에 승인된 미주리주의 연방가입을 위한 법의 제8항을 제외하고 미국 헌법과 미국의 모든 법률은, 미국 내의 다른 지역에서와 같이, 상기 네브래스카 준주에서도 똑같은 효력과 영향력을 가진다. 그 법령은 '통상타협 조치'라고 불리는 1850년의 입법으로 인정된 것처럼, 주와 준주의 노예제도에 대한 연방의회의 불간섭 원칙과 모순되므로, 이 문서에 의해 효력이 정지되고 무효임을 선언한다. 왜냐하면 오직 미국 헌법에 따라, 어떤 준주나 주의 노예 제도를 법률로 제정하지도 배제하지도 않고, 그들 나름대로 내부 제도를 만들고 규정하게끔 그곳 주민들에게 완전히 자유롭게 맡기는 것이 이 법의 진정한 목적이자 의의이기 때문이다. ……

제19항 …… 다음 경계선 내에 포함되는 … 지역, 즉 북위 37도선과 교차하는 미주리주의 서쪽 경계선의 한 지점에서 시작해, …… 이르는 지역에 캔자스 준주라는 이름으로 임시 정부를 창설한다. 그리고 상기 준주나 이 준주의 어떤 지역이 하나의 주나 몇 개의 주로 승인될 경우, 승인 당시 그들의 헌법이 정하는 바에 따라 노예제도의 유무에 관계 없이 연방에 가입한다. ……

자료 해석
북부와 남부의 지역 갈등은 노예를 인정한 미주리주와 노예제를 허용하지 않는 메인주의 동시 연방 가입을 결정한 1820년 미주리 타협으로 위기를 모면했으나, 1850년대에 서부 준주에 대한 정책과 그 지역 내 노예제 존폐를 둘러싸고서 지역 갈등이 다시 불거졌다. 1854년 캔자스-네브라스카법 제정으로 1820년 미주리 타협이 무효화되었고, 이후 남북 대결은 한층 격화되었다. 북부의 많은 민주당원들이 이탈해 노예제 반대를 정강으로 내걸고 1854년에 새로이 출범한 공화당과 제휴하게 되었다.

10. 드레드 스콧사건의 최종 판결

피고는 그 법원의 재판권의 배제를 호소했다. 즉, 원고는 신청서에서 진술한 바와 같이, 조상이 순수한 아프리카 혈통이고 이 나라에 와서 노예로 팔렸기 때문에, 미주리주의 시민이 아니라는 것이다. …… 간단히 말해서 문제는 이것이다. 조상이 이 나라에 수입되어 노예로 팔린 한 흑인이 미국연방헌법이 만들고 유지한 정치공동체의 일원이 될 수 있는가? 그리고 시민에게 그 헌법이 보증하는 모든 권리와 특전, 면책의 자격이 있는가? 그 권리 하나는 …… 미국 법원에 소송을 제기할 수 있는 특전이다. …… 우리는 그들이 헌법상의 '시민'이라는 단어 아래 있지 않고 포함되지도 않으며. 포함시킬 의도도 없었다고 생각한다. 그러므로 그들은 헌법이 미국 시민들을 위해 규정하고 그들에게 보증하는 권리와 특권들 가운데 어느 것도 요구할 수 없다. …… 그리고 권력과 정부를 장악한 사람들이 그들에게 허가하기로 결정한 것을 제외하고는 어떤 권리나 특권도 가지고 있지 않다. …… 이 문제에 대해 충분히 주의 깊게 고찰한 결과 본 법정의 의견으로는, 소송 각하 항변에서 진술된 사실들에 따르면 드레드 스콧은 연방헌법이 의미하는 범위 내에서 미주리주의 시민이 아니고 그 법정에 소송을 제기할 자격이 없다. 따라서 그 지역 순회법원은 이 사건에 대한 재판권이 없으므로 소송 각하의 항변에 대한 그 재판은 잘못된 것이다.

자료 해석

드레드 스콧은 미주리의 노예로서, 주인을 따라 자유주인 위스콘신으로 가면서 자유인이 되었다. 그러나 그가 다시 미주리로 돌아오자, 미주리주는 그를 노예 신분으로 되돌렸다. 스콧은 자신이 자유인이라고 주장하였다. 이 문제는 법정으로 옮겨 갔고, 결국 9명의 대법원 판사 가운데 7명이 스콧을 노예로 판정하면서 해결되었다(1857). 이 판결에서 대법원장 로저 토니는 흑인을 '백인이면 보호받게 될 권리를 갖지 못한 열등한 존재'로 정의하였다. 판결의 골자는, 노예로 태어난 사람은 시민이 아니므로 연방 정부에 고소할 권리가 없다는 것이었다. 즉, 그것은 흑인의 시민권을 부정한 것이었고, 이것은 남북전쟁의 원인 중 하나가 되었다.

11. 홈스테드법

제1조 한 가족의 가장, 21세에 도달한 미국 시민, 미국의 귀화법이 정하는 바에 따라 미국 시민이 될 의사를 밝힌 사람, 미국에 대항해 무기를 든 일이 없거나 미국의 적에게 도움을 주고 편의를 제공한 일이 없는 사람은 누구든 1863년 1월 1일부터 또는 그 이후 우선매입권을 청구했거나 청구할 때, 에이커당 1달러 5센트나 그 이하의 가격으로 우선 매입권이 인정되는 미할당 공유지의 4분의 1구획(160 에이커) 또는 그 이하 면적의 토지에 입주할 자격이 있다. 또한 한 필지로 되어 있고 공유지의 법정 분할법에 일치하며 측량이 완료된 에이커당 2달러 50 센트의 미할당 토지의 경우에는, 80에이커나 그 이하 면적의 토지에 입주할 자격이 있다. ……

제2조 이 법의 혜택을 받고자 신청하는 사람은 토지 권리를 취득하고자 하는 토지 사무소의 등기원에게 가장이거나 21세 또는 그 이상의 나이임을, 또는 미국 육해군에서 복무한 일이 있으며 미국 정부에 대항해 무기를 들거나 미국의 적에게 도움과 편의를 제공한 일이 없음을, 그리고 전적으로 자신의 이용과 이익을 위해 실천함을, 또 그 토지에 입주하는 목적은 실제의 정착과 경작에 있으며, 직·간접을 불문하고 다른 사람의 이용이나 이익을 위한 것이 전혀 아니라는 진술서를 내야 한다. ……

자료 해석

홈스테드법은 서부로 노동력이 유출될 것을 두려워하는 북부와 노예제도를 반대하는 서부의 발전을 두려워하는 남부가 다 같이 반대했으므로 제정될 수가 없었다. 그러나 노예제도의 확장에 반대하는 공화당이 창당되자, 북부는 남부에 대항해 서부의 지지를 얻기 위해 홈스테드법 제정에 찬성하였다. 홈스테드법은 서부 개척을 촉진하였고, 미국 경제의 비약적 발전에도 기여하였다.

12. 노예 해방 선언

합중국에 대해 반란 중에 있는 주, 혹은 주 안의 특정 지역에서 노예 신분에 놓여 있는 사람은 모두 1863년 1월 이후로 영원히 자유의 몸이 될 것이다. 이제, 나 합중국 대통령 에이브러험 링컨은 합중국의 권위와 정부에 대해 일어난 현재의 무장 반란을 앞에 두고, 합중국 육해군 최고 사령관으로서 나에게 주어진 권한에 따라 이 반란을 진압하기 위해 적절하고 필요한 전투 수단으로서, 오늘 1863년 1월 1일을 기해 앞으로 백일 동안의 포고문을 통해 현재 반란 상태에 있는 주 및 주 안의 특정 지방을 지정해 발표한다. '아칸소, 텍사스, 루이지애나, 미시시피, 엘라배마, 앞에서 말한 권한과 목적에 따라 나는 위에 적힌 주 및 주 안의 특정 지역에서 노예 신분에 놓여 있는 모든 사람이 이제부터 자유의 몸이 된다는 것을, 또 육해군 당국을 포함하여 합중국 행정부는 그들의 자유를 인정하고 지켜 주어야 한다는 것을 명령하고 선언한다.

자료 해석
노예제 폐지와 무역 정책의 대립 속에서 남북 전쟁이 발생하였다. 초기의 전투는 남부가 우세하여 북부의 중심인 워싱턴을 위협할 정도였다. 이에 링컨은 1863년 노예해방을 선포하여 다수의 흑인들이 북부에 가담하였으며, 이후 게티즈버그 전투에 승리하면서 전세는 북부에게 유리하게 전개되었다.

V.

제국주의와 두 차례의 세계대전

CHAPTER 01
제국주의와 세계 분할

CHAPTER 02
제1차 세계 대전

CHAPTER 03
러시아 혁명

CHAPTER 04
베르사유 체제와 2차 세계대전

CHAPTER 01 제국주의와 세계 분할

1 제국주의의 등장

(1) 제국
 ① 제국은 고대 로마시대부터 사용된 용어
 ② 제국은 지상의 권력을 추구하면서 국제관계를 자국을 정점으로 하는 위계질서로 재편하는 국가로 정의됨

(2) 제국주의 성립
 ① **독점 자본주의** : 19세기 후반 2차 산업혁명 발생 → 자본의 집적과 집중으로 독점 자본주의 형성
 ② **제국주의◇ 개념** : 제국주의는 19세기 후반 등장한 신조어 → 원료 공급지·상품 시장·잉여 자본의 투자 지역을 확보하기 위해 약소 지역을 무력으로 식민지화하는 개념
 ③ **이론적 배경** : 침략적 민족주의, 사회 진화론, 인종주의

(3) 제국주의 국가의 아프리카 분할
 ① **영국**
  • 이집트의 보호국화 : 수에즈 운하◇의 관리권을 차지 → 이집트의 아라비 파샤는 '이집트인을 위한 이집트'를 주장하며 혁명(1881) 시도 → 영국이 이를 진압하고 이집트를 보호국화
  • 보어 전쟁(1899~1902)◇으로 남아프리카를 식민지화
  • 종단 정책 추진
  • 수단, 우간다, 케냐 등을 보호령으로 삼음
  • 3C 정책 : 콜카타 ~ 카이로 ~ 케이프타운
 ② **프랑스**
  • 알제리를 장악한 후 튀니지·모로코를 보호령, 프랑스령 콩고
  • 횡단 정책 추진 : 알제리 ~ 마다가스카르 연결 → 파쇼다 사건(1898)◇ → 프랑스는 모로코에 대한 진출을 인정받은 대신 영국의 이집트 지배를 인정
 ③ **독일**
  • 남서아프리카(나미비아), 독일령 동아프리카(탄자니아), 카메룬, 토고
  • 3B 정책 : 베를린-비잔티움-바그다드
 ④ **포르투갈** : 앙골라, 포르투갈령 동아프리카(모잠비크)
 ⑤ **이탈리아** : 리비아
 ⑥ **벨기에** : 벨기에령 콩고
 ⑦ **결과** : 에티오피아와 라이베리아를 제외한 모든 아프리카 지역이 열강의 식민지가 됨

◇ **제국주의와 식민주의**
식민주의는 인구가 희박한 곳으로 가서 새로운 마을을 이루는 개척지에서 유래한 용어로, 식민주의는 영토 밖의 다른 지역으로 진출해 그곳에 본국의 인구를 비롯해 정치·사회·제도, 나아가 문화까지 이식하는 정책과 활동을 의미한다. 제국주의는 힘의 행사를 통한 지배를 강조하며, 식민주의는 사람과 제도, 문화 등 좀 더 광범위한 차원의 팽창에 강조점을 둔다.

◇ **보어 전쟁**
네덜란드인의 후손인 보어인들이 아프리카 남쪽에 트란스발공화국과 오렌지자유국을 세웠다. 19세기 후반 트란스발에서 금광이 발견되고, 오렌지강변에서 다이아몬드가 발견되었다. 영국은 이 지역을 차지하기 위해 보어 전쟁을 일으켜 남아프리카를 식민지화하였다.

◇ **파쇼다 사건**
영국은 카이로와 케이프타운을 연결하는 종단정책을 추진하고 있었고, 프랑스는 아프리카 북서부에서 남동부를 연결하는 횡단정책을 추진하고 있었다. 직접적 계기는 프랑스군이 수단 남부에 있는 파쇼다에 주둔하자, 영국이 수단 남부의 하르툼을 점령하면서 대립하였다. 결국 영국은 이집트를, 프랑스는 모로코를 자신의 영향력 아래에 두기로 타협함으로써 무력 충돌의 위기를 벗어났다.

(4) 아프리카 민족 운동

리비아	· 오스만 제국의 지배 → 20세기 초 이탈리아의 침략으로 식민지화 · 알 무크타르의 강력한 저항 운동 → 이탈리아가 효과적으로 지배 못함
알제리	· 1830년 프랑스의 침략 → 프랑스가 병력을 동원하여 알제리인들의 저항을 진압하고 식민지화 → 프랑스인 정착지 건설, 원주민 차별 · 1954년부터 독립 운동을 전개하여 독립(1962)
수단	· 무함마드 아흐마드의 개혁 : 무함마드 아흐마디가 이집트와 영국의 지배에 맞서 스스로 '마흐디(마디)'라고 부르며 군대를 일으키고 개혁 추진 · 아흐마드의 군대가 영국군과의 전투에서 패배 → 영국의 지배
에티오피아	· 메넬리크 2세◇의 근대화 개혁 : 에티오피아 통일, 철도와 학교 설립, 신식 군대 창설 · 이탈리아의 침입 : 아도와 전투(1896)에서 격퇴 → 독립 인정
줄루 왕국	· 샤카 줄루 : 주변 부족을 통합하여 왕국 건설 · 이산들와나 전투(1879) : 영국의 침략 → 이산들와나 전투에서 영국 패배 → 영국의 지속적인 침략 → 영국의 식민지로 전락
탄자니아	· 독일의 식민 지배와 수탈 · 마지마지 운동(1905) : 킨 제케틸레 주도로 원주민 봉기(마지마지 운동) → 독일의 초토화 전술로 진압 당함
나미비아	· 독일의 식민 지배와 수탈(헤레로족의 피해) · 헤레로족의 무장 봉기(1904) → 독일군의 무자비한 진압으로 실패

◇ 메넬리크 2세
에티오피아의 황제로 도로와 교량을 건설하고 서양의 교육 체제를 도입하는 등 근대화를 추진하였다. 또 최신 무기를 수입하고 유럽인 교관에게 군대 훈련을 맡겨 군사력을 강화하였다.

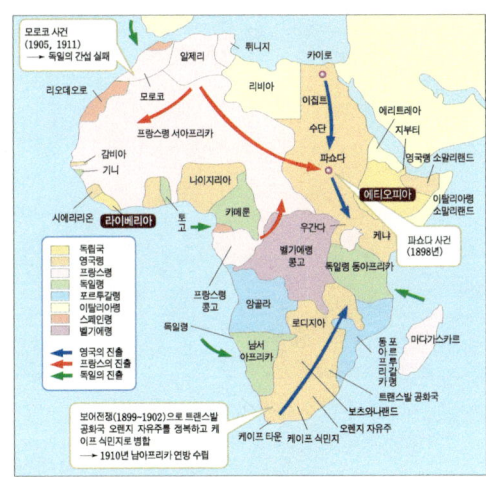

[열강의 아프리카 분할]

◇ **메인호 사건**

1898년 1월 미국은 쿠바에서 발생한 폭동으로 인해 위험에 처할 가능성이 있는 미국인들의 생명과 재산을 보호할 목적으로 메인호를 아바나 항에 파견했다. 그러나 2월 15일 폭발사건이 일어나 배가 침몰하는 바람에 타고 있던 260명의 수병들이 몰살되었는데, 이를 메인호 사건이라고 한다. 미국은 이 사건을 배경으로 에스파냐와 전쟁을 시작했다.

(5) 제국주의 국가의 아시아·태평양 분할

① **영국**
  - 말레이 연방 수립(1895) : 말레이 반도와 보르네오 북부 합병
  - 미얀마를 식민지화하고 인도에 병합

② **프랑스** : 인도차이나 연방 수립(1887) → 베트남, 캄보디아, 라오스 병합

③ **네덜란드** : 네덜란드령 동인도(1904) → 자와·수마트라·보르네오 섬 병합

④ **미국**
  - 메인호 사건˚을 배경으로 에스파냐와의 전쟁(1898) → 승리 후 필리핀을 식민지화, 쿠바를 보호국화
  - 파나마를 콜롬비아로부터 독립시키고 파나마 운하 건설
  - 문호개방정책(1899)
    ㉠ 미국은 중국이 특정 국가의 식민지화가 되는 것을 막고, 어느 국가든 상품과 자본에 자유롭게 접근할 수 있는 권리를 요구
    ㉡ 제국주의 후발 주자인 미국이 자국의 이익을 극대화시키려는 노력으로, '자유주의 제국주의' 혹은 '문호개방 제국주의'로 불리기도 함

⑤ **독일** : 태평양의 비스마르크 제도, 마셜 제도 등 점령

[제국주의 세력의 아시아 침략]

CHAPTER 02 제1차 세계 대전

1 삼국 동맹의 성립과 삼국협상 성립

(1) **비스마르크 시대의 외교 정책**: 유럽의 현상 유지 정책 → 프랑스 고립화

① **19세기 말 유럽 상황**: 독일의 통일로 유럽의 세력 균형에 심각한 변형을 가져옴

② **독일**: 군사주의를 표방하고 식민지 쟁탈전에 참여

(2) 집단 안보 체제

삼제 협약 (1873)	독일·오스트리아·러시아의 동맹 → 비스마르크는 프랑스를 고립화시킴
베를린 회의 (1878)	· 러시아-튀르크 전쟁 이후 체결된 산 스테파노 조약을 비스마르크가 개입하여 변경 · 오스트리아와 영국에 유리하고, 러시아에 불리 → 독일과 러시아의 관계 악화
삼제동맹 (1881)	· 배경: 독일과 오스트리아가 1879년 비밀군사동맹(2국동맹) 결성 → 독일·오스트리아·러시아의 삼제협약이 더욱 공식적인 관계로 발전 · 내용: 동맹국 중 1국이 제4국의 공격을 받는 경우 나머지 동맹국은 우호적인 중립을 지키고, 투르크에 대하여는 서로 사전 협의 · 해체: 1884년에 조약이 갱신되었으나 1885~1886년 불가리아 문제로 오스트리아와 러시아간의 관계가 악화되어 독일·오스트리아·러시아 간의 공식적인 집단 동맹 형성 안됨 → 1887년 해체
삼국 동맹 (1882)	· 이탈리아는 튀니지를 점령하려 했으나 프랑스가 먼저 점령 · 이탈리아가 독일, 오스트리아에 접근하여 이탈리아·오스트리아·독일의 삼국동맹 결성
베를린 회의 (1884~1885)	벨기에의 레오폴트 국왕이 중앙아프리카 콩고 분지 지역의 영유권을 인정받음 → 아프리카 식민 지배 본격화
재보장 조약 (1887)	· 배경: 삼제동맹의 결렬로 러시아와 프랑스가 연결되는 것을 막기 위해 비스마르크가 주도하여 러시아와 맺은 조약으로 3년마다 갱신이 필요한 조약 · 내용: 양국의 어느 한 쪽이 제3국으로부터 공격을 받는 경우 다른 약정국은 호의적 중립을 지킴. 단 독일이 프랑스를, 그리고 러시아가 오스트리아를 공격하는 경우 적용되지 않음

◇ **비스마르크의 외교 정책**

독일 통일을 완성한 비스마르크는 유럽 정치 질서의 현상유지를 가장 중요하게 생각하였다. 그리고 이를 실현하기 위해 프랑스를 고립화하려고 하였다. 프랑스를 고립시키기 위해 비스마르크는 영국, 러시아, 오스트리아, 이탈리아 등을 독일에 묶어두려는 전략을 취하였고, 이는 삼제협약, 삼국동맹 등으로 실현되었다. 그러나 발칸 반도를 둘러싼 러시아와 오스트리아의 대립으로 인해 비스마르크의 외교 정책은 성공하기 어려웠다.

◇ **불가리아 문제**

1885년 불가리아가 동루멜리아를 복속시키자 이에 불만을 가진 세르비아가 불가리아를 공격하였다. 전쟁은 불가리아의 승리로 끝났으나, 이 과정에서 세르비아를 지원한 오스트리아와 불가리아를 지원한 러시아 사이의 대립이 심화되었고, 이는 삼제동맹의 해체로 이어졌다.

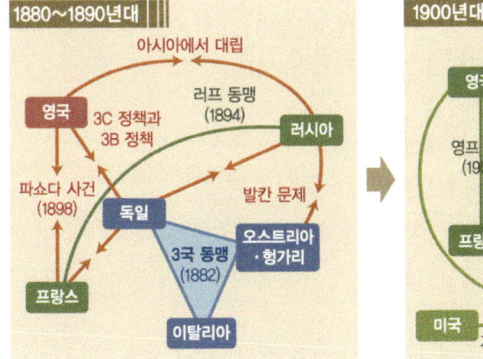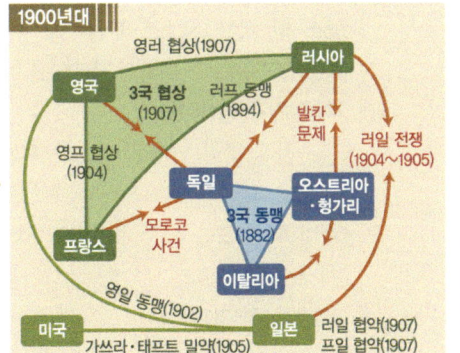

[삼국동맹과 삼국협상]

(3) 삼국협상 성립
  ① 독일 빌헬름 2세의 세계정책
    - '세계정책' : 3B 정책을 강력하게 추진하여 유럽-발칸반도-중동을 아우르는 거대한 제국으로서의 독일 모습을 실현하려는 시도 → 영국의 3C 정책과 충돌, 오스만 제국과 지중해로 진출을 모색하던 러시아의 정책과도 대립
    - 군비 확장 정책 추진 : 함대법 제정(1898)으로 본격화된 해군력 증강 프로그램 → 영국에게 심각한 위협↑ → 대전함 드레드노트 호 진수(1906) + 구축함과 잠수함 건조↑→ 영국이 프랑스·러시아와의 동맹 체제에 합류하는 데 결정적으로 기여
  ② 삼국 협상의 성립(1907) : 독일의 세계 정책과 영국의 명예로운 고립 정책 탈피

러·프 군사 동맹 (1894)	· 프랑스가 독일 또는 이탈리아로부터 공격을 받는 경우 러시아는 독일 공격, 러시아가 독일 또는 오스트리아로부터 공격을 받는 경우 프랑스는 독일 공격 · 삼국동맹이 존속하는 한 유효
재보장조약 만료 (1900)	러시아가 프랑스에 접근
1차 영일동맹 (1902)	영국의 고립주의 종식
영·프 협상 (1904)	· 독일을 견제하기 위해 영국이 프랑스에 접근 → 프랑스는 영국의 이집트 지배 인정, 영국은 프랑스의 모로코 지배 인정 · 파쇼다사건(1898)으로 상징되는 오랜 분쟁 관계 종식
영·러 협상 (1907)	· 독일의 증대하는 힘과 영향력에 대한 두 나라의 두려움이 정치적 동맹 관계의 형성으로 표현 · 이란(카자르 왕조)의 북부는 러시아, 남부는 영국의 세력권으로 인정
삼국 협상 (1907)	영국·프랑스·러시아

(4) 국제적 긴장 격화
  ① 1차 모로코 사건(1905)◇
    - 빌헬름 2세가 모로코의 탕헤르 항을 방문하여 모로코의 영토 보전과 문호개방 주장
    - 알제시라스 회의(1906)에서 프랑스는 모로코에 대한 우월적 지위 확인받음
  ② 2차 모로코 사건(1911)◇
    - 모로코에서 내란 발생 → 프랑스가 군대 파견하자 독일도 모로코의 아가디르 항에 군함 파견
    - 프랑스가 모로코를 보호령으로 삼음
  ③ 보스니아 위기 : 오스트리아가 보스니아 - 헤르체고비나를 합병(1908) → 세르비아의 반발↑
  ④ 이탈리아 : 오스만제국의 영토였던 트리폴리 점령(1911)
  ⑤ 1차 발칸 전쟁(1912)◇
    - 불가리아·그리스·세르비아·몬테네그로 등이 발칸 동맹 결성하여 오스만 제국 공격 → 런던조약 체결
    - 런던조약 : 오스만 제국은 콘스탄티노플을 제외한 유럽 영토와 크레타 섬을 발칸 동맹국에게 양도
  ⑥ 2차 발칸전쟁(1913)◇
    - 불가리아가 확보한 영토를 둘러싼 전쟁 → 부카레스트 조약 체결
    - 부카레스크 조약 : 그리스는 크레타 섬을 비롯한 에게해의 섬과 마케도니아 일부 확보, 세르비아와 루마니아의 영토 확장

◇ 모로코 사건
모로코에 눈독을 들이던 독일은 프랑스가 모로코를 차지하려고 하자 불만을 품고 1905년 빌헬름 2세가 모로코의 탕헤르를 방문하였다. 1911년에 모로코에서 반란이 발생하자 빌헬름 2세는 독일인 보호를 명분으로 군함을 파견하여 국제 긴장을 조성시켰다. 이는 영국과 프랑스의 결합을 촉진시켰고, 독일은 콩고 북부를 받는 대신 프랑스의 모로코 지배권을 인정하였다.

◇ 발칸 반도의 정세
발칸 반도는 게르만족, 슬라브족, 아시아계 민족들이 다양하게 거주하고 있어서 민족 문제가 복잡하였다. 이로 인하여 유럽 정국이 불안해졌기 때문에 이 지역을 '유럽의 화약고'라고 일컫게 되었다. 특히 범게르만주의를 표방한 오스트리아의 보스니아·헤르체고비나 합병(1908)에 불만을 품고 있던 세르비아(범슬라브주의)가 오스트리아의 방해로 알바니아와 몬테네그로의 합병에 실패하자 양국 관계는 극도로 악화되었다. 이러한 발칸 반도의 위기는 제1차 세계대전으로 이어졌다.

2 제1차 세계대전(1914~1918)

(1) 발생
  ① 사라예보 사건
    - 오스트리아 황태자 페르니단트 대공 부부가 세르비아 청년 프린치프에 의해 암살되는 사건 발생(1914.6)
    - 프린치프는 혁명 조직인 '청년 보스니아'에 연관되어 있었으며, 세르비아군 내의 비밀군 사결사체인 흑수단(검은 손)에 의해 조직된 암살자 중 한 명 → '7월 위기'
  ② 오스트리아는 독일과의 협의 후에 암살에 세르비아 정부가 개입되었다는 결정적 증거가 없음에도 불구하고 세르비아에게 선전포고(1914.7) → 오스트리아의 선전포고 이전 독일은 오스트리아가 취하게 될 모든 행동을 지지할 것을 공개적으로 선언
  ③ 발칸 지역의 마지막 남은 동맹국이던 세르비아를 보호하기 위해 러시아는 7월 30일 총동원령을 내림 → 8월 1일 독일과 프랑스가 동원령 선포하고 독일은 러시아에 선전포고
  ④ 영국은 중립국 벨기에에 대한 독일의 침공이 임박한 8월 3일 영국은 참전 의지를 공식화 → 독일이 벨기에를 침공하자 8월 4일 독일에 전쟁 선포

(2) 진행 과정
  ① 서부 전선 : 독일은 슐리펜 계획에 따라 벨기에를 경유해 프랑스 침략 → 파리 외곽까지 진격하였으나 마른 전투에서 프랑스군에 저지당함 → 지루한 참호전 전개 → 독일군의 베르됭 총공세(1916. 2~6) 실패 → 협상국의 솜 전투(1916.7~11) 실패 → 교착 상태 → 독일군의 루덴베르크 대공세(1918.3) → 연합군에 의해 저지됨(1918.5)
  ② 동부 전선 : 러시아군이 갈리치아 전투에서 오스트리아 격파(1914.6) → 독일의 러시아 침공 → 탄넨베르크 전투에서 러시아군 격파(1914.8) → 러시아의 연패로 러시아의 사회주의 혁명(1917. 11.) → 독일과 러시아의 단독 강화(브레스토·리토퍼스크 조약, 1918)
  ③ 이탈리아
    - 제1차 세계대전 직후 중립 선포
    - 런던 밀약(1915. 4.) : 3국 협상 진영으로부터 재정적 지원과 전후의 영토 보상을 약속받고 오스트리아군에 대한 대규모 공격 → 승전국 지위 확보
  ④ 갈리폴리 전투
    - 처칠은 오스만제국에 대한 공격이 러시아군에게 서방 국가들의 식량과 군수물자를 전달하여 러시아군이 동부 전선에서 러시아군의 활약 기대
    - 1915년 4월 갈리폴리에 상륙한 영국, 프랑스군은 화력·병력의 부족과 무스타파 케말이 이끄는 터키군의 격렬한 저항으로 실패
  ⑤ 미국의 참전 : 독일의 무제한 잠수함 작전으로 미국 상선 피해 → 루시타니아호 사건(1915.3) → 치머만 전보 사건(1917.1.) → 미국 참전(1917. 5.)

(3) 종전
  ① 독일에서 킬 군항의 수병 반란을 계기로 혁명 발발(1918. 11) → 빌헬름 2세 퇴위, 공화국 선포 → 임시정부 수립
  ② 독일 임시정부가 협상국 측과 휴전 조약 체결

(4) 전쟁의 새로운 양상
  ① 참호전(진지전)·총력전 개념 형성되고 이후 전쟁에 영향
  ② 신무기 등장 : 탱크, 전투기, 잠수함, 독가스 등

◇ **슐리펜 계획**
슐리펜 계획은 독일 육군참모총장을 역임한 알프레드 폰 슐리펜이 수립한 전쟁 계획이다. 이 계획의 핵심은 독일군이 프랑스의 서부전선과 러시아의 동부전선에서 동시에 작전을 전개한다는 것이다. 당시 슐리펜은 먼저 벨기에와 룩셈부르크를 통해 프랑스로 침공하고 빠른 시일(대략 6주) 안에 프랑스군으로부터 항복을 받아내고, 기차를 이용해 독일군을 동부 전선으로 이동시켜 러시아군을 격파하려고 하였다. 당시 러시아군은 무장과 철도 시설의 미비로 군대를 동원하는 기간과 위력이 크지 않다고 판단했기 때문이다. 그러나 제1차 세계대전이 발발했을 때 독일군은 프랑스 마른 강에서 진격이 저지되면서 슐리펜 계획은 실패로 끝났다.

◇ **치머만 전보 사건과 미국의 참전**
치머만 전보 사건은 제1차 세계 대전 중인 1917년 1월 독일의 외무 장관인 아르투르 치머만이 멕시코 주재 독일 대사에게 보낸 비밀 전보문을 보낸 사건이다. 주요 내용은 멕시코 정부에게 미국에 대항하는 동맹을 제안하는 내용이었다. 이로 인해 미국의 독일에 대한 반감이 높아졌으며, 미국이 제1차 세계대전에 참전하는 계기가 되었다.

CHAPTER 03 러시아 혁명

1 혁명 전의 러시아

(1) 19세기 후반 러시아

① 니콜라이 2세의 전제 정치 심화 : 전제정의 원칙을 고수해야 복잡하고 다양한 이질적 요소가 결합된 광대한 다민족 국가를 통치할 수 있다고 믿고 전제 정치를 강화

② 사회주의 확산 : 산업혁명 발생 → 노동자 증가 → 사회주의 확산 → 러시아 사회민주당 창당(1898) → 멘셰비키와 볼셰비키로 분열(1903)

멘셰비키	· 장기간의 자본주의 발전 단계를 상정하고 미숙한 러시아 노동계급이 부르주아지와 힘을 합쳐 전제정과 싸워야 한다고 봄 · 대중정당 지향
볼셰비키	· 노동계급이 부르주아지와 제휴하기보다는 독자적 주도권을 발휘해서 체제를 변혁해야 한다고 봄. · 전위정당 지향

③ 산업혁명으로 부르주아지의 성장 : 자유주의자, 부르주아, 지주, 온건 개혁파 중심으로 자유주의 성향의 입헌민주당(카데츠) 창당(1905)

④ 사회혁명당 결성(1901) : 인민주의 운동의 영향 → 농민에게 토지 분배 주장

(2) 1905년 혁명

① 발생
 • 피의 일요일 사건° : '빵과 평화'를 요구하는 시위대에 발포 → 시위 확산
 • 노동계급의 대의 기구인 소비에트가 노동운동과 혁명투쟁의 구심점이 되고 레닌과 트로츠키가 활약

② 민중들의 요구 사항 : 8시간 노동제, 토지 분배, 공화정 수립

③ 10월 칙령 발표
 • 두마(의회)에 입법권 약속
 • 기본권 보장 등 사회개혁 약속

④ 스톨리핀의 개혁° : 점진적 개혁으로 혁명 저지

국가기본법 제정(1906)	니콜라이 2세 → 두마에서 헌법문제 토의하는 것 배제하는 등 자유주의적 입헌개혁 후퇴
농업 개혁	· '미르' 폐지 · 부농을 포함한 자영농민 형성 · 농민의 법적 지위도 시민과 동등하게 됨
교육 개혁	초·중학교의 취학률이 22%로 상승

◇ **피의 일요일 사건**

1905년 1월 22일 일요일에 상트페테르부르크에서 민중들이 '빵과 평화'라는 슬로건을 내걸고 행진하면서 전쟁 즉시 정지, 입헌 정치 실시, 노동자의 처우 개선 등을 요구하였다. 이들은 러시아 황제의 겨울 궁전 앞까지 행진하였는데, 겨울 궁전을 지키던 황제의 친위대가 발포하여 수백 명이 학살되었다.

◇ **스톨리핀의 개혁과 실패**

1905년 혁명 이후 새로 수상이 된 스톨리핀은 우선 농업개혁을 단행하였다. 미르 내의 토지를 사유화할 수 있게 하고, 농민이 미르에 내던 토지 상환금도 폐지하였다. 보통교육 제도를 수립하고 지방재판소를 설치하여 지방까지 국가의 사법권이 미치게 하였다. 그러나 이러한 개혁들은 크게 실효를 거두지 못했고, 비상시 입법권을 써서 두마를 해산하는 등의 정책을 사용하여 반발을 샀다.

2 1917년 2월 혁명

(1) 배경
  ① 제1차 세계대전에서의 연속적인 패배
  ② 생필품 부족으로 국민 생활 궁핍

(2) 전개
  ① 노동자의 시위(1917.2)가 확산되면서 혁명 발생 → 노동자·병사 소비에트 결성 → 군인들도 시위에 동참 → 제정 러시아 붕괴
  ② 이중 권력 형성

자유주의	헌법제정회의가 소집되어 헌법이 만들어질 때까지 국정을 이끌 임시정부 → 소비에트의 인가 없이는 효력X
사회주의	노동자·병사 소비에트 주도 → 온건파 사회주의자는 러시아가 부르주아 민주주의 혁명 단계에 있다고 보고 노동계급의 권력장악에 부정적

  ③ 임시정부에 사회주의 세력 참여
   • 임시정부의 외무 장관이 '승리할 때까지 전쟁을 지속한다'는 비밀 각서를 연합국 정부에 보낸 사실이 알려지고 난 후 외무 장관 사임
   • 임시정부는 온건 사회주의자들을 받아들임 → 임시정부는 자유주의 세력과 온건 사회주의 세력의 운명 공동체
  ④ 레닌 : '4월 테제' 발표
   • 현재의 상황은 부르주아 혁명에서 사회주의 혁명으로 전환되어야 한다고 주장하며 볼셰비키의 정권 장악 주장
   • 당 지도부는 레닌의 주장을 수용하고 트로츠키가 합류하면서 사회주의 혁명 시도
  ⑤ 볼셰비키의 활동
   • 토지 분배, 종전, 노동자의 경영 개입 등을 주장하는 민중들의 요구에 기민하게 대응 → "토지, 평화, 빵"이라는 구호 제시
   • 7월 봉기 시도 → 실패 → 케렌스키 내각 등장
  ⑥ 임시정부의 독일에 대한 대공세 실패 → 코르닐로프 장군의 8월 쿠데타 시도 → 실패

◇ 소비에트
'평의회', '대표자 회의'를 뜻하는 러시아어로, 러시아 혁명 중 프롤레타리아 권력 기관 혹은 권력 형태로 그 의미가 확대되었다.

제1차 세계대전과 러시아 혁명

3 10월 혁명

(1) 배경
① 임시 정부의 개혁 실패 → 토지 개혁 연기
② 1차 세계대전에 참여 지속
③ 노동자·병사 소비에트와 임시 정부 대립

(2) 전개
① 볼셰비키는 10월 25일 봉기하여 각료들이 있는 겨울 궁전을 점령
② 10월 26일 소비에트 전국대회에서 '노동자-농민의 소비에트 권력'의 인준 → 볼셰비키 정부 구성

(3) 볼셰비키 정부
① 제2차 전러시아 소비에트 대회 개최 : 소비에트 공화국 선포, 인민위원회 구성, 토지 개혁, 휴전 제의
② 헌법제정회의 해산
   - 헌법제정회의 선거에서 볼셰비키는 25% 득표
   - 농민들로부터 지지를 받은 사회혁명당◇ 우파는 55% 득표
   - 헌법제정회의 강제 해산(1918.1) → 프롤레타리아 독재
③ 브레스트·리토프스크 조약(1918.3) : 독일 및 그 동맹국과 단독 강화(1918) → 핀란드·우크라이나 상실
④ 코민테른 결성(1919) : 제1인터내셔널을 계승한 제3인터내셔널 표방 → 전세계 사회주의 혁명 추진

(4) 전시 공산주의와 신경제 정책
① 내전(1918~1920)
   - 체코 여단의 봉기로 백군과 적군 사이에 내전 발생
   - 미국, 영국, 일본군이 백군 지원하며 내전에 개입
   - 소비에트 정부는 전시 공산주의 정책 실시 : 토지와 산업의 국유화, 농민의 식량 강제 공출
② 신경제정책(NEP)◇ 실시(1921)

배경	· 전시 공산주의로 인한 극도의 경제 혼란 발생 · 크론슈타트 수병들의 반란(1921.3)◇을 비롯한 민심의 극심한 동요
내용	· 곡물 징발 폐지 · 현물세 납부 후 농산물의 자유 판매 허용 · 개인 중소기업의 활동 허용 · 외국의 자본·기술 도입을 위한 국제 협력 도모

③ 소비에트 사회주의 공화국 연방(USSR)을 수립(1922)
④ 국제 승인 : 영국과 이탈리아가 소비에트 정권 승인(1924)

◇ **사회혁명당**
1870년대부터 20세기 초까지 러시아의 일부 인텔리겐차들을 중심으로 이상적 사회주의 운동인 인민주의 운동이 전개되었다. 인민주의자들은 브나로드 운동을 주도하였으며, 자본주의 사회를 거치지 않고 바로 사회주의로 갈 수 있다고 믿었으며, 이를 실현하려고 노력하였다. 인민주의자들은 1902년 사회혁명당을 창당하였으며, 농민에게 토지 재분배를 주장하였다.

◇ **신경제 정책(NEP)**
전시의 어려움을 타개하기 위해 공산주의 정책을 일시 완화하고 중소기업의 사적 경영이나 농산물의 사적 처분을 인정하는 등 자유주의 정책을 일부 수용한 레닌의 경제 정책이다

◇ **크론슈타트 수병의 반란**
크론슈타트는 수도인 페트로그라드에서 30Km 떨어진 곳에 있다. 원래 크론슈타트의 수병들은 10월 혁명에서 큰 역할을 하였기에 크론슈타트의 수병들은 러시아 사회주의 혁명을 상징하는 존재들이었다. 그러나 내전과 전시공산주의로 인해 국민들의 삶이 점점 더 피폐해지고 있었고, 공산당의 독재적 경향이 강화되고 있었다. 이에 크론슈타트의 수병들이 1921년 3월 봉기를 하였고, 볼셰비키는 적군을 동원하여 이를 진압하였다. 하지만 크론슈타트의 봉기는 볼셰비키 지도부에게 큰 충격을 주었고, 전시공산주의를 끝내고 신경제정책을 실시하는 배경이 되었다.

(5) 스탈린 체제
  ① **권력 장악** : 레닌 사망(1924) → 스탈린은 트로츠키파를 비롯한 반대파를 제거하고 공산당의 주도권을 장악(1928)

트로츠키	· 러시아 혁명의 궁극적 생존은 국제 혁명의 성공에 달려 있음을 강조(연속혁명론) · 농업 부문을 쥐어짜서 공업화의 재원을 마련하며 공업화를 급속히 추진하자고 주장
스탈린· 부하린	· 국제 혁명 발생 이전에 사회주의 체제를 건설할 수 있다는 '일국(一國)사회주의'론 · 노동자와 농민의 동맹을 유지하면서 공업화를 차근차근 진행하자는 주장

  ② **경제 개발 5개년 계획 실시(1929)**
  - 중공업 중심의 공업화 추진 → 경제 성장률이 10%를 웃도는 1930년대 전반기의 소비에트 연방은 같은 시기 경제 대공황으로 극심한 위기에 빠진 자본주의 국가들과 극명한 대비
  - 세계 3위의 공업 국가가 됨

  ③ **농업 집단화 추진** : 농민들의 반발로 식량 생산량과 가축 수 감소
  ④ **독재 체제 강화** : 집단 수용소(굴라크) 건설하고 개인의 우상 숭배 강화

CHAPTER 04 베르사유 체제와 2차 세계대전

1 베르사유 체제

(1) 파리 강화 회의(1919. 1)
  ① 윌슨의 14개조 평화 원칙(1918. 1)에 입각하여 전후 세계 문제 처리 협의
  ② 윌슨의 14개조 평화 원칙 : 비밀 외교 금지, 공해에서의 항해의 자유, 경제적 장벽의 제거와 무역의 평등, 군비 축소, 식민지 문제의 공정한 조정, 오스트리아·동유럽·오스만제국 내의 민족문제 해결에 있어서 민족자결주의 원칙 적용, 국제연맹 창설

(2) 베르사유 조약(1919. 6)
  ① 협상국·미국과 독일간의 조약 → 패전국 독일에 대한 응징
  ② 막대한 배상금 지불
  ③ 군비·무기 생산 제한 : 육군 10만, 군함 36척으로 한정, 무기 생산 제한, 공군·잠수함 보유 금지
  ④ 독일의 해외 식민지 상실
  ⑤ 알자스·로렌 지방 : 프랑스에 양도
  ⑥ 라인란트 : 독일의 영토 → 비무장지대로 설정
  ⑦ 자르 지방 : 독일의 석탄 산지로 프랑스가 요구했으나 15년간 국제연맹의 관리하에 둠
  ⑧ 폴란드 : 독립하고 폴란드 회랑◇을 획득, 단치히는 자유시
  ⑨ 이탈리아 : 트렌티노와 트리에스테 획득, 푸이메 획득 실패

(3) 기타 조약
  ① 생제르맹 조약 : 오스트리아·헝가리 제국 해체 → 오스트리아, 헝가리, 체코슬로바키아
  ② 세브르 조약 : 오스만 제국 붕괴 → 이스탄불 및 그 주변 지역, 아나톨리아 반도 지역만 유지
  ③ 뇌이 조약◇ : 세르비아, 크로아티아, 슬로베니아 독립 인정

(4) 신생 독립국 탄생
  ① 오스트리아 제국과 오스만 제국의 해체 → 오스트리아, 헝가리, 체코, 터키
  ② 유고슬라비아 탄생, 폴란드, 핀란드, 발트 3국(라트비아, 리투아니아, 에스토니아) 독립
  ③ 아시아·아프리카의 독일과 오스만 제국 지배 지역 → 영국과 프랑스가 식민지를 재분할하거나 위임 통치

◇ 폴란드회랑
1차 세계대전 이후 독일의 영토를 조정하는 과정에서 폴란드가 다시 독립국의 지위를 되찾게 되었다. 그런데 원안의 국경선대로 하면 폴란드는 바다를 면하지 못하는 내륙국가가 되는 것이었다. 이에 연합국은 길이 400km, 폭 128km의 좁고 긴 지역을 발트해로 연결시켰는데, 이를 폴란드회랑이라고 부른다. 그리고 그 마지막에 있는 도시 단치히는 국제연맹이 관할하는 자유시가 되었다. 히틀러는 이 단치히를 공격하면서 2차 세계대전을 시작하였다.

◇ 뇌이 조약
뇌이 조약은 파리 근교 뇌이쉬르센에서 1차 세계대전 전승국과 불가리아가 맺은 강화조약으로 2차 세계대전 이후 유고슬라비아가 탄생하는 배경이 되었다

[제1차 세계대전 전후의 유럽의 변화]

2 평화 모색

(1) 국제 연맹(1920~46) 창설
  ① 창설 목적 : 국제 평화의 유지
  ② 구성 : 총회, 이사회, 상설사무국(제네바)
  ③ 한계
   - 미국 불참 → 먼로주의 유지(국제문제 개입을 반대)를 주장한 상원의 비준 거부로 국제 연맹 가입×
   - 독일·소련 가입×
   - 국제 분쟁에 대한 무력 개입×
   - 가맹국에 대한 구속력×

(2) 군비 축소 회담
  ① 워싱턴 회의(1921~1922)

해군 군비에 제한에 관한 5개국 조약	· 1만 톤급 이상의 주력함 비율을 정함 · 영국 5, 미국 5, 일본 3, 프랑스 1.75, 이탈리아 1.75
중국에 관한 9개국 조약	· 중국의 주권, 독립, 영토 보장 · 중국에서 각국별 상공업 기회를 균등하게 보장 · 특권, 특별 이익 배제 → 이시이-랜싱 협정 폐기(1923) · 중국이 요구한 치외법권 폐지, 조차지 반환과 관세자주권 회복 요구는 실현×
태평양 섬에 대한 4개국 조약	· 태평양 섬들에 대한 분쟁이 발생할 경우 상호 협력 · 영일 동맹 폐지
산둥반도 문제	중국이 일본에 보상금을 지급하고 일본으로부터 산둥반도 권익을 반환받음

  ② 런던 회의(1930) : 보조함 비율 결정
  ③ 제네바 회의(1932) : 전면적 군축을 시도하였으나 실패

(3) 안전 보장 조약
  ① 로카르노 조약(1925)
   - 독일 외상 스트레제만의 제의
   - 국제 문제의 평화적 해결 약속 → 유럽의 해빙 무드
   - 독일의 국제연맹 가입(1926)
  ② 켈로그·브리앙 조약(1928)° : 국제 분쟁의 해결 방법으로 전쟁 배제 결의

(4) 독일의 전쟁 배상금 문제
  ① 발단 : 배상금 미지급 → 프랑스의 루르 점령(1923)
  ② 배상금 감축° : 도스 안(1924) → 영 안(1929) → 후버 모라토리움(1931) → 로잔 회의(1932)
  ③ 결과 : 나치 정권의 배상 거부로 1933년 파기

◇ **켈로그·브리앙 조약**
미 국무장관 프랑크 켈로그와 프랑스 외무장관 아리스티드 브리앙의 주도 하에 15개국이 체결한 조약이다. 이 조약의 가장 큰 핵심은 국제 분쟁의 수단이나 국제 외교 정책의 수단으로 전쟁을 이용하지 않을 것에 합의한 것이다.

◇ **바이마르 공화국 헌법**
역사상 가장 민주적인 헌법으로 평가받고 있는 바이마르 공화국 헌법은 주권 재민, 남녀 보통 선거, 사회 보장 제도 등 국민의 기본권을 보장하고 있다. 그러나 독점 자본과 군대, 공산당의 진출을 우려하는 보수 세력의 지지를 얻지 못하여 후에 나치당이 정권을 장악하였다.

◇ **독일의 배상금 축소**

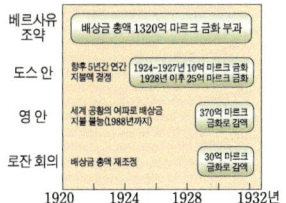

(5) 민주주의의 발전과 시련

미국	막강한 경제력을 배경으로 주요 국제 문제에 영향력 행사
영국	· 보통선거 실시(1928) · 웨스트민스터 조례 → 영연방 성립(1931) · 아일랜드 : 1차 세계대전 전에 자치 획득 → 신페인당을 중심으로 독립 투쟁 → 독립(1937)
프랑스	우파와 좌파의 갈등↑ → 푸앵카레 거국 내각 구성 → 프랑화에 대한 평가절하 단행하여 경제 안정
독일	· 독일 공산당의 혁명 시도 → 실패 · 바이마르 공화국 성립(1919. 2) : 바이마르 헌법 공포 → 보통 선거, 비상대권, 노동자의 권리 인정 · 국제적 지위 회복 : 스트레제만은 로카르노 협정을 성립시키고 국제 연맹에 가입(1926) · 경제 안정 : 1923년 수상이 된 스트레제만은 1조 마르크를 1 렌텐마르크로 화폐 개혁을 실시하여 인플레이션을 진정시키고, 1924년 도스 안의 채택으로 미국으로부터 2억 달러의 차관을 얻어 새로운 통화를 안정시킴

3 경제 대공항의 발생과 전체주의 등장

(1) 경제 대공황
 ① **배경** : 기업의 과잉 생산 → 실업자 증가, 임금 저하로 구매력 감소
 ② **경과** : 미국의 주가 대폭락으로 공황 발생(1929) → 세계 자본주의 국가에 파급
 ③ **영향** : 수정 자본주의(케인즈주의) 등장, 전체주의 대두

(2) 여러 나라의 대응

미국	· 농업조정법(1933), 산업부흥법, 사회보장법 제정 · 와그너법(1935) : 노동자의 단결권과 단체교섭권 인정 · 공정노동기준법(1938) : 최저임금제와 주 40시간 근로제 도입 · TVA 사업 실시(1933) : 테네시강 유역 개발 공사 → 테네스강 계곡에 대규모 댐 건설 · 선린정책 : 라틴아메리카에 대한 강압적인 태도 대신 서반구의 단결, 공동의 안전, 복지 추구 → 쿠바 독립 승인(1934), 필리핀에 대한 10년 후 독립 약속
영국	· 실업수당과 사회사업비 감축 · 금본위제 폐지하고 보호 관세 실시 · 오타와에서 연방회의 개최 : 연방의 자치령과 본국 사이의 특혜 관세와 블록 경제 지향
프랑스	· 중산계급과 농민의 궁핍으로 극우세력이 등장하고, 악시옹 프랑세즈와 같은 파시스트적인 단체 활동 활발해짐 · 좌파의 인민전선이 1936년 총선에서 승리하여 인민전선 내각 조직 → 급진사회당은 전체주의적 세력에 대항하여 영국과 유대 강화 · 식민지와 프랑 블록 형성

◇ **선린정책과 주회의미**

미주회의는 1889년 미국 워싱턴에서 처음으로 개최되었다. 1930년대 미국 프랭클린 루스벨트 대통령이 선린외교정책을 추진하면서 파시즘의 위협에 대비한 공동방위체제의 필요성을 제기하였다. 이에 1938년 리마에서 열린 제8회 미주회의에서 미주 제국의 상호방위 및 상호불가침협정을 체결했다.

4 전체주의 대두

(1) 전체주의의 대두

① 이탈리아의 파시즘
- 1차 대전 전승국이었으나 런던 비밀 조약으로 약속받은 달마티아의 슬라브 지구 획득 실패 → 단눈치오가 의용군을 조직하여 피우메 점령(1919)
- 무솔리니의 파시스트 당 조직의 로마 진군(1922) → 파시스트 입법(1925)을 통해 언론·출판의 자유 박탈 → 일당 독재 체제 수립(1926)
- 라테란 조약(1929) : 무솔리니와 교황 비오 11세 간의 합의 → 가톨릭을 국교로 인정, 교황은 이탈리아 왕국을 승인하고 교황령 포기, 바티칸 시국의 독립 승인
- 22개의 조합을 대표하는 824명으로 구성된 협동조합중앙위원회 조직(1934) → 의회의 하원을 대신함

② 독일의 나치즘
- 히틀러는 뮌헨에서 '비어홀 폭동(1923)'을 일으킨 후 감옥에서 『나의 투쟁』 집필
- 세계 경제 공황 이후 바이마르 공화국의 경제 불안 → 총선거에서 나치당 승리(1932)
- 히틀러 총리 취임(1933) → 의회 해산하고 수권법 통과 → 제3제국 수립
- 국제연맹 탈퇴(1933) → 재무장 선포(1935) → 라인란트 진주(1936)
- 뉘른베르크법 제정(1935) : 제국 국적법과 독일 혈통법으로 구성 → 조부모 중 한 사람이라도 유대인이면 유대인으로 간주 → 유대인과 독일인의 결혼과 성관계를 금지, 유대인의 시민권 박탈
- 유대인들의 교회, 상점, 주택에 대한 방화와 파괴 → '수정의 밤' 사건 발생(1938)
- 대외적으로 '생활공간(Lebnesraum)'을 요구하는 팽창주의 정책
- 대내적으로 모든 경제활동과 국민의 일상생활을 통제 → 노동조합과 고용주협회 해산, 나치스의 '노동전선'이 결성되어 노동자의 작업과 배치도 국가의 통제를 받음
- 나치스의 경제계획으로 독일 산업을 발달시키고 실업자 감소 → 히틀러에 대한 지지↑

③ 일본 : 세계 공황의 파급으로 경제 불안 → 만주 사변(1931) → 국제 연맹 탈퇴(1933) → 군부에 의한 군국주의적 통제 → 중·일 전쟁 도발(1937~45)

◇ **뉘른베르크법**

1935년 9월 15일 뉘른베르크에서 열린 7차 나치당대회에서 독일 혈통 및 명예보존법과 제국 시민법을 통과시켰는데, 이를 통칭 뉘른베르크법이라 부른다. 전자는 유대인과 독일인의 결혼 및 성관계를 금지하는 법안이고, 후자는 유대인의 독일 시민권을 박탈하는 법안이었다. 이후 나치는 11월 14일 부속법령으로 '유대인 분류 기준'을 확정했다. (외)조부모 4명 중 3명 이상이 유대인이면 유대인, 2명이면 1급 혼혈, 1명이면 2급 혼혈. 이들은 제국 시민이 아니므로 투표권을 비롯한 모든 정치권 권리를 박탈당했고, 당연히 공무원으로 일할 수도 없었다. 유대인은 이제 피를 다루는 의료업에 종사할 수 없게 됐고, 45세 미만 가임기 독일 여성을 가정부로 고용하지도 못했다. 여권에는 붉은색 J(jude·유대) 도장이 찍혔다.

◇ **뮌헨 협정(1938.9)**
영국, 프랑스, 독일, 이탈리아의 수뇌들이 뮌헨에 모여 독일의 주데텐란트 영유를 인정하였는데, 이는 히틀러에 대한 유화 정책이었다. 그러나 히틀러는 이를 계기로 영국과 프랑스가 독일에 개입할 의지와 힘이 없다고 파악하고 제2차 세계대전을 일으켰다.

◇ **3국 방공협정**
3국 방공협정의 목적은 소련을 중심으로 한 코민테른에 대한 정보를 서로 교환하고, 그에 대해 취해야 할 방위수단을 협의·협력할 것을 규정한 것이다. 이로 인하여 소위 베를린·로마·도쿄 추축(樞軸)이 형성되었다. 제2차 세계대전이 발발하고 난 뒤 1940년 삼국동맹으로 발전하였다.

(2) 전체주의 국가의 대외 침략

① **이탈리아** : 알바니아 보호국화 → 에티오피아 병합(1935~1936) → 국제연맹 탈퇴(1937)

② **독일**

1933년 10월	히틀러는 독일의 국제연맹 탈퇴 선언
1935년 3월	베르사유 조약의 독일군비제한조항을 무시하고 징병제와 공군 부활
1936년 3월	베르사유 조약에서 비무장지대로 규정한 라인란트에 군대 진주
1938년 3월 12일	오스트리아의 슈슈니히 총리가 히틀러의 합방 압력에 맞서 국민투표로 독일과의 합방 여부를 결정하겠다고 발표하자 그 전날 침공해 합방
1938년 9월	뮌헨회담을 통해 독일과의 접경 지역인 주데텐란트를 넘겨받음
1939년 봄	• 1939년 3월 15일 침공해 서쪽 절반을 '보헤미아-모라비아 보호령'으로 만들고 동쪽 절반은 '슬로바키아'라는 이름의 위성국으로 분리 독립시킴 • 단치히 자유시와 폴란드 회랑 지역을 요구하고는 폴란드 정부가 이를 거부하자 9월 1일 침공

③ **에스파냐 내전(1936~1939)**
- 좌파 연합인 인민전선이 집권(1936) → 프랑코의 파시스트(팔랑헤당) 반란
- 독일과 이탈리아가 프랑코 반란군 지원 → 프랑코의 정권 장악(1939. 3)

④ **추축국 형성** : 독일·이탈리아·일본의 3국 방공 협정 체결(1937) → 삼국동맹(1940)

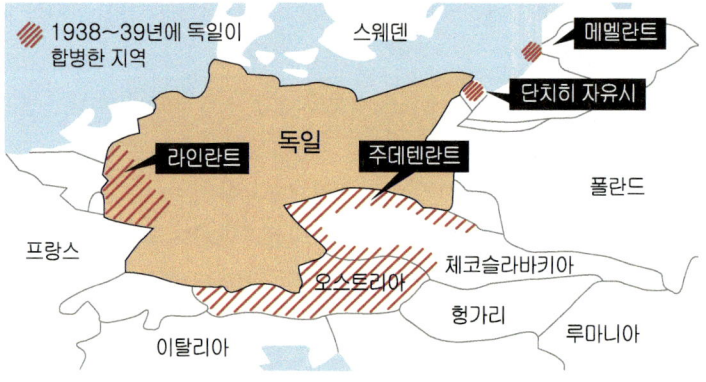

[히틀러의 주변국 침략]

5 2차 세계대전의 전개와 결과

(1) 시작
  ① 독일이 폴란드 회랑과 단치히 요구 → 영국과 프랑스가 폴란드와 상호 원조 조약 체결
  ② 독·소 상호 불가침 조약 체결(1939. 8) → 독일의 폴란드 침공(1939. 9) → 제2차 세계대전으로 확산

(2) 전개
  ① 독일
    • 덴마크·노르웨이 점령 → 프랑스에 비시 괴뢰 정권 수립(1940. 6)
    • 소련 침공(1941. 6) → 우크라이나를 비롯한 서부 지역 점령
  ② 일본 : 중·일 전쟁 장기화 → 동남아시아 침략(1940) → 미국이 일본에 석탄·철강 수출 금지 → 진주만 기습(1941. 12.) → 태평양 전쟁
  ③ 연합국의 반격
    • 미국의 연합국 원조(무기대여법)◇ → 루즈벨트와 처칠의 대서양 헌장 발표(1941. 8) → 미드웨이 해전(1942. 6)에서 승리
    • 북아프리카 전선에서 영국군과 미군이 독일군 격파(1943)
    • 소련군의 반격 → 스탈린그라드 전투(1942~1943)에서 승리

(3) 결과 : 이탈리아 항복(1943. 9) → 노르망디 상륙 작전(1944. 6) 성공 → 독일 항복(1945. 5) → 원폭 투하와 일본의 항복(1945. 8. 15) → 연합국의 승리

(4) 전후 처리와 평화를 위한 논의
  ① **전후 처리** : 독일 분할, 뉘른베르크 군사 재판과 도쿄 군사 재판 개최
  ② **평화를 위한 논의**
    • 대서양 회담(1941.8) : 미국, 영국 → 국제 연합 창설 구상
    • 카이로 회담(1943. 11) : 미국, 영국, 중국 → 카이로 선언으로 한국에 대한 최초의 독립 약속
    • 테헤란 회담(1943. 12) : 미국, 영국, 소련 → 제2전선에 대한 논의
    • 얄타 회담(1945. 2) : 미국, 영국, 소련 → 소련의 대일전 참전 약속
    • 포츠담 회담(1945. 7)◇ : 미국, 영국, 소련 → 포츠담 선언 발표 → 얄타 협정 확인과 일본에 대한 무조건 항복 요구

◇ **무기대여법**
무기대여법은 미국이 2차 세계대전에 참전하지 않은 상태에서 추축국에 대항하여 싸우는 영국과 소련 등을 지원하기 위해 1941년에 제정된 법이다. 이 법에 따라 미국은 연합국에게 군수 물자의 물품비뿐만 아니라 그 운송비까지 무료로 지원하였다. 무기대여법은 영국과 소련에게 큰 힘이 되었는데, 소련은 미국이 지원하는 무기로 나치와 싸워서 이겼다는 평가를 받게 되었다.

◇ **포츠담 선언**
1945년 7월 26일에 발표된 대일본 전쟁 처리 방침에 관한 연합국 공동 선언으로, 일본에 대한 무조건 항복 권고 및 군국주의 배제·민주주의 회복·전범 재판·영토 제한·비무장화·군수 공업 폐지 등의 내용을 담고 있다. 장제스의 동의를 얻어 미·영·중국 등 3국의 공동 선언으로 발표되었으며, 소련은 같은 해 8월 8일에 이 선언에 서명하였다. 이어 8월 15일에는 일본이 선언을 수락하여 제2차 세계 대전이 종결되었다.

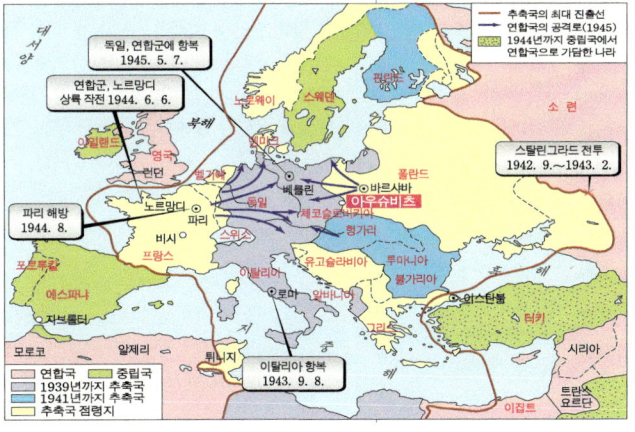

[제2차 세계 대전 중의 유럽]

자료탐구

01. 제국주의의 성격

- "나는 어제 런던의 이스트엔드에 가서 실업자 대회를 방청하였다. 그 곳에서 빵을 달라고 하는 실업자들의 이야기를 들은 후 제국주의의 중요성을 더욱 확신하였다. 나의 포부는 사회 문제의 해결이다. 우리 식민지 정치가는 대영 제국의 4천만 인구를 피비린내 나는 내란으로부터 지키고, 과잉 인구를 수용하기 위해 새로운 영토를 개척해야 한다. 그들이 공장이나 광산에서 생산하는 상품의 새로운 판로를 만들어 내야 한다."

  – 세실 로즈 –

- 자본주의가 자본주의로 남아 있는 동안에 잉여 자본은, 그 나라 대중들의 생활수준 향상이 자본가들의 이윤을 감소시킬 수 있기 때문에 대중들의 생활수준을 향상시키는 데가 아니라 외국들, 즉 후진국들에 대한 자본 수출을 통해 이윤을 증대시키는 데에 사용된다. 그 후진국들에서는 자본이 적고, 토지 가격이 상대적으로 높지 않으며, 노임은 낮고, 원료가 싸기 때문에 이윤이 높은 것이 보통이다. 자본 수출의 가능성은 일련의 후진국들이 세계 자본주의권 안에 이미 끌려 들어와 있고, 주요한 철도 노선들이 부설되었거나 부설되기 시작했으며, 공업의 기본적인 발전 조건들이 확보되어 있는 등의 사실에 의해 생겨났다. 자본 수출의 불가피성은 소수의 나라들에서 자본주의가 '너무 성숙하였고', 자본을 '수익성 있게' 투자할 분야가 부족하다는 사실에 의해 생겨났다.

  –레닌, 『제국주의, 자본주의의 최고 단계로서』 –

자료 해석

산업화 이후 급속하게 발달한 유럽의 자본주의는 자유 경쟁에 따른 이윤의 감소를 막기 위해 19세기 후반부터 자본의 집중과 집적을 통한 독점 자본주의에 이르렀다. 그러나 독점 자본주의의 출현은 자본 과잉과 실업 문제를 야기시켰다. 이에 유럽의 자본주의 국가들은 원료 공급지와 시장의 역할을 하던 기존의 식민지를 잉여 자본의 투자 지역으로 재편하고, 아직 식민지가 아닌 지역을 찾아 무력으로 침략하여 식민지로 삼는 제국주의 정책을 추진하였다.

02. 비스마르크의 현상 유지 정책

우선 우리의 동유럽 정책의 목표는 평화 유지다. 우리는 또한 다른 강대국들 사이의 전쟁을 두려워해야 한다. …… 우리가 국제 관계의 소용돌이 속에 얼마나 휘말릴지 결코 예상할 수 없기 때문이다. …… 우리에게는 특히 오스트리아와 러시아의 평화유지가 필요하다. 우리의 가장 가까운 이웃인 이 두 나라 사이의 분열은 항상 우리에게 난처한 상황을 초래하며, 조만간에 우리는 두 나라 중 하나를 선택해야 할 것이다. 우리가 이들과 직접 조약을 전혀 맺고 있지 않다 하더라도 말이다. 이와 관련하여, 동유럽에서의 독일 정책에는 전반적으로 또 하나의 과제가 있다. 바로 영국과 러시아의 협력을 막는 것이다. …… 요컨대 동유럽 전체를 다룰 때 우리가 해결해야 할 과제는 가능한 모든 당사자 사이에 평화를 유지하는 것이다.

특히 러시아와 오스트리아 사이의 갈등을 예방해야 하며, 우리가 할 수 있는 범위 내에서 영국과 러시아가 터키를 향해 전쟁에 버금하는 행동을 취할 가능성을 방지하는 것이다.

혁명적 목표를 담고 있는 범슬라브주의는 두 독일계 제국에, 특히 우리보다 오스트리아에 더 큰 위험이며, 범위를 한껏 넓혀서 살펴보자면 러시아 제국과 그 왕조에도 위험하다. 만약 슬라브 세계에 혁명이 일어난다면, 그 혁명을 러시아 황제가 주도하건 그렇지 않건, 프랑스뿐만 아니라 이탈리아, 에스파냐, 심지어 아마도 영국의 공화주의 분자들과도 어느 때건 연합할 것이기 때문이다. ……

– 비스마르크, 동유럽 문제에 대한 독일 정책의 기초를 제안하는 일반 지침 초안 –

자료 해석

독일 통일을 완성한 비스마르크의 가장 중요한 외교 정책은 유럽의 상태를 현상유지시키는 것이었다. 자료에서도 나타나있듯이 비스마르크는 이를 위해 가장 중요한 것은 오스트리아와 러시아의 대립을 막는 것이며, 또 하나는 영국과 러시아의 협력을 막는 것이라고 보았다. 그러나 발칸 반도를 둘러싼 러시아와 오스트리아의 대립, 그리고 빌헬름 2세가 즉위한 후 실시한 세계 정책 등으로 비스마르크의 현상유지 정책은 사실상 폐기되었다.

03. 베를린회의(1884)

제6장 아프리카 대륙 해안 지역에 대한 새로운 점령의 유효성을 지속시키기 위해 준수할 필수 조건들에 관련된 선언 ……

제34조 이제부터 아프리카 대륙 해안 지역 중에 현재의 속령 바깥의 다른 곳을 속령으로 삼았거나, 또는 지금까지는 속령이 없었으나 앞으로 이를 가질 수 있는 그 어떤 국가, 혹은 그곳에서 보호령을 가지려는 그 어떤 국가도, 지금 이 조약에 조인하는 다른 국가들에게 자신의 행위를 공지해야 한다. 이 국가들에게도 필요하다면 그들 자신의 이권 주장을 펼칠 수 있는 기회를 주기 위함이다.

제7장 기타처리

제37조 현 조약에 조인하지 않은 국가들은 다른 방편을 통해 이 조항들에 참여할 자유가 있다. 각 국가의 가맹은 외교적 형식을 갖추어 독일 제국 정부에 공지되어야 하고, 독일 제국을 통해 다른 모든 조인 국가, 또는 새로운 가맹국에 전달될 것이다. ……

자료 해석

1884년에 열린 베를린회의는 벨기에의 콩고 식민지화에 관련된 문제를 주로 논의하기 위해 소집되었다. 이 회의에서 서양 열강은 아프리카 전역을 사실상 그들끼리 나누어 가지는 데 합의했다. 그때까지만 해도 협력과 공조의 모습이 제국주의 열강들 사이에서 더 두드러졌으나, 이후 갈등이 심화되었다.

04. 빌헬름 2세의 세계 정책

· 우리 시대의 과제는 우리의 세계적 지위의 기초, 즉 현재 대륙에서 우리가 차지하고 있는 지위를 유지함과 동시에, 독일 국민의 안녕이 위협받지 않고 민족의 장래가 위태로워지지 않도록 우리의 해외에서의 이익을 옹호함과 더불어, 신중하고도 현명하게 자기를 억제하는 세계 정책을 수행하는 것, 바로 그것이다.

– 빌헬름 2세의 연설, 1890 –

· 당신들(영국인들)은 독일 해군 증강은 우려스러운 일이라고 말하겠죠. 물론 우리 해군은 영국에 위협이 됩니다. 지금 제 함대가 영국 말고 대체 누구를 상대하기 위한 것이겠습니까? 강력한 대함대를 건설하기를 원하는 독일인들이 염두에 두는 나라가 영국이 아니라면 왜 독일인들이 저리도 부담되는 새로운 세금에 동의해야만 할까요? ……

제 대답은 분명합니다. 독일은 젊고 커가는 제국입니다. 독일은 빠르게 확대되는 전 세계적 상업망을 갖추고 있습니다. 애국심이 깊은 독일인들은 여기에 어떠한 한계도 두지 않으려 합니다. 독일은 그 상업망과 아주 먼 해양에도 존재하는 수많은 이권을 보호하기 위해 대함대를 보유해야만 합니다. 독일은 이러한 이권이 계속해서 더 커지리라 예상하며, 지구상의 어느 지역에서도 그것을 단호하게 옹호할 수 있어야 합니다. 독일의 지평선은 더 멀리 펼쳐질 것입니다.

– 빌헬름 2세의 인터뷰(1908) –

자료 해석

빌헬름 2세는 유럽의 현상유지 정책을 고집하던 비스마르크를 실각시키고 자신이 직접 정치 일선을 담당하면서 독일의 외교 정책을 대외 팽창 정책으로 전환하였는데, 이를 세계 정책이라고 한다. 빌헬름 2세는 이러한 세계 정책을 실현하기 위해 베를린, 비잔티움, 바그다드를 연결하여 독일의 세력권으로 삼으려는 3B 정책을 추진하였다.

05. 카자르 왕조(이란)를 둘러싼 영국과 러시아의 대립

페르시아는 영국령 인도와 관련해서 본다면 전략적으로 중요한 지역임이 분명하다. 물론 그 나라의 자원과 지형만 고려한다면 그다지 중요하지 않을 수도 있다. 하지만 아시아에서의 이해관계가 우리와 항상 조화롭지만은 않은 모 강대국 내 점점 커지는 세력이 페르시아와 아프가니스탄을 강력히 압박한다는 사실을 기억한다면, 그리고 페르시아 만이 다른 나라들, 때로는 우리와 경쟁 관계인 나라들에게 관심을 끌기 시작했다는 사실을 상기한다면, 그곳은 분명히 꽤 중요한 곳이다.

페르시아의 북쪽 국경 전체는 현재 러시아의 영토와 맞닿아있다. …… 대영제국은 남쪽 국경에 유사한 영향권을 쥐고 있다. 페르시아 만에서 지금껏 우리가 누린 해군력과 상업의 절대적 우위 덕분이다. …… 러시아의 영토들은 유럽 러시아, 또는 아시아 러시아의 영토들로 길게 뻗어 있지만, 그곳의 거대한 자원은 페르시아 접경에 이르는 철도 체계가 들어선다면 충분히 동원될 수 있으며, 손쉽고 빠르게 그 접경 지역에 배치될 수 있다. 만약 그들을 위협하거나 직접적으로 공격하기 위해 대영 제국의 군대를 동원해야 한다면 바다를 통해 수송해야 하며, 따라서 우리 본부에서 멀어질 수밖에 없다. ……

우리는 우리 정부에 다음과 같은 사실을 각인시켜야 한다. 육지를 통해서나, 바다를 통해서나, 대영 제국이 확실한 이유로 우리의 세력권이라고 여기는 지역에서, 그 영향력이 직접적으로 또는 차츰 다른 나라들에게 도전 받고 있다는 사실을 말이다. 그 나라들은 자신들의 거점을 더 확고하게 다지면서 역사적 근거를 들거나, 자기 편에 유리한 사실을 들고 나오며 우리가 먼저 획득해놓은 이권들을 문제 삼을 것이며, 이론상 우리도 반박하기 어려운 권리균등원칙을 주장하고 나올 것이다.

– 조지 커즌, 페르시아와 페르시아만에 대한 영국 정책과 이해관계 분석 –

자료 해석
이 글은 커즌이 인도 총독으로 재직하던 당시 영국이 페르시아와 페르시아 만에서 확보할 수 있는 이권을 설명하기 위해 영국 외무부에 보낸 장문의 전보 중 일부다. 당시 영국과 러시아는 페르시아 즉 이란을 둘러싸고 대립하였다. 1906년 이란에서 입헌혁명이 발생하였는데, 영국과 러시아는 연합하여 입헌혁명을 무산시켰다. 이후 영국과 러시아는 이란을 남북으로 분할하여 점령하기로 합의하였고, 이를 계기로 영국과 러시아의 오랜 적대관계가 청산되었다.

06. 프랑스-러시아 군사 협약(1892)

프랑스와 러시아는 평화를 지키고자 하는 공통의 희망에 부풀어 방어 전쟁을 위한 필요 충족 이외에 그 어떤 목적도 없이, 그리고 우리 중 어느 하나에 대한 삼국동맹 군대의 공격 가능성을 우려하며 다음 조항들에 합의한다.

1. 프랑스가 독일 또는 독일이 지원하는 이탈리아에 의해 공격받는다면, 러시아는 전력을 다하여 독일을 공격한다. 러시아가 독일이나 독일이 지원하는 오스트리아에 의해 공격받는다면, 프랑스는 전력을 다해 독일을 공격한다.
2. 삼국동맹의 군대, 또는 그들 나라 중 어느 한 군대가 동원될 경우에 대비하여, 프랑스와 러시아는 이 동원 소식을 듣는 즉시, 그리고 기존 협의 필수 사항을 지키느라 시간을 낭비하지 말고, 각자의 군대 전체를 즉각적이고 한꺼번에 동원해 최대한 국경으로 이송한다.
3. 독일을 상대하기 위해 동원되어야 할 군사 수는 프랑스의 경우에는 130만 명, 러시아의 경우에는 70만 명 또는 80만 명이다. 이 군사들은 최대한 빠른 속도로 교전에 참여해 독일이 동부 전선과 서부 전선에서 동시에 싸우게 해야 한다. ……
5. 프랑스와 러시아는 다른 국가와 개별적으로 평화조약을 체결할 수 없다.
6. 이 조약은 삼국동맹이 유지되는 한 유효할 것이다.
7. 위에서 열거된 모든 조항은 절대 비밀에 부친다.

자료 해석
프랑스는 독일의 팽창을 견제하기 위해 러시아와 동맹을 맺게 되었다. 빌헬름 2세의 '세계 정책'은 영국뿐만 아니라 프랑스에게도 큰 위협이었다. 이에 프랑스는 독일을 그들 반대편에서 견제할 수 있는 파트너인 러시아에게 접근하여 1892년 군사협약을 체결하게 되었고, 이는 1894년 프랑스와 러시아의 동맹으로 이어졌다.

07. 1차 모로코 위기

기술적 어려움이 있었지만 탕헤르에 무사히 상륙했다. 부두에서 모로코 관리들과 독일 이주정착민들이 딱 적당한 규모로 환영식을 열었다. 그런 다음, 모로코 사람들과 유럽인들에게 말로 표현할 수 없을 만큼 환영을 받으면서 호사스럽게 장식된 도로를 차를 타고 달렸다. 마치 멋진 날씨 속에서 펼쳐지는 화려한 동방식 행렬 같았다. 대사관에서는 독일인, 외교단, 모로코 술탄의 특사가 주최하는 환영회가 있었다. ……

독일 황제는 존경을 표하고 (모로코와 독일 사이의) 자유무역에 대한 희망을 전달했다. 그리고 모로코와의 무역에서 독일이 다른 나라와 완전히 동등한 권리를 누리길 원한다고 말했다. 모로코의 프랑스 총독인 셰리제 백작이 이 발언을 예의상의 겉치레로 취급하려 하자, 독일 황제는 모로코 술탄을 독립 국가의 자유로운 지배자 및 동등한 상대라고 치켜세우며 그와 직접 거래하고 싶다는 의사를 피력했다. 그리고 그는 이런 주장은 정당하며 프랑스도 이를 인정해야 한다고 말했다. 셰리제 백작은 당황해하며 안색이 창백해졌다. 백작은 이어 어떤 식으로든 대응하려 했지만 바로 묵살 당했다. 그는 풀이 죽은 채 뒤로 물러났다.

전체적으로 폐하의 짧은 방문은 불미스러운 일 없이 훌륭하게 마무리되었으며, 무어인(모로코 원주민)들과 외국인 모두에게 확실히 또렷한 인상을 남겼다.

— 빌헬름 2세의 모로코 방문 기록(1905)—

자료 해석

독일 황제 빌헬름 2세가 모로코의 탕헤르를 방문한 것을 계기로 1차 모로코 사건이 발생하였다. 이 사건을 해결하는 과정에서 영국은 프랑스를 지지하였다.

08. 영국-러시아 협약(1907)

페르시아 관련 합의

대영 제국과 러시아 정부는 페르시아의 통일과 독립을 상호 존중하기로 하며, 그 나라에서 질서 유지와 평화로운 발전이 이루어지고 모든 나라가 그곳에서 동등한 교역과 산업 활동을 위한 체제를 항구적으로 구축하길 희망한다.

대영 제국과 러시아가 각각의 지리적·경제적 이유로 페르시아 특정 지방들에서의 평화와 질서 유지에 특별한 관심을 가지고 있음을 참작한다. 즉 한쪽은 러시아 국경과 접해 있거나 이웃한 지방들, 다른 한쪽은 아프가니스탄 및 발루치스탄과 접해 있거나 이웃한 지방들에 관심이 있음에 유념한다. 그리고 대영 제국과 러시아는 언급한 페르시아 지방들에 그들이 각각 가지는 이해관계 사이에서 벌어질 수 있는 온갖 갈등 요인을 방지하고자 한다.

1. 대영 제국은 다음 지역에 대한 어떠한 정치적 이권이나 상업적 성격의 이권, 즉 철도, 은행, 전신, 도로, 교통, 보험 등의 이권을 추구하지 않으며, 영국 신민이나 제3국 신민에게 유리하도록 지원하지 않는다. 카스리 시린에서 시작하여 이스파한, 예즈드, 카흐크를 지나 러시아와 아프가니스탄 교차 지점에 있는 페르시아 국경에서 끝나는 지역에서 그러하다. 그리고 이 지역 내의 유사한 이권 요구들에 대해서도, 이를 러시아 정부가 지지하는 한, 직접적으로나 간접적으로나 반대하지 않는다.

2. 러시아 역시 다음 지역에 대한 어떠한 정치적 이권이나 상업적 성격의 이권, 즉 철도, 은행, 전신, 도로, 교통, 보험 등의 이권을 추구하지 않으며, 러시아 신민이나 제3국 신민에게 유리하게 지원하지 않는다. 아프가니스탄 국경에서부터 가지크, 비르잔드, 케르만을 거쳐 반다르아바스에서 끝나는 지역에서 그러하다. 그리고 이 지역 내의 유사한 이권 요구들에 대해서도, 이를 영국 정부가 지지하는 한, 직접적으로나 간접적으로나 반대하지 않는다.

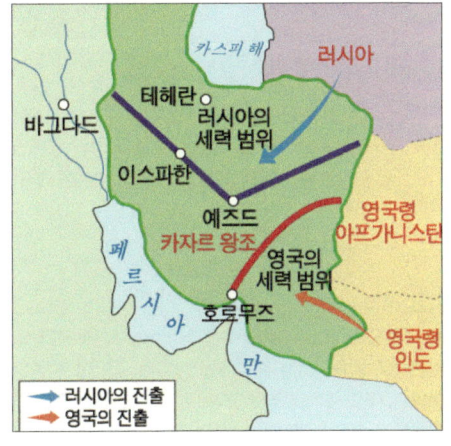

자료 해석

이란의 카자르 왕조는 19세기 초 러시아와 영국에 영토와 이권을 빼앗겼다. 영국은 이란으로 내려오는 러시아가 인도에 대한 영국의 이익을 침해할 것을 우려하였다. 이에 영국은 이란 남부 지역으로 세력을 확장하였고, 이로 인해 영국과 러시아의 갈등이 심화되었다. 한편, 이란의 개혁 세력과 이슬람 성직자들은 담배 불매 운동을 비롯한 이권 회수 운동을 벌이고 입헌 정치 실시를 요구하였다. 1906년에는 입헌 혁명이 일어나 의회가 구성되고 입헌 군주제 헌법이 제정되었다. 그러나 혁명은 영국과 러시아의 간섭으로 좌절되었고, 영국과 러시아는 협상을 통해 사실상 이란을 분할 통치하였다. 이로써 영국과 러시아의 오랜 갈등은 사라지고 삼국협상으로 가는 길을 마련하게 되었다.

09. 독일과 오스트리아-헝가리 동맹(1879)

오스트리아 황제/ 헝가리 왕, 독일 황제, 이들 폐하들은 순수하게 방어가 목적인 이 협약이 어떤 방향으로든 공격적으로 나아가지 않도록 할 것이라고 서로에게 엄숙하게 약속하며, 평화와 상호 방위에 관한 동맹을 체결하고자 한다.

제1항 이 두 당사국의 희망과 충실한 염원과 달리, 만약 두 제국 중 하나가 러시아로부터 공격을 받는다면 조약 당사국들은 그들 제국의 전력을 다해 침략당한 국가를 지원할 의무가 있으며, 따라서 평화조약을 함께, 그리고 상호 협의 하에 결정해야 한다.

제2항 만약 조약 당사국 중 하나가 또 다른 세력에게 공격을 받는다면, 조약 당사국 중 나머지 한 국가는 그 공격 세력을 지원하지 않아야 할 뿐만 아니라, 침략당한 조약 당사국에 최소한 호의적인 중립적 태도를 견지해야 한다.

하지만 만약 러시아가 적극적인 외교 공조나 군사 원조를 통해 그 침략국을 지원하고 그것이 조약당사국에 위협이 된다면, 그때는 이 조약의 제1항과 마찬가지로 전력을 다해 상호 지원을 해야 한다는 의무가 적용된다. 이 경우에 두 조약 당사국은 전반적 평화조약이 맺어질 때까지 전쟁을 수행해야한다.

제4항 …… 두 조약 당사국은 황제 알렉산드르 3세가 드러낸 심경을 믿고 러시아의 무장이 실제로는 우리들에게 위협이 되지 않을 것이고, 그런 판단으로 볼 때 현재는 그에 대비해야할 이유가 없다고 감히 희망해 보려 한다. 하지만 이런 희망이 당사국들의 기대와 달리 헛된 것이 된다면, 두 조약 당사국은 우리 둘 중 하나에 대한 공격도 둘 모두를 겨냥하는 공격으로 간주할 것이라는 점을 알렉산드르 3세에게 최소한 은밀하게라도 전달할 필요가 있다고 생각한다.

자료 해석
비스마르크는 독일 통일 이후 프랑스 세력을 견제하기 위해 러시아와 밀접한 관계를 맺는 한편, 같은 독일계통의 국가인 오스트리아-헝가리 제국과의 동맹을 추구하였다. 제시문은 이 동맹에 관련된 조약이며, 이는 이후 이탈리아와 함께 삼국동맹으로 발전하게 되었다.

10. 미국의 문호개방정책

첫째, 조약 체결을 통해 각국이 개항장이나 항만시설에 대해 보유하게 된 세력권을 서로 간섭하지 않고 존중한다.
둘째, 관세 징수 문제에 있어서 각국의 세력권 안에 있는 항구(자유항은 제외)에서 하선 혹은 선적되는 모든 상품에 적용되는 관세는 중국 정부의 관세율에 따르고 관세 징수도 중국에 일임한다.
셋째, 세력권 내의 어느 항구나 어느 철도를 이용하든 그 운송료를 자국에만 유리하게 차별적으로 적용하지 않는다.

자료 해석
제시문은 미국의 국무장관 존 헤이(John Hay)가 1899년 9월 독일, 영국, 러시아에 11월에 프랑스, 이탈리아, 일본으로 발송한 1차 문호개방선언문이다. 이 선언문에서 미국은 다른 열강들에게 중국 시장의 통제와 관리에 대한 구체적 원칙과 정책을 요구하고 나섰다. 문호개방정책은 표면적으로 국제교역에 있어서 균등한 기회를 보장하자는 도덕적이고 이상적인 제안이었으나, 미국이 실질적으로 의도한 것은 이미 독점적으로 각국의 세력권을 형성하고 그 지역 내에서 미국도 한자리를 확보하겠다는 후발주자의 주장이었다.

11. 치머만 전보 사건

우리는 2월 1일에 무제한 잠수함 작전을 시작할 예정입니다. 그렇지만 우리는 미합중국이 중립을 유지할 수 있도록 노력하고자 합니다. 이런 노력이 성공하지 못할 경우, 우리는 멕시코에 다음의 조건으로 동맹을 제안하려 합니다. 함께 참전하고, 함께 종전하며, 넉넉한 재정적 지원을 하고, 멕시코가 텍사스·뉴멕시코·애리조나에서 잃은 영토를 회복하는 데 합의한다는 것입니다. 세부사항은 귀하가 결정할 수 있습니다. 미합중국과의 전쟁 발발이 확실해지면 아주 은밀하게 위의 사항을 귀국의 대통령에게 알려주십시오. 그리고 대통령께서 직접 나서서 일본이 즉각적으로 지지할 수 있도록 설득해주시고, 동시에 일본과 우리 사이의 중재에 나서 달라는 우리의 제안을 덧붙여 주십시오. 그리고 우리가 잠수함을 적극적으로 활용하면 영국을 몇 개월 내에 강화 협상의 장으로 끌어들일 가능성이 열린다는 사실에 대통령께서 주목할 수 있게 해주십시오.

자료 해석

1917년 1월 말 독일 정부는 무제한 잠수함 작전을 재개하겠다고 공표했다 곧 미국은 독일과의 국교를 단절했다. 그해 3월 1일, 미국의 신문들은 독일 외무부 장관 아르투어 치머만이 멕시코 정부에 보낸 비밀 전보를 영국 정보부로부터 입수해 공개했다 독일의 전보는 독일과 멕시코의 동맹을 제안하면서, 멕시코가 미국에 빼앗긴 텍사스·뉴멕시코·애리조나의 땅을 되찾는 것을 지지한다는 내용이 담겨 있었다. 이는 미국 여론을 크게 자극해, 미국이 참전하는 도화선이 되었다.

12. 1905년 혁명

- 폐하, 우리(상트페테르부르크의 노동자)는 가난하고, 핍박받고, 과도한 노동에 시달리고, 경멸당하고 있으며, 인간으로 인정받지 못하고, 묵묵히 그 운명을 참아내기를 강요받고 있는 노예와 같은 취급을 받고 있습니다. 이제는 힘든 고통을 참기보다는 차라리 죽는 쪽이 더 낫다는 생각이 들 정도입니다.
…… 즉각 전 러시아의 모든 계급, 신분의 대표자를 소집하도록 명해 주십시오. 그 때, 농민에게도 노동자에게도 성직자, 자본가, 의사, 목사에게도 모두 자기들의 대표를 선출하고, 또 모든 사람이 평등하게 선거권을 가지며 자유롭게 선거할 수 있도록 배려해주십시오. 이를 위해 헌법 제정 의회의 선거는 보통·직접·비밀·평등의 조건 아래에서 행해지도록 명해 주십시오.

― 상트페테르부르크 노동자와 주민의 청원서 ―

- 페테르부르크와 모스크바 그리고 러시아 제국의 다른 여러 지역에서 현재 일어나고 있는 소란과 소요 사태로 우리의 마음은 아주 크고 극심한 슬픔으로 가득찼다. 러시아 군주와 그의 백성들의 안녕은 불가분한 관계이며, 이에 국가적 슬픔은 곧 그의 슬픔이다. 현재의 혼란한 정국은 국가의 불안을 야기하고, 국가의 통합에 위협이 될 수 있다.
차르로서 내가 이런 맹세를 하는 것은 우리가 우리의 강인한 힘과 지성, 능력을 최대한 발휘하여 국가에 위협이 되는 이런 사태를 빠르게 종결하기 위함이다. 당국은 무질서와 폭력에 즉각 대처하고 일상 업무를 평화롭게 진행하기를 원하는 사람들을 보호하기 위해 적절한 조치를 취해왔다. 그러나 우리 조국을 안정시키기 위해 더 신속한 조치들이 필요하다는 판단에 따라 우리는 정부의 업무를 통합하기로 결정했다. 따라서 우리는 이러한 굳은 의지를 실천하기 위해 다음의 조치를 취할 것을 정부에 지시한다.
1. 진정한 의미의 개인 불가침성, 양심의 자유, 언론과 집회, 결사의 자유 등 근본적인 시민적 자유가 러시아 제국 주민에게 부여된다.
2. 가능한 한 두마 소집 전에, 현재 투표권이 없는 계급들에게 두마 선거 참여를 허용하며, 이는 보통 선거권으로 발전할 것이다. 이미 결정된 두마 선거가 미뤄지는 일은 없을 것이다.
3. 국가 두마의 승인 없이는 그 어떠한 법도 시행될 수 없다. 이는 전혀 흔들림 없는 원칙으로 확립될 것이며, 안민의 대표자들은 정부 기관의 적법성을 감독하는 역할에 실제로 참여할 기회를 얻을 수 있을 것이다.
우리는 러시아의 참된 자식들에게 조국을 기억하고, 전례없는 이 소요 사태를 멈추기 위해 조력하며, 이와 함께 조국의 평화 회복을 위해 모든 힘을 바칠 것을 촉구한다.
모든 러시아인의 차르, 니콜라이 2세

― 니콜라이 2세의 10월 선언 ―

자료 해석

1905년 1월 22일 일요일, 상트페테르부르크에서 노동자들이 '빵과 평화'라는 슬로건을 내걸고 평화롭게 시위 행진을 벌였다. 이들은 위의 호소문을 황제에게 제출하려고 하였다. 황제 친위대는 이 평화적인 시위대에 발포하여 많은 사상자를 냈고(피의 일요일 사건), 이 사건으로 혁명의 기운이 고조되기 시작하였다. 시위가 전국적으로 확산되자 니콜라이 2세는 10월 선언을 발표하여 두마의 설치와 각종 개혁을 약속하였다.

13. 당면 혁명에서 프롤레타리아의 임무(4월 테제)

1. 부르주아 임시정부는 전쟁을 계속할 것이다. 우리는 '혁명적 패배주의' 입장에서 물러나지 않을 것이다. 자본주의와 제국주의는 서로 분리할 수 없는 것이기 때문에 전쟁을 끝내려면 자본주의를 제거해야 한다. 계급의식적인 프롤레타리아트는 다음 세 가지 조건 위에서 혁명적 패배주의를 정당화할 혁명전쟁에 동의할 것이다.
   a) 프롤레타리아트 그리고 프롤레타리아트와 동맹한 빈농의 권력 장악

b) 합병된 영토의 원상 복귀
   c) 모든 자본주의적 이해와의 완전한 단절
2. 러시아 혁명은 첫 번째 국면을 지나 두 번째로 넘어가고 있는데 이제 프롤레타리아와 빈농이 정치권력을 장악해야 한다.
3. 임시정부에 대한 어떤 협력도 해서는 안 된다. 부르주아 정부에게 제국주의 정부이기를 멈추라고 요구하는 것은 그들이 할 수 없는 일에 대한 요구이므로 사실상 그들에 대한 환상을 불러일으킬 뿐이다.
4. 노동자대표소비에트만이 유일한 혁명정부임을 대중이 인식하게 하자.
5. 노동자대표소비에트에서 의회주의 공화국으로 되돌아가는 것은 역사적 퇴보이다. 경찰, 관료기구, 군대는 폐지해야 한다.
6. 농업강령에서 강조점은 농업노동자대표소비에트에 둔다. 모든 토지를 국유화하며 농업노동자대표소비에트를 농민대표소비에트와 별도로 조직한다.
7. 국내의 모든 은행을 하나의 국립은행으로 통합하고 그것을 소비에트의 통제 하에 둔다.
8. 생산을 사회화하고 생산물의 분배를 즉시 소비에트의 통제 하에 둔다.
9. 당은 즉시 회의를 소집해 강령을 바꾸고 당의 명칭도 공산당으로 바꿔야 한다. 강령에서 수정해야 할 부분은 특히 제국주의와 전쟁, 국가에 대한 태도와 코뮌 국가의 건설, 시대에 뒤떨어진 최소 강령이다.
10. 사회배외주의와 중도주의에 반대하는 혁명적 인터내셔널의 창조를 주도해야 한다.

자료 해석
레닌은 스위스 망명지에서 돌아와 상트페테르부르크에 도착한 다음날인 1917년 4월 4일, 전러시아노동자병사대표소비에트 총회에서 '4월 테제'를 발표한다. '4월 테제'는 제국주의와 전쟁에 대한 반대, 임시정부 타도와 노동자병사소비에트의 권력 장악, 프롤레타리아 헤게모니, 소비에트에 의한 은행 통제와 생산의 사회화로 사회주의화를 실시할 것 등을 주장하였다. 이를 통해 러시아 혁명을 부르주아 민주주의 혁명에서 사회주의 혁명으로 전환시켜야 한다고 주장하였다.

14. 전 러시아 소비에트 대회의 선언문
임시 정부는 타도되었다. 임시 정부의 각료는 거의 체포되었다. 소비에트 정권은, 지주 귀족 및 교회의 토지를 무상으로 농민 위원회에 넘겨 그곳에서 관리 할수 있도록 보장하고, 또 군대의 완전한 민주화를 이루어 병사의 권리를 지켜주고, 생산을 노동자가 통제하는 제도로 만들고, 적당한 시기에 헌법 제정 의회를 소집할 것을 보장하고, 도시에 대한 곡물 공급과 농촌에 대한 생필품 공급에도 신경을 쓰며, 러시아에 사는 모든 민족에게 진정한 자결권을 보장할 것이다.

자료 해석
1917년 러시아에서 발생한 3월 혁명으로 자유주의자 중심의 임시 정부가 수립되었다. 임시 정부는 보통 선거, 의회 개설 등과 같은 소비에트의 요구를 외면하면서 세계 대전에 깊숙이 개입하여 러시아의 경제를 더욱 혼란에 빠뜨렸다. 이에 레닌 등 볼셰비키 지도자들은 사회주의 구호 아래 임시 정부를 무너뜨리고 소비에트 중심의 새로운 정부를 수립하였다.

15. 러시아 모든 민족의 권리 선언
노동자 및 농민의 10월 혁명은 해방이라는 공동의 깃발 아래 시작되었다. …… 올해 6월 1차 소비에트 대회는 러시아 여러 민족들의 자유로운 자결권(自決權)을 선언했다. 소비에트 2차 대회는 올해 10월에 러시아 여러 민족들의 이런 양도할 수 없는 권리를 더욱 단호하고 명확하게 재확인하였다. 이런 대회들의 의지를 실행하면서 인민위원회의는 아래 원칙들을 러시아의 민족 문제에 관한 활동의 기본 토대로 삼을 것을 결정하였다.
1) 러시아 여러 민족들의 평등과 주권.
2) 분리와 독자적인 국가 형성까지 가능한 러시아 여러 민족들의 자유로운 자결권.
3) 모든 민족적 그리고 민족적-종교적 특권 및 제한의 폐지.
4) 러시아 영토에 사는 소수 민족들과 인종 집단들의 자유로운 발전.
이것들에 입각한 구체적인 법령들은 민족 문제에 관한 위원회가 구성된 직후에 즉각 마련될 것이다.

자료 해석

1917년 10월 혁명을 성공시킨 뒤 볼셰비키는 1917년 11월 2일 러시아 모든 민족의 권리 선언을 발표하였다. 이 선언은 러시아에 살고 있는 모든 민족에 대한 민족 자결권을 인정하는 것이었다. 이 선언은 윌슨의 민족자결주의와 함께 전세계 약소국의 독립 운동에 영향을 주었다.

16. 볼셰비키의 제헌의회 해산

러시아 혁명이 시작된 순간부터 노동자병사·농민 대표 소비에트는 대중 기반의 조직으로 등장했다. 이 조직은 노동 인민과 착취 계급을 하나로 묶어주었으며 완전한 정치적·경제적 자유를 위해 투쟁했다. 혁명의 첫 번째 시기에 소비에트는 커졌고, 발전했으며, 강화되었다. 소비에트는 부르주아와의 타협이 소용없음을, 그리고 부르주아의 의회 민주주의가 기만적임을 경험을 통해 깨달았고, 이런 의회 민주주의의 형식 및 타협과 완전히 결별하기 전에는 그동안 짓밟혀온 계급들을 해방시키는 것이 불가능하다는 결론에 도달했다. 10월 혁명과 소비에트의 권력 장악은 그러한 단절을 의미한다.

10월 혁명 이전의 출마자들을 기초로 선출된 제헌의회는 타협주의자들과 카데트(입헌민주당)가 권력의 자리에 머물렀던 시절의 낡은 질서를 반영한다. …… 1월 18일에 개원한 제헌의회는 케렌스키, 압크센티예프, 체르노프의 정당인 우파 사회혁명당이 다수당이다. 이 정당은 소비에트 정부라는 주권 기관의 제안을 거부했다. …… 그리고 '노동인민과 착취 계급의 권리 선언', 10월 혁명 소비에트 정부 모두를 부정할 것이다. 이런 일련의 행동을 통해 제헌의회는 러시아 대중과 소비에트의 관계를 끊어버린 셈이다. 이런 상황에서 볼셰비키와 사회혁명당 좌파는 제헌의회에서 퇴장할 수밖에 없다. 제헌의회의 다수 정당, 사회혁명당원과 멘셰비키들은 …… 소비에트의 전복을 주장하면서 이에 대해 공개적으로 전쟁을 벌이고 있다. 이런 식으로 이들은 노동 인민에게 토지와 공장이 이전되는 것을 막으려는 착취 계급들을 돕고 있다. 소비에트 권력을 무너뜨리려 한다는 점에서 제헌의회가 부르주아 반혁명에 도움이 되는 것은 분명하다. 이런 시각에서 당중앙위원회의 집행위원회는 포고령을 발표한다.

제헌의회는 해산한다.

자료 해석

1917년 11월에 실시된 선거 결과는 볼셰비키의 기대와는 달랐다. 그들은 러시아 인민주의 계열의 사회혁명당에 이어 제2당에 머문 것이다. 선거를 전국적인 여론 조사 격으로 이용하고자 했던 볼셰비키의 안일한 태도는 그들에게 큰 정치적 부담을 안겨주었다. 선거 결과로 소집된 사회혁명당 다수의 의회는 볼셰비키의 독단을 비판하려는 의욕으로 넘쳤다. 결국 레닌은 제헌의회 소집 후 불과 사흘 만에 이를 강제 해산시켰다. 이러한 조치는 민주주의 원칙을 부정한 조치였고, 볼셰비키 독재로 이어졌다.

17. 브레스트-리토프스크 조약(1918. 3)

제1조 독일, 오스트리아-헝가리, 불가리아, 터키가 한 편이고, 러시아가 다른 한 편인 양 집단 간의 전쟁 상태가 종식되었음을 선언한다. 이 나라들은 앞으로 평화와 화해 상태로 지내기로 결정했다.

제2조 체결국들은 모든 정부와 국가에 반하는 선동과 선전을 일절 하지 않을 것이다. 이 의무는 러시아에 적용되는 만큼, 4국 동맹국이 점령한 영토에도 해당한다.

제3조 과거 러시아 소속이었고 체결국들이 결정한 경계선 서쪽에 있는 영토에는 이제 러시아 주권이 미치지 않는다. 결정된 경계선은 첨부한 지도에 표시되어 있으며, 이는 현 조약의 중요사항이다. 이 경계선의 정확한 지점은 독일-러시아위원회가 논의해서 결정할 것이다. …… 러시아는 위에서 언급한 영토의 내정에 간여할 권리를 완전히 포기한다. 독일과 오스트리아-헝가리는 이 영토의 미래 운명을 그 주민들과 협의해서 결정할 것이다.

제5조 러시아는 즉시, 현 정부에서 만들어진 새로운 군대 단위까지 포함한 모든 군대의 해산을 실행한다.

제6조 러시아는 우크라이나 인민공화국과 즉시 강화 조약을 맺어야 하고 우크라이나와 4국 동맹이 맺은 평화 협정을 인정해야 한다. 러시아 정규군과 러시아 적위대는 우선 우크라이나의 영토를 떠나야 한다. 러시아는 우크라이나 인민공화국의 정부나 기관에 반하는 선동 또는 선전을 중지한다.

자료 해석

10월 혁명을 성공시킨 볼셰비키는 브레스트-리토프스크에서 독일과의 강화조약을 체결하였다. 이 조약으로 러시아는 우크라이나, 발트 연안 지대, 핀란드를 독일에게 양도하였는데, 이로 인해 러시아 인구의 1/3, 철 생산의 80%, 석탄 생산량의 90%를 잃어버렸다. 그러나 제1차 세계대전에서 독일이 패배하면서 대부분의 영토는 다시 러시아가 되찾게 되었다.

18. 전시 공산주의와 신경제 정책(NEP)

· 전시 공산주의의 다음과 같은 특성들을 확인할 수 있다.
  ① 사적 제조업을 금지하려는 시도, 거의 모든 공업의 국유화, 국가가 거의 모든 비축 원료 및 얼마 되지도 않는 생산물을 특히 전쟁 목적에 해당하는 것.
  ② 전혀 효과가 없었으나 단속적으로 실시된 사적 상거래에 대한 금지.
  ③ 농민의 잉여생산물 압수
  ④ 국가가 산하조직 및 시민들과의 거래에서 부분적으로 화폐를 폐지한 것. 배급할 것이 있을 경우 무료배급 실시.
  ⑤ 이 모든 요소들을 테러와 횡포, 몰수 및 징발과 결합. 노동조합을 당이 통제함으로써 규율을 잡으려는 시도.
  － 알렉 노브, 『소련경제사』

· 현물세를 납부하고 나서 농민에게 남는 모든 식량, 원료 및 사료의 처분은 그들의 재량에 맡기며, 또한 그들 자신의 경영 개선이나 강화를 위해, 또는 개인적 소비를 증대시키기 위해, 또는 공장제 공업이나 가내 공업, 그리고 농업 생산물과 교환하기 위해 써도 상관없다. 교환은 지방의 경제 거래 범위 내에서 허용한다.
－ 신경제정책에 관한 제10회 당 대회의 결의, 1921

· 신경제정책에 대해서 간단하고 개략적으로 말씀드리려 합니다. …… 우리의 신경제정책은 심각한 실패를 경험한 끝에 전략적인 후퇴를 하는 것을 의미합니다. 우리는 실제로 "우리가 완전히 패배하기 전에, 일단후퇴해서 모든 것을 재정비하자. 하지만 그 재정비는 더 확고하고 체계적으로 이루어져야 한다"라고 말했습니다. …… 농촌에서 우리가 시도했던 잉여 곡물 공출 체제는 사실 도시 발전 문제를 해결하기 위한 직접적인 공산주의 정책이었습니다. 하지만 이 정책은 생산력 확대를 방해했고 결국 1921년 봄에 이르러 우리가 겪고 있는 경제적·정치적 위기의 가장 중요한 요인이 되었습니다. ……
신경제정책은 강제적인 곡물조달을 세금으로 대체하는 것을 의미합니다. 말하자면 상당한 정도로 자본주의로 돌아간다는 뜻입니다. 정확히 어느 정도까지 돌아갈지는 현재 우리가 잘 모르지만 말입니다. 외국 자본가들에게 특혜를 주는 것(사실 우리가 이런 특혜를 제안했던 외국 자본가들 수에 비해 이를 받아들인 외국 자본가는 아직 몇 명 없습니다)과 사업체를 민간 자본가들에게 임대하는 것은 자본주의의 복원을 의미하며, 이는 신경제정책의 한 부분을 차지합니다. 잉여 곡물 공출 체제의 폐지는 농민이 세금을 내고 남은 잉여곡물을 자유롭게 거래할 수 있다는 뜻입니다. 그리고 세금은 농민이 생산한 전체 양에 비해 아주 적은 양에 불과할 것입니다. 농민은 우리 인구와 경제에서 엄청나게 큰 비중을 차지하고 있습니다. 이런 이유로, 우리의 자본주의는 농민들의 자유 거래라는 토양에서 자라나야 합니다.
－ 레닌의 강연

자료 해석

1918년 내전과 함께 실시한 전시공산주의는 어쩔 수 없는 측면이 있기는 하였지만 소련 경제를 파산 상태로 몰아갔다. 이에 레닌은 1921년 3월에 개최된 제12차 당 대회에서 식량 징발을 폐지하고 현물세로 대체하는 내용을 골자로 한 신경제 정책을 발표하였다. 농민들이 생산하고 남은 잉여생산물을 자유시장에서 거래하도록 했다. 이 조치는 1924년에 현물세가 금납제로 대체되어 농민들의 생산의욕을 더욱 고취시켰다. 소규모 기업의 개인 소유도 인정되었고, 농업과 공업 사이의 상품 교환도 허용되었다. 신경제정책은 자본주의적 요소를 도입하여 사회주의 경제를 활성화시키려고 한 것이었다. 그러나 신경제정책은 네프맨(nepman)이라는 신흥 부유층을 형성시켰고, 이에 노동자들의 불만이 커져갔다. 스탈린이 집권한 후 농업 집단화 정책을 실시하면서 신경제정책을 폐지하였다.

19. 윌슨의 14개조 평화안

제1조   공개적으로 체결된 강화 협약 이외에는 어떠한 비밀의 국제적 양해도 있을 수 없으며, 외교는 항상 공개적으로 진행되어야 한다.

제3조   국가의 군비를 국내 안전에 적합한 최저 수준으로 감축한다는 적절한 보장을 교환한다.

제5조   모든 식민지의 요구에 대한 자유롭고 편견 없는 절대 공평한 조정을 위해 식민지 주권과 같은 모든 문제를 결정하는 데에는 해당 식민지 주민의 이해가 그 지배권에 대해서 결정권을 가지는 정부의 정당한 요구와 대등한 비중을 가진다는 원칙이 엄수되어야 한다.

제8조   프랑스의 모든 영토를 해방하고, 침략 지역을 수복하며, 또한 거의 50년간이나 세계 평화를 뒤흔들었던 알자스-로렌 문제와 관련해서 1871년 프로이센이 프랑스에 행한 부당한 조치는 평화가 만인을 위해 다시 정착될 수 있도록 시정되어야 한다.

제11조 루마니아, 세르비아와 몬테네그로에서 철군하고 점령지는 원 상태로 복구되어야 합니다. 세르비아에 자유롭고 안전한 해양 접근권을 허용해야 하며, 또 발칸 국가들의 상호 관계는 역사적으로 정해진 귀속 의식과 민족성의 구분에 따라 우호적인 협의를 통해 결정되어야 합니다. 그리고 일부 발칸 국가들의 정치적 경제적 독립과 영토보전을 위해 국제적 차원의 보장조치가 마련되어야 합니다.

제12조 오늘날 오스만제국의 터키 지역은 확고한 주권을 보장해야 하나, 현재 터키의 통치를 받는 다른 민족들에게도 분명한 생명의 안전이 보장되어야 하며 그들의 자주적 발전 기회가 절대 방해를 받아서는 안 됩니다. 그리고 다르다넬스 해협은 모든 국가의 선박이 자유로이 통과하면서 통상을 펼칠 수 있도록 항구적으로 개방되어야 합니다.

제13조 분명히 폴란드인 주민들이 거주하는 지역을 포함하는 독립된 폴란드 국가를 수립해야 하며, 폴란드에게는 바다로의 자유롭고 안전한 출구가 보장되어야 하고, 또 그 국가의 정치적·경제적 독립과 영토 보전은 국제 협정에 의해서 보장되어야 한다.

제14조 강대국과 약소국을 막론하고, 동등한 정치적 독립 및 영토 보전의 상호 보장을 제공할 목적으로 특별한 협약 아래 일반적인 국제 연맹 기구가 구성되어야 한다.

자료 해석

1918년 1월에 발표한 윌슨의 14개조 원칙은 국제 평화의 항구적 유지를 위한 대책 마련과 민족 자결주의의 원칙을 촉구하였다. 이 중 민족 자결주의는 궁극적으로 패전국의 식민지를 박탈하기 위해 제시되었던 것이다. 제1차 세계대전 이후 패전국의 식민지는 독립을 이루었지만, 승전국의 식민지는 여전히 주권을 회복할 수 없었다. 일본이 제1차 세계대전의 승전국 편에 가담했으므로 일본의 식민지였던 우리나라도 당연히 민족 자결주의의 혜택을 받을 수 없었다.

20. 베르사유 조약

제45조   독일은 프랑스 북부의 탄광 파괴에 대한 보상으로, 자르 하류에 있는 탄광에 대한 완전하고도 절대적인 소유권 및 독점 채굴권을 프랑스에 넘겨준다.

제119조   독일은 해외 식민지에 관한 모든 권리와 요구를 동맹국과 연합국의 주요 국가에게 넘겨준다.

제173조   독일에서 일반 의무병제는 폐지된다. 독일 육군은 지원병제로만 조직하고 보충할 수 있다.

제235조   독일은 동맹국과 연합국의 청구액이 확정되기 전에 우선 배상위원회가 정하는 지불 방법에 따라 1919년과 1920년 중에, 그리고 1921년 4월까지 200억 마르크 금화에 해당하는 액수를 지불해야 한다.

자료 해석

전승국들은 1차 대전 후 패전국과 개별적인 강화 조약을 체결하였는데, 독일과는 베르사유 조약을 체결하였다. 이 조약에서 독일은 해외의 모든 식민지를 상실하고 알자스–로렌을 프랑스에 양도하며, 군비의 축소와 막대한 전쟁 배상금을 부담해야 했다. 전승국들은 오스트리아와 생제르맹 조약을 체결하였다.

21. 평화 조약

- 로카르노 조약(1925)

  독일제국의 대통령, 벨기에의 국왕, 프랑스공화국의 대통령 영국 및 아일랜드와 해양 영국령의 왕, 인도의 황제, 아탈리아의 국왕은, 1914년에서 1918년까지 벌어진 전쟁이라는 재앙에 빠진 국민들의 안보와 보호를 향한 열망을 충족시키고자, 벨기에 중립화를 위한 조약들의 무효화에 주목하며, 그리고 빈번히 유럽 분쟁의 무대가 되었던 지역의 평화를 보장할 필요성을 의식하며 … (그들의 전권대사들은) 다음과 같이 동의했다.

제1조 체결 당사국은 다음 조항들에 규정된 방식으로 독일과 벨기에, 그리고 독일과 프랑스 사이의 현 국경의 현상 유지.

제2조 독일과 벨기에, 그리고 독일과 프랑스는 어떤 경우에도 서로를 공격하거나 침공하지 않고, 또 서로 전쟁을 일으키지 않을 것을 상호 약속한다.

- 켈로그-브리앙 조약(1928)

미국 대통령 독일 대통령, 벨기에 국왕 프랑스공화국 대통령, 영국과 아일랜드와 영국령들의 왕, 인도 황제, 이탈리아 왕, 일본 천황, 폴란드 공화국 대통령, 체코슬로바키아 공화국 대통령 간 전쟁 포기에 관한 조약은 8월 27일에 파리에서 특명전권대사들이 체결하고 서명하였다.

제1조 체결 당사국들은 그들 국민의 이름으로 국제 분쟁의 해결책으로 전쟁을 일으키는 것을 비난하고 각 국가와의 관계에서 국가정책 수단으로 전쟁을 포기할 것을 엄숙히 선언한다.

제2조 체결 당사국들은 그들 사이에 발생할 수 있는 분쟁 혹은 갈등이 그 기원이 어떠하고 어떠한 성격을 띠든지 간에 모든 분쟁 또는 갈등의 합의나 해결은 평화적 수단을 제외하고는 결코 추구할 수 없다는 데 동의한다.

자료 해석

제1차 세계 대전은 그 때까지의 인류 역사상 가장 참혹한 결과를 가져왔다. 이에 전쟁이 끝난 이후 항구적인 평화 체제를 유지하려는 노력이 전개되었다. 국제 연맹의 창설, 로카르노 조약과 켈로그·브리앙 조약 등은 집단적인 안전 보장을 통한 평화 유지 노력이었으며, 도스 안과 영 안은 독일의 배상금을 삭감해 줌으로써 경제 악화로 인한 독일의 전쟁 도발 가능성을 예방하려 한 노력이었다. 또한 워싱턴 회의와 런던 회의는 군비 축소를 통한 평화 유지 노력이었다.

22. 바이마르 헌법

제1조 독일은 공화국이다. 국가 권력은 국민으로부터 나온다.
제22조 국회의원은 비례 대표제의 원칙에 따라 20세 이상의 남녀 보통·평등·직접·비밀 선거로 선출된다.
제41조 대통령은 전 독일 국민에 의해 선출된다.
제159조 노동 조건 및 경제 조건을 보호하고 개선하기 위하여 단결의 자유는 누구에게나 모두 보장된다. 이 자유를 제한하거나 방해하려는 모든 협정과 조치는 위법이다.
제165조 노동자 및 고용인은 임금 및 노동 조건에 관한 규정과 생산력의 모든 경제적 발전에 관하여 기업가와 대등한 권리를 갖고 함께 협력할 것을 요청받는다.

자료 해석

제1차 세계대전의 패전으로 독일 제국이 붕괴된 후 1919년에 수립된 독일 민주 공화국의 헌법이다. 이 법을 공포한 국민의회가 바이마르에서 개최되었다고 해서 바이마르 헌법으로 불리어진다. 근대 헌법 사상 처음으로 소유권의 사회성과 재산권 행사의 공공복리 적합성, 생존권의 보장 등 선진적인 내용을 담고 있다.

23. 뉴딜 정책

- 산업부흥법

제1장 산업 부흥 정책의 선언

주 사이 및 외국과의 자유 무역을 가로막아 그 교역량을 감소시키는 각종 방해를 제거하고, 각종 상업 단체 간의 협동 활동에 기여할 산업의 조직화를 촉진함으로써 일반적 복지를 보장하며, 노동과 경영의 결합 활동을 그에 적당한 정부의 인가 및 감독 아래 끌어들여 유지시키고, 불공정한 경쟁을 제거하여 산업이 현재 갖추고 있는 생산력에 대한 최대한의 이용을 촉진하며, 생산에 대한 부당한 제한을 철폐하여 구매력을 올림으로써 공업 및 농업 생산물의 소비를 증가시켜 실업을 구제하고, 노동 기준을 개선하고 그 밖의 다른 방법으로 산업의 부흥과 천연 자원의 보전을 꾀하는 것이 의회의 정책이 될 것임을 선언한다.

- 농업조정법

  제2조 연방 의회의 정책으로 다음 사항을 선언한다.
  (a) 농민들이 구매하고자 하는 상품에 관하여 기준 연도의 농산물 구매력과 동등한 구매력을 부여하는 수준까지 가격을 상승시킬 수 있도록 농산품의 생산과 소비 사이의 균형과 그 시장 조건을 설정하고 유지할 것.
  (b) 국내 및 국외 시장에서 유통되는 소비 수요를 조사하여 되도록 빨리 현재의 불균형을 시정하여 구매력의 균형에 접근할 것.
  (c) 농업 상품의 소매에 소요되는 비용이 증가하지 않는 수준에서 농업 생산을 재조정하여 소비자의 이익을 보호할 것

- 사회보장법

  1장 노후지원 책정액을 위한 주 보조금(1934)
  1항 각주는 고령의 가난한 개인들에게 재정 지원을 제공할 목적으로, 해당 주의 조건에 따라 실행 가능한 범위 내에서, 1936년 6월 30일에 종료되는 회계 연도부터 총 49,750,000달러를 책정할 수 있음을 승인한다. 그리고 그 후 매해 이런 목적을 수행하기에 충분한 액수를 책정할수 있음을 승인한다.
  이 조항에 따라 조성된 총금액은 개별 주에 지급될 것이다. 개별 주가 받을 액수는 그들이 사회보장위원회에 제출하고 승인받은 것이다. 사회보장위원회는 사회보장제도의 제7장 노령 지원 국가계획에 의해 수립된 바 있다.

자료 해석

산업부흥법은 정부와 기업이 협력하여 산업에 관한 조례를 만들고 그것으로써 모든 산업구조를 연방 정부가 통제하려고 한 것으로, 이전의 기업의 자유방임주의적 이념과는 양립할 수 없었다. 산업부흥법은 1935년 최고 재판소에서 헌법에 위배된다는 판결을 받아 폐기되었다. 농업 조정법은 과잉 생산과 수요 부족으로 곡물의 가격이 폭락하는 당시의 상황을 국가가 인위적으로 개입해서 정하는 것이었다. 농업 조정법은 산업 부흥법처럼 가격이 시장의 수요와 공급의 법칙에 의해 정해진다는 전통적인 시장 경제 체제를 변화시키는 정책이었다. 사회보장법은 노인, 유색 인종을 바롯한 사회적 약자를 직접 돕는 기능을 했을 뿐 아니라, 시장 수요를 유지하고 확대하는 기능도 제공할 수 있었다. 사회적 약자가 받는 보조금도 결국 소비에 쓰일터였기 때문이다.

24. 전체주의

- 무솔리니의 연설

  국가 위에, 국가 외에, 그리고 국가에 반하여서는 아무 것도 존재하지 않으며, 그러한 국가는 파시스트당에 의하여 대표되고, 오직 파시스트 신문과 파시스트의 교육이 있을 뿐이다. 파시스트당이 대표하는 이탈리아는 강력하고 위대해져야 하며, 팽창하지 않는 국가는 쇠퇴하고 멸망하며, 전쟁은 인간을 위대하게 만든다.

- 히틀러의 인종주의와 반유대주의
  (가) 민족주의 국가는 인종을 모든 생활의 중심점에 두어야 한다. 그 국가는 인종의 순수한 유지를 위해 배려해야 한다. 그 국가는 어린이가 민족의 가장 중요한 재보(財寶)임을 언명하지 않으면 안 된다. …… 국가는 몇 천 년이나 되는 미래의 보호자로서 행동해야 하며, 이 미래에 대해서는 개인의 희망이나 욕심 따위는 아무 것도 아닌 것으로 생각하고 희생해야 한다.
  (나) 유대인들의 생각은 분명하다. 그들은 독일에 볼셰비키 혁명을 일으켜 인텔리들을 몰아내고 독일 노동자들을 유대 금융가들에게 속박시켜 착취하려 하고 있다. 이것은 세계를 정복하고자 하는 유대인들의 정치 작업일 뿐이다. 역사가 증명하듯이 독일은 이 투쟁에 있어 주축이었다. 만약 우리 국민과 국가가 피에 굶주리고 탐욕스러운 유대인 압제자가 다스리는 국가에 희생된다면, 전 세계가 이 괴물의 덫에 걸려 들 것이다. 만약 독일이 이 투쟁에서 살아남는다면, 전 세계를 위해 이 엄청난 위협 세력을 꺾는 것이 될 것이다.

- 나치당의 강령
    1. 우리는 여러 국민의 민족 자결권의 원칙에 입각하여, 대독일국을 수립하기 위해 전 독일인이 통합할 것을 요구한다.
    2. 우리는 다른 국민에 대해 독일 민족의 평등권을 요구하며, 베르사유 및 생제르맹 평화 조약의 폐기를 요구한다.
    3. 우리는 우리 국민을 먹여 살리고 과잉 인구를 이주시키기 위한 토지, 즉 식민지를 요구한다.
    4. 독일인의 혈통을 지닌 사람만이 독일 민족의 동포가 될 수 있다. 따라서 유대인은 독일 민족의 동포가 될 수 없다.
    14. 우리는 대규모 산업이 이윤공유원칙에 따라 조직되어야 한다고 주장한다.
    16. 우리는 건강한 중산층을 창출하고 유지할 것을 요구한다. 따라서 대형 백화점은 즉각적으로 공유화해야 하며, 백화점에 있는 다양한 매장은 소상인이 낮은 임대료로 임차할 수 있게 해야 한다. 그리고 국가, 주 정부 또는 시 정부에 납품하는, 소규모업자들을 최우선적으로 고려해야한다.
    17. 우리는 우리 민족의 요구에 맞는 토지 개혁 프로그램을 수립해야 한다고 주장한다.
        공동체의 목적을 위해 몰수되는 토지에 무보상, 지대 폐지, 땅투기 금지를 명시하는 법 제정을 요구한다.

자료 해석
무솔리니의 파시즘은 일당 독재 체제와 국가 지상주의를 바탕으로 한 것이었다. 이후 히틀러는 무솔리니의 파시즘을 바탕으로 인종주의를 결합한 나치즘을 출현시켰다. 히틀러 인종주의의 핵심은 반유대주의였다. 그는 유대인들에 의해 독일 민족과 세계가 수탈당하고 있고, 이를 분쇄하는 것이 본인과 나치당의 임무라고 주장하였다. 그의 이러한 생각은 1935년에 제정된 뉘른베르크 법에 잘 나타나 있다. 뉘른베르크 법은 유대인의 범위를 정하고 유대인들의 시민권을 박탈하는 조치를 취하였다.

25. 뮌헨협정
독일, 영국, 프랑스, 이탈리아는 독일 민족 거주지역인 수데티의 독일 이양을 위해 이미 원칙적으로 뜻을 모았던 것을 바탕으로 다음의 이양 조건과 그에 따른 조처에 합의했다. 이 합의를 통해 각 국가는 이양 과정을 완수하기 위해 필요한 절차에 각각 책임을 진다.
1. 지역 소개(疏開)는 10월 1일에 시작한다.
2. 영국, 프랑스, 이탈리아는 지역 소개를 기존 시설이 파괴되지 않은 상태에서 10월 10일까지 완료되어야 하며, 체코슬로바키아 정부는 상기 시설물에 대한 피해 없이 소개를 완수할 책임이 있다는 데 동의한다.
3. 소개의 조건은 독일, 영국, 프랑스, 이탈리아, 체코슬로바키아의 대표로 구성된 위원회에 의해 상세히 규정될 것이다.
4. 독일 민족이 다수 거주하는 지역은 독일군에 의해 단계적으로 점령될 것이며, 10월 1일부터 시작될 것이다. 남아 있는 독일 민족이 다수 거주하는 지역은 전술한 국제위원회에 의해 곧 확인될 것이며, 10월 10일까지 독일군이 점령할 것이다.
5. 제3항에서 언급된 국제위원회는 국민투표를 실시할 지역들을 결정할 것이다. 이런 지역들은 국민투표가 완료될 때까지 국제기구가 관할할 것이다. 위원회는 자르 지역 국민투표 조건을 기준으로 국민투표의 조건을 정할 것이다. 또 위원회는 11월 말 이전에 투표일을 확정할 것이다.
8. 체코 정부는 이 협정이 발효된 후 4주 이내에 석방되기를 희망하는 수데티 독일인을 전부 군과 경찰로부터 석방한다. 또한 같은 기간 내에 정치범으로 복역 중인 수데티 독일인들을 석방한다.
뮌헨 1938년 9월 29일

자료 해석
1938년에 체코슬로바키아의 수데티 지방(당시 체코슬로바키아의 북부. 남부, 서부 영토 상단을 잇는 건 띠 모양의 지역으로, 독일어 지명은 주데텐이다)을 독일 영토로 합병할 것을 요구한 것이다. 히틀러 주장의 근거는 이 지방에 독일계 인구의 비중이 압도적으로 높다는 것이었다. 이 같은 히틀러의 도전에 체코슬로바키아는 결사 항전을 선언했으며, 곧바로 소련은 독일이 침략할 경우 체코슬로바키아를 군사적으로 지원하겠다는 뜻을 공표했다. 하지만 여기에 대해 명확한 입장을 밝히지 않던 영국과 프랑스는 소련과 당사국 체코슬로바키아를 배제한 채 독일과 뮌헨에서 협상을 벌였다. 그 결과는, 히틀러에게 추가 팽창은 없을 것이라는 약속을 받아내는 조건으로 수데티 지역을 독일에 넘겨주는 것이었다. 이러한 유화적 조치는 히틀러로 하여금 영국, 프랑스 등이 무력하다는 것을 느끼게 하였고, 결국 제2차 세계대전이 발발하는 배경이 되었다.

26. 대서양 헌장

미국 대통령과 영국 정부를 대표하는 처칠 수상은 회담을 진행한 결과, 바람직한 세계의 미래를 위한 희망에 근거하여 양국 정부의 국가정책 중에서 확실한 공통의 원칙을 공표하는 것이 옳다고 생각하여 다음과 같이 선언한다.

첫째, 양국은 영토나 그 밖의 어떤 세력 확장도 추구하지 않는다.
둘째, 양국은 자유롭게 표현된 국민들의 소망에 어긋나는 어떠한 영토적 변화도 원치 않는다.
셋째, 양국은 모든 민족이 그 속에서 영위할 정부 형태를 선택할 권리를 존중한다. 또 강압적으로 빼앗겼던 주권과 자치정부를 인민들이 다시 찾기를 원한다.
넷째, 양국은 기존의 의무 조항을 존중하면서 크든 작든, 승전국이든 패전국이든, 모든 국가가 동등한 조건으로 안녕을 증진하기 위해 자신들의 경제적 번영에 필요한 무역과 세계의 원자재에 접근할 권리를 향유할 수 있도록 노력한다.
다섯째, 양국은 모든 국가에서 개선된 근로 기준, 경제 발전과 사회적 안전을 확보하기 위해, 경제 분야에서 모든 국가 사이에 적극적 협력이 있기를 희망한다.
여섯째, 양국은 나치 폭정이 완전히 멸망한 뒤에는, 모든 국가가 자기들 국경 내에서 안전하게 살 수 있는 수단을 제공하고, 또 전 세계 사람들에게 공포와 궁핍에서 벗어나 자유 속에서 일생을 살 수 있도록 평화가 확립되기를 희망한다.
일곱째, 그와 같은 평화를 통해 모든 사람은 구속받지 않고 공해와 대양을 항해 할 수 있어야 한다.

자료 해석
대서양 헌장은 1941년 8월 14일 대서양의 해군기지에서 미국의 루스벨트 대통령과 영국의 처칠 총리 사이에 이루어진 공동 선언이다. 영토 불확대, 민족 자결, 통상·자원의 기회 균등, 사회 보장, 안전 보장 등 제2차 세계 대전 및 전후 처리의 지도 원칙을 명시하였다. 이 원칙은 연합국 공동 선언과 국제연합 헌장에 계승되었다.

27. 카이로 선언

세 연합국은 일본의 침략을 제지하고 응징하기 위해 이 전쟁을 치르고 있다. 그들은 그들 자신의 이익을 위해 노력하지 않으며, 또한 영토 팽창을 위한 야심도 갖고 있지 않다. 그들의 목적은 1914년 제 1차 세계대전이 발발한 이래 일본이 강탈했거나 점령한 태평양의 모든 섬들을 몰수하는 것이며, 또한 일본이 중국에서 탈취한 모든 영토, 예를 들면 만주, 대만, 팽호 열도(평후 제도) 등을 중국에 반환하는 것이다. 일본은 또한 폭력과 탐욕에 의해 탈취한 다른 모든 영토에서도 추방당할 것이다. 앞서 말한 이 세 강대국은 한국민이 노예적 상태에 놓여 있음을 상기하면서 한국을 적당한 시기에 자유롭고 독립적인 국가로 만들 것을 굳게 다짐한다. 이러한 목적을 실현하기 위해 세 연합국은 일본과 싸우는 다른 국가들과 보조를 맞추어가면서 일본의 무조건 항복을 받아내는 데 필요한 진지하고도 장기적인 군사 행동을 지속적으로 감행할 것이다.

자료 해석
미국의 루스벨트, 영국의 처칠, 중국의 장제스가 카이로에 모여 회담(1943. 11. 22~26.)을 하였다. 그리고 12월 1일 세 정상은 일본의 무조건 항복을 요구하고, 일본 제국의 해체와 만주와 대만을 중국에 반환할 것을 약속한 카이로 선언을 발표했다. 또한 이 선언에는 '적당한 시기에' 한국을 독립시킨다는 내용이 포함되었다. 테헤란 회담(1943, 11. 28~12. 1.)에서 루스벨트와 처칠은 카이로 선언에 대한 스탈린의 동의를 받았다.

28. 크림 회담 의정서

미국, 영국, 소련 사회주의연방공화국 정부의 수뇌들은 2월 4일부터 11일까지 크림 회담을 개최하여 아래와 같은 결론을 얻었다.

I. 세계기구
1. 제안된 세계기구에 대해 토의할 국제연합회담은 1945년 4월 25일 수요일에 소집되며 미국에서 열린다.
4. 국제연합에 참여할 모든 국가에 보내는 초청장 내용은 다음과 같다.
"미국정부는 영국·소련·중국·프랑스 공화국 정부를 대표하여 국제평화와 안전 보장을 위한 헌장을 만들기 위해, 1945년 4월 25일 미국 샌프란시스코에서 열리는 회의에 귀국 대표단들을 초청한다. 위에 언급한 정부는 동 회의가 덤버턴 오크스 회의의 결과로 작년 10월에 공식적으로 만들어졌고, 4장 C절의 하기 조항에 의해 보충되는 국제기구의 창설을 헌장의 기초로 고려할 것을 제안한다."

· 일본에 관한 협정

세 강대국의 지도자들 -소련, 미국, 영국- 은 독일이 항복하고 유럽에서 전쟁이 종결되고 2, 3개월이 지난 뒤, 소련이 다음과 같은 조건 아래 연합국 편에 서서 대일전에 참전할 것을 협정했다.

1. 외몽고(몽고 인민 공화국)를 현상 유지한다.
2. 1904년 일본의 배신적 공격으로 침해된 소련의 모든 권리를 다음과 같이 회복한다.
   (a) 사할린의 남부와 이에 인접하는 도서를 소련에 반환한다.
   (b) 다롄 상업항을 국제화하고, 동 항에 대한 소련의 우선적 이익을 보장하며, 또한 소련해군기지로서 뤼순항의 조차권을 회복한다.
   (c) 다롄으로 이어지는 동청 철도와 남만주 철도는 중호합병회사를 설립하여 공동운영한다. 단, 소련은 우선적 이익을 보장받고, 또한 중국은 완전한 주권을 보유한다.
3. 쿠릴열도를 소련에 양도한다.

자료 해석

1945년 2월 연합군의 승전이 거의 확실시되는 상황에서 크림 반도의 얄타에서 미국, 영국, 소련의 정상이 만나 회담을 열었다. 이 회담에서 루즈벨트는 국제연합 구성에 집중하였고, 영국은 소련의 대일전 참전에 집중하였다. 결국 국제연합의 구성과 안보리 문제, 전후 독일의 분할 점령과 배상, 전범자 처리 문제, 구독일 점령지로서 해방된 지역의 문제에 대해 합의하였다. 또한 소련이 독일과 전쟁이 끝난 뒤 석 달 내 대일전에 참전할 것을 결정하였으며, 한반도에 관한 신탁통치 문제가 잠시 논의되었다.

memo

VI.

현대 사회의 변화

CHAPTER 01
냉전과 탈냉전

CHAPTER 02
20세기의 사회와 문화

CHAPTER 01 냉전과 탈냉전

1 냉전 체제의 전개와 제3세계

(1) 국제연합의 성립

① 전후 처리
- 파리 강화 회의(1946)에서 연합국과 패전국이 개별 조약 체결
- 샌프란시스코 강화 회의(1951) : 일본의 주권 회복 → 미일 안보조약 체결

② 국제 연합
- 성립 : 대서양 헌장(1941)에서 구상 → 덤버턴오크스 회의(1944)에서 초안 작성 → 샌프란시스코 회의(1945. 6)에서 헌장 채택
- 특징 : 안전 보장 이사회 상임 이사국에 거부권 부여, 안전 보장 이사회의 결의는 총회보다 우선, 무력 제재 가능

(2) 냉전 체제의 성립과 전개

① 트루먼 독트린(1947.3)
- 그리스 공산주의자들의 반란으로 그리스 정부 위기 → 미국에 원조 요청 → 미국의 개입으로 공산주의자들의 반란 진압
- 트루먼 독트린은 소련의 입장에선 선전포고 → 소련은 공산주의운동 국제조직인 코민포름(1947.7) 창설 → 창립총회에서 소비에트 정치국 의장 즈다노프는 세계가 제국주의적 반민주주의 진영과 반제국주의적 민주주의 진영으로 양분되었으며 공산주의자들은 제국주의에 맞서 투쟁해야 한다고 천명

② 마셜 플랜(1948~1951)◇
- 전후 유럽 경제의 재건을 위해 원조 제공
- 소련은 서유럽 국가들이 마셜 플랜을 실현하기 위해 1948년 설립한 유럽경제협력기구(OEEC)에 맞대응하기 위해 1949년에 코메콘(COMECON, 경제상호원조회의)◇ 설립

③ 베를린 봉쇄(1948~1949)
- 미국·영국·프랑스가 점령한 지역의 단독 통화 개혁으로 공동화폐 발행 → 서독과 베를린 간의 육상 운송로 봉쇄
- 미국은 서베를린 주민에게 1년간 비행기로 생필품 공수 → 베를린 봉쇄는 독일 분단의 시발점이자 동·서 유럽 간 적대 전선의 형성을 알리는 상징적 사건

④ 군사동맹체 결성

서방	· 1949년 4월 북대서양조약기구(NATO)◇ 창설 · 1954년 미국, 영국, 프랑스 등 8개국이 참여한 동남아시아조약기구(SEATO) 결성 · 1955년 미국, 영국, 이란, 이라크, 파키스탄으로 구성된 바그다드조약기구 → 1959년 중앙조약기구(CENTO)로 개칭
공산	1955년 5월 소련은 동유럽 국가들과 함께 '우호·협력·상호원조'의 의무를 지는 바르샤바조약기구(WTO) 결성

◇ **마셜 플랜**
미국은 서유럽 여러 나라에 공산주의 혁명이 파급될 것을 우려하여 전후 서유럽의 경제 부흥을 원조하는 마셜 플랜을 실시하였다.

◇ **코메콘(COMECON)**
마셜 플랜에 대항하기 위해 1960년에 창설된 공산권 국가들 간의 상호 경제 원조회의 조직이다.

◇ **북대서양 조약 기구(NATO)**
1949년 서유럽 국가들의 집단 방위 조약으로 출범하였다. 회원국은 벨기에, 캐나다, 덴마크, 아이슬란드, 이탈리아, 룩셈부르크, 네덜란드, 노르웨이, 포르투갈, 영국, 미국, 프랑스 등이다. 그 후 그리스, 터키, 서독, 에스파냐, 체코슬로바키아, 폴란드, 헝가리가 가입하였다.

⑤ 군비경쟁
- 1945년 미국 원폭 실험 성공, 1949년 소련 원폭 실험 성공
- 1952년 11월 미국 수소폭탄 개발, 1953년 7월 소련도 성공
- 1957년 소련은 대륙간탄도미사일(ICBM) 개발에 성공하고 최초의 인공위성 스푸트니크(Sputnik) 발사 성공, 1961년 최초로 유인우주선 비행 성공
- 1958년 미국이 항공우주국(NASA)을 창설, 잠수함발사탄도미사일(SLBM)과 고공폭격기 개발에 박차를 가하면서 양국 간의 긴장↑

◇ 쿠바 사태(위기)
쿠바가 공산화되어 농지 개혁, 외국 자본의 국유화 등 사회주의 개혁을 단행하자, 미국은 쿠바에 제재를 가하였다. 이에 쿠바는 소련에 접근, 미사일 기지를 제공함으로써 미·소 간에 핵전쟁의 위기(1962)가 감돌았으나, 소련이 양보하여 미사일 기지를 철수함으로써 위기를 넘겼다.

⑥ 동·서진영 대립 심화

베트남 전쟁	• 베트남 공산 해방군은 디엔비엔푸 전투(1954.3)에서 프랑스군을 무찌르고 독립 쟁취(제1차 인도차이나전쟁) → 제네바협정으로 베트남은 북위 17도를 경계로 임시 분할하고 2년 내에 총선거 실시 → 아시아 공산화의 '도미노현상'을 우려한 미국이 본격적으로 군사 개입 시작 • 1964년부터 직접 군사 침공에 나선 미군과 미국의 요청으로 참전한 한국군에 맞서기 위해 베트남 공산군은 소련과 중국으로부터 동시에 지원받음 → 파리평화협정(1973)으로 미군이 철수한 후 1976년 베트남사회주의공화국이 수립됨으로써 전쟁은 베트남의 승리로 끝남
수에즈 사태	• 1956년 7월 이집트 대통령 나세르가 수에즈 운하의 국유화 선언 → 영국과 프랑스가 이스라엘과 연합해 이집트 침공 • 흐루쇼프는 이집트 지원 + 미국은 아이젠하워 독트린을 발표하여 중동 지역 개입 가능성 열어둠 • 미국은 영국과 프랑스에 철수 압력을 가함으로써 소련의 개입을 차단 • 이스라엘군이 철수한 후 수에즈 사태 해결
베를린 장벽	• 미·영·프·소 등 전승 4개국의 공동 관리 지구로 서로 왕래가 가능했던 베를린은 1950년대에 동독인들이 서독으로 넘어가는 주요 탈출구 구실 • 1958년 11월 흐루쇼프는 베를린을 중립 도시로 만들 것을 제안하며 미국, 영국, 소련, 프랑스 등 전승국 주둔군의 철수 요구 → 서베를린에 대한 동독의 통제를 강화하여 서베를린에서 끊임없이 이어지는 탈동독 행렬을 차단하려는 것이 흐루쇼프의 복안 • 1961년 7월에 케네디는 베를린 주민의 자유 보장, 서방 군대의 주둔, 서베를린의 통행 보장이라는 3대 원칙을 고수하며 소련에 맞서겠다는 단호한 의지 표명 → 동독은 8월 13일에 기습적으로 베를린 장벽 축조 → 베를린 장벽은 냉전기 유럽 분할 상징
쿠바 미사일 위기 (1962)	• 쿠바의 피델 카스트로는 혁명(1959.1)으로 바티스타의 친미 독재 정권을 몰아낸 뒤 사회주의 정책 실시 → 케네디의 미국 정부는 피그스만 침공(1961) 사건을 일으켜 쿠바의 카스트로 정권을 붕괴시키려 하였으나 실패 • 미국은 공산주의 확산을 막기 위해 라틴 아메리카의 '진보 연합'에 경제적 지원(1961) • 미국은 1962년 쿠바를 국제기구에서 축출하고 무역을 금지시키는 등 쿠바 '봉쇄' 정책 실시 → 소련 정부가 쿠바에 핵미사일 제공을 비밀리에 제안 → 흐루쇼프는 쿠바를 미국으로부터 보호하는 동시에 이미 터키에 미사일 기지를 설치해 소련을 위협하고 있는 미국에 맞대응 전략 • 케네디는 흐루쇼프에게 기지를 철거하고 미사일을 돌려보내라는 최후통첩을 보냈으며 핵전쟁도 불사하겠다는 입장 → 소련이 쿠바에서 미사일을 회수하고 발사대를 철거하는 대신 미국은 소련이 요구하는 터키에서의 탄도미사일 철수에 합의 → 쿠바 위기 직후 미국과 소련 양국 정상 간에 직통전화(HotLine) 개통 • 1963년 미·영·소 3개국이 대기권 및 수중핵실험 정지 조약을 맺고, 핵무기를 비롯한 전략무기의 제한에 관한 협의 시작

◇ 피그스만 침공 사건
미국 정부는 쿠바 혁명을 피해 미국으로 망명한 쿠바인들을 이용해 쿠바를 공격하려 하였다. 미국의 지원을 받은 쿠바인들은 쿠바 남쪽 해안에 위치한 피그스 만에 상륙하였으나, 쿠바군의 공격으로 실패하였다.

(3) 국제 정세의 다극화

① 제 3세계의 대두

배경	아시아·아프리카 신생 독립국들이 반식민주의·비동맹주의·평화 공존 표방
평화 5원칙	· 콜롬보회의(1954.4)에서 평화 5원칙 채택 → 인도의 네루와 중국의 저우언라이의 재확인(1954.6) · 평화 5원칙 : 영토·주권의 상호 존중, 상호불가침, 상호 내정불간섭, 호혜평등, 평화 공존
반둥회의 (1955)	· 인도네시아의 반둥에서 아시아·아프리카 연대회의 개최 · 네루(인도), 수카르노(인도네시아), 저우언라이(중국), 나세르(이집트) 등을 비롯해 29개국 정상들이 참가 · 평화 10원칙 발표 → 반제국주의, 반식민주의, 평화 공존, 전면 군축 등 주장
제1차 비동맹 회의(1961)	유고슬라비아의 베오그라드에서 개최 → 티토·네루·나세르 등이 주도하여 비동맹 국가들의 결속 강화
아프리카의 해(1960)	아프리카 17개국이 독립 선언

② 공산권의 독자 노선
- 유고슬라비아 티토의 독자노선
- 헝가리의 반공 의거(1956)
- 체코슬로바키아의 '프라하의 봄'(1968) → 소련은 '브레즈네프 독트린'을 선언하며 탄압

③ 중·소 대립
- 중국은 '대약진운동'을 단행하면서 소련과 거리를 두기 시작 → 소련의 흐루쇼프의 평화 공존 정책 비판 → 소련이 모든 지원을 철회한 상황에서 중국은 1964년에 자체적으로 핵실험에 성공하고 핵무기 보유
- 1966년 문화대혁명이 일어나면서 양국 관계 더욱 악화 → 1969년 우수리강 주변 국경 지역에서 대규모 무력 충돌 발생 → 중국은 소련을 견제하는 방편으로 미국과의 관계 개선 도모

④ 프랑스의 독자 노선 : 프랑스의 NATO 탈퇴(1966)

⑤ 서독 : 빌리 브란트의 '신동방정책'
- 오데르-나이세 선의 국경 인정 → 폴란드를 비롯한 공산권과 관계 회복
- 서독과 동독은 상대방의 체제를 존중하고 외교 관계 수립(1972), 국제연합(1973)에 동시 가입
- 서독과 동독 간 상호방문과 우편교류 가능해지고 분단의 고통과 이질감 완화

⑥ 팔레스타인 문제
- 1차 중동 전쟁(1948) : 팔레스타인 지방에 이스라엘 건국 → 아랍인들이 이스라엘 공격
- 4차 중동 전쟁(1973) : 시리아, 이집트 패배 → 석유수출기구의 석유가격 인상으로 1차 오일 쇼크 발생
- 팔레스타인 난민들은 팔레스타인 해방기구 결성(PLO, 1964) → 이스라엘에 대한 게릴라전 전개
- 나세르 사망 이후 집권한 사다트는 미국의 조정안을 수용하여 이스라엘과 평화협정 체결(1978)
- 오슬로 협정(1993) : 팔레스타인 해방기구의 아라파트와 이스라엘의 라빈이 상대를 인정하는 평화협정안 체결 → 팔레스타인 자치 정부 수립 승인

2 냉전 체제의 변화

(1) 긴장 완화(데탕트) 분위기 형성
  ① 소련 : 평화 공존 추구 → 서독과 국교 회복(1955), 흐루쇼프의 미국 방문
  ② 닉슨 독트린(괌 독트린, 1969)
   - 내용 : 국지적 분쟁에 개입 억제, 공산 국가에 대한 유연한 대처
   - 영향 : 중국의 유엔 가입 승인(1971), 닉슨의 중국 방문(1972), 소련과 전략 무기 제한 협정(SALT 1) 체결(1972), 미군의 베트남 철수(1973) → 냉전 완화
  ③ 헬싱키 협약(1975)
   - 미국, 소련, 유럽 국가들은 안보 문제를 정치적 타협으로 풀기 위한 협상 시작(1972) → 유럽안보협력회의(CSCE) 개최(1973) → 북대서양조약기구 회원국과 바르샤바조약기구 회원국이 협상 테이블에 마주함
   - 35개국이 서명한 '헬싱키 최종합의(1975.8)'는 주권 평등, 국경선 존중, 분쟁의 평화적 해결 등을 회원국의 의무로 규정

(2) 냉전 격화
  ① 소련이 동유럽에 신형 중거리 미사일 SS-20 배치(1977)
   - 소련은 SS-20의 배치가 미소 간의 전략무기제한 규정에 어긋나지 않는 정당한 군사적 근대화라고 주장
   - 1979년 12월 미국과 북대서양조약기구는 소련이 SS-20을 철수하지 않을 경우 1983년부터 이에 대적할 신형 미사일 퍼싱 2(Pershing II)와 순항미사일을 배치하겠다고 결정
  ② 소련의 아프가니스탄 침공(1979)
   - 아프가니스탄에서 쿠데타로 친소 공산주의 정권이 집권(1978)하자 이슬람 세력이 무장 항쟁 시작 → 소련이 친소정권을 지원하러 대규모 군대를 투입하자 미국과 영국은 물론 이란, 파키스탄 등 이슬람 국가들이 무자헤딘 반군 지원 → 아프가니스탄 전쟁(1979-1989)은 소련의 팽창 야욕에 대한 서방의 불안을 증폭시킴
   - 미국은 군비축소 노력을 중단하고 국방예산을 대폭 증액 → 서방의 항의는 1980년 모스크바 올림픽에 불참하는 것으로 절정에 달함
   - 미국 대통령 레이건은 1983년 소련이 핵미사일을 발사하면 대기 중에서 강력한 레이저광선으로 이를 요격한다는 '전략방위구상(SDI)'을 발표하여 소련 자극

3 소련 체제의 변화와 붕괴

(1) 흐루쇼프의 집권과 개혁
  ① 집권 : 스탈린 사망 이후 집단지도체제에서 경쟁자들을 제거하고 집권(1954)
  ② 탈스탈린화 : 20차 공산당 대회(1956.2)에서 '개인숭배와 그 결과에 관하여'라는 비밀연설을 통해 스탈린 체제 비판
  ③ 개혁 실시
   - 처녀지를 개발하여 농업 생산력 증가 시도
   - 대규모 주택 건설, 7시간 노동일 도입 등의 사회 정책 실시
   - 소브나르호즈(sovnarkhoz)라는 새로운 경제 행정기관 창설 → 중앙집중의 '행정·명령 체제'를 폐지해 지역 사정에 밝은 당 지도자와 관리자들이 생산 과정에서 주도적 역할을 발휘

◇ **소련의 아프가니스탄 침공**
아프가니스탄은 원래 입헌군주제 국가였다. 1973년에 쿠데타가 발생하여 왕정이 무너지고 공화정이 수립되었다. 1978년에는 좌파들이 공산주의 혁명을 일으켰다. 그러나 공산주의 정책에 반대하는 시민들의 무장봉기가 확산되고 공산주의 정권 유지가 힘들어지자 소련은 1979년 군대를 파병하였다. 이에 미국과 서방은 1980년 모스크바에서 개최되는 올림픽에 불참하였으며, 미국의 레이건 대통령은 군비를 확장하며 신냉전이 전개되었다. 1985년 집권한 고르바초프는 아프가니스탄에서 소련군 철수를 약속하였고, 1989년에 철수하였다. 그동안 소련군은 15,000명 이상이 죽었다.

(2) 브레즈네프 시기(1964~1979)
  ① 통제 경제 정책과 공산당 관료 체제의 강화로 경제 성장 둔화
  ② 브레즈네프 독트린 발표(1968) → 체코의 '프라하의 봄' 탄압
  ③ 노멘클라투라의 부정부패 심화
  ④ 아프가니스탄 침공(1979)으로 신냉전 시대 시작

(3) 고르바초프의 개혁 정책

정치	· 다당제 도입 실험 → 지방 소비에트 선거(1987) 때 몇몇 지역에서 제한적으로 다수 후보의 출마를 용인했고, 인민대표자 대회 선거(1989)에서는 대표자의 3분의 1을 경쟁에 의해 선출하도록 허용 · '글라스노스트(개방)'를 통해 스탈린 체제의 과오를 명확하게 드러냄으로써 반대파의 저항을 누르고 자신의 개혁 노력에 대한 사회적 정당성을 확보하려고 함 · 고르바초프는 이러한 '페레스트로이카(혁신)'과 '개방'의 시도가 '인간의 얼굴을 한 사회주의'를 성취시켜 궁극적으로 사회주의 체제를 강화시키는 계기가 될 것이라고 생각 · 글라스노스트로 태동한 독립적인 신문과 잡지들이 스탈린 시대의 폭정을 연일 폭로하고 이를 제대로 저지하지 못한 당의 무기력에 대한 비판의 강도가 거세짐에 따라 당은 개혁의 주체가 아닌 비판의 대상 → 당의 지도부를 인민들로부터 고립시키는 결과 초래
경제	· 중앙정부의 통제를 완화하고 축소하는 대신 현장 공장관리자의 결정과 책임 증가 · 노동자의 임금도 생산량과 노동량에 따라 자주적으로 결정 · 집단농장을 폐지하고, 잉여 산물의 자유시장 판매 허용, 토지 임대 허용
군사	· 유럽에 배치된 모든 단거리 및 중거리 미사일을 폐기하기로 합의 · 아프가니스탄에서 소련군 철수
동유럽에 대한 불간섭	동유럽 위성국가들의 독자적인 주권 행사를 허용

(4) 소련의 붕괴
  ① 보수 세력의 쿠데타(1991) : 휴가 중인 고르바초프를 가택 연금시키고 국가 비상위원회를 설치 → 옐친은 탱크에 올라 쿠데타의 부당함을 역설하며 국민적 영웅으로 부상 → 쿠데타 진압 이후 고르바초프는 옐친의 주장에 따라 공산당을 불법화
  ② 독립국가연합 결성(1991) : 연방으로부터 개별 민족 공화국의 탈퇴 움직임 가속화 → 1991년 12월 말 옐친은 연방을 해체하고 발트 3국과 그루지야를 제외한 나머지 11개국으로 훨씬 느슨한 형태의 '독립국가연합'을 출범

4 동유럽 공산권의 붕괴

(1) 폴란드
  ① 1956년 노동자의 폭동
    - 스탈린주의적인 당 지도부를 축출하고 1949년 숙청되었던 고물카(고무우카) 복귀
    - 집단농장 포기하고 가톨릭 교회의 기능 유지하는 권리 획득, 서유럽으로부터 자본과 기술 도입
  ② 1980년 그다니스크의 조선소 노동자들의 파업
    - 자유연대노조 형성 → 자유노조 결성권, 파업권, 표현의 자유, 정치범 석방, 경제개혁 등 요구
    - 정부와 그다니스크 협정 체결되고 바웬사를 지도자로 하는 자유노조 결성
  ③ 야루젤스키의 탄압 : 계엄령을 선포(1981.12)하고 자유노조운동 지도자 체포
  ④ 자유선거로 자유노조가 압도적인 승리(1989) → 바웬사가 대통령에 당선되어 비공산 정권 수립

(2) 체코슬로바키아
  ① 프라하의 봄(1968)
    - 1950년대 숙청되었던 두부체크가 집권하여 개혁 추진 → '인간의 얼굴을 한 사회주의' 개혁
    - 검열을 완화하여 표현의 자유 허용
    - 엄격한 관료주의적 계획과 통제 대신 노동조합, 관리자 및 소비자에 의한 결정에 맡기려고 함
    - 브레즈네프는 바르샤바조약기구의 군대를 동원하여 '프라하의 봄' 폐기 → 사회주의 공동체의 이익은 각국의 개별적 이익에 우선한다는 브레즈네프 독트린 발표
  ② '헌장 77'(1977) : 소수 지식인 중심의 인권옹호단체 결성
  ③ 벨벳 혁명(1989) : 하벨의 '시민광장'을 중심으로 민주화 운동→ 하벨이 대통령에 당선(1990) → 체코와 슬로바키아로 분리(1993)

(3) 동독
  ① 동·서독 기본 조약 체결(1972) : 양국 관계 정상화, 인도주의적 교류 지속
  ② 헝가리가 국경을 개방(1989.5)하여 동독인들의 서독으로의 탈출을 허용 → 베를린 장벽 붕괴(1989)
  ③ 동독의 첫 자유선거 실시 및 서독으로 흡수 통일(1990)

◇ **벨벳 혁명**
1989년 11월 하벨은 반체제연합인 '시민포럼'을 조직해 피 한 방울 흘리지 않고 체코슬로바키아의 공산 독재 체제를 무너뜨리고 민주화 시민혁명을 이룩하였다. 벨벳혁명이라는 말은 시민혁명이 성공한 뒤, 하벨이 한 연설에서 "우리는 평화적으로 혁명을 이루어냈다. 이는 벨벳혁명이다"라고 말한 것에서 비롯되었다.
◇

(4) 헝가리
  ① **헝가리 반공의거(1956)** : 바르샤바조약군에 의해 진압
  ② **개혁 추진(1966)**
    • 경제활동의 자유화
    • 당내 민주주의 확대와 복수후보제 도입
    • '프라하의 봄' 진압 이후 개혁 노선 후퇴
  ③ **'민주포럼' 결성(1987.9)** : 공산당 이외의 정당 결성 허용, 집회의 자유 인정
  ④ 1989년 공산당을 사회당으로 개칭하고 일당 독재 포기

(5) 유고슬라비아
  ① **유고슬라비아 연방** : 티토 사망 후 민족주의 운동 발생 → 크로아티아·슬로베니아·보스니아·헤르체고비나·마케도니아의 독립 선언(1991)
  ② **내전 발생** : 보스니아 내전으로 인종청소 자행됨 → 국제사회 개입으로 내전 중단 → 다양한 인종과 종교로 분쟁↑

[유고슬라비아 내전]

CHAPTER 02 20세기의 사회와 문화

1 신사회 운동

(1) 흑인 인권 운동

1954.5	공립학교에서 분리 교육 위헌 판시
1955.11	로저 파크스가 버스 좌석 양보 거부로 체포 → 버스 탑승 거부 운동 시작
1957.5	아칸소 주 고등학교에서 흑인 등교 방해 → 아이젠하워 대통령이 군대를 투입하여 흑인 학생 등교 시킴
1960	• 노스캐롤라이나 주 백인 전용 식당에서 흑인 대학생 좌석 점거(sit-ins) 시위 • '학생비폭력조정위원회(SNCC)' 결성
1963.8	일자리와 자유를 위한 워싱턴 행진 → "나에게는 꿈이 있습니다." 킹 목사 연설
1964. 여름	흑인 유권자 교육 및 등록 → 백인과 흑인의 분리를 인정한 짐크로법 폐지(1965)
1964.7	존슨 대통령 → 민권법 서명
1965.3	알라바마 주 셀마에서 몽고메리까지 행진 → 투표권 운동
1965.8	존슨 대통령 → 투표권법
1966.8	블랙펜더당 창설

(2) 68혁명
① **시작** : 낭테르 대학에서 학내 문제로 시위와 점거 운동 시작(1968.3) → 반전시위 혐의로 수배된 학생이 대학을 점거해 농성을 벌였지만, 대학 당국은 이들을 쫓아냄
② **확산** : 소르본 대학의 시위와 파리 바리케이드로 확산 → 노동자와 시민들의 합류 → 드골의 제5공화정 붕괴 직전 → 드골은 군대를 동원해 진압하고 개혁을 약속하면서 새로운 선거 실시
③ **결과** : 국민들은 학생 봉기와 노동자 파업, 공산주의의 위협에 위기감을 느낌 → 새로 실시한 선거에서 드골의 정당이 승리하였으나 드골 사임(1969)

◇ **Sit-ins 운동**

1960년 2월 1일 흑인 네 명이 North Carolina 주의 Greensboro시에 있는 WOOLWORTH'S store에 들어가 커피를 주문했지만 거절당했다. 그 이유는 백인만 출입하는 식당이었기 때문이다. 그래도 이들은 협박과 조롱에도 불구하고 말없이 앉아서 버텼고, 이 전략이 소위 sit-in 시위의 시초가 되었다. 이후에 백인전용 식당에 흑인들이 들어가 앉는 운동으로 발전하였다.

◇ **미시시피 자유여름**

미시시피 자유여름은 1964년 6월 미시시피에서 가능한 한 많은 아프리카계 미국인 유권자를 등록시키는 것을 목표로 시작된 미국 자원 봉사 캠페인이었다. 이 지역 흑인을 지원하기 위해 미시시피 전역의 작은 마을에 수십 개의 자유 학교, 자유의 집, 도서관 및 기타 커뮤니티 센터를 설립하였다. 이 캠페인에 북부지역에서 많은 백인들이 내려와 활동하였고, 자금은 주로 '학생비폭력조정위원회(SNCC)'에서 나왔다.

◇ **베티 프리단**
베티 프리단은 미국의 심리학자, 페미니스트다. 1963년 발간한 "여성의 신비"에서 사회가 여성성이라는 이름으로 어떻게 여성을 인간이기 이전에 '여성'으로 만들고 억압하는지를 밝혀냄으로써 여성을 주부 혹은 성적 대상으로만 보는 남성 중심의 사회질서를 비판하였다. 베티 프리단은 이후 전국 여성조직을 결성하고 초대회장에 취임하여 여성의 사회적 차별 폐지 운동을 전개하였다.

(3) 여성운동

1차 여성운동 (여권운동)	• 시기 : 19세기 후반부터 제1차 세계대전 무렵까지 • 내용 : 시민권적 기본권 요구 → 참정권 획득, 여성의 고등교육 허용, 직업 진출 기회 확대, 재산권 인정, 이혼 절차의 형평성 제고 및 어머니의 친권 인정 • 활동가 : 미국의 앤서니, 스탠턴, 영국의 팽크허스트 모녀 • 독일은 여성 참정권 요구가 우선이냐, 재산 자격 제한 철폐가 우선이냐를 두고 대립·분열 → 여성운동의 독자적인 전개보다 사회주의 운동과의 관계가 중요, 체트킨은 "평등"이라는 기관지 발행, 세계여성의 날 지정에 큰 역할 • 이 시기 '신여성'이 출현함
제2의 물결 (여성해방 운동)	• 시기 : 1968년 혁명 전후 시기 • 보부아르 : 『제2의 성(1949)』 출간 → 여자는 태어나는 것이 아니라 길러지는 것이라고 주장하여 여성적인 것이 태생적으로 존재한다는 본질론에 반대 • 베티 프리던 : 『여성의 신비(1963)』 → 여성문제가 개인적인 것이 아니라 가부장적인 사회구조에서 온다고 봄 → 교육받은 중산층 여성들의 폭발적 호응 → NOW(전국여성연합)결성(1966) → 자유주의 페미니즘 • NOW는 여성의 사회적 진출을 가로막는 제도적 장애를 제거하는 데 주력 • 소규모 여성해방그룹으로 활동하던 급진주의자들은 여성만을 받아들이는 분리주의 전술 채택 → 68혁명의 근간을 이룬 각종 저항운동 조직이 가진 남성 중심성을 비판하고 자매애로 이루어진 자율적 공동체 지향 • 파이어스톤 : 『성의 변증법』(1970) → 성적 계급은 생물학적 현실에서 직접 발생했으며, 남성과 여성은 다르게 만들어졌고, 평등하게 특권을 누리도록 창조되지 않음 → 여성이 재생산을 통제할 수 있는 권리와 기술(복제나 인공수정으로 출산 대체)을 가지고 생물학적 숙명에서 벗어나는 것이 여성해방의 방법 • 파이어스톤의 영향 : 여성운동가들이 정치파와 급진적 페미니스트로 분열

(4) 환경 문제와 환경 운동

① 그린피스◇ 결성(1971)
② 1972년 로마클럽에서 환경오염 문제를 의제로 설정
③ 원자력 발전소 사고 : 1979년 미국의 스리마일섬 사고, 1986년 러시아의 체르노빌 원전 사고
④ 리우 기후 변화 협약 체결(1992) : 환경적으로 건전하고 지속 가능한 개발 추구
⑤ 교토 의정서 체결(1997) : 개발도상국을 제외한 선진국 온실가스 감축 합의
⑥ 파리 기후 협약 체결(2015) : 개발도상국도 포함한 온실가스 감축 합의

◇ **그린피스**
알래스카 앰칫카 섬에서 미국이 핵실험을 하려는 것에 반대하기 위해 캐나다 브리티시컬럼비아에서 1971년 처음 만들어졌다. 멸종위기에 있는 고래와 바다표범을 남획으로부터 보호하며, 독성이 있는 화학 폐기물이나 방사능 폐기물의 해양투기를 막고, 핵무기 실험 반대 운동에 힘을 기울였다.

2 세계화의 전개

(1) 제2차 세계대전 이후 세계 경제의 변화

① 브레튼우즈체제

브레튼우즈 회의(1944)◇ → 브레튼우즈 체제 성립	· 미국 달러를 기축 통화로 결정하고 금태환제 실시 : 금 1온스에 35달러 · 고정 환율제 실시 · 국제부흥개발은행(1945) · 국제통화기금(1946)◇ 창설 · 관세 및 무역에 관한 일반 협정(1947)◇ 체결 : 관세 인하와 자유 무역 확대
붕괴	· 방대한 외국 원조와 미국민의 외국에서의 과소비가 누적되어 미국의 금 보유량 감소 · 외국 정부가 달러화를 금으로 태환하려고 하자 미국의 닉슨 대통령이 달러의 금태환 중지 선언(1971. 8.) · 달러화 가치 하락, 변동 환율제 실시 → 킹스턴 체제

② 1970년대 경제 위기 : 스태크플레이션
- 1차 오일 쇼크 : 제4차 중동전쟁(1973. 10.)을 계기로 석유수출기구(OPEC)가 이스라엘과 그를 지원하는 서방국가에 대해 석유가격 급격히 인상 → 스태그플레이션 현상이 발생하여 파산과 실업이 증가하고 생산성과 생활수준 하락
- 2차 오일 쇼크 : 이란에서 호메이니가 주도하는 이슬람 혁명(1978~1979)으로 이란의 석유 생산 붕괴 → 석유수출기구가 석유가격 인상으로 전세계 경제 불황 발생
- 오일 쇼크 이후 금융 흐름 : 자본이 석유수출기구로 모이고 빈국은 대은행에서 돈을 빌리고 이들 은행들은 석유수출기구로부터 석유 달러의 예금을 받아 빈국에 대여 → 전세계적인 부채의 급속한 팽창으로 세계경제에 장기적 위협이 됨

③ 오일쇼크의 영향
- 1970년대까지 서유럽 정부는 실업수당, 노년연금, 무료 의료 치료비, 자녀 양육비 등의 복지 비용의 급증으로 정부의 역할 증대
- 오일 쇼크를 거치면서 큰 정부의 역할에 대한 비판↑ → 영국은 보수당의 대처 집권(1979), 미국은 공화당의 레이건 당선(1980) → 복지혜택 축소, 공기업의 민영화, 정부의 시장 개입 축소 등의 신자유주의 정책 실시

④ 플라자 합의(1985): 미국이 자국의 국제 경쟁력 약화를 만회하기 위해 엔화와 마르크화를 평가 절상시킴 → 일본의 거품 경제 형성과 붕괴

⑤ 블록경제 체제 등장
- 유럽 경제 지역 협정(EEA, 1992) : 유럽 공동체와 유럽 자유 무역 연합 통합
- 북미 자유 무역 협정(NAFTA, 1989) : 미국, 캐나다, 멕시코의 경제 통합
- 아시아·태평양 경제 협력체(APEC, 1989) : 태평양 연안 국가의 경제 협력체

⑥ 신자유주의의 확산 : 국제 경쟁의 심화와 자유 무역 체제의 강화
- 우루과이 라운드 협상의 타결(1994)
- 세계 무역 기구(1995)◇ 출범

◇ **국제 통화 기금(IMF)**
금융 협력·무역 확대를 촉진하고, 무역 적자국을 지원하여 국제 통화의 안정을 꾀하는 것을 목적으로 1945년에 설립되었다.

◇ **브레튼우즈 회의**
1944년 각국 대표들이 미국의 브레튼우즈에서 미국 달러화를 기축 통화로 하는 금본위제 화폐제도와 고정 환율제 실시에 합의하였다.

◇ **관세 및 무역에 관한 일반 협정(GATT)**
GATT는 세계 자유 무역 체제의 수립을 위해 23개국이 1947년에 맺은 협정으로, IMF·IBRD와 함께 세계 경제를 조절하는 3대 기구 중의 하나이다.

◇ **세계무역기구(WTO)**
세계무역기구는 1947년 시작된 GATT 체제를 대체하기 위해 등장했으며, 세계 무역 장벽을 감소시키거나 없애기 위한 목적을 가지고 있다. 2005년 현재 148개의 회원국이 있으며, 대부분의 국가는 개발도상국이다. 모든 회원국은 "무조건 최혜국대우 공여 원칙"을 지킬 것을 의무로 갖는데, 이는 하나의 회원국이 받는 특권이 다른 모든 국가에게도 적용되어야 한다는 것을 의미한다.

(2) 유럽 연합의 성립
① **배경** : 전후 세계 각국에 대한 유럽의 영향력 감소 및 경제적 어려움
② 과정

유럽 석탄·철강 공동체 (ECSC, 1952)	쉬망 플랜(1950) → 파리 조약(1951) → 6개국 간 상호 무관세로 석탄·철강 유통, 자르 지역이 서독에 귀속(1958)
유럽 경제 공동체(EEC, 1957)	로마조약(1957) → 유럽 원자력공동체(EURATOM) 창설, 자본·노동력의 자유 이동, 공동시장과 공동관세 규정
유럽 공동체(1967, EC)	ECSC + EEC + EURATOM → EC
마스트리히트 조약(1991)	유로화 도입, 공동 방위 및 공동 외교 정책 추구 → 유럽 연합(1993, EU) 출범 → 영국의 탈퇴(Brexit, 2020)

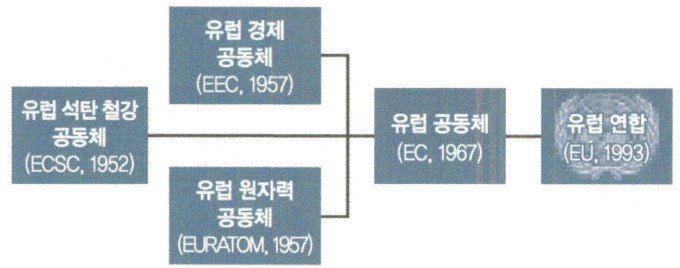

[유럽 통합 과정]

3 17세기~ 20세기의 문화

	자연과학	철학
17세기	• 갈릴레이 : 망원경 • 케플러 : 타원운동 설명 • 뉴턴 : 자연과학의 수학적 원리(프린키피아) → 기계론적 자연관 • 반 레벤후크 : 현미경 • 토리첼리 : 기압계 • 하비 : 혈액순환 • 영국의 '자연에 관한 지식 향상을 위한 왕립협회'와 프랑스의 '과학 아카데미' 출현	• 로크 : 『인간이성에 관한 시론』→ 인간의 지식의 원칙은 환경과의 접촉에서 얻은 경험과 이에 대한 이성의 작용 → 18세기 계몽주의 사상에 영향 • 데카르트 : 『방법서설』→ 방법적 회의, 연역법, 합리론 • 베이컨 : 『노붐 오르가눔(신기관)』→ 관찰과 실험 중시, 귀납법, 경험론 • 스피노자 : 범신론
18세기	• 프랑스의 라플라스 : 태양계의 운동을 수학으로 체계화 → 프랑스의 뉴턴 • 스웨덴의 린네 : 동물 및 식물을 분류 → 생물학의 토대 마련 • 프랑스의 라브와지에 : 화학의 기초 마련 • 제너 : 종두법(1796)	• 계몽사상 : 근대과학+합리론+로크의 정치 이론 → 인간의 이성에 대한 신뢰 • 볼테르 : 신앙과 언론의 자유 옹호 • 몽테스키외: 『법의정신』→ 삼권 분립 주장 • 루소 : 『사회계약론』, 『에밀』→ 계몽사상의 전성기 • 백과전서파 : 디드로, 달랑베르 → 계몽사상 전파에 공헌
19세기	• 다윈의 진화론(1859) → 스펜서의 사회적 다윈주의로 발전 • 멘델의 유전법칙 • 패러데이 : 전동기와 발전기의 기초이론 확립 • 모스 : 전신 • 벨 : 전화(1876) • 마르코니 : 무선전신(1896) • 에디슨 : 축음기, 백열전구, 영화 발명 • 뢴트겐 : X선 발견 • 마리·피에르 퀴리 부처 : 리듐 발견 → 물리학, 화학, 의학 분야 발전에 공헌 • 파스퇴르 : 세균설 주장 • 코흐 : 결핵균 발견	• 관념론 : 칸트 → 피히테 → 헤겔 • 헤겔 : 세계사는 세계정신이 스스로 나타내는 과정 → 변증법으로 설명, 최종적인 진테제는 자유주의화된 프로이센 국가 • 콩트 : 실증주의 → 사회학 개척 • 벤담 : 양적 공리주의 → 최대다수의 최대행복 • 밀 : 질적 공리주의 → 영국 자유주의 개혁의 이론적 토대 마련
20세기	• 아인슈타인 : 상대성이론 • 하이젠베르크 : 불확정성의 원리	• 실존주의 : 하이데거·사르트르 → 인간 삶의 주체성 탐구 • 실용주의 : 듀이 → 이성과 경험 중시

	문학	역사학
17세기	• 프랑스 : 고전주의 • 영국 : 밀턴의 실낙원, 다니엘 디포의 로빈슨 크루소	마비용 : 중세 사료에 대한 비판적 연구 → 고문서학 창시
18세기	괴테(젊은 베르테르의 슬픔)와 실러(군도) → '질풍과 노도' 운동으로 알려진 새로운 문학 운동전개	• 비코 : 나선형의 새로운 발전개념 제시 • 볼테르 : 『제국민의 습속록』 → 사회와 인간 활동의 여러 분야 취급하여 문화사를 서술
19세기	• 전기 : 낭만주의가 주류 • 독일의 낭만주의는 '질풍과 노도' 운동에서 싹이 틈 → 하이네의 시, 노발리스의 소설, 클라이스트의 극작 • 프랑스의 위고(파리의 노틀담), 스탕달(적과 흑)	• 랑케 : 엄밀한 사료 비판을 통해 과거의 객관적 사실을 밝히는 것이 역사가의 임무 • 낭만주의와 민족주의의 자극으로 역사학 발달 → 민족주의와 낭만주의는 서로 결합하여 정치적으로 보수적인 경향을 띠고, 민족의 과거나 전통에 관심을 돌리고, 계몽사상이 멸시했던 중세 문화를 새롭게 봄 • 경제학에서 역사학파 등장 → 독일의 리스트는 국민경제학에 역사적 관점을 도입, 로셔는 경제학을 국민경제의 발전에 관한 학문이라 봄 • 사비니 : 법은 민족정신의 표현 → 법의 역사적 연구 강조
	• 후기 : 사실주의 경향 • 영국의 디킨스, 프랑스의 발자크(인간희극), 플로베르(보바리 부인) • 자연주의는 산업혁명으로 초래된 사회의 변화에 보다 깊은 관심과 문제점 지적 → 에밀졸라(제르미날, 목로주점), 하우프트만(직조공) • 영국의 토마스 하디 • 러시아의 체호프 • 노르웨이의 입센 : 인형의 집 → 전통과 인습을 타파하려는 신여성 • 투르게네프(아버지와 아들) • 도스토예프스키	
20세기	• 로망 롤랑, 앙드레 지드, 토마스 만 • 실존주의 작가 : 사르트르, 까뮈 → 부조리 속의 인간과 그것을 극복하려는 인간성을 그림 • 스타인벡, 헤밍웨이, 포크너	• 슈펭글러 : 서구의 몰락을 예언 • 토인비 : 서구문명의 위기를 주장 • 독일과 프랑스에서 사회사 연구 등장

	음악	미술
17세기	바로크 음악 : 바흐와 헨델	• 바로크 양식 : 장대함과 화려함 → 런던의 성 바울 대성당, 베르사유 궁전 • 플랑드르의 루벤스, 네덜란드의 렘브란트
18세기	고전주의 : 하이든, 모차르트, 베토벤	로코코 양식 : 섬세하고 세련
19세기 전기	• 베토벤 : 고전주의 완성시키고 낭만주의로의 길을 엶 • 베를리오즈 : 낭만적인 교향곡 작곡 • 슈만, 슈베르트, 쇼팽 → 낭만주의 음악 • 브람스 : 고전음악의 형식 속에 강한 낭만적 정서 • 낭만주의 음악은 19세기 말 무렵까지 지속 • 바그너 : 중세와 전설을 주제로 극과 음악을 악극	낭만주의 → 에스파냐의 고야, 프랑스의 들라크루아, 영국의 터너,
19세기 후반	• 드뷔시 : 인상파 음악으로 새로운 경지 개척 • 오페라 성황 : 베르디, 푸치니, 비제	• 밀레 : 만종 • 사실주의 쿠르베, 도미에 • 인상파 : 마네, 모네, 고흐, 고갱
20세기	시베리우스, 드뷔시, 쇼스타코비치	피카소, 마티스, 루오 → 주관적·추상적 작품을 통해 새로운 미 추구

[들라크루아의 민중을 이끄는 자유의 여신]

[쿠르베의 돌 깨는 사람들]

[모네의 인상, 해돋이]

[고흐의 탕기영감의 초상]

자료탐구

01. 국제 연합

제1조(목적) 국제 평화와 안전을 유지한다. 이를 위하여 평화에 대한 위협을 없애고 침략 행위와 그 밖의 평화를 파괴하는 행위를 진압하기 위하여 효과적인 집단적 조치를 취하고, 나아가 평화를 깨뜨리는 모든 국제 분쟁과 사태를 평화적 수단에 따라, 정의와 국제법의 원칙에 따라 조정하거나 해결한다.

제24조(안전 보장 이사회) 국제 연합의 신속하고도 효과적인 행동을 확보하기 위해, 국제 연합 가맹국은 안전 보장 이사회에 국제 평화와 안전 유지에 관한 주된 책임을 지운다.

제42조(평화 유지) 안전 보장 이사회는 정해진 조치로는 불충분하다고 인정하거나, 불충분한 것이 판명되었다고 인정할 때에는 국제평화와 안전을 유지하고 회복하는 데 필요한 육·해·공군의 행동을 취할 수 있다.

자료 해석

대서양 헌장(1941)은 영국 총리 처칠과 미국 대통령 루스벨트가 대서양 해상의 영국 군함에서 회견하고, 제2차 세계 대전에 대한 기본 방침을 협의하여 발표한 공동 선언문이다. 이 헌장에서 미국은 독일 등의 추축국에 대해 철저하게 싸울 의지를 밝히고, 전후 평화 질서의 정착을 위한 방법을 모색하였다. 이 헌장에 기초하여 전후 국제 연합이 탄생하였다.

02. 트루먼 독트린(Truman Doctrine)

미국은 그리스 정부로부터 재정적·경제적 지원을 해 달라는 긴급한 요청을 받았습니다. 현재 그리스에 파견되어 있는 미국 경제 사절단이 보내온 예비 보고서와 그리스 주재 미국 대사가 보내온 보고서는 그리스가 자유 국가로 살아남기 위해서는 원조가 절대적으로 필요하다고 한 그리스 정부의 주장이 맞다는 것을 확인시켜 주고 있습니다. …… 그리스는 지금, 여러 지역 특히 북쪽 국경 지대에서 공산주의자들의 조정을 받아 정부의 권위를 무시하고 수천 명의 무장한 폭력주의자들의 활동에 국가의 존재 자체를 위협받고 있습니다. …… 민주적인 그리스가 의지할 수 있는 나라는 미국밖에 없습니다. 미국 이외의 그 어떤 정부도 그리스의 민주적인 정부에 대해 필요한 도움을 기꺼이 제공하려 하고 또 실제 그렇게 할 수 있는 나라는 없는 것입니다.

자료 해석

먼로주의 선언 이래 전통적으로 고립주의를 국제 외교의 원칙으로 삼아 왔던 미국은 제2차 세계 대전 이후에는 세계의 분쟁 지역에 적극 개입하는 정책으로 전환하였다. 특히 미국은 공산주의 세력의 확대는 절대 용납하지 않으려 하였다. 그리스 정부의 사회주의 혁명 세력 진압에 적극적으로 군사적·경제적 지원을 하겠다는 트루먼 독트린의 선언으로 냉전 체제가 본격화되었다.

03. 마셜플랜과 소련의 마셜플랜 비판

(가) …… 전쟁 동안에 유럽의 경제 구조가 완전히 붕괴되었다. 전쟁이 끝난 지 2년이 지났지만, 아직도 독일과 오스트리아간의 평화 협정이 체결되지 못한 사실 때문에 유럽의 재건이 심각하게 지연되어 왔던 것이다. 그러나 이와 같은 어려운 문제들을 한층 신속하게 해결한다고 해도 유럽의 경제 구조를 재건시키는 일은 애당초 예상했던 것보다는 훨씬 더 오랜 시간이 걸릴 것이라는 것이 명백하다. …… 앞으로 3년 내지 4년 동안 외국으로부터, 주로 미국으로부터지만, 식량과 다른 필수품들을 유럽이 공급받아야 한다는 필요성은 현재 유럽의 지불 능력 문제보다는 훨씬 더 중요한 문제이기 때문에 유럽은 상당한 규모의 추가 원조를 받아야만 하는 것이 사실이다. 만약 그러지 못할 경우, 유럽은 대단히 심각할 정도로 경제적, 사회적 그리고 정치적 혼란에 직면할 것이다. …… 우리 미국의 정책은 어떠한 국가나 교의에 적대하는 것이 아니라 기아와 가난과 절망 그리고 무질서를 타파하는 것이다. 미국 정책의 목적은 자유주의적인 제도들을 존재할 수 있게 하는 정치적·사회적 여건의 출현을 가능케 하기 위하여 세계 경제가 원활하게 작동할 수 있게끔 다시 소생시키는 데에 있어야 한다. 그러한 지원은 여러 위기들이 조성될 때마다 조금씩 단편적으로 지원하는 방식으로 되어서는 안된다고 나는 믿는다. 장차 미국 정부가 제공하게 되는 어떠한 원조도 단순한 일시적인 완화책이 아니라 완전한 치료책의 성격이 되어야 한다. 이러한 [유럽 경제의] 재건 과업에 동참할 의지가 있는 어떠한 국가도 미국 정부로부터 충분한 협조를 받게 될 것으로 나는 확신한다. 다른 국가들의 경제 회복을 방해하려고 책동하는 어떠한 국가도 미국의 도움을 기대할 수 없다. 더구나 인간의 불행과 고

통을 영속화시킴으로써 정치적으로나 혹은 다른 방법으로 이익을 보려 획책하는 국가들과 정당들과 혹은 단체들은 미국의 강력한 반대에 부닥칠 것이다.

(나) 트루먼 독트린과 마셜플랜은 국제연합의 원칙들을 위반하고 그 조직을 무시한, 아주 불온한 사례입니다. 이것은 미국 정부가 그리스 및 터키와 관련해 국제연합을 무시하고 우회해서 내린 조치들뿐만 아니라, 이른바 마셜플랜이라는 이름으로 유럽에 제안된 조치에서도 분명히 증명됩니다. 이 정책은 1946년 12월 11일에 국제연합에서 채택된 결의안의 원칙, 즉 다른 국가에 지원하는 구호물자는 "정치적 무기로 이용되어서는 안 된다"라고 선언한 원칙과 정면으로 충돌합니다. 마셜플랜의 이행은 곧 유럽 국가들을 미국의 경제적 정치적 통제 아래에 두는 것을 의미한다는 점이 점차 명확해지고 있습니다.

…… 이 계획을 추진할 때 영국과 프랑스 정부의 협력 하에 미국 정부는 유럽의 피원조국들에게 일반적으로는 이양될 수 없는 권리들의 포기를 사실상 요구했습니다. 여기에는 자국의 경제 자원을 처분하는 권리나 자국의 국민 경제를 스스로 계획하는 권리까지 포함됩니다. 미국은 또 모든 국가가 미국 독점 자본의 이익에 직접적으로 종속되게 하고 있습니다. ……

게다가 이 계획은 유럽을 두 진영으로 분할하려는 시도이며, 영국과 프랑스의 도움을 받아 동유럽 민주주의 국가들의 이익, 그리고 특히 소련의 이익에 적대적인 몇몇 유럽국가들로 구성된 블록을 형성하려는 기도입니다. 이 계획의 주요 요소는 동유럽 국가와 서부 독일을 포함한 서유럽 국가들의 블록을 대립시키려는 시도입니다. 서부 독일과 독일의 중공업(루르 지방)을 미국의 유럽 팽창을 위해 가장 중요한 경제적 기반으로 활용하려는 의도입니다. 마셜플랜은 독일의 침공으로 고통받았던 나라들의 국익은 무시합니다. ……

자료 해석

(가)는 미국이 발표한 마셜플랜에 관한 것이다. 제2차 세계대전이 끝났으나 여전히 유럽은 전쟁의 피해로 고통받고 있었다. 많은 사람들이 여전히 기아에 허덕였고, 주택 부족으로 제대로 된 거주 공간을 확보하지 못하고 있었다. 이러한 상황에서 유럽에서 좌파 정당들의 세력이 확산되고 있었고 이를 막기 위해서는 유럽의 경제를 부흥시키는 것이 제일 중요하다고 미국은 판단하였다. 미 국무장관 마셜이 미국의 원조를 원하는 모든 국가에게 원조를 제공할 용의가 있다는 마셜 플랜을 발표하였다. (나)는 국제연합 소련 대변인인 안드레이 비신스키가 한 연설로, 마셜플랜은 유럽을 미국의 통제 아래 두기 위한 시도이며, 궁극적으로 유럽의 분할을 획책하는 수단이라고 비판하고 있다.

04. 즈다노프의 코민포름 연설

전쟁[2차세계대전]이 과거의 것이 될수록, 전후 국제 정치에서 두 가지 뚜렷한 경향이 나타나고 있습니다. 그리고 그 경향은 여러 정치 세력이 국제 무대에서 두 진영으로 나뉘는 현상과 만납니다. 제국주의와 반민주주의 진영이 그 하나고, 또 다른 하나는 반제국주의와 민주주의 진영입니다.

제국주의 진영의 가장 핵심적 원동력은 미국입니다. 그리고 미국은 영국 및 프랑스와 동맹을 맺고 있습니다. …… 제국주의 진영은 또한 벨기에와 네덜란드 같은 식민지 보유국들, 그리고 터키, 그리스 같은 반동적 비민주주의 체제들, 마지막으로 미국에 정치적·경제적으로 의존하고 있는 국가들의 지지를 받고 있습니다. 제국주의 진영의 가장 중요한 목표는 제국주의를 강화하고, 새로운 제국주의 전쟁을 부추기며, 사회주의 및 민주주의와 싸우고, 반동적이고 반민주적인 친파시즘 체제 및 그 운동을 지원하는 것입니다. 이러한 목적을 추구하면서 제국주의 진영은 모든 나라의 반동적이고 반민주주의적인 세력에 의지하고, 전쟁 때의 동맹국들을 상대하기 위해 전쟁 때의 적국들을 지원하려 합니다.

한편 전 세계의 반파시즘 세력이 두 번째 진영을 이루고 있습니다. 이 진영은 소련과 신민주주의 국가들을 근간으로 합니다. 또한 루마니아, 헝가리, 핀란드처럼 제국주의의 끈을 단절하고 확고하게 민주적 발전의 길에 들어선 나라들을 포함합니다. 인도네시아와 베트남도 이 진영과 함께 합니다. 그리고 인도, 이집트, 시리아도 이 진영에 동조합니다. …… 이 진영의 목적은 새로운 전쟁과 제국주의 팽창을 저지하고, 민주주의를 강화하며, 파시즘의 잔재를 청산하는 것입니다. …… 소련의 외교 정책은 자본주의와 사회주의라는 두 체제의 장기 공존이라는 틀 안에서 진행될 것입니다. ……

자료 해석

제시문은 소련의 정치 지도자 안드레이 즈다노프가 1947년 코민포름 창립 대회에서 한 연설이다. 이 연설은 '트루먼 독트린에 대한 소련 측의 대답'이라고 할 수 있다. 트루먼이 자유와 억압으로 세계를 나누었다면, 즈다노프는 제국주의와 반제국주의, 민주주의와 반민주주의로 세계를 양분했다고 주장하고 있다.

05. 북서대양조약기구와 바르샤바조약기구

(가) 이 조약의 체결국들은 국제연합헌장의 목적과 원칙에 대한 믿음, 그리고 모든 국민 및 정부와 평화롭게 지내고자 하는 희망을 재차 확인한다. 체결국들은 민주주의, 개인의 자유, 법치의 원칙에 바탕을 둔 체결국 국민의 자유, 공통의 유산 문명을 보호할 것임을 결의한다. 체결국들은 북대서양 지역의 안정과 안녕을 증진하고자 한다. 체결국들은 집단 방위를 위해, 그리고 평화와 안보를 지키기 위해 함께 노력을 다할 것이다. 체결국들은 이에 이 북대서양조약에 동의한다.

제5조 체결국들은 유럽이나 북아메리카의 그 중 하나 또는 그 이상의 국가가 받은 무장 공격을 체결국 전체에 대한 공격으로 간주하는 데 동의한다. 따라서 체결국은 그런 공격이 일어난 경우, 국제연합헌장 제51조가 안정한 개별 또는 집단 자위권에 따라, 체결국 각자는 개별적으로, 또는 다른 체결국과의 협력 하에, 필요하다고 판단하면 무력을 동원해서라도 북대서양 지역의 안보수호·복원·유지를 위해 공격 받은 체결국 혹은 체결국들을 즉시 지원한다.

제6조 제5조를 위해, 다음에 해당하는 행위는 체결국에 대한 무장 공격으로 간주한다.

첫째, 유럽과 북아메리카 내 모든 체결국의 영토, 프랑스령의 알제리, 터키 영토, 북회귀선 북쪽의 북대서양 지역 내 체결국의 주권이 미치는 섬들.

둘째, 상기 영토들 또는 이 조약이 발효된 날 체결국의 점령 병력이 주둔해 있는 유럽 지역, 또는 지중해, 또는 북회귀선 북쪽의 북대서양 지역과 그 상공에 있는 체결국의 군대, 선박, 또는 항공기 ……

(나) 조약 당사국들은 사회 및 정치 체제와 상관없이 모든 유럽 국가의 참여에 기초한 유럽 집단 안보 체제를 확립하려는 그들의 염원을 재확인한다. 이러한 염원 덕분에 유럽의 평화를 수호하는 노력을 통합할 수 있게 되었다. 동시에 조약 당사국들은 파리 협약들의 비준으로 유럽에 초래된 상황에 유감을 표명한다. 그 협약들은 서유럽 연합 형태의 새로운 군사 동맹의 등장을 예고하며, 이에는 재무장한 서독의 참여 및 북대서양 블록으로 서독이 통합되는 것이 포함된다. 이런 상황은 또 다른 전쟁의 위험성을 증대시키고 평화를 애호하는 국가들의 국가안보에 위협이 된다. 따라서 조약 당사국들은 유럽의 평화 애호국들이 자국의 안보를 지키고 유럽 내 평화를 유지하기 위해 필요한 조치들을 취해야 한다고 확신한다. ……

제2조 …… 조약 당사국은 협력을 희망하는 다른 국가들과 합의하여, 전반적 군축과 원자력, 수소 및 기타 대량살상 무기를 금지하기 위한 실질적인 조치를 채택하고자 노력할 것이다. ……

제4조 어느 국가 또는 국가들의 집단에 의해 조약당사국 중 하나 또는 그 이상이 유럽에서 무력 공격을 당할 경우, 조약 당사국들은 국제연합 헌장 제51조에 따라 개별 혹은 집단 자위권을 발동하여 개별적으로, 또는 다른 조약 당사국과의 합의에 따라 무력을 포함해 필요하다고 판단되는 모든 수단을 동원해 공격받는 국가나 국가들을 즉시 지원한다. 조약 당사국은 국제 평화와 안전을 회복하고 유지하기 위하여 공동으로 취할 필요한 조치에 관하여 즉시 협의한다. 이 조항에 기초하여 취해진 조치는 국제연합헌장의 규정에 따라 안전보장이사회에 보고될 것이다.

제5조 조약 당사국은 합의에 따라 지휘권이 양도된 군 연합사령부를 설립하기로 합의했다. 이는 공동으로 제정된 원칙에 기초해 기능할 것이다. 그들은 또한 그들 인민들의 평화적 노동을 보호하고 국경과 영토의 불가침성을 보장하며 침략에 대한 방어 수단을 제공하기 위해, 방어력 강화에 필요한 합의된 조치들을 채택할 것이다. ……

제8조 조약 당사국은 각국의 주권과 독립 그리고 내정 불간섭 원칙을 준수하고, 서로 간의 경제 및 문화적 교류를 더욱 발전시키고 육성할 목적으로 우호와 협력의 정신으로 행동할 것임을 선언한다. ……

자료 해석

(가)는 1949년에 결성된 북대서양조약기구의 조약문이다. 북대서양조약기구는 베를린 봉쇄 이후 동서 냉전이 심화되는 속에서 미국의 주도로 결성된 군사 동맹이다. 소련을 비롯한 공산권은 미국이 한국전쟁 이후 과거 전범국인 서독까지 북대서양조약기구에 가입시키고 서독을 재무장시키려는 의도를 명확히 밝히자, 바르샤바조약기구를 결성하여 대항하였다. (나)는 바르샤바조약기구의 조약문이다.

06. 평화 5원칙

(3) 최근 중국과 인도는 하나의 협정을 체결하기에 이르렀다. 이 협정 안에, 두 나라는 둘 사이의 관계를 이끌어 갈 몇 개의 원칙을 규정하였다. 이 원칙들이란, 1. 영토·주권의 상호 존중 2. 상호 불가침 3. 상호 내정 불간섭 4. 호혜(互惠) 평등 5. 평화 공존이다.

두 나라 수상은 이 원칙들을 되풀이해서 밝힘과 동시에 두 나라와 아시아 및 세계의 다른 나라와의 관계에도 이 원칙들을 적용해야 한다고 생각한다. 이 원칙들이 각 나라 사이에 적용될 뿐 아니라, 일반 국제 관계에 적용되면, 그것은 평화와 안전의 튼튼한 기초가 되어, 현재 존재하고 있는 공포와 불신은 신뢰감으로 바뀔 것이다.

(4) 두 나라 수상은 아시아 및 세계의 각지에 서로 다른 사회 제도가 정치 제도가 존재하고 있음을 인정한다. 하지만, 위에 적은 각 원칙이 받아들여지고, 또 이 원칙들을 바탕으로 일을 처리하고, 어느 나라도 다른 나라에 간섭하지 않으면, 이렇게 제도가 서로 다르다는 것이 평화에 방해가 되거나 충돌을 일으키게 되지는 않을 것이다. 서로 관계된 나라들이 모두 그 나라의 영토·주권과 상호 불가침을 보장받는다면, 이 국가들은 평화공존과 상호 우호 관계를 지킬 수 있다. 이것은 현재의 세계에 존재하는 긴장 국면을 완화시킴과 동시에 평화로운 분위기를 만들어내는 데 이바지할 것이다.

자료 해석
중국 수상 저우언라이와 인도 수상 네루가 1954년 4월 콜롬보에서 아시아·아프리카 회의 설립을 논의하여 평화 5원칙을 발표하였고, 인도의 델리에서 6월에 이를 재확인하였다. 이 원칙은 아시아·아프리카 신생 독립국의 미래에 커다란 영향을 끼쳤으며, 제 3세계의 연대감 형성에 결정적인 역할을 하였다.

07. 비동맹주의와 제3세계의 등장

예를 들어 우리는 다양한 형태의 식민주의를 함께 혐오하며 연대한다. 우리는 인종주의를 혐오하며 연대한다. 그리고 우리는 세계의 평화를 지키고 튼튼하게 만들기 위해 함께 결의하며 연대한다. …… 우리는 자주 "식민주의는 죽었다"라고 말한다. 그것으로 우리를 현혹하거나 달래지 마라. 한 가지 분명 말하건대, 식민주의는 아직 죽지 않았다. 광대한 아시아와 아프리카가 자유롭지 못한데, 어찌 그것이 죽었다고 말할 수 있겠는가.

…… 식민주의는 근대의 옷을 입고 경제적 통제, 지적 통제, 국가 내의 작지만 이질적인 집단에 의한 실질적인 물리적 통제의 형태를 띠고 있다. 그것은 능숙하고 집요한 적이며, 여러 가지로 변장을 한다. 그것은 약탈품을 결코 쉽게 포기하지 않는다. 어쨌거나, 그것이 어떤 모습이건, 식민주의는 하나의 악이며, 지구상에서 뿌리뽑혀야 마땅하다.

…… 그리 멀지 않은 과거에 우리는 이 세계에서 일어나는 다툼은 우리의 귀중한 독립을 위협하므로 평화가 중요하다고 이야기했고, 그 때문에 최근 커다란 대가를 치르면서 이를 쟁취했다. 오늘날, 그림은 더 어둡다. 전쟁은 우리의 독립만 위협하지 않는다. 전쟁은 어쩌면 문명 심지어 인간 삶의 종언을 의미할지도 모른다.

자료 해석
제시문은 반둥회의 정치위원회에서 네루가 한 연설이다. 1955년 4월 18일 인도네시아 자바섬의 반둥에서 반둥회의가 개최되었다. 이 회의는 아시아와 아프리카의 29개국 대표단이 참가하여 'AA(아시아-아프리카)회의'라고도 한다. 이 회의에서 기본적 인권과 국제연합헌장 존중, 주권과 영토 보전, 인종 및 국가 사이의 평등, 내정 불간섭, 강대국의 이익을 위한 집단적 군사동맹에의 불참, 상호 불가침, 평화적 방법을 통한 국제 분쟁 해결 등을 주요 내용으로 하는 평화 10원칙이 발표되었다. 반둥회의는 제3세계의 등장을 세계에 알린 회의였다.

08. 브레즈네프 독트린

... 체코슬로바키아 사회주의자들의 이익을 수호하고자 여타 사회주의 국가들과 소비에트 연방이 취한 조치는 국제 노동자들의 가장 큰 성취인 사회주의 공동체 강화를 위해 매우 중요하다. 우리는 이 사회주의 5개국의 조치가 마르크스-레닌주의의 주권 원칙과 민족 자결권에 반한다는 일부의 주장을 일축하지 않는다. 하지만 그러한 논리는 주권 원칙과 민족 자결권에 대한 모호하고 비계급적인 접근법을 취하므로 설득력이 없다. 사회주의 국가와 공산당 소속 인민들은 해당 국가들의 발전 경로를 선택할 자유가 있고 또 그것을 가져야만 한다. 그러나 그들의 결정 중 그 어느 것도 그들 국가의 사회주의, 또는 다른 사회주의 국가의 이익, 그리고 사회주의를 위한 전체 노동계급운동에 해를 끼쳐서는 안된다. 이는 각국의 공산당이 그들 국가의 인민에게만 책임이 있는 것이 아니라, 전체 사회주의 국가와 전체 공산주의 운동에 책임이 있다는 것을 의미한다. 개별 공산당의 독립성만 강

조한 채 이 사실을 망각하는 사람은 편향적 시각을 가진 데 불과하다. ……

자료 해석
소련의 브레즈네프는 체코슬로바키아의 '프라하의 봄'을 진압하면서 '브레즈네프 독트린'을 발표하였다. 이에 따르면, 동유럽 공산당들은 내정 개혁에 자율성을 가질 수 있지만, 대외 정책 면에서는 바르샤바조약기구의 공동 '이익'에 기초해서만 움직일 수 있었다. 말하자면 동유럽 국가들의 대외 정책 자율성을 제한한 것이다. 그 이후 동유럽 공산당들은 바르샤바조약기구의 노선에 더 강하게 통합되어야 했다.

09. 닉슨 독트린(1969)

넷째, 그 밖의 다른 형태의 침략이 있을 경우, 미국은 침략을 받은 국가의 요구가 있을 때 그에 적절한 군사적·경제적 원조를 제공한다. 그러나 미국은 직접 위협을 받은 국가가 자국의 방어를 위해 인력을 제공할 1차적 책임을 떠맡기를 기대한다.

다섯째, 미국이 파괴·전복 활동, 유격전, 민족 해방전 등과 같은 반란에 개입하는 경우에는, 그 반란이 외부에 의한 침략 행위로 나타날 때에만 미군이 직접적인 전투 임무를 맡게 될 것이다.

자료 해석
베트남전이 장기화되고 미국 국내에서 반전 여론이 높아지자 미국의 닉슨 대통령은 미국이 국지적 분쟁에 가급적 군사적 개입을 삼갈 것임을 천명한 닉슨 독트린을 발표하였다. 이는 미국이 일시적으로 고립주의(먼로주의)로 회귀하였음을 의미하였다. 이 선언의 발표 이후 미군은 베트남에서 철수하였고, 미국은 핑퐁 외교 끝에 중국과 수교하였다. 닉슨 독트린의 발표 이후 냉전 체제와 세계의 긴장은 크게 완화되었다.

10. 마스트리히트 조약과 유럽연합의 탄생

· 내부 국경이 없는 단일 영역의 구축, 경제적·사회적 단합의 강화, 궁극적으로 단일 통화를 보유하는 경제 및 통화 연합의 수립 등을 통해서 본 조약의 조항들에 합치되는 균형 있고 지속적인 경제·사회 발전을 촉진할 것.
· 적절한 시기에 이르러 공동 방위를 실현하게 될 공동 방위 정책을 포함, 외교 및 안보 분야의 공동보조를 통해서 국제 사회에서 유럽의 정체성을 확립할 것.

자료 해석
유럽연합(EU)은 유럽공동체(EC) 12개국 정상들이 1991년 12월 네덜란드 마스트리히트에서 경제통화통합 및 정치통합을 추진하기 위한 유럽연합조약(Treaty on European Union, 일명 마스트리히트 조약)을 체결하기로 합의하고 각국의 비준절차를 거쳐 1993년 11월부터 동 조약이 발효됨에 따라 생긴 유럽의 정치·경제 공동체이다.

11. 침묵의 봄

어느 날 낯선 병이 이 지역을 뒤덮어버리더니 모든 것이 변하기 시작했다. 어떤 사악한 마술의 주문이 마을을 덮친 듯했다. 닭들이 이상한 질병에 걸렸다. 소떼와 양떼가 병에 걸려 시름시름 앓다가 죽고 말았다. 마을 곳곳에 죽음의 그림자가 드리워진 듯했다. 농부들의 가족도 앓아 누웠다. …… 낯선 정적이 감돌았다. 새들은 도대체 어디로 가버린 것일까? 이런 상황에 놀란 마을 사람들은 자취를 감춘 새에 관해서 이야기했다. 새들이 모이를 쪼아 먹던 뒷마당은 버림받은 듯 쓸쓸했다. 주변에서 볼 수 있는 단 몇 마리의 새들조차 다 죽어가는 듯 격하게 몸을 떨었고 날지도 못했다. 죽은 듯 고요한 봄이 온 것이다. 한때 새벽이 오는 것을 알렸던 울새와 개똥지빠귀, 비둘기, 어치, 굴뚝새들의 노래는 이제 사라져버렸고, 오직 침묵만이 들판과 숲 그리고 늪을 덮고 있었다. …… 사과나무에 꽃이 피었지만 꽃 사이를 윙윙거리며 옮겨 다니는 꿀벌을 찾을 수 없으니 가루받이가 이루어지지 않아 열매를 맺지 못했다. …… 역사상 처음으로 모든 인간은 태어 때부터 죽을 때까지 위험한 화학물질과 접촉하게 되었다. 사용된 지 20년이 채 안되는 동안 유기합성살충제는 생물계와 무생물계를 가리지 않고 스며들고 있다. 대부분의 강과 하천은 물론 심지어 눈에 보이지 않는 지하수에서도 살충제 성분이 발견된다. 또한 12년 전 살포된 화학 물질이 지금까지 토양에 남아있거나 물고기, 새, 파충류, 그리고 가축과 야생동물 등 거의 모든 생명체의 몸에 쌓이게 되었다. 과학자들이 동물들을 검사한 결과 오염되지 않은 개체를 발견하기는 거의 불가능했다.

자료 해석
제시문은 레이첼 카슨이 1962년에 발표한 "침묵의 봄"의 일부다. 카슨은 이 책에서 살충제와 화학약품의 무분별한 사용이 자연의 균형과 생태계에 얼마나 비참한 결과를 가져오는지 고발하였다. 이 책으로 대중들의 환경 문제에 대한 인식이 바뀌었으며 즉각적인 실천 운동이 일어났다.

12. 리우 선언
1. 인간은 지속 가능한 개발을 위한 문제의 중심이 된다. 인간은 자연과 조화를 이룬 건강하고 생산적인 삶을 누려야 한다.
3. 개발을 할 권리는 오늘날의 세대와 미래 세대의 개발 및 환경적 요구를 공평하게 총족시킬 수 있도록 실현되어야 한다.
4. 지속 가능한 개발을 성취하기 위하여 환경 보호는 개발 과정의 중요한 일부분을 구성하며 이로부터 분리되어 고려되어서는 안 된다.

자료 해석
1992년 브라질의 리우데자네이루에서 여러 나라의 대표와 민간단체가 개최한 '환경과 개발에 관한 국제 연합 회의'에서 리우 선언이 채택되었다. 리우 선언은 산업화 과정에서 환경 오염 및 파괴 문제가 심각한 수준으로 진전된 상황을 극복하려는 노력이었다.

13. 여성운동의 시작
(가) 명명되지 못한 문제
그 문제는 여러 해 동안 미국 여성의 마음에 묻혀만 있고 표현되지 못했다. 그것은 하나의 낯선 각성이자 불만족의 느낌이었고, 20세기 중반 미국에서 여성이 품어온 갈망이었다. 교외에서는 주부들은 혼자 일하느라 끙끙댔다. 침대를 정리하고, 식료품을 사고, 가구 커버를 맞추고, 아이들과 땅콩버터 샌드위치를 먹고, 컵 스카우트와 브라우니에 데려다주는 기사 노릇을 하고, 밤에는 남편 옆에 누워 있으면서, 그녀는 심지어 스스로에게도 묻기가 두려워 속으로만 생각한다. '이게 내 삶의 전부인가?' 15년이 넘도록 여성에 대해, 그리고 여성을 위해 쓰인 수백만 개의 단어, 특히 여성의 역할은 아내와 어머니로서의 역할을 다하는 것이라고 말하는 전문가들이 쓴 수많은 칼럼, 책 기사 중에 이 갈망이라는 단어는 찾을 수 없었다. 여성은 전통의 가르침을 통해, 그리고 프로이트 이론의 목소리를 통해 자신의 여성성에서 기쁨을 누리는 것보다 더 큰 운명을 바랄 수 없다는 말을 반복해서 들었다. 전문가들은 여성들에게 남성을 사로잡고 곁에 두는 방법, 아이들을 모유를 수유하고 화장실 훈련을 시키는 방법, 형제 간의 다툼과 청소년기의 반항에 대처하는 방법, 식기세척기를 사고 빵을 굽고 달팽이 요리를 하고 자기 힘으로 수영장을 만드는 방법, 여성스럽게 입고 보이고 행동하며 결혼 생활을 터 자극적으로 만드는 방법, 남편을 일찍 죽지 않게 하고, 아들이 비행 청소년이 되지 않도록 하는 방법에 대해 말했다. 그녀들은 시인, 물리학자, 혹은 대통령이 되고 싶어 하는 신경질적이고 여성스럽지 않고 행복하지 않은 여성들을 가여워하라고 들었다. 그들은 진정 여성스러운 여성이라면 사회 진출, 고학력, 정치적 권리들, 즉 과거 페미니스트들이 얻어내고자 싸운 독립성과 기회를 원치 않는다고 배웠다.
…… 한 세기 전, 여성들은 고급 교육을 받기 위해 투쟁했다. 하지만 지금 소녀들은 남편을 얻기 위해 대학에 가고 있다. 1950년대 중반이 되자 결혼을 위해, 혹은 고학력이 결혼에 방해가 될까 봐, 60퍼센트가 대학을 중퇴했다. 대학은 결혼한 학생들을 위한 기숙사를 지었지만, 입사한 학생들은 거의 대부분 남자들이었다. …… 만약 내가 옳다면 오늘날 수많은 미국 여성의 마음 속에 떠오르는 문제이자 아직 명명되지 않은 문제는 여성스러움의 상실도 아니고, 지나친 교육도 아니며, 가정에 대한 애착도 아니다. … 우리는 여성들 안에서 "나는 나의 남편, 나의 자식들, 나의 집 이상의 무언가를 원해요"라고 말하는 목소리를 더는 외면할 수 없다.
- 베티 프리단, 『여성성의 신화』 -

(나) 전미여성기구 창립 선언문
미국 여성의 지위를 두고 벌어진 최근 논의들에도 불구하고, 그 실제 지위는 떨어졌으며 1950년대와 1960년대에 걸쳐 경악을 자아낼 만큼 떨어지고 있다. 18세에서 65세 사이 미국 여성의 46.4퍼센트가 집 밖에서 일하고 있지만, 그 중 압도적 다수인 75퍼센트가 일반 점원이나 판매원, 또는 공장 노동자 혹은 가정부, 세탁소 직원, 병원 보조원 등이다. 흑인 여성 중 약 3분의 2는 최저 임금을 받는 직업에 종사하고 있다. 여성들은 직업의 위계 중 가장 아래에 점차, 그러나 분명히 집중되고 있다. 그 결과 오늘날 상근 여성은 남자들이 받는 임금의 약 60퍼센트 정도만 벌 뿐이며, 임금 격차는 지난 25년 동안 주요 산업 분야에서 더 커지고 있다. …… 게다가 오늘날 고등 교육이 점차 필수가 되고 있는 상황에서 너무도 적은 수의 여성만이 대학을 들어가거나 졸업하며, 대학원이나 전문대학원으로 진학한다. 오늘날 여성은 학사 및 석사 학위 수여자 중 3분의 1에 불과하며, 박사 학위의 경우에는 10분의 1을 차지할 뿐이다.

(다) 나쁜 여자 343명의 성명서
프랑스에서는 해마다 수백만 명의 여성이 낙태 수술을 받는다. 수술은 의사 손에 이루어져야 하는 것이 원칙인데도, 위험한 상황에서 몰래 수술을 받는다. 우리는 이 수백만 여자들에 대해 침묵한다. 나는 내가 그녀 중 한 명임을 고백한다. 나는 낙태 수술을 받은 점을 고백한다. 우리는 피임을 할 자유가 있는 것처럼 낙태를 할 자유가 있음을 주장한다.

자료 해석
(가)는 베티 프리단이 1963년 저술한 『여성성의 신화』의 일부분이다. 프리단은 아무런 일도 없어 보이는 미국 중산층 가정을 '편안한 포로수용소'라고 고발하고, 언론, 사회학자, 교육학자들이 '여성의 신비'라는 '이데올로기'를 공모해 여성을 가정에 속박시켰다고 비판하였다. 프리단은 고정된 성 역할을 상대화하고 여성의 사회적 활동을 강화하는 것이 실질적 성평등을 실현하고 여성과 사회의 위기를 해결하는 방법이라고 주장했다. 프리단의 주장 이후 미국에서는 급진적이고 다양한 여성 운동이 발생하고 확산되었다. (나)는 베티 프리단이 중심이 되어 결성된 전미여성기구의 창립 선언문(1966) 중 일부로, 여성의 사회 진출 문제와 임금 차별, 그리고 교육 기회의 불평등을 주요 현안으로 제시한다. (다)는 1971년에 프랑스의 한 유명 주간지에 실린 시몬 드 보부아르를 비롯한 343명의 여성이 낙태 경험을 공개한 성명이다. 낙태가 여전히 중대한 처벌 대상이었던 당시의 사법 체계와 사회 분위기에서, 이 성명 참여자들은 위험을 무릅쓰고 여성의 자기결정권이 보장되어야 한다는 메시지를 전달하고자 했다.

14. 브레튼우즈 체제의 붕괴

1. 일반 차입 협정에 참여하고 있는 10개국의 장관과 중앙은행 총재가 1971년 12월 17일과 18일에 워싱턴의 스미소니언 협회에서 만나 미국의 재무부 장관 J. B. 코널리 씨의 주재로 열린 회의에 참석했다.
2. 장관들과 총재들은 국제 통화 질서의 안정을 회복하고 국제 무역을 확장하기 위해 고안된 일련의 연관 조치에 합의했다. 이 조치들은 즉시 다른 나라 정부에 전달될 것이다. 장관들과 총재들은 이러한 조치들이 체계적으로 시행되기 위해 모든 정부가 국제통화기금을 통해 협력하기를 바란다.
5. 장관들과 총재들은 무역 협정의 문제가 국제 경제에서 새롭고 지속적인 균형 상태를 보장하는 문제와 연관된다는 점을 인정했다. 현재 임박한 단기적 문제를 최대한 빠른 시일 안에 해결하기 위해 미국, 유럽공동체 위원회, 일본, 캐나다 간의 긴급 협상이 진행되고 있다. 유럽공동체와는 1972년 한 해 동안, 혹은 그 이후까지도 상호 협력의 틀 안에서 좀 더 근본적인 문제들을 살펴보기에 적절한 의제의 설정을 목표로 논의하는 중이다. 미국은 금 대비 달러 가치를 1온스 당 38달러로 평가 절하하기 위한 적절한 수단을, 관련 단기 조치가 의회에서 조사받을 준비가 되는 대로 의회에 제안하기로 합의했다. 미국은 이런 틀 안에서 필요한 입법 절차를 거친 후, 앞서 말한 것에 상응하는 새로운 달러 평가를 국제통화기금에 제안할 것이다.
7. 장관들과 총재들은 국제 통화 체제의 개혁을 장기적 시각에서 고려하기 위한 논의를 특히 국제통화기금의 틀 안에서 즉각 시작해야 한다는 데 동의했다. 안정적 환율과 적정 수준의 태환성을 보장하기 위한 적합한 통화 수단과 책임 분담, 금, 준비통화, 특별 인출권의 적합한 역할, 적절한 수준의 유동성, 정해진 환율의 허용 가능한 변동 폭과 적절한 수준의 유연성을 확보하기 위한 다른 방법의 재검토, 유동 자본의 움직임과 관련된 조치에 주의를 기울여야 한다는 데 합의했으며, 이러한 각 영역에서의 결정이 긴밀하게 연결되어 있음을 확인되었다.

– 스미소니언 협정(1971.12.18.)

자료 해석
미국 대통령 닉슨은 1971년 8월 15일, "달러화 방어를 위해 달러화의 금태환을 90일간 잠정 중단한다고" 선언함으로써 세계를 걷잡을 수 없는 혼란에 빠져들게 만들었다. 1971년 12월 미국의 워싱턴 DC에 있는 스미소니언 박물관에서 10개국 대표들이 모여 새로운 통화체제를 위한 회의를 열어 스미소니언 협정에 합의하였다. 스미소니언 협정에서는 우선 달러화에 대해 금과의 교환비율을 금 1온스당 38달러로 8% 평가절하했고, 달러화에 대한 다른 나라의 통화가치 변동 폭을 종전의 1% 범위에서 2.25%로 늘렸다. 그러나 이 정도의 조치로는 문제를 해결할 수 없었고, 1973년 초 미국은 다시 금과 달러화의 교환비율을 금 1온스당 42.44달러로 평가절하를 실시했고, 마침내 같은 해 3월 유럽의 국가들은 더이상 달러화의 가치에 자국통화의 가치를 연계시키지 않고 환율의 변동을 시장에 맡김으로써 본격적인 변동환율제의 시대로 들어가게 되었으며, 이로 인해 고정 가치의 달러를 기축 통화로 삼아 운영되던 브레턴우즈 체제가 종말을 고했다.

15. 신자유주의의 등장

…… 자유 기업 체제가 실패했다고 말하는 사람들과 한 배를 타지 맙시다. 오늘날 우리가 직면한 사태는 자본주의의 위기가 아니라 사회주의의 위기입니다. 국유화와 국가 통제가 자국의 경제와 사회생활을 지배한다면 어느 나라도 번영할 수 없습니다. 그러므로 우리 문제의 원인은 사기업에 있지 않습니다. 우리의 문제는 우리가 너무 조금 사회주의적이라는 데 있지 않습니다. 우리가 지나치게 사회주의적이라는 데 있습니다. …… 노동당은 산업을 차례로 가차 없이 국유화함으로써 그들의 사회주의적 열정을 입증하려 합니다. 그 시도만이라도 중단한다면 괜찮겠습니다. …… 그리고 영국 역시를 지속적인 경기 침체, 억압, 실패의 시대로 다시 쓰면서 우리의 민족적 자존심을 갉아먹는 사람들이 있습니다. 희망의 날이 아니라 절망의 나날로서 말입니다. 그리고 어떤 아들은 우리 교육 제도의 비호를 받으면서 젊은이들의 정신을 마구 공격합니다. …… 사람은 자기 의지대로 일할 권리가 있습니다. 자신이 번 돈을 써서 자산을 소유하고 국가를 주인이 아니라 시종으로 삼을 수 있습니다. 이것이 영국의 전통입니다. 이런 행동들은 자유 경제의 본질입니다. 그리고 그 자유에 우리의 모든 여타 자유가 달렸습니다. 그러나 우리는 자유 경제가 우리의 자유로운 권리들을 보장할 뿐만 아니라, 그것이 나라 전체의 부와 번영을 창출하는 최선의 방법이기도 하기에 자유 경제를 원합니다. 공동체와 도움이 필요한 사람들을 위한 더 나은 서비스에 필요한 자원을 제공할 방법은 바로 이 번영뿐입니다. 노동당 정부는 사기업을 공격함으로써 향후 몇 년 동안 사회 복지 서비스를 개선하기 위해 이용할 수 있는 자원을 거의 고갈시켰습니다. 우리는 사기업을 회복의 길로 되돌려야 합니다. 이는 단지 사람들이 원하는 만큼 더 많은 돈을 쓸 수 있도록 하기 위해서가 아니라, 노인과 병자와 장애인을 도울 수 있는 돈을 더 많이 확보하기 위해서입니다. 경기 회복으로 가는 길은 이윤을 통해서 이루어집니다.

자료 해석

제시문은 1975년 마거릿 대처가 영국 보수당 전당 대회에서 한 연설물의 일부이다. 마거릿 대처는 노동당의 친사회주의적 정책을 비판하고 친기업적인 시장 경제 정책을 실시해야 한다고 주장하고 있다. 1970년대 스태그플레이션 상태의 특이한 경제 위기가 지속되고 케인스식의 경제 해법이 통하지 않는 현상황이 등장하면서 신자유주의라는 새로운 경제 사상이 등장하였다. 밀턴 프리드먼, 하이에크를 비롯한 미국 시카고 대학교의 경제학자들을 중심으로 형성된 이 경제 이념은 국가의 시장 개입을 비판하고 시장 자율성의 복원을 경기 회복의 열쇠로 제시했다. 신자유주의자들은 경기 침체를 근본적으로 투자의 효율성 문제로 바라보며, 국가가 비효율적인 부문에 투자하기를 멈추고 이를 시장의 원리에 맡겨 민간에 넘긴다면 기업 이윤율이 올라가는 등 상황이 나아질 거라고 주장했다. 민간 투자 활성화를 위해 그들이 제안한 구체적인 정책, 일례로 감세와 정부 규제 철폐 등은 기업의 '합리화'라는 더 큰 흐름으로 이어졌다. 여기서 '합리화'는 취업자 해고의 용이성을 통한 고용 유동성 증대, 기업 인수·합병 활성화, 해외로의 자본 이동 확대 등을 의미했다. 신자유주의는 이처럼 기업 합리화, 채산성 확보, 민간 투자 증대를 통해 경기를 진작하자고 주장하면서, 시장의 자율성과 자기조절 기능에 대한 케인스 이전의 신념을 부활시켰다.

I.

중국사

CHAPTER 01
선사시대 ~ 춘추전국시대

CHAPTER 02
진·한 제국과 흉노

CHAPTER 03
위진남북조 시대 ~ 수·당

CHAPTER 04
송

CHAPTER 05
북방 민족의 대두

CHAPTER 06
명~청

CHAPTER 07
아편전쟁~신해혁명

CHAPTER 08
중화민국의 수립과 중국 사회의 변화

CHAPTER 09
중화인민공화국의 수립과 변화

 선사시대 ~ 춘추전국시대

1 중국 문명의 발생

(1) 신석기 문화

랴오허강		홍산 문화	용 모양 옥기, 여신의 얼굴상, 채도, 석기 농기구 발견	
황허강	중류	양사오 문화	무늬가 그려진 채도	룽산 문화로 발전: 흑도
	하류	다원커우 문화	홍도, 흑도	
창장강 하류		허무두 문화	흑도·홍도·돼지 그림 토기	량주 문화로 발전: 옥기

◇ **중국의 신석기 문화**

홍산 문화는 랴오허강 유역에서 발달하였으며 유물로는 기하학적 무늬가 있는 토기, 용 모양의 옥기, 여신의 얼굴상 등이 있다. 양사오 문화는 황허강 중류에서 발달하였으며, 홍도와 무늬가 그려진 채도가 유명하였다. 황허강 하류에는 다원커우 문화가 발달하였으며, 다원커우 문화의 유물로는 홍도와 흑도가 있다. 룽산 문화는 신석기 시대 후기의 문화로, 양사오 문화와 다원커우 문화를 아우르는 것으로 흑도가 유명하였다. 창장강 하류 지역에서는 허무두 문화가 발달하였는데 유물로는 허무두 토기, 돼지 그림 토기가 유명하다. 이후 이 지역에서는 옥기와 신전을 특징으로 하는 량주 문화가 발달하였다.

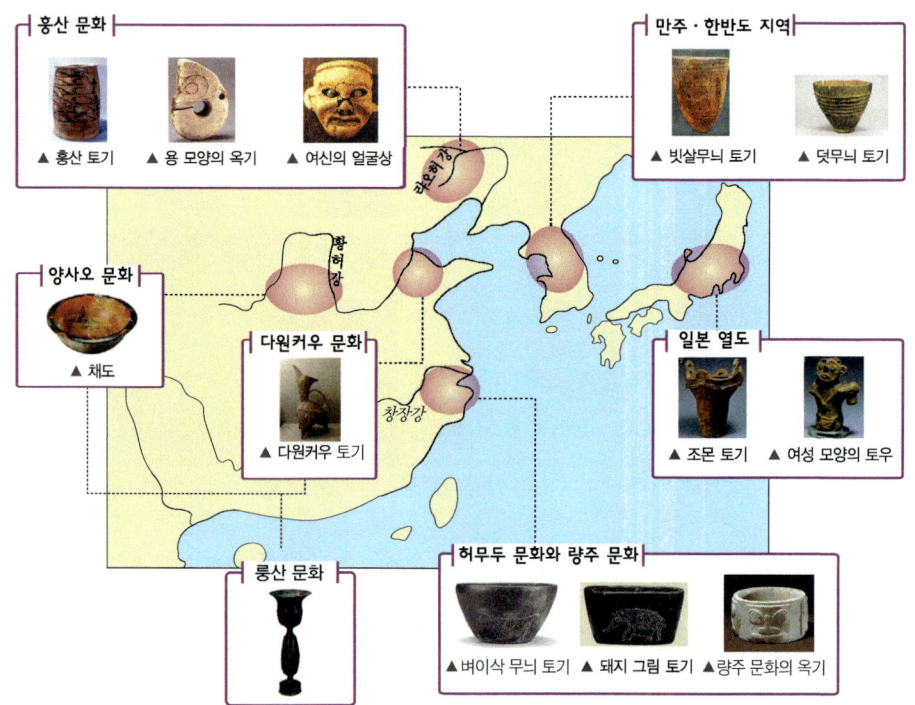

(2) 하(夏)

1) 시조 : 황허를 치수한 우 임금

2) 기존의 선양이 아닌 아들 계에게 세습 : 선석기 후기의 모계사회에서 → 부계사회

3) 용산 문화(룽산 문화) → 상 건국 : 동이집단

4) 양소 문화(양사오 문화) → 하 건국, 주 건국

5) 이리두(얼리터우) 문화를 하나라로 추정하고 도사(타오쓰) 유적은 하족의 근거지로 추정

[얼리터우 궁전 모형도]

(3) 상(商)

1) 성립
   ① 탕 왕이 하나라 걸 왕을 몰아내고 수립
   ② 19대 반경(기원전 1600년경) 이후 은허가 도읍이 됨 → 강력한 왕권 구축

2) 도시 국가설과 읍제 국가론
   ① 도시 국가설 : 은대 후기~ 춘추전국시대
   ② 읍제 국가론

읍(邑)	・씨족공동체 → 씨족 제사 + 씨족 공동의 군사 행동 ・서주시대에서 춘추전국시대가 되면서 국(國)・도(都)・비(鄙) ・3중 구조 : 대읍(왕도) - 족읍-소읍(속읍)
산림・소택	이민족 → 이방・읍방・토방

3) 정치
   ① 제정일치의 신정 국가 : 갑골문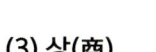은 점복의 내용을 기록한 것으로 주로 선왕에 제사
   ② 태양신 숭배
   • 태양 10개가 순번에 따라 순행 → 10간
   • 태양신 숭배 + 조상 숭배 → 왕조 제사의 핵심 → 신정정치
   • 청동기는 신정정치에서 권위 상징
   ③ 읍제 국가에 기반한 봉건제 실시
   • 후(候)・백(伯)를 통해 읍제 국가를 간접 통제 → 읍제국가는 은에 대하여 부역・병역 부담
   • 은대 후기에 형제 상속 → 부자 상속
   • 황하 범람 + 이민족 침입 → 잦은 천도

[갑골문]

4) 경제

왕토 사상	・왕기 : 국왕의 직접 통치 ・지방 - 제후에게 분봉 → 통치
농업	・씨족 공동체에서 집단 경작 → 수수, 기장, 피, 맥, 조, 벼 등 생산 ・석기와 나무를 이용한 농기구로 농사
상업	상업 발달 → 자안패(조개)와 주석 등이 화폐로 사용
수공업	・공인 계층은 관부 소속 → 청동제 무기, 옥기 제작 ・정교한 귀금속 제품, 채색 도자기

◇ 은 제기

◇ 고공단보
위수 유역에서 기산 주변의 주원으로 이동하여 세력을 확장하였으며, 아들인 계력은 세력 확장에 위기를 느낀 상왕 문정에 의해 살해되었다. 계력의 아들이 주왕조의 기초를 쌓은 문왕이다.

◇ 삼감의 난
주는 상을 멸망시킨 뒤 상의 유민들을 감시하기 위해 관숙, 채숙, 곽숙을 파견하였다. 이들을 삼감이라고 하였다. 삼감이 은나라 주왕의 아들인 녹보(무경)와 연합하여 반란을 일으켰다. 이에 주공이 난을 진압하고 삼감을 폐지하였다. 이후 낙읍(낙양)을 건설하여 동방 통치의 중심으로 삼았다.

5) 문화
  ① 역법(은력) : 윤년 + 60진법
  ② 청동기 – 북방 문화 영향
  ③ 10간·12지 – 서아시아 문화 영향
  ④ 순장

6) 멸망
  ① 지배층의 부패·타락
  ② 노예 도망
  ③ 목야전투: 상의 주왕이 주의 무왕에게 목야 전투에서 패배 → 멸망

[하·상·주의 세력범위]

(4) 주(周)

1) 제후국 시기
  ① 기원
    • 주 족은 농업신인 후직의 후손으로 알려짐 → 섬서 성 위수(웨이수이)에서 시작
    • 위수 지역의 중요성 : 지정학적 요충지, 비옥한 농업지역, 천연의 요새, 서방 문화 수용의 입구
  ② 발전
    • 고공단보◇ : 위수 분지에서 발흥 → 기산 기슭의 주원으로 천도
    • 계력 : 은왕에게 살해됨
    • 문왕: 수도를 기산 기슭의 주원에서 관중 평야지대인 풍(시안)으로 천도 → 중원 진출의 기반 마련

2) 주의 건국과 발전
  ① 무왕
    • 상나라 주왕의 폭정을 타도하고 상을 정복 → 일족과 공신에게 토지를 분배하는 봉건 실시
    • 수도를 풍에서 호경(종주)으로 이동
  ② 주공 단
    • 성왕 대신 섭정
    • 무경 + 관숙 + 채숙 → 삼감의 난 → 진압
    • 성주(낙읍) 건설 → 동방 통치의 중심

3) 봉건제
   ① 상의 봉건제° 계승 : 최근엔 상나라 때부터 실시된 것으로 봄
   ② 종법제°를 바탕으로 운영
   • 분봉

왕기(王畿)	주 왕실의 직할지
국(國)	주 왕실이 봉건한 읍
도(都)	제후가 분봉한 읍

   • 종법 : 부계 씨족제 + 적장자 상속제
   • 읍 : 구읍과 신읍 존재 → 지배층은 국인·노인·정인·송인, 피지배층은 읍민·노민·정민·송민

4) 관제
   ① 중앙
   • 천자 아래 경사요, 대사요, 공족요가 나누어서 업무 담당
   • 관리들은 대부분 귀족이었고, 관직은 세습되었으며, 봉록은 채읍으로 받음

경사요	태도·태사	• 사도 – 토지·부역 • 사마 – 군사 • 사공 – 토목공사 • 사록 – 호적과 봉록 • 사구 – 형벌
	• 경사요의 장관 • 천자의 고문·행정 수행	
대사요	태재·태종·태축 → 문관과 신관이 문서·황실 사무·제사 담당	
공족요	귀족·왕족의 사무	

   ② 지방
   • 지방 통제
   • 종법제도에 의한 혈연 의식
   • 천명사상을 바탕으로 한 왕토사상
   • 종주(호경)와 성주(낙읍)의 양경 체제
   • 조공제도

5) 천명사상과 덕치주의
   ① 주의 무력정벌을 합리화시킨 주의 통치 이념
   ② 천명을 받은 군주가 천자이고 천자가 하늘을 대신해서 천하를 지배하는 유일한 존재 → 화이(華夷)를 망라한 세계질서의 주재자 → 중국 역대 왕조의 황제들에게 계승
   ③ 천명의 이동은 덕치에 의해서 이동(덕치주의) → 문치 중시 → 관료제 발달에 기여

6) 군사제도
   ① 태사 – 군대 통수

종주 6사	• 주나라 사람으로 구성 • 호경 방어 – 서6사
성주 8사	• 성주(낙양) 건설 후 은나라 유민으로 구성 • 은 8사

   ② 전투 : 수레전(전차를 탄 귀족끼리 싸움) → 전국시대 이후 기병·보병전

◇ 주의 봉건제

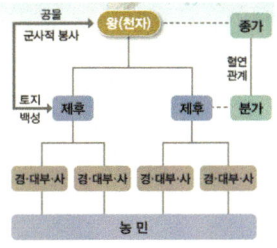

◇ 종법제

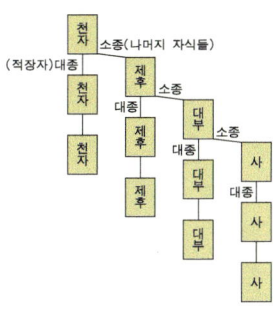

종법은 주나라 종족에 관한 규약이다. 대종은 적장자 상속으로 계속 이어지는 가계를 뜻한다. 적장자 외의 자식은 한 등급 아래의 작위를 받는데, 이를 소종이라 한다.

7) 경제
   ① **정전제 실시**
   - 토지를 9등분하여 8구역은 8가구가 개별 경작하여 수확
   - 중앙의 1구역은 8가구가 공동 경작하여 세금으로 납부 → 9분의 1세

   ② **초기** : 씨족 공동체에 의해 농업 생산

   ③ **후기** : 씨족 공동체가 붕괴되고 토지 소유 불균등 심화
   - 읍 내부의 사회 구조 변화 → 단일 영주 지배 체제에서 벗어나 다수 영주 지배 체제 형성
   - 역민·유전의 민과 무전의 민으로 양분되고 유전의 민 내부도 불균형 심화

   ④ **수공업**
   - 수공업 생산 다양화
   - 토기 제조 기술이 발달하여 자기 수준에 근접
   - 기와 사용으로 건축 기술 발달

8) 사회
   ① **계급구조**

지배층	· 천자 – 왕실 · 제후 – 공실 · 경·대부 – 씨실 → 전국시대 국가의 대권을 좌우하고 군주를 폐립시킴 · 사 – 무사·교양인
피지배층	· 농민·상인·공인 : 사유재산 소유, 거주 자유권, 조세부담·요역·군역 · 노예 : 전쟁포로와 범죄자 → 귀족을 위해 가내 노동과 경작 담당

   ② **결혼·성씨**
   - 종법제도 : 적·서 차별, 남존여비 → 여자는 종법의 지위가 없으며 재산상속권도 없음
   - 제잉제 : 여자의 여동생 또는 조카딸을 데리고 시집 감 → 남편의 부인이 둘이 됨
   - 서민 : 일부일처제

2 춘추전국 시대

(1) 춘추 전국 시대의 전개

1) 배경
   ① 왕실과 제후 사이의 혈연적 유대 약화 → 제후의 독립성 강화
   ② 여왕이 왕실의 힘을 강화시키기 위해 새로운 경제 정책과 호구 조사 실시 → 지배층이 여왕 추방 → 공화 원년◇(B.C. 841)
   ③ 유왕의 폭정과 내분 → 견융족 침입 → 호경(종주)에서 낙읍(성주)으로 천도 → 동주 시대(B.C. 770)

◇ **춘추 전국 시대**

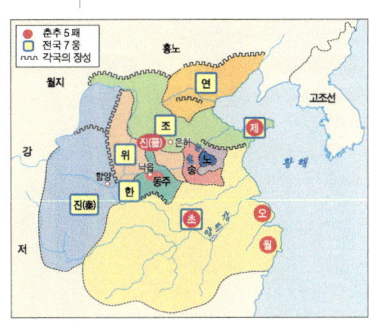

2) 국의 해체와 군현제의 출현
   ① 국(國)
   - 기존의 읍이 사회·경제적 발전으로 대취락 형성
   - 국은 내성과 외성으로 구성

내성	제후의 궁전과 종묘, 중요한 시설물
외성(곽)	· 외성 밖은 들판 · 들판 가운데 소읍 존재 → 비(鄙)

   - 최고 신분 : 공(제후) = 국군(國君) → 융사공동체(전쟁·제사 공동체)의 수장
   - 경·대부 : 제후로부터 비(鄙)를 채읍으로 받음 → 병단을 구성하여 전쟁에 참여
   - 사 : 국의 기반으로 하위 권력 유지 → 국인·무사

   ② **국의 해체와 군현제의 출현** : 읍제 국가 → 영역 국가
   - 존왕양이를 명분삼아 패자를 구심점으로 하는 회맹적 국제질서 유지 → 춘추 중기 전후 멸국치현으로 변화
   - 국왕을 정점으로 하는 관료지배체제
   - 토지와 인민을 국왕이 직접 지배 → 중앙집권적 전제군주체제 출현
   - 회맹·반맹의 관계 → 주군과 가신의 주종관계 형성
   - 기존의 읍 → 군현체제로 흡수·해체
   - 제후 → '왕호' 사용
   - 관리 기구

중앙			지방	
승상	백관의 장		군	군수 또는 태수
				위	군사
사관	어사	감찰		어사	감찰
	사도	토지와 백성 관장	현	현령·현승
	사공	토목사업	향·리	
	사구	형법		
	공사	수공업		
	소부	재정		

◇ **공화원년**

주나라의 여왕이 주색에 빠져 정치를 소홀히 하였다. 여왕은 백성들을 수탈하였으며, 영주가 소유하였던 산림천택을 빼앗아 왕실 소유로 만들었다. 이에 귀족(국인)들과 백성들이 여왕을 쫓아냈다. 대신인 소목공과 주정공이 함께 국사를 처리하고 연호를 '공화(共和)'라고 했다. 그리고 공화 14년인 기원전 828년에 여왕의 아들 태자 정이 즉위해 주나라 선왕이 됨으로써 공화 시대가 끝났다.

3) 춘추 시대(B.C. 770~B.C. 403)의 전개
① 존왕양이 표방
② 패자(覇者)의 회맹 질서 : 춘추 5패(제 환공, 진 문공, 초 장왕, 오 합려, 월 구천)가 주도
③ 5패의 변화
- 초기에 정나라가 주도 → 초나라가 강국으로 대두 → 제나라가 제후들을 규합해 초나라에 대항 → 제나라가 초나라를 격퇴하고 규구에서 회맹 의식 거행(B.C. 651)
- 제나라 환공의 개혁

정치	· 사농공상의 주거지 구분 · 가구 수에 따라 마을 재편성
군사	· 전국을 21향으로 구분 · 사·농민의 15향을 3군으로 조직 → 병농일치제
경제	· 정전제를 폐지하고 토질에 따라 토질의 등급을 매겨 조세 징수 · 소금과 철 생산↑ + 화폐 주조 + 상공업↑

- 진나라 문공 : 초나라를 격퇴한 후 천토에서 회맹 의식(B.C. 634)
- 초나라 장왕: 회맹 의식하지 않고 주 왕실을 받드는 행위도 하지 않음
- 초나라가 중원 국가와 세력을 다투는 동안 오왕 합려와 월왕 구천의 세력이 강화되었으나 곧 쇠퇴

4) 전국 시대(B.C. 403~B.C. 221)
① 성립
- 진(晉)이 한·위·조로 분열(B.C. 453) → 전국 시대 시작 → 주의 천자가 한·위·조를 정식 제후로 승인(B.C. 403)
- 회맹 질서 하에서 탈피하며 전국 7웅 출현
② 특징: 하극상의 시대 → 전국 7웅이 약소 제후국을 병합하면서 약육강식의 치열한 경쟁
③ 각국의 변법
- 부국강병 추구 → 봉건제 타파와 군사력 강화

위 문후	· 이회를 등용 → 능력주의 인재 등용, 평조법, 법경 편찬, 진지력 채용 · 서문표 등용 → 관개사업(12거)으로 황무지를 개간해서 농업 생산력↑
초 도왕	· 위나라 출신 오기를 등용하여 개혁 추진 · 군주권 강화와 세습귀족세력의 억제 → 분봉 귀족을 3대로 한정, 종실의 세습 특권 삭제, 구 귀족을 변방으로 이주 · 오기의 변법으로 강성 → 도왕 사후 귀족들의 반발로 오기가 처형되고 변법 중단 → 쇠퇴
한 소후	신불해 등용 → 군주독재체제 확립, 군사력 강화
제 위왕	· 추기 등용 → 인재 등용, 언론 개방, 공정한 법 집행 · 직하학당 설립 → 문화↑
조	재상 공중연이 주도하여 정치 개혁
연	장군 악의가 조·위·한·초 연합을 통해 제나라 견제

◇ 규구의 회맹

규구의 회맹의 주요 내용은 다음과 같다. 첫째 불효자를 주살하고, 세자를 교체하지 않으며, 첩을 처로 삼지 않는다. 둘째, 현자를 존경하고, 인재를 육성하여 덕 있는 사람을 표창한다. 셋째, 노인을 공경하고 어린이를 사랑하며 손님과 나그네를 잘 대접한다. 넷째, 사는 관직을 세습하지 않고, 관직은 겸직하지 않고, 사는 취할 때는 반드시 덕으로 할 것이며, 대부를 함부로 죽이지 않는다. 다섯째, 제방의 물길을 막아 주변 나라에 피해를 주지 않는다.

◇ 전국 시대

기원전 403년 진(晉)의 대부 한·위·조 3가문이 주 왕실로부터 정식 제후로 공인을 받으면서 전국시대가 시작되었다. 이 시기에는 제후들이 제각기 왕이라 칭하였다. 진(秦)의 시 황제가 중국을 통일할 때까지 멸망하지 않고 살아남은 일곱 국가인 진·한·위·조·초·제·연을 전국 7웅이라 부른다.

◇ 이회

이회는 법가 사상가로 위문후 때 재상이 되어 위나라를 강국으로 발전시켰다. 그는 법전인 법경(法經)을 완성하였고, 나라에서 풍년에는 곡식을 사들이고 흉년에는 싸게 팔아서 물가를 조절하는 평조법을 실시하여 백성의 생활을 안정시켰다. 위나라는 위문후와 위무후 시기 전국시대를 주도하였다.

- 진(秦) 효공: 상앙의 변법으로 강국으로 발전

시기	목적	내용
1차 변법 (B.C. 359)	씨족 공동체적 혈연성 파괴 → 주대의 종법질서 부정	• 호적 작성 : 십오제와 연좌제 실시 → 향리공동체적 질서의식을 없애고 향리공동체적 질서를 국가통제 하에 재편성 • 분가 정책 : 성년남자 두 사람의 동거 금지 → 소가족제 추진 • 군공수작제 : 군공에 따른 작위 수여 → 전투력↑ → 구귀족의 반발 • 중농억상책
2차 변법 (B.C. 350)	군주권의 강화와 중앙집권체제 확립	• 함양으로 천도 • 분가정책 강화 • 작은 마을을 통합하여 현을 설치하고 관리 파견 → 군현제적 지배체제 확립 • 세금제도와 토지제도 개혁 → 개천맥 → 국가의 직접적 인민 지배 강화

④ 제민지배체제(齊民支配體制) 확립

의미	• 소농민에게 균등한 토지 점유와 안정된 농업생산체제를 보장하고 새로운 호적제 편성 → 국가가 직접 제민 지배 • 국가에 의한 수전제도 정비와 이에 기초한 의무(세금과 병역·요역) 부과
제도화	군-현-향-리의 군현제
법령	제민지배체제를 유지하는 수단

(2) 춘추 전국 시대의 사회 변화

1) 정치·전쟁
   ① 전쟁 방식의 변화 : 철제 무기의 사용, 귀족 중심의 전차전 → 보병·기병 중심
   ② 생활권의 확대 : 창장강 이남 지역으로 확대

2) 경제
   ① 기원전 6세기경부터 철제 농기구 사용, 우경의 시작 → 농업 생산력 증대
   ② 토지 사유화의 진전: 정전제 붕괴 → 소농민 가족이 사회의 기초 단위
   ③ 상업도시↑ : 제의 임치, 조의 한단, 위의 대량, 초의 영, 동주의 낙읍, 진의 함양 등장
   ④ 화폐 유통↑ : 도전, 포전
   ⑤ 관개수리사업 → 농업생산력 ↑

3) 사회 : 능력 위주로 신분 질서 재편
   ① 사(士) 계층의 성장으로 사·농·공·상의 개념 등장
   ② 사(士) 계층은 서주 시대의 무사 신분에서 군주의 주변 신하로 변화

4) 역사학과 문학·의학
   ① 『좌전』 : 춘추를 해석하여 편찬 → 주로 노나라 역사에 관한 기록
   ② 『국어』 : 춘추시대 각국의 역사 편찬
   ③ 『전국책』 : 전국시대의 역사를 기록
   ④ 『초사』 : 초나라 굴원, 송옥 등의의 시를 모은 책
   ⑤ 『황제내경』 : 가장 오래된 중국의 의학서

◇ 상앙의 분가정책
상앙은 1차 변법 시기에 성인 남자 2명의 동거를 금지하는 분가정책을 실시하였다. 2차 변법 시기에는 이를 더욱 강화하여 성인이 된 부자나 형제의 동거를 금지하였다. 이러한 분가정책은 인구와 생산을 늘리기 위한 정책이었다.

◇ 개천맥(開阡陌)
천맥은 농지와 농지를 나누는 두렁길 경계선을 말한다. 기존에는 대략 1호당 100무씩의 토지를 균등하게 분배한 것으로 보았으나, 최근에는 토지의 사유화가 진전된것이라고 보는 견해 등 다양한 학설들이 있다.

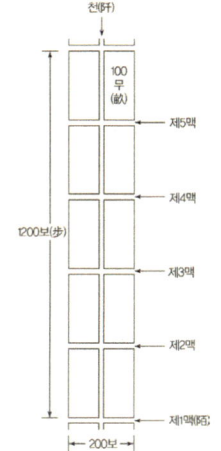

◇ 관개수리사업

위	서문표 → 12 거
진	이빙 → 도강언
한 → 진	정국 → 정국거

(3) 제자백가(諸子百家)

1) 배경 : 제후국들의 부국강병책 추진 → 유능한 인재 등용
2) 유가
   ① 가족 윤리를 바로 세움으로써 사회 문제의 해결 모색 → 중국 사상의 주류
   ② 사상가

공자	· 인(타인에 대한 사랑)·예(신분과 나이에 따른 질서)·중용 중시 · 덕치주의 주장
맹자	· 성선설 주장 · 왕도정치 주장
순자	· 성악설 주장 → 예 사상 발전 · 한비자를 통해 법가사상과 연계

3) 법가: 각종 변법에 영향
   ① 군주의 권위를 존중하고 엄격한 법치 강조 → 상앙·이사·한비자
   ② 유가의 덕치주의·예치주의 비판
   ③ 군주의 절대권 강조
4) 도가
   ① 유가의 덕치와 법가의 법치 모두 반대
   ② 중국인의 종교·예술·민란에 영향
   ③ 유가와 함께 중국의 2대 사상
   ④ 한대 법가와 결합 → 황로 사상◇
   ⑤ 사상가

노자	도를 바탕으로 하는 무위자연 주장 → 소국과민 주장
장자	상대적 세계관, 만물일체 주장 → 제물론

5) 묵가 : 묵자
   ① 겸애(차별 없는 사랑)와 평화 주장
   ② 지나친 사치와 낭비 비판 → 노동과 절약 강조
   ③ 지배층 위주의 예악, 위선, 전쟁 반대
   ④ 개인의 능력에 따른 사회적 지위를 누리는 상현론과 윗사람에게 무조건 복종하는 상동론 주장 → 체제 옹호적 논리
6) 기타
   ① **음양가** : 한 대에 음양설와 오행설이 결합 → 천인상관설, 참위설 등에 영향
   ② **양가**◇ : 극단적 이기주의 주장
   ③ **명가**◇ : 궤변적 논리
   ④ **종횡가** : 외교술
   ⑤ **병가** : 군사

◇ **황로사상**
황로사상은 법가와 도가의 융합 사상으로, 황로는 황제와 노자를 가리킨다. 황제는 중국 전설상의 제왕으로 법칙의 발견자, 법률의 제정자로서 상징화되어 법가적 사고를 대표하며, 노자는 도가의 시조로서 무위에 의해 세상의 문제를 해결하는 것이 특징이다. 황로사상은 한 무제 때 유교가 정치이념으로 채택되기 전까지 유행하였다.

◇ **양가와 명가**
양가는 춘추전국시대 양주라는 인물의 주장을 말한다. 양주는 '털 한 올을 뽑아 세상을 이롭게 할 수 있어도 하지 않겠다' 라는 말을 하여 사회나 국가보다 개인을 중시하는 개인주의적 성향을 보였고, 이를 흔히 극단적 이기주의라고 말한다.
명가로 유명한 인물은 공손룡이 있었다. 그는 말을 타고 가다 말에 대한 통행세를 납부해야 하자 이를 거부하면서 백마비마론(白馬非馬論)을 주장하였다. 공손룡은 '하얗다는 것은 색에 이름 붙여진 이름이고 말이란 것은 형태에 이름 붙여진 개념이므로 색깔과 형태가 조합된 백마와 형태의 하나로서 말은 개념적으로 다른 것'이다라는 논리를 폈다. 그래서 명가를 흔히 궤변을 통한 논리학 발달이라고 한다.

자료탐구

01. 하 왕조

우임금은 천하를 익(益)에게 넘겨주었다. 그러나 삼년상을 치루고 난 뒤 익은 천자의 자리를 우임금의 아들 계(啓)에게 넘겨주고 자신은 기산(箕山)으로 물러났다. 우임금의 아들 계는 어질고 훌륭하여 천하가 모두 그에게 귀의하였다. 우임금이 세상을 떠났을 때 비록 천하가 익에게 넘겨졌지만, 그는 우임금을 보좌한 기간이 짧았을 뿐만 아니라 천하의 신임도 얻지 못하였다. 그래서 천하의 제후들이 모두 익의 곁을 떠나 계에게 귀의하며 이렇게 말하였다. "계는 우리 우임금님의 아들이로다!" 그리하여 마침내 계가 천자의 자리에 올랐으니, 그가 바로 하 왕조의 계임금이다.

– 사마천, 『사기』, 하본기 –

자료 해석

중국의 기록에 의하면 오제시대부터 선양의 전통이 있었다. 우임금도 이러한 선양의 전통을 따라 익에게 왕위를 넘겨주었으나 익이 우임금의 아들 계에게 왕위를 양보함으로써 하 왕조가 시작되게 되었음을 전하고 있다. 현재 하나라의 실존 여부는 여전히 논쟁 중이다. 최근에 발견된 얼리터우 문화를 하나라로 보는 견해가 있다.

02. 은나라의 갑골 문자

계해(癸亥)날에 점을 쳐서 왕 스스로 열흘 동안 길흉을 가렸다. (그 날은 3월 계해날이다.) 열흘 가운데 두 번째 날인 을축(乙丑)날에 선왕이신 소을에게 제사를 올린다. 네 번째 날인 정묘(丁卯)날에 아버지 무정에게 제사를 올린다.

자료 해석

갑골문이란 거북 껍질이나 소 어깨뼈로 점을 치고 내용을 예리한 칼날로 새겨 놓은 것이다. 갑골문에 기록된 내용은 제사·농업·전쟁·수렵·일기, 왕의 행동과 질병 및 신들의 재앙에 관한 것이다. 갑골문은 1899년 청나라 말기 금석학자 왕의영이 베이징의 한약방에서 용골(龍骨) 위에 새겨진 글자를 발견하면서 세상에 알려졌다.

03. 주의 봉건제

주 무왕은 상나라와 싸워 이겼다. 아들 성왕은 주 왕실을 안정시키고 덕이 높은 자를 뽑아 지방을 맡아 다스리게 하였다. 그 가운데 주공은 왕실을 도와 천하를 평정하였다. 그 아들 백금을 노나라 제후로 삼았다. 이웃 나라로 하여금 백금에게 수레, 깃발, 옥, 활을 바치게 하였다. 백금은 상나라 씨족장들이 백성들을 잘 이끌어 주공의 법에 따르게 하고 주 왕실의 명에 복종하게 하였다. 주 왕실은 그들로 하여금 백금을 잘 섬기게 하여 주공의 높은 덕을 빛나게 하였다. 나아가 백금에게 토지와 읍, 제사 일을 맡는 사람, 예물과 조칙, 백관을 위한 기물을 나누어주었다. 상나라 지배 아래 있었던 땅의 사람들을 지배하게 하고 노나라의 수도인 곡부를 그의 영지로 봉하였다.

– 좌구명, 『춘추좌씨전』 –

자료 해석

주공의 아들 백금이 제후로 봉해지는 배경과 내용이 제시되어 있는데, 이는 봉건 제도의 시행을 잘 보여주고 있다. 봉건제는 왕이 제후에게 땅과 백성에 대한 통치를 위임하는 대신 제후는 왕에게 공납과 군사적 의무를 다하도록 하는 제도이다. 주는 종친들을 수도 가까운 곳에 분봉하여 왕실의 울타리로 삼았고, 공신들은 옛 상의 영역 곳곳에 분봉하였다. 이러한 관계는 제후나 경, 대부 등에게도 동일하게 실시하였고, 이로 인해 피라미드형의 봉건제가 형성되었다.

04. 주의 천명사상

하늘의 명은 이제 상을 떠났다. 하늘은 포악한 정치를 일삼은 상을 대신하여 주에 천명을 내렸다. 주는 덕으로써 백성을 다스리며 천명을 받들 것이다.

– 『시경』 –

자료 해석
주나라의 무왕은 은나라 주왕의 포악한 정치가 지속되고 백성들이 도탄에 빠지자, 스승인 강태공(태공망)과 동생인 주공 단의 도움을 받아 은나라를 정벌하였다. 이후 주나라 무왕은 자신의 은 정복이 권력욕에 의한 것이 아니라 천명에 의한 것이며, 자신은 덕치로써 백성을 다스리겠다고 천명하였다.

05. 정전제

백성을 다스리는 방법은 백성을 토지에 안주시키는 것을 근본으로 한다. 그런 까닭에 반드시 보(步)와 무(畝)의 기준을 세워 그 경계를 바르게 해야 한다. 6척을 1보로 하여, 100보를 1무로 하고 100무를 1부로 하며, 3부를 1옥으로 하고 3옥을 1정으로 하는데, 1정은 사방 1리이고 이것이 9부이다. 8가가 1정을 공유함에 각각 사전 100무와 공전 10무를 받는데 이것이 880무이고, 나머지 20무는 여사(廬舍)로 한다. 정전에서 나가고 들어올 때에는 서로 짝을 지어 다니고, 도둑을 지키고 망볼 때에는 서로 도우며, 질병이 있을 때에는 서로 구제해 주니, 이로 인해 백성들은 화목해지고, 교화가 모두 같아지며, 공전에 대한 노동의 부담과 생산의 수익이 공평하게 된다.

– 『한서』, 식화지 –

자료 해석
자료는 주의 정전제를 설명한 것이다. 정전제는 900무의 정사각형의 토지를 우물 정[井]자 형태로 9등분하여, 4면의 800무를 8가구가 각각 100무씩 사전(私田)으로 경작하고, 중앙의 100무는 공전(公田)으로 하여, 8가구가 공동으로 경작하여 그 수확물을 조세로 납부했다. 정전제가 실제로 존재했는지에 대해서는 논란이 있지만 이후 중국의 수많은 개혁가들과 사상들이 대토지 소유로 인한 빈부의 격차를 해결하는 방법으로 정전제를 주장하였다.

06. 오기의 변법

초나라 도왕은 평소 오기가 현명하다는 말을 듣고 있었으므로 그가 초나라에 오자마자 재상에 임명했다. 오기는 법령을 확실하고 세밀하게 만들고, 긴요하지 않은 관직을 없애며, 왕실과 촌수가 먼 왕족들의 봉록을 없애 거기서 얻은 재원으로 군사를 길렀다. 그가 내세우는 정치의 핵심은 병력을 강화시켜 합종이나 연횡을 주장하는 유세객들을 물리치는 데 있었다. 그래서 그는 남쪽으로는 백월을 평정하고, 북쪽으로는 진(陳)과 채(蔡)를 초나라 땅이 되도록 하였다. 삼진(한·위·조)을 물리치고 서쪽으로는 진나라를 쳤다. 제후들은 초나라가 점점 강성해지는 것을 두려워했다.

– 사마천, 『사기』, 손자·오기 열전

자료 해석
오기는 원래 위나라 사람으로 위 문후 시기 국방력을 강화시키고 영토를 확장시키는 등 큰 공을 세웠으나, 위 무후가 즉위하면서 중용되지 못하자 초나라로 갔다. 오기는 초나라 도왕에 의해 재상이 되어 각종 변법을 실시해 초를 부강하게 만들었다. 그러나 평소 오기의 변법으로 세력이 약화되고 불만이 많았던 제후들과 귀족들은 도왕이 죽자 바로 오기를 살해하였다.

07. 상앙의 변법

백성은 5가 혹은 10가로 편성하여 연좌책임을 지도록 한다. 범죄자를 고발하지 않는 자는 허리를 자르는 형벌에 처하고, 고발한 자는 적을 참수한 자와 같은 상을 내리며, 백성 가운데 한 집에 성년 남자가 두 명 이상 살면 부역과 납세를 두 배로 한다. 군대에서 공을 세운 사람은 각각 그 공의 크고 작음에 따라 벼슬을 올려주고, …… 본업(농업)에 힘써 곡식과 비단을 바친 자는 요역을 면제하고, 말업(상업)에 종사하거나 게을러 가난한 자는 몰수하여 관노비로 삼는다. 군공을 세우지 못한 자는 종실이라도 귀족신분을 누릴 수 없다. …… (이와 같은) 법령이 이미 갖추어졌으나 널리 알리기 전이라 백성이 믿지 않을까 염려되었다. 그래서 세 길이나 되는 나무를 도성 저잣거리의 남쪽 문에 세우고 백성을 불러 모아 말하였다. "이 나무를 북쪽 문으로 옮겨 놓는 자에게는 십 금(金)을 주겠다." 그러나 백성은 이것을 이상히 여겨 아무도 옮기지 않았다. 다시 이렇게 말하였다. "그것을 옮기는 자에게는 오십 금(金)을 주겠다." 어떤 사람이 그것을 옮겨 놓자, 즉시 그에게 오십 금을 주어 나라에서 백성을 속이지 않음을 분명히 하였다. 마침내 새 법령을 공포하였다. …… 3년 후 상앙은 함양에 큰 아치형의 문이 달린 궁궐을 짓고 진의 도성을 옹에서 함양으로 옮겼으며, 백성들에게 부자·형제가 한 방에 기거하는 것을 금하였으며, 소도·향·읍·취를 모아 모두 31개의 현(縣)을 설치하고 영과 승을 배치하였다. 각 현의 전토(田土)를 천맥으로 나눠 경계 표시를 세운 후 민에게 토지를 나누어 주었다. 그런 후에 세금을 공평하게 징수하고 도량형을 통일하였다.

- 사마천, 『사기』 상군 열전 -

자료 해석

상앙의 체제 개혁은 7년간에 걸쳐 두 차례 진행되었다. 기원전 356년 실시된 상앙의 제1차 변법은 백성이 편성하는 소가족의 가(家)를 단위로 하여 경지·택지·노예 및 기타 동산과 함께 이것을 호적에 부가하고 군역을 지게하는 개혁이었다. 법가의 한비자는 나중에 그들을 '耕戰의 士'라고 불렀다. 이리하여 전쟁에 종사하여 군공을 세운 이는 상급의 작위를 부여받고 전택지의 점유 한도 확대 등 다양한 은전을 받았다.

사회의 이러한 군사적 편성은 백성뿐만 아니라 진나라 종실에도 파급되었다. 군공이 없는 공족은 종실의 호족에 부재되지 않으며, 특권을 부여받지 못하게 되었다. 여기에서는 소농민, 백성과 마찬가지로 지배자 집단도, 혈연·혈통 원리에 의한 정치적 편성이 군사적 편성으로 교체되었던 것이다. 군사적 공적에 의해서만 지배자 신분을 획득한다고 하는 진나라의 爵制 질서는 족제적 지배자 집단의 해체와 직접 생산자인 소농민의 거주지에 의한 편성을 나타내며, 국가의 형성을 의미한다. 상앙의 제1차 변법은 백성의 소가족이 영위하는 소농 경영을 호족을 통해서 군사적으로 편성하는 부분에 주안점이 있었다고 할 수 있다.

상앙은 기원전 350년, 제2차 변법에 착수한다. 첫째, 상앙은 함양을 새로운 국도로 조성하고, 옹성에서 천도했다. 둘째, 소도·형·읍·취라고 불렸던 크고 작은 취락을 재편하여 성곽이 있는 대규모 취락을 현, 중급 취락을 향, 소규모 취락을 리로 삼아, 현·향·리의 삼계층제 취락군으로 구성되는 31개의 현제를 진나라 전역에 실시했다. 현에는 중앙정부로부터 현령, 현승, 현위가 파견되어 행정 통치를 했다. 셋째, 현제의 시행에 따라 경지를 1000무와 100무로 구획하는 도로를 만들어 경구 정리를 실시하며(천맥제), 分田制를 제도화했다. 넷째, 도량형 제도를 조정하고 조세 부담의 공평화를 도모했다. 그러부터 2년 후인 기원전 348년 현으로부터 중앙정부로의 조세 공납 제도인 부제를 정비한다.

기원전 356년부터 348년에 이르는 진나라의 체제 개혁은 진나라를 부강하게 이끌어 전국 6국을 멸망시키고 천하 통일을 달성하는 기반이 되었다. 또한 진나라를 이어받은 한나라 이후 전제국가의 모형을 만들어낸 것이다.

- 와타나베 신이치로, 새중국사1-중화의 성립, pp.80~83

CHAPTER 02 진·한 제국과 흉노

1 진의 성립과 발전

(1) 진(秦)의 전국시대 통일과 발전(B.C. 221~206)

1) 진의 통일 배경
   ① 통일론 대두: 백성들의 평화에 대한 염원↑ + 경제적 통일 욕구↑
   ② 법가 사상(상앙, 이사)을 바탕으로 부국강병에 성공
   ③ 외교술: 장의의 연횡책◇ → 6국이 연합하지 못하도록 함
   ④ 관중 지역에 위치하여 천혜의 요새로 방어에 유리
   ⑤ 기마병 중심의 군제 개편으로 군사력↑ + 경제력↑

2) 국내 정치: 중앙 집권 정책
   ① 황제 칭호 사용
   ② 군현제를 전국으로 확대: 황제가 군·현에 지방관과 감찰관(시어사) 파견
   ③ 통치 체제
      • 3공 9경의 관료제 형성
      • 승상(재상), 어사대부(감찰), 태위(군대)의 3공과 실무를 담당하는 9경으로 구성
   ④ 제도정비: 도량형·화폐·문자·차궤 통일과 도로망 정비
   ⑤ 사상 통제: 분서갱유◇ → 국가에 의한 학문 일원화
   ⑥ 대규모 토목 공사: 아방궁, 여산릉, 만리장성 등 축조
   ⑦ 봉선과 순행: 천하를 순행하며 태산에서 제사를 거행하거나 백성들의 생활을 살핌 → 낭◇ 야대 각석 축조

3) 대외정책
   ① 몽염이 흉노를 정벌하고 만리장성 축조
   ② 베트남 북부 공략하고 3군을 설치

◇ **장의의 연횡책**
장의는 원래 위나라 출신이었으나 진의 혜문왕 때 재상이 되었다. 그는 소진의 합종책에 대항하여 진을 중심으로 위·조·한 등의 6국과 동맹을 맺었다. 진이 각 국가들을 침략하지 않는다는 조건으로 진의 주도권을 인정하게 하였다. 이후 범저는 '원교근공책(遠交近攻策)'을 실시하여 연횡책의 한계를 깨뜨렸다. 그는 진나라와 국경을 맞대고 있는 위·조·한을 침략하고, 멀리 있는 제·연·초와 잘 지내는 외교 정책을 구사하였다. 이러한 범저의 원교근공책은 진이 전국시대를 통일할 수 있게 하였다.

◇ **분서갱유**
분서의 경우 역사서, 의약, 점복, 농업 이외의 서적을 몰수하여 소각하고 고서를 논의하는 무리를 사형에 처하였다. 유학서의 경우는 함양에 유가 경전을 소장하고, 박사들에 의해 정리하고 연구되었다. 갱유의 경우는 유학자를 비롯한 500여 명의 학자들을 죽였다. 분서갱유의 목적은 민간 소장의 서적과 사학을 금지하고 그것을 관이 소장하여 관학으로 일원화 하는데 있었다.

◇ **낭야대 각석**
진 시황제가 전국을 순행하며 곳곳에 세운 7개의 각석 중 하나로, 태산각석과 함께 유명하다. 낭야대 각석에는 진나라의 공덕을 찬양하는 내용과 '중농억상' 등 진의 통일 정책이 담겨 있다.

4) 진의 통치제도
　① 중앙

3공			9경		
	승상	• 주대이래 제후를 초빙하거나 향연을 베풀 때 예를 맡아보는 관리 • 춘추시대 이후 국무 총괄		봉상	예의 제사
				낭중령	궁전 경비
	태위	• 전국시대 병무를 담당한 무관직 위에서 출발 • 전국의 병사 장악		위위	궁문 경비
				태복	말·가마
	어사대부	• 주대에는 군주의 근신으로 사건을 기록하는 관리 • 전국시대에 들어와 백관 감찰 • 황제가 어사대부를 통해 승상을 감시·통제 • 어사승, 어사중승, 시어사 + 황제의 옥새를 관장하는 부절령, 영부새랑		정위	사법형옥
				전객	빈객 접대
				종정	황족 사무
				치속내사	국가 재정 → 한대 대사농
				소부	황실 재정

　② 지방

군	군수·태수	행정장관
	군위	병역·군사권 장악
	시어사	지방행정 감찰
현	현령·현장	행정장관
	현승	감찰관
	현위	군사장관

5) 멸망
　① **시 황제 사망 후 혼란**: 환관 조고와 승상 이사가 연합하여 태자인 부소를 죽이고 호해를 즉위시킴
　② **가혹한 엄형주의 정책 + 연좌제** → 진승·오광의 농민 반란
　③ **진승·오광의 난**
　　• 대규모 토목 공사에 대한 백성 불만↑
　　• 진의 군대에 진압되었으나 옛 6국의 세력들이 봉기하여 멸망(B.C. 206)

2 한의 성립과 발전

(1) 한의 성립과 발전(B.C. 202~A.D. 220)

1) 성립: 유방(고조)이 한 건국 후 초의 항우를 제압하고 중원 재통일(B.C. 202)

2) 고조(B.C. 202~196)

① 도읍: 장안

② 중앙정치조직 : 3공 9경제 실시

③ 군국제 : 군현제 + 봉건제

- 군현제 : 수도 주변
- 봉건제 : 원거리 지방 → 일족과 공신을 제후로 봉함
- 왕권이 안정되자 이성제후를 제거하고 유씨 제후만 남김

④ 백등산 전투(평성 전투, B.C. 200): 한 고조의 군대와 흉노의 묵특선우의 군대가 백등산에서 전투에서 패배 → 흉노와 화친 맺음

⑤ 유교주의에 기반한 국가 통치 정비

- 고조는 황로 사상(황로술)을 선호

육가	· 『신어』 : 진의 멸망 원인을 규명 · 예악 존중 + 진의 법가주의적 통치 기반 → 법가적 유교주의 정치 수립
소하	『구장률』 편찬 → 진의 가혹한 형법을 개정

⑥ 한 고조 이후 혼란

- 혜제 즉위 후 여씨 일족의 전횡
- 여후 사망 후 공신들을 중심으로 문제 옹립

◇ 군국제

군현제 시행 지역
봉건제 시행 지역

◇ 육가

육가는 제나라 황실의 후손이었으나 초나라에서 평민으로 살았다. 초한전쟁 초기부터 유방을 따랐으며 주로 외교 사무를 담당하였다. 두 차례 남월에 사신으로 가 오늘날 광둥성 일대를 중국의 영토로 만드는데 기여하였다. 육가는 말 위에서 천하를 얻을 수는 있으나 말 위에서 천하를 다스릴 수는 없다면서 『신어(新語)』 12편을 지어 유방에게 지식의 중요성을 설파하였으며, 여씨의 정권 찬탈 음모를 저지해 유씨 황실을 공고히 하는데 공헌하였다.

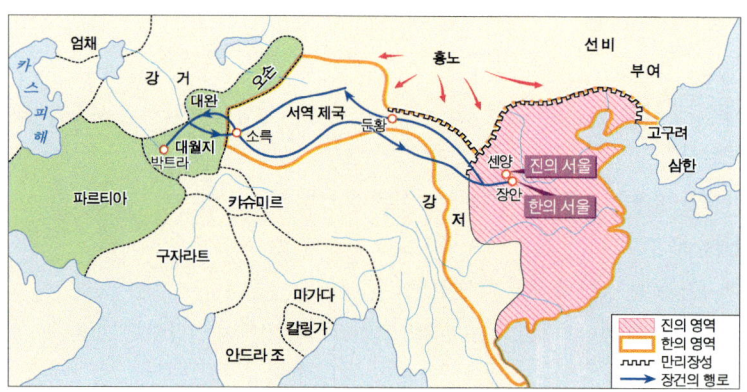

[진·한 제국의 성립과 발전]

3) 문제(B.C. 180~157)
    ① **황로사상** : 도가의 영향을 받은 황로사상을 바탕으로 정치 → 민생 안정
    ② **민생안정** : 세금과 요역 대폭 감면 → 백성들의 삶↑
        - 지조를 15분의 1 → 30분의 1 → 토지세 폐지
        - 요역 경감
        - 황제 스스로 검약을 실천하고 관리의 수 축소
    ③ **형벌 완화**
        - 형벌을 완화하여 연좌제 폐지
        - 비방죄와 유언비어 유포죄를 제외하고 언론 개방
        - 육형 폐지
    ④ **가의의 과진론과 치안책**

과진론 (過秦論)	· 진나라가 중국을 통일한 형세와 그 후에 멸망한 주요 원인을 총괄적으로 논함 · 가혹한 형벌과 법률로 민심을 잃어서 멸망한 것으로 봄
치안책 (治安策)	· 강간약지(強幹弱枝) 정책 → 황제권을 강화하고 지방 제후의 세력 약화 · 흉노 강경책 · 부호세력의 억제와 사치금지의 도덕책 · 가혹한 진의 법률 폐지 · 군신간의 예의 존중

4) 경제(B.C. 157~141): 문제의 통치 계승 → 문경치지(文景治之)
    ① **정치**
        - 경제가 회복되고 번영하였으나 사회적 모순 증대
        - 상인과 수공업자들이 토지 겸병하고 농민들은 노비나 소작농으로 전락 → 호족층을 형성하고 지방 정치 관여
    ② **오·초 칠국의 난(B.C. 154)**

배경	· 한 고조에 의해 실시된 군국제로 인해 지방 7국의 세력↑ · 회남왕 유장이 모반죄로 제거(기원전 174) → 가의와 조조는 중앙정부를 강화하고 지방 세력을 약화시킬 것을 주장 → 제후왕의 영지 삭감 주장
전개	· 영지 삭감 정책에 반발하여 오왕 비의 주도로 7국이 봉기 · 경제는 조조를 참수하고 토벌군을 편성하여 반란 진압
영향	· 제후왕을 왕국의 정치와 분리시키고, 중앙에서 파견된 관리가 왕국 내 관리 통제 · 영지가 대폭 삭감되고 세분화

◇ **육형**
육형은 몸에 가하는 형벌로 먹물을 들이는 자자(刺字), 코를 베는 의(劓), 발뒤꿈치를 베는 비(剕), 불알을 썩이는 궁(宮), 팔다리를 자르는 단지(斷肢), 손목을 자르는 단수(斷手) 등을 말한다. 참수도 이 범주에 넣었으며, 태·장형 등의 신체형과 구별하였다.

◇ **가의(B.C. 200 ~ B.C. 168)**
한 문제 때 활동한 문인이자 정치가로 어릴 때부터 시서와 작문에 능했다. 문제 즉위 초 22살에 역대 최연소 박사가 되었다. 문제 2년에는 진의 실패를 거울삼아 선정과 덕치를 베풀어야 한다는 '과진론'을 썼다. 그러나 고관들의 시기로 좌천되었고, 좌천된 시기에 황제의 권력을 강화시키고 제후의 세력을 약화시켜야 한다는 주장을 담은 '치안책'을 상소하였다.

◇ **한무제의 중앙집권 정책**

추은령은 제후왕의 땅을 분할상속하게 하여 경제력을 약화시키는 것이고, 주금율은 종묘제에 바치는 황금량을 정하여 이에 미치지 못할 경우 처벌하는 것이다. 좌관율은 제후왕과의 군신 관계 형성을 금지하는 것이며, 부익율은 제후왕이 별도로 세금을 걷거나 세금을 올리는 것을 금지하는 것이다. 아당률은 중앙에서 파견된 관리가 제후왕의 죄를 알고도 묵인할 경우 처벌하는 것이다. 무제는 이러한 제도적 장치들을 통해 제후왕의 힘을 약화시키고 중앙집권화를 완성하였다.

◇ **사예교위**

한 무제가 설치한 관직으로 수도 주변의 관리들을 감찰하는 역할을 담당하였다. 지방에는 자사가 파견되어 관리들을 감찰하였다.

5) 무제(B.C. 141~87)

① **국내정치** : 중앙집권을 강화하여 황제 지배체제 완성
- 연호제 실시
- 역법 개정 : 음력 정월 → 새해 시작
- 황제권↑ : 승상 권력↓ → 황제의 업무를 담당하던 소부경의 속관인 상서·중서 중시하여 내조 정치 실시
- 중앙집권↑

추은령	제후왕의 땅을 분할상속하게 하여 제후의 경제력을 약화
주금률	종묘제에 바치는 황금량을 정하여 이에 미치지 못할 경우 처벌
부익률	제후왕이 별도로 세금을 걷거나 세금을 올리는 것은 금지
아당률	중앙에서 파견된 관리가 제후왕의 죄를 알고도 묵인할 경우 처벌
좌관률	제후왕과의 군신 관계 형성을 금지

- 군국제를 폐지하고 군현제 실시
- 감찰제도 강화

수도 주변	사예교위가 담당
지방	• 수도 주변을 제외하여 전국을 13개의 감찰구로 구분 • 중앙에서 자사를 파견하여 지방관 감찰

- 승상의 권한 약화

② **유교 통치 체제 확립**

유교사상이 주류가 된 이유	• 다양한 사상을 포용하고 있는 경전을 소유 → 고대로부터 내려오는 중국인의 사상 철학이 담겨져 있고 인간 윤리 강조 • 중용의 원리 바탕 → 사회질서를 정비하고 인간윤리를 안정시키는 데 도움 • 무제가 동중서를 통해 유교를 관학으로 채택
동중서	• 현량과 문학에 뛰어난 선비를 소집하여 정치와 학문을 함께 논하는 대책 실시 • 동중서는 대책을 통해 두각을 나타냄 → 유교의 춘추학을 전공하고 음양오행설을 이용한 천인상응설을 주장 → 중앙집권체제를 추구하는 무제의 지지 획득
유교의 관학화	• 장안에 5경 박사 설치(기원전 136) → 우수한 자를 낭중(관리 후보생)으로 발탁 • 장안에 태학 설립(기원전 124) → 우수한 자를 선발하여 관리로 진출 • 효렴과 실시 : 지방에서 효행·청렴한 청년을 천거 → 선발·임용

③ 경제 정책

상공업 통제	· 배경 : 무리한 대외 원정으로 인한 재정 부족 심화 · 실시 : 상홍양과 공근이 재무관으로 취임 → 균수법, 평준법, 염·철·술의 전매제 실시 → 재정 부족 해결 시도 · 결과 : 상업활동 위축 + 암거래 조장하여 상인의 폭리 → 혹리층 대두 → 호족들의 반발로 실패
혹리	· 국가권력을 배경으로 국법에 따라 엄격한 법치를 실시하는 관리 · 실무에 숙달되고 황제의 명령을 절대적으로 준수하면서 국가정책을 철저히 실시하는 관리 · 장탕, 의종, 왕온서, 두주 → 주로 사법과 경찰분야에서 활동
고민령	상인에게 배나 수레를 기준으로 중과세를 하였는데, 자산 액수를 허위 신고한 자를 고발한 사람에게 고발된 액수의 반을 고발자에게 보상금 지급
오수전	수형도위◇ 설치 → 당대까지 중국 화폐의 기본

④ 대외원정

- 흉노 정벌 : 마읍 전투에서 한과 흉노의 충돌로 기존의 화친 관계 청산 → 위청·곽거병 등이 흉노 정벌 → 흉노의 혼야왕 등이 항복(B.C. 121) → 하서 4군◇ 설치
- 월지, 오손과 동맹을 맺기 위해 장건 파견 → 비단길 개척
- 고조선 정벌 → 한 4군 설치
- 남비엣 정벌 → 남해 9군 설치

[하서 4군과 하서회랑]

◇ **수형도위**

수형도위는 한 무제 때 설치되었다(B.C. 115). 수형도위가 설치되면서 소부에 소속되었던 화폐주조관청인 상림삼관을 수형도위에 예속시키고 상림삼관만이 화폐(오수전)를 주조할 수 있게 하였다. 화폐의 독점 주조에서 얻어지는 수입은 모두 황실재정으로 귀속되었다. 이는 무제 때 염·철의 전매제로 인한 수입이 황실재정에서 국가 재정으로 넘어간 재정적 공백을 메우기 위함이었다. 수형도위는 광무제 때 폐지되어 대사농이 화폐 주조권을 지니게 되었다.

◇ **균수법·평준법·고민령**

균수법은 관에서 필요로 하는 물자의 합리적 조달과 수송을 도모하기 위해 지방 간의 직송 등을 균수관이 주도한 것으로 각 지방의 산물을 조세로 징수하고 그것을 부족한 지역에 운송해 이익을 챙겼다. 평준법은 물가가 쌀 때 관이 물자를 매입해 중앙의 평준관에 저장해 두었다가 물가가 오르거나 부족해지면 팔아서 이익을 취하는 것이다. 상인에게 배나 수레를 기준으로 중과세를 하였는데, 자산 액수를 허위 신고한 자를 고발한 사람에게 고발된 액수의 반을 보상금으로 주었다. 이를 고민령이라 하였다.

◇ **하서 4군**

곽거병이 흉노를 격파한 후 흉노의 선우가 흉노의 우현왕인 혼야왕을 처벌하려고 하자 혼야왕이 한나라에 투항하였다. 한 무제는 이 지역의 무위, 주천, 장액, 돈황에 4군을 설치하였다.

6) 한의 통치제도

① 구성

중앙			지방		
3공	승상 (대사도)	정치 총괄	군	태수	행정장관
	태위 (대사마)	군사 → 실권↓		군승	행정차관
	어사대부 (대사공)	· 감찰 → 실권↑ · 황제가 어사대부를 통해 승상을 감시·통제		도위	군사장관
9경	광록훈	궁전 경비	현	현령	행정장관
	위위	궁문 경비		현승	행정차관
	태복	황제의 여마 관리		현위	군사장관
	종백	황실 사무	향	삼로	민중 교화
	소부	황실 재정		유질	하급관리
	태상	의례와 제사		유격	경찰업무
	정위	사법	리	이장	리의 민정 일반
	전객	빈객의 접대와 소수민족 사무			
	대사농	국가 재정 관리			

② 외정과 내정의 대립

초기	외정 중심	· 3공이 국정 운영 · 승상부는 외정의 최고 행정 기관
무제 이후	내정 중심	· 황제 측근인 상서·중서 + 시중을 드는 시중·급사중 권력↑ → 승상은 다만 정책을 집행하는 지위로 격하 → 내조 정치 성립 · 소제 시대 : 상홍양은 내조 정치 반대 ↔ 곽광 : 염·철·술의 전매제와 평준·균수법 비판 → 염철 논쟁 · 염철 논쟁 : 젊은 학자들 전매제 폐지 주장 ← 곽광 지원 · 소제 때는 곽광이 주도 → 부세·요역 경감, 흉노와 화친 · 선제 시대 곽광 사망 후 내조 정치 폐지 → 승상이 국정 총괄

③ 환관 세력 성장 : 외척 세력의 성장 → 황제는 환관을 이용해 견제 시도 → 환관이 정치 세력으로 성장

④ 진·한의 지방 조직의 변화
- 한 무제 때 주(州)를 처음 설치, 주에 자사 임명
- 한 무제는 전국을 13개의 감찰 구역으로 구분 → 자사 1명을 파견하여 군국을 감찰
- 주 : 임시 감독 구역(관청) → 행정 구역
- 군·현의 이층 구조 → 주·군·현의 3층 구조

7) 신(新) 건국
   ① **배경**
   - 전한 말기 환관과 외척 대립↑
   - 대토지 소유제의 발달과 농민의 계층 분화 심화 → 한전책을 실시했으나 실패
   ② **건국**: 외척인 왕망이 선양 형식을 통해 건국
   ③ **개혁 정책**
   - 왕전제 실시: 주의 정전제를 바탕으로 한 토지 국유제
   - 노비 매매 금지 등 급진적 개혁 실시 → 호족들의 반발로 실패
   - 통제 경제 정책 실시: 오균제와 육관제◇ 실시

오균제	장안·낙양·한단·임치·완·성도 등에 오균사시사를 설치 → 상공업의 관리, 세금징수, 물가통제
육관	소금·철·술·화폐 주조의 사업 독점 + 산택에서 생산세 징수

   - 오수전 폐지로 경제 혼란↑
   ④ **대외 정책**: 이민족의 군장을 모두 왕에서 후로 격하 → 흉노의 침략으로 정권 동요
   ⑤ **붕괴**
   - 녹림군 : 왕광, 왕봉 등이 녹림산을 근거로 봉기하였고, 유인·유수 형제가 합류 → 유현을 황제로 옹립 → 적미군에 패배
   - 적미군 : 여모와 번숭의 반란군이 연합 → 유분자를 황제로 옹립

◇ **오균제와 육관제**
왕망은 장안 및 5개 도시에 오균관을 세우고, 장안 동시·서시의 영과 낙양, 한단, 임치, 완, 성도의 시장 장관의 명칭을 모두 오균사시사라고 개명하였다. 오균사시사는 세금을 징수하고 물가를 통제하였다. 육관은 소금, 철, 술, 주전(화폐), 명사내택(산림수택)에서 물자를 수취하는 자에게 세금 징수, 오균사대(저렴한 이자로 대여) 등의 사업을 일괄하여 관리하는 것을 말한다.

◇ **상서대**
원래 왕의 문서를 관리하던 부서였으나 후한 광무제 이후 황제권이 강화되는 과정에서 상서대의 기능이 강화되고 3공의 권력이 약화되었다.

◇ **당고의 금(당고의 옥사)**
환관 세력이 득세하자 태학생들을 중심으로 탁류(환관·환관과 결탁한 세력)에 대항하여 청류 세력이 형성되었다. 당고의 금은 2차례 발생하였는데, 모두 탁류 세력에 의해 청류 세력이 숙청되었다

8) 후한 광무제
① 건국
- 호족의 지원
- 광무제가 적미군과 왕망의 군대를 격파하고 낙양(뤄양)에 후한 건국

② 황제권 강화

3공 권력 약화	3공은 명예직 → 실권은 내각이 장악
상서대 기능 강화	상서대의 장관인 상서령, 차관인 상서복야 → 6조는 실무 담당

③ 환관부 신설
- 중상시, 소황문, 중황문
- 환관의 정치 관여 초래하여 환관이 발호하는 결과 초래

④ 지방 감찰 : 자사의 감찰권 확대
- 자사의 지방순찰을 통한 지방 통제 강화
- 사법권의 재심과 관리의 비행 탄핵
- 우수한 지방관 추천

⑤ 군의 태수 권력 강화
- 태수가 군 내의 유능한 인재를 발탁하여 자신의 속관으로 임명하기도 하고 중앙에 추천하여 관리로 진출시킴
- 태수의 추천으로 관직에 진출한 유학자는 태수에게 충성을 바침
- 대부분 호족의 자제가 태수가 되어 출세

⑥ 유학 장려
- 낙양에 태학 설립하고 오경박사 설치
- 유교를 장려하고 절개와 효렴을 중시하여 인재 등용의 기준으로 삼음

⑦ 징병제 폐지 : 농민들이 생업에 주력할 수 있도록 함
⑧ 흉노 분열 : 흉노가 북흉노와 남흉노로 분열 → 남흉노 한에 투항

9) 후한 명제
① 반초가 흉노를 정벌하고 비단길 회복하고 부하 감영을 로마(대진국)에 파견
② 서역으로부터 불교 수용

10) 후한의 멸망
① 대토지를 소유한 호족의 성장
② 당고의 금

배경	내조 정치 발달로 환관과 외척의 전횡↑ → 청류 운동 발생 → 청류와 탁류의 대립
1차	청류 세력(이응·진번)이 확산되자 탁류(환관)가 황제를 움직여 이응과 태학생들이 붕당을 만들어 조정을 비방한다고 무고하여 투옥(166)
2차	진번과 대장군 두무가 연합하여 환관을 주살하려고 하였으나 실패(169)
결과	청류파 관료는 소멸되었으나 재야에서 청의 운동 확산

③ 황건적의 난 발생
- 장각의 태평도에서 시작 → 주력군은 지방호족의 의용병에 의해 패배 → 위·촉·오 분열
- 한중의 오두미교 세력과 같은 지방 농민군은 세력 유지

(2) 한 대의 사회와 경제, 문화

1) 경제

① **농업 발달**
- 철제 농기구와 우경의 보급 → 농업 생산력 증대
- 만전법에서 대전법으로 농법 개량 → 농업 생산량↑
- 수리사업 실시 : 무제 때 위수를 끌어들여 장안에서 황하에 이르는 조거를 개통하고 백거, 육보거, 용수거 등이 설치되어 황무지를 옥토로 바꿈

② **상업 발달**
- 오수전 발행
- 비단·철 등의 수공업 발달 → 도시 발달
- 비단길을 통해 동·서 교역 발달

③ **조세 제도**: 조세기준이 가구에서 사람으로 바뀜
- 춘추시대에는 호를 대상으로 부과하였으나 한 대에는 인구를 대상으로 부과 → 조세제도가 황제의 인민지배형태와 매우 밀접한 관련
- 국가 재정은 대사농, 황실 재정은 소부에서 담당 → 광무제 때 대사농이 소부와 화폐 주조권 관장
- 한 대의 조세는 전조와 요역을 제외하면 모두 화폐로 납부

조	전조		대사농 → 국가재정
	시조(상업세)		소부 → 황실재정
	해조(어업세)		소부 → 황실재정
부	산부	성인남녀 : 120전(1산) 납부, 노비와 상인은 240전(2산)	대사농 → 국가재정
	구부	미성년자	소부 → 황실재정
	경부 (요역)	요역 대신 300전 징수	대사농 → 국가재정
산자	재산세	· 개인 재산 평가 → 1만전마다 120전 납부 · 무제 : 재산세 강화하여 산민전 징수 → 상인은 2천전에 1산을 부과, 수공업자는 4천전에 1산 징수 · 고민령 : 위법자를 고발한 자에게 고발된 액수의 절반 보상	대사농 → 국가재정
역	경졸	15~56세 이하의 남자에게 노역 동원	
	정졸	· 23세에 이른 남자중에서 차출 · 1년 훈련 후 예비군 → 1년간 수도 경비와 변방 수비	
산림·천택, 호수, 바다 등 자연산물에 대한 과세			소부 → 황실재정
무제 : 수형도위 설치하여 화폐 주조권 관할			소부 → 황실재정

◇ **만전법과 대전법**

만전법은 땅을 갈아엎은 후에 파종하는 방법이다. 대전법은 땅을 세로로 3줄의 고랑을 만들고 그 곳에 파종하여 농작물을 재배하며, 1년마다 고랑과 두둑을 교체시켜 연작을 피하는 방법이다. 이 방법은 5경의 땅에 2마리의 소와, 3명의 사람에 의한 일관작업을 장려하는 것과 함께 시행되어 농업 생산량을 증가시켰다.

2) 사회

① 호족: 대토지 소유, 향거리선제를 통해 관료로 진출

② 토지 사유화와 빈부 격차 ↑

③ 국가, 호족, 농민의 3층 구조 형성

3) 문화: 중국 고전 문화의 완성

① 유학의 발달

- 한무제 때 동중서에 의해 유학의 관학화 → 유교가 국가 통치 이념으로 확립
- 태학 설립과 오경박사 설치 → 매년 시험을 통해 성적이 우수한 인물을 관리 후보자인 낭중에 임명
- 향거리선제(찰거)실시: 군국에서 효자·염리 각 1명씩 추천 → 후대에 호족들이 독점
- 금문파와 고문파의 논쟁

금문파	· 전한 시기 분서갱유에서 살아남은 일부 유생들의 구술에 의거해 당시 문서인 예서체로 정리 · 춘추공양전°을 경전으로 함
고문파	· 경제 때 공자의 옛집에서 발견되었다고 알려진 춘추전국시대의 문자인 전서체로 쓰인 경전 · 춘추좌씨전°을 경전으로 함
논쟁·정리	· 후한 장제 시기 백호관에서 경서 해석 토론회 개최 · 백호통의°에 집약

- 훈고학, 천인상관설, 참위설

훈고학의 발달	· 후한 말 정현이 금문과 고문에 대한 통일적 해석을 시도하면서 훈고학 발달 · 유교의 철학적 해석이나 사상으로의 발전을 저해
동중서의 천인상관설 (천인감응설)	· 하늘과 인간은 서로 교감하기 때문에 황제가 정치를 잘하면 하늘이 상서로운 징조를 내려주고, 잘못하면 재앙을 내려준다는 설 · 한무제의 황제권 강화에 도움이 됨
참위설	· 천인상관설에 의한 미신적인 참위설이 발달 → 왕망의 정권 찬탈에 이용, 후한 광무제도 사용 · 유학을 신비주의적 미신 사상으로 빠지게 함 → 후한 시기 유행

- 참위설 비판

저자	저서	내용
왕충	논형	· 천인상관설 부정 : 기의 전개에 따라 자연 현상, 사회 현상, 인간의 운명 결정 · 유학 비판 : 인간 공자를 지나치게 성인화, 신격화하였다고 비판하고, 맹자의 사상 분석 · 유학사상에 참신한 기풍을 확산시키고, 학문 전반에 합리성을 불어 넣음
왕부	잠부론	· 운명론과 미신론을 배척하고 인간의 주체적 행위에 대한 의미 부여 · 당시의 정치와 사회 비판
중장통	창언	인격신인 천의 관념을 부정하고 하나의 자연현상으로 이해하고 인사를 중시함

◇ **춘추좌씨전과 춘추공양전**

춘추는 공자가 서술한 춘추시대의 역사서다. 춘추좌씨전은 좌구명이 저술한 것으로 춘추시대에 일어난 주요 정치적·사회적·군사적 사건들을 포괄적으로 설명하고 있다. 또한 중국 최초의 담화체 서술방식으로 후세에 큰 영향을 끼쳤다. 춘추공양전은 제나라 사람인 공양고가 저술을 시작하여 여러 명을 거쳐 완성된 것이다. 춘추공양전은 시대적 상황에서 요청되는 이념들을 공자에 기대어 주장하였으며, 제도를 고쳐 사회를 개선하려는 시도도 보인다. 이러한 모습은 청 말 캉유웨이(강유위), 량치차오(양계초) 등이 변법자강운동의 이론적 근거를 제공하였다.

◇ **백호통의(白虎通義)**

후한의 장제가 79년에 백호관(白虎觀)에서 유교 경전에 대한 다양한 해석에 관해 유학자들에게 토론을 시키고 그것을 정리한 책이다.

② 도가
- 초기: 한나라 왕실에서 신봉 → 도가의 무위자연과 법가의 치술이 결합한 황로사상 유행
- 후기: 장릉의 오두미도(천사도), 장각의 태평도 등이 민간신앙으로 발전

③ 불교 수용
- 후한 시기 비단길을 통해 수용
- 안세고, 지루가참 등이 불경 번역
- 격의불교: 불교 교의를 도교와 연관시켜 해석하는 경향

④ 역사서
- 『사기』: 사마천의 기전체◇ 사서 → 중국 고대에서 한 무제 시기까지 저술
- 『한서』: 반고의 기전체 사서 → 한나라의 역사만 편찬
- 『한기』: 한서의 내용을 편년체로 정리
- 『동관한기』: 후한 시기 사료집 편찬

⑤ **제지술**: 후한 시기 채륜이 발명

⑥ **역법**: 전욱력 → 태초력 → 삼통력

⑦ **수학**: 주비산경, 구장산술

◇ **기전체**
주제별로 구성한 역사 서술 방식의 하나이다. 황제의 역사는 본기, 왕의 역사는 세가, 유명한 인물은 열전, 지, 표 등의 방식으로 구성되었으며, 동아시아 역사 서술의 모범이 되었다.

◇ **선우**
흉노 군주의 칭호로 탱리고도선우의 줄임말이다. 탱리는 하늘, 고도는 아들, 선우는 위대함을 의미하므로, '위대한 하늘의 아들'이란 뜻이다.

◇ **평성전투(백등산 전투)**
기원전 200년, 묵특선우가 산시성 북부에 침입하자 한 고조는 32만의 대군을 이끌고 출병하였다. 그러나 묵특의 유인 작전에 속아 결국 평성의 백등산에서 흉노의 정예 부대 40만에게 포위당하는 신세가 되었다. 후진과 단절되어 아무런 보급도 지원도 받을 수 없는 상태에서 7일 동안이나 포위되어 있던 고조는 흉노의 연지(왕비)에게 몰래 사신을 보내 후한 선물을 바치고서야 간신히 포위망을 벗어날 수 있었다.

(3) 흉노의 성장

1) 성장: 기원전 4세기 무렵 유라시아 북부의 초원 지대에서 성장

2) 발전
   ① 진 시황제의 흉노 정벌로 세력 약화
   ② 묵특 선우◇
   - 동호를 정복하고 월지를 중앙아시아 방면으로 몰아냄으로써 만리장성 이북의 초원 지대 통합
   - 평성전투◇에서 한 고조 유방에 승리 → 평화조약 체결 → 한 무제 이전까지 60여 년 간 한에 대한 우위 유지

3) 쇠퇴: 한의 공격과 내분
   ① 한 무제의 원정으로 세력 약화
   ② 선제 시기 동흉노, 서흉노로 분열 → 동흉노는 한으로 투항
   ③ 광무제 시기 남흉노, 북흉노로 분열 → 남흉노는 한으로 투항

4) 통치 체제
   ① 선우 아래 좌현왕과 우현왕
   ② 좌현왕과 우현왕 아래 천장·백장·십장 등의 하위 조직을 구성

[흉노의 성장]

자료탐구

01. 분서갱유

- 승상인 이사(李斯)는 다음과 같이 말하였다. "이제 폐하께서는 통일의 대업을 이루고 만세에 전할 만한 공적을 쌓으셨는데, 어리석은 학자들은 그것을 이해하지 못합니다. …… 그런 까닭에 승상인 소신 이사는 이 자리에서 죽음을 각오하고 다음과 같이 진언합니다. 사관은 진나라 관계 기록 이외에는 모두 불태울 것. 가르치는 일을 담당하는 자가 직무상 사용하는 것 이외에 천하에서 감히 시서(詩書)나 제자백가의 책을 소장하고 있는 자는 남김없이 지방 행정 장관과 군사 장관에게 제출하게 하여 모두 불태울 것. …… 소각하지 않는 책은 의약, 점술, 나무에 관한 책에 한할 것. 만약 법령을 배우고자 하는 자가 있으면 관리들의 스승으로 삼을 것 등입니다." 이에 시황제는 옳다고 하였다.

  – 사마천, 『사기』, 진시황본기 –

- 시황제 즉위 35년에 노생 등이 시황제를 헐뜯어 비평하고 도망하였다. 시황제가 크게 노하여 "노생 등은 내가 존중하여 주는 일이 심히 두터웠건만 이제 나를 비방한다. 함양에 있는 선비들을 조사해 보니 요사스러운 말을 하여 검수(백성)를 어지럽게 한다."고 하였다. 이에 어사로 하여금 모든 선비를 조사하여 심문하고 금령을 범한 자 460여 명을 함양에서 산 채로 매장하였다.

  – 사마천, 『사기』, 진시황본기 –

자료 해석
첫 번째 사료는 분서, 두 번째 사료는 갱유와 관련된 것이다. 법가 사상가들과 진 시황제는 황제의 통치권을 절대시하는 가운데 백성들이 정부의 명령에 무조건적으로 추종하는 것을 이상으로 생각하였다. 따라서 백성들의 비판 의식을 금지하기 위해 분서를 단행하였다. 노생과 후생이라는 인물이 시황제의 명령으로 불로초를 구하는 업무를 맡았으나 실패하자 두려워 도망가면서 시황제를 비난하였다. 이에 격분한 시황제가 수 백 명의 학자들을 생매장하였다.

02. 진의 군현제 실시

승상 상관은 건의하였다. "제후들이 최근 정복되었습니다만, 연·제·초는 거리가 멀어 왕을 세우지 않으면 다스릴 수가 없습니다. 황자들을 세우기를 청하오니, 허락하시기 바랍니다." 시황은 이 제안을 군신들에게 내려 의논케 하였다. 그들은 모두 찬성하였으나 이사는 반대하였다. "주의 문왕·무왕은 일족의 자제를 봉건하였습니다. 그러나 그 뒤 자손들의 관계가 소원해지면 마치 원수처럼 서로 공격하였고, 제후들이 서로 공벌하는 상황을 주의 천자도 금할 수 없었습니다. 이제 폐하의 성덕으로 천하가 통일되고 모두 군·현으로 편성되었습니다. 황자들과 공신들은 일정한 작위와 조세수입권 또는 포상을 내리시면 쉽게 통제할 수 있으며, 아마도 이의를 제기하지 않을 것입니다. 이것이 천하를 안정시킬 수 있는 방법입니다. 제후 왕을 세우는 것은 부당합니다." 진시황이 이르기를, "천하의 백성들이 오랫동안 전란에 시달린 것은 제후들이 있었기 때문이다. 지금 나는 선조들의 후광을 받아 천하를 평정했는데, 또다시 제후들을 봉건한다면 전란이 발생할 것이며 평화가 어려워질 것이다. 이에 이사의 뜻에 따라서 봉건제를 폐지하고자 한다." 이리하여 시황제는 천하를 36군으로 나누어 군현제를 실시하였다. 각 군에는 수(지방장관), 위(군대통솔), 감(감찰관)을 두고 천하를 직접 지배하였다. 백성은 검수(黔首)라 부르고 천하의 무기를 함양에 모아 두었으며, …… 도량형을 통일하고 도로를 닦았으며, 문자도 통일하였다.

– 사마천, 『사기』, 진시황본기 –

자료 해석
제시문은 진의 시황제가 군현제를 실시하게 된 과정을 보여준다. 시 황제는 이사의 건의를 받아들여 전국을 36개의 군으로 편제하여 중앙에서 지방관을 파견하는 군현제를 실시하였다. 군현제를 통해 황제의 권력을 강화시키고 중앙의 권력을 강화시켰다.

03. 만리장성 축조

시황제는 몽염에게 군사 10만 명을 이끌고 북쪽으로 가서 흉노를 치게 하여 하남 땅을 모두 손에 넣었다. 황하를 이용하여 요새를 만들고, 황하를 따라 현성 마흔 네 개를 쌓고 죄수들로 이루어진 군사를 이곳으로 옮겨 살게 했다. 그리고 구원(九原)에서 운양까지 쭉 뻗은 길을 개통시켰다. 험준한 산을 국경으로 삼고 골짜기를 이용하여 참호로 삼았으며, 보수할 수 있는 곳은 보수하여 임조에서 요동까지 만여 리에 달하는 대장성(大長城)을 쌓았다. 또 황하를 건너 양산과 북가까지 차지했다.

– 사마천, 『사기』, 흉노열전 –

자료 해석

진 시황제는 몽염 장군을 시켜 흉노를 정벌하게 하였다. 또한 기존 연, 조, 진 등이 쌓았던 장성을 고치고 연결하여 대장성을 연결하였는데, 이를 만리장성이라고 한다. 이후 만리장성은 여러 번 증개축이 이루어졌다. 현재 우리가 보는 만리장성은 명대 후기에 대규모의 증개축이 이루어진 것이다.

04. 진승과 오광의 난

진나라 2세 황제 원년에 진승과 오광은 마을 장정들을 데리고 어양군 수비를 떠났다. 큰 비가 내려 길이 끊어지는 바람에 도저히 정해진 날에 목적지에 도달하기 어렵게 되었다. 이에 진승이 부하들을 불러 "그대들은 정해진 날짜에 목적지에 도저히 도달할 수는 없다. 진나라 법에 의하면 정해진 날짜를 어기는 자는 죽음의 형벌을 받는다. 젊은 그대들을 죽을 자리로 끌고 갈 수는 없다. 어차피 죽는 것은 마찬가지이다. 죽을 각오로 큰일을 한다면 천하에 이름을 떨칠 수도 있는 것이다. 그대들은 어느 쪽을 선택할 것인가? 본디 왕이다, 제후다, 장군이다, 재상이다 하는 것에 종자가 따로 있는 것은 아니다. 우리들도 똑같은 인간이 아닌가? 지금이야말로 각오하기에 따라서는 그런 왕후장상이 될 수 있는 가장 좋은 기회가 아니겠는가?" 하고 설득하였다. 그들은 진승의 말을 따랐다.

– 증선지, 『십팔사략』 –

자료 해석

진나라 멸망의 시초를 연 진승과 오광의 난에 관한 사료다. 진승과 오광의 난은 반 년만에 진의 군대에 의해 진압되었으나, 이를 계기로 옛 6국 지역에서 각종 반란이 발생하여 결국 진은 건국한 지 30년도 되지 못해 멸망하였다.

05. 유교 통치 이념의 확산

육가는 항상 황제 앞에 나아가 진언할 때마다 『시경』과 『상서』를 인용하였다. 고조는 육가를 꾸짖으며 말하였다. "짐은 말 위에서 천하를 얻었소. 어찌 『시경』과 『상서』 따위를 쓰겠소!" 그러자 육가가 말하였다. "말 위에서 천하를 얻으셨지만, 어찌 말 위에서 천하를 다스릴 수 있겠습니까? …… 진(秦)은 형법만을 쓰고 바꾸지 않아서 결국 조씨가 멸망했습니다. 당시에 진이 천하를 통일한 뒤에 인의(仁義)를 행하고 옛 성인을 본받았다면 폐하께서 어찌 천하를 차지할 수 있었겠습니까?" 고조는 마음이 불편했지만, 오히려 부끄러워하는 기색을 보이며 육가에게 말하였다. "짐을 위해서 '진이 천하를 잃은 까닭과 짐이 천하를 얻은 까닭 그리고 옛날에 성공하고 실패한 나라'에 대해 저술해주시오." 이에 육가는 국가 존망의 징후에 대해 약술해 모두 12편을 지었다. 그가 매 편을 상주할 때마다 고조는 좋다고 칭찬을 하지 않은 적이 없었으며, 좌우의 사람들도 모두 만세를 외쳤다. 그 책을 『신어』라고 하였다.

– 『사기』 –

자료 해석

한나라 초기 학자이며 정치가였던 육가는 한나라에 유교 정치 이념이 확산되는 데 기여하였다. 제시문에 나와 있듯이 한 고조는 유가를 비롯한 학문에 친화적이지 않았지만 육가는 진나라의 멸망 원인을 설명하면서 인의로 정치를 해야 함을 강조하였고, 이러한 주장은 육가가 편찬한 『신어』에 잘 나타나 있다.

06. 육형의 폐지와 채찍에 관한 법 제정

승상 장창과 어사대부 풍경이 상주하여, "육형(肉刑)은 간사(奸邪)를 막기 위한 수단으로 생긴 것이고 그 유래는 오래 되었습니다. …… 우리들의 논의를 거쳐 다음과 같은 율조(律調)를 청합니다. 무릇 이제까지 완형(完刑; 머리털을 기르는 형)에 해당하는 자는 고쳐서 성단용으로 하고, 경형 먹물을 새기는 형)에 해당하는 자는 머리를 깎고 칼을 씌워 성단용으로 한다. 의형 코 베는 형)에 해당하는 자는 태형 300대로 한다. 참좌지형(斬左趾刑; 왼쪽 발목을 자르는 형)에 해당하는 자는 태형 500대로 하고, 참우지형(斬右趾刑;오른쪽 발목을 자르는 형)에 해당하는 자는 기시형(棄市刑)에 처한다. …… 이후 겉으로는 형이 가벼워졌다고 하나 실제로는 태형 500대 혹은 태형 300대에 처하는 경우 대부분 죽음에 이르렀다. 그래서 경제(景帝) 때 태형 500대는 300대로, 태형 300대는 200대로 경감하였지만 형을 받는 사람이 여전히 온전치 못하였으므로, 또 감하여 태형 300대는 200대로, 태형 200대는 100대로 경감하였다. 이 때 매에 관한 다음과 같은 영도 정했다. '채찍은 대나무로 만들고 길이는 5척으로 하며, 그 손잡이 부분은 굵게 하여 1촌으로 하고, 끝부분은 가늘게 하여 반촌으로 하되, 모두 그 마디를 고르게 다듬는다. 태를 칠 때는 볼기를 치되, 형 집행자를 바꿀 수 없다. 하나의 죄에 대한 처벌을 마치고 나서 사람을 바꾼다.' 이로부터 피형자들이 온전하게 되었다.

– 반고, 『한서』, 형법지 –

자료 해석
전반부 사료는 한나라 문제 때 가혹한 형벌이었던 신체훼손형인 육형을 폐지하는 것이고, 후반부 사료는 경제 때 형벌을 완화하고 채찍에 관한 법을 제정한 것이다.

07. 제후왕들의 반란

제북왕(濟北王) 유흥거가 황제가 대(代)로 흉노를 공격하러 갔다는 소식을 듣고는 반란을 일으켜 군대를 동원하였다. 얼마 지나지 않아 제북의 군대를 격파하여 제북왕을 사로잡고, 제북왕을 따라 반란을 일으킨 관리와 인민들은 사면했다. … 담당관이 회남왕(進南王) 유장이 선대 황제의 법을 폐하고, 천자의 명을 듣지 않고, 거처를 멋대로 하고, 출입이 천자에 버금가고, 법령을 제 마음대로 하면서 극포후(棘浦候)의 태자 진기와 반란을 꾀해 민월과 흉노로 사람을 보내어 그들과 함께 군대를 출동시켜 종묘사직을 위협하려 한다고 아뢰었다.

– 반고, 『한서』 –

자료 해석
한 문제 때 제북왕 흥거와 회남왕 장이 반란을 일으켰다. 이는 한 고조가 실시한 군국제의 영향 때문이었다. 이러한 문제를 해결하기 위해 가의와 조조는 제후왕에 대한 영지의 삭감과 분할을 주장하였다.

08. 오초칠국의 난

- 정월 오왕 비, 초왕 무, 조왕 수, 교서왕 앙, 제남왕 벽광, 치천왕 현, 교동왕 웅거가 군대를 일으켜 반란했다. 태위 주아부와 대장군 두영을 보내 군대를 이끌고서 그들을 치게 했다. 어사대부 조조의 목을 베 7국에 사과했다. 2월 여러 장군들은 7국을 깨뜨려 10여만의 수급을 벴다. 오왕 비를 뒤쫓아 단도에서 목을 벴다. 교서왕 앙, 제남왕 벽광, 치천왕 현, 교동왕 웅거는 모두 자살했다.

– 반고, 『한서』, 본기

- 조조는 어사대부로 승진한 후에 제후들의 죄과에 상응하는 봉지를 삭감하고, 제후국의 변경에 있는 일부 군(郡)까지 몰수하자고 주장했다. 상주문이 올라가자 황제는 공경, 열후, 종실들을 불러 모아 토론하게 했는데 아무도 감히 조조의 건의안을 비난하지 못했다. … 얼마 지나지 않아 오(吳), 초(楚) 등 7개국이 반란을 일으켰다. 그들은 조조를 처벌하여 죽이는 것을 명분으로 삼았다. 그때 두영과 원앙이 황제에게 조조를 처벌하여 난리를 조기에 수습해야 한다고 주청을 올리자 황제는 명을 내려 조조에게 조복(朝服)을 갖추게 입게 한 후에 동쪽 저잣거리에서 참수시켰다.

– 사마천, 『사기』

- 경제가 다급하게 무슨 뜻인가를 되묻자, 등공이 아뢰었다.
"조조는 제후들이 강대해져 조정의 다스림을 받지 않을까 염려하였기에 제후들의 봉지를 삭감하라 청했던 것이옵니다. 그로써 제후들의 세력을 약화시키고 중앙의 지위를 강화하기 위해서였지요, 이러한 건의는 조정을 만대 동안 이롭게 할 큰일이었습니다. 그러나 계획이 시행된지 얼마 되지도 않았는데 죽임을 당하고 말았습니다. 폐하의 이번 처사는 충신들의 입을 봉하는 것이요, 오왕과 함께 반란을 도모한 역도들의 복수를 해준 꼴이니, 그것은 옳지 않은 일이옵니다."

경제는 한참 동안 말이 없다가 간신히 입을 떼었다.
"경의 말이 맞소. 나도 그 일을 매우 후회하고 있소."

– 반고, 『한서』 –

자료 해석
문제는 제후왕과의 대결을 피하였으나 경제는 조조의 의견을 받아들여 영지삭감정책을 밀어부쳤다. 이에 대항하여 오왕(吳王)을 비롯한 지방의 제후왕이 반란을 일으켰는데, 이것이 이른바 오·초 등 7국의 난이다(기원전 154). 경제는 조조를 참수하고 오·초 등 7국의 난을 평정한 후 적극적인 중앙집권화 정책을 펴 나갔다. 먼저 지방의 제후왕을 정치에서 완전히 배제시키고 지방의 정치는 중앙에서 파견된 관리가 맡게 함으로써 봉건제는 크게 위축되었다.

09. 한 무제의 대외 정책

효무황제(한 무제)가 중국 백성들이 전쟁에 피로하고 평안한 시절이 없음을 민망히 여겨 대장군 표기, 복파, 주선장군 등을 보내 남쪽으로 백오를 멸하고 7군을 세웠으며, 북쪽으로 흉노를 물리쳐 10만 무리의 항복을 받고 5속국을 설치하고 석방군을 세워 그곳의 풍요로운 땅을 빼앗았다. 동쪽으로는 고조선을 정벌하여 현도와 낙랑을 일으켜 흉노의 왼팔을 잘랐으며, 서쪽으로는 대완을 정벌하여 36국을 병합하고 오손과 결맹하여 돈황, 주천, 장액군을 세워 야강을 막고 흉노의 오른팔을 잘랐다.

– 반고, 『한서』, 위현전 –

자료 해석
한 무제는 군현제를 전국적으로 실시하고 유학을 국가의 통치 이념으로 삼는 등 중앙 집권 체제를 확립하였다. 이러한 정치적 안정을 바탕으로 대외 정복 활동에 나섰다. 한 무제는 흉노를 공격하여 고비 사막 너머로 밀어냈다. 또한 고조선과 남비엣을 멸망시키고 각각 군현을 설치하여 영토를 확장하였다. 당시 고조선은 군사적 발전과 함께 한과 진 사이에서 중계무역을 통해 경제적으로 성장하고 있었다. 이에 한은 고조선을 정벌하여 고조선과 흉노가 연합할 가능성을 제거하였다.

10. 한의 통제경제 정책

• 그 이듬해(기원전 119년) 대장군 위청과 표기장군 곽거병이 대군을 끌고 흉노를 공격하여 적의 머리와 포로 8~9만을 데리고 왔다. 상으로 내린 하사금이 50만금에 달했다. 거기에는 한나라 군대의 죽은 말 10여만 필과 운송비, 병거(兵車), 병갑(兵甲)의 비용은 포함되어 있지 않았다. 게다가 그 때 이미 재정은 궁핍해져 병사들은 거의 급여를 받지 못하고 있었다. 그 때 관청에서 심부름하던 사람이, "삼수전은 가볍기 때문에 위조를 하기 쉽습니다."고 하면서, "여러 군국에서 오수전을 주조하게 하고 동전에 윤곽을 둘러, 사람들이 그것을 깎아 부스러기를 떼어가지 못하도록 했으면 좋겠습니다."라고 아뢰었다.

– 사마천, 『사기』 –

• 그리고 대농(돈과 곡식을 담당하는 관리)은 소금과 철을 담당하는 관리의 말을 빌려 다음과 같이 임금에게 청하였다. "산과 바다는 천지의 보고로서 모두 소부(황실 재정을 담당하는 관청)에 속하는 것이 마땅합니다. 그러나 폐하께서는 이것을 개인적인 소유물로 하지 않고 대농에게 속하게 하여 인두세를 보충하도록 하고 있습니다. 그래서 원하옵건대 백성을 모집하여 비용은 자신이 대도록 하고 관청에서 가지고 있는 도구로 철을 주조하게 하시옵소서. 또 소금을 굽는 경우에도 관청에서 수당이나 도구를 주시기 바랍니다. 지금 농업과 공업에 종사하지 않고 떠도는 상인들이 산해(山海)의 자원을 멋대로 독점하여 큰 부를 축적하고 가난한 사람들을 부려 이득을 취하고 있습니다. 그들이 이익을 보려고 하는 마음에서 이러한 계획을 저지하려고 하는 의견에는 귀를 기울이실 필요가 없습니다. 그러므로 감히 사적으로 동전을 주조하거나 소금을 만들거나 하는 자는 벌로 왼발에 쇠로 된 족쇄를 채우고 기물을 몰수하게 했으면 좋겠습니다."

– 사마천, 『사기』 –

- 상홍양은 다음과 같은 글을 올렸다. "대농(大農)의 부승(部丞) 수십 인을 임명하여 군국을 나누어 관장하게 하고, 각기 파견된 현마다 균수관과 염철관을 두십시오. 거리가 먼 군국에서는 각각 물가가 오를 때 상인들이 전매한 물건을 직접 부세로 징수하여 중앙으로 수송하게 하고, 중앙에서는 평준관을 두어 천하 각지에서 수송하는 물자를 모두 받아 적절하게 처리하도록 하십시오. 또 기술 관리를 소집하여 수레 및 각종 기기를 만들게 하되 그 비용은 대농에서 지급하도록 하십시오. 대농에 속한 여러 관리들이 천하의 물자를 모두 총괄하여 값이 오르면 팔고, 값이 떨어지면 사들이도록 하십시오. 그러면 부유한 대상인들이 폭리를 취할 수 없게 되고 물가는 본래의 균형을 되찾게 되며, 모든 물가가 등귀하는 일이 없어질 것입니다. 이처럼 물가가 억제되는 것을 '평준'이라 합니다."

– 사마천,『사기』–

- 그 이후 위청은 해마다 수만 기를 이끌고 가 흉노를 쳤고, 드디어 하남의 땅을 차지해 삭방군을 설치했다. 서남이로 가는 길을 통하게 하려고 했는데, 거기에 동원된 인력이 수만 명이었다. ⋯⋯여러 해가 지나도 길이 뚫리지 않자 오랑캐들은 이를 틈타 여러 차례 공격했고, 한나라 관리들은 군대를 출동시켜 이들을 물리쳤다. 파촉의 조세와 부세를 다 모아도 그 비용을 계속 대기에 부족해 마침내 남이에 있는 호민들의 밭에서 모은 곡식들을 현관에 들이도록 하고 그 대금은 대사농의 도내에서 받아가도록 했다. 동쪽에 창해군이 설치되었는데, 여기에 들어간 인건비는 남이에서와 비슷했다.

– 반고,『한서』, 식화지 –

- 애초에 대사농이 염철관을 관장하면서 일과 재용이 방대해지자 수형(수형도위)를 두어 염철의 일을 주관하게 하려고 했다. 그러나 양가의 고민령으로 상림원의 재물이 크게 늘어나자 곧 수형(수형도위)으로 하여금 상림원을 관장하게 했다. 상림원이 이미 가득 차게 되자 더욱 크게 확장했다. 이 때 남월이 한나라와 배를 이용해 전쟁을 하려 하자 이에 곤명지를 크게 수리하면서 높은 건물을 지어 곤명지를 둘렀다. 누선을 만들었는데 그 높이가 10여 장이나 됐고, 그 위에 깃발을 꽂으니 매우 웅장했다. 이에 천자가 감동해 즉시 백량대를 만들었는데 높이가 수십 장이었다. 궁실의 건축은 이때부터 화려해졌다.

–반고,『한서』, 식화지 –

자료 해석
첫 번째 사료는 재정 부족을 해결하기 위해 오수전을 발행하는 내용이다. 두 번째 사료는 소금과 철의 전매제, 세 번째 사료는 균수법과 평준법에 관한 것이다. 네 번째 사료에서는 흉노 정벌로 부족해진 재원을 대사농을 통해 조달하고 있음을 알 수 있다. 다섯 번째 사료는 수형도위의 역할이 커지는 것과 당시 황제의 사치로움에 대해 보여주고 있다. 사료에도 잘 나타나있듯이 흉노 정벌을 비롯한 잦은 대외정벌로 재정 궁핍이 심화되었고, 이를 해결하기 위해 오수전을 발행하였고, 소금과 철의 전매제가 실시되었다. 또한 균수법과 평준법을 통해 국가가 자원과 물가를 통제하여 대상인들의 이익을 방지하는 한편 국가의 재정을 풍족하게 하고 백성들의 삶을 안정시키려 하였다.

11. 왕망의 토지개혁
왕망은 말하였다. "진은 무도하여 세금을 무겁게 하였으며, 욕망을 채우고자 백성을 피폐하게 하였다. 또 정전을 폐지하였으므로 겸병이 일어나 강한 자는 수천의 토지를 갖고 있고, 약한 자는 송곳을 꽂을 만한 땅도 없게 되었다. ⋯⋯한은 전조를 감소시켜 1/30세로 했으나 아직 경부(更賦)가 있어서 나누고 임대한 자의 세를 겁탈하니, 명목상으로는 1/30세이나 실은 5/10이다. 아버지와 아들, 지아비와 지어미가 1년 내내 경작해도 돌아오는 것은 먹고 살기에도 부족하다. 그러나 부자는 개와 말이 먹는 콩과 좁쌀도 남아돌며, 교만하여 사악한 짓을 한다. ⋯⋯ 앞으로 천하의 토지는 왕전(王田)이라 하고 노비들은 사속(私屬)이라 부르며, 두 가지 모두 매매할 수 없다. 남자의 숫자가 8명이 안 되는데도 토지가 1경이 넘으면, 나머지 토지는 구족(九族), 인리(隣里), 향당(鄕黨)에 나누어주도록 하라. 지금까지 토지가 없는 사람은 이 법에 의하여 토지를 받도록 하라. 감히 정전제와 성인의 제도를 비방하거나 법을 어겨서 여러 사람을 미혹하게 하는 자는 변방으로 추방하여 산도깨비를 지키게 할 것이다."

– 반고,『한서』–

자료 해석
왕망은 주(周)를 유교적 이상국가의 모범으로 삼아 토지 국유화와 노비 매매 금지를 주장하였다. 이러한 주장은 호족들의 대농장 소유로 인한 농민의 몰락과 봉기를 배경으로 제기되었다. 하지만 왕망의 개혁은 엄격한 의미에서 토지 국유화나 노비 제도의 폐지는 아니었다. 대토지 소유를 막기 위해 토지 소유의 제한을 가한 것이었으며, 노비 문제에서도 인신매매를 금한 것에 불과하였다.

12. 적미의 난

수년이 지나 낭야 사람 번숭은 거(莒)에서 기병하여 그 무리 백여 명을 이끌고 전전하다 태산으로 들어가 삼로를 자칭하였다. 이때 청주와 서주에 대기근이 들어 도적떼들이 벌떼처럼 일어났는데, 군도들은 번숭을 용맹히 여겨 모두 그를 따르니 일 년만에 그 무리는 만여 명에 달하였다. 번숭과 같은 낭야군 출신인 봉안, 동해군 사람 서선, 사록, 양음도 각각 기병, 연합하여 수만 명을 이루었는데 이들도 무리를 이끌고 다시 번숭을 따랐다. 번숭은 그들과 함께 돌아와 거 땅을 공격하였으나 이기지 못하자 약탈을 하며 전전하다 고막에 이르러 왕망의 탐탕후 전황을 공격하여 대피하고 만여 명을 살해한 후 마침내 청주로 들어가 지나는 곳마다 약탈하였으며, 태산으로 돌아와 남정에 주둔하였다. ······ 왕망은 평균공 염단과 태사 왕광을 보내 이들을 공격하였다. 번숭 등은 싸우려고 보니 그 무리와 왕망의 병사가 혼동될 것이 걱정되어 눈썹을 모두 붉게 칠해 서로 구별되게 하였다. '적미(赤眉)'라는 이름은 여기서 비롯된 것이다. 적미는 마침내 염단과 왕광의 군대를 대파하고 만여 명을 살해한 후 무염까지 추격하였으며, ······ 적미는 마침내 동해군을 침략하여 노략질하고 왕망의 기평군 대윤과 싸웠으나 패하여 수천 명이 전사하자 물러났다.

— 반고, 『한서』 —

자료 해석
제시문은 적미의 난의 진행과정을 보여준다. 왕망이 신을 건국한 뒤 산둥 지역에 대기근이 들어 유민이 대량으로 발생하였고, 이것이 적미의 난으로 이어졌다. 적미의 난을 이끌었던 번숭 등의 지도부는 나이 어린 유분자를 황제에 추대하였으나, 유수에 의해 진압되었다.

13. 당고(黨錮)의 화

- 환제와 영제의 재위 시기 동안 황제는 게으르고 정치는 혼란스러웠으며, 제국의 운명은 환관의 손에 맡겨져 있었다. 학자들은 이러한 사람들과 같이 있다는 것을 부끄러이 여겼다. 필부들도 울분을 토로하였고, 처사들도 그들을 비판하였다. ······ 가평 5년 영창 태수인 조란이 상서를 올려 당인을 변호했는데, 그 말이 절실했다. 그러나 환관의 뜻에 따라 황제는 사예와 익주감사로 하여금 조란을 잡아들여 매리옥에 보내 고문해 죽였다. 또 주군에 조칙을 내려 당인들의 문생고리와 부모형제를 고문하도록 하고, 관위에 있는 자는 면관시키고 당고하도록 하며, 이를 오속(五屬)에까지 적용하도록 했다.

- 연희(延熹) 9년 12월 ······ 사예교위인 이응 등 200여 명이 환관의 무고에 의해 당인으로 지목되어 모두 하옥되었는데 그 명단은 왕부(王府)에 기록되었다. ······ 건영(建寧) 원년 9월 중상시인 조절이 교조를 이용하여 대부인 진번, 대장 군인 두무와 상서령 윤훈, 시중인 유유, 둔기교위인 풍술을 주살하고 그들 일족을 모두 죽였다.

— 범엽, 『후한서』 —

자료 해석
후한 말기 태학생과 강직한 관리들이 연합하여 환관과 외척이 주도하는 정치를 비판하며 정치적 개혁을 요구하였다. 후한 환제와 영제 때 두 차례에 걸쳐 태학생과 사인들이 체포, 하옥되어 종신토록 관리가 될 수 없는 '당고(黨錮)의 화(禍)'가 일어났다. 제1차 당고의 화는 환제 때인 166년에 이응이 사예교위로서 낙양의 치안을 맡고 있었는데, 이 때 환관파 장성의 아들이 살인범으로 체포되어 그를 사형시켰다. 이에 장성은 환관들과 결탁하여 환제에게 이응이 태학생들과 왕래하며 조정을 비판하고 있다고 무고하였다. 그리하여 이응과 그 일파 200여 명이 체포되었고 종신토록 금고에 처하여 관리가 될 수 없었다. 제2차 당고의 화는 영제 때인 168년 외척인 두무가 환관을 제거하려다가 사전에 누설되어 실패하였다. 이응, 두밀(杜密) 등 100여 명이 체포되어 옥중에서 죽었으며, 태학생도 1천여 명이나 체포되었다.

14. 흉노

(선우 아래) 좌우현왕, 좌우록려, 좌우대장, 좌우대도위, 좌우골도후를 둔다. …… 좌우현왕으로부터 그 이하로 당호에 이르기까지는 크게는 만여 기, 작게는 수천 기를 이끄는 자가 모두 24장이 있는데, 이를 세워 만기라 호칭했다. …… 여러 24장들은 또한 각자 천장, 백장, 십장, 비소왕, 상, 도위, 당호, 저거와 같은 속관을 둔다.

자료 해석
흉노 군주의 칭호인 선우는 '탱리고도선우'의 약칭이다. 탱리는 하늘, 고도는 아들, 선우는 광대함을 뜻한다. 북아시아 유목민과 수렵민은 천신을 최고의 신으로 여기는 샤머니즘을 신봉하였는데, 흉노 군주는 '하늘의 아들'임을 자칭하여 정치권력의 신성화를 추구하였다. 선우 아래에는 여러 명칭의 왕들이 존재하였는데, 이들도 각각의 영지를 보유하고 있었고 1만 명 정도의 유목 기병을 보유하였을 뿐 아니라. 천장, 백장, 비소왕, 상 등의 관료 조직을 가지고 있었다.

15. 한과 흉노의 화친

(한의) 종실의 공주를 선우의 연지로 삼게 한다. (한은) 해마다 무명, 비단, 술, 쌀 같은 식품을 흉노에게 보낸다. 한과 흉노는 형제의 나라가 되기로 약속하였다.

– 사마천, 『사기』 흉노 열전 –

자료 해석
기원전 200년 한 고조가 32만의 대군으로 흉노를 공격하였다가 평성(산시성 다퉁) 인근의 백등산에서 흉노의 40만 기병에게 7일간 포위를 당하는 백등산의 수치(평성의 치)가 발생하였다. 한은 흉노와 형제 관계를 맺고 종실의 공주를 흉노에 시집보내, 물자를 제공하는 것으로 평화를 유지하였다.

16. 과진론(過秦論)

진나라는 산동의 제후국을 합병하여 30여 개의 군을 설치한 다음, 나루터와 관문을 정비하고 무기를 손질하며 그곳의 험하고 가파른 땅의 형세에 의지하여 지켰다. …… 일찍이 여러 제후국이 한 뜻으로 뭉쳐 진나라를 공격했다. 당시 현명하고 지혜로운 책사들이 진나라 정벌에 나란히 참여했고, 각 나라의 훌륭한 장수들이 군대를 통솔했다. 현명한 재상들이 각 나라의 계책을 서로 나누고 지혜를 하나로 모았으나, 진나라의 험준한 지세에 막혀 더 이상 나아갈 수가 없었다. …… 그러나 백만에 이르는 각 제후국의 연합군은 진나라와의 싸움에 크게 패하여 결국 뿔뿔이 흩어지고 말았다. 제후국 연합군의 참담한 패배가 어찌 그들 재상과 장수 그리고 병사의 용기와 힘과 지혜가 부족했기 때문이었겠는가? …… 제후들은 자신들의 이익을 위해 서로 단순히 힘을 합친 것에 지나지 않았다. 그들은 옛날 훌륭한 현군이 지녔던 덕행도 갖추고 있지 않았다. 또한 서로 친교와 외교 관계도 긴밀하지 않았고, 부하들도 굳게 단결되어 있지 못했다. 명분상 겉으로는 진나라의 멸망을 내세웠으나, 실제로는 기회를 틈타 자기 나라와 자신의 개인적 이익을 찾고 쫓는 데 골몰해 있었다. …… 그들이 물러간 후, 진나라가 영토를 안정시키고 백성들에게 휴식을 취하게 한 다음, 각 제후국이 쇠약해지고 피폐해지는 틈을 기다려 약소국을 빼앗아 병합하고, 피로에 지친 제후국을 도와주면서 강대한 제후국들을 호령했다면 천하를 얻지 못할 것이라는 걱정을 할 필요조차 없었을 것이다. …… 이것으로 살펴보면, 왕조의 안정과 위기의 기반은 서로 멀리 떨어져 있다고 말할 수 있다. 옛말에 "과거의 경험과 교훈을 잊지 않는 것은 다가올 미래의 거울로 삼기 위해서이다."라고 했다. 이 때문에 군주는 나라를 다스릴 때, 옛 과거의 역사적 궤적을 돌아보고 현실을 살피고 백성의 마음과 사물의 이치를 참고하는 법이다. 또한 나라가 흥하고 망하고 융성하고 쇠약해지는 법칙을 살펴, 때에 맞는 정책과 계책을 세우고, 먼저 할 일과 나중에 할 일의 순서에 따라 국가의 사업을 가려 선택하고, 시대와 세상의 변화에 적절하게 대응해야 한다. 그렇게 할 때만 오래도록 나라와 백성을 지키고 안정시킬 수 있는 것이다.

자료 해석
한나라 문제와 경제 때 활동한 가의는 과진론을 써서 진나라 멸망의 원인을 분석하여 한 왕조가 정권을 공고히 하도록 귀감을 제공하였다. 가의는 진나라가 6국의 공격에도 멸망당하지 않은 원인과 진이 중국을 통일할 수 있었던 원인과 과정을 논하고 통일 후 진 시황제와 2세 황제의 정치에 어떤 문제점이 있는지를 논하고 있다. 그래서 "과진론(過秦論)"은 진나라의 과오를 논한다는 의미에서 그렇게 이름을 지었다. 과진론은 날카로운 필치와 사실과 사건의 논리정연함에 거침없는 기세까지 갖춘 명문으로 알려져 있다.

17. 치안책

무릇 건립한 제후국이 강대하여 반드시 천자와 제후국 간에 서로 대립하는 형세라면, 신하는 자주 재앙을 입고 천자는 자주 그 근심으로 손상되므로, 참으로 중앙 정권을 안정하게 하고 백성들을 보전하게 하는 바가 아닙니다. 지금 폐하의 친동생 유장은 동쪽 황제가 되기를 꾀하고 있으며, 친형의 아들인 유흥거는 서쪽을 향해 진격했고, 이제 오왕 유비도 한나라의 법을 따르지 않고 있다는 고발이 들어와 있습니다. 천자께서는 연세가 한창이시고 품행도 법도를 넘지 않으며, 제후왕을 향한 덕과 은택은 여전히 더해갈 뿐인데도 아직 사정이 이러하며, 하물며 가장 강한 제후국의 권세와 힘은 이들 제후보다 열 배나 되는 권력을 갖고 있지 않습니까! …… 신이 마음 속으로 지나간 일의 자취를 생각해보건대, 대체로 강한 자가 먼저 모반했습니다. 회음후 한신이 초나라를 다스렸을 때 가장 강했는데 제일 먼저 모반했고, 한왕 신은 흉노에 의지해 또 모반했고, 관고는 조나라의 도움을 받아 또 모반했으며 …… 장사왕 오예는 2만 5,000호를 봉해 받았을 따름으로, 한나라 건국에 공로는 적었으나 가장 완벽하게 보전되었으며 세력은 허술했지만 가장 충성스러웠으니, 유독 성정이 다른 지방 사람들과 차이가 있었기 때문이 아니라 형세가 그러했기 때문입니다. …… 여러 왕들이 모두 충성스럽게 따르도록 하려면 장사왕처럼 만드는 것이 제일 낫고, …… 힘이 약해지면 의(義)로써 부리기 쉽고, 나라가 작으면 사심이 없어집니다. 전국의 형세를 몸이 팔을 부리고 팔이 손가락을 부리는 것처럼 하면 법도에 복종하지 아니함이 없으며, 제후국의 군주는 감히 다른 마음을 품지 못하며 바퀴살이 바퀴통으로 모이듯 나란히 나아가 천자에게 귀순할 것이고, 백성들조차 편안함을 알게 됨으로써 천하는 모두 폐하의 밝으심을 알게 될 것입니다.

땅을 떼어주고 제도를 정해 제, 조, 초나라를 나누어 몇 개의 나라를 만들게 하여, 도혜왕과 유왕과 원왕의 자손을 모두 차례대로 각기 할아버지가 나눈 땅을 물려받게 하고, 땅이 모두 처분되면 멈추게 하고, 연나라와 양나라와 같은 다른 나라도 모두 이렇게 하면 됩니다. 나누어진 땅은 큰데 자손이 적으면 몇 개의 나라를 세워 잠시 군주의 자리를 비워두고 모름지기 자손이 태어나기를 기다려 그들을 비워둔 자리의 군주로 삼으십시오. …… 토지의 분봉제도가 한번 확정되면 종실의 자손들은 왕 노릇을 할 수 없다고 걱정하지 아니할 것이고, 아랫사람들은 배반하려는 마음을 가지지 않을 것이며, 윗사람은 주벌하려는 뜻을 품지 않을 것이니, 이러한 까닭에 천하는 모두 폐하의 어지심을 알 것입니다.

자료 해석

가의는 지방에 좌천해 있으면서 한나라를 다스리는 방법을 적은 '치안책'을 문제에게 올렸다. 치안책에는 여러 가지 내용이 담겨있다. 제시문의 내용은 천하를 안정시키려면 황제의 힘이 강해져야 하고 이를 위해서는 제후들의 힘을 빼는 것이 중요하며, 이를 위해서는 소규모의 제후국을 많이 세우는 것이 좋다고 주장하였다. 힘이 작은 제후국을 많이 세워 제후들의 힘을 약화시킴으로써 모반할 생각을 못하게 해야 한다는 것이 가의의 주장이었다. 또한 가의는 흉노에 대한 강경한 대응, 부호 세력 억제, 사치 금지, 가혹한 진의 법률 폐지, 군신간의 예의존중 등을 치안책의 중요 정책으로 올렸다.

18. 유학의 관학화와 천인상관설

- 제왕은 하늘의 뜻을 받들어 다스려야 합니다. 따라서 덕과 예의 힘을 빌려 다스릴 뿐 형벌의 힘을 빌려 다스리지는 않습니다. …… (옛날의 제왕은) 수도에는 태학을 세워서 교육을 시행했고, 읍에는 학교를 설립하여 백성을 교육하였습니다. …… 따라서 형벌을 아주 가볍게 하였음에도 국가에서 금하는 것을 백성이 범하지 않았습니다.

  – 반고, 『한서』, 동중서 열전 –

- 하늘이 어떤 이를 치켜세워 제왕으로 만들 때는 인력으로 하지 못하는 현상이 반드시 저절로 나타나는데, 바로 천명을 받았다는 징표입니다. …… 제왕이 방탕하고 나태하면 나라는 쇠하고 백성을 통솔하여 다스리지 못하며 …… 재앙이 발생합니다. …… 제왕은 하늘의 뜻을 받들어 정치를 행해야 합니다. 따라서 덕과 교화의 힘을 빌려 다스릴 뿐 형벌의 힘을 빌려 다스리지는 않습니다.

  – 반고, 『한서』, 동중서 열전 –

자료 해석

첫 번째 사료는 유학의 관학화와 관련된 글이다. 한 무제는 동중서의 건의를 받아들여 유학을 장려하였다. 무제는 태학 등의 교육 기관을 설립하여 인재를 양성하였고, 유교적 덕목을 갖춘 인물을 관리로 등용하였다. 한 무제 이후 유학의 관학화가 이루어져 훈고학이 발달하는 배경이 되었다. 두 번째 글은 천인상관설에 관한 것이다.

천인상관설은 자료에서 잘 드러나 있듯이 하늘과 사람이 서로 상관(감응)하는 관계로 보는 것이다. 동중서는 『춘추번로』라는 책에서 인간의 신체는 하늘의 천체를 갖춘 소우주이며, 사람과 하늘은 불가분의 관계에 있다고 주장하였다. 왕이 선정을 베풀면 하늘은 상서를 내려서 상을 주고, 군주가 무도하면 자연재해가 발생한다고 보았다. 이러한 천인상관설은 황제권 강화에 도움을 주었다.

19. 사마천의 『사기』

나는 근자에 나의 처지도 생각지 않고, 서투른 문장에 의지하여, 세상에 흩어진 옛 자료들을 정리하고 검토하여…… 표(表) 10권, 본기(本紀) 12편, 서(書) 8편, 세가(世家) 30편, 열전(列傳) 70편, 도합 130편을 만들었습니다. …… 이 책이 내 뜻을 아는 이에게 전해지고, 수도 장안과 천하에 유포될 수 있다면 지금까지의 부끄러운 마음을 보상받게 될 것입니다.

자료 해석
사마천은 전쟁에서 패배한 장군을 변호하다 한 무제의 분노를 사 궁형의 치욕을 당하였으나, 『사기』를 저술하여 후대에 그 이름을 널리 알렸다. "사기"는 기전체로 서술되었으며 황제의 역사(본기), 제후의 역사(세가), 신하의 역사(열전)를 따로 묶는 방식을 취하였다.

20. 육가의 『신어(新語)』

군자는 도를 장악하여 다스리고, 덕에 의거하여 행동하며, 인을 바탕으로 깔고 앉고 서며, 의를 지킴으로써 강해집니다. 마음을 텅 비고 적막하게 가지며, 모든 데 통달하여 막힘이 없습니다. 따라서 어떤 일을 처리하든가 단기 목표를 두면서도 실제 행동은 더 원대합니다. …… 성인이 다스리는 왕도 세계에는 현인이 큰 공을 세웁니다. 은나라 탕왕은 이윤을 중용했고, 주나라는 태공 여망을 임용하였는데, 그들의 행위는 천자의 법도에 합치하였으며, 그들의 덕은 음양의 변화에 부합하였습니다. 하늘의 뜻을 이어받아 악을 징벌하고 횡포를 억제시키고 재앙을 없앴습니다. …… 충직한 사람이 승진되었고, 중상하는 아첨꾼들이 제거되었습니다. 정직이 확립되고 사악함이 사라졌으며, 왕도가 행해지고 간악한 사기는 모두 금지되었습니다. 선악이 둘 다 공존할 수 없게 만들었습니다. …… 인의에 의지하여 일을 도모하지 않으면 결과적으로 반드시 실패합니다. …… 제나라 환공은 덕을 숭상해 패업을 달성하였고, 진나라는 형벌을 숭상하여 멸망하였습니다.

자료 해석
육가는 공자를 신봉하는 유가의 일파로써 인의를 늘 강조하였다. 안으로부터 인의를 닦고 시행하여 세상을 다스리는 정치이념을 중심으로 삼으면 세상에 어질지 못한 사람이 설 자리가 없어진다는 것이다. 육가는 도덕과 인의가 치국의 근본임을 주장하고 있다. 육가의 『신어(新語)』는 도기, 술사, 보정, 무위, 변혹, 신미, 자질, 지덕, 회려, 본행, 명제, 사무의 12편으로 구성되어 있다.

한과 흉노의 대립 역사

시기	사건	내용
고조	평성의 역	· 기원전 200년 한고조가 백등산 전투에서 묵특선우에게 패배 · 흉노와 화친 관계
무제	마읍 전투	기원전 133년에 마읍에서 흉노를 유인하여 잡으려 했으나 실패
무제	삭방군 설치	기원전 127년 위청이 우현황 휘하의 누번왕과 백양왕을 격파하고 삭방군 설치
무제	고비사막 이북으로 이동	· 흉노는 고비 사막 이북으로 이동 → 한나라 군대의 침략을 피하기 위해 · 기원전 121년 위청과 곽거병이 각각 5만의 기병을 이끌고 막북으로 출병
무제	하서지역 진출	· 기원전 123년 이후 한은 하서 지역에 대한 적극적인 공세 → 무위, 주천, 장액, 돈황 등 하서사군 설치 · 기원전 109년 누란과 고사 등 도시국가 점령
무제	한혈마 획득	· 기원전 104년 이광리를 이사장군에 임명하여 대완 원정 감행 · 기원전 102년 이광리는 '선마' 수십 필을 획득→ 한 무제는 '천마'를 타고 곤륜산에 올라 서왕모를 만나고 장생불사의 영약을 얻으려고 함
무제	윤대의 조	· 기원전 89년 한 무제가 윤대에 둔전을 설치하자는 상홍양의 제안을 거부하고, 외정을 멈추고 내치에 힘쓰겠다는 윤대의 조를 내림
선제	서역도호부 설치	· 기원전 85년 선우가 사망한 뒤 벌어진 계승 분쟁으로 흉노가 서역에 대한 통제력 상실 · 기원전 60년 흉노의 서역 지배 담당자였던 일축왕이 한에 투항 → 한은 서역도호부 설치
선제	흉노의 동서 분열	· 기원전 52년 호한야가 한 황제에게 투항하며 신하를 칭함 → 왕소군 호한야에 시집감 · 기원전 50년경 흉노 동서로 분열
신	왕망	선우를 격하하기 위해(왕에서 제후로) 선우새를 회수하고 '신흉노선우장'이라는 인장을 줌 → 흉노 반발
광무제	흉노의 남북 분열	· 48년 남북으로 분열 → 일축왕 비가 병사 4~5만을 이끌고 중국에 투항 → 스스로 호한야 선우를 칭하여 남흉노 성립 → 흉노가 한나라 국경안에 들어와 생활 · 호한야가 북흉노를 공격 → 북흉노는 패하여 북쪽으로 이동
서진	조조	3세기 초 조조는 남흉노를 통제하기 위해 흉노를 5부로 나누어 섬서, 산서, 하북 일대로 분치 → 흉노 세력이 북중국에 자리잡고 성장하는 계기가 됨

memo

CHAPTER 03 위진남북조 시대 ~수·당

1 위·진·남북조 시대

(1) 진(晉)의 삼국 통일

1) 삼국 분열

① 위
- 조조가 기반 마련하고 조비가 건국(220)

9품 관인법	· 목적 : 능력있는 인재 등용 · 방식 : 현명하고 견식있는 관리를 선발해 현지 군의 '중정'을 겸함 → 지방 사인들을 9품으로 평가해 이부에서 관직을 제수하는 근거 · 등용 : 향품 2품이면 중앙 관품은 6품 · 결과 : 호족의 문벌 귀족화
둔전	· 배경 : 잦은 전란으로 인해 유망하는 농민의 증가와 토지의 황무지화 · 시작 : 조조가 조지와 환호의 건의 수용 → 허창 부근에 둔전 개발 · 확산 : 군국에 전관(田官)을 설치 → 유랑민을 모아 둔전 개발 → 국경 지역에서 둔전 개발하여 병사들이 경작 · 관리 : 전농중랑장, 전농교위 등 대사농에 소속된 농관이 직접 관리 → 소출의 50%를 징수 + 다른 요역X + 촌락 형태
병호제	· 사가(士家) 제도에서 출발 · 병호(兵戶)란 부자간 혹은 형제간에 세습하면서 중앙군을 구성하는 병력에 충당되는 호구(戶口) · 일반 주군의 민호의 호적과는 별도로 군영에서 관리하는 병적에 소속된 병사

◇ **병호제(兵戶制)**
일반 부병제 상황의 농민병과 구별되는 존재로 병사의 신분을 세습하는 집안을 병호(兵戶)라고 하였다. 병호제는 위나라의 조조에 의해 실시되었다.

- 촉 정복(263): 사마의가 촉 정복

② 촉: 유비가 건국(221) → 한 계승 표방

③ 오: 손권이 건국(222)

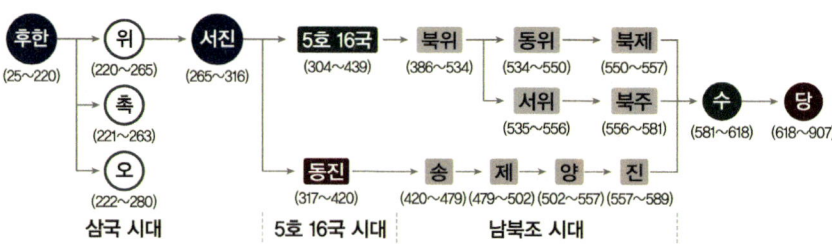

[위진남북조 시대의 전개]

2) 진의 통일

① 건국 : 사마염(무제)이 위를 멸하고 건국 → 오를 정복하여 통일 완수(280)

② 점전제·과전제·호조식 실시

목적	유민의 정착과 농민 생활 안정
점전제	· 남자 70무+여자 30무 지급 → 100무 단위로 호조(戶調) 부담 · 관인 : 1품관에 50경, 9품관에 10경의 점전 인정 → 토지와 전객의 소유 상한선 설정
과전제	· 서민에게 경작 의무 : 남자 50무+여자 20무 부과 → 조세 징수
호조식	호당 비단 3필과 면 3근 부과하고 여자와 준성인의 경우는 절반만 부담시킴
계승	북위의 균전제

③ 황족 우대 → 봉건제 부활
- 위나라의 멸망 원인이 황족을 억압했기 때문으로 판단
- 사마씨 일족을 제왕으로 분봉하고 호구 지급 → 황실 보호
- 분권화가 심화되어 8왕의 난이 발생

④ 유목민족의 이주
- 진은 강족을 토벌하고 그 부락을 내지의 관중으로 이주시킴
- 저족은 전한 무제의 무위군 설치 이후 위수지역에서 파촉지방으로 집단 이주
- 삼국시대에 위와 촉이 저족과 강족을 자기 편으로 끌어들이기 위해 관중으로 이주시키는 정책 실시
- 갈족을 포함한 흉노도 위진시대에는 분수 유역을 중심으로 근거지를 삼음
- 강통의 사융론 : 강통은 관중의 백성 절반이 유목민족이라고 주장 → 유목민족을 만리장성 밖으로 이주시켜 장래의 화근을 막아야 한다고 주장

◇강통

강통은 진(晉)나라 때의 관리였다. 299년 저족과 강족이 관농 지방을 어지럽히자, 강통은 사융론을 상주해서 만리장성 안에 살고 있는 유목민족에 대한 근본적인 대책을 제안하였다. 강통은 저족, 강족 그리고 유연의 흉노족도 모두 만리장성 밖으로 쫓아내야 한다고 주장하였다.

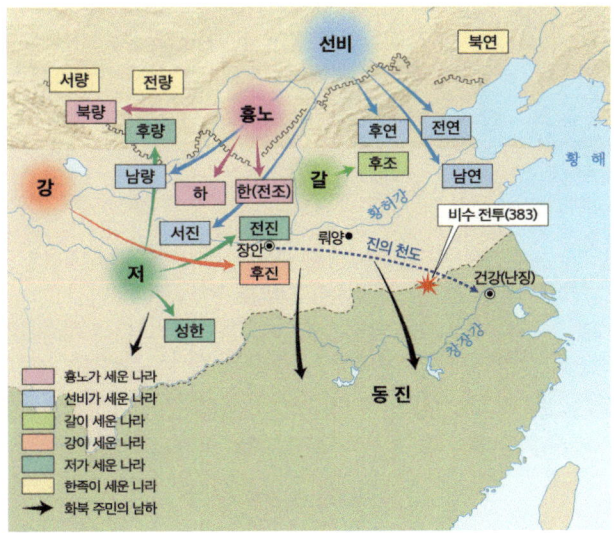

[5호 16국의 성립]

◇ **비수 전투**
북조를 통일한 전진의 부견이 90만의 대군을 이끌고 동진 정벌에 나섰다. 동진의 장수인 사현은 전진의 선발대를 기습 공격하여 승리한 뒤 비수에서 전진의 대군을 격파하였다. 비수 전투에서 패배한 전진은 얼마 후 서진에게 정복당하였다.

◇ **8왕의 난(291~306)**
서진의 2대 혜제 때 실권은 외척인 양씨가 장악하고 있었다. 이에 가황후는 혜제의 숙부인 남왕 사마량을 끌어들여 양씨 일파를 제거했다. 곧 가황후는 초왕 사마위를 끌어들여 사마량을 죽이고 사마위마저 죽이면서 실권을 장악하였으며, 이후에는 황태자마저 죽였다. 이에 분노한 조왕 사마륜과 제왕 사마경이 가황후와 혜제를 축출하였다. 이후 사마륜이 황제에 즉위하였으나 정사를 돌보지 않자 사마경 등이 군사를 일으켜 사마륜을 축출하였다. 사마경 또한 주색에 빠지자 사마애, 사마영 등이 반란을 일으키면서 이후에도 잦은 반란이 발생하였다. 결국 사마치가 회제로 즉위하였고, 회제 시기에 영가의 난이 발생하였다.

◇ **영가의 난**
남흉노 출신의 유연이 한을 건국하였다 304). 영가 5년(311)에 유연의 아들 유총이 석륵을 보내 낙양을 점령하고 회제를 살해하였다. 3만여 명을 죽이고 궁궐을 불태웠다. 이를 '영가(永嘉)의 난(亂)'이라고 부른다. 이후 장안에서 민제가 즉위하였으나 316년에 다시 흉노의 침략으로 살해당함으로써 서진이 멸망하였다.

(2) 남북조 시대

1) 5호 16국 시대(304~439)

① 5호 16국 시대의 시작

8왕의 난 (291~306)		· 가황후의 전횡 → 조왕 사마륜 거병 → 혜제 추방 · 유목민들이 왕의 병사로 활약
영가의 난 (316)		· 남흉노의 추장 유연이 자립하여 한왕 칭함 · 유연의 아들 유총이 낙양을 점령하고 서진 멸망시킴(316) → 동진 수립
갈족		· 갈족 출신의 장군 석륵이 유총의 한 병합 · 후조 건립하여 북중국 통일
선비족	탁발부	· 대(代)건국 → 전진에 의해 멸망 · 전진 멸망 이후 북위 건국 → 화북지방 통일
	모용부	· 전연 건국 → 전진에 의해 멸망 · 전연이 강성하여 후조를 멸하고 북중국과 남만주까지 세력 확장 → 전진과 동서로 대립 · 전진 멸망 이후 후연을 건국하여 요동 점령
저족		· 전진 건국 · 전진의 부견은 전연·대국을 정복하여 화북 대부분 통일하고 구마라습을 초대하고 불교 장려 · 통일을 위해 동진을 공격하였으나 비수 전투(383)◇에서 패배 → 내분으로 멸망
흉노		요장은 장안을 점령하고 후진 건국

② 5호 16국의 정복지 대책

사민정책	· 한족 호족과 유목 추장의 세력을 제거하기 위해 수도 주변에 노동력과 병력을 강제 이주 → 군주권 강화시키고 지방세력 억제 · 전연의 경우 사민의 대상자에게 토지와 소 지급 · 북위 정복지 정책으로 계승 → 사민과 사람의 수를 계산해 토지를 분배해 주는 계구수전(計口受田)에 의한 황제권 강화와 집권적 국가체제의 재건에 공헌
자위단 조직	· 혼란기에 향촌 질서 유지 노력 → 지방의 호족들이 지도자로 성장 → 새로운 형태의 집락 출현 · 지도자인 주는 종족과 빈객이 지켜야 할 법률 제정, 학교 설립, 혼인의 예를 정하는 등 하나의 국가 구실 · 주로 산간이 요지에 형성 → 방벽을 쌓아 외부의 침략에 대항 → 오·부·벽 이라 불림 → 이를 중심으로 집락이 형성되면 촌이라 부름. · 오를 통솔하는 오주는 서양의 봉건영주와 비슷함 → 촌민에 의해 추대된 점과 공동체적 원리에 입각해 오와 촌이 운영된 점이 서양과 다름 · 지도자와 성원간의 인격적인 연대가 통합의 원리로 작용

2) 북위의 화북 통일과 분열

① 도무제(386~409)
- 북위 건국(386) : 평성에 도읍 → 후연 격파(395)
- 한족 사대부와 귀족의 자제 등용 → 국가체제를 중국식 율령체제로 정비
- 분토정거 : 부락민을 수도근방으로 이주시켜 부락민에 대한 족장의 지배권 폐지 → 편호화
- 둔전 실시 : 농업 생산력↑→ 농촌사회 안정 → 국력↑

② 태무제(423~452)
- 화북 재통일(439)

배경	· 선비족 유목사회의 부족체제 탈피하여 부병제 실시 · 정복지의 중국 문화에 빨리 적응하여 한인의 협력을 얻음
과정	· 유연족의 침략 격퇴하고 화북 재통일(439) · 남조 송의 침략 격퇴

- 최호·구겸지 건의 → 도교 국교화 → 황제 권위↑+ 불교 탄압

③ 효 문제(471~499)
- 초기 : 풍태후 집권 → 봉록제·균전제·삼장제 실시 → 중앙집권↑
- 후기 : 친정 → 한화정책↑

한화정책		· 평성에서 낙양으로 천도(495) · 호·한 간의 결혼을 적극 장려 · 호성을 한성으로 바꾸고, 호속과 호어 사용 금지와 한어 사용
성족분정 (성족상정)	목적	· 선비부족과 한인귀족을 동격으로 그 위치를 설정하려 함 · 선비족의 유목 부족사회를 중국적 문벌제도에 접목시켜 호한일원화
	내용	· 북위 건국에 공이 있는 8성의 선비부족을 한족 명문귀족과 같은 반열로 취급하여 낮은 관직에 임명하지 않음 · 8성 외의 선비족에서 높은 관직은 성(性)이고 낮은 관직은 족(族)
	결과	· 황제권 강화 · 선비족 상류층의 귀족화 · 선비족 내부를 상층 지배층과 하층민으로 분리시키는 결과를 가져와 선비족 자체의 분열·약화 초래 → 6진의 반란(523)

④ 북위 분열
- 6진의 반란 : 효 문제 사후 문벌주의와 한화정책에 반발하여 6진에서 반란(523) 발생 → 이주영이 반란을 진압하고 실권 장악
- 영태후(호태후)가 집권 → 환관과 폐신의 중용으로 정치 문란 → 영태후가 효명제(숙종) 독살 → 유제 옹립
- 하음의 변(528) : 이주영이 낙양에 침입하여 영태후, 유제와 신하들 2,000여 명 학살 → 효장제 옹립
- 이주영이 부장 우문태를 파견하여 섬서 지방에서 발생한 만사추노 반란 진압(528)
- 우문태는 장안을 중심으로 세력 확대
- 이주영의 부장 고환·후경 등도 막강한 군사력 행사 → 효장제가 이주영을 살해 → 이주영의 아들 이주조가 효장제를 죽이고 절민제 옹립 → 고환이 이주조 타도하고 효무제 옹립
- 효무제는 우문태를 끌어들여 고환 제거 시도 → 실패하고 우문태에게 의지 → 고환은 효정제를 옹립하고 업에 도읍을 정함 → 동위와 서위로 분열(534)

◇ 풍태후의 집권

풍태후는 문성제의 황후로 효문제가 5세에 국왕에 즉위하자 섭정으로 정치를 주도하였다. 풍태후는 봉록제를 통해 관리들의 기강을 확립하였다. 균전제는 토지를 성인 남녀에게 뿐 아니라 노비와 소에게도 지급하였기 때문에 토지 소유의 제한보다는 농업 생산력 발전과 징세원의 확보에 중점을 두었음을 알 수 있다. 삼장제는 5가를 1린, 5린을 1리, 5리를 1당으로 호구를 편제하는 방식인데, 이는 균전제를 실시하기 위한 것이었다. 삼장제를 통해 호구를 조사하고 조세와 요역의 징발과 치안 유지를 강화하려고 한 것이었다.

◇ 성족상정

효문제는 부족 대인의 혈통과 선조 3대에 걸쳐 몇 명의 고관을 배출했는가를 기준으로 해 호족과 한족 각각 가문 등급을 서열화·계층화해 남조와 같은 문벌귀족사회를 만들려고 하였다.

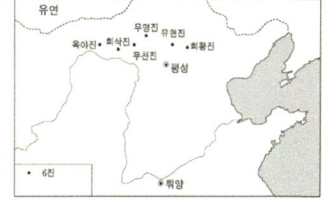

[6진]

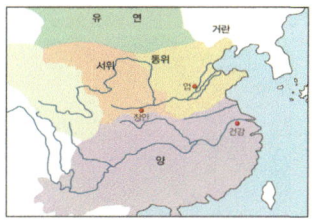

[동위와 서위]

3) 북제와 북주

동위→ 북제	• 동위의 고환이 군국대사를 전단 → 고징이 실권을 장악하자 후경이 반란 → 후경을 양으로 몰아냄 → 양에서 후경의 반란 발생으로 문벌귀족사회 붕괴 • 고징이 정제를 제거하고 황제에 오르려고 하였으나 부하에게 살해되고 동생 고양이 북제의 문선제로 즉위(550) → 문선제의 동생이 쿠데타로 즉위(효소제) → 문성제 즉위 • 북제는 수도를 업에 두고 군사상의 중심지는 진양 → 정치적 중심지와 군사적 요지가 이분화되어 선비족의 지지 상실 • 선비 귀족이 정권을 장악하여 왕실 내분이 지속되고 선비족과 한족 사이의 극심한 갈등과 반목이 지속되어 국력↓
서위→ 북주	• 우문태의 아들 우문각이 북주(556)를 건국하고 황제(무제) 즉위 → 북주가 북제에 비해 열세였으나 무제가 즉위하면서 북제 압도 • 우문태가 실시한 부병제 확대 : 절충부에 집결시켜 다 같이 군사 훈련을 실시하여 여러 민족의 융화단결과 국가의식↑→ 군사력↑ • 중농정책 : 전쟁노비를 해방시켜 일반농민으로 개편 → 황무지 개간 + 수리시설 확대 → 농업 생산력↑ • 서위의 영토는 비옥하지 않음 → 호족의 대토지 사유화를 막음 → 부의 편재가 심화되지 않고 사회·경제의 공평성 유지 → 건전한 사회 기풍 유지

4) 남조의 성립과 발전

① 동진(317~420)

- 사마예가 건강(난징)에서 원제가 되어 건국(317)
- 귀족 세력의 대립◇

북래귀족	• 초기에 화북에서 피난온 귀족 → 남방토착호족보다 우대 • 장원을 소유하고 유민·빈민을 모아 경작하거나 황무지 개간 • 상점을 열어 상업활동을 통해 막대한 부를 축적 • 후기에 화북에서 내려온 귀족인 만도귀족은 초기에 온 조도귀족보다 천대 → 무인으로 대접 • 북래귀족은 백적이라는 호적을 만들어 황적의 호적을 가진 토착호족을 구별·차별
남방호족	• 강남의 토착호족은 동진정권 환영 • 동진이 안정되면서 토착호족은 권력에서 밀려남

- 교구체제(僑舊體制)의 출현

  ㉠ 교주군현의 출현 : 무정거, 무실토, 무세역의 백적민으로 구성

  ㉡ 교주군현은 국가 통치에 지장을 주고 교민과 본지인 사이의 갈등 조장 → 교주군현의 폐지와 백적의 황적화로 대표되는 토단 정책 실시

  ㉢ 교민 사이의 갈등 : 형주와 양주 사이의 갈등 → 군사력도 형주를 기반으로 하는 서부 군단과 양주를 기반으로 하는 북부 군단으로 대별

◇ 귀족세력 대립

북래귀족	토착귀족
백적	황적
교성	오성
교성이 오성보다 우대	

② 송(420~479)

무제	• 건국 : 유유가 환현의 반란과 손은·노순의 반란을 진압하고 통해 군사권 장악 → 동진의 공제를 폐하고 송을 건국 • 즉위 과정에서 한문무인(寒門武人)세력이 중요한 역할 담당 → 명문 귀족을 축출하고 상대적으로 낮은 가문 중용 • 토단법◇ 실시 : 백적·황적의 구분 철폐 시도
문제	• 농민을 보호하고 내정 안정 • 북위 태무제의 침략(450)으로 세력↓

③ 제(479~502)

고조	• 소도성이 송을 멸하고 건국 • 한문문인 출신으로 중앙군 장악 • 검소와 절약을 강조하고 호적 정비 → 4년 만에 사망
무제	• 왕위쟁탈전 → 북위 침략으로 회수이남·한수 이북 상실 • 소연의 정변으로 멸망

④ 양(502~557)

무제	• 백가보 제정 : 화북에서 이주한 귀족 대상 → 정치적·사회적 지위 보장 • 유학 장려하고 예악을 정비 • 불교를 일으켜 사원 건설하고 승려를 이용해 백성 순화 • 주·군·현 증설하고 관리의 수↑ → 문벌귀족들이 쉽게 관리가 됨 → 가혹한 징세와 형벌로 민심 이반 • 후경의 난 발생(548) → 국토가 황폐화되고 인구 감소 + 문벌귀족체제 붕괴
원제	• 수도 강릉으로 천도 → 내분 • 후경의 난을 토벌하는 과정에서 진패선의 세력↑

⑤ 진(557~589)
- 진패선이 양을 멸하고 건국 → 무제 즉위
- 무제 사후 혼란 지속 → 수 문제의 공격으로 멸망(589)

(3) 위진남북조 시대의 통치조직과 사회·경제

1) 통치 조직
  ① 중앙: 3성 역할 증대
  - 중서성·문하성·상서성의 3성은 원래 황실의 재정을 담당하던 소부경의 말단 속관
  - 전한 무제 때 황제 권력이 강화되면서 상서가 실권을 잡고 3공의 권한 흡수
  - 귀족들이 3성의 고위직을 독점 → 황제독재체제를 견제
  ② 지방
  - 주·군·현의 3층 구조 → 주 장관인 자사의 권한↑
  - 주의 자사가 민정과 군정 장악 → 지방 분권화↑

◇ **토단법(土斷法)**
토단법이란 흙을 가지고 단정하는 것, 즉 현주소에 따라 호적을 정한 것을 말한다. 동진 건국 이후 북방으로부터의 남방 이주자가 현주소의 호적에 등록되지 않았기 때문에 세역 부담의 대상이 되지 않고, 귀족이 이것을 이용하여 빈민을 사역하고 사병으로 하는 경우도 있었다. 동진·남조에서는 이주민을 국가 권력 하에 파악하고 정부의 세수입의 증가를 도모하기 위하여 현주소의 호적에 등록시키는 정책을 취하였다. 송 무제인 유유가 시행한 토단법이 유명하다.

◇ **후경의 난(548)**
후경은 원래 동위 고환 휘하의 장수였다. 고환이 죽은 후 군사를 이끌고 양나라에 투항을 하였다. 양나라와 동위가 화해를 시도하자 후경이 군대를 이끌고 도읍인 건강을 함락시키고 무제를 살해하였다. 이후 후경은 부하에게 살해당하였고, 혼란한 틈을 이용해 서위가 양나라를 공격하였다. 후경의 난으로 양나라는 멸망하고 남조의 문벌 귀족사회가 붕괴하였다

311

◇ **국사필화사건**

북위 명문 귀족이었던 최호가 북위 조상들의 불명예스러운 사실을 기록하고 이를 비석에 새김으로써 선비족 귀족들의 분노를 사게 되었다. 이에 북위 태무제는 최호와 최호의 일족을 비롯한 명문귀족 100명 이상을 죽였다. 이는 문벌귀족에 대한 선비족 군주권의 우월성을 보여주는 것이다.

2) 문벌귀족 사회

① 호족의 성장과 향촌 사회의 변화

호족	· 호족은 사회적 세력이며 지방분권적, 귀족은 법률적 신분으로 관직 또는 관위와 관계가 깊고 중앙집권적 성향 · 전한시대 : 향리에는 부로라는 유력자가 있고, 인민은 자제라고 함 → 부로 자제의 관계는 전한 시대 향리사회의 공동체적 성격을 갖는 자치적 향촌조직 → 향거리선제는 공동체적 향리 조직을 이용한 것임 · 후한 시대 : 호족이 향리의 여론 좌우 → 중앙의 환관과 외척에 의해 호족의 귀족화가 진행X → 후한 말 호족들이 환관정치에 강력하게 저항 · 호족과 명사들 사이에 인물 평가와 정치 논의가 활발히 전개되어 청의 형성 · 향거리선제의 추천을 위해 향리에서 행해지던 인물평가 풍속이 호족 사회 내부로 위치를 바꾼 것 → 위진남북조 시대에 한 대의 향리 사회가 붕괴되는 과정을 반영함
9품 관인법 (9품 중정제)	· 현지 사정에 밝은 인물을 중정관으로 등용 → 재주가 뛰어난 인물을 9품으로 분류 (향품) · 향품이 2품이면 중앙품계는 6품에서 시작 · 호족의 자제가 상품으로 추천 → 호족의 문벌 귀족화↑

② 남·북조의 귀족사회

남조	· 문벌귀족은 토착귀족과 피난귀족(북래귀족)으로 구분되고 북래귀족 중에서도 먼저 내려온 귀족을 우대 · 북방귀족을 교성(백적), 토착귀족을 오성(황적)이라 구분하고, 오성보다 교성 우대 → 관직과 가문의 차별로 연계되고 문벌의 상하가 구분 · 동진정권 말기에 토착귀족도 관계에 진출하고 귀족화됨 · 세족과 한문의 엄격한 차별 · 세족은 일반 정치에 직접 개입하지 않는 문리정치(文吏政治)가 발달 → 세족은 문학과 예술, 청담에 관심 → 예술 발달
북조	· 북위의 화북 통일 과정에서 선비족은 한인 호족과 협력 → 긴밀한 관계 · 북위 정권 하 한인 호족은 강한 중화의식 유지 → 국사필화사건◇으로 호한체제의 종족적 모순과 갈등 표면화 → 한인 문벌귀족에 대한 선비족 군주권의 우월성 입증

③ 귀족제의 후퇴와 중앙집권체제의 출현

- 6세기 이후 남북조의 귀족체제 쇠퇴 → 후경의 난(548)으로 붕괴
- 남조보다 북조에서 귀족제가 먼저 후퇴하고 중앙집권적 황제체제 강화
- 북조에서 귀족제 붕괴 : 황제권 강화 + 귀족들이 사회에서 신망X
- 사인(士人)이면서도 한문 출신은 개인능력을 바탕으로 국가 권력과 협력하면서 세력↑
- 남조 : 양의 무제가 9품제를 18반제로 바꾸고 한문 세력을 발탁하기 위해 학교 오관을 설치하여 개인 능력에 따라 인재 등용
- 북조 : 9품을 다시 정·종과 상·하로 세분하여 관료의 구조를 유내, 유외로 구분 → 문벌귀족의 가문을 관료체제로 전환시키려는 제도 정비
- 효문제의 성족분정 정책 → 귀족문벌의 등급을 황제권이 개입하여 정리
- 북주에서 현량을 발탁하기 위해 실시한 현재중용정책은 문벌의 관직독점 억제

④ 병호제

위	· 사가(士家) 제도에서 출발 → 유민을 모으거나 양민을 동원하여 병호로 조직 · 병호(兵戶)란 부자 간 혹은 형제 간에 세습하면서 중앙군을 구성하는 병력에 충당되는 호구(戶口)를 말함 · 일반 주군의 민호의 호적과는 별도로 군영에서 관리하는 병적에 소속된 병사
북위	· 수도 평성에 중앙군 설치 → 선비족을 군병으로 충원 · 화북 지방에 군진을 설치하고 군정 실시 · 군진에는 선비족과 선비족 이외의 북방 민족을 배치 → 적지 공략과 정복지 확보 임무 · 화북지방 통일하면서 군진을 주로 개편, 군진군을 주군으로 개편 → 진호 또는 병호라 하여 영구적으로 병역 의무 · 중앙군과 군진(주군)의 병호는 초기에 사회적 지위가 높았으나 한화정책 이후 점차 천민화 · 병호의 천민화는 남북조 공통적인 경향 → 북조에서 병호의 반란↑
남조	· 병호의 신분이 떨어져 양나라의 병호는 노예적 신분에 가까움 · 상비군에는 병호 이외에 중앙과 지방의 고관이나 장군이 모집한 모병이 있었고, 병호보다 많음 · 모병 : 관병 → 사병, 가족과 함께 고관이나 장군에게 예속당한 예속민으로 전락
동위	· 북위에 반항하는 군진병호의 유민을 친군으로 재편성, 북위의 중앙근위병도 친위병으로 개편 → 병사의 사회적 신분 상승 · 주군에 병호 외에 새로운 토착민 편입시키려는 노력

3) 경제

① **강남의 본격적 개발**: 동진시대 이후 한족들의 강남 이주와 벼농사의 보급으로 강남의 경제력 증가

② **대토지 소유제 발달**: 호족의 토지 겸병이 심화

(4) 위진남북조의 문화

1) 특징

① **북조**: 강건하고 소박 → 유교 이념 존중, 도교 발달, 둔황·룽먼 석굴 사원

② **남조**: 화려하고 자유 분방 → 노장사상과 청담사상(죽림칠현)◇ 유행

2) 불교 발달

① **격의 불교**: 노장 사상을 통해 불교 이해

② **구마라습**: 북조 불교 → 대승경전 번역

③ **혜원**: 남조 불교 → 백련사 결성

④ **법현**: 인도에 유학 → 불국기 저술

⑤ **석굴 사원**: 북위 → 윈강·룽먼 석굴 사원

⑥ 선종·정토종 등 출현

3) 도교의 성립과 발전

① **성립**: 노장사상 + 신선사상 + 불교 → 포박자◇

② **도교의 국교화**

· 북위 태무제 시기 최호, 구겸지◇의 주장으로 도교의 국교화 → 북위 정권의 정당성 확보

· 불교 탄압 → 태무제 사후 도교의 국교화를 폐지하고 불교 번영

◇ **죽림칠현**

죽림칠현은 위나라에서 진나라 교체시기 죽림에서 노장의 무위자연 사상에 심취했던 완적 등 7명의 지식인들을 말한다. 이들은 진나라를 세운 사마씨의 일족에 의해 회유되어 해산되었고 혜강은 사형을 당하였다.

◇ **포박자**

동진의 갈홍이 지은 도교 서적으로 신선방약과 불로장수의 비법을 서술하였다. 포박자는 도교 발전의 사상적 기반을 마련하였다.

◇ **구겸지**

도교의 여러 가지 의례와 의식을 정비했으며 도가 이론을 재정립했다. 그의 노력으로 북위 태무제 시기 도가가 국교가 되었다. 구겸지는 도교의 창시자인 장릉의 뒤를 이어 천사(天師)의 직위에 올랐다. 그는 관료와 공모하여 도교의 최대 경쟁 종교인 불교를 탄압하였다. 그러나 태무제 사후 도교의 국교화는 폐지되고 불교가 다시 번영하였다.

갈홍	· 포박자를 지어 도교 발전의 사상적 기반 마련 · 신선술·양생술의 이론 정립하고 연단법에 의한 불로장생의 구체적 방법 제시
구겸지	· 천사도를 개혁하고 노자로부터 스스로 천사도의 지위와 함께 불로장생의 계시를 받았다고 주장 → 예도(계율)·복식(복약법)·폐련(명상법)을 강조하고 도교 창립 · 평성에 천사도장 설치 → 황제로 항여금 천사가 보냈다는 부적을 인수하게 함 → 노자로부터 중국천하를 통치하라는 절대권을 하사받았다는 의미 부여 → 도교의 천명사상으로 중국통치의 정당성 마련 · 북위 태무제는 최호·구겸지 등의 영향으로 불교 탄압 → 국사필화사건으로 최호가 죽고, 태무제 이후 불교 부활
장빈	· 북주 무제의 폐불 사건과 관련 · 무제는 통도관을 통해 도교가 불교보다 우위에 서는 종교정책으로 도교를 보호

4) 유학
   ① 유학 쇠퇴 → 불교·도교↑
   ② 왕연(서진): 유학의 사상적 발전 시도
   ③ 배위: 숭유론 → 노장 사상가의 허무주의 비판

5) 학문과 예술의 발달
   ① 문학
   - 시: 도연명 → 귀거래사
   - 『문선』: 양나라 소명태자가 시문 수록
   - 『문심조룡』: 유협 → 문학 사상의 변천과 특징 정리
   - 4·6 변려체 유행

   ② 역사학
   - 『삼국지』: 진수 → 위를 정통으로 보고 기전체로 정리
   - 『위략』: 어환 → 위나라 중심으로 삼국사 정리

   ③ 지리학
   - 『형초세시기』: 종름 → 양자강 유역의 행사, 풍속, 신앙 등 정리
   - 『수경주』: 역도원 → 수경에 주석 작성
   - 『낙양가람기』: 양현지 → 낙양의 불교 풍습, 사원에 대한 기록

   ④ 자연과학
   - 『제민요술』: 가사협 → 북방의 농업 기술 집대성
   - 유휘: 『구장산술』에 주를 달고 구장산술에서 원주율 3.14 계산
   - 철술: 조충지 → 수학 발전
   - 대명력: 조충지가 제작 → 양나라에서 채택

   ⑤ 예술
   - 서예: 왕희지
   - 미술: 고개지 → 여사잠도

자료탐구

01. 서진 멸망

[서진 민제(재위 313~316) 건흥 4년(316)에 유유가 서진의 새 수도 장안을 포위한 뒤] 10월에 수도에 기근이 심하여 좁쌀 한 말에 황금 두 냥이었으므로, 사람들이 서로 잡아먹어 죽은 자가 태반이었다. 서진의 황제를 모시던 신하가 수도의 곳간에 있던 누룩 수십 덩어리를 부수어 죽을 끓여 바쳤는데, 이때는 그 마저도 떨어지고 말았다. 황제가 울면서 그 신하에게 "지금 이처럼 힘든데도 밖에서 도와줄 이가 없으니, 이 나라와 함께 죽는 것이 짐이 할 일이다. 그러나 이렇게 포악하고 어지러워진 장수와 병사들을 생각하면, 죽기보다 치욕스러운 일이지만 성이 함락되기 전에 항복하여 백성들이 도륙당하는 괴로움이라도 면하게 히고 싶다. 그래, 적에게 항복한다는 글을 보내도록 하라. 짐의 뜻은 정해졌다."고 말하였다.

– 『진서』

자료 해석

서진 말 팔왕의 난 속에서 실제로 가장 성장한 것은 남흉노 선우의 후손인 유연이었다. 그는 304년에 한왕을 칭하고 독립하였다. 나아가 그의 조카 유요 등 후계자들은 낙양을 공격하여 서진의 회제를 잡아갔고, 장안으로 도망간 민제까지 쫓아가 결국 316년에 서진을 멸망시켰다. 이로써 화북지역은 5호 16국의 분열이 시작되었다.

02. 한족의 강남 이주

- 진(晉) 영가 연간(307~313)에 크게 어지러워 유·기·청·병·연주 및 서주의 화북 유민들이 회수(화이허강)를 건너고, 또한 창장강을 건너 진릉군의 경계에 머무는 자가 많았다.
- 진(晉)이 어지러울 때, 낭야국 사람들이 원제(元帝)를 따라서 양쯔강을 건넌 것이 천여 호였다. 태흥 3년(320)에 회덕현을 세웠다. 단양에 낭야상이 있었지만 토지가 없었다. 성제 함강 원년(335)에 환온이 군을 다스렸는데, 강승의 포주, 금성에 진을 두고, 단양의 강승현 경계를 나누어 군을 세울 것을 원하였다. 또한 강승의 땅을 나누어 임기현을 두었다.

자료 해석

4세기 초 흉노 등 5호의 침입으로 진이 무너지자, 진의 일족과 한족 집단은 창장강 이남으로 이주하여 동진을 세웠다. 제시된 자료는 동진이 이들을 통제하기 위하여 군현을 설치한 사실을 전하고 있다. 한족의 강남 이주로 관개 시설이 확충되는 등 강남 지역이 본격적으로 개발되기 시작하였다.

03. 비수 전투

[전진의 건원 19년(383)] 부견이 장안을 출발하였는데 보병이 60여만 명이고 기병이 27만 명으로서, 천 리에 걸친 행렬에 깃발과 북소리가 이어졌다 …… 전진 군대의 선봉장이던 장자가 물러나서 비수라는 강 가까이에 진을 치고 있었다. 강을 건널 수 없게 된 동진의 군대는 부견의 아우로 전투를 지휘하던 부융에게 사자를 보내, "그대가 군사를 깊이 들여놓아 강 가까이에 진을 치셨는데, 이것은 오래 버티려는 계책이지 정말 싸우자는 것이 아니지 않습니까? 만약 군대를 조금 뒤로 물려 장수와 병사들을 정돈하신다면, 저희들과 그대들 모두 여유를 두고 정찰할 수 있으니 서로 좋지 않겠습니까!"라고 하였다 부융이 이 말대로 진영을 뒤로 옮겼는데, 실은 적군이 강을 건널 때 갑자기 공격할 속셈이었다. 하지만 조금만 물러나게 하려 했던 병사들이 달아나기 시작하여 제지할 수가 없었다. 부융은 급히 말을 몰아 진영을 정비하려 하였으나 말이 넘어지면서 도리어 피살되고, 그 군대는 크게 패배하였다. 동진의 군대는 승세를 틈타 청강까지 추격하였는데, 그 길에 병사들의 시체가 즐비하였다. 부견도 화살에 맞고, 말 한 필에 겨우 의지하여 회수의 북쪽으로 달아났다.

자료 해석

저족이 세운 전진은 376년 5호 16국의 대부분을 통일하였다. 이에 부견은 동진을 통일하기 위해 대군을 동원하였으나 비수전투에서 패배하였다. 이후 북조와 남조는 회수를 경계로 대립하였다.

04. 북위 효문제의 정책

- 우리 선비족은 북쪽에서 일어나 평성에 옮겨와 살고 있소. 평성은 무력을 사용하기에는 알맞지만 문화의 덕으로 정치할 수 있는 곳이 아니오. 강남과 대치하여 북방을 굳게 지키고 안정된 정치를 하려면 중원의 힘을 빌려야 하오. 그래서 짐은 남진하여 뤄양으로 천도하는 게 상책이라고 생각하는데 대신의 의견은 어떻소?

- 이제 여러 북방의 언어를 쓰기 못하게 하고, 오로지 올바른 주원의 언어만 사용하도록 하려 한다. …… 현재 조정에 있는 서른 살 이하의 사람은 예전처럼 말해서는 안 된다. 만약 고의로 북방의 언어를 쓴다면, 마땅히 작위를 낮추고 관계에서 내칠 것이다. …… 점차 올바른 언어에 익숙해지면 풍속이 새롭게 교화될 것이다.

- 태화 9년(485)에 조서를 내려 천하의 백성에게 토지를 공평하게 나누어주었다. 15세 이상의 모든 남자는 노전(露田 ; 황무지) 40무(畝)를 받으며, 부인은 20무, 노비는 양민과 같은 방법으로 받는다. 소 한 마리 당 토지 30무를 받되 네 마리까지로 제한한다. …… 모든 백성은 역을 부과할 나이가 되면 토지를 받으며, 늙어서(70세) 역을 면제받거나 죽으면 토지를 국가에 반납한다. …… 15세 이상의 모든 남자에게 상전(桑田 ; 뽕나무 밭) 20무를 주고, …… 이를 대대로 경작하게 하며 본인이 죽어도 국가가 환수하지 않는다. 인삼 밭은 남자가 역을 부담할 나이가 되면 따로 10무를 준다. 부인은 5무를 주고, 노비는 양민과 같은 방법으로 한다. 모두 국가에 반납하는 법을 따른다.
  - 『위서』, 식화지 -

- 삼장이라는 것은 다섯 집을 1린으로 해서 인장을 두고, 5린을 1리로 해서 이장을 두며, 5리를 1당으로 해서 당장을 두는 것이다. …… 삼장제의 목적은 호적을 깨끗이 정리하는 데 있었다. 사람 수를 헤아려서 밭을 주게 하였다.

- 또 조서를 내렸다.
"代人들은 이전에 姓을 가진 족속이 없어서, 비록 功績이 있거나 賢德한 사람들의 자손들도 寒微하고 卑賤한 사람들과 다를 것이 없었으니, …… 여전히 하급 관리로 있다. 그 중에서 목(穆)·육(陸)·하(賀)·유(劉)·루(樓)·우(于)·혜(嵇)·울(尉)의 여덟 성은 太祖 이래 당시에 훈공이 두드러졌고, 작위가 王公에까지 이르렀는데 분명하게 알 수 있는 사람은 또 司州·吏部에 내려보내어 이들을 낮은 관직에 보내지 않도록 하고, 四姓과 같이 대우하라. 이밖에 응당 士流의 班列에 들어가야 하는 가문은 조금 있다가 이어서 따로 칙령을 내릴 것이다.
이전에 부락의 大人이었거나, 황시 연간이래, 3세대의 관직이 給事 이상이면서 品階가 王·公에 오른 자는 성을 만들고, 만약 본래 大人이 아니었다고 하더라도 황시 연간 이래 3세대의 관직이 尙書 이상이면서 품계가 왕공이었던 자도 역시 성을 정하도록 하라. 그 대인의 후예이나 관직이 두드러지지 않은 가문은 족으로 만들도록 하고, 만약 본래 대인은 아니었지만 관직이 두드러진 가문 역시 족으로 만들도록 하라. ……"
  - 『자치통감』 -

자료 해석

북위 효문제는 수도를 평성에서 뤄양(낙양)으로 옮겨 선비족의 대규모 남천을 단행하였다. 수도를 뤄양으로 옮기고 난 뒤 선비족의 언어와 풍습을 금지하고 한족의 언어와 풍습을 사용하도록 하는 한화정책을 실시하였다. 한편, 당시 사회는 토지 소유의 불균형과 토지 소유권에 관련된 분쟁이 심각하였다. 이에 효문제는 호족의 대토지 소유를 견제하고 자영농민을 육성하기 위하여 국가가 직접 토지를 농민에게 나누어주는 균전제를 실시하였다. 그러나 북위의 균전제는 노비와 소, 말에게까지 토지 소유권을 인정해주어 사실상 대토지 소유를 인정해주는 결과로 이어졌다. 또한 부족 단위의 행정 체제를 해체하였으며, 호적을 조사하여 군·현 단위로 재편하였고, 삼장제를 실시하였다. 삼장제는 호구를 자세하게 조사하여 균전제를 실시하기 위한 제도였다.
제일 마지막 사료는 효문제가 실시한 성족분정(성족상정)령이다. 성족분정은 선비부족과 한인귀족을 동격으로 그 위치를 설정하려는 것이다. 즉, 선비족의 옛부족 8성은 북위건국에 큰 공훈이 있고 최고의 관작을 받은 유명 부족이므로 그들을 한족의 명문귀족인 4성과 동격으로 취급하여 사회적 지위를 일치시키고 낮은 관직에는 임명하지 않는다는 것이다. 이와 함께 이들 8성 이외의 북족의 각 씨족은 부락대인의 후손 여부를 감안하고 또 북위 건국 이래의 관작을 참작해서 관작이 높은 것은 성으로, 낮은 것은 족으로 구분한다는 것이다. 이와 같은 효문제의 성족분정정책은 국가권력을 가지고 선비족의 유목 부족사회를 중국적 문벌제도에 접목시켜 호한일원화를 꾀하려 한 것이다. 그러나 이 제도는 같은 선비족을 상층의 지배층과 하층민으로 분리시키는 결과를 가져와 선비족 자체의 분열과 약화를 초래하였다. 선비족 하층부의 불만이 쌓이면서 6진의 난이 발생하는 원인이 되었다.

05. 9품 중정법

유의는 위나라의 9품제가 임시적인 제도로서 아직 인재를 얻는 데 효과가 없고 오히려 8가지 손실이 있다고 하면서 "신이 들은 바에 따르면 정치를 바로 세우는 데에는 인재 등용이 기본이라고 합니다. …… 지금 중정관을 두어 9품을 정하고 있는데, 등급의 높고 낮음이 그 뜻에 달려 있고, 영예와 치욕이 그의 손에 달려 있어서, 임금의 권위와 축복을 제멋대로 가지고 놀고 있으며 천자의 권한을 빼앗고 있습니다. …… 이런 까닭에 상품(上品)에는 빈천한 가문이 없으며, 하품(下品)에는 권세 있는 가문이 없다고 합니다."라고 아뢰어 올렸다.

자료 해석
9품 중정법은 위나라 때 실시되어 수에서 과거제가 실시되기 전까지 유지되었다. 원래 이 제도는 지방의 인재를 추천하기 위해 실시한 제도였으나 사료에 제시되어 있듯이 상품에는 한미한 가문이 없고, 하품에는 권세있는 가문이 없는 폐단이 발생하였다. 결국 지방 호족의 자제들이 중앙의 관직에 진출하는 길을 열어주어 문벌귀족사회가 형성되고 발전하는 데 기여하였다.

06. 불교의 발달

도안은 혜원과 함께 양양으로 갔다가 전진의 황제 부견 아래로 들어갔다. 평소 그의 덕망을 흠모하던 부견은 도안을 보자 스승에 대한 예로써 존숭하였다. 당시 서역에는 호족 승려 구마라습이 불교의 교리에 통달하였는데, 도안은 그와 함께 불법을 토론하며 해석하고 싶어서 늘 부견에게 구마라습의 초빙을 권유하였다. 구마라습 역시 도안의 명성을 듣고, '동방의 성인'이라 일컬으며 멀리서 존경심을 표하기도 하였다. 도안이 죽은 뒤 20여 년이 지나 구마라습은 후진의 수도 장안으로 왔는데, 도안을 만나지 못함을 한탄하며 매우 슬퍼하였다. 도안이 바로잡았던 불경의 의미가 구마라습이 번역한 것과 일치하였으므로 비로소 오류가 없어지게 되었다. 이로 인하여 불교의 교리가 중원 지역에서 크게 발전하였다 …… 이때 구마라습은 후진의 황제 요흥(재위 394~416)의 존경을 받았는데, 장안의 초당사에서 불경의 뜻에 밝은 학자들 800명을 모아 경전들을 다시 번역하였다.

– 『위서』 –

자료 해석
제시문은 구마라습이 중국에 오게 된 경위와 불경 번역에 대해 설명하고 있다. 전진의 부견은 도안의 제안을 받아들여 여광을 시켜 구차국의 구마라습을 데려오게 하였다. 그러나 비수 전투에서 패배한 후 전진이 멸망함으로써 구마라습과 부견이 대면할 수는 없었다.

07. 호국불교

5호 16국 시대 후조의 왕은 승려를 초빙하여 많은 사원을 세웠다. 한족 출신의 신하가 "불교는 외국신을 섬기므로 중화의 천자가 받들어서는 안 된다."라고 하자, 왕은 "짐은 이민족 출신으로 중화에 군림하였으므로 외국신을 모시는 것은 당연하지 않은가?"라고 반론하였다.

– 양고승전 –

자료 해석
화북 지역을 점령한 유목 민족은 중원을 지배하기 위해 불교를 적극 수용하였다. 5호 16국과 북조의 군주들은 자신을 변방의 오랑캐로 취급하는 유교보다 민족적 편견이 없는 불교를 더 선호하였다. 이들은 '황제는 부처이고, 귀족은 부처의 제자인 보살'이라는 논리로 자신들의 지배를 정당화하였다. 그리고 군주의 권위를 강조하기 위해 거대한 사찰과 불상을 세워 백성들로 하여금 경외감을 갖게 하였다. 불교는 지배자들의 적극적인 후원 속에 군주와 국가를 위한 호국 불교로 받아들여졌다.

08. 유목민족의 남하와 전한의 건국

· 강통(江統)은 사융론이라는 글을 지어 조정에 경고하기를, "그들의 성질은 탐욕이 끝이 없고 흉폭하다. 사이(四夷) 중에서도 융(戎)과 적(狄)이 특히 심하다. 자신들이 약해지면 겉으로는 복종하는 척하고, 강해지면 반기를 들어 침범한다. 강성했을 때는 한(漢) 고조가 백등산에서 굴욕을 당했지만, 쇠미해졌을 때는 흉노의 선우가 한(漢)에 입조하기도 하였다."라고 하였다.

— 『자치통감』 —

· 한이 망한 이래로 우리 선우는 다만 빈 호칭만 있고, 더 이상 한 자락의 땅도 회복하지 못하게 되었다. 지금 사마씨는 부모 형제간에 골육상잔에 빠졌고 천하가 물 끓듯이 소란하다. 지금이 왕업을 회복할 적기다.

· 유연이 좌국성으로 천도하자, 호인(胡人)과 서진(西晉)에서 귀부한 자들이 점차 늘어났다. 유연이 군신들에게 일러 말하기를, "과거 한(漢)은 장구히 천하를 다스리며 백성들에게 은혜롭게 대하였다. 나는 한(漢) 황실의 외손으로서 형제로 맺어졌다. 형이 망하였으니 아우가 이어받는 것이 옳지 아니한가!"라고 하였다. 이에 나라를 세워 국호를 한(漢)이라 하였다.

— 『자치통감』 —

자료 해석

위나라 조조는 저족과 강족을 무도에서 관중으로 이주시키는 정책을 썼다. 이리하여 저족과 강족은 그 본래의 거주지에서 점차 중국 내지로 이주하는 경향이 생겼다. 당시의 관중 인구 100만명 가운데 그 반이 융적(戎狄)이라 할 정도로 그 수가 늘어났다. 이들이 중국 내지로 이주하자 당연히 한족사회와 접촉이 밀접하게 되었다. 이러한 상황에서 서진 혜제 원강(元康) 9년(299)에 강통이 '사융론(徙戎論)'을 상소하였다. 강통은 저족과 강족 등을 만리장성 이북의 그러나 정세는 정반대의 방향으로 흘러갔다. 팔왕의 난으로 제왕들의 대립이 격화되자 그들은 동원할 수 있는 모든 세력을 끌어들어 자기편으로 이용하려 했다. 성도왕 사마영은 그 근거지가 이전 조조의 수도였던 업이었는데 이곳은 흉노 부락과 가까운 곳이었다. 사마영은 흉노의 힘을 빌리기 위해 좌현왕(左賢王)이라 칭하던 유연(劉淵)을 장군으로 임명한 후 업에 억류하고는 흉노 부락의 병사를 징발하는 임무를 맡겼다. 유연은 선우의 자손으로, 그의 조상이 한 왕실과 통혼한 사실을 이유로 성을 유(劉)라 했다.

유연은 혼란이 격렬해짐에 따라 산서 지역 흉노의 자립을 도모하겠다는 의지를 굳혔다. 그러던 차에 유연의 종조부 유선(劉宣)이 주동이 되어 비밀리에 유연을 대선우로 추대했다. 유연은 업을 벗어나기 위해 사마영에게 '오환·선비를 이용하여 공격하려는 서진 병주자사 사마등(司馬騰)이나 안북장군(安北將軍) 왕준(王浚) 등에게 효과적으로 대항하려면 흉노를 이용하는 것이 좋다'고 설득하였다. 이렇게 해서 유연은 304년 8월 마침내 산서로 돌아오는 데 성공하였다. 그를 쫓는 사람은 '20일 동안 이미 5만명이 되었다'고 한다.

기원전 3세기경부터 만리장성 밖에 건설되었던 흉노 국가와 달리 그들이 건설하려는 왕조는 지역도 주민도 이전과 달랐다. 흉노 중흥의 기수를 내건 유연은 오히려 중국 내지에 흉노가 중심이 되는 왕조의 건설을 기도한 것이다. 중국 내지에 건설한 이상 그 왕조는 당연히 중국의 전토에 대한 주권을 주장하는 것이 아니면 안된다. 서진 혜제가 죽고 회제(懷帝, 284~313)가 즉위할 무렵 한왕 유연의 세력은 더욱 커졌다. 당시 서진 영토 내에는 흉노의 한 외에도 요서 지방의 선비 모용씨(慕容氏), 우문씨(宇文氏), 단씨(段氏) 등이 있었으며 이들은 점차 자립하여 내지를 향해 진공할 기회를 노리고 있었다. 서진은 이들을 회유하기 위해 모용외에게 선비도독을 임명하였는데 이는 오히려 선비세력을 돕는 결과를 가져왔다. 한에서는 유연이 죽은 뒤 약간의 혼란을 거쳐 311년 그의 아들 유총(劉聰)이 즉위했다. 유총은 일족인 유요(劉曜)와 갈족인 석륵을 시켜 서진을 멸망시켰다(316).

— 박한제, 永嘉의 喪亂과 五胡十六國의 成立의 現場探訪 —

09. 하음의 변과 후경의 난

(가) 모용소종이 말하였다.

"태후가 거칠고 음탕하여 바른 길을 잃었고 총애를 받는 사람이 권력을 희롱하여 사해가 복잡하고 어지러워졌으니, 그러므로 밝으신 공께서 의로운 병사를 일으켜 조정을 깨끗이 하는 것입니다. 지금 아무런 까닭이 없이 많은 선비들을 죽이고 베어서 충성스러운 사람과 요망한 사람을 나누지 아니하면, 아마도 천하의 기대를 크게 잃을까 두려우니 좋은 계책이 아닙니다."

이주영이 듣지 않고 마침내 황제에게 청하여 황하의 서쪽을 돌아보자고 하며 淘渚에 이르렀는데, 行宮의 서북쪽으로 백관들을 이끌고 가서 말하기를, 하늘에 제사를 지내려고 한다고 하였다.

백관들이 이미 모이자 胡族 기병들이 줄을 짓게 하여 그들을 에워싸고서 천하가 다치고 어지러워진 것과 肅宗이 갑자기 붕어한 것을 꾸짖으며, 모두 조정의 신하들이 욕심이 많고 포학하였기 때문에 바로잡고 도울 수가 없다고 하며, 이어서 병사들을 풀어서 그들을 살해하도록 하였는데, 승상인 고양왕 원옹·사공 원흠·의양왕 원락으로부터 그 아래로 죽은 자가 2천여 명이나 되었다.

― 『자치통감』 ―

(나) 고환이 위독해지자 세자 고징이 조서를 꾸며 후경을 소환하였다. 후경이 조서가 거짓임을 알고 화를 입을까 두려워 정화를 시켜 양무제에게 투항을 청하였다. 양무제는 군신을 소집하여 이에 대해 논의하였다. 상서복야 사거 등은 모두 그의 무리를 받아들이는 것을 달갑게 생각하지 않았으나 양무제는 그 의견을 따르지 않았다.

― 『南史』 ―

(다) 후경이 13주를 들어 투항하기를 청하였다. 그를 대장군으로 삼고 하남왕에 봉하였다. 사주자사 양아인으로 하여금 그를 맞이하도록 하였는데, 양아인의 군대가 도달하기 전에 동위는 군대를 보내 공격하였고, 다급해진 후경은 자신의 땅을 나누어 주겠다며 서위에 구원을 요청하였고, 이에 포위에서 풀려날 수 있었다.

― 『南史』 ―

(라) 태청(太淸) 3년 겨울 12월. 이 달에 백제의 사신이 도착하였다. …… 건강(建康)이 폐허가 된 것을 보고 단문(端門) 밖에서 소리 내어 울었다. 길을 지나가다가 본 자 중에 눈물을 뿌리지 않은 이가 없었다. 후경이 듣고 크게 노하여 소장엄사에 백제의 사신을 보내 감금해두고 출입하는 것을 허락하지 않았다.

― 『梁書』 ―

자료 해석

(가)는 하음의 변에 관한 것이다. (나), (다)는 후경이 양나라로 망명하게 되는 과정을 보여주는 것이고, (라)는 후경의 난 이후 피폐해진 건강(난징)의 상황을 보여주는 글이다.

북위의 조정에서는 영태후와 숙종파간의 대립이 있었는데, 숙종파가 이주영에게 의지하려고 하자 영태후파는 숙종을 독살해 버렸다. 이주영은 이를 알고 병사를 거느리고 낙양에 진입해 영태후를 체포해 황하에 던졌고, 신하 2천여 명을 살해했다(528). 이를 하음의 변이라고 한다. 하음의 변 이후 북위는 동위와 서위로 갈라지게 된다.

동위의 장수였던 후경은 고징이 권력을 잡자, 자신이 제거될 것을 우려하여 양나라 무제에게 투항하였다. 양에 투항한 이후 반란(548)을 일으켜 양 무제를 유폐하고 분사시켰다. 후에 간문제를 세웠으나 간문제마저 폐하였다. 진패선과 왕승변이 공격하자 바다로 달아나다가 피살되었고, 진패선은 진을 건국하였다. 후경의 난으로 남조의 문벌귀족 사회는 붕괴하게 되었다.

◇ 관롱 집단

관롱 집단은 서위 이래 수·당까지 관중지방 출신을 중심으로 무력과 지식을 갖춘 지배층을 말한다. 관롱 집단의 핵심은 서위 시대 8주국의 후예들이었고, 황실 및 공신도 8주국의 후예들이었다. 8주국은 서위 시대에 임명된 8명의 대장군을 말한다. 이들 상호간의 혼인을 통해 지배층을 형성하고 유지하였다.

◇ 돌궐

돌궐족은 6~8세기경 몽골 고원과 알타이 산맥을 중심으로 유목생활을 하던 민족이다. 돌궐족은 처음에는 유연(柔然)에게 복속되어 있었지만, 6세기 중엽 유연에게서 독립(551)하였다. 돌궐의 세력은 급속히 강대해졌지만, 칸의 지위를 둘러싸고 싸움이 그치지 않아 통일의 기반이 취약했다. 중국을 통일한 수나라는 돌궐 이간책을 써서 돌궐은 서돌궐과 동돌궐로 분열되게 만들었다. 이후 동돌궐은 630년에, 서돌궐은 657년에 각각 당에 멸망되었다.

2 수·당의 발전과 동아시아 문화권

(1) 수의 통일

1) 건국
   ① 건국: 북주의 외척인 양견이 수를 건국(581)
   ② 통일: 진을 정복하여 남·북조 통일(589)

2) 통일 배경
   ① 관중지방의 유리한 지리적 조건
   ② 북주가 선비족의 고유한 군사력을 보존
   ③ 관롱집단이 참신한 기풍 유지
   ④ 서위 때부터 시작된 부병제와 균전제 계승 → 부국강병
   ⑤ 남조는 귀족사회가 발전하고 왕권 약화

[대운하]

(2) 수 문제(581~604)

1) 중앙 관제: 3성 6부제 확립

2) 지방 관제 : 중앙집권체제 강화
   ① 2층 구조 : 주·군·현의 3단계 구조 → 주·현의 2단계 구조
   ② 자사 권력 축소 : 주의 자사는 일반 행정만 담당 → 주군(州軍) 폐지
   ③ 지방 통제 : 순성, 순무 또는 풍속관찰이란 이름으로 중앙관 파견 → 행정사무 감독
   ④ 인사권 회수 : 종9품 이상의 지방관을 중앙의 이부에서 임용
   ⑤ 군대
      • 군의 태수가 장악하였던 정치·군사권을 중앙으로 회수
      • 여러 주의 병권을 총괄하는 총관부 설치 → 장관인 총관에 황제의 자제를 임명하여 중앙 정부 통제 하에 둠 → 총관부도 폐지하며 지방의 군사권을 모두 중앙으로 회수

3) 과거제 실시 : 9품관인법을 폐지하고 선거(과거)제도 실시

4) 북주 제도 계승
   ① 균전제 실시 : 부병제를 정비하고 조·용·조 징수
   ② 삼장제의 정비와 호적정리
      • 5가를 1보, 5보를 1리, 4리를 1당으로 하고 각각 보장·이장·당장을 둠
      • 향리에 대한 국가의 통제를 강화하고 부역과 호구 감독
   ③ 병농일치 완성
      • 부병과 균전을 서로 결합시켜 병농일치 완비
      • 병력 감축과 군사비 부담 감소

5) 개황 율령 반포(583)
   • 가혹한 법률 삭제
   • 3성 6부를 중심으로 한 제도 정비

6) 대운하 건설: 광통거 완성 → 대흥성에서 황하 연결

7) 동돌궐 정복: 돌궐을 동돌궐과 서돌궐로 분열시킴 → 동돌궐 복속(585)

(3) 수 양제(604~618)

1) 대운하 건설
   ① 목적
      - 쌀 생산지대와 낙양·장안 등의 소비 도시 연결
      - 남북의 경제적·정치적 통일 완성
   ② 종류
      - 통제거 : 황하와 회수 연결
      - 한구 : 회수와 양자강 연결
      - 영제거 : 황하에서 북으로 탁군(베이징) 연결 → 고구려 정복
      - 강남하 개수 : 양자강에서 남으로 항주 연결 → 남북 잇는 대운하 개통 완성
      - 통제거와 황하의 교차점에서 다시 수로와 육로를 이용해 낙양·장안으로 교통로 정비

2) 서역 원정
   ① 토욕혼 정벌 : 서역4군·이오군 설치
   ② 서역 정벌 : 고창국 등 40여 국 복속

3) 고구려 원정
   ① 살수대첩(612) → 이후 고구려 정복 시도 → 양현감의 반란
   ② 우문화급이 양제 살해 → 멸망

4) 수 왕조의 의의
   ① 남북조의 오랜 분열 통일
   ② 중앙집권적 율령체제의 정비
   ③ 대운하공사로 중국의 사회와 경제적 통일

◇ **토욕혼**
토욕혼은 선비족 모용부의 일파였으나, 영가의 난을 전후한 시기 토욕혼이 부족을 이끌면서 토욕혼이라 불렸다. 이들은 자신들의 근거지를 중국 서북부 지역인 칭하이·간쑤로 옮겨 강족과 함께 지냈다.

◇ **고창국**
현재 중국 서북부의 신강 위구르 자치구 지역에서 5~7세기경 번성하였던 국가다.

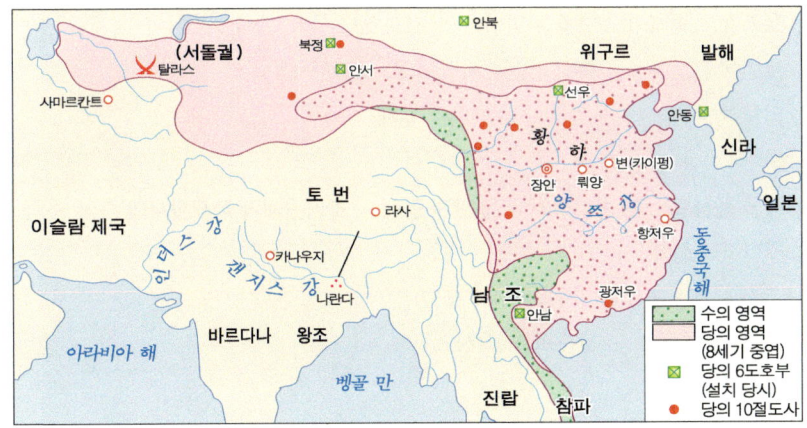

[수·당의 영역]

3 당의 건국과 발전

(1) 당 건국

1) 건국
   ① 당을 건국한 이연은 관롱집단의 일원
   ② 진양(태원)에서 군사를 일으켜 장안을 장악하고 건국(618)
   ③ 왕세충, 두건덕 등을 격파하고 중국 재통일

2) 당 성공 원인
   ① 당 고조 이연의 가문이 서위 이래 권력의 중심
   ② 태원에서 거병하여 장안 장악
   ③ 돌궐의 지원

(2) 태종(626~649)

1) 즉위: 현무문의 변˚을 통해 즉위

2) 정관의 치
   ① 의미: 방현령, 두여회, 위징 등의 보필로 태평세대
   ② 정관정요
      • 오긍 편찬 → 군주의 도리와 인재 등용 등의 지침을 적은 책으로 태종이 방현령, 두여회, 위징 등과 대화한 내용 정리
      • 제왕학 교과서
   ③ 정관씨족지: 황실과 외척을 서열 1·2위로 위치

3) 대외 정책
   ① 동돌궐 멸망(630)시키고 난 뒤 천가한(天可汗)˚ 칭호 획득
   ② 토욕혼 복속시키고 고창국 멸망 → 안서도호부 설치, 안서 4진 설치 → 서역 경영
   ③ 토번에 문성공주를 화번공주로 시집보내고 화친을 맺음
   ④ 고구려 공격 → 안시성 전투의 패배로 실패

4) 당 중심의 국제 질서 형성
   ① 당을 중심으로 한 중화주의 국제 관계 형성 → 조공관계가 국제질서의 중심
   ② 주변지역 정복
      • 동돌궐 정복(630) → 서돌궐 정복(657)
      • 백제 정복(660) → 고구려 정복(668)
   ③ 기미정책
      • 변경 지역 통치를 위해 6도호부 설치
      • 도호부의 장관인 도호는 중앙에서 파견 → 민정과 군정 총괄, 그 아래 정복지의 왕과 추장을 지방관으로 임명하여 어느 정도 자치 인정
   ④ 여러나라와 교류 촉진 : 이슬람 상인, 소그드 상인(호인)

◇ **현무문의 변**
이세민이 태자인 건성과 동생인 원길을 죽이고 권력을 장악한 것을 말한다. 이 과정에서 세민은 태자 건성의 책사였던 위징을 설득하여 자신의 신하로 만들었고, 위징은 방현령, 두여회와 함께 당의 번영(정관의 치)을 이끌었다.

◇ **천가한**
천가한은 텡그리 카간을 말한다. 텡그리는 하늘이고 카간은 유목민족의 지도자를 말한다. 당 태종이 동돌궐을 멸망시키고 천가한의 칭호를 획득한 것은 농경민족의 황제와 유목민족의 가한(카간)이 되어 두 세력을 통합하였다는 의미로 볼 수 있다.

(3) 측천무후의 등장과 주 건국

1) 고종
   ① 서돌궐·백제·고구려 정복
   ② 6도호부 설치

2) 측천무후의 등장과 지배질서의 재편성
   ① 왕황후 지지파와 무후 지지파로 대립
   - 왕황후 지지파는 장손무기를 비롯한 개국공신(관롱집단)
   - 무후파는 이적, 허경종 등 산둥지방(옛 북제) 출신
   ② 무후파의 승리로 산둥의 새로운 관료가 정권을 담당 → 지배계급 교체

3) 측천무후
   ① **고종이 황후로 책봉(665)** → 고종 사후 측천무후 정권 장악
   ② **집권 정당화**
   - 대운경을 위조해 자신의 집권 정당화
   - 도교 대신 불교를 지원하여 불교 발전에 기여
   - 측천문자 19자를 제정
   - 서주 시기 천자가 제후를 소집하던 명당을 복원
   ③ **권력 강화**
   - 이경업의 반란(684)◇ 이후 밀고 장려
   - '북문학사'라는 젊은 문학지사를 초치하여 우대
   - 남관 정책 : 문하성과 상서성을 거치지 않고 제수하는 관직 남발
   - 구귀족을 숙청한 후 과거제도 확대 → 신진관료 등용하여 국정 쇄신
   - 낙양을 신도로 하여 정치·군사 중심으로 삼음
   - 주례를 바탕으로 관제 개혁
   ④ **경제·사회** : 생산력이 발전하고 사회가 안정됨

◇ **이경업의 난**

이경업은 당 초기 명장 이적의 손자다. 이적은 원래 서씨였으나 공을 세워 이씨 성을 하사받았다. 고종이 죽은 후 측천무후가 아들 이단을 예종으로 즉위시키고 자신이 직접 정사를 처리하였다. 이에 이경업은 684년 동생 이경유 등과 10만의 병력으로 반란을 일으켜 폐위된 중종을 복위시키려 하였으나, 측천무후의 군대에 의해 진압되었다.

(4) 현종(712~756)

1) 개원의 치
   ① 요숭, 송경 등 과거 출신의 관료들을 등용하여 정치 안정
   ② 문벌귀족 세력을 억제하고 인재 등용
   ③ 군사적 안정↑
   ④ 인구·호구 수 증가 → 장안이 국제도시로 발전
   ⑤ 학자와 예술가 다수 배출

2) 통치 체제 동요
   ① 폭발적 인구 증가로 토지 부족 심화 → 균전제 붕괴
   ② 부병제에서 모병제로 전환 → 북방 유목민으로 충원
   ③ 절도사 설치
   ④ 탈라스 전투(751)의 패배로 서역 지배권 상실

3) 안사의 난과 사회 체제의 변화
   ① 안사의 난(755~763)
      - 안녹산이 봉기하여 낙양과 장안 점령
      - 반란군의 내분과 위구르의 도움으로 진압
   ② 율령 체제 붕괴
      - 균전제 → 장원제
      - 부병제 → 모병제
      - 조·용·조 → 양세법
      - 6도호부 → 10절도사
      - 전란으로 유민↑ → 객호↑ → 신흥지주(형세호)의 전호가 되거나 절도사 휘하의 용병
      - 호구에 등록된 인구 수↓

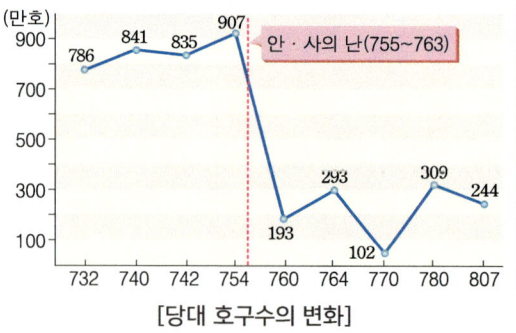

[당대 호구수의 변화]

(5) 당의 쇠퇴와 멸망

1) 절도사 세력 등장과 확산
   ① 번진 확대
   - 번진의 확대로 재정 부족과 지방 분권화 확대
   - 번진 사이의 대립과 번진 내부의 권력 불안정으로 혼란

   ② 절도사
   - 하북 3진 : 노용절도사(이회선), 위박절도사(전승사), 성덕절도사(이보신) → 반측지지 → 당으로부터 독립적인 성향
   - 주의 관찰사 겸임 → 군사·민정·재정·사법권 장악 → 반독립국가적 성격
   - 절도사의 내지 확대와 주의 관찰사 겸직 → 지방 분권화
   - 주력부대 : 아중군(정예군)
   - 직위 세습

2) 순지화 노력
   ① 1차 : 덕종°(780~805) → 반측지지의 연합으로 실패
   ② 2차 : 헌종(805~820)
   - 기반 조성 : 우수한 재정적 기반 + 금군인 신책군 육성
   - 성공 : 두 차례에 걸친 위협과 토벌을 통해 어느 정도 달성 → 원화중흥

3) 환관의 전횡
   ① 환관 세력의 성장
   - 황제 제위 계승에 관여 → 현종 이후 덕종을 제외하고 모든 황제가 환관세력에 의해 폐립
   - 중앙군(금병)의 군사권 장악
   - 황제의 명령을 각 부서에 전달하는 추밀사에 임명되면서 국가 기밀에 접근
   - 지방군을 감시하는 감군을 환관이 담당

   ② 영정혁신(805)°
   - 순종 때 혁신관료들이 환관의 군사권 탈취 시도
   - 순종은 헌종에게 제위를 물려주고 개혁파는 좌천

   ③ 감로의 변(835) : 문종이 이훈·정주 등의 공신들과 공모하여 환관을 제거하려 하였으나 실패 → 문생천자°

   ④ 주전충
   - 주전충을 이용해서 환관세력을 제거
   - 주전충이 당 멸망시키고 후량 건국

◇ 영정 혁신
영정 혁신은 당의 순종 때 왕숙문이 주도한 정치 개혁이다. 한림학사로 정권을 장악한 왕숙문은 환관들의 전횡을 없애 백성들의 큰 지지를 받았다. 또한 신진 인사를 중용하여 정치를 혁신하려 하였다. 그러나 환관 구민진 등이 왕숙문을 몰아냄으로써 1년 만에 혁신은 실패로 끝났다.

◇ 문생천자
문생은 과거에 합격한 학생을 말하는 것으로 문생천자는 황제가 환관의 문생(학생)이라는 의미다. 이는 소종을 옹립한 환관 양복공이 소종이 환관을 싫어하자 황제가 우리와 같은 대원로에게 거역하는 것은 은혜를 모르는 문생천자라는 말에서 유래하였다. 이는 환관이 황제를 제멋대로 한 것을 이르는 말로 사용되었다.

4) 당쟁의 격화 : 우·이 당쟁

시작	· 이덕유·정담 : 문벌귀족의 후손으로 문음으로 정계 진출 → 진사과가 시문을 중심으로 관리를 선발하기에 등용되는 관리들이 대체로 경박하다며 배척 · 우승유·이종민·양사복 : 과거의 진사 출신의 신진 관료 → 시문을 중심으로 선발해야 한다고 주장
전개	· 문종 때 이덕유가 한림학사 → 언론 장악 → 이종민 배척 · 이종민이 환관과 우승유를 끌어들여 재상이 됨 → 이덕유 일파 축출 · 우승유가 서역 경영 실패로 실각 → 이덕유가 재상이 되어 이종민 축출 → 이덕유도 환관의 미움을 받아 축출 → 이종민 재상 · 무종 때 이덕유 재상 → 우승유·이종민 추방 → 선종이 즉위한 후 이덕유 파면
의미	문벌귀족과 과거관료의 정치적 투쟁 → 이·우당 모두 환관과 결탁 → 환관의 전횡↑

5) 황소의 난과 당 멸망

① **배경**: 진봉◇에 의한 농민 부담 증가 + 병사들의 대우↓ → 강전태의 난(858), 구보의 난(859), 방훈의 난(864~869)◇

② **황소의 난(874~884)**
- 왕선지의 봉기+황소의 합류 → 황소가 낙양·장안 점령하고 즉위 → 국호 대제, 연호 금통
- 관군과 절도사 반격+사타족 이극용의 지원 → 주전충의 배신으로 실패

③ **의의**
- 당 중앙정치 타격
- 절도사 세력 재편 → 이극용, 주전충
- 문벌귀족 세력 약화 → 사대부 사회 성립에 영향

④ **당 멸망**: 주전충이 소종을 시해하고 후량 건국(907)

◇ **진봉과 당 말기의 반란**

진봉은 원래 임지의 변진에서 경비 절약 등에 의해 남은 잉여 재원을 중앙에 반환한다는 명목으로 실시되었다. 그러나 실제로는 병사에 대한 급여를 유용해 영내의 세수를 증가시키는 등의 방법으로 전환되었다. 진봉으로 인해 일반 농민의 부담 증가되었고, 이는 이후 강전태의 반란, 구보의 반란, 방훈의 반란 등으로 이어졌다. 855년 이후 곳곳에서 하급 장교들이 중심이 되어 처우 개선을 요구하는 반란을 일으켰다. 858년 강전태를 지도자로 하는 병란에는 일반 병사 외에도 그 지역의 부상과 토호가 참여하였는데, 이는 부상과 토호들에 대한 수탈이 심하였음을 보여준다. 859년에는 절동 지역에서 농민 출신인 구보의 난이 발생하였으며, 여기에도 몰락 농민 뿐 아니라 토호와 부상도 참여하였다. 또한 방훈의 난이 발생하였는데, 초기에 변진에서 병란이 발생한 것을 시작으로 하여 발전하였다.

(6) 당의 통치체제

1) 율령체제
   ① 형성 : 서진 시기 율·령이 기본 법전으로 병립 → 남북조 시기에 격과 식이 보완 법규로 등장
   ② 율령격식: 당률소의°
   - 율 : 형법 → 태·장·도·유·사의 5형 체제 형성, 신분 등에 따라 차등 적용
   - 령 : 행정법, 민법
   - 격 : 임시법
   - 식 : 시행 세칙

2) 통치체제
   ① 중앙관제 변천의 특징 : 황제권과 재상권이 서로 대립과 견제를 통해 변천 → 황제권이 재상권을 제압하면서 발전
   - 진·한의 3공제 → 한 대 황제 측근의 비서기관인 상서로 대체
   - 삼국시대 중서의 권한을 강화시켜 상서를 제치고 측근 비서관이 되어 조령을 관장 → 황제의 비밀 조령은 상서를 경유하지 않고 직접 지방의 주군과 국경의 장군에게 전달 → 중서는 남조의 양·진에서 중요한 기구로 발전
   - 문하는 황제의 측근에서 그림자처럼 보필 → 시중, 산기상시, 급사중이 모두 문하에 소속되어 황제의 고문에 응하거나 간관의 역할 담당 → 남조 이후 문벌이 높은 귀족가문에서 임명
   - 상서와 중서는 황제에 예속된 성격, 문하는 문벌귀족이 황제에게 충고하는 자문 역할

3) 중앙행정조직
   ① 3성 6부제

중서성	국가정책 기안
문하성	국가정책 심의 → 귀족 이익을 대표하여 봉박권을 이용해 중서성으로 되돌려 보냄
상서성	국가정책 집행 → 6부의 장관인 상서가 정무 분담하고 황제 조칙(국가정책)을 실천

   ② 9시 5감

9시 : 경(장관) - 정령 관장		5감 - 사업 실행(관장)	
태상시	제사와 예악	국자감	국가 교육기관, 최고 학부
광록시	향연 주관	소부감	황제의 복제
위위시	궁중의 무기고와 의장 행사	장작감	토목 관련 사업 관장
종정시	황족 업무	도수감	제방·수리 관장
태복시	천자가 타는 가마 담당	장작감	토목 관장
대리시	형옥		
홍려시	외국 사신 접대와 흉례 담당		
사농시	창고와 회계 담당, 관리의 봉록		
태부시	공부의 수입과 보관		

   ③ 어사대 : 감찰기구

◇ 당률소의

당 고종 때인 652년 태위 장손무기, 사공 이적 등이 편찬한 당률의 주석서이다. 총 12편 500조에 달하는 옛날의 법률을 자세히 연구하여 주석을 달았다. 당률이 법전으로 전해지는 것이 없어서 일반적으로 당률하면 당률소의를 말한다.

④ 중앙관제의 문제점
- 국가정책의 기안은 황제와 중서령만이 국무를 논의할 뿐 행정부처 간의 긴밀한 연락통로가 없는 모순점 → 안사의 난 이후 중서성과 문하성이 중서문하성으로 통합
- 문하성의 봉박권이 황제의 권한 제약 → 당의 정치 불안정 지속
- 상서성의 이부가 관리의 인사권 장악하고 문벌귀족이 이부상서에 임명 → 중서령이나 문하시중보다 행정·인사권에 강한 권력을 행사하여 귀족의 관직 독점에 유리

⑤ 당 후기의 변화
- 문하성이 중서성에 흡수되고 중서성의 장관을 재상으로 하여 명칭을 동중서문하평장사 또는 동평장사로 격하시키고 6부의 장관인 상서를 여기에 예속
- 황제와 가까운 중서성이 문하·상서성을 합병한 것으로 황제가 직접 조칙을 발동할 수 있게 됨 → 귀족세력이 붕괴되는 사회현상이 제도상에 반영

4) 지방관제
① 주·현
- 한~남북조 : 주-군-현의 3층제
- 수 : 주-현의 이층제

② 도 설치
- 태종(627) : 전국을 10도(현종 때 15도)로 구분 → 순찰을 위한 구분
- 측천무후(691) : 10도에 존무사를 두어 각도의 정무 감찰
- 중종(706) : 10도 순찰사를 2명씩 두어 상설화
- 현종(732) : 각 도에 채방처치사를 설치 → 도의 행정업무 관장

③ 도독부 설치
- 지방 요충지에 설치 → 여러 주를 감독
- 태종 : 전국에 41개 도독부, 358개 주, 1537개 현

④ 6도호부 설치 : 당이 정복한 지역에 설치

⑤ **경기와 행재소에 부 설치** : 장안의 경조부, 낙양에 하남부, 태원에 태원부

5) 학교 교육과 과거제도

① 학교 교육

- 관학일체사상 : 한 대의 유교주의에서 출발 → 학교 교육과 과거제도 밀접한 관련 → 동양사회에서 전문적인 학자와 예술가가 배출되지 못한 원인
- 관학은 태종 때 번성 → 측천무후 때 남관정책(관직 남발)으로 쇠퇴 → 현종 때 다시 회복
- 6학의 교사 : 박사·조교·직강이라 함

국자학	정원 72명 → 3품 이상의 귀족자손 선발	· 가장 중시됨 · 유교 경전 공부 · 서도 교육 → 과거에서 중시
태학	정원 140명 → 5품 이상의 자손 선발	
사문학	정원 130명 → 7품관 이상의 자손 선발	
율학	각 왕조의 법률내용과 격식법례 연구	6년 학습
서학	서예, 시무론책 학습 , 문학과 유교 경전 공부	9년 학습
산학	산학원리와 산식에 대한 연습 중시	9년 학습

- 2관

홍문관	· 장서를 보관 → 천자의 자문에 응함 · 현종 이후 경관5품 이상의 귀족자제를 학생으로 선발하여 교육 → 학교로 발전	· 유교 경전 공부 · 서도 교육 → 과거에서 중시
숭문관	· 동궁에 소속 · 노자의 도덕경, 장자, 열자 등을 학습 · 고종 때부터 학사와 생도 → 황족과 재상의 자손만이 입학	

6) 과거제

① 예부시

- 학과별 시험 → 수재·명경·진사 등으로 구분
- 측천무후 시기 이후 진사과 우대
- 관리 후보자의 자격 시험 성격

② 이부시 : 면접시험으로 신언서판으로 평가 → 문벌귀족 사회 유지

③ 생도 : 관학 졸업생을 시험하여 관리로 등용하는 생도

④ 제과 : 황제의 특명에 따라 인재를 선발하는 제과

7) 토지제도와 조세제도

① 균전제

내용	• 세습 가능한 영업전과 반납해야 하는 구분전이 존재 • 정남은 구분전 80무, 영업전 20무 지급
붕괴	• 오랜 평화와 인구증가 • 관료귀족에 의한 미개간지 점유 • 사원전의 증가와 관전의 사유화로 인한 토지 사유화 촉진 • 생활이 궁핍한 농민이 토지 매매 → 귀족이나 부호의 대토지 사유화↑

② 조·용·조에서 양세법으로 전환

- 조용조와 호세·지세

조(租)	• 토지세 → 곡물로 징수, 1/10 징수 • 정남 1인에 대하여 속 2석 부과
조(調)	• 지방의 특산물 납부 • 비단 가운데 2장, 면은 3양
용	• 20일의 역역 • 장안과 낙양 근방의 국가적 토목사업에 사역
호세	• 호에 대한 일종의 재산세 • 재산에 따라 9등급으로 나누어 호의 등급에 따라 징수 • 왕공 ~ 일반민에게 모두 부과 • 관리 월급에 사용
지세	• 정관 2년(620)에 실시 • 흉년에 대비하여 구황을 목적으로 1무에 2승 징수

- 양세법

배경	• 균전제의 붕괴와 대토지 소유의 발달 • 인구 격감으로 금군 및 번진의 군사 유지비 부족
실시	재상 양염의 건의로 실시(780)
원칙	자산에 의한 전납(화폐납)의 원칙
내용	• 하세(6월)와 추세(11월) 징수 • 호세와 지세를 기초로 그 밖의 잡세는 일원화 • 호를 대상 → 빈부격차 고려하여 차등 과세 • 지출을 헤아려 수입을 통제하는 양출제입의 원칙 • 화폐를 기준으로 납부하는 전액전납의 원칙 • 현재 거주지를 기준으로 등록
결과	강남 지역의 안정적 조세 징수로 재정 위기 극복에 도움

8) 부병제의 실시와 붕괴

① 시작
- 서위의 우문태
- 일반 민호를 부병으로 징발하는 부병제 확립(24군제) → 관중지방에 국한됨

② 확대 : 수대에 이르러 전국적으로 실시

③ 당
- 태종(636) 때 완성 : 수도 장안에 12개의 위부를 설치, 지방에는 634개의 절충부 설치
- 구성

위사(衛士)	12위나 6솔부 중 하나에 소속되어 5개월마다 교대로 수도를 경비하는 번상(番上)
방인(放人)	병역의 기간중 1회에 한해 3년간 변경에 근무하는 진수(鎭戍)
부병	· 토지를 지급받고 평상시에는 농업에 종사하며 조·용·조 면제 · 전쟁에 나갈 때 양식과 생활비용, 심지어 무기까지도 개인이 조달하였기에 백성의 부담↑

④ 문제점
- 각종 개인 비용의 부담 증가
- 지역 편중 : 634개의 절충부 중 65%가 장안과 낙양에 집중 분포 → 수도 인근 농민의 부담↑

⑤ 당의 국경 방위 변경
- 부병의 변경 근무로 운영되어 작은 병력으로 편성된 진수가 변경을 따라 존재하며 이를 도호부가 통제하는 방식
- 고종 이후 토번과 돌궐의 침략으로 기존 방식이 제기능을 못하자 부병과 모병(건아, 健兒)으로 구성된 군진을 변경에 다수 설치 → 2,3년 혹은 6년 단위의 장기 주둔 확대 → 병역 기피↑

⑥ 모병제로 전환

내용	안사의 난 이전부터 도호(逃戶)가 증가하였고 안사의 난 이후 더욱더 증가 → 병사의 부담이 증가하고 부병제 동요
확기제	· 현종 때 재상 장열이 건의(722) → 부병의 부담 감소 · 1년에 2번 한 달씩만 복무 · 3년 병역의 의무 폐지 · 수도 인근에 근무
모병제	장정건아라고 불리는 직업적인 용병제 실시(737)

⑦ 우림군 : 황제 친위군 성격의 우림군을 확충하고 중시

⑧ 괄호 정책

배경	부병의 부담↑ + 자연재해↑ + 도호의 부담을 주변 농민에게 전가↑ → 도호(逃戶)의 증가 → 조세 수입 급감
실시	· 현종 때 우문융◇ 건의 · 장열은 백성들에게 소란을 일으킨다고 반대
내용	전국에 권농판관을 파견하여 도호와 미토지 등록 파악 → 백성들의 조세 부담↑

◇ **확기제와 괄호정책**
당의 부병제는 정남이 5개월에 한 번씩 한 달간 수도 인근에 근무하였는데, 이를 위사(衛士)라고 하였으며, 이 외에도 평생 한 번 3년 간 병역의 의무를 져야 했다. 그런데 이것이 정남들에게 큰 부담이었고, 이에 현종 때 장열이 확기제를 실시하였다. 확기제는 1년에 2번 한 달씩만 복무하게 하고 3년 병역의 의무를 폐지하였는데, 약 12만 명을 모집하였다. 한편, 끊임없이 도호가 발생하자 이를 해결하기 위해 우문융은 괄호정책을 실시하였다. 장열은 괄호정책이 문제의 본질은 해결하지 못하고 백성들에게 혼란만 준다고 하여 반대하였다. 결국 737년 군진병을 모병제로 전환하는 장정건아제를 실시하였고, 이것이 모병제의 시초가 되었다.

◇ **우문융**
우문융은 당 현종 때 복전권농사에 발탁되어 괄호 정책을 실시하였다. 이후 병부원외랑 겸 시어사가 되었다. 그러나 공금을 유용한 사실이 발각되어 탄핵되어 광주 유배가서 죽었다.

◇ **기미정책**
기미는 말의 굴레를 의미하는 기(羈), 쇠고삐를 뜻하는 미(縻)로 이루어진 용어로서, 기미정책은 '고삐를 느슨하게 잡되 끈은 놓지 않는다.'는 뜻이다. 이는 당나라가 주변의 유목민족들을 통제하기 위한 수단으로 사용되었다. 유목민족의 수장에게 중국의 관직이나 물품을 하사해주는 대신에 중국의 주도권을 인정하게 하는 것이 기미정책의 주 핵심이었다.

◇ **궤방**
궤방은 물건을 맡기면 보관해주는 점포를 말한다. 궤방은 물건의 보관 외에도 궤방에 맡긴 상인이 타인에게 어음을 발행하여 수취인이 이 어음을 제출하면 그 물건을 내어주었다.

◇ **시박사**
시박사는 해상 무역과 관련된 사무를 담당한 관청으로 무역세 징수, 무역품 판매를 위한 허가증 교부, 상인의 체류 등을 관리하였다. 당 말기에 설치되어 1684년 천계령이 해제되어 해관이 설치되면서 폐지되었다.

(7) 대외 정책

1) 기미정책

① 이민족의 왕·추장 → 도독·자사·현령 등에 임명

② 도호부를 통해 감독

2) 서역 경영

① 돌궐 정복: 당 태종 때 동돌궐 정복, 서돌궐 세력↓

② 도호부 설치

- 안북·선우 도호부 : 설연타 멸망 후 돌궐 통제
- 안서도호부 : 고창국 멸망 후 설치
- 북정도호후 : 서돌궐 공격하기 위해 설치
- 안동도호부 : 고구려 정복 후 설치
- 안남도호부 : 베트남 북부 통치하기 위해 설치

(8) 당의 사회·경제

1) 농업 발달

① 벼농사 : 화중·강남지방 → 화북지방까지 확대 + 생산량↑

② 경작지 확대 → 콩·밀 생산량↑ → 인구↑ → 비단·차·소금 생산↑

③ 비단 : 하북·산동·강소·절강·사천 지방으로 확대

④ 목면 : 남방의 복건 이남에 전파되어 가내수공업으로 발전

⑤ 설탕 : 인도에 사신을 보내 설탕 생산 기술 습득 → 생산 기술 발달

⑥ 차 : 음차의 풍습↑ → 사천·호북·절강 지방에서 재배 → 화북의 소비지로 이동

⑦ 양자강 유역과 절강 지방의 경제 개발 : 강서·광동·광서의 하천 유역과 해안지대의 개발 촉진

2) 상공업 발달

① 관영 수공업과 민영수공업 발달 → 비단·목면·도자기 등 생산

② 화폐

- 개원통보, 건원중보, 건중통보 등 발행
- 어음으로 편환(비전) 발행
- 궤방◇ 세 발달

③ 도시 발달

- 장안과 낙양은 정치·상업 도시로 발달 → 장안은 동시·서시 발달, 낙양은 동시·서시·남시 발달
- 상인 조합이 행 발달
- 운하의 개통 + 군사도로 확충 → 전국적인 광역시장 형성
- 초시 : 정기적인 장시
- 광저우에 시박사◇ 설치
- 당 후기에 중개상인, 판매 대리인 역할을 하는 아행, 아쾌 등장

(9) 당의 문화

1) **성격**: 국제적이고 귀족적인 문화

2) **문벌귀족 중심의 문화**
   ① 과거제에서 문벌 중시하고 음서를 통해 관직 진출
   ② 장원제 발달 → 문벌귀족 세력 유지

3) **유교의 발전**

공영달	• 『오경정의』를 통해 경전 해석 통일 • 학문의 획일화를 초래하는 폐단 발생
한유	• 『원도』: 맹자 이후 유가의 전통이 단절 → 유가 부활 주장 • 『원성』: 인간의 성(즉, 품)은 출생시 생기며, 인간의 성(性)은 인·의·예·지·신으로 구성 → 성을 다시 3품으로 구분함
이고	• 한유의 제자 • 『논어필해』: 한유와 함께 지었으며, 논어의 주석서임 • 『복성서』: 성인과 범인은 성(性)은 동일하지만 정(情)의 방해로 차이 발생 → 욕심을 없애면 본래의 착한 성선(性善)으로 복성(復性) 가능
유종원	『천설』: 천지·원기·음양은 인간 행위에 상·벌을 내릴 수 없고 역사의 발전은 성인의 의지가 아니라 세력이 좌우
유우석	『천론』: 한유와 유종원의 논쟁을 정리 → 인간의 길흉화복은 인간 행위에 의해 결정 → 동중서의 천인상관설 비판

4) **불교**
   ① **천태종**: 수대 지의가 법화경˚을 중심으로 불교 통합 → 주로 남방에서 유행
   ② **화엄종**
      • 수대의 두순 → 당대의 지엄 → 측천무후 때 법장
      • 화엄경˚ 중심 → 진심이 모든 현상의 근본임을 주장
   ③ **선종**
      • 남조 양나라의 달마가 선법 창시 → 당대에 북파와 남파로 분열
      • 혜능: 불성이 마음속에 있다고 주장
   ④ **법상종(유식종)**: 현장이 유식경을 중심으로 발전 → 의정 활약
   ⑤ **밀종(밀교, 진언종)**: 개원의 3대 승려인 선무외, 금강지, 불공이 전파
   ⑥ **불경 번역**: 현장·의정˚ → 신역 경전
   ⑦ **부모은중경**: 유교의 효를 수용한 중국화된 불교 경전
   ⑧ **정토종·선종 유행**: 무종의 폐불 이후 정토종과 선종이 유행
   ⑨ **여행기**: 대당서역기(현장), 남해기귀내법전(의정)

◇ **법화경과 화엄경**
법화경은 묘법연화경의 줄인 말로, '올바른 법을 가르치는 흰 연꽃과 같은 불경'이라는 뜻을 담고 있다. 법화경은 천태종의 근본 경전이다. 한국사에서는 고려 후기 백련결사로 유명한 요세가 법화경 설법을 즐겨 했다.
화엄경은 화엄종에서 중시하는 불경이다. 화엄종은 하나가 모든 것이요, 모든 것이 하나여서 우주 만물이 서로 융통하고 화해하며 무한하고 끝없는 조화를 이룬다는 주장을 핵심으로 한다.

◇ **현장과 의정**
현장은 인도를 기행한 후 『대당서역기』를 저술하였고, 인도에서 가져온 불경을 보관하기 위해 대안탑을 세웠다. 현장이 가져온 불경을 번역하기 위해 번경원이 설립되었다. 이렇게 번역된 경전을 신역 경전이라고 하고 이전의 구마라습 등이 번역한 불경을 구역 경전이라고 한다. 신역 경전은 직역 위주로 정확하게 번역한 것이 특징이다. 의정은 현장의 제자로서 20년 동안 인도 등지를 여행한 후 『남해기귀내법전』을 썼다.

5) 도교의 발달
   ① 배경 : 왕실의 지원으로 발전
   ② 태종 : 전국에 노군묘(노자묘)를 세움
   ③ 고종 : 노자에게 '태상현원황제'의 존호 봉헌
   ④ 현종
   - 도덕경 중시 : 가호별 소장을 명령하고 과거시험 출제에 반영
   - 숭문관에 도교 학생을 두어 도덕경, 장자, 열자 등을 교육
   - 지방에 도관을 설치하고 과거시험(도거)을 통해 도사를 고관에 임명
   ⑤ 도교 교리 연구
   - 손사막 : 삼교일치 입장에서 노자와 장자의 주석서 편찬
   - 두광정 : 도교 교리서 편찬

6) 외래 종교 유입
   ① 조로아스터교 : 배화교 → 장안과 낙양에 사원 건립
   ② 마니교 : 측천무후 시기 전래 → 강남지역에서 유행
   ③ 이슬람교(청진교) : 두환의 경행기
   ④ 경교 : 대진경교유행중국비 건립

◇ 대진경교유행중국비

7) 역사서
   ① 관찬 사서

수 문제	개인에 의한 역사서 편찬 금지
당 태종	· 국가가 역사서 편찬 제도 확립 → 사관 설치 · 감수국사제도 → 재상이 국사를 감수

   ② 사찬 사서

『사통』	유지기	· 최초의 역사 이론서 · 관찬 역사서 반대 · 통사 서술을 반대하고 단대사 서술 지지 · 역사가의 기본 자질은 지식, 재능, 의식이며 의식이 가장 중요 → 선악을 바르게 기록하고 사실과 객관성에 기초하여 집필해야 함을 강조
『통전』	두우	· 제도와 문물을 유형별로 분류 기술한 제도사 → 종래 정치·인물 중심의 편찬에서 벗어나 중국의 역대 제도와 문물을 정리 · 역사 진화론적 관점이며, 시대에 맞는 개혁 중시 · 후대 역사학에 영향 → 송대 정초의 『통지』, 원대 마단임의 『문헌통고』
백과사전(류서)		· 구양순의 예문유취, 우세남의 북당서초, 서견의 초학기, 백거이의 육첩
주석서		· 사마정의 사기색은, 장수절의 사기정의, 안사고의 한서주, 장회태자의 후한서주

   ③ 지방지 : 가정의 해내화이도와 고금군국현도사이술, 위왕 이태의 괄지지, 이길보의 원화군현도지, 육광미의 오지기

8) 문학
① 시 유행 ← 4·6 변려체의 유행, 진사과에서 시부 포함

초당	• 왕발, 노조린, 양형, 낙빈왕 등 초당 4걸이 청신한 기풍 • 진자앙, 장구령 → 형식주의 시문을 배척하고 현실생활을 반영하여 소박하고 건실한 시 • 종지문, 심전기 → 율시를 대성
성당	• 당 문화의 전성기 → 시선 이백 시성 두보, 왕유, 맹호연 • 이백(시선)은 도교의 신선사상 반영 • 두보(시성)는 깊은 사색과 인간의 번뇌 • 왕유는 시인이며 화가, 남종화 개창
중당	백거이의 장한가 유행
만당	온정균, 이상은, 두목 → 정치·사회적 혼란으로 쇠퇴

② 소설
- 사회 경제적 발전과 외래 문물의 유입으로 소설 유행
- 전기 소설: 원진의 앵앵전◇ → 인물의 성격 묘사 탁월
- 변문 : 불교교리를 대중에게 포교하기 위해 구어체로 쓴 문체 → 서민문학으로 발전하여 백화소설의 원류

③ 고문 부흥 운동
- 한유·유종원 → 남북조의 4·6변려체를 비판하고 진나라, 한나라 시대의 산문으로 돌아갈 것을 주장
- 당·송 팔대가◇에게 영향

◇ **앵앵전**
당대 원진이 쓴 소설로 장생과 앵앵의 사랑과 이별에 관한 내용이다. 장생과 앵앵이 주고받은 편지나 시에 나타나 있는 심리적인 묘사가 뛰어나서 이후 소설에 큰 영향을 주었다.

◇ **백화소설**
백화소설은 구어체로 쓴 소설을 총칭하는 말이다. 당나라 말기 문벌귀족 세력이 약화되고 서민들의 힘이 강화되면서 읽기 쉬운 구어체로 쓴 소설들이 등장하기 시작하였다. 백화문(구어체)으로 된 소설은 이후 명·청 시기에 널리 읽혔다.

◇ **당송 팔대가**
당대와 송대의 유명한 8명의 산문작가를 말한다. 당나라의 한유·유종원, 송나라의 구양수·소순·소식(소동파)·소철·증공·왕안석이다.

◇ **북종화와 남종화**
북종화는 주로 직업화가들이 외면적 묘사에 치중하면서 정밀하고 세밀하게 그리는 산수화를 말한다. 이에 반해 남종화는 사대부 혹은 문인들이 그린 문인화를 말한다. 이러한 분류는 명대 동기창이 분류한 것에서 시작하였다.

◇ **구성궁예천명**
구성궁은 궁궐 이름이고, 예천명은 구성궁에 있는 예천이라고 이름 붙인 우물로, 구성궁의 우물의 유래를 밝힌 비문이다. 글은 위징이 썼고 비석 글씨는 구양순이 썼는데, 구양순이 쓴 가장 뛰어난 작품으로 알려져 있다.

◇ **제병원후론**
수나라 때 소원방이 저술한 의약서이다. 1000여 종류의 증세를 구체적으로 기술하여 병원 원인, 진단 등을 기술하였다.

9) 예술
  ① 미술
   • 인물화 중심 → 염립본·염리덕 형제, 오도현
   • 산수화 → 이사훈(북종화◇ 시조), 이소도, 오도현, 왕유(남종화◇ 시조)
  ② 서예
   • 행서: 왕희지, 왕현지
   • 구양순: 구성궁예천명◇
   • 안진경: 해서체 → 전서와 예서 조화
   • 초서: 장욱, 회소, 손과정
  ③ 공예: 도자기 → 당삼채
  ④ **음악**: 아악, 속악, 호악, 군악
10) 과학기술
  ① 천문·역법
   • 태사감: 천문의 계산과 의기 제작
   • 대연력: 승려 일행이 제작
   • 혼천의: 경순이 제작
  ② 의학
   • 태의서·상약국 : 『제병원후론』◇ 『신농본초』 편찬
   • 견권 : 명당인형도 → 침구학에 영향
   • 손사막 : 『천금방』, 『천금익방』 저술
  ③ **인쇄술**: 금강경 → 현존하는 가장 오래된 조판 인쇄물

[당삼채]

자료탐구

01. 대운하의 건설

관동(현재 허난성과 산둥성 일대)의 곡물을 수도 장안으로 조운하였다. 창고 관련 업무의 책임자인 창부시랑 위찬을 보내 조운로의 요충지인 포주와 섬주의 동쪽에서 사람들을 모집하여, 조운해 온 곡물의 집산지인 낙양의 곡물 40석을 험난한 저주를 지나 섬주의 싱평창까지 옮겨 오게 하고, 대신 그들의 변경 복무를 면제해 주었다. ····조운의 어려움이 많자 개황 4년(584) 수 문제는 우문개에게 인부들을 이끌고 운하를 파서 위수를 끌어들여 수도 대흥성으로부터 동쪽의 동관까지 300여 리를 잇게 하였는데, 이것을 광통거라 하였다. 덕분에 조운이 매우 편리해지니, 수도 주변의 관내(關內) 지역이 이에 의지하였다. 양제 대업 원년에 황하 남쪽의 여러 군에서 남녀 백여 만 명을 징발하여 통제거를 만들었다. 낙양 서쪽 황제의 정원에서부터 곡수와 낙수를 끌어들여 황하에 이르게 하고, 또 황하를 끌어들여 회수와 바다로 통하게 한 것이다. 이로 인해 천하의 물자 운송이 편리해졌다. 대업 4년 다시 황하 북쪽의 여러 군에서 백여 만 명의 백성을 징발하여 영제거를 만들었는데, 심수(낙양 동북쪽의 황하 지류)를 끌어들여 남쪽으로 황하에 이르게 하고, 북쪽으로 탁군과 통하게 하였다.

– 두우, 『통전』 –

자료 해석
수의 문제와 양제는 수도인 장안까지 물자를 운송하는 데 큰 어려움을 겪자 광통거와 통제거를 만들었다. 이를 통해 강남과 관동 일대의 물자가 원활하게 운송되었다. 영제거는 수 양제가 고구려 정벌을 위해 낙양(뤄양)에서 탁군(베이징)까지 만들었다.

02. 정관정요

위징이 (당 태종에게) 답하여 아뢰기를, "예로부터 나라를 잃은 군주는 누구나 다 나라가 편안할 때 위험했던 지난 날의 일을 잊어버리고, 정사가 바로 잡혔을 때 어지러웠던 지난 날의 일을 잊어버립니다. 그것이 국가를 장구하게 지탱해 나가지 못하게 되는 이유입니다. 지금 폐하께서 그 부(富)로 말하면 천하의 모든 것을 다 지녔고, 나라의 안팎이 다 청평(淸平)하고 안태(安泰)함에도 불구하고, 마음은 항상 정치를 어떻게 하면 좋은 것인가를 생각하시고, 늘 깊은 못에 이르러 얇게 언 얼음판을 밟듯이 조심조심 두려워하고 삼가고 계시므로, 우리나라는 자연히 국위가 빛나고 장구할 것입니다. 신은 일찍이 '군주는 배요, 백성은 물이다. 물은 능히 배를 실어 띄울 수가 있지만, 한편 배를 전복시킬 수도 있는 것이다'라고 하는 말을 들었습니다. 폐하께서는 백성이야말로 두려운 존재라고 생각하고 계십니다. 이는 실로 폐하에서 생각하고 계신 바와 같습니다."라고 하였다.

자료 해석
당태종은 태평한 정치의 모범을 열었는데 이를 '정관의 치'라고 한다. 그는 위징, 방현령, 두여회 등과 같은 신하들을 중용하여 선정을 베풀었다. 안으로는 균전제, 부병제 등에 입각한 율령체제와 관제의 개혁, 과거의 실시로 중앙집권화에 힘쓰고, 밖으로는 동아시아 제 민족을 차례로 정복하여 당제국 성립의 터전을 굳혔다. 정관정요는 당 태종이 위징, 방현령 등의 신하들과 정치, 사회적 문제를 토론한 것을 당나라 때 오긍이 정리한 것이다.

03. 측천무후의 통치

옛날 측천태후께서 황제가 되시어 정사를 보실 때, 인심을 모으기 위해 재능 있는 인물의 기용에 특별히 힘쓰셨습니다. 아래에 인재의 추천을 맡기시고 그들을 끌어들이는 문을 넓히셔서, 발탁하여 쓸 때 의심하지 않으시고 인재를 구하고 찾는 데 게으르지 않으셨습니다. 따라서 사람들이 재능 있는 사인들을 천거할 수 있었을 뿐만 아니라 자신의 재주를 내세우며 스스로 응시할 수도 있었습니다. 이렇게 천거된 자를 반드시 등용하고 응시한 자는 바로 시험해 보았으니, 사인을 너무 쉽게 선발하여 생긴 폐단이 어찌 없었겠습니까! 그러나 이 평가의 책임을 엄격히 물어 그 결과에 따라 즉시 처리하였으므로, 어리석은 자는 바로 쫓겨나고 재능 있는 자는 곧 지위가 올라 큰 문제가 안되었습니다. 그러므로 당시에는 사람을 제대로 알아보고 기용하는 지혜가 칭송되었고, 후대에도 이 때 발탁된 많은 훌륭한 사인들을 등용하여 큰 도움을 받았습니다.

– 『육지집』 –

자료 해석

측천무후는 여자가 왕위를 찬탈하였고 독재 정치를 하였기에 평가가 나쁜 편이었다. 하지만 제시문에서도 알 수 있듯이 능력 있는 인사를 등용하여 일을 맡겼기 때문에 정치를 잘했다고 보기도 한다. 실제로 측천무후는 과거제도를 적극적으로 활용하여 기존의 '관롱집단' 대신 산동의 새로운 관료들이 대거 정계에 진출하게 하여 국정을 쇄신하였다.

04. 당의 균전제와 조용조 제도

- 무릇 정남에게 영업전 20무와 구분전 80무를 지급한다. 그런데 중남이라도 18세 이상이면 또한 정남과 동일하게 지급한다. 노남(60세 이상), 장애인들에게는 구분전 40무를 지급하고, 남편과 사별하거나 이혼한 부녀에게는 구분전 30무를 지급한다. 기존에 가지고 있던 영업전도 구분전의 지급 수량에 합산한다. 무릇 황(3세 이하), 소(4세에서 15세), 중의 남녀 혹은 노남, 장애인, 남편과 사별하거나 이혼한 부녀가 호주인 경우 각각 영업전 20무 구분전 30무를 지급한다. …… 무릇 원택지(채마밭과 주거용 토지)를 주어야 할 경우 양인은 3명 이하에게 1무를 주고 3명마다 1무씩 더 주며, 천인은 5명 이하에게 1무를 주고 5명마다 1무를 더 주는데, 원택지는 모두 영업전과 구분전의 범위에 넣지 않는다.

- 정(丁)마다 매년 국가에서 벼 2석을 조(租)로 낸다. 조(調)는 향토에서 나는 것에 따라 매년 비단 또는 능(綾) 2장(丈), 솜 3량을 낸다. 이런 것들이 생산되지 않는 지방에서는 베(布) 3장 5척, 마(麻) 3근을 낸다. 이외에 정마다 매년 요역 20일, 윤달에는 2일을 더하여 복역해야 한다. 만일 요역이 없으면 비단 또는 베로 대체해야 하는데 하루에 비단 3척, 또는 베 3척 7촌 5푼으로 계산하여 용(庸)이라 한다. 만일 정부가 정액 외에 더 역을 부과했을 경우, 15일 더 부과하면 조(調)를 면제하고, 30일 더 역을 부과하면 조조(租調) 모두를 면제한다. 매년 정액 이외의 역은 30일을 초과할 수 없다. 조용조법은 또 재해의 경중에 따라 조용조를 감하거나 면제한다.

자료 해석

첫 번째 사료는 당의 균전제, 두 번째 사료는 조용조에 관한 것이다. 당의 통치는 균전제를 바탕으로 백성들의 생활을 안정시키고, 안정된 백성들로부터 조용조의 세금을 징수하여 국가를 운영하는 방식으로 이루어졌다. 당의 균전제는 세습이 가능한 영업전과 70세가 되면 반납해야 되는 구분전으로 나뉘어졌다. 북위의 균전제와 달리 노비와 소, 말에게는 토지를 지급하지 않았다. 대신 일종의 채소밭이라고 할 수 있는 원택지를 차등 지급했다. 또한 균전제를 바탕으로 한 부병제를 운영하여 군사력을 강화하였다. 그러나 이러한 균전제, 조용조, 부병제가 안사의 난을 전후하여 붕괴되었고, 이는 당의 쇠퇴로 이어졌다.

05. 양세법

양염은 마침내 양세법(兩稅法)을 만들어 세역 명목을 단일화하도록 청하면서 이렇게 말하였다. "모든 세역을 합쳐서 돈으로 거두십시오. 필요한 양을 미리 계산하여 백성들에게 고시함으로써, 예상되는 국가 재정 지출에 따라 세액을 결정하는 방식을 취하십시오. 호(戶)는 원주민과 이주민을 구분하지 말고, 현재의 거주지를 기준으로 한 과세 장부를 만드십시오. 백성들은 나이가 아니라 빈부(貧富)에 따라 차등을 두어 징세하십시오. 일정한 거처 없이 돌아다니는 상인에게도 소재지 관청에서 1/30세를 부과함으로써, 한 곳에 머물러 있는 백성들의 부담과 공평하게 만들고 세금을 회피할 수 없게 하십시오. 한 곳에 사는 백성에 대한 세금은 원칙상 가을과 여름 두 차례 징수하되, 혹 지역 조건에 따라 징수 방법을 조정할 수는 있습니다. 조·용·조와 가벼운 부역들은 모두 없애더라도 성인 남녀의 숫자 파악은 필요하므로, 예전 규정대로 그 변동을 보고하게 하십시오. 토지의 세금은 대개 작년 대종 대력 14년에 경작한 토지 규모를 기준으로 하여 공평하게 징수하십시오. 여름세는 6월까지 걷고, 가을세는 11월까지 거두십시오. 한 해가 지난 뒤 어떤 지역에서 호 수가 불어나 개별 호에게 부과할 세금을 경감할 수 있거나 백성이 줄어들어 개별 백성이 부담해야 할 세액이 다른 지역보다 많아질 경우 그 지역의 관료를 승진시키거나 좌천시켜 책임을 물으십시오. 이러한 세금 관련 업무는 모두 탁지에서 총괄하게 하십시오." 덕종은 양염의 제안을 좋다고 여겨 시행하도록 하였다.

– 왕부, 『당회요』 –

자료 해석
안사의 난을 겪으면서 많은 백성들이 죽고, 과중한 세금을 피해 유망하게 되니 제대로 세금을 징수할 수 없었다. 양세법은 기존 조용조 제도가 세금을 현물로 납부하는 것과 달리 화폐로 납부하는 것을 원칙으로 하고, 여름과 가을에 두 번 징수하였다. 또한 이주민에게도 세금을 부과하고, 빈부의 격차를 고려하여 차등 과세하여 당시의 심화되는 빈부격차를 인정하고 이를 바탕으로 나름의 합리적인 조세 징수를 시도한 것으로 볼 수 있다. 양세법은 명대 일조편법이 실시될 때까지 기본 틀을 유지하였다.

06. 대토지 소유의 발달

부자는 땅 수만 묘를 겸하고 있는데 가난한 자는 발 디딜 장소도 없고, 강호(强豪)에게 몸을 맡겨 사속(私屬)이 되어 그 양식을 빌린다든지 농토 안의 집까지도 빌린다. 일생 동안 수고해도 쉴 틈 없고 빌린 것을 다 갚고 나면 또 충분히 먹을 것이 없음을 염려해야 한다. 토지를 가진 집은 앉은 채 소작료가 들어오므로 빈부의 차는 심해질 수밖에 없다. 그 소작료는 정부의 세금보다 높고 지금 경기(京畿) 안에서 1묘당 관세는 5되인데 소작료는 묘당 1석에 이르므로 관세의 20배나 된다. 중등(中等)의 땅에서도 소작료는 이의 절반이므로 관세의 10배가 된다.

– 돈황의 호적 –

자료 해석
제시된 자료는 당나라 때 대토지 소유제의 발달로 농민들이 몰락하여 소작농이 된 현실을 보여준다. 소작농들은 지주에게 세금보다 높은 소작료를 내고 있었고, 이로 인해 빈부의 격차는 더욱 더 심화되었음을 알 수 있다.

07. 도호의 발생과 괄호정책

- 諸州의 背軍逃亡人은 백일의 기한을 주고 그 안에 각기 자수하는 것을 용납한다. 令式에 준하여 소재(寄寓地)에 편호되어 정주하기 하기를 원하는 경우 簿籍에 가입시켜, 가입된 곳에서 令式대로 賦檢하여 差科하며 본관과 計會하여 (본관에서의 賦檢은) 停徵한다. 만일 본관으로 귀환하기를 원하는 겨우 令式에 근거하여 기우지(寄寓地)에 편부시키기에 부적합한 경우는 자수한 후에 案記를 명립하여 差遣하지 않는다. (이 경우에는) 우선 본관에 牒報아여 알리고 추수 후에 귀환하는 것을 허용한다. 바로 귀환키를 원하는 경우는 본향에 도착한 후 금년의 세금과 과역을 면제한다. 기한이 지났는데도 자수치 않으면 바로 括取하여 邊遠지역의 백성을 편부한다. 또한 도인을 따라 도망한 가구도 역시 같이 보내도록 한다. 만일 기한이 지나서도 주현이 (도호가) 공공연히 界內에 居停하는 것을 용납할 경우 및 처리가 끝나지 않은 경우는 所司가 명확히 과금한다.

– 『책부원귀』, 권 63

- 개원 9년 감찰어사 우문융이 말하길, "등록되어 있지 않은 토지에 대한 조사, 여러 종류의 요역 부정 단속, 도망가 버린 호구를 수색하는 것 등을 통해 괄호를 행해야 합니다."라고 하였다.

자료 해석
첫 번째 사료는 도호에게 자수할 수 있는 기회를 준다는 것이며, 두 번째 사료는 우문융의 괄호정책이다. 도호가 발생하게 되는 원인으로 수해, 한해 등의 자연재해로 인한 기근이나 관리의 폭정 등을 들 수 있지만, 보다 근본적인 요인으로는 토지의 겸병에 의한 소농민의 몰락과 유망, 즉 농민층의 분해와 절충부의 편중에 따른 부병역의 압박을 들 수 있다. 이에 대해 721년 감찰어사 우문융은 괄호(括戶) 정책을 주장하였다. 괄호란 호적에 기재된 본관으로부터 도망한 도호와 籍外의 토지를 찾아내 국가가 다시 이를 장악하려는 정책을 말한다. 우문융은 (1) 등록되어 있지 않은 토지 조사, (2) 여러 종류의 요역 부정 단속, (3) 도망가 버린 호구를 수색하여 찾아낼 것을 제안하였다. 그는 723년 권농판관 등을 각지로 파견하여 괄호를 실시함으로써, 같은 해 말까지 임시거처지에서 호적에 오른 객호 80여만 호와 등록되지 않았던 대량의 토지를 토지대장[田籍]에 올렸다.

08. 부병제에서 모병제로의 전환

- 예전에 부위(府衛)를 나누어 세우는데 호(戸)를 계산하여 군사를 세우고 헤아려 족히 일을 이루었다. 21세가 되면 군대에 들어오고, 61세가 되면 군대에서 나갔다. … 개원 6년, 처음으로 절충부의 병사를 6년마다 교대하는 것으로 하였다. …… 천하가 오랫동안 병사를 사용하지 않아 부병제의 법이 점점 무너지게 되어 번역을 다시 교대하는 것을 대부분 제때 하지 못하니 숙위하는 군사들이 점점 도망쳐 숨었다. 이에 더욱 소모되고 흩어져 숙위하는 군사들이 공급되지 못하였다. 이에 재상 장열이 마침내 청하여 모든 군사를 모집해서 숙위하였다.

— 『신당서』

- 高宗・武后때 로부터 天下가 오래도록 전쟁을 하지 않아 부병의 법이 점차 무너져서 番役의 交代가 대부분 제때에 이루어지지 않아 衛士가 점점 도망하여 은닉하니 이에 이르러 위사의 수는 더욱 줄어 宿衛에도 충당할 수 없게 되었다. 이에 宰相 장열이 일체 병사를 모집하여 숙위에 충당할 것을 청하였다. (玄宗 開元)11년(723)에 京兆・蒲・同・岐・華의 부병 및 白丁을 모으고 潞州의 長從兵을 여기에다 합치니 모두 12만 명이었고 그들을 「長從宿衛」라 일컬었으며, …… 다음 해에 이 호칭을 바꾸어 「건아」라 하였다.

— 『신당서』

- 이전의 健兒는 모두 在鎭年限이 있어 교대 왕래가 자못 힘들고 괴로웠다. 개원 25년에 칙령을 내리기를 '천하에 근심이 없어 백성과 더불어 휴식하고자 하니 지금 이후로 제군진은 한가한 곳과 급한 곳, 이익과 손해를 헤아려 兵防健兒를 두되, 제색정행인과 객호중에서 모집하여 변경에 상주하기를 희망하는 자를 취하여 健兒에 충임하라. 매년 상별급수를 늘리고 아울러 무기한 면세우대의 혜택을 주도록 하라. 그 가족으로 함께 가기를 원하는 자는 軍州에 이르면 각기 전지와 가옥을 지급하도록 하라.'라고 하였다.

— 『당육전』

자료 해석

당은 21세에 군복무를 실시하여 61세가 되면 면제받는 부병제를 운영하였다. 그리고 부병을 하는 농민들은 절충부에 소속시켰으며, 조용조의 납부를 면제해주었다. 그러나 절충부가 수도 인근에 집중되어 수도 인근에서 부병이 되는 농민들의 부담이 커졌다. 또한 변경에서 근무하는 병사들은 교체 병력이 나타나지 않아 원래 기한을 지나서 연장 근무하는 경우가 잦았다. 이러한 상황으로 인해 병사에 징집되지 않으려고 도망가는 도호가 급증하였다. 이리하여 737년 당 조정은 변경에 근무하는 군진병을 모병으로 전환한다는 조칙을 내렸다. 조칙에 따르면, 현재 군진에 복무하고 있는 병사와 객호(客戶) 젊은이들로부터 모병을 하였다. 그리고 징병 때와 마찬가지로 자원하여 복무하는 자에게는 조용조를 면제해줌과 동시에 급여로서 옷감을 주고, 또 복무해야 할 군진 옆에 경지와 가옥을 지급하여 가족을 불러오는 것을 인정하였다. 따라서 모병은 근무 연한이 있어 교체를 하고 내륙의 고향으로 돌아가는 것이 아니라, 군진 옆에서 가족과 함께 살면서 장기간에 걸쳐 변경 방위의 군무에 전적으로 종사하는 존재였다. 이들을 일반적으로 장정건아(長征健兒)라고 불렀다.

09. 번진(落鎭)의 출현과 중앙 집권의 약화

이른바 방진이란 것은 절도사(魯度使)의 병사 집단이다. 그 기원을 찾아보면, 변방에서 장수가 외적을 방어하기 위해 거느리던 군대에서 유래한다. 당나라 초기에 변경에서 근무하던 병사 집단은 큰 것을 군(軍)이라 하고, 작은 것은 수착・성・진이라고 하였는데, 이를 총괄하는 상급 단위를 도라 불렀다. …… 군・성・진・수착에는 모두 사(使)를 두었다. 도에는 대장 1명을 두어 대총관이라 하였다가 곧 대도독으로 이름을 바꾸었다. …… 고종 때부터 '사지절(임금의 명령을 담은 특별 징표)'을 가진 도독을 절도사라고 부르기 시작했으나 처음에는 정식 관명이 아니었다. 예종 경운 2년(711) 하발연사를 양주도독・하서절도사로 삼았다. 그 뒤 개원 연간에 변경 지역의 삭방, 농우, 하동, 하서 등의 진에 모두 절도사를 두었다. …… 안사의 난 이후, 큰 공을 세워 제후나 왕으로 봉해졌던 자들은 모두 절도사가 되었다. 이로 말미암아 내지에까지 방진들을 숱하게 두었는데, 큰 것은 십여 주를 거느리고 작은 것도 서너 주를 차지하였다. …… 또 아버지가 죽은 뒤 그 아들이 병사들을 장악하여 절도사 자리를 내놓지 않거나 병사들이 절도사를 결정하기도 하였으며, 이따금 스스로 장수나 관리를 골라 유후라고 부르고 절도사의 직무를 대행하게 하면서 조정에 정식 임명을 요청한 적도 있었다. …… 천자 스스로 힘이 부족하다고 여기면 치욕을 무릅쓰고 그들의 요구에 따랐는데, 이를 '고식(姑息)의 정치'라고 하였다. 이런 고식책은 병사들이 방자하였던 탓으로 생겼고 병사들의 방자함은 방진에서 유래하였으므로, 고식책이 심해질수록 병사와 장수들 모두 더 방자하여졌다. 그래서 스스로 지휘권을 행사하여 서로 싸우면서, 다른 방진의 장수를 사로잡거나 땅을 빼앗았다. 천자마저 이를 바라보기만 할 뿐 어쩔 도리가 없었는데, 그들을 화해시키려 해도 천자의 명령조차 듣지 않았던 것이다.

– 『신당서』 –

자료 해석
제시문은 당나라 초기 절도사가 등장하게 되는 배경부터 안사의 난 이후 절도사가 확장되면서 고식의 정치가 나타나는 과정을 잘 설명하고 있다. 절도사는 임시 직책이었으나 안사의 난 이후 확산되었으며, 자신들의 군사력을 이용해 중앙 정부에 독립적인 태도를 보였다. 절도사의 성장은 당의 쇠퇴와 맞물리면서 5대 10국의 혼란기로 이어졌다.

10. 번진의 순지화

황제는 하북에 있는 여러 진(鎭)에서 세습하는 폐단을 고치고자 하여 왕사진(王士眞)이 죽은 틈을 타서 조정에서 다른 사람에게 제수하고, 좇지 않으면 군사를 일으켜서 토벌하려고 하였다.
……황상이 이를 여러 학사들에게 묻자, 이강 등이 대답하였다.
"하북(河北)이 성스런 가르침을 따르지 않으니 누가 화를 내고 탄식하지 않겠습니까만 그러나 오늘날 그것을 빼앗는 것은 아직 할 수 없을까 두렵습니다. 성덕(成德)은 왕무준 이래로부터 부자가 서로 이은 지 40여 년인데, 사람들의 마음과 관습으로 보아서 그르다고 여기지 않습니다.
하물며 왕승종은 이미 군사적인 일을 총괄하는데, 하루아침에 그것을 바꾸면 아직은 반드시 조서를 받들지 않을까 두렵습니다. 또 범양·위박·역정·치청은 땅을 가지고서 서로 전해주니, 성덕과 더불어 같은 몸통이고, 저들은 성덕에서 다른 사람에게 제수하였다는 소식을 들으면 반드시 속으로 편안하지 않을 것이고 몰래 서로 무리를 지어 도울 것이니 비록 장무소(張茂昭)가 요청을 하였으나 또 정성스럽지 아니할까 두렵습니다. ……지금 강·회(江·淮)는 물이 범람하여 공사(公私) 간에 지치고 가난하니 군사의 일은 가볍게 논의할 수 없을 것 같습니다."

– 『자치통감』 –

자료 해석
제시된 사료는 헌종 때 번진의 순지화를 시도하려는 황제와 이를 반대하는 신하 간의 논의이다. 순지화는 2차례에 걸쳐 있었는데, 1차는 덕종 시기에 행해졌다. 그러나 1차는 반측지지의 연합에 의해 실패로 끝났다. 2차는 헌종 때 두 차례에 걸친 위협과 토벌을 통해 어느 정도 달성되었다. 이를 당시의 연호를 따서 원화중흥이라 부르는데, 당조가 번진보다 압도적으로 우월한 재정적인 기반을 갖고 중앙의 금군인 신책군을 적극적으로 강화, 육성한 결과였다. 신책군은 황제 개인의 군대라는 성격을 띠며 주로 환관이 통솔했다. 그 결과 절도사의 번진 병력 통제권을 부분적으로 중앙으로 회수했고 재정권도 회수했다. 이로써 절도사의 기반은 약화되었으며, 환관이 절도사 휘하의 군대를 감찰하기 위해 설치된 감군으로 파견되어 절도사를 감독하게 되었다.

11. 영정혁신

• 영정(永貞) 원년 6월, 왕숙문이 이미 범희조와 한태에게 경서 신책군을 주관하도록 하였다. 이 때에도 여러 환관들은 아직 사태를 깨닫지 못하고 있었다. 때마침 변방에 있는 제장(諸將)들이 각기 상황을 중위에게 말하였고 바야흐로 범희조에게 예속되었다고 말하였다. 환관은 비로소 병권을 왕숙문 등에게 빼앗긴 것을 알아차리고 마침내 크게 화를 내었다.

– 『자치통감』 –

• 8월에 이런 조칙이 반포되었다. "……나 한 사람은 위대한 기업을 계승하여 엄숙하고 공경하게 자리를 지키느라 한가하거나 안일할 겨를이 없었노라. 그러나 하늘의 보우하심이 내리지 않으시어 신병이 낫지 않으니, 장차 어떻게 종묘의 영령들을 받들고 천지신명께 제사지내는 예를 거행할 수 있겠는가? ……황제의 자리는 하루에도 만 가지 업무가 몰려오니 오래 비워둘 수 없고, 하늘의 일을 사람이 대신해야 하니 오래 피할 수 없노라. 황태자는 지혜롭고 명철하고 온화하고 교양이 있으며 관대하고 화순하며 자애롭고 은혜로워 ……이 때문에 고대 성황의 지극히 공정한 도리를 받고 부자간에 전승해 온 제도를 준수하여 통치권을

넘겨 억조창생을 어루만지게 하노라. ……"

– 『신당서』 –

자료 해석
첫 번째 사료는 순종 때 환관들이 소유하였던 병권을 왕숙문이 탈취하였다는 것을 보여주는 것이다. 두 번째 사료는 순종이 환관들의 강요에 의해 헌종에게 양위하는 것을 나타낸다. 왕숙문의 병권 탈취는 곧 환관들의 반발로 실패하였고, 환관들의 압박에 의해 헌종에게 양위하였다. 아주 잠깐 있었던 순종 시기의 개혁을 영정혁신이라고 한다. 이후 헌종은 2차례에 걸쳐 번진들의 순지화를 어느 정도 성공시켰다.

12. 화번공주 파견

나는 천하 만백성의 어버이다. 임시변통으로 만민에게 이익이 될 수 있는 일이라면 어찌 딸 하나를 아낄 것인가. 북방 민족의 풍습은 부인의 권세가 강하여 무슨 일이 있으면 부인의 주장에 좌우되는 일이 많다고 한다. 그뿐 아니라 내 딸이 자식을 낳는다면 그 놈이 내게는 외손자가 된다. 외손이라면 반드시 우리에 대한 침략을 일삼지 않을 것이 분명하다. 이렇게 판단해 보면 국경 주변이 30년은 무사할 것이다.

– 『정관정요』 –

자료 해석
당태종이 642년에 북방의 설연타라는 부족에게 화번 공주를 보내는 것에 대해 논의하면서 한 말이다. 백성을 상하게 하지 않으면서 북방 민족을 제어할 수 있는 전술로 화번 공주 파견을 생각하고 있음을 알 수 있다.

13. 돌궐의 성장

(수 공제 원년) 유문정이 이연에게 돌궐과 친교를 맺어 그 군사와 군마로써 병력을 늘릴 것을 권하였다. 이연이 이 권고에 따라 손수 윗사람에게 올리는 형식으로 편지를 썼는데, 당시 돌궐의 군주 시필 가한에게 비굴한 말로써 높게 예우하면서 보낸 글은 이러하다. "크게 의병을 일으켜 멀리 있는 주상(主上) 수 양제를 맞아들이고, 돌궐과는 다시 수 문제 개황(581~600) 연간 때처럼 화친하려 합니다. 저와 함께 남쪽으로 가서 싸우시되 백성들을 괴롭히지 않으시거나, 혹은 저와 화친만 하고 가만히 계시다가 전승 후 번화를 전리품으로 받으시거나 가한께서 원하시는 대로 하십시오." 시필 가한이 이 편지를 받고 대신들에게 "수의 군주 양제를 내가 잘 안다. 만약 그를 맞아들이면 반드시 당공 이연을 해치고 나를 칠 것이다. 만약 당공 스스로 천자가 될 수 있다면, 나는 한여름의 더위도 마다 않고 병사와 말로써 그를 도울 것이다."라고 하였다. 곧바로 이런 뜻으로 답장을 보냈다.

– 『자치통감』 –

자료 해석
수 말기에 전국적으로 농민 봉기가 일어나고 있을 때 이연은 수의 장군으로 이를 진압하는 임무를 수행하였다. 그러나 이연은 오히려 군사를 모아 정변을 일으켜 수를 멸망시키고 당을 건국하였다. 이 때 이연은 북방의 초원 지역에서 강력한 제국을 형성하고 있던 돌궐의 도움을 받기 위해 저자세를 취하였다. 돌궐은 중앙아시아 초원 지대를 중심으로 성장하여 552년 유연을 격파한 후 거대한 제국을 세웠다. 돌궐은 북조의 왕조와 수, 초기의 당이 조공 사절을 보낼 정도로 강력한 제국을 건설하였으나, 동돌궐과 서돌궐로 분열되었다가 630년과 657년에 각각 당에 멸망당하였다. 이후 680년대 초에 다시 부흥하였으나 740년대 중반에 내분으로 붕괴되어 위구르에게 패권을 넘겨주었다. 몽골의 오르콘 강에는 퀼 테긴, 빌게 카간, 돈유쿡 등을 기리는 송덕비가 여럿 남아 있다. 비문에 돌궐 제국의 역사, 외교 관계, 사회 조직과 법, 풍습 등이 돌궐 문자와 한자로 적혀 있어 당시 중앙아시아 유목 민족을 연구하는 중요한 자료가 되고 있다.

14. 대진경교유행비

정관 12년(638년) 7월 조서를 내려 "도에는 일정 불변의 이름이 없고, 성인에는 일정 불변의 형체가 없다. 모두 자기 처지에 따라 교리를 세워 민중을 은밀하게 구원하고 있다. 대진국의 고덕 아라본은 멀리서 경전과 성상을 가지고 장안에 와서 바쳤다. 그 교지를 자세히 관찰해 보니, …… 사물을 살리고 사람을 이롭게 하는 것이기 때문에 천하에 실행하는 것이 마땅하다."

자료 해석
당대에는 불교와 도교가 더욱 발전했을 뿐만 아니라, 조로아스터교, 경교, 마니교, 이슬람교 등 다양한 종교가 전래되었다. 이 중 경교는 크리스트교 종파 가운데 하나인 네스토리우스파가 중국에 전래된 이후 붙여진 명칭으로 대진경교라 불렸다.

15. 도교의 융성

불교는 서역에서 흥성하기 시작하여, 후한 때에 와서야 중화의 땅으로까지 전해졌다. 사실 신비로운 변화의 이치는 다양하고 선악에 대한 응보의 인연도 하나만이 아닌데, 사람들은 근년에 이르러 더욱 불교에 빠져 현세의 복을 구하고 내세의 화를 두려워한다. 이로 인해 세속에 얽매인 자들이 도교의 진리를 들으면 크게 비웃고, 기이한 것을 좋아하는 자들은 불교의 깨달음을 바라며 다투어 몰려든다. 처음 시골 마을에서 시작된 이런 풍조가 결국 조정까지 휩쓸어, 원래 중화의 풍속과 다른 불교의 경전이 여러 도교의 진리보다 번창하고, 여러 중화의 가르침들이 성불하려는 믿음에 뒤지게 되었다. …… 짐의 집안이 주나라 주사이던 태상노군에서 나왔고, 왕조의 창성도 도교에서 가장 중시한 '상덕'에 힘입었으며, 천하의 안정 역시 '무위'라는 도교의 가르침에 의지하고 있다. 그러므로 마땅히 이러한 풍조를 바꾸어 도교에 의한 교화를 펼쳐야 한다. 이제부터 의례 행사나 호칭에서 도교의 승려를 불교의 승려보다 위에 둘 것이다.

– 송수 등, 『당대조령집』

자료 해석
제시문은 당 태종이 한 말의 일부이다. 당 태종은 자신들의 집안이 노자의 계열이라고 주장하며 도교를 숭상할 것을 주장하였다. 당 후기에 이르면 불교에 대한 배척 경향이 강해져 9세기 중엽 '회창폐불'이라는 대대적 불교 탄압이 발생하였다.

CHAPTER 04 송

1 5대 10국의 분열시대

(1) 당말·5대의 사회 변동

1) 안사의 난 이후 사회 변화
   ① 절도사에 의한 지방분권적 군벌체제 등장 계기
   ② 귀족계층이 무너지고 사대부 서민 사회를 여는 계기
   ③ 북방민족의 민족적 자각과 함께 민족의 발전을 이룩 → 정복왕조의 기틀 마련

2) 형세호
   ① 절도사(군벌)들이 성장하고 문벌귀족 몰락 → 군벌은 경제적 실권 장악은 하지 못함
   ② 신흥 지주(형세호)가 경제적 실권 장악 → 형세호를 주축으로 한 지주·전호제가 성립
   ③ 형세호는 절도사와 협력하여 사회경제적 기반 발전↑
   ④ 송대의 문치주의 관료 체제 하에서는 과거제를 통해 문신 관료로 출세 → 정치·사회적 지배 계층으로 부상

(2) 5대 10국의 분열과 중국 사회의 변화

1) 절도사
   ① 3대 절도사 세력 : 위박 절도사, 태원(진양)을 거점으로 한 사타족의 이극용 세력, 주전충의 변주(개봉) 군단
   ② 후량 : 주전충이 환관세력을 제거하고 왕위를 찬탈하여 개봉을 도읍으로 후량 건국(907)
   ③ 후당
      • 건국 : 이극용의 아들 이존욱이 후량을 멸망시키고 후당 건국(923) → 산서 군벌의 승리
      • 부족장회의에 의한 왕위 추대 관습으로 왕권↓ → 왕위계승 다툼이 계속되어 정국 불안↑
   ④ 분열 : 후량 → 후진 → 후한 → 후주로 분열 이어짐

2) 5대의 혼란과 거란(요)의 발전
   ① 요건국 : 야율아보기가 거란(요) 건국(916) → 발해 정복(926)
   ② 후진
      • 후당의 진양절도사 석경당이 반란을 일으키고 거란의 지원으로 후진 건국(936)
      • 거란은 세폐를 받고 연운 16주 할양받음 → 거란은 후진이 반발하자 후진을 멸망시킴
   ③ 후한 : 진양 절도사 유지원이 건국 → 4년만에 멸망하고 후주가 계승
   ④ 후주 : 세종은 내정을 개혁하고 군사력↑ → 거란의 남침을 저지하고 양자강 하류의 남당에 타격을 가하였으나 병사함
   ⑤ 남당
      • 강남의 지방정권인 10국 중에 가장 강성
      • 농업을 장려하여 경제력↑+ 대외무역↑→ 경제적 안정
      • 지방 문화 발달

◇ **연운 16주**
936년 석경당이 거란의 원조를 받아 후당을 멸망시키고 후진을 세운 대가로 거란에 할양한 땅을 말한다. 오늘날 베이징 근처이다.

2 송의 중국 통일과 사대부 관료체제

(1) 태조 조광윤(960~976)

1) 건국 : 후주의 금군 대장이었던 조광윤(태조)이 진교병변으로 건국(960)

2) 문치주의 실시 → 황제독재체제 확립
   ① 절도사 세력 약화 : 기존 절도사의 군대 지휘권·재정권·행정권 등을 회수하고 문관 임명
   ② 직업 군인제 확립
   - 황제 직속의 금군체제 확립되고 군의 통수권과 작전권 분리
   - 황제가 직접 금군을 통수함으로써 황제권 강화
   ③ 경술법 실시
   - 내용 : 금군을 지방으로 파견하여 3년마다 교체
   - 문제 : 장수와 군인들의 사적 유대 관계↓ → 군사력 약화 초래
   ④ 과거제 강화 : 전시 도입 → 신하들 간의 유대를 방지하고 황제에 대한 충성 강화
   ⑤ 추밀원
   - 군사 문제 담당 → 황제에게 직접 보고
   - 무관과 대귀족 배제
   ⑥ 재상부 도입 : 재상의 권한 분산
   ⑦ 결과
   - 황제권 강화
   - 사대부 계층 성장
   - 국방력 약화 초래 → 거란(요)과 전연의 맹 체결
   - 개인적인 정치력이 아닌 제도적인 측면에 의해 황제독재체제 형성 → 외척이나 후비, 환관세력의 농단이 없음.

(2) 태종(976~997)

1) 통일 : 오월과 북한 정복하고 연운 16주를 회복하기 위해 북벌 시도 → 실패

2) 통치 체제
   ① 감찰기구 설치
   - 황성사 : 관리 비행 감찰
   - 주마승수(走馬承受) : 군대 감찰 → 황제에게 직접 보고
   ② 지방제도 : 전국을 15로로 나누어 통치

3) 편찬 사업 : 태평어람, 태평광기 등 편찬

◇ **진교병변**
요로부터 연운 16주를 되찾기 위해 출동 준비를 하고 있던 조광윤에게 부하들이 진교에서 술을 먹이고 황포를 입혀 강제로 추대한 것을 말한다. 조광윤은 부하들에게 못 이기는 척하며 카이펑(개봉)에 입성하여 후주의 공제로부터 선양을 받아 송나라를 건국하였다.

◇ **경술법**
송 태조는 황제의 군권 장악을 위해 경술법을 실시하였다. 경술법은 금군을 지방으로 파견하되 3년마다 교체하여 장수와 병사들 간의 사적인 유대 관계 형성을 방지하였다. 그러나 경술법은 군사력 약화를 초래하였고, 요와 서하의 공격을 막아내지 못하는 원인이 되었다. 이후 왕안석은 군사력을 강화시키기 위해 경술법을 폐지하였다.

◇ **태평어람과 태평광기**
태평어람은 이방이 편찬한 백과사서이며, 태평광기는 이방, 서현 등이 간행한 설화 모음집이다.

◇ **황성사와 주마승수**
태종 조광의는 황제권을 강화시키기 위해 관리의 비행을 감찰하는 황성사를 설치하였고, 군 감찰기구인 주마승수를 두었다.

[송의 중국 통일]

3 동아시아 정세 변화와 북송의 대외 관계

(1) 송·요의 대립과 서하의 건국

1) 요

① 건국 : 야율아보기가 거란 부족을 통합하여 건국(916)

② 발전 : 발해 정복(926) → 연운 16주 장악(936)

③ 송의 공격 : 송 태종이 연운 16주를 확보하기 위해 적극적인 공세 시작 → 송의 패전으로 적극적인 자세를 버리고 방어태세로 전환

④ 요의 공격 : 요의 성종이 20만 대군을 이끌고 남진 → 전연의 맹약 체결(1004)

⑤ 전연의 맹약(1004)
- 송과 요가 형제 관계
- 송이 요에게 세폐 지급 : 매년 비단 20만 필과 은 10만 냥
- 무역장 개설
- 요의 연운 16주 영유 인정

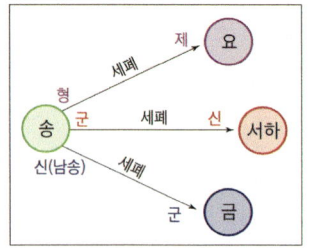

[송과 북방 민족과의 관계]

2) 서하의 건국

① 건국 : 티베트계통의 탕구트족인 이원호가 건국(1038
- 도읍 : 흥경부
- 국호 : 대하

② 발전 : 실크로드 요충지 장악 → 동서무역의 이익으로 번성

③ 송의 관제 모방 : 중서와 추밀원을 설치하여 행정과 군사를 맡기고 삼사와 어사도 설치

④ 서하문자 창제 : 유교경전과 불교경전 다수 번역

⑤ 과거제 실시

⑥ 경력의 화의 (1044)
- 송과 서하가 군신 관계
- 송이 서하에게 세폐 지급 : 매년 비단 13만 필, 은 5만 냥, 차 2만 근
- 무역장 개설

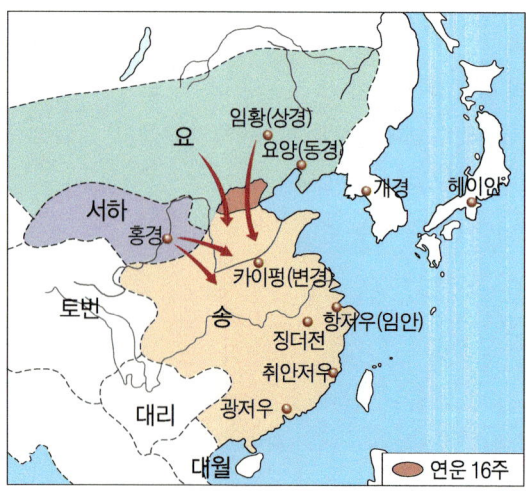

[11세기 동아시아 정세]

(2) 왕안석의 개혁

1) 신법 실시 배경
    ① 문치주의로 인한 군사력 약화
    ② 모병제로 인한 군사비 지출↑ + 관리의 수↑ + 세폐 → 재정 악화
    ③ 장원제의 발달로 자영농민↓ + 상업발달로 중소상공업자↓

2) 내용 : 중소 농민·상공업자 보호하고 국가 재정↑

목적	법	내용
부국책	청묘법	봄에 농민에게 돈과 곡식 빌려주고, 추수 때 낮은 이자로 돌려받는 법 → 자영농 구제
	시역법	중소 상인에게 저리 융자
	모역법	부역 폐지 → 면역전을 징수하여 역 해결
	균수법	정부가 물자 공급 통제, 대상인의 폭리 방지
강병책	보갑법	병농 일치의 민병 제도
	보마법	군마 사육을 민간에 위탁
	장병법	경술법 폐지 → 군대의 전문성 강화
농촌 진흥책	방전균세법	토지를 정확하게 측량하여 공평한 조세 징수
	농전수리법	황무지 개간과 수리 시설 신설로 농경지 증가
	어전법	어전사 설치 → 하천 진흙을 이용하여 토질 개선
관료 개혁책	창법	서리에게 봉록 지급하여 대우 개선 → 관리와 서리의 일체화
	태학삼사법	태학에 3사(외사·내사·상사)를 설치하고 과거없이 직접 관리로 임명
과거제 개혁		· 진사과 외의 명경과와 제과 모두 폐지 · 경의, 논, 책(현실에 맞는 책략)을 시험 과목으로 함

3) 결과
    ① 사마광 등의 보수파들의 반발로 실패
    ② 신법당과 구법당의 치열한 당쟁 발생 → 신법당 채경의 권력 장악(원우당적비)
    ③ 반란 야기 : 송강의 난◇, 방랍◇의 난 발생
    ④ 국가 재정↑ + 물가↓

◇ **원우당적비**

원우당적비는 북송 휘종 때에 채경이 세운 비석이다. 철종이 친정을 하면서 신법당이 득세를 하였고, 이 과정에서 채경이 권세를 얻었다. 휘종 때 신법당의 채경이 휘종에게 권하여, 구법당 사람들을 간당이라 하고 그 이름을 돌에 새겨 전국에 세웠다.

◇ **방랍과 송강의 난**

북송 말기 황제인 휘종은 화석(花石)을 좋아하여 수도에 큰 정원을 만들고, 필요한 화석과 죽목(竹木)을 동남 각지로부터 큰 배를 이용하여 카이펑으로 운반했다. 이를 화석강(花石綱)이라고 불렀다. 1120년 절강성의 마니교 우두머리였던 방랍이 천부첩을 얻었다며 반란을 일으켰으나 관군에 의해 진압되었다. 1119년 송강은 산동의 양산박에서 반란을 일으켰으며, 하북 등 10여 군을 점령하였다. 방랍의 난을 진압한 후 관군은 전력을 다해 송강의 난도 진압하였다. 송강의 난은 이후 수호지의 배경이 되었다.

(3) 당쟁의 발생과 북송 멸망

1) 당쟁 원인
   ① **황제독재체제의 관료조직** : 신하의 직권을 분할하여 관료로 하여금 서로 견제하도록 하여 신권의 집중화를 방지
   ② **지역 간의 차별과 대립** : 구법당은 화북 출신. 신법당은 강남 출신
   ③ **과거제를 통한 인맥 형성** : 과거 합격후 문생과 지공거(시험관)의 관계와 거주(신원보증인)와의 관계 유지
   ④ **붕당론** : 구양수는 "붕당론"에서 군자의 진붕과 소인의 위붕을 구분

2) 진행 과정
   ① **태종** : 화북 출신 관료와 강남 출신 관료의 대립
   ② **인종** : 경력의 당의
      - 범중엄·한기 등의 혁신관료와 인종 측근의 여이간 등의 보수관료 간의 대립
      - 인종의 왕후인 곽후의 폐위 문제로 20여 년 간 당쟁
   ③ **영종** : 영종의 복의
      - 영종의 친아버지의 칭호 문제를 두고 대립
      - 보수파인 사마광, 여회 등은 영종의 친아버지를 황백(큰아버지)로 봐야한다고 주장
      - 개혁파의 한기·구양수 등은 황친(아버지)으로 보야 한다고 주장 대립
   ④ **철종**
      - 선인태후(영종의 왕후)가 사마광 등 구법당 등용
      - 선인태후가 죽고 철종이 친정을 하면서 신법당(장돈, 증포) 등용
      - 신법당이 왕안석의 개혁 정신을 망각하고 정치 보복↑→ 채경의 전제 정치로 인해 북송 멸망의 원인 제공

4 남송의 성립과 멸망

(1) 남송의 성립

1) 북송 멸망
   ① **해상의 맹약**◇ (1120) : 금의 세력 강성 → 송이 금에게 요에 대한 협공 제안하고 세폐 지급 약속 → 요를 정벌하고 세폐 지급 미룸
   ② **정강의 변(1126~1127)** : 금군이 변경(가이펑)을 점령하고 휘종과 흠종 황제 압송 → 북송 멸망
   ③ **남송 수립** : 흠종의 아우 강왕이 강남의 임안(항저우)에 도읍하고 남송 수립(1127)

2) 금의 화북 경영
   ① 금은 자신들만의 무력으로 중국 전체를 지배하는 것이 힘들다고 판단 → 괴뢰국(초·제)을 세워 통치
   ② 장방창이 초나라 건국 → 유예가 제나라 건국
   ③ 금이 제나라를 멸하고(1137) 화북을 직접 지배

◇ **해상의 맹약**
해상의 맹약은 송나라 휘종 때인 1120년에 송이 금과 연합하여 요를 공격하기로 한 맹약을 말한다. 양국의 사절이 모두 해상으로 왕래하여 담판하였기 때문에 해상의 맹약이라고 칭하였다.

(2) 남송과 금의 대립

1) 남송과 금의 상황
① 남송 : 주화파인 진회와 주전파인 악비가 대립
② 금 : 주화파인 달뢰와 주전파인 올구가 대립

2) 소흥화의(1142)

배경	주전파(악비)와 주화파(진회) 대립 → 주화파 주도 → 악비 제거
내용	• 회수 ~ 대산관에 이르는 영토 할양 • 군신 관계 • 세폐 지급 : 은 25만냥, 비단 25 필

3) 융흥화의(1165)

배경	• 금의 해릉왕은 수도를 상경 회녕부에서 중도(연경)으로 옮기고 남송 정벌의 친정 시도 • 금 내부의 반란으로 해릉왕 암살되고 세종 즉위 → 융흥화의(1165) 성립
내용	• 군신 관계를 숙질 관계로 전환 • 세폐 축소 : 은 20만냥, 비단 20만필

4) 가정화의(1208)

배경	영종 때 한탁주가 금 정벌(개희북벌)의 시도하다 실패하고 사미원 일파에게 살해됨
내용	• 숙질관계가 백질관계로 전환 • 세폐 증가 : 은 30만 냥, 비단 30만 필

(3) 남송 시대 정치적 변천

① 효종
- 궁정의 대관파와 도학파의 대립 심화
- 영종시기 한탁주(신법당 계통)는 재상 조여우(도학 계통)를 배척
- 경원의 당금(1196) : 한탁주가 조여우·주희 일파를 배척하기 위해 도학을 위학(僞學)으로 몰아 금함

② 이종
- 사미원이 다수의 도학자들을 조정에서 추방하고 전횡
- 사미원이 죽은 후 정치개혁 착수(단평의 갱화, 1234)

③ 남송 말
- 13세기 초 몽골이 남송과 동맹하여 금을 정벌할 것을 제의 → 금 멸망(1234)
- 도종 시기 재상 가사도의 전횡으로 정치가 어지럽고 그의 공전(公田) 정책과 화폐 남발로 경제 붕괴 → 원의 공격으로 멸망(1279)

[12세기 동아시아 정세]

5 송대 통치 제도

(1) 중앙 행정 조직

① **중서 문하성** : 중서성과 문하성을 합쳐 중서문하성으로 통합 → 행정만 담당

② **추밀원** : 황제 직결 → 군사권 장악, 대귀족·무관 배제

③ **3사** : 염철·탁지·호부를 관장하여 국가의 재정권 장악

④ **문하시중 역할 축소** : 당의 재상인 문하시중을 동중서문하평장사로 격을 낮추고 부재상격인 참지정사 둘을 두어 재상의 행정권 분할

⑤ 당 대에는 황제가 재상 이외의 관리와 접촉↓→ 황제와 내각의 상호 소통이 불가능한 구조 → 당대 환관의 발호 원인

⑥ 송 대에는 재상이 황제에게 상주할 뿐 황제가 결정권 행사 + 감찰 기구↑→ 황제가 중요 사실을 직접 듣고 결정 내림

⑦ 감찰기구
  - 황성사 : 태종 때 설치 → 관리의 비행을 탐지하는 첩보기관
  - 주마승수 : 군의 첩보기관으로 군의 동태 파악

⑧ 관리의 재상 사택 방문 금지 + 상피제 실시 → 인맥 형성 배제

(2) 지방행정 조직

① 로
  - 최고 행정 구역 → 전국에 15로 설치
  - 로에는 장관X → 전담 부서에서 업무 처리 → 전운사(재정), 안무사(군사), 제점형옥(사법)
  - 로 아래 부·주·감·군 설치 → 문신의 지방 장관인 지주, 지부, 지감, 지군

② 부·주 : 정치·경제·군사의 중심지
  - 부에는 지부사, 주에는 지주사가 파견
  - 통판은 지부사·지주사와 함께 행정 처리하며 지부사·지주사를 견제

③ 군·진
  - 군사나 장군들이 군대를 주둔시킨 군사 요지
  - 송대 지방 행정 구역으로 개편, 진은 군에 비해 소도시

④ 감 : 전매사업감독을 위한 관청 설치 → 주변지역 행정 관할

⑤ 현 : 지현 관할 → 현 아래 자치구역으로 향·촌·리가 존재

⑥ 도보 : 남송 시대에 설치 → 250 가구를 단위로 하여 도보정 1명과 부보정 1명 둠.

⑦ 황제가 지방 속관을 직접 임명하여 인사권 장악

(3) 군사제도

분류	금군(禁軍), 상군(廂軍), 향병(鄕兵), 번병(蕃兵)
특징	군사 지휘권은 문신 관료가 장악하고 작전권만 무관이 소유 → 군사력 약화
금군	최정예 부대 → 수도와 그 주변에 주둔하여 황제 보위
상군	각 주의 지방군 → 전투보다 지방의 요역에 동원
향병	주로 지방의 치안 담당
번병	변방의 유목민족으로 구성되어 변방을 방어

(4) 과거제의 발달
  ① 과거 방식
   - 태조 때 시작
   - 인종 때부터 3년 1회 방식 실시
   - 3단계 : 해시(향시, 지방) → 회시(성시, 중앙의 예부) → 전시(황제)
  ② 시험 과목
   - 진사과 : 시문 → 진사과가 가장 인기 있음
   - 명경과 : 유교 경전
   - 기술과
  ③ 합격자
   - 진사과에 합격한 진사는 성적순에 따라 진사급제, 진사출신, 동진사 출신으로 구분
   - 수석 합격자는 장원, 차석은 방안, 3등은 탐화
  ④ 공정성 확보
   - 호명법 : 성명 봉인
   - 등록법 : 시험 답안지의 글씨체를 알지 못하게 시험관이 다시 써서 채점
  ⑤ 과거제의 폐해
   - 경제적 부담이 커서 경제력이 없는 일반 서민은 과거 응시 불가능
   - 학교교육이 과거에 예속되어 과거 시험 이외의 학문 발전 저해
   - 과거 불합격자는 사회의 낙오자가 되어 농민반란을 주도하기도 함

(5) 학교교육 진흥책
  ① 중앙 학교
   - 국자학, 태학, 사문학과 그 밖의 기술학교(율·산·서·화·의·무학)
   - 국자학은 고관의 자제 입학, 그 밖의 학교는 평민의 자제 입학 가능
  ② 태학
   - 인종 때 범중엄이 학교진흥정책으로 태학 설립 → 관학↑
   - 신종 때 왕안석은 태학진흥책으로 관학생의 수 증가, 태학삼사법을 제정하여 태학졸업생으로 과거 대체 시도
   - 휘종 때 태학출신자를 관리로 임용 → 태학 전성기
  ③ 지방 학교
   - 주·현에 주·현학 설립 : 인종 때 범중엄·송기·구양수 등이 지방교육진흥을 주장하면서 주·현학 발전
   - 교육 과정 : 국자학, 태학, 사문학에서 유교 경전 학습, 무학은 병법, 기술학은 기술교육
  ④ 서원 : 지방교육의 중요한 역할 담당
   - 당대에는 관립도서관 → 오대에 학교식 서원이 생김 → 송대에 서원제도 확립·번창
   - 서원에는 관립과 사립이 존재
   - 서원은 도서의 보관과 열람을 준비하고 선유 가운데 공덕있는 사람의 제사를 지냄
   - 명망 높은 관리를 스승으로 초빙하고 경영자 자신이 교육하거나 대유를 초청하여 임시로 강학하기도 함

◇ **호명법과 등록법**
송대에는 과거시험의 부정을 막기 위해 여러 제도를 실시하였다. 호명법은 시험의 부정 행위를 방지하기 위해 답안지가 누구의 것인지 알지 못하게 답안의 이름을 봉인하는 것을 말한다. 등록법은 시험 답안지의 글씨체를 시험관이 식별하지 못하도록 제출된 답안을 다시 붉은 글씨로 옮겨 쓰는 것을 말한다.

◇ 용골차

◇ 참파벼

참파벼는 베트남 중남부의 점성(占城) 지역의 벼 품종으로 북송 초에 도입되었다가 강남지방에서 널리 재배되었다. 참파벼는 가뭄과 척박한 토양에 강하고 비료를 사용하지 않아도 잘 자랐다. 또한 50일 정도면 수확이 가능하였다. 참파벼의 보급으로 윤작과 벼의 이모작이 가능해졌고, 이는 쌀 생산뿐만 아니라 잡곡 생산력 증대에도 기여하였다.

6 송대 사회·경제 변화

(1) 당·송 사회의 역사적 변혁

1) 당·송 변혁
   ① 농업혁명 → 산업 생산력의 발전 → 폭발적인 인구 증가 → 사회 변혁
   ② 송대의 사대부는 정치·사회적 지배계층을 총체적으로 지칭하는 계층적 성격 → 송대 사대부는 독서인 + 관료 + 지주층의 결합 → 명·청 시대에도 지속됨
   ③ 병농일치의 부병제에서 모병제로 전환
   ④ 조용조에서 변화된 양세법이 송대 이후의 세제로 정착
   ⑤ 불교와 도교가 점차 밀려나고 신유교인 주자학이 송대의 사상과 학문을 지배
   ⑥ 형세호의 등장과 지주전호제 정착

2) 인구 대이동
   ① 북방에서 강남으로 이동하여 양자강 하류지역이 인구의 중심지대로 부각
   ② 강남의 경제력으로 인구 급증하고 이를 부양함

(2) 송대 농업 혁명과 농촌사회의 변화

1) 중국 농업의 유형
   ① 화북
   - 조·보리를 주곡으로하는 밭농사 지대 → 후한 말까지 중국 농업을 대표하는 선진농업지대
   - 당 중기에는 조·보리로 2년3모작 농법 완성
   ② 강남 : 쌀을 주곡으로 하는 벼농사 지대

2) 송대 농업 생산력 발전의 원인
   ① 북송 초기 농촌을 부흥시키기 위해 대대적인 농지 개간, 유민의 정착과 농업기술의 향상 추진 → 농업 발달
   ② 서민사회의 성립과 지주·전호제의 확산 → 잉여농산물의 자기 소유가 가능해져 생산의 욕이 고취되고 농산물 생산 증가
   ③ 화북에서 강남으로의 대규모 인구 이동
   ④ 지역 특성에 맞는 품종 개량과 이모작에 의한 집약 농업 발달
   ⑤ 농업 토목 기술의 획기적 발전
   ⑥ 우전·위전 등 개발로 경작지 증가
   ⑦ 시비법 발달
   ⑧ 전식법·앙마 이용 등 파종 기술 발달
   ⑨ 농기구 발달 : 쟁기, 써래, 용골차 등

3) 농업발달
   ① 기존의 벼 품종인 조도 이외에 중도·만도가 보급 → 점성도 보급(1011) → 벼·보리의 이모작 시작
   ② 보리·콩 등의 잡곡 생산↑→ 보리는 전호의 수입으로 인정되어 상품작물로 보급(남송)
   ③ 강서의 야채, 양절의 생강, 월주의 감귤, 휘주의 삼, 강남지방의 사탕
   ④ 당 대 이후 차 재배↑ → 복건의 건주산(상류층의 고급품)

(3) 송대 상업혁명과 상인계층의 활약

1) 배경
   ① 강남 개발에 의한 농업 생산력의 증가
   ② 지주·전호제에 의한 농민의 자율성 신장
   ③ 농민의 상업 활동과 소비인구의 증가 및 서민생활의 다양화 → 차, 소금, 야채, 견직물, 도자기, 제지, 칠기 등의 수요↑

2) 상업 발달
   ① **미곡** : 상품화가 진행되어 시장에서 판매↑ → 쌀의 소비와 유통의 활성화로 쌀 시장의 성립, 미곡 대상(탑가·미선·미포·미아인)의 출현 → 전국적 시장권 형성
   ② **도자기, 제지업, 문방구류** : 지역적인 분업화 촉진 + 동일제품의 분업화도 형성
   ③ **차 전매제** : 민간이 생산한 차를 국가가 전부 사들이고 차교인(어음)을 발행 → 상인에게 유통과 판매 위임 → 차 상인↑
   ④ **소금 전매제°** : 관매법 → 통상법
   ⑤ **견직물, 마직물, 도자기, 제지 등 수공업** : 농촌내부에서 발달하여 상품화
      • 견직물은 소비의 증가로 도시와 농촌에서 다같이 발달하여 상품화
      • 도자기는 국내는 물론 고려, 일본 등 해외로 수출
   ⑥ **객상**
      • 객상의 발달로 교통, 숙박, 창고, 운수업 발달
      • 상업부기와 주산 등 대규모의 상업경영 조직이 발달
      • 아자(아쾌) : 이동상업(객상)과 정착상업(시장 점포)을 서로 연결하는 중개업
   ⑦ **대외무역 발달**
      • 수출품 : 동, 철, 곡물, 직물, 자기, 서적, 차
      • 수입품 : 남해의 향료, 상아, 진주, 목면, 금, 주옥, 모피, 말, 양, 약재
      • 무역항 발달 : 광주, 천주, 명주, 항주, 온주 번성
      • 시박사° 설치 : 광주와 항주에 설치하여 무역 사무 관장
      • 번방 설치 : 외지인 거주지 형성, 번장 임명
      • 동전의 해외 유출 : 가마쿠라 막부↑ → 해외 유출 금치
   ⑧ **동업조합**
      • 행·단 : 상인들의 동업 조합
      • 작 : 수공업자들의 동업 조합

◇ **소금 전매제**
소금의 전매제하에서 국가가 직접 판매하는 방식을 관매법이라고 한다. 통상법은 전매세를 납입한 상인에게 소금의 유통과 판매를 허용하는 방식이다. 송대의 소금의 전매제는 기존의 관매법에서 통상법으로 변화되었으며, 이후 명의 홍무제는 통상법을 개중법으로 바꾸었다.

◇ **시박사**
중국 당~청 초까지 해상 교역에 관한 사무를 담당한 관청이다. 몽골 제국은 항저우, 취안저우 등에 시박사를 설치하여 출입 선박의 수속, 화물 검사, 징세, 불법 행위 단속 등의 업무를 수행하게 하였다

(4) 화폐 경제의 발달

1) 동전 발행
   ① 태조 : 송원통보
   ② 태종 : 태평통보
   ③ 동전의 보급 → 상업 활동 촉진 → 화폐가 농촌에 침투하여 농산물의 상품화 촉진

2) 지폐 발행
   ① 대외무역의 발달과 세폐 등에 의해 동전의 해외유출↑→ 전황현상↑ → 금·은 유통↑ + 지폐·어음 발달
   ② 차인, 염인 등의 신용화폐(어음) 유통 → 차교인과 염초가 가장 대표적임
   ③ 교자, 회자 등의 지폐 남발로 재정의 혼란과 물가 상승

(5) 조세제도

양세	· 토지에 부과 · 하세 : 화폐 기준 → 비단, 마포, 밀 등으로 환산하여 납부 · 추세 : 곡물로 납부
과리	· 상품에 부과 → 동전으로 징수 · 술·소금·차·향료·약재 등 전매품에 대한 세금과 이 밖에 상품전반에 과세하는 상세 · 과리는 일종의 소비세로 주로 상인들이 납부 · 강남지방의 경제 발달로 상세가 증가하여 송의 군사력 유지에 중요한 재원 · 양세와 과리의 액수 거의 동등
차역	· 국가에 노동봉사 · 주호와 객호로 구분 → 주호는 자산에 따라 등급으로 구분 · 백성을 호등에 따라 징발하여 지방 관아에 복역 → 관물의 수송과 공급, 부세의 독촉과 징수, 도적의 체포, 공가의 사역 등 다양 → 백성 고통 · 왕안석의 모역법은 이러한 백성의 고통을 해결하고 국가 재정을 충실히 하고자 한 것

(6) 송대 도시의 발달

1) 도시 발달의 배경
   ① 서민의 사회적 지위 향상 → 도시생활을 즐기고 소비생활을 추구 → 도시 발달
   ② 농업 생산량↑ + 상업↑ → 도시↑

2) 도시 발달
   ① **성격 변화** : 정치·군사적 도시 → 상업도시
   ② **종래 도시**
   - 관에서 설치한 상업구역인 시가 있고 상업은 원칙적으로 시 안에서만 허가되는 시제(市制)
   - 도시 내부를 가로로 구획하고 구획 개의 주민을 통제하는 이(理)·방제(坊制)
   ③ **송의 도시발전** : 초시에서 시작 → 시제·방제의 소멸
   - 도시의 성 밖이나 농촌의 교통요지에 형성되었던 노점시장 점포와 주택이 들어차면서 취락이 되고 초시 형성
   - 초시의 규모가 커진 것이 진 → 진에 현의 출장소가 생김 → 진이 커지게 되면 현으로 승격
   - 초시가 성안의 도시에까지 파급 : 방(坊)을 허물고 대로 양쪽으로 점포가 줄지어 들어서게 되면서 상점으로 탈바꿈 → 도시 전체가 상점가로 변모
   - 강남의 양주, 임안 등이 번창
   ④ **행의 조직 변화**
   - 시제가 무너지면서 행의 독점권도 붕괴
   - 당대처럼 엄격한 제한을 받지 않는 등 동업자만의 조합으로 발전
   - 각 행은 소수의 대상인에 의해 지배

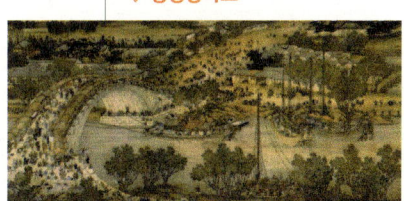

◇ **청명상하도**

(7) 광공업의 발달

광업	· 금광, 은광, 철광, 석탄광, 주석광 등 다양화 · 철광 : 하동, 산서, 산동, 섬서 지역이 주생산지
견직업	중요 상품으로 거래되어 마포·저마포도 상품으로 생산
자기업	· 도시의 소비 생활과 상업 무역의 번성 석탄을 화력으로 사용 → 송 자기의 대량생산 · 자주요 → 고려자기에 영향 · 정주요 관의 주문생산을 맡아 → 백자와 흑자 생산 · 임안·요주요 관용품과 함께 대량의 민간용 생활도자기 생산 · 관요에서 우수한 청자 생산 → 민간 도자기 경덕·월주·상산·건주·천주·길주요가 관요보다 못함 · 자기는 송의 주요 수출품
제지업	· 관의 소비 증대와 함께 인쇄, 출판기술의 발달과 도시생활의 향상으로 민간소비가 늘고 발전 · 제지업은 관의 주문에 의해 대량생산이 가능 → 관납하고 남는 것은 상품으로 유통

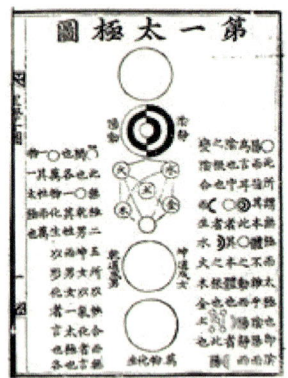

◇ 주돈이의 태극도설

7 송대 문화

(1) 성리학의 성립과 발전

1) 배경
   ① 유학의 변화
   - 남북조 시대 이후 불교와 도교 융성으로 유학↓
   - 당 대 『오경정의』 편찬 → 유학의 획일화로 유학의 세력 약화
   ② 북방민족에게 밀려 강남으로 이동한 상태에서 중화사상 강조
   ③ 유학에 불교(선종)·도교의 형이상학적 측면을 수용하면서 등장

2) 성립
   ① **시작** : 당대 한유의 『원도』, 『원성』 + 이고의 『복성서』 → 불교와 도교에 대한 비판을 가하고 유교의 인성론을 바탕으로 유교의 우위성 제기
   ② **정학 운동**
   - 범중엄 : 우주의 원리를 설명하고 있는 『주역』과 인간성의 본질을 규명하고 있는 『중용』을 통해 인간 형성의 이념을 구함
   - 손복 : 한·당의 문장과 의론을 비판하며 새로운 문장론 제창, 불교·도교 및 제자백가에 대하여 유교의 우위성 강조 → 구양수, 왕안석 등에 영향
   - 구양수 : 고문부흥운동을 제창하여 문학과 사상의 세속성을 탈피하려 함 → 직접 유교 경전을 연구하여 우주의 원리와 인간의 본성을 밝히고 이를 토대로 인간 정신을 수양하고 실천하려는 학풍을 지식인 사이에 전파
   - 호원 : 국자감 직강, 유교 보급
   ③ **주돈이**
   - 범중엄으로부터 학통을 이어받아 유학의 새로운 연구를 본격적으로 시도
   - 태극도설 : 도가의 사상과 한 대 유학의 음양오행설 결합하여 존재의 궁극적 근거를 理에서 구함 → 무극이 곧 태극이란 우주의 절대적 경지를 理라고 해석
   ④ **장재** : 기일원론 → 우주 변화는 기의 변화이며, 만물의 근원은 태허라고 주장
   ⑤ **정호·정이 형제** : 이일원론 → 리와 도를 동일한 의미로 파악하고 천하의 사물은 원칙이 있고, 일물(一物)에는 일리(一理)가 존재한다고 주장

3) 주희의 집대성
   ① 성립 : 장재의 기일원론 + 정호·정이 형제의 이일원론 → 이기이원론
   ② 이기이원론 : 리와 기는 불가분의 관계 → 만물이 보편적·불변적 법칙인 '이(理)'와 가변적 현상인 '기(氣)'로 이루어져 있다고 파악 → 인간의 본성을 '이', 개인의 개성을 '기'로 해석
   ③ 성즉리 : 인간의 본성인 성(性)이 곧 우주의 이(理)라고 봄
   ④ 효제의 개념 재정립 : 인의 근본이 아니라 인을 이루기 위한 수단
   ⑤ 수양 방법 : 거경궁리와 격물치지를 통해 인간의 본성 회복 주장

4) 주희의 저서
   ① 『사서집주』 : 대학·중용·논어·맹자의 주석서 → 원대 과거 시험 교재로 채택
   ② 『소학』 : 어린아이를 위한 성리학의 기본 개념과 수행방법 등을 교육
   ③ 『근사록』 : 주돈이·정호·정이·장재의 글을 발췌해서 편집
   ④ 『주자가례』 : 관혼상제에 관한 예법 정리 → 조선의 예학 발달과 예송 논쟁에 영향

5) 특징
   ① 새로운 지배층의 이익 대변 : 강남 지방 신흥 지주층의 이해를 대변하는 논리로 기능 → 유교 교양을 갖춘 지식인(강남 지주층)의 정치 참여 정당화
   ② 군신 관계, 지주·전호 관계의 차별 정당화
   ③ 북방 민족의 압박으로 인한 민족의식 고취 → 대의명분·화이론 강조
   ④ 서원과 향약 보급으로 성리학 확산
   ⑤ 여성의 지위를 약화시킴

6) 성리학 비판
   ① 육구연 : 심즉리설과 양지론 주장 → 왕양명에 영향
   ② 경세·사공파 : 심성의 수양보다 국가 경영이나 민생 안정 등 정치·사회적 문제에 관심
     • 엽적 : 태극도설 비판
     • 진량 : 이기이원론 비판 → 도기일원 주장
     • 설계선 : 도와 기는 분리된 것이 아니라 형기 안에 도가 존재한다고 주장

◇ **거경궁리와 격물치지**
거경궁리란 잡념이나 망상을 끊은 상태에서 마음에 본래 갖추어져 있는 리(理)를 밝히는 것이며, 격물치지란 존재하는 사물의 의미를 끝까지 탐구하여 깨달음에 이르는 것을 말한다.

◇ **자치통감**
주나라 위열왕으로부터 후주 세종에 이르기까지를 서술한 편년체의 역사서이다. 춘추좌씨전의 서법을 모방하여 서술하였으며, "목록", "고이" 편찬을 통해 편년체의 약점을 보완하였다. 이후 "계고록"을 통해 내용을 보충하였다. 사마광은 『자치통감』을 통해 왕조 흥망의 원인과 대의명분을 밝히려 하였다.

◇ **공덕사찰**
공덕사찰은 부호와 관리의 구복(求福)과 공덕(功德)을 기리는 사찰을 말하며, 당시 불교의 세속화를 보여주는 것이다.

(2) 불교와 도교의 변화

1) **불교**
   ① **불교 탄압** : 당말 무종의 폐불(845)과 후주 세종에 의한 불교 탄압(955) → 불교 심각한 타격
   ② **송 태조와 태종의 불교 보호 정책**
   - 태조 : 화북 지방의 황폐한 사원 중수, 민간인의 출가 장려, 대장경 간행 추진, 인도에 구법 장려
   - 태종 : 역경전법원 설치하여 불경 출판, 찬영에게 『송고승전』, 『대송승사략』 편찬케 함
   - 영향 : 불교의 세속화 심화 → 돈으로 사호 구입, 무위도식하는 무능한 승려 증가, 사원의 공덕 사찰화
   ③ **거사불교 성행** : 사대부·지식인들을 중심으로 재가불교 형태로 발전 → 불교 대중화
   ④ 불교 대중화로 대중의 정치와 사회에 대한 의식 확대 → 미륵불 강림과 중생 구제사상으로 종교운동 자주 발생

2) **도교**
   ① **태조** : 불교와 도교의 관계를 불선도후로 정함
   ② **진종** : 도교에 심취하여 도사 건립에 국고 낭비, 도교 이론 정립
   ③ **휘종** : 교주도군황제 자칭 → 사원의 재산을 도사에게 지급(일시적)
   ④ **남송**
   - 화북 지방 : 전진교, 태일교, 진천도교 유행
   - 정일교, 상청파 발전
   - 불교와 도교 사상 융합, 유교와 종교적 일치성 추구 → 왕중양은 유교의 효경과 도교의 도덕경, 그리고 불교의 반야심경을 융합하여 대중에게 설법하면서 삼교의 조화 주장
   ⑤ **전진교** : 좌선과 수양을 중시 → 마단양, 구처기 등으로 이어져 명, 청시대까지 종교로서 발전

(3) 역사서

구양수	• 『신당서』, 『신오대사』를 고문체로 고쳐 씀 • 인간의 도덕적 가치와 군신 간의 의리 강조
사마광	『자치통감』 → 편년체, 왕조 흥망의 원인과 대의명분 탐구
주희	『통감강목』 → 강목체, 자치통감의 내용 중 도덕성이 높은 것을 선별하여 요약 → 도덕성을 기준으로 사실 판단
원추	『통감기사본말』 → 사건 중심 서술
이도	『속자치통감장편』 → 북송 시기 정리
정초	『통지』 → 상황 이후 수까지 서술
마단림	『문헌통고』 → 남송 영종시대까지 제도와 문물 정리
강지	『통감절요』 → 도덕적 가치에 입각하여 선별 요약

(4) 예술

1) 미술

① 북종화 : 화려한 원체화(북종화) 유행 → 휘종, 이당, 마원, 하규

② 휘종: 도구도, 선화화보

③ 남종화 : 북종화에 담백한 수묵으로 반발하여 산수를 그린 문인화(남종화)가 발달 → 동원, 이공린, 이불, 양해, 목계

④ 장택단: 청명상하도

2) 서예: 사대부 문인들이 애호 → 채양, 소식, 황정견, 미불 등 4대 서예가

(5) 서민 문화

1) 배경: 대도시(카이펑, 임안) 발달, 야간 통금 해제, 경제 발달

2) 희곡 발달 : 와자, 구란(극장)에서 잡극과 각종 잡기 공연

3) 구어체 소설 유행 : 정부가 한대~오대까지의 소설을 모아 『태평광기』 출판

(6) 과학기술

1) 인쇄술 : 교니활자 → 다량의 서적 출판 → 서점 및 인쇄소 발달

2) 나침반 : 북송 시대 남침반 사용 보편화, 남송 시대 무역 발달 → 이슬람 세력을 통해 유럽 전파

3) 화약
- 유목 민족과 전쟁↑→ 화약 발달 → 이슬람을 통해 유럽 전파
- 남송 시기 금과의 전투에서 진천뢰 사용

4) 제철기술 발달 : 코크스를 이용하여 철 생산

5) 해부학의 체계화

6) 제약기술의 과학적 정리: 약전 → 『경사증류비급본초』, 『태평성혜방』

7) 백과사전 편찬
- 송 4대서 → 『태평광기』, 『태평어람』, 『문권영화』, 『책부원귀』
- 『옥해』

◇ **교니활자(膠泥活字)**

송대 필승이 흙을 재료로 하여 만든 활자다. 목판은 비용과 시간이 많이 소요되는 단점이 있었다. 이를 해결하기 위해 여러 책을 인쇄할 수 있는 교니활자가 제작되었으나, 흙이 자주 부서지고 일그러지는 문제점이 있었다.

자료탐구

01. 송 태조의 문치주의

- 태조는 이미 천하를 얻고 후주의 신하인 이균과 이중을 죽였다. 그리고 건국 공신인 조보를 불러 "천하는 당나라 말기 이후 수십 년 동안 왕조가 대략 10번이나 바뀌었다. 병란이 그치지 않고 백성이 도탄에 빠져있는 것은 무엇 때문인가?"하고 물었다. 조보는 "폐하가 이렇게까지 말씀하시는 것은 천지인신의 축복입니다. 당나라 말기부터 전쟁이 그치지 않고 나라가 불안정한 이유는 다름이 아니라 절도사의 힘이 너무 커서 군주가 약하고 신하가 강하기 때문입니다. 따라서 지금 이것을 고치는 방법에는 특별히 기묘한 것이 있지 않습니다. 단지 절도사의 권력을 빼앗고 재산을 제어하고 병력을 거두어들이면 천하는 저절로 안정이 될 것입니다."라고 말하였다. 황제는 "경이여, 더 이상 말하지 마라. 나는 이미 그것을 알고 있다."라고 말하였다.

- 황제는 출석자 모두를 연회석으로 초대하고 다 함께 취해 기분이 좋아졌을 때 말하였다. "짐은 밤에 편하게 잘 수가 없노라." 석수신 등이 그 까닭을 물으니, 황제는 "어떤 어려운 일이 있는 것은 아니다. 이 자리를 누군가 차지하려고 하기 때문이다."라고 대답하였다. 석수신 등은 머리를 숙이고 말하였다. "폐하께서 어찌하여 이런 말씀을 하십니까? 천명은 이미 정해졌습니다. 누가 또 다른 마음을 가지겠습니까?" …… 이튿날 연회 참석자들 모두 병을 핑계 삼아 병권을 내놓았고, 황제는 그들의 뜻을 받아들였다. …… 모두들 고향으로 돌아갔고, 황제는 많은 선물을 주었다.

- 조보는 재상이 된 다음 태조에게 당 말부터 이어지고 있는 지방에서의 폐단을 개혁할 것을 권유하였다. …… 당시 번진 중에는 절도사에 결원이 많았는데, 이를 점차 문신으로 임명하여 대체시켰다. 또 각지의 시장을 관할하는 직위에도 중앙의 문관을 임명하기 시작하였으며, 전운사(轉運使)와 통판(通判)이라는 관직을 설치하였다. 아울러 재정에 관한 법규를 제정하여 문서와 장부를 엄밀히 관리하게 하였다. 이로써 모든 재원이 중앙정부에 귀속되었으며 지방의 권한은 크게 삭감되었다.

– 이도, 『속자치통감장편』 –

자료 해석

절도사 출신으로 권력을 장악한 조광윤은 절도사의 힘을 약화시키는 문치주의를 실시하였다. 절도사의 세력을 약화시키기 위해 절도사를 문관으로 대체하였으며, 과거제에 전시를 도입하여 황제와 신하의 유대관계를 강화시켰다. 또한 개국공신들을 물러나게 하여 왕권을 강화시켰다. 그러나 문치주의는 국방력을 약화시키는 원인이 되어 요, 서하와의 전쟁에서 패하는 중요한 원인이 되었다.

02. 전시의 정착

개보 5년(972) 예부가 진사과 합격자 및 제과(諸科) 합격자 28인을 상주하자, 태조 황제는 스스로 강무전에서 그들을 인견하였지만, 아직 인시(引試, 시험관이 수험생의 신원보증을 확인한 후에 시험을 실시한다)에는 이르지 못하였다.

다음해 한림학사 李昉이 지공거로서 宋準을 비롯하여 11인을 선발하였지만, 진사과의 武濟川과 三傳科의 劉睿는 자질이 매우 용렬하여 황제 면전에서 질문을 받았을 때 제대로 대답할 수 없었기 때문에 황제는 그 2명을 낙제시켰다. 무제천은 이방과 동향인이었다.

가끔 이방은 사사로운 정을 개입시켜 합격과 불합격을 결정하였다고 제소당하는 일이 있었기 때문에, 황제는 최종시험장에서 불합격된 사람 360명의 이름을 명부에 기재한 뒤, 황제가 그들 모두를 김견한 뒤 195인을 선발하였다. 이후 그들과 합격한 송준 등을 포함하여 스스로 강무전으로 나아가 지필을 그들에게 주고 특별히 詩賦 시험을 실시하였다.

그래서 전중시어사의 이영 등을 고시관으로 명하였다. 그 결과 진사과 26인, 五經科 4명, 禮科 7명, 三禮科 38인, 三傳科 26인, 三史科 3명, 學究科 18명, 明法科 5명을 모두 급제시켰다. 이후 그들에게 20만전을 내놓고, 연회를 베풀었다. 이후 이방 등에게 죄를 물었다. 이리하여 殿試가 통상의 제도로 되었다.

– 『송사』「선거지」 –

자료 해석
과거에서 전시 제도를 도입하게 된 에피소드를 전하는 『송사』「선거지」의 일부를 번역한 것이다. 전시제도는 시험관과 수험생 사이의 유착을 막고, 합격자가 다른 관리가 아니라 오직 황제에게 충성하도록 하는 효과도 있었다.
송나라 때는 문인 관료가 권력의 핵심을 구성한 사회였으며, 이들을 선발하는 과거 제도의 중요성이 이전보다 크게 높아진 사회였다. 과거에 합격하면 관리가 되어 단박에 처지를 바꿀 수 있었고, 합격에 이르지 못한다 해도 공부하는 학생이거나 초급 과거에 합격하기만 여러 특혜를 받았다. 송나라 때는 지주 출신이 과거를 통해 관료가 되었는데, 이 시기에 독서인층이 늘어나면서 급격히 과거 응시자가 늘어났다.

03. 송이 북방 민족과 맺은 조약

(가)
- 송의 황제와 요의 황제는 형제의 교분을 갖는다.
- 송은 요에 해마다 비단 20만 필, 은 10만 냥을 보낸다.

(나)
- (서)하가 송에 신하의 예를 취하고 (서)하의 황제를 하국왕에 봉한다.
- 송은 (서)하에 해마다 비단 13만 필, 은 5만 냥, 차 2만 근을 지급한다.

(다)
- 황제는 강왕을 황제로 책봉하고 국호를 송이라 하여 대대로 신하로 복종토록 하였다. 송은 매년 은 25만 냥과 비단 25만 필을 바치기로 하였다.

자료 해석
(가)는 송과 요의 전연의 맹약이다. 전연의 맹약으로 송과 요는 형제의 관계를 맺고 송은 요에게 세폐를 주었다. (나)는 송과 서하가 맺은 평화조약이다. 송이 임금, 서하가 신하의 예를 취하고 대신 송이 서하에게 세폐를 주었다. (다)는 송과 금의 평화조약(소흥화의)으로 송은 금에게 신하의 예를 취하고 세폐도 바쳤다.

04. 송대 상업 발달

마행가에서 북쪽으로 가면 구봉구문(舊封丘門) 밖 천묘사가(秋廟斜街)와 개봉의 북쪽 와자(瓦子)에 다다랐다. 신봉구문대가(新封丘門大街) 양쪽에는 백성들의 가게들이 있었고, 그 외에 황제 친위부대들의 군영들이 서로 마주보고 있었는데(신봉구문 대가까지 가는데) 약 십 여리에 걸쳐 있었다. 그 밖의 마을과 거주지는 가로와 세로로 만 단위로 수를 세어야 할 정도로 많아 그 끝을 알 수 없었다. 곳곳마다 대문이 몰려 있고, 각각의 다방과 주점, 기예를 하는 사람들의 공연장과 음식점들이 있었다. 시내에서 장사하는 집들은 왕왕 거리의 점포에서 음식을 사 먹고, 집에서는 음식을 해먹지 않았다. 북방 음식점으로 반루(攀樓) 앞 이사가(李四家), 단가(段家)의 오물(熝物), 석봉(石逢)과 파자(巴子)가 유명하였고, 남방 음식으로는 사교금가(寺橋金家), 구곡자주가(九曲子周家)가 가장 유명하였다. 야시장은 새벽 1시(三更)가 되어서야 끝났다가 새벽 5시(五更)도 안 되어 다시 개장을 하였다. 번화한 곳에서는 밤새 영업을 하기도 하였다. 보통 사방의 제일 외지고 조용한 곳에서도 야시장이 섰는데, ……

— 맹원로, 『동경몽화록』 3권 —

자료 해석
『동경몽화록』은 맹원로가 북송 시대 수도인 변경(카이펑)의 영화로웠던 생활을 쓴 책이다. 제시문에 카이펑의 화려한 모습과 다양한 음식들이 잘 묘사되어 있다. 송대에는 강남의 참파벼 도입으로 인한 농업의 발달, 제철업과 수공업의 발달 등으로 상업이 발달하고 도시가 발전하였다.

05. 왕안석의 개혁 정책

- 『주례(周禮)』를 개혁의 표준
사대부가 속학으로 폐습에 젖은지 오래되어 성상께서 측은히 여기셔서 경술로써 이를 고치게 하였다. … 사람을 관에 임명할만하였고, 관이 족히 법을 시행할만한 때는 주나라 때 만한 적이 없다. 그 법이 가히 후세에 행할만하고, 그 내용이 기록으로 남아 있는 것으로는 주례만큼 갖추어진 것이 없다.

– 『임천문집』 –

- 관료 선발 방식 개선
진사과의 책문 시험은 단지 장구(章句)의 평측성조(平仄聲調)에 국한되어 글재주만을 숭상하니 모두 재능이 적은 자나 하는 것이다. 명경과의 책문은 단지 記問之學만을 능사로 여기고 대의를 묻지 않으니 모두 어리석은 자나 잘할 뿐이다. 이로 인해 재주가 뛰어난 인물은 時流로부터 무시되고 세상에서 뛰어난 사대부는 俗流로부터 배척받게 되었다.

– 『임천문집』 –

- 국가재정 확충은 민의 재력을 키우는데서 시작
현재 재정이 곤궁한 이유는 단지 비용과 지출이 무절제해서만은 아니며, 재화를 창출하는 방법을 잃었기 때문이다. 그 家를 번영하게 하려면 부를 국가에서 취해야 하고, 국가를 부유하게 하려면 부를 천하에서 취해야 하며, 천하를 부유하게 하려면 부를 천지에서 취해야 한다. 대저 家를 다스리는 자는 자식으로부터 재화를 창출하도록 하지 않는데, 아버지가 엄하고 자식이 부유하면 어찌 자식에게서 얻지 못하겠는가? 지금 상황을 보면, 문을 닫고서 자식을 상대로 장사하여 문 바깥의 재화를 들어오지 못하게 하는 것과 같으니, 비록 자식의 재화를 모두 거두어들인다 해도 부유해지지 못한다.

– 『임천문집』 –

- 방전균세법
동서남북 각 1,000보(步)의 농토, 즉 41경 66무 160보를 1 방(方)으로 삼아 매해 9월에 현령과 휘하 관료로 하여금 구획을 지어 측량하고 농토의 상태를 조사시켜 그 등급을 매겼다. 농토를 5등급으로 나누어 등급별로 조세 액수를 균등히 부과하였다.

자료 해석
임천문집은 왕안석이 지은 시문을 모은 문집이다. 왕안석은 개혁의 기준을 주례에서 찾았으며, 과거제의 문제점을 지적하고 태학삼사법을 실시하였다. 또한 재정 문제를 해결하는 길은 백성들의 경제력을 높인 이후에 조세를 징수하는 것이라 생각하였다. 방전균세법은 토지를 정확하게 측량하고 토지 등급을 5등급으로 나누어 균등한 조세 징수를 추구하였다.

06. 청묘법을 둘러싼 논쟁

- 청묘법(青苗法)으로 농민은 단지 흉년과 災荒의 우환에 대비할 수 있을 뿐만 아니라, 대출을 받음으로써 농경 시기에 굶주리는 것을 근심하지 않게 될 것이다. 시행 이후 官員을 보내 수리 사업을 일으키도록 권유한다면 사방의 논이 절로 이익을 누릴 것이다. 사람들이 곤란하고 궁핍해지는 것은 언제나 봄의 端境期이다. 이때 겸병지가(兼并之家)가 그 다급함을 타고 엄청난 이자를 가져간다. 그럼에도 대여가 필요한 사람은 늘 필요한 만큼 얻지 못한다. 常平廣惠倉의 곡물은 그냥 적체된 채로 흉년이 되어 물자가 귀해진 다음에야 내다 판다. 그 혜택을 누리는 자도 대부분 城市의 한가한 사람들일 뿐이다. 앞으로 한 지역에서 물가의 등락을 이용하여 사고팔면서 물자를 모았다가 물가를 조절한다면, 농민들이 때 맞춰 일을 할 수 있게 되고 또 兼并之家가 그 다급함을 이용하지 못하게 될 것이다. 이는 모두 백성을 위한 것이고 관아에는 아무 이득이 되지 않는 일이다.

– 『송회요』 –

- 조정에서 청묘법을 시행하는데 이는 온당치 않습니다. 지금 민간의 부자들은 貧者들이 곤궁한 때를 이용하여 돈을 빌려주고 수확하기를 기다려 곡식으로 갚게 합니다. 貧者들은 열심히 일해도 조금밖에 거두지 못하

고, 일하며 농토를 떠나지 않았는데도 모두 부자의 것이 되어 버립니다. 백성들은 上下의 권세 차이도 없고 형벌의 위압도 없는데 부유하다는 이유만으로 細民을 잠식하여 困弊하게 만듭니다. 하물며 관아에서 엄하게 독책하면 어찌 되겠습니까? 이는 孟子가 말하는 바 돈을 빌려주고 이자로 부풀려 받아내는 것입니다. 臣은 細民이 장차 편히 살 수 없게 되지 않을까 우려스럽습니다

- 『송회요』

자료 해석

청묘법은 靑苗의 시기, 즉 곡식이 아직 여물지 않아 파릇파릇한 춘궁기에 저리로 농민에게 대출해 주는 제도였다. 당시 곡식이 부족한 춘궁기에 농민들은 고리대금업자로부터 돈이나 곡식을 꾸었다. 그리고 가을에 수확이 끝난 후 상환하는데, 그 이자는 5할 내지 6할에 달하였다. 봄부터 가을까지의 기간, 즉 6개월 남짓한 기간에 5할 이상의 이자를 물었으니, 연리로 계산하면 100%가 넘는 셈이다. 청묘법은 고리대금업자 대신 정부가 직접 춘궁기의 농민에게 대부해주는 것이었다. 정부는 고리대금업자보다 이자율을 대폭 낮추어 2할만 징수하였다. 연리로 따지면 4할의 이자를 부과한 것이다.

왕안석의 신법은 모두 논란의 대상이 되었다. 舊法黨, 즉 신법 반대파들은 모든 신법의 조항에 대해 격심하게 반대하였다. 하지만 청묘법만큼 반대가 거세었던 것도 드물다. 이러한 반대의 구체상에 대해서는 나중에 조금 더 자세히 살펴보기로 한다.

청묘법에 대한 구법당의 격렬한 반대로 말미암아 왕안석에 대한 절대적 지지자였던 신종조차 크게 동요하였다. 청묘법에 대한 논란이 가장 격심했던 것은 1069년(희녕 2) 말부터 1070년(희녕 3) 초까지의 시기였다. 또 이 시기는 신법 전반에 대한 신법당과 구법당의 대립이 가장 치열하게 벌어진 때이기도 했다.

청묘법을 둘러싼 논쟁과 대립은, 구법당과 신법당을 결정적으로 갈라서게 만들었다. 그리고 이후 구법당은 차례차례 파면되어 중앙의 조정에서 사라지게 된다. 일견하여 청묘법은 그 취지가 명확하므로 반대의 여지가 없을 것 같이 여겨지기도 한다. 이렇게 좋은 법령, 즉 고리대금업자로부터 소농민을 보호하고 농촌을 안정시키기 위한 개혁 조치에 대해 왜 구법당은 반대하였을까? …… 구법당이 청묘법에 반대한 논점은 다기롭지만, 그 핵심은 시행의 실제 모습이 농민들에게 해가 되고 있다는 점이었다. 조정에서는 신법의 시행 실적을 기준으로 지방관을 평가하였다. 청묘법의 실시도 근무평가의 중요한 기준이 되었다. 그럼 청묘법의 시행실적이란 무엇일까? 최종적인 지표는 청묘법 실시로 인한 이윤(이자)의 획득이었다. 그렇다보니 지방에서는 무리하게 청묘법을 실시하여 많은 폐단을 불러일으켰다. 필요하지 않은 사람에게 대부를 강요한다거나, 가을에 원리금을 갚지 못해 도망간 사람 대신 이웃에게 상환하게 하는 것 등이 그것이다. 청묘법 실시가 소농민의 안정에 도움이 되지 않는 상황이 적지 않았던 것이다.

-이근명, 왕안석 신법의 시행과 당쟁의 발생

07. 송대 교자와 시박사

· 교자와 회자의 제도는 모두 당의 비전에서 유래했다. 진종 시기 장영이 사천 지방에 부임했을 때 사천 사람들은 철전이 무거워 상거래에 불편을 겪고 있었다. 그래서 어음 제도를 만들어 교자 1매를 1민으로 사고, 3년을 1계로 하여 새 것으로 교환하였다. 이 어음을 교자라고 불렀으며 부자 16가구가 주도하였다. …… 이에 전운사의 설전과 장악곡은 국가에 청원하여, 익주교자무를 설치하고 그곳에서 교자의 발행과 권리를 관장토록 하며 사사로이 위조하는 자는 엄벌하고자 하였다. 인종이 이 요청을 받아들여 1계마다 25만 6,340민에 상당하는 교자를 발행하였다.

- 『송사』 -

· 송 초에 강남과 교역을 허용하였다. 그 대신 상인들이 사적으로 강을 건너는 것을 금지하였으며 교역 중심지에 관청을 설치하여 교역을 통제하였다. 내외의 군신들 중에 몰래 사람을 강남지역으로 보내 교역을 하는 자는 몰수하였다. 강남 평정 후 광저우에 시박사를 설치하고 뒤에는 밍저우, 항저우에도 설치하였다. 상인들 중에서 해외의 번국에 나가 교역을 하는 자는 강남 지역의 시박사에서 허가증을 발급받게 하고, 이를 위반하는 자는 그 재산을 몰수하였다.

- 『송사』 -

자료 해석
송대 상업의 발달로 동전을 비롯한 화폐의 유통이 활발해졌다. 이 과정에서 당대 비전이 발전한 교자가 사천성을 중심으로 발행되었고, 송 정부는 이를 전국적으로 확산시켰다. 또한 당나라 말기 광저우에 설치되었던 시박사를 항저우, 밍저우 등에도 확대시켰다.

08. 송대 농업의 발달

- 대중상부(大中祥符) 4년, 진종(眞宗)은 양자강·회수(淮水)·양절(兩浙) 지방에 조금만 가뭄이 들어도 논에 물을 댈 수가 없어서, 담당 관리를 복건(福建) 지방에 보내어 점성도 3만 곡(斛)을 가져다가 세 지방에 종자로 나누어 주었다. 백성들은 이를 높은 지대(地帶)의 논에 심었는데 대체로 가뭄에 잘 견디는 품종이었다.

  -『송사』「식화지」-

- 강동 지방은 수향이어서 물의 한가운데 제방을 쌓고 그 내부에 논을 만드는데, 이를 우전이라 불렀다. 농가에서 말하길 "이는 에워싸는 것을 가리킨다. 안으로는 논을 에워싸고 바깥으로는 물을 에워싼다." 라고 말하였다. 보통 주변의 물은 높고 논은 오히려 물의 높이보다 낮으므로, 제방을 따라 갑문을 만들어 두고 그 문을 통해 논에 물을 댄다. 그래서 우전에는 물 걱정이 없고 늘 풍년이 든다.

  -『송사』「식화지」-

자료 해석
송대에는 참파 지역에서 전래된 참파벼(점성도)로 인해 농업의 생산력이 증가하였다. 점성도는 가뭄에도 잘 견디고 빨리 재배되어서 이모작의 확산에도 기여하였다. 또한 강남 지방을 중심으로 습지를 배수하여 우전(위전)으로 만들었으며, 이로 인해 경작지가 비약적으로 확대되고 농업 생산량이 증가하였다.

09. 성리학

- 우주에는 오직 하나의 리(理)만이 존재할 뿐이다. 하늘이 그것을 얻어 하늘이 되고, 땅이 그것을 얻어 땅이 되며, 무릇 천지 사이에 있는 모든 생물들이 또한 각기 그것을 얻어 성(性)을 갖춘다. 그것을 널리 펼치면 삼강(三綱)이 되고, 그것의 체계를 세우면 오상(五常)이 된다. 모든 사물에는 이같은 리(理)가 유행하고 있으며, 리(理)가 존재하지 않는 곳이 없다.

- 몸을 다스리고자 하면 먼저 마음을 바르게 하고, 마음을 바르게 하려면 먼저 뜻을 성실히 하고, 뜻을 성실히 하려면 먼저 지식을 이루어야 하며, 지식을 이루는 것은 물리를 궁리(사물의 이치를 깊게 연구함)하는 데 있다.

  - 대학 -

- "대학"은 공자가 남긴 글로서 학문하는 사람이 맨 처음 배워야 할 덕행의 지름길이다. 곧, 오늘날 사람이 옛 사람들의 글을 배우는 첫 번째 순서가『대학』이며,『논어』와『맹자』가 그 다음이다. 따라서『대학』으로부터 학문을 시작하면 깨달음을 얻는 데 어긋남이 없을 것이다.

  - 사서집주 -

자료 해석
성리학의 기본 철학은 이기론이다. 이기론은 우주 만물의 성립과 존재를 이와 기로 설명하는 이론이다. 세상에 존재하는 모든 사물은 그 존재하는 이치를 규정하는 이와 물질적 근원인 기에 의해서 성립하고 존재한다는 것이다. 이는 항상 올바른 보편적 이치로, 사람을 비롯하여 모든 사물에 존재한다. 그러나 주희는 선천적으로 타고난 기질에 따라 품성이나 자질에 차이가 있다고 보았다. 따라서 주희는 천리를 보존하고 인간의 욕심을 버려야 하며, 경전을 통해 사물의 이치를 탐구할 것을 강조하였다.

CHAPTER 05 북방 민족의 대두

1 요의 건국과 발전

(1) 요의 건국

1) 건국 이전 거란 부족
   ① 거란은 요하강 상류의 시라무렌강 유역에서 유목을 하던 몽골 계통의 종족
   ② 5세기 후반 고구려의 압력을 피해 요서 지방으로 남하
   ③ 당은 요주 총관부, 송막 도독부를 설치 → 거란족을 기미주로 편성하고 통제
   ④ 당에 저항하여 반란(696) 일으킴 → 당의 공격을 피해 동북방으로 이주
   ⑤ 8세기 이후 당의 혼란 + 9세기 중엽 몽골 지방을 지배하던 위구르↓→ 거란족↑

2) 야율아보기(태조)
   ① 거란 건국(916)
   ② 유목사회의 경제적 기반을 비유목적 경제력(농·공 경제력)으로 전환시킴
   ③ 야율아보기의 참모에 한연휘 등의 한인 지식인이 다수 참여
   ④ 분토정거 : 건국 후 부족제를 개편하여 부족을 해산 → 유목국가 체제의 기반인 부족세력↓→ 군주권↑
   ⑤ 거란 문자 창제 : 한자와 병용

3) 요의 발전과 서요
   ① 태종(926-947)
      • 국호 변경 : 발해를 멸하고(926) 국호를 요로 고침(936)
      • 연운16주 확보 : 석경당의 후진 건국을 지원한 대가로 연운 16주 확보 → 후진이 반요정책을 취하자 후진 정복
   ② 성종(982-1031)
      • 고려를 침략(서희-강동6주)하여 배후를 누르고 송 공격
      • 전연의 맹약(1004) 체결
      • 정안국 멸망(980)시키고 3차례 고려 침략
      • 국호 : 요 → 거란
      • 『거란국사』 편찬 → 민족의식 고취 목적
   ③ 쇠퇴
      • 송의 세폐로 인해 고유의 검소하고 강인한 기풍 상실
      • 금과 송의 협공으로 멸망(1125)
   ④ 서요(1132-1211) 건국
      • 야율대석이 중앙아시아로 이동하여 카라한 왕조를 멸하고 서요(카라 키타이) 건국
      • 서방으로 진출하여 중앙아시아의 강국으로 발전하고 동서문물 교류에 기여

◇ **정안국**
정안국은 발해유민들이 압록강 유역에 세운 나라다. 985년 요나라의 성종이 대규모 원정군을 파견하여 멸망시켰고, 요는 그 땅에 4개 주(州)를 설치하여 직접 지배했다.

(2) 요의 사회와 경제

1) 요의 이중통치체제

① 중앙

북면관제	· 거란족을 비롯한 유목민은 거란 고유의 국제(관습법)로 통치 · 최고 집행기구 : 북남재상부 → 국가의 중요한 문제는 북남재상부가 결정하고 남면관은 관여못 함 · 실무 : 6부 → 남추밀원, 북남이왕원, 적열마도사, 북추밀원, 이리필원, 선휘원 → 중국의 6부 형식이나 거란 부족사회의 독자성↑
남면관제	· 한인·발해인 등 농경민족은 주현제로 통치 · 당의 3성 6부제, 9시, 5감을 도입했으나 변형시킴 · 5대에 발달한 추밀원이 군정을 총괄할 뿐 아니라 때로 국정을 총괄하는 직무 겸직 · 3경(동경, 중경, 남경)에 재상부 설치

② 지방

유목민	두하주	· 황실의 친척, 외척 그리고 대신이나 군공이 있는 부족 수령들이 스스로 획득하거나 분배받은 전쟁 포로를 두하주로 이주시켜 지배 · 농사에 종사하는 한족·발해인은 거란족 귀족에게 현물 지조를 바치고, 국가에 세금도 납부 · 10세기 후반 중앙에 귀속됨
	부족사회 개편	미리 → 석열 → 부족의 유목 사회의 행정구획을 지족 → 씨족 → 부족으로 전환하고 중국 제도인 향 → 현 → 주로 전환 됨
농경민	주현제	

③ 5경: 황제가 계절마다 생활의 근거지 이동 → 상경 임황부, 동경 요양부, 중경 대정부, 남경 석진부, 서경 대동부

2) 산업구조의 변화 : 유목사회 → 농경사회

① 산업 구조 변화
- 유목경제 → 유목생산경제 + 농경사회경제
- 유목지 축소로 목마제 붕괴, 군마 부족↑ → 국방력↓ + 유목민 빈곤화↑ → 거란사회 기초↓

② 수도 임황부(내몽골 자치주) 주변
- 농경에 적합하고 목축에도 좋음
- 한인들과 발해인들을 임황부로 이주시켜 농업 생산과 농경 기술 전파

③ 동경 요양부 부근
- 땅이 비옥하여 농경에 적합하고 철, 소금, 고기 생산↑
- 상경 부근의 발해인을 동경으로 이주 → 발해인을 분산시키고 농업생산에 투입하기 위한 목적

④ 도시와 수공업 발달
- 성곽도시 발달
- 수공업 발달

⑤ 대외 교류 : 서방, 고려와 활발한 문물 교류

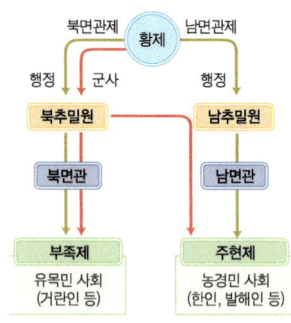

◇ 요의 이중 통치

4) 불교 문화
    ① **기능** : 외래종교인 불교를 통하여 중국문화에 대항 → 거란족의 민족적 우위성 과시 → 민족문화를 보존하려고 함
    ② **성종** : 『거란국사』 편찬 → 민족의식 고취, 토속종교 발전시키려 함
    ③ **흥종·도종** : 불교만을 이용해 문화적 발전 추구 → 승려가 관계에 진출, 사찰이 서민교육 기관으로 변모
    ④ **도종** : 스스로 화엄경을 편찬, 살생 금지, 사리 봉영, 불경을 인쇄하는 등 숭불정책 실시
    ⑤ **한계** : 불교 발달은 유목민 특유의 현세관을 약화시켰고, 불사의 건축으로 국가의 재정 부담↑ → 요제국 붕괴의 원인

6) **요의 중국문화 수용**
    ① 흥종과 도종 시대에 중국 문화가 깊숙이 침투 → 거란문자로 『오대사』와 『정관정요』 편찬
    ② 당삼채의 영향을 받은 요삼채 제작
    ③ 송의 자주요에 영향을 받은 도자기 제작

◇ 요삼채

2 금의 건국과 발전

(1) 금의 건국

1) 건국 이전 여진 사회

① 여진 : 원래 흑수말갈로 송화강 일대에서 유목생활을 하던 퉁구스 계통의 민족

숙여진	송화강 서남쪽에 거주, 비교적 한화되고, 수렵·농사
생여진	송화강 동부에 거주, 세력 강대, 반수렵·반농사

② 11세기 초 생여진의 완안부 : 배와 수레를 만들고 석탄을 채취하여 철 제련 → 농기구와 무기 생산 → 농업↑ + 군사력↑

2) 금의 건국과 발전

① 아구타 : 아구타(태조)가 여진족 통일하고 금 건국(1115) → 송과 연합하여 요 정복 → 정강의 변(1127)

② 정복지에 오경을 설치하고 수도를 상경 회령부 근처에 둠

③ 금이 화북지방 진출을 서둘러 함으로써 만주와 몽골 지방에 대한 방어체제 구축↓ → 몽골부족의 발전으로 금의 멸망 원인 초래

④ 화북 지방을 지배하면서 여진 고유의 문화 상실 → 중국 문화에 동화

(2) 금의 발전과 멸망

1) 태종(1123-1135)

① 정강의 변(1126-1127) : 북송 멸망

② 군신 합의체 : 여진 부족 세력↑→ 부족연합적인 정부체제로 군신 합의에 의해 정책 결정

③ 한화 정책
  - 여진 사회의 발극렬 제도는 유지
  - 중국 본토에는 중국식 3성 제도와 주현제를 채택하고 과거제를 실시

④ 여진주의자들의 반발 : 종한을 중심으로 한 여진주의자들은 한인에게 변발을 강요하고 한인 출신 관료 제거

⑤ 태종 후반기 : 여진주의자의 세력↓ → 황제권↑→ 정복지의 관료 임명권을 중앙에서 행사

2) 희종(1135~1148)

① 한인 관료 선발 : 경의와 사부의 양과를 설치하고, 과거제를 실시하여 한인 관료 선발 → 한화주의 정책

② 중국식 신관제 반포 : 중국제도를 그대로 수용하지 않고, 여진 사회의 전통적 유풍 포함
  - 영삼성사 설치 : 금의 독자적 관직으로 여진 귀족을 관제상으로 예우하면서 3성을 통제하기 위한 최고 정책 결정 기관 → 금이 전제국가로 성장하는 과도기적 성격을 보여줌
  - 3성제 : 3성 가운데 상서성의 권한이 강하고 황제권을 제한하는 문하성이나 중서성의 권한 축소
  - 화북지방 : 제를 멸하고 행대상서성 설치
  - 지방 : 경·노·부·주·군·현 설치
  - 발극렬 제도 폐지

③ 여진문자 제정

④ 중국식 백관의 의궤와 조복 채택

⑤ 소흥화의(1142)

3) 해릉왕(1149-1161)의 한화주의 독재 체제

① **집권** : 해릉왕이 희종을 제거하고 집권 → 황제독재체제 강화하기 위해 황족을 비롯한 반대 세력 제거하고 조상의 분묘 파괴

② **천도** : 상경 회녕부 → 중도(북경)

③ **행정기구 개편**
- 화북통치기구인 행대상서성 폐지(1150)
- 도원수부를 추밀원으로 고침
- 중서문하성 폐지하고 상서성만으로 중앙정책기구 일원화 → 황제의 종속기구
- 로의 장관인 세습 만호 폐지 → 중앙에서 파견한 절도사를 로의 장관으로 임명

④ **종말** : 남송 정벌 중 부하들에게 살해 → 세종 즉위

4) 세종(1161-1189)

① **융흥 화의(1165)**
- 군신관계를 숙질관계로 변경
- 은 20만 냥, 비단 20만필로 세폐 감액

② **여진주의 정책 실시**
- 여진문자로 중국 서적 번역
- 여진인을 위한 진사과 실시(1164)
- 수도에 여진국자학, 전국의 로에 여진부학을 설치 → 여진인진사를 교수에 임명하고 여진어 보급과 여진문화 보존 노력

③ **중국 문화 확산 영향** : 중국 문화의 확산으로 여진인의 건실한 기풍이 퇴색

④ **물력전◇ 징수(1164)** : 재정난 타개를 위해 실시 → 한인에 대한 가렴주구로 변하여 한족의 반감↑

⑤ **토지 분배** : 호족의 부당한 대토지를 빈곤 여진호에게 분배

5) 몽골의 침략과 멸망

① 농민반란의 빈발 → 해릉왕 때 거란인의 반란, 세종 때 법통의 난(1163), 장화의 난(1169) 발생

② **반란 원인** : 한인과 거란인의 반발 + 몰락한 맹안·모극호 등에 의한 심각한 사회적 모순

③ **멸망** : 황화의 대범람 + 몽골의 침략 → 멸망(1234)

◇ **물력전**
금의 세종이 재정난을 해결하기 위해 실시한 종합 과세 제도다. 여진족과 노비를 제외한 모든 백성의 토지·가옥·수레·가축·수목·현금에 대해서 과세하였다. 물력전의 납부 금액이 매년 증가하였기 때문에 한족들의 불만이 증가하였다

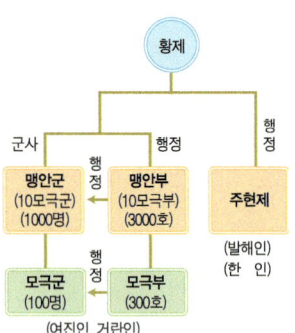

◇ 금의 이중 통치

(3) 금의 정치·사회·문화와 경제구조

1) 금대 지배체제의 이중성

① 이중 통치

여진인	· 발극렬 : 중앙 행정의 요직으로 주로 황족이나 여진 부족장 임명 → 건국 초에 각 부족 세력의 협조를 얻기 위해 여진부족세력을 임명 → 희종 때 폐지하고 3성 6부제로 통합 · 지방행정조직 : 지방을 10로로 개편하고 그 아래 맹안·모극제 실시 · 맹안·모극제 : 백호 내지 3백호로 모극 편성하고 백부장 설치 → 10개의 모극을 모아 맹안 편성하고 천부장 설치 · 로의 장관은 도통 혹은 만호 → 도통은 황제가 임명, 만호는 여진족의 귀족 가문에서 세습 만호 나옴 → 세습만호는 황용부를 비롯한 4개의 로에서 나옴 · 대호족은 도통 또는 군수에 임명하여 로의 군사와 민정 담당 + 중소 호족은 맹안·모극으로 도통·군수 휘하에 편입
한인·발해인·거란인	· 3성 6부제와 주현제 도입 · 3성 위에 영삼성사를 설치 → 그 장관은 여진족의 발극렬을 임명하여 3성 총괄

2) 맹안모극제의 몰락

① 해릉왕 이후 상경 회녕부 부근의 맹안·모극호을 연경 근방으로 이주시키고, 원래 연경 부근의 맹안·모극호는 개봉부 근처로 이동시킴

② 중국으로 이주한 맹안·모극에게 토지가 지급되었고, 세제상의 혜택도 존재 → 금대 후기로 오면서 맹안·모극호의 궁핍화↑ → 여진사회 몰락

③ 맹안모극호의 몰락 원인

- 토지 분배 과정에서 불균등↑ → 빈부격차 발생
- 대부분의 토지를 한인에게 소작시킴 → 소작료 수입↓
- 여진인의 사치↑

3) 금의 경제 정책의 어려움

① 세종

- 맹안·모극호의 빈곤을 해결하기 위해 토지 조사(1180)를 실시하여 토지 재분배
- 여진인의 사치와 음주를 금지하고 스스로 농사를 짓도록 함 → 실패

② 만주와 요의 옛 지역의 농업

- 한인·발해인·거란인 노비에 의해 운영
- 노비의 다과에 따라 물력전이 징수되었기에 노비를 판매 → 경작 인구 감소되어 여진족의 상층부도 빈곤해짐

③ 이세호

- 여진족이 농업생산에 동원한 노예 가운데 일부
- 이세호는 거란 귀족에게 잡혀온 한인 농민 → 요나라 때 사원에 예속된 농민으로서 관부와 사원 두 곳에 세금을 납부하며 이세호라 함
- 세종은 이세호를 양민으로 복귀

④ 화폐제도

- 동전 : 기존 화폐 사용(송, 요 등) + 정융통보(해릉왕)
- 교초 : 연경으로 천도 후 채송연의 건의로 발행 → 교초 남발로 화폐로서의 신용X

4) 금대 여진문화의 특수성

① 금대 중국 문화 수용의 특징
- 화북지방의 점령이 너무 빠른 나머지 중국 문화 수용에 대한 대비책이 없이 중국 문화를 수용하여 동화됨
- 태조와 태종 때에는 여진중심주의 → 태종 후반 황제권력을 강화하면서 여진중심주의를 포기 → 정복지가 확대됨에 따라 중국 문화에 함몰되는 결과 야기
- 금과 달리 요는 유목민의 문화를 보존하면서 중국 문화를 수용하였고, 원은 중국 문화보다 서역 문화를 중시하며 민족 차별적 문화정책 실시

② 금대 중국 문화의 유행
- 여진 문자 제정
- 중국적인 문학은 궁정을 비롯한 상류 사회에서 유행 → 희종과 해릉왕은 한시에 일가견
- 학교에 오경박사를 두고 유교 경전과 문학을 교수
- 여진인을 위한 진사시험에도 중국 문학으로 시험을 봄

③ 세종의 여진 문화 보존책
- 여진인이 중국식 이름을 갖는 것을 금지
- 여진인의 법률 소송에는 여진어를 사용하도록 명함
- 여진 문자 보급을 위해 유교 경전과 『정관정요』, 『사기』 등을 번역 출판
- 여진 문자를 모르면 맹안과 모극의 상속 금지
- 여진 대학 설립

◇ **교초**
교초는 송에서 발행하던 교자를 이어받아 금과 원에서 발행한 지폐이다.

3 몽골족의 발전과 원의 세계제국

(1) 몽골 부족의 발전과 몽골제국의 성립

1) 건국 이전의 몽골부족사회
   ① 키르기즈 족이 위구르 왕국 정복(840) → 대규모 민족이동 시작
   ② 9세기 후반에서 10세기 전반에 흥안령 산맥 남쪽에서 오논·케를렌·톨라 등 3강의 상류 초원지역으로 이주 → 풍부한 목장지대가 있어 발전을 이룩하기 시작
   ③ 12세기 초 요가 멸망하자 몽골 지방에 대한 거란족의 압력 소멸
   ④ 금은 중국 정벌에 힘을 쏟고 있었기 때문에 몽골 지방에 신경안 씀
   ⑤ 12세기 후반 금나라 약화 → 몽골↑

2) 칭기즈칸의 몽골제국 건설
   ① 테무진은 케레이트부와 동맹을 맺고 몽골부 지도권 장악 → 케레이트부를 병합하고 여러 부족을 차례로 제압
   ② 가장 강력한 나이만부를 격파하고 몽골고원 통일 → 쿠릴타이의 칸으로 즉위(1206)

(2) 칭기즈칸의 군사력

1) 천인대
   ① 유목민을 95개의 천인대 집단으로 편성 → 창업공신과 그의 일족·친지를 천인대의 우두머리(천인대장)로 책봉하여 그들로 하여금 전 유목민을 분할 통치하게 함
   ② 몽골제국의 정치·행정·군사·사회 등 모든 기반을 형성하는 조직→ 천인대장은 행정관임과 동시에 군사 지휘관
   ③ 칭기즈칸의 세 아들은 서쪽의 알타이산 방면 담당
   ④ 세 동생들은 동쪽의 흥안령 일대 담당

2) 케시크
   ① 본래 당번·당직이란 뜻으로 유목사회의 군장을 윤번으로 호위하는 근위 무사
   ② 최강의 친위대 기마병으로 대원들은 쿠릴타이의 정식 구성원 → 직위 세습
   ③ 1만 명의 군단 형성 → 1인당 10명의 병사 거느릴 수 있기 때문에 10만 명 이상의 정예병 구성
   ④ 천인대장, 백인대장, 십인대장과 귀족층(노얀)의 자제들에서 선발되었으나 평민출신자도 유능하면 선발
   ⑤ 케시크의 장관은 국무처리, 정책결정을 보좌하고 중요기구 관장

(3) 몽골제국 초기의 정복전쟁

칭기즈칸	정복활동	· 서하 정복(1209) · 금의 수도 중경(북경)함락(1215) → 금은 개봉으로 도읍을 이동하고 개봉 부근과 산동 지방만을 겨우 유지 · 호라즘 정복(1220) · 서하를 다시 침공하여 서하 원정 중 병사하고(1227) 그의 부하들이 서하를 멸망시킴(1227)
	야율초재	· 거란족 출신 · 화북을 목마장으로 만들지 말고 한인들에게 농사를 짓게 하고 조세를 징수하는 것이 유익하다고 건의하며 채택됨
우구데이칸 (태종, 1229~1241)	정복활동	· 남송과 연합하여 금을 정복(1234) · 고려 침략(1231) · 바투의 원정군 → 독일·폴란드 제후군을 왈슈타트에서 격파, 헝가리의 부다페스트 약탈, 오스트리아 침공 → 우구데이 칸의 사망으로 유럽원정을 중단하고 회군 → 킵차크 한국 건국(1243)
	체제정비	· 야율초재를 중서령으로 중용하고 함께 정사 논의 → 교초 발행, 정복지의 호구조사를 실시하고 세법 정비 · 카라코룸에 도성을 건축하여 도시 생활 시작 · 역참을 설치하여 교통체계 확립
구유크칸 (정종, 1246~1248)	계승·사망	· 우구데이 칸의 아들로 계승 · 바투를 정벌하러 가던 중 병사 · 교황 인노켄티우스 4세가 파견한 카르피니를 만남
몽케칸 (헌종, 1248~1259)	계승	툴루이의 아들로서 바투의 지지로 즉위
	정복활동	· 훌라구 원정 → 아바스왕조 정복(1258) → 일한국 건설(1259) · 고려 복속(1259) · 쿠빌라이 파견하여 티베트의 토번과 운남의 대리국 정복 · 안남(베트남)의 진왕조 공격 · 남송 포위

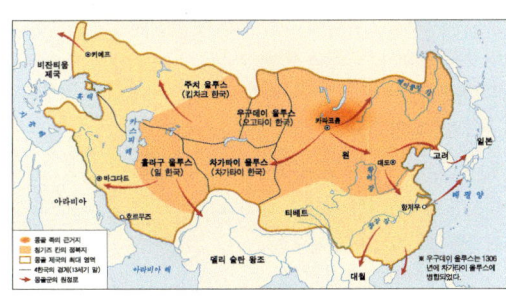

[13세기 몽골의 세계 정복]

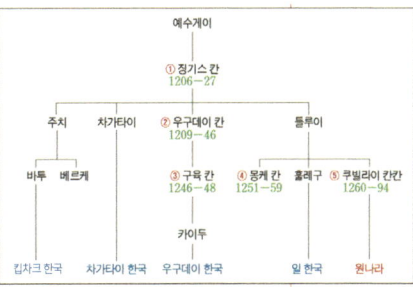

[칭기즈칸 가계도]

(4) 몽골제국의 왕위 계승분쟁

1) 분봉제도

   ① 분봉
   - 배타적인 소유권 전제 → 지방분권화 촉진
   - 중앙과 지방의 끊임없는 대립과 마찰을 야기 → 끊임없는 왕권 분쟁으로 이어짐

   ② 울루스: 사람과 목초지 두 개념을 모두 포함 → 유목 사회의 분봉에는 토지보다 인민이 더 중요

2) 왕위 계승 분쟁

   ① 태종의 사후 섭정을 맡은 태종의 처 퇴뢰게네가 아들 구유크를 즉위시킴
   ② 바투는 구유크의 왕위 계승 반대 → 바투가 불참한 가운데 쿠릴타이를 열어 구유크 선출 (1246) → 구유크가 바투를 응징하려고 군사를 이끌고 서방으로 가는 중 사망(1248)
   ③ 차가타이가 + 우구데이가 ↔ 조치(주치)가 + 툴루이가 → 몽케 즉위 → 오고타이가와 차가타이가에 대한 숙청 단행
   ④ 몽케 사망 후 쿠빌라이와 아릭부케 사이에서 왕위 계승분쟁이 다시 시작되어 몽골 제국 전체로 확대 → 훌라구는 쿠빌라이를 지지한 대가로 서아시아 지역의 독립권 인정받음
   ⑤ 우구데이가의 하이두(카이두)가 탈라스 하반에서 쿠릴타이를 열어 킵차크 초원의 주치가와 차가타이가의 지지를 받아 칸에 추대(1269)되어 3대 부족 연합 결성 → 이들을 진압하기 위한 쿠빌라이의 군사 작전은 실패하였고 휴전 성립(1303)

3) 4한국의 성립과 몽골제국의 와해

우구데이 한국 (우구데이 울루스)	• 4한국(칸국, 울루스) 가운데서 가장 몽골적 색채가 강한 나라 • 하이두(카이두)가 원의 세조에게 대항하였으나 실패하고 차가타이 한국에 합병됨
차가타이 한국 (차가타이 울루스)	• 왕위 계승 분쟁으로 쇠퇴 • 14세기 중엽 동투르키스탄의 동차가타이 한국과 서투르키스탄의 서차가타이 한국으로 분열 • 티무르제국이 일어나자 서차가타이는 그 영토의 일부가 되고 동차가타이는 그 속국이 됨
일 한국 (훌라구 울루스)	• 이슬람 문화의 옹호자가 되어 몽골·페르시아 문화↑ → 수학·지리학·역사학 방면에 많은 학자가 나옴 • 라시드 웃딘이 몽고역사인 『연대기총찬집사』를 출판 • 야쿠트가 『제국지리학사전』 편찬 • 나시르 웃딘은 훌라구에게 권하여 수도에 천문대 건설하게 함
킵차크 한국 (주치 울루스)	• 14세기초 우즈벡과 자니벡 두 칸 시대에 전성기 • 모스크바 대공을 통하여 러시아 제후를 지배 • 동로마제국 황제와 친교를 맺고 이집트와 통혼 • 흑해 무역의 이윤을 독점하여 번성 • 이슬람문화 정착으로 학문과 미술 발달 • 내란과 티무르 제국의 침입으로 쇠퇴 • 16세기 초 모스크바 대공 이반 3세에게 정복당함

(5) 원 제국의 성립과 통치 체제의 변화

1) 원 제국의 발전

① **성격** : 원 제국의 성립으로 몽골 제국의 유목적 성격은 중국적 정복 국가 체제로 변화됨

② 대칸
- 대칸의 칭호는 태종 대인 우구데이(오고타이) 때부터 사용
- 황제위를 계승할 수 있는 자격은 칭기즈칸 직계 자손에 한하고 쿠릴타이에 의해 선거됨

③ 칭기즈칸의 대법령
- 몽골제국을 지탱하는 기본법
- 중앙아시아와 이란·인도 등 각지의 법제에도 큰 영향

2) 원의 민족차별정책과 문벌주의

① **원의 정복민 통치 방식** : 민족 차별정책과 몽골지상주의 → 국가 경영의 기본

② 몽골의 피정복민에 대한 대우의 기준
- 몽골의 정복 전쟁 때 피정복민이 어떻게 협조하였는가에 따라 결정
- 몽골에 항복한 순서에 따라 결정 → 관직임용 때에 엄격한 신분 규정으로 나타남

제1층	몽골족	· 국족이라 하여 가장 우대 · 문무의 요직을 독점하였고, 사회경제적으로도 특권 누림.
제2층	서역인	· 색목인 · 조세의 징수와 국가 재정 관리 · 통상·외교·정복지의 통치에서 활약
제3층	한인	· 금조 치하의 화북민 · 고려인도 이에 준함
제4층	남인	남송의 강남인

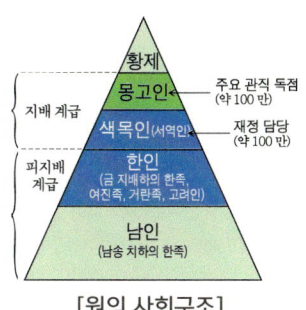

[원의 사회구조]

③ 원의 관리 선발의 특수성
- 중국식 과거 제도 실시 → 한인, 특히 강남인 사대부에게는 아주 불리한 차별시험
- 원대 초기에는 과거시험 중단 → 1315(인종)년 부활됨
- 과거 시험

우방	몽골인·색목인 대상
좌방	· 한인·강남인 대상 · 한인과 강남인을 같은 수로 선발 → 강남 사대부에게 불리 → 몽골의 민족차별주의 정책을 보여줌

- 문벌귀족 : 원대는 과거시험보다는 관리선발에 있어서 원 특유의 문벌주의를 채택

고급관료	· 은음제·세습제 → 가문을 중요시한 인물 선발 방법 · 추천제 · 근각 : 근각(몽골 조정과의 친인척 관계)의 유무에 따라 고급 관료로의 진출 통로 결정
하급관료	서리출신제 혹은 이원세공제 실시

④ 관리
- 고급관료인 정관과 하급관료인 수령관으로 이원적 구성 → 민족차별주의와 연계
- 중국을 통치하기 위해 다수의 하급 관리 필요 → 원대 후기에 과거제 부활
- 하급관료에 제4계층인 남인들이 진출할 수 있는 길을 열어 한인층의 분열야기

3) 원대 통치기구

① 원대 국가 통치 기구의 특징
- 몽골 제국의 정복 국가 체제로부터 중국적인 관료 체제로 전환
- 국명을 원, 수도를 화북의 대도로 천도, 왕위 선출을 세습제로 변화, 중국식 관료조직 채택

② 통치 제도

중앙행정	· 중서성 : 유일한 최고정무기구 · 추밀원 : 군사기구 · 어사대 : 감찰기구 설치 · 문하성은 설치 하지 않았고, 상서성은 잠시 설치했다가 곧 폐지하여 중서성이 상서성의 업무를 담당 → 6부가 중서성 소속
지방행정	· 행중서성-로-부-주-현 제도 : 행정장관은 몽골·한인을 함께 두었으나 전권은 몽골인이 차지, 각 로에는 다루가치(몽골인)와 총관(한인)을 각각 1명씩 둠 · 행중서성 설치 : 지방의 최고 행정단위로 승상(최고 장관)을 둠 → 남송 정복 후 전국에 설치 · 복이 : 수도 근방은 중서성이 직접 관할하는 로·주를 둠
군사제도	· 몽골군 황제가 있는 수도 근방과 산동에 주둔 · 탐마치군과 한군 : 강남지방에 배치하여 치안 담당 · 신부군 : 남송의 군대로 그 중간 지대에 배치 · 향병 : 정복민으로 편성, 지방에 주둔하고 있는 군대는 둔전을 설치하여 병농일치시킴

- 역참 : 육참과 수참으로 나뉘어 중앙과 지방의 교통과 통신을 신속하게 전달

(6) 원 대 경제정책

1) 몽골 제국의 수탈정책

① 십로징수과세소
- 각로에 부세징수를 담당하는 관리를 파견하여 지방에 주둔시키고 지방에 있는 몽골 왕공의 통제X
- 정복지 주둔 유목민의 독자적인 약탈 체제를 약화시켜 경제적인 중앙집권화 도모

② 우구데이칸
- 화북지방 한인에게 호를 단위로 부조 징수, 서역인은 인구를 단위로 하여 징수 → 야율초재가 담당
- 한인세후는 몽골의 화북정복에 적극 협력하였고 몽골도 처음에는 화북 지방의 안정을 위해 한인세후와 손잡고 그들에게 군정·민정·재정에 관한 권한 위임
- 우구데이칸 즉위 후 민정과 재정권이 몽골인 군주와 투하 영주에게 넘어가도록 하고 다루가치를 파견하여 민정 감시
- 한인세후의 지휘 하에 있던 군대를 기초로 한군 만호를 만들어 세후들을 만호로 임명 → 몽골 부족으로 구성된 오부탐마적군을 화북에 주둔시켜 한인세후 통제

◇ **한인세후(漢人世候)**
몽골의 금나라 정복으로 정치·사회 질서가 동요되자 향촌의 자치를 위해 한인 유력자들이 무장 집단을 만들면서 생긴 세력이다. 이들은 몽골의 화북 정복에 적극 협력하였고, 몽골은 처음에 이들에게 지방의 군정·민정·재정에 관한 권한을 위임하였다.

2) 원대 조세제도의 변화

① **이중적 성격** : 화북지방은 세량·과차의 세법을 그대로 적용하고, 강남지방은 양세법 실시 → 세법에도 이중적 통치 성격

② **세량** : 정세와 지세
- 정세는 매정마다 속 1석, 지세는 밭 1무에 3승, 논 1무에 5승
- 호를 단위로 부과하였기에 정(丁)이나 토지 중에서 많은 쪽을 조세부과의 기준

③ **과차** : 사료(비단)와 포은 → 중통원년 중통초의 발행과 함께 은납에서 교초납으로 바뀜

④ **강남지역**
- 추세와 문탄세를 부과
- 문탄세는 양세법의 하세 대신 부과한 것으로 동전을 부과했는데, 이는 화북의 과차와 비슷한 성격 → 문탄세는 가난한 가구에 부담이 컸기에 성종 때 중단되고 하세로 바뀜

3) 제색호계와 알탈호

제색호계	성격	· 일반 민호를 직업에 따라 분류하여 국가의 요역에 동원 · 세습에 의해 그 신분을 고정시킨 신분 체계 · 종류 : 군호·참호·장호·타포호·응방호·유호·의호·음양호
	군호	· 한인세후의 부곡과 원제국이 확대되면서 편입된 등 직업별로 분류 한인의 병사와 그 가족 · 군호는 주로 화북지방의 한인으로 구성 → 군호를 내보낸 집안에 대해 조세 면제 · 남송 정복 후 남송의 정규군은 신부군으로 원에 편입 → 군호×
	참호	역참 담당
	타포호·응방호	사냥터를 지키고 매 사육
알탈호	성격	· 몽골 황제나 황후를 위하여 영리 사업을 위탁받은 특수 상인 · 몽골의 포은에서 징수한 은이 이슬람세계로 유출되고 이 과정에서 알탈전을 자본으로 하여 양고아식이라고 하는 엄청난 고리대를 취함

4) 원대 화폐 정책

① 원은 교초로 일관하는 통화정책 사용

② 송대 사천지방에서 민간이 교자 발행 → 송 정부가 이를 본받아 정부 발행 지폐로 정착 → 원의 지폐는 송·금의 제도를 수용

③ 세조가 천하통행교초 발행

- 전국적 유통 → 은 본위의 중통원보교초가 발행되면서 교초에 의한 교환의 매개체계 확립
- 교초의 남발로 중통초의 가치가 1/5로 폭락하자 발행을 중단하고 새로 지원교초를 발행
- 교초의 남발에도 어느정도 화폐가치를 유지한 것은 소금에 대한 과세 때문

(7) 원의 문화

1) **특징** : 국제적이고 서민적 문화

2) **문학**

① **원곡의 발달** : 서상기, 비파기, 한궁추, 유규기 유행

② **구어체 소설 발달** : 수호전, 삼국지연의 등의 서민 소설 유행

3) **문자**: 공문서에는 위구르 문자와 파스파 문자 사용

4) **종교**

① 티베트 불교(라마교)유행

② 각 민족의 종교와 문화에 관용적인 정책

③ **외래종교** : 이슬람교·가톨릭 전파

5) **예술**

① **미술** : 문인화 발달

② **서예** : 조맹부체 유행

③ **라마교 건축물** : 묘응사의 백탑

④ **이슬람계 건축물** : 광동 회성사의 광탑

6) **과학**: 천문학 발달, 만년력(자말 웃딘), 수시력(곽수경)

◇ 묘응사 백탑

◇ 수시력
곽수경은 이슬람의 역법을 받아들이고 중국의 전통적 천문 관측술을 결합하여 수시력이라는 새로운 달력을 제작하였다.

(8) 동서 교역망의 통합과 동서 교류

1) 동서교역망의 통합
① **팍스 몽골리카**(몽골의 평화): 13세기 중엽부터 100년 동안 동서 교류 증가 → 유라시아 일대의 안정
② **역참**: 사절이나 관리의 여행과 물자 운송이 체계화, 신속한 공문서 전달 가능 → 효과적인 제국통치
③ **교역망 통합**

초원길	· 스키타이 유목민이 개척 · 기마 전법과 청동기 문화를 흉노에 전파, 우리나라에 청동기 문화 전파
비단길	· 한 대 장건에 의해 개척 · 중국의 비단과 중앙아시아의 보석이 로마로 수출, 로마의 보석·유리 그릇과 유리 제조법, 중앙아시아의 명마, 서아시아의 악기, 인도의 향신료·면직물·간다라 미술·불교 등이 중국에 전파 · 비단길 장악 → 동아시아 교역망이 세계의 교역망과 연결
바닷길	· 취안저우를 기점으로 인도차이나 반도를 거쳐 인도양을 끼고 페르시아만의 호르무즈까지 항해 · 항저우, 취안저우 등에 시박사 설치하여 무역선 관리

2) 동서 문화 교류
① 서아시아의 천문학과 역법, 수학, 지도학 등이 중국에 소개 → 원의 수시력 제작에 영향
② 이슬람의 과학이 원에 영향 → 천문학 발달
③ 중국의 화약·나침반·인쇄술 등이 서아시아와 유럽에 전파
④ 만권당에서 고려와 원 학자들의 교류, 몽골풍과 고려양 유행
⑤ 카르피니: 교황 이노센트 4세의 사절 → 『우리가 타타르인이라 부르는 몽골인의 역사』
⑥ 루브루크: 루이 9세가 군사 동맹을 위해 파견 → 『루브루크 여행기』
⑦ 코르비노: 교황 니콜라이 4세의 사절 → 대도에서 교회 건립
⑧ 마르코 폴로: 『동방견문록』
⑨ 이븐 바투타: 모로코 출신의 이슬람 여행가 → 이븐 바투타의 『여행기』
⑩ 랍반 사우마: 훌라구 울루스(일 칸국)의 아르군칸의 지시로 유럽과 군사 동맹을 위해 파견 → 『서방견문록』

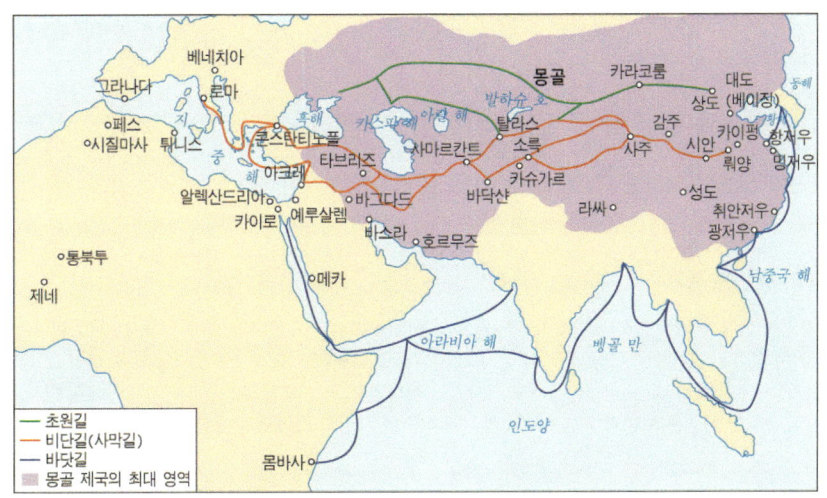

◇ **패자(파이자)**

역참을 이용할 수 있도록 몽골의 대칸이 발행한 통행증이다. 패자를 가진 사람은 역참에서 말과 마차, 식량과 숙소를 제공 받을 수 있었다.

◇ **랍반 사우마**

랍반 사우마(원래 이름은 바르 사우마, 랍반은 경의를 표하는 칭호)는 웅구드족 출신의 네스토리우스교 성직자였다. 애초에는 성지 예루살렘을 순례하려고 쿠빌라이 칸의 허락을 받아 여행길에 올랐으나, 일 칸국과 대립관계에 있던 맘루크 왕조 때문에 예루살렘으로 가지 못하고 일 칸국에 머물게 되었다. 일 칸국의 지배자인 아르군 칸은 서유럽과 동맹을 위해 랍반 사우마를 서유럽에 파견하였다. 그는 교황 니콜라우스 4세, 프랑스 필리프 4세, 잉글랜드 에드워드 1세 등을 만나 동맹 제의를 전달하였다.

자료탐구

01. 서하의 건국

1039년 사신을 보내서 다음과 같이 표를 올려 말하였다.
"신의 조상은 원래 帝王의 후예로 동진의 말년에 후위의 첫 기틀을 세웠습니다. 먼조상이신 탁발사공은 당 말기에 군대를 이끌고 난을 구원하여 봉작을 받고 이씨 성을 하사받았습니다. 조부 이계천은 용병의 요점을 잘 알고 하늘의 뜻을 받들어 의로운 깃발을 들고 각부의 항복을 모두 받았습니다. 황하에 임한 5군은 오래지 않아 귀부하였고, 연변 7주는 모두 선후하여 이겼습니다. 부친 이덕명은 대대로 내려온 기틀을 계승하고 받들어 힘써 조정의 명령을 따랐습니다. 진왕의 호칭을 반포하는데 일찍부터 감사하고 있었습니다. 그러나 尺土를 봉해주셨는데 드러나게 분열되고 있었습니다. 신이 뜻하지 않게 상규를 벗어나 小蕃 문자를 제정하고 大漢의 의관을 바꾸었습니다. 의관은 이미 실행하였고, 문자도 이미 사용되어 예악이 이미 펼쳐졌고 器用도 골고루 구비되었습니다. 토번, 장액, 교하도 복종하였습니다. 제가 왕을 칭하면 여러 부족과 국가들이 좋아하지 않고, 황제가 되어 이들에게 황제에게 조근하라고 하면 따르겠다고 합니다. 각지 여론이 몇 번이나 기대하며 산을 울리는 듯한 환호성이 전국에서 한꺼번에 일어났습니다. 이는 변방의 한 지역에서나마 만승의 국가를 건립하라는 것입니다. 그리하여 재차 사양하여도 급할 것이 없으나 사람들이 모여서 또한 재촉하니 어쩔 수 없이 아예 드러나게 황제 즉위식을 치렀습니다. 결국 10월 11일 교단에서 예를 갖추고 世祖始文武興法建禮仁孝皇帝가 되었으며 나라 이름을 대하라 부르고 연호를 天授禮法延祚라 하였습니다. 엎드려 바라옵건데 황제 폐하는 예지와 깨우침을 이룬 분이고 관대함과 인자하심이 사물에 미치는 분이니, 서쪽 변방 지역의 군주로 책봉하는 것을 허락해주십시오.

자료 해석

서하는 티베트 계통의 종족인 탕구트족인 세운 나라였다. 이원호의 할아버지인 이계천 때 송에서 자립하였으며, 이덕명 때는 송이 서평왕으로 봉하여 관계를 유지하려 하였으나, 이덕명이 탕구트 여러 부족을 통합하여 간쑤[甘肅] 지역을 평정한 뒤 황제로 즉위하였다. 곧이어 송과 서하의 전쟁(1040-42)이 일어났고, 1044에 평화 조약(경력의 화의)을 체결하였다. 그 내용은 서하가 송에 신하의 예를 취하고, 송(宋)은 매년 은(銀) 5만 냥, 비단 13만 필, 차 2만근을 서하(西夏)에 지급하고, 국경에 무역장을 개설해 교역을 허용한다는 내용이었다.

02. 요의 이중체제

거란족의 옛 풍속을 보면, 관원이 하는 일은 간단했지만, 그 직무는 전문적이었다. 관제는 소박하지만 실질적이었는데, 신분과 직책에 구분이 있어서, 관직이 결코 혼동되지 않았기 때문에, 요나라가 흥발하게 되었다. 태조 신책(神册) 6년(921년)에 조서를 내려서 관직의 서열을 바르게 하였고, 태종이 중국을 함께 다스리면서, 관직이 남과 북으로 나뉘어졌는데, 국제(國制, 거란족의 고유의 관제)로써 거란족을 다스렸고, 한제(漢制, 중국 한족의 관제)로써 한족을 대하였다. 국제는 간단하고 소박하지만, 한제는 관칭(官稱)의 관례에 따라서 본래부터 있던 것이다. 요나라의 관제는 북원(北院)과 남원(南院)으로 나뉜다. 북면(北面)은 궁장(宮帳), 부족, 속국(屬國)의 정(政)을 다스리고, 남면(南面)은 한인의 주현, 조부(租賦), 군마(軍馬)의 일을 다스린다. 이것은 그 고유의 풍속에 의거하여 다스렸던 것이기에 당연히 성과를 얻게 되었다.

– 요사(遼史) 백관지 –

자료 해석

요의 이중 체제는 거란인들을 대상으로 한 북면관제와 한족을 대상으로 한 남면관제로 이루어졌다. 요와 금의 이중 체제는 유목민족이 한족의 문화에 동화되는 것을 막고 자신들의 고유한 정체성을 유지하기 위해 실시되었다. 남면관제의 경우 중국 전통의 군현제를 바탕으로 운영되었다.

03. 금의 맹안모극제

금나라가 건국한 초기에 여진족의 여러 부족민들은 그들에게 부과된 요역은 없었지만, 장건(壯健)한 자는 모두 병역을 이행하였다. 평시에는 이들에게 고기잡이와 사냥을 허락하여 노동과 전투를 익히도록 하였고, 유사시에는 부락(部落)에 명령을 내리는데, 중앙에서 사자가 도착하면 사자는 부락 추장인 패근(孛堇)에게 병사를 모으도록 한다. 건장한 자들은 보병과 기병으로서 무기와 식량을 가지고 모여서 군대를 이룬다. 그 부장(部長)은 패근이라고 불리지만 전쟁에 동원될 때는 맹안(猛安)과 모극(謀克)이라 불리는데, 그 병사의 숫자가 많고 적음에 따라서 호칭이 붙여진다. 맹안은 천부장(千夫長)이고, 모극은 백부장(百夫長)이다. 모극의 부장(副長)은 포리연(浦里衍)이라 불리고, 사졸(士卒) 가운데 부종(副從)은 아리희(阿里喜)라고 불렀다. 부락의 사졸 숫자는 처음에는 정해진 제도가 없었다.

- 금사(金史) 병지(兵志) -

자료 해석
금도 요처럼 이중 통치를 실시하였다. 금은 한족에 대해서는 주현제를 실시하여 이전과 같이 통치하였으나, 여진인에 대해서는 맹안모극제를 실시하였다. 맹안모극제는 여진족 고유의 생활 방식을 바탕으로 만들어졌으며, 행정 단위이면서 동시에 전투 단위였다. 행정 단위로는 300호(戶)를 1모극부(謀克部)로 하고 10모극부를 1맹안부(猛安部)로 하였으며 모극부의 장(長)인 모극과 맹안부의 장인 맹안은 세습제였다. 군사 단위로는 1모극부에서 100명의 병사를 징집하여 1모극군(軍)을 편성하고 10모극군을 1맹안군으로 편성하여 그 장은 각각 모극과 맹안이 맡았다.

04. 금의 물력전

관부의 토지는 조라 하고, 개인의 토지는 세라고 한다. 조세 이외의 전원과 주택, 마차, 가축, 수목의 숫자와 그들이 소유한 현금의 많고 적음에 따라 현금을 징수하는데, 이를 물력전이라고 한다. 물력전을 징수하는 것은 위로는 공경대부부터 아래로는 서민에 이르기까지 면제받는 자가 없다. 만일 근신(近臣)이 외국으로 사신을 갔다가 돌아오면 반드시 물력전이 증가하게 되는데, 그 이유는 그들이 외국에서 선물을 받기 때문이다.

-『금사』, 식화지

자료 해석
금은 토지세 외에 물력전을 징수하였다. 물력전은 관민의 재산세로서 토지, 노예, 정원, 가축, 주택, 마차, 현금 등을 포함하여 징수하였다. 금은 또한 경제력에 근거해 호등을 정하고, 부역을 부담시키는 근거로 삼았다. 금은 이를 위해 통검추배라는 제도를 실시하였다. 통검추배는 곧 관민의 재산과 경제력에 대한 전면적인 검사와 평가 활동이고, 이를 호등을 평가하는 근거로 하여 호등의 고하에 따라 물력전을 징수하였다.

05. 마르코 폴로가 기록한 취안저우(泉州)

이 도시에는 값비싼 보석과 크고 좋은 진주를 비롯하여 비싸고 멋진 물건들을 잔뜩 싣고 인도에서 오는 배들이 정박하는 항구가 있다. 남중국의 상인들은 이 항구에서 주변의 모든 지역으로 간다. 수많은 상품과 보석이 이 항구로 들어오고 나가는 모습은 보기에도 놀라울 정도인데, 그것들은 이 항구도시에서 지방 전역으로 퍼져나간다. 여러분에게 말해두지만 기독교들의 지방으로 팔려 나갈 후추를 실은 배가 한 척 알렉산드리아나 다른 항구에 들어간다면 이 차이톤 항구에는 그런 것이 100척이나 들어온다. 이곳은 세계에서 상품이 가장 많이 들어오는 두 개의 항구 가운데 하나라는 사실을 여러분은 알아야 할 것이다.

대카안은 이 항구와 이 도시에서 엄청나게 많은 관세를 받는데, 그것은 인도에서 들어오는 배들이 모든 물건이나 보석, 그리고 진주의 10%, 즉 물건 열 개 가운데 하나를 바치기 때문이다. 게다가 배를 빌리는 값, 즉 용선료로 작은 물건의 경우는 30%, 후추는 44%, 침향과 백단, 기타 부피가 큰 상품은 40%를 문다. 그래서 용선료와 대카안에게 바치는 관세를 제외하면 상인들은 수입해 오는 것들의 절반만 갖게 된다. 따라서 대칸이 이 도시에서 얼마나 많은 수입을 거두어들이는지 짐작할 수 있을 것이다.

-『동방견문록』

자료 해석
대도에서 항저우를 거쳐 취안저우에서 배를 타려던 마르코폴로가 묘사한 취안저우(천주)의 모습이다. 마르코 폴로는 취안저우가 대항구란 사실과, 세계 여러 곳과 무역이 활발히 이루어진다는 사실을 인상 깊게 기록하였다.

06. 시박사

외국과 무역하는 법은 한이 남월과 통교하면서 시작되었다. 그 후 역대 왕조가 모두 그렇게 하였는데, 송 대에는 저장과 광둥 지방에 시박사를 두고 주변의 여러 나라와 통교하여 무역 제도의 규정이 점차 상세하게 되었다. 원에서는 세조가 강남 지방을 평정한 후 바다 가까운 여러 군에서 주변의 나라를 왕래하면서 교역을 하는 사람에게 교역품의 10분의 1을, 작은 물품에는 15분의 1을 세금으로 부과하고 그것을 시박관이 맡게 하였다. 왕래하는 배는 반드시 행선지를 명시하고 교역품의 이름을 기록하였으며 관리는 그들에게 공문을 발부하여 기일을 정하였다. 그 제도는 거의 송의 옛 제도에 따라 법으로 정해졌다.

이 나라에서도 지원 14년(1277)에 시박사 하나를 천주에 설치하고 망고태에게 그것을 관할하게 하였다. 시박사를 경원, 상해, 감포에 설치하고 복건 안무사인 양발에게 그것을 관할하게 하였다.

매년 무역상을 소집하고 주변 국가와 널리 교역하는 진주, 비취, 향, 귀금속 등은 이듬해 귀향할 때 규정대로 세금을 거두어 결산한 다음에 또 그 물건을 사는 것을 허락하였다.

— 『원사』

자료 해석

사료는 원사에 실린 시박사에 관한 것이다. 시박사(市舶司)는 해상무역과 관련된 사무를 담당한 관청이다. 남해 무역이 크게 발달한 송나라 때 광저우[廣州], 취안저우[泉州], 원저우[溫州], 밍저우[明州], 항저우(杭州), 수저우[秀州], 미저우[密州] 등지에 설치되었다. 16세기 이후 광저우 한 곳으로 줄었다.

07. 원의 역참제

여행자에게는 중국이 가장 안전하고 좋은 고장이다. 혼자서 거금을 소지하고 9개월간이나 돌아다녀도 걱정할 것 없다. 전국의 모든 역참에는 숙소가 있는데, 관리자가 자신의 서기와 함께 숙소에 와서 전체 투숙객의 이름을 등록하고는 일일이 확인 도장을 찍은 다음 숙소문을 잠근다. 다음 날 아침, 날이 밝은 후에 관리자가 서기와 함께 다시 와서 투숙객을 점호하고 상황을 상세히 기록한다. 그러고는 사람을 파견하여 다음 역참까지 안내한다. 안내자는 다음 역참의 관리자로부터 전원이 도착했다는 확인서를 받아 온다. 만일 안내자가 그렇게 하지 않을 때는 여행자들이 그렇게 하게 시킨다.

— 이븐 바투타, 『여행기』 —

자료 해석

제시된 사료는 14세기 중엽 원을 여행한 모로코의 여행가 이븐 바투타가 남긴 글의 일부로, 당시 원의 뛰어난 역참을 설명한 것이다. 원대에는 육참이 1,095개, 수참 424개 등 총 1,519개의 참점으로 편성되었으며, 말이 4만 4,293 필, 소 8,583 마리, 나귀 6,007 마리, 수레 3,967 냥, 배 5,921 척, 가마 378 승이 배치되어 전국적인 역로망을 형성했다. 역참은 문서 전송의 역할을 수행한 통신 조직의 하나가 되었다. 원은 역참제를 실시하여 광대한 영토를 효과적으로 지배할 수 있었다.

09. 카르피니의 활동

나는 영원한 하늘의 힘 아래서 모든 대국을 지배하는 전권을 가진 칸이다. …… 귀공은 우리가 가톨릭교도가 되는 것이 좋다고 하였다. 나는 이것을 이해할 수 없노라. 귀공은 "나는 가톨릭교도이다. 나는 신에게 기도한다."라고 쓰고 있지만, 누가 신의 마음에 들고, 누구에게 은총을 나누어 주는지 어떻게 안다는 말인가? …… 나는 귀공이 "우리는 폐하의 신민이 되어 폐하의 뜻대로 하겠습니다."라고 자청하도록 타이르지 않을 수 없도다.

— 3대 칸 구유크가 로마 교황 인노켄티우스 4세에게 보낸 편지 —

자료 해석

카르피니는 교황 인노켄티우스(인노센트) 4세의 명령으로 몽골의 칸을 개종시키기 위한 교황 사절로 파견되었으나 성공하지 못했다. 제시된 자료는 3대 칸 구유크가 오히려 교황에게 자신에게 복종할 것을 답장으로 보낸 것이다.

CHAPTER 06 명~청

1 명의 건국과 발전

(1) 명의 건국

1) 원명 교체의 역사적 의의
   ① 이민족 왕조를 타도하고 한족 왕조를 회복시킴
   ② 농민반란 출신으로 유일하게 왕조 건국에 성공
   ③ 원·명이 교체되는 14세기 후기는 동아시아 세계의 커다란 전환기
   - 한반도에서는 여말 선초의 전환기
   - 일본에서는 무로마치 막부가 성립하고 남북조의 혼란기 속에서 왜구↑

2) 홍건군의 봉기
   ① 민족적 차별에 저항하는 반원전 성격
   ② 계급적 모순도 타파하려는 반지주운동
   ③ 홍건군의 농민반란을 정신적으로 이끈 것은 백련교
   ④ 백련교°는 미륵불이 하생하고 명왕(明王)이 출세한다고 믿음

3) 명 건국(1368)
   ① 주원장 : 홍건군의 곽자흥 군단에 소속하여 반원·반지주적 성격
   ② 곽자흥 군단과 결별
   - 독자적 세력으로 발전하면서 반지주적 입장 버림 → 강남지주 세력 지지↑
   - 명을 건국할 수 있는 사회경제적 배경
   ③ 주원장의 공신 집단
   - 유기, 송림을 대표로 하는 강남 지주 집단
   - 서달, 이선장 등 24인의 동향 출신의 무인 집단
   ④ 명 건국
   - 서쪽의 진우량 집단, 화북지방의 홍건 농민군 한림아·유복통 집단, 절동의 방국진·장사성 세력 정복
   - 난징(금릉)을 도읍으로 하는 명 건국

◇ **백련교**
백련교는 남송 때부터 시작된 천태종 계열의 불교의 일파이다. 남송 말기에 이르러 주술적 경향이 짙어지자 정부로부터 탄압을 받았다. 백련교도들은 장차 이 세상에 내려올 미륵불의 자비로 극락에 왕생할 수 있다고 소망하는 등 다분히 예언을 믿는 혁명적인 요소가 많았다. 당시 생활난에 허덕이던 서민층에게 쉽게 수용되었고 종교적 비밀 결사까지 만들어 자주 반란을 일으켰다.

◇ **6유(六喩)**
홍무제가 유교로 백성들을 교화하기 위하여 만든 도덕 규범이다. 부모에게 효도할 것, 어른을 공경할 것, 향리에서 화목할 것, 자손을 교육할 것, 각자 생활에 만족할 것, 잘못을 저지르지 말 것 등이다.

◇ **통정사사**
통정사사는 내외에서 올라오는 상소문을 접수·반환하는 일과, 황명의 출납, 공문에 대한 검토를 담당하였다.

◇ **호유용의 옥과 남옥의 옥**
호유용은 홍무제와 같은 고향 출신의 개국공신으로 중서성의 좌승상을 역임하였고, 학문과 인격을 겸비하였다고 평가받았다. 그러나 홍무제는 호유용의 권력이 지나치게 비대해졌다고 판단하여 강남의 대지주, 토호세력들을 연좌시켜 만 오천 명 이상을 죽였다.이로부터 년 10년 뒤 개국공신 이선 장의 일족을 호유용 사건과 관련되었다고 하면서 이와 관련된 인물 만여 명을 또 다 시 죽였다. 그리고 1392년 태자가 죽고 손자인 건문제가 태자가 되자 건문제를 위해 1393년 건국공신 남이가 모반을 일으켰다고 하여 수 만명을 죽이고 처벌하였다.

(2) 홍무제(1368-1398)의 황제 독재체제 강화

1) 중국 통일
    ① 남·서방에 남아있던 군사집단을 공격하여 운남을 제외한 전중국 평정(1371)
    ② 북원을 정벌하여 멸망(1388)
    ③ 북방정벌을 계속하여 만주 확보(1389) → 위소 설치

2) 농촌부흥책
    ① 영전사 설치(1356) : 수리사업과 제방공사에 착수 → 황무지 개간↑
    ② 둔전 설치 : 유민들을 화북지방으로 이주시키고 둔전을 실시하여 생활 대책 마련

3) 징세원 확보
    ① 어린도책 : 토지 대장
    ② 부역황책(1381) : 각 호의 소유자와 노동 인구가 기록된 호구 대장 → 10년마다 개편
    ③ 이갑제 실시(1381)

4) 한족문화의 부흥책
    ① 몽골풍습 금지하고 대명률 제정
    ② 성리학을 관학으로 정하고 과거제도를 부활하였으며, 전국에 유학을 건립
    ③ 육유◇ 반포 : 유교주의에 입각한 민중의 교화

5) 황제 독재 체제 강화
    ① 통정사사◇ 설치(1377)
        • 중서성에 설치된 평장정사와 참지정사 폐지(1376) → 통정사사 설치
        • 상소문을 중서성을 거치지 않고 황제에게 직접 보고하여 중서성의 기능↓ → 황제권 강화
    ② 중서성 폐지(1380) : 6부를 황제 직속화
    ③ 행중서성 폐지(1376) : 포정사사를 두어 민정만을 담당하게 하여 황제 직속
    ④ 군사제도 : 대도독부를 폐지하고 5군도독부로 분할하여 황제 직속
    ⑤ 어사대 폐지 : 도찰원으로 개편 → 관료의 감찰
    ⑥ 금의위 설치 : 정보정치를 강화하기 위해 설치한 특무 기관
    ⑦ 지방행정을 분리시켜 황제 직속화

민정	승선포정사사
사법	제형안찰사사
군사	도지휘사사

    ⑧ 공신 숙청 : 문자의 옥(1372), 호유용의 옥(1380)◇, 2차 호유용의 옥(1390), 남옥의 옥(1393)◇
        → 공신·관료 및 지주 계층 처형

6) 해금령 실시(1371)
    ① 배경 : 왜구 침략 방지와 반명 세력 약화를 위해 실시
    ② 결과 : 류큐의 중계무역↑

(3) 영락제(1402-1424)

1) 정난의 변

　① 영락제가 건문제를 제거하고 황제의 자리를 차지

　② 영락제 휘하의 몽골 기병 부대의 활약과 남경 내부에서 환관의 도움

　③ 환관의 공로를 인정하여 특무 기관인 동창 설치하고 환관이 관리 → 환관 발호의 원인

2) 영락제의 통치

베이징 천도	• 북평을 북경이라 개칭하고 행재소 설치 → 자금성 건립 후 정식 천도(1421) • 회통하·청강포 축조하여 조운 체계 완성 → 강남으로부터 물자 수송 원활
내각제 실시	• 전각대학사 제수를 통해 내각제 출현 • 한림관을 제수받고 입각하여 황제의 고문관 역할
대외정벌	• 몽골 : 5차에 걸친 친정으로 지방을 원정하여 동방의 타타르부, 서방의 오이라트부 정복(1409) • 만주 : 흑룡강 주변의 여진족 정벌 → 누르칸도사 설치하고 여진족 추장에게는 각기 관작과 무역의 특권 허락 • 안남 정벌(1406) : 교지포정사 설치하여 명의 직할지로 삼음 → 선덕제 때 철수하고 레왕조 독립 인정(1427)
남해원정	• 목적 : 국위 선양, 교역, 건문제 수색 → 30여개 국으로부터 조공 받음 • 결과 : 조공책봉 관계를 동남아시아로 확대, 동남아시아에 화교 진출의 기반 마련
편찬사업	『사서대전』, 『오경대전』, 『성리대전』, 『영락대전』 편찬

(4) 명대 내각제의 발전과 권신·환관의 발호

1) 명대 내각제도와 권신 등장

홍무제	· 중서성 폐지하고 6부 황제 직속화 · 황제를 보좌하는 보관 설치 → 전각대학사 개편 · 전각대학사의 관리들은 국무에 참여하지 않고 황제의 비서기관으로 자문만 담당 · 지위도 정 5품 이상 넘지 않도록 하여 권신의 출현 억제
건문제	방효유, 제태, 황자징 등이 한림학사 출신으로 대학사의 명칭은 없으나 국무에 참여
영락제	· 해진·양영·호광 등을 문연각에 입각시켜 국무에 참여 → 전각대학사에 제수하여 내각제 출현 · 한림관을 제수받고 입각하여 황제의 고문관 역할 → 영락제 사후 환관과 내각대학사 정치 출현
홍희제	· 내각대신을 고관이 겸직하면서 그 지위가 급상승하고 권위↑ · 내각대학사 자체의 품계는 5품으로 낮았으나 이부상서 등 고관을 겸직하는 사례 정착 → 내각의 정치적 비중↑ → 내각대신은 6부 장관인 상서와 대등하거나 이를 압도하는 위치에 서게 됨.
정통제	· 정통제가 어린 나이에 즉위하고 이른바 3양(양사기, 양영, 양부)이 내각대학사의 지위가 육부를 압도함 · 토목보의 변 이후 이현을 대학사로 등용하고 전권을 위임 → 권신의 세력이 커지고, 이 때 내각대신 중에서 제일 우두머리격인 수보 제도° 실시 · 내각의 수보권은 만력제초에 장거정에 이르러 절정 + 분권공치의 주장은 장거정이 죽은 후 당쟁과 연계되면서 더욱 거세게 진행
가정제	대례 논의° 발생 → 가정제는 친부를 황고(아버지), 효종을 황백고(큰아버지)로 할 것을 주장하였으나 내각은 이를 반대 → 가정제가 반대파를 제거하고 대례파 관리들을 중용 → 내각이 예론을 수단으로 공론에 의해 황제권을 견제하려 하였으나 실패

2) 환관의 정치 농단

① **동창 설치(1420)**
- 영락제가 설치하여 환관이 장악
- 특무기관으로 군대 감독, 세역 징수에 관여
- 장관인 사례태감의 권한↑

② **환관과 조칙** : 황제가 구두로 말하면 환관이 이를 기록하여 내각에 전달 → 이를 통괄하는 사례태감은 황제의 전지에 자기 뜻을 첨가하거나 조칙을 위조하기도 함

③ **환관의 전횡**
- 환관 전횡의 시작은 정통제 때 왕진, 헌종시대 왕직에서 비롯됨
- 무종 시기 환관 유근은 첩보기구로 서창과 내창을 신설 → 환관에 의한 정보정치↑ → 자신의 집에서 황제의 조칙을 마음대로 행하니 내각과 육부가 모두 환관(엄당)에게 장악
- 명대 환관의 발호는 명 말 희종 때 위충현에 이르러 환관파와 동림파의 대립으로 절정
- 명대 환관의 폐해는 한·당 때와 달리 황제의 총애를 상실하면 바로 실각하였으며, 황제를 폐립한 예도 없음 ← 황제 독재 지위가 제도적으로 확립되었고 중앙집권적 관료 기구가 정비되었기 때문

◇ **탈문의 변과 수보제도**

토목보의 변이 있은 후 경태제가 즉위하였으나 얼마 후 오이라트부의 에센은 정통제를 명으로 다시 돌려보냈다. 경태제는 즉위 후 황태자를 폐위시키고 자신의 아들을 황태자로 세웠으나 곧 죽게 되었다. 경태제는 다른 아들이 없었는데도 정통제의 아들인 견심을 황태자로 복위시키지 않았다. 이후 경태제의 병이 위급하자 이현, 조길상 등이 정통제를 다시 황제로 복위시켰다. 이후 정통제는 이현을 대학사로 등용하고 전권을 위임하자 권신의 세력이 커졌고, 이 때 내각대신 중에서 제일 우두머리격인 내각대학사가 황제를 홀로 만나 정사를 결정하는 제도인 수보 제도가 제정되었다.

◇ **대례 논의**

대례 논의는 가정제때 자신의 친부에 대한 예법을 둘러싼 논쟁이었다. 정덕제(무종)가 후사가 없이 죽자 홍치제(효종)의 동생인 흥헌왕의 아들(가정제)이 황제가 되었다. 이 과정에서 가정제의 부친은 육친인 흥헌왕이 아니라 법친인 효종이라는 주장이 제기되었다. 내각수보인 양정화는 효종이 아버지이고, 흥헌왕은 작은아버지라고 주장하였으나 가정제는 흥헌왕이 아버지이고, 효종은 큰아버지여야 한다고 반대하였다. 결국 가정제는 대권을 발동하여 반대파를 실각시키고 자신의 주장을 지지한 대례파를 등용하였다

(5) 영락제 이후 명의 혼란

1) 정통제(1435~1449, 1357~1464)

① 은 경제의 수용

- 강남에서 토지세를 은으로 징수(1436)
- 섭종류의 난(1446) : 은의 무리한 채굴 시도 → 급료 미지급, 주변 농토의 황폐화 → 진압군 파견, 총갑제 실시
- 등무칠의 난(1448) : 등무칠이 총갑제 지위 이용하여 소작인에 대한 부담 경감을 요구 → 최초의 소작인 반란

② 토목보의 변(1449)

- 오이라트부의 에센을 토벌하기 위해 친정을 실시하였으나 토목보에서 포로가 됨 → 경태제 즉위
- 탈문의 변(1457)으로 재즉위 → 수보 제도 실시

2) 가정제(1521~1567)

① 대례 논의: 가정제의 친부에 대한 예우 문제 → 내각이 황제권 견제 시도 → 가정제가 대례파 관료를 기용하여 승리

② 북로남왜(北虜南倭)의 화

북로	• 타타르부의 알탄 칸이 베이징을 포위하며 침략(경술지변, 1550) → 대동을 비롯한 국경 요지에 마시(馬市)를 개설하고 알탄을 순의왕으로 봉하고 그 자손에게도 관작을 부여(1570) • 몽골 방어를 위해 사용된 경운연례은이 해마다 증가 → 농민의 조세부담↑ → 농민반란↑
남왜	• 오닌의 난 이후 전국시대의 혼란으로 왜구↑ + 해금령으로 밀무역↑ → 단속을 강화하자 밀무역 상인들의 왜구화 • 왜구에 대한 진압과 해금령 해제(1567) + 호종헌·척계광 등의 활약 → 왜구의 침략↓

[북로남왜의 화]

(6) 장거정의 혁신정치

1) 명대 후기 상황
   ① 가정제의 부패 정치 → 융경제가 즉위하였으나 6년만에 급사 → 10살의 만력제 즉위
   ② 북로남왜의 화, 이갑제의 붕괴로 국내외 혼란 지속

2) 장거정의 혁신정치

대외정책		· 몽골과 화의 → 마시를 열어 몽골과 교역(1551) → 군비 절감과 국가재정 부담↓ · 사천 서남지역과 남방의 광동지방 평정 · 이성량을 요동 총병으로 임명하여 방비 강화
대내 정책	고성법 (1573)	· 과도관(감찰기관)과 환관을 통제 · 관료가 황제의 재가를 받은 사안은 반드시 기간 내에 해결하고 그 결과를 보고하도록 하여 관료의 근무평가에 반영 → 황제권 강화와 관료의 책임 행정 실현 · 관료의 행정능력을 내각이 직접 관리함으로써 내각의 서열이 가장 위에 서고 수보의 권한이 법적으로 보장받아 관료 통제 가능하게 함
	재정개혁	· 재무행정 정비와 관청에서의 재정 절감을 시행하여 국고↑ · 대토지사유에 따른 은전 300만 경을 찾아냄
	일조편법	· 전국의 토지를 측량 → 과세대상을 공평하게 바로 잡아 실시 · 양세법을 개혁한 조세제도
	교육	· 서원을 억제하고 관학을 진흥 → 인재 양성 · 사풍(士風) 진작
한계		· 장거정의 사망과 신종의 친정 계기 → 이부, 과도관, 한림이 중심이 되어 장거정을 탄핵하고 혁신정치 폐지 · 명 대 중기 지방의 신사층과 지방관료는 중앙의 통제를 벗어난 상태 → 장거정의 전제정치 비판↑

3) 장거정 사후
   ① 만력의 3대 외정 : 몽골의 보바이 반란(1592) + 임진왜란 출병(1592) + 양응룡의 반란(1596) → 재정악화 → 광세의 화
   ② 광세의 화
      · 1596년 환관을 광감세사로 임명하여 전국에 파견 → 상세(商稅)징수, 광산 개발과 관련된 광세(鑛稅) 징수하면서 각종 폐단 발생
      · 전국 각처에서 민변(민란)·항조노변 발생
      · 직용의 변

◇ **직용의 변**
직조 환관으로 파견된 손륭은 옷감을 짜는 기계로 생활하던 기호들에게 기계 1대당 은 3전(錢)을 세금으로 부과하였다. 그러자 기호들은 과중한 세금에 반발하여 직조를 거부하였는데, 그 밑에서 일하던 일용직 노동자들도 생계를 유지할 수 없게 되었다. 이에 직조로 생계를 유지하던 일용직 노동자들은 갈성이란 인물을 우두머리로 추대하여 난을 일으켰다.

(7) 명대 후기 당쟁의 격화

1) 명대 당쟁의 특징
   ① 어린 황제와 암군(暗君)의 등장
   ② 암군을 둘러싼 환관 세력의 정치농단과 이에 맞선 반환관 세력(동림당) 간의 치열한 당쟁
      → 환관과 간신 세력↑

2) 3안과 당쟁
   ① 정격안
   - 만력 43년(1615) 괴한이 황태자궁 습격
   - 동림파는 주동자 엄벌 주장하였으나 황제는 단순사건으로 처리하고 동림파 제거
   ② 홍환안 : 만력제 사후 태자가 즉위(태창제) → 즉위 한 달 만에 붉은 환약을 먹고 사망
   ③ 이궁안
   - 태창제의 장자 희종이 즉위 → 희종이 유모인 이선시란 여관(女官)과 동거 주장 → 동림파는 이씨를 별궁에 옮겨 정치에 개입하지 못하도록 함
   - 이 과정에서 동림파가 득세하였으나 결국 환관 위충현이 권력 장악

3) 동림당의 사회개혁운동
   ① 시작 : 만력제 시기 고헌성이 중앙 관직에서 물러난 후 고향에서 동림서원 재건
   ② 동림 운동
   - 좁은 의미: 환관의 정횡, 내각집권파의 파벌적 정치에 반대하는 운동 전개
   - 넓은 의미: 이갑제 붕괴과정에서 초래된 사회경제체제의 위기를 둘러싼 정치투쟁으로 황제전제지배체제를 반대하고 분권공치적 군주주의 표방
   ③ 한계
   - 동림당의 비타협적 도덕주의 → 당쟁↑→ 명 멸망 초래
   - 장거성의 개혁 정치에 대해 대안 없이 반대 → 현실 문제 외면한 이상주의적 개혁 주장
   ④ 결과 : 천계제와 환관 위충현에 의해 축출

4) 독서인의 복사 운동
   ① 동림당이 탄압을 받을 시기 새로운 재야세력의 정치 활동 시작 → 복사 운동
   ② 고학부흥운동을 일으키고 각지에서 조직 → 강남을 중심으로 문인들이 결합하여 결사를 형성
   ③ 복사는 하급신사·생원·독서인이 절대다수로서 문장연구의 명분을 내걸고 공공연히 사를 결성하여 통일된 집단행동 취함
   ④ 명 멸망 이후
   - 청 지배에 대해 저항 지속
   - 향리에서 학문연구와 제자교육 전념

◇ **동림운동과 복사운동**

고헌성은 자신의 고향인 강소성에 동림서원을 재건하고 학문 연구에 매진하였다. 이후 동림서원을 중심으로 한 세력을 동림당이라고 하였는데, 이들은 정치적 혼란과 사회 불안을 바로잡기 위한 개혁운동에 나섰다. 이들은 환관의 전횡을 비판하였으나 오히려 당쟁만 격화시키는 문제를 야기하였다. 동림당은 결국 환관을 비롯한 엄당의 공격으로 세력이 약화되었다. 이후 강남을 중심으로 새로운 재야 세력이 등장하여 복사운동을 전개하였다. 복사운동을 주도한 이들은 현직 관리가 아니라 하급 신사, 생원, 독서인들이었으며, 동림당의 운동을 계승하였다.

(8) 농민 반란과 명 멸망

1) 명 후기 농민 반란
   ① **정통제** : 섭종류의 난(1446), 등무칠의 반란(1448)
   ② **성화제** : 만귀비와 환관 왕직의 전횡↑→ 유통의 반란
   ③ **정덕제** : 유근을 비롯한 8명의 환관 전횡↑→ 유육·유칠 형제의 반란(1511)

2) 이자성의 농민 반란과 명 멸망
   ① **숭정제 즉위** : 위충현을 비롯한 간신을 제거하고 동림당 등용 → 국정 쇄신 추진
   ② **이자성의 난**
      - 섬서 지방에서 왕이 등의 반란 → 정부군과 대립하는 과정에서 이자성이 주도권 장악
      - 이자성은 토지를 균등히 분배하고 3년간의 조세감면 정책을 내세워 농민의 지지↑ → 낙양 함락(1641)
      - 양양을 수도로 삼아 정권 수립(1643), 국호 대순
      - 북경을 함락시켜 명 멸망(1644)
      - 청과 오삼계의 연합군에 패배
   ③ **장헌충의 난**
      - 산서 지방의 기근을 배경으로 발생 → 대서왕을 차칭하고 사천성을 점령 → 대규모 살육 자행
      - 명 멸망 후 청군에 의해 진압

3) 명 부흥 운동
   ① **남명 정권(영력 정권)** : 버마까지 도망갔다가 체포되어 와해(1661)
   ② **정씨 세력의 복명 운동** : 강희제에 의해 평정(1683)

4) 명 멸망 이후 한인 유학자의 대응
   ① **황종희** :『명이대방록』→ 격렬한 체제 비판을 포함한 실천적인 학문
   ② **고염무** :『일지록』
   ③ **왕부지** :『황서』→ 화이사상이 매우 강함

2 청조의 성립과 발전

(1) 청의 건국과 발전

1) 누르하치(1616~1626)와 후금의 건국

후금 건국 (1616)	· 누르하치는 건주여진 출신으로 여진족 부족을 통합하고 후금 건국 · 국호 후금, 연호 천명, 수도 흥경
팔기병	· 팔기제도◇는 니루를 기본단위로 한 군사·사회조직인 동시에 여진족의 호적제도 · 니루는 300명 → 5니루는 잘란 → 5잘란의 병력이 1구사(기) · 각 부대에는 1명의 어전이란 부대장을 둠 · 정홍·정황·정남·정백의 4기 성립(1607) · 깃발의 가장자리에 테두리를 둘러 정 4기와 구분한 양4기(양홍·양황·양남·양백)의 4기 첨가(1615)하여 8기로 확대 · 홍타이지 시기에 몽골 팔기, 한인 팔기가 추가되어 24기가 됨.
사르후 전투 (1619)	· 후금이 조명연합군 격파 · 후금은 요동지방을 장악하고 수도를 흥경에서 심양으로 천도
문화	몽골 문자를 개량하여 만주 문자 제작(1599)
사망	영원성 전투(1626)에서 사망

◇ 팔기제

2) 홍타이지(태종, 1620~1643)

권력강화	· 누르하치는 국정을 8왕의 합의하에 운영하도록 유언 → 홍타이지의 권력이 제한됨 · 홍타이지는 자신이 장악한 2기의 무력을 증강시킴 · 다른 실권자들의 권력을 약화시킴
청 건국 (1636)	· 정묘호란(1627) 이후 내몽골 통합(1634) → 만·한·몽의 3대 민족을 지배하는 대제국으로의 발전을 이룩했다는 의미 · 국호를 대청, 연호를 숭덕으로 고침(1636) · 병자호란(1636) → 조선과 군신 관계 형성
조직 정비	· 군정과 민정 분리 · 문·무반 분리 · 6부 설치

3) 순치제(1643~1661)

① 도르곤 섭정(1643~1650) : 이자성의 난 → 오삼계 투항 → 베이징 점령(1644)

② 내십삼아문◇ 설치 : 환관을 활용한 정치 기구 설립(1654)

③ 남명 정권 진압(1661)

④ 천계령 실시(1661) : 해금령(1651)의 실시에도 불구하고 정성공 세력 강성 → 해안선의 주민들을 내지로 이주시킴

⑤ 한족 회유 : 신사층의 기득권 보장, 과거제와 학교제 유지, 관리 등용

⑥ 한족 탄압 : 변발 강요

◇ 내십삼아문
순치제가 친정을 시작한 이후 도르곤을 부정하고 환관을 중심으로 황제권을 강화시키려고 시도하면서 내십삼아문을 설치하였다.

(2) 청의 발전과 팽창

1) 강희제(1661~1722)

① 남서방 설치(1677) : 의정왕대신회의 권한 억제 → 황제권 강화

② 삼번의 난 진압(1673~1681)
- 오삼계·상지신·경정충의 삼번이 반란
- 삼번의 난 진압하고 삼번 철폐 → 청의 국가 지배력 강화

③ 정씨 세력 진압
- 정성공이 대만으로 건너가 네덜란드인을 몰아내고 기반 마련 → 아들인 정경이 반청운동을 계속 → 타이완 정벌(1683)
- 천계령 해제(1684) : 광저우, 닝보, 샤먼, 화팅(→ 상하이) 4곳에 해관을 설치하여 서양 상인과의 무역 허락

④ 갈단 정복 : 준가르부(갈단)의 세력 성장 → 강희제의 친정으로 격퇴하고 외몽골 복속

⑤ 네르친스크 조약 체결(1689) : 러시아와 국경선 확정

⑥ 성세자생인정 실시 : 1711년의 정수를 정액화하고 이후에 태어난 인정의 정세는 면제 → 지정은제로 발전

⑦ 박학홍사과 실시 : 청 지배를 부정하는 한인 학자들을 회유하기 위한 과거 시험

⑧ 서적 편찬 : 『강희자전』, 『어제청문감』, 『고금도서집성』

2) 옹정제 (1722~1735)

황제권 강화	· 황태자밀건법 제정 : 유능한 황제 선발 · 주접제 확립 : 비밀상주문 제도 → 모든 지방관들이 의무적·정기적 작성하여 보고 · 군기처 설치 : 핵심 정책 결정 기구 → 황제가 정령을 군기처를 통하여 직접 관료에게 전달하고 관료도 황제에제 직접 상주할 수 있게 되면서 환관의 개입이 사라짐 · 『어제붕당론』 편찬하여 붕당 형성의 풍조 경계 · 양렴은제(1724) : 관료의 부패와 뇌물의 폐해를 방지하기 위해 관료의 생활을 안정시켜 주는 대신 관료의 청렴 요구
준가르부 토벌	준가르부 토벌을 위해 군수방 설치 → 군기처로 발전
개토귀류 (1726)	· 배경 : 산서의 약호, 절강의 타민, 광동의 단민 등을 양민으로 편입시킴 · 내용 : 광서, 사천 지방의 묘족·요족 출신의 토사·토관제를 폐지하고 지방관을 중앙에서 임명하여 파견 · 결과 : 한족의 이주 촉진 · 의의 : 변방의 이민족에게까지 황제지배체제가 침투 · 저항 : 대·소금천의 반란 등 발생
지정은제	지정은제를 전국으로 확산
『대의각미록』	증정 모반 사건을 계기로 편찬 → 청 왕조의 정통성 주장
영토 확장	· 러시아와 카흐타 조약 체결(1727) → 몽골 방면 국경선 확정 · 청해를 복속시켰으며, 주장대신을 두어 티베트에 대한 보호권 확립

◇ **의정왕대신회의와 남서방**

의정왕대신회의는 원래 누르하치가 만든 일종의 고문기구였으나, 홍타이지가 즉위한 후 정식기구가 되었다. 의정왕대신회의는 주로 군사 자문 역할을 하였으며, 어린 순치제와 어린 강희제가 즉위하였을 때 역할이 강화되었다. 의정왕대신회의는 강희제가 친정을 시작하면서 남서방을 설치하여 그 힘이 약화되었고, 옹정제가 군기처를 설치함으로써 유명무실해졌다. 남서방은 원래 강희제가 수시로 학식이 높은 학자들을 두고 공부하고 설치한 기구였으나 황제에 대한 자문 역할도 겸하였다. 남서방 또한 군기처의 기능이 확대되면서 그 역할이 대폭 축소되었다.

◇ **태자밀건법**

강희제는 황태자가 자주 문제를 일으키자 폐위시켰다. 옹정제가 즉위한 후 황태자 계승 문제를 둘러싼 문제를 해결하기 위해 황태자의 이름을 써서 건청궁의 정대광명액(正大光明額)뒤에 숨겨두고 내무부에 밀지를 간직하였다가 황제가 죽은 후에 개봉하여 밀지와 실물을 맞추는 방법을 정해 놓았는데, 이를 태자밀건법이라고 한다.

◇ **증정 모반 사건(1728)**

증정은 악비의 후손인 총독 악종기에게 역모를 하자고 제안하였다. 그러나 악종기는 즉시 옹정제에게 사실을 알렸고, 옹정제는 증정을 불러다 사상 논쟁을 하였다. 이를 계기로 청 왕조의 정통성을 주장하는 『대의각미록』을 저술하였다. 이후 증정은 건륭제가 즉위한 후 처형되었다.

3) 건륭제(1735~1796)

준가르부 점령	• 신장·위구르 지역(동투르키스탄) 점령 → 최대 영토 확보 • 오늘날 중국 영토와 유사 • 십전노인 : 10번에 걸쳐 주요한 전투로 영토 확장
버마·월남	조공책봉관계 맺음
사고전서 편찬 (1782)	• 한인 지식인에 대한 회유·사상 통제 • 주요 서적을 경(經)·사(史)·자(子)·집(集)의 4부로 분류해 수집 편찬
광동 무역 체제 확립 (1757)	• 무역항을 광저우로 한정 • 서양 상인들은 공행을 통해서만 무역 허용
매카트니사절단 접견(1793)	영국이 파견한 무역 사절단 접견
백련교도의 난 (1796~1805)	• 호북성에서 봉기하여 확산 • 청의 팔기군 무력한 모습 표출, 한인들이 주도한 향용·단련의 활약 • 국가재정↓ + 한인 관료 영향력↑

(3) 청조의 중국 통치

1) 한족에 대한 강압책과 회유책

① 한족에 대한 강압책

- 변발·호복 강요 → 한족의 중화사상↓
- 문자의 옥 : 옹정제는 『대의각미록』을 편찬하여 화이사상을 이론적으로 반박

② 한족에 대한 회유책

- 중국의 전통문화 존중 → 명대의 과거제도와 학교제도 존속 → 만한병용책
- 한인 학자를 동원하여 『사고전서』, 『고금도서집성』, 『명사』 편찬
- 신사층의 지배권 인정
- 박학홍사과 실시
- 조세·부역 경감

③ 신사층의 대응

- 화북·산동지방의 신사층 → 초기부터 청조에 협력
- 화중·화남지방, 강서·복건·양광·호광지방은 청조에 저항
- 순치제의 친정기에 명복말의 사회분위기가 회복되면서 신사의 사회지배력↑
- 18세기 후반 이후 백련교의 난과 같은 농민반란↑ → 한인 신사층은 청조에 협조

◇ **만한병용책**
고위 관직에 한인과 만주족을 같은 수로 임명하던 청나라의 관리 임용 정책이다. 중앙부의 군기처, 내각대학사, 6부의 고위직은 한인과 만주인을 함께 임명하였고, 지방의 성(省)은 만주인 총독, 한인 순무가 통치하도록 하였다.

2) 청조의 통치 제도와 황제 독재 체제

① 중앙 행정 조직

- 내각제도: 입관 이후 내각이 행정 실권을 장악하지 못하도록 통제 → 4명의 대학사를 두고 만주인 2명, 한인 2명으로 균형, 수석대학사는 만주인
- 정책 결정 기구

의정왕대신회의	국가의 대사를 황족과 대신의 합의를 통해서 결정
내십삼아문	환관을 활용한 정치 기구 설립
남서방	강희제 때 학자들이 모여 학문을 수련하고 조직의 기초 마련 → 의정왕대신회의 권한 억제

- 군기처와 주접제

군기처	· 준가르부 정벌을 위해 설치한 군수방에서 유래 → 지방에서 올라오는 주접을 처리하면서 핵심 정책 결정 기구로 발전 · 군기대신과 그 아래 군기장경 군기대신은 황제가 직접 만·한 대학사 및 각부의 장관(상서)과 차관(시랑)중에서 선임 · 황제로부터 직접 명을 받아 지방의 총독, 순무에게 명령 전달
주접제	비밀상주문 제도 → 모든 지방관들이 의무적·정기적 작성하여 보고

- 6부: 군기처 아래에 있으면서 행정을 분담
- 도찰원: 감찰기구
- 한림원: 황제의 비서기관
- 이번원: 몽골, 티베트, 청해 등 내륙 아시아 방면을 지배하기 위해 설치

② 지방 행정 조직

3층 구조	· 지방 행정 조직을 18성으로 편제 → 청말에 22성으로 확대 · 성 - 부 - 현의 3층 구조
지방관	· 성의 장관은 총독과 순무 존재 ← 명대 지방의 임시 병력동원 책임자인 총독군무를 지방장관으로 제도화 · 총독: 1성 혹은 2~3성에 배치 → 민정과 군정 총괄 · 순무: 1성에 1명 배치 → 지방 통괄, 총독보다 지위↓ · 총독과 순무는 상하의 계층 관계가 아니고 황제의 명을 받아 이를 집행하는 황제의 대리자 · 총독과 순무 아래 포정사(재정), 안찰사(사법)→ 황제 직속
학정(學政)	지방 원시의 시험관을 파견 지방 장관 감시하고 이들의 비행을 황제에게 직접 보고

③ 군사제도

3층 구조	· 만주팔기: 금족팔기(베이징)와 주방팔기(변방 요지)◇ → 전국 각지에 배치되어 방어와 치안 유지 · 한인팔기, 몽골팔기 : 팔기병의 군사력 보충
녹영	· 한인으로 구성된 군대

◇ **군기처**

군기처는 옹정제가 황제를 보좌하기 위해 만든 기구이다. 옹정제가 준르르부를 정복하기 위해 처음 설치되었으며, 군기처에는 따로 정해진 전담자가 없었다. 이후 군기처는 실질적인 최고 권력기관이 되었으며, 모든 정보와 결정권을 황제에게 집중시켰다.

◇ **금족팔기와 주방팔기**

중국을 지배하게 된 청은 베이징, 시안, 항저우, 푸저우 등 8곳에 성벽을 쌓고 성벽 안에 팔기의 거주지를 할당해서 일반 백성과 팔기 소속의 기인들을 분리시켰다. 베이징의 기인 거주 구역은 경사, 지방의 경우는 주방이라고 하였다. 경사팔기를 금족팔기라고도 하였다.

3 명·청대의 사회와 경제

(1) 이갑제에 의한 향촌질서의 정비와 변화

1) 이갑제 실시와 붕괴

① 실시 : 홍무제가 실시

② 목적 : 부역징수, 치안유지, 재판, 교화, 부역황책의 작성하여 향촌 질서 유지

③ 편제

- 110호를 1리로 편성하고, 인정 수와 자산의 등급에 따라 호등을 구분 → 110호 가운데 상등호 10호를 이장호, 나머지 100호를 갑수호로 하여 1갑에 10호씩 배속, 소작농과 토지가 없는 호는 기령호로서 110호 아래에 덧붙임.
- 매년 이장 1명과 갑수 10명이 10년마다 돌아가면서 업무 담당 → 각리에는 덕망이 있고 나이가 있는 이노인(理老人)을 둠
- 화남의 일부 지역에는 양장과 당장을 둠 → 양장은 몇 개 혹은 수십 개의 리를 통솔하도록 함, 당장은 주로 수리 시설의 책임을 맡게 함
- 이장, 이노인, 양장, 당장은 대부분은 지주 계층으로 전통적 향촌의 지배층

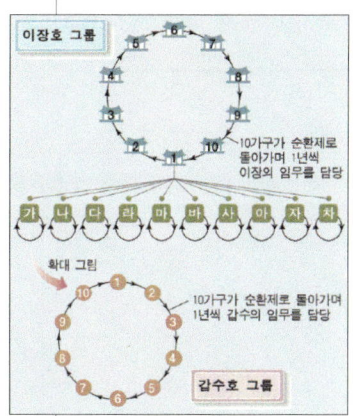

[이갑제]

④ 붕괴

- 이갑정역이 10년에 1회 윤번제로서 부·역의 징수업무가 고정되지 못해 부·역 징수에 차질 발생
- 10년 사이 재해·질병·전란 등으로 재산등급이 변경되어 임무 수행이 불가능해짐
- 부·역 회피 증가

  ㉠ 15세기 중엽 이후 향신의 수가 급증하고 부·역 회피

  ㉡ 유력한 신사층과 상인은 도시에 거주하면서 부재지주로서 부·역 회피

  ㉢ 향신(신사)들의 부역을 일반 농민들이 감당하면서 일반 농민의 부담↑

- 명의 부역 증가로 농촌사회 압박↑

2) 이갑제 붕괴 이후 향촌 사회

① 이갑제의 붕괴로 원적발환주의에서 객민부적(현재지부적)으로 전환

② 향약·보갑제를 통해 이갑제의 붕괴로 동요된 향촌사회를 유지하려 함

향약	왕수인이 반란을 평정한 후 종족조직을 배경으로 실시 → 전국 확산
보갑제 (1708)	· 왕수인의 십가패법에서 기원 · 10가구를 1갑으로 조직하여 연대책임으로 향촌 질서 유지 · 촌마다 보장 1명을 두어 촌락의 자위를 맡는 보갑제로 발전

(2) 명대의 사회계층과 신사층의 향촌 지배

1) 명대 사회계층
   ① **지배계층** : 황족과 관료, 신사계층
   ② **피지배계층** : 농·공·상업에 종하는 양민과 그 아래 노비

2) 신사(진신, 향신, 향관)계층
   ① **구성**
      - 현직·퇴직·휴직 등의 관직 경력자 + 과거제와 학교제도를 매개로 나타난 거인, 감생, 생원 등의 학위소지자·관위지망자 + 지주층
      - 거인은 진사에 합격하지 않아도 별도로 관리가 되는 길이 열려있었기에 거의 관료에 준하였으므로 생원과 거인 간에도 명백한 구분이 존재
   ② **역할**
      - 지방관을 도와 향촌 교화, 치안 유지, 공공사업, 세금 징수 등에 참여
      - 여론을 형성하여 지방행정에 참여
   ③ **특권** : 요역 면제, 경범죄 면책

3) 양민
   ① **민호** : 호부에 호적이 있고 주현에 소속 → 농민, 상인, 수공업자
   ② **병(군)호** : 병부에 호적이 실려 있고 위소에 소속되어 세습적으로 병역 담당
   ③ **장호** : 공부에 소속

(3) 명·청대의 사회와 경제

1) 명대 후기 농촌 사회
   ① **농촌 상황** : 이갑제의 해체 + 부역제도의 모순 + 지주층에 의해 토지 편중 → 이농자의 속출로 급격한 인구 이동 발생
   ② **객민** : 용공(庸工)이나 노복의 지위로 정착, 토착지의 신사나 지주로부터 토지나 가옥을 빌려 생계를 꾸림
   ③ **농민 반란** : 인구 이동으로 양자강 유역의 농지의 개간↑ → 종래 양자강 하류에서 중류 지역(호남·호북)으로 곡창 지대 이동 → 객민의 집중 이동으로 토착민과 객민과의 갈등↑ → 기존 사회질서의 파괴로 농민 반란↑

2) 농업의 발달
   ① **곡창지 이동** : 명대에는 호광지역(호남성과 호북성) → 청대에는 사천성 지역
   ② **면화** : 생산↑ → 소주·송강 일대에서 북상하여 황하의 중·하류에서도 재배, 산동지방의 생산량이 전국 최고를 보이기도 함.
   ③ **해외 작물 재배** : 옥수수, 고구마, 땅콩, 담배
   ④ **농산물의 상품화** : 식량 작물과 상품 작물의 재배 면적 확대에 따라 농산물의 상품화 촉진

3) 수공업 발달

① 국가에 예속된 수공업자들의 세금인 장반은 폐지 → 수공업자들의 활동↑

② 강남지방에서 민영수공업↑ → 소주는 비단 생산의 중심지, 송강은 면직물의 중심 도시

③ 면직·견직업의 발달

- 배경 : 토양과 기후 조건 + 대운하를 통해 화북의 면화 운반↑ + 전통적인 견직물 기술을 응용하여 방직 기술↑ → 강남지방에 면업이 집중 → 면포가 전국 시장에서 유통 → 1433년 이후 세금으로 면포 납부 가능해지면서 더욱 더 발달

- 면직업의 발달 : 면화 수요↑ → 쌀 농사를 포기하고 면화 생산

- 견직 산업 : 강남 델타지역의 서쪽, 태호 주변에서부터 남경, 소주, 항주, 호주 등 대도시에 걸쳐 발달

- 명 초기에 관영 생산 체제 : 북경과 남경에 궁정 직속의 관영공장인 내직염국과 24개 중요도시에 공부 직속의 외직염국을 설치

- 16세기 중엽부터 노동 착취, 불안정한 급여, 중간 착취 등으로 관영 폐지(1562), 장호의 사경영을 인정하고 세금을 은으로 납부 → 농촌의 견직물이 급속도로 발전

- 고급견직물뿐 아니라 일반 평민을 위한 비단 대량 생산 → 국내시장은 물론 동남아시아 유럽 등지에 무역품으로 수출하였고 그 대가로 다량의 은이 중국으로 유입

④ **차 재배 확대** : 사천·호공·강서·절강·복건에서 차 재배 확대, 복건·강서에서는 염료

⑤ **사탕수수 재배** : 사천·강서·복건·광동·광서에서는 사탕수수 재배

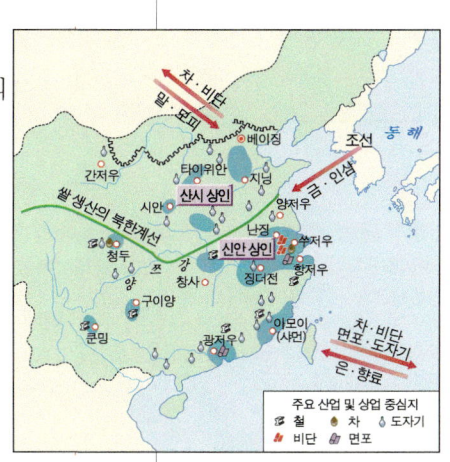

[명·청대의 산업]

[성세자생도]

◇ **운사납은제와 휘저우 상인**

1492년 운사납은제가 실시되면서 소금 상인이 소금의 판매 권리를 얻기 위해 변방으로 직접 곡물을 운반하는 원칙인 개중법이 폐지되었다. 이로 인해 소금 상인의 분업화가 나타났다. 국경에 군량을 조달하는 변상, 양주와 회안 등지에서 금을 인계받고 세금을 납부하는 내상, 소금을 싣고 할당된 지역으로 유통하고 판매하는 수상으로 분화되었다. 이 과정에서 기존의 산서 상인과 섬서 상인은 약화되고, 창장강 이남을 근거로 하는 휘저우 상인(신안 상인)이 성장하였다.

◇ **마제은**

4) 상업 발달
  ① 지역간 대규모 거래 발달 : 호남, 호북의 쌀과 절강, 강서의 비단과 면포가 교역
  ② 대상인의 출현
    - 상품생산의 발달로 원격지 판매망을 장악한 객상의 상업자본↑
    - 산서 상인 : 북변의 군량 조달 대가로 양회 지역 소금 판매권을 획득하여 성장
    - 휘저우 상인° : 은을 납부해야 소금 판매권을 얻도록 한 제도를 이용해 성장
  ③ 회관 : 동향인 조합 발달

5) 명대 은화의 보급과 농촌사회의 변화
  ① 명대 초기 지폐는 대명보초를 발행하고 금은의 화폐 사용을 금지하였으나 보초 가격↓ → 은 사용↑ → 관료에게 은으로 월급 지급(1436) → 은 유통↑ → 조세의 은납화
  ② 은이 부족한 지역은 부업경영과 상품작물의 재배를 통해 은을 확보하기 노력 + 16세기 중엽부터 유럽과의 교역으로 막대한 은이 유입 → 부역제도 변화
  ③ 현물세가 15세기 전기부터 전부 은납으로 바뀜
  ④ 요역은 15세기 중엽에서 강남지방에서 은납으로 시작, 사회적으로 정착된 것은 16세기 초이며, 은납화된 역은 은차라고 함
  ⑤ 마제은° : 명 초 등장 → 청 대 사용↑

6) 조세제도
  ① 일조편법

배경	• 은의 화폐 사용 확대 + 에스파냐와 일본의 은이 대량으로 유입 • 15세기 전기 전세의 은납화 시작 • 15세기 중엽 요역의 은납화(은차) 시작
목적	복잡한 부·역 징수체계 정비하여 잡다한 세목을 지세와 정세로 양분하여 이를 은으로 납부 → 징세의 효율화와 민의 과중한 부담↓
내용	• 전세는 토지 소유를 기준으로 하고 요역은 인정 수를 기준 • 각 항목을 통합하고 일조화하여 모두 은으로 납부
영향	• 토지가 없는 농민의 부담 감소 • 은납화로 상품 화폐 경제 발달 촉진

② 지정은제

배경	· 정은(丁銀) 징수 대상 농민의 도망 · 토지 없는 장정 증가
실시	· 성세자생인정(盛世滋生丁) : 강희 50년(1711) 당시의 정수(丁數)를 정액(定額)으로 하고 이후의 조사에 의해서 증가된 인정(人丁)을 성세자생인정이라 불러 정세 면제 · 내용 : 정세를 지세에 포함 · 문제점 : 지주나 부호가 인정을 은닉하고 국가는 부족 정세의 차액을 이웃이나 친족에 부과하여 사회 문제↑
확산	· 강희 55년 운남도어사 동지수가 토지를 정확히 조사하고 여기에 정세를 합쳐 토지의 다과에 따라 조세를 부과할 것 상소 → 광동성에서 지정은제 실시 · 옹정 7년(1729)년 지정은제 전국↑
영향	· 토지세로 단일화 → 토지가 많으면 많은 지세를 부담하고 가난한 농민은 정은의 압박에서 벗어남 · 인구 증가와 호구 파악 용이 → 호구에 등록된 인구 수↑ · 소작인의 인두세 면제 · 은 수요↑

7) 동아시아 교역의 발달

명	· 해금령 실시(1371) → 조공 무역 외에 사무역 금지+무로마치 막부와 감합 무역◇ 실시+류큐의 중계무역↑ → 해금령 해제(1567)로 류큐의 중계무역↓ · 무로마치 막부와 감합 무역 → 닝보(영파)의 난(1523)으로 약화되고 중단(1551)
청	· 천계령의 실시와 해제 : 정씨 세력의 난 진압을 위해 천계령 발표(1661) → 정성공의 난 진압(1683) 후 천계령 해제(1684) → 청 상인의 나가사키 진출↑ · 해관 설치(1685) : 시박사를 모두 철거하고 네 군데 항구에 해관 설치 → 상하이에 강해관, 닝보에 절해관, 사면에 민해관, 광저우에 월해관 · 일구통상(一口通商): 광저우의 월해관만 허용하고, 광저우의 공행◇을 통한 무역만 허용(1757)

◇ 감합 무역

명과 무로마치 막부 사이에 이루어진 통제 무역을 말한다. 명의 감합부에서 발급한 무역 허가증인 감합을 이용한 무역이었다. 명 조정에서 일본의 막부에 보낸 감합을 소지 한 배만 명의 항구에 들어갈 수 있었다.

[양국의 감합을 맞추어 보는 명의 관리] [일본 무역선]

◇ 공행

청 대 광저우에서 서양인과 무역할 수 있도록 허가를 받은 상인 조합이다. 이러한 상인 집단이 13개라서 13행이라고도 불렸다. 영국은 부진한 대중국 무역을 개선하기 위해 건륭제 때 메카트니 사절단을 파견하여 공행 무역 폐지를 요구하였다 거절당하였다.

◇ **태주학파**

명의 양명학자인 왕간이 개창한 학파로 고향명을 따서 태주학파라 부른다. 왕간은 1520년 왕양명의 문하생이 되었다. 그는 서민교육을 중시하여 신분을 가리지 않고 학문을 전파하였다. 이 학파는 욕망을 긍정하였는데, 이는 당시 상업의 발달과 그에 따른 계층 간의 상향 이동을 반영한 것이었다

4 명·청대의 문화

(1) 사상

1) 성리학의 관학화
   ① 영락제 때 대규모 편찬사업 → 『성리대전』, 『오경대전』, 『사서대전』, 『영락대전』
   ② 성리학을 과거 시험과목으로 채택
   ③ 다른 학설을 용납하지 않게 되어 사상과 학문의 자유 침체

2) 양명학의 성립과 발전
   ① **성립** : 육구연의 심학의 영향을 받은 왕양명(왕수인)에 의해 통해 성립
   ② **내용**
   - 이기일원론을 바탕으로 심즉리설을 내세우며 심이 인간의 주체요, 인간이 사회와 우주의 주인이라는 사상
   - 지행합일설과 치양지설 주장
   - 유교사상의 권위주의를 배격하고 올바른 학문은 자기 안에 있는 리를 실현하는데 있음을 강조 → 문헌주의 배격하고 기존의 권위에 비판적
   - 인간은 본질적으로 평등하다고 주장하여 적극적인 행동주의 제창 → 서민층의 지지↑
   ③ **분화**

좌파	· 태주학파로 발전 · 왕곤 : 인간이 욕망도 또한 천리라고 주장 → 형식화된 주자학적 도덕의 허위성 공격 · 이탁오 : 인간의 욕망을 극단적으로 긍정 → 인간의 욕망이 천리라 주장하고 자연상태의 마음인 동심이 진심이라 주장 · 인간의 욕망 긍정 → 상업의 발달과 계층간의 이동을 반영
우파	· 양명학 좌파의 지나친 행동주의 비판 · 양지설을 중심으로 하되 수양의 필요를 주장하여 성리학쪽으로 접근

3) 실학

배경	· 명 후기에 상공업의 발달등 사회 경제적 변화 · 예수회 선교사 영향에 의한 발달
학자	· 『본초강목』 : 이시진 → 역대 약학서 정리 · 『농정전서』 : 서광계 → 농학 집대성 · 『천공개물』 : 송응성 → 기술학 서적

4) 고증학

배경	• 성리학과 양명학의 형이상학적 사고에 대한 비판 • 청조의 반만사상 탄압 • 대규모 편찬사업: 『강희자전』, 『고금도서집성』, 『사고전서』 • 양명학의 반문헌주의적 행동주의 비판 • 주자학의 격물치지에 도달하는 방법으로 유교의 경전을 고증적으로 읽어야 함을 강조
성격	경서의 실증적 연구 중시
학자	• 고염무: 고증학 개척 → 『일지록』: 정치와 사회 전반에 대한 비판 • 황종희: 『명이대방록』 → 정치 개혁과 제도 쇄신 주장, 역사학 연구를 통해 고증학 이룩 → 『송원학안』, 『명유학안』 • 염약거: 『고문상서소증』 → 고문서의 위작 논증 • 왕명성: 한 대의 정현과 마융의 『상서』 주석을 새로 정리 • 혜동: 훈고학 높이 평가 → 『구경고의』, 『주역술』 편찬, 송대의 성리학 배척 • 대진: 『맹자자의소증』 → 기존 학자들이 맹자를 잘못 이해한 점 고증 → 제자인 단옥재의 『설문해자주』, 왕념손의 『광아소증』에 의해 발전
영향	• 역사학, 고고학, 금석학 등의 독자적 학문화 • 사상과 철학을 경시하여 학문의 방법론만 추구 → 사상의 빈곤화 초래 • 제자백가 연구가 활발해짐

◇ **해국도지**
위원은 청 말 공양학파의 대표 중 한 명으로 사회, 정치에 활용 가능한 학문을 주장하였다. 그는 아편전쟁 때 영국군과 싸웠다. 그가 쓴 해국도지는 세계 각 대륙 주요 국가의 지리, 역사, 정치 체제, 종교, 상공업 등을 비롯하여 함선, 화약, 망원경, 지뢰, 해양 방어 전략, 병사 선발과 훈련 방법 등 군사적인 내용을 포함한 세계 역사지리서다.

5) 역사학

배경		고증학의 영향 → 고증사학 대두
학파	절동학파	황종희, 만사동 → 철저한 사실에 입각하여 역사 서술 강조 + 역사의 이면을 찾아 경세에 이용 강조
	절서학파	고염무, 서건학, 고조우, 호위 → 역사학의 임무는 철저한 고증을 통해 사실의 진위를 가려내야 하는 것
학자		• 왕명성: 『십칠사상각』 → 『사기』 이하 17개의 역사서 분석 및 교정 • 전대흔: 『이십이사고이』 → 정사의 잘못된 부분과 동일 사건에 대한 서로 다른 내용의 진위에 대해 확실한 근거 제시 • 조익: 『이십이사차기』 → 중국 역사학 입문서로서 중국사의 일반론과 각 시대의 특수한 역사적 성격을 명쾌하게 해설 • 왕부지: 『독통감론』 → 자치통감에 대한 논평 • 장학성: 절동학파의 실증주의 사학과 절서학파의 고증주의 사학을 집대성 → 『문사통의』 → 역사 속에 잠겨있는 원동력과 원칙을 추구하는 것이 사학의 근본

6) 역사지리학

① **고조우**: 『두사방여기요』 → 역사책에서 지리관계의 기사를 수집, 조사하여 지리적인 연혁을 서술
② **고염무**: 『천하군국이병서』 → 정치지리서로서 역대 행정제도의 변천에 따른 지리 형세 기술
③ **위원**: 『해국도지』 ◇ → 세계 각국의 지리·역사·정세 등을 정리 → 메이지유신에 영향

7) 공양학

성격	· 『춘추』의 해석을 『공양전』 등 금문경에 바탕을 두고 해석 · 현실 문제에 관심을 두면서 개혁을 지향하는 학문
학자	· 장존여 → 캉유웨이(강유위)
영향	· 변법 자강 운동의 이론적 토대 · 발전 사관: 거난세 → 승평세 → 태평세의 역사 철학

(2) 명대 학교제도와 과거제도

1) 학교

국자감	· 중앙 교육 기관 → 거감, 공감, 음감, 예감 등에 입학자격 부여 · 거감 : 거인이 회시에 낙방하여 국자감에 들어온 자 · 공감 : 부·주·현학의 학생 중 우수한 자로서 국자감에 들어온 자 · 음감 : 고관의 자제로 국자감에 들어온 자 · 예감 : 돈을 받고 입학시킨 자 · 수업 연한 : 4년 · 교육과정 : 유교 경전이 주, 예(禮)·사(射)·서(書)·수(數)가 있음
지방학교	· 부학, 주학, 현학, 사학(私學) 등 건립 · 성적 우수한 생원은 과거시험에 응시하거나 국자감에 진학 가능

2) 과거제

① 과정 : 향시(지방) → 회시(베이징) → 전시

향시	부·주·현의 학교 출신자로 생원(수재)으로 성적 우수자 → 합격생은 거인
회시	거인이 향시 1년 후 베이징(경사)에 모여 시험 → 합격생은 진사
전시	진사를 대상으로 베이징에서 한 달 후 시험 → 관리

② 출제
- 사서오경에서 출제
- 팔고문 형식으로 답안 작성

③ 영향 : 사상과 학문 발달 위축

(3) 서민 문화의 발달

1) 배경: 도시와 상공업 발달로 서민의 사회경제적 지위 향상 → 서민 문화 발달

2) 통속 소설

명	· 명대 4대 소설: 『삼국지연의』, 『수호전』, 『서유기』, 『금병매』 · 명 말 : 『금고기관』 → 단편소설의 걸작품으로 무지한 탐관오리 야유
청	· 『홍루몽』, 『유림외사』 → 건륭시대의 백화문소설로 고증학과 객관주의적 시대조류를 바탕으로 창작 · 포송룡의 『요재지의』 → 괴기한 내용과 전설적인 사실로 구성된 귀신 이야기

3) 희곡(연극) : 전기와 잡곡으로 구분

① 전기 : 살구기, 자아기, 배월정, 형차기, 모란정환혼기(탕현조) → 탕현조는 사대부 지식인으로 연극을 직접 저작

② 경극 : 청대에 대중오락으로 정착

4) 청대 문학의 발달

동성문파	· 당나라 한유의 고문부흥(산문부흥)운동을 계승 · 방포 : 『고문의법』 → 문장은 도를 담아야 한다는 주자학의 의리를 중심으로 당송 8대가의 산문과 함께, 『좌전』, 『사기』의 산문체를 높이 평가, 과거시험의 팔고문 반대하고 시문을 포함한 문체의 개혁 시도 · 요내 : 『고문사류찬』 → 한 대~청 대까지 고문을 엄선 분류 · 매증양, 방동수를 거쳐 위원과 증국번에 계승 · 증국번 : 『경사백가잡초』 → 고문사류찬에 빠져 있던 경서와 사서의 명문 추가
변려체 유행	신유숭, 공광삼, 기균

(4) 미술과 공예

1) 명대 미술

북종화	· 송·원 이래 궁정의 화원을 기반으로 역대 황제의 장려에 의해 발달 → 명대에는 직업화가가 주축 · 산수화와 인물화가 기본 · 대진 : 명대제일의 산수화가 · 지나친 형식주의로 흐르면서 개성과 독창성이 결여되어 점차 쇠퇴
남종화	· 15세기 후반 문인화를 주축으로 발달 · 문인들에 의해 강남의 온화하고 수려한 풍토를 배경으로 산수화와 풍속화에서 독창적 화법 발달 · 동기창 : 남종화의 제 일인자 → 명대 남종화 완성
명 말	· 예수회 선교사들의 영향으로 서양화법 유입 → 명암의 채색과 기교 중시하여 인물화에 큰 영향 · 오빈 : 자연의 모습을 환상적으로 묘사 · 나목 : 정숙한 정감을 잘 표현 · 육위 : 빛의 명암을 잘 묘사 · 법약진 : 화면에 가득찬 풍물에 동적인 생명력 구현 · 서민의 취미에 맞추어 판화 발달 → 소설과 희곡의 삽화로 사용

2) 청대 미술

① **특징** : 동기창의 영향을 받아 남종화가 주류 → 청육가

② **오역** : 서양화법에 능동하였고, 운격은 화조화에 천재성 발휘

③ **공현** : 황량하고 침울한 산수화

④ **주약극** : 자유분방하고 상징적인 그림

⑤ **양주팔괴** : 진한 흑색과 화려한 색깔, 강한 필치와 격한 도법 구사

3) 명대 공예

① 청색안료를 쓰는 청화 유행

② 주홍 색칠을 하는 적화기법 발달

③ **경덕진(징더전)** : 요업의 중심으로 번영

4) 청대 서예

① **첩학파** : 장조, 유용

② **북비파** : 등석여

◇카스틸리오네가 그린 건륭제

(5) 서양문물의 전래

1) 서양 상인의 진출
   ① 포르투갈 상인이 마카오에 거주권 확보(1557)
   ② 유럽 상인들은 중국의 견직물·도자기·차 등을 가져가고, 그 대신 대량의 은이 중국으로 유입
   ③ 서양의 무역선을 따라 예수회 선교사 진출

2) 예수회 선교사 활동

프란시스코 사비에르	1549년 일본에 도착한 후 1552년에 포교를 위해 마카오로 향했는데, 같은 해 말 광동만의 상천도에서 사망
마테오 리치	· 마카오에 상륙하여 포교 시작(1582) → 1601년 북경에 와서 만력제를 만나고 천주당을 세우고 교세 확장 (1552~1610) · 기하학 원본·곤여만국전도·천주실의
아담 샬	· 황태자를 비롯한 왕족과 고관들에게 가톨릭 전파 · 숭정역서, 시헌력 제작 · 순치제의 신임을 받아 흠천감정(관상대장)에 임명 · 대포 주조
페르비스트	곤여전도 제작
카스틸리오네	· 원명원 설계 · 서양화법 소개

3) 전례 문제
   ① 예수회는 중국인의 조상 숭배 관습이나 전통을 존중하였으나 로마 교황청이 이를 금지(1742)하자 전례문제 발생
   ② 강희제 : 예수회 이외의 포교 금지하고 국외추방
   ③ 옹정제 : 궁정 봉사 선교사의 입국·포교 금지
   ④ 건륭제 : 크리스트교 포교 금지령 → 교회 몰수, 선교사 처형

4) 중국사상이 유럽에 끼친 영향
   ① 마르티노 마르티니 : 17세기 말 이탈리아인으로 중국의 역사·지리·사상을 유럽에 소개
   ② 뒤알드 : 18세기 프랑스 신부로 『중국제국전지』 → 유럽의 중국연구가에게 널리 애독
   ③ 중국의 유교 사상은 볼테르, 케네 등의 유럽 사상가·경제학자들에게 영향
   ④ 중국의 과거제는 영국·프랑스의 고등문관 시험제도에 영향
   ⑤ 18세기 후반 중국에 대한 찬미론은 몽테스키외 등에 의해 중국 멸시론으로 바뀜 → 헤겔, 막스 베버

● 자료탐구

01. 홍무제의 재상제 폐지

진이 처음으로 재상을 두고 얼마 있지 않아 망하였다. 한·당·송이 재상제를 이어받았는데, 때로 현명한 재상도 존재했지만 사이사이 소인이 권력을 농단하고 정치를 어지럽히는 경우가 많았다. 우리 왕조에서 재상을 폐지하고, 오부·육부·도찰원·대리시 등의 기구를 두어 천하의 업무를 처리하게 하되 서로 견제하며 감히 서로 간섭하지 않으며, 만사를 모두 조정에서 총괄하게 하는 것은 온당한 바이다.

- 명, 『태조실록』 -

자료 해석
명을 건국한 주원장(홍무제)은 황제의 권력을 강화시키기 위해 재상제를 폐지하고 6부를 황제 직속으로 편제하였다. 홍무제는 이를 통해 왕권을 안정시키고 신권을 약화시키려 하였다.

02. 어린도책의 작성

홍무(洪武) 20년(1387년) 2월 무자일에 국자생(國子生) 무순 등에게 주현에 나누어 가서 양에 따라 구(區)를 정하고, 구에 양장(糧長) 네 명을 두고, 토지의 넓이와 모양을 재고 자호(字號)를 매기며, 모두 주인의 이름과 전지(田地)의 장척(丈尺)을 기록하여 편찬하여 책으로 만들게 하고 이를 어린도책(魚鱗圖冊)이라고 불렀다.

자료 해석
제시문은 어린도책 작성에 관한 내용이다. 어린도책은 이미 송대부터 만들기 시작하여 명·청대에 계속 이어졌다. 어린도책과 함께 호적을 작성하기 위해 부역황책도 만들었다.

03. 정화의 남해원정

[인도] 캘리컷(Calicut)에서 항해해서 이 나라 메카(Mecca)의 부두에 도착할 때까지 달이 기울고 차는 것이 세 번 반복된다. …… 무슬림 지역이라고 하였다. 이곳에서 성인(聖人)이 처음으로 교리를 설명하고 전파했다고 한다.

모스크(mosque) 벽 안쪽으로 네 모서리에 네 개의 탑이 있다. 예배가 있을 때마다 이 탑에 올라가 서로를 부르고 소리내어 기도를 하면서 예배 의식을 수행한다. 양쪽의 회당에는 모든 장로(patriarch)들이 교리에 대해 설교를 한다. 이 곳 또한 여러 겹의 돌로 지어져 있고 너무나 아름답게 장식되어 있다.

[1430년에] 황실 조정에서 명령이 하달되었는데 총독 정화와 [선단의] 나머지 사람들이 외국에 가서 황제의 명을 알리고 하사품을 전하라는 것이었다.

원정단의 선단 일부가 캘리컷에 도달했을 때, 우리의 수장(chief officer)은 통역을 포함해서 모두 7명을 선발해서는 사향, 도자기류, 기타 물품을 잔뜩 싸서 보냈다. 선발된 사람들은 이 나라 캘리컷에서 보낸 배에 합류했는데, 이들이 돌아오기까지 1년이 걸렸다.

이들은 특별한 상품들을 사 왔는데 아주 드물고 값진 것들로서, 각종 명물들, '낙타 새'(camel fowl), 그 밖에 여러 가지가 있었으며 '성스러운 회당'(Heavenly Hall)을 묘사하는 정확한 그림 또한 그렸다. 이후에 이들은 중국의 수도로 돌아갔다.

메카의 나라의 왕도 사절들을 보내왔는데 이 사절들은 앞서 우리가 파견한 7명과 함께 왔으며 지역의 산물을 가지고 와서 조정에 바쳤다.

- 마환, 『영애승람(瀛涯勝覽)』

자료 해석
마환은 정화의 원정(1405-1433) 제4차와 제7차에 직접 참여하고 견문기 『영애승람(瀛涯勝覽)』(1433)을 남겼다. 명의 영락제는 무슬림 제독 정화로 하여금 7차에 걸쳐 대규모의 항해를 추진하게 하였고 이를 통해 명의 풍부한 물자와 막강한 국력을 과시하면서 동남아시아와 인도의 여러 국가들을 조공 체제 속에 편입시켰다.

04. 등무칠의 난

등무칠은 동생 무필과 함께 편성되어 총갑이 되었다. 일찍이 타인의 토지를 소작하는 경우 관례에 따라 소작료 이외에 지주에게 햅쌀·닭·거위를 바쳤다. 무칠은 맨 앞에서 그 백성에게 이것을 폐지하도록 주창하였다. 또 소작료를 멀리까지 수송하는 경우는 지주가 스스로 가져가도록 하고 소작인이 그 집까지 운반해 주는 것을 허락하지 않았다. 지주들은 등무칠을 현 당국에 고소했고, …… 등무칠은 무리와 맹세하고 거병하여 반란을 일으켰다. 황제는 도독 유취를 총병으로 삼고, 도독 진소·진덕신을 좌·우참장으로 삼았다. 섭종류가 여러 길에서 소란을 피우니 진소가 더불어 싸웠으나 패하여 죽었다.

– 『공지휘기절』 –

자료 해석

15세기 전기 이후 강남에서 토지세를 은으로 징수하기 시작하면서 은에 대한 수요가 증가하였고, 이로 인해 은광 개발이 확산되었다. 은광을 무리하게 채굴하는 과정에서 급료가 미지급되고 농토가 황폐화되었다. 이러한 과정에서 섭종류가 난을 일으켰다. 명은 섭종류의 난을 진압하고 총갑제를 실시하였다. 총갑제는 일종의 지역 자치 경비 조직이었다. 등무칠은 총갑의 지위를 이용하여 반란을 일으켰다. 등무칠의 난은 중국 역사상 최초의 소작인 반란으로 알려져 있다.

05. 장거정의 개혁

밖으로 민간에서는 호강(豪强)이 겸병하고 부역이 불균등합니다. 경지를 남의 이름으로 분산시켜 힘없는 자에게 세역을 전가하거나 전량(錢糧)을 납부하지 않고 버텨 그 피해가 소민에게 돌아갑니다. 안으로 관부에서는 조작하고 속여 재물을 차지하고 간사한 무리가 불법으로 이익을 얻으니 관리라는 이름은 있으나 그 역할을 하지 않고 있습니다. 각 관청에서는 전량을 제대로 조사하지 않고 공무를 빙자하여 사사로이 사용하니, 관리들이 폐단을 더욱 키웁니다. 이 모든 것이 국가 재정을 갉아먹고 백성을 병들게 만드는 것입니다.

– 『장거정집』 –

자료 해석

북로남왜에 시달려 국력이 쇠퇴하던 시기에 장거정이 내각의 책임자가 되어 개혁을 추진하였다. 장거정은 만력제 즉위 직후부터 약 10년 동안 국정을 쇄신하고 재정을 확충하기 위해 노력하였다. 이를 위해 토지 조사를 실시하고, 잡다하게 부과되던 토지세와 요역의 세목을 통합하여 은으로 납부하게 하는 일조편법을 확대 시행하였다. 이로써 명은 국가 재정을 확충하였고 국력을 만회할 수 있는 기틀을 마련하였다.

06. 동림 서원과 동림파

고헌성은 용모와 성격이 다른 사람보다 뛰어나, 어려서부터 유학에 뜻을 두었다. 면직되어 향촌에서 거주할 때에도 더욱 정성을 다해 연구하였고, 힘써 왕양명의 「무선무악(無善無惡)은 마음의 본체」라는 설을 폈다. 무석현에는 원래 동림서원이 있었는데 송나라 양시의 도(道)를 가르치는 곳이었다. 고헌성과 동생 고윤성은 이를 수리할 것을 제창하여 상주지부인 구양동봉과 무석지현인 임재가 건축하였다. …… 고헌성이 일찍이 말하기를 '천자에게 벼슬하여도 뜻은 군부(君父)에 있지 않고, 지방관이 되어도 그 뜻이 민생(民生)에 있지 않으며, 벼슬을 그만두고 향리에 살아도 뜻은 세도(世道)에 있지 않다면 그러한 사람을 군자라고 칭할 수 없다.' 따라서 강습한 뒤에도 왕왕 조정을 풍자하고 인물을 재량하였다. 조정의 선비들이 그 기풍을 흠모하는 자 멀리서도 서로 응화(應和)하였다. 이로 말미암아 동림의 명성은 크게 알려졌지만, 동시에 이를 시기하는 자도 역시 많았다.

– 『명사』, 고헌성전 –

자료 해석

고헌성 등 강남 출신 관료를 중심으로 명 말 정치에 커다란 영향을 미친 그룹을 고헌성이 1604년에 만든 동림서원의 이름을 따서 '동림파(동림당)'라고 불렀다. 1620년대에 환관 위충현이 황제의 총애를 얻어 실권을 장악하였고 이에 동림당이 반발하자 동림당을 가혹하게 탄압하였다.

07. 개중법의 실시와 폐지

- 홍무 3년 산서행성에서 상언하기를 "대동의 양저는 능현으로부터 태화령에 미 1석을 들이거나 태원창에 미 1석 3두를 들이게 하고 양회의 소금 1소인을 지급한 뒤, 상인이 소금을 다 판매하면 원래 지급한 염인(盛引)을 가지고 관할 관사에 가서 반환케 하시기 바랍니다. 운송비가 절약되고 변방의 축적이 충실해질 것입니다."라고 하니 황제가 이를 받아들였다. 상인을 불러 미곡을 운송시키고 염을 주니, 이를 개중(開中)이라 했다.

— 『명사』

- 호부상서 엽기는 소금상인들과 친했다. 이에 엽기와 상의하기를 "상인이 변방에 나아가 소금세를 납부하는 것은 돈은 적게 들지만 멀리까지 가야 하는 어려움이 있고, 염운사(鹽運司: 소금 유통에 관한 업무를 담당하는 관서)에서 은을 납부하는 것은 돈은 많이 들지만 쉽게 처리하는 편리함을 얻을 수 있습니다."라고 했다. …… 마침내 그 의논에 따라 양회(兩淮) 지역의 소금세인 염과(鹽課)를 염운사에서 은으로 납부하고 그 금액은 호부(戶部)에 보고하고, 태창은고(太倉銀庫)에 보내 저장토록 상주하여 황제의 재가를 받았다. 각 변방에 나누어 보내는 소금 가격이 100여만 량에 이르니 사람들은 편리하게 여겼지만 옛 법, 즉 개중법(開中法)이 무너지는 것은 알지 못했다.

— 진홍모, 「계세기문(繼世紀聞)」 —

자료 해석

첫 번째 사료는 개중법에 관한 것이다. 두 번째 사료는 1492년부터 시행된 운사납은제(運司納銀制)에 관한 것이다. 운사납은제는 소금의 판매 권리를 얻기 위해 기존에 변방으로 직접 곡물이나 대가를 가져가야 했던 개중법(開中法)을 폐지하고, 염장에서 가까운 염운사에 은을 납부하는 대신 판매의 권리를 획득했던 제도이다. 이 제도의 실시로 명 중기 이래 은 경제가 확대되었고, 휘저우 상인이 성장하였다.

08. 은 유통의 확대

오늘날 지폐는 이미 통용되지 않고, 동전만이 겨우 작은 교역에만 사용될 뿐 세금 납입에는 사용되지 않고, 모든 조세 업무를 은 하나로 아우르니 은이 부족하게 되었다. …… 2백여 년 동안 천하의 금은이 북경으로 운송되었는데, 마치 물이 골짜기로 흘러가는 것과 같았다. 평화로운 때는 오히려 상인과 관리가 받은 것의 20~30%를 돌려보내는 경우도 있었다. 그러나 재정 지출이 많아진 이래로 북경에 모인 은이 모두 변경 밖으로 빠져 나가고, 부유한 상인·고관·교활한 관리들은 북방에서 남방까지 모두 자신의 힘을 가지고 천하의 금은을 모두 거두어갔다. 이치가 이렇게 되어가고 있는데 다시 상황을 예전으로 돌릴 수 있겠는가? 무릇 은이 부족해지는데도 부세(賦稅)는 옛날 그대로이고 교역도 변함이 없다. 허둥지둥 은을 구하고자 해도 장차 어디에서 구하겠는가? …… 나는 은납화를 폐지하지 않으면 안 된다고 생각한다. 은납화를 폐지하면 일곱 가지 이점이 있다. 곡식이나 비단 같은 종류는 일반 백성들 스스로의 힘으로 마련할 수 있어 집이 쉽게 풍족해지는데, 이것이 그 하나이다. 동전을 주조하여 유무상통(有無相通)하게 하면 동전은 끊임없이 유통되고 재화는 고갈되어 없어지지 않을 것인데, 이것이 두 번째이다. 은을 비축하는 일이 없게 되면 지나치게 부해지거나 지나치게 가난한 자가 발생하지 않을 것이니, 이것이 세 번째이다. 동전은 휴대하고 다니기에 불편하니 백성들은 고향을 떠나는 것이 어렵게 될 것인데, 이것이 네 번째이다. 관리가 사사로이 소매 밑에 감추기 어려운 것이 그 다섯 번째이다. 도적이 훔쳐 도망가더라도 짐이 무거워 쉽게 쫓아갈 수 있는 것이 그 여섯 번째이다. 동전과 지폐가 서로 통용되는 것이 그 일곱 번째이다.

— 황종희, 「명이대방록」 —

자료 해석

송·원 대에는 동전과 함께 지폐가 많이 사용되었다. 명도 초기에는 지폐인 보초와 동전을 유통시키려 하였으나, 화폐에 대한 불신이 커지면서 민간 거래에 은이 활발하게 유통되었다. 특히 조세의 은납화가 진행되고 은이 국가 재정의 기초가 되면서 은의 유통은 더욱 활성화되었다. 이러한 상황에서 서양 상인들에 의해 은이 대량으로 유입되면서 명·청 대에 은은 가장 중요한 교환 수단으로 자리 잡았다. 은 유통은 동남아시아를 통해 인도, 나아가서 유럽과 연결되었다. 유럽과 중동에서 향신료 시장이 성장함에 따라 유럽 상인들이 동남아시아로 몰려들었고, 이들은 향신료뿐 아니라 중국의 도자기와 차, 비단 등도 구입하였다. 이 시기 유럽 상인들은 포르투갈, 에스파냐, 네덜란드 출신들이었다. 유럽인들이 동아시아에 진출하고 아메리카 대륙의 은이 공급됨으로써 동아시아 교역망은 세계로 연결되었고, 동남아시아는 '상업의 시대'라고 불릴 만큼 무역이 발달하였다.

09. 명대 감합무역

- 명과 통상 외교를 맺게 해 달라고 부탁하는 아시카가 요시미쓰의 국서(1401)
  일본의 준삼후(准三后: 황족, 후궁, 섭정, 관백 따위를 우대하고자 태황태후궁, 황태후궁, 화후궁의 삼궁에 준하여 수여된 칭호)인 나는 이 국서를 명국(明國)의 황제에게 올립니다. 우리나라는 나라를 세운 이후 통상 사절을 귀국에 파견하지 않은 적이 없습니다. 나는 다행히 국정을 다스리게 되었고, 나라도 안정을 되찾았습니다. 그러니 예부터 내려오는 관습에 따라 고이쓰미와 승려 소아를 통상사절로 파견하여 우리나라 특산물을 선물하고 싶습니다.

- 영락제(永樂帝)가 요시미쓰에게 보낸 국서 (1405)
  쓰시마와 이키 섬에서 출발한 왜구가 중국의 해안에 출몰하여 중국을 침입했기에 짐은 일본 국왕인 그대에게 이에 대한 단속을 부탁한 바, 그대는 군사를 내어 왜구 무리를 섬멸하고 배를 파괴했으며 그 수령을 잡아 수도로 보냈노라. 그대는 비록 멀리 떨어진 지역에 있으나 명조(明朝)를 진심으로 섬기고 있도다.
  동방의 나라에서 여태껏 그대와 같이 뛰어난 국왕은 없었나니, 짐은 진심으로 기뻐하며 크게 칭찬하노라. 현재 왜구에 대한 걱정이 사라졌으니 모두 그대의 공이로다.

자료 해석
명을 건국한 홍무제는 즉위 4년째인 1371년에 해금령(海禁令)을 내렸는데 이는 연해지방에 왜구와 결탁하여 정부의 통제를 따르지 않는 세력이 형성되지 못하게 하기 위해서였다. 홍무제는 1369년에 왜구 단속을 요구하는 국서를 일본의 회량친왕(懷良親王)에게 보낸 적이 있으나 실효를 거두지 못하자 1388년 일본과의 교류를 단절하였다. 1395년 홍무제는 일본과 국교를 회복하고자 아시카가 요시미쓰에게 물품을 보내면서 왜구를 단속하라고 요구했고 요시미쓰는 이 요구를 받아들여 명을 침략한 왜구를 잡아 명으로 보냈다. 집권 초기 불안정했던 권력 기반을 확립한 요시미쓰는 명과 본격적인 교역을 시작하기로 결심하고 1401년 하카다의 상인 고이쓰미와 승려 소아를 통호사절(通好使節)로 삼아 명나라에 파견하면서 국서를 들려보냈다. 이 때 요시미쓰는 사절단을 같이 보내면서 영락제에게 일본과 통상관계를 맺자고 청하였다.
1404년에 영락제는 사절단을 요시미쓰에게 돌려보내며 수많은 물품과 '일본국왕지인'(日本國王之引)이라고 새긴 금 도장을 주었다. 또한 사절단은 감합부(勘合符) 100장을 가지고 돌아왔고, 이로써 명과 일본 사이에 정식 교역인 감합무역(勘合貿易)이 시작되었다.

10. 일조편법과 지정은제

- 일조편법이란 것은, 한 주(州)나 현(縣)의 부역(賦役)을 모두 합치고, 토지의 넓이를 측량하고 남자 일꾼의 수를 세어 그것을 하나도 빠짐없이 관청에 알리게 하고 여러 비용에서부터 공납으로 바치는 지방 특산물에 이르기까지 모두 합쳐 한 가지 조목으로 만들어, 밭의 넓이에 따라 은으로 징수해 관청에 바친다. 그래서 이것을 일조편법이라 부른다.

  － 『명사(明史)』, 식화지(食貨志) －

- 가정·융경 이후, 일조편법을 시행하여, 한 성(省)의 성인 남성과 토지에 대한 세금을 계산하여 균등하게 한 성의 요역을 채웠다. 그리하여 균역(均役)·이갑(里甲)·양세(兩稅)를 하나로 합하니, 백성은 번거롭지 않게 됐고, 일 역시 쉽게 이루어졌다. 양장(糧長), 이장(里長)은 명목상 없었으나 실제로는 존재하니, 요역이 갑자기 생겨나면 또다시 농민이 차출되었다. 조정이 일조편법을 10여 년 실시하였으나, 규제 역시 복잡하여 온전히 시행할 수는 없었다.

  －『明史』－

- 천하가 평정된 지 오래되어 호구가 날로 번창하니 인정(人丁)을 헤아려 정세를 부과하는 일이 어렵다. 인정은 늘더라도 토지는 늘지 않으니 현재의 세역 장부에 등재된 인정 수를 늘리거나 줄이지 말고 영구히 고정하라. 그리고 지금 이후 태어나는 인정에 대하여는 꼭 정세를 거둘 필요가 없다.

  － 청, 『성조실록』 －

- 인 남성과 토지에 대해서 별도로 세금을 징수하니, 부잣집은 뇌물로 벗어나고 가난한 이에게 떠맡겼다. 편제하고 심사하여 균평(均平)하게 하고자 하여도 어찌 성공할 수 있겠는가? 고로 강희 말년부터 쓰촨·광둥 등

성에서 먼저 시행하였다. 토지에 성인 남성의 몫을 얹어서 은으로 납부하니, 조정과 민간에서 편리하다 하였다. 옹정 초기에 이르러 경기 지역에서도 연이어 실시하고, 다음으로 여러 성에 지정은제를 시행하였다.

- 『熙朝紀記』 -

자료 해석
일조편법은 기존의 양세법을 폐지하고, 지세와 정세를 은으로 징수하는 조세 제도였다. 일조편법은 크게 두 가지의 결과를 야기시켰다. 첫째, 대지주의 부담은 증가한 반면, 일반 농민이나 일용 노동자, 상공업자들의 조세부담은 감소하였다. 둘째, 각종 부·역을 토지와 인정의 단위로 합산하여 은으로 징수함으로써 상품과 화폐의 유통량을 증가시켜 상품 경제의 발달을 가져왔다. 지정은제는 인두세인 정세(丁稅)를 지세(地稅)에 포함시켜 모든 세금을 지세로 통합한 세제로 이로써 사실상 인두세가 소멸되었다. 인두세는 재산의 과다와 관계없이 부과하는 세금이어서 빈곤한 계층이 부유한 계층과 같은 세금을 내기 때문에 상대적으로 빈곤한 계층에 불리한 세금 제도이다. 인두세의 폐지로 빈곤한 계층이 세금 부담에서 어느 정도 자유로워져 호적 신고가 대폭 증가하는 계기로도 작용하였다.

11. 류큐의 중계 무역

나라는 남해(동중국해)의 가운데 있는데, 남북으로는 길고 동서로는 짧다. …… 그 땅에서는 유황이 산출되는데, 1년 만이면 다시 구덩이가 차, 아무리 파내어도 한이 없다. 해마다 중국에 사신을 보내고 유황 6만 근과 말 40필을 바친다. …… 해상 무역을 업으로 삼는다. 서쪽으로는 남만, 중국과 교통하고, 동쪽으로는 일본, 우리나라와 교통한다. 일본과 남만의 상선이 국도와 해변 포구에 모이므로, 백성이 포구에 술집을 설치하여 서로 교역한다.

- 신숙주, 『해동제국기』 -

자료 해석
명의 홍무제는 건국 직후인 1371년에 해금령을 실시하였다. 명의 해금령으로 류큐는 중국과 일본을 비롯한 여러 국가 사이의 중계무역으로 번성하였으며, 1567년 해금령의 해제로 류큐의 중계 무역이 쇠퇴하였다.

12. 푸젠 상인의 해금령 해제 호소

바다는 푸젠 사람들에게 밭이나 마찬가지입니다. …… 가난한 자들은 생계를 위해 항상 무리 지어 바다로 나갑니다. 해금이 엄격해지면 식량을 구할 길이 없어서 해안을 약탈할 수밖에 없습니다. 연해민들은 가만히 앉은 채 속수무책으로 모든 재산을 빼앗깁니다. 아들과 딸은 물론이고 은과 모든 세간을 빼앗기니 피해가 날로 극심합니다.

- 『천하군국이병서』, 푸젠 상인이 제기한 해금령 관련 탄원서 -

자료 해석
명의 해금령의 실시로 중국 동남 해안의 백성들과 상인들은 생계가 곤란해지게 되었다. 이에 상인들은 밀무역을 전개하여 크게 번성하였다. 1550~1560년대 밀무역이 성행하고 왜구의 동남해안에 대한 노략질이 심화되자 해금령을 해제하라는 요구들이 빗발쳤고, 결국 명은 1567년 일본과의 무역은 계속 금지하는 것을 조건으로 해금령을 완화(해제)하였다

13. 명의 멸망

섭정화석예친왕 이 옛왕조의 관원·기로·병민에게 유를 내렸다. "유적 이자성은 원래 옛 왕조의 백성이면서 추한 무리를 불러 모아 북경을 함락하고, 군주를 시해하고 시신까지 훼손했으며, 제왕·공주·부마·관민의 재화를 약탈하고 혹형을 남발하였으니, 실로 천인이 공분하여 법으로도 주살에 그치지 않을 자이다. 우리는 비록 적국이었지만 이를 매우 안타깝고 슬프게 생각한다. 지금 관원과 백성들로 하여금 황제를 위해 3일간 복상하게 하니 백성의 도리를 다하라. 예부와 태상시는 황제의 예를 갖추어 장례를 치르라. 복상하여 상복을 벗은 후에 관민은 모두 규정에 따라 치발하도록 하라."

자료 해석
제시된 사료는 당시 순치제의 섭정 도르곤이 이자성의 반란군을 없앤 후 내린 글의 일부이다. 명의 마지막 황제 숭정제에 대한 예를 다한 후 모두 변발할 것을 요구하였다.

14. 정성공의 난과 천계령

표류해 온 중국인 임인관 등이 전하에게 아뢰기를, "표류해 온 이래 천은을 내려주시어 극진히 주선해 주시었습니다. 저희들은 지금 반 년 넘게 지냈지만 언제 돌아갈지 모르고 있습니다. 삼가 바라건대 전하께서는 명나라와 대대로 친하게 지내었던 것을 생각하여 하찮은 저희들에게 후덕을 내려주소서. 바라건대 저희들을 불쌍하게 여기시어 특별히 배 한 척을 내주어 저희들이 직접 몰고 본토로 돌아갈 수 있게 해주소서. 그러면 저희들의 국군(國君)과 번왕(藩王), 정성공의 아드님이신 정경 세자 또한 보답을 잊겠습니까."라고 하였다. 조정에서 "이미 청에 통보하여 다시 변통할 뜻이 없다."라고 하자, 임인관 등이 모두 울부짖으며 죽어도 가지 않으려고 하였다. 마침내 그들을 내몰아 압송해 갔다.

- 『조선왕조실록』 -

자료 해석
제시문은 정성공의 난이 진행되고 있던 17세기 후반 난파한 정성공 세력의 사람들을 청으로 압송하는 과정을 보여준다. 정성공은 1645년 만주족에게 난징이 함락되자 아버지 정지룡과 함께 푸젠 성으로 피신했다. 그는 명나라를 다시 일으키기 위해 군대를 모아 푸젠 성의 해안지대에 강한 세력을 구축했다. 1659년 군대를 이끌고 북상하여 청을 위협하기도 했으나 곧 고립되었다. 이에 청은 정성공 세력을 약화시키기 위해 해안가의 주민들을 내륙으로 이동시키는 천계령을 실시하였다. 또한 오삼계를 비롯한 삼번의 난이 1673~1681년까지 전개되어 천계령이 더욱 강화되었다. 한편, 정성공은 1661년 4월 네덜란드가 점거하고 있던 타이완을 빼앗고 타이완을 중심으로 효율적인 행정조직을 만들고 정착했으나 1662년 자살했다. 그의 아들 정경은 그가 죽은 후 20여 년 동안 타이완을 근거지로 하여 반청 운동을 했다. 1681년 정경이 사망하자 타이완의 정씨 왕국은 1683년 청의 수군에 의해 함락되었다. 1684년 청은 천계령을 해제하였고, 청 상인들의 일본과 동남아시아로의 진출이 다시 활발해졌다.

15. 천계령 해제 이후 일본과 중국의 무역 변화

게이초 6년(1601) 이후 외국 선박이 일본에 와서 무역하는 일은 아직 정해진 바가 없었다. 그때는 명 대 만력 연간(1573~1619)으로 해금이 엄하던 때였으므로, 지금처럼 중국 선박이 내항하지도 않았다. 나가사키에는 다만 서양의 배들만이 와서 머물렀다. …… 겐로쿠 3년(1690)에 중국 선박의 수는 70척으로 정해졌지만, 요즘(1716)에 와서 청의 강희제는 해금을 풀었으므로 중국 선박의 내항이 200척에 이르게 되었다.

- 아라이 하쿠세키 -

자료 해석
16세기 말~17세기 초에는 중국 상인의 일본 진출이 제한적이었으며, 일본 정부도 슈인장을 발급하여 무역을 통제하였다. 그러나 17세기 후반 청의 천계령이 해제된 이후 일본으로 진출하는 중국 상인들의 수가 급증하자, 에도 막부는 신패를 발급하여 이를 통제하였다.

16. 청과 러시아의 국경선 확정

- 대청국 황제가 러시아 사찰한에게 명하노라. 이전에 너희 나라는 너희 땅에 거주하면서 우리 국경을 침범하지 않아 변방 백성이 모두 편안했다. 그러나 이후 너희 러시아인들은 우리 국경에 침입하여 지방을 어지럽히고 백성과 부녀자 및 어린아이를 약탈하여 끊임없이 일을 저지르고 있다. …… 또한 일찍이 관리를 알바진과 네르친스크에 파견했으나 현재까지 아직 너희가 사람을 파견했다는 보고를 받지 못했다. 너희는 도리어 러시아군을 우리 내지에 들여보내 약탈을 자행하고 우리의 도망자를 받아들이고 있다. …… 바라건대 명확한 답신을 보내거나 혹은 사신을 파견한다면 짐은 대군의 무력 토벌을 중지시키고 변경 지방으로 철수할 것이다.

- 고르비차강의 발원지에서 대흥안령(스타노보이산맥)이 바다에 이르는 선을 경계로 남쪽은 중국이, 북쪽은 러시아가 차지한다.

- 우디강의 남쪽과 대흥안령의 북쪽 사이에 있는 땅은 중립 지대로 삼으며 나중에 다시 협의하여 조정하기로 한다.

- 흑룡강에 접한 아르군강의 북쪽 연안은 러시아가, 남쪽 연안은 중국이 차지한다.

- 앞으로 경계를 넘는 사람은 통행 허가증을 소지해야 한다. 허가증을 가지고 정당한 활동을 하는 외국인은 추방당하지 않는다.

  -네르친스크 조약

- 니프코베에서 러시아와 중국 양국 간에 체결되었던 평화의 회복 및 강력한 확인을 위해 여황 폐하의 황명에 따라 파견된 사바 블라디슬라비치 일리르스코이 백작은 …… 다음과 같이 조약을 체결하였다. …… 양 제국의 국경은 중요 사안으로서 장소를 확인하지 않고는 설정이 불가능할 것이다. 이에 러시아 사절 사바 블라디슬라비치 일리르스코이 백작은 국경을 방문하여, …… 필요에 따라 양 제국 국경과 변경에 다음과 같이 설치하였다. 캬흐타강의 러시아 초소 구조물과 오로고이투산 정상에 위치한 중국 초소의 석재 국경 표석 사이에 위치한 토지는 절반으로 나누고 그 중앙에 접경의 표시로 국경 표석을 설치하여, 그곳에 교역장을 마련한다. 양측은 국경 확정을 위해 국경위원을 그곳으로 파견한다.

  -캬흐타 조약

자료 해석

표트르 대제 시기 러시아의 동방 진출로 청과 대립하게 되었다. 이에 강희제는 청에게 서신을 보내 국경과 관련된 조약을 맺기를 원한다고 하였다. 이후 청과 러시아는 교섭을 통해 네르친스크 조약을 체결하였다. 미확정된 국경선은 옹정제 시기에 다시 캬흐타 조약을 체결하여 몽골 지역의 국경선을 확정하였다.

17. 일구통상

영파(닝보)는 본래 양선이 몰려드는 곳이 아니므로 앞으로 양선은 오직 광동에 정박하고 교역하는 것을 허락할 뿐 영파에 올 수 없다. 혹시 다시 닝보에 올 경우 반드시 그 선박을 광저우로 회항시키고 절강의 해구(海口)로 들어서는 안된다. 미리 월해관에 명하여 해당 상인들에게 이를 알리게 하라. …… 이를 통해 광동성 백성들의 생계와 아울러 감관, 소관 등에 모두 이로울 뿐 아니라 절강의 해방을 정돈하고 기강을 확립할 수 있을 것이다. …… 또한 영파 지역에는 간사한 거간꾼이 있어 외국인과 결탁하고 있으니, 만약 거간꾼들이 양행을 설립하거나 천주당의 도모하고 있다면 마땅히 모두 엄격하게 금하고 내쫓아야 한다. 그래야 외국상인들이 의탁할 바가 없어지고 오는 길을 차단할 수 있을 것이다.

- 청, 『고종실록』 -

자료 해석
제시문은 서양 선박의 항구를 기존 4곳에서 한 곳으로 줄이는 '일구통상'을 보여주는 것이다. 원래 일구통상은 건륭제가 영파로 북상하려는 영국 선박을 차단하려는 것이었지만, 결국 모든 서양 상인의 대외무역 창구가 광주의 월해관 하나로 제한되었다.

18. 개토귀류

옹정제가 사천 · 섬서 · 호광 · 광동 · 운서 · 운남 · 귀주의 총독, 순무 등에게 상유를 내리기를, "내가 들으니 각 지역의 토사는 법률과 규율을 아는 자가 적다. 매양 소속 토민에게 갖은 명목으로 과파하니 이를 유사가 정공을 징수하는 것과 비교하면 몇 배에 달한다. 그것만이 아니라 소와 말을 취하거나 자녀를 빼앗으며 살리고 죽이는 것을 멋대로 한다. 사민은 그들의 어육이 되어 분노가 치밀어도 감히 표출하지 못하는데, 누군들 나의 적자가 아니겠는가! 바야흐로 천하가 모두 즐거움과 이로움을 향유해야 하는데, 오직 토민만은 그러하지 못하니 내 마음이 심히 견딜 수가 없다"라고 하였다.

– 세종헌황제실록, 옹정 2년

자료 해석
청의 중국 지배력이 강화되어 가면서 변경 지역인 운남, 사천 등지의 소수 민족이 사는 지역에 토관 대신 중앙에서 지방관을 파견하였다. 이를 개토귀류라고 불렀다. 이는 당시 토관들의 횡포를 없애기 위한 것이기도 하지만 청조가 지방에 대한 통제를 강화하기 위해서 실시한 것이었다. 옹정제의 개토귀류에 반하여 반란이 일어나기도 했으나, 진압되었다. 개토귀류로 해당 지역에 한족 상인과 농민들의 이주가 촉진되었다.

19. 직용의 변

환관 손륭이 세관 탈세를 조사한다는 명목으로 쑤저우에 들어와 현지의 폭력배들을 징세 관리로 임명하였다. 이 같은 중세를 감당할 수 없었던 직물업자와 도매업자들이 모두 폐업하였으므로, 여기에서 생계를 유지하고 있던 직물 노동자들은 일시에 실직하게 되었다. 이에 2,000여 명의 직물 노동자들이 주동이 되어 폭동을 일으켰다. 이들은 징세 관리의 집을 습격하여 불 지르고 징세 관리를 잡아서 거리에서 타살하였다.

자료 해석
명대 만력제 때 임진왜란 지원을 비롯한 여러 가지 사건들로 재정이 고갈되자 세금을 올린 '광세의 화'가 발생하였다. 이 과정에서 환관 손륭이 쑤저우 지방에 각종 세금을 과도하게 징수하여 직물업자들이 파산하게 되었고, 이로 인해 실업자가 된 직용들이 반란을 일으켰다.

20. 중화 사상의 변화

오랑캐라고 부르는 것은 대개 변방에 거처하여 중원과 말이 통하지 않기 때문이다. 중원에 태어났다고 하여 중화가 되는 것이 아니며 변방에 태어났다고 하여 중화가 될 수 없는 것도 아니다. 오랑캐와 더불어 세상에 태어나서 음양의 기운을 함께 받았으나, 그 정기가 뛰어난 자가 중화가 되는 것이고 편벽되고 특이한 정기를 받은 자가 오랑캐가 되는 것이다. 그러므로 중화인은 인의(仁義)를 아는 것이고 오랑캐는 윤리를 모르는 것이다. 그러니 어찌 태어난 곳이 중원이냐 아니냐를 가지고 중화인과 오랑캐를 구별할 수 있겠는가?

– 『대의각미록』 –

자료 해석
청을 세우고 중국을 지배하게 된 만주족은 한족의 중화 사상을 철저하게 탄압하였다. 반청 사상이 확산되는 것을 막기 위해 노력하면서 『사고전서』, 『고금도서집성』 등의 편찬 사업을 벌여 역대 문물을 정리하는 한편, 반청서적을 색출·소각하였다. 그리고 "대의각미록"을 편찬하여 '중화는 태어난 지역이나 혈통에 의해 결정되는 것이 아니고, 오랑캐라 하더라도 천명을 받으면 중원을 지배할 수 있다'고 주장하며 만주족의 중국 통치를 합리화하였다.

21. 양명학

- 주희의 이른바 격물이란 것은 즉물하여 그 이를 궁구하는 데 있으며, 즉물궁리는 곧 사사물물(事事物物) 위에 나아가 이른바 정한 이치를 구하는 것이다. 이것은 내 마음으로써 사사물물에 나아가 그 이치를 구하는 것인데, 마음과 리(理)를 쪼개어 둘로 한 것이다.

　　- 전습록 -

- 선생님이 탄식하시며 말하였다. "이러한 주장이 진리를 가린 지 오래되었으니 어찌 한 마디 말로 깨우칠 수 있으랴마는 이제 우선 그대 질문에 따라 설명해 보겠다. 어버이를 섬기는 데 있어 어버이에게서 효의 이치를 구하지 않으며 임금을 섬기는 데 있어 임금에게서 충의 이치를 구하지 않는다. 또한 친구를 사귀고 백성을 다스리는 데 있어 친구와 백성에서 신과 인의 이치를 구하지 않는다. 리란 것은 모두 마음 속에 있는 것이며 마음이 곧 리이다. 마음에 사욕(私慾)의 가림이 없으면 그것이 바로 천리(天理)니 조금이라도 밖에서 무엇하나 가져와 보탤 것이 없네. 이 온전하게 천리를 따르는 마음이 어버이를 섬기는 일에 드러나면 이것이 바로 효이고, 임금을 섬기는 일에 드러나면 이것이 바로 충이고, 친구를 사귀고 백성을 다스리는 일에 드러나면 이것이 바로 신이고 인이네. 단지 이 마음에서 인욕(人欲)을 버리고 천리를 보존토록 노력만 하면 그것으로 족한 것이야."

　　- 전습록 -

자료 해석

명 대에 왕수인은 양명학을 제창하였다. 그는 하늘의 이치가 유학의 경전이나 사물에 있는 것이 아니라 마음에 있다고 하는 심즉리설과, 지식은 행위를 통하여 성립한다는 지행합일설을 주장하였다. 양명학은 수행과 구체적인 실천에 중점을 두었다.

22. 고증학

- 소위 의견을 멋대로 만들어 내고 의론을 탐구하여 이로써 법칙을 밝히고 문법을 억지로 세워서 마음대로 포폄을 더하고 없애며 필삭의 권력으로 스스로를 명하는 것은 모두 내가 본받고자 하는 바가 아니라. …… 나의 어두운 식견과 미약한 재주로는 쉽게 견해를 내지 못하니, 진실로 힘든 교정을 통해 오래된 종이 무더기 속에 파묻혀 실제적인 것에서 진리를 찾아 후세 사람을 계도하기를 바라는 것이다.

　　- 왕명성, 『십칠사상각』

- 어떤 사람이 '후대에 출현한 책(고문상서)이 그 말과 문법이 정말로 복생의 금문경과 다르고 생략된 것이 많다면 의심할 수도 있을 것이다. 그러나 이 이론 체제가 순수하여 올바른 것에서 나왔다면 더 이상 순수하지 않다고 비방해서는 안된다. 그대는 어째서 그냥 지나쳐서 놔두지 않는가?'
그러면 나는 이렇게 대답할 것이다. '옳은 것 같지만 사실은 옳지 않은 것을 공자는 싫어했다. 이치에 가까운 것 같지만 크게 진실을 어지럽히는 것을 주자는 싫어했다. 내가 僞古文을 싫어하는 것은 공자나 주자의 생각과도 같다.'

　　- 염약거, 『고문상서소증』

- 지위가 높은 사람은 理를 사용하여 낮은 사람을 꾸짖는다. 나이 많은 사람은 理를 사용해서 어린 사람을 꾸짖는다. 고귀한 사람은 理를 사용해서 천한 사람을 꾸짖는다. 설사 꾸짖는 측이 잘못을 했을지라도 理에 합당하다고 말한다. ⋯⋯ 어진 사람이 법에 의해 처형을 당한다면 그래도 그를 동정하는 사람이 있을 것이다. 그러나 理에 의해 죽는다면 누가 그를 동정하겠는가?

　　- 대진, 『맹자자의소증』

자료 해석

청대에는 문헌에 근거해서 고전을 구체적으로 규명하려는 학풍인 고증학이 등장하였는데, 고염무, 황종희 등이 대표적인 학자였다. 고증학자들은 '실제 사실'에 연구의 뿌리를 두고자 하였으며, 언어학·수학·천문학·지리학을 연구하였다. 청 조정에서 한족 학자들을 회유하기 위해 『사고전서』, 『고금도서집성』과 같은 편찬 사업을 전개한 것도 고증학의 발달을 촉진시켰다.

23. 문사통의

역사 서술에서 귀하게 여기는 것은 의리이고, 갖추어야 하는 것은 사실이며, 의지하는 바는 문장이다. 史識이 없으면 의리를 판단할 수 없고, 史學이 없으면 사실을 제대로 익힐 수 없으며, 史才가 없으면 문장을 잘 쓸 수 없다. 제멋대로 판단하는 것을 史識으로 여기고, 기억하여 암송하는 것을 史學으로 여기며, 멋진 문장을 꾸미는 것을 史才로 여기는 자는 훌륭한 사학자의 자질을 갖추었다고 할 수 없다. …… 하지만 이상의 자질을 모두 갖춘 사람이라도 반드시 史德을 갖추어야 한다. 그렇다면 史德이란 무엇인가. 史書를 쓰는 자의 心術을 말한다. 편파적인 史書를 펴낸 것은 스스로를 더럽혔기 때문이고, 남을 비방하는 史書를 쓴 사람은 자신을 비방한 자이다. …… 훌륭한 사학자가 되기를 바라는 사람은 응당 天道와 人爲 사이를 신중히 구별해야 하고, 天道를 다하되 억지로 人爲를 보태려 해서는 안 된다. 이러한 이치를 아는 것이야말로 史書를 쓰는 자의 心術이라 할 만하다. 文史를 다루는 학자가 史識·史學·史才를 힘써 말하면서도, 心術을 따지는 史德을 논하지 않는다면 무슨 소용이겠는가.

— 章學誠, 『文史通義』

자료 해석
장학성은 당대 역사평론서인 유지기의 사통을 비판하면서 사식, 사학, 사재와 함께 사덕이 있어야 함을 강조하고 있다. 그는 사학의 근본은 역사 속에 잠겨 있는 원동력과 원칙을 추구해야한다고 주장하였다.

24. 박학홍사과

일부 반청을 견지한 명나라 말의 유로(遺老)는 과거와 연납을 막론하고 아무런 효과가 없다. 이 때문에 이들을 위해 강제성(반강제성)의 '제과(制科)'를 설치하였다. "효강황후를 조묘로 올려 배향하는 의식이 완성되었다"라는 명분으로 "천하에 반포하여" 유사에게 재능과 품행이 뛰어나고 스스로 나와 관리가 되기를 원하는 유로를 "산림은거"의 사(士)로서 천거하게 하고 "경사로 초빙하여 발탁했다."

자료 해석
박학홍사란 학문에 박식하고 문장에도 웅대하다는 뜻으로 청대의 대표적인 한인 회유 정책이었다. 청나라는 명나라의 유신 및 청의 중국 지배를 지지하지 않은 한인 학자들을 회유하기 위하여, 강희제 때와 건륭제 때 실시되었다. 강희제 때는 칙령으로 상설의 과거 이외에, 학행 겸비하고 문장이 뛰어난 인재를 선발하기 위하여, 대유(大儒) 143명을 응시하게 하여 관리로 선발하였다.

	개중법	운사납은제	강운법
실시	홍무제(1370)	홍치제(1492)	만력제(1617)
배경	북변 방어 및 북변으로 군향(군량) 조달	세금의 은납화↑	· 국방비 증가 및 환관의 횡포(염인 남발)로 기존 소금 유통 체계X · 산서·섬서 상인 등 기존 염상 타격↑
염인 획득	상인이 직접 북변에 군향 조달 → 군향 조달 능력↑	염운사에 은 납부 → 은 납부 능력↑	강(조합)에 속한 상인들이 세급 납부 → '강'에 가입할 수 있을 정도의 규모가 필수
과정	① 1단계 : 보증 → 상인이 북변에 군량 조달 ② 2단계 : 수지 · 염운사에서 염인(소금 유통 허가증)을 발급 받음 · 소금 생산지인 염장에 가서 소금 지급 받음 · 비험지에서 염인과 소금 지급량을 대조·확인 받음 ③ 3단계 : 시역 → 소금 판매	① 내상 : 상인이 은 납부 → 염운사에서 염인 발급 받음 → 염장에서 소금 지급 받음 → 비험지(검사 장소)에서 염인과 소금 지급량을 대조·확인 받음 ② 수상 : 소금판매	
특징	· 동일인 유통 원칙(대리인 고용 및 염인 재판매X) · 장거리·장시간에 걸친 유통(1년 정도 소요)	소금 유통 과정 분업화	· '강'에 속한 상인들에게 염운 과정에 대한 재량권 위임 · '강'에 대한 배타적 세습권 인정
영향	북변에 가까운 섬서·산서 상인 유리	북변에 가까운 산서·섬서 상인의 이점이 사라지고 휘주 상인 등이 유리해짐	강운법 실시 당시의 유력한 염상이었던 휘주 상인의 지위가 청대까지 지속
주체	관점매 : 국가가 소금 유통 과정에 개입		상전매 : 국가가 소금 유통 과정의 재량권을 '상'에게 위임

-조영헌, 대운하 시대 1415~1784

CHAPTER 07 아편전쟁~신해혁명

1 아편전쟁과 태평천국운동

(1) 제1차 아편전쟁

1) 배경

① **아편 수입 증가** : 플라시 전투에서 영국이 승리한 후 벵골 지역의 지배권 확립 → 콜카타가 인도 동부에서 재배한 아편의 집산지 → 18세기 말 동인도회사가 이 지역 아편을 전매하기 시작

② **아편 무역 구조**
- 지방무역 상인은 아편을 팔아 획득한 은으로 동인도회사가 발행한 환어음을 구입해 영국으로 송금
- 동인도회사는 그 은으로 차를 구입해 영국에서 판매한 대금으로 환어음 결제 → 동인도회사와 지방무역 상인의 무역 활동이 서로 연결

③ **동인도회사의 무역 독점 폐지**
- 영국 의회는 1833년부터 동인도회사의 중국 무역 독점 폐지
- 영국 정부가 직접 관원을 파견해서 무역 감독 → 청 정부와 갈등↑

④ **청조의 관료와 병사의 묵인과 밀수↑**

⑤ **은 유출 심화**
- 광둥의 차와 생사의 수출 불황
- 아편 밀수로 아편 대금으로 마제은 등의 유출 심화

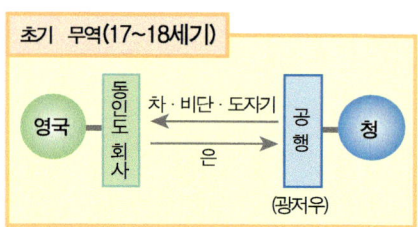 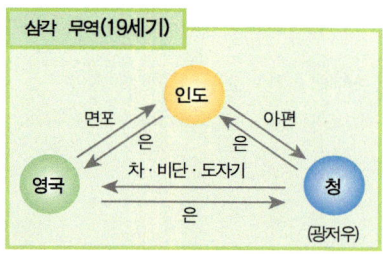

[영국의 아편 무역]

2) 아편 정책을 둘러싼 논쟁

이금론	• 태상사 소경 허내제는 아편 금지를 완화하자고 주장(1836) • 아편 무역을 합법화하여 관세를 부과하고 물품과 교환하는 것을 허락하여 은으로 아편을 구입하지 못하게 하자고 제안 • 이금론은 밀무역을 없애자는 것이었지만, 결국 서양 국가와 이루어지는 교역을 광저우에 집중시켜 광저우 상인에게 아편 무역의 이익을 가져다주기 위한 것
엄금론	홍려사경 황작자는 아편을 피우는 자를 사형에 처해야 한다고 주장(1838)
공통점	• 은 유출로 백성의 생활에 타격을 주어 재정 위기를 불러일으키는 현상에 어떻게 대처할 것인가 하는 문제의식 명확 • 해외 무역을 금지하거나 밀수를 엄격히 단속하더라도 아편 유통을 완벽하게 통제할 수 없다는 인식도 일치

3) 제1차 아편전쟁(1840~1842)

① 전개
- 임칙서를 광저우에 파견하여 아편 무역 단속
- 주룽반도에서 영국선원이 중국인 살해 → 영국은 임칙서의 범인 인도 요구 거부 → 마카오에 대한 식량 공급 중단
- 영국의 함대 파견과 공격 → 임칙서를 파면하고 기선을 흠차대신으로 광둥에 파견하여 교섭
- 교섭 결렬 이후 영국의 공격 재개 → 청의 패배 → 난징조약 체결

② 난징조약과 추가 조약

난징조약 (1842)	· 광저우, 샤먼, 푸저우, 닝보, 상하이 등 5개 항구 개항 · 개항장에 영사(관) 설치 · 홍콩 할양 · 배상금 지급 · 공행 폐지 · 영국과 관세 협의 규정
오구통상장정 (1843.7)	· 5%의 관세 규정 · 치외법권(영사재판권) · 외국 군함 파견과 순시 가능
호문 조약 (후먼 조약, 1843.10)	· 개항장에 거류지 형성 · 최혜국대우 · 치외법권(영사재판권) · 외국 군함 파견과 순시 가능

[아편전쟁과 태평 천국 운동]

◆ 공부국
1853년 상하이에서 청대의 비밀 결사 조직인 소도회가 봉기를 하였다. 소도회는 태평천국운동이 발생하자 이와 제휴를 시도하면서 봉기를 일으켰다. 소도회의 봉기로 중국인들이 상하이 조계로 대거 유입되자 영국, 프랑스, 미국 세 영사가 협의하여 중국인들의 조계 거주를 허용하고 새로운 경계를 확정하였다. 그리고 독자적인 행정 기구인 공부국을 설치하여 조계지의 시정을 운영하였다.

③ 망하조약(1844): 미국과 체결
- 개항장에 예배당·병원 건립 허용
- 아편무역 불법 규정

④ 황포조약(1844): 프랑스와 체결 → 미국, 영국과 유사한 내용으로 조약 체결

(2) 제2차 아편전쟁(1856~1860)

1) 조계지 형성
① 형성 근거: 난징조약과 후먼조약으로 조계지 형성 규정
② 상하이 조계
- 초대 영국 영사 조지 밸포어는 황푸강과 쑤저우허가 합류하는 지점 일대를 외국인 거주지로 삼음
- 상하이 토지장정(1845)은 외국 상인이 자치적으로 도시 건설과 위생·치안 관리를 할 수 있도록 규정 → 외국인 거주 지구가 조계로 발전하는 계기가 됨
- 상하이 현성이 소도회 일단에 의해 점거(1853) → 영국 영사 러더퍼드 올콕은 조계의 안전을 확보하기 위해 영국인 자경단을 조직하여 방비
- 영국·미국·프랑스 세 나라의 영사가 협의하여 제2차 토지장정(1854) 정함
㉠ 조계의 차지인들이 모인 회의에서 승인됨으로써 외국인 주민에 의해 정당성을 부여받은 자치 기구로 공부국 설치(1854)
㉡ 영국과 미국은 조계를 합병하여 공동조계 설치(1863)

2) 제2차 아편 전쟁(1856~1860)

① 배경
- 청이 영국의 무역 확대 요구 거절
- 애로우 호 사건(1856)
- 광시성에서 프랑스 선교사 살해 사건

② 전개
- 영국과 프랑스 연합군이 광저우 공격(1857.12)
- 영국·프랑스 연합군은 다구 포대를 함락시키고 톈진 공격
- 영국, 프랑스, 미국, 러시아 4개국이 청과 각각 톈진조약 체결(1858.6)
- 영국·프랑스 연합군이 톈진조약을 비준하기 위해 보하이만(발해만)에 도착 → 청은 북당에 상륙시킬 계획이었으나, 혼선 발생
- 다구 포대에서 영국·프랑스 연합국에 포격을 가함
- 영국·프랑스 연합군이 대구 포대 함락(1860.8) → 함풍제는 러허(열하)로 피신(1860.9)
- 영국·프랑스 연합군 원명원 약탈(1860.10) → 베이징 조약 체결

③ 톈진 조약(1858)과 베이징 조약(1860)

톈진조약	· 외교관의 베이징 주재 · 배상금 지급 · 난징, 엔타이 등 추가 개항 · 영사재판권 확대 · 양쯔강 및 통상항의 군함 진입권 인정 · 내지 여행·통상·포교 자유 · 크리스트교 포교의 자유와 선교사 보호 · 아편무역 합법화
베이징 조약	· 톈진 조약 비준 · 톈진 개항 추가 · 배상금 증액 · 영국에 주룽 반도 남쪽의 구룡사 할양 · 프랑스에 교회 설립 허가 · 쿨리(중국 노동자)의 이민 허가

◇ **베이징 조약**
제2차 아편 전쟁 이후 체결한 1858년 톈진 조약을 수정 보완한 것으로 청은 외교사절의 베이징 주재권 인정, 배상금 지불, 청국 이민(쿨리)의 해외 도항 인정, 톈진 개항 등을 인정하였다. 또 영국에 대하여는 주룽 반도의 할양, 프랑스에 대하여는 몰수한 가톨릭 재산 반환을 인정하였다. 또 조약을 주선한 러시아에 연해주를 내주기도 하였다.

④ 러시아
- 아이훈 조약(1858) : 헤이룽강 좌안은 러시아령에 귀속하고 우수리강 이동 지역은 공동 관리
- 베이징 조약(1860) : 우수리강 이동 지역(연해주)을 러시아령으로 귀속

⑤ 총리아문 설치
- 제2차 아편전쟁의 결과 외교의 중요성을 인식
- 전문적 외교 기구인 총리각국사무아문(1861) 신설하여 공친왕이 핵심적 역할 담당

(3) 태평천국 운동(1851~1864)

1) 배경
   ① 권세양언
   - 영국 선교사 모리슨의 가르침을 받아 기독교 신자가 된 양발이 제작
   - 성서의 내용을 발췌한 것으로 유교에 대한 비판 등 중국 대륙의 포교를 위한 내용

   ② 홍수전
   - 객가 출신으로 과거 시험에 여러 번 응시하였으나 낙방
   - 불가사의한 체험을 한 후 권세양언의 내용과 본인의 환상의 내용이 일치함을 깨달음
   - 홍수전은 풍운산과 홍인간을 입문시킴

2) 봉기
   ① 홍수전이 크리스트교를 바탕으로 한 배상제회 결성(1843)
   ② '태평천국'선언(1851.1)을 하고 홍수전이 천왕에 즉위(1851.3)
   ③ 난징을 함락(1853)시키고 톈징(천경)으로 개칭하며 수도로 삼음
   ④ 멸만흥한을 통한 새 왕조 건설 주장

3) 태평천국의 통치
   ① 엄격한 사회 관리
   - 모든 주민의 재산을 몰수하여 공유
   - 남성과 여성을 나누어 편성하고 부부라도 함께 거주X → 이후 부부 동거는 인정
   - 남성은 병사로 징발하고, 여성은 전족을 금지하고 작업에 동원

   ② 천조전무제도 반포(1853)
   - 모든 인민에게 토지를 골고루 분배하는 사회상 제시
   - 실제로는 기존의 토지 소유를 그대로 인정하고, 토지세를 징수해서 재원으로 삼음

   ③ 세력 확대와 내분
   - 북벌 시도와 서쪽으로 원정군 파견
   - 양수청(동왕)이 홍수전의 권위에 도전 → 홍수전이 위창휘(복왕)를 동원하여 양수청 세력 몰살 → 위창휘 세력 확대 → 석달개(익왕) 이탈 → 홍수전이 위창휘 세력 제거 → 내분 이후 이수성이 끝까지 활동하였으나 체포되어 실패로 끝남

   ④ 『자정신편』(1859)
   - 배경 : 태평천국운동의 내부 분열 상황 속에서 홍인간이 태평천국의 개혁 방안 제시
   - 내용 : 근대화 지향 → 서구 문물 도입, 서구 열강과의 교역 증진 등을 주장

◇ 상제회

홍수전이 종교적 체험을 하고 창시한 종교로 그리스도교의 교리를 기본으로 하여 모두 평등한 태평천국을 실현하려 했다. 원래 명칭은 배상제회로 하느님 아버지인 황상제를 숭배한다는 뜻이다. 이들은 사유재산을 부정하고, 남녀노소와 빈부의 차이를 두지 않는 평등주의를 주장했다. 홍수전은 자신을 하나님의 아들이고, 그리스도의 동생이라고 주장했다.

◇ 『자정신편』

태평천국 내부의 부패와 통치방식을 걱정한 홍인간(홍렌간)은 1859년 정치 혁신 방안이라고 할 수 있는 자정신편을 집필하여 홍수전(홍슈취안)에게 올린다. 『자정신편』의 내용은 근대화를 주장하는 것이었다. 홍인간은 상업 부흥, 은행 개설, 우편 행정 업무, 철도 부설, 농업 발전 등을 건의했다. 또한 인신을 보호할 수 있는 사법제도를 제정하고, 외국인의 과학 기술 전수를 허락하되, 내정 간섭을 불허해야 하며, 신문을 창간하여 정보를 전달하고, 정부를 감독할 수 있는 제도를 수립해야 한다고 주장하였다. 『자정신편』은 홍수전의 비준을 받아 간행되며, 태평천국 후기의 정치 강령이 되었다.

4) 실패
    ① 지도층의 내분과 홍씨 일가의 전제화
    ② 신사층이 향용을 결성하여 반격
        - 증국번 : 상군 조직
        - 이홍장 : 회군 조직 → 상하이를 근거로 세력↑
    ③ 외국 군대의 청조 지원 : 미국인 프레드릭 워드가 지휘관 → 워드가 죽은 후 영국 군인 찰스 고든이 지휘관
    ④ 반청 세력인 염군과의 연대 실패
    ⑤ 현실과 이념간의 괴리

5) 영향
    ① 증국번·이홍장 등의 한인 관료 세력 성장 → 양무 운동 추진
    ② 청조를 타도하자는 혁명 운동의 선구적 역할
    ③ 상군·회군 등이 이금◇을 독자적으로 징수하고 지방 행정과 지방 군사권 장악 → 지방 세력 성장

6) 염군과 회족의 봉기
    ① 염군 봉기
        - 1855년 염자 집단이 장락행을 맹주로 삼아 결집
        - 장락행은 '대한(大漢)'의 맹주를 자칭하며 청조에 대항하는 자세를 취하고 태평천국과도 호응하는 모습 보임
        - 청은 증국번과 썽거린천(승격임심), 이홍장이 함께 염군 집압
    ③ 회족 봉기
        - 윈난의 광산업을 둘러싸고 한족과 회족의 대립↑→ 1856년 두문수가 대리를 함락하고 윈난 서부 점령
        - 1868년 두문수는 청군을 격파하고 쿤밍을 공략했지만 실패하고 1872년 자살

◇ 이금

이금은 일종의 내지 통행세이다. 이금은 태평천국운동 시기 이를 진압하기 위해 결성된 상군과 회군 등이 징수하기 시작하였고, 이는 이후 증국번, 이홍장 등이 세력을 확장하는 데 기여하였다. 그러나 외국 상인에게 이금은 이중과세의 성격이 강해 이를 없애려고 노력하였으나 실패하였다. 이금은 1931년 국민정부에 이해 폐지되었다.

2 양무운동과 주변국의 관계

(1) 양무 운동(1861~1894)

1) 배경
    ① 제1차 아편전쟁의 패배
    ② 태평천국 운동의 전개 과정에서 상승군 효과 확인 → 서양 문물 도입의 필요성 증대

2) 주도 세력
    ① 조정의 실권을 장악한 공친왕
    ② 이홍장, 증국번 등의 한인 관료

3) 개혁 내용

목표	중체서용◇ → 중국의 전통을 유지하면서 서양의 군사·과학 기술 수용하여 부국강병 추구
주요 인물	한인 관료층 → 좌종당, 이홍장, 장지동
동문관	• 총리아문의 관할 → 외국인 교사 고용하여 영어·프랑스어·러시아어 교육 • 팔기 자제들을 학생으로 교육시킨 뒤 성적에 따라 임용 • 천문학과 수학 특별과정 설치 → 효과 없음 • 경비는 관세로 충당
근대식 군대	• 해군 창설 : 북양함대, 남양함대, 복건함대 창설(1884) • 군사 학교 : 수사학당(1881), 무비학당(1885) 설립 • 해군아문 설립(1885)
군수 공장	• 강남제조국(1865) : 이홍장이 설립하여 함선, 대포, 총, 탄약 제조 • 텐진기기국(1867) : 총리아문이 제안해서 설립 • 푸저우선정국(1866) : 좌종당이 설립 • 금릉기기국(1865)◇ : 이홍장이 난징에 설립
산업 시설	• 윤선초상국(1872) : 이홍장이 설립한 해운회사 • 상해기기직포국(1878) : 이홍장이 설립한 방적공장으로 관독상판제로 운영
서양서적 번역	• 1865년 총리아문에서 『만국공법』 간행 • 강남제조국에서 『기하원본』 완역해 출간하고 『지학천석』(1873)을 번역

4) 결과
    ① 동치중흥
    ② 청·프전쟁◇, 청·일전쟁의 패배로 한계

5) 실패 원인
    ① 양무운동 추진 주체의 한계
        • 중앙이 아닌 지방에서 추진되어 청조의 지방 조직을 재건하는 데는 성공하였으나 조정의 권력을 장악하지 못함
        • 전국적 차원에서 통일적인 계획 아래서 추진된 것이 아니기 때문에 지역적 편중 현상이 두드러졌고 효율성이 떨어짐
        • 양무파 관료들이 분열되어 있음
    ② 관독상판제의 문제점↑
    ③ 보수파의 견제와 피상적 근대화 방식 추구하여 청의 사회·경제적 모순 해결하지 못함

◇ **공친왕**
공친왕은 도광제의 여섯째 아들이며, 함풍제의 아우다. 1860년 군기대신이 되어 영국, 프랑스와 베이징 조약을 체결을 주도하였다. 1861년 함풍제가 죽은 뒤, 서태후와 연합하여 동치제를 옹립하고, 의정왕이 되었다. 이후 양무파 관료들과 함께 동치중흥의 개혁을 단행하였으나, 서태후와 불화가 심화되어 정계에서 물러났다.

◇ **중체서용**
정치·신분 제도는 중국의 전통과 체제를 그대로 유지하고, 서구의 과학 기술만을 받아들여 부국강병을 달성하자는 주장으로 양무운동의 핵심적 사상이다.

◇ **금릉기기국**

금릉기기국은 1865년에 이홍장이 난징에 세운 군수 공장이다. 태평천국의 난을 진압하는 과정에서 서양식 무기의 우수성에 주목하게 됨으로써, 서양에서 무기를 구입하는 한편, 각종 서양식 화약과 총탄·총포류를 제조하였다.

◇ **청·프 전쟁(1884)**
1883년 베트남이 프랑스와 후에 조약을 체결하였다. 후에 조약은 베트남에 대한 프랑스의 보호를 인정하고 청의 종주권을 부인하는 내용을 담고 있었다. 그러나 청이 이를 인정하지 않으면서 청·프 전쟁이 일어났는데, 청이 프랑스에 패배하면서 베트남에 대한 종주권을 포기하였다

◇야쿠브 벡

야쿠브 벡은 원래 중앙아시아 코칸트한국(1709~1876, 오늘날 우즈베키스탄·키르기스스탄·타지키스탄·카자흐스탄의 일부) 출신 무장으로 신장위구르 지역으로 옮겨 활동했다. 코칸트한국은 우즈벡족이 세운 이슬람 유목국가로 러시아에 정복됐다. 야쿠브 벡은 1867년 카슈가르에서 아미르(이슬람 군주)로 즉위했다. 야쿠브 벡은 파미르 고원 초입의 무슬림 도시 카슈가르를 수도로 하고 위구르어와 우즈벡어를 공용어로 삼은 유목사회의 무슬림 다민족 공동체를 형성해 청나라에 대항했다.

(2) 주변국과의 관계

1) 일본
   ① 청·일 수호 조규 체결(1871) : 청과 일본의 대등한 조약
   ② 통상장정 : 개항장을 넘어 내지에서 통상하는 것은 금지

2) 류큐와 타이완
   ① 청과 조공책봉 관계 유지 : 류큐 국왕이 즉위할 때 청의 책봉 사절이 수도인 슈리에 와서 의식 거행
   ② 미국 : 류큐의 나하 개항 요구 → 일본 거부
   ③ 류큐는 사쓰마의 승인하에 미국과 수호조약 체결
   ④ 타이완에 표류한 류큐 주민을 타이완인들이 살해(1871) → 일본의 군대 파견(1874)
   ⑤ 청은 살해당한 류큐인에 대해 보상, 류큐에 대한 청의 종주권 부인 → 일본은 류큐를 오키나와 현으로 변경하여 편입(1879)

3) 러시아와 통상 조약과 회족 봉기
   ① 일리통상 조약(1851)
      • 러시아는 일리와 다르바가타이에서 비관세 자유 교역
      • 영사재판권 같은 특권 획득
      • 일리강 북쪽의 쿨자 거리는 러시아와 청조의 교역 거점으로 번성
   ② 러시아의 일리 점령과 반환 문제
      • 1864년 신장 반란 세력이 일리를 점령하자 1871년 러시아가 일리 지방 점령
      • 리바디아조약(1879) : 일리 반환 대가로 광대한 영토를 러시아에 할양
      • 상트페테르부르크조약(1881) : 일리 반환이 최종적으로 결정되고 청조에 불리한 내용 감소
   ③ 회족 봉기
      • 태평천국군의 접근으로 산시 성 회족 봉기 → 청군이 진압 작전을 펼치자 간쑤 성으로 세력 확대
      • 청조는 좌종당에게 회족 진압 위임 → 1873년 간쑤 성 거의 회복
      • 좌종당은 산시에서 간쑤로 넘어온 회족은 간쑤 성의 핑 등에 강제로 이주시키고 회족의 성내 거주 금지

4) 중앙아시아의 동향
   ① 신장에서 반란 발생
      • 1864년 신장에 있는 톈산남로 오아시스에서 청조에 맞서 반란 발생
      • 코칸트한국에서 파견된 야쿠브 벡 장군은 신장의 카스에 들어가 오아시스 도시 정복
   ② 야쿠브 벡 정권
      • 야쿠브 벡은 중앙아시아로 세력을 확대하는 러시아와 이를 저지하고자 하는 영국 사이의 지역에서 정권 유지
      • 신장 문제를 둘러싸고 해방파(이홍장)과 육방파(좌종당)의 대립 → 청조는 좌종당에게 신장 정복 명령
      • 좌종당의 군대가 야쿠브 벡을 격파하고 서쪽으로 진군 → 1877년 영국이 청조와 야쿠브 벡 사이에 중재자로 나섬 → 야쿠브 벡의 사망 → 좌종당은 1878년 신장의 대부분을 다시 정복

5) 해외 이민
    ① 마리아루스호 사건(1872)
        - 페루 선박 마리아루스호가 파손으로 요코하마 항에 정박 → 마르아루스호는 쿨리 무역에 관계한 것이 발각되어 중국인 승객 전원 중국으로 송환
        - 청조는 페루 이민은 자유의지에 따른 이민만을 허가한다는 내용이 포함된 조약 체결 (1874)
    ② 미국 이민
        - 1848년 캘리포니아 금광 발견으로 중국 이민 촉진
        - 아일랜드 백인들을 중심으로 결성된 캘리포니아 노동자당(1877)이 중국계 이주민에 대한 배척 운동을 격렬하게 전개
    ③ 쿨리 무역
        - 노예 무역이 금지되거나 제한되는 상황에서 쿠바를 비롯한 라틴아메리카 농장에서 중국인 쿨리의 도입이 절실해짐
        - 쿨리 무역은 1840년대 중엽에 시작되어 1860년대까지 활발하게 진행
        - 영국은 중국인 선객법을 제정(1855)하여 쿨리 무역 단속
        - 청의 광동 총독 노숭광은 외국초공장정(1860)을 반포하여 자유의사에 의한 쿨리 무역을 광동지방에 한정하여 합법화 → 베이징 조약으로 쿨리 무역을 전국적으로 합법화시킴
        - 마카오가 쿨리 무역의 거점으로 번창
        - 총리아문은 영국·프랑스와 교섭 → 중국인을 해외로 이주시키는 것에 대한 규정 제정 (1866)
    ④ 동남아시아 이민
        - 동남아시아 방면으로 진출하는 돈벌이 이민은 쿨리 무역과는 달리 서양인의 관여없이 진행 → 이민 중계는 '객두'라는 업자가 담당
        - 19세기 후반 말레이반도의 주석 채굴장에 화교들이 집중 이민
        - 화교들의 송금으로 화남 지역은 대외적으로 구매력↑
    ⑤ 벌링게임 시어드 조약(1868)
        - 중국인과 미국인의 자유로운 왕래 인정
        - 중국인의 미국 취업 기능

◇ 외국초공장정
광동 총독 노숭환이 기존의 장정들을 수정 보완해서 12개조로 제정하였다. 이 장정은 일단 배에서 쿨리들을 모집하지 못하게 할 뿐만 아니라(1조) 부당하게 승선한 쿨리를 하선시킬 수 있고, 쿨리무역이라는 의심이 든다면 영사들의 의견을 물어서 판결이 날 때까지 억류시킬 수 있다(10조). 사정이 생길 경우 계약을 파기할 수 있었다(11조). 대부분의 조항이 자발적으로 출국하는 것인지를 확실히 확인하는 데에 중점을 두고 있다.

◇ 벌링게임 시어드 조약
벌링게임 시어드 조약의 조건에 따라 양국은 "인간이 본국과 충성을 변경할 수 있는 고유하고 양도할 수 없는 권리를 인정하고, 호기심, 무역 또는 영주권자로서 각각 자국민과 신민의 자유로운 이주와 이민의 상호 이익"을 인정했다. 미국 정부는 중국 정부가 자국민의 이민을 금지하는 것에 대응하기 위해 자유 이민 조항을 주장했다. 또 다른 조항은 "미국을 방문하거나 거주하는 중국 국민은 여행 또는 거주와 관련하여 최혜국 국민 또는 신민이 누릴 수 있는 것과 동일한 특권, 면제 및 면제를 누려야 한다"고 규정했는데, 이 특권 및 면책 조항은 차별, 착취, 폭력으로부터 미국 내 중국인을 보호하기 위한 목적으로 제정되었다.

◇ **1차 사이공 조약**
프랑스가 가톨릭 박해를 빌미로 베트남에 군대 파견을 파견하여 1차 사이공 조약(1862)이 체결되었다. 내용은 크리스트교 선교 자유, 코친차이나 동부 성 할양, 항구 개항, 배상금 지급 등이었다.

6) 미얀마
① **미얀마 세력의 신장** : 보다우파야 왕 시기 미얀마 성장 → 벵골을 근거로 한 영국과 충돌
② **제1차 영국-미얀마 전쟁** : 미얀마는 벵골과 아삼 지역의 패권을 둘러싸고 영국과 대립 → 얀다보조약 체결(1826)로 해안 지역에 대한 패권 상실
③ 제2차 영국-미얀마 전쟁으로 하미얀마를 영국에 할양
④ **즈푸협정(1878)** : 원주민에게 살해된 영국 영사관원 마가리 사건에 대해 청조가 사죄하고 배상금 지급, 대외무역 항구를 늘리고, 조계의 이금(유통 과세)를 면제한다는 내용
⑤ 미얀마의 티바우 왕은 프랑스와 결탁하여 영국 견제 시도 → 1885년 제3차 영국-미얀마 전쟁 발생 → 1886년 영국은 미얀마를 영국령 인도에 병합
⑥ 1886년 베이징에서 청과 영국은 '미얀마와 티베트에 관한 협정'에 합의 → 영국의 미얀마 지배를 인정하는 대신 10년에 한번씩 미얀마가 청조에 조공을 바친다고 규정
⑦ 1894년 청과 영국은 조약을 맺어 윈난과 미얀마의 국경을 확정지었고, 청조는 이라와디 강의 항행권을 획득하고 랑군에 영사관 설치를 인정받음

7) 베트남
① **프랑스의 침략** : 프랑스 선교사 박해를 구실로 베트남 침략 → 1차·2차 사이공 조약 체결 (1862, 1874)
  • 1차 사이공 조약 : 코친차이나 동부 3성 할양, 크리스트교 선교 자유, 다낭 등 항구 개항
  • 2차 사이공 조약 : 코친차이나 6성 할양, 프랑스 선박의 자유로운 항해권 인정
② **후에 조약(1883)** : 프랑스가 베트남을 보호국화
③ **이홍장·푸르니에 협정 체결** : 후에 조약 승인 → 프랑스군이 철병하는 시점에 전투 재개 → 프랑스군이 청군 격파 → 톈진조약(1885) 체결
④ **톈진조약**
  • 후에 조약 승인
  • 청과 베트남 간 변경 무역 허용하고 특혜 관세 인정
  • 중국 남부에 철도 부설시 프랑스 기업과 상의

3 청일 전쟁과 변법자강운동

(1) 청·일 전쟁(1894~1895)

1) 배경
   ① 동학 농민 운동으로 청의 출병과 일본군의 파병
   ② 일본의 조선에 대한 내정 간섭 심화

2) 전개
   ① 일본군이 선제 공격으로 풍도 해전 발생(1894.7.25)
   ② 성환 전투·평양 전투·웨이하이웨이 해전 → 일본의 승리
   ③ 1895년 1월 센카쿠열도 영유를 일본 각료 회의에서 결정(1895.1)

3) 시모노세키 조약 체결(1895.4)
   ① 랴오둥 반도, 타이완, 펑후 제도를 일본에 할양
   ② 2억 냥의 배상금을 7년에 걸쳐 지급
   ③ 일본군의 웨이하이웨이(웨이하이, 위해위) 지역 주둔
   ④ 최혜국 대우 인정
   ⑤ 외국기업의 조약항에서의 공장 경영 인정 → 외국기업의 중국 투자↑
   ⑥ 충칭, 항저우와 쑤저우에 일본 조계 설치
   ⑦ 청일수호조규 파기 → 청·일 관계는 불평등조약 관계로 이행

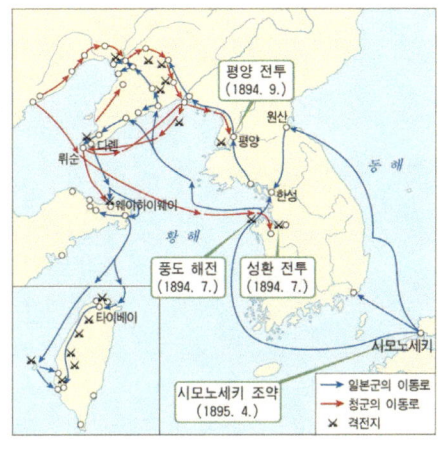

[청·일 전쟁]

4) 청일 통상 항해 조약(1896)
   ① 충칭 등 4개 항구의 개항과 내지 항해 보장
   ② 최혜국 대우와 치외법권 인정
   ③ 개항장 제조업 종사권 인정

5) 결과
   ① 청과 일본의 대등한 관계가 일본 우위의 불평등 관계로 변화
   ② 일본 산업↑
   ③ 변법자강운동에 영향

6) 삼국간섭(1895.4)
   ① 러시아 주도로 프랑스와 독일이 일본에 랴오둥 반도를 청에 반환할 것을 요구
   ② 청과 일본이 랴오둥환부조약 체결(1895.11) → 일본은 고평은 3천만 냥의 추가 배상금을 받고 랴오둥 반도를 청에 반환
   ③ 독일, 러시아, 영국의 대립
      • 독일이 독일 선교사 살해 사건(1897)을 계기로 산둥 성의 자오저우 만을 점령하고 조차지(1898.3)로 삼음
      • 러시아는 이에 대항하여 랴오둥 반도의 뤼순·다롄 조차(1898.3)
      • 영국은 러시아에 대항하여 주룽반도를 조차하고 청과 정조위해위전조(訂組威海衛專條)를 체결(1898.7)하여 산둥반도의 웨이하이웨이 조차 → 러시아의 남하 정책 저지 시도

◇ **정조위해위전조**

1898년 3월 28일 러시아가 뤼순과 다롄을 조차하자 영국은 바로 다음날 청에 웨이하이웨이 조차를 요구하였다. 청은 4월 2일 영국이 더 이상의 영토를 요구하지 않고, 웨이하이웨이의 조차 기간을 러시아의 뤼순과 다롄 조차 기간과 같이 한다면 웨이하이웨이 조차를 할 수 있다고 발표하였다. 결국 1898년 7월 1일 영국은 청과 정조위해위전조(訂組海衛專條)를 체결하여 산둥반도의 웨이하이웨이를 조차하였다.

◇ **매판**

매판(買辦)은 명대까지만 해도 조정이나 관청의 수요를 민간에서 조달해서 납품하는 어용상인을 가리키는 말이었다. 18세기 이후 중국에 상주하는 외국의 상관이나 영사관 등에서 중국 상인과의 거래중개를 위해 고용한 중국인을 지칭하는 말로 쓰였다. 19세기 이후에는 개인의 이익을 위해 외국 자본과 결탁하여 자기 나라의 이익을 해치는 행위나 그런 일을 하는 사람의 의미로 확대되었다. 19세기 이후 매판은 외국 상사의 대리인으로서 업무를 전담하였으며, 혈연과 지연 등을 이용하여 부를 축적하고 상거래를 독점하였다.

◇ **자개상부**

자개상부(自開商埠)는 조약으로 개항된 항구인 약개상부와 달리 토지에 자주권이 남아있고 외국에게 분할되지 않았다. 자개상부에서는 성에서 파견한 상부의 관리 담당자 또는 그 항구의 세무사가 그 국의 관리자를 감독하고 모든 업무를 도맡아 관리하였다. 결국 자개상부는 징세권을 비롯한 행정권을 장악하고 해관 수입을 확보하기 위한 것이었다.

◇ **신학위경고**

신학위경고의 핵심적 주장은 금문경이 공자의 경전이며 고문경은 한대 유흠이 위조한 경전이라는 것이다. 캉유웨이는 고문을 '新學'이라 불렀는데 이는 유흠이 新왕조 왕망의 왕위 찬탈과 제도 개혁을 돕기 위해 위조한 것임을 드러내기 위한 것이었다.

◇ **공자개제고**

캉유웨이는 유교경전[六經] 전부가 '옛 것에 의거하여 제도를 개혁한'것으로, 요·순 때의 성세는 당시의 매우 혼란했던 사회를 변화시키고자 공자가 이상적인 개혁을 그린 것으로 보았다. 캉유웨이는 자신의 정치적 이상을 공자에 가탁하는 '託古改制'의 형식을 통해 변법자강운동의 이론적 기반을 마련하려고 하였다. 마치 한 대의 유가들이 공자의 말에 가탁하여 정치·사회 제도를 제정했듯이, 캉유웨이 또한 공자를 내세워 '변법'의 이상을 이루려 한 것이다.

7) 러청비밀동맹조약(러청 밀약)
 ① 페테르부르크에서 체결(1896.6)
 ② 일본을 가상의 적으로 한 군사 동맹 성격 → 일본이 만주·조선·러시아 등을 침략할 경우 공동 방위
 ③ 만주의 철도 부설권과 경영권을 러청 은행에 부여
 ④ 전쟁 발발시 청의 항만을 러시아에 개방

8) 1890년대 무역 상황
 ① 1873년부터 은의 국제 가격 하락하여 중국의 수출↑ → 무역흑자 확대
 ② 1880년대부터 푸젠차가 일본차나 인도·실론차 와의 경쟁에서 밀려남
 ③ 자국반세특권 이용하는 매판 상인◇ 출연 → 중국인 상인들과의 협력이나 이금 수입 등으로 지방 관료가 주도하는 질서↓
 ④ 자체적으로 개항하는 항구인 자개상부◇ 개설(1899)

(2) 변법자강운동(1898)

1) 배경
 ① 양무운동의 한계성에 대한 반성 → 근본적인 개혁 모색
 ② 캉유웨이와 량치차오 활동

캉유웨이 (강유위)	• 『신학위경고』◇, 『공자개제고』◇ 등을 통해 전통적 유교 비판 → 개혁 이론 마련 • 1888년 이후 수차례 상서 제출 • 『일본변정고』를 통해 메이지 유신을 바탕으로 한 개혁 주장 • 베이징에서 강학회를 조직(1895)하고 상하이에서 활동 → 『중외기문』 발행 • 『강학보』, 『시무보』 등의 잡지 창간
량치차오 (양계초)	• 후난성의 시무학당에 초빙 → 후난성의 변법운동 본격화 • 민권과 평등 이념 제시 → 남학회 조직

 ③ 후난성의 개혁
  • 황쭌셴은 지방 관료와 향신의 협력을 기반으로 자치 조직인 보위국 설치 → 지방 행정제도 쇄신 시도
  • 량치차오, 탄쓰퉁(담사동) 등 합류

2) 경과
 ① 캉유웨이는 독일의 자오저우만 점령에 자극을 받아 상소 준비(제5상서)
 ② 총리아문이 캉유웨이를 불러 의견을 펼칠 기회를 줌(1898.1) → 변법 주장과 함께 제도국·신정국의 설치, 민병의 육성, 철도 부설 등을 호소
 ③ 변법 제정과 국회 개설이라는 제도 개혁과 경사대학당 설립, 팔고문 폐지 등 인재 양성을 중심으로 한 각종 개혁안 발표
 ④ 캉유웨이가 보국회(1898.4) 조직 → 서태후에 의해 해산

3) 결과
 ① 서태후를 중심으로 한 보수 세력의 반격(무술정변)으로 100일만에 실패
 ② 캉유웨이와 량치차오 망명 → 캐나다에서 보황회 결성(1899)
 ③ 탄쓰퉁 등 6명(무술 6군자) 처형

4 의화단 운동과 신해혁명

(1) 의화단 운동(1899)

1) 배경
   ① 구교안(교안)의 빈발 : 교회와 선교사 또는 신자들과 중국인 사이의 갈등이 발생하여 폭력을 수반한 사건이나 운동 발생
   ② 대도회라는 백련교 계통의 무투 집단의 활동↑→ 1899년 산둥 성 서북부로 세력↑

2) 시작
   ① 부청멸양의 구호 아래 기독교도를 살해하고 교회 파괴
   ② 서양과 관련된 전선과 철도, 수입품 취급 상점 파괴
   ③ 위안스카이가 의화단을 즈리(직예성)로 몰아내자 베이징과 톈진에 의화단이 등장

3) 전개
   ① 1900년 6월 17일 8개국 연합군이 다구 포대를 공격 → 청은 19일에 전쟁 결정
   ② 6월 20일 청군은 독일 공사 케텔러 살해 → 21일 선전포고 → 의화단과 청군 베이징의 외국 공사관 구역 포위
   ③ 8개국 연합군이 공동 출병 → 톈진 점령 → 베이징 점령(1900.8)
   ④ 동남호보˚ : 양쯔강 유역의 지방관들은 청의 선전포고 집행 거부 → 참여지방 확산

   4) 결과 : 열강의 베이징 점령 → 신축조약(베이징 의정서)˚의 체결(1901)
   ① 4억 5천 냥의 배상금 지급
   ② 베이징에서 산해관까지의 철도 연변에 연합군 주둔 허용
   ③ 총리아문을 외무부로 고침

5) 청영추가통상항해조약(맥케이조약, 1902.9)
   ① 내지 관세 폐지되거나 제한
   ② 중앙정부가 관할하는 수출입 관세에 부가세 매김

6) 동청철도
   ① 만저우리에서 하얼빈을 거쳐 수이펀허 그리고 블라디보스토그로 만주를 동서로 횡단 → 1903년 7월 완공
   ② 남만주 지선 : 하얼빈에서 창춘을 거쳐 다롄 → 1903년 1월 완성

◇ **신축조약**
8개국 연합군이 베이징을 점령한 다음 청 정부를 압박하여 체결한 불평등조약(1901)이다. 신축조약은 중국에 대한 서구 열강의 통치를 강화시켰다. 총 12조이고 부칙은 19항이며, 주요내용은 배상금으로 백은(白銀) 4억 5천만 냥을 1940년까지 39년간 연 이자율 4%로 원리 합계 9억 8천만 냥을 배상하는 것과 베이징 동쪽 교외에 있는 민간 거주지를 외교관 지역으로 설정하고 각국에서 군대를 주둔시켜 관리한다는 것이다.

◇ **동남호보**
동남 연해의 지방관인 호광 총독 장지동, 양강 총독 유곤일은 청정부에서 선전(宣戰) 조서가 내려졌으나 이를 바른 일이라 보지 않고 집행을 거절하였다. 그리고 이들은 상해에 주재하는 각국의 영사들과 동남호보장정(東南互保章程)을 체결하였다. 그 내용은 상해의 조계는 각국이 보호하고, 장강 연해와 소주, 항주 등은 각 독무들이 외국인의 생활과 재산을 보호하기로 하였다.

(2) 러·일 전쟁

1) 배경
   ① 의화단 운동이 끝난 후에도 러시아의 만주 주둔 → 제1차 영일동맹 체결(1902.1)
   ② 청과 러시아 사이에 만주반환조약 체결(1902.4) → 철병을 계속 미룸 → 거아 운동(반러시아 운동)발생

2) 전개
   ① 일본이 뤼순항을 공격하면서 전쟁 발발(1904.2) → 청은 2월 12일 중립 선언
   ② 펑톈(봉천) 전투, 동해해전에서 승리하고 뤼순항을 함락시킴

3) 포츠머스 조약 체결(1905.9)
   ① 조선에서의 우위권 확보
   ② 연해주 어업권 확보
   ③ 북위 50도 이하의 사할린 남부 획득
   ④ 남만주의 이권 획득 → 중국정부의 승낙조건으로 일본이 러시아의 남만주 이권 계승
   ⑤ 배상금 지급X

4) 청과 일본의 베이징 조약 체결(만주선후 조약, 1905.12) : 러시아의 이권 계승
   ① 뤼순·다롄 조차(25년) → 관동주로 명명하고 관동도독부를 둠
   ② 창춘 이남의 철도 지선(남만주 철도) 및 광산 채굴권 계승
   ③ 동청 철도와 동청 철도 지선은 러시아가 관할

[19세기 말~20세기 초 만주와 중국 철도]

(3) 광서 신정

1) 배경
① 의화단 운동 이후 청 정부의 개혁 필요성↑
② 서안에 피신한 서태후가 고위 관리들에게 개혁 방안 상유 명령(1901.1)
③ 독판정무처◇ 설치 : 제도 개혁 조사 기관 설치

2) 내용 : 입헌군주제를 목표로 한 근대 국가 건설

헌법 제정	· 헌정시찰단 파견(1905.12) : 5명의 대신이 일본·유럽 등지로 파견 → 귀국 후 입헌 건의 · 고찰정치관 설치(1906) : 5명 대신들이 수집한 자료와 보고서를 정리하기 위해 설치 → 헌정편사관(1907) · 입헌 준비 상유(1906.9) : 예비 입헌 준비 기간을 거친 후 입헌 시행 결정 선포 · 흠정헌법대강◇ 반포(1908.8) : 메이지 헌법 모방, 군주의 대권 보장 · 지방 의회인 자의국(1908)을 설치하고 국가 의회인 자정원(1910) 발족
교육	· 각 성에 대학당, 각 부에 중학당, 주·현에 소학당 설치 → 흠정학당장정(1902) 발표 → 주정학당장정(1904) 발표 · 학제 전반을 관할하는 학부 창설(1905)하고 교과서 편찬 · 여자소학당장정과 여자사범학당장정 발표(1907) · 과거제 폐지(1905)
경제	· 상부의 설치 상회·회사의 설립 장려 → 상회간명장정(1903)를 발표하여 상무총회와 상무 분회 설치 · 상법 제정과 실업 진흥
군사	36개 사단으로 구성된 신군 창설 → 북양 신군, 난징 자강군, 후베이 신군
경찰	· 중앙 : 순경부 설치 · 지방 : 경무학당 설립(1902)
정부	내각 관제 제정(1911.5) → 내각, 군기처, 정무처 등 폐지

3) 영향
① 신식 학제의 영향으로 '신여성' 등장
② 청의 낙후성을 절감하면서 엘리트를 중심으로 혁명 분위기↑
③ 신식 군대 지휘관, 서구적 기술을 습득한 지식인 등 신엘리트 계층 등장

◇ **독판정무처**
독판정무처는 1901년 4월에 설치되어 광서신정이 공식적으로 시작되었다. 1905년 12월 서양의 정치 제도를 조사하기 위해 5명의 대신이 헌정시찰단이 파견되었다. 5대신들이 수집한 자료와 보고서를 정리하기 위해 1906년에 고찰정치관이 신설되었고, 고찰정치관은 1907년에 헌정편사관으로 개칭되었다.

◇ **흠정헌법 대강**
흠정헌법은 황제가 직접 제정한 헌법을 말한다. 청은 흠정헌법을 통해 입헌 군주제를 수립하려 하였으나 신해혁명의 발생으로 실패하였다.

(4) 신해혁명(1911)

1) 국제정세
   ① 일본과 프랑스 협상(1907)
   - 일본 : 인도차이나에서 프랑스의 영토권과 광동·광서에 대한 특수 권익 승인
   - 프랑스 : 만주·몽골·푸젠에서 일본의 특수 권익 인정
   ② 1차 러일협상 체결(1907)
   - 남북 만주의 이권을 상호 인정
   - 러시아는 조선에서 일본의 자유 행동 승인
   - 일본은 외몽골에서 러시아의 특수 권익 승인
   ③ 다카히라-루트 협정(1908)
   - 일본은 미국의 태평양 지배 용인
   - 미국은 남만주 및 조선에 대한 일본의 지배 용인

2) 쑨원의 활동
   ① 흥중회 결성(1894) : 하와이에서 결성하여 홍콩에서 흥중회 확대·재정비(1895)
   ② 각종 봉기 시도 : 광저우 봉기(1895.10) 시도 실패, 혜주 봉기(1900) 시도 실패 → 망명
   ③ 중국동맹회 결성(1905)
   - 쑨원이 도쿄에서 일본 유학생들을 중심으로 결성
   - 삼민주의 표방 : 민족, 민권, 민생(지권 평균)
   - 기관지 『민보』 발행
   ④ 3단계 혁명 방안: 군법 → 약법 → 헌법
   ⑤ 봉기 : 중국 동맹회 중심의 수 차례 무장 봉기 시도 → 실패
   ⑥ 동맹회 분열◇
   - 공진회 : 양쯔강 유역 출신 중심으로 도쿄에서 결성(1907) → 양쯔강 중심의 혁명 추진
   - 광복회 : 독자성 유지
   - 동맹회 중부총회 : 변경 지역 봉기에 불만을 가진 쑹자오런 등이 조직(1911)

3) 혁명 단체
   ① 중국교육회 : 차이위안페이, 장병린 등이 조직(1902)
   ② 화흥회 : 황싱, 쑹자오런 등이 후난성 창사에서 결성(1903)
   ③ 과학보급소 : 우창에서 조직(1904)
   ④ 광복회 : 차이위안페이, 장병린 등이 상하이에서 결성(1904)
   ⑤ 문학사 : 신군내에 세력 확장

◇ **중국 혁명 동맹회**
1905년 도쿄에서 쑨원을 중심으로 결성된 중국 혁명 단체다. 민족주의, 민권주의, 민생주의의 삼민주의 실현과 청 타도·공화정 수립을 혁명의 목표로 삼았다.

◇ **동맹회 분열**
공진회는 1907년 동경에서 양자강 유역 출신의 회원들이 모여 만들었다. 이들은 양자강 중심의 혁명공작을 시작했다. 동맹회 성립 후에도 여전히 독자성을 유지한 채 절강, 강소 등에서 혁명 활동을 벌이고 있던 광복회 회원들이 동남아에 광복회 분회를 조직했다. 1910년에는 도쿄에서 장병린을 회장으로 광복회 본부를 재건해 독자적 활동을 하게 되었다. 또 변경봉기에 불만을 품은 송교인 등은 1911년 7월 동맹회 중부총회를 설립하고 양자강 유역에서 혁명을 추진했다.

4) 보로 운동
   ① 상부가 철로간명장정 발표(1903) → 철도 민영화는 물론 철도의 부설과 경영에 외국의 투자 인정
   ② 청 정부는 철도를 국유화하여 동남 등 채산성이 맞는 노선의 이익을 서북으로 돌려 경영할 것을 상정(1911.5) → 후난, 후베이, 쓰촨, 광동에서는 자의국을 중심으로 보로운동(철도 국유화 반대 운동) 전개

5) 신해혁명
   ① **황족 내각 출범(1911.5)** : 입헌파 신사층의 입헌 요구에 대항하여 황족들을 통한 황제의 내각 통제 → 입헌파 신사층의 불만↑
   ② **우창 봉기** : 신군이 우창에서 봉기 → 혁명군이 난징 점령
   ③ **확산** : 각성도독대표연합회에서 "중화민국 임시정부 조직 대강(1911.12)" 발표 → 쑨원이 임시 대총통에 취임
   ④ **청정부의 대응**
      • 군대를 투입하여 한커우 등 탈환
      • 위안스카이를 내각총리대신에 임명하여 내각 조직
   ⑤ **쑨원과 위안스카이의 합의**
      • 선통제 퇴위로 청 멸망(1912.2) → 쑨원이 위안스카이에게 총통 양보
      • 위안스카이가 임시 대총통에 취임(1912.3)
   ⑥ **결과** : 아시아 최초의 공화국인 중화민국 수립(1912)

[신해혁명]

● 자료탐구

01. 중국의 개항과 근대 조약

• 난징 조약(1842)

제2조　지금부터 대황제는 영국 인민이 가족과 하인을 이끌고 대청 연해지역의 광저우(廣州)·아모이(廈門)·푸저우(福州)·닝포(寧波) 및 상하이(上海) 등 다섯 항구에 기거하면서 아무런 방해를 받지 않고 무역 통상에 나설 수 있도록 허용한다. 또한 대영국 군주는 영사(領事)·관사(管事) 등의 관리를 해당 5개 항구도시에 파견·설치하여 상업 사무를 관리할 수 있으며, 각기 해당 지방관과 공문을 통해 왕래할 수 있다. 또한 영국인으로 하여금 다음에 나열한 예에 따라 분명하게 화물세나 선박 요금 등의 비용을 납부하게 한다.

제3조　영국상선은 바다로 먼 길을 건너오기 때문에 파손되거나 수리해야 할 경우가 자주 있는데, 응당 연해의 한 곳을 주어 선박을 수선하고 필요한 자원을 저장할 곳으로 삼게 해주어야 한다. 지금 대황제는 홍콩섬을 대영국 군주와 앞으로 그 군주 지위를 세습할 사람에게 넘겨주어, 영원히 이를 점령하여 지키면서 편한 대로 법을 세워 다스릴 수 있도록 허용한다.

제5조　대영의 상민이 광동에서 무역을 할 때 종래에는 모든 것을 두 행상(行商), 또는 공행(公行)에게 넘겨 떠맡아 처리하게 하였다. 지금 대황제는 앞으로는 이전처럼 종래의 사례에 따르지 않아도 되며, 영국 상인 등이 각 항구에 가서 무역을 할 경우 어떤 상인과 교역을 하든 상관없이 모두 자유롭게 할 수 있도록 허용한다.

제10조　앞의 제2조에서 언명하였듯이 개관은 영국 상민들로 하여금 통상하는 광저우 등 다섯 곳에 거주하도록 하는 것이며, 마땅히 항구에 들어올 때 납세하고, 항구를 나갈 때 화세(貨稅)와 항비(港費)를 내도록 하는 것은 모두 마땅히 공정하게 정한 규칙에 따라 관부에서 반포하고 알리도록 하고 편의로써 영국 상인들의 규칙에 의거하여 납부한다. 지금 또 의정하기를, 영국 화물이 모 항구에서 규칙에 따라 세금을 납부한 후, 곧 중국 상인이 천하에 운송할 것을 승인하고 도로를 통과하는 세관은 세금을 가중할 수 없다. 다만 가격 규칙 약간에 따라 매 양마다 불과 몇 푼의 세금을 더할 수 있다.

• 중·영 톈진 조약(1858. 6. 26.)

제3조　영국의 흠차대신(공사)을 비롯한 외교관원과 그 가족은 수도에 머물 수 있으며 또한 장기적으로 머무는 것도 가능하다. 그리고 본국과도 수시로 왕래할 수 있다. 이들의 이동은 본국의 명에 따른다. 영국은 자주의 나라이며 중국과 평등하다. 영국이 파견하는 흠차대신은 국가의 대관으로서 대청제국의 황제를 알현할 때, 만일 영국의 예와 저촉될 경우에는 그것을 행하지 않아도 좋다. 대영 군주가 유럽의 제국에 파견한 사신이 현지의 국왕에 대해서 행하고 있는 예와 똑같은 의례로 대청 황제도 알현하며 그것으로도 황제에 대해 삼가 존경의 뜻을 나타내는 것임을 명확히 보여준다. 수도에서 토지나 가옥을 빌려 대신들의 공관으로 할 경우에는 대청의 관원도 힘을 합쳐 도와준다. 또한 인부를 고용하는 것에 대해서도 영국 측의 의사를 따르며 조금이라도 방해가 되어서는 안 된다. 만일 영국이 파견한 흠차대신 공관의 가족과 수행원이 예의를 벗어나거나 위해를 가하는 행동을 할 경우에는 범인은 청나라 측의 지방관에 의해서 엄하게 처벌된다.

제5조　대청 황제는 내각대학사와 상서의 관원에게 명하여 영국 흠차대신과 각 조건에 관해 문서로 주거받거나 실제로 직접 만나도록 한다. 교섭 또는 의식은 상호 평등한 입장에서 한다.

제8조　기독교나 천주교는 원래 선행을 베풀기 위한 방안으로 남을 대하기를 자신을 대하는 것처럼 한다. 앞으로 이를 전수(傳授)하거나 배우려는 사람은 모두 보호해야 하며, 분수에 맞게 행동하면서 법을 어기지 않을 경우 중국관원은 조금도 각박하게 대하거나 그 활동을 금지해서는 안된다.

제9조　영국 백성은 증명서(여권)를 가지고 내지 각처로 가서 여행하거나 통상에 종사할 수 있도록 허용된다.

제11조　광저우, 푸저우, 아모이, 닝포, 상하이 등 5개 항구는 이미 강녕조약(江寧條約, 난징조약)으로 통상이 승인되었지만, 니우좡(牛莊), 덩저우(登州), 타이완(臺灣), 차오저우(潮州), 치옹저우(瓊州) 등의 도시에서도 앞으로는 모두 영국 상인이 어떤 사람과도 마음대로 매매를 할 수 있고, 선박과 상품이 수시로 왕래할 수 있도록 허용한다.

제14조　영국 신민들은 물품이나 승객 수송을 위해 그들이 원하는 어떤 선박이든지 고용할 수 있으며, 그러한 선박들에 대해 지불하는 금액은 영국 정부의 간섭 없이 당사자들 간에 정해질 것이다. 이러한 선박의 수는 제한되지 않으며, 상품을 운반하는 선박이나 짐꾼 또는 쿨리와 관련하여 독점권을 당사자에게 부여할 수 없다. 만약 밀수가 발생하면, 위반자들은 당연히 법에 따라 처벌될 것이다.

- 중·영 베이징조약(1860.10.24)
  - 제5조 1858년 조약의 비준 즉시, 청국 황제 폐하는 칙령에 의해서 모든 지방의 고위 당국자에게 영국 식민지, 또는 바다 너머의 다른 지역에서 근무하기로 선택한 중국인들이 그 목적을 위해 영국인들과 계약을 할 수 있으며, 청국의 개항장 어느 곳에서든지 그들 스스로와 그들의 가족들을 어떠한 영국 선박에 탑승하는 데 완전하게 자유가 있음을 선언하도록 명령한다. 또한 앞에서 언급한 고위 당국자들은 청국에서 영국 공사와 협력해서 서로 다른 개방 항구의 상황이 요구할 수 있는 대로, 위에서 설명한 대로 이주하는 중국인의 보호를 위한 이와 같은 장정을 제정해야 한다.
  - 제6조 전에 올해 2월 28일 대청국 양광총독 랴오총광이 광동성 주룽스(구룡사) 지방 1품을 대영국 주찰광동성 영국 법총국 정사 공사 3등 보성 파크스에게 영원히 조차해 줄 것을 승인한 사안에 따라 대청국 대황제는 해당 지방을 대영국 대군주와 그 후사에게 교부할 것을 정하고 영국에 속한 홍콩 경계 내에 귀속시킴으로써 해당 항만을 관할하게 하고 무사함을 지키도록 한다.

- 중·프 베이징조약(1860. 10. 25.)
  - 제26조 道光 26년 정월 25일(1846년 2월 20일)의 上諭에서 천하의 인민에게 아래와 같이 직접 알렸다. 각지의 군대와 백성들은 천주교를 배워 모임을 갖고 포교활동을 하며 교회를 세워 예배를 행하여도 좋다. 죄를 범해 체포된 자에 대해서는 (천주교라는 이유에서가 아니라) 범죄에 상응하여 처분될 것이다. 또한 일찍이 천주교 신자가 박해를 받던 시절에 몰수되었던 교회, 학당, 분묘, 토지, 가옥 등은 北京 주재의 프랑스 흠차대신(공사)에게 배상시켜 그 대신을 통하여 해당 지역에서 포교하고 신앙생활을 하고 있던 사람에게 반환한다. 이상이 上諭의 내용이다. 그리고 이후 프랑스의 선교사는 각 省(의 개항장 이외 지역)에서 토지를 임대·매매하고 건물을 지어도 좋다.

- 청·일 수호 조규 (1871)
  - 제1조 이후 일본과 청나라는 마침내 우호를 두텁게 하여 천지와 함께 영원히 끝이 없어야 한다. 또한 양국에 소속되는 국토에서도 각자 예를 가지고 상대를 대우하고 조금이라도 침월해서는 안 되며 영원한 안전을 얻게 해야 한다.
  - 제2조 양국이 우호를 나눈 이상 반드시 정중하게 대접해야 한다. 만약 타국에서 불공평하거나 경멸을 당하는 일이 있을 경우, 그 일을 알리고 어느 쪽이나 서로 돕거나 중재하여 적당히 처리하고 우의를 두텁게 해야 한다.
  - 제8조 양국의 개항장에는 양국 모두 영사관을 두고, 자국 상민의 단속을 실시해야 한다. 일반적으로 가산, 산업, 공사, 소송에 관련된 사건은 전부 그 나라의 재판으로 되돌리고, 어느 쪽이나 서로 자국의 법률에 따르며 영사재판권을 가진다.

자료 해석

난징 조약은 1차 아편 전쟁의 결과 체결되었다. 1842년 8월 29일 창장강 위 영국 군함에서 영국 전권 대사 포팅거와 중국 전권 대사 기영, 이리포 사이에 조인되었으며, 모두 13조로 이루어졌다. 청은 상하이를 비롯한 5개 항구를 개항하고 홍콩을 영국에 할양하였으며, 이후 후속 조약에 따라 영사 재판권, 최혜국 대우 등을 영국에 허용하였다.

톈진 조약은 2차 아편 전쟁의 결과 체결되었다. 아편 무역의 합법화와 함께 외국 공사의 베이징 상주와 외국 사신과 황제의 대등한 면담을 공인하였다. 그러나 이러한 내용은 중화주의에 입각한 조공 외교에 배치될 뿐만 아니라 황제의 권위를 실추시켰다는 위기감이 고조되면서 조약 파기론이 대두되었다. 청은 조약 비준을 위해 영·프 공사를 태우고 베이징에 들어오는 군함을 포격하여 물리쳤다. 이에 영·프 연합군은 원정군을 보내 베이징을 점령하고 원명원 궁전을 소각하여 청을 굴복시켰다. 그리고 톈진 등 10개 항의 개항, 배상금의 증액(400만 냥), 주룽 반도의 할양 등을 추가한 베이징 조약을 체결하였다. 이 때 러시아는 강화를 알선한 대가로 청과 아이훈 조약·베이징 조약을 맺어 흑룡강 이북의 영토와 연해주를 할양받았다. 이를 통해 러시아는 블라디보스토크의 부동항 건설에 박차를 가하고 조선과 두만강을 경계로 접하게 되었다. 청·일 수호 조규는 일본이 메이지 유신을 한 이후 청과 일본이 맺은 대등한 조약이다. 주 내용은 양국 개항장에 영사관 주재를 허용하고, 상호 영사 재판권을 인정하는 것이다.

02. 태평천국 운동

토지를 분배할 때에는 사람 수를 대상으로 하되, 남녀의 차별 없이 각 집의 가족 수에 따라 나눈다. (중략) 모름지기 천하의 토지는 세상 사람들이 똑같이 경작하게 한다. 이쪽이 모자라면 사람들을 저쪽으로 옮기고, 저쪽이 모자라면 이쪽으로 옮겨 경작하도록 한다. 모름지기 천하의 토지는 흉작인 지역의 부족함을 풍작인 지역의 것으로 서로 메꾼다. 이쪽이 흉작이라면 저쪽의 풍작을 가지고 이 흉작지를 구하고, 저쪽이 흉작이라면 이쪽의 풍작을 가지고 저쪽의 흉작지를 구한다. 이렇게 천하의 모든 사람들이 天父·上主·皇上帝의 커다란 복을 함께 누리도록 노력한다. 밭이 있으면 함께 경작하고, 음식이 있으면 함께 먹고, 옷이 있으면 함께 입고, 돈이 있으면 함께 쓰고, 장소에 따라 불균형이 있거나 배고프고 추운 생활을 하는 자가 없도록 한다.

천하는 모두 천부·상주·황상제의 일가족이다. 천하의 사람들은 어떠한 것도 사유하지 않고 모든 물건을 상주의 것으로 하면 上主가 이를 운용하여 천하라는 커다란 한 가정의 모든 사람들이 골고루 따뜻하게 옷 입고 배부르게 한다. 이는 천부·상주·황상제가 太平眞主에게 명하여 세상을 구하시려는 뜻이다. 그러나 兩司馬(태평천국의 하급관리)는 출납한 금액과 곡물의 수량을 장부에 적고 그 숫자를 典錢穀(조세 담당 관리)과 典出入(수입 담당 관리)에 보고해야 한다. 25가구마다 모두 나라의 창고 하나, 예배당 하나를 두고 양사마는 여기에 거주한다. 25가구 중에 혼인, 탄생, 장례(원문에는 喜事로 되어 있다. 태평천국은 죽음을 승천하는 것이라 하여 슬퍼할 것이 아니라 기뻐할 만한 것이라 하였다)가 있으면 모두 국고에서 지출한다. 다만 일정한 제한을 두어 조그마한 액수여도 이보다 많은 비용이 들어가지 않도록 한다. 어느 집에 혼인, 탄생이 있으면 동전 1천 文, 곡물 1백 근을 제공하고 천하를 통틀어 모두 똑같이 적용한다. 핵심은 절도있게 집행하여 전쟁과 기근에 대비하는 것이다. (후략)

– 천조전무제도 –

자료 해석

19세기에 들어와 쇠퇴하기 시작한 청 정부는 아편 전쟁의 패배로 그 권위가 크게 손상되었다. 아편전쟁 패배와 정부의 무능에 불만을 느낀 민중들은 홍수전이 결성한 배상제회에 큰 지지를 보냈고, 이는 태평천국 운동의 발발로 이어졌다. 태평천국은 구시대적인 유교 이념에 반발하였으며, 만주족의 지배에 반기를 든 한족 민족 운동이었다. 태평천국은 난징을 수도로 하여 세력을 확대해 나갔지만, 외국 군대와 향신층이 결성한 향용의 지원을 받은 청 정부의 반격과 내분으로 몰락하였다. 천조전무제도는 태평천국의 이상을 담은 제도이자 소책자의 이름이기도 하다. 토지 정책, 지방 제도, 인재 등용 제도 등의 내용이 실려 있다. 태평천국은 공동 분배와 공동 소유를 기본으로 하고 남녀 평등을 내걸었다. 토지를 균등하게 분배하는 정책은 토지를 경작하는 농민들의 염원을 반영한 것이었다.

03. 양무 운동과 변법 자강 운동

- 신(臣)이 생각컨대, 유럽 여러 나라가 100여 년 전부터 지금까지 인도를 거쳐 남쪽 바다에, 또 남쪽 바다를 거쳐 중국에 침투해 오고 있습니다. 이는 일찍이 중국의 역사에 없었던 일로서, 실로 3천여 년 중에 아주 큰 변화입니다. 서양 사람들은 자기들의 총포나 기선의 뛰어난 성능을 믿고 중국에서 제멋대로 행동하고 있습니다. 중국에서 사용되는 무기로는 도저히 그들과 맞설 수 없습니다. 그래서 서양 사람들에게 눌리고 마는 것입니다. 오늘날 '서양 오랑캐를 몰아내자'는 외침이 일고 있는데, 그것은 하나의 꿈에 불과합니다. 외국과 평화를 유지하는 가운데 중국을 지키려면 그에 대한 방비가 있어야 합니다. 일본은 작은 나라이지만, 최근 서양과 통상을 하며 제철소를 세워 기선을 만들고 서양의 무기를 고쳐서 쓰고 있습니다. 물론 일본은 서양을 정복하려는 것이 아니라 자신을 지키기 위해 그렇게 하고 있는 것입니다. …… 저의 어리석은 소견으로는, 국가의 모든 경비는 절약해야 하나, 병사를 기르고 총포나 군함을 제조하는 데 드는 비용만은 아끼지 말아야 할 것입니다.

– 이홍장이 청나라 황제에게 바친 글 –

- 원래 중국인에게는 옛 것을 존중하고 현재의 것을 천시하는 풍조가 있다. 그런 까닭에 누군가가 아무리 훌륭한 개혁안을 새로 만들어 놓아도 누구 하나 거들떠보지 않는다. 그러나 요·순이나 3대 성왕이나 군자가 행한 일이라면 모두 그것을 시행하는 것에 찬성할 것이다. 이런 생각으로 써 낸 것이 바로 5경으로서, 실은 공자가 생각한 제도의 개혁안이다. 제도는 때에 따라서 개혁해야 하는데, 공자가 제도 개혁을 시도한지도 이미 2000년 이상이나 된다. 이제야말로 또 다시 제도를 개혁해야 할 시기에 이르렀으며, 나는 곧 공자에 이은 제도 개혁론자이다.

– 캉유웨이의 연설 –

자료 해석

청은 1·2차 아편 전쟁의 패배와 태평천국 운동으로 대내외적 혼란에 빠져 있었다. 이에 지방 실력파 한인 관료들인 증국번, 이홍장을 중심으로 양무 운동이 전개되었다. 양무파 관료들은 서양의 군사력과 과학 기술을 적극적으로 수용하여 위기를 수습하고자 하였다. 해군을 창설하고, 군수 공장, 기선 회사, 방직 공장 등 근대적 기업들을 설립하였다. 그러나 양무 운동은 중국의 전통을 근본으로 삼고 서양의 기술만을 수용하려는 한계로 인해 실패하였다. 청일 전쟁에서 패배한 이후 청은 일본의 메이지 유신을 모델로 한 개혁을 추진하였다. 캉유웨이와 같은 급진 개혁론자들은 행정, 교육, 법률, 경제 체제의 근대화를 포함한 각종 개혁 정책을 추진하였으나, 보수파의 반발로 실패하였다.

4. 푸저우 선정국의 성립(1873년)

福州의 해군 공장은 이름이 보여주는 바와 같이 무기, 탄약 그리고 기타 전쟁 관련 물품을 제조하는 공장이 아니다. 그것은 특히 조선소, 조선업을 위한 작업장, 부대시설로서 철을 봉이나 판으로 압연하기 위한 야금 공장을 가진 종합시설이다. 그곳에 시설을 세운 목적은 중국에 군함, 수송선을 제공하며 인민에게 군함을 건조하여 항행할 수 있는 능력을 익히게 하는 것이다. 그리고 마지막으로 福建省이 보유하고 있는 풍부한 광산 자원, 특히 철의 이익을 끌어내려는 것이다.

해군 시설을 창설하면서 福州를 선택한 이유는 아래와 같다. 이 항구는 방어에 매우 용이하다. 왜냐하면 閩江 하구에는 요새를 구축하기에 적절한 작은 섬들과 산이 많다. 10km 상류에는 福州에 뾰족하게 이어지는 산맥이 물의 흐름을 좁혀, 그 결과 몇 개의 어뢰를 설치하는 것으로도 군함의 통행을 완전히 불가능하게 만든다. 나아가 공창은 대도시의 근처에 위치하고 있기 때문에 고관들이나 상류층의 사람들이 그 진척 상황을 살피거나 한편 利害를 함께 하는 것이 가능하다. 또한 모든 산업의 주요한 원동력이 자금인데, 중국에서 일하는 유럽인에게 관리를 맡겨 놓은 세관의 존재에 의해 사업의 운영이 보증되어 있다고 하는 이점이 갖추어져 있다. … 공창이 있는 강가에 접해 있어서 선박을 강가에 대는 것이 가능하며 해안공사에 필요한 편의를 제공하고 있다. 우리들은 福建省으로부터 작업장 건설에 필요한 철과 목재를 제공받으며 臺灣의 석탄 산출지로부터도 그만큼 제공받는다. 노동력이 싸다는 것을 미리 알려주었다. 마지막으로 중요한 이유는 이 사업이 중국의 고관의 감시 하에 설립되었다는 점이다. 이 인물은 사업의 선구자이며 당시 福州에 閩浙總督으로서 근무하고 있었다.

이 관료는 左宗棠이라 불린다. 공창 즉, 그때까지는 거의 막혀있던 새로운 산업이 출발점으로 된다면 이 인물은 중국의 역사에 이름을 남기게 될 것이다. 福州와 같은 공창이 설립되는 것은 유럽이나 미국에서는 매우 일반적인 것인데 중국에서는 주창자로 된다는 것이 개인적인 위험을 감수하는 것이다. 그런데도 北京의 정부는 새로운 사업의 주도권을 결코 스스로 가지려 하지 않고 그러한 제안을 한 사람에게 단지 재가를 내릴 뿐이다. 이러한 제도 아래에서 左宗棠 총독은 사업을 완전히 스스로 책임지고 금전적으로 충당해야 한다.

자료 해석

제시문은 프랑스인 지켈이 푸저우 선정국에 대해 기록한 글이다. 푸저우 선정국의 입지 조건과 푸저우 선정국을 설립한 좌종당에 대하여 이야기하고 있다. 양무운동이 국가적 차원이 아닌 지방의 차원에서 진행되었음을 보여주고 있다. 당시 중국 최대의 조선소였던 푸저우 선정국은 선박을 건조하였을 뿐만 아니라 교육기관인 부속학교를 설립하였으며 프랑스로 유학생을 파견하기도 하였다. 그러나 청프전쟁 당시 프랑스 함대의 공격으로 철저하게 파괴되었다.

05. 시모노세키 조약(1895)과 삼국간섭

- 제1조   청국은 조선국이 완전무결한 독립 자주국임을 확인한다. 따라서 위의 자주 독립을 훼손할 청국에 대한 조선국의 공헌(貢獻)·전례(典禮) 등은 앞으로 완전히 폐지한다.
- 제2조   청국은 아래에 기록한 토지의 주권 및 해당 지방에 대한 성루, 병기제조소와 관유물을 영원히 일본국에 할양한다.
    1. 아래의 경계 내에 있는 봉천성(奉天省) 남부의 땅.
    2. 대만 전체 및 그 부속 제 도서.
- 제4조   청국은 군비배상금으로서 고평은(庫平銀) 2억 냥을 일본국에 지불할 것을 약속한다.
- 제6조   청일 양국간의 모든 조약은 교전으로 소멸하였기 때문에 청국은 본 조약 비준 교환 때 속히 전권위원을 임명하여 일본국 전권위원과 통상항해조약 및 육로교통무역에 관한 조약을 체결할 것을 약속

한다. 그리고 현재 청국과 구주 각국과의 사이에 존재하는 제 조약 장정을 해당 청일 양국간 제 조약의 기초로 삼는다. 또한 본 조약 비준 교환일로부터 해당 제 조약의 실시에 이르기까지 청국은 일본국 정부·관리·상업·항해·육로·교통·무역·공업·선박 및 신민에 대하여 모두 최혜국대우를 한다.

- 러시아 황제 폐하의 정부는 일본이 청나라에 향하여 요구한 강화조약을 사열하노니, 그 요구에 관계되는 랴오둥 반도를 일본이 소유하는 것은 항상 베이징을 위험하게 할 뿐만 아니라 그와 동시에 조선의 독립을 유명무실하게 하며 이는 장래 극동의 영구적인 평화에 대해 장애를 주는 것이라 판단한다. 따라서 러시아 정부는 일본 황제 폐하의 정부에 향하여 그 성실한 우의를 표하기 위해, 일본 정부에 권고하노니 랴오둥 반도를 확연히 영유하는 것을 포기하기를 바라는 바이다.

- 제1조 기존 시모노세키조약의 제2조에 의해 청국이 일본국에 관리를 양도한 펑톈성[奉天省] 남부 지방 …… 그리고 펑톈 소속의 여러 섬에서 일본국의 군대가 모두 철수할 때, 해당 지방 내의 모든 방어 시설, 무기 공장 및 일체의 소속 공공재는 영구히 중국에 반환한다.
 제2조 청국은 펑톈성 남부 지역 환부의 보상으로 고평은(庫平銀) 3천만 냥을 광서 21년 9월 30일까지 일본국 정부에 납부할 것을 약속한다.
 제4조 중국은 일본국 군대 환부 지역 점령 중 다양한 관계를 맺은 청국 신민이 있어도 이를 처벌하거나 처벌케 하지 않을 것임을 약속한다.

- 랴오둥환부조약

자료 해석
일본은 청·일 전쟁에서 승리한 뒤 시모노세키에서 강화 조약을 맺고 타이완과 랴오둥 반도를 차지하였다. 이후 일본은 만주와 조선을 둘러싸고 러시아와 갈등을 빚었다. 시모노세키 조약 6일 후인 1895년 4월 23일 러시아·프랑스·독일의 주일 공사가 일본에 요동반도를 청국에 반환 할 것을 요구하였다. 이유는 요동반도를 일본이 차지하게 되면 청의 수도가 위험하게 될 뿐만 아니라 조선의 독립을 유명무실하게 함으로써 극동의 평화를 기약할 수 없다는 것이다. 일본은 영미를 움직여 대항하려 하였지만 전쟁으로 확대될 것을 우려하여 요동 반도를 반환(랴오둥환부조약)하기로 하고, 대신 은 3,000만 냥을 받았다.

06. 캉유웨이의 상소문

일본 유신의 발단을 살펴보니 3가지가 있습니다. 첫째는 널리 群臣에게 구습을 고쳐 유신을 실시할 목적으로 천하의 여론을 모아 각국의 좋은 법을 도입할 것을 약속한 점, 둘째는 조정에 制度局을 신설하고 천하의 뛰어난 인재 20명을 발탁하여 참여시키면서 모든 정치 요건과 제도를 쇄신한 것, 셋째는 待詔所(上書所)를 개설하여 천하의 인사들에게 상서를 허용하고 국왕이 상시로 그것을 열람해 보면서 적절한 방안을 제출한 자는 제도국에 소속시킨 것입니다. 이것들은 실로 변법을 실시하기 위한 강령이자 정책 실현을 위한 경로로 달리 별다른 방법은 없을 것입니다.

진심으로 황제 폐하께 원컨대 이러한 방법을 시비를 가려 채용해 주십시오. (중략) 길일을 택하여 많은 신하를 天壇의 太廟에 모이게 하거나 皇城의 乾淸門에 出御하시어, 詔를 내려 주의를 환기시키고 維新을 다시 시작함을 천하에 알려 상하의 마음을 하나로 하십시오. 모든 구폐를 없애고 천하의 여론을 모으며 각 국의 좋은 법을 도입할 것을 선포해주시길 바랍니다. 방침을 정하고 천하의 대세가 이것에 따라가는 것으로 되면 南書房과 會典館을 설치한 전례에 따라 조정에 制度局을 특별히 설치하여 천하의 뛰어난 인재 수십명을 선발해 修撰(문서 기초)의 임무를 맡기고 王大臣을 파견하여 총재로 취임시키십시오. 권한의 평등을 중시하여 정책 토론이 편히 이루어지게 하며 매일 출근하여 문제를 검토하고 황제 폐하도 자리에 참석하실 수 있게 하십시오. 타당한 시책을 정하고 구래의 제도와 신규의 정치를 참작하여 고쳐야 할 것과 증강시켜야 할 점 등을 검토하여 장정의 초안을 정하여 충분히 의논하고 나서 실행에 옮기십시오. 황성 정면의 午門에 설치한 待詔所에 대해서는 어사를 파견하여 상서 수납의 관리를 담당하게 하고 천하의 인사들에게 상서를 올리는 것을 허락하십시오. 상서는 반드시 황제까지 전달되게 하고 議論의 내용은 제도국에 전달하여 의논하게 하십시오. 그것에 의해 천하의 정황을 위로 전달하게 하여 천하의 모든 인재의 활용을 도모하는 것입니다. 그들을 불러 보아 폐하의 의중에 들어맞는 자를 발탁하거나 제도국에 들여보내 參議로 일하게 하십시오. 장래에 經濟特科(정책을 묻는 새로운 과거 과목)의 급제자로 된 자에 대해서는 唐代의 제도와 같이 集賢館·延英館 등을 개설하여 수용하고 특히 우수한 자는 선발하여 제도국에서 정책 토론을 하도록 하십시오. 생각건대 6부는 행정의 관서에 지나지 않습니다. ······현재의 상황에서는 행정관서는 있지만 정책 토론 기관은 없습니다. 수족이 있어도 두뇌가 없는 것과 같습니다. 코와 입으로 눈과 귀를 대신하고 있는 것과 같은 이치입니다. ······ 전문부서에서 토론하도록 특별 관청을 설치한다면 모든 것에 고루 미치는 유신은 정밀하게 될 것입니다. ······

자료 해석
제시문은 캉유웨이가 1898년 1월에 올린 상소문의 일부이다. 캉유웨이는 일본의 메이지 유신을 본보기로 제도 개혁을 제안하면서 개혁적 인사를 등용하고 재야에서 요구하는 개혁의 목소를 담을 수 있는 기구를 설치할 것을 요구하고 있다. 캉유웨이가 여러 차례 상서를 올렸지만 수용되지 않았고, 독일이 산둥성의 자오저우만을 무력으로 조차(1898.3)하면서 위기의식이 널리 퍼지자 등용하여 개혁을 실시하게 된다.

07. 경사대학당 설립

경사대학당은 각 부서의 제창이 있었으므로 특히 우선하여 설립해야 한다. 군기대신과 총리각국사무아문의 왕공과 대신들은 조속히 타당한 의견을 상주하라. 한림원의 모든 편검, 각 부원의 사원, 각 대문의 시위, 각도부·주·현의 후보와 후선 이하 관리, 대원의 자제, 팔기의 세습 관직, 각 성의 무관직 후예 중 경사대학당에 들어가기를 원하는 자는 모두 입학하여 공부하게 하라. 이는 인재를 배출하여 시대의 어려움을 함께 구제하기 위함이다. 더 이상 시간을 끌며 일을 돌리거나 사사롭게 아무나 끌어들이면서 조정의 간곡한 훈계를 저버리지 말라.

– 『무술백일지』

자료 해석
경사대학당은 변법자강운동의 대표적인 성과물이다. 이전의 최고 교육 기관이었던 국자감을 대체하여 만들어졌다. 1912년 국립 베이징대학으로 개칭되었다.

08. 의회제 도입 주장

······ 서양 각국은 모두 의원(議院)을 세워 매번 정치적 조치가 있을 때마다 늘 뭇사람의 의견을 듣고 동의를 꾀한다. 백성이 불편하다고 여기는 일은 반드시 행할 필요는 없으며, 백성이 불가능하다고 여기는 일을 억지로 강제하지도 않는다. ······ 사람들은 단지 그 병사와 말의 강건함, 함선대포의 예리함, 기계의 신기함만을 보면서 그 때문에 세계를 쟁패할 수 있다고 생각한다. 하지만 실제로는 그들이 담판을 통해 적국의 도전을 막아내고, 뭇사람의 뜻을 모아 성(城)을 이루고 있다는 점이 바로 정치를 행하는 데 있어 근본임은 보지 못한다. ······ 국가대사를 만나면 먼저 하원(下院)에서 논의하여 결정하게 하고, 상원(上院)에 올린다. 상원에서 논의하여 결정한 다음, 군주에게 상주하여 가부를 결정하게 한다. 만약 의견이 서로 다르다면 양원에서 다시 논의하게 하며, 애써 타협을 이루어 극에 따르게 한다. 모든 군국대정(軍國大政)은 군주가 그 권한을 장악한다. ······영국은 거의 손바닥만한 섬 세 개로 이루어져 있어, 그 면적과 인구가 중국의 몇 성(省)보다 못하지만 국토가 나날이 새로 열리고 그 위엄이 세계에 퍼져 확실히 서구의 일등국이 되었다. 어찌 다른 이유가 있겠는가? 다만 의원을 설립해 백성의 뜻을 하나로 뭉쳐 민기(民氣)를 강하게 만들었을 뿐이다. 중국의 인구는 4억을 넘으니 능히 의원을 설립해 서로 감정을 연락하고 4억 민중을 한 사람으로 뭉칠 수 있다면 세계를 제패하는 것도 어렵지 않을 것이다.

– 정관응, 「성세위언(盛世危言)」

자료 해석
정관응은 청 말 활동한 개혁사상가였다. 이홍장을 도와 양무사업의 설립과 운영에도 깊숙이 참여하였지만, 양무파의 사상에서 한 걸음 더 나아가 개혁사상을 적극적으로 제기하였다. 그는 의회를 바로 도입하여 영국과 같은 부강한 국가가 되어야 한다고 주장하고 있다.

09. 의화단 운동

신(臣)이 의화단을 돕는 것은 도깨비 같은 놈들이 중국을 어지럽히고 있기 때문이다. 그 놈들은 크리스트교를 선전하고 다니면서, 하늘을 모독하고 부처를 경배하지 않으며 조상을 돌아보지 않는다. 남자에게는 인륜이 없고 여자에게는 절개가 없으니, 그 놈들이 하는 짓은 진정 사람이 할 것이 못된다. 이 말이 의심스럽거든 자세히 한번 보는 게 좋다. 그들의 눈은 푸른색이 아닌가? 비가 내리지 않아 땅이 말라붙은 것은, 교회가 하늘을 향해 높이 솟아 있기 때문이다. 그래서 신선이 분노하여, 산에서 내려와 도를 전하려 하고 있다. 세상의 소문도 아니고, 백련교의 주문도 아니다. 부처의 참된 말씀을 배우는 것이다. 향을 피워 이 많은 신선들이 산에서 내려오시기를 빌자! 그러면 신선은 동굴에서 나오고 산에서 내려와, 인간을 도와 힘을 발휘할 것이다. 병법은 어렵지 않고, 권법은 배울 수 있으니, 도깨비 같은 놈들을 몰아내는 것은 어렵지 않다. 철도를 부수고, 전선을 끊고, 커다란 기선을 파괴하자! 그렇게 하면 프랑스는 간담이 서늘해질 것이고, 영국과 러시아는 자연히 조용해질 것이다. 도깨비 같은 놈들을 모두 죽여, 청나라 전체의 평화를 축하하자!

자료 해석

서양 선교사들은 아편 전쟁 이래 적극적으로 각지에서 선교 활동을 벌이면서 다양한 원인으로 중국 민중과 충돌하였다. 19세기 말에는 열강의 이권 획득이 심화되면서 반크리스트교 운동이 널리 퍼졌는데, 이러한 과정에서 의화단 운동이 발생하였다. 의화단은 '청 왕조를 도와 서양 귀신을 몰아내자(부청멸양)'이라는 구호를 내세우면서 서양과 관련된 철도 등을 공격하였다. 의화단은 서태후 등 보수파의 지원을 받고 베이징을 점령하였으나, 곧 연합국의 반격으로 실패하였다. 이후 중국은 신축조약을 체결하여 배상금을 지급하고 외국 군대의 베이징 주둔을 인정하였다.

10. 신축 조약

제2조 서기 1901년 8월 19일, 즉 광서 27년 9월 6일부터 각국 인민이 살해당하거나 피해를 입은 지역은 문·무 각급 고시를 5년 동안 정지한다.

제5조 대청국 국가는 무기 및 오로지 무기를 제조하기 위한 각종 기계를 중국의 경내로 실어 들여오는 것을 허용하지 않을 것임을 인정한다.

제6조 서력 1901년 5월 29일, 즉 광서 27년 4월 12일 상유에 따라 대청국 대황제는 각국에 대한 배상금 해관은 4억 5천만 냥을 지급하기로 허락한다.

제8조 청국은 대고 포대를 해체하고, 각국이 베이징으로부터 산하이관까지 철도 연변에 군대를 주둔시키는 것을 허락한다.

자료 해석

의화단 운동은 일본을 비롯한 8개국의 연합군에 의해 진압되었다. 이후 연합국과 청은 신축조약을 맺었다. 청은 4억 5천만 냥의 배상금을 지급하고 베이징 주변의 철도 연변에 연합군의 군대 주둔을 허용하였다.

11. 포츠머스 조약(1905)

제2조 러시아는 일본이 한국에서 정치·군사·경제상으로 탁월한 이익을 갖는다는 것을 인정하고 일본 정부가 한국에서 필요하다고 인정하는 지도 보호 및 감리의 조치를 …… 간섭하지 않을 것을 약정한다.

제3조 일본국 및 러시아국은 아래의 사항을 상호 약정한다.
  1. 본 조약에 부속하는 추가 조관 제1조의 규정에 따라 랴오둥반도 조차권의 효력이 미치는 지역 이외의 만주로부터 완전히 그리고 동시에 철병할 것
  2. 앞의 지역을 제외하고 현재 일본 또는 러시아 군대가 점령하거나 또는 그 감리 하에있는 만주의 전부를 완전히 청국 전속의 행정으로 환부할 것
    러시아 제국 정부는 청국 주권을 침해하거나 기회균등주의와 상용되지 않는 하등의 영토상 이익 또는 우선적 혹은 전속적인 양여를 만주에서 가지고 있지 않다는 것을 성명한다.

제5조 러시아 제국 정부는 청국 정부의 승인 하에 뤼순[旅順]·다롄[大連] 및 그 부근의 영토와 영수(領水)의 조차권, 그리고 해당 조차권에 관계된 혹은 그 일부를 조성하는 일체의 권리와 특권 및 영역를 일본 제국 정부에 이전 양도한다. 또한, 앞서 언급한 조차권의 효력이 미치는 지역에 있는 일체의 공공 건축물과 재산을 일본 제국 정부에 이전 양도 한다.

제6조 러시아국 정부는 장춘-뤼순커우 간의 철도 및 그 일체의 지선과 그 지방에서 그에 부속하는 일체의 권리, 특권 및 재산 및 그 지방에서 해당 철도에 속하며 또한 그 이익을 위해 경영되는 일체의 탄갱을 보상받지 않고 또 청국 정부의 승인을 받아서 일본 제국정부에 이전 양도할 것을 약정한다. 양 조약 체결국은 앞의 규정에 관해 청국 정부에 승낙 받을 것을 상호 약정한다.

자료 해석
일본은 만주와 조선을 둘러싸고 러시아와 갈등을 벌였다. 이러한 갈등의 결과 러·일 전쟁이 발발하였고, 뤼순항 전투와 대한해협 해전에서 승리하면서 러·일 전쟁에서 일본이 승리하였다. 일본은 미국의 중재로 포츠머스 조약을 통해 조차지로 뤼순·다롄 두 항구와 남만주 철도를 획득하여 만주로 세력을 확장할 수 있는 토대를 마련하였다. 또한 을사조약의 체결을 강요하였으며 이후 조선을 병합하였다.

12. 광서신정

군기대신·대학사·6부 9경 및 외국 출사 사신, 각 성의 독무 등은 각각 중국과 서양의 정치를 참작하여 고치고 정리해야 할 모든 것을 지적하고, 어떻게 하면 국세를 진흥시킬까, 어떻게 하면 인재를 배출할 수 있을까, 어떻게 하면 재정을 충실하게 할 수 있을까, 어떻게 하면 군비를 튼튼하게 할 수 있을까 등에 대하여 각각 방안을 마련하여 2개월 이내에 상주하라.

자료 해석
제시문은 서태후가 의화단 운동으로 시안으로 피난 도중에 고위 관리들에게 개혁 방안을 만들어서 올리라는 상유 명령(1901.1)의 일부이다. 이 상유를 시작으로 광서신정이 본격적으로 추진되었다.

13. 흠정헌법대강(1908)

제1조 대청 황제는 대청 제국을 통치하며, 만세일계로 영원히 군림한다.
제2조 군상은 신성하고 존엄하며 침범할 수 없다.
제3조 황제는 법률을 흠정하고 의안을 제안할 수 있는 권한을 가진다. 법률은 의원에서 의결하지만, 황제의 비준 명령을 받아 반포한 것이 아니면 시행할 수 없다.
제4조 의회를 소집하고 개회·폐회·정회·속회하고 해산할 권한을 가진다.
제5조 관제의 일체를 정하고 백관을 임명하는 권리를 가지며 의회는 이에 간섭할 수 없다.
제6조 육·해군을 통솔하고 군제를 편정(編定)하는 권한을 갖는다.
제7조 개전, 강화 및 조약 체결, 사신 파견과 접수에 대한 권리를 가지며 의회는 이를 간섭할 수 없다.

자료 해석
청조는 1905년 입헌파 신사와 유력 관리들의 입헌 요구에 부응해 각국의 헌정을 고찰하기 위해 대신 5명을 외국에 파견하였다. 1906년에 귀국한 대신들의 건의에 따라 입헌을 준비하겠다고 선포를 했다. 흠정헌법 대강의 내용은 황권의 신성불가침을 규정해 헌법을 통해 군주의 대권을 보장받겠다는 의도가 그대로 드러났다.

14. 『민보』 발간사

나는 유럽과 歐美의 발전이 3대 主義에 의해 이루어졌다고 생각한다. 그것은 民族, 民權, 民生이다. 로마가 멸망하고 나서 민족주의가 일어나고 구미가 독립하였다. 하지만 얼마 뒤에 그 나라들도 제국이 되어 전제 정치를 행하자, 피지배자는 그 고통을 참을 수 없게 되었다. 그리하여 민권주의가 일어났다. 18세기 말에서 19세기 초에 걸쳐 전제 군주제가 무너지고 입헌 국가가 세워졌다. 세계는 문명화되어 지식은 더욱 진보하고 물질이 점점 풍부해져, 최근 백년간은 지나간 천년보다 더 발달하였다. 이제는 경제 문제가 정치 문제에 이어 일어나 민생주의가 유행하고 있다. 20세기는 민생주의 시대일 수밖에 없다. 이 3대 주의는 모두 인민에게 기본적인 것이다. ……지금 중국은 천년에 이르는 專制의 독이 풀리지 않고 이민족(만주족)이 나라를 파괴하며 외국이 침략하여 괴롭히고 있다. 그런고로 민족주의, 민권주의는 조금도 소홀히 해서는 안 된다. 그리고 민생주의는 구미에서는 뿌리박힌 폐단이라서 고치기 어려운데 중국만은 구미와 달리 그 병폐가 그다지 심각하지 않아 이것을 제거하는 것은 어렵지 않다. (중략) 무릇 구미 사회의 폐해는 십수년 사이에 표면화하지 않다가 현재에 이르러 나타나고 있는데 즉시 제거하는 것이 불가능하다. 우리 중국의 민생주의의 발달은 가장 선진적으로 그 폐해가 싹트지 않아 바로 정치혁명, 사회혁명을 거행한다면 한 번에 달성하는 것이 가능하다. 구미인들도 또한 중국의 뒤에서 눈을 동그랗게 뜬 채 지켜보고 있다.

아! 우리 조국은 세계 최대의 민족으로 총명하고 강력하며, 남에 비할 수 없는 친구가 있음에도 불구하고, 꿈에 빠져 일어나지 못하고 있으며 만사에 타락하는 모양새이다. 그저 다행이게도 시대 풍조의 격렬함 때문에 중국이 이제 막 잠에서 깨어나고 있다. 순식간에 발분하여 벌떡 일어나 필사적으로 계속 노력한다면 절반의 노력으로도 갑절의 성과를 거두는 것이 가능할 것이다. 이것은 정말로 엉터리 이야기가 아니다. 무릇 한 사회에서 소수의 가장 우수한 정신을 가진 사람만이 그 사회의 진보를 촉진하는 것이 가능하다. 최적의 정치 방법을 우리 사회에 적용시키고 우리 사회의 진보를 세계에 적용시킨다. 이야말로 선지·선각자의 천직이며 바로 내가 『民報』를 창간한 목적이다. 무릇 가장 혁신적인 학설은 친숙하지는 않다 하더라도 그 이상은 사람들의 마음에 구석구석 미치어 상식으로 되면 실행되는 날은 가까워진다. 나는 『民報』를 발간하면서 이것을 기대해 본다.

자료 해석
쑨원은 1905년 일본 도쿄에서 중국동맹회를 결성하였고, 기관지로 민보를 1905년 12월 26일에 창간하였다. 쑨원은 창간호에 실린 발간사에서 삼민주의를 이상으로 밝혔다. 혁명 사상을 고취하기 위해 발행된 민보와 그에 맞서 입헌파의 양계초 등이 요코하마에서 창간한 신민총보 사이에 혁명을 둘러싸고 격렬한 논쟁이 전개되었다.

15. 철도 국유화 반대 운동(보로 운동)과 신해 혁명

우리 중국에는 매우 많은 사람들이 매일매일 미친 듯이 입헌을 요구하고 있는데 (그 사람들은) '입헌이란 즉 정부가 하고 싶은 대로 우리 인민을 死地로 내보내는 정책을 집행할 수 없는 것이다'라고 어찌 말하지 않는 것일까? 지금 자정원이 바로 소집되어 있다. 그런데 새로운 내각의 첫 번째의 정책이 마치 변발처럼 (불필요하게도) 선조(광서제)가 만든 법률을 경시하는 것이라니. 자정원 장정 제14조 제3관에는 공채(의 모집)를 의결하는 권한이 분명히 강조되어 있다. 어떻게 외부의 압력을 받아 자정원이 의결하는 모임을 가질 수 있단 말인가? 자의국 장정 제21조 제1관에는 省의 권리 존폐를 의결하는 권한이 기재되어 있다. 철도 이권의 회수와 권리는 어느 쪽의 권한이 더 클까? 어떤 이유로 자의국이 의결을 하지 않는 것일까? 각 민영철도는 '상법', '회사법'이라는 선조에 奏上되어 정식으로 기록이 남아 있으며 비준된 법에 의거하고 있는 것인데도, 어떻게 긴급하기 때문이라고 하면서 민영철도의 주주 의결을 기다리지 않는 것일까? 서신의 검토는 군주의 긴급 시의 큰 권한이다. 철도 이권의 회수는 민간의 것이며 이래저래 전보로 협의하는 것은 인지상정인데도 郵傳部는 대체 어떠한 권한이 있어서 인민이 전신을 보내는 것을 막을 수 있는가? 새로운 내각은 전횡하며 야만스럽고 조정을 경시하고, 인민으로부터 약탈하고, 선조를 배신하고, 황제폐하를 기만하고 있다. 단 한 사람의 방자함으로 불공평한 말을 인정하고, 전 중국을 사냥감으로 여기며, 조정을 많은 민중이 한탄하는 곳으로 만들며, 거칠면서 전혀 심사숙고 하지 않고, 商民이 피나는 것 같이 생각하면서 출자한 수천만금을 빼앗아감으로써 상민이 소리 지르는 것조차 허용하지 않는 것이다. 우리 새로운 내각이 야만스러우며 전횡하고 있는 것은 동서고금에 이보다 더 심한 것은 없을 것이다. 우리가 이러한 내각과 싸우지 않는다면 입을 다물고 말하지 않는 것이며 영원히 입헌이라는 두 글자를 문제로 하는 것이 불가능할 것이다. 만일 아직도 헌법의 수십조 조문에 의거해 우리나라를 소생시키고 우리 인민을 구한다고 하면 전력을 다해 싸우는 방법 외에는 없다. …… 정부의 철도 차관 계약은 실은 인민을 사지로 몰아 넣는 계약이다. 600만 파운드의 호광철도 차관계약은 전부 25조인데 사실 3개의 성에 걸치는 전체 길이 3600리(약 1800km)의 철도 행정의 전권을 완전히 외국인에게 넘겨주는 내용이다. 40년 사이 쇠못 한 개를 구입하면서도, 하인 한명을 쓰는데도 중국인이 의견을 내는 것이 허용되지 않는다. 계약은 이미 성립되었고 (우전부 대신인) 盛宣懷가 어떤 말을 해도 변명의 여지는 없다. 자정원과 자의국 혹은 주주가 논의하는 것조차 허용되지 않으면서, (한편으로) 외국인은 많은 은량을 은행과 회사에 투자하는 것이 40년간 인정된 것은 전적으로 의심받지 않을 수 없다. 우리 국민에게 어떠한 죄가 있는 것일까? 정말로 마음이 아프고 슬픈 것은 이와 같은 것이다. (이대로라면) 전면적으로 폭동을 일으키는 것이다.

– 쓰촨 보로 동지회 선언(1911) –

자료 해석
1911년 5월 청 정부는 민영이던 철도를 국유화하기로 결정하고, 이를 담보로 열강에게 차관을 얻어 재정난을 타개하려 했다. 그러자 이에 대한 반대 운동이 광범위하게 일어났는데, 이것이 바로 혁명의 도화선이 되었다. 9월 쓰촨(四川)에서 대규모 철도 국유화 반대 운동이 일어났고, 10월 10일에는 중국혁명동맹회의 영향을 받은 혁명 단체인 문학사와 공진회가 우창 봉기(우한 봉기)를 일으켰다. 봉기에 성공하여 후베이성을 장악한 혁명군 정부는 청으로부터 독립을 선언했다. 이를 계기로 24개 성 중 화베이와 둥베이 지방을 제외한 17개 성이 잇달아 청으로부터의 독립을 선포하면서 청 정부는 급속히 와해되어 갔다. 난징에 모인 각 성의 대표들은 새 정부 구상에 난항을 거듭했는데, 12월 쑨원이 미국에서 귀국하자 그를 임시대총통으로 추대했다. 이어 1912년 1월 쑨원은 난징에서 중화민국 임시 정부 수립을 선포했다.

16. 근대교육 추진

- 짐이 생각컨대 우리 황조황종이 나라를 열어 넓고 오랜 동안 덕을 세움이 깊고 두터웠다. 나의 신민이 지극한 충과 효로써 많은 사람의 마음을 하나로 만들어 대대손손 그 아름다움을 다하게 하는 것이 우리 국체의 정화이며 교육의 연원 또한 실로 여기에 있다. …… 항상 국헌을 무겁게 여겨 국법을 준수하고, 일단 국가가 위기일 때는 의용을 받듦으로써 천지와 더불어 무궁할 황운을 받들어야 한다. 이렇게 한다면 그대들은 짐의 충량한 신민이 될 뿐만 아니라 족히 그대들 선조의 유풍을 기릴 수 있을 것이다.

  －교육 칙어, 1890.10.30.

- 중국은 문물의 나라지만 책 읽는 식자층은 겨우 100명 중 20명이고, 교육비는 군사비보다 수십 배나 적습니다. 재주와 지혜가 있는 백성이 많으면 나라가 강해집니다. 모든 향촌에 학교를 설립, 어린아이 모두를 가르친다면 훈고 명물에 통하고 화도 산법을 익히며 중외 지리와 고금사사를 알게 하면 인재를 쓰고 남을 것입니다.

  － 캉유웨이, 1895년 상소

- 세계의 정세를 보면 부강하고 독립하여 사는 모든 나라는 다 국민의 지식이 밝기 때문이다. …… 널리 학교를 세우고 인재를 길러 새로운 국민의 학식으로써 국가 중흥의 큰 공을 세우고자 하니 국민들은 나라를 위하는 마음으로 덕과 체와 지를 기를지어다. 왕실의 안전이 국민들의 교육에 있고 국가의 부강도 국민들의 교육에 있다.

  －교육입국조서, 1895

자료 해석

열강의 침략이 심화되는 상황에서 교육을 통해 서구의 지식을 체계적으로 습득할 필요성이 갈수록 높아졌으며 이런 상황에서 일본은 교육을 국민의 의무로 규정한 후 근대 학제를 제정하고 교육 칙어도 제정하였다. 교육 칙어는 가족적 국가관과 충효를 강조하고 있어 왕정복고로 이루어진 일본의 근대화 모습과 맥을 같이 하고 있다. 캉유웨이의 상소는 교육을 통해 실력을 키워야 나라가 부강해진다고 주장하고 있다. 이것은 교육의 목표를 부국강병과 관련 짓고 있음을 알 수 있다.

17. 쿨리무역의 합법화 과정

(가) "양광총독 노숭광 백성들에게 다음과 같은 명령을 반포한다.
…그러나 중국인 가운데는 가난하고 스스로 생계를 유지할 수 있는 수단이 없어서 외국에 나가 생계를 유지할 방법을 찾고 싶어 하는 사람들이 있다. 그런 사람들의 경우 그들의 이민은 자발적이어서 모집한 사람들을 판매는 납치범들에 의해 진행되는 것과 완전히 다르다. 이러한 악행이 중지되고, 이것과 선량한 이민의 차이가 세상에 명백히 구분되기 위해서는 搜査와 伺察의 수단이 분명히 구분되는 것을 나타내도록 제공되어야한다. … 영국정부가 영국령 서인도제도에 보낼 이민자를 모집하기 위한 Emigration House를 설립하기 위해 이곳에 공인된 에이전트를 보냈다는 사실을 연합군 사령부에서 정식으로 성정부에 알려줬다. 이를 위해 해당 식민지에 취업을 원하는 중국인들은 Emigration House에 가서 정확한 목적지 뿐만 아니라 업무에 관한 모든 것을 스스로 협상하고, 그 조건들을 양측이 받아들였을 때 정식 계약서에 기록하고, 외국 에이전트와 官에서 특별히 위임된 사람이 공동조사단을 꾸려 각 건에 대한 정황을 명백하게 확인하고 납치와 관련된 모든 학대행위를 근절할 수 있도록 한다. …
咸豐9년 8월 3일(1859년 10월 28일)

(나) "양광총독 노숭광이 각국초공출양을 허가하는 조회
1860년(함풍 10년) 정월 27일
근년 이래 광동에서 양민을 납치하여 외국에 몰래 판매하는 풍조가 날로 심해집니다. 그 전모를 보면 사실상 내지의 匪徒 때문이지만 외국 상인이 銀錢으로 이들에게 노동자 모집을 대리시키니 이익을 탐하는 마음이 일어나서 각처에서 [양민을] 속여서 유혹하거나 납치하여 외국에 팔 것을 도모합니다… 만약 실제로 원해서 고용이 되는 것이면 정한 기일에 배에 오르는 것을 허가하지만 각 외국선이 지방관의 조사를 거치지 않고 [양민을] 사사로이 승선시켜 비도들의 유괴 계획을 실행할 수 있게 하는 것이라면 단연코 허락하지 않습니다…현재 광저우 항구는 이미 초공장정을 협의하여 정하였으니 생각하건대 필히 유괴의 풍조가 두절될 수 있습니다. … 지금 언급한 외국초공장정 12조 한 장을 동봉합니다."

外國招工章程 12條
1. 각국이 만약 노동자를 모집하여 출국시키기를 원한다면 오직 지방 정부에서 인준한 곳에 사무소를 개설하여 진심으로 해외에 나가고 싶어 하는 중국인을 모집할 수 있다. 사사롭게 [노동자를 모집하는] 요(窯), 관(館)을 세우거나 항만에 정박해있는 배 위에서 몰래 중국인을 모집하는 것은 유괴의 실마리를 만들 수 있으니 모두 해서는 안 된다.
2. 무릇 초공소를 열기 원하는 경우에는 반드시 먼저 계약서 한 장과 초공소의 운영규정을 管理招工稅務士와 지방관에게 제출하면 계약규정을 조사하고 각 조례가 실제로 공평하고 장애가 없는지를 조사해봐서 바야흐로 정확하게 준수한 후에 규약을 만들어 개설한다.
5. 모집된 노동자는 혹 사무소에 거주하든 혹 먼저 집에 돌아가서 정기적으로 들어오는 배를 기다리든 모두 본인이 노동자를 모집하는 외국인과 대면하여 합의하고 각각 자신의 마음에 따른다. 만약 어떤 노동자가 가족을 동반하고 와서 사무소에 잠시 거주하다가 배가 들어오기를 기다려서 함께 외국으로 간다면 초공소의 외국인은 별도로 조용한 방을 만들어주어 그 일가가 거주할 수 있게 하는데 남녀를 구분하여야지 섞여서는 안 된다.
7. 파견된 관리초공세무와 위원 등은 반드시 매일 친히 초공소에 가서 당일 날 모집한 사람들 모두에게 자신의 의지로 지원한 것인지 여부를 분명히 묻고, 명단에 의거하여 점검한다. 본인의 나이와 모습, 본적, 주소, 집 식구의 상황 등을 살펴본다. 아울러 계약서를 본인에게 주고 사람으로 하여금 대면하여 낭독해서 들려주고 모든 구절을 설명해주어 계약서 내의 각 조항이 뜻하는 것을 본인이 모두 명확히 알게 한다.

자료 해석
제시문 (가), (나)는 쿨리 무역이 합법화 되는 과정을 보여준다. 당시 쿨리 무역이 이루어지는 과정에서 인신매매를 비롯한 불법적인 납치가 이루어지는 경우가 많았다. 이에 광동 총독으로 부임한 노숭광은 자유의사에 따른 쿨리 무역은 합법화시키고자 하였다. 이 과정에서 외국초공장정이 만들어졌다. 그러나 외국초공장정은 사적으로 외국으로 출국하는 것을 금지한 대청률례 225조에 정면으로 위배되었기에 베이징에는 보고하지 않았다. 그러나 이것이 御使 楊榮緖에 의해 황제에게 상주되자 황제는 노숭광이 외국인들과 결탁했다고 생각해서 크게 진노하였으나 그 당시 청정부는 광저우 상황에 대해 힘을 쓸 여력이 없었다. 이미 베이징은 1859년 10월 31일에 연합군에 의해 함락되어 황제는 열하에 머무르고 있었기 때문이다.
1860년 10월 25~26일에 청정부를 대표한 공친왕 혁흔(1833-1898)은 영국, 프랑스측과 텐진조약을 교환하고 그에 따른 베이징 조약을 체결하였다. 이때 영국과 프랑스가 체결한 베이징조약에서 영국 혹은 프랑스 식민지(조약국의 식민지)로 중국인이 이민 가는 것이 공식적으로 허가되니 노숭광의 죄는 자연히 희석되었다.
이러한 쿨리이민의 합법화가 중국에 가져온 영향은 무엇일까? 우선 외국초공장정 제정 이후로 인신매매의 단속이 활발해졌다. 노숭광은 장정을 제정한 후 각국의 영사들에게 이를 첨부한 조회를 보내서 이를 근거로 인신매매를 적극적으로 단속하겠다고 했다. (나) 제시문은 이러한 단속 의지를 보여주는 것이다.
― 정영구, 中國人 海外移住, 陰地에서 陽地로: 第二次 中英戰爭期 外國招工章程의 性格

18. 매판의 성장

1820년대는 무역 자유화로 가는 중요한 시기였다. 이 시기에 영국인과 미국인들은 대 중국 무역을 위한 강력한 경제 기구를 설립하였고, 맨체스터의 제조상들은 더 자유로운 무역을 위해 긴밀하게 움직였다. 중국에서는 광저우 시스템을 적절하게 이용하는 포호 외에 서양 상인들이 빠르게 증가함에 따라 회사의 매판이 성장하게 되었다. 구식의 선박 매판(외국 선박에게 양식과 잡화를 제공하는 상인)에 비해 회사 매판은 서양 대리상의 중국

인 재무 총관과 사무 보조 역할을 하였다. 이들은 주어진 재량에 따라 자신이 직접 직원을 고용함으로써 1842년 '조약 시스템'이 형성되기 이전에 광저우의 자유 무력을 발전시키는 데 중요한 역할을 하였다. …… 외국 상인들은 푸젠성과 장시성 우이산의 차 생산 지역으로부터 약 300마일 떨어진 푸저우에서 대량으로 차를 구입하고 대금의 일부로 아편을 지급하였다. 푸저우는 실제로 1854년부터 차를 수출하기 시작했는데, 미국 상인 허드 주니어는 푸저우에서 내륙으로 아편을 보내는 것에 대해 "행상(공행) 제도가 폐지된 뒤, 외국인들은 차를 구입하기 위해 푸저우에서 내륙 지역으로 대량을 현금이나 아편을 보내는 일이 일상화되었다."고 기록하였다.
1854년 이후 1860년대까지 자딘메디슨사는 이러한 방법으로 매판인 아친과 차상 아시, 타이싱, 융타이, 통싱 등을 통해 대량으로 차를 구매하였다.

— 하오엔핑, 중국의 상업 혁명 :19세기 중·서 상업 자본주의의 전개 —

자료 해석
하오엔핑은 중국의 매판에 관해 많은 연구를 한 학자다. 매판은 개항 항구에서 중·서 상인들 간의 교역을 주선하고 분쟁이 벌어졌을 때 조정을 담당하였으며, 서양인들에게는 중국을 알리는 창구 역할을 하는 동시에 중국인들에게는 서양인들을 대표하는 역할을 하였다. 이들은 정부의 통제를 받지 않은 중국 최초의 독립 상인으로, 중국 초기 산업화의 선구자적인 역할과 함께 새로운 문화를 전달하는 역할을 하였다.

19. 공자개제고와 신학위경고

(가) 『춘추(春秋)』는 새로운 왕으로 천명을 받았는데, 문왕(文王)을 천명을 받은 왕으로 추대하였다. 따라서 [문왕에게] 가탁하여 왕자의 법으로 삼고, 모든 제도가 여기에서부터 나오는 것이다. 반드시 문왕에게 가탁한 것은 동중서의 춘추번로(春秋繁露)에서 말하는 "때때로 그 사실을 속이는 것은 숨기는 것이 있기 때문이다."라는 것이다. 반드시 이후에 화를 피할 수 있고, 또 그런 이후에 왕에게 가탁할 수 있다.

— 『공자개제고』 —

(나) 육경(六經)의 요, 순, 문왕은 모두 백성의 주인이고 군주인 공자가 가탁하였음을 알 수 있으니, 이른바 [요와 순이] 군주의 도리를 다하고 신하의 도리를 다하고 군주를 섬기며 백성을 다스린 것, [문왕이] 효도와 자애에 최선을 다한 것을 본보기로 삼은 것이 요와 순, 문왕과 관련된 사실일 필요는 없다. 요, 순, 문왕이 중국 고대 최상의 성인이고, 중국 사람들이 존경하고 사모하는 대상이기에 공자와 묵자가 모두 요, 순, 문왕에게 가탁하여 대중을 움직였다는 점은 말할 필요도 없을 것이다.

— 『공자개제고』 —

(다) 처음에 僞經을 지어 聖人의 制作을 어지럽게 한 것은 유흠에서 시작되었고, 僞經을 퍼뜨려서 孔子의 正統을 찬탈한 것은 鄭玄에서 이루어졌다. 면면히 이어 온 二千年 세월의 시간을 읽어봐도, 百·千·萬·億 명 선비들이 학문에 대한 물음을 모아봐도, 이십 왕조의 禮樂 제도의 숭고함과 존엄을 통 털어 봐도 모두 僞經을 聖法으로 섬겼던 것이다.

— 『신학위경고』 —

자료 해석
(가), (나)는 공자개제고, (나)는 신학위경고로 모두 캉유웨이가 변법자강운동을 실시하기 위해 이론적 바탕으로 제공하였던 책들이다. 공자개제고에서 제도 개혁을 위해서는 공자를 권위있는 대상으로 올려야 했고, 캉유웨이는 공자의 권위를 보여주는 현실성을 보여주기 위해 문왕을 선택하였다. 소왕은 상징적인 지위로 현실 정치에서 권한을 행사할 수 없으니 제도 개혁의 현실성을 보여주기 위해서는 과거의 권위있는 선왕 즉, 중국 문화와 제도를 확립한 인물인 문왕을 가탁의 대상으로 공자가 선택했다. 요임금, 순임금은 고대 최고의 왕으로 뽑히는 역시 최고의 탁고 대상이라 할 수 있다. 공자는 문왕에게 가탁하여 난세를 바로잡는 주장을 펼쳤고, 요임금, 순임금에게 가탁하여 올바른 도리로 되돌리는 이상적인 정치를 내세운 것이다. 신학위경고에서 캉유웨이는 후한 이래 지배층이 신봉한 경전인 고문경을 신왕조의 국사인 유흠이 왕망의 찬탈을 돕기 위한 것으로 보고, 이는 곧 공자의 탁고개제(托古改制)의 뜻을 없애려 한 것이라 보고 있다.

CHAPTER 08 중화민국의 수립과 중국 사회의 변화

1 중화민국의 수립과 혼란

(1) 중화민국 초기의 정치적 혼란

1) 2차 혁명 발생

① **임시약법(1912)**: 주권재민과 기본적 인권에 관해 규정
- 민족이나 종교의 차별 폐지
- 각 성 대표들로 구성된 의회에 강한 권한을 주어 대총통의 권한을 억제
- 사법의 독립과 삼권분립

② **국민당 결성(1912)**
- 중국동맹회를 중심으로 결성 : 쑨원은 이사장, 실질적 수반은 쑹자오런(송교인)
- 국회의원 선거에서 국민당 압승 → 쑹자오런은 의회를 이용해 위안스카이 견제

③ **2차 혁명 발생(1913.7)**
- 위안스카이와 국회의 대립 → 쑨원파인 쑹자오런 암살(1913.3)
- 위안스카이는 의회를 거치지 않고 선후차관을 5개국으로부터 받음 → 장시성, 장쑤성, 안후이성, 광둥성 등이 독립을 선언하는 2차 혁명을 일으켰으나 실패
- 2차 혁명 실패 후 쑨원은 일본으로 망명 → 쑨원은 도쿄에서 중화혁명당(1914.7)을 조직하고 쑹칭링과 결혼(1915.10)

2) 위안스카이의 독재정치

① 정식 총통 취임(1913.10)
② 국민당을 해산시키고 의원 자격 박탈
③ 1914년 국회와 성의회 해산 → 5월에는 임시약법 폐지 → 중화민국 약법을 제정하여 대총통의 권한 강화, 국무령 설치, 참정원(대총통 자문기관) 설치
④ 대총통선거법 수정안 공포(1914) : 총통 임기 10년, 연임 무제한
⑤ 위안스카이의 제제(帝制) 운동(1915) : 위안스카이 황제 즉위(1915.12) → 각 성들의 독립 선언(3차 혁명) → 중화제국 폐지(1916.3) → 위안스카이 사망(1916.6) → 군벌 시대 전개

3) 21개조 요구

① **21개조 요구(1915)**: 일본이 베이징 정부(위안스카이)에 이권 보장 강요
- 산둥성의 독일 권익 양보
- 남만주와 동부 내몽골의 일본 특수 권익 요구
- 베이징 정부에 일본인 고문 초빙 요구
- 뤼순·다롄의 조차 기간을 기존 25년에서 99년으로 연장
- 만철·만평 철도 이권 연장

② **베이징 정부(단치루이 정권)의 21개조 수용**
- 일본은 군대를 증강시켜 베이징 정부 위협
- 21개조 중 5호(일본인 고문 초빙 요구)를 제외한 21개조의 대부분을 수용

◇ **쑹자오런**

쑹자오런은 1904년 창사에서 호아싱 등과 화흥회를 조직, 청조 타도의 봉기를 꾀하다가 사전 발각되어 일본으로 망명하였다. 1905년 중국 동맹회의 기관지 『민보』를 편집을 맡았다. 신해혁명이 성공한 후 1912년 중국 동맹회를 국민당으로 개조하여 사실상 당수가 되어 선거에서 국민당의 압승을 가져왔다. 쑹자오런은 정당내각제를 바탕으로 위안스카이를 견제하려 하였으나, 1913년 상하이 역에서 위안스카이가 보낸 자객에 의해 살해되었다.

(2) 신문화 운동과 5·4 운동

1) 신문화 운동

배경	캉유웨이 등이 "공교회" 창립(1912) → 공교(유교) 국교화 운동
시작	천두슈가 『청년잡지』(1915) 간행하여 공자를 비판하고 민주주의와 과학을 주장 → 『신청년』(1916)으로 개명
확산	• 베이징 대학을 중심으로 확산 → 천두슈(진독수), 루쉰(노신) 등이 중심 → 반봉건·반식민 비판 • 서구 사상 수용: 자유주의와 개인주의, 여성해방, 무정부주의와 마르크스주의 수용 • 백화문(구어체) 사용 • 후스(호적)◇ → 『중국철학사대강』 • 루쉰(노신) → 『광인일기』, 『아Q정전』
문제와 주의 논쟁 (1919)	• 사회주의는 중국의 현실적 문제를 총체적으로 접근하고 해결하자고 주장하였고, 자유주의는 중국문제의 점진적 해결과 교육·문화 방면의 개혁을 우선시함 • 리다자오(이대조)는 문제 해결을 위해 사상(주의)이 중요하다고 주장하였으며 후스(호적)는 개별 문제에 입각한 해결 주장
아나·볼 논쟁 (1920)	새로운 사회 건설을 둘러싸고 아나키스트와 볼세비키(공산주의) 논쟁◇

2) 5·4 운동(1919)

① **배경**: 파리 강화 회의에서 중국의 산둥 이권 반환과 일본의 21개조 요구 반대 요구가 일본의 방해로 좌절

② **전개**: 베이징 대학생들의 대규모 시위 → 베이징 정부(단치루이 정부)의 탄압 → 전국↑

③ **주장**: 반제국주의·반군벌 운동 전개

④ **결과**
- 베이징 정부의 파리 강화 조약 조인 거부
- 베이징 정부의 친일 고위 관료 파면
- 중국 국민당(1919)과 중국 공산당(1921) 창당

◇ **아나키스트와 볼세비키 논쟁**

신문화 운동 초기 중국 청년들은 아나키즘에 열광하였다. 그러나 1921년 중국 공산당이 결성될 즈음 아나키즘의 인기는 시들해지고 공산주의가 확산되었다. 아나키스트와 볼세비키 논쟁의 핵심은 무산계급 독재에 대한 관점, 개인의 자유와 당의 규율 문제 등을 두고 첨예하게 대립하였다. 아나키스트들은 즉각적인 국가의 폐지와 개인의 자유의 절대적 보장을 주장하였다. 이에 반해 볼세비키들은 사회주의 혁명을 위해 과도기적인 프롤레타리아의 독재는 필수적이며 개인은 당의 규율에 절대적으로 복종해야 한다고 주장하였다.

◇ **후스**

후스는 1910년 미국으로 건너가 공부하며, 철학자인 존 듀이로부터 실용주의의 영향을 받았다. 귀국 후 베이징 대학에서 근무하였다. 백화문으로 글을 써 발표해 문학 혁명을 일으키며 백화문이 표준어가 되는 데에 기여했다. 천두슈가 공산당 서기로 활동하면서 『신청년』이 공산당 기관지처럼 되자, 이에 반발하여 자유주의적 성향의 『노력잡지』를 발간하였다. 한편, 리다자오 등은 월간인 『신청년』으로는 변화하는 사회현실을 제대로 반영할 수 없다고 하면서 직접적인 정치 행동을 추구하는 방향으로 나아가 『매주평론』을 발행하였다. 또한 후스는 1920년대 말 전면적인 서구화를 주장하는 전반서화론을 주장하였다.

◇ **안휘파와 직예파**
위안스카이 사후 군벌은 여러 개의 파벌로 분화되었다. 가장 대표적인 파벌이 안휘파, 직예파, 봉천파였다. 안휘파의 지도 인물은 돤치루이였으며, 그는 일본의 지원을 받고 있었다. 직예파는 펑궈장, 우페이푸 등이 중심이었다. 봉천파는 장쭤린이 이끌었다. 일본은 처음에는 안휘파를 지원했으나 직예파가 승리한 이후에는 봉천파를 지원하였다. 이들은 여러 번에 걸쳐 이해관계에 따라 이합집산을 하였다.

◇ **2차 직봉전쟁**
1차 직봉전쟁에서 승리한 직예파는 법통을 회복하고 자유주의적 지식인 다수를 포함한 내각을 조직하였다. 그러나 직예파는 국회의원을 매수 조곤을 총통으로 선출했는데, 이에 대한 반대운동이 전국적으로 확산되었다. 이러한 상황에서 2차 직봉전쟁이 발생하였다. 직예파 군벌이었던 풍옥상이 봉천파와 밀약을 맺고 베이징으로 회군해 조곤 총통을 연금하고 국회를 해산시키는 정변을 일으켰다.

◇ **선후회의**
2차 직봉전쟁 직후 임시정부 집정으로 추대된 돤치루이는 베이징에서 선후회의(善後會議) 조례를 공포하여 각지의 군사 지도자와 정치가, 지식인 등에 의한 협의 기관 설치를 시도하였다. 1925년 1월 쑨원은 선후회의에 인민단체의 대표를 참여하게 하고, 최종 결정권은 국민회의에 맡겨야 한다고 주장하였으나, 돤치루이는 이를 무시하고 선후회의를 개최하였다. 이에 중국국민당은 선후회의 참석을 거부하였다.

(3) 군벌 시대와 국민혁명

1) 군벌 시대의 시작
   ① 군벌 등장
   - 위안스카이 사망 후 군벌 시대 등장
   - 직예파와 안휘파가 권력을 장악하기 위해 대립

   ② 돤치루이(단기서) 정권(1917)

구성	• 총통은 리위안훙(여원홍), 부총통은 직예파인 펑궈장(풍국장), 국무총리는 안휘파인 돤치루이(단기서) • 실권은 돤치루이가 장악
부원의 쟁	• 돤치루이는 중앙집권 국가 구상 → 국회와 대립 심화 • 의회에 호의적인 리위안훙은 펑궈장(풍국장)의 지지를 얻고 돤치루이와 대립 • 제1차 세계대전 참전을 두고 대립
장쉰 정변 (1917)	• 돤치루이는 국회를 압박하여 참전안을 가결시킴 → 리위안훙이 돤치루이를 파면(1917.5) → 돤치루이는 각 성이 중앙정부로부터 독립 선언하게 함 • 리위안훙이 장쉰(장훈)을 베이징으로 불러 들임 → 장쉰이 청 정부를 복구시키는 복벽 시도 → 선통제가 12일간 복벽 후 실패 → 돤치루이 정부 수립(1917)
니시하라 차관 (서원 차관)	• 제1차 세계대전 참전 비용 마련과 군사력 강화를 위해 일본으로부터 차관 도입 • 일본이 산둥의 독일 이권을 계승 받는것에 동의

2) 군벌 시대 전개
   ① 펑궈장과 돤치루이 대립
   - 쑨원이 1차 광동 정부 수립(1917.6)
   - 통일 방식을 두고 펑궈장과 돤치루이 대립

펑궈장(풍국장)	평화(협의)를 통한 중국 통일
돤치루이(단기서)	무력으로 중국 통일

   ② 안복(안푸) 국회(1918.5)
   - 돤치루이가 국회의원 선거(1918.3)에서 일본 자금을 이용해 자신과 친한 안푸 구락부를 국회의 다수파로 만듬
   - 안복국회에서 쉬스창(서세창)을 대총통으로 선출

   ③ 중일 공동 방적 협정(1918.5)
   - 러시아의 혁명 세력에 대한 공동 방어
   - 일본군의 중국 내 자유로운 행동, 군사 기지 설정, 일본군에 대한 중국군의 예속을 초래
   - 일본에서 유학하고 있던 학생들이 귀국하여 학생 구국회 조직 → 국민 잡지사를 결성하여 『국민잡지』 발행

   ④ 군벌 전쟁

안·직 전쟁(1920.7)	안휘파 ↔ 직예파(오페이푸)·봉천파(장쭤린) → 직예파·봉천파 승리
1차 직·봉 전쟁(1922)	직예파 ↔ 봉천파·안휘파(단치루이)·쑨원 → 직예파 승리
2차 직·봉 전쟁(1924)	직예파 ↔ 봉천파 → 봉천파 승리

   ⑤ 돤치루이 정부 수립(1924) : 선후회의 소집 제창
   - 헌법기초위원회 소집

- 국민대표회의 조직 대강 작성

3) 쑨원의 활동

① 1차 광동(광저우) 정부(1917.9): 서남 군벌들과 연합하여 정부를 세우고 호법 운동 전개

② 중국 국민당 결성(1919.10) : 중화혁명당을 개편하여 대중 정당인 중국 국민당 결성

③ 2차 광동 정부(1920.11) : 비상대총통에 취임하고 북벌 시도 → 진형명(천중밍)의 반란으로 광동 정부 탈출(1922)

④ 3차 광동 정부(1923.3)
- 쑨원이 천중밍을 축출하고 수립
- 펑위샹(풍옥상)의 요구로 군벌과 협상하기 위해 북상 도중 베이징에서 사망(1925.3)

⑤ 연성자치운동
- 각 성이 성 헌법을 제정하고 자치정부 수립 → 군벌 내전을 종식시키고 연방 정부 형식의 통일 국가 수립 주장
- 쑨원은 연성자치운동을 반대
- 2차 직봉전쟁이후 소멸

4) 제1차 국공합작(1924~1927)

① 국민당 개진 선언(1923.1): 교육, 선거제, 기본권 보장과 사회경제의 균등 발전 주장

② 손·요페 선언(1923.1)
- 연소·용공에 기초한 국공합작 선언
- 소련은 중국에 군사·정치 고문을 파견하고 재정 지원을 하며, 국민당의 군관학교 설립 지원

③ 국민당 제1차 전국대표회의(1924.1)
- 국민정부 수립 목표
- 3대 정책: 연소, 용공, 농공부조
- 신삼민주의 발표: 민족주의, 민권주의, 민생주의
- 황포 군관학교 설립(1924.6)
- 농민 운동 강습소 설립
- 제국주의 타도와 불평등 조약 폐기

④ 국민정부건국대강 발표(1924.4)
- 삼민주의와 5권 헌법에 기초한 중화민국의 건설
- 군정(軍政). 훈정(訓政). 헌정(憲政)의 세 단계로 나누어 수행

◇ **국민당 개조 운동**

쑨원의 국민당 개조는 '당국가체제'로 당을 탈바꿈시켜 나가는 것을 의미한다. 우선 조직개편을 추진했다. 기존 삼부제(총무, 당무, 재정) 외에 선전부와 교제부(交際部)를 증설했다. 아울러 법제, 정치, 군사, 농공, 부녀 등 문제를 다룰 5개 위원회를 설치하고 별도로 중앙간부회의를 설립했다. 그리고 총리에게 사실상 당 인사에 대한 최고 임면권과 결정권을 부여했다. 쑨원의 개인 권위 강화는 1922년 하반기 국민당 개조, 국공합작, 소련과 연대(連帶)로 구체화되었다. 결국 '당국가체제' 초기 당에 의한 국가건설(以黨建國), 당에 의한 통치(以黨治國), 일당독재(一黨專制) 등의 내용이 이 시기에 형성되었다.

◇ **중산함 사건**
1926년 3월 18일에 발생한 이른바 중산함(中山艦) 사건은 중산함장이었던 이지룡이 군함을 광동에서 황포로 돌린 것을 장제스가 자신에 대한 쿠데타로 여겨 3월 20일 이지룡과 소련인 고문단을 체포한 것이었다. 이때 보로딘은 소련에서 중국 정세를 시찰하러 온 사절단을 접견하기 위해 베이징에 가 있었고, 장제스 역시 황푸군관학교를 떠나 광저우에 있었다. 누가 중산함을 황푸군관학교로 회항하도록 명령했는지는 밝혀지지 않았고 따라서 이 사건의 진상 역시 미궁에 빠졌다. 그러나 중요한 것은 이 사건을 계기로 장제스가 국민당 내에서 자신의 입지를 확고히 했다는 사실이다.

3 국민혁명과 2차 국공 내전

(1) 국민혁명

1) 북벌 시작(1926.7)과 장제스 집권

① 5·30 운동
- 상하이 공공 조계의 일본계 방직 공장에서 일본인 직원의 발포로 중국인 노동자 사망(5.16) → 상하이 조계에서 경찰의 발포로 13명 희생자 발생(5.30)
- 학생과 상인, 노동자들이 파업에 돌입, 공상학연합회가 결성되어 외국 상품 불매 운동 전개
- 광저우의 영국·프랑스 조계인 사면에서 5·30 운동 지원 파업 발생(6.23) → 시위대에 대한 발포로 52명 사망
- 5·30 운동은 반제국주의 민중 운동으로 확산 → 북벌 시작

② 북벌 시작
- 1926년 5월 국민 혁명군이 후난을 공격하면서 북벌 시작
- 국민 혁명군의 사기↑ + 민중 동원을 중심으로 한 정치 공작 → 우페이푸의 군대 격파하고 10월에 우한 점령
- 펑위샹 국민혁명군에 합류 → 산시 지배

③ 장제스의 집권과 1차 국공합작 붕괴
- 중산함 사건(1926.3)◇으로 장제스의 국민당내의 영향력↑ → 공산당 세력↓
- 장제스의 4·12 쿠데타
  ㉠ 노동자와 중국공산당의 무장봉기(1927.3)로 상하이 지배 → 4·12 쿠데타 발생
  ㉡ 장제스는 난징 정부 수립하여 우한 정부(국민당 좌파 + 공산당)와 대립
- 우한 국민정부는 코민테른의 '5월 지시'◇를 폭로(1927.7.15.)하고 공산당원의 직무 정지 결정 → 제1차 국·공 합작 붕괴
- 통일된 국민 정부 수립 : 장제스가 하야(1927.8)하고 왕징웨이 사퇴한 뒤 난징에 통일된 국민 정부 수립

④ 북벌 재개 : 장제스 복귀(1928.1) → 북벌 재개(1928.4) → 북벌과 전국 통일 완성 선언(1928. 6.15)

⑤ 일본의 산둥 출병
- 1차 파병(1927.5) → 2차 파병(1928.4) → 국민당군과 일본군이 충돌하는 제남(지난) 사변(1928.5) 발생
- 장쭤린 폭사 사건(1928.6.4) → 장쭤린의 아들 장쉐량의 국민당 정부 가담(1928.12.29.)

[국민혁명(북벌)]

◇ **코민테른의 '5월 지시'**
국제공산당 조직인 코민테른은 장제스 4·12 쿠데타 이후 '중국문제결의안'을 발표하였다. 그 내용은 중국 국민당에게 극좌적인 행동을 촉구하는 것이었다. 토지혁명의 단호한 실행, 우한 정부와 국민당의 재개조, 2만 공산당원의 무장, 5만 노동자·농민의 국민혁명군 가입, 반동적인 우한 정부의 군 간부 처벌 등을 지시하였다.

(2) 장제스의 난징 정부와 중국공산당의 발전

1) 반장 전쟁(1929.3~1930.10)
   ① 편견회의 개최(1929.1) : 북벌 완성 후 군대를 축소하기 위한 편견회의 개최 → 군벌들의 반발
   ② 중원 대전
      - 펑위샹·옌시산·리쭝런·왕징웨이가 반장제스 연합 결성 → 장제스의 하야를 주장하며 중원대전(1930.5~1930.10) 발생
      - 베이징에 옌시산을 주석으로 하는 국민정부 수립 → 초기에는 장제스의 군대가 불리하였으나 장쉐량이 장제스 지지를 선언(9월)하고 장쉐량의 동북군의 지원으로 장제스 승리

2) 국민정부의 성립
   ① 훈정강령 6조(1928.10)
      - 훈정 기간 6년
      - 5원제 실시: 행정, 입법, 사법, 고시, 감찰
      - 중앙정치회의가 국민의 주권 행사를 지도함
   ② 국민정부조직법 발표(1928.10)
   ③ 3차 전국대표회의 개최(1929.3)
      - 국민당이 통치권 행사 → 필요시 당이 국민의 기본권 제한 가능 → 후한민 연금(1931,2)
      - 반장제스파인 왕징웨이, 쑨커, 리쭝런 등이 광저우에 '국민정부' 수립 선언(1931.5)
   ④ 중화민국 훈정 시기 약법(1931.5) : 훈정강령의 내용을 명문화
   ⑤ 만주 사변 이후 국민 정부
      - 만주 사변(1931.9.18.) 발생하고 장제스 하야
      - 광저우의 국민정부가 난징의 국민정부에 합류 → 1932년 1월 쑨커를 수반으로 하는 새로운 체제 출발
      - 쑨커의 국민정부 한 달 만에 붕괴 → 3월에 장제스가 군사위원회 위원장, 왕징웨이가 행정원장에 취임하여 '장왕 합작'체제 출범

3) 국민 정부의 발전
   ① 관세 자주권 확보 : 열강과의 조약 개정을 통해 관세 자주권 회복
   ② 경제 성장
      - 산업 진흥 정책을 통해 경공업 위주의 공업화 진전
      - 재정 수입 증가 : 관세율 인상, 이금 폐지(1931), 통일 소비세 신설, 염세 개정
      - 은본위제를 폐지하고 법폐로 통일(1935) → 환율 안정과 경기회복
   ③ 향촌 건설 운동 지원 : 향촌 자치와 교육 보급을 통해 향촌의 생활 개선 추진
   ④ 신생활운동 추진(1934) : 예의염치의 원칙에 따라 유교적 도덕의 회복과 사회적 악습 타파 시도

◇ 편견(編遣)회의

북벌을 완수한 장제스가 1929년 1월 난징에서 군대 감축과 재편을 논의하였다. 모든 군벌들이 군대 축소라는 원칙에는 찬성했으나 구체적인 방안에 대해서는 의견이 분분하였다. 이 회의에서 장제스가 전국 8개의 편견구 가운데 4개를 차지하면서 자신의 군세 확충을 도모하자 리쭝런(이종인), 펑위샹 등이 반발하면서 반장제스 전쟁이 시작되었다.

4) 공산당의 성립과 발전
① **중국 공산당 결성** : 1921년 중국공산당 결성 → 천두슈가 서기장에 선출 → 1차 국공합작에 참여
② **1차 국공합작 결렬** : 장제스의 4·12 정변과 코민테른의 5월 지시를 계기 → 1차 국공합작 결렬 → 코민테른은 천두슈의 '우경 기회주의 노선'를 몰아 축출
③ **좌경 모험주의** : 천두슈 추방 이후 취바이추(구추백)의 폭동 노선과 리리싼의 급진 노선
- 주더, 예팅 등이 난창 봉기(1927.8)를 시도 했으나 실패
- 추수 봉기(1927.9)를 시도하였으나 실패 → 소비에트 정권 수립 시도 → 후난 성의 창사를 점령하고 후난 성 소비에트 정부 수립(1930.7) → 실패
④ **28인의 볼세비키 집권** : 1930년 9월의 공산당 6기 3중전회 이후 왕민 등의 소련 유학파(28인의 볼셰비키)가 당의 주도권 장악
⑤ **징강산에 근거지 마련** : 추수 봉기 실패 후 마오쩌둥은 징강산으로 들어가 활동 → 국민당의 공격을 막아낸 뒤 토지개혁 실시
⑥ **마오쩌둥** : 중화소비에트 제1차 전국대표회의 소집(1931)
- 헌법 대강, 노동법, 토지법을 통과
- 마오쩌둥이 중앙집행위원회 주석, 주더가 혁명군사위원회 주석으로 선출
⑦ **대장정**

◇ **쭌이 회의**
대장정 도중 구이저우성(귀주성) 쭌이에서 열린 회의다. 마오쩌둥을 비롯한 비당권파가 당시 당권파였던 왕밍(왕명)을 비롯한 28인의 볼셰비키를 비판하였다. 마오쩌둥은 당권파들이 국민당군의 공격에 맞서는 방법과 혁명 노선을 비판하였고, 그 결과 마오쩌둥이 당권을 장악하게 되었다.

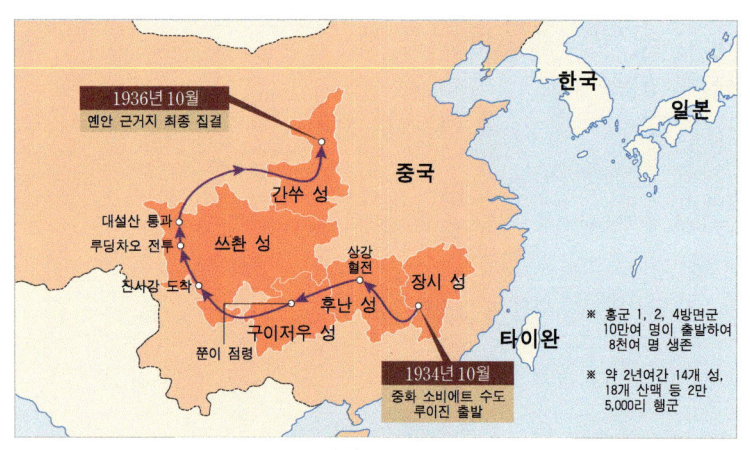

[공산당의 대장정]

- 국민당의 제5차 포위 공격 후 징강산을 탈출하여 대장정 시작(1934.10)
- 쭌이 회의(1935.1) : 28인의 볼셰비키 권력 상실 → 마오쩌둥이 당 지도권 장악
- 장궈타오의 제4방면군은 쭌이회의 결정에 이견 제시하고 당 개조 요구(1935.6) → 스스로 제2중앙을 수립하였으나 실패
- 당 중앙은 1935년 10월 19일 산시 성의 우치진에 도착하여 대장정 완료

(3) 제2차 국공합작과 항일 전쟁

1) 만주 사변 (1931)
   ① 배경
   - 일본 군국주의 분위기↑
   - 대공황으로 인한 일본의 경제 불황↑
   - 런던 회의 결과 강대국에 비해 잠수함과 보조 함대 적게 보유 → 일본 군부의 위기감↑

   ② 전개
   - 류탸오후 사건(1931.9.18.) → 만주국 수립(1932)
   - 상하이 사변(1932.1) → 만주사변의 국제적 관심을 돌리기 위한 전쟁 → 상해 정전협정으로 일본군 상하이에서 철수(1932.7)
   - 반만 투쟁 : 동북인민혁명군 결성(1934) → 동북항일연군(1936)

   ③ 결과
   - 국제 연맹의 일본 침략 규탄 및 철수 요구(리튼 조사단 보고서) → 일본의 국제 연맹 탈퇴 (1933)
   - 당고(탕구) 정전협정(1933.6) : 중일 양군 사이의 비무장 지대 설정과 만주국 인정

2) 제2차 국·공 합작(1937~1946)
   ① 일본의 화북 분리 공작
   - 계기 : 톈진조계 내의 친일계 신문사 사장 암살 사건(1935.5)
   - 전개

우메즈-허잉친 협정 (매진-하응흠 협정)	· 1935년 6월 체결 · 국민당군이 허베이성에서 철수 · 항일 여론 금지
돈목방교령(1935.6)	반일 운동 엄격히 단속
기동방공자치위원회 설립(1935.11)	· 일본 군부 세력이 화북 분리 시도 · 기동자치 방공 정부 수립

   ② 중국 공산당의 8·1 선언(1935) : 국민당과 연합하여 항일 전선 결성 촉구
   ③ 12·9 운동(1935)
   - 일본의 화북분리 공작에 대한 반발
   - 베이징에서 '화북 자치'를 반대하는 학생들의 대규모 반일 시위 발생 → 상하이에서 구국회 운동 전개
   - 전국각계구국연합회 조직 → 항일을 위한 거국일치 정부 수립 압력
   ④ 시안 사건(1936.12) : 장쉐량이 주도 → 내전 정지를 비롯한 8개조 요구
   ⑤ 루산 담화(1937.7.17.) : 루거우차오 사건 직후 장제스는 대일 항전 결의
   ⑥ 2차 국·공합작(1937.9)
   - 공산당의 소비에트 정부를 국민정부 소속의 하나의 변구로 취급
   - 홍군을 국민혁명군 제8로군으로 편입
   - 공산당군에 대한 무기 공급 약속
   - 국민참정회의에 공산당의 참가 허용

◇ 루거우차오 사건

루거우차오(노구교)는 1192년에 베이징 근교 융딩강에 세워진 아치형의 돌다리다. 마르코폴로가 루거우차오를 '세계에서 가장 아름다운 다리'라고 표현하여 '마르코 폴로 다리'라고도 불린다. 1937년 7월 7일, 루거우차오 근처에서 야간 훈련을 하던 일본군을 향해 몇발의 총성이 울렸다. 발포가 어느 쪽에서 이루어졌는지 불분명 하였으나, 일본군은 중국군으로부터 사격을 받았다고 주장하며 다음날 새벽 루거우차오를 점령하였고 이것이 중일 전쟁의 원인이 되었다.

◇ 당고(탕구) 정전 협정
만주사변을 일으킨 일본군이 만리장성을 넘어 1933년 5월 베이징에 접근하자, 중국과 일본의 정면 충돌이 불가피해졌다. 이에 중일 양국은 톈진의 외항인 탕구에서 정전 협정을 체결하였다. 중국군은 허베이성(하북성) 동북부로부터의 철수하고, 일본군은 만리장성으로 복귀하며, 양군 중간 지대의 치안유지는 중국경찰이 담당한다는 것 등을 합의하였다.

◇ **백단대전**
팔로군은 1940년 8월 화북의 5개 성에서 백단(백개의 연대)을 동원하여 일본군을 대대적으로 공격하여 일본군 2만 5천명이 사살되고 480Km의 철도선이 파괴되었다. 기존 팔로군의 유격전술에서 벗어나 대규모의 작전이 가능하다는 것을 보여준 전투로 장제스의 공산당에 대한 경계심이 강화되었다.

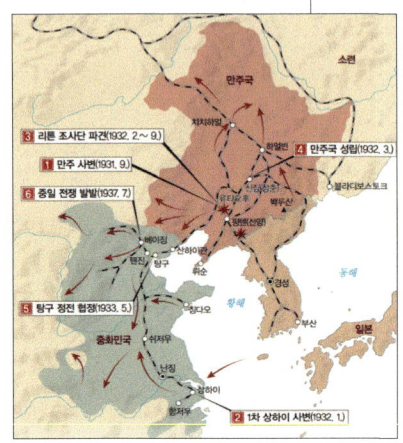

[일본의 중국 침략]

3) 중일 전쟁(1937~1945)

① **발발** : 베이징 근처의 루거우차오에서 중·일 양국 군대 충돌(1937. 7.7) → 중국 본토 공격

② **전개**
- 일본군이 상하이·난징 점령 → 난징 대학살(1937~1938)
- 일본이 주요 도시와 도로망 장악

③ **중국의 대응**
- 중국 국민당 정부는 충칭으로 이동하여 항일전 지속
- 임시전국대표회의(1938.3): 국민참정회 소집 약속, 언론의 기본권 보장, 경제개발 약속
- 중국 공산당은 유격전과 지구전 전개하며 온건한 정책을 통해 공산당 지지 세력 확대
- 백단대전(1940.8~1941.1)◇ : 팔로군이 일본군 공격 → 일본군의 삼광 작전 전개

④ **중국 국민당과 중국 공산당의 대립**
- 환남사변(1941.1): 홍군 계열의 신사군을 국민당군이 습격해 학살 → 국공합작은 유지
- 장제스의 독재 체제 강화로 민중들과 중간파 세력의 이탈
- 중국 공산당은 옌안에서 1942년부터 정풍 운동 추진 → 마르크스주의의 중국화를 내걸었으나 마오쩌둥 사상으로 귀의하라고 당 전체에 요구

⑤ **종전**
- 테헤란 회담(1943.11) : 스탈린은 독일과 전쟁을 종료한 후 대일 전쟁 참전 약속
- 얄타 회담(1945.2) : 중국 관련 비밀 조항 → 외몽골의 현상 유지, 다롄과 뤼순에 대한 소련의 권익 보장, 중동철도·만철선에 대한 중·소 합영과 소련의 특수 권익 보장
- 대륙타통작전(1944. 4) : 일본군의 최후 공세 → 주요 지역을 장악했으나 큰 의미 없는 작전
- 포츠담 선언(1945.7) : 일본은 소련의 참전 직후 8월 10일 천황제의 유지를 조건으로 포츠담 선언 수락의 뜻을 연합군에 전달
- 중소우호동맹조약 체결(1945.8.14.) : 중국은 얄타 밀약을 인정한 대가로 동북의 영토와 주권·행정권을 중국이 소유, 신장 관리권 회복, 중국공산당이 국민정부의 명령에 복종, 소련이 중국공산당을 지원하지 않겠다고 선언

● **자료탐구** ●

01. 중화민국 임시 약법

제1장 총강
제1조. 중화민국은 중화 인민이 이것을 조직한다
제2조. 중화민국의 주권은 국민 전체에 속한다.

제2장 인민
제5조. 중화 인민은 일률적으로 평등하며, 종족·계급·종교에 의한 차별이 없다.
제6조. 인민은 다음 항목의 자유권을 누린다.
 1. 인민의 신체는 법률에 의하지 않고서는 체포, 구금, 심문, 처벌되지 않는다.
 2. 인민의 가택은 법률에 의하지 않고서는 침입하거나 수색할 수 없다

제3장 참의원
제16조. 중화민국의 입법권은 참의원이 행한다.
제17조. 참의원은 18조에서 정한 각 지방에서 선거하여 파견한 참의원으로 조직한다

제4장 임시 대총통·부총통
제29조. 임시 대총통·부총통은 참의원에서 선거하며, 총원 3/4 이상의 출석으로 투표 총수의 2/3 이상을 얻은 사람을 당선자로 한다.
제30조. 임시 대총통은 임시 정부를 대표하여 정무를 총람하여 법률을 공포한다.
제31조. 임시 대총통은 법률을 집행하거나 아니면 법률의 위임에 기초하여 명령을 발포하거나 발포하게 할 수 있다.

자료 해석
제시문은 1912년 3월 10일에 제정된 중화민국 임시약법이다. 쑨원은 각 성의 대표로 임시 참의원(參議院)을 구성하고 총통 중심제의 '중화민국 임시 정부 조직 대강'을 내각 책임제의 '임시 약법(臨時約法)'으로 개정하였다. 이는 임시 참의원에서나 장차 소집될 국회에서 혁명 당인이 절대 다수를 점할 수 있었기 때문에 위안스카이에게 전권이 넘어가는 것을 막기 위한 조치였다. 그리고 위안스카이에게 난징에 정부를 둘 것과 난징에 와서 취임하고 임시 약법의 준수를 조건으로 제시하였다. 그런 다음 참의원에 사직서를 제출하고 원세개를 제2대 임시 대총통으로 추대하여 통과시켰다

02. 21개조 요구와 5·4운동

제1호 산둥성에 관한 건
제1조 중국은 독일이 산둥성에 관해 가지고 있는 권리·이익을 처분함에 있어서 앞으로 일본과 독일 간에 성립될 모든 협정을 승인할 것.

제2호 남만주 및 동부 내몽골에 관한 건
제1조 뤼순·다롄의 조차 및 남만주·안봉 두 철도의 기한을 다시 99년으로 연기할 것.
제2조 일본은 남만주와 동몽골에서 상공업 건물을 세우고 농사를 짓기 위해, 토지를 빌리거나 소유할 수 있는 권한을 얻을 수 있게 할 것.

제5호 중국 일반에 관한 건
 1. 중앙 정부에 정치, 재정 및 군사 고문으로 일본인을 초빙할 것
 2. 중국 내 일본 병원, 사원 및 학교의 토지 소유권을 인정할 것
 3. 필요한 지방에 경찰을 일·중 합동으로 하든가 또는 이러한 지방에 있는 중국 경찰 관청에 다수의 일본인을 초빙하도록 하여 중국 경찰 기관의 쇄신 확립을 도모하는 데 힘쓸 것
 4. 일본으로부터 일정 수량(예를 들면 중국 정부 보유 병기의 반수) 이상의 병기 공급을 받든가 또는 중국에 일·중 합판의 병기창을 설립하고 일본으로부터 기사와 재료의 공급을 받을 것

• 무릇 베르사유 평화회담이 열렸을 때 우리가 희망하고 경축한 것은 세계에 정의가 있고 인도가 있고 공리가 있다고 한 것이 어찌 아니었겠습니까? 칭다오(靑島)를 돌려주고 중국과 일본 사이의 밀약 및 군사 협정뿐만 아니라 기타 불평등 조약까지 취소하는 것이 바로 공리이고 정의입니다. 공리를 어기고 강권을 강요하여 우리의 토지를 다섯 나라가 공동 관리하여 우리를 독일이나 오스트리아와 같은 패전국 대열로 치부하는 것은 공리가 아니고 정의도 아닙니다. …… 산동(山東)이 망하면 중국도 망합니다. 우리 동포는 이 대지 위에,

이 산하 위에 같이 거주하면서 어찌 이처럼 광폭한 열강이 우리를 능욕하고, 우리를 압박하고, 우리를 노예로 삼고, 우리를 말과 소처럼 부리는 것을 보면서도 어찌 만에 하나라도 구해달라고 호소하지 않을 수 있겠습니까? …… 조선에서는 독립을 꾀하면서 "독립이 아니면 차라리 죽음을 달라"고 외쳤습니다. 무릇 국가의 존망과 영토의 분할이라고 하는 중대한 문제에 이르러서도 그 백성이 여전히 큰 결심을 내려 최후의 구원에 나서지 못한다면 그야말로 20세기의 천박한 종자로 인류에 끼지 못하게 될 것입니다. 우리 동포가 노예나 말과 소처럼 부려지는 고통을 참지 못하고 분발하여 구하려 나서고자 한다면, 즉 국민대회를 열고 노천강연을 행하며 뜻을 굽히지 않겠다고 전국에 전보로 알리는 것이 오늘의 급무입니다. 기꺼이 나라를 팔아먹고 멋대로 적과 내통하는 자에 대해서는 최후의 대응 방법 밖에 없으니 바로 권총과 수류탄에 의지하는 것입니다. 위기 일발의 순간이니 모두가 나서 꾀할 것을 바랍니다.

- 북경학생계선언(1919.5.4.) -

자료 해석

21개조 요구는 1915년 제1차 세계 대전 중 일본이 중국에 요구한 21가지 특혜 조건으로 대총통 위안스카이는 그 요구조건을 거의 들어주어 5·4 운동의 기폭제가 되었다. 그 내용을 보면 산둥성의 철도 부설권 및 독일의 권익을 일본에게 양도, 뤼순·다롄의 조차 기한을 99년으로 연장, 남만주와 내몽골에서 토지 임차권을 비롯한 일본의 특수한 권익의 인정과 함께 중국 정부에 일본인 고문을 초빙하는 것이었다. 1차 세계 대전이 끝나고 열린 파리강화 회의는 식민지 약소국에게 많은 기대를 불어 넣었다. 한국인들이 독립의 열망을 안고 3·1 운동을 일으킨 것처럼, 중국인들도 중국이 열강의 속박에서 벗어날 수 있는 기회라 생각하였다. 그러나 승전국 일본이 제출하였던 21개조 요구를 파리 강화 회의가 받아들이면서 독일이 차지하고 있던 산둥 지역의 이권이 일본에 넘어갔다. 이에 맞서 1919년 5월 4일 베이징의 학생들이 친일 매국노를 규탄하며 대대적인 시위를 전개하였고, 이는 전국으로 확산되었다. 결국 베이징 정부는 이에 굴복하여 파리 강화 조약에 대한 조인을 거부하였다.

03. 신문화 운동

- 현재 여론계가 처해 있는 큰 위험은 종이 위의 학설에 편향되어 중국의 오늘날의 사회적 수요가 도대체 무엇인지에 대해 실제로 고찰하지 않고 있는 것이다. …… 듣기 좋은 '주의'에 대해 공허하게 담론하는 것은 아주 쉬운 일로 개나 소나 할 수 있는 일이고, 앵무새나 유성기도 할 수 있는 일이다. …… 현재 중국이 해결해야 할 문제는 정말 많다. 인력거꾼의 생계 문제부터 대총통의 권한 문제까지, 매음문제부터 매국문제까지, 안후이파를 해산하는 문제부터 국제연맹에 가입하는 문제까지, 여자 해방으로부터 남자 해방 문제까지 …… 우리는 인력거꾼의 생계에 대해서는 연구하지 않으면서도 사회주의에 대한 고담준론을 늘어놓고, …… 안후이파를 어떻게 해산하고 남북문제를 어떻게 해결할 것인가를 연구하지 않으면서 무정부주의에 대해서는 고담준론을 늘어놓는다.

- 후스 '문제에 대해서는 많이 연구하고 주의에 대해서는 적게 말하자' -

- 나는 베이징을 떠날 때 후스[胡適] 선생이 발표한 글을 읽었습니다. 「문제를 많이 연구하고 주의를 적게 논하자」라는 선생의 글에 대해 약간의 감상을 적으려고 합니다. 나는 문제와 주의는 서로 분리될 수 없는 관계라고 생각합니다. 어떤 사회 문제를 해결하려면 많은 사람들의 공통된 문제로 상정하여, 많은 사람들이 먼저 공통된 목표라는 주의를 가지고, 그것을 사람들의 만족과 불만족을 헤아리는 표준, 즉 일종의 도구로 삼아야 합니다. …… 고백하건대 나는 스스로 볼셰비즘을 이야기하는 것을 좋아합니다. 당시 온 세상이 미친 것처럼 협약국의 전승을 축하할 무렵, 나는 「볼셰비즘의 승리」라는 글을 써서 『신청년』에 실은 바 있습니다. …… 결국 볼셰비즘의 유행은 실로 세계 문화상의 대변동이라고 생각합니다.

- 『신청년』과 『매주평론』의 동인들이 러시아의 볼셰비즘에 대해 이야기한 글은 아주 적습니다. 천두슈 선생과 후스 선생 등의 사상 운동과 문학 운동은 일본 니찌니찌신문(日日新聞)의 비평에 따르면 또한 지나(支那: 중국) 민주주의의 정통 사상이라고 하겠습니다. 한편으로는 낡고 완고한 사상과 분전을 하면서 다른 한편으로는 러시아 볼셰비즘의 조류를 막으려는 것입니다. 나는 자백하건대, 스스로 볼셰비즘을 이야기하는 것을 좋아합니다. 당시 온 세상이 미친 것처럼 협약국의 전승을 축하할 무렵, 나는 '볼셰비즘의 승리'라는 논문을 써서 『신청년』에 실은 바 있습니다. 당시 듣기에 명허 선생은 볼셰비즘에 대한 불만을 가지고 있기 때문에 나의 볼셰비즘에 대한 태도에 대해서도 아주 불만을 품었다고 합니다.
혹은 내 이 논문이 『신청년』의 동인들에게 번거로움을 가져다주었다고도 합니다. 천두슈는 지금 감옥에 갇혀 있고, (후스) 선생 역시 과격당(즉 볼셰비키)이라는 이름을 뒤집어쓰게 되었으니, 이것은 내 죄라고 하지 않을 수 없습니다. 하지만 나는 결국 볼셰비즘의 유행은 실로 세계 문화상의 대변동이라고 생각합니다 우리는 응당 그것을 연구하고, 소개하여 그 실상을 인류 사회 앞에 공포해야지, 남들이 그들에 대해서 만들어 낸 유언비어를 그대로 믿어 포악하고 잔인하다는 이야기로 그들의 모든 것을 말살해 버려서는 안 됩니다. 따라서 그들이 '여성의 국유'를 실행한다는 이야기를 듣게 되면, 바로 정리에 따라 이것은 사람들이 그들에게 뒤집어씌운 유언비어라는 것을 단정할 수 있습니다.

– 이대조, 『매주평론』 35호(1919.8) –

자료 해석
첫 번째 글은 후스가 쓴 '문제를 많이 연구하고 주의를 적게 논하자'는 글이며, 두 번째 글은 후스의 글에 대한 리다자오의 입장을 밝힌 것이다. 세 번째 글은 5.4 운동 직후 리다자오가 스스로 볼셰비즘을 믿게 되었다고 고백하는 내용을 담고 있다. 신문화운동기의 '민주주의와 과학'이란 사상적 흐름에서 사회주의로의 전환이 이루어지는 당시의 사상적 상황을 보여주고 있다.

04. 제1차 국공합작

국민당의 주의는 무엇인가? 바로 쑨원 선생이 제창한 삼민주의가 바로 그것이다. 이 주의에 기초하여 정강을 마련하고, 우리는 구국의 길은 이것 외에는 없다고 생각한다. 한 걸음씩 착착 진행되는 국민혁명은 모두 응당 이러한 원칙에 따라야 한다. 이번에 국민당이 의연하게 개조에 나선 것은 조직 및 규율을 강화하는 데 뜻을 두었다. 즉 당원이 각자 최선의 능력을 다하여 노력하여 분투함으로써 주의의 관철을 추구하려는 것이다. 작년 11월 25일 쑨원 선생의 연설과 이번 대회에서 쑨원 선생이 중국의 현상 및 국민당의 개조 문제에 대해 행한 연설은 아주 자세한 내용이다. 여기에 종합하여, 삼민주의(三民主義)에 대하여 정중하여 밝혀두고자 한다. 반드시 이 주의의 진정한 해석에 대해서 분명히 이해한 다음에야 중국의 현상에 대하여, 그리고 이것을 구제할 방책에 대하여 비로소 의거할 바가 있게 되기 때문이다.
(1) 민족주의. 국민당의 민족주의는 두 방면의 의의가 있다. 하나는 중국 민족이 스스로 해방을 추구한다는 것이다. 다른 하나는 중국 경내 각 민족의 일률적인 평등이다.
(2) 민권주의. 국민당의 민권주의는 간접 민권 외에 다시 직접 민권을 실행하는 것이다. 즉 국민이 된 사람은 선거권을 가질 뿐만 아니라 창제(創制)·부결(復決)·관리 파면(罷官) 등 모든 권리를 가진다는 것이다.
(3) 민생주의. 국민당의 민생주의에서 가장 중요한 원칙은 다음 두 가지를 벗어나지 않는다. 첫째는 지권을 평균하게 하는 것(平均地權)이고, 둘째는 자본을 절제하는 것(節制資本)이다.

– 1924.1.23. –

자료 해석
쑨원은 1919년 5·4 운동의 영향을 받아 중국 국민당을 결성하여 혁명의 활성화에 노력하였다. 별 진전이 없자 소련 원조 아래 1924년 중국 공산당의 이중 당적을 허용한 제1차 국·공 합작을 실시하였다. 이 선언은 제1차 국공합작이 이루어졌을 때 중국국민당에서 발표한 대회 선언으로 이 당시 중국 국민당의 정치적 성격을 가장 잘 보여주고 있는 자료이다.

05. 북벌 운동의 목적과 전개 과정

중국 인민이 곤란한 모든 원인은 제국주의자의 침략과 매국 군벌의 폭력과 학대에 있으며, 중국 인민의 유일한 통일 정부를 건설하지 못한 것도 이들이 장애가 되었기 때문이다. …… 중국 인민이 유일하게 간절히 바라는 통일 정부를 건설하고 국민 혁명의 근거지를 튼튼히 하기 위해 매국 군벌 세력을 제거해야 한다. 우리 당은 …… 평소에 우리 당의 주장과 정강에 동의하는 사람은 모두 우리 당의 작전에 참가하기를 바란다. 그러면 군벌 세력의 몰락이 더욱 신속하게 이루어질 것이며, 통일 정부의 건설을 더욱 보장하여 국민 혁명이 머지않아 달성될 것으로 생각한다.

– 중국 국민당 중앙 집행 위원회의 선언, 1926 –

자료 해석
국민혁명군 총사령관에 오른 장제스는 북방의 군벌을 정벌하는 북벌에 나서게 되었다. 근거지인 광저우를 출발하여 1년도 안되어 남부 지방을 석권하였다. 제1차 국공합작이 와해된 후 장제스는 다시 북벌을 단행하여 베이징에서 장쭤린을 만주로 몰아내고 중국을 통일하였다.

06. 리튼 조사단 보고서

1. 동북(만주) 지역은 원래부터 중국의 일부이다.
2. 일본군의 행위는 합법적인 자위 수단으로 볼 수 없다.
3. (만주국) 정부의 수반은 명목상 만주인이지만, 실권은 일본 관리와 그 고문들의 손에 놓여 있다. 현지의 중국인들이 보기에 만주국은 완전히 일본인을 위한 도구이다.

자료 해석
중국이 만주 사변을 국제 연맹에 제소하자 국제 연맹은 리튼을 대표로 하는 조사단을 파견하였다. 그리고 리튼 조사단은 만주국이 일본인을 위한 수단에 불과하다는 내용의 보고서를 제출하였다. 국제 연맹은 이를 토대로 일본군의 철수를 결의하였지만, 일본은 국제 연맹을 탈퇴해 버렸고, 이로써 워싱턴 체제는 붕괴하였다.

07. 중화민국훈정시기약법

국민정부는 혁명적 삼민주의와 오권헌법(五權憲法)에 기초하여 중화민국을 건설하고자 한다. 이미 군정(軍政) 시기에서 훈정(訓政) 시기로 들어왔으므로 응당 약법을 공포하여 공동으로 준수함으로써 헌정(憲政)을 촉성하고, 민선정부에게 정치를 넘기도록 해야 할 것이다. 이에 중화민국을 창립한 중국 국민당 총리의 유촉에 따라 국민회의를 수도에서 소집하고, 국민회의에서 「중화민국훈정시기약법」을 다음과 같이 제정하였다.

제1장 총강
제1조 　중화민국의 영토는 각 성 및 몽고·서장으로 한다.
제2조 　중화민국의 주권은 국민 전체에 속한다. 무릇 법률로 중화민국 국적을 누리는 사람을 중화민국 국민으로 삼는다.
제3조 　중화민국은 영원히 통일공화국으로 한다.
제4조 　중화민국의 국기는 홍색 바탕에 왼쪽 위의 모퉁이에 청천·백일을 넣는다.
제5조 　중화민국의 국도는 남경으로 정한다.

제3장 훈정강령
제28조 　훈정시기의 정치강령 및 그 실행은 건국대강(建國大綱)의 규정에 따른다.
제29조 　지방자치는 건국대강 및 지방자치개시실행법의 규정에 따라 추진한다.
제30조 　훈정시기에는 중국국민당 전국대표대회가 국민대회를 대표하여 중앙통치권을 행사한다. 중국국민당 전국대표대회가 폐회하였을 때에는 그 직권을 중국국민당 중앙집행위원회가 행사한다.
제31조 　선거·파면·창제·부결 네 가지 권리의 행사는 국민정부에서 훈도한다.
제32조 　행정·입법·사법·고시·감찰 다섯 가지 통치권은 국민정부가 행사한다.

— 1931.6.1. —

자료 해석
중화민국훈정시기약법은 1928년에 발표된 훈정강령 6조를 명문화한 것이다. 훈정강령에서는 6년간 훈정을 규정하였고, 중앙정치회의가 주권행사를 주도한다고 규정하였다. 훈정시기약법은 헌정의 전(前) 단계를 준비하기 위한 일종의 교육 기간(훈도)으로 설정되어 있지만, 그 동안에는 중국국민당(전국대표대회나 중앙집행위원회)이 모든 권력을 행사하는 이당치국(以黨治國)이라는 일당독재의 원리가 관철되고 있으며, 언제 훈정에서 헌정으로 이행하는지 명확한 규정이 없어 국민당의 일당독재체제를 장기화할 가능성이 있었다.

08. 청화대학 구국회에서 전국 민중에게 알리는 글(1935.12.9.)

친애하는 동포 여러분! 화북은 자고로 중원의 땅인데 현재는 화북의 주권이 동삼성·러허의 뒤를 이어 [일본에게] 잘려 나가는 것을 우리는 목격하고 있습니다 이것은 아주 분명한 사실이고, 목전에 우리의 우방이 우리에게 요구하는 것은 21개조보다 훨씬 더 가혹한 것인데, 거국상하에 이에 대해 아무런 동정을 보이지 않고 있으니, 16년 전의 위대한 5·4운동을 되돌아 보건대, 정말 부끄럽기 짝이 없습니다. 위기가 날로 심해지는 갈림길 위에서 시대를 위해 응당 맡아야 할 사명을 다하지 못하고, 사회를 이끄는 몇몇 엘리트나 학자들을 가볍게 믿어 버려, 사람들의 달콤한 속삭임을 따라 학생의 본분은 단지 학교에서 죽어라 공부하는 것뿐이라고 잘못 생각했던 것입니다. "당연히 대응 방법이 있을 것"이라는 당국자의 발언을 맹목적으로 믿고, 최근 몇 년 동안 단지 "경서를 읽자", "공자를 존중하자", "예의염치"라는 분위기 아래 안배되어 모색하면서, 민족 부흥의 기적을 멍청하게 기다리고 있었던 것입니다. 현재 모든 환상은 너무도 확실한 사실에 의해 분쇄되어 버렸습니다! ……우리는 높이 흔들며 피맺힌 목소리로 전국 민중에게 큰소리로 외칩니다. 중국은 전국 민중의 중국이며, 전국 민중은 모두가 중국 민족을 보위하는 책임을 져야 합니다! 일어섭시다! 크나큰 고통 속에 빠진 동삼성의 동포와 남의 도마에 오른 고기가 되어 버린 화북의 대중이여! 우리는 이미 내버려진 의지할 데 없는 난민이며, 단지 항쟁만이 우리가 죽음 속에서 찾을 수 있는 유일한 출로입니다. 우리의 목표는 동일합니다. 스스로 일어나 스스로의 민족을 보위하는 것입니다! ……

자료 해석
1930년대 난징의 국민정부는 우선 내부를 안정시킨 다음 국력을 키워 외국의 침략에 대응한다는 안내양외 정책을 내세웠다. 하지만 일본 제국주의 세력은 만주사변을 일으켜 만주를 점령한 후 중국의 화북 지방까지 요구하였다. 이에 국민정부가 당고협정을 통해 화북 일부 지방에서 물러나는 모습을 보이자, 칭화대학 구국회가 중심이 되어 일본의 화북 지배에 반대하는 운동을 전개하였다.

09. 8·1 선언
소비에트 정부와 공산당은 즉각 중국 각 당파, 각 단체 및 일체의 지방군정기관과 국방정부 공동 수립의 문제에 대해 담판을 진행시키고, 그 결과 수립되는 국방정부는 당연 구망도존의 임시 지도 기관으로 되어야 하며, 이 국방정부는 또 당연히 전체 동포의 대표기관으로 되어 구체적으로 항일구국에 관한 각종 문제를 토론해야 한다고 생각한다. 국민당 군대가 소비에트 지역 공격을 그만두면, 또 어떠한 군대라도 대일항전을 실행하기만 하면, … 홍군과의 사이에 어떠한 원수와 원망이 있고 또국내 문제로 어떠한 차이점이 있다고 해도, 그에 관계없이 홍군은 즉시 적대 행동을 정지하고 친밀히 손을 잡고 함께 구국하기를 원한다.

– 항일구국을 위하여 전국 동포에게 고하는 서 –

자료 해석
일본군의 화북분리 공작에 대한 전국적인 반대 운동이 시작되는 가운데 중국 공산당은 8·1 선언을 발표하였다. 8·1 선언은 국민당군이 홍군에 대한 공격을 중지하면 함께 구국에 나설 용의가 있다고 하여 목전에 임박한 일본의 중국 침략에 대하여 일치단결해서 나설 것을 호소하였다.

10. 시안 사건
1. 국민당과 국민 정부를 개조하여 친일파를 쫓아내고 항일 분자를 영입한다.
3. 초공(공산당 토벌)정책을 정지하고 홍군(紅軍)과 연합하여 항일한다.
4. 각당·각파·각계·각군의 구국 회의를 소집하여 항일 구국의 방침을 결정한다.
5. 중국의 항일에 동정하는 국가와 동맹 관계를 수립한다.
6. …… 서북의 군정은 장쉐량, 양후청에 맡긴다.

자료 해석
자료는 시안 사건의 결과 체결된 협정의 내용이다. 시안 사건은 1936년 12월 장쉐량과 양후청이 시안을 방문한 장제스에게 '공산당 섬멸' 중단과 '연공항일(聯共抗日)'을 요구하며 그를 억류한 사건이다. 시안 사건으로 중국 국민당과 중국 공산당은 재합작하여 공동으로 항일 투쟁을 벌인다는 약속을 하였다. 이후 중·일 전쟁이 발발하자 제2차 국·공 합작이 이루어졌다.

11. 2차 국공합작
친애하는 동포 여러분! 중국 공산당 중앙 위원회는 최대한의 열정을 가지고 전국의 부모·형제·자매에게 선언합니다. 전쟁의 국난(國難)이 극단적으로 엄중하고 민족의 생명 존망이 경각에 달려 있는 시기에 우리는 조국의 위망을 구하기 위해, 평화적 통일과 단결 저항의 기초 위에서 이미 중국 국민당과 양해를 이루어 함께 국난에 대응하게 되었습니다. 이것은 우리 위대한 중화민족의 전도에 얼마나 엄중한 의미를 지니고 있습니까! 모두가 알고 있듯이 민족의 생명이 정말로 위험스러운 현재, 단지 우리 민족 내부의 단결이 일본제국주의의 침략에 싸워 이길 수 있게 할 것입니다. 현재 민족단결의 기초는 이미 닦여졌고, 우리 민족의 독립·자유·해방의 전제도 이미 창설되었으므로, 중공중앙은 특히 우리 민족의 밝고 찬란한 앞날을 위해 경하하는 바입니다. …… 중국공산당은 이 시기를 맞이하여 전국 동포에게 우리가 분투해야 할 총 목표를 다음과 같이 제시하고자 합니다.

(1) 중화민족의 독립자유와 해방을 쟁취한다. 먼저 절실하고 신속하게 민족혁명전선을 준비하고 발동시켜 실지를 회복하고 영토의 완전성을 회복해야 합니다.
(2) 민권정치를 실현하고, 국민대회를 열어, 헌법을 제정하고 구국방침을 결정해야 합니다.
(3) 중국인민의 행복과 유쾌한 생활을 실현해야 합니다. 먼저 절실하게 재난을 구제하고, 민생을 안정시키고, 국방경제를 발전시키고, 인민의 고통을 해제하고 인민의 생활을 개선해야 합니다. …… 이 때문에 중공중앙은 정중하게 전국에 선포합니다.
   (1) 쑨중산(孫中山) 선생의 삼민주의를 중국 금일의 필수로 삼으며, 본당은 그 철저한 실현을 위해 분투한다.
   (2) 모든 국민당정권을 무너뜨리기 위한 폭동정책과 적화운동을 취소하고, 폭력으로 지주의 토지를 몰수하는 정책을 취소한다.
   (3) 현재의 소비에트정부를 취소하고, 민권정치를 실행하여 전국정권의 통일을 꾀한다.
   (4) 홍군의 명칭 및 번호를 취소하고 국민혁명군으로 개편하여 국민정부 군사위원회의 통할을 받고, 아울러 지시를 기다려 출동하여 항일전선의 직책을 떠맡는다.

자료 해석
자료는 중국 공산당 중앙 위원회가 1937년 7월 15일에 국공 합작의 실현을 전국적으로 선언한 문서이다. 장제스가 공산당 토벌을 독려하기 위해 시안을 방문하였다가 장쉐량에게 감금당하는 사건이 벌어졌다(시안 사건, 1936.12.12.). 당시 장쉐량은 장제스에게 공산당과의 내전을 중지하고 항일 투쟁에 나설 것을 요구하였다. 이후 루거우차오 사건으로 중일 전쟁이 발발하자(1937.7.7.), 국민당과 공산당의 제2차 국공 합작이 이루어졌다. 2차 국·공 합작으로 중국 공산당군(홍군)은 중국 혁명군(중국국민당 소속 군대)으로 개편되었다. 당시 홍군은 대부분 제8군으로 소속되어 팔로군이란 이름으로 불려졌다.

[1910~1920년대 중국 국내 정치의 변화]

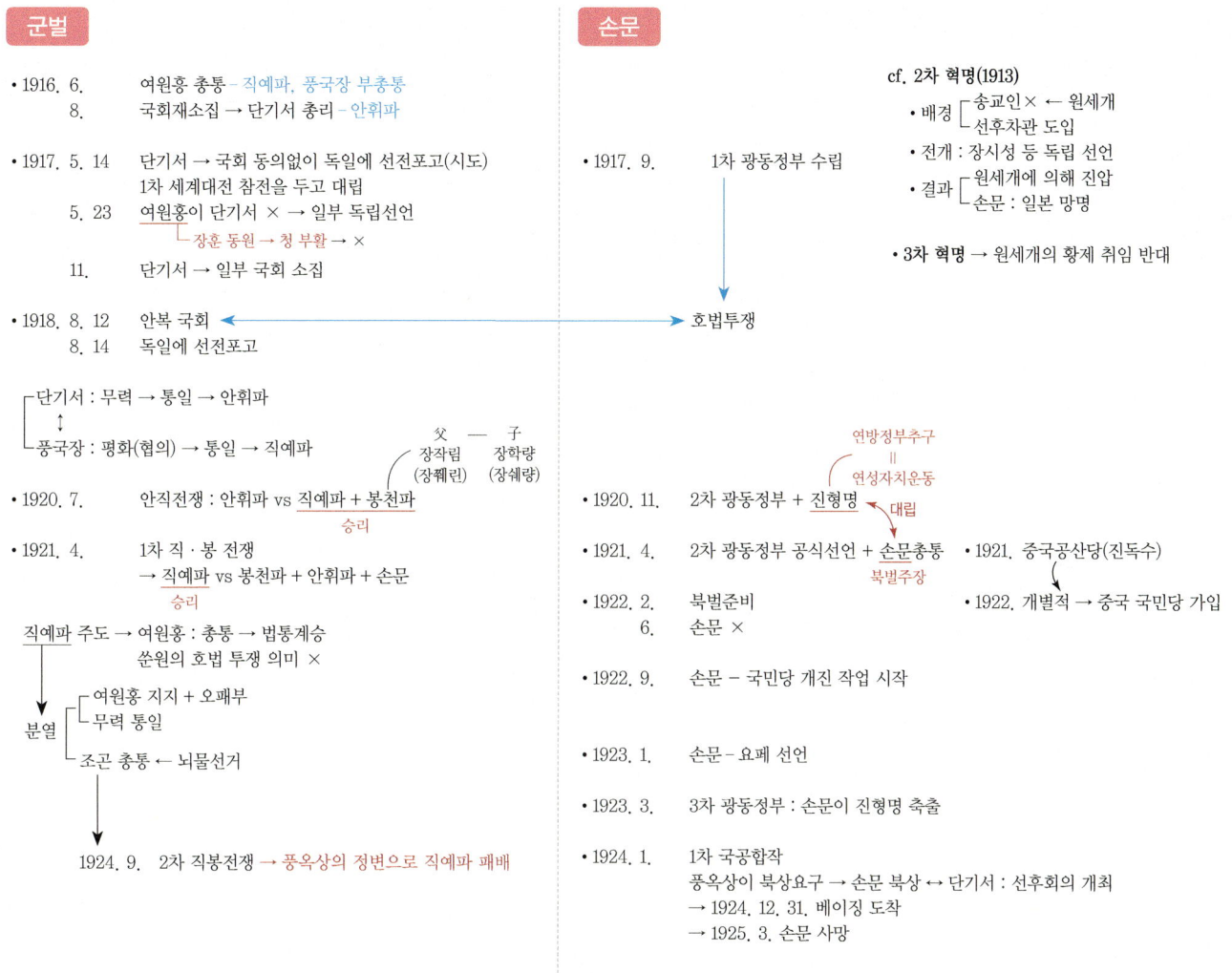

◇ 쌍십(雙十)협정과 정치협상회의

충칭에서 장제스와 마오쩌둥이 1945년 8월 29일부터 15일간의 회담을 마치면서 양측은 "내전을 회피하고 평화적 건국을 지향하며, 정치의 민주화를 실현하기 위해 정치협상회의를 소집할 것" 등에 합의하는 쌍십협정을 발표하였다. 또한 모든 당파가 참여하는 정치협상회의도 합의하였다. 그러나 국민당과 공산당의 무력충돌이 계속 이어지자 미국의 트루먼 대통령은 마셜 장군을 파견하였다. 마셜 장군의 중재 하에 국민당과 공산당은 '국공 정전 협정'을 체결하고 1946년 1월 11일 국민당 8, 공산당 7, 청년당 5, 민주동맹 9명에 기타 당파 포함하여 총 38명의 대표가 모여 정치협상회의를 개최하였다. 정치협상회의에서 통일 정부 수립, 국민대회 개최, 군제 개혁, 화평 건국강령, 군사문제안, 헌법초안 등 '5대 결의'를 채택하였다.

CHAPTER 09 중화인민공화국의 수립과 변화

1 2차 국공 내전과 중화인민공화국 수립

(1) 2차 국공 내전

1) 항일 전쟁 승리 후 정치 상황

① 일본 패전 직후
- 일본군 무장 해제를 둘러싼 국민당과 공산당의 대립
- 소련은 국민당과 중소우호동맹조약 체결(1945.8.14.)

② 쌍십협정(1945.10.10.)◇ : 국공 내전 재발을 막기 위해 미국이 개입
- 내전 중지
- 국민당의 지도적 위치를 인정하고 공산당의 독자적인 무장 부정
- 정치협상회의 개최하여 평화건국방안과 국민대표 소집 문제 토의

③ '각계반내전연합회' 결성(1945.11) : 중국민주동맹의 장란 등이 중심이 되어 충칭에서 결성

④ 정치협상회의(1946.1.10.)◇
- 국민당 8인, 공산당 7인, 청년당 5인, 민주동맹 9인에 무당파 지식인을 보태 총 38명 출석
- 화평건국강령(和平建國綱領) 발표: 평화·민주·단결의 건국 원칙, 인민의 자유와 민주적 권리 보장
- 헌법 초안 : 5·5 헌법 초안(1936)에 대한 수정 합의
- 정부 조직안 : 국민정부위원회가 최고권력기관이 됨
- 국민 대회안 : 국민대표 인원 증원에 합의
- 군사 문제안 : 국가가 군대 통제, 군과 당, 군과 민 구분하는 원칙 세움

⑤ 국민당 내부 반발
- 공산당을 비롯한 야당이 정권에 참가하여 국민당의 주도권 제약 → 연립정권 수립 예상 → 국민당 내부 반발↑
- 제6기 제2회 국민당 중앙위원회(1946.3) : 정협에서 공산당과 민주동맹에 양보했던 합의 사항을 수정하고 국민당 일당독재 체제를 유지하려는 결의 채택
- 헌법제정국민대회 개최(1946.11) : 정치협상회의의 합의를 뒤집고 중화민국 헌법 채택(1947.1.1. 공포) → 국민대회(1948.3)를 개최하여 내전 시기 총통에게 큰 권한을 준 임시 조항을 헌법에 두기로 결정

⑥ 정전 협정(1946.1)
- 조정집행위원회를 설치하여 정전 실행
- 홍군을 국민정부군에 편입하고 양당 군대를 일정 비율 감축 합의

⑦ 5·20 사건(1947.5.20.) : 내전 반대와 기아 구제를 호소하며 시위를 벌인 학생들을 관헌들이 탄압 → 전국으로 확산

2) 2차 국공 내전
    ① 발생 : 만주에서 국민당과 공산당의 무력 충돌 시작 → 본격적 내전 시작(1946.7)
    ② 전개 과정
        - 공산당의 5·4 지시 (1946.5) : 친일·악질 지주의 토지 몰수하여 분배, 그 외에는 소작료를 인하하여 농민들의 지지↑
        - 국민 정부군이 옌안 점령(1947.3)
        - 토지법 대강(1947.10)을 발표하여 대일 협력자가 아닌 지주나 부농의 토지까지 모두 몰수하여 농민에게 분배 → 농민의 지지를 높여 농촌 지역에 대한 지배력 강화 시도
        - 국민당의 부정부패와 극심한 인플레이션으로 국민당의 지지 하락
        - 공산당의 대규모 반격 → 만주에서 린뱌오(임표)의 반격을 시작으로 화북지역을 점령하며 전세 역전
        - 장제스 하야(1949.1) → 공산당군이 창장강 이남으로 진격하고 국민당은 타이완으로 철수(1949.8)
        - 3대 전역

랴오선전역 (遼瀋戰役)	1948년 9월 린뱌오(임표)가 이끄는 만주 야전군이 선양, 창춘, 진저우의 국민당군 55여 만 명을 고립시키고 항복을 받아내 전세를 역전
핑진전역 (平津戰役)	1948년 11월부터 1949년 1월까지 네룽전 등의 팔로군이 만리장성을 넘어 베이징 주변을 공격하여 점령한 전투
화이하이전역 (淮海戰役)	핑진전역과 비슷한 시기 덩샤오핑 등이 이끈 팔로군이 산둥성, 허난성, 안후이성 일대에서 승리한 전투

    ③ 공산당이 국공 내전에서 승리한 원인
        - 공산당군이 만주 지역에 병력을 집중하여 공산당군의 지배 하에 두기로 한 전략이 적중
        - 토지 개혁이 어느 정도 성과를 거두어 농민의 지지를 얻고 병사를 확보하는 데 성공
        - 국민정부 군대에 대한 정치 공작이 효과를 거두어 정부군 부대가 싸우지 않고 공산당에 투항

◇ **2차 국공내전 3대 전역(戰役)**
1948년 9월 린뱌오는 만주 야전군을 이끌고 랴오선전역(遼瀋戰役)를 개시했다. 린뱌오의 팔로군은 선양, 창춘, 진저우의 국민당군 55만여 명을 고립시키고 항복을 받아내 전세를 역전시켰다. 1948년 11월부터 이듬해 1월까지 벌어진 핑진전역(平津戰役)은 네룽전 등의 팔로군이 만리장성을 넘어 베이징 주변을 공격한 전투였다. 같은 시기 덩샤오핑 등이 이끈 팔로군은 산둥성, 허난성, 안후이성 일대에서 벌어진 화이하이전역(淮海戰役)에서 승리하였다.

◇ **중국인민정치협상회의**
1949년 9월 21일부터 30일까지 개최된 중국인민정치협상회의는 중국공산당, 민주당파, 인민단체, 인민해방군, 소수민족, 해외 화교, 종교계 인사 등 46개 부문의 대표와 특별 초청 인사까지 도합 662명이 참석했다. 중국인민정치협상회의는 중화인민공화국의 설립을 선언하고 임시 헌법 성격을 띤 중국인민정치협상회의 공동 강령을 제정하였으며, 수도를 베이징, 국기를 오성홍기, 국가를 의용군행진곡으로 결정하였다. 중국인민정치협상회의는 1954년 헌법에 의거하여 전국인민대표회의로 이관될 때까지 중국 의회 역할을 하였다.

◇ **2·28사건**
1947년 2월 28일 타이베이에서 밀수 담배를 판매하던 노인이 단속 공무원에게 구타를 당하였고, 이를 항의하는 시민들에게 총을 발포하여 무고한 시민이 사망하였다. 이에 분노한 시민들이 항의하자 타이완 경찰은 계엄령을 선포하고 강경 진압에 나섰다. 시위가 격렬해지자 중국 본토에서 파견된 국민당군에 의해 잔인한 진압이 이뤄져 약 3만 명이 사망하였다.

(2) 중화 인민 공화국의 수립

1) 중화인민공화국 수립 과정
　① 정치협상회의(1948.5)
　　• 공산당이 민주당파, 사회단체 등을 소집하여 민주연합정부 수립 논의
　　• 신정치협상회의를 통해 중화인민공화국 건립과 임시헌법 제정 문제를 논의하기로 결정
　② 신정치협상회의준비회 소집(1949.6): 공산당을 비롯한 각계 정파·대표들이 모여 회의 → 신정치협상회의 조직 조례 발표
　③ 중국인민정치협상회의(1949.9.21.)
　　• 중화인민정부 조직법 제정
　　• 중국인민정치협상회의 공동 강령 제정
　　• 수도는 베이징, 국기는 오성홍기, 국가는 의용군 행진곡
　　• 중앙인민정부위원회 구성 : 마오쩌둥이 중앙인민정부 주석으로 선출
　④ 중국인민정치협상회의 공동 강령
　　• 임시헌법의 역할 담당
　　• 국가 성격 : 신민주주의(인민민주독재)에서 사회주의로 이행하기 위한 과도기 → 국가소유를 비롯한 다양한 소유 형태를 인정하고 사유재산도 인정
　⑤ 중화인민공화국 수립(1949.10.1.)

2) 타이완의 중화민국
　① 2·28 사건(1947) : 국민당군의 유혈 진압으로 3만여 명 사망 → 계엄령 선포(1949) → 계엄령은 1987년 해제될 때까지 유지
　② 토지 개혁 실시: 소작료 감소(1947) → 토지 개혁(1953)으로 지주제 폐지
　③ 미국·타이완 공동방위 조약 체결(1954.11) → 미국 의회에서 '타이완 결의'(1955.1) 채택
　④ 국민당의 독재 지속 → 2000년 민진당 후보 천수이벤의 당선으로 정권 교체
　⑤ 중화인민공화국의 진먼 섬 포격(1954.9)으로 동남아시아 여러 국가들의 경계심↑ → 1954년에 발족한 동남아시아조약 기구(SEATO)의 적용 대상에서 타이완 제외

　　cf. 중국 공산당의 토지개혁 변천 과정

제1차 국공내전 시기	광동 소비에트를 비롯한 공산당이 장악한 소비에트 지역에서 급진적 토지개혁 실시
청산, 감조 및 토지문제에 관한 지시 (5·4 지시, 1946)	• 친일·악질 지주의 토지 몰수 규정 • 일반 지주의 토지에는 감조감식 실시 • 해방구에서 진행되고 있던 토지 혁명을 통일적으로 규제하려 함 • 토지법 대강의 철저한 토지개혁으로 나아가는 과도기적 성격
토지법 대강 (1947)	• 제2차 국공내전이 발생하자 경자유전의 원칙에 입각한 전면적인 토지혁명으로 전환 • 농민들이 공산당을 지지해 적극 내전에 참여
토지개혁법 (1950.6)	지주의 토지를 몰수하여 농민들에게 무상 분배 → 지주제 폐지
농업협동화 문제에 관한 결의(1955.10)	농업 집단화 추진 → 2만 5천여개의 인민공사 설립

2 중화인민공화국의 발전

(1) 정치 상황 변화

1) 소련과의 관계
   ① 중·소 우호동맹상호원조 조약(1950.2)
   - 중·소 우호동맹 조약 대체
   - 소련은 중국 내 이권 반환 → 중동철도와 남만주 철도, 뤼순과 다롄 항 반환
   - 중국은 몽골인민공화국의 독립 승인
   - 소련과 동맹을 맺어 안전을 확보하고 소련으로부터 발전소와 철도, 기계설비 등을 지원 받음(유상 차관 형식)

   ② 중소 대립의 시작과 전개
   - 1957년 10월 소련과 '국방 신기술에 관한 협정' 체결 → 소련의 원자폭탄 견본과 원폭생산 기술 자료 제공 기대 → 1959년 6월 소련이 일방적으로 협정 파기
   - 흐루쇼프의 스탈린 비판(1956)◇ 이후 중소 대립 시작 → 흐루쇼프의 평화공존론에 대해 중국공산당의 비판 → 중화인민공화국의 독자노선
   - 1960년 소련의 기술자·과학자 철수와 원조 중단으로 중소 갈등 심화 → 대약진 운동 실패의 원인 제공
   - 중국과 인도의 국경 문제 갈등에서 소련이 인도 지지
   - 중소 국경 분쟁(1969) → 미국과의 관계 개선 추구

2) 주변국과의 관계
   ① 인도차이나 전쟁 지원 → 베트남 민주 공화국에 군사고문단 파견과 무기 지원
   ② 항미원조를 표방하며 6·25 전쟁 참전 → 공산당의 지배 체제 강화
   ③ 인민해방군의 티베트 점령(1951.12)
   - 1952년 봄 티베트 상인들을 중심으로 2천 명 규모의 시위 발생
   - 1959년 3월 티베트 봉기 발생 → 1959년 4월 달라이 라마 14세가 인도에 망명 정부 수립

   ④ 제네바 회의 참석(1954)
   - 한반도 통일 문제와 인도차이나 문제 논의 → 한반도 문제는 합의 없이 결렬
   - 제네바 협정◇: 북위 17도로 남북 베트남 임시 분할 → 2년 내 총선을 통한 통일 정부 수립 합의

   ⑤ 인도와 관계 개선
   - 티베트 문제 논의 : 콜롬보 회의에서 평화 5원칙에 합의(1954.4) → 반둥회의(1955)에서 평화 10원칙으로 이어짐
   - 중국·인도의 티베트 통상교통협정 체결(1954.4)
   - 총리연합선언 발표(1954.6) : 델리에서 저우언라이와 네루가 공동 성명형식으로 평화 5원칙◇ 재확인

◇ **흐루쇼프의 스탈린 비판**
1956년 2월 제20차 소련공산당대회의 마지막 날 흐루쇼프는 비밀연설을 통해 스탈린의 개인 숭배와 독재를 비판하였다. 당시 중국 대표를 이끌고 있던 덩샤오핑은 연설을 듣고 충격을 받았으며, 중국으로 돌아가 마오쩌둥에게 보고하였다. 당시 자신의 개인 숭배를 강화하고 있던 마오쩌둥은 흐루쇼프에 대한 반감이 심해졌다. 특히 자본주의 진영과도 평화 롭게 공존할 수 있다는 흐루쇼프의 평화공존론에 대해 중국공산당이 비판하면서 중소 대립이 본격화되었다.

◇ **제네바 협정**
베트남민주공화국과 프랑스와의 전쟁이 1954년 디엔비엔푸 전투에서 베트남이 승리하면서 끝났다. 이후 제네바 협정에서 북위 17도로 남북 베트남을 임시 분할하고 2년 이내 총선을 통한 통일 정부 수립에 합의하였다. 그러나 미국이 개입하여 남베트남에 베트남 공화국이 세워지면서 합의가 폐지되었다.

◇ **평화 5원칙**
평화 5원칙은 영토와 주권의 상호 존중, 상호 불가침, 상호 내정 불간섭, 호폐 평등, 평화 공존이다. 1954년 4월 스리랑카의 콜롬보에서 중국의 저우언라이 총리와 인도의 네루 총리가 아시아·아프리카 회의 설립을 논의하고 평화 5원칙을 발표하였다. 평화 5원칙은 인도네시아의 반둥에서 개최된 아시아·아프리카 회의에서 평화 10원칙으로 발전하였다.

(2) 사회주의 경제 정책

1) 사회주의 경제 기반 마련
    ① **토지 개혁법(1950.6)** : 1953년까지 지주들한테서 약 7억 무의 토지를 몰수하여, 3억 명에 달하는 농민들에게 1인당 2~3무 가량 분배 → 지주제 폐지
    ② **혼인법(1950.5)** : 남녀평등과 개인의 자유의지에 따른 결혼의 보급을 촉진하여 중국 사회를 크게 변화시킴
    ③ **삼반·오반 운동(1951~1952)**: 상공업에 대한 국가의 통제력↑
        - 삼반 : 독직(오직)·낭비·관료주의 반대 → 국민정부 시대부터 계속 일해온 전문가나 경제 재정 관료에 대한 공산당 정권의 통제와 감시↑
        - 오반 : 뇌물·탈세·국가 재산 횡령·노력과 시간 및 재료 속임·국가 경제 기밀 탐지 등 민간 기업의 다섯 가지 행위 반대 → 민간 기업 경영자에 대한 공산당 정권의 통제와 감시↑

2) 과도기 총노선과 1954년 헌법
    ① **제7기 4회 중앙위원회** : 사회주의화를 강행하기로 명시한 '과도기의 총노선' 채택 → 1952년에 창설된 국가계획위원회의 권한↑
    ② **'과도기 총노선' 채택 배경**
        - 한국전쟁에서 빈약한 자국의 장비에 위기감↑→ 급속한 공업화를 실현하여 현대적 군사력을 확립
        - 삼반·오반 운동을 통해 민간 기업에 대한 통제가 강화됨
        - 토지개혁으로 지나치게 영세한 경영 → 농업 생산이 저조해져 이를 해결해야 할 필요성↑
    ③ **1954년 헌법 제정** : "중화인민공화국 성립부터 사회주의 사회를 구축하기까지는 하나의 과도기이다"라고 선언한 헌법이 제1회 전국인민대표대회에서 채택
    ④ **공업의 공사합명** : 사회주의화 강행 방침 → 공업 전체에서 국영 기업이 차지하는 비중↑
        - 국민당 정권 시기 일본으로부터 접수한 기업들을 공산당 정권이 계승
        - 1차 경제개발계획에 따라 소련의 전면적 기술 지원을 받아 중화학 공업 발전 위한 150가지 프로젝트 기획·실행
        - 민간 기업의 국영화

⑤ 농업집단화
- 토지개혁으로 생겨난 자영농이 대규모 합작사(협동조합)로 조직
- 1955년부터 마오쩌둥은 농업집단화 추진 호소 → 1955년 10월에 열린 제7기 제6회 중앙위원회는 '농업 협동화 문제에 관한 결의'를 채택 → 농업 집단화를 추구하는 사회 개혁 추진
- 1954년 20-30호가 농번기에 협동 작업을 할 수 있는 '생산 호조조'가 약 6,850만호의 농가에 의해 조직
- 1956년말에 토지를 내놓고 공동 경영을 하는 20-30호 규모의 '초급 합작사'에 1,040만 호(전체 농가의 8.5%), 토지를 공동소유하여 공동 경영을 하는 200-300호 규모의 '고급 합작사'에 1억 740만 호(전체농가의 87.8%)가 조직
- 74만개의 고급합작사를 2만 5천여 개의 인민공사로 대체

⑥ 단위 사회의 확산
- 1950년대 중국에는 '단위'라고 부르는 사회생활의 기초 조직이 확산
- 단위 사회를 통해 공산당과 정부는 민중을 개별적으로 장악하고, 정치 사상을 효과적으로 통제 → 생산과 생활의 공간이 일체화되었기 때문에, 민중 상호간의 감시도 심해짐

3) 백가쟁명과 반우파 투쟁
① '10대 관계론'
- 1956년 마오쩌둥은 경제면에서는 공업과 농업, 중공업과 경공업, 군수산업과 민수산업, 국영 및 집단 경영과 개인 경영, 연해와 내륙, 중앙과 지방 등 서로 다른 경제 요소 사이에 균형을 잡을 수 있도록 유의해 나간다는 비교적 온건한 사회주의 노선을 표명
- 정치, 사상, 문화 방면에서는 사상개조 활동과 문예 작품 비판이 가져온 부정적 측면에 주목 → 사람들이 자유롭게 사색하고 토론하고 창작하도록 호소하자는 방침 표명

② 백가쟁명
- 1956년 5월 당 중앙 선전부장 루딩이(陸定一)는 '백화제방 백가쟁명'이라는 제목으로 연설 → 꽃이 한꺼번에 흐드러지게 피듯이 문화의 꽃을 피워, 고대 제자백가가 그랬던 것처럼 자유롭게 활발한 논쟁을 펴 나가자고 주장
- 움츠려있던 지식인들이 공산당 통치 하의 사회와 공산당에 대한 비판↑

③ 반우파 투쟁
- 격렬한 비판이 확대되자 깜짝 놀란 공산당 지도부는 다시 정치사상에 대한 통제 강화 →1957년부터 반우파 투쟁 시작
- 반우파 투쟁으로 여러 분야에서 수많은 뛰어난 전문가들이 지위 상실 → 중화인민공화국의 행정 능력을 눈에 띄게 약화시켜 '대약진' 시기와 같은 현실적 근거가 부족한 경제 정책이 시행되는 조건을 만듦

◇ **농업 합작사**

일종의 협동조합과 같은 개념이다. 중국 공산당은 중화인민공화국을 수립한 이후 합작사 설립을 권장하였다. 합작사는 소련의 집단농장과 달리 개인소유를 인정하는 바탕 속에서 형성되는 집단 노동 체제다. 마오쩌둥은 농업 합작사 가입은 농가의 자유의지이며 상호간에 실리가 있어야 성립한다고 강조하였다. 1953년부터 초급 합작사가 설립되어 농가의 60%가 가입하였고, 1957년에 고급 합작사로 발전했으며, 1958년에 인민공사로 완성되었다.

4) 대약진 운동(1958)과 인민공사 설립

① 1차 경제개발 5개년 계획(1953~1957)
- 중공업 중심의 공업화 추구 → 1953-1957년에 국민소득의 연평균 성장률은 8.9%로 상당히 높은 경제성장
- 물자 부족과 계획 달성의 어려움이 증가한 원인 : 중공업 분야에 투자가 집중되어 경제가 균형있게 발전하지 못함, 인구 급증에 따른 1인당 생산량의 증가가 크지 않음, 민중 생활과 직결되는 식량이나 일용품을 공급하는 농업과 경공업 생산 부진
- 농촌에서는 농작물의 통일 수매와 통일 판매 정책에 대한 불만, 도시 노동자와의 생활 격차에 대한 불만이 확산되어, 일부 농민들이 합작사에서 탈퇴

② 공산당 지도부의 의견 대립
- 사회주의화를 통해 경제 발전과 군사력 강화를 도모하는 기본 노선은 확정되었지만, 그것을 추진하는 속도나 방법을 둘러싸고 커다란 의견 차이가 생겨남
- 1956년 9월에 열린 제8회 전국대회의 기본 방향은 류사오치, 저우언라이, 천원 등 다수파의 생각을 반영하여 비교적 신중한 사회주의화 노선으로 사태 해결 시도
- 1955년부터 급진적 사회주의 노선을 신봉하는 그룹도 생김 → 마오쩌둥이 대표적 인물 → 국제 정세의 변화를 이유로 내걸고 사회주의화를 가속하는 방향으로 방침을 수정하려 함
- 1957년 10월 중국공산당 8기 3중전회는 중화학공업을 중심으로 경제 발전의 가속을 꾀하는 방향으로 제8회 대회의 방침을 변경하는 첫걸음이 됨
- 1957년 11월 모스크바에서 열린 64개국 공산당 노동자당회의에 출석한 마오쩌둥은 "15년 안에 중국은 영국을 앞지를 것이다"라고 발언

③ 대약진 운동의 시작
- 1958년 5월 마오쩌둥의 주도 아래 공산당 제8회 대회 제2회 회의라는 변칙적인 회의 개최 → "많이, 빨리, 질좋게, 낭비없이 건설한다"를 당 전체에 호소 → 대약진 운동 시작
- 1958년 7월 무렵 전국 3만 곳의 마을과 공장, 군 주둔지, 학교 등에 토로를 만들었으며 전국 60만 곳으로 확산

④ 인민공사 설립
- 농업 경영의 대규모화와 집단화 추진 : 8천~1만 호 규모의 '인민공사'라는 집단농장이 각지에 출현 → 같은 공사에 소속된 모든 농민의 토지, 가축, 농기구 등이 인민공사의 공동 소유
- 인민공사는 농촌 생활 전반을 규제하고 통제하는 행정 조직으로 발전 → 공공식당과 탁아소, 유치원, 양로시설 등을 설립하고 이용하도록 장려하는 '공산풍'이라 불리는 풍조 확산

⑤ 실패
- 비현실적인 중공업 우선 정책과 무리한 농업 집단화 → 농민들의 저항과 근로의욕 감소 → 생산력 저하와 자연재해의 발생 → 2천만 명 이상이 대기근으로 사망
- 펑더화이가 마오쩌둥에게 대약진 운동의 문제를 지적한 서신 보냄 → 1959년 루산에서 펑더화이가 우파 기회주의자로 몰려 실각
- 1960년 중소 갈등 심화 과정에서 소련의 지원 대폭 삭감
- 1960년 중반부터 본격적인 수정 시작

⑥ 경제조정 정책
- 인민공사의 규모 축소, 작은 범위에서라면 농민이 자신의 '작은 텃밭'(自留地)에서 재배한 여러 농작물이나 달걀, 의복류 따위를 지역 시장에 자유롭게 판매 가능
- 시장경제의 부분적 부활을 비롯한 일련의 정책은 1961년 1월의 공산당 제8기 제9회 중앙위원회 이후 명문화되어 경제조정 정책이라 불림
- 농업과 경공업 진흥 정책

농업	・삼자일포 정책: 삼자는 자유롭게 경작할 수 있는 땅(자류지, 경지의 5% 이내), 자유시장, 손익의 자기 부담을 말함 → 농가가 자유롭게 자신의 생산물을 자유롭게 판매 가능하게 하는 정책 ・농업 분야에 대한 투자 확충 → 화학비료 수입, 비료 농약 제조 플랜트를 수입 ・도시 인구를 정책적으로 줄여 나감
공업	・투자 대상을 줄이고 조정, 생산성이 낮은 과잉 생산 설비 폐쇄 ・일용품을 생산하는 경공업 분야 생산 확충

⑦ 조정정책의 성과와 한계
- 조정기의 동향이 단순한 경제 정책의 수정에 머물지 않고 공산당의 통치 방식 그 자체까지 수정할 가능성을 보임
- 도급 경작의 확산으로 농민의 경작의욕을 자극하여 전체 농촌 생산 증가 → 이를 인정하자는 덩샤오핑의 발언 '검은고양이든 얼룩고양이든 쥐를 잘 잡는 게 좋은 고양이다' → 마오쩌둥은 도급 경작은 집단농업의 해체로 이어지는 조치라면서 강하게 반대
- 제8기 제10회 중앙위원회는 조정 정책에 기초하여 농촌 정책이나 상업 정책을 확정함 + 사회주의단계에서 계급투쟁도 중시하자는 방침을 결정
- 1963년 사회주의 교육 운동인 4청 운동전개(1963)
  ㉠ 정치, 경제, 조직, 사상 네 분야 정화를 주장하는 운동
  ㉡ 사회주의 교육운동은 특히 정치사상 교육 강화에 주력함으로써 청년층이 급진적인 사회주의화 정책을 받아들이게 되는 기초를 만듦
  ㉢ 문화대혁명의 전주곡 연주하는 역할

◇ **루산 회의**

1959년 7월에서 8월에 대약진 운동의 내용을 평가하기 위해 공산당 지도부가 루산에 모여서 회의를 개최하였다. 7월 14일 펑더화이는 마오쩌둥에게 대약진 운동의 오류를 지적하는 편지를 썼다. 그러나 마오쩌둥은 펑더화이의 의견을 '우경(右傾)기회주의적'이라고 비판하였고, 펑더화이의 국방부장관에서 해임당하고 린뱌오가 이어받았다.

3 문화대혁명과 개혁·개방 정책 추진

(1) 문화 대혁명 (1966~1976)

1) 성격
   ① 반대파를 제거하기 위한 대중 운동 → 마오쩌둥의 개인 숭배↑
   ② 자본주의적 사상과 문화에 대한 투쟁

2) 배경
   ① 류사오치·덩샤오핑을 비롯한 당권파(주자파)의 세력이 강화되고 마오쩌둥의 세력 약화
   ② 급진적 사회주의 정책을 신봉하는 당내 소수파는 조정기의 경제 정책이 소련의 수정주의로 이어지는 움직임으로 보인다고 비판

3) 시작
   ① 베이징 부시장이며 극작가였던 우한(오함)이 '해서파관'◇ 이라는 희곡을 썼으며 이후 연극으로 상연 → 마오쩌둥은 1959년 연극을 직접 보고 널리 알리라고 지시
   ② 야오원위안(요문원)이 1965년 11월 문회보에 '신편 역사극 해서파관을 평가한다'는 글을 게재하면서 시작

4) 전개
   ① 전개 과정

문혁5인소조 (1966.2)	당권파가 문혁파의 움직임을 견제하려는 의도에서 결성 → 중앙문혁소조가 성립되면서 해산됨
중앙문혁소조 (1966.5)	마오쩌둥의 5·16 통지로 중앙문혁소조 결성 → 장칭(강청), 야오원위안, 장춘차오(장춘교) 등으로 구성되어 문화혁명을 추진하는 기관
홍위병 동원	마오쩌둥은 '사령부를 포격하라', '조반유리' 등을 외치며 홍위병들을 당권파 공격에 동원
제8기 제11회 중앙위원회 (1966.8)	· 문혁파의 주도 아래 '프롤레타리아 문화대혁명'으로서의 사회주의 혁명은 새로운 단계를 맞이했다는 결의 채택 · 1966년 말 급진파 홍위병 일부에서 문혁파가 주도권을 장악한 공산당 중앙에 대해서도 문혁 수행이 불철저하다는 비판↑ → 홍위병 내부에서도 대립↑
무력 충돌	· 상하이에서 문혁파와 당내 다수파 사이에 대규모 무력 충돌 발생(1966.12) → 상하이의 문혁파는 상하이에서 권력을 장악하고 '상하이 인민공사'라는 권력 기구 수립(1967.1.6.) → 상하이시 혁명위원회로 바뀜(1967.2.23.) · 젊은 실업자 내지 반실업자들이 홍위병이나 문혁파 노동자들이 됨
우한 사건 (1967.7.20.)	· 문화대혁명을 지지하는 조반파 세력과 이에 반대하는 세력(백만웅사) 사이의 무장 충돌로 다수의 사상자 발생 → 문혁에 대한 비판적 분위기가 기존의 당 조직과 행정 간부, 군부 사이에서 확산 · 마오쩌둥의 개입(1968.7.28.) 하여 홍위병 질책 → 홍위병을 해산하고 홍위병들에게 하방을 지시
인민해방군이 문혁 주도	1967년 2월 이후 해체 상태에 놓인 지방정부와 당 기관을 대신하여 군 주도로 혁명위원회라는 새로운 권력기구가 설립되어 질서 회복 담당 → 인민해방군이 주도하는 문화대혁명 전개

◇ **해서파관**
해서는 명대 가정제 때 관리였는데, 백성의 억울함을 풀어주고 탐관오리를 징벌한 청백리였다. 가정제는 명의 대표적으로 어리석은 군주로 유명한데, 가정제에 의해 해서가 파직되었다. 마오쩌둥이 평소 해서를 높이 평가하였고, 이에 극작가 우한이 해서파관을 저술하였다. 그러나 1965년 장칭의 지시를 받은 야오원위안이 해서파관을 비판하면서 문화대혁명이 시작되었다. 야오원위안은 극중의 해서는 실제로는 펑더화이이며, 가정제는 마오쩌둥으로 펑더화이를 옹호하고 마오쩌둥을 공격하는 것이라고 비판하였다. 그러나 이는 당시 류사오치의 측근인 우한을 공격하여 류사오치를 공격하기 위한 술수였다.

◇ **린뱌오**
린뱌오는 제2차 국공내전을 승리로 이끈 주역이었으며, 루산회의 이후 국방부 장관이 되어 인민해방군을 장악하였다. 문화대혁명으로 덩샤오핑, 류사오치가 실각한 후 사실상 2인자가 되었으며, 마오쩌둥의 우상숭배에 앞장섰다. 인민해방군에서 우한 사건 이후 문화대혁명을 실질적으로 이끌었고 린뱌오의 위상도 커졌다. 이에 마오쩌둥은 린뱌오를 견제하였고, 린뱌오는 아들과 함께 쿠데타를 시도하다가 실패하였다.

② 권력 교체와 변화
- 1968년 전국인민대표자회의에서 마오쩌둥의 권위 확립 → 류샤오치·덩샤오핑 실각
- 우한 사건 이후 린뱌오의 권력↑→ 중국공산당 제9회 전국대회(1969.4)에서 군을 대표하는 린뱌오를 마오쩌둥의 후계자로 지명하는 당 규약 채택
- 린뱌오의 쿠데타 시도 실패 → 1971년 소련으로 망명시도 중 비행기 추락사고로 사망 → 장칭 등의 4인방 권력↑
- 덩샤오핑의 복권과 실각 : 1973년 3월 마오쩌둥의 제안으로 덩샤오핑 복귀 → 1975년 1월 제10기 2회 중앙위원회의에서 덩샤오핑 부주석으로 선출 → 마오쩌둥의 지시로 1976년 초에 다시 실각
- 1973년 8월에 열린 제10기 1회 중앙위원회의에서 왕훙원이 부주석 5명 가운데 한 사람으로 선출 → 4인방의 영향력↑ → 비림비공운동◇으로 저우언라이에 대한 비판↑ → 경제 성장↓→ 마오쩌둥이 4인방 비판
- 1975년 1월에 개최된 제4기 전국인민대표회의에서 저우언라이가 1964년에 제기한 '4대 현대화'를 다시 제기

③ 마오쩌둥의 3가지 지시(1974년 말~1975년)
- 부르주아의 여러 권리를 제한하는 프롤레타리아 독재
- 안정과 단결에 관한 지시 → '4인방' 비판
- 국민경제 수준을 향상시키라는 지시

③ 문혁기에도 경제 성장 → 마오쩌둥이 경제 정책을 지방 분권으로 추구해서 가능

5) 종결
① 주은래(1976.1)와 마오쩌둥(1976.9) 사망 → 1979년 10월 화귀펑이 '4인방' 체포 → 문화대혁명 중단
② 화귀펑(화국봉)과 덩샤오핑이 연합하여 4인방 제거 → 제11차 전국대회(1977.8)에서 화귀펑이 문화대혁명의 승리와 종결 선언

◇ 비림비공 운동

비림비공운동은 비림정풍(批林整風)운동과 비공(批孔)투쟁을 결합시킨 말로, 린뱌오(임표)와 공자의 사상을 공격하였던 운동이다. 비림비공운동은 1974년 4인방들을 중심으로 전개되었다. 그런데 비공(批孔)에서 공자는 사실상 저우언라이를 지칭하는 것으로, 문화대혁명을 주도한 사인방 등이 저우언라이를 공격하여 자신들의 권력을 공고히 하려는 데 목적이 있었다.

◇ 외교 정책 전환
- 1968년 8월 소련의 체코슬로바키아 침공 → 중국 국내에서 소련 위협론↑
- 1969년 3월 중·소 국경의 전바오다오(다만스키 섬)에서 군사적 충돌 발생
- 1971년 4월 도쿄에서 열린 세계탁구선수권 대회에 참여한 미국 탁구팀을 베이징으로 초청
- 1971년 7월 키신저 미국 대통령 보좌관이 비밀리에 중국 방문
- 1971년 10월 유엔안전보장이사회 상임이사국에 진출
- 1971년 12월 중국 센카쿠열도의 영유권 주장
- 1972년 1월 닉슨의 중국 방문
- 1972년 9월 중일 공동성명 발표
- 1973년 6월 미국과 소련은 핵전쟁방지협정 조인
- 1978년 중일평화우호조약 체결

◇ 웨이징성

웨이징성은 1978~1979년의 민주의 벽 운동 때 〈제5대 현대화-민주주의〉라는 글을 발표하였다. 이 글에서 그는 프롤레타리아트 독재의 발판 위에서는 진정한 의미의 민주주의를 건설할수 없고, 오직 평등과 인권이 보장되는 서구식 민주주의를 건설해야 한다고 주장하였으며, 덩샤오핑을 비판하였다. 이듬해 중국 정부의 정책을 비판하고, 인권 실태를 폭로한 혐의로 구금되어 복역하던 중 1993년에 출감하였다.

(2) 개혁·개방 정책의 추진

1) 화궈펑과 덩샤오핑의 권력 투쟁

① 1월 저우언라이 서거 1주기 (1977.1)
- 베이징을 비롯한 전국의 도시에서 자발적인 추도 움직임
- 제1차 천안문 사건의 명예 회복, 덩샤오핑의 복권 요구, 대중을 탄압한 중앙지도자들에 대한 비판, 문혁에 대한 불만 표출 → 화궈펑은 이에 대항하여 '양개범시' 발표

② '양개범시'
- 뜻 : 무릇 마오 주석이 내린 모든 결정은 단호히 옹호하고, 무릇 마오 주석이 내린 모든 지시는 시종일관 따라야 한다고 주장
- 의도 : 권력 이행기에 중국의 안정을 확보하는 동시에 덩샤오핑의 부활을 저지시키려는 의도

③ 양개범시 비판 : 덩샤오핑 측은 인민일보와 광명일보에 "실천은 진리를 검증하는 유일한 기준이다"를 게재하여 화궈펑의 양개범시를 비판

④ 화궈펑의 패배
- 1978년 11월 중앙공작회의의 폐막식에서 화궈펑은 '양개범시'가 부적당했다고 인정하고, 그 밖에 정치국 상무위원회의 의견으로 '진리 기준'을 받아들였다는 취지의 연설
- 11기 3중 전회에서 화궈펑과의 권력투쟁에서 덩샤오핑이 승리(1978.12)

⑤ 베이징의 봄
- 1979년 봄 베이징에서 '민주의 벽'(베이징의 봄) 확산
- 덩샤오핑은 당 중앙을 대표하여 우려를 표명하며 웨이징성을 체포하고 4가지 기본원칙 발표 → 사회주의의 길, 프롤레타리아 독재, 중국 공산당의 지도, 마르크스·레닌주의와 마오쩌둥 사상 견지 주장

⑥ 주석제 폐지 : 1982년 12월 제12회 당대회에서 주석제가 폐지되고 총서기가 당 최고 직위 → 집단지도체제의 제도화 진행

2) 덩샤오핑의 집권과 개혁 개방 추진
   ① 덩샤오핑 집권 : 덩샤오핑은 1977년 7월 중앙정치국 상무위원, 당 부주석, 당 중앙군사위원회 부주석, 국무원 부총리, 인민해방군 총참모장의 지위에 올라 완전히 복권됨
   ② 11기 3중 전회(1978.12) : 문화대혁명을 사실상 부정하고 농업·공업·국방·과학기술의 4대 현대화 추진 결의 → 외국기술과 자본의 도입 추진
   ③ 11기 6중 전회(1981.6) : '건국 이래 당의 몇 가지 역사 문제에 관한 결의' 발표 → 문화대혁명을 재난을 초래한 내란으로 규정하면서도 마오쩌둥은 공이 첫째고, 과는 두 번째로 평가
   ④ 경제 개혁 정책
     • 지방이나 기업에 예전보다 큰 경제상의 권한을 부여 임금지불 제도 부활
     • 부분적인 시장 도입 → 생산과 유통에 관한 규제 완화, 가격 자유화 실시
     • '개체호'라는 자영업 허용하여 고용↑→ 향진 기업◇ 발전
     • 농가별 생산책임제의 전국 확대(1982) → 인민공사 폐지(1983)
     • 공장장 책임제 적극 도입
     • '외국인투자기업법' 제정
     • 이중가격제 실시 → 통제 가격이 싼 물건을 높은 시장 가격으로 팔아서 돈을 버는 '관다오'라는 브로커 행위↑→ 물가↑
     • 광둥성의 선전·주하이, 산터우와 푸젠성의 샤먼, 하이난 섬 연해 지역에 경제 특구 건설(1980)
     • 상하이, 톈진 등 경제기술개발구 설치(1984)
   ⑤ 덩샤오핑의 1차 남방시찰(1984)
     • 선전, 주하이, 샤먼 3개의 특구와 외국 선진 기술의 도입을 둘러싸고 물의를 일으켰던 상하이의 바오산 제철소 시찰
     • 경제특구의 설치에 반대하는 사람↑ → 경제 특구의 발전에 대한 지지 표명하기 위해 1차 남방 시찰 단행 → 선전의 발전과 경험은 우리의 경제 특구 설립이 옳다는 것을 증명한다고 주장
   ⑥ 1987년 제13회 당대회
     • 자오쯔양은 '사회주의 초급단계론'과 '하나의 중심, 두 개의 기본점' 제창 → 하나의 중심은 경제 건설, 두 개의 기본점은 네 가지 기본 원칙과 개혁개방
     • 정치개혁안
       ㉠ 당과 정부의 분리
       ㉡ 기업에 대한 직접 관리 취소
       ㉢ 공무원 제도 수립
       ㉣ 인민대표회의의 개선과 노동조합의 자주권 강화
       ㉤ 당내 민주주의의 확대와 제도화

◇ 덩샤오핑 집권
화궈펑은 1977년 2월 마오 주석이 내린 결정은 모두 단호히 지킬 것이며, 모든 마오 주석이 내린 지시는 변함없이 따른다는 양범개시론을 주장하였다. 한편, 덩샤오핑은 그해 7월 복권되어 당 중앙군사위원회 부주석, 국무원 부총리가 되어 2인자가 되었다. 화궈펑의 마오노선 추종과 덩샤오핑의 실리노선 추구가 대립하였다. 1978년 12월에 개최된 11기 3중 전체회의에서 문화대혁명을 부정하고 4개 현대화를 정면으로 제기하였다. 이후 베이징에서 민주화 시위가 확산되자 덩샤오핑은 4가지의 기본 원칙을 발표하며 시위를 진압하였다. 1980년 2월에 개최된 11기 6중전회에서 문화대혁명 기간 숙청되었던 인물들의 복권이 이루어졌고 화궈펑이 실각하였다.

◇ 향진기업
향진기업은 우리나라의 읍면에 해당하는 중국의 향·진 주민들이 생산, 판매, 경영 따위를 공동으로 시행하는 기업의 한 형태를 말한다. 1950년대부터 존재하였으나, 1978년부터 중국의 개혁·개방 정책에 의해 급속하게 발전하였다.

(3) 톈안먼 사건(1989)과 남순강화

1) 톈안먼 사건(1989)
   ① 배경
      - 개혁·개방 정책으로 사회적 혼란과 갈등 심화
      - 공산당 간부의 부패
      - 높은 인플레이션과 실업 급증
      - 민주화에 대한 요구
   ② 전개 과정
      - 후야오방(호요방)의 사망(1989.4.15.) → 학생들을 중심으로 후야오방 추모 집회 → 민주화 요구↑
      - 시민, 노동자의 참여↑ + 고르바초프의 베이징 방문(1989.5.16.) → 계엄령 선포
      - 덩샤오핑의 무력 진압 결정 → 수많은 사상자 발생
   ③ 결과
      - 자오쯔양(조자양) 해임 → 장쩌민(강택민)이 총서기에 취임
      - 덩샤오핑의 2선 후퇴

2) 남순 강화(1992)
   ① 배경 : 톈안먼 사건 이후 집권한 장쩌민 정권의 소극적 경제 개발 정책
   ② 전개
      - 베이징에서 선전까지 기차를 타고 이동하면서 개혁·개방 정책의 지속적 추진 강조
      - 경기 침체에 고통받고 있던 지방 간부들의 지지↑
   ③ 내용
      - 하나의 중심, 2개의 기본점 다시 강조
      - 자본주의에도 계획이 있고, 사회주의에도 시장이 있다고 강조 → 사회주의 시장경제 체제 주장

3) 개혁개방 확대
   ① 개혁개방 정책 확대
      - 대외 개방을 연해에서 연강(양쯔강)과 연변(국경)으로 확대
      - 경제특구 및 산둥, 장쑤, 저장, 푸젠에서 항만 도시 하나씩 선택해 보세구를 설치
      - 중요한 프로젝트와 첨단 기술 프로젝트에 대해서는 개발구의 우대 정책 실시
      - 외국자본을 직접 이용할 수 있는 영역을 금융, 무역, 상업, 관광 등 3차 산업까지 확대
   ② 제14차 당대회 : 경제 개혁의 목표가 사회주의 시장경제 체제의 확립에 있다고 규정
   ③ 도광양회 정책 : 톈안먼 사건 이후 미국의 압력에 대항해서 덩샤오핑이 주장한 외교 정책 → 자신의 능력을 숨기고, 저자세를 유지해서 때를 기다린다는 정책
   ④ 남순강화 이후 고도 경제 성장 → WTO 가입(2001), GDP 세계 2위(2010)

◇ 개혁·개방 이후 상하이의 발전

memo

memo

memo

자료탐구

01. 쌍십 협정

중국 국민 정부의 장제스 주석은 항일 전쟁 승리 이후 중국 공산당 중앙 위원회 주석인 마오쩌둥 선생을 초청하여 국가의 대계를 토론하고자 하였다. …… 회담의 내용 요약을 다음과 같이 발표한다.

1. 평화적인 건국의 기본 방침
   다음을 일치하여 인정한다. 중국의 항일 전쟁은 이미 승리 속에 끝이 났고, 평화 건국의 새로운 단계가 장차 시작되므로 반드시 공동으로 노력하여 평화 민주주의, 단결, 통일을 기초로 장제스 주석의 지도 아래 장기적 합작으로 확고하게 내전을 피하고 독립적이고 자유롭고 부강한 신중국을 건설하며 삼민주의를 철저하게 시행한다. ……

2. 정치 민주화 문제에 관하여
   다음을 일치하여 인정한다. 응당 신속하게 훈정을 종결하고 헌정(憲政)을 실시해야 하며, 응당 먼저 거기에 필요한 조치를 취해야 하는데, 국민 정부가 정치 협상 회의를 개최하여 각 당파의 대표 및 사회 명사들을 초청하여 국시를 협상하고, 평화적 건국 방안과 국민 대회의 개최 등 각종 문제를 토론한다. ……

3. 국민 대회 문제에 관하여
   중공 방면에서 국민 대회의 대표를 다시 선출하고, 국민대회의 소집 연기 및 국민대회 조직법, 선거법과 오오 헌법의 초안 등의 수정 등 세 가지를 제출하였다.

자료 해석
국민당의 장제스와 공산당의 마오쩌둥이 충칭에서 화평교섭회담을 개최하였다. 이 회담에서 쌍방은 내전 회피, 정치협상회의 개최, 각 당파의 평등한 지위 승인 등에 관한 협정을 논의하고, 그 결과 10월 10일 '국공쌍방대표 회담 기록 요강', 즉 쌍십협정을 발표하였다. 이후 1946년 1월에 충칭에서 정치 협상 회의가 개최되었다. 그러나 국민당의 장제스는 협정을 파기하였고, 2차 국공 내전이 발생하였다

02. 2차 국공내전

중국은 강력한 군사적 침략을 받은 것이 아니라 새로운 이념의 도전을 받은 것이다. 이 새로운 이념을 이기는 길은 그보다 더 크게 민중의 지지를 얻을 수 있는 이념으로 대항하는 것 밖에 없다. 이 이념이란 정부가 사회의 모든 분야와 계층에서 정치적·경제적 부패를 도려내고 무능과 안일을 제거하여 민중에게 평등과 사회 정의를 제공하고 모든 자유와 권리를 보장하여 개인을 존중하는 것을 말한다. 그리고 그 모든 것의 토대는 가난한 농민과 민중을 존중하는 것이다.

– 중국백서(1947) –

자료 해석
일본이 패망한 직후 공동의 적이 사라지자 일본군의 무장 해제와 점령지 정리 등을 둘러싸고 공산당과 국민당 사이의 긴장이 고조되었다. 오랜 전쟁에 지쳐 있던 양측은 내전을 피하기 위해 협상을 개시했다. 그러나 양측의 긴장은 계속 고조되었고 미국의 마샬 장군이 중재하여 내전을 피하기 위해 양측을 조율하고 공동 정부를 구성하기 위한 협상을 시작하여 1945년 10월 국·공 협정(쌍십 협정)을 체결하였고 1946년 1월 충칭에서 정치 협상 회의가 개최되었다. 그러나 이를 인준하는 과정에서 국민당은 다시 합의안을 번복하고 공산당은 이에 항의하여 결국 합의안은 실패로 돌아갔다. 1946년 6월 국민당군은 본격적으로 공산당 지구를 침공하여 전면적인 내전을 개시하였다. 초기에 국민당군은 병력, 장비, 보급 등 모든 면에서 중국 인민해방군(홍군)보다 우세했고, 특히 미국의 지원을 받아 무장하고 있어서 내전은 곧 종식될 듯이 보였다. 1947년 3월에는 중국 국민당군이 중국 공산당의 본부가 있던 옌안을 점령하기도 했다. 그러나 무리하게 점령지를 늘린 국민당군은 병력을 지나치게 분산시키는 전략적 오류를 범하게 되었다. 게다가 국민당 정부의 총체적 부패, 인플레로 인한 경제 붕괴, 그리고 이미 떠난 민심이 어우러져 1948년부터는 공산당 측에 유리하게 내전이 전개되었다. 1948년 가을 린뱌오가 지휘한 동북 인민 해방군이 만주에서 국민당군을 격파한 것을 시작으로 전세가 역전되고 힘의 균형이 깨졌다. 인민해방군은 1949년 1월 31일 베이징에 입성하였고, 파죽지세로 양쯔강을 건너 4월 23일에는 국민당 정부의 수도 난징을 함락시키고, 5월 27일 중국 대륙 최대 도시 상하이까지 손에 넣었다. 1949년 10월 1일 마오쩌둥은 베이징에서 중화인민공화국의 수립을 선포하고 국가주석에 취임하였다. 중국 인민해방군은 1949년 10월 14일에는 광저우를 접수하고, 11월 30일에는 중화민국 정부의 임시수도였던 충칭마저 함락시켰다. 12월 10일 장제스는

국민당 정부의 대륙 최후 거점인 청두에서 타이완으로 탈출했고, 12월 27일 중국 인민해방군이 청두에 입성하고, 중화민국은 대륙에서 완전히 쫓겨남으로써 중국 공산당의 승리로 2차 국공 내전이 종결되었다.

03. 중국인민정치협상회의 공동 강령

중국인민해방전쟁과 인민혁명의 위대한 승리는 이미 제국주의, 봉건주의와 관료자본주의의 중국에서의 통치 시대에 대해 종결을 선언하였다. …… 중국인민정치협상회의는 전국 인민의 의지를 대표하여 중화인민공화국의 성립을 선언하고 인민 스스로의 중앙 정부를 조직한다. 중국인민정치협상회의는 일치하여 신민주주의, 즉 인민 민주주의를 중화 인민 공화국의 정치적 기초로 삼는 데 동의하며, 아울러 아래의 공동 강령을 제정하므로, 무릇 인민정치협상회의에 참석한 각 단위, 각급 인민 정부와 전국 인민은 모두 공동으로 준수해야 한다.

제1장 총강

제1조 중화 인민 공화국은 신민주주의, 즉 인민 민주주의의 국가이며, 노동 계급의 지도를 실행하고, 노동자·농민의 연맹을 기초로 하며, 각 민주 계급과 국내 각 민족을 단결시키는 인민민주독재에 의해 제국주의, 봉건주의와 관료자본주의를 반대하며, 중국의 독립과 민주주의, 평화통일과 부강을 위해 분투한다.

제3조 중화 인민 공화국은 반드시 제국주의 국가가 중국에서 가지는 모든 특권을 취소하며, 관료자본을 몰수하여 인민의 국가가 소유하게 하며, 점차적으로 봉건·반봉건적 토지 소유제를 농민적 토지소유제로 변화시키고, 국가의 공공재산과 합작사의 재산을 보호하며, 노동자·농민·소자산 계급과 민족 자산 계급의 경제적 이익과 그 사유재산을 보호하여, 신민주주의적 인민경제를 발전시켜 차분하게 농업국을 공업국으로 변모시킨다.

제6조 중화 인민 공화국은 여성을 속박하는 봉건 제도를 폐지한다.

제9조 중화 인민 공화국 경내의 각 민족은 모두 평등한 권리와 의무를 진다.

– 1949. 9. 29 –

자료 해석

제시문은 중국인민정치협상회의 제1차 전체 회의에서 통과된 것으로 1954년 중화인민공화국의 헌법이 제정될 때까지 헌법 역할을 하였다. 중화인민공화국은 프롤레타리아의 계급 독재정치가 아닌 중국 공산당이 지도하며 4개 계급연맹을 기초로 하는 일종의 '인민민주 독재정치'라고 명시하였다. 또한 여성 평등과 약소 민족의 평등한 권리와 의무도 명시하였다.

04. 제네바 회담과 파리 평화 협정

· 잠정적 군사 분계선을 설정하여 양측 군대를 철수시킨 뒤, …… 완충 지대를 만들고, 또 적대 행위의 재발을 가져올지 모르는 모든 사건을 방지하기 위해, 군사 분계선으로부터 최대한 5km 폭의 비무장 지대를 설정하는 데 합의한다. 회의는 베트남에 관한 한 독립과 통일 및 영토 보전의 여러 원칙을 존중하는 것을 바탕으로 정치 문제를 해결함으로써, 베트남 주민들이 비밀 투표에 의한 자유 총선거로 민주주의적 기구를 수립하고 그 기구가 보장하는 기본적 자유를 누릴 수 있게 할 것을 선언한다.

– 제네바 회담(1954) –

· 제4조 미국은 군사적 개입을 계속하지 않으며 남베트남의 내정에 간섭하지 않는다.

제5조 본 협정 조인 후 60일 안으로 미군과 규정된 외국은 남베트남에서 군대·군사 고문단·평정 계획에 관련된 기술 및 군사 요원·군 장비·탄약 및 군수 물자를 모두 철수한다.

– 파리 평화 협정(1973) –

자료 해석

제네바 협정은 1954년 4월 26일부터 7월 21일까지 인도차이나 사태를 논의하기 위해 라오스·미국·소련·영국·중국·캄보디아·프랑스·북베트남 정부의 대표들이 참석한 가운데 열린 제네바 회담(1954. 7. 21)에서 체결된 협정이다. 협정의 주요 내용은 북위 17°선을 휴전선으로 하여 베트남을 남북으로 분할하며, 300일 이내에 양쪽 군대는 총선이 실시되는 라오스와 캄보디아에서 철수하되 프랑스군은 라오스와 캄보디아 정부의 요청이 있을 경우 그 지역에 주둔할 수 있다는 것이었다. 또한 '분할선은 어떤 경우에도 정치적·영토적 국경으로 해석될 수 없다'고 명백히 밝혀졌다. 협정의 이행은 인도·폴란드·캐나다 정부의 대표들로 구성된 위원단이 감독하도록 했으며, 최종 선언문으로 이름 붙여진 조항에 따르면 통일 베트남 정부 수립을 위한 총선은 1956년 7월 이전에 이 위원단의 감독 아래 실시하도록 되어 있었다. 그러나 미국 정부는 남베트남에 별개의 반공국가를 수립하려는 작업에 착수하여 1955년 베트남공화국이 수립되었다. 이후 미국은 통킹만 사건을 조작하여 베트남 전쟁을 확대시켰다. 그러나 베트남 전쟁이 장기화되었고 반전 여론과 재정 부담도 점점 커졌다. 이후 미국은 1969년 닉슨 독트린 선언 이후 베트남에서 철수하기 시작하였으며, 1973년에 체결된 파리 평화 협정으로 베트남에서 완전히 철수하였다. 이후 1976년 북베트남에 의해 베트남 사회주의 공화국이라는 통일 정부가 수립되었다.

05. 타이완의 계엄령 해제

타이완 입법원은 지난 38년 동안 계속되어 온 계엄령의 해제안을 만장일치로 승인하였다. …… 민진당은 과거 계엄 하에서 유죄 판결을 받은 수천 명의 반정부 인사들에 대한 복권 조치와 현재 수감 중인 정치범 약 200명의 사면을 촉구하였다. …… 타이완의 계엄령은 지난 1949년 현 국민당 정부가 타이완으로 넘어오면서부터 선포되어 지금까지 사실상 국민당의 1당 통치를 지탱해 온 중요한 지주였다.

— 『동아일보』, 1987 —

자료 해석

장징궈 '중화민국 총통'은 1987년 7월 14일 대만섬과 펑후 지구에 대해 15일 0시를 기해 계엄을 해제한다고 선언했다. 대만에서 민주화 역사는 곧 계엄령을 해제하고 국민당 이외의 정당을 창당하기 위한 투쟁의 역사다. 1949년 계엄 선포를 기준으로 38년 만인 1987년 7월 장제스의 장남인 장징궈 총통이 동원감란시기 임시조관 제10조에 따라 계엄령 해제를 선포했다.

06. 신민주주의 경제와 농업합작사

- 신민주주의경제는 자본주의경제인가 사회주의경제인가? 둘 다 아니다. 그것은 사회주의 성분이면서 또한 자본주의 성분이다. 이것은 일종의 특수한 역사 형태이며 그 특징은 과도기의 경제이다. 그래서 이것을 통해 자본주의를 지나 사회주의로 건너가게 된다. 이것은 하나의 해결되지 않은 문제이다. 과도기적 성격은 오래 지속될 수 없지만 하나의 오랜 시간을 필요로 한다. 이러한 과도기는 아마 10년에서 15년이 될 것이며 이렇게 될 경우 무산계급에 유리하다.

— 류사오치 —

- 농민대중들은 거의 모두 몇 천 년 동안 개체 경제로 매 농가마다 하나의 생산 단위였다. 이처럼 분산된 개체 생산, 즉 봉건적 경제기초로 말미암아 농민 자신은 영원한 빈곤상태에서 헤어나지 못하고 있다. 이러한 상태를 극복할 수 있는 유일한 방법은 점차 집체화하는 것이다. 그리고 집체화하는 유일한 길은 레닌의 말처럼 합작사를 건설하는 것이다. 이 지역에서 우리는 이미 많은 농민 합작사를 조직했지만 현재 이들 조직은 일종의 초급형식의 합작사로 앞으로 얼마간의 발전단계를 거쳐야 장래 집체농장과 같은 소련식 합작사로 발전될 수 있다. 우리의 경제는 신민주주의이며 우리의 합작사는 변함없이 개체경제의 토대(사유재산 기초) 위에서 건립된 집체 노동 조직이다.

— 마오쩌둥 —

자료 해석

중화인민공화국은 건국 초기 대기업의 국유화를 진행하였으나 소기업의 개인 소유는 인정하였다. 이는 사회주의와 자본주의의 공존을 추구하는 것이었다. 농촌에서는 대규모의 토지 개혁을 실시하여, 농민들에게 토지를 분배하였다. 이 또한 농업의 집단화를 통한 사회주의 농업과는 거리가 먼 정책이었다. 이러한 정책들은 당시 중국의 경제력이 사회주의를 실시할 상태가 아니었기에 공업과 농업의 생산성을 높여 사회주의 정책을 실시하기 위한 기초 작업의 성격을 띠었다. 합작사의 설립도 농민의 자발적인 의사를 최대한 존중하면서 실시되었다. 그러나 1953년부터 실시된 1차 경제개발 5개년 계획이 성공적으로 끝나자, 마오쩌둥을 비롯한 당 지도부는 1958년부터 대약진운동을 전개하였다.

07. 토로 건설과 대약진 운동

당 활동가들이 집집마다 돌아다니며 가재도구나 농기구를 징발해 가는 식으로 고철을 수집했다. 충분한 열성을 보이지 않는 사람들은 폭언을 듣거나 괴롭힘을 당하고 줄에 묶여 사람들 앞에서 조리 돌려졌다. 윈난성 더훙현에서는 주민 20만 명이 철강 증산운동에 투입되어 수천 기의 벽돌 고로에서 타오르는 불빛으로 하늘이 선홍색으로 물들었다. 목표량을 달성하려는 미친 듯한 시도에 사고도 빈번했다. 마구잡이로 베어진 나무들이 사람들 위로 쓰러졌다.

- 마오의 대기근 -

자료 해석

대약진운동은 중국을 공산화한 마오쩌둥이 신중국, 즉 공산주의 중국 건설을 앞당기기 위해 전 인민을 동원하여 추진한 경제 성장 운동이다. 중국이 가진 큰 자산인 수억 명(당시 중국 인구 6억5 000만 명)에 달하는 노동력을 활용해 농업 생산량 증대와 철강 산업을 육성한다는 것이 대약진 운동의 핵심 정책이었다. 이 운동은 스탈린 사후 등장한 소련 지도자 흐루쇼프의 허풍에서 시작됐다. 1957년 11월 소련을 방문한 마오쩌둥에게 흐루쇼프는 "나의 경제 정책을 따르면 15년 안에 미국의 생산품 산출량을 따라잡을 수 있을 것"이라고 말했다. 마오쩌둥은 즉각 "15년 안에 우리 또한 영국을 추월할 수 있을 것"이라고 호언장담했다. 그는 모스크바에서 돌아온 지 2주도 지나지 않아 소위 대약진운동을 실천에 옮겼다. 중국 공산당은 대약진 운동을 효율적으로 추진하기 위해 인민공사를 설립했다. 인민공사는 주민들을 더 효과적으로 동원하기 위해 군대의 행정을 차용한 거대한 집단 공동체였다. 1957년 중국의 철강 생산량은 535만t이었다. 1958년 목표량은 2월에 620만t에서 5월에는 850만t으로 수정되었고, 6월에는 다시 1070만t으로 상향되었다. 이 상태로 가면 1975년이면 7억t의 철강이 생산되어 영국을 한참 뛰어넘을 것이라는 게 마오쩌둥의 계산이었다. 마오쩌둥은 "목표량보다 1t만 모자라도 용납하지 않겠다"는 명령을 내렸다. 농민들이 철강 증산운동으로 농사에 노동력을 집중하지 못하자 곡식은 수확하지도 못한 채 버려졌다. 중국 전역에 걸쳐 4000만 명의 노동자가 50만기(基) 정도의 토로 운용에 투입되었다. 이렇게 만든 철은 대부분 쓸모없는 쇳덩어리에 불과했다.

- 주간 조선 -

08. 해서파관과 문화 대혁명

모(某) 동지는 사람들에게 자신이 창조해 낸 해서를 학습하라고 분명하게 요구한다. 우리들은 도대체 무엇을 학습할 것인가? '퇴전(退田, 토지를 돌려준다)'을 학습할까? 우리 농촌은 이미 사회주의의 집체소유제를 실현하고 위대한 사회주의를 건립하였다. 이러한 상황에서 누구에게 '퇴전'을 요구하는 것인가? 마오쩌둥에게 '퇴전'하라고 요구하는가? 또한 누구에게 돌려주는 것인가? 지주인가 아니면 농민에게 돌려주라는 것인가? 지금 사회주의 길에 들어선 5억 농민에게 이러한 '퇴전'을 학습하라고 하는 것은 어려운 일이 아닌가?

- 「평신편역사극(評新編歷史劇) '해서파관(罷官)'」, 『문회보(文匯報)』(1965. 11. 10.) -

자료 해석

1965년 11월10일 4인방 중 한 명인 요문원은 일간지 <문회보>에 '신편역사극 해서파관(海瑞罷官)을 평한다'를 발표했다. 이는 문화대혁명의 이론적 근거를 마련해준 논문이었고, 문화대혁명의 서막을 알리는 전주곡이었다. 해서파관(해서가 관에서 파면당하다)은 수도 베이징의 부시장인 오함이 썼던 경극 각본의 제목인데 요문원의 논문은 이 각본을 정면으로 비판한 것이다. 해서는 명나라 가정제 시대의 고관인데 황제가 민생을 돌보지 않은 점을 비판했다가 투옥된 인물이다. 이 극본에 나온 해서의 대사 중 다음과 같은 내용이 있다. "당신은 너무 독단적입니다. 당신은 지나친 편견을 가지고 있어요. 당신은 언제나 옳다고 생각하고 비판을 받아들이려 하지 않습니다. …… 온 나라 사람들이 당신에게 불만을 품은지 이미 오래입니다." 마오는 이 대사가 자신을 비판한 팽더화이의 이야기이며, 그를 파면한 황제는 자신이고, 이는 마오 자신에 대한 비판이라는 구실로 실용파에 대한 정치투쟁을 벌였다. 마오는 곧 바로 부르주아 세력 타파와 자본주의 타도를 부르짖으며 이를 위해 청소년이 나서야 한다고 강조했다. 마오의 의도대로 전국적으로 청소년으로 구성된 홍위병이 조직됐으며, 홍위병 광풍은 전국적으로 번져 마오 반대 세력들에 대한 테러가 시작됐다. 1967년이 되자 전국 각지에서 폭동이 일어났고 내전상태에 빠졌다. 하지만 다시 권력을 되찾은 마오쩌둥은 홍위병을 토사구팽시켰다. 1968년 마오는 "그대들은 나를 실망시켰을 뿐만 아니라 노동자·농민으로서 중국의 전사들을 실망시켰다"며 홍위병들을 제거하기 시작했다. 중국 전역을 피비린내 나는 지옥으로 몰아세웠던 마오가 1976년 사망하자 문화대혁명은 막을 내렸다. 마오 사후 중국공산당은 문화대혁명을 '극좌적 오류'였다고 공식 평가했다.

- 경기북부시민신문 -

09. '5·16 통지'와 문화대혁명의 시작

- 무산계급의 자산계급에 대한 투쟁, 무산계급의 자산계급에 대한 독재, 각 문화 영역을 포함한 상층 구조에서의 무산계급 독재, 자산계급이 공산당 내에 뚫고 들어와서는 홍기를 들고서 홍기를 반대하는 대표 인물에 대한 무산계급의 지속적인 청산, 이런 기본 문제에서 설마 어떤 평등을 허용해야 하는가? …… 사실 당 내에서 자산 계급 학벌을 지지하며 자본주의 길을 걷는 당권파, 당내를 뚫고 들어와 자산계급 학벌을 비호하는 자산계급 대표 인물이 존재한다. …… 학술계, 교육계, 언론계, 문화계, 출판계의 자산계급 반동 사상을 철저히 비판하고, 이런 문화 영역에서 주도권을 탈취해야 한다. 여기에 이르러서는 동시에 당 내, 정부 내, 군대 내, 문화 영역의 각계 내에 섞어 들어온 자산 계급 대표 인물을 비판하고, 그들을 청소하며, 그들의 직무를 옮겨야 한다.

－5·16 통지

- 사회주의 혁명의 새로운 단계

바야흐로 전개되고 있는 프롤레타리아 문화 대혁명은 인간의 영혼을 건드리는 대혁명이며, 우리 사회주의 혁명 발전에서의 보다 깊고 보다 넓은 새로운 단계이다. 마오쩌둥 동지는 당의 8기 10중 전회에서 이렇게 말한 바 있다. '무릇 하나의 정권을 무너뜨리자면, 결국은 우선 여론을 조성해야 하며, 결국은 먼저 이데올로기 방면의 공작을 해야 한다. 혁명적 계급도 이렇고 반혁명적 계급 역시 마찬가지이다." 실천은 마오쩌둥 동지의 이러한 논단이 완전히 정확한 것임을 입증한다. 부르주아는 비록 이미 타도되었으나 그들은 착취 계급의 낡은 사상, 낡은 문화, 낡은 습관을 이용하여 대중을 부패시키고, 인심을 정복하여 애써 그들의 복벽이란 목적을 이루고자 하고 있다. 프롤레타리아는 이와 정반대로 반드시 부르주아의 이데올로기 영역에서의 모든 도전에 정면으로 맞서 싸우고, 프롤레타리아의 새로운 사상, 새로운 문화, 새로운 풍속, 새로운 습관으로 전체 사회의 정신적 면모를 바꾸어 놓아야 한다. 지금 현재 우리의 목적은 자본주의 길을 걷는 당권파와 싸우고, 부르주아적 반동적 학술의 권위를 비판하고, 부르주아와 모든 착취 계급의 이데올로기를 비판하고, 교육을 개혁하고, 문예를 개혁하고, 사회주의적 경제 기초에 적응하지 못하는 모든 상부 구조를 개혁함으로써 사회주의 제도를 굳건히 하고 발전시키는 것이다.

－ 중국공산당 중앙위원회의 프롤레타리아 문화 대혁명에 관한 결정(1966.8.8.)

자료 해석

1966년 5월 4일부터 26일까지 정치국 확대회의가 개최되었다. 여기에는 정치국원뿐만 아니라 각 부서의 책임자 등 약 80명이 참석했다. 마오쩌둥은 이 회의에 불참했고, 린뱌오가 회의를 주도했다. '5·16 통지'는 크게 두 가지 내용을 담고 있다. 하나는 문혁의 성격과 내용에 관한 규정이다. 이에 따르면 문혁은 전면적인 계급투쟁이고, 타도 대상은 자산계급 학술 권위다. 다른 하나는 문혁을 주도하는 권력 기구로 '중앙 문화혁명 소조(문혁 소조)'를 설치하는 일이다. '문혁 소조'의 고문은 캉성, 조장은 천보다, 부조장은 장칭, 왕런중, 류즈젠, 장춘차오였다. 조원으로는 세탕중, 인다, 왕리, 관펑, 치번위, 무신, 야오원위안 등이었다. 이들 중에서 장칭, 장춘차오, 야오원위안 3인과 상하이 노동 운동 지도자인 왕훙원을 합하여 '사인방'이라고 불렀다.

－ 조영남, 중국의 엘리트 정치

10. 사회주의 경제의 변화

인민공사, 생산대, 생산대의 소유권과 그들의 의사 결정권은 국가 법률에 의해 효과적으로 보호되어야 한다. 인력, 자금, 생산물, 그리고 생산대의 어떠한 생산수단도 함부로 징발해서는 안 된다. 인민공사의 다양한 단계에 존재하는 경제조직들은 '노동에 따른 분배'라는 사회주의 원칙을 성실하게 집행하고, 평균주의를 극복해야 한다. 인민공사 성원들의 소규모 사유지, 그들의 가내 부업, 재래시장은 사회주의 경제에 필요한 부속물이고 간섭해서는 안된다. 인민공사는 생산대가 기본 회계단위가 되는 3단계 소유제 구조를 절대적으로 이행해야 하고, 이 사실은 절대 변할 수 없다.

－ 11기 3중 전회 결의문 중 일부

자료 해석

제시문은 1978년 12월에 개최된 중화인민공화국 11기 3중 전회에서 농업에 관한 결의문의 일부다. 3중 전회에서 화궈펑이 강력히 주장하던 농업집체화에서 처음으로 탈피하기 시작하였다. 3중 전회는 농민들의 '사회주의 열정'을 고취시키기 위해 1960년대 초반의 정책으로 회귀했고, 새롭게 구축된 농촌의 기본 골격은 단지 중국 농촌에서 일어난 급진적 변화의 시작일 뿐이었다. 화궈펑과 범시파가 3중 전회에서 패배한 것은 주로 덩샤오핑과 그 지지자들이 문화대혁명을 계속 반대해 온 '조용한 다수'의 간부와 관리들을 성공적으로 동원했기 때문이다. 베이징 인민들은 덩샤오핑의 노선을 열광적으로 지지하였다. -로드릭 맥파거, 중국현대정치사

11. 베이징의 봄
4인방이 체포된 이후 사람들은 덩샤오핑을 새로운 '위대한 깃발'로 여기며 덩샤오핑의 복권에 격동한다. 그러나 유감스럽게도 사람들이 혐오하는 옛날 정치제도는 변하지 않았고, 사람들이 희망하는 민주와 자유는 제기되지 않았고, 인민의 생활 상황에는 어떤 변화도 없다. '마오 주석이 없으면 신(新) 중국도 없다.'라는 덩샤오핑의 말은 그의 생명을 구해 준 마오 주석에게 감사하는 것이다. 네 가지 현대화는 떡을 그리면서 허기를 채우고, 매실을 보며 갈증을 해소하는 격으로, 모두들 이런 종류의 정치적 사기를 다시 믿지 말기를 권고한다. 이런 식의 비판을 하는 목적은, 더욱 효과적으로 이 제도를 타격하기 위해서는 많은 민주 전사들이 아직도 희망을 걸고 있는 개량따 영수인 덩샤오핑을 반드시 타격해야 한다는 데 있다.

- 제5의 현대화, 민주주의

자료 해석
1978년 12월 5일 베이징 동물원의 전기공 웨이징성(魏京生)은 베이징 시단(西單) 민주장(民主墻, 민주의 벽)에 "제5의 현대화: 민주와 그 외"라는 제목의 대자보를 써서 붙였다. 웨이징성이 말한 "제5의 현대화"란 다름 아닌 "민주화"를 의미했다. 1960년대부터 중국공산당은 농업, 공업, 과학·기술, 국방 네 분야에서 이른바 "4대 현대화"를 내걸어왔다. 이에 맞서 웨이징성은 "민주화"야말로 현대화의 급선무라 주장했다. 덩샤오핑은 자신들의 권력이 공고해진 뒤 웨이징성을 체포해 구속시켰다.

12. 네 가지 기본 원칙을 견지하자
동지 여러분! …… 우리의 목전 그리고 앞으로의 상당히 긴 역사 시기의 주요 임무는 무엇인가? 한마디로 말하면 현대화 건설을 하는 것입니다. 4개 현대화를 실현할 수 있느냐 아니냐는 우리 국가의 운명, 우리 민족의 운명을 결정할 것입니다. 중국의 현실 조건 아래 사회주의의 4개 현대화를 제대로 해내는 것은 바로 마르크스주의를 견지하는 것이며, 마오쩌둥 사상의 위대한 기치를 높이 쳐드는 것입니다. ……우리가 오늘 이야기하려는 것은 사상, 정치 방면의 문제입니다. 중앙은 우리가 중국에서 4개 현대화를 실현하려면 반드시 사상, 정치상 네 가지 기본 원칙을 견지해야 한다고 생각합니다. 이것은 4개 현대화를 실현하기 위한 기본 원칙입니다. 이 네 가지는 다음과 같습니다.
첫째, 사회주의의 도로를 반드시 견지해야 한다.
둘째, 반드시 프롤레타리아 독재를 견지해야 한다.
셋째, 반드시 공산당의 지도를 견지해야 한다.
넷째, 반드시 마르크스·레닌주의와 마오쩌둥 사상을 견지해야 한다.

- 1979.3 -

자료 해석
1978년 11차 3중 전체회의를 통해 4대 현대화 정책을 비롯한 개혁, 개방 정책이 확정되었다. 이후 베이징에는 공산당을 비판하는 대자보부터 덩샤오핑을 찬양하는 대자보들이 시내 곳곳에 쏟아지면서 다양한 주장들이 나왔다. 이를 베이징의 봄이라고 부른다. 특히 웨이징성(위경생)이 '제5의 현대화 민주주의'라는 글을 통해 서구식 민주주의의 수용을 주장하며 덩샤오핑을 비판하였다. 이에 덩샤오핑은 사회주의 견지, 프롤레타리아 독재 견지, 공산당 지도 견지, 마르크스·레닌주의와 마오쩌둥 사상 견지를 주장한 네가지 노선을 발표하였다. 이로써 베이징의 봄도 끝났다.

13. 건국 이래 당의 몇 가지 역사 문제에 관한 결의
'무산 계급 독재 하의 계속 혁명'이란 단어에는 특정한 함의가 있다
'무산 계급 독재 하의 계속 혁명의 이론'은 문화 대혁명의 지도 사상으로, 10년 내란 중 일찍이 반복적으로 선전되었고, 또한 당의 '9대', '10대'에서 통과된 정치 보고와 당장에도 삽입되었으며, 4계 전인대회에서 통과된 헌

법에 들어가 있다. …… 10년 내란의 역사는 이 이론이 완전히 잘못된 것임을 충분히 증명하고 있다. ……
"당내에는 이른바 류샤오치, 덩샤오핑을 우두머리로 하는 '부르주아 사령부'가 근본적으로 존재한 적이 없다. 1966년 8월 5일 당의 8기 11중 전회 기간 동안 마오쩌둥은 '사령부를 포격하라'는 대자보를 써서 당 내에 부르주아 사령부가 존재한다는 문제를 제기하였다. 대자보에서는 이름을 지적하지 않았지만 분명히 우선은 류샤오치를 노린 것이고, 동시에 덩샤오핑에게도 관련된 것이었다. ……
문화 대혁명은 어떤 의미에서도 '혁명'이나 진보가 아니며 그렇게 될 수도 없다. …… 문화 대혁명의 성질은 비로 '역사 결의'에서 지적한 것처럼 한바탕의 내란이며, 지도자가 잘못 발동하고, 반혁명 집단에게 이용당해 당과 국가와 각 민족 인민에게 엄중한 재난을 가져다 준 내란이다.

자료 해석
제시문은 1981년 6월27일 중국공산당 제11기 6차 중앙위원회에서 일치하여 통과시킨 '건국이래 당의 몇가지 역사문제에 관한 결의'의 일부이다. 이 결의안은 문화대혁명에 대해 그것이 '혁명이 아니라 '10년 내란'이라는 당의 공식적 입장을 총괄하는 한편 마오쩌둥이 중국혁명의 역사에서 위대한 지도자이고 영수임에 틀림없지만 그가 제시한 문화대혁명과 무산계급독재 하의 계속 혁명 이론은 잘못된 것임을 분명하게 지적하였다.

14. 톈안먼 사건
이 햇빛이 찬란한 5월 속에 우리는 단식을 하고 있습니다. …… 물가는 폭등하였고 관료는 부패하였으며, 민주 인사들은 해외로 망명하지 않을 수 없으며, 사회의 치안은 날로 혼란에 빠지고 있습니다. 민족의 존망이 달린 생사의 갈림길에서 우리의 외침을 들어주십시오. …… 민주주의는 인생의 가장 숭고한 생존 감정이며, 자유는 사람이 태어나면서 하늘로부터 부여받은 인권입니다.

– '단식 선언서', 1989. 5. 13. –

자료 해석
톈안먼 사건은 1989년 베이징의 톈안먼 광장을 중심으로 전개되었던 민주화 운동이다. 이 사건은 민주주의 정치 개혁을 실시하다가 실각한 후야오방 총서기의 사망에 따른 추도 활동이 관료의 부패 척결과 민주주의를 요구하는 전국적인 시위로 확산된 것이다. 그러나 덩샤오핑을 비롯한 집권세력은 사회주의 기본 원칙을 고수해야 한다면서 민주화 운동가들을 탄압하였다. '단식 선언서'는 집권 세력이 민주화 운동을 부르주아적 자유화 운동이라고 지적한 것에 대한 저항 운동으로 단식 투쟁을 시작하면서 발표한 글이다.

15. 덩샤오핑의 남순 강화
나는 광둥[廣東]에 와 본 적이 있습니다. 당시 농촌 개혁을 한 지 몇 년 되지 않았고 도시 개혁도 막 시작되었으며 경제특구도 초보적인 단계였습니다. 이제 8년이 지났는데, 이번에 와 보니 선전과 주하이 특구 그리고 기타 몇몇 지방은 내가 전혀 예상하지 못할 정도로 너무도 발전이 빠릅니다. 보고 난 다음 나는 믿음이 더 늘었습니다. 혁명은 생산력을 해방하는 것이고, 개혁 역시 생산력을 해방하는 것입니다. 제국주의와 봉건주의, 관료 자본주의의 반동 통치를 타도하여 중국 인민의 생산력이 해방될 수 있게 하였으므로 혁명은 생산력을 해방시킨 것이라 할 수 있습니다. 사회주의의 기본제도가 확립된 다음 또한 생산력의 발전을 속박하는 경제 체제를 근본적으로 바꾸어 생기와 활력에 찬 사회주의 경제 체제를 건립하고 생산력의 발전을 촉진하는 것, 이것이 개혁입니다. …… 당의 11기 3중 전회 이래의 노선, 방침, 정책을 견지하려면 관건은 '하나의 중심, 두 개의 기본점'을 견지해야 한다는 것입니다. …… 누구든지 3중 전회 이래의 노선, 방침, 정책을 바꾸고자 한다면 인민들이 승낙하지 않아 누구든지 타도될 수 있습니다. …… 판단의 기준은 사회주의사회의 생산력 발전, 사회주의 국가의 종합적 국력 증강, 인민의 생활수준 향상에 유리한가의 여부입니다. …… 계획에 좀 더 중점을 두어야 하는가 아니면 시장에 좀 더 중점을 두어야 하는가의 문제는 사회주의와 자본주의의 본질적 구별이 아닙니다. 자본주의에도 계획이 있으며 사회주의에도 시장이 있습니다. 계획과 시장은 모두 경제 수단입니다. 사회주의의 본질은 생산력을 해방하고 생산력을 발전시키며 착취를 줄이고 양극화의 해소를 통해 최종적으로 공동의 부(富)에 도달하는 데 있습니다.

– 남순강화 등지에서의 담화 요점 –

자료 해석

남순 강화란 1989년 톈안먼 사태 이후 논란이 거세지던 개혁·개방 정책과 관련해 지방 간부들을 만나 사회주의 시장경제론의 당위성을 설명하고 시장경제 도입에 대한 확고한 의지를 밝힌 사건이다. 덩샤오핑의 전용 열차가 1월 17일 베이징 역을 출발할 때 베이징의 다른 중앙 영도자들은 이에 대한 통지를 받지 못했다. 덩샤오핑의 남부 여행 첫 번째 장소는 우한이었다. 이곳은 화중 지역 철도 요충지이자 1911년 신해혁명이 발발한 곳이다. 1월 19일 아침 덩샤오핑은 광저우에 잠시 체류한 후, 11일 동안 가장 활력이 넘치는 특구, 즉 선전과 주하이 시찰을 시작했다. 남순 강화 이후 중국은 다시 경제 개혁과 개방에 박차를 가하여 연 평균 10% 이상의 고도 성장을 이룩하였다.

16. 토지 개혁의 변화

(가)
1. 몰수. 오직 "죄악이 큰 친일파"의 토지와 재산만 몰수한다.
2. 청산. 고율 소작료와 고리대, 도량형 속임, 약탈 등을 비롯한 각종 부당한 수단에 의해 농민의 부를 수탈하거나 약탈한 내역을 조사하여 돈이 아니라 토지로 상환토록 한다.
3. 매매. 감조감식으로 불리해진 지주가 토지를 팔 경우 소작농이 우선권을 갖고 매입한다.

(나)
- 제1조 봉건적 및 반봉건적 착취의 토지 제도를 폐지하고 '경작하는 사람이 토지를 소유하는' 제도를 시행한다.
  제2조 모든 지주의 토지 소유권을 폐지한다.
  제4조 토지 제도 개혁 이전에 발생한 향촌의 모든 채무를 폐기한다.

(다)
- 제1장 총칙
  제1조 지주 계급이 봉건적 수탈을 행하는 토지 소유제를 폐지하고 농민적 토지 소유제를 실행함으로써 농촌의 생산력을 해방하고 농업 생산을 발전시키며 신중국의 공업화를 위해 길을 개척한다.
  제2장 토지의 몰수와 징발
  제2조 지주의 토지, 가축, 농기구, 잉여 양식 및 농촌에 있는 잉여 건물을 몰수한다. 단 지주의 기타 재산은 몰수되지 않는다.
  제4조 상공업을 보호하며, 침해해서는 안 된다. 지주가 경영하는 상공업 및 기타 직접 공상업을 경영하는 데 쓰이는 토지와 재산은 몰수할 수 없다. 봉건적 토지 재산을 몰수한다고 해서 상공업을 침해해서는 안 된다.
  제7조 중농(부유 중농도 그 안에 포함된다)의 토지 및 그 재산을 보호하며, 침범할 수 없다.
제6장 부칙
  제35조 본 법은 소수 민족 지구에 적용하지 않는다.

자료 해석

(가)는 1946년 5·4 지시, (나)는 중국 토지법 대강(1947), (다)는 중국 인민 공화국 토지 개혁법(1950)이다. 5·4 지시는 친일파와 악질 지주의 토지만을 몰수의 대상으로 삼았으며, 각 해방구에서 다양하게 실시되고 있던 토지개혁을 통일하기 위해 실시되었다. 토지법대강에서는 경자유전의 원칙을 표방하고, 지주의 존재를 부정하였다. 토지개혁법은 제1조에도 잘 나타나 있듯이 지주제를 폐지하고 이후 중국의 공업화를 위한 잉여자본을 축적하는 것을 중시했음을 알 수 있다. 또한 지주의 상공업 활동에 대한 침범을 금지한 것도 중요한 특징의 하나다. 그러나 토지개혁법에 의해 분배된 1인당 경지의 규모가 너무 작아 여러 가지 문제점을 일으켰고, 결국 집단 농업의 방향으로 전환하게 되었다.

Ⅱ.

여러 나라의 역사

CHAPTER 01
서아시아와 이슬람의 역사

CHAPTER 02
일본사

CHAPTER 03
인도사

CHAPTER 04
동남아시아의 역사와 아프리카

CHAPTER 01 서아시아와 이슬람의 역사

1 이집트 문명과 메소포타미아 문명

(1) 이집트 문명

1) 역사 : 총 30~31개의 왕조를 3~4단계로 구분

선왕조 (B.C. 5000 ~4000)	· 제1·2 왕조 · 노메스 지역을 중심으로 발전 → 상·하 왕국으로 발전 · B.C. 3000년 경 상왕국 메네스 왕 → 통일 왕국
고왕조 (B.C. 2850 ~2200)	· 제3~6 왕조 : 이집트의 발전기·번영기 → 수도 멤피스 · 제4 왕조 : 기제(가자)의 피라미드 건설 · 제7~10 왕조 : 정치적 혼란과 분열
중왕조 (B.C. 2050 ~1750)	· 제11·12 왕조 : 재통일 → 수도 테베 · 제12 왕조의 아메넴헤트 1세, 세누스레트 1세 때 번성하고 문화적 황금기 · 제13 왕조 ~17왕조 : 힉소스◇의 침략과 지배를 받음 → 청동제 무기와 전차 도입
신왕조 (B.C. 1580~ 1090)	· 제18 왕조 : 아모세(아흐모) 1세가 힉소스를 몰아내고 신왕조 설립 → 가장 번성한 시기 · 하트셉수트◇ : 여자 파라오 · 투트모세 3세 : 제국주의적 팽창 정책 → 팔레스타인과 시리아, 유프라테스강 상류까지 진출 · 룩소르·카르나크에 신전 건축
최신 왕조 (B.C. 1090 ~332)	· 리비아·에티오피아의 지배 받음 · 제26왕조(B.C. 663~625) : 일시적으로 중흥 · B.C. 670년 아시리아에 정복당 함 · B.C. 525년 페르시아에 정복당 함 · B.C. 30년 로마에 정복당 함

◇ **힉소스**

나일강 동부의 지역에 살았던 민족으로 B.C. 17세기에 들어 세력을 확대하였다. 이집트 중왕조의 15~16 왕조를 약 100년 정도 지배했다. 아모세 1세에 의해 쫓겨났으며, 투트모세 3세에 의해 완전히 멸망당하였다.

◇ **하트셉수트와 투트모세 3세**

하트셉수트는 투트모세 1세의 딸이다. 투트모세 1세의 아들인 투트모세 2세가 일찍 죽고 어린 아들(투트모세 3세)이 왕위를 이었으나, 하트셉수트가 대신 통치하였다. 하트셉수트는 상하 이집트를 통일하고 상업을 발달시키는 등 이집트를 발전시켰다. 20년간의 통치 이후 투트모세 3세가 즉위하였다. 그는 힉소스를 완전히 소탕하고 영토를 확장하여 유프라테스강 상류까지 진출하여, 이집트를 오리엔트 최강의 국가로 성장시켰다.

◇ **이집트 문명**

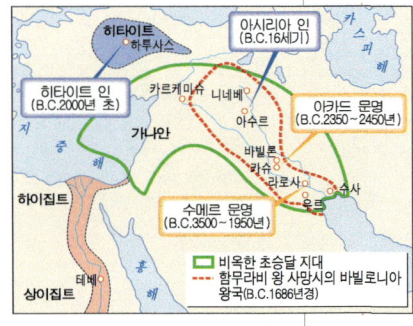

[이집트 문명]

2) 정치·사회·경제

① 정치
- 동양적 전제주의 국가 : 파라오 → 신의 후손, 제정일치
- 중앙 : 관료조직 발달
- 지방 : 40여 개의 노메스로 구분 → 지방장관 파견

② 경제
- 관개 농업에 기반
- 장인계급 : 각종 수공업에 종사
- 상업과 무역 : 파라오의 통제

③ 사회
- 계급 사회 : 파라오 - 귀족 - 중간계급 - 농민 - 노예
- 여성 : 토지·재산 소유권, 토지의 모녀 상속, 재산처분권, 여성 왕위 계승 허용

3) 문화
  ① 종교
    - 다신교
    - 태양신 라 숭배 : 수호신, 우주의 질서를 유지하는 신 → 중왕국 시대에 아톤으로 지칭
    - 오시리스 숭배 : 나일강과 농업의 신 → 죽음과 부활 상징
  ② 아멘호텝 4세의 종교 개혁
    - 종래의 다신교 폐지 → 태양신인 아톤을 신봉하는 일신교로 변경
    - 파라오의 이름 개칭 : 아멘호텝 → 아케나톤(아크나톤)
    - 천도 : 테베 → 아마르나(아케트 아톤)
    - 실패 : 투탕가멘은 테베로 재천도하고 과거로 복귀
  ③ 영혼불사 : 피라미드, 미이라, 스핑크스
  ④ 상형문자(신성문자), 파피루스
  ⑤ 아케나톤 시대의 예술 : 자연주의적 예술 발달, 네페르티티의 흉상
  ⑥ 자연과학
    - 천문학 : 태양력
    - 수학 : 십진법, 원주율

◇ **아멘호텝 4세(아케나톤)**
아멘호텝 4세는 당시 수도 테베는 주신(主神) 아몬의 사제(司祭)들이 세력이 너무 강성하여 이를 억제하기 위해 태양신인 아톤을 신봉하는 유일신교로 바꾸는 종교 개혁을 실시하였다. 자신의 이름도 '아톤에게 이로운 자'라는 의미인 아케나톤으로 개명하고 테베를 새 수도를 텔 엘 아마르나로 옮겼다. 수도이 이름도 아톤의 지평선이라는 뜻의 아케트 아톤으로 바꾸었다. 아멘호텝 4세의 노력에도 불구하고 이집트 백성들의 아몬에 대한 숭배를 없애지 못하였다. 아멘호텝 4세가 죽은 후 아몬 숭배가 다시 부활하였고, 수도를 다시 테베로 옮겼다. 한편, 이 시기 예술은 사실주의적이고 명쾌한 자연주의 예술이 발달하였다.

(2) 메소포타미아 문명
1) 메소포타미아의 역사(B.C. 5100~2900)
  ① 수메르인 시기
    - 할라프기 → 우바이드기 → 우르크기 → 제프뎃-나사르기
    - 할라프기 : 작고 소박학 신전 건축
    - 우르크기 : 거대한 신전 건축, 지구라트, 그림과 기호 출현
    - 제프뎃-나사르기 : 그림과 기호가 문자에 근접 → 우르 고왕조기에 학자들이 해석할 수 있는 문자 등장
    - 수메르·아카디아에 많은 도시 국가 형성
  ② 변화
    - 아카드인인 사르곤 1세(B.C. 2350~2294)가 최초로 통일 왕국 건설
    - B.C. 2100년경 멸망 → 우르의 수메르 왕조가 다시 영토 회복 → 아무르인의 침략으로 수메르 왕조 다시 멸망
  ③ 아무르인 : 바빌로니아 왕국
    - 수도 : 바빌론
    - 함무라비 왕(B.C. 1728~1686)
      ㉠ 통일 왕국 건설
      ㉡ 행정관과 사법관 임명
      ㉢ 함무라비 법전 편찬
    - B.C. 1530년경 카시이트족에 멸망

◇ **메소포타미아 문명의 변천**
B.C. 3500년경 수메르인들이 메소포타미아 지역에 우르, 라가시 등의 도시 국가를 세우면서 메소포나미아 문명이 시작되었다. 아카드인은 수메르 북쪽인 메소포타미아 중부 지역에 살던 민족이다. 아카드의 사라곤 1세가 B.C. 2350년경 수메르를 정복하였다. 이후 우르의 수메르인들이 잠시 부활하였으나 아무르인의 침략으로 다시 멸망하였다.

◇ **카데시 전투**
정확한 전투 시기는 잘 모른다. 대략 B.C. 1274~1299년 사이에 발생하였다고 알려져 있다. 이집트의 람세스 2세가 히타이트가 장악하고 있던 시리아의 카데시를 점령하기 위해 전투를 시작했다. 무와탈리 2세도 대군을 이끌고 전투에 나섰다. 양쪽 다 심각한 피해를 입은 상태로 전쟁은 끝났다. 그로부터 16년이 지난 후 카데시 조약이 체결되었다. 그러나 이 전쟁으로 양쪽 다 심각한 피해를 입고 국력이 쇠퇴하는 배경이 되었다.

④ 히타이트
- B.C. 1700년경 아나톨리아 반도 통일
- 철제 무기와 전차를 이용한 정복 활동↑
- 철기 문화를 오리엔트에 전파
- 카데시 전투◇ (B.C. 1274) : 무와탈리 2세(무와탈리스)가 이집트의 람세스 2세와 전투 → 상호 불가침, 호혜 평등 등을 규정한 평화 조약 체결

2) 메소포타미아의 정치·사회
① 전제 군주는 신의 대리인이며 법에 의한 통치
② 시민 개개인의 재산 소유와 상속, 매매 인정
③ 사회 계급 : 제일 계급 –평민 –노예
④ 농업을 비롯한 산업이 이집트보다 발달

3) 메소포타미아의 문화
① 종교 : 다신교
② 문자 : 쐐기문자(설형문자)
③ 현세 중심의 세계관 : 길가메시 서사시
④ 천문학 : 태음력
⑤ 수학 : 60진법

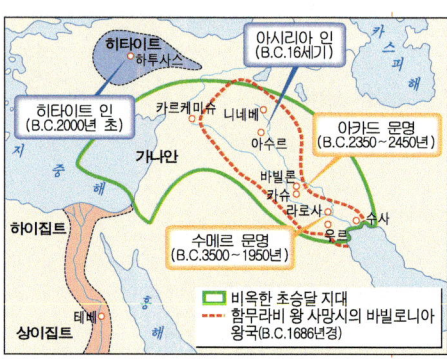

[메소포타미아 문명]

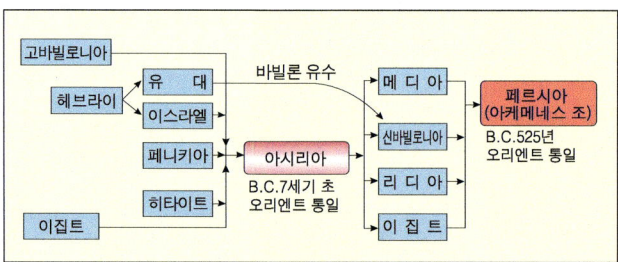

[고대 서아시아 세계의 변천]

2 서아시아의 역사

(1) 동부 지중해의 국가

1) 헤브라이 왕국

　① B.C. 1500년경 가나안(현재의 팔레스타인)에 도착

　② B.C. 1000년경 헤브라이 왕국 수립

　　• 솔로몬왕 때 전성기 → 유대와 이스라엘로 분열

　　• 유대 왕국 : 신바빌로니아에 정복당 함

　　• 이스라엘 왕국 : 아시리아에 정복당 함

　③ 문화 : 유대교, 구약성서

2) 페니키아

　• 레바논 지역에 도시 국가 건설 → B.C. 10~8세기 전성기

　• 흑해와 지중해를 무대로 무역활동 → 식민도시 건설(카르타고)

　• 표음문자 → 그리스에 전파(알파벳의 기원)

◇ 페니키아와 헤브라이

(2) 아시리아

1) 건국 : 티그리스강 중류의 도시 국가에서 출발 → 기원전 7세기 서아시아 지역 통일

2) 발전

　① 아슈르바니팔 왕 (B.C. 669~627) : 수도인 니네베에 왕립 도서관 건립, 점토판 문서 수집

　② 군용 도로와 교역로 정비, 거대한 지구라트 건립

　③ 피정복민에 대한 강압적인 통치 → 여러 민족의 반란으로 멸망(B.C. 612)

3) 분열 : 신바빌로니아, 메디아, 리디아, 이집트

◇ 사자를 제압하는 아슈르바니팔 왕

◇ 지구라트

지구라트는 일종의 신전이다. 그래서 지구라트를 성탑(聖塔)이라고 부르기도 한다. 메소포타미아 여러 지역에서 발견되었다. 지구라트 위에는 신상을 모셔놓았을 것으로 추정한다.

(3) 아케메네스 왕조 페르시아

1) 건국

　① B.C. 550년 키루스 2세가 건국

　② 수도 : 수사, 페르세폴리스

　③ 캄비세스 2세 : 이집트 정복

2) 다리우스 1세 (B.C. 522~486) : 전성기

　① 서아시아 지역 재통일 (B.C. 525) → 최대 영토

　② 1차·2차 페르시아 전쟁

　③ 중앙집권 강화

　　• 속주에 총독(샤트라프) 파견

　　• 감찰관 파견 : 왕의 눈, 왕의 귀

　　• 역전제 : 왕의 길 정비 → 수사~사르데스

　④ 관용정책 : 피정복민들의 전통과 신앙 존중, 페니키아인들의 무역 활동 보호

◇ 페르시아의 어원

고대 그리스인이 이란 남서부 해안 지역에 사는 사람들을 야만인이라는 의미로 파르스(Fars)라고 부른 데서 비롯되었다. 이것이 라틴어로 바뀌어 페르시아(Persia)로 변하였다.

◇ **조로아스터교**
조로아스터교는 선과 빛의 신 아후라 마즈다와 악과 어둠의 신 아리만의 대결로 세상을 보았다. 그 선악 투쟁의 최후는 불이 심판한다. 페르시아인들은 인간은 스스로의 의지에 따라 선과 악 가운데 하나를 선택할 수 있고, 스스로의 의지로 아후라 마즈다의 편에 서면 최후의 심판 때 천국으로 갈 수 있다고 믿었다.

◇ **미트라교**
빛의 신인 미트라를 믿는 종교로 B.C. 3세기경부터 유행하기 시작하였으며, 파르티아에서 널리 믿었다. 이후 그리스를 거쳐 로마로 전파되어 기독교가 확산되기 전까지 군인들을 중심으로 전파되었다.

◇ **샤푸르 1세**

로마 황제 발레리아누스가 사산 왕조 페르시아 황제 샤푸르 1세 앞에 무릎을 꿇은 채 목숨을 구걸하고 있다.

◇ **에프탈**
에프탈은 5세기 중엽부터 7세기 중반까지 현재 이란과 인도 북부지역에서 전성기를 누렸던 고대 부족이다. 에프탈의 침략으로 인도의 굽타 왕조가 쇠퇴하였다. 사산조 페르시아와는 처음에 협력하였으나 이후 갈등이 심화되었다. 이후 사산 왕조 호스로우 1세와 돌궐의 연합군에게 정복당하였다(567년).

3) 크세르크세스 1세(B.C. 486~465) : 3차 페르시아 전쟁 → 살라미스 해전과 플라타이아에 전투에서 패배

4) 다리우스 3세 : 알렉산드로스의 침략 → 패배 → 멸망

5) 문화
① 조로아스터교◇ 성립
- 구세주의 출현, 최후의 심판, 천국과 지옥
- 유대교, 크리스트교, 이슬람교에 영향

② 건축 : 페르세폴리스 건설

(4) 파르티아(B.C. 247~ A.D 226)

1) 건국
① 알렉산드로스 대왕 사후 파르티아(이란 계통) 독립
② 수도 : 크테시폰

2) 발전
① 정복지 주민들에게 관대한 통치
② B.C. 2세기경 전성기 → 로마 제국과 중국, 인도를 연결하는 동서무역로 장악으로 번성

3) 문화
① 페르시아어와 페르시아 문자 사용
② 초기에는 미트라교◇ 번성 → 후기에는 조로아스트교가 주도

4) 멸망 : 사산 왕조 페르시아에 멸망(226)

(5) 사산 왕조 페르시아(226~651)

1) 건국
① 아르다시르 1세가 건국 : 이란 계통
② 수도 : 크테시폰 → 아케메네스 왕조 계승 → 동서 중계 무역으로 발전

2) 발전
① 샤푸르 1세◇(241~272)
- 에데사 전투에서 로마의 발레리아누스 황제 생포
- 서로는 아나톨리아 반도 동쪽으로 진출, 동으로는 인더스 강까지 진출

② 호스로우 1세(531~579)
- 에프탈◇ 정복
- 곤데 - 샤푸르에 대학 설립
- 비잔티움 제국과 평화 조약 체결
- 군제 개혁으로 귀족들의 사병 약화
- 조로아스트교 경전인 아베스타 편찬

3) 문화
  ① 종교
    • 조로아스터교의 국교화 → 마니교 탄압
    • 마니교 등장 : 크리스트교와 불교 사상 수용
  ② 문화
    • 공예 : 유리그릇, 금은 세공 발달
    • 건축 : 아치, 천장의 돔 → 모스크에 영향

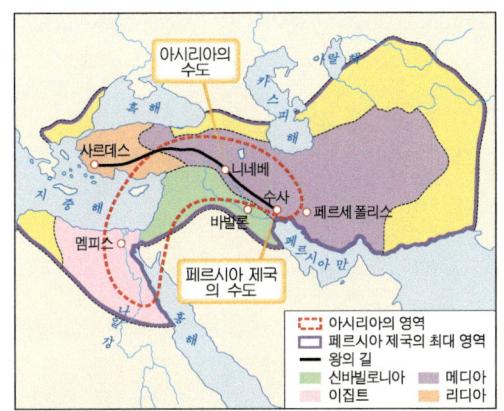

[아케메네스 왕조 페르시아 제국의 영토]   [사산 왕조 페르시아의 발전]

자료탐구

01. 헤로도토스가 본 이집트 문명

인간의 일에 한정해 그들이 한결같이 말하는 바에 따르면, 이집트인은 천문을 관찰하여 1년이라는 단위를 고안했고 1년을 12개월로 나눈 것도 이집트인이 사상 최초였다는 것이다. 내 생각으로는 역의 계산 방식은 이집트인이 그리스인보다 더 합리적인 것 같다. 왜냐하면 그리스인은 계절과의 관계를 고려하여 한 해 걸러 한 번씩 윤달을 삽입하는데, 이집트인은 1년을 12개월, 30일을 한 달로 하고 여기에 5일을 덧붙임으로써 계절이 역과 일치하여 규칙적으로 순환하게끔 하고 있는 것이다. 또한 그들이 주장하는 바에 따르면, 12신의 호칭을 정한 것도 이집트인이 최초로서, 그리스인은 이집트인에게서 그것을 배웠다는 것이고, 더욱이 신에 대한 제단이나 신상, 신전을 세우는 것도, 또한 돌에 문양을 새기는 것도 이집트인이 창시한 것이라 한다. 그리고 이들 사항에 대해 사제들은 대개의 경우 실례를 들어 그것이 진실임을 증명해 보였다.

– 헤로도토스의 역사 –

자료 해석

그리스의 역사가인 헤로도토스가 본 이집트인의 모습이다. 이집트인들은 태양력을 사용하였고, 1년을 365일로 나누어 사용하였다는 것을 알 수 있다.

02. 사자의 서

죽은 자 | 아누비스 | 토트 | 호루스 | 오시리스

오시리스 : 본 재판관은 보좌신 42명 앞에서 너의 마음(심장)과 깃털(마트)을 나란히 저울에 매달겠노라. 왜냐하면 마음이야말로 인간 존재와 삶을 규정하는 가장 중요한 것이기 때문이니라. 저울질은 죽은 자들의 의사인 아누비스가, 그 결과는 신들의 서기관인 토트가 기록하도록 하라.

죽은 자 : "저는 도둑질하지 않았습니다. …… 저는 위선을 행하지 않았습니다. …… 저는 거짓말을 하지 않았습니다. …… 저는 신을 모독하지 않았습니다. …… 저는 음모를 꾸미지 않았습니다. …… 저는 강물을 더럽히지 않았습니다. …… 저는 게으른 사람이 아닙니다. 저는 남을 울린 일이 없습니다. 저는 남의 땅을 억지로 빼앗은 일도 없습니다. 저는 간음을 한 일이 없습니다. 저는 사람을 죽인 일이 없습니다. 저는 저울의 눈금을 속인 일이 없습니다."

자료 해석

사자의 서(Book of the Dead)는 죽은 사람을 위한 안내서로 영혼 불멸과 사후 세계를 믿는 이집트 사람들의 내세관이 나타나 있다. 죽은 사람이 아누비스 신을 따라 진리의 전당으로 간다. 죽은 사람의 심장 무게를 달아 나쁜 일을 많이 하였으면 심장 쪽이 아래로 내려가 앞에 있는 아미트(악어의 머리를 한 신)가 죽은 자를 씹어 먹는다. 착한 일을 많이 하였으며 오시리스 신을 만나 판결에 따라 좋은 곳으로 가게 된다.

03. 함무라비 법전

경건한 군주이며 신을 경외하는 짐 함무라비로 하여금 나라 안에 정의를 빛나게 하고, 악한 자와 간사한 자를 없애며 강한 자가 약한 자를 학대하지 못하게 하기 위해 …… 아누(하늘의 신)와 엔릴(바람의 신)은 짐을 부르셨다. 이것은 사람들이 행복하게 살게 하기 위한 것이다. ……

- 제1조 남을 사형에 처해야 한다고 고발한 자가 이를 입증하지 못할 때에는 고발인을 사형에 처한다.
- 제22조 강도질을 한 사람이 붙잡혔다면 그 사람은 죽여야 한다.
- 제23조 강도질을 한 사람이 붙잡히지 않았을 경우에 강도를 당한 사람이 신 앞에 맹세하고 잃은 물건을 목록으로 제출하면 사건이 일어난 곳의 지방관은 없어진 물건을 보상해 주어야 한다.
- 제195조 아들이 자신의 아버지를 때렸을 때에는 그 손을 자른다.
- 제196조 귀족의 눈을 상하게 한(뺀) 자는 그의 눈을 상하게 한다(뺀다).
- 제197조 귀족의 뼈를 부러뜨린 자는 그의 뼈를 부러뜨린다.
- 제198조 귀족이 평민의 눈이나(을 다치게 하거나) 다리를 상하게 하면(혹 뼈를 부러뜨리면) 은화 1마누를 지불한다.
- 제199조 귀족이 노예의 눈을 상하게 하거나 뼈를 부러뜨렸다면 그는 노예 값의 절반을 지불해야 한다.
- 제201조 임산부를 때려 숨지게 한 자는 그 자의 딸을 사형에 처한다.
- 제229조 목수가 부실하게 지은 집이 무너져 집주인이 죽으면 목수는 사형에 처한다.

자료 해석

함무라비 법전은 고대 바빌로니아 제1왕조의 제6대 왕인 함무라비가 기원전 1750년경에 만들었다고 한다. 높이 245cm의 돌기둥에 총 282개 조항이 쐐기문자로 새겨져 있다. 법률 조항에는 토지 제도, 재산, 결혼, 상속, 채무, 범죄에 대한 형벌 등의 내용이 있어 이를 통해 바빌로니아 사회의 모습을 엿볼 수 있다. 형벌은 가해자의 신분에 따라 다르게 적용되었고 복수주의적 성격을 보였다.

04. 길가메시 서사시

길가메시여, 당신은 생명을 찾지 못할 것입니다. 신들이 인간을 만들 때 인간에게 죽음도 함께 붙여 주었습니다. 생명만 그들이 보살피도록 남겨 두었지요. 좋은 음식으로 배를 채우십시오. 밤낮으로 춤추며 즐기십시오. …… 당신의 손을 잡아 줄 자식을 낳고, 아내를 당신 품 안에 꼭 품어 주십시오. 왜냐하면 이 또한 인간의 운명이니까요.

- 『길가메시 서사시』 -

자료 해석

'길가메시 서사시'의 가장 완벽한 판본은 아시리아 왕 아슈르바니팔(기원전 668~627)의 서고가 있는 니네베에서 발견된 것으로, 12개의 점토서판에 아카드어로 씌어 있는 것이다. 길가메시 서사시는 수메르 도시 국가인 우루크의 왕 길가메시가 행한 위대한 공적과 영생의 추구를 주제로 읊은 대서사시이다. 이는 인류 최초의 문학 작품으로 여겨지고 있는데, 사랑, 우정, 종교, 사후 세계 등에 관해 당시 사람들이 가진 생각을 전해주고 있다.

05. 아슈르바니팔의 영토 확장

왕위에 오른 직후 아슈르바니팔은 중단된 이집트 정벌을 다시 시작해서 마무리하려 했다. 그는 아시리아의 지배권을 테베까지 확장했고 이로써 아시리아 제국은 가장 큰 영토를 확보했다. 하지만 기원전 358년경 프삼티크 1세는 공식적으로 아시리아를 몰아냈다. …… 아시리아는 유대를 확고하게 장악했다. 유대 왕의 충성은 봉신 계약을 통해 확약되었으며, 게다가 아시리아의 군사, 관리, 첩자들이 그 땅에 살았다. …… 기원전 653년 아시리아는 메디아를 무찔렀다. 메디아는 왕 프라오르테스 시대에 캄베르와 동맹을 맺었다. 그러나 프라오르테스는 아시리아와의 싸움에서 전사했다. …… 아슈르바니팔이 메디아인과 엘람인을 정복한 후, 남쪽에서는 아시리아의 지배권이 확보된 듯 보였다. …… 아시리아의 군대가 엘람까지 진출한 기원전 646년에 남부 지역을 완전히 장악할 수 있었다. 아시리아의 군대는 수사를 정복하고 약탈했다.

— 빈호프, 『고대 오리엔트 역사』 —

자료 해석
아슈르바니팔은 아시리아의 왕 가운데 가장 위대한 인물로 꼽힌다. 그는 제국 전역에 강력한 군사력을 떨쳤고 한동안 이집트 삼각주 지역 전부를 지배했다. 아슈르바니팔 시기 아시리아는 서로는 이집트의 테베로부터 동으로는 페르시아만에 이르는 엄청난 영역을 확보한 대제국으로 발전하였다. 또한 그는 수도 니네베에 대형 도서관을 건립하도록 하였고, 이 도서관에는 메소포타미아의 모든 위대한 문학 작품이 아시리아 쐐기문자로 필사해 비치되었다. 그러나 아슈르바니팔이 죽은 후 불과 15년만에 제국은 붕괴되었다. 그의 후계자들 간의 권력 투쟁과 아시리아의 식민 정책에 불만을 지닌 민족들의 반란이 곳곳에서 일어나면서 제국은 순식간에 무너졌다.

06. 신바빌로니아 왕조와 바빌론의 유수

남부 메소포타미아에 대한 아시리아의 지배가 아슈르바니팔이 죽은 이후 약화되자 기원전 626년에 나보폴라살이 바빌론의 왕위를 차지하고 616년에 바빌로니아 전체를 통일한다. 그는 현대 학자들이 신바빌로니아로 칭한 왕조를 세우고 아시리아 제국의 멸망에 참여하였다. 바빌로니아는 아시리아 제국이 다스렸던 영토의 대부분을 그대로 접수하였다. …… 네부카드네자르 2세는 아직 세자의 신분이었을 때 바빌로니아 군을 이끌고 이집트와 전쟁하였고 왕이 된 후 605년에는 북시리아의 도시 카르케미스 근처에서 이집트인들에게 큰 패배를 안겼다. …… 유대가 친이집트 반란을 일으켰다. …… 기원전 597년 네부카드네자르는 이스라엘 왕을 제거하고 괴뢰 왕을 세웠다. 그리고 587년에는 많은 주민들을 바빌로니아로 이주시켰다. …… 네부카드네자르는 이집트를 침공하려는 욕심에 시리아-팔레스타인에 대한 완전한 지배를 원했다. 그러나 이집트에 대한 몇 차례의 공격이 실패로 돌아가자 그는 포기하고 기원전 567년 이집트와 국경을 합의하였다.

— 마르크 반 드 미에롭, 『고대 근동 역사』 —

자료 해석
아시리아 제국이 붕괴한 직후 아시리아 제국의 대부분은 신바빌로니아 왕국이 차지하였다. 이후 유대 왕국이 이집트와 연합하려고 하자 신바빌로니아의 네부카드네자르 왕은 B.C. 587년 유대 왕국을 멸망시켰다. 이후 유대인들이 바빌로니아의 수도 바빌론에 포로로 잡혀간 바빌론의 유수 사건이 발생하였다. 유대인들은 이때부터 기원전 538년에 바빌로니아를 정복한 페르시아 제국의 키루스 2세에 의해 풀려날 때까지 약 50년 동안 바빌론에서 포로 생활을 했다.

07. 아케메네스 왕조 페르시아의 관용 통치

나는 키루스, 세계의 왕, 위대한 왕, 정정당당한 왕, 사방의 왕이며…… 바빌로니아 거주민에 대하여는 …… 넘겨받았던 도시들을 돌려주었다. …… 아후라 마즈다의 뜻에 따라 말하니 살아있는 한 너희의 전통과 종교를 존중하겠다. 누구도 다른 사람을 억압해서는 안되며, 이유 없이 남의 재산을 빼앗아서도 안 되며, 다른 사람의 자유와 권리를 침해해서도 안된다. 남자든 여자든 노예가 되는 것에 반대한다.

— 키루스 원통 —

자료 해석
키루스 원통은 키루스 2세가 기원전 539년 바빌로니아를 정복한 후 피정복민의 전통과 종교를 존중한다고 한 선언문이다. 세계 최초의 인간 기본권을 선언한 것으로 본다.

08. 다리우스1세의 비히스툰(비시툰, 비수툰) 비문

나는 다리우스의 왕이다. 아키메니드인이며, 히스타스패스의 아들이자, 왕 중의 왕이고, 페르시아인이고, 페르시아의 왕이다. ……

다리우스는 다음과 같이 말한다. 다음의 나라들은 나에게 복종하는 나라들이다. 내가 그들의 왕이 된 것은 아후라마즈다의 보호를 통해서다. 페르시아, 엘람, 바빌론, 아시리아, 아라비아, 이집트, 해안국, 사르디스, 이오니아 …… 고그다니아, 간다라, 스키타이, 시타기디아, 아라코시아, 마가 모두 23개국이다.

다리우스는 다음과 같이 말한다. 이것은 아후라마즈다의 보호 아래서 단 일 년 동안 내가 이룩한 것들이다. 왕이 된 후 나는 일 년에 열아홉 번 전투하였다. 그리고 아후라마즈다의 보호 아래 모든 전투에서 모두 승리하였다. 나는 다음 아홉 명의 왕을 생포하였다. ……

자료 해석

비히스툰(Bisotun) 유적은 메소포타미아와 이란 고원을 잇는 고대 무역로를 따라 있다. 비히스툰의 중요한 기념물은 다리우스 1세가 B.C. 521년 페르시아 제국을 일으켰을 때 만들도록 명령한 부조와 쐐기문자 비문이다. 부조는 주권의 상징으로, 활을 쥐고 누워 있는 인물의 등을 밟고 서 있는 다리우스 대제를 그렸다. 얕은 부조 주위에는 약 1,200행에 달하는 비문이 새겨져 있다. 비문에는 키루스 왕이 창건한 제국을 차지하려 했던 통치자들과 벌인 전투에 대한 설명이 있다.

3 이슬람 세계의 형성과 발전

(1) 이슬람교의 성립

배경	· 사산 왕조 페르시아와 비잔티움 제국의 대립 → 새로운 교역로 발달 → 메카와 메디나 발전◇ · 극심한 빈부격차와 부족 간의 전쟁 → 새로운 종교와 통일국가 갈망
성립	· 무함마드가 유대교와 크리스트교의 영향을 받아 창시 · 알라를 유일신으로 우상숭배 배격, 신 앞에 모든 인간은 평등한 존재 → 민중의 지지↑
발전	· 메카의 보수적 귀족층의 박해 → 메디나로 피신(헤지라, 622) · 교세를 확장한 후 메카 장악, 아라비아 반도 통일(630)

(2) 이슬람의 사회와 경제

◇ 메카·메디나의 번영

1) 사회
  ① "쿠란"의 가르침이 일상 생활을 지배 → 종교중심 사회
  ② 일부다처제, 돼지고기 금식, 가난한 자에 대한 구제 활동, 일상적 예배
  ③ 5행 : 신앙고백, 예배, 희사(기부), 금식, 성지 순례
  ④ 신 앞에 평등

2) 경제
  ① 상업 장려 → 대상무역과 해상무역 지배
  ② 해상 무역 발달 : 중국의 비단, 차, 도자기 ⇌ 동남아시아의 향신료 ⇌ 동아프리카의 금, 상아, 노예

(3) 이슬람 문화권의 형성

1) 특색 : "쿠란"(번역 금지)과 아랍어를 근간으로 하는 다면적, 세계적 문화

2) 학문 발달
  ① **신학** : 그리스 철학(아리스토텔레스)을 통해 신앙 체계화 → 중세 유럽의 스콜라 철학에 영향
  ② **역사학** : 이븐 할둔의 『역사서설』
  ③ **지리학** : 이븐 바투타의 『여행기』
  ④ **문학** : 『아라비안나이트』
  ⑤ **자연 과학 발달** → 근대 유럽의 자연 과학 발달, 르네상스 운동 자극
   • 수학 : 대수법과 삼각법, 아라비아 숫자와 영(0)의 개념
   • 천문학 : 지구 구형설, 태양력 제작
   • 화학 : 알칼리와 산의 구별, 승화작용, 여과 증류법 등
   • 의학 : 이븐 시나◇ → 의학전범

3) 문화
  ① **모스크 건축 양식** : 둥근 지붕(돔)과 뾰족한 탑, 아라베스크 무늬
  ② **미술** : 세밀화 유행

◇ 이븐 시나(980~1037)
이븐 시나는 아바스 왕조 시기 활동한 철학자이며 의학자이다. 이븐 시나는 아리스토텔레스 철학에 플라톤을 가미한 철학으로 이슬람 신앙을 해석하였고, 토마스 아퀴나스에게 영향을 주었다. 또한 의학전범을 저술하였는데, 중세 최고의 의학서로 꼽힌다.

(4) 이슬람 세계의 성장

1) 정통 칼리프 시대(632~661)
   ① 무함마드 사후 이슬람 공동체가 칼리프 선출 → 정치와 종교 총괄
   ② 2대 칼리프 우마르 : 시리아·이집트 정복
   ③ 3대 칼리프 우스만 : 사산 조 페르시아 정복

2) 우마이야 왕조(661~750)
   ① 무아위야가 다마스쿠스에서 건국
   ② 칼리프 선출을 둘러싼 내분으로 4대 칼리프 알리 피살 → 무아위야가 계승
   ③ 우마이야 가문에서 칼리프 세습 → 수니파와 시아파로 분열
   ④ 정복 활동 : 서북인도, 당과 접경, 이베리아 반도 진출(732, 투르·푸아티에 전투)
   ⑤ 비아랍인 차별 → 비아랍인의 불만↑

3) 아바스 왕조(750~1258)
   ① 건국 : 아바스(알 사파흐)가 시아파와 비아랍인의 도움으로 건국
   ② 수도 : 바그다드 → 원형도시로 건설 → 동서 무역의 중심지, 국제적인 문화 발달
   ③ 탈라스 전투(751)에서 승리 → 동서 교역로 장악
   ④ 아랍인들의 특권 철폐 → 비아랍인들도 군인이나 관료로 등용
   ⑤ 시아파 탄압 → 시아파는 이집트에 파티마 왕조 건국(909)
   ⑥ 지혜의 집
   • 6대 칼리프 알 마문
   • 그리스어로 된 철학과 과학책들을 아랍어로 번역할 목적으로 바그다드에 세운 학술원

4) 후우마이야 왕조(756~1031)
   ① 우마이야 왕족의 라흐만 1세가 이베리아 반도의 코르도바를 수도로 하여 건국
   ② 이베리아 반도와 북아프리카 지배
      → 지중해 무역 주도

5) 파티마 왕조(909~1171)
   ① 이집트 카이로에 건국 → 아바스 왕조를 부정하고 독자적으로 칼리프 칭호 사용
   ② 시아파가 국교
   ③ 아유브 왕조에 멸망

6) 부와이 왕조(932~1055)
   ① 이란 계통의 시아파가 건국 → 바그다드 점령
   ② 셀주크 튀르크에게 멸망

◇ 정통 칼리프 시대

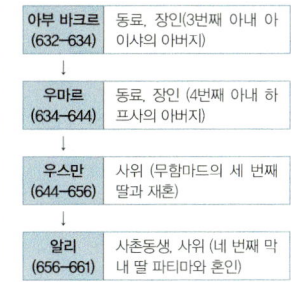

◇ 카르발라의 참극

4대 칼리프 알리의 차남 후세인이 지지 세력과 함께 우마이야 왕조에 반란을 일으켰으나 우마이야 군대에게 카르발라(현재 이라크 남부)에서 몰살을 당하게 되었다. 이 사건을 계기로 알리의 추종자들을 시아뜨 알리(알리를 따르는 자)로 불렸고, 이후 시아파의 기원이 되었다.

◇ 맘루크

맘루크라는 이름은 노예를 뜻하는 아랍어에서 유래했다. 9세기 초 이슬람권에서는 군사의 대부분을 맘루크로 충당했다. 이것은 아바스 왕조에서 처음 시행한 이후 곧 이슬람세계 전체로 확산되었다. 이후 맘루크들이 군사력을 이용해 기존의 정부를 무너뜨리고 권력을 장악하는 현상이 자주 발생하였고, 13세기가 되자 맘루크는 이집트에 맘루크 왕조, 인도에 델리술탄 왕조를 세웠다.

4 이슬람 세계의 확대

(1) 셀주크 튀르크

1) 튀르크인들의 성장 : 아바스 왕조의 친위대와 이슬람 지방 정권의 용병(맘루크)◇으로 활약

2) 발전

① 토그릴 베그가 부와이 왕조 타도 → 바그다드 점령(1055)

② 아바스 왕조로부터 술탄이란 칭호와 실권 획득 → 수니파 보호자 자처

③ 예루살렘을 점령하여 십자군 전쟁 유발

3) 멸망

① 십자군과의 장기간의 전쟁, 왕실 내분 등으로 약화

② 훌라구의 침략으로 멸망(1258)

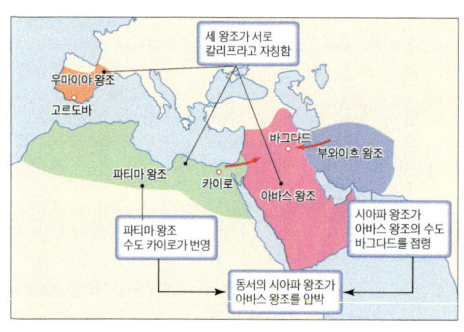

[10세기의 서아시아]

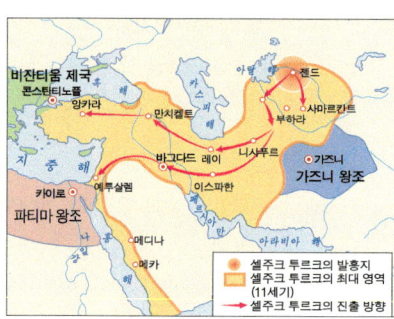

[11세기의 서아시아]

(2) 티무르 제국(1370~1507)◇

1) 건국

① 티무르가 몽골 제국의 재건을 내세워 건국(1370)

② 수도 : 사마르칸트

2) 티무르◇

① 앙카라 전투(1402)에서 오스만 제국 격파

② 명 정복을 위한 원정 도중 사망

③ 사마르칸트를 국제적 도시로 발전시킴

[티무르 왕조의 발전]

◇ 구르에 아미르

장군 또는 사령관의 무덤이라는 의미의 구르에 아미르는 여러 곳에 있는데, 이것은 사마르칸트에 있는 티무르의 무덤이다.

3) 문화

　① 문학 : 페르시아어와 튀르크어

　② 미술 : 세밀화

　③ 과학 : 천문학 발달

4) 멸망

　① 왕실의 내분으로 쇠퇴

　② 튀르크계 우즈베크인에게 멸망(1500)

(3) 사파비 왕조(1501~1736)

1) 건국

　① 이란 지방에서 이스마엘 1세 건국(1501) → 수도 티브리즈

　② 군주 칭호 '샤' 사용 → 페르시아 왕조 계승 주장

　③ 이스마일 1세 : 오스만 제국의 셀림 1세와 찰디란 전투(1514)에서 패배

2) 아바스 1세

　① 이스파한으로 천도 → 왕국의 전성기

　② 영토 확장 군사력 강화 → 바그다드 탈환

　③ 시아파 이슬람교를 국교, 시아파 이외의 종파 억압 → 종교적 이민 초래

　④ 유럽 상인들과 크리스트교 선교사의 이스파한 체류와 신앙의 자유 허용

　⑤ 유럽 주요 도시에 상인을 파견하여 거래 활성화를 꾀함

　⑥ 호르무즈 해협에서 포르투갈 해군 격퇴(1620)

3) 쇠퇴

　① 부족들의 반란

　② 왕실 내부의 혼란

　③ 아프간족의 침입 → 멸망(1736)

[16~17세기의 서아시아]

◇ 찰디란 전투

1514년 8월 23일에 오스만 제국과 사파비 제국 사이에서 발생한 전투이다. 이 전투에서 오스만 제국의 셀림 1세는 사파비 왕조의 이스마엘 1세를 격파하였고, 그 결과 오스만측은 아나톨리아 동부와 이라크 북부의 통치권을 확보하였다.

◇ **데브시르메 제도**
데브시르메는 주로 발칸 반도의 기독교 소년들을 징집하여 엄격한 훈련과 투르크화 교육을 통해 이슬람으로 개종시키고, 술탄의 친위 부대인 예니체리에 배속시키는 제도였다.

◇ **밀레트 제도**
밀레트 제도는 오스만 제국이 비이슬람교도를 종교, 종파 단위로 장악한 제도이다. 그리스 정교회, 아르메니아 정교회 등 각 밀레트에는 오스만 제국이 임명한 최고 성직자가 존재하였고, 이들은 집단 내부의 질서 유지와 인두세(지즈야) 징수의 책임을 졌다.

◇ **티마르 제도**
군사들에게 줄 봉급의 재원이 부족해지자 술탄에 대한 충성의 대가로 토지를 나누어 주고 그 토지에 대한 징세권을 부여한 제도이다.

◇ **술탄아흐메드 사원**

(4) 오스만 제국의 발전

1) **건국** : 튀르크 계통의 오스만 1세가 아나톨리아 반도의 소구트에서 건국(1299)

2) **발전**

메흐메트 2세 (1444~1481)	• 비잔티움제국 정복(1453) → 콘스탄티노폴리스로 천도(이스탄불로 개명) • 유프라테스강 상류 지역과 흑해 연안까지 진출
셀림 1세 (1512~1520)	• 맘루크 왕조 정복(1517) • 메카와 메디나 보호권 장악 → 수니파 이슬람 세계의 지배자로 군림
슐레이만 1세 (1520~1566)	• 모하치 전투(1526) → 헝가리 정복 • 빈 포위 공격(1529) • 프레베자 해전(1538) 승리 → 유럽 연합 함대 격파 → 지중해 해상권 장악
셀림 2세 (1566~1574)	• 북아프리카의 튀니스 회복 • 키프로스 점령(1570) → 베네치아와 평화 조약 체결 → 레판토 해전(1571)에서 패배

3) **오스만 제국의 경제·사회·문화**

① **동서무역 장악** : 유럽과 아시아를 잇는 지정학적 위치를 배경으로 동서 무역 주도

② **데브시르메 제도**◇ : 예니체리 창설 → 술탄 친위 부대

③ **밀레트 제도**◇ : 비이슬람교도의 신앙의 자유 및 종교 공동체인 밀레트 인정(인두세 납부)

④ **티마르 제도**◇ : 오스만의 군사적 봉건제

⑤ **동서문화 융합** : 이슬람 문화 + 비잔티움 문화 + 페르시아 문화 + 튀르크 문화

⑥ **문화**

- 술탄 아흐메드 사원◇ (블루 모스크) 건립
- 아라베스크 문양 발달
- 세밀화 유행

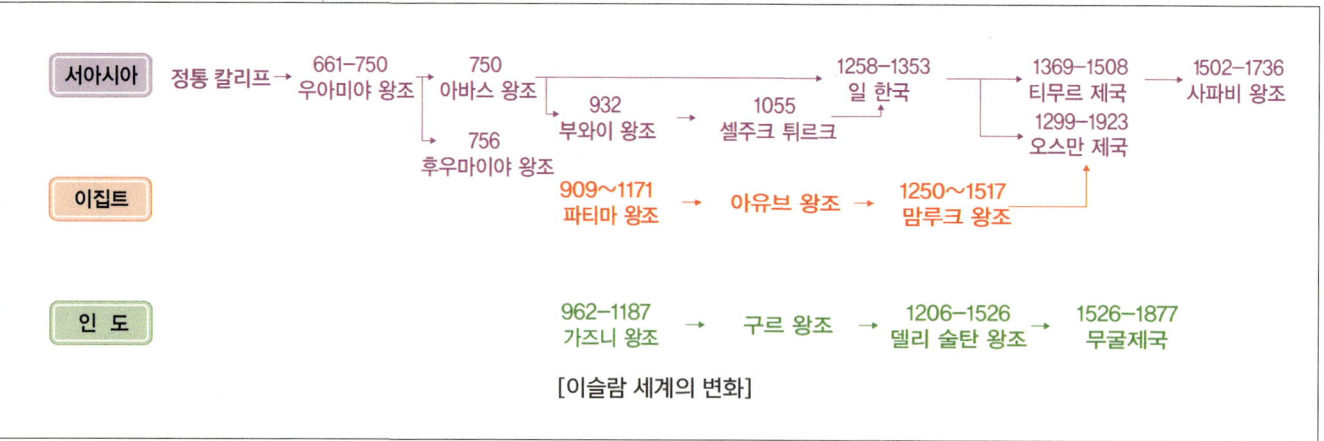

[이슬람 세계의 변화]

5 서아시아 각국의 근대적 성장

(1) 오스만 제국의 근대화

1) 제국의 쇠퇴
   ① 그리스 독립, 세르비아와 이집트 등의 자치권 획득
   ② 영국과 러시아의 압박

2) 탄지마트(1839~1876, 은혜개혁) 실시
   ① 내용
   - 서구 문물 수용하여 부국 강병 추진
   - 행정, 사법, 군사, 재정 분야의 개혁추진 → 신식 군대 창설 및 징병제 실시, 전국적 도로·철도·운하 건설
   ② 한계
   - 지방 세력과 구식 군인의 반발
   - 크림 전쟁(1853~1856)으로 국력 소모 → 개혁성과↓
   ③ 미드하트 헌법 제정(1876) : 탄지마트 성과↓ → 미드하트 파샤의 개혁 → 입헌군주제와 의회 설립을 기반으로 하는 미드하트 헌법 제정 → 보수파의 반발과 러시아의 간섭으로 실패

3) 청년 튀르크당의 혁명(1908)
   ① 배경 : 러·투 전쟁(1877~1878) 패배 이후 압둘 하미드 2세의 전제 정치 강화
   ② 주도 : 청년 장교들이 입헌정치를 요구하며 무장봉기(1908)
   ③ 내용 : 헌법 부활, 근대산업 육성, 여성차별 폐지 등 개혁 추진
   ④ 영향 : 극단적 튀르크 민족주의를 내세워 아랍 민족 운동 탄압 → 아랍 민족주의 자극

4) 제국의 해체
   ① 발칸전쟁(1912~13)에서 패하여 유럽 영토 대부분 상실
   ② 제1차 세계대전에서 독일 측에 가담했다가 패전국으로 전락 → 세브르 조약에 따라 영토 대부분 상실, 연합국 측의 위임 통치

5) 무스타파 케말 : 튀르크 국민당 결성해 개혁 주도
   ① 정교 분리 : 술탄제 폐지, 이슬람교의 영향력 축소
   ② 서구화 추진 : 여성의 권리 향상, 근대적 교육
   ③ 그리스군 격퇴 → 터키 공화국 선포(1923)

◇ **러시아·튀르크 전쟁**
러시아와 오스만 튀르크는 16세기 이후 여러차례 전쟁을 하였다. 그 중 가장 유명한 것이 크림 전쟁 이후인 1877~1878년에 발생한 러시아·튀르크 전쟁이다. 이 전쟁에서 러시아가 승리하여 1878년 산스테파노 조약을 체결하였다. 이 조약으로 러시아는 발칸 반도 지역에 대한 영향력을 확대하였고, 오스만 튀르크는 이 지역에 대한 영향력을 대부분 상실하였다.

◇ **와하비 운동**
18세기 중엽 오스만 제국 통치 하의 아랍 세계에서 일어난 이슬람교의 복고주의 운동으로, 압둘 와하브가 이끌었다. 쿠란의 순수한 가르침으로 돌아가자는 종교적 열정에서 출발하였으나, 투르크와 이란 세력에 대한 반발과 유럽 진출에 따른 위기의식이 결합하여 아랍 민족운동의 구심점 역할을 하였다.

◇ **무함마드 알리**
무함마드 알리는 마케도니아 태생의 알바니아인으로 오스만 제국의 장군으로 활약하던 중, 1801년 영국군과 함께 이집트를 점령한 나폴레옹 군대를 몰아내는 데 큰 공을 세웠다. 1805년 이집트인들은 오스만 제국이 파견한 총독을 제거하고 무함마드 알리를 총독으로 추대하였다. 오스만 제국의 승인으로 새 총독이 된 그는 유럽을 모방한 전면적인 개혁을 추진하였으며, 그의 활약으로 이집트는 사실상 오스만 제국으로부터 독립적인 지위(총독의 세습권 인정)를 누리게 되었다.

◇ **알 아프가니**
본명은 사말 알 딘 알 아프가니이다. 1838년 아프가니스탄의 카불 근처에서 태어났으며, 평생을 서아시아와 유럽을 떠돌아다니며 유럽의 침략에 대항하여 모든 이슬람교도의 단결을 촉구하였다(범이슬람주의). 또한 그는 이성을 존중하고 과학기술을 중시하는 '진정한 이슬람'의 부흥과 입헌제·의회제에 의한 정치의 활성화를 주창하였다. 반제국주의 투쟁을 주장한 그의 사상은 서아시아의 민족운동에 커다란 영향을 미쳤다. 이란의 담배 불매 운동을 선동·지원한 혐의로 1891년 이란에서 추방되어 1897년에 이스탄불에서 사망했다.

(2) 서아시아의 반제국주의 운동과 근대화

1) 와하브(비) 운동◇
   ① 압둘 와하브 주도 → 이슬람교 순화 운동(쿠란으로 돌아가자)
   ② 와하브 왕국 수립 → 오스만의 이집트 총독 무함마드 알리에 의해 진압
   ③ 사우디 아라비아 왕국 수립(1932)

2) 이집트의 민족 운동
   ① 무함마드 알리◇의 근대화 운동
   - 나폴레옹의 이집트 침공 이후 집권
   - 개혁 정책 실시 : 근대적 군대 창설, 산업 장려, 조세와 토지 제도 개혁, 교육과 행정 개편
   - 외교 정책 : 그리스 독립 전쟁 때 오스만 제국 지원 → 자치 획득
   ② 아라비 파샤의 민족 운동
   - 프랑스와 함께 수에즈 운하 건설 → 수에즈 운하 건설 과정에서 영국에 경제적으로 종속 당함 → 영국이 수에즈 운하 관리권 장악
   - 아라비 파샤의 혁명 : 아라비 파샤의 군부 세력이 입헌 군주제 확립을 요구하며 혁명 주도(1881) → '이집트인을 위한 이집트 건설' 주장 → 입헌 군주제 헌법을 제정 → 영국 개입으로 실패 → 영국의 보호국으로 전락

3) 이란의 민족 운동
   ① 18세기 카자르 왕조의 번영 → 러시아와 영국의 간섭으로 국력 약화
   ② 알 아프카니◇ 주도의 담배 불매 운동(1890) → 이권 회수, 영국의 압력으로 배상금 지불
   ③ 이란 입헌 혁명(1906) : 국민의회 수립, 헌법 제정(1906) → 영국(아프가니스탄)과 러시아(카프카스)에 분할 통치
   ④ 20세기 초 사실상 영국 식민지로 전락 → 리자 샤의 반영운동으로 팔레비왕조 수립(1925)

4) 팔레스타인 문제
   ① **맥마흔 선언(1915)** : 아랍인의 독립 약속
   ② **벨푸어 선언(1917)** : 유대인 국가 건설 약속

• **자료탐구**

01. 셀주크 튀르크의 바그다드 점령

투그릴 베그는 칼리프에게 바그다드에 입성할 허가를 구하고, 사자를 보냈다. 입성이 허가되었다. 투그릴 베그는 나후라완에 도달했다. (칼리프 측에서) 재상이 법관들, 성직자, 고위관리, 기록관들과 종자들, 압바스 왕조의 유력자들, 브와이흐 왕조의 군대 유력자들이 많은 행렬을 거느리고, 그를 만나러 왔다. 투그릴 베그가 이 일을 알고 그의 총독과 재상을 도중에 사자로 보냈다. 칼리프측 재상이 술탄 투그릴 베그가 있는 곳에 도착하자, 그는 칼리프의 편지를 전하고, 칼리프와 브와이흐 왕조 군사 지도자들이 순순히 복종하겠다는 뜻의 선서를 하도록 했다. 투그릴 베그는 이 달 2월 5일에 바그다드에 입성했다. 그가 진영을 구축하자, 모술의 통치자가 찾아와서 신하가 되겠다는 뜻을 밝혔다.

– 이븐 아르아시르, 『完史』 –

자료 해석
셀주크족은 중앙아시아에 있던 투르크족 일파로 셀주크 족장이 이끌었다. 이란 북부의 젠드 지방에서 유목 생활을 하면서 현지인들과 혼혈을 이루고 페르시아의 전통문화를 받아들였다. 투그릴 베그는 셀주크족을 이끌고 인도 서북부에 자리한 가즈니 왕조를 무너뜨렸으며, 곧이어 이스파한을 함락하여 페르시아 일대를 장악하였다. 1055년에는 압바스 왕조의 중심지였던 바그다드를 차지하여 부와이 왕조를 멸망시켰다. 이로서 아바스의 칼리프로부터 '동서방의 술탄', '최고의 아미르'라는 칭호를 받았다.

02. 훌라구(훌레구)의 바그다드 점령

1258년 2월 격렬한 전투가 밤낮으로 전개되었고, 해가 뜰 때쯤 (몽골)군은 시벽으로 올랐다. 그들은 먼저 (시벽에 있는) 「아쟈무의 탑」에 올라와서, (그곳에서) 시벽 위를 좌우 양방향으로 나아가며 사람들을 몰아냈다. 몽골군은 정오 예배 때까지 바그다드의 사람들에게서 모든 흉벽을 탈취했다. ···· 칼리프가 (시외로) 나왔다. 그는 아들과 성직자, 무함마드의 후손들, 자신의 측근과 함께 훌레구를 알현하였다. (몽골군은) 칼리프를 카르와즈門 쪽에 머물게 했다. 그 후, 훌레구는 명을 내려 시를 약탈하도록 했다. 훌레구는 칼리프관(館)을 조사하러 가서, 모든 장소를 돌아다녔다. 칼리프를 불러들였다. 칼리프는 (부하들에게) 선물을 보내도록 명했다. 제왕은 곧바로 받은 물건을 모든 측근들과 아미르들, 군대지휘관들과 참석자들에게 대접했다.

자료 해석
몽케 칸의 아우인 훌레구가 1253년 몽케 칸의 명령에 따라 이란 원정길에 올라 1258년 바그다드를 함락시키는 과정을 기록한 것이다. 훌레구의 원정을 계기로 메소포타미아에서 중앙아시아에 걸친 광대한 제국이 등장하였다. 이를 일한국(1259-1353) 혹은 훌라구 울루스라고 불렀다.

03. 셀림 1세의 맘루크 정복

카이로를 정복하기 위한 전투는 마침내 1517년 1월 22일 시작되었는데, 믿기 어려울 정도로 빠르게 끝났다. 고작 한 시간만에 맘루크 제국군은 분쇄됐고, 카이로 쪽으로 총퇴각했다. ······ 오스만 제국군은 라이다니야에서 맘루크 병사 2만 5천 명 이상을 죽였다. 그리하여 카이로를 점령하기 위한 전투는 오스만 제국군이 도시 근처로 가기도 전에 싱겁게 끝나버렸다. ······ 셀림의 라이다니야 전투 승리가 세상을 바꾸어놓았다는 건 전혀 과장된 말이 아니다. 맘루크 제국이 사라지면서 셀림은 세 대륙에 걸친 영토들을 통합시켜 자신의 통치 아래 두었고, 오스만의 영토와 인구는 세 배로 늘었다. ······ 곧 셀림은 메카와 메디나를 장악할 것이고, 진정한 첫 오스만 칼리프가 될 것이다

– 엘런 마카일, 『술탄 셀림』 –

자료 해석
오스만의 셀림 1세는 1514년 찰디란 전투에서 사파비 왕조의 이스마엘 1세에게 승리한 직후 맘루크 왕국의 정복을 준비하였다. 당시 맘루크 왕국은 사파비 왕조와 긴밀한 관계를 유지하고 있었다. 셀림 1세로서는 맘루크 왕조를 무너뜨리지 않고서는 사파비 왕조를 굴복시킬 수 없다고 생각하였다. 맘루크를 정복한 셀림 1세는 메카

와 메디나를 점령하고 수니파의 보호자를 자처하였다.

04. 오스만 제국의 번영

합스부르크 왕국의 대사 오귀엘 드 뷰즈벡이 "폐하, 서로 다른 많은 종교들이 어떻게 평화롭게 공존할 수 있습니까?"라고 묻자, 오스만 제국의 황제 술레이만 1세는 "그것이 바로 내 제국이 크게 성공할 수 있는 비결 아니겠는가. 우리는 그대들과 달리 똘똘 뭉쳐 있지. 내가 모든 권력을 통제할 수 있으니 분열 같은 것은 아예 생각조차 할 수 없어. 대사! 대사는 나를 도와 우리 위대한 제국을 세우고 경영하는 사람들이 모두 노예 출신이라는 사실을 아오? 내가 알기로는 당신네 나라에서는 노예를 아주 부끄럽고 치욕스런 신분으로 생각한다지. 허나 우리는 그렇지 않지. 사람의 운명을 결정하는 것은 출신과 신분이 아니고 바로 능력이라오. 그 능력이 햇빛에 빛날 때 그 찬란함을 볼 수 있지. 우리는 말이오, 사람의 뛰어난 능력은 출생으로 얻는 것이 아니라고 보오. 물론 신의 은총을 받는 사람도 일부 있지. 근데 말이오. 그 능력이라는 게, 오직 끝없는 훈련과 노력만으로 얻을 수 있는 게 아니겠소?"라고 답하였다.

자료 해석
오귀엘 드 뷰즈벡은 합스부르크 왕국이 오스만 제국에 보낸 대사였다. 당시 오스만 제국은 슐레이만 1세 시기로 전성기를 누리고 있었다. 이러한 전성기는 다양한 종교와 풍습을 지닌 여러 민족에게 관용적인 정책을 펼치고 능력에 따라 인재를 등용한 정책에 기인하였다. 제시된 자료에서는 오스만 제국 전성기의 사회가 보여주는 역동성을 잘 보여준다.

05. 데브시르메 제도

데브시르메, 이른바 어린이 공납제도와 연결되어 있었다. 이 제도는 술탄 바예지드 1세, 무라드 1세, 메흐메드 2세의 시대에 그 기원을 두고 있다. …… 그들은 모든 사내아이를 모아놓고 그 가운데 가장 훌륭하고 똑똑한 소년들을 선발했다. 이렇게 선발된 마을의 소년들을 오스만 제국의 수도나 여타의 행정 중심지로 데려가 국가에서 마련한 가장 훌륭한 정신 교육과 신체 교육을 몇 년 동안 받도록 했으며, 그 교육에는 종교 교육과 이슬람으로의 개종이 포함되어 있었다.
…… 데브시르메 제도는 남성들에게 최고의 신분 상승 기회를 마련해주었다. 농촌 소년들이 오스만 왕실을 제외한 가장 높은 군사적, 행정적 지위로 올라갈 수 있도록 해준 것이다. 이 제도는 수많은 기독교인 신민의 인력자원을 동원할 수 있는 수단으로 제국에 공헌했다는 점에서 중요하다.
- 도널드 쿼티드, 『오스만 제국사』 -

자료 해석
데브시르메 제도는 발칸 반도의 기독교인들의 어린이들을 교육시켜서 오스만 제국의 행정 관료와 군인으로 양성하는 제도였다. 데브시르메 제도를 통해 군인이 된 이들이 예니체리다. 오스만 제국은 데브르시메 제도를 통해 인재를 양성하고 등용할 수 있었고, 이것이 초기 오스만 제국의 발전에 큰 영향을 주었다.

06. 이집트의 독립

제가(무함마드 알리) 이 경사스러운 [피르만(술탄의 명령서)]을 받았을 때, 저는 너그러운 은혜에 압도되었고 감사한 마음이었습니다. 저는 이 피르만을 즉각 받아들였고 그에 걸맞는 화려한 의례로 이 피르만을 받들었습니다. …… 피르만을 한번 쳐다보고 저는 감사한 발걸음으로 다가갔고, 저의 입술은 피르만에 키스함으로써 영예를 얻었습니다. 저는 [사신이] 귀한 손으로 가져온 메달을 받는 영광을 얻었고, 이미 충성으로 가득한 저의 가슴은 그 메달로 장식되었습니다. 모든 울라미와 공직자가 참석했고 피르만의 글귀가 소리내어 읽혀졌습니다. 모든 사람이 술탄을 찬양하고 만수무강을 빌었습니다.
- 이집트 국립 문서고 -

자료 해석
무함마드 알리는 19세기 초 오스만의 술탄으로부터 이집트 태수의 지위를 승인받았다. 이후 그는 프랑스를 모델로 하여 근대 산업 발달, 군제 개편 등을 하여 이집트 근대화를 이룩하였다. 무함마드 알리는 내정 개혁을 바탕으로 주변 지역에 대한 영향력을 확대하였고, 시리아의 통치권을 둘러싸고 오스만 제국과 대립하였다. 무함마드 알리의 이집트 군대가 오스만 제국 군대를 격파하자 유럽 열강이 개입하여 1840년 런던조약을 체결하였다. 이 조약으로 무함마드 알리는 이집트와 수단의 지배권을 인정받았다. 위 자료는 오스만으로부터 무함마드 일가의 이집트 지배권을 인정받는 것을 보여주는 것이다.

07. 탄지마트와 미드하트 헌법

(가) · 술탄의 권한 일부를 의회에 넘기고, 의회는 술탄의 승인을 얻어서 법을 제정한다.
  · 모든 백성의 생명, 명예, 재산을 법으로 보장한다.
  · 조세 징수에 관한 원칙을 마련한다.
  · 군대의 징집에 대한 정식 규정 및 근무 기간을 설정한다.
  – 귈하네 칙령(1839) –

(나) 제8조 모든 오스만 제국민은 종교의 자유를 갖는다.
  제10조 이슬람교도와 비이슬람교도는 법률 앞에서 평등하다.
  제28조 내각 회의는 대재상의 주재로 소집되며, 내각의 권한은 국내외 모든 중요 안건에 이른다.
  제42조 제국 의회는 상원과 하원으로 구성한다.
  – 미드하트 헌법(1876) –

자료 해석
탄지마트(개혁)는 1839년부터 1876년까지 오스만 제국이 외세의 압박과 내부의 분열로 맞은 위기를 타개하기 위해 실시한 근대적 개혁이었다. 술탄 압둘 마지드는 1839년 '귈하네 칙령'을 통해 탄지마트 개혁을 선포했다. 오스만 투르크 제국의 개혁주의자들은 유럽의 근대화와 합리주의적·세속적 이데올로기에 기반한 근대적 개혁을 추진하였다. 특히 징병제를 실시하고 근대적 군사제도를 개혁하였다. 그러나 발칸 반도의 기독교 자치구(밀레트)들은 중앙집권화에 크게 반발하며 자치권을 유지해 줄 것을 요구하였고, 이슬람 성직자를 비롯한 기득권 세력의 반발이 심화되었다. 결국, 크림 전쟁(1853~1856) 이후 오스만 제국의 힘이 약화되었다. 근대적 개혁으로 강대국이 되고자 하는 목표를 달성하지 못한 채, 이미 제국 내에 깊이 침투해있던 서구 열강들에게 국가의 주권을 침식당하게 되었다. 1876년 재상 미드하트 파샤는 근대적 헌법을 제정하고 서양식 의회를 개설하는 등 입헌 정치를 추진하였으나, 이후 발발한 러시아와의 전쟁에서 패배하면서 개혁은 실패로 끝났다. 이후 즉위한 술탄 압둘 하미드 2세는 1878년 의회를 해산하는 등의 전제 정치를 강화하였고, 이에 반발하여 1908년 청년 튀르크당 혁명이 발생하였다.

CHAPTER 02 일본사

1 일본 고대사

(1) 선사 시대

1) 조몬 문화
   ① 신석기 문화 : 조몬 토기 제작
   ② 강가나 해변에 움집 생활, 사냥·어로·채집

2) 야요이 문화
   ① 기원전 3세기경 벼농사 발달
   ② 청동기 문화와 철기 문화 공존 → 종 모양 청동기(동탁), 쇠를 댄 농기구 제작

(2) 야마토 정권

◇ **한위노국왕 금인**

1) 야마타이국
   ① 야마타이국 이전 : 100여 개의 소국 → 57년 후한 광무제로부터 금인 하사(한위노국왕◇)
   ② 야마타이국 : 위에 조공(239) → '친위왜왕' 칭호 획득

2) 야마토 정권
   ① 4세기 경 통일 국가 형성
   ② 발전
   - 한반도의 삼국 항쟁으로 삼국인과 가야인 이동 + 중국의 위진남북조 시기 한족 이동(도왜인) → 야마토 정권의 성립과 발전에 기여
   - 야마토 정권의 세력 확대 → 인구가 지속적으로 동쪽으로 이동
   - 전방후원분 : 다이센 고분 → 야마토 정권의 권력 과시
   - 우지·가바네 제도(씨성제도) : 천황의 지배체제에 호족을 포용하기 위한 제도
   - 5세기 : 남조에 조공하여 '안동장군 왜국왕' 칭호 획득
   ③ 쇼토쿠 태자의 개혁◇ (574~622)
   - 중국과 한반도의 선진 문화 수용, 적극적인 불교 진흥책 → 아스카(飛鳥) 문화 융성
   - 호류사 : 가장 오래된 목조 건축물 → 금당벽화
   - 견수사 파견
   - 관위 12계 : 관리를 12등급으로 구분
   - 17조 반포 : 화(和)와 예(禮) 강조
   - 국사 편찬 : 천황기, 국기
   ④ 다이카 개신(645)

배경	외척인 소가씨의 권력 독점 심화
을사의 변 (645)	나카노우에 황자와 나카토미노 가마타리가 연합하여 소가씨 타도 → 고토구 천황 즉위
다이카 개신 (645)	당의 율령 체제 도입 → 토지 사유화 금지(공지공민제), 반전수수법과 조용조 실시

◇ **쇼토쿠 태자의 개혁정치**
쇼토쿠 태자는 소가노 우마코의 협력을 얻어 조정의 중앙 집권을 강화하고 관료제를 확립시켜 관위 12계를 제정하였다. 이어 유교 사상과 불교적 사상을 바탕으로 헌법 17조를 만들어 지방의 호족이 나아갈 바를 명시하였고, 불교를 공식적으로 후원했다. 그리고 수나라에도 사신을 보내 선진 문물을 받아들여 왕권이 강화된 중국적 정치 체제를 골격으로 율령 국가를 건설하려 했다.

⑤ 진신의 난(672)으로 덴무 천황 즉위 → 지토 천왕
- 신라와 관계 개선
- 아스카키요미하라령 반포(689) : 최초의 법전으로 알려져 있으나 현존하지 않음
- 후지와라쿄 천도(694)
- 일본 국호와 천황 칭호 사용

⑥ 다이호 율령
- 중앙 : 2관 8성제 → 신기관은 제사 담당, 태정관은 행정 담당
- 지방 : 7개의 도 아래 국, 군, 리 설치 → 지방 행정 실무는 지방 호족들이 장악
- 대학과 국학 설립 → 관리 선발
- 구분전 지급 : 당의 균전제를 모방하여 성인 남·여에게 구분전 지급 → 반전수수법
- 모계 중시 친족제의 영향으로 근친혼 인정

◇ 진신의 난
672년 덴지 천황이 죽은 후에 아들인 오토모 황자가 왕위를 계승하였다. 그러나 덴지의 동생인 오아마 황자가 지방 호족들과 연합하여 반란을 일으켜 승리하고 덴무 천황에 올랐는데, 이를 진신의 난이라고 한다.

◇ 하쿠호 문화
하쿠호 문화는 덴무부터 지토 시대를 중심으로 한 7세기 후반에서 8세기까지 발달한 문화이다. 당과 신라의 영향을 많이 받았고, 다이칸대사와 같은 큰 사찰들이 많이 건립되었다.

(3) 나라 시대(710~794)

1) 성립
   ① 나라 지역의 헤이조쿄(坪城京)로 천도
   ② 헤이조쿄 : 장안성 모방 → 주작대로, 조방제

2) 지배체제의 동요
   ① 배경
   - 인구 증가와 장원의 증가 → 반전수수법 동요
   - 가혹한 세금으로 농민의 유망 증가
   ② 개혁안 제시 : 토지 사유 인정을 확대해서 인구 증가 해결 시도 → 반전수수법 동요 심화
   - 백만정보 개간 계획(722)
   - 삼세일신법(723) : 황무지 개간자에게 3대에 걸쳐 토지 사유 인정
   - 간전영년사재법(743) : 개간 토지 사유 인정

3) 문화
   ① 편찬
   - 역사서 : 『일본서기』, 『고사기』
   - 『만엽집』 : 고대 시가 정리 → 만요가나로 표기
   - 『풍토기』 : 각 지방의 전설·설화 정리
   ② 견당사 파견(630~894)
   ③ 도다이사와 도다이사 대불 건립

◇ 선진 문물의 수용

◇ 간전영년사재법
쇼무 천황이 743년 토지 개간을 장려하기 위하여 제정하였다. 신분에 따라 개간 가능 한도를 정하고, 개간한 토지를 영구히 소유할 수 있도록 하였다.

(4) 헤이안 시대(794~1185)

1) 성립
   ① 나카오카쿄 천도(784~794) : 천도 직후 사회 혼란 심화
   ② 헤이안쿄(平安京)로 천도(794) : 사회 혼란을 수습하고 율령 정치 재건 시도

2) 정치
   ① 영외관° 설치 : 귀족 세력을 억압하고 천황 권력을 강화하기 위해 설치
   ② 섭관 정치 : 후지와라 가문이 외척의 지위를 이용해 정권 장악 → 섭정·관백 독점
   ③ 천황 권력 약화 : 호족과 귀족 세력의 권력↑ + 장원제↑ → 천황 권력↓
   ④ 원정 정치
      - 고산조 천황(1068~1073)이 외척들의 권력 개입을 막기 위해 태자에게 천황의 자리를 물려주고 자신은 상황으로 정치 권력 유지
      - 상황과 천황의 대립과 이와 관련된 귀족 가문들의 대립↑

3) 장원제의 발달
   ① 배경 : 공지공민제의 동요와 개간지의 사유화 인정 → 장원제 발달 → 묘수와 다도 출현
   ② 묘수 : 유력 농민층이 등장하여 장원 관리
   ③ 다도 : 장원의 소작농
   ④ 무사 계급 성장 : 귀족과 호족의 장원 발달 → 장원을 지키기 위해 무사 고용 → 무사의 독자 세력화

4) 국풍 문화
   ① 견당사 폐지(894)와 동아시아의 혼란 → 국풍 문화 발달
   ② 가나 문자
   ③ 모노가타리의 발달 : 이야기 형식의 문학 발달 → 겐지 모노카타리
   ④ 와카(和歌) : 일본 고유의 시
   ⑤ 엔닌 : 장보고의 도움으로 적산 법화원에서 공부 → 입당구법순례행기

◇ **영외관**
영외관은 율령 밖의 관리라는 뜻으로 다이호 율령 때 반포된 관직 외의 관직을 말한다. 간무 천황이 귀족 세력을 약화시키고 천황 권력을 강화시키기 위해 설치하였다.

2 가마쿠라 막부와 무로마치 막부

(1) 가마쿠라 막부(1185~1333)

1) 성립
① 헤이시 가문 성장 : 호겐의 난(1156)과 헤이지의 난(1159)을 진압하며 권력 장악
② 겐페이 전쟁(1185) : 모치히토 왕이 헤이시 타도를 주장하며 세력 결집 → 미나모토노 요리토모가 헤이시 세력 타도 → 세이다이쇼군(征夷大將軍)이 되어 무가 정권 개창

2) 정치
① 쇼군 : 막부의 최고 지배자로 무사 계급을 통제→ 천황(텐노)의 권력 상실
② 봉건제도 : 토지를 매개로 쇼군과 주종관계를 맺은 무사가 농민을 지배하는 구조

고케닌	쇼군의 가신 → 지토·슈고로 지방에 파견
중앙	• 사무라이도코로 : 고케닌 통제 • 몬추쇼 : 소송 담당 • 구몬쇼 : 정무·재정 담당 → 만도꼬로로 개칭
지방	• 지토 : 조세 담당 • 슈고 : 치안·경찰 담당

③ 조큐의 난(1221)과 싯켄 정치
- 고토바 상황이 가마쿠라 막부를 타도하기 위해 거병 → 호조 마사코의 호소 → 막부군이 승리하고 교토 점령 → 로쿠하라단다이(六波羅探題)를 설치하여 천황 감시
- 싯켄 정치 : 유력 고케닌들이 쇼군을 대신하여 정치를 주도 → 호죠슈(評定衆)를 최고 의결 기관으로 하여 운영
- 고세이바이시키모쿠(御成敗式目, 1232) : 가마쿠라 막부의 기본법 → 고케닌들에게 재판의 기준을 알기 쉽게 제시하고 고케닌의 토지 분쟁 처리

④ 몽골의 침략
- 1차 침략(1274) : 몽골이 일본에 조공 요구 → 거부 → 침략
- 2차 침략(1281) : 원이 남송을 정벌하고 대규모 침략 → 태풍으로 실패
- 영향 : 신국사상 확산

⑤ 고케닌의 몰락
- 장원제의 발달로 장원공령제 위기 심화
- 몽골의 침략을 대비하는 과정에서 고케닌의 부담 가중

3) 가마쿠라 막부의 경제·사회
① 농업 발달
- 농기구·시비법 발달
- 서부 지역에서 이모작 실시

② 장원공령제 동요
- 장원의 확대로 장원공령제 위기 심화
- 지토가 토지와 농민 지배하며 세력↑ → 영주의 장원 지배력↓

◇ **호겐의 난과 헤이지의 난**
1156년 스토쿠 상황과 고시라카와 천황이 싸움을 벌였다. 상황측으로 귀족 후지와라노 요리나가, 미나모토노 다메요시, 다이라노 다다마사 등이 가세하였고, 고시라카와 천황측엔 무사단 미나모토노 요시토모, 다이라노 기요모리가 가담하였다. 이를 호겐의 난이라고 하는데, 고시라카와 천황이 승리하였다. 이후 고시라카와 천황은 상황으로 물러나는 원정 정치를 또 시작했다. 이에 고시라카와 천황을 지지하는 세력과 당시 천황인 니조 천황을 지지하는 세력이 다시 싸움이 벌어졌는데, 이를 헤이지의 난(1159)이라고 한다. 이 싸움에서 니조 천황측의 다이라 기요모리가 승리하였다. 이후 다이라씨(헤이시) 가문이 권력을 독점하였다.

◇ **로쿠하라단다이**
가마쿠라 막부가 교토 내외의 경비를 담당하고 천황을 감시하기 위해 설치한 기구다.

◇ **가마쿠라 막부와 무로마치 막부**

◇ 법화종
법화종은 일본에서 일련종이라고 불리는 불교 종파다. 법화종은 천태종의 일파로 법화경을 중요시하는 종파다.

③ 상공업 발달
- 송의 동전 유통↑
- 수공업자의 동업 조합인 좌(座) 형성
- 정기시장과 상설 도매점 출현
- 송과의 대외 무역 발달

4) 가마쿠라 막부의 문화
① 종교 : 정토 사상과 선종의 확산, 법화종(일련종)◇ 성립
② 소설 : 헤이케 모노가타리, 호겐 모노가타리, 헤이지 모노가타리
③ 와카 : 신고금와카집, 금괴와카집
④ 수필 : 호조키
⑤ 미술 : 니세에(초상화) 유행
⑥ 성리학 도입

(2) 무로마치 막부
1) 성립
① 고다이고 천황의 거병(1333)
② 아시카가 다카우지가 호응 → 가마쿠라 막부를 타도하고 교토에서 막부 개창(1338)
③ 남북조 분열
- 고다이고 천황 요시노로 피신 → 남조
- 아시카가 다카우지는 고묘 천황 옹립 → 북조

2) 발전
① 반제법(1352) : 슈고가 그 해 생산량의 반을 군량미 명목으로 징수 → 슈고의 지배력↑ → 슈고 다이묘 출현
② 아시카가 요시미쓰
- 남북조 통일(1392)
- 명에 사신 파견(1401) → 국왕 칭호 획득, 감합무역 시작
③ 감합 무역(1404~1551)
- 무역 증명서인 감합을 가진 선박만이 명과 교류 → 견명선 파견
- 닝보의 난◇(1523)으로 감합 무역 쇠퇴 → 1551년 중단
④ 조선과 교류 : 조선군의 쓰시마섬 정벌(1419) → 삼포개항(1426) → 계해약조(1443)

3) 오닌의 난과 전국시대
① 오닌의 난
- 아시카가 요시마사의 후계자 결정 과정에서 대립
- 동군과 서군으로 나뉘어져 내전 발생(1467) → 11년간의 전쟁 끝에 종결
② 전국시대
- 오닌의 난 이후 쇼군의 권위↓
- 슈고 다이묘의 세력↓ → 센코쿠 다이묘 등장

◇ 닝보(영파)의 난
감합 무역 초기에는 무로마치 막부가 무역 실권을 장악하였으나, 15세기 후반 막부가 쇠퇴하면서 오우치씨와 연결된 하카타 상인, 호소카와씨가 지원하는 사카이 상인이 무역을 독점하였다. 두 성씨는 대외 무역의 주도권을 장악하고자 격렬히 싸웠다. 그 과정에서 1523년 닝보의 난이 발생하였고, 이 과정에서 명나라 관리가 살해되는 사건이 발생하였다. 그 결과 오우치씨가 대명 무역을 독점하게 되었으나, 오우치씨가 멸망하면서 감합 무역도 중단되었다.

- 분국법 제정 : 센코쿠 다이묘들이 자신의 영지를 다스리기 위해 제정한 법 → 가신들이 지켜야 할 내용들을 정리하여 발표

③ 도요토미 히데요시 집권
- 오다 노부나가 : 나가시노 전투(1575)에서 조총을 사용해 다케다 가쓰요리 군대 격파 → 혼노지의 변(1582)으로 사망
- 도요토미 히데요시 : 오다 노부나가의 후계자로 혼노지의 변 수습 → 전국시대 통일
- 검지령 : 토지 조사 → 석고제(고쿠다카)◇
- 무기 몰수령
- 병농분리 : 무사와 상공업자는 조카마치에 거주, 농민은 농촌에 거주 → 신분 이동 금지
- 도량형 통일
- 크리스트교 탄압

4) 무로마치 막부의 경제·사회
① 화폐 유통과 원거리 상업 발달 → 조카마치 형성
② 수공업 조합인 자의 종류와 수 증가
③ 은광 개발 확대 : 16세기 초 조선으로부터 연은 분리법 도입 → 이와미 광산 본격 개발

5) 무로마치 막부의 문화
① 가면 음악극인 노와 풍자극인 교겐 발달
② 렌가 유행 : 와카의 운율로 여러 사람이 시를 주고받는 형식인 렌가 유행
③ **기타야마 문화(14세기)** : 북산 문화 → 금각 건축, 노의 집대성
④ **히가시야마 문화(15세기)** : 동산 문화 → 은각 건축
⑤ **아즈치·모모야마 문화(16세기)**◇

배경	· 부를 축적한 호상 출현 · 불교 문화의 쇠퇴 · 유럽 문화와 접촉
내용	· 성곽 건축 : 아즈치 성, 오사카 성 등 축조 · 유럽 문화 도입 : 화승총, 시계, 안경 등 도입 · 생활 문화 : 다도 유행, 가무 유행

3 도쿠가와 시대의 일본

(1) 도쿠가와 막부의 성립과 발전

1) 성립
① 도쿠가와 이에야스가 세키가하라 전투(1600)에서 승리하여 권력 장악
② 에도(도쿄)에 막부 창설(1603)

2) 막번 체제 : 막부 중심의 중앙집권적 봉건제도
① 천황(텐노)과 쿠게(公家)의 정치 배제
② 막부와 번은 각각 자신의 영지를 지배

◇ **석고제**
도요토미 히데요시는 전국적인 토지조사 사업인 검지령을 실시한 뒤 석고제를 실시하였다. 석고제는 토지의 쌀 생산량을 석(石, 섬)으로 표시한 것이다. 이를 바탕으로 세금 즉 연공을 계산했다. 또한 이것은 각 번들이 부담해야 할 군역을 측정하는 기준으로도 사용되었다.

◇ **아즈치·모모야마 문화**
오다 노부나가와 도요토미 히데요시 시대를 아즈치·모모야마 시대라고 하고, 이 시대의 문화를 아즈치·모모야마 문화라고 부른다. 이 문화는 당시 유럽 문화와 접촉하고 불교 문화가 쇠퇴하는 가운데 현실적인 성곽 건축 등의 문화가 발달한 것이 특징이다.

◇ **에도 막부의 다이묘 재배치**
도쿠가와 이에야스는 에도 막부를 세운 후 다이묘들의 세력을 세 개로 나누고, 지역을 재배치하였다. 첫 번째는 자신의 친족들로 구성된 신판 다이묘로 에도 인근의 가장 좋은 지역에 배치하였다. 두 번째는 세키가하라 전투 이전부터 자신을 따르던 후다이 다이묘로 약간 외곽지역에 배치하였다. 마지막은 세키가하라 전투 이후에 복속된 도자마 다이묘로 변방에 위치시켰다. 이를 통해 에도를 보호하고 위험요소를 사전에 제거하려고 하였다.

◇ **시마바라의 난**
1637년 12월 시마바라 지역에서 농민들이 징세관을 살해하면서 사건이 발생하였다. 시마바라 지역은 과도한 세금 징수와 부역으로 인해 농민들이 불만이 높았다. 또한 이들의 대부분은 천주교를 믿는 기리시탄들이었다. 여기에 에도 막부에 불만을 지닌 사무라이들이 참여하면서 난은 걷잡을 수 없이 커졌다. 시마바라의 난을 진압한 후 에도 막부는 천주교 금지령을 강화하였고, 포르투갈과의 교역도 금지시켰다.

◇ **오사카 상인과 오미 상인**
오사카 상인은 일본의 쌀 시장을 장악하였으며, 금융업에 종사하였다. 오미 상인은 전국에 지점을 설치하였고, 모기장과 삼베를 판매하였다.

◇ **데지마**

데지마는 나가사키에 만든 부채 모양의 인공 섬이다. 초기에는 포르투갈인들의 가톨릭 포교를 막기 위해서 건설(1634~1636)되어 시내에 살던 포르투갈인들이 격리되어 거주하였다. 그러나 1639년 포르투갈인들이 추방된 이후 1609년 설치된 네덜란드의 히라도 상관이 1641년 데지마로 이동하였다.

③ 다이묘 재배치 : 신판 다이묘, 후다이 다이묘, 도자마 다이묘로 구분하여 에도를 중심으로 다이묘 재배치˚
④ 소령 안도 정책 : 신임 쇼군이 번의 다이묘를 재임명
⑤ 일국일성령(一國一城令) : 다이묘의 본성 외 다른 성들의 파괴 명령
⑥ 무가제법도(1615) : 다이묘의 성 신축·증축 금지, 다이묘 교류·동맹 금지, 다이묘끼리의 결혼 통제
⑦ 산킨고타이 제도(1635) : 쇼군이 다이묘를 강력하게 통제

(2) 도쿠가와 막부의 사회·경제

1) 사회
① 무사 중심의 엄격한 신분질서 : 무사는 지배층으로 특권 보유 → 조카마치에 거주
② 크리스트교 금지 : 크리스트교 금지령(1612) → 시마바라의 난(1637~1638)˚ → 포르투갈과의 교역 금지(1639)

2) 경제
① 농업 발달 : 농경지 개간 확대, 상품작물 재배 확대
② 가부나카마 : 독점권을 인정받은 동업조합

3) 상업과 도시 발달
① 배경
  • 급속한 도시화 : 조카마치에 사무라이 집중 거주
  • 산킨코타이 제도 실시 → 교통망과 여관업 발달, 전국적 도로망 정비
② 상인들의 활동
  • 에도·오사카·오미 상인˚ 등이 대상인으로 성장
  • 다이묘와 무사 상대로 대부업
③ 도시 발달
  • 조카마치 발전 : 18세기에 주민의 10% 도시 거주
  • 에도·오사카(천하의 부엌)·교토 등 대도시 발달 → 조닌(상인)층 성장
④ 무역 발달
  • 슈인선 무역(1604~1635) : 막부로부터 슈인장(朱印狀)을 발급받아 동남아시아에 진출 → 니혼마치(日本町) 형성
  • 에스파냐·포르투갈과 무역 : 크리스트교 금지령 이후 쇠퇴·중단
  • 데지마˚ 건설(1636) : 포르투갈인을 수용하기 위해 나가사키에 인공섬 건설 → 포르투갈 추방(1639) 이후 히라도에 있던 네덜란드의 동인도회사의 상관 이동(1641)

(3) 도쿠가와 시대의 문화

1) 조선과의 교류
① 임진왜란을 통해 도자기 기술자, 성리학자를 끌어가 문화 발전
② 후지와라 세이카 : 강항과 교류 → 사서오경왜훈 저술
③ 조선통신사를 통한 교류

2) 조닌 문화

배경	데라코야°의 확산과 조닌의 영향력 확대
문학	통속적, 서민적, 상인이 주인공으로 등장 → 『일본연대장』, 하이쿠 유행
예술	· 분라쿠 : 전통 인형극 · 가부키 : 전통 연극 → 주신구라 · 노가쿠 : 가면극 · 우키요에 유행 → 프랑스 인상파에게 영향

◇ **데라코야**
에도 막부 시대 서민 자제들에게 초보적인 교육을 시켰던 사설 교육기관이다.

3) 유학의 발달

① 성리학
- 후지와라 세이카 : 사서오경왜훈
- 하야시 라잔 : 에도 막부의 의례 정비
- 야마자키 안사이 : 일본 성리학 집대성

② 양명학 : 나카에 도주가 신분에 상하가 없고 모두 평등하다고 주장 → 막부 타도를 주장하는 무사들이 수용

③ 고학
- 17세기 후반 공자·맹자 때의 유학으로 복귀 주장
- 실증적 방법론을 통해 고전 연구, 현실 정치 관심 → 이토 진사이, 오규 소라이

④ 국학
- 18세기 후반 일본 고대 문헌에 깃들어 있는 일본 정신으로 돌아갈 것을 주장
- 모토오리 노리나가 : "고사기" 등 고전 연구 → 천황을 받드는 존왕 사상으로 발전

⑤ 난학(蘭學, 란가쿠)
- 네덜란드를 통해 유입된 서양의 조선술, 포술, 천문학, 의학 등 연구
- 막부가 19세기 초 난학을 담당하는 전문 부서 설치하고 각지에 난학 교습소 설치
- 스기타 겐파쿠 등이 네덜란드어로 쓰인 의학 서적을 번역하여 "해체신서°" 간행(1774)

◇ **해체신서**

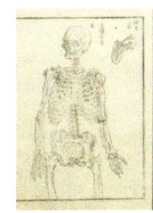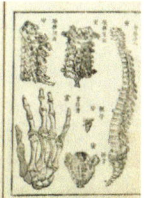

에도 막부 시기인 1774년 젊은 의사인 스기타 겐파쿠가 중심이 되어 독일 쿨무스의 "해부도보"란 책의 네덜란드어판인 『Ontleedkundige Tafelen』을 일본어로 중역한 의학서이다. 일본 최초의 서양책 완역본이다.

(4) 도쿠가와 막부 체제의 동요와 개혁 정책

1) 도쿠가와 막부의 동요
① 사무라이의 궁핍화 현상 심화 : 곡가의 하락으로 소득 감소 + 소비·사교 생활의 증가로 소비 증가 → 대부분의 사무라이들이 조닌에게 채무자로 전락
② 잇키(반란) 발생 : 영주의 수탈과 잦은 자연재해로 대규모 잇키 발생

2) 교호 개혁(享保改革)
① 주체 : 도쿠가와 요시무네가 추진
② 내용
- 검약령 : 지출을 억제
- 아게마이제(上米制) : 다이묘에게 에도 체류 기간을 반년으로 줄여주는 대신 헌상미 부과
- 조멘제(定免制) : 풍흉에 관계없이 일정한 세금 징수
- 다시다카제(足高制) : 녹봉이 낮은 자가 높은 지위에 취임할 때 부족한 부분을 보충하는 제도 → 출신에 상관없이 인재 등용

◇ **가부나카마**
가부나카마는 일종의 동업조합이다. 에도 막부 시기 영업상의 각종 권리(가부[株])를 지키기 위해 나카마(仲間 : 조합)가 결성되었다. 이러한 가부나카마를 막부나 번이 인정하고 보호하는 정책을 섰다. 이는 제품의 품질·가격을 통제하기 위해 실시한 정책이다.

◇ **덴메이 대기근**
덴메이 대기근은 에도 막부 시기인 1782~1788년까지 발생하였는데, 도호쿠 지방을 중심으로 전국 각지에서 수만 명이 굶어 죽었다는 기록이 전해지고 있다. 대기근으로 인해 일시적으로 인구가 정체되거나 감소되는 현상이 발생하였다.

◇ **오시오의 난**
1837년 오시오 헤이하치로가 오사카에서 일으킨 반란이다. 오시오는 청렴한 관리로 오사카에서 활동하였는데, 당시 백성들의 고통을 무시하는 정부의 관리와 정책에 대항하여 난을 일으켰다.

- 가부나카마◇ 인정
- 채무 소송 당사자들간 합의에 의한 해결 종용
- 전답의 저당을 금지하고 신전 개발 촉진

3) 다누마 개혁
  ① 주체 : 다누마 오키쓰구
  ② 내용
  - 가부나카마 확대 : 영업 독점권을 부여하고 조세 징수
  - 구리 광산 생산 증대
  - 은을 수입하여 은으로 화폐를 개주(改鑄)
  - 조닌에 대한 풍속 통제 완화
  - 상업 자본에 의지하여 막부 재정 확보 노력 → 빈부격차 심화

4) 간세이(寬政) 개혁
  ① 추진 : 마쓰다이라 사다노부
  ② 배경 : 다누마 개혁의 실패, 덴메이 대기근◇
  ③ 내용
  - 가부나카마 일부 해산
  - 화폐 개주 중단
  - 기연령 : 하타모토와 고케닌의 부채 탕감
  - 각 번에 학교를 신설하여 유학을 대중화
  - 난카쿠를 후원
  - 닌소쿠요세바 신설 : 기근으로 증가한 도시 부랑자 수용 → 사회 안정 도모
  - 7부 적금법 : 마을 운영비 절약분 7할을 저금

5) 덴포(天保) 개혁
  ① 추진 : 미즈노 다다쿠니
  ② 배경 : 기근과 식량 부족, 오시오의 난◇, 이국선 출현
  ③ 내용
  - 검약령
  - 귀농령 : 에도 이주자 귀향 추진
  - 가부나카마 해산하여 자유로운 상업 활동 보장
  - 에도와 오사카 주변 영지를 몰수하여 막부 직할령으로 변경
  ④ 결과
  - 경제 활동 위축
  - 다이묘와 농민 저항으로 실패 → 막부 권위↓

6) 번정 개혁

① 배경 : 자연 재해 빈발로 인한 농업 생산 감소 + 화폐 경제 발달로 인한 곡가 하락으로 번의 재정 수입 감소 + 산킨고타이 제도로 인한 재정 부담↑ → 재정 적자 심화 해결

② 개혁 내용

인재 양성	번교를 열어 인재 양성
농민 생활 안정	・경지 재개발 권장 ・양육비 보조하는 아기양육법 채택 ・기근 대비하여 저축 제도 실시

③ 주요 번들의 개혁

죠수번	・분할상환제를 통해 부채 정리 ・전매제를 완화하고 식산 흥업 정책 ・선박 대상으로 창고업과 금융업 실시
사쓰마번	・분할상환제를 통해 부채 정리 ・설탕에 대한 전매 강화와 류큐와의 무역 확대 ・서양식 공업 시설 건립
히젠번	・농지 개혁 ・서양식 군사 공업 도입
도사번	・긴축 재정 실시 → 실패 ・전매 강화

④ 개혁 결과 : 막부 말기 죠수번, 사쓰마번 등의 영향력 확대

4 일본의 개항과 근대적 개혁 추진

(1) 일본의 개항

1) 개항 : 미국 페리 함대의 무력 시위(포함 외교) → 미·일 화친 조약(1854)으로 개항

2) 미·일 화친 조약(1854)

① 시모다·하코다테의 개항

② 최혜국 대우 인정

③ 영사 주재 인정

3) 미·일 수호 통상 조약 체결(1858)

① 요코하마, 나가사키, 효고, 니가타 개항

② 협정 관세

③ 영사 재판권

④ 개항장에 외국인 거주 인정

◇ 우라기에 내항한 흑선을 일본화가가 그린 그림

(2) 메이지 유신

1) **막부 붕괴** : 개항 이후 존왕양이 운동 전개 → 막부의 탄압 → 죠수 번과 사쓰마 번의 동맹으로 에도 막부 타도 → 왕정 복귀(1867)

2) **메이지 유신(1868)**

목표	· 서양 문물의 수용으로 문명 개화 추진 → 부국강병 도모 · 천황 중심의 중앙 집권 체제 확립 · 입헌 군주제 수립
내용	· 신분제 폐지, 폐번치현 → 근대적 중앙 집권 체제 확립 · 징병제 실시 → 육군과 해군 설치 · 근대적 조세 제도 마련 : 지조개정(1873) · 근대적 산업 장려 → 철도·광산·면방직 산업 발달 · 구미에 이와쿠라 사절단 파견(1871-1873) → 근대 문물 수용 · 소학교 의무 교육제 실시 · 도쿄 대학(1877) 설립 · 신도의 국교화
한계	· 위로부터의 보수주의적 개혁 · 국수주의 주입

3) **일본의 제국주의화**

① **정한론 대두** : 메이지 유신 후 농민과 무사의 불만을 대외로 돌리려는 의도와 관련

② **대외 침략 단행**
- 타이완 침략(1874) → 류큐(오키나와) 병합(1879)
- 운요호 사건과 강화도 조약 체결

③ **청·일 전쟁**

④ **러·일 전쟁**

배경	· 조선과 만주의 지배권을 둘러싼 러·일 간의 갈등 → 러시아와 일본의 협상 결렬 · 1902년 1차 영·일 동맹의 결성과 미국의 일본 지원
전개	· 일본이 인천과 뤼순의 러시아 함대 선제 공격 · 펑톈 전투와 동해 해전에서 승리
결과	· 포츠머스 조약 체결(1905) : 일본이 뤼순과 다롄의 조차권, 창춘 이남의 철도에 대한 권리 획득, 북위 50도 이남의 사할린 차지 · 한국 : 을사조약 체결로 외교권 박탈 · 중국 : 중국 혁명 동맹회 결성(1905) · 베트남 : 동유 운동 전개(1905)

◇ **이와쿠라 사절단(1871~1873)**
1871년 유럽과 미국에 파견된 사절단이다. 이와쿠라 도모미를 단장으로 오쿠보 도시미치, 기도 다카요시, 이토 히로부미 등 메이지 유신의 핵심 세력이 참가하였다. 불평등 조약 개정 등을 목적으로 파견되었으나, 조약 개정에는 성공하지 못하였다.

◇ **정한론 대두**
흥선 대원군 집권 시기 메이지 정부의 외교 관계 요구가 조선에서 받아들이지 않자 사이고 다카모리 등은 조선을 침략할 것을 내용으로 하는 정한론을 주장하였다. 서양 시찰을 마치고 온건파 등이 내부 개혁의 중요성을 강조하면서 군사 행동을 시기상조라 하여 일단락되었지만 대외 침략의 논리적 출발점이 되었다.

◇ **동유 운동**
베트남이 판보이쩌우가 중심이 되어 베트남의 장래를 위한 인재를 양성하기 위해 일본으로 유학생을 파견하였다. 1905년부터 1908년에 걸쳐 200명의 젊은이가 일본에 유학하여 근대 문물을 익혔다.

4) 일본의 국민 국가 수립 과정
  ① 자유 민권 운동 전개(1870~1880년대)
    • 배경 : 메이지 정부의 강압적 개혁 정책에 반발 → 의회 설치와 헌법 제정 요구
    • 애국공당 : 이타가키 다이스케 → 민선의원 설립 건백서 제출(1874)
    • 정부 대응

강경	• 신문지조례(1875), 집회조례(1880) • 긴축정책 실시로 쌀값 폭락 → 상층 농민들이 자유민권운동에서 이탈
온건	• 입헌칙조(1875) • 국회개설칙조(1881)

  ② 메이지 헌법 제정(1889)과 일본 제국 의회 소집(1890)
    • 유럽 헌법 조사단 파견(1882) : 이토 히로부미 → 독일식 헌법 채택
    • 메이지헌법(대일본제국헌법) : 입헌제에 바탕을 둔 근대 국가의 제도적 기반 마련 → 일왕에게 막강한 권한 부여, 국민의 기본권 제한

5 침략 전쟁의 확대

(1) 만주 사변(1931)

  1) 배경
    ① 군국주의 분위기↑
    ② 대공황으로 인한 경제 불황↑
    ③ 런던 회의 결과 강대국에 비해 잠수함과 보조 함대 적게 보유 → 군부의 위기감↑
  2) 전개 : 관동군 중심의 일본군이 만주 일대 점령(1931) → 만주국 수립(1932)
  3) 결과
    ① 국제 연맹의 리튼 조사단 보고서 : 일본 침략 규탄 및 철수 요구 → 일본의 국제 연맹 탈퇴(1933)
    ② 군부의 영향력 확대 및 군비확장 → 대외 침략 정책 추진

(2) 중일 전쟁(1937~1945)

  1) 발발 : 베이징 근처의 루거우차오에서 중·일 양국 군대 충돌(1937) → 중국 본토 공격
  2) 전개
    ① 일본군이 상하이·난징 점령 → 난징 대학살(1937~1938) → 이후 각지에서 삼광 작전 전개
    ② 일본이 주요 도시와 도로망 장악
    ③ 중국의 대응
      • 중국 국민당 정부는 충칭으로 이동하여 항일전 지속
      • 중국 공산당은 유격전과 지구전 전개

◇ 만주사변
1931년 9월 18일 일본의 관동군은 봉천 교외의 류타오거우에서 남만주 철도를 파괴하고, 이를 중국 측의 소행이라고 주장하면서 만주 사변을 일으켰다.

◇ 일본의 대륙 침략

(3) 태평양 전쟁(1941~1945)

1) 배경
   ① 독일, 이탈리아, 일본의 삼국동맹 체결(1940)
   ② 일본의 베트남 침략(1940) → 미국이 일본에 석유 및 철강 수출 금지

2) 전개
   ① 일본의 진주만 미국 함대 기습 공격(1941. 12)으로 전쟁 시작
   ② 일본이 미얀마, 남태평양 일대 점령
   ③ 미드웨이 해전(1942) → 과달카날 전투에서 미군 승리로 전세 전환 → 오키나와 전투(1945. 6)에서 미군 승리

3) 종전
   ① 미국이 히로시마와 나가사키에 원자 폭탄 투하
   ② 소련의 대일전 참전 → 일본의 무조건 항복 선언

6 제2차 대전 이후 일본의 발전

(1) 미군정의 실시

1) 미군정의 점령 정책
   ① 도쿄에 연합국 최고 사령부(GHQ)를 설치하고 일본 통치
   ② 신헌법(평화헌법, 1946) 제정 : 주권재민, 군사력 보유 금지
   ③ 재벌 해체
   ④ 농지 개혁 시행
   ⑤ 도쿄 재판(1946~1948)을 통해 전범 처벌
   ⑥ 교육 기본법(1947) : 군국주의 교육 부정하고 민주주의 이념과 기회 균등 교육 표방

2) 미군의 정책 변화
   ① 배경 : 중국·북한의 공산화, 6·25 전쟁 발발
   ② 목적 : 일본에 반공 기지 구축
   ③ 내용
      • 공산주의자를 공직에서 추방
      • 침략 당시의 고위 관료들 정계 복귀
      • 일본의 경제 재건 지원
      • 경찰 예비대 창설(1950)

◇ **연합국 최고 사령부**
일본 점령 초기에는 미국이 단독으로 통치하였으나 1946년 2월 26일에 11개국으로 구성된 극동위원회가 발족한 이후로는 연합국 총사령부에서 일본 관리에 대한 기본 정책을 결정하였다. 맥아더 장군이 최고사령관으로 총괄하였다.

◇ **극동 국제 군사 재판(도쿄재판)**
1946년부터 약 2년 반 동안 일본의 주요 전범 28명에 대한 재판을 진행하였다. 도조 히데키 등 7명에게 사형 판결을 내렸으나, 일본천황은 재판에 회부되지 않았다. 연합국 11개국이 재판관으로 참여하였다. 한국은 재판에 참여하지 못하였다.

◇◇ **경찰예비대**
일본은 패망 이후 육군을 비롯한 모든 군대가 해체되었다. 그러나 1950년 6월 한반도에서 6·25 전쟁이 발생하자 맥아더의 지시로 1950년 8월 경찰 예비대를 창설하였다. 경찰예비대는 1952년 보안대로 개편되었고, 1954년 자위대가 되었다.

(2) 샌프란시스코 강화 조약(1951)과 주권 회복

1) 샌프란시스코 강화 조약(1951)
   ① 내용
   - 일본 주권 회복
   - 한국 독립 인정
   - 타이완, 펑후 제도, 쿠릴 열도, 사할린 등 점령지 반환
   - 오키나와의 미국 위임
   - 국외 재산과 조약 체결국에 대한 청구권 포기

   ② 한계
   - 연합국과 피해국에 대한 일본의 배상 규정 무효화
   - 중국과 한국 등 피해 당사국 참석 배제
   - 소련의 조약 서명 거부

2) 미·일안전보장조약 (1951)
   ① 샌프란시스코 강화 조약 체결 후 오후에 체결
   ② 미국과 군사적 동맹 : 미군의 주둔 인정

3) 샌프란시스코 강화 조약 이후 조약 체결 국가
   ① 일·화 평화 조약 체결(1952) : 샌프란시스코 강화 조약 이후 최초로 일본과 타이완 국교 회복
   ② 인도(1952), 소련(1956) 수교

◇ 미·일 안전 보장 조약
1951년 9월 샌프란시스코 강화조약 체결 직후 맺어진 조약이다. 일본의 안전 보장을 위해 미군을 일본에 주둔시키는 것이 주요 내용이다. 1960년 1월 한 차례 개정된 이래 현재까지 지속되고 있다.

(3) 55년 체제의 성립과 붕괴

1) 배경
   ① 보수 정당들의 평화 헌법 개정 주장 → 사회당의 좌·우파가 헌법 유지와 미·일 안전 보장 → 조약 강화 반대를 내걸고 재통합
   ② 일본 민주당과 자유당이 자유민주당(자민당)으로 통합

2) 형성 : 1955년 자민당의 정권 장악 이후 지속된 자민당과 사회당의 양당 체계

3) 성격
   ① 보수적인 자민당의 독점적 정치 구조 속에 사회당 등의 야당이 견제
   ② 경제 우선 정책을 채택하여 일본의 경제 성장 주도 → 대중의 지지를 바탕으로 장기 집권

4) 동요
   ① 1960년대 : 미·일 안보 조약 개정(1960) → 야당 학생들의 안보 투쟁↑
   ② 1970년대 : 록히드 사건(1976)과 같은 뇌물 사건, 도시 문제와 환경 문제 등 각종 사회 문제, 석유 파동에 따른 물가 급등 → 지지율 급락
   ③ 1980년대 : 플라자 합의(1985) → 주가·부동산 폭등으로 거품 경제 형성 → 거품 경제 붕괴 과정에서 부정부패와 연이은 선거에서 패배

5) 붕괴 : 다수의 자민당 의원 탈당 → 1993년 비자민당 연립 정권 수립 → 2009년 총선에서 민주당이 과반수 차지

◇ 플라자 합의
1970년대 미국의 무역 적자가 커지자 1985년 미국, 프랑스, 독일, 일본, 영국의 재무 장관들이 모여 일본 엔화와 독일 마르크화의 평가 절상에 대해 합의하였다. 이에 따라 엔화 가치가 달러당 237엔에서 143엔으로 크게 상승하였다. 이후 일본은 엔화 가치의 상승으로 주가와 부동산 가격이 폭등하는 거품 경제가 형성되었다.

자료탐구

01. 일본의 대외 교류

• 광무제 중원 2년(57)에 왜의 노국이 공물을 바치고 조공하였는데, 사신은 대부를 자칭하였다. 노국은 왜에서 남쪽에 있는 나라이다. 광무제는 노국 사자에게 도장을 하사하였다. 안제 영초 원년(107)에 왜의 국왕 수승 등이 생구(노예나 전쟁 포로) 160인을 바치고 황제에게 알현하기를 원하였다.

– 『후한서』, 동이 열전 –

• 경초 2년 6월, 왜 여왕이 대부 난승미 등을 보내 군(대방군)에 이르러 천자에 조헌할 것을 청하니, 태수 유하가 과원과 장수를 보내 경도(낙양)까지 호송하게 했다. 그 해 12월 조서를 내려 왜의 여왕에게 답하여 말하기를, "이제 너를 친위왜왕으로 삼고 금으로 만든 인장과 자주색의 도장끈을 수여하노라. …… 금 8냥, 진주 50근 등 을 하사하겠다. 이 모두를 너의 나라 사람들에게 보여라. 그리하여 그들에게 우리나라가 너희들을 어여쁘게 여기는 것을 알게 하라."라고 하였다.

– 『삼국지』, 위서 왜인전 –

자료 해석
1세기 일본은 후한의 광무제에게 사신을 보내고 한위노국왕의 금인을 받았다. 3세기 20여개의 소국으로 구성되었던 야마타이국에서는 히미코 여왕이 주도권을 장악하였다. 히미코 여왕은 제사장적 성격을 지닌 지배자로서 종교적 권위에 의존하여 다스렸으며, 삼국 시대의 위에 사신을 보내 '친위왜왕'이라는 칭호를 받았다(239).

02. 견수사 파견

"해가 뜨는 나라의 천자가 해가 지는 나라의 천자에게 국서를 보냅니다. 건강합니까?" 황제는 이것을 보고 불쾌해했으며 "야만국의 국서인데 무례하구나. 두 번 다시 상대하지 말라"라고 말했다. 다음해, 상(上 ; 양제)은 문림랑(文林郞) 배청(裵淸)을 왜국의 사신으로 보냈다.

– 『수서 왜국전』 –

자료 해석
자료는 7세기 초 쇼토쿠 태자가 집권하였을 시기 보낸 것으로 알려진 견수사에 관한 것이다.

03. 다이카 개신

효덕 천황 2년 춘정월 초하루 신년 축하의 예가 끝나고 개신의 조칙을 선포하였다.
제1. 옛날 천황이 황실에서 사적으로 소유하기 위해 설정한 백성과 곳곳의 황실 직할령. 여러 호족이 사적으로 소유하는 부곡의 백성과 곳곳의 사유지를 폐지한다.
제2. 처음으로 도성의 제도를 만들고, 기내, 국사, 군사, 각 고을에서 호장이 사무를 보는 관청, 방어 시설. 척후병, 변경을 방어하는 병사, 역마, 전마를 두고, 그 말을 이용할 수 있게 하는 증명서를 만들고, 지방 행정 구역을 정한다.
제3. 처음으로 호적·호구 대장을 만들고 나라에서 백성에게 논밭을 나누어 주는 법을 만든다.
제4. 예로부터 내려오는 부역 제도를 폐지하고, 밭을 부과기준으로 하여 각 고을의 특산물을 바치게 하는 제도를 시행한다.

– 『일본서기』 –

자료 해석
당나라에서 중국 문화를 직접 배우고 돌아온 개혁 세력은 645년 외척인 소가씨를 타도하고 정권을 장악하였다. 그 다음해에 모두 4개조로 이루어진 개신의 조칙을 선포하였다. 이 조칙에는 전체적으로 율령 국가의 제도가 체계적으로 잘 제시되어 있다. 율령 체제의 수용으로 천황의 위상이 높아지고 토지와 백성에 대한 지배력이 강화되었다.

04. 엔닌의 구법 활동

지금까지 삼가 만나 뵈옵지는 못하였습니다만, 오랫동안 높으신 인덕을 들어 왔기에 흠모의 정은 더해만 갑니다. 봄은 한창이어서 이미 따사롭습니다. 엎드려 바라옵건대 대사님[장보고]의 존체거동에 만복하옵기를 비옵니다. 이 엔닌은 옛 소원을 이루기 위하여 당에 체류하고 있습니다. 미천한 몸 다행하게도 대사님의 본원의 땅[적산법화원]에 머물고 있습니다. 감사하고 즐겁다는 말 이외에 달리 비길만한 말이 없습니다. 엔닌이 고향을 떠나올 때 엎드려 치쿠첸 태수의 서신 한 통을 기탁받아 대사께 전해 올리려 하였습니다. (그런데) 홀연히 배가 얕은 바다에 가라앉아 물건들은 떠내려가고 기탁받은 서찰도 물결 따라 흘러가 가라앉고 말았습니다. 한 맺힌 마음 하루도 잊혀지지 않습니다. 엎드려 바라옵건대 기이하게 생각하셔서 책망하지 마시옵소서. 언제 만나 뵈올런지 기약할 수 없습니다만 대사를 경모하는 마음 더해갈 뿐입니다. 삼가 글을 올려 안부를 여쭈옵니다. 갖추지 못하옵고 삼가 올립니다.

개성 5년 2월 17일
일본국 구법승 전등법사위 엔닌 올림
청해진장대사휘하 삼가 상서
-엔닌, 입당구법순례행기 -

자료 해석
이 편지는 엔닌이 산둥반도의 적산 법화원에서 신라의 청해진 대사 장보고에게 쓴 것이다. 편지를 통해 일본 승려 엔닌이 일본을 오가거나 중국에서 체류하면서 신라인 장보고의 도움을 받고 있음을 알 수 있다.

05. 가마쿠라·무로마치 시대 자(座)의 발달

석청수 팔번궁의 대산기 신인들에 대해, 공사와 토창역을 면제시킬 것이다. 또한, 섭진국의 도조소로·천왕사·목촌·주길·원리소야와 근강국의 소추라고 하는 곳곳의 주민들이, 멋대로 허락도 받지 않고, 임호마(차조기과의 1년초. 등잔기름의 원료)를 매매하고 있다고 하는데, 금후, 저들의 유기(油器)는 파기하지 않으면 안된다는 분부가 쇼군가로부터 내려졌다. 따라서 이상대로 명령하는 바이다.

응영 4년 5월 26일 가파의장
-『이궁팔번궁문서』-

자료 해석
자(座)는 가마쿠라·무로마치 시대의 주로 조정, 사사를 본소로 하는 특권적인 동업자 조직이다. 그 종류는 많고, 가마쿠라 중기 이래 모든 직업에 걸쳐 조직되었다. 건축업자, 교통업자, 소매상인. 수공업자를 비롯, 능악, 전악, 비파법사 등의 예능의 자가 있었다. 이중에서 눈부신 활동을 보인 것은 상공업의 자였다.

06. 가마쿠라 막부의 정치 구조

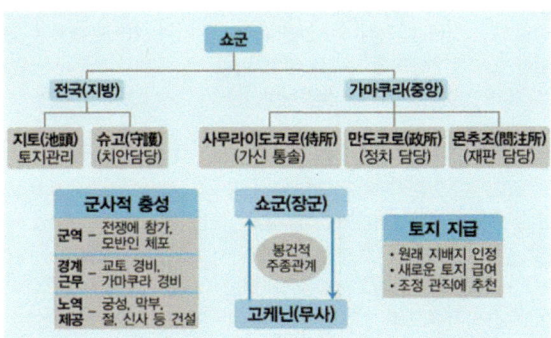

자료 해석

가마쿠라 막부는 시무라이도코로 등의 관청을 설치하여 본래 독립적인 토착 영주인 무사들을 가신으로 삼아 통제하는 한편, 군사권과 경찰권 등을 행사하였다. 지방에는 지토와 슈고로 불리는 무사를 보내 토지 관리와 조세 징수, 치안 등을 담당하게 하였다. 막부가 이렇게 정치의 실권을 행사하면서 천황의 역할은 점차 의례를 담당하는 쪽으로 축소되었다.

07. 장원공령제

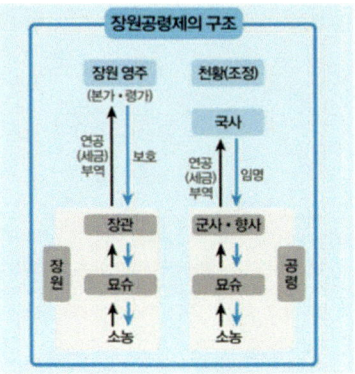

자료 해석

일본에서는 10~12세기 장원이 급속하게 늘어났다. 장원은 주로 귀족이나 사원과 신사, 지방 호족이 소유한 사유지였다. 이들 장원에서는 유력 농민인 묘슈가 소농에게 토지를 나누어주고 세금(연공)을 거두었다. 한편에서는 천황이 관리를 임명하여 지배하던 국유지를 계승한 토지가 존재하였다. 이를 합쳐 장원공령제라 한다. 12세기 후반 성립한 가마쿠라 막부는 전국에 치안, 토지 관리, 조세 징수를 담당하는 무사를 임명하였다. 이 무사들이 귀족·사원 소유의 장원에 적극 개입함에 따라 장원의 소농 지배가 약화되어 갔다. 무로마치 시대에는 막부가 임명한 무사의 토지 지배력이 더욱 강화되었다. 이들은 조세 징수권은 물론 토지 관찰권까지 장악하여 다이묘로 성장하였다. 따라서 장원공령제에 의한 토지 제도는 점차 유명무실해졌다.

08. 일본 성리학의 발전

- 우리나라(일본)의 유학 박사는 옛날부터 한나라, 당나라의 해석을 읽고 경전에 점을 찍고 일본어식 훈을 달았을 뿐이다. 그러면서 주자의 저작에 이르면 아직 십분의 일도 모르며 성리학을 아는 사람도 드물다. 이에 선생(후지와라 세이카)이 아카마쓰에게 권유하고, 강항 등에게 사서오경을 정서하게 했다.

  – 세이카선생행장 –

- 위로는 하늘이 있고 아래로는 땅이 있다는 사실 자체가 곧 천지의 예를 나타낸다. 실상 인간은 이 천지의 예를 태어날 때부터 지니고 있는 것이다. 그러니까 인간 세계는 만사가 상하 관계 또는 전후 관계로 이루어지게 마련이다. 이러한 진실을 순순히 인정하고 세계를 예의 마음으로 꽉 채운다면 군신 관계가 어지럽지 않고 그에 따라 마땅히 인간 사회 또한 평화롭게 안정될 것이다.

  – 삼덕초 –

자료 해석

원래 스님이었던 후지와라 세이카는 정유재란 때 조선에서 끌려온 강항을 만난 것을 계기로 성리학자가 되었다. 그는 강항의 도움으로 일본 최초로 사서오경 주석본인 '사서오경왜훈'을 간행하였다. 후지와라 세이카의 제자였던 하야시 라잔은 성리학을 정통으로 삼고 불교를 배척하였다. 그는 도쿠가와 이에야스에 의해 중용되었으며, 그의 자손들도 대대로 중용되어 에도 막부의 체제 정비에 큰 역할을 하였다.

09. 왜구의 활동

쓰시마와 이키 섬에서 출발한 왜구가 중국의 해안에 출몰하여 중국을 침입하였기에 짐은 일본 국왕인 그대에게 이에 대한 단속을 부탁하는 바, 그대는 군사를 내어 왜구 무리를 섬멸하고 배를 파괴하며 그 수령을 잡아 수도로 보냈노라. 그대는 비록 멀리 떨어진 지역에 있으나 명조를 진심으로 섬기고 있도다.

- 영락제가 요시미쓰에게 보낸 국서 -

자료 해석

왜구들은 원 말기부터 극성을 부리고 있었다. 중국의 해안에 왜구가 출몰하게 된 근본적인 배경은 일본의 가마쿠라 막부(12~14세기), 무로마치 막부(14~16세기) 시기에 상공업 활동이 활발해진 것과 관련이 있다. 일본 국내의 상업 활동만으로는 상업적 욕구가 충족되지 않았기 때문에 중국에까지 그들의 활동 범위를 넓혀간 것이었다. 그러나 중국은 제한된 조공 무역만을 허용하였기 때문에 밀무역을 하고 해적이 될 수밖에 없었다. 이것이 왜구다. 명이 일본에게 허용한 조공 무역은 제한되어 특권 계급들의 수요만 충족시킬 수 있었다. 따라서 일본의 지방호족들이나 상인들은 이러한 조공 무역의 혜택을 볼 수 없게 됨으로써 양국 상인들 간에 밀무역이 발생하였다. 명 태조는 '한 조각의 널빤지도 바다에 띄우지 마라'라고 하여, 개인이 선박을 만들어 무역에 종사하는 일도 금지시켰다. 명 태조 주원장은 일본에 사신을 파견하여 왜구를 단속해줄 것을 요청했다. 영락제에 이르러서 아시카가 요시미쓰를 일본 국왕에 봉함으로써 조공 무역이 재개되었다. 조공 무역의 재개로 무로마치 막부는 해적선을 중국 해안에 출몰시켰던 일본 남서부의 봉건 영주들을 장악함으로써 중국과의 무역을 독점할 수 있게 된 것이다. 그러나 1467년 오닌의 난 이후 막부가 통제력을 상실하고 일본이 전국 시대에 접어들면서 왜구의 횡포는 더욱 기승을 부리게 되었다.

명나라는 밀무역자를 색출하여 처벌하게 되고, 그에 반발하여 중국 상인들 및 일본인들이 약탈과 살인을 자행하기도 했다. 명 조정은 대대적으로 왜구를 토벌한 후 1567년 해금을 다소 완화(일본과의 사무역은 계속 금지)하여 상인들이 동남아에서 해외 무역에 종사할 수 있도록 하였다.

10. 도요토미 히데요시의 무기 몰수령

- 분부하신 취지는 고쿠진과 백성들이 함께 납득하도록 잘 설명하라는 것입니다. 만약 명령을 받아들이려 하지 않는 마음을 가진 자들이 있다면, 성주라면 성에 가두고, 백성과 고쿠진이라면 각각 검지를 담당하는 책임자가 상담하여 한 사람도 남겨 두지 말고 모두 참수하도록 명해야 할 것입니다.

- 아사노가 문서 -

- 백성들이 칼, 단도, 창, 조총, 기타 무기류를 소지하는 것을 엄하게 금지한다. 불필요한 도검류를 쌓아두고 연공이나 기타 세금의 납부를 꺼리거나, 영주의 가신에게 불법 행위를 하는 자들이 있다면 처벌하겠다. …… 백성들이 농기구만을 가지고 경작에 전념할 수 있다면, 자자손손 행복하게 살아갈 수 있을 것이다.

- 고바야카와가 문서 -

자료 해석

전국시대의 혼란을 통일한 도요토미 히데요시는 전국적인 토지 조사 사업을 벌이고 도량형을 통일하였다. 또한 무기 몰수령을 내리고 무사와 농민들의 신분 구분을 확립하여 사회의 안정을 꾀하였다.

11. 연은 분리법의 일본 전래와 일본의 은광 개발

- 유서종이 범한 죄는 여기에 그치지 않고, 왜인과 사사로이 통해서 연철을 많이 사다가 자기 집에서 불려 은으로 만드는가 하면 왜인에게 그 방법을 전습하였으니, 그 죄가 막중합니다. 철저히 조사하여 법대로 죄를 정하소서.

- 중종실록 -

- 게이초 12년(1607) 4월 처음으로 다량의 은을 발견했을 때, 소문이 인근 지역뿐만 아니라 먼 곳까지도 널리 퍼졌다. 8월과 9월에는 각지에서 사람들이 매일같이 끊임없이 몰려들었다. 그중에는 주군을 잃은 사무라이도 있었다. 13년 봄에는 이들이 대여섯씩 무리를 지어 계곡과 인나이 촌락에 집을 짓기 시작하였고, 더 이상 빌릴만한 장소가 없게 되었다.

- 일본 서민 생활 자료 집성 -

자료 해석
1503년 조선의 함경도 단천에서 획기적인 은 제련법이 개발되었다. 이는 은 광석에서 납을 제거하여 순은을 추출하는 연은 분리법으로 회취법이라도 불렸다. 회취법은 조선을 드나들던 일본 상인에 의해 일본에 전수되었다. 전국시대 다이묘들은 이 신기술을 경쟁적으로 활용하여 은광 개발에 힘을 쏟았다. 그리하여 일본은 세계적인 은 생산국으로 성장할 수 있었다.

12. 에도 시대 일본의 변화

어떤 상인들은 정부 공사를 떠맡거나 또는 그 밖의 투기에 뛰어들어 단숨에 돈을 벌기도 하지만, 그들은 결국 "강물에 의지해 사는 사람은 강물에 빠져 죽는다"는 격언을 증명하는 꼴이 되고 만다. …… 에도 시대에 목재 상인의 아들인 후시미야 시로베이라는 자가 있었다. …… 시로베이는 나가사키에서 상품을 판매할 수 있도록 허락해 달라고 요청하였다. …… 그의 요청은 세금을 낸다는 조건으로 받아들여져, 그는 2년 동안 나가사키에 내려가 있었다. 그는 그 지역 사람들과 또 그 지역의 절과 사당에 많은 몫을 나누어 주었다. …… 하지만 그가 사치스런 생활로 모든 사람을 놀래게 하고 있던 바로 그 때, 다카기 히코에몬이라는 나가사키의 촌장이 후시야마보다 더 많은 세금을 내겠다고 제안하면서 자기가 장사를 하겠다고 청원하였다. 결국 후시야마의 특허는 취소되었고, 그것은 다카기에게 주어졌다. 그래서 시로베이는 절망적인 상태에 빠지게 되었고, 20년 후 그는 결국 먹을 것마저 떨어져 굶어 죽었다.

— 미쓰이 다카히라의 종립유서 —

자료 해석
에도 시대 일본의 상인 계층은 크게 성장하였는데, 그 중 미쓰이 다카히라(1655~1737)는 에도 중기의 부유한 상인으로서, 커다란 만물상을 설립하기도 하였다. 위의 글은 그가 자기 아들에게 상업에 관한 것을 가르치기 위해 쓴 책에 나오는 이야기인데, 여기에는 사업과 정치에 대한 교훈이 담겨 있다.

13. 일본 국학의 발달

…… 아마테라스 오미카미(일본의 태양신)는 우주 사이에서 견줄 바 없는 존재로서, 크리스트교의 하나님이나 유교의 천명도 이에 미치지 못한다. 이 아마테라스가 태어난 일본은 만국의 중심이 되는 나라이고, 그 후손인 천황의 대군주로서의 지위는 불변이며, 만세일계라고 고한 영원한 신의 명령이야말로 도의 근본이다. …… 천황이 선하든 악하든 옆에서 엿보고 판단하거나 할 수는 없는 것이다. ……

— 모토오리 노리나가, 『고사기전』 —

자료 해석
에도 시대의 국학은 유학을 중심으로 하는 한학에 의식적으로 저항하면서 발전하였다. 국학자들은 일본 전통의 부활이라는 맥락에서 고대 일본 문학에 초점을 맞추어 일본 문화의 우수성을 주장하였다.

14. 일본 고학의 발달

유학의 흐름이 …… 이상한 행동을 제일 중요한 일로 생각하게 되었다. 성인(聖人)이란 천자(天子)이며, 천자는 천하 국가를 다스리는 일을 자신의 직분으로 한다. 따라서 성인의 도란 바로 천하 국가를 다스리는 도라는 본래의 뜻을 어느 틈엔가 잊어버렸다.

— 오규 소라이, 『태평책』 —

자료 해석
고학(古學)은 주자학을 비판하고 공자와 맹자의 가르침으로 돌아가 유학의 진리를 파악해야 한다고 주장하였다. 주자를 통해 공자와 맹자의 사상을 배우지 말고, 직접 공자와 맹자의 저서를 통해 그들의 사상을 배워야 한다는 주장이었다. 에도 시대의 대표적인 고학자로는 야마가 소코, 이토 진사이, 오규 소라이가 있다.

15. 요시무네의 교호 개혁

요시무네는 우선 검약령을 내려 지출을 억제함과 더불어 수입 보전제인 다시다카제를 도입해 인재등용에 따른 재정부담을 최소한으로 억제했다. 한편 다이묘에게 참근교대의 재부기간을 반감하는 대신, 석고 1만석 당 쌀 100석의 현상을 명해 막부 수입을 확보하고자 했다. 나아가 근본적인 재정 수입 증대를 위해 다이칸에게 신전 개발지를 선정하도록 요구함과 동시에 상인에게 신전 개발에 투자할 것을 권유하는 등 신전 개발을 장려했다. 즉 경지 확대를 통해 공조 수입의 증가를 꾀했던 것이다. 그 결과, 시모오사의 이이누마신전, 에찌고의 시옹가따신전와 무사시노신전 등이 개발되었다. 그리하여 10여년 사이에 막부의 영지고(領地高)는 400만 석에서 450만 석으로 증가하였다. 그리고 과거의 공조량을 기준으로 일정 기간의 공조량을 결정하는 조면제(定免制)를 채용해 안정적인 수입과 증세를 꾀했다. 이 징조법은 1720년부터 시작되었다. 이 징수방법에 의해 공조 수납고는 신전 개발에 따른 영지의 증가와 맞물려 1727년 162만여 석에 이르렀다.

― 『새로 쓴 일본사』―

자료 해석
제시문은 1716년 8대 쇼군에 오른 도쿠카와 요시무네가 추진한 교호 개혁에 관한 것이다. 주로 재정을 확보하기 위한 검약령, 아게마이노제, 조멘제, 다시다카케 등에 대해 설명하고 있다. 이러한 제도를 통해 에도 막부는 재정 수입을 크게 늘릴 수 있었다.

16. 일본의 개항과 근대 조약

- 미일 화친 조약(1854)
    - 제2조 시모다와 하코다테 두 항구에 대해 일본 정부는 미국선이 장작, 물, 식량, 석탄 등의 부족한 물품을 일본에서 조달할 수 있는 한 보급하도록 미국선의 도래를 허가한다.
    - 제9조 일본 정부가 외국인에 대해 이번에 미국인에게 허가하지 않았던 사항을 허가했을 때에는, 미국인에게도 같은 사항을 허가한다.
    - 제11조 영사 주재를 허가한다.

- 미·일 수호 통상 조약(1858)
    - 제3조 시모다 항구 외에 다음 장소를 아래의 기한에 개항할 것. 가나가와, 나가사키, 니가타, 효고 등
    - 제4조 모든 일본의 수입 및 수출품은 별도의 규정과 같이 일본 관청에 세금을 납부한다.
    - 제5조 외국의 모든 화폐는 일본 화폐와 같은 종류, 같은 질량으로 통용할 수 있다.
    - 제6조 일본에 대하여 범법 행위를 한 미국인은 미국 영사 재판소에서 조사하여 미국의 법으로 처벌한다. 미국인에 대하여 범법행위를 한 일본인은 일본인 관리가 조사하여 일본의 법으로 처벌한다.

자료 해석
태평양의 진출을 꾀하고 있던 미국은 샌프란시스코에서 상하이에 이르는 항로에서 기항지로 일본의 개항이 절실히 필요하였다. 이에 1853년 미국의 페리 제독은 군함을 앞세워 통상 조약의 체결을 요구하는 포함 외교를 벌였다. 결국 에도 막부는 1854년 미·일 화친 조약을 맺어 문호를 개방하였다. 이후 미국은 영국이 중국에 강요한 톈진 조약을 근거로 미·일 수호 통상 조약 체결을 강요하였다. 미·일 수호 통상 조약(1858)의 체결로 일본은 미국에 영사 재판권과 협정 관세를 허용하였다.

17. 왕정복고의 대호령

내대신 도쿠가와 요시노부(德川慶喜)가 지금까지 (천황에게) 위임받아 온 대권을 반환하고, 또한 장군직을 퇴직한다는 두 사항에 관해 이번에 분명하게 허락받았다. 애당초 계축의 년(1853년) 이래, 이제껏 없었던 국난에 대해 앞의 (고메이) 천황이 매년 마음속으로 괴로워해 온 것은 많은 사람들이 알고 있었다. 그때 천황은 결단을 내려 왕정복고 국위회복의 기본을 수립한 것으로 이후에는 섭정·관백(関白)이나 막부 등을 폐지하고 즉시 우선은 임시로 총재·의정·참여의 세 직무를 설치하여, 나라의 정치를 거행하게 하는 것으로 하였다. 모든 것은 진무(神武) 천황의 건국 사업의 시작에 의거하여 공경·무사·전상인·서민의 구별 없이 정당하게 의론하며 사람들

과 기쁨이나 슬픔을 함께 하실 생각이시므로, 각자 노력하여 지금까지의 사치하고 나태한 나쁜 습관을 씻어버리고, 충의를 다하여 나라에 보답하는 충성심을 가지고 봉공하라.

자료 해석
사쓰마와 죠슈 연합군은 1867년 12월 9일 군사쿠데타를 감행하고, 왕정복고의 대호령을 발표하였고, 이에 따라 새로운 총재, 의정, 참여의 세 직위가 설치되었다. 이들에 의한 심야 어전회의에서 도쿠가와 요시노부의 관직 사임과 영지 몰수를 결정하였다. 이로써 도쿠가와 막부는 막을 내렸으나 반막에 저항하는 친막부세력과 전쟁에 들어갔다.

18. 5개조 어서문
하나, 널리 회의를 일으켜 천하의 정치를 공평한 의론에 의해 결정해야 한다.
하나, 지배자와 피지배자의 마음을 하나로 하여 번성하게 경륜을 실행해야 한다.
하나, 조정과 무가는 하나가 되어 서민에게 이를 때까지, 각자 그 뜻을 이루고, 인심을 잃지 않도록 하기를 원한다.
하나, 옛날부터 내려오는 나쁜 풍습을 깨고, 천지의 공도(公道)에 의거해야 한다.
하나, 지식을 세계로부터 구하여 크게 국가의 기초를 번창하게 해야 한다.
우리나라는 미증유의 변혁을 행하려고 하여 짐이 몸소 대중 앞에 나와 천지신명에 맹세하고 크게는 이 국시를 정하여 만민보전의 길을 세우려고 한다. 대중과 이 취지에 의거하여 협심하며 노력하여라.

자료 해석
메이지 신정부가 출범한 직후인 1868년 다섯 조로 된 어서문을 발표하였다. 이를 통하여 개국의 방침과 공의여론에 따른 통치 원칙을 밝혔으며, 태정관제를 바탕으로 정부기구를 조직하였다.

19. 판적봉환
사쓰마·조슈·도사·히젠의 네 영주가 연명으로 판적봉환 문서를 제출합니다. 애당초 저희 천황의 신하가 있는 곳은 천황의 토지이며, 저희가 다스리는 백성은 천황의 백성입니다. 어찌하여 이것들을 저희가 소유할 수 있겠습니까. 지금 삼가 그 토지와 인민을 조정에 헌상합니다. 부디 조정이 좋을 대로 처분하고, 부여할 자에게는 부여하고, 몰수해야 할 자에게서는 몰수하며, 여러 번(藩)의 토지에 관해서는 지금 한 차례 명령하셔서 이것을 다시금 정해 주십시오. 그리고 제도나 법률, 군정에서 군복·병기의 제도에 이르기까지 전부 조정으로부터 명령이 내려져, 천하의 모든 일은 대소를 불문하고 모두 조정에 의해 결정되어야 합니다. 그렇게 하여 비로소 일본이 해외의 열강과 나란히 설 수 있습니다. 이것은 오늘 조정의 급무이며, 동시에 그렇게 하는 것이 저희 신하의 책임이기도 합니다.

자료 해석
메이지 정부는 지배력 강화를 위해 판(토지)과 적(인민)의 지배를 각 번의 다이묘로부터 돌려받는 것이 필요했다. 이에 메이지 정부의 중심 세력인 4개 번 사쓰마·죠슈·도사·히젠의 다이묘가 토지와 인민을 천황에게 반환하는 판적봉환을 상주하였다. 이후 다른 다이묘들도 이에 합류하여 판적봉환이 실시되었다.

20. 지조개정 포고 및 조례
이번 지조개정에 대해 지금까지의 논밭의 납세 방법은 모두 철폐하고, 지권조사가 끝나는 대로 그 토지 대금의 100분의 3으로 하여금 지조(地租)라 정하도록 명을 받았다. 개정의 취지는 별지조례에 있으니 그 내용을 잘 알아두도록.
(별지) 지조개정조례
제 6장 이전에는 지조가 물품세나 집세와 뒤섞여 있었으므로, 개정할 즈음에는 이것들을 확실하게 구별했다.

지조는 땅값의 100분의 1로 정해야 했으나, 아직 물품세 등의 과세가 행해지지 않았기 때문에 우선은 땅값의 100분의 3을 세액으로 정한다. 하지만 이후 차·담배·목재 등의 물품세의 과세를 개시하고, 그것에 의한 세입이 증가하여 200만 엔 이상에 달했을 때에는, 지조개정이 끝난 토지에 한하여 그곳의 지조에 이 신설 조세의 증액분을 할당하고 지조가 최종적으로 땅값의 100분의 1이 될 때까지 점차 감액할 것이다. 위의 내용대로 정하며, 상세는 대장성(大蔵省)에서 고시할 것이다.

자료 해석
메이지 정부는 1873년 지조개정조례를 공포해 전국적으로 일률적인 새로운 세법을 정했다. 이 조례에 따라 전국적인 경지와 택지를 측량해 토지 소유자를 확정하고 수확량에 관계없이 토지가격의 3%를 지조로 징수하였다. 지조개정을 통하여 정부는 화폐를 일률적으로 징수하며 재원을 확보할 수 있었다.

21. 자유민권운동

신들이 엎드려 현재 정권이 누구에게 있는가 살펴보니, …… 오로지 일부 실권자들에게 있습니다. …… 천하의 공의(公議)를 떨친다는 것은 백성이 뽑은 의원(議院)을 설립하는 길밖에는 없습니다. …… 무릇 정부에 대해 조세를 낼 의무가 있는 인민은 그 정부의 일에 간여하여 찬반을 논할 권리가 있습니다. …… 지금 민선 의원을 설립한다면 정부와 인민 사이에 소통이 되고 서로 일체가 되어 국가와 정부가 비로소 강하게 될 것입니다.

– 『민선』, 1874 –

자료 해석
자유 민권 운동은 1870년대 후반부터 1880년대에 걸쳐서 정부의 전제에 반대하고 참정권과 자유 및 자치를 주장해서 헌법 제정, 국회 개설의 상황을 만들어낸 국민적 운동이다. 자유민권운동은 1874년 이타가키 다이스케 등이 〈민선의원 설립 건백서〉를 제출하면서 본격화되었다. 정부는 자유 민권 운동이 사족·지주·도시상공업자를 포함하는 국민적 운동으로 확대되자, 집회조례로 이를 탄압하였다. 그러나 국민들의 요구를 거부만 할 수 없었던 메이지 정부는 1889년 메이지 헌법을 제정하고, 1890년 일본 제국 의회를 소집하였다.

22. 일본의 근대화와 침략주의

…… 오늘의 일본을 발전시킬 방책을 생각한다면, 우리나라(일본)는 이웃 나라가 개명화되는 것을 기다려서 공동으로 아시아를 번영시킬만한 여유가 없다. 오히려 아시아의 이웃들로부터 벗어나서, 서양 문명국과 행동을 함께 하며, 중국·조선과 교섭하는 방법도 일본의 이웃 나라라고 해서 특별한 배려를 할 필요가 없다. 유럽인들이 아시아의 나라들에 대해 하는 것과 마찬가지 방법으로 대처해야만 한다. …… 내 심정을 말하자면 아시아 동방의 중국·조선이라고 하는 나쁜 친구와 교제하는 것을 거절하는 바이다……

– 후쿠자와 유키치 「탈아론」, 1885 –

자료 해석
서양과 교류를 확대해가는 과정에 일본에서는 서양의 문명이 동양 문명보다 우월하다고 인식하는 경향이 나타났다. 이러한 주장의 대표적 인물이 후쿠자와 유키치였으며, 그는 정부 사절단으로 미국을 유럽을 방문한 것을 계기로 서양 문명의 우수성을 깨닫고 <서양사정>과 같은 책을 써서 각종 지식을 일본에 소개하였다. 중국과 조선은 낙후된 약소국이므로 강대국의 침략을 받는 것을 당연하게 여기는 시각이 확산되었으며 그 결과 일본이 제국주의의 길을 걸으면서 주변 국가들을 식민지화하고 침략하는 것을 정당화하는 논리가 형성되었다.

23. 일본의 평화헌법

제1장 천황
제 1조 천황은 일본국의 상징이자 일본 국민 통합의 상징으로서 그 지위는 주권을 지닌 일본 국민의 뜻에 기반한다.
제 2장 전쟁의 포기

제9조
① 일본 국민은, 정의와 질서를 기조로 하는 국제 평화를 성실하게 희구하고, 국권의 발동 내지는 전쟁과 무력에 의한 위협 또는 무력의 행사는, 국제 분쟁을 해결하는 수단으로서는, 영구하게 이를 포기한다.
② 전항의 목적을 달성하기 위해 육, 해, 공군 기타의 전력은 보유하지 않는다. 국가의 교전권은 인정하지 않는다.

자료 해석
맥아더 사령관을 중심으로 연합국 사령부(GHQ)는 메이지 헌법을 폐지하고 신헌법을 제정하였다. 1946년 11월 3일에는 국민 주권, 전쟁 포기와 평화주의, 기본적 인권의 존중을 3대 원칙으로 하는 신헌법이 공포되었다. 이를 통해 일왕의 권력이 무력화되었으며, 헌법 9조를 통해 무력의 사용과 개입을 금지함으로써 '평화헌법'이라고 불리게 되었다.

24. 냉전 체제의 형성과 미국의 대일본 정책 변화

(가) 일본에 관한 미국의 궁극적 목적으로서 초기의 정책이 따라야할 것은 다음과 같다.
- 일본이 다시 미국을 위협하거나 또는 세계의 평화 및 안전에 위협이 되지 않는 것을 확실히 하는 것
- 타국가의 권리를 존중하고 국제 연합 헌장의 이상과 원칙에 나타난 미국의 목적을 지지해야 할 평화적이고 책임있는 정부를 궁극적으로 수립하는 것

— 1945년 9월 연합군 사령부 발표문 —

(나) 제1조 일본과 각 연합국 사이의 전쟁 상태는 제23조가 정하는 것에 의하여 이 조약이 일본과 해당 연합국 사이에 효력이 발생할 때에 종료한다. 연합국은 일본 및 그 영해에 대한 일본 국민의 완전한 주권을 승인한다.
제2조 일본은 조선의 독립을 승인하고 제주도, 거문도 및 울릉도를 포함한 조선에 대한 모든 권리 및 청구권을 포기한다.

— 샌프란시스코 강화 조약 —

(다) 제1조 평화 조약 및 이 조약의 효과 발생과 동시에 미합중국의 육군·공군 및 해군을 일본 국내 및 그 부근에 대비할 권리를 일본은 허락하며, 미합중국은 이것을 수락한다. 이 군대는 극동의 국제 평화와 안전 유지에 기여하고, ……외부로부터의 무력 공격에 대한 일본의 안전에 기여하기 위해 사용할 수 있다.
제6조 일본의 안전에 기여하고 극동의 국제 평화 및 안전의 유지에 기여하기 위해 미합중국은 육군, 공군 및 해군이 일본에서 시설 및 구역을 사용하는 것을 허용받는다.

— 미·일 안전 보장 조약 —

자료 해석
일본은 1945년 전쟁에서 패배하고 미군정의 지배를 받았다. 미 군정의 정책은 일본에 대한 민주적인 개혁과 비무장 조치에 중점을 두었다. 이에 따라 미군정은 1946년에 일본이 영구히 전력 보유를 하지 않으며 국제 평화를 위한다는 평화 헌법을 제정하였고, 전범자 처벌 및 재벌 개혁과 농기 개혁 등을 추진하였다. 그러나 한반도에서 6·25 전쟁이 발생하고 중국이 공산화되면서 정책을 바꾸었다. 미국은 샌프란시스코 강화 조약을 주도하고 미·일 안전 보장 조약을 체결하였다. 강화 조약의 체결로 일본은 독립국으로 주권을 회복하였으며, 미·일 안전 보장조약으로 미군의 일본 주둔권을 인정받았다. 또한 미국은 좌익과 공산주의자의 공직 추방과 탄압, 재벌 개혁 중단 등 민주 개혁 조치를 중단하고 일본을 미국의 반공 기지로 활용하고자 하였다. 1960년 미일 안보 조약이 개정되자 일본에서 전국적인 항의 시위가 전개되었다.

25. 55년 체제

일본의 정치 지형은 1955년에 상당히 단순화되었다. 사회당의 두 파가 재결합했다. 이에 대응하여 거의 동시에 보수적 성격의 자유당과 민주당이 손을 잡고 자유민주당을 결성했다. 사회당의 새로운 결집과 지지도 상승을

우려하던 재계의 엘리트들은 보수주의 후보들의 중요한 자금줄로서의 영향을 이용해 자유당과 민주당의 합당을 부추겼다. 자민당은 이후 38년간 권력을 유지하면서 재계 지도자들뿐 아니라 유력한 정부관료와의 유대를 돈독히 했다. 관료들은 정책에 대한 전문 지식과 인력을 자민당에 제공했다. 유력한 중진들은 관직을 버리고 자민당의 간판 아래 정계에 입문했다. 끈끈한 유대를 맺고 있던 엘리트 정치인·기업가·관료 집단은 일본의 '철의 삼각형'이라 불렸다. 자민당이 득세하던 이 수십 년간은 일당지배의 시대라고 명명되었다.

– 앤드루 고든, 『현대일본의 역사』 –

자료 해석
1950년대 중반 보수 정당들이 평화 헌법의 개정을 주장하자, 1955년 사회당의 좌·우파가 헌법 유지와 반안보를 내걸고 10월에 통합하였으며, 곧이어 11월에는 자유당과 민주당이 보수 합동을 실현, 자유민주당을 결성함으로써 양당 체제가 성립된 후, 현재까지 계속되어 온 자민당 일당 우위의 일본 정치가 유지되어 왔다. 이러한 일본의 정치는 파벌 중심의 정치였으며, 자민당과 전문관료, 재계 간의 긴밀한 삼각 관계가 중심 체제로 경제적으로는 철저히 성장 제일주의를 표방하였다. 전후 일본 경제는 고도의 경제 성장을 하였으며, 이는 이러한 일본의 정치 구조를 고착·확산시켰다. 그러나 1990년대 들어 거품 경제의 붕괴로 인한 경제 불황과 잇따른 부패 사건으로 자민당의 지지 기반은 약화되었으며, 결국 2009년 민주당이 집권하면서 정권교체가 이루어졌다.

26. 고노 담화

이번 조사 결과, 장기간 또한 광범위한 지역에 걸쳐서 위안소가 설치되고 수많은 '위안부'가 존재한 것이 인정됐다. 위안소는 당시 군 당국의 요청으로 설치된 것이며, 위안소 설치 관리와 '위안부' 이송에 관해서는 옛 일본군이 직접 혹은 간접으로 이에 관여하였다. …… 결국, 본 건은 당시 군의 관여 하에 다수 여성의 명예와 존엄성에 깊은 상처를 준 문제이다. 정부는 이 기회에 다시금 그 출신지의 여하를 불문하고, 이른바 종군 '위안부'로 많은 고통을 겪고 심신에 걸쳐 씻기 어려운 상처를 입은 모든 분께 진심으로 사과와 반성의 말씀을 드린다.

자료 해석
1991년 8월14일 위안부 피해자인 고 김학순 할머니의 증언으로 시작된 위안부 문제가 한·일 간의 외교문제와 국제적 관심사로 떠오르자, 1993년 8월 4일 일본 정부는 고노 담화를 통해 "모집, 이송, 관리 등에 있어 감언과 강압에 의하는 등 전반적으로 본인의 의사에 반하여 동원이 행해졌다"며 강제성을 인정하는 고노 담화를 발표하였다. 또한 상처를 입은 모든 사람들에게 사과와 반성의 뜻을 밝히며 역사 연구, 역사 교육을 통해 같은 잘못을 되풀이하지 않겠다고 밝혔다.

CHAPTER 03 인도사

1 인도 문명의 발생

(1) 인더스 문명과 아리아인의 이동

◇ 아리아인의 이동

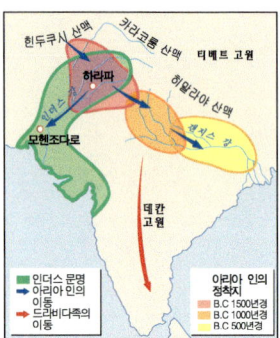

1) 인더스 문명
   ① 발생 : B.C. 2500년경 인더스강 상류 펀자브 지방 → 드라비다족
   ② 도시 문명 : 모헨조다로·하라파 → 성곽, 도로, 배수시설, 공중 목욕장과 집회소, 창고 등
   ③ 대외 교류 : 메소포타미아 문명과 교류
   ④ 문화 : 청동기, 상형문자, 일각수 인장, 채색토기
   ⑤ 쇠퇴 : 인더스강의 잦은 홍수와 수로 변경으로 쇠퇴

2) 아리아인의 이동
   ① 이동 : 중앙아시아에서 북인도로 남하 → B.C. 1500년경 펀자브 지방 → 이후 갠지스강 유역까지 진출
   ② 생활 : 철기 사용, 농경 발달, 카스트 제도
   ③ 브라만교 : 자연 현상을 신격화, '베다'(찬가)는 경전

(2) 불교와 자이나교의 출현

1) 배경
   ① B.C. 7세기경 정복 전쟁 빈발, 상업 발달 → 크샤트리아와 바이샤 세력의 성장
   ② 브라만교의 형식주의(제사의식)에 대한 반발
   ③ 우파니샤드 철학 : 범아일여(梵我一如)사상, 불교와 자이나교에 영향

2) 자이나교
   ① 성립 : B.C. 5세기 → 바르다마나
   ② 특징 : 엄격한 계율과 고행을 통한 해탈, 상인 지지

3) 불교
   ① 성립 : B.C. 6세기경 → 고타마 싯다르타
   ② 특징
   • 인간 평등과 인생무상을 강조
   • 윤리적 실천을 통한 해탈
   • 크샤트리아와 바이샤 세력의 지지
   • 인도의 고대 보편 종교로 발전

2 마우리아 왕조~ 무굴제국

(1) 마우리아 왕조(B.C. 317~ B.C. 180)

1) 건국 : 알렉산드로스 대왕의 원정 → 찬드라굽타의 북인도 통일

2) 아소카왕(B.C. 268~232)
   ① B.C. 3세기경 칼링가 전투 승리 → 인도 통일 → 전성기
   ② 불경 결집과 불교 보호
   ③ 개인의 해탈을 강조하는 상좌부 불교 발전 → 스리랑카, 타이 등 동남아시아로 전파
   ④ 아소카왕의 석주, 산치대탑

3) 분열 : 아소카왕 사후 쇠퇴와 분열

◇ 마우리아 왕조

◇ 아소카왕의 석주

◇ 산치대탑

(2) 쿠샨 왕조(78~226)

1) 건국 : 이란 계통의 쿠샨족이 건국

2) 발전 : 북인도 지배 → 중계무역으로 번성

3) 카니슈카왕 : 대승불교 발달

4) 간다라 미술
   ① 인도 문화와 헬레니즘 문화(그리스 조각미술)의 융합
   ② 중앙아시아와 중국을 거쳐 우리나라와 일본에 전파

(3) 안드라 왕조

1) 성립 : B.C. 1세기 경 데칸 고원에서 성립

2) 해상무역 발달 : 로마, 동남아시아와 교역 발달

3) 불교와 브라만교 남인도로 확산

쿠샨 왕조

굽타 왕조

(4) 굽타왕조(320~550)

1) 건국 : 찬드라 굽타 1세 건국(320)

2) 발전 : 찬드라 굽타 2세(380~413) 때 전성기

3) 멸망 : 에프탈의 침략으로 멸망(550)

4) 문화
   ① 힌두교의 성립
   - 브라만교의 전통 강화, 민간 신앙과 불교적 요소 → 힌두교의 성립과 발전
   - 카스트에 따른 의무 수행 중시, "마누법전" 편찬
   ② 인도 고전 문화의 황금기 : 인도 고유의 색채 강조
   - 산스크리트 문학 : 2대 서사시(마하바라타, 라마야나), 희곡(사쿤탈라)
   - 미술(굽타 양식) : 아잔타 석굴 사원의 불상과 벽화
   ③ 자연과학 : 영(0)과 10진법, 원주율 계산법, 자전과 월식 → 이슬람 자연과학 발달에 영향

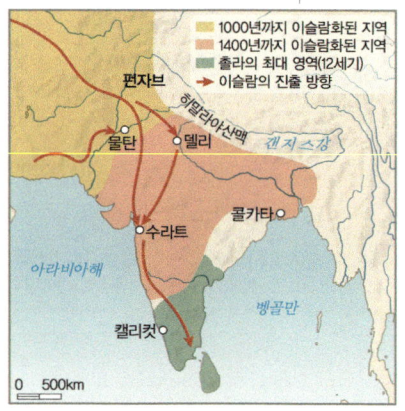

인도의 이슬람화

(5) 바르다나 왕조

1) 7세기 초 북인도 재통일

2) 불교 보호

3) 당, 사산조 페르시아와 교류

(6) 촐라 왕국

1) 9세기~13세기 → 남인도 지배

2) 동남아시아 지역과 교역 → 동남 아시아에 힌두 문화 전파

(7) 이슬람 세력의 침투

1) 8세기 초부터 서북 인도 침입

2) 10세기 후반 튀르크족이 가즈니 왕조(976~1186) 건국 → 12세기 경 고르 왕조(구르 왕조)가 연이어 북인도 점령

3) 델리 술탄 5왕조(1206~1536)
   ① 아이바크가 델리를 수도로 이슬람 왕조 수립(1206~90) → 약 300년 동안 북인도 지역에서 다섯 왕조가 흥망 교체
   ② 쿠투브 미나르 건립
   ③ 델리술탄 5왕조 : 노예 왕조-할지왕조-투글루크왕조-사이이드왕조-로디왕조
   ④ 관용적 종교 정책(지즈야)으로 개종하는 인도인 증가

◇ 델리 술탄 왕조의 쿠투브 미나르

쿠투브 미나르는 인도에서 가장 높은 석탑으로 델리에 세워졌다. 델리 술탄 왕조를 연 아이바크가 이슬람의 승리를 기념하기 위해 세운 것이다. 탑에는 쿠란의 구절이 새겨져 있다.

(8) 무굴제국의 발전(1526~1857)

1) 건국 : 16세기 초 바부르가 파니파트 전투(1526)에서 델리 술탄 왕조(로디 왕조)를 정복하고 건국

2) 발전

아크바르 (1556~1605)	· 데칸 고원을 제외한 전 인도 통일 → 관료제와 지방 행정 기구 정비 · 혼인 동맹 + 힌두교도에게 관직 개방 + 인두세(지즈야) 폐지 → 이슬람교와 힌두교의 융합
아우랑제브 (1658~1707)	· 남인도 점령 → 최대 영토 · 지나친 정복 활동으로 재정 악화 · 이슬람교 이외의 종교 배제 → 지즈야 부활, 힌두교 사원 파괴

◇ 무굴제국의 영토

3) 쇠퇴
   ① 각지의 반란 : 시크교도, 마라타족
   ② 토호들의 자립
   ③ 영국과 프랑스의 침투

4) 무굴제국의 경제와 문화
   ① 경제
     • 농업과 상공업 발달
     • 화폐 경제 발달
     • 인도양 무역 : 면직물과 향신료 수출
     • 유럽인들의 진출 : 포르투갈 → 네덜란드, 영국, 프랑스
   ② 문화 : 힌두 문화와 이슬람 문화의 융합
     • 종교 : 시크교 → 16세기 경 나나크가 힌두교와 이슬람교 결합하여 창시
     • 회화 : 무굴 회화 → 페르시아 세밀화 + 인도 양식
     • 공식 문서는 페르시아어, 그 밖에는 우르두어 사용
     • 건축 : 타지마할 묘당 → 돔형과 세밀화

◇ 시크교와 황금사원

16세기 초에 창시된 힌두교의 한 분파로 이슬람교의 영향을 받아 일신교적이며, 우상을 부정하고 카스트제에 반대하였다. 펀자브 지방을 중심으로 세력을 확대하였으며, 무굴제국의 탄압을 받기도 하였다.

3 인도 근현대사

(1) 세포이 항쟁

1) 영국의 진출
   ① 17세기 초 영국은 동인도회사를 내세워 인도 진출
   ② 플라시전투(1757)에서 승리하여 벵골 지역의 조세징수권·통치권 장악

2) 세포이 항쟁
   ① 전개 : 동인도회사의 인도인 용병들의 반영 항쟁, 델리 점령 → 영국군의 진압
   ② 결과
     • 인도 통치 개선법(1858) → 동인도회사 해체
     • 무굴 제국 멸망 → 인도 제국 성립(1877) → 영국 직접 통치

◇ 인도와 영국의 면제품 교역

◇ 벵골 분할령

◇ 전인도무슬림 연맹
1906년 아가한 3세를 중심으로 결성되었으며, 처음에는 친영적 조직이었으나 1919년 이후 반영활동을 전개하며 독립 운동을 실시하였다.

◇ 암리차르 사건
1919년 펀자브 지방의 암리차르에서 시크교도 축제에 모여든 사람들이 영국의 롤럿법 제정에 항의하자 발포하여 1천 5백여 명의 인도인이 죽거나 다친 사건이다.

◇ 네루
네루(1889~1964)는 브라만 출신으로 영국 유학을 다녀온 후, 간디를 만나 민족 운동에 헌신하였다. 네루는 간디와는 달리, 무력 투쟁을 통한 완전 독립을 주장하였다. 네루는 독립 후 인도 총리에 취임하였으며, 1950년대 비동맹 세력을 이끌기도 하였다.

(2) 근대 민족운동

1) 브라모 사마지(브라흐마 사마지) 운동(19세기 전기)
   ① 람모한 로이 주도 → 종교·사회 개혁 추진
   ② 힌두교의 우상숭배 배격
   ③ 카스트 제도 반대
   ④ 여성 권리 신장 강조 → 사티(과부 순사) 폐지 주장

2) 인도 국민 회의(1885)
   ① 영국의 인도 지배에 협조적인 지식인, 자본가 참여
   ② 벵골 분할령(1905)◇을 계기로 반영 운동 주도
   ③ 콜카타 대회(1906) : 틸라크 → 영국상품 불매, 스와라지, 스와데시, 국민교육의 4대 강령 채택

3) 영국의 분열 정책
   ① 영국은 전인도무슬림 연맹◇ 지원
   ② 벵골 분할령 취소 → 명목상의 자치권 인정(1911)

(3) 인도의 독립 운동

1) 배경
   ① 제1차 세계대전 중 자치권을 약속받고 영국에 협력
   ② 형식적인 자치 : 몬터규·채스퍼드 개혁 → 중앙정부 기능의 일부를 주정부로 이관하고 극소수 인도인에게 선거권 부여
   ③ 롤럿법(1919) 제정 : 영장없이 체포 가능, 재판없이 투옥 가능 → 민족운동 탄압 → 암리차르 학살 사건◇ → 반영 운동↑

2) 간디의 사탸그라하 운동
   ① 콜카타에서 인도 국민회의를 열고 비폭력·불복종주의 제창 → 영국상품 불매, 납세 거부
   ② 소금 행진(1930) : 소금세 신설 반대 → 전 인도로 확산 → 간디·어윈 협정

3) 네루◇
   ① 인도 독립 동맹(1928)을 결성하고 완전 독립 요구
   ② 무력 저항 운동 전개

4) 신인도 통치법(1935) : 각주의 자치 인정 → 1937년 선거에서 인도국민회의 압승

5) 인도 독립
   ① 제2차 세계대전 후 완전 독립
   ② 종교적 대립으로 인도 연방과 파키스탄으로 분리 독립(1947)
   ③ 동 파키스탄 지역이 방글라데시로 독립(1971)
   ④ 실론은 국호를 '스리랑카'로 개칭(1972)

자료탐구

01. 무굴 황제 샤 알람 2세의 칙령

이 기쁜 때를 맞이하여 칙령이 발표한다. 고상하고 강대한 귀족 중의 귀족, 명예로운 전사이자 짐의 충복 중의 제 1인자인 영국 동인도 회사의 충성을 거울삼아 짐은 벵골력 1172년의 춘작기(春作期)를 시작으로 벵골, 비하르, 오리사 각 주의 디와니를 무상의 면조지로 이 회사에게 부여한다. 또한 지금까지 디와니와 함께 궁정에 바쳐온 과징금도 함께 부여한다. 그러나 상기의 회사는 황실의 세입으로 매년 260만 루피를 정확히 보장해야 한다. 이 금액은 벵골 태수 나짐다우라 바하두에 의해 정해진 액수로, 황제에게 정기적으로 송금되어온 것이다. (중략) 현재와 장래의 황제 후손들, 위엄있고 높은 자리에 있는 대신들, 고급 장교들, 재무 대신들, 제국의 행정에 관련된 사람들, 급여지의 소유자들, 징세자들은 이 칙령의 대행에 불만없이 노력하고, 위와 같은 직권이 대대손손 끝없이 상기의 회사에 귀속됨을 인정해야 한다. 앞서 열거한 사람들은 상기의 회사를 추방하지 않고 해임시키지 않으며, 어떠한 일이 있어도 그들을 방해하면 안된다. 그리고 디와니와 함께 과징금 및 다른 상납금이 절대적으로 면제됨을 인정해야 한다. 이것들에 관련된 짐의 칙령은 가장 엄격한 것임을 숙지하고, 이것을 어기지 말라.

– 1765년 8월 12일 –

자료 해석
1757년 플라시 전투 이후 영국 동인도 회사는 벵골 지역을 차지하고 1765년 무굴 제국의 황제 샤 알람으로부터 디와니(징세와 재무 관리)를 받았다(알라하바드 조약). 이전에는 징세와 재무를 관장하던 디완의 직, 그리고 경찰과 형법·행정을 관장하던 나짐의 직을 벵골의 태수가 겸하고 있었다. 그런데 이 칙령에 의해 양자는 분리되어 태수는 형식적으로 나짐의 직만을 수행할 뿐, 그 세출도 디완으로 있던 동인도 회사에 의해 장악되어 벵골은 이중 통치 체제를 형성하였다.

02. 인도 통치 개선법

제1조 지금까지 동인도 회사가 점유하거나 통치했던 영토와 권력은 영국 여왕 폐하가 대신한다.
제2조 인도는 폐하에 의하여 폐하의 이름으로 통치된다.
제39조 동인도 회사는 토지, 부동산, 금전, 저당품, 상품, 재산, 그 밖의 부동산과 동산은 이 회사의 자본금과 배당금을 제외하고는 폐하에게 주어진다.

자료 해석
세포이의 항쟁으로 인도 회사를 통한 인도 지배에 한계를 느낀 영국은 인도 동인도 회사를 해산하고, 무굴 제국의 황제를 폐위하였다. 또한, 형식적인 주권을 유지하던 인도를 직접 통치하기 위해 인도 통치 개선법을 제정하였다. 이어 영국의 빅토리아 여왕은 영국령 인도 제국을 수립(1877)하여 직접 인도를 통치하였다.

03. 인도국민회의 창립

과거 수 주간에 걸쳐 외부에서 끊임없이 반복되어온 질문 즉, 위대한 국민회의가 정말로 지향하는 것이 무엇인가 하는 질문에 대답하는 것이 적절하다 생각했는데 그(바네르지)는 이 질문에 전면적으로 회답하지 않았다. 후에 계속해서 이야기를 주고받는 것이 한 명의 인물이 구두로 설명하는 것보다도 훨씬 효과적으로 회답하는 것이라고 믿었기 때문이다. 그러나 간결히 요약하자면, 이 회의의 목적은 전체적으로 다음으로 정리할 수 있다.
(a) 인도 제국의 각지에 있어 조국을 위해 전력을 다하는 열의로 꽉찬 일꾼들의 친목과 우의를 증진하는 것.
(b) 우리나라의 모든 애국자들 사이에 있을 수 있는, 여러 인종적, 종교적, 지역적 편견을 솔직하고 우호적인 교류를 통하여 근절하고, 친애하는 리폰 경의 통치 기간에 생긴 기념할 만한 민족적 통일의식을 발전, 강화 하는 것.
(c) 오늘날의 중요한 사회 문제 몇 가지에 관하여, 인도의 교양 있는 계층 사람들의 성숙한 의견을 활발한 토의를 통해 신중히 내오고, 그것을 신뢰할만한 기록으로 남길 것.
(d) 지금 이후 12개월간 인도의 정치가들이 공공의 이익을 위해 노력해야 할 방침과 방법을 결정할 것.

자료 해석
1885년 12월 28일부터 3일간 뭄바이에서 개최된 인도 국민회의의 창립대회에서 나오로지가 행한 의장 연설에 관한 공식 보고의 한 부분이다. 인도 총독의 지원 아래 인도 국민회의의 창립을 준비하였다. 나오로지는 변호사 출신으로 의장으로 선출되었다. 창립 당시 인도 국민회의는 영국의 인도 통치에 대하여 적극적인 협력 자세를 취하였고 이러한 상황을 반영하듯 초기 인도 국민회의 사료는 영어로 쓰여진 것이 많다.

04. 콜카타 대회

…… 나는 회의의 제 2부, 즉 벵골 분할과 스와데시 운동에 관련한 문제에 대해서 말씀드리려고 합니다. 벵골 분할에 벵골인은 아주 큰 불만을 품고 있습니다. 그것은 영국인의 잔인하고도 어리석은 행동입니다. 나는 절망하지 않습니다. 이러한 어리석은 행동이 언젠가는 바로잡혀질 것을 기대하고 있습니다. 이 문제는 벵골인 자신에 의해서 사건의 진상이 매우 잘 드러나 있어서 내가 덧붙일 것은 아무것도 없습니다. …… '스와데시(국산품 애용)'는 요 근래의 것이 아닙니다. 내가 아는 바로는 몇 년 전부터 뭄바이에서 존재해 오던 것입니다. 나는 자유무역주의자입니다. …… '스와딘(스와데시)'이 경제적 혼란 상태에 있는 인도에서는 강력해질 필요가 있다고 생각합니다. 인도인들의 희생과 빈곤을 대가로 외국인의 봉급과 연금 등은 매년 2억 루피 정도를 제공함으로써, (인도의) 경제 상황이 부자연스럽게 빈궁화를 초래하는 채로 머물러 있는 한 인도의 상황에 (영국의) 경제법을 적용하려 한다고 말하는 것은 위험할 뿐만 아니라 모욕을 주려는 것과 같은 것입니다. 이 건에 대해서 나는 하도 많이 말해온 터라 이 이상 말하지 않으려고 합니다.

- 1906 -

자료 해석
벵골 분할 반대운동은 인도 민족 운동의 지도부를 구성하고 있던 중간층이 처음으로 전 인도 차원에서 전개한 대중운동이다. 1906년 인도 국민회의가 콜카타 대회를 열어 영국 상품 배척, 스와라지(자치), 스와데시(국산품 애용), 국민 교육 실시의 4대 강령을 채택하였다.

05. 전인도 무슬림 연맹 창립 대회의 결의

결의 1.
인도 전역의 무슬림 대표가 이곳 다카에 모여 개최하고 있는 이 집회는 여기에 전인도 무슬림 연맹이라고 하는 형태의 정치조직을 세운다. 연맹은 아래와 같은 목표를 수행해 나간다.
(a) 인도 무슬림의 사이에 영국 정부에 대한 충성심을 높이고 동시에 정책에 대하여 생길 수 있는 오해를 없앤다.
(b) 인도 무슬림의 정치적인 권리와 이익을 보호하고 증진시키며, 정부에 대해 경의를 표하며 우리의 요구를 청원한다.
(c) 상기의 목적을 달성하는 과정에서 인도 무슬림의 사이에 다른(종교) 커뮤니티에 대한 적대적인 감정이 대두되는 것을 방지한다.

- 1906년 12월 30일 -

자료 해석
1906년 아가한을 중심으로 동벵골의 다카에서 전인도무슬림연맹이 결성되었다. 전인도무슬림연맹은 영국에 충성을 맹세하고 무슬림의 이익과 권리를 옹호를 주장하였다. 그러나 전인도무슬림연맹은 이후 인도 국민회의에 협력하며 독립 운동을 전개하였다.

06. 신인도 통치법

인도 연방은 자치주와 행정주로 구성된다. 각 주에 특정 통치자의 수를 가입문서에 서명할 때까지 연방 중앙정부는 설립될 수 없다. 이 조항이 실현되지 않을 경우 중앙정부는 1919년 법령에 따라 지속적으로 유효하고 지방 정부에 관한 1935년 법령만이 발효된다.
2. 인도 총독은 중앙 행정부의 수장으로 남고 여전히 행정, 입법, 재정에 관한 광활한 권력을 갖는다.
3. 인도 총독의 동의 없이 중앙 입법부는 어떠한 재정관련 법령도 입안할 수 없다.
4. 연방 입법부는 상원과 하원으로 구성된다.
5. 인도 행정부는 인도 내에서 선출된 156명과 각 주 통치자들이 지명하는 104명 등 총 260명의 각료로 구성

된다.
6. 연방 입법부는 인도 각 주에서 선출된 250명의 의원과 각 주 통치자들이 지명하는 125명의 의원 등 총 375명의 의원으로 구성된다.
7. 중앙 입법부는 어떠한 법령도 통과시킬 권한을 가지고 있지만 통과된 모든 법령은 총독의 승인을 거쳐야 한다. 또는 총독이 모든 법령을 구상할 권한이 있다.
10. 인도 제국 내 각 주는 자치권을 누린다.

자료 해석
1930년 3월12일, 인도 서부 아메다바드시에서 간디가 390km 떨어진 단디 해안을 향한 여정에 나섰다. 인도인의 소금 생산을 금지하고 영국산 소금 40㎏당 1루피씩의 세금을 부과하자 직접 소금을 만들기 위해 전통 염전을 향해 떠났다. 간디가 해안가에 도착한 것은 25일 만인 4월 6일. 출발 당시 78명이던 일행은 수만 명으로 불어났다. 25일 동안 간디는 바닷가를 향해 걸어가면서 거쳐가는 마을에서 연설을 하고 시민들과 대화를 나누며 야외에서 잠을 자고 최소한의 음식만을 취하면서 행진했다. 이후 영국 정부는 1935년 신인도 통치법을 제정하여 완전한 자치를 인정하였다.

◇ 풍응우엔 토기

◇ 동썬 문화

베트남 북부에서 기원전 7세기경 절정에 달한 문화다. 대표적 유물은 태양과 새, 그리고 머리가 새 모양인 사람 등이 정교하게 새겨진 청동 북이다. 이외에도 각종 청동기가 발견되어 정치 권력의 출현, 국가의 발달을 추측하게 한다.

◇ 대월사기

베트남 쩐 왕조 시기에 레 반 흐우가 황제의 칙령에 따라 1272년에 30권으로 편찬한 편년체 역사서이다. 그는 사마광의 "자치통감"을 본받아 "대월사기"를 편찬하였다.

◇ 레 왕조 성종

성종은 육부를 황제 직속화시키고 12개도의 도에 감찰관을 파견하여 지방관을 견제하였다. 율령인 '국조형률'를 반포하였으며 성리학을 수용하고 과거제를 3년마다 정기적으로 실시하여 인재를 등용하였다.

동남아시아의 역사와 아프리카

1 베트남

(1) 근대 이전의 베트남

1) 선사시대
   ① 신석기 시대 : 호아빈 문화 → 풍응우엔 문화◇
   ② 청동기 시대 : B.C. 7세기 경 동썬 문화◇ → 청동 북

2) 초기 국가
   ① 반랑국 → 어우락국
   ② 남 비엣
   - 진의 장수 찌에우다가 건국 → 광저우 일대
   - 농경과 해상 무역을 통해 성장
   - 한 무제에 의해 멸망 (B.C. 111)
   - 쯩짝·쯩니 자매가 후한 광무제에 저항 → 실패
   ③ 응오 왕조(939~968) → 딘 왕조(968~980) → 전기 레 왕조(980~1009)
   ④ 레 왕조 : 베트남 중부에서 남부 지역 → 192년 건국해서 17세기 말 후기 레 왕조에 정복당함

3) 리 왕조 ~ 응우옌 왕조
   ① 리 왕조(1009~1225)
   - 국호 : 대월
   - 유교 적극 수용 : 문묘·국자감 건립, 과거제 실시
   - 율령 반포
   ② 쩐 왕조(1225~1400)
   - 몽골 침략 → 민족의식↑

1차	몽케 칸과 강화 조약(1257)
2차	원의 침략 → 하노이 함락 → 쩐흥다오의 격장사
3차	쩐흥다오의 바익당강 전투

   - 대월사기(1272)◇ 편찬 : 몽골 침략 격퇴 후 베트남 고대사 정리 → 민족의식 발달에 기여
   - 쯔놈 문자와 쯔놈 문학 유행
   - 영락제의 침략으로 멸망

③ 후기 레 왕조(1428~1788)
- 건국 : 레 러이
- 발전 : 따인 똥(成宗) → 성리학 수용, 과거제 강화
- 남북조 분열(1527~1592)
- 참파 정복
- 꾸옥응어 : 프랑스 선교사 로드 → 로마자 변형하여 만듦
- 떠이선 운동 : 응우엔씨 형제들이 떠이선 운동(1771) → 레왕조를 지원하러 온 청군 격파 → 떠이선 왕조(1778~1802)

(2) 베트남의 근대화 운동

1) 응우엔 왕조(1802~1945)
   ① 건국
   - 응우엔푹아인 → 프랑스와 시암의 지원으로 건국
   - 국호 : 월남
   - 청과 조공·책봉 관계
   ② 프랑스의 침략
   - 프랑스 선교사와 에스파냐 선교사 살해 → 프랑스 침략
   - 1차 사이공 조약(1862) : 크리스트교 선교의 자유, 코친차이나 동부 3성 할양, 다낭 등 3개
   - 2차 사이공 조약(1874) : 베트남 독립국 승인, 코친차이나 3성에 대한 프랑스 주권 승인
   - 1차 후에 조약(1883) : 프랑스의 베트남에 대한 보호권 승인
   - 청·프 전쟁(1884~1885) : 톈진조약(1885) → 청의 베트남 종주권 상실
   - 프랑스령 인도차이나 연방(1887)에 편입

2) 베트남의 민족 운동
   ① 근왕 운동(1885) : 청·프 전쟁 이후 유교 지식인들과 관료들이 중심으로 전개 → 실패
   ② 판보이쩌우
   - 베트남 유신회(1904) : 입헌 군주제 추구
   - 동유 운동 전개(1905) : 일본(도쿄)로 유학생들을 보내는 운동
   - 베트남 광복회(1912) : 광저우 → 신해혁명의 영향으로 공화정 지향
   ③ 호치민
   - 베트남 청년 혁명 동지회(1925) 결성
   - 베트남 공산당(1932) 결성 → 인도차이나 공산당으로 개칭
   - 베트남 독립 동맹(1941) 결성 : 좌우 합작 성격 → 베트남 민주 공화국 수립(1945.9)

◇ **응우엔 왕조 수립**

레 왕조 타인똥의 사후에 혼란을 겪다가 막당중에 의해 왕조가 멸망하자 레왕조의 중흥노력이 일어났다. 1592년 막씨가 축출되고 레왕조가 부활되었으나 북쪽에는 찐 가, 남쪽에는 응우엔 가의 대립이 시작되었다. 오랜 전란으로 전국의 농촌이 황폐화되면서 농민들의 봉기가 빈발하게 되었으며, 마침내 1771년 응우엔낙, 응우엔후에, 응우엔르 삼형제가 농민들을 모아 일으킨 떠이썬(西山) 봉기로 남부의 응우엔가의 세력이 1774년 무너졌고, 북부의 찐가의 세력까지 무너졌다. 레왕조 시대의 남부세력을 재건하기 위해 온갖 노력을 다하던 응우엔가의 응우엔 아잉은 마침내 프랑스 세력과 태국(짜끄리 왕조)의 도움을 받아 1802년 떠이산 군을 물리치고 응우엔왕조를 창건하였다.

◇ **통킹만 사건(1964)**
베트남 어뢰정이 미국 군함을 공격한 사건을 빌미로 미국이 베트남전에 본격적으로 개입하였으나 이후 이 사건은 미국의 조작으로 밝혀졌다.

3) 베트남 전쟁과 베트남 사회주의 공화국 수립
   ① 베트남 독립 전쟁(1946~1954)
   - 전개 : 베트남 민주 공화국(1945. 9)과 프랑스 사이의 전쟁 발생 → 캄보디아와 라오스까지

   전쟁 확산 → 베트남군이 디엔비엔푸 전투의 승리로 종전(1954)
   - 제네바 협정(1954. 7) : 북위 17도선을 경계로 남북으로 베트남 분할, 2년 내에 통일을 위한 총선거 합의
   - 베트남 공화국 수립(1955) : 남베트남과 미국의 총선 거부 → 남베트남만의 단독 선거로 베트남공화국 수립(응오 딘지엠 정권) → 반공을 내세우며 반대 세력 탄압

   ② 베트남 전쟁(1964~1975)
   - 배경 : 미국은 도미노 이론을 내세워 베트남 공화국(남베트남 정부)을 지원 → 좌익은 남베트남 민족 해방전선(1960) 결성 → 미국은 통킹만 사건◊을 빌미로 북베트남 공격(1965)
   - 전쟁 확대 : 미국·한국 전투병 파병으로 전쟁 확대 → 중국·소련·북한은 북베트남 지원
   - 종전 : 닉슨 독트린 발표(1969) → 파리 평화 협정(1973)으로 미국 철수 → 북베트남군의 대공세로 사이공 점령(1975) → 베트남 사회주의 공화국 수립(1976)

   ③ 베트남과 중국의 전쟁(1979)
   - 베트남 전쟁 종료 후 인도차이나반도에서 베트남의 영향력 확대
   - 사회주의 노선 차이와 영토 문제, 중국의 베트남 팽창 저지 의도 → 중국의 베트남 침공 → 실패

   ③ 도이머이 정책(1986)
   - 특징 : 사회주의 경제에 자본주의적 요소 도입
   - 농업 : 개인 농가에 농지 대여, 농업세 감면
   - 공업 : 외국 자본 유치, 자본주의 국가와 교역 확대
   - 결과 : 세계 3대 쌀 수출국, 경제 성장

• 자료탐구

01. 1차 사이공 조약(1862)

제1조 남부 베트남의 비엔호아, 쟈딘(호찌민), 딘뜨엉 3개주(코친차이나)를 할양한다.
제2조 베트남은 프랑스에게 전쟁 배상금을 지불한다.
제4조 프랑스의 베트남 내에서의 자유로운 가톨릭 포교 특권을 인정한다.
제5조 3개의 항구(다낭, 발랏, 꾸엉엔)를 프랑스와의 무역을 위해 개항한다.

자료 해석

베트남은 16세기 포르투갈인이 무역을 시작한 이후 네덜란드와도 교역하였다. 프랑스는 베트남을 거점으로 선교와 식민 활동을 확대하려 하였다. 베트남의 가톨릭 박해를 빌미로 프랑스 군대를 파견하였고 1차 사이공 조약을 맺어 개항하였다. 1차 사이공 조약에는 선교의 자유, 영토 할양, 항구 개항, 배상금 지급 등이 포함되어 있다.

02. 제1차 후에 조약

제1조. 안남(베트남)은 프랑스의 보호를 인정하고 받아들이는데, 이 경우 유럽 외교권의 관례에 따른다. 즉 프랑스는 안남이 청(淸)을 포함한 모든 외국들과 갖는 관계에 대해 책임을 진다. 안남 정부는 프랑스를 매개로해서만 이들 나라들과 외교 교섭을 할 수 있다.
제2조. 빈 투언 성(平順省)은 남부의 6성과 함께 프랑스 소유로 한다.
제7조. 안남 정부는 꾸이 년, 다 낭, 쑤언 다이을 제외하고 유럽 상인들에게 개방한다는 것을 선포해야 한다. 이후 이들 개방된 항구들이 양국의 이익이 되는 지는 논의하며, 동시에 이미 개방된 항구들에서 프랑스 조계의 경계를 정해야 해야 한다. 프랑스는 이들 조계에 후에(Hue)에 있는 주차관의 지휘를 받는 관원을 거주시킬 것이다.
제19조 관세는 재편되어 프랑스 관리에게 완전히 맡겨질 것이다.
제20조 프랑스인들과 프랑스 식민지인들은 북부의 모든 지역과 중부의 개항장(開港場)들에서 신체와 재산에 대해 완전한 자유를 누린다. 북부와 개항장들 내에서 이들은 자유로이 통행하고 거주하며 재산을 소유할 수 있다. 이는 프랑스의 보호를 장기적으로나 일시적으로 요청하는 모든 외국인들에게 대해서도 마찬가지이다.

– 1883.8 –

자료 해석

후에 조약으로 인해 응우엔 왕조는 베트남의 보호국임을 인정하고 대외관계도 프랑스만을 통해서 하기로 인정하였으며, 프랑스가 통제하는 지역에 주차관을 임명하여 각 지역을 통제할 수 있게 되었다. 후에 조약에 청이 반발하면서 청프 전쟁이 발생하였다.

03. 근왕 운동

…… 짐은 부덕한 사람으로 이제 (프랑스의 침입이라는) 상황에 직면하여 앞장서 나아갈 힘이 없다. 도읍은 함락되고 짐의 수레도 어디론가 가버렸다. 이 모든 것에 대해 짐은 책임을 통감하며, 이울러 한없는 부끄러움을 느낀다. 그러나 우리 모두가 도덕적인 의무감에 충만해 있으니, 관리든 학자든 지위 고하를 막론하고 누가 나를 저버리겠는가. 머리 좋은 자는 묘안을 내고, 힘 있는 자는 직접 싸우고, 재산 있는 자는 물자를 제공하라. 만백성은 여하한 고난도 참고 견디며, 여하한 위험도 피하지 말라. 이렇게 하는 것만이 의(義)의 길이다.
약자를 부축해주고, 기운 없는 자를 붙잡아 주며, 고난에 직면하여 위험을 덜어 주기 위해 누구도 노력을 아끼지 말라. 다행이 하늘의 가호가 있으면 우리는 혼란을 질서로, 위험을 안정으로 바꿀 수 있을 것이며, 끝내 우리의 전 국토를 되찾게 되리니 이번이 좋은 기회로다. 종묘사직의 복이 곧 신민(臣民)의 복이니 같이 슬퍼한 자와 더불어 같이 쉬리라. 어찌 좋은 일이 아니겠는가? ……

자료 해석

근왕운동은 청프 전쟁에서 프랑스가 승리한 이후인 1885년 7월 똔 텃 투옛이 프랑스군을 공격하면서 시작되었다. 그는 어린 황제 함 응이를 데리고 라오스 국경지대로 도피하여, 황제의 이름으로 프랑스군에 저항할 것을 호소하는 조칙을 발표했다.

04. 베트남 독립 동맹

종교, 당파, 정치적 경향, 계급을 묻지 않고 인민 전 계층의 연합을 주장한다. …… 프랑스·일본 제국주의를 타도 구축한 후, 베트남 민주 공화국의 인민 정부를 수립하고, 금성홍기를 국기로 한다. 국민대회에 의해 선출된 정부가 다음 임무를 실행한다. …… 남녀를 묻지 않고 18세 이상인 사람은 선거권과 피선거권을 갖는다.

– 베트남 독립 동맹 강령, 1941 –

자료 해석
베트남에서 공산당과 민족주의자들이 연합하여 베트남 독립 동맹을 결성하고 일본과 프랑스의 침략에 저항하면서 민주 공화국 수립을 목표로 하였다.

05. 도이머이 정책

세계에는 하나의 시장이 형성되어 있고, 거기에는 격렬하게 대립하는 두 경제 체제가 있다. 한편으로 경제협력은 두 체제 모두의 발전을 위해 필요하다. …… 가장 중요한 것은 주인 역할과 노동자의 열성을 발휘, 신나게 이행하는 군중 운동과 동시에 생산관계 혁명, 과학 – 기술 혁명 및 사상 – 문화혁명을 조성하기 위한 경제 정책, 사회 정책의 쇄신이다.

– 베트남 공산당 제6차 전당대회 결의문(1986) –

자료 해석
베트남 공산당도 30년 전쟁 끝에 민족 해방과 남북 통일을 이룩함으로써 국가 주권이 확립되고 정치가 안정되자 1986년 중국의 개혁 개방 정책과 흡사한 도이머이(Doi Moi, 쇄신) 정책을 취하였다. 정부는 농민의 생산 의욕을 고취하기 위해 개인 농가에 농지를 대여하고 농업세를 경감시켰다. 공업 발전을 위해 일본, 한국 등 자본주의 국가와의 교역을 확대하여 외국 자본을 적극적으로 유치하여 경제가 성장하고 있다.

2 캄보디아, 미얀마, 태국, 인도네시아, 필리핀

(1) 캄보디아

1) 진랍(첸라)
   ① 건국 : 6세기 부남으로부터 독립
   ② 천도 : 9세기 경 천도 → 앙코르

2) 앙코르 왕조
   ① 앙코르 와트° 건립 : 힌두교 사원이었다가 불교 사원으로 바뀜
   ② 15세기 아유타야 왕조의 침략으로 멸망

◇ 앙코르 와트와 바이욘 사원

(2) 미얀마(버마)

1) 파간 왕조(1044~1287) : 몽골 침략으로 멸망

2) 퉁구 왕조(1510~12572)

3) 꼰바웅 왕조(1752~1885)
   ① 아유타야 왕조 정복
   ② 랑군 대학 설립
   ③ 영국에 침략에 맞서 저항 → 실패 → 식민지로 전락

4) 아웅산 장군의 독립운동으로 독립(1948)

(3) 태국

1) 수코타이 왕조(1238~1438) ; 상좌부 불교

2) 아유타야 왕조(1350~17670
   ① 앙코르 왕조 정복
   ② 꼰바웅 왕조에게 멸망

3) 짜끄리 왕조
   ① 라마1세 : 꼰바웅 왕조 침략을 격퇴하고 건국(1782)
   ② 라마 4세와 라마 5세(쭐라롱꼰 왕)의 근대화 정책
      • 근대화 정책 추진 : 노예 해방, 부역 폐지, 서양 문물 수용
      • 영국과 프랑스에 영토 할양하고 중립지대 이용해 독립 유지

(4) 인도네시아와 말레이 반도

1) 스리위자야 왕조 : 7세기 경 발전

2) 샤일렌드라 왕조
   ① 8세기 경 성립
   ② 자와섬에 보로부드르° 건립 → 대승 불교 사원

◇ 보르부드르

3) 마자파힛 왕조(1293~1527)
   ① 몽골 침략 격퇴하고 건국
   ② 향신료 무역을 통해 번성

4) 믈라카 왕국(1402~1511)
   ① 동남아시아 최초의 이슬람 국가
   ② 중계무역으로 번성 → 포르투갈의 공격으로 멸망
   ③ 지배권 변화 : 포르투갈 → 네덜란드(1641) → 영국(1824)

5) 인도네시아의 민족 운동
   ① 네덜란드령 동인도 형성(1804) : 수마트라, 자와, 보르네오 등을 병합하여 성립
   ② 부디우토모(1908) 결성 : 인도네시아 지식인들이 자와섬을 중심으로 결성 → 교육을 통한 민중 계몽과 민족 의식 고취를 위해 노력
   ③ 카르티니 : 민족 운동과 여성 교육 운동 전개 → 인도네시아에서 최초의 여학교 설립
   ④ 이슬람 동맹(1912) : 지식인과 이슬람 교도 상인들이 중심이 되어 결성 → 근대화 운동 전개
   ⑤ 인도네시아 국민당 결성(19270 : 수카르노 주도 → 독립(1956)

(5) 필리핀

1) 에스파냐의 갈레온 무역
   ① 에스파냐가 마닐라 건설(1571)
   ② 갈레온 무역 : 갈레온을 이용해 아메리카 은을 중국산 도자기·비단·차 등과 교환

2) 필리핀의 근대화 운동
   ① 호세 리살
   • 필리핀 연맹(필리핀민족동맹) 조직(1898) → 에스파냐인과 동등한 대우 요구
   • 소설 "나에게 손대지 마" 발표 : 에스파냐 지배하여 필리핀 현실 묘사
   ② 아기날도
   • 카티푸난에 참여
   • 미국·에스파냐 전쟁(1898) 중 미국을 지원하며 독립 선언 → 필리핀 공화국 선언(1899) → 전쟁에서 승리한 미국이 필리핀을 식민지화

◇ 갈레온

◇ 필리핀 민족동맹
필리핀의 소설가이자 독립운동가인 호세 리살이 1892년 온건파 민족주의 단체들을 통합하여 필리핀 민족 동맹을 결성하였다. 호세 리살은 민족주의 비밀 결사인 카피푸난이 일으킨 봉기에도 참여하였다는 혐의로 체포되어 사형당하였다.

자료탐구

01. 캄보디아의 앙코르 왕국

분열된 크메르족의 세력은 약화되어 수진랍은 790년에 인도네시아 자와 섬의 사일렌드라 왕국의 침공을 받아 그 속국이 되었다. 자와에 잡혀간 크레르족 왕자 쩨이바르만 2세는 귀국 후 사일렌드라인을 몰아내고 분열된 진랍을 통일했다. 그는 수도를 똔레삽 호수 서쪽의 시엠리엄 지역에 두고 802년 앙코르 왕국을 세웠다.

앙코르 왕국의 대표적인 힌두교 신전인 앙코르와트는 12세기 소리야봐르만 2세 시대에 건설되었다. 가장 활발한 신전 건축을 벌인 왕은 쩨이바르만 7세(1181~1218)였다. 그는 앙코르톰이라는 도시를 완성하고 그 안에 대승불교 신전인 바욘을 지었다. 숱한 신전 건축과 빈번한 전쟁으로 국가의 에너지가 고갈된 앙코르 왕국은 1431년 아유타야 왕조의 공격으로 멸망했다.

– 동남아시아의 역사와 문화 –

02. 카프티니의 여성 해방 운동

에스테라 제한데라에게(1899년 5월 25일)

나는 '모던 걸' 즉 내가 충분히 공감하고 있는 자부심이 충만하고 독립적인 소녀들과 사귀길 원해왔다. 만족스러워 하고 스스로에게 의지하며, 민첩하게 그들의 삶을 헤쳐 나가며, 열정과 온정으로 가득 찬 그들은 스스로의 안녕과 행복을 위해 일하기도 하지만 대체로 인류의 선을 위해 일한다. 나는 도래한 새로운 시대를 향해 열정을 불태우며, 나의 생각이 인도네시아에 갇혀 있는 것이 아니라 먼 서양을 향해 나아가는 백인 소녀들의 세계에 있음을 진심으로 말할 수 있다. 만일 우리나라의 법이 허락한다면 유럽의 신여성들의 활동과 노력에 몸을 던지고 싶다. 그러나 수 세기에 걸친 전통이라는 그 완강한 팔이 우리들을 잡아놓고 있다. 언젠가 이들 팔은 풀려서 우리들을 가게 할 것이다. 그러나 그날은 아직 우리들과는 까마득하게 멀다. 나는 안다 아마도 우리 뒤로 3~4세대가 지나면 그날이 올 것이라는 것을. 오! 당신은 무엇이 이 젊고 새로운 시대를 진정으로 사랑하는 것이며 모든 법과 관습, 전통에 의해 아직 손발이 묶여 있다는 것을 모른다.

…… 어린 시절에는 '해방(emancipation)'이라는 말이 귀를 사로잡았으나 어떤 의미인지도 몰랐다. 그것에 대해 글을 써도 이해하지 못하던 시절, 나에게 하나의 깨달음이 싹텄고 자유와 독립에 대한갈망이 조금씩 커나가기 시작하였다. 내면의 환경과 나를 둘러싼 다른 환경 모두가 나의 마음을 무너뜨리자, 나는 말할 수 없는 슬픔을 간직한 채 조국의 깨우침을 갈망하게 되었다. 그때 먼 땅으로부터 뻗어 나오는 목소리가 더욱더 또렷해져 나에게 도달하였다. 씨앗을 가져와내 마음에 뿌려 뿌리를 내리고 힘차고 활력 있게 성장하였다. ……

자료 해석

자료는 1879년 자와 귀족의 딸로 태어난 카르티니가 네덜란드사회민주노동당원인 에스테라 제한데라에게 보낸 편지의 일부분이다. 편지 글에는 자와 사회의 봉건적 관습과 함께 식민지 주민에 대한 법적 억압들이 묘사되어 있다. 카르티니는 동시대 유럽 여성들의 여성해방운동에 강한 관심을 보였다.

03. 이슬람동맹 제1회 대회의 규약(1913년)

… 이슬람 동맹은 평화를 어지럽히는 것을 계획하거나, 행정청의 행동이나 이슬람 동맹의 지부가 존재하는 지역의 정치권력에 저항하려고 하는 정치 단체가 아니다.

… 이 단체의 목적은 첫째로 원주민의 상업 활동의 촉진. 둘째로 자기의 잘못이 없는 곤란한 상황에 처한 회원에 대한 지원, 셋째로 원주민의 성장, 넷째로 이슬람의 촉진이다.

입회금 이외에 회원에 대한 별도의 금전적 요구를 하지 않는다. 그러나 회원에 대한 원조가 필요한 경우에는 회원 1인당 1~10센트의 분담금을 지부 총회에서 결정하는 것으로 한다. 그러나 생활이 빈궁한 회원은 이것을 면제해 줄 수 있다. 모든 회원은 제3자에 대해서 온화하게 대처하며 가능한 한 관대한 태도를 가져야 한다. 극단적인 경우에만 저항할 수 있다. ……

자료 해석

이슬람 동맹은 1911년 자와섬의 수라카르타에서 결성되었다. 처음에는 수라카르타의 상인을 중심으로 한 소규모의 상호부조 조직이었는데 당시의 불안한 상황의 영향을 받아 곧바로 지방의 지부와 회원 수가 확대되었다. 1913년에는 회원수가 30만을 넘어서고 1914년부터는 수마트라, 술라웨시 등의 자와 섬 이외의 지역으로 확대되었다.

04. 아디스아바바 평화조약

움베르토 1세와 에티오피아 메넬리크 2세는 전쟁에 종지부를 찍고 옛 우의를 회복하며 다음의 조약을 약속하였다. ……

제1조 이탈리아-에티오피아 간의 전쟁상태는 완전히 끝났다. 따라서 이탈리아 국왕, 에티오피아 국왕 그리고 그 후계자들과 신민들 사이에는 영원한 평화와 우호를 가져오게 할 것이다.

제3조 이탈리아는 주권을 가지고 독립한 국가인 에티오피아 제국을 유보없이 절대적으로 독립을 승인한다.

제4조 양 체결국은 국경의 문제에 대해서 합의하지 않은 채로 있었는데, 바로 강화 조약을 체결하고 그럼으로써 양국에 평화의 은혜를 확보한다. 이탈리아 국왕, 에티오피아 국왕의 신뢰를 얻은 대표자들이 오늘부터 1년 이내에 우호협정을 맺고 최종적인 국경을 획정할 것을 결정한다. 국경이 그렇게 고정되기까지 양 체결국은 멜레브, 베렛사, 마우나강으로 나타났던 잠정적 국경을 넘어서는 것을 상호 엄격히 금하고 전쟁 이전의 상태를 유지하는 것을 합의한다.

제5조 이탈리아 정부와 에티오피아 정부가 양국이 함께 최종적인 국경을 획정하기까지는 이탈리아 정부는 다른 어떠한 열강에도 영토를 할양하지 않을 것을 약속한다. 독자적인 의사 기반을 두고 소유하고 있는 영토의 일부를 방기할 경우 에티오피아에 반환한다.

– 1896.10.26. –

자료 해석
제시문은 아디스아바바협정의 일부이다. 에티오피아는 1896년 아도와에서 에티오피아 군대를 격파하였다. 이에 이탈리아는 에티오피아와 에티오피아의 수도 아디스아바바에서 평화 조약을 체결하여 에티오피아의 독립을 인정하였다.

05. 헤레로족 봉기와 독일의 진압

최고 사령관 트로타의 명령

독일군 대장교인 나는 이 서면을 헤레로인에게 보낸다. 헤레로는 이제부터 독일제국의 신민이 아니다. 헤레로는 살인을 행하고, 도둑질하고, 부상당한 병사의 코와 귀 그리고 기타 신체의 일부분을 잘라버리면서도 지금은 겁먹고 싸우지 않고 있다. 병사들에게 알린다. 모두 어떤 수장이라도 잡아서 나에게 데려오는 자는 1천 마르크, 사무엘 마하헤로를 잡아오는 자는 5천 마르크를 보상해 줄 것이다. 그러나 헤레로는 이 땅에서 떠나야 한다. 떠나지 않으면 대포로 쫓아버릴 것이다.

독일령 내에 있는 헤레로는 한 사람도 남김없이 무기를 가진 자든 가지지 않은 자, 소를 가진자이든 간에 공격한다. 여자도 아이들도 용서하지 않는다. 여자들은 동족들에게 돌려보낸다. 그렇지 않으면 공격한다. 이것이 헤레로인에 대한 나의 최후의 통첩이다.

– 1904년 10월 2일 –

자료 해석
1904년 1월 12일 독일의 무자비한 착취에 맞서 헤레로족은 독일 농장을 습격해 독일인들을 죽였다. 그해 6월 독일에서 진압 부대가 파병되자 봉기는 이내 사그라들었다. 부대장 로타르 폰 트로타 장군은 "무기를 가졌든 안 가졌든, 여자든 어린이든 무조건 죽일 것"을 명령했다. 그리고는 헤레로족을 사막에 몰아넣어 주변을 봉쇄하였다. 헤레로족 인구의 80%인 6만 5천여 명이 사망했고, 1만 5천여명만이 살아남았다.

memo

내용의 정석
史師 세계사

내용문의

온라인 강의	gong.conects.com
	카카오톡 플러스 친구 [gongdangi]
오프라인 강의	공단기고시학원 TEL. 02-812-6521
편저자	이종길
발행일	2025년 01월 10일
발행처	에이치북스
도서문의	서울시 동작구 노량진동 58-39 2층
	TEL. 010-8220-1310
ISBN	979-11-92659-86-2 13910
정가	48,000원

본 교재의 독창적인 내용에 대한 일체의 무단 전재, 모방은 법률로 금지되어 있습니다.
파본은 교환해 드립니다.